天
Borderless
下

中华法制文明史

（修订版）

古代卷

HISTORY OF CHINESE LEGAL CIVILIZATION

张晋藩 著

法律出版社
LAW PRESS · CHINA
北京

图书在版编目(CIP)数据

中华法制文明史. 古代卷 / 张晋藩著. -- 修订本
. -- 北京 : 法律出版社, 2023(2024.12 重印)
ISBN 978 - 7 - 5197 - 6718 - 1

Ⅰ. ①中… Ⅱ. ①张… Ⅲ. ①法制史-研究-中国-
古代 Ⅳ. ①D929

中国版本图书馆 CIP 数据核字(2022)第 074100 号

中华法制文明史(古代卷)(修订版)
ZHONGHUA FAZHI WENMINGSHI
(GUDAI JUAN)(XIUDINGBAN)

张晋藩 著

责任编辑 黄倩倩
装帧设计 李 瞻

出版发行 法律出版社
编辑统筹 学术·对外出版分社
责任校对 王 丰 李景美
责任印制 胡晓雅 宋万春
经　　销 新华书店

开本 787 毫米×1092 毫米 1/16
印张 45.25 **字数** 774 千
版本 2023 年 8 月第 2 版
印次 2024 年 12 月第 2 次印刷
印刷 三河市龙大印装有限公司

地址:北京市丰台区莲花池西里 7 号(100073)
网址:www.lawpress.com.cn
投稿邮箱:info@lawpress.com.cn
举报盗版邮箱:jbwq@lawpress.com.cn
销售电话:010 - 83938349
客服电话:010 - 83938350
咨询电话:010 - 63939796

书号:ISBN 978 - 7 - 5197 - 6718 - 1
定价:168.00 元
凡购买本社图书,如有印装错误,我社负责退换。电话:010 - 83938349

作 者 简 介

张晋藩

1930年出生，辽宁沈阳人，1949年7月参加工作，1950年7月在中国人民大学法律系就读中国法制史研究生，1952年至1983年先后任中国人民大学法律系讲师、副教授、教授、博士生导师。1983年7月调至中国政法大学，先后任研究生院院长、副校长兼研究生院院长兼中国法制史研究所所长，1983年5月被国务院学位委员会评为博导，1987年被评为中国法制史重点学科带头人，1991年享受国务院特殊贡献津贴，2001年被聘为中国政法大学终身教授，2012年被授予首届“全国杰出资深法学家”称号，现为中国政法大学终身教授、博导、法律史学研究院名誉院长。1986年为中共中央书记处讲授法制课，1996年、1998年两次为人大常委讲授法律课。曾出版独著、合著60余部，其中代表作为《中国法律的传统与近代转型》《中华法制文明史》。主编大型学术著作：《中国法制通史》《中华大典·法律典》《中国少数民族法史通览》，其中《中国法制史》由日本中央大学译成日文出版，《中国法律的传统与近代转型》第三版、《中华法制文明史》由德国Springer出版社译成英文出版。此外，迄今发表法律史学论文300余篇，主编中国法制史教材20余部。

修订版序

《中华法制文明史》(古代卷、近当代卷)出版后,深受读者支持,特别是教育部还将此书列入了 2020 年版《中小学生阅读指导目录(高中段)》。作为作者,我深感责任重大,随即进行认真修改,但由于疫情不断,诸多不便,只能对古代卷作出全面修改。至于近当代卷,只能就我手边掌握的材料做重点修改,此请读者见谅。

张晋藩

2023.2.24

目　　录

绪　论

一、中华法制文明的起源及主要特征

早在文献中的黄帝时期，中华法制文明的曙光便已投射在中国的土壤上。史载黄帝战败三苗之后灭其族而用其刑，传承了三苗的领袖蚩尤创制的“五虐之刑”，揭开了中国法制文明史的序幕。至公元前21世纪左右的夏朝，已经形成比较稳定的统一国家，并在“五虐之刑”的基础上发展出具有三千条之多的“夏刑”（或称“汤刑”）。自夏以后经历了四千多年的发展，中华法制文明的历史代代相传，革故鼎新，从未中断，其连续性、系统性、完整性是世界上其他文明古国所不具备的。汉唐宋明各以其先进的法制文明影响着相邻的国家千余年之久，使中华法系傲然自立于世界法系之林。

中国古代农本主义的经济形态、专制主义的政治制度、宗法家庭本位的社会结构、稳定的血缘地缘关系、统一多民族的国家构成、儒家思想为主导的意识形态等构成了中国特有的国情，进而又决定了中华法制文明的主要特征。

（一）引礼入法，礼法结合

礼起源于氏族社会末期的宗教仪式。由于它适应于宗法伦理笼罩社会的古代国情，并具有“因俗制宜”的功能和精神威慑力量，因而进入阶级社会以后，便被统治者改造成体现等级秩序的行为规范和有效的统治手段。礼作为一种社会现象，不仅起源早，还贯穿于整个古代社会，影响着社会生活的各个领域，调整着人与人、人与社会、人与国家的行为关系。特别是礼与法的相互渗透与结合,构成了中华法制文明最主要的特征。

由于礼的主要功能在于“别贵贱、序尊卑”,确定“尊尊、亲亲、长长、男女有别”的宗法等级秩序,因而得到国家的认可和保证,并在儒家思想指导下进行礼法结合的系统工程。如果说汉儒通过说经解律、注律和引经断狱等途径,引礼入法,是礼法结合的发端,那么,至唐朝,礼与法已发展成密不可分的“本”“用”关系。如同《唐律疏议》所说,“德礼为政教之本,刑罚为政教之用,犹昏晓阳秋相须而成者也”。礼的纲常原则指导法律的制定;礼的规范也不断法律化、条文化,成为强制人们遵行的行为规则和评判是非的准绳。

礼的等差性与法的特权性是一致的,二者互补,这是国家长治久安所要求的。以礼为主导,以法为准绳;以礼移民心于隐微,以法彰善恶于明显;以礼夸张恤民的仁政,以法渲染治世的公平;以礼行法减少推行法律的阻力,以法明礼使礼具有凛人的权威;以礼入法使法律道德化,法由止恶而兼劝善;以法附礼使道德法律化,出礼而入于刑。凡此种种,都说明礼法结合可以有效地推动国家机器的运转,维持社会的稳定。正因如此,礼主刑辅,综合为治,成为历代封建王朝一项既定的政策;它所体现的道德与法律的结合,亲情义务与法律义务的统一,产生了深远与广泛的影响。

(二)德法互补,共同治国

德法互补、互相促进、共同治国,是中国古代治国理政的成功经验,也是中华文化的精髓。古人把德的价值与国家施政联系起来,宣扬德教和德化的重要性。郑玄曰:“德谓善教。”《左传·襄公七年》曰:“恤民以德。”经过漫长的生生不息的演进过程,德治深深扎根在中华民族的文化土壤之中,为德法互补互用、共同治国奠定了重要基础。

德的出发点和归宿都在于重民、惠民、教民、以民为本。孔子曾以“养民也惠”称赞郑国子产治国有方,孟子进而论证了“以德行仁者王……以德服人者,中心悦而诚服也”。

德的功用首先是化个人的不良心性,使之纳于德的规范之中。其次是以德化俗,使荒诞之俗归于理性、邪恶之俗归于良善,务使不义不肖之徒明礼义、知廉耻,使四海同归于德化。最后也是最为重要的,是以德化民。可见,德法在功用上有所不同:一为直接的治国手段,如法是也;二为间接的化民为治,如德是也。二者的着力点和价值取向都不同。但是德、法二者均为治国所不可或缺,所以它们被古人称作治国之二柄。只凭德还不足以禁人为非、惩治犯罪,不能有效地驱动国家机器的运转,实现国家对内对外职能,而必须与具有国家强制力的法相结合。正因如此,德法互补、共同为治才成为古代政治家、思想家的治国方略,形成了数千年特有的治国理政传统。

德法互补,使遵守道德的义务和遵守法律的义务相统一。一方面,法律道德化,使百姓由畏法而敬法,减少了适用法律的阻力;另一方面,道德法律化,使入律的道德规范成为法律,如有违反要受到法律制裁。

(三)以人为本,本固邦宁

人本主义是中国古代法制文明的哲学基础。早在西周初期统治者便从商亡的教训中发现了民心、民情对于国家统治的重要性,提出了“人无于水监,当于民监”[1]的千古不朽的命题,并将敬天与保民联系在一起。先秦儒家发展了人本主义的理论,孔子“仁者,爱人”的学说,肯定了人的地位、价值与尊严,强调以“仁”作为调整人际关系的基本准则。孟子发展了孔子的仁学,提出“重民”的仁政思想,宣扬“民为贵,社稷次之,君为轻”[2]。

儒家人本主义在法律上的体现,一是德主刑辅而注重教化,二是矜恤老幼妇残,三是重视民命实行死刑复核。

人本主义的法律化,历代相沿迭有发展,是中华法制文明的又一重要特征。

(四)恭行天理,执法原情

汉儒董仲舒从天人感应出发,主张“王道之三纲,可求于天”,从而将天也纲常伦理化了。宋儒进一步将“三纲”推崇为“天理”。天理体现为国法,从而赋予国法以不可抗拒的权威性。执法以顺民情,使法情允协,又使国法增添了伦理色彩,使国法在政权的保证推行之外还获得社会舆论的支撑,因而更能发挥其作用;这正是天理、国法、人情三者统一的出发点和归宿。天理、国法、人情三者的协调一致,互补互用,构成了中国古代法制文明的基本内涵。这不是偶然的,它是由中国古代宗法社会结构与长久的文化积淀、民族心态、政治法律意识所决定的。

天理、国法、人情三者的和谐一致,以及它所体现的天理人情的交融,道德与法律的结合,亲情义务与法律义务的统一,等等,不仅对中国古代法律的发展产生了深远的影响,也对同在儒家文化圈的东方各国如古代朝鲜、日本、越南有着十分深广的影响。

---

[1] 《尚书·酒诰》。

[2] 《孟子·尽心下》。

(五)家族本位,伦理法制

中国古代法律维护家庭本位的社会结构,确认家长制度;这不仅是国家稳定的基础,也是封建自然经济存在与发展的要求。同时还将父权引入行政与法律领域,鼓吹皇帝上为天之子,下为黎庶父母,是全国父权的化身。地方州县官也被称为"父母官",借以强化皇权和行政权。

在伦理立法中最核心的内容是亲情义务法律化与尊卑同罪异罚。至于调整家族关系的家法族规,在封建法律体系中虽居于从属地位,却是国法的重要补充。凡属违反国法的行为必定为家法所严禁,而抗拒家法的族属成员也必定为国法所不容;这种以国法为后盾、具有广泛调整功能的家法的存在,是中国古代所独有的。

以家族为本位,而有族诛之法;重伦理亲情,而有侵犯亲权加重之刑。特别是悠久的宗法制度为家族本位的伦理法治提供了深厚的土壤。此外,儒家的礼学教条为家族本位的伦理法制奠定了理论依据;专制主义的政治制度又向父权家长制提出了特殊的要求;这种家国相通以及由服制所表现出的法定的权利义务关系,也是中华法制文明所特有的。

(六)无讼是求,调处息争

在专制主义统治下的中国,法律以维护公权即国家的统治权为首要任务,为此以惩治侵犯国家利益为主要任务的刑法被特别强调。至于私权观念则较为淡薄:私人之间的财产纠纷,被视为"细故",缺乏必要的法律调整,以致民事法律处于零散状态,没有形成体系。

不仅如此,中国古代个人的价值决定于他们在伦常秩序中的尊卑和在国家中的贵贱;既缺乏广泛的契约关系的发展,也很少有为身份的自由而进行的运动。至于为私权益而进行的诉讼,在统治者看来不外是细事争端,未给予应有的重视。官员所追求的是息讼、无讼,这也是他们良好的官声政绩的表现。

从孔夫子起便以"必也使无讼乎"[3]作为施政目标。"无讼"不仅是官僚们的价值取向,在群众中也具有广泛的影响,这也是中华传统文化深厚的积淀所致。聚族而居的血缘关系、世代为邻的地缘关系,追求和谐的民族心态,特别是农业社会的经济结构,使社会成员之间枝蔓相连,以和睦无争为准则,如发生争执则寄希望于族长邻右的调解。中国古代的民事调解制度达到了相当完备的

---

〔3〕《论语·颜渊》。

程度,是世界所仅有的。由于调解所依据的不仅是法,也有礼和习俗,因此调解制度的盛行,也发展了礼法结合的法文化,减少了民间的讼累,有助于形成良好的社会风气。但是,推行堂上与堂下互相配合的调解制度,也带来了民众缺乏诉讼权利观念的消极后果。

二、中华法制文明的世界地位

在世界法制的历史上,中国古代法制不但起源早,而且长期居于发展的前列。云梦秦简的出土证明了公元前 4 世纪左右,秦国已经达到了"皆有法式"的地步。《秦律》与西方早期封建法典相比,在时间上早于法兰克王国的《撒利克法典》一千多年;在内容上,更是停留在习惯法阶段的《撒利克法典》所无法相比的。

特别是作为中国封建法典典范的《唐律》,长期为周边国家或地区所取法,起到了母法的作用。例如,日本天智天皇时期制定的《近江令》和天武天皇时期制定的《天武律令》便以唐贞观前后的"令"为蓝本。至于在日本法制历史上具有划时代意义的《大宝律令》无论篇目与基本内容都仿自《唐律疏议》,只是作了一些删并而已。例如,将"八议"中的"议勤""议宾"删去,成为"六议"。《大宝律令》之后制定的《养老律令》,也同样如此。日本法制史学者桑原骘藏博士曾经指出:"自奈良朝至平安朝吾国王朝时代之法律,无论形式上与精神上,皆依据《唐律》。"〔4〕穗积陈重博士还指出,明治三年(公元 1870 年)十二月颁布的《新律纲领》,"系以中国之唐明清律为蓝本"〔5〕。

除日本外,高丽王朝在四百七十四年统治期间,就法律制度而言也多取自唐律。《高丽史》卷八四《刑法志》说:"高丽一代之制,大抵皆仿乎唐。至于刑法亦采唐律,参酌时宜而用之。"

唐律对越南的封建法典也有着重要影响。越南李太尊时期颁布的《刑书》和陈太尊时期颁布的《国朝刑律》,都脱胎自唐律而成。19 世纪越南学者潘辉注所著《历朝宪章类志》卷三三《刑律志》说:"按李、陈刑法……当初校定律格,想亦遵用唐、宋之制,但其宽严之间辰(时)加斟酌。"〔6〕

---

〔4〕 [日]桑原骘藏:《中国法制史论丛》,第 213 页。转引自杨鸿烈:《中国法律对东亚诸国之影响》,中国政法大学出版社 1999 年版,第 4 页。

〔5〕 [日]穗积陈重:《日本新民法》。转引自杨鸿烈:《中国法律对东亚诸国之影响》,中国政法大学出版社 1999 年版,第 274 页。

〔6〕《历朝宪章类志》卷之十三《官职志》。转引自杨鸿烈:《中国法律对东亚诸国之影响》,中国政法大学出版社 1999 年版,第 420 页。

明时,明律成为继唐律之后对东南亚各国影响较大的中国律例。朝鲜太祖李桂成时代的《经国大典》《大典续录》《续大典》中的《刑典》和《刑法大全》,都援用了《大明律》的主要条文。安南(越南)阮世祖高皇帝时的《嘉隆皇越律例》、宪祖阮旋时的《钦定大南会典事例》,以及日本明治时期的《新律纲领》《改定律例》等,也都受明律的直接影响。

由于周边国家的法律长期归属于中国法律的系统,加上中国法律自身的特点以及法律文化上的先进性,而被世界公认为一大法系——中华法系。

综上可见,中国古代法制文明在世界法制文明史中所具有的重要的地位,显示了中华民族对世界法制发展的伟大贡献。

第一章　中华法制文明起源的夏商法制

（约公元前21世纪～公元前11世纪）

一、崭露法制文明曙光的夏法制

中华法制文明的历史经历了五千多年的发展历程，一直没有中断，其连续性、系统性和完整性是世界其他文明古国所少有的。中华法制文明是中华民族智慧与理性思维的结晶，体现了中华民族的伟大创造力和法文化的深厚底蕴。

中华法制文明的起源具有多元性。活动在长江流域的三苗最早出现了财产的私有制和阶级的分化，史书说，“苗民弗用灵，制以刑，惟作五虐之刑曰法”。说明苗民摆脱了宗教神灵的控制，制定了阶级统治需要的法律。

活动在黄河流域的华夏族大约在公元前21世纪建立了第一个阶级王朝夏朝，制定了夏刑（法），揭开了中华法制文明的历史大幕。华夏族以其特有的先进性、包容性、综合性成为中华法制文明不断发展的重要载体。

（一）氏族社会的解体与法制的萌芽

中国是世界文明发达最早的国家之一，有着悠久而从未中断过的历史和灿烂的文化。地下文化遗存的发现，证实了大约在一百万年以前，我们的祖先就已劳动、生息在祖国辽阔富饶的土地上。距今六七千年前的仰韶文化时期，以母系为中心的氏族社会已然发展到全盛时期，并开始向父系氏族社会过渡。稍后的龙山文化和河姆渡文化时期，父系氏族社会已经全面确立。由父权制取代母权制,是男女生产地位的转化所导致的必然结果,是人类历史上所经历过的“最激进的革命之一”。

在氏族社会,生产力水平是极端低下的,依赖氏族成员的集体劳动,维持极端贫乏的物质生活资料的生产。与此相适应的生产关系的基础是生产资料的氏族公有制:产品归氏族成员集体所有,平均分配,既没有私有,也没有剥削,所谓“天下为公”[1],“而无私耕私织,共寒其寒,共饥其饥”[2]。氏族社会成员之间的地位是平等的,没有人剥削人的现象。为了组织氏族成员进行生产和同自然灾害作斗争,以保护和维持氏族的生存,逐渐形成了管理公共事务的氏族机关,并由氏族成员共同选举首领,执行氏族集体所赋予他的职责。遇有重大事项或争端,由氏族全体会议共同解决,氏族领袖不称职时也可以撤换。传说中的“尧舜禅让”不失为原始民主制的例证。作为阶级统治的国家与法律,在那时是不存在的,一切按照传统的、具有普遍约束力的原始习俗行事。古籍中描绘了原始民主制和习俗统治的图景:“太古之时,烝黎初载,未有上下而自顺序,天未事焉,君未设焉”[3];“神农无制令而民从”[4],“刑政不用而治,甲兵不起而王”[5]。

氏族社会的习俗是逐渐形成的群体意识,最初表现为对大自然界、图腾、神和祖先的崇拜;而后逐渐发展为约束人类自身行为和维持氏族社会的行为规范,如对侵犯氏族公共利益的惩治、为同族复仇、维护财产的公有与分配。在这些习俗的基础上进一步演变为氏族社会的习惯法。

然而,氏族民主制度是与极端低下的生产力水平相适应的一种原始的民主制度。随着生产力的发展,必然要趋于瓦解,而由新的社会组织和制度所取代。

原始社会末期的父权制时代,也是私有制和贫富分化急剧发展的时代。随着生产力的发展,氏族公有制的基础不断遭到冲击;当人类创造的劳动产品,除满足自身生活需要已可能有微小剩余时,私有财产便不可避免地产生、发展起来。过去“货恶其弃于地也,不必藏于己”,逐渐转向“货力为己”“以功为己”“各亲其亲”“各子其子”[6]。私有财产的发展,也带来了氏族内部的贫富分化:少数氏族部落首领利用职位占有了剩余生产品,积累了财富,成为氏族中的富有者和剥削者。《孟子·尽心下》说,舜为部落普通成员时,“饭糗茹草也”,“及

---

[1]《礼记·礼运》。
[2]《尉缭子·治本》。
[3]《潜夫论·班禄》。
[4]《淮南子·氾论训》。
[5]《商君书·画策》。
[6]《礼记·礼运》。

其为天子也,被袗衣,鼓琴,二女果(果,侍也)”。在二里头发掘的夏代墓葬中,有的随葬品多达二十一件,除觚、爵、斝、盉等酒器外,还有贝、玉和松绿石等装饰品。而有些墓葬完全没有或仅有一两件简陋的陶器。葬物的显著差别,反映了贫富分化已经成为一种社会现象。

为了掠夺和扩大对社会财富的占有,各部落还不断地发动对其他氏族部落的掠夺战争。《太平御览·皇王部》引《蒋子·万机论》说:“黄帝之初,养性爱民,不好战伐,而四帝各以方色称号,交共谋之,边城日惊,介胄不释。黄帝叹曰:‘夫君危于上,民安于下,主失于国,其臣再嫁,厥疾之由,非养寇耶?今处民萌之上,而四盗亢衡,递震于师。’于是遂师营垒,以灭四帝。”此时的战争已经带有征掠的性质,而非单纯的血亲复仇。如同《史记·五帝本纪》所说,“天下有不顺者,黄帝从而征之,平者去之,披山通道,未尝宁居”。通过征战,“诸侯咸来宾从”。除黄帝蚩尤之战外,颛顼与共工之战,尧舜与九黎、三苗之战,规模既大又旷日持久。至禹时,战争尤为频繁,如“禹攻有扈”[7],“禹伐共工”[8],“禹征有苗”[9],“禹伐曹、魏、屈骜、有扈,以行其教”[10]。这些战争不仅使禹“辟地以王”[11],而且将被征服者大量转化为奴隶,所谓“黎苗……子孙为隶,下夷于民”[12],从而促进了奴隶社会的形成。夏王朝就是在一系列暴风骤雨式的征伐战争中开始了建国的历程。

掠夺战争加速了氏族内部的阶级分化,并使武装力量的性质由代表全氏族、部落的利益,演变成保护少数氏族领袖利益的私属武装。曾经是氏族公仆的氏族首领最终成为统治整个氏族的权威。例如,禹在战争之前的誓师会上,便以国王的口气发号施令:“济济有众,咸听朕言,非惟小子,敢行称乱,蠢兹有苗,用天之罚。若予既率尔群对(封)诸群(君),以征有苗。”[13]又如,禹大会诸侯于会稽,杀死迟到的防风氏,以惩治对禹所拥有的权力的挑战。《韩非子·饰邪》说:“禹朝诸侯之君会稽之上,防风之君后至,而禹斩之。”伴随氏族民主制一天天瓦解,氏族血缘纽带也失去了对氏族内部新关系的约束力。不仅如此,氏族首领的职位也成为显贵家族争夺的对象。至夏启,终于废除了传统的氏族选

---

〔7〕《庄子·人间世》。

〔8〕《荀子·议兵》。

〔9〕《墨子·非攻下》。

〔10〕《吕氏春秋·恃君览·召类》。

〔11〕李昉纂,夏剑钦校点:《太平御览》卷八八二《神鬼部二》引《随巢子》,河北教育出版社1994年版,第79页。

〔12〕《国语·周语下》。

〔13〕《墨子·兼爱下》,引《禹誓》。

举制,即《孟子》所说的禅让制度,确立了王位世袭传子制度,建立了第一个"家天下"的王朝,夏启成为中国第一代国王。

世袭传子制度是私有制和阶级形成所引起的必然结果。它从制度上确认贵族家族世代垄断首领职位的特权,无疑是对氏族民主传统最严重的冲击,因而遭到东夷族首领伯益和有扈氏的武装反对。古本《竹书纪年》所说"益干启位",表明这场战争的目的是夺取启的王位。虽然夏启战胜了有扈氏,罚其为牧奴,杀死伯益,标志着王权的第一次胜利,但是,其统治权并未因此得到巩固。夏启以后,太康曾"失国",直到少康经过近半个世纪的斗争才最终消灭了觊觎者的反抗,从此,王位私有制度合法化了,所谓"大人世及以为礼"〔14〕。这种社会的发展趋向,与掠夺战争中要求不断加强最高军事首领的权力以及父权制的确立是分不开的。恩格斯说:"掠夺战争加强了最高军事首长以及下级军事首长的权力;习惯地由同一家庭选出他们的后继者的办法,特别是从父权制实行以来,就逐渐转变为世袭制,他们最初是耐心等待,后来是要求,最后便僭取这种世袭制了;世袭王权和世袭贵族的基础奠定下来了。"〔15〕

由此可见,形式上的"传子"与"传贤"的斗争,实质上却是维护与争夺统治权的斗争,是赤裸裸的权力之争。斗争的性质决定了它不可能以族内的和平方式解决,而只能采取流血战争的方式。由于建立在私有制基础上的王位世袭制度,符合历史发展的潮流,因而是不可逆转的。以致"朝觐讼狱者,不之益而之启","讴歌者,不讴歌益而讴歌启"〔16〕。据古籍记载,自夏禹至桀十四世,十七王,系统十分明确,说明以夏贵族家族为中心的奴隶制王朝已经巩固地建立起来了。

在氏族民主制向着国家制度变动的时候,过去调整氏族成员相互关系并被自觉遵守的原始习惯法,也逐渐演变为强制执行的行为规范——法律。

考古学的发现证明了中华文明的起源是多元的:除中原地区外,还有长江流域和燕辽地区的文化源头。特别是长江流域的地理环境,也造就了发达的以种植水稻为主的农业经济,长江流域走向法制文明的时间实际早于中原地区。活动在长江流域的三苗(亦称有苗、苗氏),很早便出现了财产的私有制和激烈的阶级分化。杜预在为《左氏春秋·文公十八年》作注时指出:"贪财为饕,贪食为餮,即三苗也。""民皆巧诈,无有中于信义。"为了压制被剥削者的反抗,出现

〔14〕《礼记·礼运》。

〔15〕[德]恩格斯:《家庭、私有制和国家的起源》,载《马克思恩格斯选集》(第4卷),人民出版社1972年版,第160~161页。

〔16〕《孟子·万章上》。

了最早的刑罚。所谓“苗民弗用灵,制以刑,惟作五虐之刑曰法。杀戮无辜,爰始淫为劓、刵、椓、黥”[17]。注曰:“三苗之君,习蚩尤之恶……而更制重法,惟作五虐之刑,乃言曰此得法也。”可见三苗早于中原华夏族,已经初步形成了五虐之刑,而三苗之祖蚩尤则是创建法制的始祖,三苗之君只是发展了蚩尤所制之刑。

三苗经过与黄帝族的长期战争,终于为黄帝、炎帝的联军所败。战败的苗民或被驱于“三危”边缘地区,或被降为奴隶。至于苗民所制之刑,则为华夏族所援用,所谓“灭其族而用其刑”。在苗民劓、刵、椓、黥刑罚基础上,进一步发展为夏商周三代通行的“墨、劓、刖、宫、辟”等五刑系统,一直沿用至汉初,成为中华法制文明的主流。法制文明的多元性与统一性是中华法制文明早期发展过程中的一个显著特点。

(二)中国走向法制文明的途径

中国走向法制文明的途径与古东方各国、古希腊、古罗马相比虽有共性,但也具有某种特殊性,这种特殊性也可以说是典型性。

首先,中国是一个内陆性国家,处于与外界相对隔绝的封闭环境,从而养成大陆民族特有的心理与观念。以活动在黄河流域的华夏族为例,黄河流域气候温和,雨量丰沛、土质松软,适于原始的农业生产,因此有可能在公元前21世纪左右,在仍然使用木石器生产工具的基础上,发展了原始农业,产生了剩余生产物和私有财产,出现了贫富的阶级划分,从而为夏走向新的文明形态提供了物质基础。如果说古希腊、古罗马在商品经济相对发达的条件下,债务奴隶是奴隶阶级的主要成分,那么,在中国则以种族奴隶为主体,很少有债务奴隶。不仅如此,由于古希腊与古罗马处于三面环海的地理环境,拥有优良的港湾,航海业与海上贸易很早就兴起,促进了商品的生产与流通,而商品经济是破坏氏族血缘关系最有力的武器。伴随工商业的发展,工商业奴隶主集团逐渐形成;他们是与氏族对抗的强大力量,也是变革氏族传统关系的主力军。而在中国既缺乏破坏氏族关系最有力的武器——商品的生产与流通,也没有与氏族对立的外来的社会力量。因此,中国走向文明的途径,不是彻底地否定氏族制度的“革命”,而是经由氏族内部的渐进性转化和“改良”。譬如,氏族的土地公有制转化为国家所有制,氏族显贵家族转化为国家的贵族官僚,氏族家族统治权转化为国家统治权,调整氏族内部关系的习俗转化为国家的法律。氏族亲属间的血缘纽带

[17]《尚书·吕刑》。

并未因氏族制度的瓦解而松弛,相反仍是沟通家与国、族与宗的一道血缘之桥。

其次,由于氏族制度瓦解得不彻底,因此在走向文明时容留了源于氏族父系家长制的宗法制度,并使之具有国家政治制度的性质。由于贵族家族的继承法也适用于王位的承袭,因此王权与族权在新的基础上统一了。新兴的国家统治者仍然坚持"非我族类,其心必异"[18]的旧意识、旧观念,以至于国家官职的等级依照家族的血缘亲疏而定,封邦建国的国家结构形式也由宗法分封来完成,国家的统治网就是各个贵族家族的中心点的联结。《尚书·盘庚上》所说"人惟求旧,器非求旧,惟新",反映了权力转化过程中亲与贵合一、家与国相通的特点。

正由于国是家的放大,因此国家的都城同时又是祖庙所在之地,所谓"凡邑有宗庙先君之主曰都,无曰邑;邑曰筑,都曰城"[19]。作为国家机器重要组成部分的军队,也是以贵族家族的成员进行编制。违反国法的职官,要在祖庙处决,所谓"戮于宗",[20]以示家国共弃。国家对外征伐与祭祀宗庙的活动,被视为同等重要,所谓"国之大事,在祀与戎"[21]。在先秦的典籍中,亡国与亡家是并提的,亡国之君经常是背着祖宗的神主在阵前乞降。

进入封建社会以后,宗法制度的政治性质虽然明显淡化,但宗法的精神与信条仍然支配着、束缚着国家与社会的躯体。

与中国相反,古希腊、古罗马虽然也经历了血缘关系支配社会生活的时代,但其支配作用随着商品经济的发展和改革氏族旧制度的进行而日渐消退。公元前594年,古希腊通过梭伦改革使公民的权利和义务根据他们的地产多寡而定。随着有产阶级财势日盛,旧的血缘亲属团体也就日益遭到排斥。至公元前509年,克利斯提尼改革,完全以地域原则划分选区,彻底破坏了以血缘关系为基础的氏族组织。

公元前6世纪,古罗马经过塞维阿·塔里阿改革,废除了原始的三个血缘部落,确立了按地域划分居民的原则。"这样,在罗马也是在所谓王政被废除之前,以个人血缘关系为基础的古代社会制度就已经被炸毁了,代之而起的是一个新的、以地区划分和财产差别为基础的真正的国家的制度。"[22]

再次,中国氏族社会末期部落之间频繁发生的战争,对于中国走向法制文

---

[18] 《左传·成公四年》。

[19] 《左传·庄公二十八年》。

[20] 《左传·成公三年》。

[21] 《左传·成公十三年》。

[22] [德]恩格斯:《家庭、私有制和国家的起源》,载《马克思恩格斯选集》(第4卷),人民出版社1972年版,第126页。

明有着直接的影响。战争需要严格的纪律约束部队,需要确认指挥者拥有令出唯行、生杀予夺的大权。最初的法律就是在适应这种需要中产生的,即所谓“刑起于兵”。而古希腊与古罗马,则主要是通过氏族内部平民与贵族的斗争一步步摧毁旧氏族的基础,走向文明的。

最后,中国从进入阶级社会起,便形成了以王为最高权威的专制政体,王是国家的化身,以王为代表的贵族宗族的利益与国家利益是一致的;因此国家至上,维护公权是法律的首要任务,刑法是最发达的法律形式。而在古希腊、古罗马,私有财产的观念与私有权的形成较早,调整和保护私权的法律,即所谓私法也较为发达,以致在罗马的古代法律体系中,从一开始就有公法与私法的划分。

中国走向文明的途径不仅不同于古希腊、古罗马,也与古埃及、古巴比伦有别。在古埃及、古巴比伦,治水是与国家存亡兴废攸关的大事,以致因治水而设立的公共工程部是国家最重要的机构之一。在中国虽有夏禹治水的记载,但治水对国家的产生并不具备决定性的影响,也没有因治水而形成的特殊国家机构。

(三)由原始的习俗到阶级社会的法律

1. 由象刑到阶级刑法

中国古代典籍中的刑,兼有法与罚的两重含义。《尔雅·释诂》载:“刑,常也,法也。”《说文解字》引《易》曰:“井(刑),法也。”《风俗通》载:“井(刑)者,法也,节也。”所谓《禹刑》《汤刑》《九刑》《吕刑》,也就是夏商周三代具有代表性的法。因此,考察法的起源是和考察刑的起源一致的。

中国也和世界上其他一些民族一样,在漫长的没有阶级、没有国家和刑罚的氏族社会里,只有氏族习惯是氏族全体成员公认的调整人们相互关系的准则和指导人们行为的规范,而且具有普遍的约束力。当时还不存在法的观念。

在氏族习俗的统治下,如果发生违反共同生活规则的行为,也要受到谴责和制裁,所谓施以“象刑”。“象刑”一词来自《尚书·舜典》“象以典刑”。历来对象刑的解释颇多:《说文》云“橡,饰也”,即通过特殊的装饰以示惩戒之意。《尚书大传》载,“唐虞象刑而民不敢犯”,“唐虞之象刑,上刑赭衣不纯,中刑杂屦,下刑墨幪”。《太平御览·刑法部·卷十一》引慎子语说:“有虞氏之诛,以幪巾当墨,以草缨当劓,以菲履当刖,以艾韠当宫,布衣无领以当大辟。”《晋书·刑法志》也有类似的解释,“犯黥者皂其巾,犯劓者丹其中,犯膑者墨其体,犯宫者杂其履,大辟之罪,殊刑之极,布其衣裾而无领缘”。

对象刑的另一种解释是画象以示刑,就是在器物上刻画五种肉刑形象,使民见而知所惩戒。《周礼·秋官·大司寇》载:"县刑象之法于象魏,使万民观刑象。"《唐律疏议》载:"(象刑)画象以愧其心。"《玉海》卷六七引朱熹语:"象以典刑者,画象而示民以五等肉刑之常法也。"宋程大昌《考古编》也说:"象刑云者,是必模写用刑物象,以明示民,使知愧畏。"

也有人将象刑之象解释为法。孔安国《尚书注疏》曰:"象,法也,法用常刑,用不越法。"因此,"象以典刑"即以法施刑。

战国以后,儒家多将"象刑"解释为象征性刑罚,以宣扬儒家所鼓吹的尧舜之世的刑措之风。汉代大儒郑玄认为,《周礼·司圜》中提及的"明刑",即是古代象刑的变种。他在注文中说:"弗使冠饰者,著墨幪,若古之象刑与?"但在汉儒中也有另一种解释,如班固便说,"所谓'象刑惟明'者,言象天道而作刑,安有菲履赭衣者哉"[23]。另据明董说《七国考》引《班固答人书》,则又以战国时魏国之法来证明传统的儒家看法,他说:"昔者战国之时,大梁(魏国)之法,得罪小者别以丹巾,漆其领,有画衣冠之心。"受汉儒思想影响的汉初统治者,也称颂象刑为治之盛者,汉文帝十三年(公元前167年)诏云:"盖闻有虞氏之时,画衣冠异章服以为戮,而民弗犯,何治之至也。"[24]然而,对上述观点持批判态度者早已有之。荀子便曾指出:"世俗之为说者曰:'治古无肉刑而有象刑',墨黥、慅婴,共,艾鞸;菲,对履;杀,赭衣而不纯。治古如是。是不然,以为治邪?则人固莫触罪,非独不用肉刑,亦不用象刑矣。以为(轻刑邪?)人或触罪矣,而直轻其刑,然则是杀人者不死,伤人者不刑也,罪至重而刑至轻,庸人不知恶矣,乱莫大焉。"[25]

清人王鸣盛认为有关象刑的解释,后人虽多以五刑附会,但断言异章服、画衣冠的象刑纯出于后人杜撰,却也失之武断。据史书所载,直到春秋战国时期,古代象刑遗风犹存。沈家本则认为,舜时五刑与象刑并行,只是适用的对象不同,五刑"所以待蛮夷者也……又所以待怙恶者也,若象刑,所以待平民者也"。象刑的目的是"仍是以德化之"[26]。

我认为,象刑可以理解为氏族社会适用于全体成员的习俗的统治,对于违反氏族共同生活规则的人,采取异其章服的做法,以示与其他氏族成员的区别,借以增加其愧悔之心。其意重在耻辱,而非以国家为后盾的真刑。早期阶级社

[23] 班固:《汉书》卷二十三《刑法志》,中华书局2000年版,第939页。

[24] 班固:《汉书》卷二十三《刑法志》,中华书局2000年版,第930页。

[25] 《荀子·正论》。

[26] 沈家本撰,邓经元、骈宇骞点校:《历代刑法考·刑制总考一·唐虞》,中华书局1985年版,第8页。

会的耻辱刑,即由此演化而来。从我国一些少数民族的习惯法中也可以窥见象刑的某些史影。《新唐书・吐蕃上》便提供了类似象刑的实例:“重兵死,以累世战殁为甲门。败懦者,垂狐尾于首示辱,不得列于人。”氏族习俗的统治,是维护氏族的存在和发展所必需的,因而得到一致的赞同,是氏族部落全体成员共同意志的表现。

2. 有关中国法律起源的主要观点

(1)法律产生的上限

一种意见认为,法律起源于黄帝时代。《商君书・画策》说:“故黄帝作为君臣上下之义,父子兄弟之礼,夫妇妃匹之合,内行刀锯,外用甲兵。”司马迁在《史记・五帝本纪》中也持相同看法:“轩辕之时,神农氏世衰,诸侯相侵伐,暴虐百姓,而神农氏弗能征。于是轩辕乃习用干戈,以征不享。诸侯皆来宾从。”“诸侯咸尊轩辕为天子,代神农氏,是为黄帝。天下有不顺者,黄帝从而征之,平者去之。”《淮南子・览冥训》更明确指出:“黄帝治天下……法令明而不暗。”另据《通鉴前编外集》记载,黄帝还设置执掌刑法的李官,“即大理之职也”。也有所谓的“李法”,但“其言莫定”,难以考证。如果联系到古代“刑起于兵”的理论和实际,则以黄帝时代为中国法起源的上限,似不无根据。

另一种意见认为,法律起源于唐虞时代。例如,《古今图书集成・祥刑典》载:“帝尧命舜居摄,制五刑及流宥鞭扑赎赦之法,流共工于幽州,放驩兜于崇山,窜三苗于三危,殛鲧于羽山,四罪而天下咸服。”《通鉴前编》载:“帝尧七十有六载制五刑。”舜命皋陶造律之说更屡见于典籍。《尚书・舜典》载:“帝曰:皋陶,蛮夷猾夏,寇贼奸宄,汝作士,五刑有服,五服三就,五流有宅,五宅三居。”《竹书纪年》载:“帝舜三年,命咎陶作刑。”《左传・昭公十四年》云:“夏书曰昏、墨、贼、杀,皋陶之刑也。”《急就章》曰:“皋陶造狱法律存。”《后汉书・张敏传》载:“孔子垂经典,皋陶造法律,原其本意皆欲禁民为非也。”《太平御览》云:“律是咎繇遗训,汉命萧何广之。”可见,在古籍中多以皋陶为法的创始人。

还有一种意见认为,从夏朝起始有法律。《尚书大传》云:“夏刑三千条。”《左传・昭公六年》曰:“夏有乱政,而作禹刑。”《汉书・刑法志》载:“禹承尧舜之后,自以德衰,而制肉刑。”《隋书・经籍志》载:“夏后氏正刑有五,科条三千。”

地下考古发掘证明夏禹时期中国已经确定无疑地进入了阶级社会,建立了国家,制定了法律。在生产力极端低下的中国古代,社会发展异常缓慢,达到夏朝国家与法律的规模需要经过漫长的发展过程。这个过程也就是由氏族社会末期的“象刑”向阶级社会的法律转变的过程。因此,处于氏族社会末期的黄帝、尧、舜时代,强制性的法律规范完全有可能产生。古文献中有关法的记载,不应因传疑而漠视,需要结合地下文化遗存的发现,进行全面研究。总之,夏朝是国家的既定形态,国家的起源是先于夏的,中国法制历史的上限也应该是先于夏的。

(2)法律产生的论说

其一,刑起于兵说。中国古代不仅法与刑不分,兵与刑也不分。所谓"大刑用甲兵,其次用斧钺;中刑用刀锯,其次用钻凿;薄刑用鞭扑"[27]。而在中国进入阶级社会前后的一段时间,的确发生了一系列规模较大的战争,如共工蚩尤之战、黄帝蚩尤之战、黄帝炎帝之战、夏与有扈氏之战。为了赢得战争需要强制约束军队,于是出现了具有刑法性质的军律。夏启在攻伐有扈氏之前,便发布了一条军令形式的法律:"左不攻于左,汝不恭命;右不攻于右,汝不恭命;御非其马之正,汝不恭命。用命,赏于祖;弗用命,戮于社,予则孥戮汝。"[28]这说明掠夺战争不仅加强了各级军事领袖的权力,也促进了法律的形成。《易经·师卦》曰:"师出以律。"《周易正义》曰:"师出以律者,律法也。……是整齐师众者也。既齐整师众,使师出之时,当须以其法制整齐之,故云'师出以律'也。"《通典·刑法典》载:"黄帝以兵定天下,此刑之大者。"《辽史·刑法志》载:"刑也者,始于兵……蚩尤惟始作乱,斯民鸱义,奸宄并作,刑之用,岂能已乎?"中国古代的法官大都以武职官为名,如士师、司寇、廷尉,反映了兵刑之间的密切关系,以致《诗经·鲁颂·泮水》将虎臣献馘与皋陶献囚并提。正是由于战争的俘虏已不按过去的习惯全部杀死,而是使其沦为种族奴隶,进行奴役和剥削,因此也需要用刑(法)加以镇压和管束。刑起于兵之说在古代影响较大。

其二,源于天讨说。远古时代由于生产力低下,人类还缺乏征服自然的力量,因而对于各种自然现象充满敬畏的心理,在这种条件下,"天"被推崇为万物的本源,法律也同样是源于天赐。这里除认识上的原因外,统治者还有意识地把法(刑)与天联系在一起,极力渲染法(刑)源于天讨说,借以辩护现实中的司法惩罚是秉承天意。例如,《尚书·皋陶谟》载:"天工人其代之","天讨有罪,五刑五用哉"。《孔传》载:"民所叛者天讨之。"《祥刑要览》注:"讨罪用刑,一出于天,非可得而私。"夏商以来的统治者,大都假借天的名义,进行所谓的"天讨""天罚",以为其国家活动作辩护。例如,夏启攻伐有扈氏发布的军令中便宣称:"天用剿绝其命,今予惟恭行天之罚。"[29]商汤在攻打夏桀时也鼓吹:"有夏多

---

[27] 班固:《汉书》卷二十三《刑法志》,中华书局2000年版,第917页。

[28] 《尚书·甘誓》。

[29] 《尚书·甘誓》。

罪,天命殛之……尔尚辅予一人,致天之罚。”[30]《汉书·刑法志》则总结说:“故圣人……因天讨而作五刑。”

不仅如此,统治者还蓄意制造受命于天的舆论,借以膨胀自己的权威,所谓“皇天眷命,奄有四海,为天下君”[31]。这种观点贯穿于中国古代社会,甚至伪满洲国傀儡皇帝溥仪在“即位诏书”中也说他是“奉天承运”。

其三,定分止争说。所谓定分即确立上下贵贱的名分。管子说:“古者未有君臣上下之别,未有夫妇妃匹之合,兽处群居,以力相征。于是智者诈愚,强者凌弱,老幼孤独,不得其所。故智者假众力以禁强虐,而暴人止;为民兴利除害,正民之德,而民师之……上下设,民生体,而国都立矣。”[32]故“法者,所以兴功惧暴也;律者,所以定分止争也”[33]。商鞅也认为:“古者未有君臣上下之时,民乱而不治。是以圣人列贵贱,制爵位,立名号,以制君臣上下之义。”[34]由于远古时期“物不能澹则必争,争则必乱,乱则穷矣。先王恶其乱也,故制礼义以分之,使有贫富贵贱之等”[35]。唐杜佑说:“夫人,有生万物之最灵者也,然而爪牙不足供其欲,趋走不足避其害,无毛羽以御寒暑,必役物以为养,任智而不恃力者也。故不仁爱则不能群,不能群则不能胜物;群而聚之,是为君矣;归而往之,是为王矣。人既群居,不能无喜怒交争之情,乃有刑罚轻重之理兴矣,刑于百度,其最远乎?”[36]正是为了将“争”控制在法定范围以内,才产生了法律。

其四,性恶说。荀况是主张性恶论者,他从人性的角度解释法律的起源。荀况说:“古者圣人以人之性恶,以为偏险而不正,悖乱而不治,故为之立君上之势以临之,明礼义以化之,起法正以治之,重刑罚以禁之,使天下皆出于治,合于善也。”[37]

上述诸说,都是特定历史条件下的产物,有的具有一定的合理性。以定分止争说为例,由于着眼于经济,因而为历代进步思想家所接受。但是,这种学说没有能剖析“争”的实质,而归结为单纯的群与群的争夺。同时,又把这种争夺归因于人的“性恶”,从而使“止争说”本身所包含的朴素唯物主义的倾向滑向了唯心主义。

---

〔30〕《尚书·汤誓》。
〔31〕《尚书·大禹谟》。
〔32〕《管子·君臣下》。
〔33〕《管子·七臣七主》。
〔34〕《商君书·君臣》。
〔35〕《荀子·王制》。
〔36〕杜佑:《通典》卷一百六十三《刑法一》,中华书局1988年版,第4189页。
〔37〕《荀子·性恶》。

从中国法制历史的实际进行考察,法确实是一定历史条件下的产物,是私有制和阶级形成以后历史发展的必然结果。已经跨进统治阶级社会门槛的显贵家族的家长,为了维护自己的特权,而将氏族社会有利于己的习惯,用法律的形式固定下来。不仅如此,这时还"产生了这样一种需要:把每天重复着的生产、分配和交换产品的行为用一种共同规则概括起来,设法使个人服从生产和交换的一般条件。这个规则首先表现为习惯,后来便成了法律"。[38] 最初的法律是以"家族法"的形式出现的。家族法是指父权制时期个别大家族的家内法,它与氏族社会的习惯联系密切。但氏族习惯是全氏族利益和意志的表现;而家族法则主要是确认家长的特权和有利于己的行为规范,随着社会的发展和国家的出现,被部分地改造为奴隶制的法。

(四)夏朝的国家构成与法制

1. 国家构成

夏禹时,禹已经握有其他氏族部落领袖所没有的特殊权力;至启,不仅令出唯行,生杀予夺,王命还被视为最具权威性的法律。据《尚书·甘誓》记载,启与有扈氏大战于甘,发布誓师辞曰:"嗟!六事之人,予誓告汝,有扈氏威侮五行,怠弃三正,天用剿绝其命,今予惟恭行天之罚……用命,赏于祖;弗用命,戮于社。予则孥戮汝。"

夏王权力的来源,不仅是夏禹家族的支持,更重要的是掌握了一支武器先进的武装力量。古书中已有"禹穴之时,以铜为兵"[39]、"杼作甲"[40]的记载。近年发掘的河南偃师二里头前期文化遗址,出土了戈、戚、箭镞等铜质武器。

夏为了行使国家的职能,形成了最初的管理国家事务的机关。据古书记载,"三正"和"六事之人"是管理政务之官,其中有备顾问咨询的三老、五更、四辅、四岳;有掌管农业、教化、刑狱、营建、渔牧的六卿;有管理造车的车正;管理王族膳食的庖正和牧官之长牧正,以及宣令之官遒人,司空之属的啬夫;掌管天地四时宗教历法的秩宗和羲和。它们是构成"夏后氏官百"的实体。从二里头发掘的宏伟的宫殿遗址,以及夏桀被汤放逐时随从人员有五百人之多,[41]可以想见国家机关已有相当的规模。

---

〔38〕[德]恩格斯:《论住宅问题》,载《马克思恩格斯选集》(第2卷),人民出版社1972年版,第539页。

〔39〕《越绝书·记宝剑》。

〔40〕《尚书正义·费誓》引《世本》。

〔41〕《逸周书·殷祝解》。

另据春秋时人记载,夏启代伯益以后,曾将其统治区域划分为“九州”,所谓“茫茫禹迹,画为九州,经启九道”[42],并设置了九州之长“九牧”[43],管理九州居民。还“铸九鼎,象九州”[44];而铸鼎所用的铜,据说也是由九州贡纳的,所谓“贡金九牧,铸鼎象物”[45]。九州之说不足以为夏朝确凿的地方行政区划的根据,但却反映了夏启战胜旧势力之后,随着统治区的扩大和种族奴隶的增多,已经不可能按血缘标准管治居民。而被征服的部落首领,有些成为受命管理地方事务的职官,从而显示了征服者与被征服者、中央与地方之间一种新关系的确立。如果说夏朝之兴是由于众多部落的拥护,那么,夏朝之亡也是源于“九夷之师不起”[46]。恩格斯在考察古希腊、古罗马历史的基础上,得出按地域划分居民是国家的重要标志之一的论断。但在中国,由于氏族血缘关系没有遭到严重的破坏,也缺乏外来的强大社会力量的斗争,因而按地域划分居民并不是走向文明的重要条件,不能简单地据以考察中国国家的起源。

为了维持国家活动所必需的开支,夏朝开始向周围被征服的部落征收贡赋。凡是承认夏为共主的部落,都有贡纳义务。《史记·夏本纪》说:“自虞夏时,贡赋备矣。”至于《孟子》所说“夏后氏五十而贡”[47],则是平民对贵族的贡纳额。尽管夏赋税制度还比较简单,但它的出现却有着重大的社会意义,因为“国家存在的经济体现就是捐税”[48]。

总之,夏朝根据亲贵合一的原则,建立了百官组织,分掌庶政、军事、赋税、宗教、诉讼、车马、历法、档案、膳馐、天象、量器等各项事务。至于司法机关与监狱也开始创设。

夏朝的司法机关还没有形成体系,只有中央与地方的初步划分。主持中央的司法官称为“大理”;主持地方的司法官称为“士”或“理”。“士”“理”之下设有“正”“史”,分别掌握审理犯罪和量刑。由于天罚受到推崇,因此执掌宗教事务之官对于现实的司法具有很大的影响力。

作为国家“物质附属物”的监狱,在夏朝也已出现。汉时《急就章》说:“皋陶造狱法律存。”另据《广韵》载:“狱,皋陶所造。”皋陶是虞舜时的司法官,以善理狱讼著称。夏禹执政以后,皋陶继续受到重用,《史记·夏本纪》说,禹“举皋

〔42〕《左传·襄公四年》。
〔43〕《左传·宣公三年》。
〔44〕班固:《汉书》卷二十五上《郊祀志》,中华书局2000年版,第1018页。
〔45〕《左传·宣公三年》。
〔46〕刘向撰,赵善诒疏证:《说苑疏证》卷十三《权谋》,华东师范大学出版社1985年版,第367页。
〔47〕《孟子·滕文公上》。
〔48〕《马克思恩格斯全集》(第1卷),人民出版社1972年版,第181页。

陶荐之,且授政焉"。皋陶造律与造狱之说,均见于古代文献,反映了进入阶级社会以后,立法与司法狱禁的密切结合。

《易经·坎卦·上六》说"系用徽纆,置于丛棘,三岁不得,凶",《周易正义》说"'置于丛棘',谓囚执之处,以棘丛而禁之也",可能是监狱的早期形态。今本《竹书纪年》则明确记载夏后芬"三十六年作圜土"。所谓"圜土",按《释名·释宫室》解释:"狱……又谓之圜土,筑其表墙,其形圜也。"另据《周礼·秋官·大司寇》郑注,"圜土,谓狱城也",类似土牢。夏后"芬"是"启"以后第七代夏王,其时国势强盛,领土扩张,战争俘获的奴隶与罪犯不断增多,因而修建监狱。除圜土外,夏都城之内的监狱,称为"夏台""均台"。《史记·夏本纪》记载,"乃召汤而囚之夏台";《左传·昭公四年》记载,"夏启有均台"。"夏台""均台"可能是夏朝直辖监狱的名称,"夏台"在今河南禹县南,"均台"在今河南阳翟县。

夏朝监狱虽无从考证,但古籍所载"三王(指夏商周三代)始有狱"〔49〕,是符合中国古代社会发展的实际的。

2. 禹刑

氏族社会的习俗,经过统治阶级的精心选择,或予淘汰,或作为习惯法保留,或改造成为国家法律。《尚书·吕刑》所说,"伯夷降典,折民惟刑",反映了一个由个别调整到一般调整的漫长的发展过程。《左传·昭公六年》说:"夏有乱政,而作禹刑。"《汉书·刑法志》也有类似的记载:"禹承尧舜之后,自以德衰而制肉刑"。这里所说的"德衰"和"乱政",可以理解为:(1)奴隶反抗奴隶主贵族的斗争;(2)坚持氏族旧传统的集团反对实行阶级秩序的新贵的斗争。以乱政为制刑的动因,符合历史发展的规律性。禹刑不一定是禹时制定的刑法,而可能是夏朝法律的总称,以禹为名表示对夏族杰出祖先和开国之君禹的怀念和崇敬。至于典籍中所说,"夏刑三千条"〔50〕,"夏后氏正刑有五,科条三千"〔51〕,"夏后肉辟三千"〔52〕,等等,不过是泛指夏刑之多,是后人据《吕刑》的附会。

禹刑之外,国王的命令也是重要的法律形式,前引夏启誓师的军令也是法律。

禹刑的内容,由于史料缺乏,只能根据文献记载约略言之:

(1)罪名。根据《左传·昭公十四年》引"《夏书》曰:昏墨贼杀,皋陶之刑

---

〔49〕 李昉纂,夏剑钦校点:《太平御览》卷六百四十三《刑法部九》,河北教育出版社 1994 年版,第 64 页。

〔50〕 《尚书大传》。

〔51〕 魏徵:《隋书》卷三十三《经籍志二》,中华书局 2000 年版,第 657 页。

〔52〕 扬雄:《扬子法言·先知》,泰东读书局 1923 年版,第 51 页。

也”,凡“已恶而掠美为昏,贪以败官为墨,杀人不忌为贼”,说明夏代已经有了欺诈罪、贪污罪和杀人罪,犯者皆处死刑。

由于血缘关系还有很强的约束力,因此,不孝也是一项重罪,所谓“五刑之属三千,而罪莫大于不孝”[53]。对于这一记载,近代著名学者章太炎曾经考证为夏法,并撰写出《孝经本夏法说》的论著。

此外,还有所谓“威侮五行,怠弃三正”罪。“威侮五行”,意为不敬王者相承之圣德;“怠弃三正”,意为弃废天地人之正道,这是夏启攻打有扈氏,标榜“恭行天之罚”“天用剿灭其命”的重要理由。[54] 可见是重大犯罪。在夏《政典》中还有所谓“先时者杀无赦,不及时者杀无赦”[55],“先时”是指历象之法先于天时,“不及时”是指历象之法后于天时。可见,掌管历象的官吏所测历象有误,无论先于还是后于天时,均罪死无赦。此项规定泛指夏朝官吏如有职务犯罪,要给予严惩。

(2)刑罚与刑法原则。关于夏朝五刑的起源,最早见于《尚书·舜典》“流宥五刑”。在《尚书·大禹谟》和《尚书·皋陶谟》中也有“明于五刑”“五刑五用”的记载。《孝经注疏·五刑章》认为,“案此五刑之名,见于经传,唐虞以来,皆有之矣”,只是“未知上古起自何时”。关于五刑的起源,古籍中主要有三种说法:一是来自苗民的“五虐之刑”,二是皋陶“因天讨而作五刑”,三是古人根据五行相生相克之理创造了五刑。其中较为流行的是在苗民“劓、刵、椓、黥”等肉刑的基础上改“刵”为“膑”,改“椓”为“宫”,形成了“墨、劓、剕、宫、辟”五种“正刑”;其中既有生命刑,也有身体刑。史载“大辟二百,膑辟三百,宫辟五百,劓、墨各千”[56]。夏五刑适用的对象是俘虏和奴隶,对同族人仅流、赎、鞭、扑而已。随着社会矛盾的发展,五刑也逐渐适用于沦为被统治地位的同族人。至末代国王夏桀,残暴不道,滥施酷刑。据《淮南子·俶真训》记载,桀时已有类似商纣所实行的“燔生人,辜谏者”。

值得提出的是夏代已有赎刑制度。据说,周穆王为建立系统的赎刑制度而令吕侯制定吕刑时,便参考了夏代的赎刑制度,所谓“训夏赎刑”[57]。《史记·平准书》司马贞《索隐》引《尚书大传》说,“夏后氏不杀不刑,死罪罚二千馔”(铜六两为一馔)。《路史·后记》也说:“夏后氏罪疑为轻,死者千馔,中罪五百,下

---

〔53〕《孝经·五刑章》。

〔54〕《尚书·甘誓》。

〔55〕《尚书·胤征》。

〔56〕魏收:《魏书》卷一百一十一《刑法志》,中华书局2000年版,第1919页。

〔57〕《尚书·吕刑》。

罪二百。”可见,从肉刑到死刑都可以赎。在夏朝统治期间已经出现青铜冶炼,主要用于铸造祭器和兵器。《越绝书》卷一一说:“禹穴之时,以铜为兵。”现已发现夏冶炼铜的遗址,因此,夏以铜赎罪是可能的,由此也反映了夏朝的法律是保护少数奴隶主贵族的利益的。

综上可见,法与氏族传统习惯不同;它不是氏族成员的共同意志,而是占统治地位的奴隶主阶级的意志。夏王执掌了立法、施刑的最高权力。另外,法是以国家强制为后盾的、强迫人们必须遵行的暴力;如有违反,或刑及自身,或予“孥戮”。二里头遗址中,身首异处或双手被缚的尸骨就是被处刑对象的确凿证据。为了加强法的威慑力量,夏统治者假借天的名义进行“天罚”“天讨”。

夏朝在用刑制裁犯罪的基础上,总结出了一些初步的刑法原则。例如,《左传·襄公二十六年》引《夏书》说:“与其杀不辜,宁失不经。”辜是罪,经是常法,意为宁可不按常法行事,也不能错杀无罪之人。这条刑法原则,以审慎用刑而又不拘泥于条文,曾被后世所传颂。又如,《尚书·舜典》说:“眚灾肆赦;怙终贼刑”,也是一条刑法原则,意为过失及不可抗力导致犯罪可以赦免,而故意和一贯杀人则处重刑。《尚书·舜典》虽系伪古文尚书,不宜据以立论,但联系到周初关于过失与故意、一贯与偶犯的区别用刑原则,可以推知在夏朝上述的刑法原则已经出现端倪。

夏朝除法律外,还产生了一种新的控制手段——夏礼。礼的原意是祭神祈福的一种仪式活动,“礼,履也,所以事神致福也”[58]。“礼之名起于事神,引申为凡礼仪之称。”[59]进入阶级社会以后,在神权政治思想的支配下,国家活动往往和敬神联系在一起,从而赋予礼以新的性质,成为阶级社会的一种控制手段。夏礼是在改造旧传统习俗的基础上,适应阶级分化的新秩序而形成的新规范。这是一个充满斗争的过程,也是一个文化渐进的过程。夏礼对商、周有着重大的历史影响,孔子所说“殷因于夏礼,所损益,可知也,周因于殷礼,所损益,可知也”是可信的。[60]

礼的主要内容是:“上事天,下事地,尊先祖而隆君师。”[61]为了把礼确立为调整阶级秩序的新规范,需要借助神的力量,因此把“上事天”列为首要内容。进而又把礼所调整的等级秩序比附于“天地之有序”。在家国相通、亲贵合一的宗法政治色彩十分浓厚的夏朝,更以“尊先祖”“隆君师”为礼所追求的最现实

---

〔58〕 许慎撰,段玉裁注:《说文解字注》,上海古籍出版社 1981 年版,第 2 页。

〔59〕 徐灏:《说文解字注笺》,上海古籍出版社 2002 年版,第 132 页。

〔60〕《论语·为政》。

〔61〕 司马迁:《史记》卷二十三《礼书》,中华书局 2000 年版,第 1030 页。

的目标。对于重大犯罪要在祖庙神坛处决,所谓"用命,赏于祖;弗用命,戮于社"[62],表现了礼和刑合流的最早的趋向。

夏朝法制文明的历史,雄辩地说明了它是社会发展到一定阶段的产物,是经由部分地改造氏族旧习俗、部分地制定新规范而最终完成的。根据古籍上的一些记载,结合地下遗址的不断发掘,基本上可以描绘出夏代法制文明的轮廓。作为一个历史发展过程来看,从继夏而起的商朝所建立的比较确定的法制形态中,也可以说明夏朝确已迈进了法制文明的门槛。

二、神权法统治下的商法制

商汤在灭夏以后建立了商朝;商朝无论经济、政治、文化均较之夏朝有了较大的发展,成为显赫一时的奴隶制大国。商朝的国家大事由于得到甲骨文的记录而有了可靠的物证。商朝是中国古代少有的神权法时代。天上的帝与地上的王相互呼应连成一体,借以论证王权的神圣尊严和国家活动与立法施刑的不可抗拒性。王权与神权的紧密结合是商朝法制文明的一个显著特点。

(一)王权、族权与神权的联结

从夏朝建立国家时起,经过几百年的发展,至商朝已经趋于定型阶段,形成了具有中国特色的王权、族权、神权三者联结的专制王国。

商王是奴隶主贵族的总代表和国家最高权力的体现者。在商朝典籍中,"予一人"是商王的自称,是从成汤以来国王专用的象征特权的称号。许多重要的国家活动,如征伐、祭祀,都被称作"王事"。甲骨文中"王命""王令""王乎"等卜辞记录,说明了国家的重大事务都由商王下令决定。商王不仅握有军政、经济、司法等大权,同时也管理着有关祈祷、贞卜等神权事务。

在商朝,族权和神权是奴隶制专制王权的两个重要支柱。

族权在商朝国家中的重要地位是和中国走向文明的途径分不开的。根据"亲贵合一"的原则,只有贵族家族才有资格担任国家官职,最大的贵族家族的族长就是商王。"亲贵合一"的原则,保证了奴隶主贵族对于国家权力的垄断,反映了中国古代贵族政治的鲜明色彩。

商王盘庚在动员贵族们迁都于殷的训示中,特别指出了他们的祖先同商先王有"胥及逸勤"的共政关系,并保证他们世代拥有担任国家官职即所谓"世选

---

〔62〕《尚书·甘誓》。

尔劳”的特权。[63] 这种官职世袭的影响也及于西周和春秋。《墨子·尚贤下》中说:“今王公大人,其所富,其所贵,皆王公大人骨肉之亲,无故富贵面目美好者也。”

由于商朝奴隶主贵族的家族组织和国家组织互相渗透、紧密结合,因此,在国家统治中融合家族统治的因素,族权被奴隶主贵族用作进行政治统治的手段。为此,奴隶主贵族极力渲染“尊祖敬宗”的观念,把对宗庙的祭祀列为国家大事,企图借用家族血缘关系的外衣来掩盖贵族和平民之间的对立关系,并驱使他们充当战争的工具。

甲骨文中已有关于大宗的记载。根据商朝宗法,大宗是指王室直系,只有其子继统为王者才具备直系的条件。因此,国家之王必定是大宗之长,王权和族权是统一的,王位的继统法与贵族的宗法是一致的。商朝后期自康丁至纣,王位继统不仅父子相传,而且必须嫡子继位。以嫡子继承为中心的宗法制度的逐步建立,是王权进一步加强的结果。而与王的血缘关系的远近亲疏也决定着统治集团内部权力职位的高下。

宗法族权作为政治手段,始行于夏商,至西周进一步制度化,并且长久地影响于后世,成为中国法制文明中特有的历史传统。

除族权外,商朝统治者还大肆鼓吹“神权政治”思想,把宗教迷信和政治统治糅合在一起,从精神上奴役和威慑广大奴隶和平民。他们虚构出一个称为“帝”的万能至上的神,由“帝”主宰地上的赏罚、年岁的丰歉、战争的胜负以及城邑的兴建和官吏的黜陟。以“帝”为代表的统一的一神教的创设,是商朝专制主义政治制度在宗教领域的反映。天上的“帝”,不过是地上国王的投影,因此,如同地上的王一样,“帝”也有它的“臣正”和“帝廷”。

为了借助神权来加强王权,商王把对神的崇拜和对王室祖先的崇拜连结起来,鼓吹“帝”是王的祖宗神,王是“帝”的嫡系子孙,使神权和王权合二为一,为贵族政治再涂上一层神秘的油彩,商王便经常以施予“天罚”进行威胁。商朝后期,商王企图用神权来挽救统治危机,自称为“帝”,在甲骨文中出现了“王帝”或“下帝”的字样。可见,商朝的宗教是奴隶主贵族的宗教,是专制政治的精神支柱和统治奴隶和平民的思想武器。商王对鬼神和祖先的频繁的祭祀活动,实质上是在宗教外衣掩盖下的政治性活动,虔诚的形式只不过是服务于政治统治的一种需要而已。不仅如此,商王还通过占卜借用神的意志来体现自己的意志,因此,只有史官和商王本人才有贞卜和解释卜兆的权力。正因如此,宗教事

---

〔63〕《尚书·盘庚上》。

务官在商朝国家中拥有重要地位。

见于卜辞的主要宗教事务官职有乍册、卜巫、史等,统称史官,掌管祭祀、贞卜和纪事。他们是所谓神和人之间的媒介,是神权知识的掌握者,也是国家的重要执政官,对国家活动具有重要的影响,甚而假借神意干扰王权。王国维在《释史》中特别指出:"殷商以前,大小官名及职事之名,多由史出,则史之位尊地要可知矣。"史官也是当时文书档案的垄断者和掌管者,他们负责制作和保管策命,周人所说"惟殷先人,有册有典"是可信的。[64] 商朝后期,随着王权的进一步加强,史官的权势相对下降。武乙以后,商王取得了亲自贞卜的权力,进一步削弱了史官的职权。从卜辞上看,武乙以前一般记录贞人的名字,武乙以后一般不记录贞人的名字。这不是偶然。至帝乙、帝辛时代,"王贞""王卜"基本上代替了史官的贞卜。

(二)国家管理规模的扩大与职官执掌的划分

商朝建立以后,传十代至盘庚,迁都于殷,此后国力显著发展,统治疆域达到今之河南黄河两岸地区,以及山东的大部分和河北、山西的一部分,史称"邦畿千里""四海来假"。[65] 随着国家管理规模的扩大,职官执掌的分工也初步划定,形成了以王为中心的职官管理体系。如同《尚书·酒诰》所载,"越在内服,百僚庶尹,惟亚惟服宗工","越在外服,侯、甸、男、卫、邦伯"。铜器中也有"殷边侯甸"与"殷正百辟"的铭文。[66]

所谓内服是商朝中央职官的统称。其中,有地位显赫的王的辅臣。《尚书·君奭》说:"在昔成汤既受命时,则有若伊尹,格于皇天;在太甲时,则有若保衡;在太戊时,则有若伊陟、臣扈,格于上帝,巫咸乂王家;在祖乙时,则有若巫贤;在武丁时,则有若甘盘。"这里列出的伊尹、保衡、伊陟、臣扈、巫咸、巫贤、甘盘,以及见于《史记·殷本纪》中的仲虺、傅说等人,都是商王的重要辅臣。此外,主管力役之征的司徒、工官司空、刑官司寇是重要的行政官。甲骨文中的"小耤臣""小众人臣"是管理农事的行政官。还有掌宾客的外事官"宾"。并且,开始出现内廷官,如"宰"和"小臣"。至于史官的职掌和地位见前不赘。

上述中央职官,虽形成一定的规模,但总的说来结构既不严谨,也没有确定的职权划分,这在当时是很自然的现象。

商朝也初步形成了地方管理体系。商王在直接的统治地区内,设置"百姓"

---

〔64〕《尚书·多士》。

〔65〕《诗经·商颂·玄鸟》。

〔66〕大盂鼎铭文。

和“里君”两个不同系统。“百姓”是与商王同姓或异姓的世袭贵族官职,“里君”是基层行政区域的官职。这两个地方管理体系并存,说明了商朝一方面按地域来组织和管理居民,另一方面也还利用氏族残留的血缘关系进行统治。

在商王直接统治区外设立的诸侯,统称“外服”职官,如“侯、甸、男、卫、邦伯”[67]。除此之外,周文王称西伯,《楚辞·天问》与《韩非子·难言》中有“梅伯”,见于《史记·殷本纪》的还有九侯、鄂侯、崇侯虎等。上述侯、伯具有较高的地位。《战国策·赵策》说:“昔者,鬼侯、鄂侯、文王,纣之三公也。”其中一部分是国王分封于地方的庶子。史书说:“其后分封,以国为姓,有殷氏、来氏、宋氏、空桐氏、稚氏、北殷氏、目夷氏。”[68]周初实行的封建实际是导源于此。另一部分是臣服于商朝的、大小不等的邦国或部落的首领。凡由商王派遣到边境或各地据点的贵族诸侯,也有自己的政治组织和武装,他们接受商王的辖制和封号,是商王统治地方的代理人,并对商王负有贡纳和代为征伐的义务,并需定期“来觐”“来见”。《诗经·商颂·殷武》说:“昔有成汤,自彼氐羌,莫敢不来享,莫敢不来王,曰商是常。”商王也要保护侯、伯等不受侵犯,并亲自为他们祈年,如卜辞中的“犬受年”“沚受年”。但是,臣服的方国和部落所拥有的土地和人民并非商王所赐,它们与商之间的臣属关系非常薄弱。例如,周虽尊商为“大邦”“大商”,自称“子邦”,但对属于周的周围部落则自称大邦。方国侯伯的两重身份说明了它们拥有独立性;尤其是商朝武力征服的方国,经常随着商朝国力的盛衰而时服时叛。不仅如此,一些方国的统治者也力图向外扩张实力。因此,商同各方国之间的战争连绵不绝。卜辞中常见的“告某方”,就是某方国背叛,商王起兵讨伐,祷告天地,请求保佑。卜辞中也有将被征服的方伯用作祭祀商王祖先和神祇牺牲的记载。

此外,甲骨文中出现的“邑”,是由一定数量的奴隶和土地构成的单位,可以用于赏赐或交换。有的邑在性质上相当于基层组织。从“邑”的设置来看,或因王巡视而设,或设于新征服地区;总之,具有明显的政治目的,是巩固商朝统治的基层据点。卜辞中所谓“土方牧我田十人,东鄙戋二邑”,就是失去二“邑”而上报商王。商朝的国都称为天邑,如“天邑商”。商初司空咎单还作明居之法,即划分居住区域安置居民的法规。

(三)立法内容有所充实

据史书记载,商灭夏时,夏太史令终古曾“出其图法……出奔如商”,为此,

---

〔67〕《尚书·酒诰》。

〔68〕司马迁:《史记》卷三《殷本纪》,中华书局2000年版,第80页。

"汤喜而告诸侯曰,夏王无道暴虐百姓……守法之臣,自归于商"[69]。"守法之臣,自归于商",给汤带来了极大的喜悦,充分说明了汤对于法律文书的重视。而又遍告诸侯,显示商之代夏既顺天意,又合民心。正由于商统治者法观念的加强,灭夏以后,针对新的形势,迅速开始了立法工作。《左传·邵公六年》说:"商有乱政,而作汤刑。"汤刑也如禹刑一样,是商代法律的总称,以汤为名,表示对商族杰出领袖和开国之君汤的怀念和崇敬。

传至汤长孙太甲为国王时"不遵汤法,乱德"[70],肆行暴虐,使国势衰颓,社会秩序混乱。为了稳定统治,祖甲二十四年"重作汤刑"[71]。"重作汤刑",可以理解为,为了匡正衰颓的国势和混乱的社会秩序,而对商初的法律进行修订。

甲骨文中"作辟"也是立法的记录;"辟"不单是指刑辟,也是法的通称。

不仅如此,商初统治者还吸取夏朝从孔甲起"好方鬼神,事淫乱"[72],招致败亡的教训,特别"制官制,儆于有位"。《孔传》说:"汤制治官刑法,以儆戒百官。"其主要内容是:"敢有恒舞于官,酣歌于室,时谓巫风。敢有殉于货色,恒于游畋,时谓淫风。敢有侮圣言,逆忠直,远耆德,比顽童,时谓乱风。惟兹三风十愆,卿士有一于身,家必丧;邦君有一于身,国必亡。臣下不匡,其刑墨,具训于蒙士。"[73]《尚书·伊训》虽不足以确证商之官刑,但在《墨子·非乐上》中亦有"先王之书,《汤之官刑》有之,曰:'其恒舞于宫,是谓巫风。其刑,君子出丝二卫,小人否'"的记载,而且首列"先王之书"为言,似不为无据。商周统治者都是重视总结前朝兴衰的历史经验的,夏朝之亡必将予汤以警示和启迪,从而初步认识到严法治官的必要性和重要性。

随着王权的膨胀,商王的命令成为法的主要渊源。《尚书·汤誓》说"尔不从誓言,予则孥戮汝";《尚书·盘庚》说"矧予制乃短长之命……听予一人之作猷……惟予一人有佚罚""我乃劓殄灭之无遗育"等,都说明了这一点。

汤刑的内容仍按宗法制度以不孝为重罪,《吕氏春秋·孝行》引《商书》说:"刑三百,罪莫重于不孝。"高诱注云:"商汤所制法也。"传说,伊尹放太甲的原因之一,就是太甲不明居丧之礼。但适应王权膨胀的时代特点,凡不从王命、侵犯王权、任意变更法律等都处以重刑。商汤在伐夏的誓师令中宣布:"尔不从誓言,予则孥戮汝",而且"罔有攸赦"[74],即绝不宽恕。盘庚曾明确宣布:"颠越不

---

〔69〕《吕氏春秋·先识》。

〔70〕司马迁:《史记》卷三《殷本纪》,中华书局2000年版,第72页。

〔71〕《竹书纪年》。

〔72〕司马迁:《史记》卷二《夏本纪》,中华书局2000年版,第63页。

〔73〕《尚书·伊训》。

〔74〕《尚书·汤誓》。

恭,暂遇奸宄”为重罪。[75] 所谓“颠越不恭”,意为狂妄恣肆,不守法纪,不敬国王。所谓“暂遇奸宄”,意为危害政权,犯法作乱,凡乱起于外者为奸,起于内者为宄。对于以上犯罪,“劓殄灭之无遗育,无俾易种于兹新邑”[76]。就是斩尽杀绝、不留遗类,从而显示了商王的权威与刑法的锋芒所向。

《礼记·王制》中还有以下记载:“析言破律,乱名改作,执左道以乱政,杀;作淫声、异服、奇技、奇器,以疑众,杀;行伪而坚,言伪而辩,学非而博,顺非而泽以疑众,杀;假于鬼神、时日,卜筮以疑众,杀。”以上四端称为“四诛”,犯者诛不待时。《礼记·王制》是汉文帝时博士诸生所作,其中商制占较大比重,可以作为探讨商周法制的参考。“四诛”的罪名,都和维护王权至上的专制政体密切相关。

除此之外,见于商朝文献的还有以下两种罪名:

(1)舍弃穑事罪。商汤伐夏时宣布的夏桀的一条罪名是,“我后不恤我众,舍我穑事……夏王率遏众力,率割夏邑”[77]。中国古代以农立国,如果舍弃穑事,不及时从事农业生产,将会危及生存和社会的安定。商汤以此对夏桀大张挞伐,意在争取夏民。

(2)弃灰于公道罪。据《韩非子·内储说上》记载,“殷之法”,“弃灰于公道者断其手”。公道是往来通行的大道,弃灰于公道处以断手之刑。对于这道严法,据说孔子是支持的。仲尼曰:“知治之道也。夫弃灰于街必掩人,掩人,人必怒,怒则斗,斗必三族相残也,此残三族之道,虽刑之可也。且夫重罚者,人之所恶也,而无弃灰,人之所易也,使人行之所易而无离所恶,此治之道。一曰,殷之法,弃灰于公道者,断其手。子贡曰:‘弃灰之罪轻,断手之罚重,古人何太毅也?’曰:‘无弃灰,所易也;断手,所恶也。行所易,不关所恶,古人以为易,故行之。’”[78]

关于弃灰之法,战国时人已有不同认识。清代沈家本在《历代刑法考·律令》中认为,“此法太重,恐失其实,即前后两说已不甚同矣”。从殷墟的发现中可以看出,商时的公道并不宽广,如弃灰于公道既不利于交通,也妨碍了及时征伐或镇压奴隶反抗的兵车之行的需要,故处以断手刑。

至于商朝的刑罚,据典籍记载源于夏五刑而有所损益。“夏后氏之王天下

---

〔75〕《尚书·盘庚中》。

〔76〕《尚书·盘庚中》。

〔77〕《尚书·汤誓》。

〔78〕 韩非著,张觉译注:《韩非子·内储说上》,贵州人民出版社 1992 年版,第 495 ~ 496 页。

也，则五刑之属三千，殷周于夏，有所损益。”[79]所谓五刑，即墨、劓、刖、宫、大辟。但夏时五刑还没有成为稳定的法定刑，更不可能有三千条系统的用刑规定。至商朝，无论典籍或甲骨文中均有五刑的记录。见于甲骨文的有“劓”、“刖”（商时仅有刖一足刑，而无差等）、“杀”、“辟”、“㓷”，以及象征火烧的“戋”刑，象征梏其两手的“[illegible]”刑，和“执置之圉，仍梏其手”的“[illegible]”刑。古书记载中还有“天刑”（黥额）以及一人犯罪杀戮全家的所谓“罪人以族”即“劓殄”灭之和妻子为奴以供牺牲等酷刑。

商朝末代国王纣暴虐无道，为了挽救崩溃的危机，他“不迪率典”，实行法外极刑。《史记·殷本纪》说，“纣乃重刑辟，有炮格之法”，“烙醢九侯……并脯鄂侯”，“剖比干，观其心”。所谓炮烙（亦称炮格）之法，是在铜柱上涂油，下燃炭使热，令有罪者行其上，辄坠炭中烧死。据说，周灭商之前，周文王曾“请入雒西之地，赤壤之国方千里，以请解炮烙之刑”。对此，孔子赞美说：“仁哉文王，轻千里之国，而请解炮烙之刑；智哉文王，出千里之地，而得天下之心。”[80]

另《史记·殷本纪》载：“九侯有好女，入之纣。九侯女不喜淫，纣怒，杀之，而醢九侯。”“鄂侯争之彊（强），辨之疾，并脯鄂侯。”

除死刑、肉刑外，已有徒刑，即将罪犯拘系使其劳作的刑罚。《史记·殷本纪》说：“武丁夜梦得圣人，名曰说（悦）。以梦所见视群臣百吏，皆非也。于是，乃使百工营求之野，得说于傅险中。是时说为胥靡，筑于傅险。见于武丁，武丁曰是也。得而与之语，果圣人，举以为相，殷国大治。”《史记·集解》引孔安国曰：“傅氏之岩在虞虢之界，通道所经，有涧水坏道，常使胥靡刑人筑护此道。”说明在傅岩之地有从事修筑道路的刑徒和奴隶。胥靡，是古代奴隶的一种称谓。徒刑的出现反映了劳动力的价值与法制文明的进步。

商朝法制文明的进步还表现为民事、经济法律规范的出现。

随着私有制的形成与等级分化，必然发生氏族社会所未曾有过的财产关系与人身关系，并且需要以法律进行调整，由此而逐渐产生了民事法律规范。其主要内容是确认等级身份，保护所有权，调整债权债务，建立婚姻与继承制度，等等。与此同时，也出现了调整经济关系的法律规范。

商朝的民事与经济法律内容比较简单，更没有形成体系，但作为一种调整特殊对象的法律规范确实是存在的。

在奴隶占有制度下，社会分裂为奴隶和奴隶主两个对立阶级。奴隶的主要

---

〔79〕 房玄龄：《晋书》卷三十《刑法志》，中华书局2000年版，第596页。

〔80〕 韩非著，张觉译注：《韩非子·难二》，贵州人民出版社1992年版，第821页。

来源是战俘,也有一些平民因犯罪而沦为奴隶即“罪隶”。他们是商朝社会被统治和被剥削的阶级,同时也是创造社会财富的最基本的阶级。但他们不仅过着牛马般的生活,连生命也无任何保障,而经常被当成“人殉”“人牲”惨遭杀害。发掘出的商代贵族陵墓,有的一墓“人殉”竟达四百人之多。甲骨文中的“丧众”“逆众”,记载了奴隶的反抗和斗争。

奴隶之外“小人”是商代社会的“平民”阶层,享有完整的民事权利。他们可以从贵族那里得到土地进行生产,在身份上是自由的,并且是商朝军队的主要成员。小人的政治倾向在一定程度上影响着商朝的国家活动。小人也要向贵族缴纳贡税,并经常被贵族利用成为战争的工具。他们的社会地位极不稳定,常因军事服役、赋税或天灾人祸而破产,或者因犯罪而沦为奴隶。商后期小人反抗贵族统治的斗争和奴隶起义逐渐合流,标志着商朝统治陷入深刻危机。

与广大奴隶处于对立地位的是奴隶主贵族阶级,即典籍中所说的“王侯”、“王族”、“子族”、“邦伯师长百执事”和“百姓王人”等。他们是由原来的部落联盟的各级首领和军事集团的领袖转化而来的。他们掌握了国家权力,在组织奴隶制的生产和消除氏族制落后残余方面表现出一定的历史积极作用。

商朝最基本的生产资料——土地,采取国有形式。商王享有最高的土地所有权,由商王分配给贵族使用,分得土地的贵族们只享有土地的占有、使用和管理权,至于土地的所有权与处分权仍归商王。武丁时期的重要将领沚馘获得土地后,受到土方、吉方侵犯,遂及时向商王报告如下:“癸巳卜,𡧊贞,旬亡囚,王占曰:有祟,其有来艰。迄至五日丁酉,允有来艰,自西。沚馘告曰:‘土方征于我东鄙,[𢦏]二邑,吉方亦侵我西鄙田。’”这说明沚馘只有土地的管辖权,当所有权受到侵犯时,需要及时禀报商王求援。获得土地占有使用权的贵族们,也要向商王缴纳贡赋。

需要指出的是,一些接受商王统治的诸侯国的土地所有制与商王直辖区有所不同。《史记·殷本纪》载:“(殷纣王时)西伯出而献洛西之地,以请除炮格之刑。纣乃许之,赐弓矢斧钺,使得征伐。”说明西伯(周文王)虽臣服于商,但土地的所有权仍属西伯,并未发生变化。

除土地外,奴隶也是重要的所有权客体;他们和其他牲畜、工具一样,都是贵族们的财产,可以作为买卖或赏赐的对象进行转让,以至于随意杀害。安阳小屯宗庙宫寝遗址南部的一座祭坛上及其周围便发现了许多以人、畜作为祭祀牺牲的遗迹。

在甲骨文中记载了不断发生的掠夺土地、牲畜、奴隶的侵权行为,如“告土方牧我田十人”。对此或控诉于商王,或请求商王以武力排除。

在婚姻与继承的关系上,商朝占统治地位的婚姻形态是一夫一妻制。从史书记载和卜辞中证实了在三十一位商王中,绝大多数为一夫一妻,如成汤配妣丙,大甲配妣辛。王犹如此,可见一斑。但是,无论王或贵族往往于正妻之外大量娶妾,武丁时庶妻多至六十四人。《史记・殷本纪》说纣也"嬖于妇人"。为了保证贵族男性可以占有数量不等的庶妻,在贵族之间实行以"娣"随嫁的"媵嫁"制度。商代妻妾的多少是和奴隶主贵族的地位、权力、财产状况成正比例的。然而,女子却只能有一个丈夫。《易・渐・九三》载"夫征不复,妇孕不育,凶",说明丈夫出征期间妻子与他人发生两性关系是非法的,所生子女不得养育。

随着宗法系统的确立,王位继承由兄终弟及转向父死子承。具体说来,康丁之前,大致是兄终弟及与父死子继等多种继承方式交替并行,康丁、武丁、文丁、帝乙、帝辛五世皆为父子相继。在王权与宗法双重关系的作用下,嫡长子继承制终于取代了兄终弟及制。至帝乙时,"有妻之子而不可置妾之子"[81],已被严格确定为法律。"帝乙长子曰微子启,启母贱,不得嗣。少子辛,辛母正后,辛为嗣。帝乙崩,子辛立,是谓帝辛,天下谓之纣。"[82]《吕氏春秋・当务》记述纣继承王位事更为详细:"纣之同母三人,其长曰微子启,其次曰中衍,其次曰受德,受德乃纣也,其少矣。纣母之生微子启与中衍也,尚为妾,已而为妻而生纣。纣之父,纣之母欲置微子启以为太子,太史据法而争之曰:'有妻之子,而不可置妾之子。'纣故为后。"《尚书・无逸》所载周公对成王的告诫中也涉及商朝的王位继承问题。"其在祖甲,不义惟王。"马融解释:"祖甲有兄祖庚,而祖甲贤,武丁欲立之,祖甲以王废长立少,不义。"[83]可见,当时嫡长子继承制已获得公认。嫡长子继承权的确立是统治阶级内部为保证其财产权和政治特权不受侵害以及维持内部秩序而实行的一种制度,至周朝进一步法律化,并为以后的封建王朝所承袭。

商朝的经济法律还很粗疏,主要是赋税与货币的法律规范。

商朝的赋税集中表现为田赋。《孟子・滕文公上》说:"夏后氏五十而贡,殷人七十而助,周人百亩而彻,其实皆什一也。"五十、七十、百亩是计算租赋的土地单位,而"助者,藉也",藉即借,是借助奴隶的劳动力耕种公田的一种力役剥削制度。但夏商有关贡赋的记载在文献中均不多见。

商代的货币主要是"贝"。贝原是一种装饰品,在交换不断扩大的过程中发

---

〔81〕《吕氏春秋・当务》。

〔82〕司马迁:《史记》卷三《殷本纪》,中华书局2000年版,第76页。

〔83〕司马迁:《史记》卷三十三《鲁周公世家》,中华书局2000年版,索隐马融注,第1273页。

展成一般等价物——货币。盘庚称贝玉为“好货”“货宝”。他命令臣民迁居时,一定要“具乃贝玉”[84]。商王和贵族们常常用贝赏赐臣下。甲骨文中“寳”“贮”“買”等字,也都以贝象征财富。在殷墟周围的墓葬中,大都发现了随葬物贝,多者二十余枚,少者一枚。据金文和甲骨文记载,贝以朋为单位。至于每朋是多少贝,则无定说。据郭沫若考证“十贝一朋”[85]。商王赏赐臣下少者一朋,多者达廿朋。例如,“庚戌……贞赐多女贝一朋”[86],“丙午,王赏戍嗣子贝廿朋”[87]。

以上可见,商朝作为奴隶制大国,其法制文明发展的程度不仅远超夏代,而且对继起的周朝也有一定的影响。周初政治家周公旦在训诫诸弟如何统治商族遗民时,一再提到“惟殷先人,有册有典”[88],“罚蔽殷彝,用其义刑义杀”[89]。战国时荀况在谈到法律的发展沿革时特别指出:“刑名从商。”[90]汉时董仲舒也有“殷人执五刑以督奸,伤肌肤以惩恶”的论断。[91]

(四)神权法影响下的司法制度

在司法审判中,无论是定罪还是量刑都常常通过占卜取得神判,卜辞中“兹人井(刑)不”[92]就是卜问神灵可否施以肉刑的记录。但是,作为上帝在人间代表的商王,拥有最高的审判权,所谓“惟予一人有佚罚”[93]。有时王的判决也借助卜问神灵的形式取得更为威慑的力量,如卜辞“贞:王闻惟辟”,“贞:王闻不为辟”[94]。但随着神权的下移,司法审判中重人事的现实主义倾向也有所加强。

商王以下,“司寇”是中央司法机关之长。畿内之地,设有“士”与“蒙士”执掌司法,审理各类案件。畿外的地方司法官为“正”与“史”,遇有重大案件不得擅断,须报请司寇复审,说明商朝已有了初步的审级划分。至于受封诸侯则享

---

〔84〕《尚书·盘庚》。

〔85〕郭沫若:《甲骨文字研究·释朋》,载《郭沫若全集》(考古编)(第1卷),科学出版社1962年版,第110页。

〔86〕郭沫若:《甲骨文字研究·释朋》,载《郭沫若全集》(考古编)(第1卷),科学出版社1962年版,第112页。

〔87〕戍嗣子鼎铭文。

〔88〕《尚书·多方》。

〔89〕《尚书·康诰》。

〔90〕《荀子·正名》。

〔91〕班固:《汉书》卷五十六《董仲舒传》,中华书局2000年版,第1907页。

〔92〕《殷契佚存》八五零。

〔93〕《尚书·盘庚上》。

〔94〕《殷墟文字乙编》四六零四。

有较大的司法权。

商朝囚禁犯人的监狱,也叫"圜土",即在地下挖成圆形土牢,或在地上围起圆墙,以拘禁罪人。《墨子·尚贤下》说:"昔者傅说,居北海之州,圜土之上。"傅说就是囚禁在这种土牢里的刑徒。《史记·殷本纪》说:"纣囚西伯(即周文王)里",身戴桎梏达七年之久。《史记·正义》曰:"牖,一作'羑'音酉。"因此,"牖里"或作"羑里",便成为商朝监狱的所在地。"羑里"在今河南汤阴县北。甲骨文有"圉"字,象征带着刑具的犯人被囚禁在方形的土牢里。据清人段玉裁考证,"圉为囗幸,幸为罪人,囗为拘之"。甲骨文中的"㝵圉""冰圉""爻圉"是不同地区的监狱。"圉"像在牢狱里放置项枷一类刑具。再如,甲骨文中的"婞"字,像戴手梏的囚犯跽禁在狱中。殷墟出土的地牢,无疑是商朝监狱的确证。

井田制发展了农业生产,也推动了畜牧业的繁盛,手工业也出现了较细致的分工,商品生产和交换的范围逐渐扩大,并出现了货币。特别是青铜器的铸造,标志着商朝社会生产力所达到的水平。

第二章　中华法制文明早期发达形态的西周法制

（公元前11世纪～公元前770年）

周原是商朝西北方属国，甲骨文中"命周侯"和"寇周"的记载，说明了周对商保持着时叛时服的关系。周在灭商以前，已经完成了由原始氏族制度向早期奴隶制国家的转化过程，成为威胁商朝的西北方许多小国的共主。武王灭商以后，建立了中国历史上著名的西周王朝，也是三代法制文明的发达形态。

周初，在以华夏文化为主体的基础上，注意吸收诸夷文化的精华。著名的思想家、政治家周公吸收了商末重刑辟招致亡国的教训，提出"明德慎罚"的主张，将敬天与保民联系在一起，还制礼作乐，形成了礼乐刑政综合为治的治国方略。"明德慎罚"与礼乐刑政综合治国，构成了西周法制文明的核心内容，具有极高的理论价值与实践意义，对后世影响深远。

一、建立诸侯拱卫、王室独尊的国家体制

西周仿夏商旧制，建立了以国王为首的奴隶主贵族阶级专制主义的政治制度。凡属国家大事概由王命决定，所谓"礼乐征伐自天子出"[1]。商时象征王权至高无上的"予一人"的称号，仍然为周王所垄断，如大盂鼎铭文"夙夕诏我一人"，毛公鼎铭文"虔夙夕惠我一人""予一人在位"。在《尚书》中周王"余一人"

---

〔1〕《论语·季氏》。

的自称也屡有所见。

为了建立周朝对全国的统治,巩固以宗周为中心的根据地,周初实行“以藩屏周”为目的的大规模的封邦建国。将土地、人民分封给同姓子弟、姻亲和功臣,所谓“受民受疆土”[2],“胙之土而命之氏”[3]。据古籍记载,武王、周公、成王曾先后建置七十一国,周贵族一般都得到封地做了大小诸侯。封邦建国形成了诸侯拱卫、王室独尊的统治系统。受封的各诸侯国共尊周王为天下共主,承担拱卫王室、缴纳贡物、朝觐述职、守卫疆土、参加征伐等义务。同时,按照洛邑的模型和西周的法制建立起封国的统治机构和礼乐刑政。

金文“三事令”“四方令”关于成王命令各封国主要职官“谨于职位”的记载,说明了周朝的政令已经可以下达到各封国。

但是,受封的各诸侯国,无论在经济、政治和军事上,都具有相对的独立性。诸侯在封国内再将一部分土地和人民分赐给卿大夫作为“采邑”,士再从大夫处得到“禄田”。周王与诸侯、卿大夫之间互相享有固定的权利和义务,形成了等级从属关系和重叠的统治网。周初封建是周贵族在全国范围内确立其统治体系的最重要的政治措施。通过封建形成的国家结构形式,含有统一天下于一尊的意义,比起商朝的小邦林立显然是一个进步。在周初建置的七十一国中,武王兄弟之国和周族同姓之国占五十三,这说明分封是和宗法密切联系在一起的;封国与宗周之间的关系,既是宗法血缘关系,又是政治从属关系。在血缘与政治二重原则的作用下,构建成典型的宗法国家。

还在商朝末期,王位继承和宗法关系已经开始糅合在一起,从而赋予宗法以明显的政治性质。周朝建立以后,为适应封邦建国的政治需要,建立起一套远比商朝完备的宗法制度。

《礼记·大传》记载:“别子为祖,继别为宗,继祢者为小宗。有百世不迁之宗,有五世则迁之宗。百世不迁者,别子之后也。宗其继别子之后出者,百世不迁者也。宗其继高祖之后者,五世则迁者也。尊祖,故敬宗;敬宗,尊祖之义也。”

周王自称上帝的长子,因而是天下的大宗,同姓诸侯则为小宗。诸侯在封国内是大宗,卿大夫则为小宗。卿大夫又是所在采邑内的大宗。无论王位、诸侯国君位以至卿大夫位,都由嫡长子世袭,因此,贵族的嫡长子(宗子)总是不同等级的大宗。大宗不仅享有对宗族成员的统治权,还享有政治上的特权,宗法

[2] 大盂鼎铭文。
[3] 《左传·隐公八年》。

系统上的等级和政治上的等级是一致的,这是西周政治制度中的一个显著特点。

宗法制度不仅是各级贵族的继承法,也是区别贵族等级的标准。血缘关系的亲疏,确定政治等级的高下,从而形成了"王臣公,公臣大夫,大夫臣士"〔4〕,"天子建国,诸侯立家,卿置侧室,大夫有贰宗,士有隶子弟"的政治阶梯。〔5〕

由此可见,宗法制度是在血缘外衣掩盖下的、以加强王室权力为中心的、统治广大平民的重要工具。宗法上的等级名分由于得到礼的确认和论证,而更具有确定性和约束力,进而巩固了贵贱有等、上下有别、尊卑有序的等级制度。周王不仅是名义上的全国土地最高所有者,还拥有众多的直接领地——"王畿";不仅有指挥全国军队的最高军权,还控制着当时最强大的军事力量——六军。此外,周王还握有最高的立法权和司法权。周王所握有的雄厚的经济力量和强大的军事力量是王权的重要支柱。

周王以下,建立了卿事寮和太史寮两类中央管理机关体系。卿事寮以卿事(士)为长,一般由太师和太保担任。太师和太保是周王的辅弼之官,他们"论道经邦,燮理阴阳"〔6〕,因而总是由具有丰富统治经验的大贵族担任。例如,成王亲政以后,"召公为保,周公为师"〔7〕,"相王室以尹天下"。西周铜器铭文中也有师保亲自率兵征伐的记载。但师保之官经常是因人而设,所谓"官不必备,惟其人"〔8〕。周公长子伯禽曾以鲁侯而兼宗周的卿事。令彝铭文说:"周公子明保尹三事四方,受(授)卿事寮……舍三事令,眔(及)卿事寮,眔诸尹,眔里君,眔百工,眔诸侯。侯、甸、男,舍四方令。"

除此之外,卿事寮所属的政务官还有司徒、司马、司空、司寇。司徒在金文中称作"土",主要管理藉田,如"令汝乍嗣土,官耕嗣田"〔9〕,也兼管仓廪、山林川泽和赋役征收。司马管理军政、军赋、军令。司空金文称作"工",管理城郭、宗庙、宫室的兴建及百工职事,所谓"司百工"〔10〕。司徒、司马、司空合称"三有司"。另设司寇管理司法,在中央政府中设置专门的司法机关,说明司法已经成为国家活动的一个重要方面。周初武王弟康叔曾担任过司寇,可见司寇在国家机关中的地位。三司和司寇都是由最显要的贵族兼任。

---

〔4〕《左传·昭公七年》。
〔5〕《左传·桓公二年》。
〔6〕《尚书·周官》。
〔7〕《尚书·君奭序》。
〔8〕《尚书·周官》。
〔9〕 䝨殷铭文。
〔10〕 蔡簋铭文。

与卿事寮并列的另一类管理机关系统是太史寮,主要由太史、太祝、太卜、太宰、太宗、太士组成,通称"六太"。太史寮是天子左右的办事官。其中,太宰是"六太"之长,管理王室的奴隶和财务,可以代表周王发号施令,是周王最亲信和最得力的助手,经常由师保兼任,周公和召公都曾兼任过太宰。太史掌管起草文书、记载史事、保管国家典籍以及负责天文、历法、祭祀等事,是周朝职权显赫的重要官职之一。太宗又称宗伯,掌管宗庙祭祀礼仪,是西汉时宗正的前身。太祝掌管"社""稷"的祭祀和礼仪。太卜掌管占卜和祷祝。太士掌管司法。"六太"中的太卜、太祝、太宗虽仍带有宗教官的性质,但其职权以及对国家所起的作用,都较商朝史官逊色。

"六太"之外,还有掌管册命的"作册",出纳王命,宣读命书的"内史"等官职和宫廷机关组织,如负责宫廷武装侍卫的"虎臣",掌管周王膳食的"膳夫",管理周王马匹的"趣马"以及小尹、缀衣、左右携仆、百司、庶府。这些官职由于经常接近周王,因而不同程度地参与和影响国家政务。譬如,太宰既是重要的行政官职,也是宫廷机关的首领;正是由于他最接近周王并获得周王信任,才使这个官职居于显赫的地位。

周朝也初步形成了地方行政管理系统。根据《周礼》《尚书》等古籍记载,都城周围百里为郊,郊内设乡,郊外设遂。乡以乡大夫"掌其乡之政教禁令"[11],遂以遂大夫"掌其遂之政令"[12]。周王王畿之内有六乡六遂。

乡遂以下设邑,具有基层组织的性质,规模一般不大,如"十室之邑"。邑设里胥和邻长。

由于对奴隶和平民实行分别管理的原则,行政区域有"国""野""都""鄙"的划分。贵族和平民以及直接为贵族服务的工商奴隶,居住在"国"或"都",即大邑之中。大部分奴隶则居住在"鄙"和"野",所谓"君子居国,小人居野","都鄙有章,上下有服"[13]。奴隶们由于劳动分工的不同而被分别编制在不同的居住地,有"工商之乡"和"庶人之乡",设置专职官吏进行管理,既不许混淆杂居,也不许随便迁徙。

总括上述,随着周王共主地位的形成,以周王为首的中央政府有效地支配着国家活动。为周王服务的宫廷机关也逐渐形成系统,并执掌着一定的行政权力。宗法制度的确立,使得政权、族权和王权更加紧密地结合在一起。周王既操纵国家机关组织,也操纵宗族组织,并赋予国家统治以宗族统治的外观,国家

---

〔11〕《周礼·地官司徒·乡大夫》。
〔12〕《周礼·地官司徒·遂大夫》。
〔13〕《左传·襄公三十年》。

宛如姬姓家族的放大体。遵宗法行事指导了封邦建国的重要国家活动,也是行政管理的一项基本原则。与此相适应,神权政治色彩有所淡化,宗教事务机关失去了对国家大事的控制权。为了调整宗周与封国的权利义务关系,礼与法都发挥了控制手段的作用,最终建立了以宗周为中心的许多封国组成的奴隶制大国。

二、实行礼、乐、政、刑综合治国的方略

从夏朝建国发展至周已历时一千余年,对如何管理国家已积累了相当丰富的经验。面对灭商以后极其尖锐、复杂与危险的形势,为了巩固周政权,杰出的政治家、思想家周公旦进行了一系列平定叛乱、建立各种制度的重大活动,史载"一年救乱,二年克殷,三年践奄,四年建侯卫,五年营成周,六年制礼、作乐,七年致政成王"[14]。周公制礼作乐立政建刑是相互联系在一起的,是建设整个上层建筑的伟大创举,开创了运用各种手段综合治国的先例。所谓制礼,就是依照尊尊、亲亲的原则,将流行的礼的规范(包括制度性的和礼仪性的)加以整理,使之进一步系统化、制度化。其核心是制定"王臣公,公臣大夫,大夫臣士"的贵族之间的等级礼仪和礼制。[15] "礼不下庶人"概括地显示了礼的特权性。通过制礼,建立了以周天子为核心的金字塔式的等级结构。通过这个等级结构,国家得以运作,统治得以巩固。故而,礼列为四种治国手段之首。

礼除调整贵族间的行为规范以及权利与义务外,还涉及政治、经济、军事、行政、法律、社会、宗教、教育、伦理、习俗等诸多方面,所谓上自"君臣朝廷尊卑贵贱之序,下及黎庶车舆衣服宫室饮食嫁娶丧祭之分"[16]。经过制礼,使君臣有位、尊卑有等、贵贱有别、长幼有序,因此礼被视为固国家、定社稷的根本。孔子也说,"安上治民莫善于礼"[17]。春秋时,鲁国还保存周公所制之礼。季文子在追忆周公的功德时说:"先君周公制周礼,曰:'则以观德,德以处事,事以度功,功以食民。'作誓命曰:'毁则为贼,掩贼为藏;窃贿为盗,盗器为奸。主藏之名,赖奸之用,为大凶德,有常无赦!'在《九刑》不忘。"[18]

"乐"为六经之一。制礼与作乐紧密联结,说明乐是为礼服务,为贯彻礼而

[14] 《尚书·大传》。

[15] 《左传·昭公七年》。

[16] 司马迁:《史记》卷二十三《礼书》,中华书局 2000 年版,第 1023 页。

[17] 《孝经·广要道》。

[18] 《左传·文公十八年》。

作。如果说礼的内容是贵族间的礼仪与礼制，那么乐就不仅是天子庙堂之乐，贵族、诸侯、卿大夫之间也各有与其身份相适应的乐。其中《大雅》是古乐，《小雅》是新乐，《颂》是庙堂乐歌，《雅》是宫廷乐歌，至于《国风》多是民间乐歌。通过作乐，移风易俗，归附的诸侯部落增强了向心力与亲和力。孔子说，“移风易俗莫善于乐”〔19〕。作乐还可以使人们的内心世界得到陶冶和净化，向着善的境界“求同”，进而使社会臻于和谐，国家趋于安定。以梦周公来表达对于周公治绩追慕的孔子曾说，“在齐闻韶，三月不知肉味”〔20〕，充分说明乐的感召力。

不仅如此，乐还反映时代的趋向和政治的兴废，因而有治世之音、乱世之音、亡国之音。“治世之音，安以乐，其政和；乱世之音，怨以怒，其政乖；亡国之音，哀以思，其民困。声音之道，与政通矣。”〔21〕礼与乐的关系是：礼用以辨异，即区分贵贱等级；乐用以求同，即缓和上下矛盾。所谓“乐者为同，礼者为异。同则相亲，异则相敬”〔22〕。礼有乐配合，就可以达到“暴民不作，诸侯宾服，兵革不试，五刑不用，百姓无患，天子不怒”的状态。〔23〕故而，孔子主张“兴于诗，立于礼，成于乐”〔24〕。

周公制礼作乐最为史书称道，所制礼乐是西周建立国家制度及其运行机制的大经大法，其对后世的影响极为深远。

礼乐虽有治世之功，但它或从正面的设范立制，或焕发人们内在美好的情操，如无强制性的政权和法律的保障也不可能发挥其应有的功能。因此，周公制礼作乐的同时也致力于政权与法制的建设。从上述鲁国季文子的回忆中也清楚地说明了这一点。

“政”，主要是设官分职，建立政权机构。《尚书·立政》说：“立民长伯，立政，任人，准夫，牧，作三事；虎贲，缀衣，趣马，小尹，左右携仆，百司，庶府，大都小伯、艺人表臣，百司，太史，尹伯，庶常吉士，司徒，司马，司空，亚，旅，夷，微，卢，烝，三亳，阪，尹。”可见，西周已建立了以周天子为最高权力的政权机构，包括枢密近臣、政务官、处理诸侯国和边疆事务官，等等。西周在宗法制度支配下仍然实行“亲贵合一”的政权组织原则，贵族卿大夫经周天子册命享有世代为官的特权，即所谓“世卿制度”。

周初实行的封邦建国，还形成了以宗周为中心、诸侯国拱卫的国家结构形

〔19〕《孝经·广要道》。
〔20〕《论语·述而》。
〔21〕《礼记·乐记》。
〔22〕《礼记·乐记》。
〔23〕《礼记·乐记》。
〔24〕《论语·泰伯》。

式,相互承担着法定的权利义务。

“刑”是法的通称,不单指刑罚。周初在明德慎罚政策思想的指导下进行立法活动。如同鲁季文子所记述的那样,“毁则为贼,掩贼为藏,窃贿为盗,盗器为奸。主藏之名,赖奸之用,为大凶德,有常无赦!在《九刑》不忘”[25]。所谓“九刑”,《左传·昭公六年》记载:“周有乱政,而作九刑。”三国时吴人韦昭注《左传》时说:“所谓九刑,正刑五(墨、劓、剕、宫、大辟)及流、赎、鞭、扑也。”“九刑”既为九种刑罚,又可视为刑书九篇。

为贯彻明德慎罚的政策要求,在立法上形成了刑罚世轻世重的因时立法原则和一系列从实际出发区别用刑的慎刑原则,其影响极为深远。

以上充分说明了礼、乐、政、刑四者是一个相互连接的运动着的整体,是上层建筑中完整的体系,标志着国家制度建设的进步。

周在灭商建立周朝统治以后,亟须在广大疆域内建立贵贱有别、上下有等、尊卑有序的秩序,借以稳定周朝统治的社会基础,巩固统一的政权。正是在这样的历史背景下应运而生的周公制礼获得了极大的成功。礼不仅冠于乐、政、刑之首,而且贯穿于乐、政、刑的活动之中,指导着它们运作的方向。

后人在论及周公制礼时,也为我们进一步揭示了礼、乐、政、刑相互间的关系:

礼与乐的关系:“乐也者,情之不可变者;礼也者,理之不可易者也。乐统同,礼辨异。礼乐之说,管乎人情矣。”孔颖达注疏曰:“乐主和同,则远近皆合;礼主恭敬,则尊卑有序。”[26]高诱注疏曰:“礼所以经国家、定社稷、利人民;乐所以移风易俗、荡人之邪、存人之正性。”[27]“乐者为同,礼与为异。同则相亲,异则相敬。”“乐自中出,礼自外作。”[28]可见,礼严肃于外,乐和顺于内,礼有乐配合,中庸融之,相亲爱之。

礼与政的关系:立政依礼,为国依礼,以礼为国家之大纲大纪。周内史过说:“礼,国之干也;敬,礼之舆也。不敬,则礼不行;礼不行,则上下昏,何以长世?”[29]孔子说:“为政先礼,礼其政之本与!”[30]因此,有礼,国家政治才有正轨可循;无礼,国家政治必然混乱。汉贾谊说:“道德仁义,非礼不成;教训正俗,非礼不备;分争辩讼,非礼不决;君臣上下,父子兄弟,非礼不定;宦学事师,非礼不

---

〔25〕《左传·文公十八年》。
〔26〕《礼记·乐记》。
〔27〕《礼记·乐记》。
〔28〕《礼记·乐记》。
〔29〕《左传·僖公十一年》。
〔30〕《礼记·哀公问》。

亲;班朝治事,莅官行法,非礼威严不行;祷祠祭祀,供给鬼神,非礼不诚不庄。”〔31〕特别是《礼记·经解》说得更为透彻:“礼之于正国也,有衡之于轻重,绳墨之于曲直也,规矩之于方圆也。故衡诚县,不可欺以轻重;绳墨诚陈,不可欺以曲直;规矩诚设,不可欺以方圆;君子审礼,不可诬以奸诈。是故,隆礼由礼,谓之有方之士;不隆礼不由礼,谓之无方之民。”可见,礼是国无失其民、王无失其臣、贵无失其贱、尊无失其卑的强大的精神支柱。

礼与刑的关系:商末纣王的滥刑无辜的暴虐统治终于招致亡国之祸,是周公形成明德慎罚、敬天保民的殷鉴。周初统治者把礼的教化与刑的镇压巧妙地结合起来,明确提出并实行“礼禁未然之前,法施已然之后”的刑事政策。〔32〕也就是说,礼是积极的规矩,是禁恶于未然之前的预防;刑是消极的惩罚,是惩恶于已然之后的制裁。礼教为本,刑罚为用,相辅相成,“礼之所去,刑之所取,失礼则入刑,相为表里者也”〔33〕。孔子认为礼乐与执法用刑关系极为密切,他说:“礼乐不兴,则刑罚不中,刑罚不中,则民无所措手足。”〔34〕民无所措手足,则社会的不安与动荡可想而知。战国时期主张隆礼重法的荀子曾经对礼法关系作如下表述:“礼者,法之大分,类之纲纪也。”〔35〕

关于礼、乐、政、刑的相互关系,《史记·乐记》做出了经典性的论证:

> 故礼以导其志,乐以和其声,政以壹其行,刑以防其奸。礼乐刑政,其极一也,所以同民心而出治道也。
>
> 礼节民心,乐和民声,政以行之,刑以防之。礼乐刑政,四达而不悖,则王道备矣。
>
> 乐者为同,礼者为异,同则相亲,异则相敬,乐胜则流,礼胜则离,合情饰貌者礼乐之高也。
>
> 礼义立,则贵贱等矣;乐文同,则上下和矣;好恶着,则贤不肖别矣;刑禁暴,爵举贤,则政均矣。仁以爱之,义以正之,如此则民治行矣。

由周公制礼作乐而引发的礼、乐、政、刑综合治国的论述,不仅是统治经验

---

〔31〕 贾谊:《贾太傅新书·礼》,岳麓书社2010年版,第64页。

〔32〕 《大戴礼记·礼察篇》。另见司马迁:《汉书·贾谊传》,中华书局2000年版,第2056页。

〔33〕 范晔:《后汉书》卷四十六《陈宠传》,中华书局2000年版,第1048页。

〔34〕 《论语·子路》。

〔35〕 《荀子·劝学篇》。

的成功总结,也是古代法理学的一大贡献,成为中华法制文明的重要内容。两周与秦汉的历史证明了这四者综合并用共同发挥治世功能,就带来了国家的兴盛和社会的发展,“成康之治”和“文景之治”就是例证。《诗经·周颂》可以说是赞颂这一历史成就的可靠资料。反之,礼崩乐坏、政乖刑错,就意味着一个社会的崩溃和旧王朝的结束。正因如此,周以后的历代统治者都注意借鉴历史,注意运用各种手段综合治理国家。

三、确立敬天保民、明德慎罚的立法指导思想

周统治者从商末“重刑辟”招致亡国的历史教训和镇压三监叛乱的实践中认识到“小民难保”“天畏棐忱”“人无于水监,当于民监”的道理。[36] 将天命与民心联结在一起,阐明“民之所欲,天必从之”[37],使治国的立脚点转移到民心的向背上。于是,人的地位提高了,天的权威下降了;道德的价值得到了重视,宗教的作用被贬低。为了巩固周对全国的统治,周公旦在《尚书·康诰》中提出:“惟乃丕显考文王,克明德慎罚。”所谓明德,就是提倡尚德、敬德、重民。周之代商就是周统治者“以德配天”的结果。所谓慎罚,就是刑罚得中,不“乱罚无罪、杀无辜”,以免“怨有同,是丛于厥身”[38]。明德是慎罚的精神主宰,慎罚是明德在法律领域的具体化。在《尚书·立正》篇中,还记载了周公旦以司寇苏公作为刑罚得中的榜样:“司寇苏公,式敬尔由狱,以长我王国,兹式有慎,以列用中罚。”由宣扬天罚到明德慎罚,表现了历史条件的变化加给统治者立法思想的烙印和法制文明的进步,由此而形成了一系列慎刑、恤刑的法律内容和原则。但周朝统治者没有也不可能完全放弃天罚之类的舆论,相反,在有些场合仍继续宣扬天罚。例如,周公在镇抚商遗民时便打着“明致天罚”的旗号。[39]《尚书·多方》详细记载了周公旦假借天意对殷人和四方之民的告诫:“今尔尚宅尔宅,畋尔田,尔曷不惠王熙天之命?尔乃迪屡不静,尔心未爱。尔乃不大宅天命。尔乃屑播天命,尔乃自作不典……我惟时其战要囚之,至于再,至于三。乃有不用我降尔命,我乃其大罚殛之!”

明德慎罚并不是削弱刑罚,而是为了更有效、更准确地施用刑罚,防止因滥

[36]《尚书·康诰》。
[37]《尚书·泰誓》。
[38]《尚书·无逸》。
[39]《尚书·多士》。

刑而激化矛盾。周公旦在告诫康叔时明白表述说:“告汝德之说于罚之行。”[40]一方面,以德施刑,减少刑罚的阻力,提高刑罚的效果;另一方面,以刑成德,通过“义刑义杀”,不但可以“止辟”,而且能加强德的权威。《尚书·吕刑》说:“惟敬五刑,以成三德。”所谓“三德”就是《尚书·洪范》所说的“刚、柔、正直”,从而表明西周统治者力图使德刑互补、互用。

由于周统治者鼓吹以德配天,明德也就是敬天,以德施刑实质上是代天行罚的另一种表现形式。在明德慎罚立法思想指导下,周朝把刑法的打击重点放在“寇攘奸宄,杀越人于货”“不孝不友”等严重犯罪上。要求执法者“敬典”,即不能凭个人喜怒“惟威惟虐”,贸然断决,而需要“服念五六日,至于旬时”[41],再作出判决。这在当时的确缓和了周初面临的严峻形势,并在一定程度上约束了奴隶主贵族恣意地司法滥刑。

明德慎罚最足以反映周法制文明的时代特点和周初统治者卓越的政治才能。以明德慎罚取代天罚,具有更强烈的政治号召力和更广泛的社会渗透力。明德慎罚思想的法律化带来了周初的法制秩序与成康盛世。《史记·周本纪》说:“成康之际,天下安宁,刑错四十余年不用。”相对安定局面的出现,为生产的发展、社会的进步提供了必要的条件。直到周穆王时期制定的《吕刑》,仍然沿承“明德慎罚”的法制思想,并引用有苗无德滥刑遭受天罚的史例来论证德明刑中的重要性。

四、《吕刑》与《九刑》的法律内容

周在灭商之前,文王已经“改法度,制正朔”[42],制定了“有亡荒阅”和“罪人不孥”的著名法令。《左传·昭公七年》记载:“周文王之法曰:有亡荒阅。”杜预注:“荒,大也;阅,蒐也;有亡人当大其众。”也就是说,贵族们对逃亡的奴隶有共同搜捕的法定义务,以维护奴隶主对奴隶的所有权,因而,赢得了奴隶主贵族的拥护。它同“纣为天下逋逃主,萃渊薮”[43],形成了鲜明的对比,成为文王“所以得天下也”[44]的重要原因。另据《孟子·梁惠王下》记载,“关市讥而不征,泽梁无禁,罪人不孥”。“罪人不孥”是和商纣“罪人以族”相对立的,体

[40] 《尚书·康诰》。

[41] 《尚书·康诰》。

[42] 司马迁:《史记》卷四《周本纪》,中华书局2000年版,第87页。

[43] 《左传·昭公七年》。

[44] 《左传·昭公七年》。

现了刑罚只及于犯罪者自身的刑法原则。文王时期的立法活动无疑具有“翦商”的政治策略意义,但也体现了社会发展的需要和法制文明的进步,因而对周初的立法具有历史渊源的意义。如同史书所说,西周“继文王之体,守文王之法度”〔45〕。

周灭商后,社会的发展与法制文明的进步推动了由习惯法向成文法过渡,制定了《九刑》和《吕刑》。

《左传·昭公六年》说:“周有乱政,而作九刑。”据《左传·文公十八年》引史克言:“先君周公……作《誓命》曰:‘毁则为贼,掩贼为藏,窃贿为盗,盗器为奸。主藏之名,赖奸之用,为大凶德,有常无赦,在九刑不忘。’”这可以说是九刑的主要内容。九刑或者认为是“刑书九篇”,据《周书·尝麦解》记载,成王时“四年孟夏,王命大正正刑书,太史策刑书九篇以升授大正”;或者认为“九刑”是五种正刑——墨、劓、宫、刖、辟之外加上流、赎、鞭、扑四种刑罚,合成九刑。《九刑》根据世轻世重的时代需要,也曾进行过多次修改。

周朝经过“成康之际,天下安宁,刑错四十余年不用”〔46〕的盛世,从昭王起,“王道微缺”,走上了下坡路。至穆王时,距建国已历百年,穆王好游历,奢侈无度,造成财政空虚,社会矛盾不断尖锐。“穆王闵文武之道缺”〔47〕,遂命司寇吕侯(又称甫侯)“度时作刑”〔48〕,在修订九刑的基础上制作《吕刑》,《史记·周本纪》又称“甫刑”。吕刑是西周中期具有代表性的法典,原本已佚,今文《尚书》载有《吕刑》篇。《吕刑》篇虽不是吕侯原著的法典,但确是根据西周官方档案所整理的历史文献,其主要内容与穆王所处的时代背景相符,也符合周初以来一贯的刑法指导思想。

《吕刑》既然是为补救财政空虚、缓和社会矛盾而修订的,因此规定了较为完整的赎刑之法。从墨、劓、剕、宫以至大辟,均可以铜赎罪,数量自“百锾”至“千锾”不等。赎刑制度的确立,为贵族们逃脱刑罚的制裁大开方便之门。

《吕刑》继承了周初明德慎罚的指导思想,以苗民无德滥刑遭受亡国绝祀的史例,论证了敬德于刑、以刑教德的重要性。所谓“士制百姓于刑之中,以教德”,“惟敬五刑,以成三德”。为了贯彻慎罚,《吕刑》强调“明于刑之中”。所谓“中”含有公平、准确、宽和之意,因此只有明德慎罚,德明于刑,才能达到“中”。

《吕刑》还载有五刑及刑法原则和司法制度的若干规定,表现了法制文明的

---

〔45〕《春秋公羊传·文公九年》。

〔46〕司马迁:《史记》卷四《周本纪》,中华书局2000年版,第98页。

〔47〕司马迁:《史记》卷四《周本纪》,中华书局2000年版,第98页。

〔48〕班固:《汉书》卷二十三《刑法志》,中华书局2000年版,第926页。

显著发展,以至于自汉以来历代刑法志多首引《吕刑》,以示祖述渊源之意,可见《吕刑》影响之深远。

除《九刑》《吕刑》外,周朝最经常的立法活动和最权威的法律形式是周王颁发的诰、誓、命。"诰",指告诫,是周王对诸侯和下级官吏的训示。例如,《尚书·康诰》,是周公平定叛乱后封康叔于殷以统治殷遗民,在康叔就任时,周公发布大诰,提出了十分重要的刑法原则和政策,对西周的立法和司法起着指导作用。"誓"即誓词,多为周王或诸侯于战前向臣下发布的"用之于军旅"的军令。例如,《尚书·牧誓》,就是武王伐纣时,在商郊牧野向出征的各部落首领和各级官吏发布的誓词,宣布勇猛杀敌者赏,怯敌者诛,以及不杀降的政策。诸侯在其封国内也有权发布具有法律效力的"誓"。例如,《尚书·费誓》,是鲁侯伯禽在征讨淮夷、徐戎时在"费"地对臣下发布的誓词。"命"是周王告诫群臣和就某项具体事务而向行政机关发布的命令。它是指导国家活动的重要根据,因此周王多次强调"勿废朕命"〔49〕。诸侯和卿大夫在封邑内发布的命令,也具有法律渊源的性质。樊穆仲说鲁孝公"赋事行刑,必问于遗训"〔50〕。所谓遗训,当然包括前代诸侯的命令。

此外,适合于贵族利益的某些习惯和礼的规范,也在实践中起着法律调整的作用,成为西周成文法的重要补充。

西周统治者还从商朝法律中传承了某些适合周朝统治的内容。周公便一再告诫康叔,"司师兹殷罚有伦","罚蔽殷彝,用其义刑义杀"〔51〕。这里所说的殷罚、殷彝,就是指商朝的法律。由于商周法律的本质相同,决定了它们在适用时可以相通,尤其是周统治者在援用商朝法律进行制裁时,大都是适用于商族遗民,其中显然渗透着以其人之道还治其人之身的政策精神。

(一)铭文与文献记载中的行政法律

西周国家的发展,使得行政法律得到明显的充实,其主要任务是保证国家机关的运转,确认以周王为最高统治者的行政管理体制,调整宗周与各封国间的关系,规定职官的构成、职责、权限、执行公务的程序与法律责任,等等。

西周的行政法律规范多见于铜器铭文。例如,师旅鼎铭文记载了对不服从行政命令的下属的诉讼判决;大盂鼎铭文记载了康王对大贵族盂的训诰,其中涉及有关职官履行职守的一些规定;大克鼎铭文记载了周王对克的任官命令以

〔49〕 大盂鼎铭文。
〔50〕 《国语·周语上》。
〔51〕 《尚书·康诰》。

及应遵守的行为规范;询簋铭文记载了周王了解询世袭其先祖的官职及其职守。成书于东周时期的《周官》反映了周朝统治者力图使设官、任职以及宗周与封国之间的权利义务关系得到法律的确认,是值得珍视和研究的。

除此之外,西周行政法还表现为对于职官的册命与考绩。在世卿制度下,继任者仍需经过周王册命。专司册命的职官作册的设立,说明册命职官的频繁性。册命多在宫室宗庙中举行,仪式隆重,一者昭示世继之官所承受的使命及其权力的重要性;再者渲染周王的神圣权威,王赐之官是与"有命在天"的天赐相合的。

对于基层官吏,则采取乡举里选的程序,"乡老论士之秀者,升诸司徒,曰选士,司徒论选士之秀者,而升诸学,曰俊士,即升而不征者,曰造士,大乐正论造士之秀者,升诸司马,曰进士"。[52] "司马辨论官材,论进士贤者,以告于王。"[53] 乡举里选仅限于基层官吏,而与享有世卿世禄的高官无关。

周朝选官似亦有一定标准,如《通典》所载,"一曰六德,二曰六行,三曰六艺……诗书礼乐谓之四术,四术既修,九年大成"[54]。所谓"六德",是知、仁、圣、义、中、和;所谓"六行",是孝、友、睦、姻、任、恤;所谓"六艺",是礼、乐、射、御、书、数。以上可见,中国奴隶制时代的选官标准,除宗法等级等先决条件外,比较重视德行与才能。

周朝不仅命官与选士已有制度,对于职官的考绩也已见诸文献。早在《尚书·舜典》中便有"三载考绩,三考黜陟"的记载,《周礼·地官·司徒》中说:"三年则大比,考其德行、道艺,而兴贤能者。"另据《周礼·天官·大宰》载:"岁终,则令百官府各正其治,受其会,听其致事,而诏王废置。三岁,则大计群吏之治而诛赏之。"执掌"大计群吏"的是太宰,另由小宰负责具体的考绩事宜。考绩的标准是"六计":一曰廉善,二曰廉能,三曰廉敬,四曰廉正,五曰廉法,六曰廉辨。考绩的方式主要是"要会",考绩的时间有月计、岁计和三岁大计。

对于六乡四郊之吏则每三年一大比,由乡大夫负责。大比的内容是"平教治,正政事,考夫屋及其众寡六畜兵器,以待政令"[55]。

此外,天子出巡、诸侯述职也具有考绩的性质。《孟子·梁惠王下》说,"诸侯朝于天子曰述职","述职者,述所职也"。也就是接受天子对其政绩的考核。"不朝",则要分别受到贬爵、削地、军事讨伐等惩罚。《孟子·告子下》说:"一不朝则贬其爵,再不朝则削其地,三不朝则六师移之。"可见,朝觐述职是一项必

[52] 杜佑:《通典》卷十三《选举一》,中华书局 1988 年版,第 309 页。
[53] 《礼记·王制》。
[54] 杜佑:《通典》卷十三《选举一》,中华书局 1988 年版,第 309 页。
[55] 《周礼·地官司徒·小司徒》。

须履行的规定。

考绩之后继之以奖惩。《周礼·天官·大宰》所说,“以八柄诏王驭群臣”中的“爵”“禄”“予”“置”“生”“夺”“废”“诛”就包含奖惩两方面的内容。金文中也不乏对政绩卓著的职官赏赐擢升的记载。

上述《周礼》所载西周考绩制度,无疑夹杂有后人的附会。至战国时期,随着官僚制度的建立,才将考绩推向制度化的新阶段。

周朝与世卿制度相联系的是世禄制,各级职官在受封领地内,通过赋敛其管辖下的居民以满足经济方面的需要,所谓“公食贡,大夫食邑,士食田”[56]。战国时的职官俸禄在西周是不存在的。

(二)重公权慎宗法的刑事法律

中国进入阶级社会以后,便实行专制主义的政治制度,推崇国家至上、国王至上,因而重公权、轻私权。凡是危害国家与国王的行为,均为法律主要打击的对象。在这样的背景下,刑法相对发达。西周时期五刑之属已有三千条之多,有关罪与罚的规定颇为细密。

1. 重公权慎宗法的罪名

不孝不友。西周宗法制度的确立,不仅使不孝罪仍为最重要的罪名,还出现了“不悌”“不友”“不睦”“不姻”“不敬祖”等许多新的罪名。这些犯罪被视为“元恶大憝”,要受到国法与宗法的严治,不得赦免。《尚书·康诰》说:“元恶大憝,矧惟不孝不友……刑兹无赦。”例如,杀害尊亲属,则处以最严酷的刑罚,“贼杀其亲,则正(杀)之”[57],“凡杀其亲者,焚之”[58]。即使是祭祀宗庙不敬、不肃、不顺,也按不孝罪论处。贵族们正是运用严酷的刑罚来惩治敢于反抗的族属平民,以便将他们牢固地束缚在宗主的枷锁之下。

违抗王命。在以王为最高权威的专制主义政体下,违抗王命被视为最严重的犯罪,“有君不事,国有常刑”[59]。周初,周公旦曾代成王向四方诸侯宣布:“乃有不用我降尔命,我乃其大罚殛之。”[60]周宣王时,樊仲山父曰:“犯王命必诛,故出令不可不顺也。”[61]不仅如此,君命还被赋予天意的神秘色彩,所谓“君命,天也”,违抗王命就是逆天,这常常是大国征伐小国的借口。例如,“晋人讨

[56] 《国语·晋语》(四)。
[57] 《周礼·夏官·司马》。
[58] 《周礼·秋官·掌戮》。
[59] 《左传·昭公三十一年》。
[60] 《尚书·多方》。
[61] 《国语·周语上》。

不用命者,放胥甲父于卫,而立胥克"[62]。

诽谤与杀害国王。凡对国王诽谤,即构成"邦诬之罪",据《史记·周本纪》记载,厉王时"得卫巫,使监谤者,以告则杀之",如杀害国王则处以最残酷的刑罚。《周礼·夏官·司马》记载,"放弑其君则残之"。《礼记·檀弓》记载,凡弑君者"杀其人,坏其室,洿其宫而潴焉"。《左传·庄公十二年》记载,"宋万弑闵公于蒙泽。……宋人皆醢之"。即使杀害国王的亲属,也要处最重刑。《周礼·秋官·掌戮》记载:"杀王之亲者,辜之。"按郑玄注,"辜言枯之也,谓磔之",即碎割刑。

危害政权。周时反、逆、乱均为危害政权罪。凡"不用帝命",则为逆。"逆,反也",二者字异而义同。"兵作于内为乱",即内乱。周厉王时,凡议论朝政者,便以危害政权罪捕杀,以致"国人莫敢言,道路以目"[63],终于激起国人暴动,迫使厉王逃亡。此外,如有"析言破律,乱名改作,执左道以乱政"[64]者,亦属危害政权罪,处以死刑。

为了防止奴隶们聚众生事,凡"奚隶聚而出入者,则司牧之,戮其犯禁者"[65]。

变更等级名分。在周朝,王、诸侯、卿、大夫各有不同的等级名分,如僭越则治罪。例如,"礼乐征伐自天子出",如"变礼易乐者,为不从(王命),不从者君流"。私自"革制度衣服者为畔(叛),畔者君讨"[66]。《左传·隐公元年》记载,郑伯克段的理由就是"先王之制,大都不过参国之一;中,五之一;小,九之一,今京不度,非制也",因而讨之。

周初,因分封而形成的大小不等的封国,相互之间承担着法定的权利义务,小国如不履行义务,便要受到大国的征伐。例如,"宋公不王,郑伯……以王命讨之"[67]。

与宗法等级名分制相联系的还有杀嫡立庶罪,犯者处重刑。

违背盟誓。根据《礼记·曲礼》中"约信曰誓,莅牲曰盟",盟誓在神权政治时代是国与国之间、贵族与贵族之间相互约信的一种表示。违背盟誓,被认为是上天所不容的犯罪行为,《左传》中许多誓词都申明,"有渝此盟,明神殛

〔62〕《左传·宣公元年》。
〔63〕司马迁:《史记》卷四《周本纪》,中华书局2000年版,第103页。
〔64〕《礼记·王政》。
〔65〕《周礼·秋官·禁暴氏》。
〔66〕《礼记·王制》。
〔67〕《左传·隐公九年》。

之”[68],以示履行必信。

群饮。这是周初吸取商人嗜酒以致腐败亡国的教训故而严禁周人群饮。周公旦曾经明令受封于卫的康叔说,周人“群饮,汝勿佚,尽执拘以归于周,予其杀”[69]。群饮罪也为了防止群饮生事,危害社会秩序。然而,对于“商人”则弛禁,采取不杀而教的办法,所谓:“乃湎于酒,勿庸杀之,姑惟教之。”[70]只是在不听教诲“弗蠲乃事”的情况下,才“时同于杀”,这里体现了周公对于周人和商遗民区别对待的刑法思想。

杀人。自夏起,“杀人为贼”,即处死刑。在先秦文献中盗与贼的内涵是不同的,“贼”一般指侵犯人身,“盗”指侵犯财物。周公曾明确区分如下:“毁则为贼,掩贼为藏,窃贿为盗,盗器为奸……为大凶德,有常无赦。”[71]周时也有抢劫杀人罪,如《尚书·康诰》所说,“凡民自得罪……杀越人于货”,后世“杀人越货”一词即源于此。对于杀人者处死之后,还要“踣诸市,肆之三日”[72],以示警戒。

伤人。伤人罪分为过失伤人与故意伤人,情节不同,处刑各异。例如,《仪礼·乡射礼》记载:“射者有过,则挞之。”郑注:“有过,谓矢伤中人……去伤害之心远”,属过失伤人,仅处以扑挞之罚。如系故意伤人,则予重罚,《周礼·秋官·禁杀戮》记载:“凡伤人见血而不以告者,攘狱者,遏讼者,以告而诛之。”

侵犯财产。《尚书·康诰》载:“凡民自得罪,寇攘奸宄。”《尚书·吕刑》载:“罔不寇贼……奸宄、夺攘。”上述引文中“寇”指劫夺,“攘”指窃取,都是以侵犯财产为目的,只是方式不同而已。寇为强盗罪,攘为窃盗罪。至于奸宄也有寇盗的含义,《广雅·释诂》说:“奸宄盗窃也。”在《尚书·费誓》中说,“无敢寇攘,逾垣墙,窃马牛,诱臣妾,汝则有常刑”。强盗与窃盗分别给予不同惩罚:“决关梁,逾城郭而略盗者,其刑膑……奸宄盗攘伤人者,其刑劓。”[73]前引《尚书·费誓》虽属军令但也适用于百姓,刑法的基本任务就是保护奴隶主阶级私有财产的不受侵犯。清人王鸣盛在注《尚书·康诰》时说,周时侵犯私有权是“有诛无赦,必服其罪”的。

对于无主物的侵夺,也要受到常刑制裁并不得赦免。《礼记·月令·仲冬之月》记载,“农有不收藏积聚者,马牛畜兽有放佚者,取之不诘。……其有相侵

---

[68] 《左传·僖公二十八年》。

[69] 《尚书·酒诰》。

[70] 《尚书·酒诰》。

[71] 《左传·文公十八年》。

[72] 《周礼·秋官·掌戮》。

[73] 《尚书大传》。

夺者,罪之不赦”。

淫乱。据《路史》前纪卷五载,有巢氏时,“实有季子,其性喜淫,昼淫于市。帝怒,放之于西南”。这可以说是最古老的妨害风化罪。至黄帝时,已禁止兄弟姊妹为夫妇,犯者,驱逐于外,反映了父系社会逐渐确立。周时,凡“男女不以义交谓之淫,上淫曰蒸,下淫曰报,旁淫曰通”〔74〕。犯此类罪者,处以宫刑,《尚书大传》说:“男女不以义交者,其刑宫。”

失农时。周以农立国,强调务农以时,有失农时者治罪。《礼记·月令》载:“仲秋之月……乃劝种麦,毋或失时,其有失时,行罪无疑。”

淫声异服。《礼记·王制》载:“作淫声、异服、奇技、奇器以疑众,杀。”对此类犯罪之所以处死刑,唯恐蛊惑人心,败坏社会风气,扰乱社会秩序。

官吏渎职。《尚书·吕刑》以“惟官”(依仗官势)、“惟反”(私报恩怨)、“惟内”(暗中牵制)、“惟货”(敲诈勒索)、“惟来”(贪赃枉法),作为“五过之疵”,犯者“其罪惟均,其审克之”。《礼记·月令·孟冬之月》也记载了对于官吏渎职的惩罚,“命工师效功……物勒工名,以考其诚,功有不当,必行其罪,以穷其情”。

2. 五刑的体系

周在夏商刑制的基础上使五刑进一步系统化。根据《尚书·吕刑》规定:“墨罚之属千,剕罚之属五百,宫罚之属三百,大辟之罚其属二百,五刑之属三千。”另据《周礼·秋官·司刑》规定:“墨罪五百,劓罪五百,宫罪五百,刖罪五百,杀罪五百。”

墨刑。墨刑为五刑中最轻之刑,故列于首。《吕刑·正义》说:“墨,一名黥。”《周礼·司刑》曰:“墨刑五百。”郑玄注曰:“墨,黥也,先刻其面,以墨窒之,言刻额为疮,以墨塞疮孔,令变色也。”孔安国注曰:“刻其额而涅之曰墨刑。”汉时,《白虎通·五刑篇》也说:“墨者,墨其额也。”墨刑又称天刑,《易·睽·六三》载:“其人天且劓。”《尔雅·释文》载:“天,黥也。”《周易·集解》引虞翻语:“黥额曰天。”

墨刑的适用,见于典籍的如商时“臣下不匡,其刑墨”〔75〕。蔡注曰:“臣下不能匡正其君,则以墨刑加之。”说明墨刑是惩戒官吏的一种刑罚。

另据《周礼·秋官·司约》载,“其不信者服墨刑”,是对毁约者的惩罚。《尚书·大传》还有“非事而争之出入,不以道义,而诵不祥之辞者,其刑墨”的

---

〔74〕《尔雅·广义》。

〔75〕《尚书·伊训》。

记载。

1975年陕西岐山出土的厉王时期铜器𠑇匜对此提供了物证，其铭文中称墨刑为𪑱，并叙述了墨刑的等级及其适用，校正了史书的有关记载，具有重要价值。𠑇匜铭文的主要内容是：小贵族牧牛犯了背约及诬告上级罪，原判鞭一千，处𪒠𪑱之刑。后经宽宥，减为鞭一千，处黜𪑱之刑。“𪒠𪑱”即《尚书·大传》所说“下刑墨幪”，就是刺面之后，再于头上蒙以黑巾，是墨刑的最高等。“黜𪑱”是施刑之后，罢黜官职，是墨刑的最轻等。从𠑇匜铭文可以看出，背约而又犯上者，处以𪒠𪑱，一般处以黜𪑱。墨刑不仅加减有式，而且可以用金赎罪。铜三百锾可赎黜𪑱，这同《尚书·吕刑》所载“墨辟疑赦”的数量虽有出入，但墨刑可赎，则得到了确证。

周时，受黥额之刑者，仍用之于禁御。《周礼·秋官·掌戮》载：“墨者使守门。”肉刑直至汉文帝时始明令废除。

劓刑。劓刑是重于墨而轻于刖的常用刑。《易经·困·九五》曰“劓刖，困于赤绂”，《释文》为“劓，截鼻也”。《尚书·吕刑》孔安国注：“截鼻曰劓。”《说文解字》解释为：“劓，劓鼻也”，是割鼻之刑。劓刑适用于较为严重的刑事犯罪。《周礼·秋官·掌戮》郑玄注说：“书传曰，谓易君命，革舆服制度，奸宄盗攘伤人者，其刑劓。”周时，“使劓者守关”。

剕刑。《尔雅·释诂》载：“剕，刖也。”《说文解字》载：“刖，绝也，故刖足曰剕。”郑玄《周礼·秋官·司刑》注说：“刖、断足也。”断足之刑，夏称髌，“髌本苗民之虐刑”；商称刖，甲骨文中有“𠛱”字，像刖足之刑。周初亦称刖，制《吕刑》时改刖为剕。髌、刖、剕其义一也，董说《七国考》引《法经》“窥宫者膑”，下引应邵注：“膑，断足也。”

周时，刖刑有刖左足、右足和双足之分，1976年12月陕西扶风出土的刖刑奴隶守门铜方鬲，便铸有砍掉左足的守门人形象。刖刑不单纯是刖足，也包括刖手在内。《说文解字》载：“刖，绝也，截手足也。”周原出土的“刖刑奴隶骨架”，有的无双手双足。刖手足刑发生在厉王以后，反映了刑罚镇压的加强。刖刑适用于欺君、强盗等严重犯罪，《韩非子·和氏》载：“楚人和氏得玉璞楚山中，奉而献之厉王。厉王使玉人相之，玉人曰‘石也’，王以和为诳，而刖其左足。及厉王薨，武王继位，和又奉其璞玉而献之武王。武王使玉人相之，又曰：‘石也’，王又以和为诳，而刖其右足。”这段记载不仅说明了谩君罪处刖刑，而且体现了再犯加重的刑法原则。《尚书大传》载：“降叛寇贼，劫掠夺攘挢虔者，其刑死；决关梁，逾城廓而略盗者，其刑膑。”

至周穆王制《吕刑》，始将刖刑定为宫刑之次，事实上隋唐以前宫与刖均为次死之刑。《司马法》说:“小罪胑,中罪刖,大罪刭。”汉初曾有人建议以弃市代斩右趾,可见断足刑的残酷。唐初,魏征、戴胄曾拟议实行断趾法,即免死罪而断其右趾。

周时“刖者使守囿”[76],《公羊传·襄公二十九年》载:“阍者何?门人也,刑人也。”就是使受刖刑者沦为罪隶,守囿门,服苦役,与“禽兽为伍”。

宫刑。宫刑源于苗民的椓刑,又称“淫刑”。《尚书·吕刑》孔安国注:“宫,淫刑也,男子割势,女人幽闭,次死之刑。”《周礼·秋官·司刑》郑玄注:“宫者,丈夫则割其势,女子闭于宫中,若今宦男女也。”宫刑适用于“男女不以义交者”。贾公彦疏云:“男女不以义交者,其刑宫。”但宫刑不适用于公族,所谓“不忍绝其生生之类耳”[77]。周时“宫者使守内”[78]。至春秋时,宫刑已不尽然为淫刑。秦始皇时,“隐宫刑者七十余万人”[79],显然非淫罪使然。

大辟。《尚书·吕刑》郑玄疏:“死是罪之大者,故谓死刑为大辟。”《尔雅·释诂》曰:“辟,罪也。”《白虎通》曰:“大辟,谓死也。”大辟适用于重大犯罪,其执行通常是大夫于朝,庶人于市,并且陈尸示众三日,以示“与众共弃”。但是,“凡有爵者,与王之同族,奉而适甸师氏,以待刑杀”[80],“公族其有死罪,则磬于甸人”[81],所谓甸师氏、甸人是管理郊野的地方官员。

3. 区别用刑的刑法适用原则

(1)区分过失与故意、偶犯与惯犯

周初从明德慎罚的法制思想出发,初步划分了故意与过失、一贯与偶犯的区别用刑原则。周公在对康叔的告诫中明白晓示,“人有小罪、非眚,乃惟终……乃不可不杀”,“乃有大罪,非终,乃惟眚灾……时乃不可杀”[82]。“眚”是过失,“非眚”即故意,“惟终”是惯犯,“非终”即偶犯。这个刑法原则表明了周刑法打击的重点,也反映了在定罪量刑时考虑到犯罪者的主观动机。凡是“志善而违法者免,志恶而合于法者诛”[83]。这就是后世所谓的“论心定罪”。

封邦建国以后,针对封国的具体情况适用不同的法律。《周礼·秋官·大司寇》说:“刑新国用轻典;刑乱国用重典;刑平国用中典。”例如,周公旦要求封

---

[76] 《周礼·秋官·掌戮》。

[77] 沈家本撰,邓经元、骈宇骞点校:《历代刑法考·刑法分考六·宫》,中华书局1985年版,第185页。

[78] 《周礼·秋官·掌戮》。

[79] 孙楷著,杨善群校补:《秦会要》卷二十二《刑法三》,上海古籍出版社2004年版,第481页。

[80] 《周礼·秋官·掌囚》。

[81] 《礼记·文王世子》。

[82] 《尚书·康诰》。

[83] 《盐铁论·刑德》。

于殷墟的康叔和封于奄国(曾臣服于商)的伯禽,“启以商政,疆以周索”。而对封于夏墟的唐叔,则要他“启以夏政,疆以戎索”[84]。由于实施区别国情援法用刑,对于稳定周朝建立的新秩序和巩固宗周起到了良好的作用。这个刑法原则体现了从实际出发的朴素唯物主义精神,对后世的影响极为深远。

(2)上下比罪

“上下比罪”出自《尚书·吕刑》,根据蔡沈《集传》解释,“罪无正律,则以上下刑而比附其罪”。具体说来,“上刑适轻,下服;下刑适重,上服,轻重诸罚有权”。“事在上刑,而情适轻,则服下刑;舜之宥过无大,康诰所谓大罪非终者是也”,“事在下刑而情适重,则服上刑;舜之刑过无小,康诰所谓小罪非眚者是也”。另据《礼记·正义》载:“上下比方其罪至轻重,上比重罪,下比轻罪,观其所犯,当于谁同。”可见,周时上下比附的原则是在法无明文规定情况下的类推适用,如同战国时期荀子所说,“有法者以法行,无法者以类举”[85]。上下比罪不仅注意查明犯罪的事实,也考虑到情理的允当,既执法,又原情;既打击了犯罪,又宣扬了慎刑意识与道德观念。

(3)罪疑从罚,罚疑从赦

早在《尚书·大禹谟》中便提出了“罪疑惟轻”。《左传·襄公二十六年》所引《夏书》“与其杀不辜,宁失不经”,可以说是罪疑从赦原则的具体化。商时,“疑狱讯与众共之,众疑赦之”,强调“众”的态度。至西周,这个原则得到了新的丰富,按《尚书·吕刑》载:“五刑之疑有赦,五罚之疑有赦。”孔颖达疏《礼记·正义》曰:“刑疑有赦,赦从罚也;罚疑有赦,赦从免也。”在具体掌握上采取“附从轻,赦从重”[86],施刑从轻条,赦罪从重条,以示对疑罪的宽宥。从赦原则在司法审判中要经过“三刺”的程序。据《周礼·秋官·司刺》载:“三刺,一刺曰讯群臣,再刺曰讯群吏,三刺曰讯万民……而施上服下服之罪。”与罪疑从赦相联系的还建立了赎刑制度,无论墨、劓、剕、宫、大辟等罪,均可因疑而赦,缴纳不同数量的赎金。按《尚书·吕刑》规定:“墨辟疑赦,其罚百锾……劓辟疑赦,其罪惟倍……剕辟疑赦,其罚倍差……宫辟疑赦,其罚六百锾……大辟疑赦,其罚千锾。”

关于“五刑之疑有赦”“五罚之疑有赦”的刑法原则,实际是近代刑法中的无罪推定原则,它表现了三千年前周刑法中的法治主义精神。凡经过核实,不能确认为犯罪的案件,可去刑从罚,即处以不等的罚金;至于五罚有疑的案件,

---

[84]《左传·定公四年》。

[85]《荀子·大略》。

[86]《礼记·王制》。

则赦免。

(4)同罪异罚

这是体现宗法等级制度的刑法原则。《周礼》关于八辟的规定,公开赋予有特定身份者享受减刑和免刑的权利,后世的“八议”即导源于周之“八辟”。此外,诸侯、大夫的宗亲有罪当处宫刑者免刑,所谓“公族无宫刑,不翦其类也”[87]。大夫以上如确有罪而须处死者,于特定的行刑地点执行,大夫死于朝,士死于市。贵族们还可以入财而免其罪。

(5)父子兄弟,罪不相及

针对商末“罪人以族”,招致激烈反抗,终于亡国的教训,周统治者强调“刑罚止于一身”,不得任意株连。《左传·昭公二十年》引《尚书·康诰》:“父子兄弟,罪不相及,况在群臣?”《左传·襄公二十一年》还以“鲧殛而禹兴”为例,作为父子不相及的史证。这个原则一反夏商的“孥戮”和“罪人以族”,是法制文明的一大进步。

(6)盗贼侵入,杀之无罪

《周礼·秋官·朝士》规定,凡“盗贼军乡邑及家人,杀之无罪”。按郑玄注:“谓盗贼群辈若军,共攻盗乡邑及家人者,杀之无罪。若今时无故入人室宅、卢舍,上人车船,牵引人欲犯法者,其时格杀之,无罪。”这种近似于近代刑法中的正当防卫原则,出现在三千余年前,充分说明周人善于总结司法实践经验,上升为理论。

(三)初具规模的民事法律

1. 民事权利能力与行为能力

西周是以严格推行等级制度为特征的社会,因此各阶级阶层的法律地位以及他们所享有的民事上的权利能力和行为能力是完全不平等的。

奴隶主贵族享有完全的权利能力与行为能力。平民中的农民虽对贵族有着一定的依附关系,但人身是自由的,有自己的家庭和财产,在民事上既有权利能力也有独立的行为能力。此外,“肇牵车牛,远服贾用”[88]的商人,也具有独立的人格和民事法律关系主体的资格。

只有奴隶被看作物,与马牛同列,只能为主人尽无偿劳役的义务,而无任何民事权利可言。他们作为所有权的客体,可以由主人任意处分,或作为赔偿与

---

〔87〕《礼记·文王世子》。

〔88〕《尚书·酒诰》。

赏赐的对象,或作为神坛上的牺牲。

《周礼・秋官・司民》对权利能力的取得有以下规定:“司民掌登万民之数,自生齿以上,皆书于版,辨其中国,与其都鄙,及其郊野,异其男女,岁登下其死生。”古时“生齿”一般指男八月、女七月,“版”指户籍,就是司民之官每年将生齿的男女登记于户籍簿上,这意味着取得权利能力。对死亡者注销,则表示权利能力的结束。

对于行为能力,《礼记・曲礼》说,“男子二十冠而字”,“女子许嫁笄而字”。《礼记・正义》解释说:“已冠而字之,成人之道也”;又疏云:“许嫁则十五而笄,未许嫁则二十而笄,亦成人之道也。”可见,男二十、女十五视为成年,相应地具有了行为能力。

由于西周时期民事法律还处于极其粗疏的阶段,还不可能有十分明确的关于权利能力与行为能力的概念与规定。

2. 动产、不动产的划分与所有权关系

随着私有权的发展,周人在观念上已有动产与不动产的初步区分。凡“田”“土”“室”为不动产;“财”“货”“器”为动产。动产和不动产的所有权,是一切财产权的核心,也是近代民法意义上的物权的重要组成部分。

西周不动产的客体主要是土地。在以农立国的时代,土地是国家存在与发展的生命线,周王享有全国土地最高、最完全的所有权,所谓“溥天之下,莫非王土”[89]。周王的土地所有权,被说成是上天的赐予。“皇天既付中国民,越厥疆土于先王”[90],因而也只有国王有权“授民授疆土”[91]。在西周典籍中有许多周王赐田的记载,如“锡之山川,土田附庸”[92]。对于立有战功的贵族的封赏,更是屡见于铜器铭文。例如,师永盂铭文记载益公传周王之命,以田“锡畀”师永,并有井伯等五人参加,以示隆重。又如,大簋铭文记载周王派膳夫传命把䞒的里赐给大。但土地的所有权并未随同周王的赐予而转移,诸侯、卿、大夫、士只是土地的占有者与使用者,既不能自由处理,也不存在土地买卖的现象,所谓“田里不鬻”[93]。不仅如此,周王还有权随时收回诸侯封地,即“削地”。1954年江苏丹徒烟墩山出土的宜侯矢簋,就是周王有权变动诸侯原有封地的实证。

庶民是农业生产的主要承担者,要从土地收益中向官府缴纳田赋。西周在

---

〔89〕《诗经・小雅・北山》。

〔90〕《尚书・梓材》。

〔91〕大盂鼎铭文。

〔92〕《诗经・鲁颂・閟宫》。

〔93〕《礼记・王制》。

井田制的基础上推行“彻法”,所谓“周人百亩而彻”。对于“彻”,历来解释不一,按朱熹所说“彻,通也,均也”。“周时一夫授田百亩……八家同井,耕则通力而作,收则计亩而分,故谓之彻。”[94]“大率民得其九,公取其一”[95],公所取之一,即田赋。

西周首开徭役之征,有兵役、力役两种。兵役行于国中,力役并行于国、野。服役的年龄,按《周礼》的规定:“国中自七尺以及六十,野自六尺以及六十有五,皆征之。其舍者,国中贵者、贤者、能者、服公事者、老者、疾者皆舍。”[96]随着私有经济的发展,庶民也取得了他们开垦的小量私田的所有权。《诗经·小雅·大田》中“雨我公田,遂及我私”,反映了庶民对于私田生产的关心。

除不动产土地外,动产主要是奴隶、臣、妾、童、仆和牛、马等。周王拥有对奴隶的最高所有权,所谓“率土之滨,莫非王臣”[97]。

所有权的取得,除王赐外,开垦私田、孳息收益、交换、继受等均为重要途径,并实行无主物先占原则。《礼记·月令·仲冬之月》载:“是月也,农有不收藏聚积者,马牛畜兽有放佚者,取之不诘。”《周礼·秋官·朝士》也载有:“凡得获货贿、人民、家畜者,委于朝,告于士,旬而举之,大者公之,小者庶民私之。”

无论动产还是不动产的所有权,均由男性家长掌管,法律不承认子女的所有权,《礼记·曲礼》说:“父母存……不有私财。”

3. 责(债)

西周时债称为“责”,《周礼·秋官·朝士》记载,“凡有责(债)者,有判书以治,则听”,“凡属责(债)者,以其地傅而听其辞”。《周礼·天官·小宰》云:“听称责(债)以傅别。”

西周债的发生,有侵权赔偿之债、不当得利之债、契约之债数种。

(1)侵权赔偿之债

因侵犯他人财产权而发生之债,为侵权赔偿之债。早期多采取类似同态复仇的报复措施,如“牵牛以蹊人田,而夺之牛”。随着经济与法律文化的进步,对侵权的赔偿也逐渐超出习惯法的范围。西周共王末年的曶鼎铭文和西周末厉王时期的矢人盘铭文记载了两起对侵权行为进行赔偿的始末。据曶鼎铭文记载,小贵族匡季使人抢去曶禾十秭,结果以禾二十秭作为赔偿。又据矢人盘铭文记载,矢氏对散氏的侵权行为,引起了争讼,散氏要求赔偿,矢氏同意用眉田

---

〔94〕 朱熹:《四书章句集注·孟子卷·第五》,中华书局1983年版,第254页。

〔95〕 朱熹:《四书章句集注·论语卷·第六》,中华书局1983年版,第135页。

〔96〕《周礼·地官·乡大夫》。

〔97〕《诗经·小雅·北山》。

与井邑田进行赔偿，所谓“用矢扑散邑，乃即散用田”，并在官府主持下双方派人踏勘地界，签订了券书，完成了田土的移交手续，矢氏还盟誓以示履行。上述二例，说明当时已强调民事赔偿责任，而且损少赔多是带有惩罚性的。

（2）不当得利之债

“凡得获货贿、人民、六畜者，委于朝，告于士，旬而举之，大者公之，小者庶民私之。”[98]如擅自将他人的财物据为已有，属于不当得利，要受到刑罚制裁；而全数上交者，给予应有的赏赐。

（3）契约之债

西周时契约称作“判书”“契券”“傅别”“约剂”“质剂”等。西周中叶以后作为信义凭证和民事诉讼证据的契约出现较多，因契约而发生之债是债的主要形式。常见的有交换契约、买卖契约、借贷契约、租赁契约等，以下分别加以阐述。

（4）交换契约

共王时期铜器五祀卫鼎铭文中记载了裘卫以田四田交换邦君厉田五田，得到厉的认可，并请有关官员、证人参加，签订了交换契约。裘卫为使此项交换合法化，保护通过交换获得的“田五田”的所有权，铸鼎记述交换的全部过程。

九年卫鼎铭文记载了共王九年，裘卫以车马及附属器具衣物等换取了矩伯的土地。在举行了交换仪式之后，裘卫铸鼎，镌刻“卫其万年永宝用”的字样，以确认和保护交换来的土地的所有权。

此外，伯格簋铭文记载一乘良马可换耕地三十田。曶鼎铭文记载五名奴隶可换匹马束丝。

（5）买卖契约

买卖契约是买卖双方当事人因买卖而订立的契约。由于周时商品经济有所发展，商业成为不可缺少的社会经济部门，在都市中也出现了市场。奴隶也和牛马、兵器、珍异一样，在市场上出卖。

为了确认和保护买方对商品的所有权，成交以后，要取得管理市场官员“质人”制发的契券，订立买卖契约，据《周礼·地官·质人》记载：“质人掌成市之货贿，人民、牛马、兵器、珍异，凡卖儥者质剂焉。”“质剂”即买卖的契约文书。按郑玄注：“质剂者，为之券，藏之也。大市人民、马牛之属，用长券。小市兵器、珍异之物，用短券。”[99]《周礼·天官·小宰》载“听买卖以质剂”，说明了买卖契约

---

[98]《周礼·秋官·朝士》。

[99]《周礼·地官·质人》郑玄注。

的普遍。其作用是“使众人不相漫也”[100],以维持正常的买卖关系。正因如此,“凡大约剂、书于宗彝;小约剂,书于丹图”[101]。

共王时期铜器格伯簋铭文记载了格伯以良马四匹,折价即所谓“厥贾”(价)购得倗生三十田的买卖活动,既有见证人,又经倗生宣誓,并将契约写在木简上,中分为二,称为“析”,官府存一半,买方执一半,如发生争讼,以此为凭。此项买卖完成后,由格伯铸簋存证。1975 年陕西岐山县董家村出土的卫盉铭文记载了共王三年矩伯向裘卫购买觐璋,裘卫索价八十朋,矩伯以田十田为代价,然后矩伯又“舍田三田”,向裘卫购得价值二十朋的赤色虎皮二张,牝鹿皮饰两件和有文饰的蔽膝一副。这两次交易,都以“朋”作为价值尺度,并铸器记载此事。由于矩伯的土地原为公田,因此以公田为标的物的此次买卖被视为大事,周王派出司徒、司马、司空参加土地交付仪式。买卖契约成为法定凭证,反映了用法律调整所有权关系的发展,如违反买卖契约,可以告官申理。

在土地买卖的契约中,标记地界是一项重要的内容。例如,五祀卫鼎铭文便标记裘卫新得四田的四至:北及厉田,东及散田,南及散田父田,西及厉田。在散氏盘铭文中不仅详述了勘定地界时经过哪些河流、湖泊、陵冈和城邑,以及如何封树,建立标识,还记载了地界勘定以后,要“书其乡(向)”,载诸铭文,并有标明地界的地图。

由于土地的转让关系到所有权关系的转移,在交付时无论“付田”一方,还是“受田”一方,都有相关人员到场。例如,卫盉、五祀卫鼎铭文也都记载了三有司——司徒、司马、司空参加土地转让的民事活动。

(6)借贷契约

借贷契约也是周时较为常见的契约形式。在此项债的关系中,债权人享有请求债务人为或不为一定行为的权利,债务人则承担对债权人的法定义务。《周礼·秋官·小宰》曰:“听称责(债)以傅别。”按郑玄所注:“傅别,谓券书也……傅,傅著约束于文书;另,别为两,两家各得一也。”也就是把债的标的及权利义务等书之于契券,在简札中间书字,然后一分为二,由官府执左半,债权人执右半。债务契约又称契券、书契、券契、约剂。《周礼·天官·小宰》载:“听取予(先秦文献中称借贷钱物为取予)以书契。”《战国策·齐策》中冯瑗为孟尝君赴薛地索债,“载券契以行”。至于约剂适用于民间的债务关系,并由官府掌握,以示重视。如发生争讼,以约剂为根据,其作用与傅别同。《周礼·秋官·士师》

[100] 韩非著,张觉译注:《韩非子全译·守道》,贵州人民出版社 1992 年版,第 442 页。

[101] 《周礼·秋官·司约》。

说:“凡以财狱讼者,正之以傅别、约剂。”另据《周礼·秋官·朝士》载:“凡有责者,有判书以治,则听。”“判,半分而合者”,说明判书也与傅别、约剂同义。

随着私有财产的不断发展和借贷关系的逐渐广泛,国家开始用法律维护正常的借贷契约关系,如违法者要处以刑罚。“凡民同货财者,令以国法行之。犯令者,刑罚之。”[102]“若有讼者,则珥而辟藏,其不信者服墨刑。”[103]

(7)租赁契约

西周中叶以后,在商品经济推动下产生了一种新的财产流转关系,即租赁。厉王时期的铜器鬲攸从鼎铭文中记载了攸卫牧向鬲从租种田地,但因没有交付全部租金而引起争讼。结果,鬲从胜诉,官吏命攸卫牧立誓:“我弗具付鬲从其且(租)射(谢)分田邑则放。”也就是说,攸卫牧如不向鬲从交租,愿受流放之罚。

此外,五祀卫鼎铭文记载了贵族刑伯等人向邦君厉租田,既有誓辞,也有证人。

上述二例说明租赁关系的确立,是从租赁契约生效时开始,如不履行契约,要受到刑罚制裁。从倾向上看,法律是偏袒出租人的。西周晚期租赁土地现象的出现,也可以从春秋时兴起的“仆赁于野”[104]中得到证明。

总括以上,西周时期契约的成立以双方合意为条件,既有口头契约,也有书面契约,前者适用于标的小的经济活动,后者适用于大宗的买卖与交换。在已发现的契约中,以土地与奴隶为标的物的契约占有较大的比重,这反映了在商品经济发展的基础上,国(王)家所有制关系的松动。就契约种类而言,以交换、买卖、借贷契约为主,租赁与雇佣契约较为少见。契约的内容,一般包括立约的时间、地点、当事人双方的姓名、标的、证人和盟誓之词等。誓词实质上是带有神权色彩的担保形式。缔约不限于私人之间,官府也作为债权人与私人缔约,以获取国家所需要的利益。为了保证债的实施,缔约以后,文约分而为二,由债权人和官府各执一半,如有争讼,即依此保证债务的清偿。如同《周礼·秋官·司盟》所载,“凡民之有约剂者,其贰在司盟”。对于重要契约的订立或大宗财产的转移,不仅要有证人、见证人,而且要报告给周王,并由周王派官参加,以示对所有权关系变动的重视和必要的监督。

某些转让契约或民事诉讼的判决,由新所有者或胜诉方将整个过程铸于铜器上绝不是偶然的。铜器鼎在西周被视为重器,是国家权力的象征,楚人问鼎

[102]《周礼·秋官·朝士》。
[103]《周礼·秋官·司约》。
[104]《左传·襄公二十七年》。

轻重,实际是要取周政权而代之。铸在鼎上的铭文,或记载国家活动的大事,或作为重要的权利变动的标识,或反映某种权力知识,因而具有珍贵的价值,故而“惟名与器,不可假人”[105]。将确认财产关系流转的契约或民事诉讼判决铸于鼎上,充分反映了周人对于所有权关系变动的重视。古往今来任何阶级阶层从不漠视与自己利益攸关的财产关系,中国古代民法就是适应保护财产权的需要而产生的。

4. 婚姻与继承

在中国古人的观念中“有天地,然后有万物;有万物,然后有男女;有男女,然后有夫妇;有夫妇,然后有父子;有父子,然后有君臣;有君臣,然后有上下;有上下,然后礼义有所错”[106]。因此,十分重视对于婚姻、家庭制度的法律调整。

西周基本上实行一夫一妻制,但贵族们不仅在实际上实行多妾制,而且公开加以制度化。明文规定,“天子有后、有夫人、有世妇、有嫔、有妻、有妾”;“公侯有夫人,有世妇,有妻、有妾”[107]。《易·归妹》,“归妹以娣”,“归妹以须”,都反映了一夫多妾制的社会现实。由于西周确立了宗法制度,嫡庶子之间在继承权上有着明显的差别,因此,妻妾的地位也被严格确定,所谓“聘则为妻,奔则为妾”[108]。诸侯如果以妻为妾,很可能成为被攻击、遭征伐的一种理由。

(1)婚姻关系的成立

首先,需要符合法定婚龄。按《周礼·地官·媒氏》规定:“令男三十而娶,女二十而嫁。”《礼记·内则》记载,“男子二十而冠,始学礼……三十而有室,始理男事。女子……十有五年而笄,二十而嫁;有故,二十三而嫁”。实际男子二十而冠,女子十五而笄,已属法定婚龄。

其次,必须有父母之命。《诗经·南山》说:“取妻如之何,必告父母。”西周时,父母的主婚权还不像后世那样严格,“中春之月,令会男女;于是时也,奔者不禁”[109],就是一种较为自由的婚姻形态。

由于“男不亲求,女不亲许”被视为“礼”,所以媒妁起着重要的作用。“男女非有行媒,不相知名”[110],“男女无媒不交”[111],“取妻如之何,匪媒不得”[112]。

[105] 《尚书·大诰》郑玄注。
[106] 《周易·序卦》。
[107] 《礼记·曲礼下》。
[108] 《周礼·地官·媒氏》。
[109] 《周礼·地官·媒氏》。
[110] 《礼记·曲礼上》。
[111] 《礼记·坊记》。
[112] 《诗经·南山》。

为此专设“媒氏”之官，“掌万民之判”[113]。

最后，须有法定的仪式。所谓“六礼”即纳采、问名、纳吉、纳征、请期、亲迎。这种聘婚制虽带有买卖婚姻的遗痕，但由它取代远古的抢婚，无疑是文明的进步。至于六礼的仪式是否依次完成，以及聘金的多寡，依双方的身份而有所不同。

值得提出的是，鳏寡者可以再婚。《易·大过》说，“枯杨生稊，老夫得其女妻，无不利”；“枯杨生华，老妇得其士夫，无咎无誉”。

（2）婚姻的禁忌

首先，同姓之间不问远近亲疏，或相隔几代，均不通婚姻。《礼记·曲礼》载：“取妻不取同姓，故买妾不知其姓，则卜之。”《礼记·效特牲》载：“夫昏礼，万世之始也。取于异姓，所以附远厚别也。”王国维在《殷周制度考》中特别指出：“周人之大异于商者……三曰同姓不婚之制。”之所以如此，主要是在宗法制度下同姓宗亲之间结婚，有悖于伦理道德。此外，在权力争夺的旋涡中，贵族们力图通过婚姻关系的血缘纽带，加强和异姓贵族之间的联结，以扩大自己的势力范围。另据《左传·僖公二十三年》关于“男女同姓，其生不蕃”的记载，似乎周人从长期的婚姻实践中懂得了婚姻双方血缘关系的远近对后代健康的影响。恩格斯曾在《家庭、私有制和国家的起源》一书中，引用摩尔根的话说：“非血缘氏族的成员间的婚姻，产生了在肉体上及智力上更强健的人种；两个进步的部落混在一起了，新的一代底头盖骨与脑髓便自然而然地扩大起来，直到他们综合了两个部落底才能为止。这样，实行氏族制度的部落一定要战胜落后的部落，或者引起他们来仿效自己。”周人着眼于宗法与政治推行同姓不婚的制度，产生了肉体或精神上都更为强健的一代，对于中华民族的繁衍是具有深远影响的。

其次，不同等级之间不通婚姻。西周严格的等级制度也给婚姻关系打上了烙印。从宗妇鼎、秦公钟、秦公牖、叔姬簋、香生壶、矢王簋、克盨等铜器铭文中可以看出，王室与诸侯国通婚，诸侯国与诸侯国通婚，贵族与贵族通婚。贵族与庶人之间是不通婚姻的，庶人只能与庶人通婚。这种等级婚姻制度，同样有着长久的影响，只是不适用于娶妾。

最后，居父母丧期，三年不得嫁娶。据《仪礼·丧服》载，父亡“必三年然后娶，达子之志也”。

（3）婚姻关系的解除

首先，取决于父母的爱恶，甚至兄长也有一定的干预权。《诗经·将仲子》

---

[113]《周礼·地官·媒氏》。

说:“岂敢爱之?畏我父母。……岂敢爱之?畏我诸兄。”另据《礼记·内则》载:“子甚宜其妻,父母不说出。子不宜其妻,父母曰:‘是善事我。’子行夫妇之礼焉,没身不衰。”

其次,婚后三年妻子不生育。《易·渐》说:“妇三岁不孕,终莫不胜。”但妻子外遇所生子女,属非法子女,得不到承认,所谓“夫征不复,妇孕不育,凶”。

最后,配偶一方死亡或离异。《大戴礼记·本命》有“七出”的记载:“七出者,无子一也,淫二也,不事舅姑三也,口舌四也,窃盗五也,妒忌六也,恶疾七也。天子、诸侯之妻,无子不出,唯有六出耳。”七出之法未必是西周时的规定,多为汉时人的附会。另据《管子·小匡》载,“士三出妻,逐于境外”,说明多次出妻也为法律所不允许。

在宗法制度支配下的家庭实行家长制度,所谓“天无二日,土无二王,家无二主,尊无二上”〔114〕。夫妻间的权利义务关系是不平等的,妇女在举行了婚姻仪式之后便脱离父系家族而加入夫系家族。法律确认夫权的统治地位,妻子被认为是从属的、无权的,所谓“男帅女,女从男,夫妇之义,由此始也。妇人,从人者也。幼从父兄,嫁从夫,夫死从子”〔115〕。妇女在家庭中虽处于依附丈夫的地位,但也享有民事权利,琱生簋铭文记载,“献妇氏以壶”,令簋铭文记载,王姜“赏令贝十朋、臣十家、鬲百人”等,可为例证。

至于子女在家庭中则没有地位,要听凭家长的摆布。《礼记·内则》要求子女之于父母,“父母怒不说(悦),而挞之流血,不敢疾怨,起敬起孝”。子女不能到官府申诉父过,“父子将狱,是无上下也”〔116〕。

在继承制度上,嫡长子继承逐渐制度化。“立嫡以长不以贤,立子以贵不以长”〔117〕,既是宗法,也是国法,目的在于保持贵族们的政治特权、爵位和财产不致分散或受到削弱。同时,也为了维系统治阶级内部的秩序和延续宗支。嫡长子继承制原则上适用于自国王以至庶人。周宣王时,鲁武公率长子括、少子戏朝见周宣王,宣王欲立戏,但遭到大臣们的反对,理由是,天子立诸侯而不以长“是教逆也”。但是,无论姬姓和非姬姓国中,都有传弟、立少的情况。《左传·襄公三十一年》记载,鲁穆叔曰:“大子死,有母弟则立之。”《国语·晋语》中晋献公曰:“立太子之道三:身钧以年,年同以爱,爱疑决之以卜筮。”尤其是楚国更

〔114〕《礼记·坊记》。

〔115〕《礼记·效特牲》。

〔116〕《国语·周语中》。

〔117〕《春秋公羊传·隐公元年》。

是“恒在少者”[118]。因此,不能用封建时期的嫡长子继承制推而论之。庶人之间虽然没有爵位或多少财产可以继承,但依然受到嫡长子继承制的宗法原则的约束。

上述以宗法制度为灵魂而形成起来的婚姻家庭制度,实质上是通过调整父子夫妻间的关系确立父权和夫权的统治,进而维护贵族专政的国家秩序。正如《论语·学而》中所说“其为人也孝弟,而好犯上者鲜矣,不好犯上而好作乱者,未之有也”。

如果将西周的婚姻家庭制度与罗马的婚姻家庭制度相比较,便可以发现二者之间的差异。譬如,古罗马婚姻的成立是以家族利益为基础,以继血统、承祭祀为目的。法学家莫特斯丁说:“婚姻是一夫一妻的终身结合,神事和人事的共同关系。”[119]但至帝国时期著名的查士丁尼《法学阶梯》对婚姻的定义已改为“婚姻是一男一女以永续共同生活为目的之结合”,这里所强调的已然是男女双方的共同利益。在家庭中夫妻关系是平等的,双方财产保持独立,互相承担贞操与互助的义务。如需要离婚,夫妻任何一方都可以提出终止婚姻关系。而在中国如同《礼记·昏义》所说,“昏礼者,将合二姓之好,上以事宗庙,而下以继后世也”,完全漠视了男女双方的利益。夫妻在家庭中的关系是男率女、女从男的男尊女卑关系;至于离婚的主动权,完全操之于丈夫之手。

在古罗马,随着子女的人格在法律上得到承认,婚姻关系的成立首先是尊重当事人的意见,其次才是家长的允诺。

上述差异各决定于不同的国情,由于古罗马较早地进入商品经济时代,随着海上贸易的繁荣以及外邦人与古罗马市民互相掺杂,使古罗马法律从单一、封闭的市民法发展为市民法与万民法并存,这对古罗马婚姻家庭关系的新发展起了决定性的影响。然而,在西周,单纯的小农经济基础上所形成的专制王权和宗法制度,以及封闭的环境所造成的保守的礼治文化形态,势必给予西周的婚姻家庭关系以深刻的影响。

总括以上西周时期的民事法律可以看出,在土地由国有制向私有制过渡的过程中,产权法、债法都得到了一定的发展。随着宗法制度的全面确立,同宗共财、嫡长子继承制、父权夫权也已初步法律化。除国家的少量制定法外,由于礼对民事法律关系起着一定的调整作用,而逐渐成为民事法律渊源之一。为了维持等级秩序和社会的稳定,官府也介入民间的民事法律活动。

---

[118] 《左传·文公元年》。

[119] 周枏等:《罗马法》,群众出版社1983年版,第98页。

五、狱讼初分的司法活动

由于金文被不断发现,结合文献记载,西周时期司法的体制、规模与活动内容得到了较为确切的证明。

在西周政治体制下,周王是最高的司法官,握有最后的审判权。《周礼·秋官·掌囚》的"及刑杀,告刑于王,奉而适朝"的记载,说明了诸侯间的法律纠纷也由周王裁决。曶鼎铭文还记载了东宫也执掌裁判贵族纠纷的司法权。

周王以下,大司寇"掌建邦之三典,以佐王刑邦国,诘四方"。所谓"三典",即"刑新国用轻典,刑平国用中典,刑乱国用重典"。同时,还"以五刑纠万民","以两造禁民讼,以两剂禁民狱","以圜土聚教罢(疲)民","以嘉石平罢民","以肺石达穷民",实际负责全面司法工作。[120]

小司寇"掌外朝之政",是次于大司寇的司法官,"以五刑听万民之狱讼"[121],负责审理中央直辖地区的案件。《尚书·立政》以"司寇苏公"为典范,称颂他"式敬尔由狱,以长我王国"。据《左传·定公四年》记载,康叔也曾为司寇。而司寇良父簋、虞司寇壶、大梁司寇鼎等铜器的发现还证明了司寇不仅设于周初,而且下延至战国。

小司寇以下,设士师掌国之五禁——"一曰宫禁,二曰官禁,三曰国禁,四曰野禁,五曰军禁",以五戒——誓、诰、禁、纠、宪"先后刑罚"。士师还负责将法禁"县(悬)于门闾"[122],使人知法,以预防犯罪。

此外,尚有分掌具体司法事务的属官,如司刑"掌五刑之法,以丽万民之罪"[123],司刺"掌三刺三宥三赦之法"[124],司圜管理监狱,掌囚管理犯人,掌戮负责行刑。司寇所属职官的众多,说明司法审判已是重要的国家活动。

根据《周礼·秋官·乡士》记载,西周的地方司法审级大体如下:乡士"各掌其乡之民数而纠戒之。听其狱讼,察其辞,辨其狱讼,异其死刑之罪而要之,二旬而职听于朝。司寇听之,断其狱,弊其讼于朝……狱讼成,士师受中,协曰就郊而刑杀;各于其遂肆之三日。若欲免之,则王令三公会其期"。除乡士外,遂士、县士、方士、讶士分别负责审理所在遂、县、邑的民、刑案件。一般案件均可

〔120〕《周礼·秋官·大司寇》。
〔121〕《周礼·秋官·小司寇》。
〔122〕《周礼·秋官·士师》。
〔123〕《周礼·秋官·司刑》。
〔124〕《周礼·秋官·司刺》。

就地处理,遇有重大案件,则“弊其讼于朝”听司寇判决。可见,西周的司法审级较商朝呈现多级化趋势。

在诸侯国中,国君享有封地内的最高审判权。其司法机关也仿宗周例设司寇、士师,前述司寇良父簋等铜器铭文可资证明。有些封国不称司寇,而称大理或司败。

值得提出的是,在等级制度的约束下,下级贵族间的争讼,须听从上级贵族裁判。曶鼎铭文便记载了贵族曶与限发生诉讼,由上级贵族井叔审理。贵族家族的族长也都拥有对族属成员的审判权乃至刑杀权。

西周时期刑事诉讼与民事诉讼已有初步的划分。《周礼·秋官·大司寇》有云,“以两造禁民讼”,“以两剂禁民狱”。按郑玄注,“讼,谓以财相告者”,“狱,谓相告以罪名者”。又说:“争罪曰狱,争财曰讼。”[125]所谓“听讼折狱”,就是审理民、刑案件的概括。但西周民事、刑事诉讼没有也不可能达到理论与实践上的科学划分。

无论是民事诉讼,还是刑事诉讼,都采取原告直诉的形式。根据《周礼》记载,周时还有“路鼓”与“肺石”之制。路鼓是允许申诉人于路寝门外挝鼓鸣冤;“肺石”是要求申诉人“立于肺石三日”,“士听其辞,以告于上”[126]。这两种直诉形式多适用于贫苦无告者。轻微的案件以口头起诉,重大的案件以书状起诉。刑事诉讼双方须交纳“钧金”(每钧三十斤),民事诉讼双方须交纳“束矢”(百矢为束)。钧金和束矢类似后世的诉讼费,如不交纳则按“自服不直”,或不予受理,或判处败诉。《国语·齐语》说:“坐成以束矢。”韦注:“讼者坐成,以束矢入于朝,乃听其讼。两人讼,一人入矢,一人不入则曲,曲则服,入两矢乃治之。”《周礼·秋官·大司寇》也有类似的记载:“以两造禁民讼,入束矢于朝,然后听之。”此点从金文中亦可得到确证。扬簋铭文说:“王若曰:扬,作司空……及司寇……讯讼,取遄(铜)五锊。”𬃷处簋铭文说:“王曰:𬃷处,命汝司成周里人及诸侯;大亚,讯讼罚,取遄(铜)五锊。”意思是说,王命扬、𬃷处掌管诉讼,并收取诉讼费五锊铜。钧金与束矢制度对平民参与诉讼显然是一种限制。

在宗法制度的影响下,父子之间不得诉讼,“父子将狱,是无上下也”[127]。

出于维护等级特权利益考虑,下级职官不得与上级官长争讼。出土的西周晚期的㑇匜铭文记载了司法官伯扬父审理牧牛与上级官长争讼一案,并宣判牧牛违背了誓言,本应鞭打一千、施以墨刑,现以罚金三百锾折免应打的五百鞭,

---

〔125〕《周礼·秋官·大司寇》。

〔126〕《周礼·秋官·大司寇》。

〔127〕《国语·周语中》。

同时令牧牛立誓不得再扰乱上级官长的任何事务,如果再受到官长的控告,则要执行鞭一千和墨刑。牧牛服判,立誓、缴纳罚金后结案。从上述判决书中可以看出西周等级制度的森严以及违背契约要受到法律制裁。

审判时双方当事人均须到庭,即所谓"两造俱备"[128]。贵族们如成为民事诉讼当事人,则无论轻重案件,都可以派其下属或子弟代理,而无须亲自出庭受审。《周礼·秋官·司寇》说,"凡命夫命妇不躬坐狱讼",以防止"治狱吏亵尊者也"。按郑玄注,所谓"命夫","其男子之为大夫者";所谓"命妇","其妇人之为大夫之妻者"。曶鼎铭文所载案例,两位当事人均为贵族,因此各自指派属下一人代理诉讼。在审讯中,司法官要"听狱之两辞",不得轻信"单辞"。还要"察辞于差"[129],即辨析口供的矛盾。同时,也要察言观色,所谓"以五声听狱讼,求民情,一曰辞听,二曰色听,三曰气听,四曰耳听,五曰目听"[130]。"以五声听狱讼"不仅表现了审判工作经验的积累,也反映了对于犯罪心理学的认识水平,比起夏商时期的神断法无疑是一大进步,对后世的影响也极为深远,是值得肯定的法制文明的进步。

在刑事审判中,为了取得口供,可以刑讯,所谓"以五刑听万民之狱讼"[131]。《礼记·月令》载:"仲春之月……命有司,省囹圄,去桎梏,毋肆掠,止狱讼。"言外之意即在仲春之月之外,肆掠不禁。刑讯的器械是鞭,这在铜器铭文中得到证实。

除口供外,也很重视书证、人证及物证。《周礼·秋官·司厉》所载,"盗贼之任器货贿",就是指作案的凶器与赃物,这些对判明案情具有重要的证据价值。不仅如此,司法官还有责任检查被害人的身体和查勘现场,《礼记·月令》说:"孟秋之月……命理瞻伤、察创、视折、审断、决狱讼。"

在民事审判中,书证是重要的证据。《周礼·地官·小司徒》说:"凡民讼,以地比正之;地讼,以图正之。"《周礼·秋官·士师》说:"凡以财狱讼者,正之以傅别、约剂。"这里所说的图、傅别、约剂,就是确认财产关系与土地四至的契约文书,是最重要的物证。

在审判中根据诉讼当事人身份的不同而适用不同的法律,"凡诸侯之狱讼,以邦典定之;凡卿大夫之狱讼,以邦法断之;凡庶民之狱讼,以邦成弊之"[132]。

---

[128] 《尚书·吕刑》。
[129] 《尚书·吕刑》。
[130] 《周礼·秋官·小司寇》。
[131] 《周礼·秋官·小司寇》。
[132] 《周礼·秋官·司寇》。

所谓典、法、成,按《说文解字》都是简册,即三部不同的法。除成文法外,判例在司法实践中也起着重要的作用,《尚书・吕刑》所载"上下比罪"和《礼记・王制》中的"必察小大之比以成之",都表现了成例在无法可依情况下可作为类推适用的根据。

为了给贵族们开脱罪责,周礼明文规定,"以八辟丽邦法,附刑罚"。所谓八辟,"一曰议亲之辟、二曰议故之辟、三曰议贤之辟、四曰议能之辟、五曰议功之辟、六曰议贵之辟、七曰议勤之辟、八曰议宾之辟"〔133〕。八辟之法是贵族等级特权法的集中体现,也是后世封建法律中八议的历史渊源。

周初以明德慎罚为国策,因此判决之前实行三刺制度:"一曰讯群臣,二曰讯群吏,三曰讯万民,听民之所刺宥,以施上服下服之刑。"〔134〕三刺的程序是否全面实施或杂有后人的理想,尚难断定。但在铜器铭文中则确有"讯有司",即征询大臣意见的实例。通过"要囚服念"和"三刺"达到"五辞简孚,正于五刑","上下比罪,无僭乱辞,勿用不行;惟察惟法,其审克之"的断案标准。〔135〕

由于法律粗疏,允许司法官在量刑时"上下比罪"〔136〕,罪行有疑时可以从赦,"五刑之疑有赦,五罚之疑有赦"〔137〕。

周时司法机关的判决称为"劾"(劾),制成的法律文书称为"成劾"。例如,㑊匜铭文说:"伯扬父乃成劾。"判决要向当事人宣读,《周礼・秋官・小司寇》说,"读书则用法",郑注,"如今时(汉代)读鞫已乃论之",贾公彦疏曰,"读书则用法者,谓行刑之时,当读刑书罪状,则用法刑之"。有时也令败诉者盟誓,表示已作了公正的陈述和对判决的坚决执行。出土的鬲攸从鼎和㑊匜铭文都记载了当事人的盟誓活动。不过这时盟誓的神明色彩已经极为淡薄,更多的是法律上的意义。

判决宣示后,如当事人不服,允许上诉。根据地区的不同而有不同的上诉期限:"国中一旬,郊二旬,野三旬,都三月,邦国期(一年)。期内之治听,期外不听。"〔138〕

对于判决的执行,死刑一般采取"与众共弃"即杀之于市,并陈尸三日。《周礼・秋官・掌戮》载:"凡杀人者,踣诸市,肆之三日。刑盗于市。"这与金文中的

---

〔133〕《周礼・秋官・小司寇》。
〔134〕《周礼・秋官・小司寇》。
〔135〕《尚书・吕刑》。
〔136〕《尚书・吕刑》。
〔137〕《尚书・吕刑》。
〔138〕《周礼・秋官・朝士》。

"弃市"相同,都是公开于闹市处死,但妇人"虽有刑,不在朝市"[139]。周时,死刑的执行已与天时、节令开始联系,《左传·襄公二十六年》有"顺天道肃杀之威","刑以秋冬"的记载。可见秋冬行刑之制也始于西周。

肉刑(墨、劓、剕、宫)在执行之后还要在固定的场所服苦役,例如,"墨者使守门,劓者使守关,宫者使守内,刖者使守囿,髡者使守积"[140]。

徒刑的执行即"置之圜土",由一年至三年,并罚服劳役。此外,还有拘系。"拘系"一词见于《易·蒙》"拘系之乃从维之"。轻微犯罪,拘系以后,须服劳役。

由于建立了赎刑制度,贵族们除犯有危害国家或周王的重大犯罪外,一般均可以铜或丝赎罪。赎刑制度的建立是西周法制的重要发展,也是社会经济与私有财产发展在刑制上的反映。只有当社会经济达到一定高度,赎刑制度的确立才是可能的。

在民事审判中已出现调解结案的案例。曶鼎铭文记载了限与曶在交换中因限违约,曶控告于井叔,井叔责备限,身为王室之人,不应在立约成交后又违约。经井叔调解,限答应遵守前约,息讼结案。此案颇具典型意义。

西周时期神权政治的色彩虽然大为淡化,但在司法活动中对神宣誓仍然是一种审判方式。一般适用于民事案件或民事附带刑事案件,称为"誓审"。

《周礼·司盟》记载,"盟万民之犯命者,诅其不信者,亦如之",即盟诅那些犯赦令和违约的人。又记载,"有狱讼者,则使之盟诅",是在诉讼时让当事人盟诅。

鬲攸从鼎铭文记载了鬲从和攸卫牧因田土租赁问题发生诉讼,诉讼以攸卫牧背约而败诉。在他败诉后,他需要到司盟长官虢旅那里去接受审理,并以盟誓结束。倗匜铭文记载了牧牛宣誓对判决的服从。

在诉讼中大量地采取盟誓的形式,借助的神的力量,但与夏商的神判相比,则大不相同。神判是将审判权完全交给了神(当然,实际上是所谓能与神沟通的占卜者)来决定,盟誓的审判权则已经转移到世俗的法官手里,它仅仅是通过神的力量来保证审判结果的贯彻执行,审判的神权色彩已经大为减弱。从此层意义上来讲,西周的诉讼制度无疑取得了巨大的进步。

在西周的司法建设中,值得提出的是关于司法官责任的明确要求。《尚书·康诰》记载,周公告诫曾任司寇的康叔说,"敬明乃罚",即要谨慎而又明白

[139] 《左传·襄公十九年》。
[140] 《周礼·秋官·掌戮》。

无误地执法用刑。《尚书·吕刑》载,“惟敬五刑”,“典狱,非讫于威,惟讫于富”,“上下比罪,无僭乱辞”,都说的是司法官必须奉法断狱,不得滥用威吓,故意出入人罪。周穆王时所定的“五过之疵”,实际是考察司法官吏的具体标准。所谓“五过”主要说的是(依仗威势),借审判之权而报恩报怨,碍于亲情屈法枉断、勒索财物、行贿受贿,可见是针对司法官而发的。犯有五过之疵者,“其罪惟均”,以期司法官以国事为重,明法慎刑。

监狱。随着徒刑逐渐成为主要刑种,囚禁罪犯的监狱和狱政管理较之夏商均有所发展。夏商时期的“圜土”,仍是周朝的监狱,《周礼·秋官·司圜》郑司农注云:“圜土,谓狱城也。”“以圜土聚教罢民,凡害人者,之圜土而施职事焉。”周时还以“囹圄”作为监狱的名称,据《续博物志》载,“周曰囹圄”。《管仲·五辅》载:“善为政者……仓廪实而囹圄空……不能为政者……仓廪虚而囹圄实。”《释名》对囹圄作了如下解释:“狱,又谓之囹圄,囹,领也;圄,御也;领录囚徒禁御之也。”此外,“灵台”“稽留”“犴狱”等也是监狱的名称。监狱名称之多,说明了设狱之广。《尉缭子》说:“今夫决狱,小圄不下十数,中圄不下百数,大圄不下千数。”有些权势显赫的卿大夫,也在其封地内建起规模较大的监狱,春申君黄歇就建筑了“庭周三里”的监狱。[141]

西周对监狱的管理已有制度可循,并设有专职官吏司圜掌管监狱,掌囚管理犯人。

囚犯的刑期最高为三年,“上罪三年而舍,中罪二年而舍,下罪一年而舍”[142],经过狱禁三年,不改其过,则杀之。《周礼·秋官·大司寇》说:“以圜土聚教罢民。凡害人者,之圜土而施职事焉,以明刑耻之,其能改者反于中国(指故里),不齿三年。其不能改而出圜土者,杀。”所谓“施职事”,按郑玄注,“施职事以所能役使之”,即服劳役。

总括上述,西周时期统治者用“以德配天”取代了商时“有命在天”的天道观,形成了“明德慎罚”的立法指导思想和礼、乐、刑、政综合为治的治国方略,出现了较为明晰的部门法律规范和民刑初分的司法活动。虽然由于国家结构采取血缘与政治的二元标准,国法与宗(家)法具有一致性,而且在相当的范围内保持法律的秘密状态,所谓刑不可知则威不可测。但总体说来,西周法制表现了中华民族卓越的政治法律智慧,是先秦最具代表性的中华法制文明,并对后世产生了重要的影响。

---

〔141〕《越绝书》卷三。

〔142〕《周礼·秋官·司圜》。

第三章　社会转型与法律变革的春秋战国法制

（公元前770年～公元前221年）

自公元前770年周平王东迁洛邑，至公元前221年秦统一，是中国历史上的春秋战国时期，也是由奴隶制社会向封建制社会转型的大变动时期。政治、经济乃至文化思想各个领域，都发生了新与旧、改革与保守的尖锐冲突。引起这场社会大变动的根本原因是生产力水平的提高。

春秋时期，铁制生产工具广泛应用于农业，迅速提高了生产力，使以一家一户为单位的小生产成为可能。私田的大量出现，加速了土地国有制的动摇。改变原有的生产关系成为社会发展的内在要求。与生产关系的变化相适应，阶级关系也发生了明显的变化。一部分大贵族没落了，另一部分新兴起的和传统血缘联系比较薄弱的社会势力开始将一部分土地租给直接生产者，征收一定数量的地租。这种新势力就是封建社会地主阶级的初期代表。与此同时，以个体经营为特色的庶人、工商也向封建生产关系下的依附农民蜕变。作为金字塔式的权力结构底层的士也膨胀为一种社会群体，在激烈的兼并战争中发挥着不可忽视的作用。

地方经济的发展，加强了诸侯和卿大夫在政治上的独立性，周初诸侯并列、王室独尊的局面，和王臣公、公臣大夫、大夫臣士的等级制度遭到破坏。礼乐征伐不自天子出，而自诸侯出、自卿大夫出。过去调整等级秩序的“礼”，在赤裸裸的权力之争中丧失了约束的作用，列国之间展开了以扩充领土、掠取财富为目的的无休止的兼并战争。在兼并战争中推行军功爵，使出身卑贱的管仲、宁戚、百里奚等人以其才能受到国君的重用,纷纷执掌国政,标志着亲贵合一的世卿制度的瓦解,官僚制度的出现。新的势力集团还要求公布成文法,以维护切身利益,这成为不可抗拒的历史潮流。终于出现了集成文法之大成的《法经》。社会的大变动推动了意识形态领域百家争鸣的出现,作为显学的儒法二家关于德治、礼治、法治、人治的论述交织成绚丽多彩的文化大幕,充分展示了中华民族的智慧与精湛的理性思维,开辟了新时代法制文明的新天地。

一、适应社会转型的变法改革

为了适应社会转型引起的大变动,争取生存的空间,并在兼并战争中取得胜利,齐、晋、鲁、郑、楚各国的执政者相继进行了以田制和军制为内容的改革。

公元前645年,晋国“作爰田”,把田地赏给国人,目的是要民众服兵役为国君效命,因此,在作爰田的同时又“作州兵”,废除了充当甲士的限制,扩大了国家的武装力量,[1]这为后来的按军功赐田宅开了先例。

公元前594年,鲁宣公实行“初税亩”[2],承认私田的合法性,而一律取税。在“初税亩”之后四年,鲁成公又“作丘甲”[3],按一定的土地亩数——“丘”负担兵役和军赋。

公元前552年,楚国也开始整理田制和军制,按土地收入的多少征集军赋,所谓“量入修赋,赋车籍马、赋车兵、徒卒、甲之数”[4]。

公元前538年,郑国“作丘赋”[5],基本内容与鲁国“丘甲”相似。

齐国管仲也实行“相地而衰征”[6],按土地好坏征收赋税,即所谓“案田而税”[7]。

与此同时,基层组织也相应地进行了改革。例如,《国语・齐语》载:“管子于是制国,五家为轨,轨为之长;十轨为里,里有司;四里为连,连为之长;十连为乡,乡有良人焉。以为军令:五家为轨,故五人为伍,轨长帅之;十轨为里,故五十人为小戎,里有司帅之;四里为连,故二百人为卒,连长帅之;十连为乡,故二千人为旅,乡良人帅之;五乡一帅,故万人为一军,五乡之帅帅之……春以蒐振

[1]《左传・僖公十五年》。
[2]《左传・宣公十五年》。
[3]《左传・成公元年》。
[4]《左传・襄公二十五年》。
[5]《左传・昭公四年》。
[6]《国语・齐语》。
[7]《管子・大匡》。

旅,秋以狝治兵,是故卒伍整于里,军旅整于郊,内教既成,令勿使迁徙。”

郑国子产执政时,除沿行“都鄙有章,上下有服”的传统制度外,[8]还创制了“田有封洫,庐井有伍”之法,[9]在承认个体农户合法性的基础上,按什伍组织加以编制。

什伍组织既是居民的基层组织,也是兵役和徭役的承担单位。什伍组织的建立,使国家统治严密化,因而为后世长期援用。

战国时期各国继续任用锐意改革的政治家执掌国政。魏国任用李悝、西门豹、乐羊,韩国任用申不害,赵国任用牛畜、荀欣,楚国任用吴起,齐国任用邹忌,秦国任用商鞅,都进行了不同程度的变法。例如,魏李悝实行“食有劳而禄有功”的改革,[10]剥夺了无功受禄的所谓“淫民”的特权,为地主阶级登上政治舞台和官僚地主化创造了有利条件。尤其是李悝制定的《法经》奠定了封建法制的基础。

以上改革触及了经济基础和上层建筑的一些方面,而足以反映改革的性质和方向的是商鞅变法。

公元前356年,秦国商鞅变法最全面、最集中地反映了各国变法的封建化趋向。商鞅,卫国人,原姓公孙,因在秦变法有功,封于商,故称商鞅。商鞅“少好刑名之学”[11],曾经师从李悝。公元前361年,秦孝公即位以后,锐意变法强秦,下令求贤。商鞅遂受《法经》入秦,以“强国之术”说秦孝公,得到秦孝公的信任和支持,推行改革。

商鞅变法的主要内容如下:

其一,废井田,开阡陌,民得买卖,从法律上确认新的土地所有制和土地买卖的合法性。为了发展封建性的农业经济,保证国家的财源、兵源,凡“僇(努)力本业,耕织致粟帛多者,复其身(即免除徭役);事末利及怠而贫者,举以为收孥(官奴隶)”[12];“民有二男以上不分异者,倍其赋”[13]。

其二,“宗室非有军功论,不得为属籍”,“有军功者,各以率受上爵”[14],进一步废除了贵族的世卿制度,促进了官僚制度的形成。为了奖励军功,特别制定了《军爵律》,军功爵从公士到彻侯共分二十级,各有与之相适应的权利。《史

[8] 《左传·襄公三十年》。
[9] 《左传·襄公三十年》。
[10] 刘向撰,赵善诒疏证:《说苑疏证》卷七《政理》,华东师范大学出版社1985年版,第194页。
[11] 司马迁:《史记》卷六十八《商君列传》,中华书局2000年版,第1763页。
[12] 司马迁:《史记》卷六十八《商君列传》,中华书局2000年版,第1765页。
[13] 司马迁:《史记》卷六十八《商君列传》,中华书局2000年版,第1765页。
[14] 司马迁:《史记》卷六十八《商君列传》,中华书局2000年版,第1765页。

记·商君列传》说,商鞅相秦,令"有军功者,各以率受上爵","明尊卑爵秩等级,各以差次,名田宅,臣妾衣服以家次"。"男子赐爵,一级以上,有罪以减",庶民则"有罪各尽其刑"[15]。如果超过了法定的等级界限,便以淫侈逾制定罪。

其三,按什伍组织编定居民户籍,使之互相负连带责任。"凡告奸者与斩敌首同赏,匿奸者与降敌同罚。"[16]

其四,改法为律,强调法律的统一适用和信守必行。为了树立法律的权威,他运用法律为改革开辟道路,打击敌视改革的反对派,对于以身试法的太子师傅公孙贾处以黥刑,公子虔处于劓刑。所谓"法及太子,黥鼻其傅"[17]。他还宣布若随意改变新法,"损益一字以上,罪死不赦"[18]。于是"吏不敢以非法遇民,民不敢犯法以干法官"[19],"于是法大用,秦人治"[20]。

作为法家代表人物和实践家的商鞅,不仅善于运用法律为改革开辟道路,扫除障碍,还善于运用法律巩固改革的成果。尽管商鞅成为变法的殉道者,但他身死之后,秦法未败。

由于商鞅变法顺应了历史潮流,改制之始,"百姓苦之,居三年,百姓便之"[21]。特别是商鞅虽死,秦法未败。宋王安石曾公正地评价商鞅变法,他说:"自古驱民在信诚,一言为重百金轻,今人未可非商鞅,商鞅能令政必行。"[22]

商鞅变法虽然在时间上迟于东方各国,但却吸取了东方各国变法的经验,加上秦国旧势力的基础毕竟薄弱,因此实行得比较彻底。经过变法使秦由一个政治经济落后的国家一跃而为当时最强盛的国家,并为以后的统一六国奠定了重要的基础。

综上可见春秋战国时期各国改革与变法的大略。如果说春秋改革在性质上仍属于某种改良,那么战国变法便是摧毁旧制度的革命。顾炎武在《日知录》卷十三《周末风俗》中说:"春秋时犹尊礼重信,而七国则绝不言礼与信矣;春秋时犹宗周王,而七国则绝不言王矣;春秋时犹严祭祀、重聘享,而七国则无其事矣;春秋时犹论宗姓氏族,而七国则无一言及之矣。"正因为战国变法旨在否定旧制度,因此每一个措施和法令的推行都遭到贵族旧势力的顽抗,进行了流血

---

[15] 卫宏:《汉官六种·汉旧仪》,中华书局1990年版,第53页。

[16] 司马迁:《史记》卷六十八《商君列传》,中华书局2000年版,第1765页。

[17] 《战国策·秦策一》。

[18] 《商君书·壹刑》。

[19] 《商君书·定分》。

[20] 司马迁:《史记》卷五《秦本纪》,中华书局2000年版,第147页。

[21] 司马迁:《史记》卷五《秦本纪》,中华书局2000年版,第145~146页。

[22] 王安石著,宁波等校点:《王安石全集(上)》卷三二,吉林人民出版社1996年版,第327页。

的斗争。七国之中,某些国家的变法还有反复、有失败,但历史车轮的前进是不可阻挡的。

二、世卿制度的没落与官僚制度的形成

春秋时期,世卿制度的崩颓和官僚制度的兴起不是偶然的。一方面,井田制度的破坏和宗法等级制度的瓦解,动摇了世卿制度的基础。另一方面,各国变法普遍实行军功爵制度,彻底打击了旧贵族的世袭特权。晋赵鞅在誓师时说:"克敌者,上大夫受县,下大夫受郡,士田十万,庶人工商遂,人臣隶圉免。"[23]这里所说的"上大夫受县,下大夫受郡",并不是旧式的分封采邑,而是国君赐给一个县或郡的赋税。"士田十万"是赐田十万亩。"庶人工商遂"是指庶人工商立有军功也可以上升为士,得到晋爵升赏。"人臣隶圉免"则是开释家内奴隶的身份为一般民众。这一套政策措施,在当时具有很大的吸引力,既争取了群众,也培植了一支支持新政权的官僚队伍。管仲之起于罪隶,宁戚之起于牧竖,百里奚之起于乞丐,商人弦高之干预国家大事,都说明了官僚制度比起世卿制度更有利于发掘人才,增加政权的活力。与此同时,各国盛行的养士,又为官僚队伍的形成做了准备。士的流品非常复杂,有"游士""辩士""武士""隐士""任侠之士",他们具有专门的技能和纵横捭阖的权术知识,因此在动荡的春秋时代,得到国君和卿大夫的重视和任用。早在春秋前期,齐桓公已养游士八十人。至春秋末期,无论"公室""私家"都普遍养士,士的地位和作用显著提高,"失士者亡,得士者昌"成了当时流行的谚语。[24] 齐国田成子"杀一牛,取一豆肉,余以食士"[25],目的在于争取士。任用士为国家官吏,反映了宗法制度下"亲贵合一"的国家组织原则的废弛。

战国时期,无论中央或地方郡县官吏,还是带兵主将,都由国王任免。国王根据尊贤尚功、"见功而与赏,因能而授官"的原则,[26] 选拔各级官吏,所谓"……明主之吏,宰相必起于州部,猛将必发于卒伍"[27]。著名的政治家、军事家商鞅、苏秦、张仪、范雎、孙膑、白起、廉颇、王翦等人,都是以布衣而为相将的。除军功或以才能游说国王获得重用之外,荐举也是任官的一条重要途径。

---

[23] 《左传·哀公二年》。
[24] 《吴越春秋·勾践阴谋外传》。
[25] 韩非著,张觉译注:《韩非子全译·外储说右上》,贵州人民出版社 1992 年版,第 701 页。
[26] 韩非著,张觉译注:《韩非子全译·外储说左上》,贵州人民出版社 1992 年版,第 638 页。
[27] 韩非著,张觉译注:《韩非子全译·显学》,贵州人民出版社 1992 年版,第 1075 页。

与任官制度相联系的是玺、符制度的建立。玺、符是象征国王赋予各级文武官吏的权力凭证，国王任用官吏时发给印玺，免职时收回。官吏辞职也须将印玺交还国王，《韩非子·外储说左下》载，“梁车用法，而成侯收玺”。《史记·范雎蔡泽列传》说：“应侯因谢病，请归相印。”不仅任官用玺，公文往来也用玺，遇有大事还须用御玺（王印），秦国长信侯嫪毐作乱，便假造国王御玺，行文征集县卒和卫卒。

与此同时，也实行发兵用符的制度。兵符一分为二，一半由国王掌握，一半由将帅掌握，兵符相合，然后才能调动军队。著名的魏信陵君窃符救赵和出土的载有“左在王，右在新郪”的新郪兵符都确凿地证明了这一点。玺符制度的普遍建立，反映了官僚制度的形成和国王集权的加强。

由于官吏的任免奖惩均出自国王，随之而产生了考核官吏政绩的上计制度。所谓上计，就是官吏将一年的预算收入，以及户口、垦田、库藏的增加等，事先写在木卷上，然后剖而为二，国王执右卷，臣下执左卷，年终上计时，国王根据原卷考核实征数目，决定官职的升迁，所谓“符契之所合，赏罚之所生也”〔28〕。上计所用的统计簿册，称为“计书”。《商君书·禁使》说：“十二月而计书以定，事以一岁别计，而主以一听。”魏国魏文侯以上计考课官吏，较有成效，如“解扁为东封，上计而入三倍”〔29〕，“李兑治中山，苦陉令上计而入多”〔30〕。经过上计，优者升赏，劣者贬黜，严重者收捕入狱。上计以赋税、垦田、户口、治安为重点，说明经济财政对于维持官僚机构和军事活动的重要意义，同时也反映了封建政权初建时期密切注意官吏的治理能力和积极加强中央对地方的控制。考课上计制度从战国实行起，一直贯穿于整个封建社会，说明了它是督励官吏、维护吏治的一项重要制度。

随着官僚制度的形成，也以俸禄取代封邑。所谓俸禄，是封建国家酬劳官吏的一种制度。战国时俸禄的内容是实物，但由于当时各国度量衡不统一，因此俸禄的单位也不尽相同。楚国以“担”为单位，齐国以“钟”为单位，韩、赵、魏、秦则以“石”为单位。最高的俸禄可达万担、万钟、万石，最低的只有斗食。在固定的俸禄之外，国王也根据官吏的治绩进行额外赏赐。

俸禄制度是封建的雇佣关系在国家制度上的体现，所谓“主卖官爵，臣卖智力”〔31〕。俸禄实际上是将赋敛而来的财富在官吏中间进行再分配而已。因此，

〔28〕 韩非著，张觉译注：《韩非子全译》，贵州人民出版社1992年版，第59页。
〔29〕 《淮南子·人间训》。
〔30〕 韩非著，张觉译注：《韩非子全译·难二》，贵州人民出版社1992年版，第831页。
〔31〕 韩非著，张觉译注：《韩非子全译》，贵州人民出版社1992年版，第764页。

为官不仅可以获得特权,也是获取财富(合法与非法)的重要的手段。为了确保固定的俸禄制度的实施,国家必须掌握雄厚的物质财富,为此战国时各国都实行布帛、粟米和刀布等形式的赋税和繁重的徭役,以使供养大批官吏成为可能。

总括上述,各国实行的官吏任免制度、玺符制度、上计制度和俸禄制度,是战国时期所确立的封建官僚制度的基本内容,是封建职官管理法的最初形态,对于加强专制主义中央集权的统治,扫除世卿世禄制度的残余,巩固封建制度的经济基础和促使整个国家由分裂趋向于统一,起着重要的作用。

官僚制度形成的同时,郡县制度开始出现。县和郡最初都设置在新兼并的边远地区,是控制新征服地区的权宜措施,后逐渐发展成固定的地方制度。各国之中,楚国的县最大,有的可以提供兵车千乘。晋国的县最多,大约有四五十县。郡县与采邑不同,是由国君直接控制的地方政权,拥有一套直属国君的行政组织和军事组织。县设县大夫(或县令、县尹)为一县之长,由国君任命,并可随时调动或撤换。郡设郡守,郡辖地虽比县大,但初期郡守的地位却比县大夫低,所谓"克敌者,上大夫受县,下大夫受郡"[32]。但随着兼并战争的频繁,为了抵御外来侵袭,国君赋予辖地在县以外的郡守以应变的大权。至战国时,边地日渐繁荣,兼并战争也更加猛烈,郡的地位遂高于县,郡以下分设县,形成了影响悠久的郡、县二级地方制度。

郡守县令均非世袭职,他们由国君任免,负责辖区内的行政事务,征收赋税,解决争讼,并承担部分军事职责,而且只领取俸禄,为国君尽守土之责,不享有封邑。遇有重大的军政事宜,均由国君指挥,郡守县令无独立处理之权,从而加强了中央对地方的控制。

郡县制度的出现,有利于消除贵族势力,密切了中央和地方的联系,加强了中央政策法令的贯彻,提高了地方管理的效能,因而迅速被普遍设置。郡县制度的确立,是中国地方行政管理制度的一个重要发展。

三、百家争鸣中的儒与法

春秋时期的社会大变动,不仅使夏商以来的神权法思想受到进一步冲击,即便是周公所制之礼,也在礼崩乐坏的历史条件下失去了权威。原有的等级秩序,经过上下相尅的斗争发生了错位。新产生的更为复杂的社会关系,又亟须新的理论进行论证和新的规范进行调整,于是在意识形态领域出现了百家争鸣

---

〔32〕《左传·哀公二年》。

的局面。正如司马迁所指出的,“天下一致而百虑,同归而殊途。夫阴阳、儒、墨、名、法、道德,此务为治者也,直所从言之异路,有省不省耳”[33]。为建立新的秩序,设计有效能的国家方案是春秋战国时期诸子百家的共同目标。百家之中以儒法两家为显学,不但学说的内涵丰富,学术队伍宏大,而且影响深远。

儒家学派以孔子为创始人,孔子之后孟子和荀子传承并发展了孔子的学说。儒家主张“治人之道,莫急于礼”[34]和“为国以礼”[35]的治国方略。礼是法的主导,“礼乐不兴,则刑罚不中;刑罚不中,则民无所措手足”[36]。这不仅表达了礼法关系,而且阐明了它对社会稳定的重要意义。

除礼治外,德治也是儒家思想的核心,孔子主张以德化民,反对“以力服人”,认为只靠刑罚并不能从根本上阻止民众犯罪。他说:“导之以政,齐之以刑,民免而无耻;导之以德,齐之以礼,有耻且格。”[37]导之以德意在以德教化民众,使之弃恶从善;齐之以礼意在以礼规范人们的行为,使之循规蹈矩。德治思想渊源于周公的明德慎罚,进而发展为德主刑辅,贯穿于二千余年的立法当中。

孔子站在维护等级制度的立场,坚持“刑不上大夫,礼不下庶人”[38]的原则,强调“礼以正君子,刑以治小人”,“君子怀德,小人怀土;君子怀刑,小人怀惠”[39]。凡是侵犯统治阶级利益的反抗行为,孔子则主张坚决镇压。例如,郑国兴兵“攻萑苻之盗,尽杀之”,对于这一暴行,孔子反而称赞说:“善哉!政宽则民慢,慢则纠之以猛;猛则民残,残则施之以宽;宽以济猛,猛以济宽,政是以和。”[40]可见,孔子是以刑德两手、宽猛相济作为立政治世与司法的准则的。但他反对不教而诛,认为“不教而杀谓之虐”[41],主张行仁政,反对苛政、峻法。

孔子还创立了仁学,主张“仁者爱人”,以“仁”作为调整人际关系的基本准则,充分肯定了人的地位、价值和尊严。孔子的仁学不仅是具有特殊历史意义的人本哲学,也为理政、司法、治世提供了人道主义的基本原则。孔子的仁学被孟子全面继承和发展,孟子在“性本善”的认识论基础上,将“爱人”具体化为“亲亲而仁民,仁民而爱物”的现实政治主张,[42]把人本思想演绎成系统的“仁

---

〔33〕司马迁:《史记》卷一百三十《太史公自序》,中华书局2000年版,第2485页。

〔34〕《礼记·祭统》。

〔35〕《论语·先进》。

〔36〕《论语·子路》。

〔37〕《论语·为政》。

〔38〕《礼记·曲礼》。

〔39〕《论语·里仁》。

〔40〕《左传·昭公二十年》。

〔41〕《论语·尧曰》。

〔42〕《孟子·尽心上》。

政”学说。其核心是“重民”,宣扬“天视自我民视,天听自我民听”[43],“民为贵,社稷次之,君为轻”[44]。孔子还说“仁者,人也”,揭示了人所具有的仁的道德本性。因此,只有关注人自身的道德修养,才能充分体现人的价值,通过自我修养达到“泛爱众”“天下归仁”的理想境界。孔子所说“己所不欲,勿施于人”[45],“己欲立而立人,己欲达而达人”[46],孟子所说“老吾老,以及人之老,幼吾幼,以及人之幼”[47],都意在说明不仅需要自我的道德修养,还要推而广之,用来调整人际关系。这既表现了“仁者无不爱”的宗旨,也反映了希望由此而达到“天下归仁”的目的。

至于儒家的人治论,主要表现为赞美和拥护礼乐征伐自天子出的君主专制制度。正因如此,当孔子面对礼崩乐坏和僭越迭起的春秋时代,发出了正名的呼喊,认为救世之道在于正名,他说:“必也正名乎。……名不正,则言不顺;言不顺,则事不成……”[48]他所说的正名就是恢复君君、臣臣、父父、子子的专制主义的等级秩序。至于孔子所说“为政在人”,“其人存,则其政举,其人亡,则其政息”[49],意在论证国君、贤相及执法者在治国理政、执法为民方面的重要作用,这是古今中外具有普适性的经验总结。

荀况,战国时赵国人。其学以儒家学说为主,但是战国末期社会形势的变迁,百家异说的文化环境的启迪,使他形成了由儒兼法、介于儒法之间的新的儒学思想,成为继孔孟之后特色鲜明、影响深远的儒家学派。

荀况批判孟轲的性善论,提出性恶论。荀况说,“人之性恶,其善者,伪也”[50],一切“残贼”“淫乱”破坏社会秩序的行为,都源于性恶。为了“化性起伪”,需要礼义、法度的教育、规范、改造。他说:“故圣人化性而起伪、伪起而生礼义,礼义生而制法度。然则礼义、法度者,是圣人之所生也。”[51]又说:“古者圣人以人之性恶,以为偏险而不正,悖乱而不治,故为之立君上之势以临之,明礼义以化之,起法正以治之,重刑罚以禁之,使天下皆出于治,合于善也。是圣王之治,而礼义之化也。”[52]由此可见,性恶论是荀子关于礼法的起源、作用、关

[43] 《孟子》引《泰誓》。
[44] 《孟子·尽心下》。
[45] 《论语·颜渊》。
[46] 《论语·雍也》。
[47] 《孟子·梁惠王上》。
[48] 《论语·子路》。
[49] 《礼记·中庸》。
[50] 《荀子·性恶》。
[51] 《荀子·性恶》。
[52] 《荀子·性恶》。

系等思想体系的理论基石。他摆脱了传统的天命观的束缚,凸显了人创造礼法的主动性,使古代人文思想有所前进。在荀子的法思想中,礼法一体综合为治,是其核心。荀子认为,"治之经,礼与刑"[53],"故非礼,是无法也"[54]。但在礼法关系上以礼为本,"礼者,法之大兮,类之纲纪也"[55],而"法者,治之端也"[56]。礼与法在治国、理政、驭民、育人方面,各有其效用。因此,他强调既隆礼又重法,"隆礼尊贤而王,重法爱民而霸"[57],"隆礼至法则国有常"[58]。

隆礼重法体现了由春秋时期的儒法对抗逐渐走向儒法合流的变化,这是历史发展的必然反映。因为法的价值在世变之极的时代,较之空泛的仁政学说更具有实际意义,这充分说明了荀子不愧为"圣之时者也"。

荀况还针对慎到的重势、尚法的观点提出了重人的问题,他说,"有治人,无治法"[59],"法不能独立,类不能自行,得其人则存,失其人则亡"[60]。由此而被后人列入人治论的开创者行列,受到了法治论者的批评。近代梁启超便尖锐地指出:"荀卿有治人无治法一言,误尽天下,遂使吾中华数千年,国为无法之国,民为无法之民。"[61]其实对荀况的这种批评是不公允的,荀况从未离开治法而论治人,与其说他是人治论者,不如说他是重人执法论者。

荀况所说治人与治法,着眼点是为了解决法与人的关系问题。他认为法有"良法""乱法",人有"君子""小人",良法即治法,君子则为治人。他在《荀子·君道》中非常清晰地论述了治人与治法的关系。他说:"有乱君,无乱国;有治人,无治法。羿之法非亡也,而羿不世中;禹之法犹存,而夏不世王。故法不能独立,类不能自行,得其人则存,失其人则亡。法者,治之端也;君子者,治之原也。故有君子,则法虽省,足以遍矣;无君子,则法虽具,失先后之施,不能应事之变,足以乱矣。不知法之义而正法之数者,虽博,临事必乱。故明主急得其人,而暗主急得其势。急得其人,则身佚而国治,功大而名美,上可以王,下可以霸;不急得其人,而急得其势,则身劳而国乱,功废而名辱,社稷必危。"可见荀况针对重势而提出的有治人无治法,是以治法为前提的,他从未撇开治法而孤立

[53]《荀子·成相》。
[54]《荀子·修身》。
[55]《荀子·劝学》。
[56]《荀子·君道》。
[57]《荀子·强国》。
[58]《荀子·君道》。
[59]《荀子·君道》。
[60]《荀子·君道》。
[61] 梁启超:《论立法权·论立法部之不可缺》,载《饮冰室合集》(第4册),中华书局2015年版,第103页。

地谈治人,更没有漠视良法对于治国的作用。只是在法与人的关系上强调了人的能动性。如果以荀况的重人执法论与法家的法治论相比较,可以看出在以法为治世之具的认识上是完全一致的。对于法律的实施,荀况依靠君子,法家凭借君主,二者也有异曲同工之处。荀况重人执法论的观点对后世有着深远的影响。唐时白居易说:“虽有贞观之法,苟无贞观之吏,欲其刑善,无乃难乎。”[62]明末清初王夫之也提出,“择人而授以法,使之遵焉”[63],“进长者以司刑狱,而使守画一之法”[64],这样才能使“国事大治”。

综上可见,荀况的法思想是在批判吸收诸子百家之说的基础上,经过综合而成的。他所提出的礼法、治人、治法等范畴,开创了古代法文化的新天地,突破了孔孟之儒与法家学派的壁垒。汉以后外儒内法、儒法合流的大势,可以说是导源于荀子的。荀况学说的丰富性、时代性,都使他当之无愧地成为新儒学的奠基人,他对中华法制文明的贡献是巨大的、富有历史意义的。

春秋战国时期,与儒家并存的另一显学是法家。早期法家管子以度量衡器比喻法的客观性、公平性,他说:“尺寸也,绳墨也,规矩也,衡石也,斗斛也,角量也,谓之法。”继而以明确的语言表述了以法治国的理念:“威不两错,政不二门,以法治国,则举错而已。”[65]要求以法来约束自国君以至吏民的行动,所谓“法律政令者,吏民规矩绳墨也”[66],“和民一众,不知法不可”[67]。“君臣上下贵贱皆从法”[68],“不为君欲变其令,令尊于君”[69]。由于法治打破了亲贵合一的礼治原则,有助于“禄贤能”[70]和促进封建生产关系的发展,因而这种“修旧法”[71]的改革使“齐人皆悦”[72]。需要指出,现存《管子》一书,是战国中期齐国法家托名管仲而成的,但其中的主要思想无疑和管仲有着渊源关系。

另一位早期法家代表人物邓析,也提出了“事断于法”[73]的法治主张。他主张“不法先王,不是礼义”[74],既向礼治的旧传统挑战,也反对子产所铸的刑

---

[62] 白居易:《长乐集》卷六六《论刑法之弊升法科选法吏》,中华书局1981年版,第132页。
[63] 王夫之:《读通鉴论》卷十,中华书局1975年版,第326页。
[64] 王夫之:《读通鉴论》卷三,中华书局1975年版,第54页。
[65] 《管子·明法》。
[66] 《管子·七主七臣》。
[67] 《管子·七法》。
[68] 《管子·任法》。
[69] 《管子·法法》。
[70] 司马迁:《史记》卷三十二《齐太公世家》,中华书局2000年版,第1249页。
[71] 《国语·齐语》。
[72] 司马迁:《史记》卷三十二《齐太公世家》,中华书局2000年版,第1249页。
[73] 《邓析子·转辞》。
[74] 《荀子·非十二子》。

书,并自己编成了一部《竹刑》。晋杜预在《左传》注中说,邓析“欲改郑所铸旧制,不受君命,而私造刑法,书之于竹简,故云竹刑”。邓析还私招门徒,传授法律,“学讼者不可胜数”,形成了“民口欢哗”[75]的浪潮,以致深为当政者所忌,终于被郑驷歂所杀。但驷歂虽杀邓析却用其《竹刑》,这充分说明了《竹刑》的价值。

管仲、邓析之后,李悝、申不害直到商鞅、韩非,有如群星灿烂,人才辈出,他们是封建法治的积极鼓吹者和实践家,不仅进行了法理学上的探讨,还将法律学说与立法、执法、司法密切结合,指导了变法改制,对于封建法制的形成起着开拓先路的作用。法家在法学上的贡献,以及他们所表现出的改造现实的活力,是百家争鸣中的其他学派无法相比的。

战国后期法家思想集大成者是韩非。韩非出身于没落奴隶主贵族,是韩国的公子。他生于动乱之际,面对旧制度的崩溃和社会经济、政治、文化的变迁,他在惶惑中思考新的出路,探求对于未来的理论解释和治国方略。一方面,由于韩非师从于荀况,受其影响形成了既勇于面对现实,又敢于面对现实的性格,这对于铸造韩非反对法古、主张改革的历史观具有重要的意义。另一方面,战国末期的历史背景,使韩非有可能以新的认识和经验批判儒、墨、道各家学说。即使对战国中期的法家思想,韩非也进行了批判地总结。

韩非“以法为本”,法、术、势三者结合的思想,是在批判继承法家思想的基础上进行的新的综合,因而是法家思想之集大成,是一个完备的法治思想体系。他的循变协时的进化历史观,以经验为基础的实证精神,以法为本、法术势结合为用的理论体系,以及所构想的法治国家的蓝图,都不失为卓越的创造。其论辩之犀利,思维之严谨,论据之充实,剖析之深刻,足以说明韩非是历史上一位伟大的思想家。由于他所主张的法治是和专制联系在一起的,是实现专制统治的工具,因而的确是“帝王之具”。这种由法治出发最后归结为君治的矛盾性,恰恰说明了韩非所追求的法治是封建专制制度下的法治,这是韩非所处的历史条件所决定的。

总结春秋战国时期法家学派的思想特点,可以表述如下。

第一,改刑为法、改法为律,强调法的统一适用。

中国古代法制史上改刑为法、改法为律都不单纯是文字的演变,而是反映了特定历史条件下法文明的进步。夏、商、西周时期,刑(井、刑)含有征伐、杀戮、惩罚之意。《说文解字》说:“刑,罚罪也,从井,从刀口。”随着社会的发展,夏之禹刑、商之汤刑、周之九刑,主要已是刑罚之“刑”,并成为法的代称。

---

〔75〕《吕氏春秋·离谓》。

改刑为法,是春秋战国时期社会关系的大变动所引起的。成文法的普遍出现、法家纷纷上台执政以及法家对于法的法理学解释,都起了重要的作用。“法”字最早见于金文大盂鼎铭文的:“灋保先王。”《说文解字》说:“灋,刑也。平之如水,从水,廌所以触不直者去之,从廌去。”早期法家代表李悝著《法经》,以法代刑作为法典名称,是和春秋战国时期各诸侯国成文法的发展和法观念的进步分不开的。如果说“刑不上大夫”之“刑”具有宗法等级的特权性质,那么“法”则具有客观的公平性。慎到说:“法者,所以齐天下之动,至公大定之制也。”[76]因此,法家经常以度量衡器比喻法之平直。

至于改法为律,按《唐律疏议》和《唐六典》注所言,始于商鞅相秦,所谓“商鞅传授(法经)改法为律”,“商鞅传《法经》,改法为律以相秦”。早在甲骨文中“律”字已经出现,具有军法、军纪之意。《云梦秦简·为吏之道》所附魏安王二十五年(公元前252年)的《户律》《奔命律》,除证明以“律”为法律文书的名称最迟不晚于此时以外,还证明了在这之前毕竟经历了一个改法为律的过程。因为在古代法文化发展缓慢的背景下,“律”不可能于一朝一夕之间便以确定的形态出现。

在商鞅改法为律之前,律的形式已经出现,商鞅只是以一个改革者的权威在秦国正式宣布改法为律而已。“律”字在云梦秦简中出现了八十八次,这不是偶然的。由于律具有整齐划一的功能,《易·师》才有“师出以律”之文。律又和音律相关,所谓律吕,说明它起着定音于一的作用。历史发展到战国时期,新兴地主阶级的统治者为了保证改革的胜利,特别强调法律的统一适用。由此不难理解改法为律的历史必然性。但是,社会关系的复杂性决定了法律调整形式的多样性。就在改法为律的战国,“令”的形式也频频出现。例如,公元前350年颁布了《开阡陌封疆令》,公元前348年颁布了按照田亩和人丁收取赋税的《初为赋令》。此后,又相继颁布了《垦草令》《统一度量衡令》《什伍令》等。

第二,以法治国、治民。

自管仲提出以法治国的方略以后,以法治国成为后期法家奋斗的目标,并从理论和实践两方面都取得新的发展。

韩非传承了早期法家的法治思想,主张以法治国、治民,并设计了理想的法治国。在他理想的“法治国”中,“无书简之文,以法为教;无先王之语,以吏为师;无私剑之捍,以斩首为勇。是境内之民,其言谈者必轨于法,动作者归之于

〔76〕《慎子·佚文》。

功,为勇者尽之于军,是故无事则国富,有事则兵强……"[77]在这个法治国中,"言无二贵,法不两适,故言行不轨于法令者必禁"[78]。他举韩国申不害"不一其宪令"所造成的弊端,作为史鉴。"晋之故法未息,而韩之新法又生,先君之令未收,而后君之令又下。申不害不擅其法,不一其宪令,则奸多。"[79]

正因如此,韩非把法治的执行状态与国家的强弱安危联系起来,他说:"国无常强,无常弱,奉法者强则国强,奉法者弱则国弱。"[80]

值得指出的是,商鞅在秦国变法时展现了他的以法治国的抱负,发布了具有高度权威的法律法令,建立了新的法律秩序,强化了国君的统治地位,取得了富国强兵的效果,使秦国大治,为秦始皇统一六国奠定了重要基础。商鞅虽然做了法治的殉道者,但其身虽死,其法未败,说明他所完成的事业是符合进步的历史潮流的。

第三,法家强调法的公平性,反对"刑不上大夫"的等级特权性。

慎到说:"法者,所以齐天下之动,至公大定之制也。"[81]商鞅更以明确的语言阐述了"刑无等级,自卿相将军以至大夫庶人,有不从王令,犯国禁、乱上制者,罪死不赦"[82]。他不仅是言者,也是行者。太子犯法也"刑其傅公子虔,黥其师公孙贾"[83]。在韩非的"法治国"中,"刑过不避大夫,赏善不遗匹夫",法的价值就在于"法之所加,智者弗能辞,勇者弗敢争"[84]。不仅如此,法家还借助度量衡器的公平客观来比喻法的公平性。除前引管子的有关论述外,慎到在《慎子·威德》中说:"故蓍龟所以立公识也,权衡所以立公正也,书契所以立公信也,度量所以立公审也,法制礼籍所以立公义也。凡立公,所以弃私也。"在《意林》中还说:"有权衡者,不可欺以轻重;有尺寸者,不可差以长短;有法度者,不可巧以诈伪。"[85]韩非也说:"故曰:巧匠目意中绳,然必先以规矩为度;上智捷举中事,必以先王之法为比。故绳直而枉木斫,准夷而高科削,权衡县而重益轻,斗石设而多益少。故以法治国,举措而已矣。法不阿贵,绳不挠曲。"[86]法家强调法的公平性,不仅是法的内在价值取向,也是为了抵制旧贵族势力,以一

---

[77] 韩非著,张觉译注:《韩非子全译·五蠹》,贵州人民出版社1992年版,第1051页。
[78] 韩非著,张觉译注:《韩非子全译·问辩》,贵州人民出版社1992年版,第904页。
[79] 韩非著,张觉译注:《韩非子全译·定法》,贵州人民出版社1992年版,第914页。
[80] 韩非著,张觉译注:《韩非子全译·有度》,贵州人民出版社1992年版,第64页。
[81] 《慎子·佚文》。
[82] 《商君书·壹刑》。
[83] 司马迁:《史记》卷六十八《商君列传》,中华书局2000年版,第1766页。
[84] 韩非著,张觉译注:《韩非子全译·有度》,贵州人民出版社1992年版,第75页。
[85] 《意林》卷二。
[86] 韩非著,张觉译注:《韩非子全译·有度》,贵州人民出版社1992年版,第75页。

断于法来维护新兴的政权和地主阶级的政治经济利益。

第四,应用历史进化论的观点,主张法律的可变性。

早在《尚书·吕刑》中便提出“刑罚世轻世重”,即刑罚因时势的变动而为之轻重的观点。在法的可变性上,韩非可为代表。

韩非的法治观是在朴素的进化论的历史观基础上形成的。他认为历史是进化的,经历了“上古”、“中古”、“近古”和“当今”四个阶段。“上古竞于道德,中古逐于智谋,当今争于气力。”“古今异俗,新故异备”[87]是历史发展的客观规律。因此,他反对保守和复古,主张改革,提出“世异则事异”“事异则备变”[88]的理论,强调“圣人不期修古,不法常可;论世之事,因为之备”[89]。韩非的历史观不仅构成他改革变法主张的理论基础,也是他“不务德而务法”[90]的法治观的立脚点。韩非虽然以刑德作为“明主之所导制其臣者”的“二柄”,[91]但是他认为面对动荡之世,“威势之可以禁暴,而德厚之不足以止乱也”,“不恃赏罚而恃自善之民,明主弗贵也,何则?国法不可失,而所治非一人也”。[92] 因此,明主之治国也,只能是“众其守而重其罪,使民以法禁而不以廉止”[93]。

社会是发展进化的,从而决定了法的可变性,只有因时而变的法律,才是有效能的、治国的法律。韩非说:“故治民无常,唯治为法。法与时转则治,治与世宜则有功。……时移而治不易者乱,能治众而禁不变者削。故圣人之治民也,法与时移,而禁与能变。”[94]这是一个适用于古今中外的历史结论。

第五,主张制定成文法并公布于众,反对“刑不可知则威不可测”的旧传统。

强调以制定成文法为“以法治国”的前提,以权力机关的强制推行为保证,以明示赏罚于百姓为基点,这样的法才可能是生活化的、具有权威性的法。韩非说,“法者,编著之图籍,设之于官府,而布之于百姓者也。……故法莫如显……是以明主言法,则境内卑贱莫不闻知也”[95],“法者,宪令著于官府,赏罚必于民心,赏存乎慎法,而罚加乎奸令者也,此臣之所以师也”[96]。既然“法莫如显”,要公布于众,就应该统一和稳定,使吏民有所遵循,不至于无所措手足。

---

〔87〕 韩非著,张觉译注:《韩非子全译·五蠹》,贵州人民出版社 1992 年版,第 1034 页。
〔88〕 韩非著,张觉译注:《韩非子全译·五蠹》,贵州人民出版社 1992 年版,第 1032 页。
〔89〕 韩非著,张觉译注:《韩非子全译·五蠹》,贵州人民出版社 1992 年版,第 1026 页。
〔90〕 韩非著,张觉译注:《韩非子全译·显学》,贵州人民出版社 1992 年版,第 1080 页。
〔91〕 韩非著,张觉译注:《韩非子全译·二柄》,贵州人民出版社 1992 年版,第 80 页。
〔92〕 韩非著,张觉译注:《韩非子全译·显学》,贵州人民出版社 1992 年版,第 1080 页。
〔93〕 韩非著,张觉译注:《韩非子全译·六反》,贵州人民出版社 1992 年版,第 966 页。
〔94〕 韩非著,张觉译注:《韩非子全译·心度》,贵州人民出版社 1992 年版,第 1117 页。
〔95〕 韩非著,张觉译注:《韩非子全译·难三》,贵州人民出版社 1992 年版,第 866 页。
〔96〕 韩非著,张觉译注:《韩非子全译·定法》,贵州人民出版社 1992 年版,第 913 页。

因此，韩非又说，“法莫如一而固，使民知之”〔97〕，“言无二贵，法不两适，故言行不轨于法令者必禁”〔98〕。他曾举韩国申不害“不一其宪令”所造成的弊端，作为史鉴。“晋之故法未息，而韩之新法又生，先君之令未收，而后君之令又下。申不害不擅其法，不一其宪令，则奸多故。”〔99〕从韩非的论断中可以看出他对于民的重视，力求通过“信赏必罚”赢得“民心”。为使民知法，强调法要“一而故”。商鞅变法时强调通过法制宣传，使民知法、守法，史书说：“妇人婴儿皆言商君之法”〔100〕，这样，“吏不敢以非法遇民。民不敢犯法以干法官”〔101〕，“于是法大用，秦人治”〔102〕。商鞅还特别提出立法要察民情，他说：“法不察民之情而立之，则不成治。”〔103〕法家的重民是和儒家的民本思想殊途同归的。

第六，主张信赏必罚，以刑去刑。

早期法家管仲、子产都主张严明赏罚，以保证改革的贯彻和以法治国的推行。管仲说：“劝之以赏赐，纠之以刑罚。”〔104〕子产则强调“唯有德者能以宽服民，其次莫如猛。夫火烈，民望而畏之，故鲜死焉。水懦弱，民狎而玩之，则多死焉”〔105〕。因此，只有实行明法严罚才能“思其始而成其终”〔106〕。商鞅变法期间，力主“信赏必罚”，“赏厚而信，刑重而必”，无论赏与罚所重者一为“信”，一为“去私”，商鞅说：“民信其赏，则事功成；信其刑，则奸无端。”〔107〕《战国策·秦策一》盛赞商鞅施行赏罚无私无畏：“商君治秦，法令至行，公平无私，罚不讳强大，赏不私亲近，法及太子，黥劓其傅。”

在赏与罚的问题上，商鞅主张“刑多而赏少”〔108〕“先刑而后赏”〔109〕“重罚轻赏，则上爱民，民死上；重赏轻罚，则上不爱民，民不死上”〔110〕。他还是一个重刑主义者，认为“禁奸止过，莫若重刑”〔111〕，特别是提出“重刑轻罪”，“以刑去刑，虽

---

〔97〕 韩非著，张觉译注：《韩非子全译·五蠹》，贵州人民出版社1992年版，第1038页。
〔98〕 韩非著，张觉译注：《韩非子全译·问辩》，贵州人民出版社1992年版，第904页。
〔99〕 韩非著，张觉译注：《韩非子全译·定法》，贵州人民出版社1992年版，第914页。
〔100〕《战国策·秦策一》。
〔101〕《商君书·定分》。
〔102〕 司马迁：《史记》卷五《秦本纪》，中华书局2000年版，第147页。
〔103〕《商君书·壹言》。
〔104〕《国语·齐语》。
〔105〕《左传·昭公二十年》。
〔106〕《左传·襄公二十五年》。
〔107〕《商君书·修权》。
〔108〕《商君书·开塞》。
〔109〕《商君书·壹言》。
〔110〕《商君书·去强》。
〔111〕《商君书·赏刑》。

重刑可也"[112]。"行刑,重其重者,轻其轻者,轻者不止,则重者无从止矣"[113]。所以,"重重而轻,轻刑至事生,国削"[114]。唯一有效的办法就是加重轻罪的刑罚,理由在于,"行刑重其轻者,轻者不至,则重者无从至矣"。这样就可"以刑去刑,刑去事成"。商鞅尤其反对重罪轻刑,因为"罪重刑轻,刑至事生,此谓以刑致刑,其国必削"[115]。

韩非一方面指出德治之不足为恃,他说:"威势之可以禁暴,而德厚之不足以止乱也","明主之治国也,众其守而重其罪,使民以法禁而不以廉止"[116];另一方面阐述了"信赏必罚"将会取得的社会效果"是以赏莫如厚而信,使民利之;罚莫如重而必,使民畏之……故主施赏不迁,行诛无赦,誉辅其赏,毁随其罚,则贤不肖俱尽其力矣"。[117] "赏厚,则所欲之得也疾,罚重,则所恶之禁也急。……是故欲治甚者,其赏必厚矣;其恶乱甚者,其罚必重矣。"[118]

在韩非的法治观中,赏罚是重要的推行手段,他所说的"罚重"是和商鞅"以刑去刑"的思想一脉相承的,是法家学说的内容之一。在韩非厚赏重罚的思想中表现出了重功利、轻教化,重国家、轻个人,重公权、轻私权的倾向。这是法家认为人性恶、人性自私自利的哲学观所导致的必然结果。如同韩非所说,"凡治天下,必因人情。人情者,有好恶,故赏罚可用。赏罚可用,则禁令可立而治道具矣"[119]。正因如此,汉朝班固对其作出了以下批评:"法家者流,盖出于理官。信赏必罚,以辅礼制。《易·噬嗑》曰:'先王以明罚饬法',此其所长也。及刻者为之,则无教化,去仁义,专任刑法,而欲以致治,至于残害至亲,伤恩薄厚。"[120]

第七,法立,不得以私干法。

早期法家邓析从维护法律权威的角度出发,他说,"夫治之法莫大于使私不行……今也立法而行私,与法争,其乱也甚于无法。……法立则私善不行";否则,"喜而使赏,不必当功,怒而使诛,不必值罪,不慎喜怒,赏诛从其意而欲委任臣下,故亡国相继,杀君不绝"[121]。慎到也持类似观点,他说:"法之功,莫大使

---

[112] 《商君书·画策》。
[113] 《商君书·说民》。
[114] 《商君书·去强》。
[115] 《商君书·定分》。
[116] 韩非著,张觉译注:《韩非子全译·六反》,贵州人民出版社 1992 年版,第 996 页。
[117] 韩非著,张觉译注:《韩非子全译·五蠹》,贵州人民出版社 1992 年版,第 1038 页。
[118] 韩非著,张觉译注:《韩非子全译·六反》,贵州人民出版社 1992 年版,第 968 页。
[119] 韩非著,张觉译注:《韩非子全译·八经》,贵州人民出版社 1992 年版,第 998 页。
[120] 班固:《汉书》卷三十《艺文志》,中华书局 2000 年版,第 1372 页。
[121] 《邓析子·转辞》。

私不行……今立法而行私,是私与法争,其乱甚于无法……故有道之国,法立则私议不行……事断于法,是国之大道也。”[122]

商鞅更对此作出了精辟的论述,他说:“夫废法度而好私议,则奸臣鬻权以约禄。秩官之吏,隐下而渔民。谚曰:‘蠹众而木折,隙大而墙坏。’故大臣争于私而不顾其民,则下离上;下离上者,国之隙也。秩官之吏,隐下以渔百姓,此民之蠹也。故有隙蠹而不亡者,天下鲜矣。是故明王任法去私,而国无隙蠹矣。”[123]“故立法明分,而不以私害法则治。”[124]

法家提出的“有法不行,甚于无法”的观点,其着眼点在于维护法律的权威,是经验的深刻总结,其言辞之犀利,思想之深邃,针对性之鲜明,直至今日仍具警世的作用。

第八,执法、奉法,强国之本。

法家认为,法,国之权衡,无法或有法而不执法,国家便失去了权衡而难以运行,其衰败也就不远矣。同时法又是“一民之轨”,韩非说:“境内之民,其言谈者必轨于法,动作者归之于功,为勇者尽之于军,是故无事则国富,有事则兵强。”[125]韩非又说:“法之所加,智者弗能辞,勇者弗敢争。”[126]由此韩非得出结论:“国无常强无常弱,奉法者强则国强,奉法者弱而国弱。”[127]

这个结论经过中外千秋万代的历史检验,具有超越时空的普遍价值,当然其所奉之法必须是良法。

第九,强固君权,法、术、势三者统一。

韩非是君权主义者,他提出的法、术、势三者统一为用的思想就是服务于强固君权的。他批评商鞅“徒法而无术”,虽可以使秦“国富而兵强”,却因“无术以知奸”,以致“战胜则大臣尊,益地则私封立”[128],难以使变法取得更大成果。他也批评言术、重术的申不害,“徒术而无法”[129],失去了判断忠奸赏罚的标准和依据,使“相爱者比周而相誉,相憎者朋党而相非。非誉交争,则主惑乱矣”[130]。

在批判地总结商、申法术学说的基础上,形成了韩非“以法为本”,法、术、势相结合的思想体系。他一方面为慎到的重“势”思想进行辩护,提出“势重者,人

---

[122]　《慎子·佚文》。

[123]　《商君书·修权》。

[124]　《商君书·修权》。

[125]　韩非著,张觉译注:《韩非子全译·五蠹》,贵州人民出版社1992年版,第1051页。

[126]　韩非著,张觉译注:《韩非子全译·有度》,贵州人民出版社1992年版,第75页。

[127]　韩非著,张觉译注:《韩非子全译·有度》,贵州人民出版社1992年版,第64页。

[128]　韩非著,张觉译注:《韩非子全译·定法》,贵州人民出版社1992年版,第915页。

[129]　韩非著,张觉译注:《韩非子全译·定法》,贵州人民出版社1992年版,第914页。

[130]　韩非著,张觉译注:《韩非子全译·南面》,贵州人民出版社1992年版,第238页。

主之渊也"[131],人主之势源于权,所谓"主之所以尊者,权也"[132]。因此,"势"与"权"只能由人主专擅,不可以与臣下共之。另一方面他强调"抱法处势则治,背法去势则乱"[133],使法与势结合,借势行法,以法固势。所谓"君执柄以处势,故令行禁止。柄者,杀生之制也;势者,胜众之资也"[134]。

为了巩固君主的权势,除实行法治之外,还需要驾驭群臣之"术",即所谓"君人南面之术"。他说"术者,因任(能)而授官,循名而责实,操杀生之柄,课群臣之能者也"[135],是"藏之于胸中,以偶众端,而潜御群臣者也,故法莫如显,而术不欲见。……用术则亲爱近习,莫之得闻也"[136]。韩非在批评商鞅"徒法而无术"、申不害"徒术而无法"的同时,力图使二者密切结合,提出"凡术也者,主之所以执也,法也者,官之所以师也"[137],"君无术则弊于上,臣无法则乱于下,此不可一无,皆帝王之具也"[138]。

韩非关于法、术、势三者统一并用的出发点是强固君权,实现专制主义的统治,以完成富国强兵的霸业。他的学说为中国两千年的封建专制制度提供了理论基础。

作为韩非之师的荀况曾经提出:"故明主急得其人,而暗主急得其势。急得其人,则身佚而国治,功大而名美,上可以王,下可以霸;不急得其人,而急得其势,则身劳而国乱,功废而名辱,社稷必危。"[139]可见其着眼点在得其人,即得君子执法理政。韩非的着眼点在于君主,即凭借君主的权威推行法治。如果说荀况的人治论是重人执法,即重君子执法,那么,韩非便是重君执法的君权主义者。

四、适应社会转型的法制变革

(一)春秋诸侯国的立法活动与成文法的公布

春秋初期,各诸侯国基本上沿用西周的法律。至中叶,社会的深刻变革推

[131] 韩非著,张觉译注:《韩非子全译·喻老》,贵州人民出版社1992年版,第336页。
[132] 韩非著,张觉译注:《韩非子全译·心度》,贵州人民出版社1992年版,第1116页。
[133] 韩非著,张觉译注:《韩非子全译·难势》,贵州人民出版社1992年版,第899页。
[134] 韩非著,张觉译注:《韩非子全译·八经》,贵州人民出版社1992年版,第998页。
[135] 韩非著,张觉译注:《韩非子全译·定法》,贵州人民出版社1992年版,第913页。
[136] 韩非著,张觉译注:《韩非子全译·难三》,贵州人民出版社1992年版,第866~867页。
[137] 韩非著,张觉译注:《韩非子全译·说疑》,贵州人民出版社1992年版,第922页。
[138] 《慎子·佚文》。
[139] 《荀子·君道》。

动一些国家制定了反映时代要求的新法律。

公元前685年，管仲为齐相，"乃作内政而寓军令焉"，"其教已成，外攘夷狄，内尊天子，以安诸夏"[140]。

公元前636年，晋文公重耳即位，锐意改革，制定《被庐之法》。《汉书·刑法志》应劭注曰："于被庐之地，作执秩以为六官之法，因以名之也。"《被庐之法》可能是有关选贤任官，建立官僚制度之法，详细已不可考。此后晋国富强。

公元前621年，赵盾继赵宣子在晋国执政，并且"制事典，正法罪，辟狱刑，董逋逃，由质要，治旧洿，本秩礼，续常职，出滞淹，既成，以授大傅阳子与大师贾佗，使行诸晋国，以为常法"[141]。

所谓"制事典"是制定百官办事章程；"正法罪"是修正刑罚律令；"辟狱刑"是断狱理讼；"董逋逃"是追捕逃犯；"由质要"是以契约、账目为财产关系的凭据；"治旧洿"是改正不便于民、不利于国的旧习；"本秩礼"是维持等级秩序；"续常职""出滞淹"是任贤使能，举以为官。

公元前593年，范武子执政，制定"范武子之法"，其主要内容是修订官吏的爵秩。

公元前513年，晋铸刑鼎，公布范宣子所为刑书，是晋国的第四次立法，也是新兴势力取得政权后的一项重大措施(详见后)。在百余年的时间里，晋国进行了四次重要的立法活动，说明社会的剧烈变动向统治者提出了及时立法调整的任务。

与晋国相类似的楚国也进行了二次立法。楚文王时作《仆区法》。《左传·昭公七年》芋尹无宇曰："吾先君文王，作仆区之法。"杜预注："仆区，刑书名。"服虔云："仆，隐也，区，匿也。为隐亡人之法也。"据说是仿周文王"有亡荒阅"之法而制定的。但《仆区法》所规定的"盗所隐器，隐盗所得器。与盗同罪"，说明该法打击的重点是侵犯他人财产的逃犯，因而与"有亡荒阅"之法不同。

楚庄王时又作《茆门法》。据《韩非子·外储说右上》："荆庄王有茆门之法，曰：'群臣、大夫、诸公子入朝，马蹄践霤者，廷理斩其辀，戮其御。'"茆门，也叫雉门，是宫门之一。《茆门法》是一项专门的宫门立法，它所规定的诸侯、大夫、公子入朝时，车不得进入宫门，否则要受到司法官廷理的惩治，充分显示了在礼崩乐坏的历史背景下诸侯国君力图借助法律树立新的权威。《茆门法》是后世宫门卫禁法的前身。

---

[140] 班固：《汉书》卷二十三《刑法志》，中华书局2000年版，第920页。

[141] 《左传·文公六年》。

公元前543年至公元前522年,郑国子产执政,积极进行改革。他“作封洫”,划定田界;又“作丘赋”向土地私有者征收军赋。改革之始曾遭到激烈反对,据《左传·襄公三十年》记载:“舆人诵之曰:取我衣冠而褚之,取我田畴而伍之,孰杀子产,吾其与之。”然而,三年之后,当子产在保护私有财产基础上推行的强国富民政策收到成效时,舆人的诵声为之一变:“我有子弟,子产诲之,我有田畴,子产殖之,子产而死,谁其嗣之。”正是在此背景下,才可能进行铸刑书的具有历史意义的活动。

上述立法活动,虽然增加了反映时代潮流的新内容,但并没有公布于世。公布成文法是春秋晚期郑、晋二国开其端的。

《左传·昭公六年》记载“郑人铸刑书”,杜预注曰:“铸刑书于鼎,以为国之常法。”由于子产“铸刑书于鼎”,打破了“临事制刑,不豫设法”,“刑不可知,则威不可测”的旧传统,[142]对贵族们任意化无罪为有罪、变有罪为无罪的擅断权是一种剥夺,因而引起了极大的震撼,遭到晋国以叔向为代表的旧贵族势力的激烈反对。叔向致书子产大加抨击:“昔先王议事以制,不为刑辟,惧民之有争心也……民知有辟,则不忌于上,并有争心,以征于书,而徼幸以成之,弗可为矣……今吾子相郑国,作封洫,立谤政,制参辟,铸刑书,将以靖民,不亦难乎……民知争端矣,将弃礼而征于书,锥刀之末,将尽争之,乱狱滋丰,贿赂并行,终子之世,郑其败乎,闻之,国将亡必多制,其此之谓乎?”[143]所谓“议事以制”的“制”,类似于后世的“故事”“成例”,由贵族们掌握,秘而不宣,以便于擅断罪罚,这既加强了法律的神秘性,也显示了贵族们的权力价值。正因如此,他们对于公布成文法所打破的擅断特权,所确立的援法断罪的规矩,表示了谴责。对此谴责,子产坚定地不予“承命”,理由就是“吾以救世也”。所谓“救世”,就是随着社会的变化而改变不合时宜的权力观念与法律制度。通过公布成文法,维护了新兴地主官僚的权力,推动了社会改革,给郑国带来了新气象。

继子产铸刑书之后,郑国大夫邓析于公元前502年自行修订郑国的法律,刻于竹简之上,名为《竹刑》。邓析提倡“事断于法”,并向民众传授法律知识,因而遭到郑国当政者的忌恨。公元前501年,“郑驷杀邓析而用其竹刑”,[144]说明《竹刑》在当时已得到某种认同。

正如历史的发展不以个别人物的意志为转移一样,郑铸刑书二十三年以后,晋国“铸刑鼎”,也公布了“刑书”。《左传·昭公二十九年》记载如下:“冬,

---

〔142〕《春秋左传正义·昭公六年》。

〔143〕《左传·昭公六年》。

〔144〕《左传·定公九年》。

晋赵鞅、荀寅帅师城汝滨,遂赋晋国一鼓铁,以铸刑鼎,著范宣子所为刑书焉。"据杜预《春秋左传正义·昭公二十九年》注:"范宣子所用刑,乃夷蒐之法也。夷蒐在文六年……"孔子也说:"宣子之刑,夷之蒐也。"[145]可见,铸刑鼎所公布的刑书,是范宣子执政时"朝廷承用",但却未"宣示下民"的"夷蒐之法",即赵盾所立之法。直至昭公二十九年,才"铸鼎而铭之,以示百姓"[146]。

如果说郑铸刑书是子产进行改革的产物,那么晋铸刑鼎也不是偶然的。晋国在春秋时期,经济较为发达,改革最有成效,贵族的家族组织和宗法等级制度都遭受了不同程度的破坏,从而为法制改革提供了有利的客观条件。此外,为了控制新的社会秩序,压制敌对势力,以及争取兼并战争的胜利,都需要公布成文法,以执法的程序化取代断罪量刑的随意性。

孔子首先批评铸刑鼎公布赵盾之法,他说:"且夫宣子之刑,夷之蒐也,晋国之乱制也,若之何以为法?"[147]接着又对公布成文法的活动发出了尖锐抨击:"晋其亡乎,失其度矣。夫晋国将守唐叔之所受法度,以经纬其民,卿大夫以序守之,民以是能尊其贵,贵是以能守其业,贵贱不愆,所谓度也。……今弃是度也,而为刑鼎,民在鼎矣,何以尊贵?弃礼征书,故不尊贵。贵何业之守?民不奉上,则上失业。贵贱无序,何以为国。"[148]孔子所说"民在鼎矣,何以尊贵",同叔向"民之有辟,则不忌于上"如出一辙。但孔子把这个问题提到了"何以为国"的高度,表现了斗争的激烈。对于这一点,可以从孔颖达《春秋左传正义》中得到证实。其中说:"守其旧法,民不豫知,临时制宜,轻重难测,民是以能尊其贵,畏其威,刑也,官有正法,民常畏威,贵是以能守其业,保禄位也。贵者执其权柄,贱者畏其威严,贵贱尊卑不愆,此乃所谓度也。言所谓法度,正如此是也。"但在铸刑鼎公布刑书之后,如发生争端,则"弃礼征书","民知罪之轻重在于鼎矣,贵者断狱不敢加增"[149]。由于"威权在鼎",百姓也就不再"畏上""奉上"[150],原有的体制自然难以维持了。

春秋时期成文法的公布,反映了正在形成中的封建生产关系的要求和新兴地主阶级的意志。为了维护不断发展的私有财产权,确认变动中的社会关系,调整由于宗法等级制度的松弛而形成的政治结构,巩固新势力已经获取但尚不巩固的权力,代表新兴地主阶级的政治家以极大的勇气和魄力公布了成文法。

---

[145]《春秋左传正义·昭公二十九年》。
[146]《春秋左传正义·昭公二十九年》。
[147]《春秋左传正义·昭公二十九年》。
[148]《春秋左传正义·昭公二十九年》。
[149]《春秋左传正义·昭公二十九年》。
[150]《春秋左传正义·昭公二十九年》。

由此可见,围绕公布成文法所进行的争论是新旧势力的权力之争,是封建性法制取代奴隶制法制的历史进程中的重要一步。正因如此,公布成文法自郑、晋开其端,其他各国也群起仿效。至战国李悝著《法经》,为春秋各国公布成文法作了完美总结。

(二)战国时期各国的立法与李悝《法经》

战国时期,各国继续春秋以来公布成文法的潮流,相继制定了具有封建性质的法律。

赵国约于公元前403年由公仲连实行以选廉举贤、任官使能、改革法制为主要内容的改革,由此而产生了成文法《国律》。《国律》的实行带来了赵国的兴盛,它的废弛也使得赵国的国势衰微。韩非对此评论说:"当赵之方明《国律》,从大军之时,人众兵强,辟地齐、燕;及《国律》慢,用者弱,而国日削矣。"[151]这是一个很值得重视的历史教训。

楚国约于公元前390年吴起为令尹,主持改革,实行以法治国。"塞私门之请,壹楚国之俗"[152],并由屈原奉命制定《宪令》。据《史记·屈原列传》载:"怀王使屈原造为宪令,屈平属草未定。上官大夫见而欲夺之,屈平不与,因谗之曰:'王使屈平为令,众莫不知,每一令出,平伐其功,以为非我莫能为也。'王怒而疏屈平。"屈原虽然为王所贬,但《宪令》继续实施未废。

楚国另有一部影响较大的法典——《鸡次之法》。据《战国策·楚策》记载:"吴与楚战于柏举,三战入郢……蒙谷遂入大宫,负鸡次之典以浮于江,逃于云梦之中。昭王反郢,五官失法,百姓昏乱;蒙谷献典,五官得法,而百姓大治。"

齐国于公元前357年任用邹忌为相,邹忌提倡谨修法律而督奸吏,并以管子关于"则、象、法、化、决塞、心术、计数"等思想为指导,制定了《七法》。《七法》的推行使齐国的改革得到了保障。

韩国约于公元前355年由著名法家申不害进行改革。他主张以术为中心,使国君操其权柄,以加强国家法制。在申不害法治思想指导下,产生了成文法典——《刑符》。

魏国制定了《大府之宪》,又称《魏宪》。据《战国策·魏策》载:"安陵君曰:吾先君成侯,受诏襄王以守此地也,手受大府之宪;《宪》之上篇曰:子弑父,臣弑君,有常不赦。国虽大赦,降城亡子不得与焉。"

---

[151] 韩非著,张觉译注:《韩非子全译·饰邪》,贵州人民出版社1992年版,第259页。

[152] 《战国策·秦策三》。

以上各国的立法既是推动改革的动力,也是改革的产物,其中集大成者是魏文侯时李悝所著的《法经》。

李悝是战国初期魏国著名的政治家和前期法家的代表人物之一,曾受业于子夏。公元前445年,魏文侯即位,重用李悝,实行变法。当时魏国面临的任务是发展封建经济,扫清世卿世禄的残余,以巩固封建统治。因此,李悝变法的主要内容,一是推行“尽地力之教”和“善平籴”的经济政策,[153]以发展封建经济;二是推行“食有劳而禄有功,使有能而赏必行,罚必当”的政策措施,[154]剥夺无功受禄的所谓“淫民”的特权,为建立封建的官僚制度开辟道路。至于李悝制定的《法经》,既是变法的重要内容,又是变法的保证。法律是以社会物质生活条件为基础的,无论是公法还是私法都必然地反映经济关系的要求,因而总是随着社会的变革,或迟或速地发生变革。在鲁国实行“初税亩”半个世纪以后,出现了郑国子产铸“刑书”,邓析著“竹刑”,晋国铸“刑鼎”。至李悝著《法经》,已是距“初税亩”实行一百九十余年,封建的经济和政治制度已经基本确立,因而才有可能出现《法经》这样的法典。

《法经》改刑为法,是战国时期的共同趋向,它不是简单的一词之改,而是两种性质不同的法律制度的反映。与奴隶制法所保持的秘密状态和习惯法为主要形式相比,封建制法具有成文、公开和相对统一适用的特点。如同法家所说,“法者,编著之图籍,设之于官府,而布之于百姓者也”[155],“君臣上下贵贱皆从法”[156]。由此可见,《法经》以法为名,体现了制作者的新思想与历史的进步潮流。

《法经》大约成书于周威烈王十九年(公元前407年),但早在汉以前便已湮没失传。《汉书·艺文志》载有《李子》三十二篇,列于法家之首。班固在注中也仅仅说明李子“名悝,相魏文侯,富国强兵”。其后《晋书·刑法志》在论述秦汉律的沿革时,才对《法经》的来历和内容作了概括的介绍:“是时(指魏明帝制定魏新律之前)承用秦汉旧律,其文起自魏文侯师李悝,悝撰次诸国法,著《法经》。以为王者之政莫急于盗贼,故其律始于《盗》《贼》。盗贼须劾捕,故著《网》(疑是《囚》之误)、《捕》二篇。其轻狡、越城、博戏、借假不廉、淫侈、逾制以为《杂律》一篇。又以《具律》具其加减。是故所著六篇而已,然皆罪名之制也。商君受之以相秦。”唐时《唐律疏议》和《唐六典》,所言《法经》的结构与源流,与

---

[153] 班固:《汉书》卷二十四《食货志》,中华书局2000年版,第948页。

[154] 刘向撰,赵善诒疏证:《说苑疏证》卷七《政理》,华东师范大学出版社1985年版,第194页。

[155] 韩非著,张觉译注:《韩非子全译·难三》,贵州人民出版社1992年版,第866页。

[156] 《管子·任法》。

《晋书·刑法志》大略相同。《唐律疏议·名例律·疏》载:“魏文侯师于李悝,集诸国刑典,造《法经》六篇,一盗法、二贼法、三囚法、四捕法、五杂法、六具法。商鞅传授,改法为律。”《唐六典》卷六刑部郎中员外郎条李林甫注云:“魏文侯师李悝,集诸国刑书,造《法经》六篇,一盗法、二贼法、三囚法、四捕法、五杂法、六具法。商鞅传之,改法为律。”

明末董说在《七国考·魏刑法》门中引桓谭《新论》关于《法经》的记载如下:“桓谭《新书》(当为《新论》):‘魏文侯师李悝著《法经》,以为王者之政,莫急于盗贼,故其律始于《盗》《贼》。盗贼须劾捕,故著《囚》《捕》二篇。其轻狡、越城、博戏、假借、不廉、淫侈、逾制为《杂律》一篇。又以《具律》具其加减,所著六篇而已。卫鞅受之,入相于秦。是以秦、魏二国,深文峻法相近。’《正律》略曰:‘杀人者诛,籍其家及其妻氏,杀二人及其母氏。大盗成为守卒,重则诛,窥宫者膑,拾遗者刖。曰:为盗心焉。’其《杂律》略曰:‘夫有一妻二妾其刑膩,夫有二妻则诛,妻有外夫则宫。曰淫禁。盗符者诛,籍其家,盗玺者诛。议国法令者诛,籍其家及其妻氏,曰狡禁。越城一人则诛,自十人以上夷其乡及族,曰城禁。博戏罚金三市(疑系‘布’之误)。太子博戏则笞,不止则特笞,不止则更立,曰嬉禁。群相居一日以上则问,三日、四日、五日则诛,曰徒禁。丞相受金,左右伏诛。犀首以下受金则诛。金自镒以下罚,不诛也,曰金禁。大夫之家有侯物,自一以上者族。’其《减律》略曰:‘罪人年十五以下,罪高三减,罪卑一减。年六十以上,小罪情减,大罪理减。’武侯以下,守为□(疑系‘国’字)法矣。”[157]

《七国考》所引《新论》中的《法经》,与《晋书·刑法志》和唐文献相关的基本内容和精神是一致的,也与当时的历史背景相符,因此值得进一步考释与研究。

从上述关于《法经》的概要介绍中可以看出:

其一,《法经》以惩罚盗贼作为根本的指导思想,所谓“王者之政莫急于盗贼”。先秦时期“窃货曰盗”,“害良曰贼”[158],因此,盗贼是指侵犯他人财产、人身以及危害社会秩序的行为。以盗贼为惩治的首要目标,清楚地显示了《法经》旨在保护私有制,强化封建的经济基础和巩固专制国家的统治。根据《法经》规定,大盗,或者发往边地为守卒,或者处死。即使路边拾遗也要处断脚刑,以惩罚所谓为盗之心。《法经》提出“王者之政莫急于盗贼”不是偶然的,是和当时的阶级斗争形势密切联系的。从战国时起,农民便处于封建剥削与压迫之下,

---

[157] 董说著,缪文远订补:《七国考订补》卷十二《魏刑法》,上海古籍出版社1987年版,第699~700页。

[158] 《荀子·修身》。

他们以“逃匿”或其他方式进行反抗，所谓“……逃事伏匿，附托有威之门以避徭赋，而上不得者万数”[159]。此外，经过改革的魏国政权虽跃居于强国之列，但仍面临列国环伺的严峻形势，因此，维护和巩固政权就成为《法经》的首要任务。由此而形成了《法经》以刑法为主，杂有诉讼法和其他法律内容的体系：“故其律始于盗、贼，盗贼须劾捕，故著网、捕二篇。其轻狡、越城、博戏、借假不廉、淫侈、逾制，以为杂律一篇。又以具律具其加减，是故所著六篇而已。”[160]

其二，《法经》以严刑惩治危害国家与君主的行为。凡窥宫、盗符(兵符)、盗玺、越城、群相居等，不仅本人处重刑，而且夷族夷乡。为了确保体现改革的法律政令的贯彻，如有议论国家法令者，处死刑。在封建刑法中，以思想言论定罪可以说是始于《法经》的。

《法经》关于惩治杀人罪的规定，也含有与旧贵族斗争的政治含义。杀人者诛，是古今中外刑法的通则，但《法经》对杀人罪的处罚，不仅本人处死、籍家，还牵连妻族、母族，这不是偶然的。在奴隶制时代，贵族们也垄断了杀人权，可以任意杀害奴隶、迫害平民和新兴地主。李悝所在的魏国，没落的贵族还有相当大的势力，因此，《法经》严惩杀人罪，也是打击贵族残余势力的一项措施。

其三，《法经》贯穿了早期法家“不别亲疏，不殊贵贱，一断于法”[161]的法治原则。反对奴隶制的特权等级制度，主张打破礼和刑不可逾越的界限，太子犯法要受笞刑，丞相受贿左右伏诛，将军受贿本人处死。但《法经》作为封建性的法典在否定奴隶制等级制度的同时，又正式确认了封建的等级制度，规定大夫之家如有诸侯享用的器物，便属逾制之罪，判处最严重的族刑。

其四，《法经》体现了重刑的思想，凡窥视宫殿者要去膝骨，路上拾遗者要断脚。这种重刑轻罪的规定，反映了“刑以止刑”的法家理论。韩非曾说：“且夫重刑者，非为罪人也。明主之法揆也。”[162]“刑重则不敢以贵易贱，法审则上尊而不侵。”[163]“重一奸之罪，而止境内之邪，此所以为治也。重罚者，盗贼也；而悼惧者，良民也。欲治者奚疑于重刑！”[164]

总括上述，李悝制定的《法经》是我国历史上第一部初具体系的封建法典，是集春秋以来各国立法之大成。《法经》的指导思想以及正律、杂律、具律的体

---

[159] 韩非著，张觉译注：《韩非子全译 · 诡使》，贵州人民出版社1992年版。

[160] 房玄龄：《晋书》卷三十《刑法志》，中华书局2000年版，第600页。

[161] 司马迁：《史记》卷一百三十《太史公自序》，中华书局2000年版，第2487页。

[162] 韩非著，张觉译注：《韩非子全译 · 六反》，贵州人民出版社1992年版，第968页。

[163] 韩非著，张觉译注：《韩非子全译 · 有度》，贵州人民出版社1992年版，第75页。

[164] 韩非著，张觉译注：《韩非子全译 · 六反》，贵州人民出版社1992年版，第968页。

例和罪与罚的具体规定等,都对后世法制的发展起着奠基的作用。商鞅就是受《法经》入相于秦进行变法的,他所实行的“连坐法”,实为《法经》中“徒禁”的发展。著名的汉《九章律》,也是在《法经》的基础上增加户、兴、厩三篇而成的。

第四章 “莫不皆有法式”的秦法制

（约公元前4世纪～公元前206年）

1975年湖北云梦县睡虎地出土的秦简（以下简称云梦秦简），展现了战国时期秦国的法律。该秦简所载秦律虽然不是秦律的全部，但从中已可发现它的理论基础是法家学说。它对社会生活、国家活动乃至家庭与个人的法律调整是多方面的，证明了秦皆有“法式”[1]之说的可信度。其条文的细密、文字的简约，尤其是司法勘验中表现出的科学性都雄辩地说明了秦法制文明所达到的高度。将云梦秦简秦律与西方早期封建代表性法典——《撒利法典》相比较，秦律在时间上早于后者一千余年。在内容上，《撒利法典》基本上由习惯法规范构成，而且谈不上体系；而秦律是诸法并存的国家制定法，而且初具体系。云梦秦简雄辩地证明了中华法制文明的悠久和先进。

至秦始皇时期，顺应历史潮流的发展，“并海内，兼诸侯”[2]。建立了中国历史上第一个专制主义中央集权的统一王朝。秦的统一对于经济、政治、文化的发展起了积极的推动作用，对于法制文明也作出了贡献。而秦的二世而亡也提供了法制兴则国强、法制废则国亡的深刻历史教训。

---

〔1〕《泰山刻石·李斯碑》。

〔2〕司马迁：《史记·秦始皇本纪》，中华书局2000年版，第200页。

一、云梦秦简展示的秦法制

(一)云梦秦简所载秦律的性质

秦国法制在云梦秦简发现以前,由于资料散见于古文献中,时人知之不多。云梦秦简的发现,为研究秦国法制提供了最珍贵的第一手资料,极大地弥补了研究资料的空白,并且向全世界展现了中国古代灿烂的法制文明。

1975 年 12 月,在湖北云梦县睡虎地发掘了十二座战国末至秦统一时期的墓葬。第十一号墓中出土了一千一百五十五支秦代竹简,其中《编年纪》记载了秦昭王元年(公元前 306 年)到秦始皇三十年(公元前 217 年)之间发生的大事,《秦律十八种》抄录了有关行政、经济和刑徒管理方面的法律,《秦律杂抄》抄录了有关官吏任免以及军事法规,《法律答问》抄录了官方对秦律中刑法条文的解释和说明,《封诊式》抄录了秦司法机关对司法官“治狱”“讯狱”的一般要求以及对调查、检验应注意的事项和上报的文书程式。此外还有《语书》和《为吏之道》,等等。

第十一号墓之所以出土大批抄录秦律的竹简,和死者的身份有着密切联系。第十一号墓葬的墓主喜(公元前 262 年 ~ 前 217 年),生前曾历任安陆御史、安陆令史、鄢令史及鄢的狱吏等与司法有关的职务,以大批法律文书殉葬是死者生平的一种反映,而随葬的法律与文献无疑是具有效力的最有价值的部分。虽然云梦秦简所记录的法律并非秦律的全部,但保留了丰富的内容,基本上再现了秦由封建割据称雄,到统一六国前的大变动时期的法律概貌。就法律形式而言,已有律、令、程、式、课等,反映了立法的水平与体系已大大超过西周。秦原是“僻在雍州”的西北方发展缓慢的落后国家,就立法活动而言,除秦献公元年颁布“止从死”[3]、十年颁布“为户籍相伍”[4]的法令以外,其他极为少见。为了富国强兵,在秦孝公的支持下,商鞅进行变法,使秦国一跃而为讲求法治的富强之国。

见于云梦秦简的律,共有二十九种,它证明了《唐六典》注中所说“商鞅传法经,改法为律以相秦”是可信的。直到秦统一以后还颁行了刑事单行法《挟书律》,可见律是秦法律体系中最主要的法律形式。

令是律的重要补充形式,如田律之外有田令。某些单行的刑事法律也通过

---

〔3〕 司马迁:《史记 · 秦本纪》,中华书局 2000 年版,第 144 页。

〔4〕 司马迁:《史记 · 秦始皇本纪》,中华书局 2000 年版,第 204 页。

令的形式加以颁布,但在秦代,律和令的界限还没有严格划分。云梦秦简《语书》中经常将法、律、令并提,如“修法律令”“法律令已具”“法律令已布”。

式是一种规则、程式。《说文解字》说:“式,法也。”式作为法律形式之一,最早见于秦,云梦秦简中有《封诊式》,是有关司法勘验、调查、审讯的法律文书程式。

需要指出的是,见于云梦秦简的《法律答问》是对秦律的官方解释,它对定罪、量刑、法律适用和诉讼制度的某些方面作了具体说明。《法律答问》与律文具有同等的法律效力,开了后世以疏解律的先河。

云梦秦简所载秦律涉及经济、政治、军事、司法、文化等领域,其范围之广、条目之多、内容之细、程序之严谨、司法勘验之细致、法医学之应用都达到了当时的世界之最,雄辩地说明了中华法制文明的先进性。

云梦秦简所载秦律是中国早期封建性质的法律,这是由当时秦国的经济、政治、社会等诸关系所决定的。就经济关系而言,商鞅变法废井田、开阡陌,改变了奴隶制时代的井田制度,确立了自西周后期以来不断发展的土地私有权,允许依法买卖土地,所谓“民得买卖”。尽管国有土地仍占有很大比重,但是主导的具有发展前途的经济关系是封建的经济关系。秦律作为新产生的上层建筑的重要组成部分,必然反映封建经济关系的要求,并以其特殊的功能确认、保护和促进封建经济关系的发展。秦律的具体规定说明了这一点。

就政治关系而言,商鞅变法以后,以宗法血缘为依据而形成的亲贵合一的世卿制度已经遭到沉重的打击,逐渐退出了政治历史舞台;出现了由国王自由任免,以才能、军功为依据,打破血缘限制的封建官僚制度。尤其是秦实行的客卿制度,标志着秦对世卿制度的破坏较之六国更为彻底。适应新产生的政治关系的需要,秦律以法律的形式对官吏的任免、考绩、俸酬、玺印等各项制度加以确认。

就社会关系而言,在奴隶制度瓦解封建制度逐渐确立的历史条件下,秦律支持奴隶的解放,限制奴隶制的发展。例如,奴隶可以用军功或戍边劳役来换取本人和亲属的人身解放。《军爵律》规定:“欲归爵二级,以免亲父母为隶臣妾者一人;及隶臣斩首为公士,谒归公士而免故妻隶妾一人者,许之,免以为庶人。工隶臣斩首及人为斩首以免者,皆令为工。”《司空律》规定:“百姓有母及同生为隶妾,非谪罪也,而欲为冗边五岁,毋偿兴日,以免一人为庶人,许之。”

此外,《法律答问》宣布“百姓有债,勿敢擅强质。擅强质及和受质者,皆赀二甲”,显然是对债务奴隶的一种限制。特别是秦律还以确定的形式宣告奴隶已不可以任意杀害,甚至还可以作为诉讼当事人出庭作证。秦律之所以限制奴隶制,并规定有条件地解放奴隶,是基于社会的发展和国家利益考虑,表现了与商周法律的明显差异。但与此同时,秦律也允许官私奴隶的存在,奴隶的子女若私自改变身份要受惩治。同时籍没的罪人及其家属又构成新的奴隶来源。秦律规定:"寇降,以为隶臣。"[5]在法律地位上,奴隶仍是主人的财产,可以买卖,或作为物品赏赐。奴隶如"骄悍""不田作"或犯罪,不仅处刑仍较一般庶民为重,且主人虽不得擅杀奴隶,但经官之后仍对奴隶操有生杀予夺之权。刚刚从奴隶社会脱胎出来的秦国,不可避免地保留了许多奴隶制的残余,这正体现了早期封建制所带有的过渡性的特点,与此相适应的秦律也是早期封建性质的法律。

当然,作为公元前4~前3世纪左右的秦律,不可避免地存在条目繁杂,律令界限不清,内容重复,甚至互相矛盾之处,如对穿鞋之类的琐事也有法律规定。《法律答问》:"毋敢履锦履,履锦履之状何如?律所谓者,以丝杂织履,履有文,乃为锦履,以锦缦履不为,然而行事比焉。"

(二)云梦秦简秦律的主要内容

1. 推行官僚制度的行政法律

在云梦秦简秦律中属于官吏的任用、铨选、调任、考察以及职掌的法律有:《置吏律》《除吏律》《除弟子律》《内史杂》《司空》《效律》。

属于户籍与赋役管理的法律有:《傅律》《徭律》《戍律》。

属于经济行政管理的法律有:《垦草令》《田律》《仓律》《藏律》《厩苑律》《牛羊课律》《关市》《金布律》《工律》《工人程》《均工》《司空》。

属于军事行政与司法行政的法律有:《军爵律》《中劳律》《敦表律》《公车司马猎律》《尉杂律》《捕盗律》《封诊式》。

由于秦奉行明主治吏不治民的法家学说,对官吏的选任与管理成为行政法律的核心内容。按秦法,因能授官是选官的第一条件,能力不及者免官。《除吏律》规定:"除士吏、发弩啬夫不如律,及发弩射不中,尉赀二甲。发弩啬夫射不中,赀二甲,免。"又规定:"驾驺除四岁,不能驾御,赀教者一盾,免,偿四岁徭戍"[6]。

---

〔5〕 睡虎地秦墓竹简整理小组编:《睡虎地秦墓竹简》,文物出版社1990年版,"释文注释"第89页。

〔6〕 睡虎地秦墓竹简整理小组编:《睡虎地秦墓竹简》,文物出版社1990年版,"释文注释"第77页。

此外,法家主张“为人臣则忠”[7],即官吏必须忠于君主,同时还须明法律令,商鞅曾指出:“敢忘行主法令之所谓之名,各以其所忘之法令名罪之。”[8]

云梦秦简所载《为吏之道》在性质上类似于后世“可为牧令圭臬”的“官箴”。它记述了对官吏的各种要求以及任用与考课的标准,宣扬了官吏的统治权术与处世哲学等。《为吏之道》与秦律一并随葬,可以推断它的应用价值,以及为吏者对它的重视。

《为吏之道》提出了任官的标准,强调“审民能,以赁(任)吏”。所谓“能”,按颜师古注:“能,谓材也。”[9]在不同时期不同阶段所要求的“能”是不同的,《为吏之道》所说的“能”,主要是适合兼并战争中争霸需要的人才。为此,秦在范雎为相时提出重用客士,即选任东方各国具有军事和治国才能者为官。秦的强大和最后实现统一,客卿制度起了重要的作用。

《为吏之道》论证了官吏对于治国理政的重要性,“操邦柄,慎度量,来者有稽莫敢忘。贤鄙溉辥,禄立(位)有续孰暋上?”就是国家要审慎和经常地考察官吏,分清好坏,按照他们的功过委派职务,规定俸禄,如此则无人敢于欺骗上官,国家也能够得到巩固。

《为吏之道》规划了官吏应该遵循的行为规范,“凡为吏之道,必精絜(洁)正直,慎谨坚固,审悉毋(无)私,微密韱(纤)察,安静毋苛,审当赏罚”[10]。并且,将这些原则要求具体概括为“五善”“五失”。所谓“五善”,“一曰中(忠)信敬上,二曰精(清)廉毋谤,三曰举事审当,四曰喜为善行,五曰龏(恭)敬多让”[11]。所谓“五失”:“一曰夸以泄,二曰贵以大(泰),三曰擅裚(制)割,四曰犯上弗智(知)害,五曰贱士而贵货贝。”[12]从《为吏之道》提出的上述官吏行为规范中可以看出其重点有二:一是忠于国王。所谓“忠信敬上”,在封建政权初建的秦国,王权是国家权力集中与统一的象征,是据以调整统治阶级内部权力关系的支点。因此,忠于君和忠于国是统一的,君臣上下是一体的,《为吏之道》说,“君鬼(怀)臣忠”,“政之本殹(也)”,“志彻官治,上明下圣,治之纪殹

[7] 睡虎地秦墓竹简整理小组编:《睡虎地秦墓竹简》,文物出版社1990年版,“释文注释”第169页。

[8] 商鞅:《商君书·定分》,中华书局2009年版,第201页。

[9] 班固:《汉书·高帝纪上》,中华书局2000年版,第7页。

[10] 睡虎地秦墓竹简整理小组编:《睡虎地秦墓竹简》,文物出版社1990年版,“释文注释”第167页。

[11] 睡虎地秦墓竹简整理小组编:《睡虎地秦墓竹简》,文物出版社1990年版,“释文注释”第168页。

[12] 睡虎地秦墓竹简整理小组编:《睡虎地秦墓竹简》,文物出版社1990年版,“释文注释”第169页。

(也)”。二是严格执行法度。所谓“审悉毋私”“审当赏罚”,就是要公正准确地执行法律,不得偏私失当,更不许“居官善取”、“贱士而贵货贝”和“受令不偻”。商鞅曾经指出,“法令者,民之命也,为治之本也”[13],“故有明主忠臣产于今世,而能领其国者,不可以须臾忘于法”[14]。商鞅的上述思想对秦国有着长久的影响,云梦秦简所载秦王政二十年(公元前227年)由南郡守腾发布的《语书》(文告)中便明确宣布以是否“明法律令”作为区分良吏与恶吏的标准。

《为吏之道》设计了官吏应有的品格和处理公务的作风,提出“严刚毋暴、廉而毋刖,毋复期胜,毋以忿怒夬(决)”,“宽俗(容)忠信,和平毋怨,悔过勿重,兹(慈)下勿陵,敬上勿犯,听间(谏)勿塞。审智(知)民能,善度民力,劳以衡(率)之,正以桥(矫)之”[15]。既要求官吏刚廉,坚持原则,又不要粗暴,凭一时感情冲动决断问题;既要“宽厚”、“和平”、仁慈爱下,又要对其不当行为“正之”“矫之”,给予严格管理和必要的制裁。这种品格和作风,正是法家以刑德为“二柄”的统治术的延续和运用,其出发点不是“慈下”,而是“御下”;“审知民能”,是为了更好地治民;“善度民力”,是为了有效地榨取。

需要指出的是,秦为了赢得农民的支持,彻底战胜贵族的旧势力,确立长治久安的统治基础,一方面,对于国家职能具体体现者的官吏进行必要的约束,警告他们不得超出法定权利的范围,一味追逐财货权势,反而造成“欲富太甚,贫不可得;欲贵太甚,贱不可得”。另一方面,又通过营造官吏“宽惠”“仁慈”“克己”“节欲”的外貌,宣扬“君怀臣忠、父慈子孝”的封建图式,借以建立稳固的统治秩序。但在征发赋税、徭役、兵役等涉及国家利益的问题上,则要求官吏们“因而征之,将而兴之”,不得轻忽。

综括上述,可以看出《为吏之道》是秦封建官僚政治的实录,它真实地再现了秦统治者为建立和巩固封建政权而付出的努力,虽然封建的官僚制度是体现地主阶级专政的一种体制,但在封建社会初期是充满生气的。官僚制度的普遍实行,对于扫除世卿世禄制度的残余、巩固封建制度无疑起着历史进步作用。即使是《为吏之道》中所维护的王权,也代表着一种新的秩序,在上下相克的大混乱中成为进步的因素。

秦对官吏的考绩称为“课”,根据《课律》,考课官吏的时间定为每年正月;考课的标准分为“最”“殿”。“最”者为优,奖励擢升;“殿”者为劣,给予笞罚。

---

〔13〕 商鞅:《商君书·定分》,中华书局2009年版,第205页。

〔14〕 商鞅:《商君书·慎法》,中华书局2009年版,第196页。

〔15〕 睡虎地秦墓竹简整理小组编:《睡虎地秦墓竹简》,文物出版社1990年版,“释文注释”第167页。

《厩苑律》中还对主管畜牧业官吏的考课作出如下规定:“以四月、七月、十月、正月肤田牛。卒岁,以正月大课之,最,赐田啬夫壶酉(酒)束脯,为旱(皂)者除一更,赐牛长日三旬;殿者,谇田啬夫,罚冗皂者二月。其以牛田,牛减絜,治(笞)主者寸十。有(又)里课之,最者,赐田典日旬;殿,治(笞)三十。”〔16〕

此外,还有关于“赐劳”,即因奖其功而赐劳若干日的规定。这种考功方式直到汉代仍在使用,居延汉简有以下记载:“功令第四十五:上吏、候长、烽燧长,常以令秋试射,以六为程,过六,赐劳矢十五日。”〔17〕“候长候史日迹,及将军吏劳二日,皆当三日。”〔18〕

秦在军队中也实行严密的考课制度。《商君书·境内》说:“其攻城围邑也……将军为木台,与国正监,与正御史,参望之,其先入者,举为最启;其后入者,举为最殿。”

秦时官吏考课,不但有较明确的标准和必要的程序,而且继之以严明的赏罚,以此来督励官吏勤于职守。《为吏之道》所说,“五善”毕至“必有大赏”,而“五失”中仅有“非上”一失就要身及于死,是具有普遍代表意义的,反映了“法家”严刑厚赏的思想。商鞅曾说:“凡赏者,文也;利者,武也;文武者,法之约也。”〔19〕韩非曾赞美说:“公孙鞅之治秦也……赏厚而信,刑重而必。”〔20〕从秦律条文中可见考绩奖惩的规定,涉及农业、手工业、军事、财政、司法和行政管理等各个部门,不仅为秦以后官吏考课制度奠定了重要的基础,也标志着中国文官制度的开始形成和法制文明的进步。

除考绩外,云梦秦简中也含有对官吏进行监察的内容。云梦秦简所载秦始皇二十年(公元前227年)颁行的《语书》,就是秦统一前具有察吏律性质的重要文献。

《语书》中说:“今且令人案行之,举劾不从令者,致以律,论及令、丞。有(又)且课县官,独多犯令而令、丞弗得者,以令、丞闻。”〔21〕也就是说,由郡守派人到各地巡察,对不守法令的吏要依法论处。各县属吏如有违犯法令的不法行为,而令、丞未认真察处者,将令、丞渎职事上报,听候处置。

---

〔16〕 睡虎地秦墓竹简整理小组编:《睡虎地秦墓竹简》,文物出版社1990年版,“释文注释”第22页。

〔17〕 谢桂华、李均明、朱国照校:《居延汉简释文合校》,文物出版社1987年版,第79页。

〔18〕 谢桂华、李均明、朱国照校:《居延汉简释文合校》,文物出版社1987年版,第16页。

〔19〕 商鞅:《商君书·修权》,中华书局2009年版,第121页。

〔20〕 韩非:《韩非子·定法》,中华书局1936年版,第119页。

〔21〕 睡虎地秦墓竹简整理小组编:《睡虎地秦墓竹简》,文物出版社1990年版,“释文注释”第13页。

《语书》还规定了察吏的细则:“凡良吏明法律令,事无不能殹(也);有(又)廉絜(洁)敦悫而好佐上;以一曹事不足独治也,故有公心;有(又)能自端殹(也),而恶与人辨治,是以不争书。”“恶吏不明法律令,不智(知)事,不廉絜(洁),毋(无)以佐上,緰(偷)随(惰)疾事,易口舌,不羞辱,轻恶言而易病人,毋(无)公端之心,而有冒柢(抵)之治,是以善斥(诉)事,喜争书。争书,因恙(佯)瞋目扼捾(腕)以视(示)力,訏询疾言以视(示)治,誈讠八醜言麃斫以视(示)险,阬阆强肮(伉)以视(示)强,而上犹智之殹(也)。故如此者不可不为罚。”〔22〕可见,秦对官吏的监察重在明法、守法和执法上,把治吏和治法紧密结合起来,体现了法家的思想,也是封建法治的基本特征。在察吏过程中,还非常注意审能任吏、选取“贤才”,以扩大政权的基础。坚决打击过失严重的官吏,不仅惩治本人,记录在簿,而且通报全郡,以警众官。

为了提高行政效率,商鞅变法时严格规定官吏须到出事地点处理问题。他说:“十里断者国弱,五里断者国强,以日治者王,以夜治者强,以宿治者削。”〔23〕在云梦秦简中还有专门规定文书传递的《行书律》,特别需要指出的是,秦统治地区民族混杂,为此还专门规定了管理少数民族事务的《属邦律》。

综上可见,秦行政法律虽然还比较粗疏,但它的应用性却是十分突出的。

2. 法家思想指导下的刑事法律

(1)战国时期法家学说已成为显学,奉行法家学说的秦国在刑事法律中也贯穿了以下法家的刑法思想。

明法壹刑。所谓“明法”,如同商鞅所说,“为法,必使之明白易知”,“万民皆知所避就”〔24〕。所谓“壹刑”,就是刑无等级,“自卿相将军以至大夫庶人,有不从王令,犯国禁,乱上制者,罪死不赦”〔25〕。

重刑轻罪。法家是重刑主义者,其立论之一:非重刑不足以去奸。“去奸之本莫深于严刑。”〔26〕立论之二:重刑轻罪,以刑去刑。“行刑重轻,刑去事成,国强;重重而轻轻,刑至事生,国削”〔27〕,“刑加于罪所终,则奸不去……故王者刑用于将过,则大邪不生”〔28〕。为了贯彻重刑思想,商鞅复活了夷族之刑,《汉

〔22〕 睡虎地秦墓竹简整理小组编:《睡虎地秦墓竹简》,文物出版社 1990 年版,“释文注释”第 13 ~ 16 页。

〔23〕 商鞅:《商君书·去强》,中华书局 2009 年版,第 48 页。

〔24〕 商鞅:《商君书·定分》,中华书局 2009 年版,第 207 页。

〔25〕 商鞅:《商君书·赏刑》,中华书局 2009 年版,第 142 页。

〔26〕 商鞅:《商君书·开塞》,中华书局 2009 年版,第 85 页。

〔27〕 商鞅:《商君书·去强》,中华书局 2009 年版,第 49 页。

〔28〕 商鞅:《商君书·开塞》,中华书局 2009 年版,第 84 页。

书·刑法志》说,“秦用商鞅……造参夷之诛”,凡不遵行王法的官吏,本人“罪死不赦”,而且“刑及三族”。所谓“三族”,据如淳注:“父族、母族、妻族也。”

不赦不宥、信赏必罚。法家认为赦宥会使犯罪者产生侥幸心理。所谓“刑人复漏,则小人辟淫而不苦刑,则徼倖于民上”[29]。因此,即使是有功于前的高官显吏,如果“有败于后,不为损刑。有善于前,有过于后,不为亏法”。“忠臣孝子有过”,也“必以其数断”[30]。

与不赦不宥相对应的,法家主张信赏必罚。商鞅治理秦国的实践,使他认识到“非劫以刑而驱以赏莫可”[31]以及“赏则必多,威则必严,赏使之忘死,而威使之苦生”[32]。

奖励告奸。法家认为“胜法之务,莫急于去奸”[33]。商鞅变法时,凡“为奸邪、盗贼者死刑”[34]。为了防止奸邪发生,在什伍连坐的基础上奖励“告奸”,“不告奸者腰斩,告奸者与斩敌首同赏;匿奸者与降敌同罚”[35]。连坐与族刑在实施上有所区别。作为族刑,凡受牵连者大都处死刑;至于连坐,严重者处死刑,一般或处迁刑,或予罚金。

上述刑法思想,表现了社会转型期法家特色鲜明的刑法理论,它指导了秦国的刑事立法。然而,法家重刑轻罪的刑法思想却招致了后世的反对,汉时人在《盐铁论·非鞅》中说,“怨毒商鞅之法,甚于私仇”,“蓄怨积仇,比于丘山”。司马迁甚至批评商鞅的重刑思想是源于“商君,其天资刻薄人也”[36]。其实重刑是新兴地主阶级为了建立和巩固其统治所采取的必要措施,是“时势使然”。以秦国为例,不如此不足以扫荡旧贵族势力与旧习俗,巩固和发展封建制的基础。因此,商鞅虽死,秦法未败,“自商鞅变法相秦孝公而秦以强,秦人世守其法,是秦先世所用者,商鞅之法也”[37]。至于秦始皇后期的刑戮妄加,已经失去了重刑轻罪的原意,而走向了极端。

(2)惩治危害专制主义国家统治与社会秩序的新罪名及以重刑为特征的刑罚体系。

反叛是秦时最严重的犯罪。秦孝公死后继位的秦惠王诛杀商鞅的罪名就

---

〔29〕 商鞅:《商君书·算地》,中华书局2009年版,第74页。
〔30〕 商鞅:《商君书·赏刑》,中华书局2009年版,第142页。
〔31〕 商鞅:《商君书·慎法》,中华书局2009年版,第198页。
〔32〕 商鞅:《商君书·外内》,中华书局2009年版,第181页。
〔33〕 商鞅:《商君书·开塞》,中华书局2009年版,第85页。
〔34〕 商鞅:《商君书·画策》,中华书局2009年版,第152页。
〔35〕 司马迁:《史记·商君列传》,中华书局2000年版,第1765页。
〔36〕 司马迁:《史记·商君列传》,中华书局2000年版,第1769页。
〔37〕 沈家本:《历代刑法考·汉律摭遗·自序》,中华书局1985年版,第1365页。

是谋反。据《史记·商君列传》记载,“公子虔之徒告商君欲反,发吏捕商君。……秦惠王车裂商君以殉,曰:‘莫如商鞅反者!’遂灭商君之家。”

秦王政九年(公元前238年),“长信侯嫪毐作乱”,“将欲攻蕲年宫”,遭到严厉镇压,首恶嫪毐“车裂示众,灭其宗”,主犯卫尉等二十人“皆枭首,车裂以殉,灭其宗”,“……舍人轻者为鬼薪,及夺爵迁蜀四千余家”。

秦从奖励耕战出发,降敌与匿奸同罚。《史记·商君列传》索隐注曰:“降敌者诛其身,没其家。”据《史记·范雎蔡泽列传》记载,应侯范雎“任郑安平,使击赵,郑安平为赵所围,急,以兵二万人降赵。应侯席藁请罪……应侯罪当收三族”。秦王政八年(公元前239年),“成蟜将军击赵,反”[38],“反卒虽死,犹皆戮其尸”[39]。由此可见对降敌罪处罚之严。

除降敌外,“誉敌”即宣扬敌势,动摇军心,也要斩首示众,云梦秦简《法律答问》载:“誉敌以恐众心者,戮。”

秦自商鞅变法起实行奖励告奸,但为防止挟嫌诬告扰乱社会秩序,特别制定了投书罪,即投递陷无辜于罪以泄私愤的匿名信罪。《法律答问》载:“有投书,勿发,见辄燔之,能捕者购臣妾二人。”[40]此律未明确规定对投书者如何惩罚,但从对捕获投书人的奖励超过捕获“贼杀”“贼伤”人的奖励中,可以想见对投书者的惩罚超过贼杀伤罪,目的在于杜绝“欺诡之路”,打击由于奖励告奸而带来的负面后果。自秦以后,汉律有“飞书”“诬罔”罪,唐律有“投匿名书告人罪”,溯本追源均来自秦投书罪。

为了推崇君权,秦律严惩不敬国君罪。根据秦律,听国君命书不下席站立者,以不敬罪赀二甲。对国君令不予执行或违反者,按“废令”“犯令”罪除免职或调任等行政处罚外,还要追究罪责。

此外,损害国君乘舆的马匹及驯养、驾驭不得法,均处以刑罚。《秦律杂抄》规定:“伤乘舆马,决革一寸,赀一盾;二寸,赀二盾;过二寸,赀一甲,课駃騠,卒岁六匹以下到一匹,赀一盾。志马舍乘车马后,毋(勿)敢炊饬,犯令,赀一盾。已驰马不去车,赀一盾。”[41]

在秦刑法中所占比重最大的是侵犯人身罪,内含杀人、斗殴伤人、强奸等犯罪行为。根据秦律,杀人分为贼杀、盗杀、擅杀、斗杀。贼杀即故意杀人。奴婢

[38] 司马迁:《史记·秦始皇本纪》,中华书局2000年版,第160页。

[39] 司马迁:《史记·秦始皇本纪》,中华书局2000年版,第161页。

[40] 睡虎地秦墓竹简整理小组编:《睡虎地秦墓竹简》,文物出版社1990年版,“释文注释”第106页。

[41] 睡虎地秦墓竹简整理小组编:《睡虎地秦墓竹简》,文物出版社1990年版,“释文注释”第86页。

谋杀主人,即使未遂也按“贼杀主”论处。罪犯如拒捕而杀害捕盗者,虽属斗杀,但按成例也以贼杀人论处。

秦时强调对杀伤者的救援责任。《法律答问》规定:“有贼杀伤人冲术,偕旁人不援,百步中比壄(野),当赀二甲。”〔42〕也就是说,有人在大道上杀人,百步以内旁观者,不加救援,处赀二甲之罚。《法律答问》中另一贼伤人例,也强调救援者的责任:“贼入甲室,贼伤甲,甲号寇,其四邻、典、老皆出不存,不闻号寇,问当论不当?审不存,不当论;典、老虽不存,当论。”〔43〕秦律关于救援责任的规定,有助于维护社会秩序,也加强了基层官吏典老的治安责任。

盗杀,是指因盗而杀,兼有“盗”“贼”二罪,处刑亦重。《法律答问》载:“甲谋遣乙盗杀人,受分十钱,问乙高未盈六尺,甲何论?当磔。”此案之所以对甲处以磔刑,含有严惩教唆未成年犯之意。

擅杀,专指尊杀卑、主杀奴而言。此类杀人,限于尊卑等级名分,虽属故杀,但不以贼杀论,按擅杀处刑。如父母“擅杀子,黥为城旦舂”〔44〕。由于多子女无力养育而杀死者,与“杀子”同论,但杀死先天畸形婴儿无罪。擅杀共同生活的养子,处“弃市”刑,较擅杀子为重。奴婢擅杀子,则“城旦黥之”,然后交还主人。即使贵族与臣属于秦的少数民族领袖,擅杀其法定继承人也要治罪。

秦律关于擅杀罪的规定是对于尊者任意杀卑人行为的一种限制。表明封建伦常关系对法律的影响还不如后世那样严格。另外,主人不得擅杀奴隶,也反映了处于由奴隶制向封建制过渡时期奴婢社会地位的变化。

斗殴伤害在秦律中属一般性犯罪,较为多见,规定也很具体。例如,伤人有斗伤、贼伤之分。

对于持械斗殴伤人者,处刑较徒手为重。如以“针、钛、锥”相斗,赀二甲;伤人者,“黥为城旦”;如系拔剑而斗,虽只“斩人发结”,也当“完为城旦”。

如系为吏伤人,加重处罚。《史记·樊郦滕灌列传》记载:“高祖戏而伤(夏侯)婴,人有告高祖。高祖时为亭长,重坐伤人……”《史记·集解》如淳曰:“为吏伤人,其罪重也。”

此外,秦“邦客”与秦人相斗,虽用兵刃、棍棒、拳指伤人,也只“擎布”,即按赀布之法缴布入官,从轻处理。目的在于招徕新秦人,以壮大秦国的实力。

---

〔42〕 睡虎地秦墓竹简整理小组编:《睡虎地秦墓竹简》,文物出版社1990年版,“释文注释”第117页。

〔43〕 睡虎地秦墓竹简整理小组编:《睡虎地秦墓竹简》,文物出版社1990年版,“释文注释”第116页。

〔44〕 睡虎地秦墓竹简整理小组编:《睡虎地秦墓竹简》,文物出版社1990年版,“释文注释”第109页。

夫妻间相殴,尽管妻子凶悍,但丈夫如伤害其妻则处耐刑。《法律答问》载:“妻悍,夫殴治之,决其耳,若折肢指、肤体,问夫何论?当耐。”这条规定与后世封建刑法中夫殴妻,折伤乃论,虽相近,但处刑较重,也是秦时封建纲常的观念还不十分严格的反映。

至于强奸,《法律答问》中仅有一男奴强奸女主人的记载:“臣强与主奸,何论?比殴主。”〔45〕按秦律,奴婢殴主处死刑,强奸与殴主同罚,也系死罪。通奸罪,云梦秦简中有两例:一是普通男女通奸,被捕获后,并加木械;二是同母异父的兄妹之间通奸,处弃市刑。后者之所以处死刑,显然是着眼于维护伦常关系。

随着私有权的广泛确立,秦律对于侵犯他人私有财产的惩罚也较为细致具体。《法律答问》载:“甲盗牛,盗牛时高六尺,系一岁,复丈,高六尺七寸,问甲何论?当完城旦。”又如,奴婢甲乙“盗主牛”出卖后,一同逃越国境,被拿获,黥为城旦。

盗钱百一十钱,如自首,耐为隶臣,或赀二甲。

盗窃公室祭祀的供品,即使赃不盈一钱,但因系供品,仍“耐为隶臣”,以示神权不可亵渎。

为了树立私有财产不可侵犯的观念,对于轻微的盗窃罪和盗窃未遂犯,也处以刑罚。例如,“或盗采人桑叶,赃不盈一钱,何论?赀徭三旬”〔46〕;“甲谋遣乙盗……未到,得,皆赎黥”。囿于伦常观念,“父盗子,不为盗”,但义父盗义子财物,则按盗窃罪论处〔47〕。妻子对丈夫的盗窃行为,不论是否知情,都负连带刑事责任。例如,“夫盗三百钱,告妻,妻与共饮食之,何以论妻?非前谋也,当为收”,即如非共谋,按收藏赃款论;如系共谋,则同罪。

私自盗运珠玉出境,并卖予外国人,或处耐以上刑,或予罚金。

职司逮捕盗贼的“害盗”“求盗”等官,如进行盗窃,按从重情节加罪。

携带借用的官物品逃亡,按赃数以盗窃论罪。私自借用县所属“少内”的金钱,“与盗同法”。

秦简虽无强盗的概念,但从群盗爰书所载案例,显然属于强盗罪:“某亭校长甲,求盗在某里曰乙,丙缚诣男子丁,斩首一,具弩二,矢二十,告曰:‘丁与此首人强攻群盗人,自昼甲将乙等徼循到某山,见丁与此首人而捕之。’”对于群盗

〔45〕 睡虎地秦墓竹简整理小组编:《睡虎地秦墓竹简》,文物出版社1990年版,“释文注释”第111页。

〔46〕 睡虎地秦墓竹简整理小组编:《睡虎地秦墓竹简》,文物出版社1990年版,“释文注释”第95页。

〔47〕 睡虎地秦墓竹简整理小组编:《睡虎地秦墓竹简》,文物出版社1990年版,“释文注释”第98页。

罪犯一般是“斩左趾为城旦”，如有加罪情节，则斩左趾又黥为城旦。

秦统治者为了督励各级官吏和各种职事人员恪守职责，在秦律中有关官吏职务犯罪的规定颇为详细。

秦由于重视官吏的作用，对官吏的选任实行保任连坐制度。凡“任人而所任不善者，各以其罪罪之”[48]。《效律》规定：“尉计及尉官吏即有劾，其令、丞坐之，如它官然。”也就是说，县尉的会计和属吏如犯罪，该县令、丞均应承担罪责。根据《置吏律》，秦时任免郡、县、都官的吏、佐和属员，均有固定时间，每年十二月初一起任免，三月底截止，如出现特殊情况，不受此限。被任用的吏和尉，只有在正式任命下达以后，才能就任履行职务。如果尚未任用而先行行使职权，或私相谋划派往就任，均“以律论之”。

此外，已调任的啬夫，不得带原属下的佐、吏赴任，“啬夫之送见它官者，不得除其故官佐、吏以之新官”[49]。官啬夫被免职后，该官府“过二月弗置啬夫，令、丞为不从令”，应负法律责任。犯过罪但经赦免的吏，不能再在官府任职，违者治罪，“令赦吏毋从事官府……犯令者有罪”[50]。如保举曾被撤职永不叙用的“废官”为吏，则赀二甲。在《除弟子律》中还规定，“置任不审，皆耐为候”[51]，即任用保举弟子不当者，处耐为候刑。

云梦秦简中所载犯令是指“令曰勿为而为之”；所谓废令是指“令曰为之”，而“弗为”，总之都是违背法令行事。在强调官吏必须“明法律令”的秦国，凡犯有“犯令”“废令”罪者，均负刑责。即使已经免职或调任的官吏，也予以追究。此外，还有“不从令”罪，也是对官吏不严格遵照法律行事的惩处。为了使官吏熟悉法律，免于“犯令”“废令”，《内史杂》规定：“县各告都官在其县者，写其官之用律。”就是要求京师“内史”所辖各县，应分别通知设在该县的都官抄写该官府所遵用的法律。

凡官吏伪听命书，即制书，不予执行处耐为候外，还永不叙用。对于传送命书，也有具体规定，“急者，辄行之”，须立即传送。“不急者，日毕”，即当天送达。如延搁积压，“以律论之”。对于“发伪书，弗知”的官吏，处“赀二甲”之罚。[52]

---

〔48〕 司马迁：《史记·范雎蔡泽列传》，中华书局2000年版，第1889页。

〔49〕 睡虎地秦墓竹简整理小组编：《睡虎地秦墓竹简》，文物出版社1990年版，“释文注释”第56页。

〔50〕 睡虎地秦墓竹简整理小组编：《睡虎地秦墓竹简》，文物出版社1990年版，“释文注释”第63页。

〔51〕 睡虎地秦墓竹简整理小组编：《睡虎地秦墓竹简》，文物出版社1990年版，“释文注释”第80页。

〔52〕 睡虎地秦墓竹简整理小组编：《睡虎地秦墓竹简》，文物出版社1990年版，“释文注释”第61页。

官吏如丢失玺印、兵符等各项犯罪,因其影响较大,尽管“后自得所亡”,但不适用消除犯罪后果减免刑罚的原则,仍须执行原判决。[53]

官吏如“不以官为事,以奸为事”,按《法律答问》处以流放刑。[54]

官吏如犯通钱罪(贪赃贿赂)处重刑,“通一钱黥城旦”。“知人通钱而为藏”的窝主,尽管“其主已取钱”,被发觉后仍予论罪。管理粮食的官吏,必须按照法律规定禁止非本官府人员在仓中居住,夜间应严加守卫,关门时灭掉附近的烟火,等等。违反上述法令,以致发生遗失、损坏或火灾,主管官吏处重刑,大啬夫和丞也承担罪责。如粮仓漏雨致“朽禾粟”,或因堆积禾粟而致腐败不能食用,百担以下“谇官啬夫”,百担以上至千担“赀官啬夫一甲”,千担以上“赀二甲”,同时令官啬夫和众吏一起赔偿粮食损失。粮仓中,如发现两个以下的鼠洞,主管官应受申斥,如“仓鼠穴……三以上”,则罚主管官“赀一盾”。由于仓库门扇松动,以致“禾稼能出”,“赀一甲”。收藏的皮革如被虫咬,“藏皮革蠹突”,则罚主管的啬夫“赀一甲”,令、丞“赀一盾”。

各县、各郡的官吏如驾车用牛,十头以上一年间死掉三分之一,十头以下一年间死掉三头以上,主管官吏和饲养牛的徒、令、丞“皆有罪”。由于“秦以牛田”[55],从发展农业生产着眼,对耕牛严加保护。

此外,官吏不得擅自借用官有器物,否则治罪。毁坏官有器物者,责令赔偿。如利用所掌管的公物谋取私利,处迁刑。官吏因向官府纳款赎罪而发生的“官债”,如超过当年,过期不偿,以及不按法令缴纳,“皆以律论之”。

以上秦律所规定的官吏职务犯罪,使得“明主治吏”的思想具体化了,出现了较为严整的吏治,“都邑官府,其百吏肃然,莫不恭俭、敦敬、忠信而不……”[56]这对于秦国走向富强、国家机器的高效运转,以及统一六国,都具有十分重要的意义。

由于赋税和徭役是国家赖以存在和发展的基本条件,“赋税是官僚、军队、教士和宫廷的生活源泉,一句话,它是行政权力整个机构的生活源泉”[57]。正因如此,惩罚逃避赋役的犯罪在秦律中占较大的比重。

秦时,国家征收的赋税有“田赋”、“户赋”和“口赋”。汉董仲舒说,秦时“田

〔53〕 睡虎地秦墓竹简整理小组编:《睡虎地秦墓竹简》,文物出版社1990年版,“释文注释”第127页。

〔54〕 睡虎地秦墓竹简整理小组编:《睡虎地秦墓竹简》,文物出版社1990年版,“释文注释”第107页。

〔55〕 刘向:《战国策·赵策·秦王谓公子他》,中华书局2006年版,第244页。

〔56〕 荀况:《荀子·强国》,上海古籍出版社2014年版,第195页。

〔57〕 《马克思恩格斯选集》(第1卷),人民出版社1972年版,第697页。

租、口赋、盐铁之利,二十倍于古”[58]。

田赋,是按土地数量征收的,而无论是否垦种。《田律》规定:“入顷刍藁,以其受田之数,无垦不垦,顷入刍三石,藁二石。”[59]在《仓律》和《效律》中多处出现“入禾”、“入禾稼”、“入禾仓”以及“其出入禾增积如律令”的内容,说明每顷田地所应交纳的谷物是有法定数量的。官吏部佐收取田赋如不上报,为“匿田罪”,按律制裁。出土的银雀山汉墓竹简《田法》载有齐国对上交田赋不足者的惩罚:“卒岁少入百斗者,罚为公人一岁。卒岁少入二百斗者,罚为公人二岁。卒岁少入三百斗者,黥刑以为公人。”[60]

户赋,是以户为单位征收的赋税。商鞅变法时确定:“民有二男以上不分异者,倍其赋。”[61]按秦律逃避户赋为“匿户”罪,《法律答问》说,“何谓匿户……匿户弗徭、使,弗令出户赋之谓也”[62],即不承担徭役与户税。

口赋,是人头税。汉时《淮南子·汜论训》载:“秦之时……头会箕赋,输于少府。”高注:“头会,随民口数人,责其税;其赋似箕然,敛民财多取意也。”由于口赋是按人口收税,因此,秦禁止人口外流,《法律答问》规定,“臣邦人(指少数民族)不安其族,长而欲去夏者,勿许”[63]。《秦律杂抄·游士律》规定,“有为故秦人出,削籍,上造以上为鬼薪,公士以下刑为城旦”[64]。《秦律杂抄·傅律》中还规定,隐匿成童、申报残疾不确实,不应免老或已免老而不申报,典和伍老甚至同伍之人皆要受惩罚,“匿敖童,及占癃不审,典、老赎耐,百姓不当老,至老时不用请,敢为诈伪者,赀二甲;典、老弗告,赀各一甲;伍人,户一盾,皆迁之”[65]。

处于封建初期的秦国超经济的剥削仍极严重,其主要形式是徭役,据《汉书·食货志》记载,秦时徭役“三十倍于古”,许多世界闻名的宏大工程的兴建,就是在短时间内征发大量徭役完成的。秦律中有不少条文涉及徭役征发和对

---

〔58〕 班固:《汉书·食货志上》,中华书局2000年版,第957页。

〔59〕 睡虎地秦墓竹简整理小组编:《睡虎地秦墓竹简》,文物出版社1990年版,“释文注释”第21页。

〔60〕 银雀山汉墓竹简整理小组:《银雀山竹书〈守法〉、〈守令〉等十三篇》,载《文物》1985年第4期。

〔61〕 司马迁:《史记·商君列传》,中华书局2000年版,第1765页。

〔62〕 睡虎地秦墓竹简整理小组编:《睡虎地秦墓竹简》,文物出版社1990年版,“释文注释”第132页。

〔63〕 睡虎地秦墓竹简整理小组编:《睡虎地秦墓竹简》,文物出版社1990年版,“释文注释”第135页。

〔64〕 睡虎地秦墓竹简整理小组编:《睡虎地秦墓竹简》,文物出版社1990年版,“释文注释”第80页。

〔65〕 睡虎地秦墓竹简整理小组编:《睡虎地秦墓竹简》,文物出版社1990年版,“释文注释”第87页。

抗拒徭役的惩罚。《法律答问》载:“不会,笞……今士伍甲不会,笞五十;未卒岁而得,笞。当加不当?当。”[66]所谓“会”,就是服徭役时报到之意。不去报到要笞打五十;如果逃避,于一年内被抓到,不仅仍要责打,而且加笞。“不会”与“逋事”罪名的内容相同,《法律答问》解释说:“何谓‘逋事’……律所谓者,当徭,吏、典已令之,即亡弗会,为逋事。”[67]

秦律中“不会”“逋事”“乏徭”等罪名的出现,说明了秦时徭役的繁重和农民为逃避徭役而进行的斗争。不仅如此,《徭律》还规定了对基层官吏拖延不征发徭役或赴徭失期的处罚:“御中发征,乏弗行,赀二甲;失期三日到五日,谇;六日到旬,赀一盾;过旬,赀一甲。”[68]“失期,法皆斩。”[69]这曾经是陈涉、吴广起义的直接原因。农民在服徭役期间兴修的工程,如不满一年坏决,要强制其重新修缮,所费时间不得计算在服徭役的时间以内。

根据云梦秦简《编年记》记载,男十七“傅籍”。“傅,著也,言著名籍,给公家徭役也”[70],六十岁以上始免。虽残废人也要负担一定的徭役。《法律答问》记载:“罢癃守官府,亡而得,得比公癃不得,得比焉。”[71]说明残废之人可以参加守官府的劳役。如果隐匿“成童”,即十五岁以上、二十岁以下的男子,或申报不实者,里典、伍老处以“赎耐”刑。百姓年未届六十,即“不当老”,而“敢为诈伪者,赀二甲”,里典、伍老不告发,各罚一甲;同伍之人,每家罚一盾,而且一并流放。[72] 由此可见,惩罚之严和株连之广。

服徭役的农民、衣物需自备,云梦四号墓出土的两件木牍,就是服役之人向家中函索衣服的物证。信中有三个“急”字,并说不寄来“即死矣”。可见,繁重的赋税,频繁的徭役、兵役,已成为广大农民不堪忍受的负担。

为了将广大农民束缚在土地上承担法定的赋役,除了通过基层什伍组织进行编制外,还用刑罚严厉制裁逃亡的农民、奴隶和刑徒,并由官府缉捕科刑。从

---

[66] 睡虎地秦墓竹简整理小组编:《睡虎地秦墓竹简》,文物出版社 1990 年版,“释文注释”第 131 页。

[67] 睡虎地秦墓竹简整理小组编:《睡虎地秦墓竹简》,文物出版社 1990 年版,“释文注释”第 132 页。

[68] 睡虎地秦墓竹简整理小组编:《睡虎地秦墓竹简》,文物出版社 1990 年版,“释文注释”第 47 页。

[69] 司马迁:《史记·陈涉世家》,中华书局 2000 年版,第 1567 页。

[70] 班固:《汉书·高帝纪上》,中华书局 2000 年版,第 27 页。

[71] 睡虎地秦墓竹简整理小组编:《睡虎地秦墓竹简》,文物出版社 1990 年版,“释文注释”第 124 页。

[72] 睡虎地秦墓竹简整理小组编:《睡虎地秦墓竹简》,文物出版社 1990 年版,“释文注释”第 87 页。

商鞅变法时起,便严禁客舍接纳没有官府凭证的客人,否则治罪,“舍人无验者坐之”[73]。《游士律》还规定,“游士在,亡符,居县赀一甲;卒岁,责之”[74],即容留没有凭证的游士居住,所在的县(官)罚一甲,居留满一年者,给予刑责。这里除着眼治安外,也有限制专门从事游说的所谓游士活动的含义。

如偷盖县丞官印伪造证件逃亡者,所谓“盗书丞印以亡”,处以“论耐”之刑。[75] 如协助故秦人逃亡者,有关官吏治罪。如在押监禁的犯人逃亡,则追究监管者的刑事责任,严重的以原罪处罚监管者,只有在捕获逃犯或提供线索捕获后,始免除其罪。刑徒如发生逃亡,则“收其外妻子”籍没为奴。

(3)秦在综合、吸收夏商西周以来刑制的基础上,创造了一些新的刑罚手段,形成了以重刑主义为特征的刑罚体系;但由于处在向封建制过渡的开端,还保留了奴隶制刑罚的某些残余。

死刑。总括云梦秦简与史籍记载,死刑有以下十余种:[76]

戮。《法律答问》规定:“誉敌以恐众心者,戮。戮者何如?生戮,戮之已乃斩之之谓也。”可见戮是于处死之前,先予刑辱,然后斩首。也有的是死后陈尸示辱,即所谓戮尸。《国语·晋语》注:“陈尸为戮。成蟜将军击赵,反,死屯留,军吏皆斩死……戮其尸。”[77]

弃市。《法律答问》有两处提到弃市:其一,“士伍甲无子。其弟子以为后,与同居,而擅杀之,当弃市”[78]。其二,“同母异父相与奸,何论?弃市”[79]。弃市刑也见于史籍。《史记·秦始皇本纪》记载:“有敢偶语诗书者,弃市。”[80]《汉书·景帝纪》颜师古注:“弃市,杀之于市也,谓之弃市者,取刑人于市,与众弃之也。”《资治通鉴》胡三省注:“秦法,论死于市,谓之弃市。”目的在于警吓世人。

磔。《法律答问》规定:“甲谋遣乙盗杀人,受分十钱,问乙高未盈六尺,甲何

---

〔73〕 司马迁:《史记·商君列传》,中华书局2000年版,第1765页。

〔74〕 睡虎地秦墓竹简整理小组编:《睡虎地秦墓竹简》,文物出版社1990年版,“释文注释”第80页。

〔75〕 睡虎地秦墓竹简整理小组编:《睡虎地秦墓竹简》,文物出版社1990年版,“释文注释”第125页。

〔76〕 睡虎地秦墓竹简整理小组编:《睡虎地秦墓竹简》,文物出版社1990年版,“释文注释”第105页。

〔77〕 司马迁:《史记·秦始皇本纪》,中华书局2000年版,第160页。

〔78〕 睡虎地秦墓竹简整理小组编:《睡虎地秦墓竹简》,文物出版社1990年版,“释文注释”第110页。

〔79〕 睡虎地秦墓竹简整理小组编:《睡虎地秦墓竹简》,文物出版社1990年版,“释文注释”第134页。

〔80〕 司马迁:《史记·秦始皇本纪》,中华书局2000年版,第181页。

论?当磔。"[81]《说文解字》:"磔,辜也。"郑注:"磔者,开也,张也,刳其胸腰而杀之。"磔作为一种残酷的处死手段,适用于重大的犯罪。西安赵背户村发现的秦刑徒墓中所埋尸体,多是身首分离,四肢与躯体分离,当是适用磔刑的实证。

定杀。《法律答问》规定:"疠者有罪,定杀。定杀何如?生定杀水中之谓也;或曰生埋,生埋之异事也。"[82]可见,定杀是针对特定对象抛入水中淹死,定杀首见于云梦秦简,为现存史籍和古代律典所不载。

射杀。射杀多用于刑徒。西安临潼上焦村秦墓出土骨架右颞骨上插有铜镞一支,可能是射杀致死。汉时适用范围扩大,不孝罪便射而杀之。

腰斩。《释名》说"斩腰曰腰斩"。沈家本《历代刑法考·刑法分考(三)》阐述腰斩之法是:"胸伏于椹质之上,以斧钺斩其腰。"[83]按秦律:"不告奸者腰斩。"李斯在"具五刑"之后,"论腰斩于咸阳市"。腰斩在秦时是较为常用的。

车裂,即轘刑。《释名》:"轘,散也,支体分散也。"秦惠王时,"车裂商君以徇"[84];秦王政九年,杀嫪毐"车裂以徇"[85]。

枭首。"悬首于木上曰枭"[86],借以昭示其罪。《秦会要补订》引顾野王语:"悬首于木上竿头,以肆大罪,秦刑也。"秦王政九年(公元前238年)嫪毐之徒"二十人皆枭首"[87]。

囊扑,即"以囊盛其人,扑而杀之"[88],秦自孝公以来即有此刑。《史记·秦始皇本纪》《正义》有秦王囊扑两弟的记载。

凿颠,此刑始于商鞅变法。《汉书·刑法志》:"秦用商鞅……增加肉刑,大辟,有凿颠、抽胁、镬烹之刑。"凿颠又名凿顶,《说文解字》记载,"颠,顶也"。

阬,即生埋。秦王政十九年(公元前228年),"秦王之邯郸,诸尝与王生赵时母家有仇怨皆阬之"[89]。

绞,是保留尸体完整的一种死刑执行方法。"应侯欲伐赵,武安君难之,去

---

〔81〕睡虎地秦墓竹简整理小组编:《睡虎地秦墓竹简》,文物出版社1990年版,"释文注释"第109页。

〔82〕睡虎地秦墓竹简整理小组编:《睡虎地秦墓竹简》,文物出版社1990年版,"释文注释"第111页。

〔83〕沈家本:《历代刑法考·刑法分考(三)》,中华书局1985年版,第115页。

〔84〕司马迁:《史记·商君列传》,中华书局2000年版,第1769页。

〔85〕司马迁:《史记·秦始皇本纪》,中华书局2000年版,第162页。

〔86〕杜佑:《通典·卷一六三·刑一》,中华书局1988年版,第4195页。

〔87〕司马迁:《史记·秦始皇本纪》,中华书局2000年版,第162页。

〔88〕司马光编著:《资治通鉴·秦纪一》,中华书局1956年版,第214页。

〔89〕司马迁:《史记·秦始皇本纪》,中华书局2000年版,第166页。

咸阳七里,绞而杀之。”[90]

族刑,这是奴隶制以来株连无辜的最残酷的刑罚。早在秦文公二十年,“初有三族之罪”。商鞅变法“造三夷之诛”,将夷族之刑写进刑律。秦昭王四十八年,应侯以“任人而所任不善”罪,“当收三族”[91],凡属族刑范围以内者,均处死刑。

肉刑,是“斩人肢体,凿其肌肤”[92],残害身体的刑罚。秦肉刑虽已单独施用,但大部分与作刑并用,逐渐失去原来的独立地位,而成为作刑的附属刑。

黥。无论是秦史籍还是云梦秦简中,都有广泛施用黥刑的记载。在秦肉刑中,黥属较轻的刑罚,可以作为主刑单独适用,如黥布“秦时为布衣。少年,有客相之曰:‘当刑而王。’及壮,坐法黥”[93];也可以与其他刑罚结合适用,一般是作为城旦的附加刑。《法律答问》规定,“殴大父母,黥为城旦舂”,“擅杀子,黥为城旦”。女子触犯刑条,也处以黥刑。如“女子甲去夫亡,男子乙亦阑亡,相夫妻,甲弗告情,居二岁,生子,乃告情,乙即弗弃,而得,论何也?当黥城旦舂”[94]。

劓,即割鼻刑,也是秦时广泛施用的肉刑,可单独适用。例如,“公子虔复犯约,劓之”[95]。但在云梦秦简中两次出现的劓刑均同黥刑并用。例如,《法律答问》规定:“盗不盈五人,盗过六百六十钱,黥劓以为城旦,不盈六百六十到二百廿钱,黥为城旦。”[96]“当黥城旦而以完成旦诬人,何论?当黥劓。”

斩左右趾,即断左右足,与周时刖刑的施行部位相同。《史记·张耳陈馀列传》蒯通说范阳令曰:“秦法重。足下为范阳令十年矣,杀人之父,孤人之子,断人之足……不可胜数。”《盐铁论·诏圣》记载,秦时“断足盈车”。但在秦简中,只出现斩左趾,如《法律答问》规定:“五人盗,臧(赃)一钱以上,斩左止,有(又)黥以为城旦。”断足刑适用于“群盗”重罪,一般较少使用,这与春秋时期刖足刑广泛流行“屦贱踊贵”的情况有所不同。这是和秦连年进行战争和兴建大规模工程,急需大量劳动力有关,因为刑徒是工役的主要承担者。

宫。宫是肉刑中最重的刑罚,所谓“次死之刑”。《史记·秦始皇本纪》正

---

[90] 刘向:《战国策·秦策·文信侯欲攻赵以广河间原文》,中华书局2006年版,第101页。

[91] 司马迁:《史记·范雎蔡泽列传》,中华书局2000年版,第1889页。

[92] 慎到:《诸子集成·慎子·外篇》,长春出版社1999年版,第286页。

[93] 司马迁:《史记·黥布列传》,中华书局2000年版,第2017页。

[94] 睡虎地秦墓竹简整理小组编:《睡虎地秦墓竹简》,文物出版社1990年版,“释文注释”第132页。

[95] 司马迁:《史记·商君列传》,中华书局2000年版,第1766页。

[96] 睡虎地秦墓竹简整理小组编:《睡虎地秦墓竹简》,文物出版社1990年版,“释文注释”第93页。

义云："宫刑，一百日隐于荫室，养之乃可，故曰隐宫。"《史记·吕不韦列传》中，吕不韦进嫪毐，"诈令人以腐罪告之"。《法律答问》也有宫刑的记载，如"臣邦真戎君长，爵当上造以上，有罪当赎者，其为群盗，令赎鬼薪鋈足；其有腐罪，赎宫"。但无论秦典籍和秦简均无女犯受宫刑的记录。

至于"肉"刑与作刑合并使用，除上述已引用者外，还有斩左趾黥城旦、斩左趾为城旦、刑城旦、刑为鬼薪、鬼薪鋈足等。

笞刑。笞刑由来已久。《战国策·燕策》载："缚其妾而笞之。"《荀子·正论》记载，"捶笞膑脚"。秦只是沿用而已。笞刑实际也是一种肉刑，但它和"斩人肢体，凿其肌肤"的肉刑有所区别。因此，汉文帝废肉刑代之以笞。秦律关于笞刑的规定较多，如"城旦舂毁折瓦器、铁器、木器，为大车折揉，辄笞之。值一钱，笞十；值廿钱以上，熟笞之"[97]。《秦律杂抄》记载："城旦为工殿者，笞人百。"[98]这里的笞，是作为一种刑种出现的，与《封诊式》中用于审讯取供的"律当笞掠"的笞含义不同。

作刑，即后世的徒刑，是在一定时期内对罪犯加以监禁并强制无偿劳作之刑。从战国以来，刑徒被大量投入土木工程，因此管理工程的官职司空也兼管刑徒。在秦律中作刑的种类有城旦舂、鬼薪白粲、隶臣妾、司寇、候等，并根据附加肉刑和髡、耐的不同而分为不同的等级。

城旦，是最重的作刑，多附加肉刑，如黥为城旦，不加肉刑的如完城旦。云梦秦简中有以下记载："五人盗，（臧）赃一钱以上，斩左止，有（又）黥以为城旦。"[99]"甲盗牛，盗牛时六尺，系一岁，复丈，高六尺七寸……当完城旦。"[100]

鬼薪白粲是次于城旦的作刑。《游士律》规定："有为故秦人出，削籍，上造以上为鬼薪。"[101]秦王政九年嫪毐败后，"及其舍人，轻者为鬼薪"[102]。鬼薪也因与其他刑罚并用而分为不同等级，如耐以为鬼薪、耐以为鬼薪鋈足、刑以为鬼薪。可见鬼薪刑绝不限于汉时人所说为宗庙取薪。至于白粲，云梦秦简中有以

---

〔97〕 睡虎地秦墓竹简整理小组编：《睡虎地秦墓竹简》，文物出版社1990年版，"释文注释"第53～54页。

〔98〕 睡虎地秦墓竹简整理小组编：《睡虎地秦墓竹简》，文物出版社1990年版，"释文注释"第84页。

〔99〕 睡虎地秦墓竹简整理小组编：《睡虎地秦墓竹简》，文物出版社1990年版，"释文注释"第93页。

〔100〕 睡虎地秦墓竹简整理小组编：《睡虎地秦墓竹简》，文物出版社1990年版，"释文注释"第95页。

〔101〕 睡虎地秦墓竹简整理小组编：《睡虎地秦墓竹简》，文物出版社1990年版，"释文注释"第80页。

〔102〕 司马迁：《史记·秦始皇本纪》，中华书局2000年版，第162页。

下记载:“白粲操土功,参食之;不操土功,以律食之。”[103]说明白粲也不只是汉时人所说为宗庙择米。

隶臣妾是轻于鬼薪白粲的作刑,是同一刑种对男女犯的不同称呼。《汉书·刑法志》颜师古注:“男子为隶臣,女子为隶妾。”隶臣妾是犯罪的刑徒,他们被强制在官府土地上耕作或去官府手工业作坊服劳役,或在官府服杂役。也有的是附加刑,如“刑为隶臣”“耐为隶臣”“黥颜頯为隶妾”。见于云梦秦简的隶臣妾,如《法律答问》规定:“士伍甲盗……臧(赃)值百一十……甲当耐为隶臣。”“女子为隶臣妻,有子焉,今隶臣死,女子北其子,以为非隶臣子也,问女子论何也?或黥颜頯为隶妾。”秦时隶臣妾是没有固定刑期的作刑。

司寇。据《汉旧仪》载:“司寇,男守备,女为作如司寇。皆作二岁。”就是强迫男犯去边远地区服劳役,兼备防御。按沈家本解释:“司犹察也……司寇、伺察寇盗也,男以备守,其义盖如此。”但“作如司寇,不知所役者何事”[104]。《法律答问》规定:“当耐为侯(候)罪诬人,可(何)论?当耐为司寇。”[105]《秦律十八种·司空律》规定:“司寇勿以为仆、养、守官府及除有为也,有上令除之,必复请之。”[106]秦律中城旦司寇、舂司寇、系城旦舂改判为司寇。就刑期而言并未减少,只是役作方式、服刑待遇有所变化。

候,是秦最轻的作刑。《秦律杂抄·除弟子律》记载:“当除弟子籍不得,置任不审,皆耐为候。”[107]《法律答问》记载:“当耐为候罪诬人,何论?当耐为司寇。”[108]耐为候即被发往边地充当斥候,多为谪戍的官吏。

以上可见,秦时作刑的种类急遽增多,反映了当时对于劳动力的紧迫需要,后世的徒刑、充军刑就是秦作刑的演化和发展。

在云梦秦简中徒刑的刑名虽出现百余处,但却无刑期的明确规定,这说明秦时作刑从制度上还不完备,直到汉时徒刑才附有刑期。晋张斐《注律表》说:

---

〔103〕 睡虎地秦墓竹简整理小组编:《睡虎地秦墓竹简》,文物出版社1990年版,“释文注释”第33页。

〔104〕 沈家本撰,邓经元、骈宇骞点校:《历代刑法考·刑法分考·司寇》,中华书局1985年版,第298页。

〔105〕 睡虎地秦墓竹简整理小组编:《睡虎地秦墓竹简》,文物出版社1990年版,“释文注释”第121页。

〔106〕 睡虎地秦墓竹简整理小组编:《睡虎地秦墓竹简》,文物出版社1990年版,“释文注释”第54页。

〔107〕 睡虎地秦墓竹简整理小组编:《睡虎地秦墓竹简》,文物出版社1990年版,“释文注释”第80页。

〔108〕 睡虎地秦墓竹简整理小组编:《睡虎地秦墓竹简》,文物出版社1990年版,“释文注释”第121页。

"徒加不过六,因加不过五,累作不过十一岁。"[109]从云梦秦简的记载,结合《汉书·刑法志》《汉旧仪》可以看出,秦各类作刑的刑期大致如下:城旦:五至六岁;鬼薪白粲:四岁;隶臣妾:三岁;司寇:二岁;候:一岁。

秦时不同名目的刑徒不仅劳动的内容不同,在衣着、监管、是否带刑具等方面也有所不同,从而反映出刑等的差异。秦刑徒可以爵赎,或以戍边赎,也可以替换。如逢赦自然是豁免刑徒身份的良机,昭襄王时曾赦罪人七次,令去充实新占领之地。

髡、耐、完刑。髡刑源于周,王族中犯宫刑者,以髡代宫,是断长发为短发,一般是二寸左右。《说文解字》说:"髡,剃发也。"如果说髡刑在周时是适用于贵族的替代刑,秦时则失去了这种性质。《法律答问》规定:"擅杀、刑,髡其后子,谳之。"[110]髡刑多作为附加刑使用。郑玄《礼记注疏》载:"耐者,须也……古者犯罪以髡其须,谓之耐罪。"《史记·廉颇蔺相如列传》注引汉令"完而不髡曰耐",是以耐即不髡,就是说耐刑仅剔去鬓毛和胡须,完其发,所以又称完刑。秦律中有以耐作为主刑使用的,《秦律杂抄》规定:"分甲以为二甲蒐者,耐。"[111]有时也作为附加刑,如耐为隶臣,耐为候,完城旦,从而失去了耻辱刑的原意,而使受刑人成为服一定期限劳役的刑徒。

迁刑。迁刑近似于后世的流刑,但有所区别。迁刑有时不限于本人,而是迁其全家。在刑罚等级上,迁较作刑城旦为轻,但后世的流刑,则是次于死的重刑。迁有时不作为刑罚手段而是一种政治措施被广泛运用,例如,秦王政八年(公元前239年),"长安君反,死屯留……迁其民于临洮"[112];但更多的是作为"赦死从流"的一种刑罚,例如,秦王政九年,嫪毐舍人,"夺爵迁蜀四千馀家"[113]。《汉书·高帝纪》注引如淳曰:"秦法,有罪迁徙之于蜀汉。"《秦律杂抄·傅律》规定:"百姓不当老,至老时不用请,敢为酢(诈)伪者……伍人,户一盾,皆迁之。"[114]

赀罚。赀,《玉篇》中说:"财也,货也。"《说文》中说:"赀,小罚以财自赎也。"可见是一种以财代刑的经济制裁手段。在秦律中,有关赀罚的规定既严密

---

[109] 房玄龄等:《晋书·刑法志》,中华书局2000年版,第604页。

[110] 睡虎地秦墓竹简整理小组编:《睡虎地秦墓竹简》,文物出版社1990年版,"释文注释"第110页。

[111] 睡虎地秦墓竹简整理小组编:《睡虎地秦墓竹简》,文物出版社1990年版,"释文注释"第81页。

[112] 司马迁:《史记·秦始皇本纪》,中华书局2000年版,第160页。

[113] 司马迁:《史记·秦始皇本纪》,中华书局2000年版,第162页。

[114] 睡虎地秦墓竹简整理小组编:《睡虎地秦墓竹简》,文物出版社1990年版,"释文注释"第87页。

又广泛,以强制犯罪者向国家缴纳一定数目的罚金,从而达到惩罚犯罪的目的。

赀罚的一类是赀甲、赀盾、赀布。例如,《效律》记载:“衡石不正,十六两以上,赀官啬夫一甲;不盈十六两到八两,赀一盾。”〔115〕《秦律杂抄》记载:“伤乘舆马,夬(决)革一寸,赀一盾;二寸,赀二盾;过二寸,赀一甲。”〔116〕《法律答问》记载:“邦客与主人斗,以兵刃、投(殳)梃、拳指伤人,擎以布。可(何)谓擎?擎布入公,如赀布,入赍钱如律。”〔117〕居赀罪犯也可以以役赎罪,或居赀兼服城旦苦役。后者颈带钳,足有钛。从刑具发展的历史来看,商时多用梏,西周则桎梏并用。至秦多以钳代梏,由于秦时大肆兴建,需要刑徒承担劳役,才改梏为钳。

赀罚的另一类是赀徭、赀戍。《法律答问》记载:“或盗采人桑叶,臧(赃)不盈一钱,可(何)论?赀繇(徭)三旬。”〔118〕《秦律杂抄》记载:“军人买(卖)禀,禀所及过县,赀戍二岁。”〔119〕可见赀徭、赀戍是因犯小罪而被强制服苦役或戍边。赀罚以甲盾为对象,显然出于兼并战争的需要。如同齐管仲所说,“齐国寡甲兵……轻过而移诸甲兵”〔120〕,是刑罚之外的一种榨取。

在秦律中官吏的轻微失职、违制,如仓漏雨朽禾粟、公器不久刻、行戍不以律、任废官为吏等,均可以赀代罚。无力交纳者,或负债于官府无力偿还者,也可以劳役抵偿。《司空律》有如下记载:“有罪以赀赎及有责(债)于公,以其令日问之,其弗能入及赏(偿),以今日居之,日居八钱。”〔121〕居就是居作,《周礼·掌戮》郑注:“但谓居作三年,不亏体者也。”西安赵背户村出土秦墓骨架一百具,瓦文(墓志文)十八件。其中列“居赀”刑名,即以役抵罪或以役抵债的占半数。

从秦瓦文还可以看出,居赀者服劳役之地,并非如秦律所规定的发往他县,而是发往郡外,不计里程,往往迢迢千里。例如,骊山服劳役的居赀刑徒,全是从原山东六国征发来的。对于居赀犯的年龄,按秦律规定,应负刑事责任的年龄是男六尺五寸,女六尺二寸,大约十六七岁,但出土的赵背户村秦墓葬的百具

〔115〕 睡虎地秦墓竹简整理小组编:《睡虎地秦墓竹简》,文物出版社1990年版,“释文注释”第69~70页。

〔116〕 睡虎地秦墓竹简整理小组编:《睡虎地秦墓竹简》,文物出版社1990年版,“释文注释”第86页。

〔117〕 睡虎地秦墓竹简整理小组编:《睡虎地秦墓竹简》,文物出版社1990年版,“释文注释”第114页。

〔118〕 睡虎地秦墓竹简整理小组编:《睡虎地秦墓竹简》,文物出版社1990年版,“释文注释”第95页。

〔119〕 睡虎地秦墓竹简整理小组编:《睡虎地秦墓竹简》,文物出版社1990年版,“释文注释”第82页。

〔120〕 左丘明:《国语·齐语》,中华书局2013年版,第258页。

〔121〕 睡虎地秦墓竹简整理小组编:《睡虎地秦墓竹简》,文物出版社1990年版,“释文注释”第51页。

骨架中,儿童大约六岁至十二岁者两名,妇女大约二十五岁至三十岁者三名,其余为男子二十岁至三十岁。这说明秦律关于刑事责任年龄的规定,在实践中不具有一贯的约束力。

如前所述,居赀和城旦舂虽是有条件联系在一起的,但城旦舂并无固定刑期,而居赀犯除允许"归田农、种时、治苗时各二旬"[122]外,如因以役代赎金,或折还所欠官府债,均按日计算,"日居八钱,公食者,日居六钱",计日累计,抵消为止,[123]可见居赀是有刑期的。

赎刑。秦时仿西周实行赎刑制度,依本刑而定等差,因此种类繁多,有赎耐、赎迁、赎黥、赎宫,一直到赎死。《玉篇》记载,赎"质也,以财拨罪也"[124]。见于《法律答问》如"盗徙封,赎耐"[125],"甲谋遣乙盗,一日,乙且往盗,未到,得,皆赎黥"[126]。"臣邦真戎君长,爵当上造以上,有罪当赎者,其为群盗,令赎鬼薪鋈足,其有府(腐)罪,赎宫。"[127]见于《司空律》如"或赎䙴(迁),欲入钱者,日八钱"[128]。

赎刑有金赎、赀赎、役赎。金赎适用于有一定爵位及王室宗族或少数民族的上层人物。赀赎、役赎则广为采用。由于金赎、赀赎对有产者才具有实际意义,实行的结果是,"富者得生,贫者独死,是贫富异刑而法不一"[129]。云梦秦简中有一例:"内公孙无爵者当赎刑,得比公士赎耐不得?得比焉。"[130]也就是说,无爵的宗室子孙应判赎刑者,可以比照公士减处赎耐,从而表明,赎刑之制,无论是奴隶制社会,还是封建社会,都是为少数人减免刑罚而设定的。

废、谇、免是适用于官吏轻微犯罪的杂抵刑。废,只适用于担任一定公职和王族成员,其含义就是废除其职务或身份以免刑。《秦律杂抄》规定:"为(伪)

---

[122] 睡虎地秦墓竹简整理小组编:《睡虎地秦墓竹简》,文物出版社 1990 年版,"释文注释"第 53 页。

[123] 睡虎地秦墓竹简整理小组编:《睡虎地秦墓竹简》,文物出版社 1990 年版,"释文注释"第 51 页。

[124] 朱熹:《朱子大全》卷六七《舜典象刑说》,上海中华书局 1936 年版,第 1200 ~ 1201 页。

[125] 睡虎地秦墓竹简整理小组编:《睡虎地秦墓竹简》,文物出版社 1990 年版,"释文注释"第 108 页。

[126] 睡虎地秦墓竹简整理小组编:《睡虎地秦墓竹简》,文物出版社 1990 年版,"释文注释"第 94 页。

[127] 睡虎地秦墓竹简整理小组编:《睡虎地秦墓竹简》,文物出版社 1990 年版,"释文注释"第 120 页。

[128] 睡虎地秦墓竹简整理小组编:《睡虎地秦墓竹简》,文物出版社 1990 年版,"释文注释"第 120 页。

[129] 班固:《汉书·萧望之传》,中华书局 2000 年版,第 2444 页。

[130] 睡虎地秦墓竹简整理小组编:《睡虎地秦墓竹简》,文物出版社 1990 年版,"释文注释"第 137 页。

听命书……不辟(避)席立,赀二甲,法(废)。”[131]《法律答问》规定:“廷行事吏为诅伪,赀盾以上,行其论,有(又)废之。”[132]按秦律,凡是被废掉的官吏,不许再起用,“任废官者为吏,赀二甲”[133]。废,重于赀罚,轻于作刑。

谇,按《说文解字》所说,“让也”,就是申斥责骂之意,是对犯赀罪以下官吏最轻的处罚方式,相当于现代刑法中的“训诫”。《徭律》规定:“御中发征,乏弗行,赀二甲;失期三日到五日,谇。”[134]

免,即免职处分。例如,“县毋敢包卒为弟子,尉赀二甲,免”[135]。被“免”的职官仍可重新任职。与“免”相类似的还有“夺爵”与“弃劳”,即削去已封的爵位和劳绩。

收,即收录,又称籍没,就是惩罚罪犯及其家属。如司马贞所说,“收录其妻子,没为官奴婢”[136]。《史记·商君列传》载:“商君之法,事末利及怠而贫者,举以为收孥。”[137]《史记·吕不韦列传》载:“诸嫪毐舍人,皆没其家。”秦律的“收”表现了刑罚的株连性。同时,以“收”来惩罚“事末利及怠而贫者”,又表现了以法律强制推行重农抑商政策、发展农业为基础的封建经济。

综上可见,秦刑罚在总结实践经验的基础上,加强了系统性,反映了时代性。在施刑方法上,从单一刑种发展为数刑并用,表现了当时刑法的发展水平和重刑主义的影响。至于广泛适用作刑以代替毁伤罪犯肢体的肉刑,充分显示了对于劳动力价值的重视和法律文明的进步。但作刑有时又附加以肉刑或屈辱刑,说明作刑还处于早期阶段。总之,云梦秦简的刑罚体系既传承奴隶制的基本刑罚手段,又开创了封建法定五刑的先河。

(4)刑法适用的基本原则。

秦在法家思想的指导下,通过广泛运用法律调整社会、治理国家的实践,积累了丰富的经验,形成了一套刑法适用的基本原则。对后世颇有影响。

---

[131] 睡虎地秦墓竹简整理小组编:《睡虎地秦墓竹简》,文物出版社1990年版,“释文注释”第80页。

[132] 睡虎地秦墓竹简整理小组编:《睡虎地秦墓竹简》,文物出版社1990年版,“释文注释”第107页。

[133] 睡虎地秦墓竹简整理小组编:《睡虎地秦墓竹简》,文物出版社1990年版,“释文注释”第79页。

[134] 睡虎地秦墓竹简整理小组编:《睡虎地秦墓竹简》,文物出版社1990年版,“释文注释”第47页。

[135] 睡虎地秦墓竹简整理小组编:《睡虎地秦墓竹简》,文物出版社1990年版,“释文注释”第81页。

[136] 司马迁:《史记·商君列传》,中华书局2000年版,第1765页。

[137] 司马迁:《史记·商君列传》,中华书局2000年版,第1765页。

刑事责任年龄。秦时以身高计算,因此,秦律在定罪量刑时经常提到"六尺"或"不盈六尺",凡不盈六尺者不负刑事责任。按《周礼》贾公彦疏:"七尺谓年二十,六尺谓年十五。"可见身长六尺五寸应是十六七岁。需要指出,秦的刑事责任年龄,是指追究犯罪者本人应负刑事责任的法定年龄,至于受连坐株连的家属则无年龄限制,云梦秦简"子小未可别,令从母为收"[138]可以为证。有人事实上已达刑事责任年龄,但身高在六尺七寸以下,量刑时仍从轻。

连坐,又称"缘坐""从坐""随坐",是指无罪人因他人犯罪受牵连而入罪。奴隶制时代的"孥戮",就是早期的连坐形式。商鞅变法时,为了严密地控制居民,打击犯罪,广泛实行连坐,以致成为秦刑法的重要原则之一。终秦之世,始终未变,据1972年出土的银雀山汉简,连坐之法也为战国时期一些国家如齐国所采用,而且为后世封建王朝所承袭,成为封建刑法残酷性的突出表征。

秦时连坐有同居连坐、什伍连坐、文官上下级连坐、武官将与士兵连坐以及荐举人与被荐举人连坐,等等。

同居连坐。"秦法,一人有罪,并坐其家室。"[139]《史记·高祖本纪》集解张晏注:"秦法,一人犯罪举家及邻伍坐之。"秦律中此类条款较多,如"盗及诸它罪,同居所当坐。何谓同居?户为同居,坐隶,隶不坐户谓殹也"[140]。这说明不仅家庭成员连坐,奴隶也要因主人犯罪而从坐,但奴隶犯罪则"不坐户",即不牵连主人。秦律中已有"同居"和"室人"的概念。"何谓室人?何谓同居?同居,独户母之谓也。室人者,一室,尽当坐罪人之谓也。"[141]可见,一户中同母之人谓之"同居",至于"室人"即一家之人,如发生犯罪均应连坐。但"夫有罪,妻先告,不收",即不受连坐之累。银雀山汉简《守法》篇载有同居连坐的刑法条文如下:"……去其署者身斩,父母妻子罪……有法,父母妻子与其身同罪。"[142]

什伍连坐。商鞅变法实行"令民为什伍,而相牧司连坐"[143]。《史记·商君列传》索隐解释说:"收司谓相纠发也。一家有罪,而九家连举发,若不纠举,则十家连坐。恐变令不行,故设重禁。"见于秦律的什伍连坐,受牵连者多为里典和伍

---

[138] 睡虎地秦墓竹简整理小组编:《睡虎地秦墓竹简》,文物出版社1990年版,"释文注释"第121页。

[139] 司马迁:《史记·孝文本纪》,中华书局2000年版,第295页。

[140] 睡虎地秦墓竹简整理小组编:《睡虎地秦墓竹简》,文物出版社1990年版,"释文注释"第121页。

[141] 睡虎地秦墓竹简整理小组编:《睡虎地秦墓竹简》,文物出版社1990年版,"释文注释"第141页。

[142] 银雀山汉墓竹简整理小组:《银雀山竹书〈守法〉、〈手令〉等十三篇》,载《文物》1985年第4期。

[143] 司马迁:《史记·商君列传》,中华书局2000年版,第1765页。

人。《法律答问》规定:“律曰与盗同法,有(又)曰与同罪,此二物其同居、典、伍当坐之。”[144]但受连坐的邻里,不一定与罪犯同等受罚,这是云梦秦简所证实的。例如,“百姓不当老,至老时不用请,敢为诈伪者,赀二甲;典、老弗告,赀各一甲;伍人,户一盾。皆迁之”[145]。在官府任职的官吏和有大夫以上爵位的人,一般不受什伍连坐。《法律答问》规定:“吏从事于官府,当坐伍不当?不当。”[146]

官吏职务连坐。由于奉行法家“明主治吏不治民”的思想,严格要求官吏忠于职守。法律规定,官吏之间因职务犯罪而互相连坐。《效律》规定:“尉计及尉官吏即有劾,其令,丞坐之,如它官然。”[147]官吏彼此荐举,如不称职,也负连坐罪责。《法律答问》规定:“任人为丞,丞已免,后为令,令初任者有罪,令当免不当?不当免。”[148]这些记载都可与云梦秦简有关内容相印证。但官吏的某些职务犯罪,不连坐其家属。例如,“啬夫不以官为事,以奸为事……当迁。迁者妻……不当包”[149]。

连坐的原则也适用于军伍之间。根据《商君书·境内》记载,战时“一人死而到其四人”,“大将……战及死事,而到短兵”。

凡应负连坐之责者,即使罪犯本人死亡或逃跑,仍须执行。如“有罪当迁……未行而死若亡,其所包当诣迁所”[150]。但同时也规定了某些免于连坐的条件,如发生盗贼,邻伍确实外出者,不坐。“贼入甲室,贼伤甲,甲号寇,其四邻皆出不存,不闻号寇,审不存,不当论。”[151]再有,犯罪者死后罪行才被揭发,家属不坐。[152]

---

[144] 睡虎地秦墓竹简整理小组编:《睡虎地秦墓竹简》,文物出版社1990年版,“释文注释”第98页。

[145] 睡虎地秦墓竹简整理小组编:《睡虎地秦墓竹简》,文物出版社1990年版,“释文注释”第87页。

[146] 睡虎地秦墓竹简整理小组编:《睡虎地秦墓竹简》,文物出版社1990年版,“释文注释”第129页。

[147] 睡虎地秦墓竹简整理小组编:《睡虎地秦墓竹简》,文物出版社1990年版,“释文注释”第75页。

[148] 睡虎地秦墓竹简整理小组编:《睡虎地秦墓竹简》,文物出版社1990年版,“释文注释”第127页。

[149] 睡虎地秦墓竹简整理小组编:《睡虎地秦墓竹简》,文物出版社1990年版,“释文注释”第107页。

[150] 睡虎地秦墓竹简整理小组编:《睡虎地秦墓竹简》,文物出版社1990年版,“释文注释”第107页。

[151] 睡虎地秦墓竹简整理小组编:《睡虎地秦墓竹简》,文物出版社1990年版,“释文注释”第116页。

[152] 睡虎地秦墓竹简整理小组编:《睡虎地秦墓竹简》,文物出版社1990年版,“释文注释”第107页。

同罪异罚。法家为反对奴隶主贵族的等级特权而提出“刑无等差,法不阿贵”的思想,但同时又维护新产生的以王为最高权威的等级特权。由此而产生了与一断于法异化的同罪异罚的刑法原则,根据犯罪人的身份,有区别地定罪量刑。有爵位者和官吏享受减免刑罚的优待。据《汉旧仪》记载,秦制“男子赐爵一级以上,有罪以减”。云梦秦简中,葆子以上凡应处肉刑者,一律“勿刑”,而改为作刑。不同的官爵应服的作刑也有明显的差别。例如,“有为故秦人出、削籍,上造以上为鬼薪,公士以下刑为城旦”[153]。“上造”与“公士”爵秩只差一级,犯同样罪,但刑期却相差两年。

此外,“居赀赎债”的服役人也因身份不同而有歧异的待遇。例如,刑徒、人奴妾,“居赎赀责(债)于城旦,皆赤其衣,枸椟欙杕,将司之”,就是穿红色罪衣、带木械、黑索和胫钳服劳役。公士以下的庶人,“居于城旦舂,毋赤其衣,勿枸椟欙杕”。至于葆子以上的官吏子弟,则“居于官府”,执劳役刑,而且不得久系弗问,否则“大啬夫、丞及官啬夫有罪”[154]。

区分故意与过失。秦律中,“端”或“端为”为故意。《墨子·号令》记载,“其端失火以为事者,车裂”,毕沅注曰,“言因事端以害人,若今律故犯”[155]。《法律答问》规定:“甲告乙盗牛若贼伤人,今乙不盗牛,不伤人,问甲可(何)论?端为,为诬人;不端,为告不审。”[156]官吏断案,如故意出入人罪,为“不直”或“纵囚”。《法律答问》规定:“罪当重而端轻之,当轻而端重之,是谓不直。当论而端弗论,及傷其狱,端令不致,论出之,是谓纵囚。”[157]对于故意犯,依法从重处刑,例如,官员“赀盾不直”,也处以“赀盾”之罚。

秦律中关于盗钱、盗牛、盗衣物、逃亡、逃避徭役、杀伤、斗殴等案例,均被认定为故意犯罪,一律追究刑事责任。至于过失,在秦律中称为“失”或“失刑”。《法律答问》规定:“士五(伍)甲盗,以得时直(值)臧(赃)直(值)过六百六十,吏弗直(值),其狱鞫乃直(值)臧(赃)、臧(赃)直(值)百一十,以论耐,问甲及

---

〔153〕 睡虎地秦墓竹简整理小组编:《睡虎地秦墓竹简》,文物出版社1990年版,“释文注释”第180页。

〔154〕 睡虎地秦墓竹简整理小组编:《睡虎地秦墓竹简》,文物出版社1990年版,“释文注释”第51页。

〔155〕 转引自《睡虎地秦墓竹简》,文物出版社1978年版,第166页。

〔156〕 睡虎地秦墓竹简整理小组编:《睡虎地秦墓竹简》,文物出版社1990年版,“释文注释”第103页。

〔157〕 睡虎地秦墓竹简整理小组编:《睡虎地秦墓竹简》,文物出版社1990年版,“释文注释”第115页。

吏可(何)论?甲当黥为城旦;吏为失刑罪。”[158]就是官吏对盗犯的赃物未及时估价,以致判刑失当,按过失论处,过失犯罪处罚较轻,当赀盾者,仅“谇”,即可了事。又如“舍公馆”,因过失“遂火燔其舍”,虽烧毁公器,也不令赔偿。[159]

从重。例如:

教唆从重。《法律答问》规定:“甲谋遣乙盗。一日,乙且往盗,未到,得,皆赎黥。”也就是说,甲教唆乙行盗,所以一并“赎黥”。对于教唆未成年犯,处刑尤重,“甲谋遣乙盗杀人,受分十钱,问乙高未盈六尺,甲可(何)论?当磔”。

集团犯加重。《法律答问》规定:“五人盗,臧(赃)一钱以上,斩左止,有(又)黥以为城旦;不盈五人,盗过六百六十钱,黥臬(劓)以为城旦;不盈六百六十到二百二十钱,黥为城旦。”[160]可见,五人以上集团犯罪,即使赃不值一钱,也比不足五人的盗六百六十钱的处刑为重。这在秦律中称为“加罪”。

累犯加重。《法律答问》规定,“诬人盗值廿,未断,又有它盗,值百,乃后觉,当并臧(赃)以论”[161],即二罪并罚,处“赀二甲一盾”。在《封诊式》爰书中,一般均需注明犯罪者有无前科,有前科者,加重处刑。

预谋犯加重。《法律答问》规定:“甲乙雅不相智(知),甲往盗丙,毚(才)到,乙亦往盗丙,与甲言,即各盗,其(臧)赃直(值)各四百,已去而偕得。其前谋,当并臧(赃)以论。”[162]也就是说,甲乙如有预谋,则合并赃数一起论罪。“不谋,各坐(臧)赃”,没有预谋,则各依所得赃数论罪。

触犯祭祀与伦常从重。《法律答问》规定:“公祠未阕,盗其具,当赀以下耐为隶臣。”[163]也就是说,在公室祭祀尚未完毕,而将供品盗去,按一般窃罪应处赀罚以下,但以其亵渎神权均耐为隶臣。又如,“殴大父母(即祖父母),黥为城旦舂”[164]。而殴常人,则虽持械并造成伤害也只处赀罚,或完城旦刑。

---

[158] 睡虎地秦墓竹简整理小组编:《睡虎地秦墓竹简》,文物出版社1990年版,“释文注释”第102页。

[159] 睡虎地秦墓竹简整理小组编:《睡虎地秦墓竹简》,文物出版社1990年版,“释文注释”第130页。

[160] 睡虎地秦墓竹简整理小组编:《睡虎地秦墓竹简》,文物出版社1990年版,“释文注释”第93页。

[161] 睡虎地秦墓竹简整理小组编:《睡虎地秦墓竹简》,文物出版社1990年版,“释文注释”第105页。

[162] 睡虎地秦墓竹简整理小组编:《睡虎地秦墓竹简》,文物出版社1990年版,“释文注释”第96页。

[163] 睡虎地秦墓竹简整理小组编:《睡虎地秦墓竹简》,文物出版社1990年版,“释文注释”第99页。

[164] 睡虎地秦墓竹简整理小组编:《睡虎地秦墓竹简》,文物出版社1990年版,“释文注释”第111页。

从轻。自首从轻。自首,在秦律中称为“自出”“自告”,《法律答问》规定:“司寇盗百一十钱,先自告,何论?当耐为隶臣,或曰赀二甲。”[165]“隶臣妾系城旦舂,去亡,已奔,未论而自出,当笞五十,备系日。”[166]以上二例都是减刑后的惩罚,如果不是“自告”“自出”,而是由官吏抓获,处刑当重于此。按秦律,庶民犯盗百一十钱者,耐为隶臣。作为司寇的刑徒,盗赃数与庶民等,处刑本应加重,只是由于自首才按庶民例处刑。

犯罪者如以自身的作为主动消除犯罪后果的,也可减免处刑。例如,监领人犯而将人犯失去,“能自捕及亲所知为捕,除无罪”[167]。

诬告反坐。秦律中有关诬告罪,称为诬、诬人,告不审,告盗加赃,三者情况虽有别,但均需承担反坐的刑事责任。所谓诬、诬人,就是凭空诬陷,《法律答问》规定:“甲告乙盗牛若贼伤人,今乙不盗牛、不伤人,问甲可(何)论?端为,为诬人;不端,为告不审。”[168]可见,“端”是故意,“告不审”是控告不实,说明秦律对于诬告罪的认定,一般把故意诬告与非故意错告加以区分,但诬告杀人罪即使由于“不审”,也以诬告罪论处。《法律答问》中也有“真罪”未结,又加诬告一起论处的案例,“上造甲盗一羊,狱未断,诬人曰盗一猪”[169],遂并合论罪处以“完城旦”刑。此外,控告他人为盗时故意夸大情节,已非“告不审”,而属“告盗加赃”,如“甲盗羊,乙知,即端告曰甲盗牛……当为告盗加赃”[170]。

对诬人者,即以诬告之罪反坐,秦律明确规定:“伍人相告,且以辟罪,不审,以所辟罪罪之。”[171]《法律答问》也有诬告他人犯耐隶臣罪,反坐之以“当耐为隶臣”[172]的记载。

秦律之所以严定诬告反坐的原则,是和当时的历史条件分不开的。从商鞅

---

[165] 睡虎地秦墓竹简整理小组编:《睡虎地秦墓竹简》,文物出版社1990年版,“释文注释”第95页。

[166] 睡虎地秦墓竹简整理小组编:《睡虎地秦墓竹简》,文物出版社1990年版,“释文注释”第124页。

[167] 睡虎地秦墓竹简整理小组编:《睡虎地秦墓竹简》,文物出版社1990年版,“释文注释”第123页。

[168] 睡虎地秦墓竹简整理小组编:《睡虎地秦墓竹简》,文物出版社1990年版,“释文注释”第103页。

[169] 睡虎地秦墓竹简整理小组编:《睡虎地秦墓竹简》,文物出版社1990年版,“释文注释”第105页。

[170] 睡虎地秦墓竹简整理小组编:《睡虎地秦墓竹简》,文物出版社1990年版,“释文注释”第104页。

[171] 睡虎地秦墓竹简整理小组编:《睡虎地秦墓竹简》,文物出版社1990年版,“释文注释”第116页。

[172] 睡虎地秦墓竹简整理小组编:《睡虎地秦墓竹简》,文物出版社1990年版,“释文注释”第121页。

变法奖励告奸,告奸者与斩敌首同赏起,使告奸之风盛行。为了防止因告奸而产生的诬陷,致使社会动荡不安,因此严惩诬告。不仅如此,被奉为统治思想的法家思想,一贯主张“罚当其罪”,诬告反坐的原则恰恰体现了这一思想,并对后世影响深远。

从一重处。对于犯两种罪以上的被告,虽分别拟定罪名,但在量刑时采取从一重处的原则。《法律答问》规定:“把其叚(假)以亡……其得,坐臧(赃)为盗,盗罪轻于亡,以亡论。”[173]也就是说,携带所借的官物品逃亡,如系捕获,按赃数应定为盗窃罪,但盗窃罪的处刑轻于逃亡罪,因此按重罪从一的原则,以逃亡罪论处。唐以后封建刑法中“一人有数罪,以重者论”的规定也是源于秦律。

未遂。对于已经着手进行犯罪但未得逞的未遂犯,也予以惩罚。但较既遂为轻。

时效。秦律追究犯罪分子刑事责任的法定有效期限,即所谓时效。《法律答问》的具体规定如下:“甲杀人,不觉,今甲病死已葬,人乃后告甲。甲杀人审,问甲当论及收不当?告不听。”[174]又如,发生在赦令发布前的犯罪行为,不再追究:“或以赦前盗千钱,赦后尽用之而得……毋论。”[175]但为了强制官吏忠于职守和严肃官纪官规,凡在职时所犯“废令”“犯令”罪,虽已罢职或调离,仍须追究:“废令、犯令、遝免、徒不遝?遝之。”[176]“遝”,按《方言》“及也”。所谓“遝之”,即追究其刑事责任。

考察犯罪意识。秦律以有无明确的犯罪意识作为认定是否犯罪的重要因素。《法律答问》规定:“甲盗,臧(赃)直(值)千钱,乙智(知)其盗,受分臧(赃)不盈一钱,问乙可(何)论?同论。”[177]相反,“甲盗钱以买丝,寄乙,乙受,弗智(知)盗,乙论可(何)(也)?毋论”[178]。又如:“夫盗千钱,妻所匿三百,可(何)

---

〔173〕 睡虎地秦墓竹简整理小组编:《睡虎地秦墓竹简》,文物出版社1990年版,“释文注释”第124页。

〔174〕 睡虎地秦墓竹简整理小组编:《睡虎地秦墓竹简》,文物出版社1990年版,“释文注释”第109页。

〔175〕 睡虎地秦墓竹简整理小组编:《睡虎地秦墓竹简》,文物出版社1990年版,“释文注释”第102页。

〔176〕 睡虎地秦墓竹简整理小组编:《睡虎地秦墓竹简》,文物出版社1990年版,“释文注释”第126页。

〔177〕 睡虎地秦墓竹简整理小组编:《睡虎地秦墓竹简》,文物出版社1990年版,“释文注释”第96页。

〔178〕 睡虎地秦墓竹简整理小组编:《睡虎地秦墓竹简》,文物出版社1990年版,“释文注释”第96页。

以论妻?妻知夫盗而匿之,当以三百论为盗;不智(知),为收。”[179] 妻因属“室人”,知夫为盗,同罪,虽不知情,也要牵连受刑,但处刑较轻。

总括以上,秦刑法基本原则,作为新的历史条件下的产物,虽然还不够成熟和定型,但却是中国进入阶级社会以后刑法适用经验的总结,表现了中华民族的法律智慧和中华法制文明所达到的程度,不仅指导着秦刑法的适用,也为秦以后刑法的发展提供了宝贵的先验。

3. 初具规模的民事法律

在《睡虎地秦墓竹简 · 秦律十八种》中,多有民事法律的记录。此外也散见于《秦律 · 杂抄》的“法律答问”中。分述如下:

(1)从各级官吏,直至获得土地的自耕农民,都是法定的民事权利的主体。根据《商君书 · 境内》所载:“四境之内,丈夫女子皆有名于上,生者著,死者削。”说明凡出生在秦境内取得名籍的男女,即具有权利能力。秦简中的《傅律》就是关于户籍的专门法律。随着秦兼并战争的胜利,在秦简中也出现了“新秦人”,他们同秦人“为户籍相伍”,也具有权利能力。但罪犯与逃亡者依法削籍。

至于商贾、作务、赘婿、后父则是有限制的民事权利主体,即使发财致富其社会地位仍然低下,本人及其子女均不得从政入仕。所谓“虽富无所芬华”[180],就是指此类人。

邦客和游士是享有特殊民事权利的主体。由于秦重客士,所以他们不仅和秦人享有同样的人身、财产、婚姻、家庭的权利,还享有法律所保障的拜爵、为官的权利。商鞅、吕不韦、李斯等人,都是以客士而执国政的。

隶臣妾,是由官奴婢转化而来的,就基本属性而言是刑徒。具有服兵役的义务、一定的财产权和婚姻自主权,不能任意杀害,因而是不完全的民事权利主体。

此外,在社会上还有大量的人奴妾和官奴婢,他们没有人身自由和任何政治权利、财产权利,甚至婚姻权利也是不完全的,只是作为被买卖或赠与的对象而存在,是民事权利的客体。

关于行为能力,根据秦律,凡年十五岁已傅籍者即有义务为国家服役,因而应被视为具有行为能力。《秦简 · 仓律》与《法律答问》中,还以身高作为是否具有行为能力的标准。《秦简 · 仓律》规定:“隶臣,城旦高不盈六尺五寸,隶妾,

---

〔179〕 睡虎地秦墓竹简整理小组编:《睡虎地秦墓竹简》,文物出版社 1990 年版,“释文注释”第 97 页。

〔180〕 司马迁:《史记 · 商君列传》,中华书局 2000 年版,第 1765 页。

春高不盈六尺二寸,皆为小。”[181]《法律答问》则有以下解释:“女子甲为人妻,去亡,得及自出,小未盈六尺,当论不当? 已官当论;未官不当论。”[182]在这里民事行为能力和刑事责任能力的标准是一致的,均以身高为度。按《周礼》贾公彦疏:“七尺谓年二十,六尺谓年十五”,可见身高六尺与傅籍年龄相合。但须指出,身高已达标准,并且经过举行冠礼的形式,才具有独立的民事法律行为能力。凡不具有行为能力人的法律行为,需经监护人同意并在官方登记后才视为有效。凡不具行为能力人所发生的非法行为,不受法律制裁。例如,《法律答问》规定:“甲小未盈六尺,有马一匹自牧之,今马为人败,食人稼一石,问当论不当? 不当论及赏(偿)稼。”[183]

(2)在秦民法中所有权的取得、变更和消灭是核心内容。商鞅曾作过形象的比喻:“一兔走,百人逐之,非以兔可分以为百,由名之未定也。夫卖(兔)者满市,而盗不敢取,由名分已定也。”[184]这说明依法确定所有权归宿的重要性。

所有权的客体主要是土地,秦时国有土地仍占很大比重,国有土地的来源主要是政治剥夺与战争掠夺。国有土地采取租佃和受田等形式经营,租田者和受田者只有土地使用权,而无所有权。《法律答问》规定:“(部佐)已租者(诸)民,弗言,为匿田;未租,不论□□为匿田。”[185]

除国有形式外,商鞅变法“改帝王之制,除井田、民得买卖”,标志着封建地主土地所有制的确立,农民也获得少量的土地。根据《法律答问》规定:“盗徙封,赎耐。”[186]徙,移也;封即田界。另据《周礼·地官·封人》注:“畿上有封,若今时界矣。”说明凡是私自移动田界标志者,判处“赎耐”的刑罚,以示法律对土地私有权的保护。

1979年春在四川青川县战国古墓中发现两件木牍(以下简称青川木牍),墨书一百二十一字,确切地记载了秦的田制,可以作为秦简田律的重要补充。青川木牍提供了秦武王二年,丞相甘茂与内史匽根据秦的田制为蜀地修田律,

---

[181] 睡虎地秦墓竹简整理小组编:《睡虎地秦墓竹简》,文物出版社1990年版,“释文注释”第32页。

[182] 睡虎地秦墓竹简整理小组编:《睡虎地秦墓竹简》,文物出版社1990年版,“释文注释”第132页。

[183] 睡虎地秦墓竹简整理小组编:《睡虎地秦墓竹简》,文物出版社1990年版,“释文注释”第130页。

[184] 商鞅:《商君书·定分》,中华书局2009年版,第205页。

[185] 睡虎地秦墓竹简整理小组编:《睡虎地秦墓竹简》,文物出版社1990年版,“释文注释”第130页。

[186] 睡虎地秦墓竹简整理小组编:《睡虎地秦墓竹简》,文物出版社1990年版,“释文注释”第108页。

以整治和开辟土地,规定田每宽一步、长八则(二百四十步)为一"畛"(田界);每亩田有二"畛",有一条陌道;每一百亩田有一条阡道;陌道和阡道各宽三步;作为地界标志的"封",高四尺;"埒"高一尺,基底宽二尺;每年秋八月修整封、埒,端正田地的疆界,并且铲除阡、陌道路上的荒草;十月修桥和陂堤道路,等等。

青川木牍对土地私有权的确认,与《法律答问》"盗徙封,赎耐"的规定是一致的。而政府定期整顿疆界,"以秋八月,修封捋(埒),正疆畔",也反映了对于封建土地所有制的维护。

秦对动产实行"先占"原则,《秦简·田律》承认在官府允许的时间、空间内砍伐林木以及渔猎物先占者的所有权,也承认孳息物和赏赐获得的财产的所有权。由于秦奖励耕战和告奸,经常以土地、臣妾、黄金及其他物品进行赏赐,受赏者因而获得所赐物的法定所有权。因交易所取得的所有权,是最经常的、最基本的,也是受法律保护的。另据《秦律杂抄》记载,"战死事不出,论其后"[187],说明有军功者战死之后可以将爵位和赏赐传予其子。

至于所有权的消灭,除所有权的转让、所有人自愿放弃和因罪没官所造成的原因外,人奴妾的逃亡、生活资料的消费、失火造成的损失等,也都意味着所有权的消灭。

(3)商鞅变法确立土地的私有权并推行奖励耕战的政策,使社会经济迅速发展,也推动了契约关系的发展。《荀子·君道》说:"合符节,别契券者,所以为信也。"《韩非子·主道》也有"言已应则执其契,事已增则操其符。符契之以合,赏罚之所生也"的记载。另据《史记·平原君列传》记载,"事成,操右券以责"。《索隐》记载:"言虞卿论平原君取封事成,则操右券以责其报德也。"这些都是战国时期契约关系的反映。

云梦秦简中较为多见的是官府与百姓之间因契约而发生的债的关系。由于赋税、罚款、损失公物以及从官府中取得不当得利所发生之债,称为国家债权。凡属国家债务均采取强制手段迫使债务人履行或执行。

私人之间因契约而发生之债,是流行的债的形式。《法律答问》规定:"何谓'亡券而害'?亡校券右为害。"[188]不仅说明了"券"是债的形式,也反映了如债权人所掌握的"右券"丢失会造成契约失效的后果。

---

[187] 睡虎地秦墓竹简整理小组编:《睡虎地秦墓竹简》,文物出版社 1990 年版,"释文注释"第 88 页。

[188] 睡虎地秦墓竹简整理小组编:《睡虎地秦墓竹简》,文物出版社 1990 年版,"释文注释"第 135 页。

秦时买卖土地、奴隶、牛马均须订立契约,《云梦秦简·封诊式·告臣》便记载了一则完整的奴隶买卖契约:某里士伍甲将男奴丙捆送到官府后,请求卖给官府,并希望官府报价。官府在检验了奴隶丙的身份和身体状况后,以市场标准价格承诺。要约人某甲接受承诺,双方在证人县丞面前成交。[189] 奴隶既然有市场标准价格,可见奴隶买卖是普遍存在的。另据《法律答问》载:“人臣甲谋遣人妾乙盗主牛,买(卖),把钱偕邦亡,出徼,得,论各可(何)殹(也)?当城旦黥之,各畀主。”[190] 从中可以看到买卖牛马的历史实例。为秦始皇所器重的大商人乌氏裸就是经营牛马买卖的。

除买卖契约外,秦时也流行借贷契约。根据云梦秦简,法律允许借用官物,包括公车、武器、农具以及其他官器物。借用官物,不仅要有借契,还要在契券中载明“久刻”,即在官物上制作标记。归还时,标记与契约记载相符才能收还,否则要以钱财赔偿。另据《厩苑律》规定:“叚(假)铁器,销敝不胜而毁者,为用书,受勿责。”[191] 说明借用官府旧铁制农具,因不堪使用而损坏的,不令赔偿。在民间借贷关系中,不准以人质作押,否则治罪。《法律答问》规定:“‘百姓有责(债),勿敢擅强质,擅强质及和受质者,皆赀二甲。’廷行事强质人者论,鼠(予)者不论;和受质者,鼠(予)者□论。”[192]

在非法侵权而发生之债中,如因侵权行为造成器物的损坏,依法责令加害人进行修理,使之复原;不能复原者,要用同样器物或金钱赔偿。盗窃他人财物者,不仅需要归还赃物,还要赔偿损失。秦律规定,“卖所盗,以买他物,皆畀其主”[193]。如因损失公物而发生之债,由主管官吏赔偿。《效律》规定,仓库粮食腐烂,责“令官啬夫、冗吏共偿败禾粟”[194]。

在债务的履行方面,债务人“有债于公”无力履行者,则强制“居作”。《司空律》规定:“有罪以赀赎及有责(债)于公,以其令日问之,其弗能入及赏(偿),

---

〔189〕 睡虎地秦墓竹简整理小组编:《睡虎地秦墓竹简》,文物出版社1990年版,“释文注释”第154页。

〔190〕 睡虎地秦墓竹简整理小组编:《睡虎地秦墓竹简》,文物出版社1990年版,“释文注释”第94页。

〔191〕 睡虎地秦墓竹简整理小组编:《睡虎地秦墓竹简》,文物出版社1990年版,“释文注释”第23页。

〔192〕 睡虎地秦墓竹简整理小组编:《睡虎地秦墓竹简》,文物出版社1990年版,“释文注释”第127页。

〔193〕 睡虎地秦墓竹简整理小组编:《睡虎地秦墓竹简》,文物出版社1990年版,“释文注释”第99页。

〔194〕 睡虎地秦墓竹简整理小组编:《睡虎地秦墓竹简》,文物出版社1990年版,“释文注释”第72页。

以令日居之,日居八钱;公食者,日居六钱。"[195]债务人有债于公而迁移到他县者,原县官府可将债权转让给债务人迁入之县官府,继续责令其偿还。如债权人移居新县,仍由官府负责督促债务人履行偿还债务的义务。

在职官吏无力履行债务时,从俸禄中扣除,免于"居作"。例如,《金布律》规定:"稍减其秩,月食以偿之,弗得居。"[196]已被免职的官吏,无力偿还债务,"令以律居之",即"居作"赔偿。

隶臣妾无力偿还债务,则按月从衣食供应中扣除,"以其日月减其衣食",但"毋过三分之一"。

至于债务的消灭,或因债务的变更与履行,或由当事人双方协议,或因债务人死亡而免除。

在秦律中也规定了债务担保。有以物担保,即债务人或第三人将所有物作为债务的担保,或者将动产交付债权人占有,或者以不动产作保。但秦时更多的是以人担保,即由经手人或第三人担保。《金布律》所载"百姓叚(假)公器及有责(债)未赏(偿),其日足收责之,而弗收责,其人死亡……令其官啬夫及吏主者代赏(偿)之"[197]显然是由官方经手人担保。此外,也有共同担保,例如,《工律》规定:"邦中之繇(徭)及公事官(馆)舍,其叚(假)公,叚(假)而有死亡者,亦令其徒、舍人任其叚(假),如从兴成然。"[198]

以上可见,云梦秦简所反映的债法比起西周有较大的发展,在社会生活中多有所见。

(4)秦原是僻处西北地区的小邦,文化比中原地区落后,因而在婚姻家庭制度上较少受到儒家伦常学说的影响。根据云梦秦简所载,结婚的年龄以身高为标准,女子身高六尺二寸许嫁,结婚须赴官府登记方为合法。《法律答问》规定:"女子甲为人妻,去亡,得及自出,小未盈六尺,当论不当?已官,当论;未官,不当论。"[199]也就是说,女未成年背夫逃亡,如系登记结婚,以背夫逃亡论罪;未登记,视为无效婚姻,不予治罪。

---

〔195〕 睡虎地秦墓竹简整理小组编:《睡虎地秦墓竹简》,文物出版社1990年版,"释文注释"第51页。

〔196〕 睡虎地秦墓竹简整理小组编:《睡虎地秦墓竹简》,文物出版社1990年版,"释文注释"第39~40页。

〔197〕 睡虎地秦墓竹简整理小组编:《睡虎地秦墓竹简》,文物出版社1990年版,"释文注释"第38页。

〔198〕 睡虎地秦墓竹简整理小组编:《睡虎地秦墓竹简》,文物出版社1990年版,"释文注释"第44页。

〔199〕 睡虎地秦墓竹简整理小组编:《睡虎地秦墓竹简》,文物出版社1990年版,"释文注释"第132页。

秦从巩固以小农经济为基础的家庭制度出发,保护合法婚姻,惩罚非法婚姻。根据秦律,经过官府的合法婚姻关系的成立或解除均受到法律的保护。《法律答问》规定:“女子甲为人妻,去亡,得及自出,小未盈六尺,当论不当?已官,当论;未官,不当论。”这里所说的“已官”,就是曾经官府认可,尽管女子甲未盈六尺,尚未成年,但仍依法论处。如未经官府认可,则不论罪。又如,弃夫私逃的女子,与逃亡男人结婚,虽事过两年,并已生子,但被官府捕获后,仍然究治。男处黥城旦刑,女处旦舂刑,以惩罚逃亡者之间的非法婚姻。

夫妻之间也受连坐法的约束,双方皆有告奸的责任与权利,否则丈夫犯罪妻子连坐。

妻子的财产一般由丈夫支配,但“夫有罪,妻先告”,妻子可以保有“臣妾、衣器”,不被没收[200]。由于儒家思想影响较弱,夫权在家庭中还不突出,譬如秦律规定丈夫不得殴妻,即使“妻悍,夫殴笞之”,也要处以耐罪。[201]

婚姻关系的解除,男方必须到官府登记,如“弃妻不书,赀二甲”。被休弃的女方也要到官府登记,否则,“其弃妻亦当论不当,赀二甲”。[202]

商鞅变法时曾以法律强制分户,从而形成了户有家长的制度。家长权与父权是合一的,但在秦时父权还没有发展到任意“杀子”“迁子”的地步,父亲如擅杀子,黥为“城旦舂”。但与此同时,秦律又规定父母擅杀属“非公室告,勿听”。[203] 这显然是矛盾的,这种矛盾性预示着家长权发展的趋向。子女如不孝,按律处重罪。《法律答问》规定:“免老告人以为不孝,谒杀。”[204] 儿子如盗窃父亲的财产,要受到法律的严格追究,但“父盗子不为盗”[205]。

但秦时对于以卑犯尊的处刑,较汉以后为轻。譬如殴打祖父母者,只判处黥为城旦舂,而后世对此类犯罪均处以死刑,表现了早期封建家庭关系的特点。

至于继承包括官职爵位和财产两部分。自商鞅变法废除世卿世禄制度,除

---

[200] 睡虎地秦墓竹简整理小组编:《睡虎地秦墓竹简》,文物出版社1990年版,“释文注释”第133页。

[201] 睡虎地秦墓竹简整理小组编:《睡虎地秦墓竹简》,文物出版社1990年版,“释文注释”第112页。

[202] 睡虎地秦墓竹简整理小组编:《睡虎地秦墓竹简》,文物出版社1990年版,“释文注释”第133页。

[203] 睡虎地秦墓竹简整理小组编:《睡虎地秦墓竹简》,文物出版社1990年版,“释文注释”第119页。

[204] 睡虎地秦墓竹简整理小组编:《睡虎地秦墓竹简》,文物出版社1990年版,“释文注释”第117页。

[205] 睡虎地秦墓竹简整理小组编:《睡虎地秦墓竹简》,文物出版社1990年版,“释文注释”第98页。

保留史、卜等具有专门知识的官职的世袭制外,一律实行选任制。处于兼并战争激烈的战国时期,为了保证战争的胜利,军功爵位也可以有条件地继承。《军爵律》规定,立有军功但未拜而死者,经指定的继承人又未犯废、耐、迁以上罪,可继承死者的爵位[206]。

财产继承包括房屋、树木、衣器、牲畜、奴隶等项财产,但《分户令》规定"民有二男以上不分异者,倍其赋"[207],因此,享有家内财产继承权者,只可能是独子或幼子,因长子已"出分"。汉贾谊说:"秦人家富子壮则出分,家贫子壮则出赘。"[208]另外,债权债务也同样实行父死子承的制度。据《金布律》规定,除官吏因特殊情况发生之债或奴隶居作发生之债外,一般常人之间的债务,父死之后由其子偿还。

4. 经济法律调整的多样性

根据云梦秦简所载,单行的经济法规达数十种之多,如《田律》《厩苑律》《牛羊课律》《仓律》是关于农业、畜牧业与粮食储存的法律,《工律》《工人程》《均工》是关于官营手工业的产品规格、产品质量、生产定额和劳动力调配的法律,《关市》《市井律》《津关令》是关于市场管理、商业贸易、盐铁经营的法律,《金布律》《效律》《钱律》是关于货币管辖流通与财政的法律,《田律》《仓律》《徭律》《均输律》《杂律》是关于赋役的法律。

以上经济法律涉及土地、赋税、商业、金融、财政、度量衡制度等各个方面,反映了秦统治者非常重视运用法律调整社会经济,对于保障公私生产的发展、管理国家的财政金融、维护新的经济关系都发挥了重要的作用,成为秦法律体系中的组成之一。

(1)厉行耕战政策,强调"国之所以兴者,农战也"[209]。为加强国家对农业的管理,中央设大司农,位列九卿,以下有"大田"负责具体事务。地方设田啬夫是管理农业的官员,仓啬夫是管理粮仓的官员,厩啬夫是管理畜牧的官员。特别值得提出的是,管理农业生产的法律达到了相当细密的程度。

凡是"受田"(国家分配土地的所有人)之民,"无豤(垦),不豤(垦)",无论是否耕种,均要按受田之数向国家交纳税赋,其数量为"顷入刍三石,稾二

---

〔206〕 睡虎地秦墓竹简整理小组编:《睡虎地秦墓竹简》,文物出版社1990年版,"释文注释"第55页。

〔207〕 司马迁:《史记·简君列传》,中华出局2000年版,第1765页。

〔208〕 班固:《汉书·贾谊传》,中华书局2000年版,第1723页。

〔209〕 商鞅:《商君书·农战》,中华书局2009年版,第27页。

石"[210]。正因如此,遇有自然灾害影响耕种农作物的生长与产量,县一级官吏要及时报告上级官府;即使风调雨顺也须将农作物受雨的土地面积、禾苗的生长情况和开垦荒地的亩数及时上报。

农民如果"不田作",要降为奴隶,以示惩戒。至于奴隶"不田作"则要送交官府惩办。

主管粮仓的仓啬夫,如因管理不善造成雨漏霉烂或者丢失,主管轻者斥责,重者赀一至二甲,更严重者处以刑罚。此外,仓房门户不严,仓内有鼠穴三个以上,也都要给予处罚。

为了保护国有的水利、山林资源,"春二月,毋敢伐材木山林及壅隄水,不夏月,毋敢夜(疑读为择)草为灰,取生荔、麛(音迷,幼鹿)卵鷇(扣,幼鸟),毋□□□□□□毒鱼鳖,置穽网,到七月而纵之。唯不幸死而伐棺椁者,是不用时,邑之近皂及它禁苑者,麛时毋敢将犬以之田,百姓犬入禁苑中而不追兽及捕兽者,勿敢杀;其追兽及捕兽者,杀之。呵禁所杀犬,皆完入公;其他禁苑杀者,食其肉而入皮"[211]。

建立耕牛饲养评比制度,以促进畜牧业生产。根据《厩苑律》,每年正月、四月、七月、十月评比饲养的耕牛;特别是在正月进行一次大考核,优秀者赏赐田啬夫酒一壶、干肉十条,免除饲牛者一次更役(一月一换的劳役);低劣者,申斥田啬夫,饲牛者罚劳役二月;使用牛耕田不当,牛腰围瘦一寸,笞打主事者十下;如官府牛马死亡超过一定数量,主管者要受到刑事惩罚。[212] 在《牛羊课》中还规定,成年母牛十头中,如有六头不生仔,罚啬夫,佐各一盾;母羊十头中四头不生仔,也各罚一盾。[213]

(2)官营手工业为国家和王室提供武器、器物和日用手工业产品,因此立法予以调整,涉及生产的合法性、产品的规格与定额、劳动力分配、市场及货币管理等诸多方面。

生产手工业产品,须奉有"命书"方为合法。如无命书而擅自制作,工师与丞各罚二甲。修建官府亦须上报批准,不得擅建。工程的进度须严格依计划进

---

[210] 睡虎地秦墓竹简整理小组编:《睡虎地秦墓竹简》,文物出版社1990年版,"释文注释"第21页。

[211] 睡虎地秦墓竹简整理小组编:《睡虎地秦墓竹简》,文物出版社1990年版,"释文注释"第20页。

[212] 睡虎地秦墓竹简整理小组编:《睡虎地秦墓竹简》,文物出版社1990年版,"释文注释"第22页。

[213] 睡虎地秦墓竹简整理小组编:《睡虎地秦墓竹简》,文物出版社1990年版,"释文注释"第87页。

行,提前或过期两天,主管官吏按法惩罚。[214]

对于产品的规格和官营手工作坊的生产均有定额。根据《工律》的规定:“为器同物者,其小大、短长、广亦必等。”[215]也就是说,制作同一种类的器物,其大小、长短和宽窄必须相同,以使产品规范化。为保证产品的质量,建立了生产责任制和产品检查评比制度,如在生产的器物上注明制作官署或工匠名字,以便于查究生产者的责任,即所谓“物勒工名,以考其诚”[216]。产品每年评比一次,对“省殿”者,评为下等;罚工师一甲,丞和曹长各一盾。[217]云梦秦简中还举例加以说明,徒络组(穿联甲札的绦带)二十根,连续三年为下等者,加倍惩罚。生产漆制品的评比如为殿,则“赀啬夫一甲,令、丞及佐各一盾”。“漆园三岁比殿,赀啬夫二甲而法(废),令、丞各一甲。”[218]对于左右产品规格的度量衡器的准确度也有具体的要求,譬如“石”之误差不得超过千分之四。

另据《工人程》规定,“隶臣、下吏、城旦与工从事者冬作,为矢程,赋之三日而当夏二日”[219],即冬三日收取相当于夏二日的产品。这种按照夏冬白昼时间长短的不同而规定不同产品定额,无疑具有合理性。此外,还规定做杂活的女工二人等于男工匠一人,七岁以上小童五人等于工匠一人,刺绣女工一人等于男工一人。又按《均工律》,对于新工匠要求第一年达到老工匠二分之一的定额,所谓“新工初工事,一岁半红(功)”。至第二年便“岁赋红(功)与故等”,即与老工匠同。[220]

凡在官手工业作坊从事劳动的有工、刑徒和官奴婢,其中除工外,刑徒和官奴婢均无行动自由,而且数量众多。因此,有关手工业劳动力调配的法律,常常具有明确的针对性。例如,《均工律》规定,“隶臣有巧可以为工者,勿以为人仆、

---

〔214〕 睡虎地秦墓竹简整理小组编:《睡虎地秦墓竹简》,文物出版社1990年版,“释文注释”第84页。

〔215〕 睡虎地秦墓竹简整理小组编:《睡虎地秦墓竹简》,文物出版社1990年版,“释文注释”第43页。

〔216〕 阮元校刻:《十三经注疏·礼记·月令》,中华书局1980年版,第1383页。

〔217〕 睡虎地秦墓竹简整理小组编:《睡虎地秦墓竹简》,文物出版社1990年版,“释文注释”第83页。

〔218〕 睡虎地秦墓竹简整理小组编:《睡虎地秦墓竹简》,文物出版社1990年版,“释文注释”第84页。

〔219〕 睡虎地秦墓竹简整理小组编:《睡虎地秦墓竹简》,文物出版社1990年版,“释文注释”第45页。

〔220〕 睡虎地秦墓竹简整理小组编:《睡虎地秦墓竹简》,文物出版社1990年版,“释文注释”第46页。

养”[221],就是说隶臣(奴隶)中有技艺可以从事专门工艺的,不要令去赶车,或为烹炊。这种区别普通工种与技术工种的劳动力调配法律,对于秦官营手工业的发展起了积极的作用。

秦时虽然推行“重本抑末”的政策,但商品经济仍然取得了明显的发展。为了保护合法的商品交换,禁止非法的贸易,制定了较为细密的市场管理法。根据秦律以列伍长为市官,负责对市场的巡视和管理。凡是专门从事贸易的商贾,要想获得在市内的定居及营业权,须到官府登记,加入市籍。市场上出售的商品须标明价格。《金布律》规定:“有买及卖也,各婴(婴即系也)其价;小物不能各一钱者,勿婴。”[222]《关市律》还规定,为官府出售手工业产品,收钱之后,须当买主之面投入“缿”(扑满)中,否则赀一甲,以防止售货人中饱私囊。[223]

官吏及所属佐、史不得私售官物或利用官府马匹和差役进行商业活动,违者处迁刑。

为了保证市场上使用的度量衡器的准确性,县及主管手工业的官吏工室至少每年检查校正一次,并且规定了误差的限度,这有助于维护市场的信用与秩序,保证公平的交易。如衡石、甬(桶)、斗、半石、均、斤、半斗、参升、黄金衡赢(累)不同,主管市场的官啬夫或赀一甲,或赀一盾。

秦从中央集权的国家利益考虑,对外贸易采取严格管制的政策。必须持有通行凭证并经官府验收之后,方可对外贸易,否则赀一甲。同时奖励对非法偷运珠玉出境者的“告奸”。根据《法律答问》规定:“盗出朱(珠)玉邦关及买(卖)于客者,上朱(珠)玉内史,内史材鼠(予)购。”[224]也就是说,将偷运珠玉出境卖给邦客并被告奸者,应将珠玉上交内史,由内史酌情予告奸者以奖赏。至于如何处罚盗运者,未见规定。

与市场的发展密切联系的货币流通也以法予以控制。秦时,法定的货币有三种:钱(铜钱)、金(黄金)、布(布帛)。黄金贵重,谓之“上币”,铜钱谓之“下币”。至于作为一般等价物的“布”,须符合法定规格:“布袤八尺,幅广二尺五寸。”不合乎规格为“不如式”,不得流通。钱、布既为法定货币,因此商人不准拒

---

[221] 睡虎地秦墓竹简整理小组编:《睡虎地秦墓竹简》,文物出版社1990年版,“释文注释”第46页。

[222] 睡虎地秦墓竹简整理小组编:《睡虎地秦墓竹简》,文物出版社1990年版,“释文注释”第37页。

[223] 睡虎地秦墓竹简整理小组编:《睡虎地秦墓竹简》,文物出版社1990年版,“释文注释”第42页。

[224] 睡虎地秦墓竹简整理小组编:《睡虎地秦墓竹简》,文物出版社1990年版,“释文注释”第126页。

收。《金布律》规定,市肆交易,不得“择行钱、布”,否则处罚,“列伍长弗告”,也要治罪。为了便于三种法定货币的流通,《金布律》还规定了它们之间的比价,“钱十一当一布”,“其出入钱以当金、布,以律”;官府受钱以后,“千钱一畚,以丞令印。不盈千者,亦封印之”,以明保管之责。[225]

此外,从《效律》所规定的定期和不定期的检查账目、清查库存物资等,不难推断秦时已有了最初的财政审计。

综括上述,可见经济法律的内容相当丰富、调整范围相当广泛。反映了秦统治者已经注意运用法律手段调整经济关系,扩展国家的财政收入,协调国家与民众之间经济利益上的冲突;促进了社会经济的发展,史称:“关中之地,于天下三分之一……然量其富,什居其六。”[226]

云梦秦简的经济法律反映了专制主义集中统一的指导思想,甚至播种的种子皆有法定数量,麦种和谷子每亩用一斗,豆每亩半斗。此外法家的重赏罚的思想也在经济法中有明显的表现,成为推动经济发展的重要手段。

过去,一直认为汉相萧何制定户、兴、厩的法律,如《晋书·刑法志》所说,“汉承秦制,萧何定律……益事律兴、厩、户三篇”。然而,云梦秦简的出土,证明了秦律中已有户、兴、厩三律的主要内容。萧何只是进一步充实和将其系统化而已,可见“益事”二字准确地概括了秦汉经济法律的传承关系。

(三)重视以法为据的司法制度

战国时期秦的司法机构已具备一定的系统。

秦以“廷尉”为中央司法机关,其长官位列九卿之一,负责审理诏狱和地方移送来的疑难重案。廷尉下设“正”和“左右监”等属官,协助廷尉处理具体事务。

地方司法机关实行司法与行政合一的体制,郡县之长同时也是司法长官。郡设“决曹椽”,为专职司法官;县设“丞”,主管一县司法事务。郡县之长对所辖地区的一般案件有权审结,疑案重案则移送廷尉。县以下基层组织乡设“啬夫”和“有秩”处理民间的民事纠纷,协助县郡缉捕罪犯,有时也直接受理案件。《汉书·百官公卿表》说,秦时,乡啬夫“职听讼,收赋税”。乡官不决的案件要及时报送县,县如不决要报送郡守,郡再不能决则上报廷尉,廷尉如仍不能断明,则奏上裁决。可见,秦时已初步形成专制主义集中制的司法制度。

---

[225] 睡虎地秦墓竹简整理小组编:《睡虎地秦墓竹简》,文物出版社1990年版,“释文注释”第35~36页。

[226] 司马迁:《史记·货殖列传》,中华书局2000年版,第2467页。

秦时起诉的方式,一为当事人或其亲属向郡县官府告发,即所谓“辞者辞廷”。这种告发属于自诉,云梦秦简中称为“劾”。一为官吏纠举犯罪属于公诉,在较多的情况下,是由基层官吏向县长官提起诉讼。

由于秦奖励告奸和实行连坐,四邻均有告发的义务,知奸不告者治罪。《秦律杂抄·屯表律》规定,同伍之人若对虚报战功者知情不报“赀一甲”[227]。《封诊式·奸爰书》中还记载了一个邻里告奸的案例:“某里士五(伍)甲诣男子乙,女子丙,告曰:乙、丙相与奸,白昼见某所,捕校上来诣之。”[228]秦不仅奖励告奸,还允许告奸人将罪犯“扭送”官府。

据犯罪的性质和诉讼当事人的身份,区分为“公室告”和“非公室告”。凡“贼杀伤、盗他人为公室告”;“主擅杀、刑、髡其子、臣妾,是谓非公室告”;“子盗父母,父母擅杀、刑、髡子及奴妾,不为公室告”[229]。对于公室告因属公罪性质,应予受理;非公室告属于家罪,则“勿听”,即不予受理。公室告与非公室告的划分,是为了及时打击重大犯罪和从诉讼制度上维护封建尊卑伦理关系和主奴等级关系。

秦时,如控告不实或诬告则要受到法律制裁,尤其严惩诬告。

为了分化犯罪集团,打击顽固的犯罪分子,自首者可以减免刑罚,所谓“先自告,除其罪”。

凡司法机关决定受理的案件,由当地里典将被告人的姓名、身份、籍贯、曾经犯过何罪、判过何种刑、是否经过赦免以及曾否逃亡等情况,写成书面报告交县司法机关,然后由县丞派遣令史前往调查或勘验,作出调查或勘验笔录,即“爰书”。如需要“封守”(封是指查封财产,守是指看守家属)也要有详细记录,报告到县。

司法机关受理的案件经过调查取证、勘验现场之后,便进行审讯,即讯狱。在审讯中最重要的根据是当事人的口供,因此凡讯狱“必先尽听其言而书之”。如供词矛盾或情节交代不清,可以反复诘问,如当事人多次变供“更言不服”者,可用刑讯——“笞掠”。但秦不提倡刑讯,《封诊式·治狱篇》说:“治狱,能以书从迹其言,毋治(笞)谅(掠)而得人请(情)为上;治(笞)谅(掠)为下,有恐为败。”

---

〔227〕 睡虎地秦墓竹简整理小组编:《睡虎地秦墓竹简》,文物出版社1990年版,“释文注释”第88页。

〔228〕 睡虎地秦墓竹简整理小组编:《睡虎地秦墓竹简》,文物出版社1990年版,“释文注释”第163页。

〔229〕 睡虎地秦墓竹简整理小组编:《睡虎地秦墓竹简》,文物出版社1990年版,“释文注释”第117页。

既然以口供为审断的依据,而又不提倡刑讯,为此秦较为重视审判方式,要求官吏耐心听取各方面的陈述,不轻于诘问,并以“爰书”的形式记录整个鞠讯过程。“凡讯狱,必先尽听其言而书之,各展其辞,虽智(知)其訑,勿庸辄诘。其辞已尽书而毋(无)解,乃以诘者诘之。”“诘之有(又)尽听书其解辞,有(又)视其他毋(无)解者以复诘之,诘之极而数訑,更言不服”,然后再动用刑罚。“其律当治(笞)谅(掠)者,乃治(笞)谅(掠)。治(笞)谅(掠)之必书曰:爰书:以某数更言,毋(无)解辞,治(笞)讯某。”[230]

这些规定反映了秦援法为治的精神,但以官吏主观主义的“综迹其言”于前,而又以笞掠继之于后,必然会出现专横擅断的弊端,这是封建审判制度的本质所决定的。

根据云梦秦简所载案例,在审判中也注意收集证人证言和物证,如向死者的亲属和邻里进行察询,察验罪犯作案所使用的器物。尤其重视现场勘验和司法鉴定,《封诊式》关于“贼死”“经死”“穴盗”“出子”几个案件的爰书记录,非常详细具体,既有被害人的衣着、杀伤部位和作案人残留痕迹等细节,又有周围情况及知情人提供的旁证材料,其中还有一份是关于当事人是否患有麻风病的医学鉴定,表现了执法者重视证据的态度和司法实践方面的丰富经验,以及在生理学、法医学上所达到的水平。

如果被告居住他县,则由承审地方官署移书该县,请求协助查清案情。如系拖欠官府债务而被判处赀、赎,也移书居住之县索缴:“有责(债)于公及赀、赎者居它县,辄移居县责之。”[231]应查封的犯人产业,由里典及犯人四邻协同官府查封登记。如须看管犯罪人家属,交由里典及同里人轮流看守,听候发落。

法官作出判决以后,要向被告宣读,称为“读鞫”;如当事人不服,可以请求复审,称为“乞鞫”。“乞鞫”者不限于本人,判两年以上徒刑者,家人也可代为“乞鞫”。《法律答问》规定:“以乞鞫及为人乞鞫者,狱已断乃听。”[232]乞鞫在一审判决之后方能提出,但属“免老告人以为不孝”者例外,“免老告人以为不孝,谒杀,当三环之不?不当环,亟执勿失”[233]。“三环”有三宥、三却之意。

---

〔230〕 睡虎地秦墓竹简整理小组编:《睡虎地秦墓竹简》,文物出版社1990年版,“释文注释”第147~148页。

〔231〕 睡虎地秦墓竹简整理小组编:《睡虎地秦墓竹简》,文物出版社1990年版,“释文注释”第38页。

〔232〕 睡虎地秦墓竹简整理小组编:《睡虎地秦墓竹简》,文物出版社1990年版,“释文注释”第120页。

〔233〕 睡虎地秦墓竹简整理小组编:《睡虎地秦墓竹简》,文物出版社1990年版,“释文注释”第117页。

由于秦统治者重视法律的实施,强调官吏在司法实践中应负的责任。

首先,要求官吏熟悉法律,平时要书写和谙熟职务范围以内的法律,而且要“岁讎辟律于御史”,即每满一年要向中央主管法律的官员进行核对,凡是已经废除的律令、程籍,不得继续执行,“行者有罪”[234]。官吏判决时主要以秦律为准,但也可以“廷行事”,即判案成例作为根据。在实践中据判例断案不仅逐渐增加,而且其效力也往往与制定的秦律同。《法律答问》规定:“告人盗百一十,问盗百,告者(可)何论?当赀二甲。盗百,即端盗驾(加)十钱,问告者可(何)论?当赀一盾。赀一盾应律,虽然,廷行事以不审论,赀二甲。”[235]在法律不完备的情况下,引用成例断狱,既可弥补法律的不足或条文的局限,而且便于司法官提高办案效率。

其次,官吏对所辖地区内的犯罪,不能及时发现为“不胜任”;知而不敢论处为“不廉”;处刑不当、失轻失重,为“失刑”;罪当重而故意轻判,罪当轻而故意重判,为“不直”;应当论罪而不论,或减轻情节,故意使罪犯不够判罪标准,为“纵囚”。无论“失刑”、“不直”或“纵囚”,均被视为“大罪”,要“致以律”,依法追究。[236]《法律答问》规定:“士伍甲盗,以得时值赃,赃值百一十。吏弗值,狱鞫乃值赃,赃值过六百六十,黥甲为城旦。问甲及吏何论?甲当耐为城隶臣,吏为失刑罪。”[237]

地方主管官吏如执法不力,或玩忽职守,都要追究法律责任。例如,“发伪书,弗知”,虽属过失犯罪,也要“赀二甲”[238]。至于专司捕盗的亭长和管理监狱的狱卒,如枉法则从重处刑。

最后,根据法律的执行情况,作为考核官吏的重要标准。云梦秦简南郡守腾发布的《语书》中宣布:“凡良吏,明法律令。”“恶吏,不明法律令。”[239]

秦时监狱也称囹圄,由于秦推行重刑轻罪的政策,导致“赭衣塞路,囹圄成

[234] 睡虎地秦墓竹简整理小组编:《睡虎地秦墓竹简》,文物出版社1990年版,“释文注释”第64～65页。

[235] 睡虎地秦墓竹简整理小组编:《睡虎地秦墓竹简》,文物出版社1990年版,“释文注释”第102页。

[236] 睡虎地秦墓竹简整理小组编:《睡虎地秦墓竹简》,文物出版社1990年版,“释文注释”第13页。

[237] 睡虎地秦墓竹简整理小组编:《睡虎地秦墓竹简》,文物出版社1990年版,“释文注释”第101页。

[238] 睡虎地秦墓竹简整理小组编:《睡虎地秦墓竹简》,文物出版社1990年版,“释文注释”第107页。

[239] 睡虎地秦墓竹简整理小组编:《睡虎地秦墓竹简》,文物出版社1990年版,“释文注释”第15页。

市"[240]。京师有系属廷尉的咸阳狱,郡县也各有属于郡县的监狱。例如,蒙恬"系于阳周"[241],即上郡阳周狱。另据史书记载,"秦狱吏程邈得罪始皇,囚于云阳狱"[242]。出土云梦秦简的墓主喜便曾经作过鄢狱之吏。郡有都狱治狱,县有狱椽专管监狱。

据云梦秦简所载,秦时对囚徒进行严密看管。设有"署人"和"更人",负责看守囚犯和进行监督。在监的刑徒,如外出服役,不准前往市场和在市场门外停留休息。如路经市场时,应绕行,不得径行通过。《司空律》规定:"舂城旦出繇(徭)者,毋敢之市及留舍阓外;当行市中者,回,勿行。"但葆子和上造以上用劳役赎刑、赎死,而在官府服劳役者不加监管。囚徒要身穿红色囚衣并戴木械、黑索和胫钳等狱具,但公士虽为最低一级爵位,如因劳役赎刑、赎死,而服城旦舂劳役者,不必穿囚衣、戴狱具。

囚徒不得自狱中上书或诬告他人,否则从重论处。"当耐司寇而以耐隶臣诬人,何论!当耐为隶臣"[243],或以所诬之罪罪之。

凡在官府服役的隶臣每月发粮二石、隶妾一石半。根据劳动强度还可以增加口粮,如城旦筑墙早饭半斗,晚饭三分之一斗。囚徒有病,酌情发给口粮,囚徒服役期限未满月者,按日扣除口粮。

狱吏如违法,则依法制裁。

二、统一后的秦法制

秦王政在统一六国之前,奉行法家学说,全面推行以法为治,力图运用法律的权威发展封建经济、巩固中央集权,进而并吞六国。在这个过程中,他深感厉行法治所起的积极作用。因此,在统一六国以后,继续奉行以法治国的方略,借以建立和巩固专制主义中央集权的统一国家。秦始皇面对"天下统一,海内为郡县"的新局面,为了保证法律的统一适用,废除了六国各自的法律,使"法令归于一"。同时,他还接受了李斯的建议,严格规定只有国家官吏才有权解释法律,庶民如欲学习法律,必须"以吏为师"。然而,为胜利冲昏头脑的秦始皇不断膨胀专制权力,破坏法制,繁法严诛,赋敛无度,招致天下反对,二世而亡。历史

[240] 班固:《汉书·刑法志》,中华书局2000年版,第929页。

[241] 司马迁:《史记·李斯列传》,中华书局2000年版,第1986页。

[242] 张怀瓘:《书断》,浙江人民美术出版社2012年版,第56页。

[243] 睡虎地秦墓竹简整理小组编:《睡虎地秦墓竹简》,文物出版社1990年版,"释文注释"第121页。

雄辩地证明,当秦统治者顺应历史的发展潮流推进统一功业时,的确所向无敌,取得了并吞六国的历史性胜利,这在当时世界历史上也是震古烁今的伟大事件。然而,当以秦始皇为首的统治集团以为凭借强大的军事官僚机器,便可以任意“臣畜天下”[244],甚至不惜民力,荼毒人民时,结果便如同泥足巨人一样很快土崩瓦解,空有强大的军事力量和各种官僚机构也没有能挽救秦朝的灭亡。

(一)体现专制与集权的国家体制

1. 创立皇帝制度

秦统一以后,秦王政“自以为德兼三皇,功过五帝”,遂号曰“始皇帝”。从此,皇帝的名号成为封建时代最高统治者的共同尊称。秦始皇拥有至高无上的权力,凡行政、司法、立法、任免官吏、军事、征收赋税、重大的工程营建等国家事务,统由皇帝总揽。史书说:“天下之事无小大皆决于上。上至以衡石量书,日夜有呈,不中呈不得休息。”[245]皇权独尊,皇帝的意志就是法律。因此,其命为“制”,令为“诏”,秦始皇发布的“日诏”具有最高的法律效力。通过颁布郡县令,分全国为三十六郡,由皇帝选任郡守县令,代表皇帝统治地方,从制度上保证了中央集权。始皇自称为“朕”,臣民称皇帝为“陛下”,皇帝驾临曰“幸”,所在曰“行在所”,所居曰“禁中”,皇帝死曰“崩”。在官文书中还建立了抬头与避讳制度,遇有“皇帝”“始皇帝”“制曰可”等字样时,要顶格书写,如涉及皇帝名字需要避讳。

为了行使权力和发挥官僚辅政的作用,建立了朝议和朝会制度。朝议制度,溯本追源是氏族社会的会议制度经过商周的异化发展而来的。秦始皇虽然权力至高无上,但涉及有关军国大事,如更帝号、行郡县、禁私学、收私书,均下其议于群臣,实行朝议。有时博士弟子也参加论辩,最后由皇帝裁决。朝议制度有助于皇帝兼听独断,对于皇帝处理军国要务起着一定的制约作用。

朝会制度,是指皇帝临朝听政大会群臣的制度,朝会有法定的日期。

皇帝行使权力的凭证是玺、符、节。玺者印也,皇帝的印称为御玺,秦始皇的御玺上刻有“受命于天,既寿永昌”字样,[246],表示权力来源于天授,传之无穷。“符”是皇帝调兵遣将的凭证。“节”是付与使臣的信证,表示授命出使。

此外,还建立了与皇帝制度相对应的后宫制度、皇位继承制度、宗庙和陵寝制度。其中,皇位继承涉及专制制度的延续,被视为“天下之本”的大事。

---

[244] 司马迁:《史记·秦始皇本纪》,中华书局2000年版,第189页。
[245] 司马迁:《史记·秦始皇本纪》,中华书局2000年版,第183页。
[246] 魏收:《魏书》,中华书局2000年版,第68页。

秦始皇建立的皇帝专制制度,是以法家思想作为理论基础的,韩非便强调君主的“权势不可以借人,上失其一,臣以为百”[247],“人主失力而能有国者,千无一人”[248]。秦始皇对韩非法、术、势兼而为用的思想极为欣赏,而恨未与之游。

皇帝制度的建立,使天下大权集于中央,中央大权集于皇帝。皇帝制度的每一项内容都体现着专制主义的统治,渲染着皇帝的绝对权威。但是,正如卢生、侯生所说,“博士虽七十人,特备员弗用;丞相诸大臣皆受成事,倚辨(办)于上”[249]。职臣只能“遵分”“修饬”,承命而已。为了膨胀皇权,秦始皇还向神权挑战。始皇二十八年(公元前219年),“浮江至湘山祠,逢大风几不得渡,上问博士曰:‘湘君何神?’博士对曰:‘闻之,尧女,舜之妻,而葬此。’于是始皇大怒,使刑徒三千人皆伐湘山树,赭其山”[250]。

由于皇帝居处深宫,对于大臣又怀有戒心,宦官得以乘机干政。秦时宦官赵高与公子胡亥伪造始皇遗诏,篡夺帝位,便是宦官干政祸国的首例。宦官干政是专制制度不可避免的弊病,汉唐明之亡都与此有关。

从秦始皇焚书坑儒至明清不断发生的文字狱,说明了政治上的专制主义总是和文化上的专制主义密切联系着的,专制制度越强化,越要求人民大众的落后与愚昧。不过,在秦这个历史的特定时期,专制与集权对于国家的统一、民族的形成、经济文化的发展和抵御外敌侵略起着积极的作用;然而,专制制度的弊端在秦始皇时已经可以窥见端倪。

2. 建立三公九卿的官僚体系与地方郡县制度

皇帝以下设置宰相,是总管全国行政的最高执行官;太尉为管理军事的最高长官;御史大夫为副丞相,执掌群臣奏章,下达皇帝诏令,并兼理国家监察事务。丞相、太尉、御史大夫组成三公,是发号施令的中枢。但秦始皇统治时期,由于“主独制于天下”,丞相实际上只能是承旨办事而无决定权。

三公以下建立九卿,九卿各有执掌,如奉常,掌管宗庙礼仪;郎中令,掌管“宫殿掖门户”,统辖皇帝的侍从警卫;卫尉,掌管“宫门卫戍兵”,负责宫廷警卫;太仆,掌管宫廷御马和国家的马政;廷尉,掌管刑辟,是中央最高司法机关;典客,掌管外交和国内少数民族事务;宗正,掌管皇室事务;治粟内史,掌管租税钱谷和财政收支;少府,掌管供皇室需用的“山海池泽之税”。九卿之中除廷尉、

---

[247] 韩非著,张觉译注:《韩非子全译·内储说下》,贵州人民出版社1992年版,第529页。

[248] 韩非著,张觉译注:《韩非子全译·人主》,贵州人民出版社1992年版,第1102页。

[249] 司马迁:《史记·秦始皇本纪》,中华书局2000年版,第183页。

[250] 司马迁:《史记·秦始皇本纪》,中华书局2000年版,第176页。

治粟内史和典客外,其余六卿虽然不是宫廷机关,但也含有为皇室服务的职能,这反映了专制主义政治对国家机关的影响。

秦时三公九卿之制不仅见于秦史籍,也为汉兴以后的中枢官制所证实。

至于地方制度,秦统一后,将郡县二级制推行至全国。《汉书·地理志》说:“秦遂并兼四海,以为周制微弱,终为诸侯所丧,故不立尺土之封,分天下为郡县。”秦始皇二十六年(公元前221年)分天下为三十六郡,彻底废除西周实行的“分邦而治、分土而食”的采邑制度,建立了“海内为郡县”的一套地方行政机关。其后陆续增设九原、南海、桂林、象郡、闽中五郡。

郡为最高一级的地方机关,设郡守,执掌一郡事务。郡守下设郡尉,主管军政;郡监主管郡内司法监察。

郡下设县,据考证秦统一后设县在一千左右。县设县令(长),即云梦秦简中的县啬夫,执掌一县行政并兼理司法。县令下设县丞,协助县令掌管县内政务,设县尉负责县内兵员的征召与军队训练。

县下以按人口及一定居住区域划分乡、里,作为基层行政组织。乡以有秩管行政,三老掌教化,啬夫听辞讼、收赋税,游徼管“循禁盗贼”。里设里正,里以下按什伍组织编制居民。从行政体系上看,大体上“以县统乡,以乡统里”。至于亭属于武官节制的保卫系统,不受乡官管辖。

以上自中央三公至地方郡县长吏,均由皇帝任命产生,只领俸禄,不享有封邑,是一个庞大的职业官吏群体,执掌着兵刑钱谷等国家事务。

秦建立的以皇帝为主宰的中央集权的封建行政管理体制,对后世产生了深远的影响,汉以后基本上是秦制的演变与发展。

(二)“明法度,定律令”

为了做到“事皆决于法”,在原有秦律的基础上进行了“明法度,定律令”的大量工作。一方面表现在秦始皇巡视天下宣扬功业的刻石中。例如,秦始皇二十八年(公元前219年)泰山刻石:“皇帝临位,作制明法,臣下修饬。……治道运行,诸产得宜,皆有法式。”同年琅琊刻石:“端平法度,万物之纪……除疑定法,咸知所辟。……驩欣奉教,尽知法式。”秦始皇二十九年(公元前218年)芝罘刻石:“大圣作治,建定法度,显著纲纪……普施明法,经纬天下,永为仪则。”秦始皇三十七年(公元前210年)会稽刻石:“秦圣临国,始定刑名,显陈旧章,初平法式,审别职任,以立恒常。”上述刻石是秦始皇立法指导思想的具体体现,它阐明了作制明法的目的,使臣下修饬、各知所行,同时也使天下臣民咸知所辟、尽知法式。而更重要的是普施明法,经纬天下,即以法治国。根据云梦秦简中的法律规定,结合秦统一后的立法建制,雄辩地说明了秦从社会到国家、从经济到政治、从生产到生活、从家庭到个人莫不“皆有法式”。汉时人批评说:“秦法繁于秋荼,而网密于凝脂。”[251]

另一方面表现为一系列单行立法,以法推行政治与文化的专制集权,如《焚书令》《吏见知不举令》《以古非今偶语诗书令》等。

1. 侵犯皇帝为重罪

在专制主义制度下,皇帝是国家核心。因此,秦律以保护皇帝人身和权威的不可侵犯为首要任务。秦始皇二十九年(公元前 218 年)东游至阳武博浪沙中,遭到张良等人的狙击,即所谓“为盗所惊”。对于这个严重的犯罪行为,秦始皇“乃令天下大索十日”[252],务要逮捕归案,严加惩处。迫使张良更改姓名,亡命他乡。

为了渲染秦始皇的神圣尊严,同时也为了维护其人身安全,秦始皇所到之处必须严格保密,有泄露者,死罪。《史记·秦始皇本纪》说:“行所幸,有言其处者,罪死。”[253]内臣近侍如将始皇语泄露给外臣,处重刑。一次始皇帝幸梁山宫,从山上“见丞相车骑众弗善也,中人或告丞相,丞相后损车骑,始皇怒曰:‘此中人泄吾语。’案问莫服。当是时,诏捕诸时在旁者,皆杀之”[254]。

二世时期,还经常以所谓不忠罪任意处死王族和大臣。在赐死蒙恬的诏令中便说:“先王欲立太子而卿难之。今丞相以卿为不忠,罪及其宗。朕不忍,乃赐卿死,亦甚幸矣。卿其图之。”[255]

在加强文化专制主义统治的背景下,出现了诽谤与妖言罪。秦统一后,为了建立统一的思想文化,首先以秦小篆为基础统一了文字,继之则以严刑惩治不利于专制主义的中央集权的思想言论。

据《史记·高祖本纪》记载,刘邦攻占咸阳后,在对父老豪杰历数秦暴政时说:“父老苦秦苛法久矣,诽谤者族,偶语者弃市。”《集解》引应劭曰,“秦禁民聚语”,以防止诽谤皇帝。按秦律“诽谤者族”。秦始皇三十五年(公元前 212 年),侯生、卢生议论秦始皇专制独裁,“乐以刑杀为威”,秦始皇便以卢生等“吾不德也”,“或为妖言以乱黔首”,遂逮捕“四百六十馀人,皆阬之咸阳”。[256]

秦始皇三十六年(公元前 211 年)陨石落地东郡,“黔首或刻其石曰,始皇帝

---

[251] 桓宽:《盐铁论校注·卷十·刑德第五十五》,中华书局 2017 年版,第 524 页。
[252] 司马迁:《史记·秦始皇本纪》,中华书局 2000 年版,第 177 页。
[253] 司马迁:《史记·秦始皇本纪》,中华书局 2000 年版,第 182 页。
[254] 司马迁:《史记·秦始皇本纪》,中华书局 2000 年版,第 138 页。
[255] 司马迁:《史记·蒙恬列传》,中华书局 2000 年版,第 1997 页。
[256] 司马迁:《史记·秦始皇本纪》,中华书局 2000 年版,第 183 页。

死而地分,始皇闻之,遣御史逐问,莫服”。遂以妖言罪“尽取石旁居人诛之”[257]。

除诽谤与妖言罪外,妄言与非所宜言已属重罪。所谓“妄言”,就是指煽动反对或推翻秦朝统治的言论。据《史记·项羽本纪》记载:“秦始皇游会稽,渡浙江,(项)梁与(项)籍俱观,籍曰:‘彼可取而代也。’梁掩其口曰:‘毋妄言,族矣!’”秦末,郦食其夜见陈留县令“说之曰:‘夫秦为无道而天下畔之,今足下与天下从,则可以成大功。’陈留令曰:‘秦法至重也,不可以妄言,妄言者无类。’”[258]可见,妄言是灭族的大罪,所谓“无类”,就是无遗类,也就是族刑。

至秦二世时,陈胜、吴广起义发生以后,秦二世召集博士诸儒生询问此事,“或言反,或言盗”,凡言反者均以“非所宜言”罪[259]下狱处死。所谓“非所宜言”罪,并无特定的内容,是可以任意解释的。这项罪名从秦末开始出现,至汉代已属常见的罪名。

为了统一思想,强化对舆论的控制,凡以古非今与私藏诗书者论罪。秦始皇三十四年(公元前213年)颁发《焚书令》,规定:“以古非今者族。”[260]凡是以过去的事例或各家学说议论现时的政策、制度,便构成以古非今罪,处以重刑。官吏知而不告发,与之同罪。这项严法是有针对性的,如同李斯所说,“今皇帝并有天下,别黑白而定一尊。私学而相与非法教,人闻令下,则各以其学议之,入则心非,出则巷议,夸主以为名,异取以为高,率群下以造谤”[261]。正是为了控制舆论,维护皇帝的尊严和现行的政策,才制定“以古非今”罪,并严刑惩罚。

出于同一目的,还制定了“挟书律”,凡“非博士官所职,天下敢有藏诗书百家语者悉诣守尉杂烧之”,“令下三十日不烧,黥为城旦”[262]。三国时人张晏在为《汉书·惠帝纪》作注时特别指出,按秦律,“敢有挟书者,族”。在“挟书律”颁布以后,秦始皇又下令严禁“聚语诗书”,“有敢偶语诗书者弃市”[263],从而扩大了挟书律的惩治范围。

秦二世时期李斯与赵高权力之争尖锐,李斯曾上书揭露赵高有“邪佚之志,危反之行”。但秦二世却听信赵高,反以谋反罪惩治李斯,处以“具五刑”“夷三族”。《史记·李斯列传》记载,“于是二世乃使高案丞相狱,治罪,责斯与子由

[257] 司马迁:《史记·秦始皇本纪》,中华书局2000年版,第184页。
[258] 司马迁:《史记·郦生陆贾列传》,中华书局2000年版,第2088页。
[259] 司马迁:《史记·刘敬叔孙通列传》,中华书局2000年版,第2100页。
[260] 司马迁:《史记·秦始皇本纪》,中华书局2000年版,第181页。
[261] 司马迁:《史记·秦始皇本纪》,中华书局2000年版,第181页。
[262] 司马迁:《史记·秦始皇本纪》,中华书局2000年版,第181页。
[263] 司马迁:《史记·秦始皇本纪》,中华书局2000年版,第181页。

谋反状,皆收捕宗族宾客。赵高治斯,榜掠千余,不胜痛,自诬服”,“二世二年(公元前208年)七月,具斯五刑,论腰斩咸阳市……而夷三族”。

陈胜、吴广揭竿而起以后,秦二世更加残酷镇压,史书说:“关东群盗并起,秦发兵诛击,所杀亡甚众,然犹不止。”[264]

在秦的典籍中,群盗指反抗秦统治的农民起义。《史记·黥布列传》《叔孙通列传》中也有类似记载,“布皆与其徒长豪桀交通,乃率其曹偶,亡之江中为群盗”,“陈胜起山东,使者以闻,二世召博士诸儒生问……叔孙通曰:‘此特群盗鼠窃狗盗耳,何足置之齿牙间。’”对于群盗谋反罪,从云梦秦简的记载直到二世统治时期,均为刑法打击的重点。

由于秦始皇急法重刑,“乐以刑杀为威”[265],强调事皆决于法,故“久者不赦”[266]。在秦的历史上,秦始皇以前昭襄王、孝文王、庄襄王都曾大赦罪人,秦始皇以后二世胡亥,在秦始皇刚死就发布大赦令,二世二年还“赦郦山徒授兵击盗”。只有秦始皇既不轻于赦,而又重刑轻罪,以致刑徒大量增加,出现了“赭衣塞路,囹圄成市”[267]的严峻社会问题。为修筑阿房宫及骊山墓,曾发“隐宫”刑徒者七十余万人,由此可见宫刑的盛行。

至于刑罚基本上沿用云梦秦简所载刑制,但由于秦统一后法峻刑严,加以酷吏肆虐,百姓动辄得罪,以致徒刑被广泛应用,出现了为官府服劳役的大量刑徒。尤其是秦二世时重用赵高,更加任意施刑,死刑的执行方法不但残酷,而且上及于贵族官僚,如公子十二人僇死于咸阳市,“十公主矺死于社”,据司马贞索隐:“矺,音宅,与磔同,古今异字耳。磔谓裂其支体而杀之。”[268]

2. 增补全国性的民事与经济法律

秦统一六国后,全国土地在名义上均为皇帝所有,所谓“六合之内,皇帝之土。西涉流沙,南尽北户,东有东海,北过大夏。人迹所至,无不臣者”[269]。在秦始皇统一六国的当年,颁布“更名民曰黔首”的法令,使大部分奴隶变成了农民,从事耕作,由于这道法令肯定了生产关系和阶级关系的重大改变,引起了“天下大酺”的欢腾场面。[270] 至秦始皇三十一年(公元前216年)又颁布“使黔首自实田”的法令,使土地所有人自报占有土地数,按定制缴纳赋税,取得了土

---

[264] 司马迁:《史记·秦始皇本纪》,中华书局2000年版,第192页。

[265] 司马迁:《史记·秦始皇本纪》,中华书局2000年版,第183页。

[266] 司马迁:《史记·秦始皇本纪》,中华书局2000年版,第169页。

[267] 班固:《汉书·刑法志》,中华书局2000年版,第929页。

[268] 司马迁:《史记·李斯列传》,中华书局2000年版,第1986页。

[269] 司马迁:《史记·秦始皇本纪》,中华书局2000年版,第174页。

[270] 司马迁:《史记·秦始皇本纪》,中华书局2000年版,第167页。

地所有权,从而在全国范围内确立了封建的土地制度。“使黔首自实田”的法令颁布以后,封建地主土地私有制取得迅速发展,预示着未来将占据主导地位。

随着封建土地所有制的确立,地主阶级可以合法地兼并民田,“民田多者以千田为畔,无复限制矣”[271]。封建的租佃制也逐渐成为地主经营土地的基本形式。农民租种地主的土地,地租额竟占收获物的一半。《汉书·食货志》说:“或耕豪民之田,见税什五。”

除地租剥削外,以徭役为主要形式的超经济剥削仍占很大比重。《汉书·食货志》说,秦徭役“三十倍于古”。

秦统一后,为了稳定婚姻关系,消除落后的习俗,养成良好的社会风尚,还以法律严格“防隔内外,禁止淫佚”,在秦始皇会稽刻石中宣布,“夫为寄豭,杀之无罪”。据《史记·秦始皇本纪》索隐:“豭,牡猪也。言夫淫他室,若寄豭之猪也。”也就是说,对于淫于他室的丈夫,妻子可以将其杀死而不负法律责任。但与此同时,也规定女子如与人通奸一律治罪;即使“女子去夫亡”另与他人“相夫妻”,也“黥为城旦”。会稽刻石还宣布,“妻为逃嫁,子不得母”,即有子而嫁人,子可不认其为母。

在继承制方面,商周以来的嫡长子继承制无论对于皇室贵族还是平民都是适用的。秦始皇长子扶苏本应继承皇位,但扶苏反对焚书坑儒,曾向始皇进谏说:“天下初定,远方黔首未集,诸生皆诵法孔子,今上皆重法绳之,臣恐天下不安。唯上察之。”[272]结果反而被始皇赶至上郡监蒙恬军。由于未能尽早确定长子扶苏继承皇位,以致秦始皇死后宦官赵高与二世阴谋诈传遗诏,赐死扶苏与蒙恬,篡夺皇位,招致秦朝的迅速灭亡。汉初一些思想家、政治家在总结秦亡的教训时都涉及这一点。所以,当汉高祖准备废长立幼时,叔孙通便向汉高祖进谏说:“秦以不早定扶苏,故亥诈立,自使灭祀,此陛下所亲见。”[273]

对于经济法律的增补,一是以户赋、口赋为主要内容的赋税制度法律化,以支持庞大的国家机器的活动和大规模的工程兴建。据《淮南子·氾论训》记载:“秦之时……头会箕赋,输于少府。”高诱注:“头会,随民口数人,责其税;箕敛;似箕然,敛人财多取意也。”商鞅变法以来实行的民有二男分立户籍和禁止人口外流,无疑继续沿用。

二是统一了战国时紊杂不一的度量衡器和货币。秦王政二十一年(公元前

[271] 马端临:《文献通考·卷一·田赋考一》,中华书局2011年版,第13页。
[272] 司马迁:《史记·秦始皇本纪》,中华书局2000年版,第183页。
[273] 班固:《汉书·郦陆朱刘叔孙传》,中华书局2000年版,第1641页。

226年)发出诏令,“法度量则不壹,歉疑者,皆明壹之”[274],据此而有“一法度衡石丈尺、车同轨、书同文字”[275]的法令。至于货币,除沿行已有的货币管理法外,秦始皇三十七年(公元前210年)“复行钱”,据《史记·平准书》索隐转引《古今注》,“秦钱半两,径一寸二分,重十二铢”,即统一流通的铜钱。

3. 高度集权的司法审判

秦统一后,廷尉仍为中央司法官,地方郡县守令继续执掌司法,但由于秦始皇厉行专制政治,又奉行“缘法为治”的法家思想,因而十分重视司法,重大案件由皇帝亲自审判和最后裁决。史书说,秦始皇“躬操文墨、昼断狱、夜理书,自程决事,日县石之一”[276]。这段记载说明秦始皇亲自断狱不是偶而为之,而是行使最高司法权的重要活动。为了协助秦始皇行使最高司法权,“狱吏得亲幸”也就不足为怪了。史书说“始皇为人……专任狱吏”[277],“刑戮妄加”。[278] 但这仅是一个方面,秦始皇也曾以严刑惩治违法失职的司法官,例如,秦王政三十四年(公元前213年),曾“适治狱吏不直者,筑长城及南越地”[279]。

至秦二世时期,随着阶级斗争的激化,其统治更加暴虐残酷,完全破坏了既定的法治秩序。法与刑成了权力斗争的手段,例如,李斯被拘系在咸阳狱,曾上书二世,赵高便借用在押囚犯不得告诉的制度说,“囚安得上书”[280],使吏弃去不奏报。不仅如此,“赵高治斯,榜掠千余,不胜痛,自诬服”[281]。

综上所述,可以清楚地看出,秦统一法制的建立,对于保护以农业经济为主要形式的封建经济,确立专制主义的中央集权制度,全面推行统一的经济、政治、文化、民族各种政策等方面,起了重要的历史作用。但秦始皇实行的专制主义的政治与文化思想上的统治,禁锢了人们的思想,束缚了人们的行动,而又赋敛征发,严法酷刑,终于激起秦末的农民大起义,二世而亡。

---

[274] 秦始皇廿六年诏书铭文。

[275] 司马迁:《史记·秦始皇本纪》,中华书局2000年版,第170页。

[276] 班固:《汉书·刑法志》,中华书局2000年版,第929页。

[277] 司马迁:《史记·秦始皇本纪》,中华书局2000年版,第183页。

[278] 班固:《汉书·食货志上》,中华书局2000年版,第957页。

[279] 司马迁:《史记·秦始皇本纪》,中华书局2000年版,第180页。

[280] 司马迁:《史记·李斯列传》,中华书局2000年版,第1992页。

[281] 司马迁:《史记·李斯列传》,中华书局2000年版,第1992页。

第五章　法制文明儒家化的两汉法制

（公元前206年～公元220年）

汉承秦制，在新的历史条件下形成了巩固的政治、经济、文化大一统的封建国家。随着国家的稳定、疆域的扩大，特别是社会发展的需要，统治者的治国方略，由初期的以黄老之学为指导思想逐渐转向为大一统辩护的儒学。西汉自武帝时起"罢黜百家，独尊儒术"，儒家以"三纲"——君为臣纲、父为子纲、夫为妻纲为核心的伦理纲常之说成为正统的意识形态。汉儒董仲舒还提倡以《春秋》经义决狱，得到了汉武帝的首肯，从而将儒家学说引向了司法领域。由秦时以法家学说为主宰到汉初奉儒家思想为统治思想，经历了一个转换的过程。如同宣帝所说，"汉家自有制度，本以霸王道杂之，奈何纯任德教，用周政乎！"[1]可见，独尊儒术是以儒学为外衣，而在治国的实践中仍然不排除适用"申商之学"，即所谓外儒内法。但是，纲常伦理之说更适合中华民族的道德水准和心理状态，逐渐为社会所接受，并贯穿于社会生活的各个领域，从而巩固了儒学的地位。

董仲舒宣扬的大德小刑，如"以德为国者，甘于饴蜜，固于胶漆，是以圣贤勉而崇本，而不敢失也"[2]等系列论述，使德主刑辅成为汉朝治国理政的基本方针。

继董仲舒之后，经学大儒纷纷以儒学经典解释现行法律，出现了叔孙宣、郭令卿、马融、郑玄等十余家诸说并存的局面。不但巩固了儒学作为国家的统治

---

〔1〕 司马光编著：《资治通鉴·汉纪十九》，中华书局1956年版，第880页。

〔2〕 苏舆：《春秋繁露义证·立元神》，中华书局1992年版，第169页。

思想的地位,而且开创了私家解律的先河,律学成为经学的附庸,这是两汉律学的特点。

两汉时期,“三纲”入律奠定了封建法律的伦理基础,德主刑辅取代了法家的纯任法术,更符合国情、社情与人情,这些儒家学说中的基本理念不断地制度化、法律化,不但构成了两汉法制的特色,而且标志着中华法制文明进入了一个重要的发展阶段——儒家化的阶段。

一、西汉王朝的建立与立法思想的转换

秦末全国规模的农民起义,推翻了赫赫不可一世的秦朝,公元前 206 年刘邦集团建立了统一的封建王朝——汉。汉以长安为国都,史称西汉。

汉初,摆在统治者面前的迫切问题,就是如何缓和尖锐的阶级矛盾,恢复遭到严重破坏的社会经济,摆脱国家极度贫困的状态,阻止人口的大量流失,建立稳定的国家统治。在严峻的形势下,以刘邦为首的统治集团,认真总结了秦亡的教训,以黄老之学的休养生息为治国方略。在这个过程中,思想家陆贾和贾谊起了重要的作用。

陆贾传承先秦的黄老思想,但包容了儒家的仁义学说,提出了“无为”的治国理论。贾谊进而全面地论述了亡秦之失:秦始皇“怀贪鄙之心,行自奋之智,不信功臣,不亲士民,废王道而立私爱,禁文书而酷刑法,先诈力而后仁义,以暴虐为天下始”,至二世“而重以无道……繁刑严诛,吏治刻深,赏罚不当,赋敛无度。天下多事,吏不能纪;百姓困穷,而主不收恤”〔3〕,因此二世而亡有其历史的必然性。他强调礼是“固国家,定社稷,使君无失其民也”〔4〕的根本,法只是强制人民必须遵循某种行为规则的手段,所谓“缘法循理谓之轨”〔5〕。只有礼义才能“绝恶于未萌”〔6〕。并且明确区分了礼与法的不同作用:“夫礼者禁于将然之前,而法者禁于已然之后,是故法之所用易见,而礼之所为生难知也。”〔7〕他告诫汉初统治者,以礼义治天下者,可“累子孙数十世”;专任刑罚者,“祸几及身,子孙诛绝”〔8〕。只有把作为人主之“芒刃”的仁义恩厚,与作为人主之“斤斧”的权势法制结合起来,才能维持汉朝的长治久安。

---

〔3〕 贾谊:《贾太傅新书·过秦论中》,岳麓书社 2010 年版,第 6 页。
〔4〕 贾谊:《贾太傅新书·礼》,岳麓书社 2010 年版,第 64 页。
〔5〕 贾谊:《贾太傅新书·道术》,岳麓书社 2010 年版,第 92 页。
〔6〕 班固:《汉书·贾谊传》,中华书局 2000 年版,第 1729 页。
〔7〕 班固:《汉书·贾谊传》,中华书局 2000 年版,第 1729 页。
〔8〕 班固:《汉书·贾谊传》,中华书局 2000 年版,第 1729 页。

经过陆贾、贾谊的总结性论证,先秦儒家德刑礼法关系的学说与无为而治的黄老之学相结合,影响着汉初几代统治者,成为指导统治集团行动的准则,并且由此而形成了轻徭薄赋、约法省刑等与民休息的汉初政策,如:

减轻赋役。高帝时,十五税一,景帝时改为三十税一。减轻田赋得到实惠最多的固然是地主,但自耕农也减轻了一些负担。鉴于秦末徭役繁重,民不堪命,文帝特别诏谕郡县官吏"务省繇费以便民"[9],以使农民生活相对安定,恢复和发展生产。在汉初的六十年中,基本上停止了大规模的兴建和远征。

释放奴婢。高帝即位以后,为了缓和阶级矛盾,增加劳动力,下令"民以饥饿自卖为人奴婢者,皆免为庶人"[10]。文帝时,又下令废除罪人家属为奴婢的法律,并"免官奴婢为庶人"[11]。

重农抑商。为发展农业生产实行入粟拜爵,即根据入粟数量的多少定爵位高下的政策。同时,颁布抑商的法令,规定商贾子孙"不得仕宦为吏"[12],"不得衣丝乘车"[13]。但大商人仍拥有巨大财富和政治权势。

蠲除苛法严刑。由于秦末酷刑虐民成为农民起义的重要诱因,汉初以蠲除苛法严刑作为休养生息政策的重要内容。早在高帝初入咸阳时,便针对秦法繁刑苛而在灞上宣布:"与父老约法三章耳:杀人者死,伤人及盗抵罪。余悉除去秦法。"[14]"约法三章"的基本精神是删繁就简、去苛从宽,保护人身安全和私有财产权,这在当时的历史背景下无疑是顺应人心的,所以史家称为"初顺民心作三章之约"[15]。其后,惠帝、高后、文帝、景帝也都采取了省刑除苛的措施。例如,惠帝四年(公元前191年),除挟书律;高后元年(公元前187年)正月,除三族罪与妖言令。文帝即位不久,便废除收帑诸相坐令,宣布:"法者,治之正也,所以禁暴而率善人也。今犯法已论,而使毋罪之父母妻子同产(同胞)坐之,及为收帑,朕甚不取。"他强调,"法正则民悫,罪当则民从"[16]。文帝二年(公元前178年),又下诏废除诽谤妖言罪。诏曰:"今法有诽谤訞言之罪,是使众臣不敢尽情,而上无由闻过失也,将何以来远方之贤良?其除之。""自今以来,有犯此

[9] 司马迁:《史记·孝文本纪》,中华书局2000年版,第297页。
[10] 班固:《汉书·高帝纪下》,中华书局2000年版,第40页。
[11] 班固:《汉书·文帝纪》,中华书局2000年版,第94页。
[12] 司马迁:《史记·平准书》,中华书局2000年版,第1204页。
[13] 司马迁:《史记·平准书》,中华书局2000年版,第1204页。
[14] 班固:《汉书·高帝纪上》,中华书局2000年版,第17页。
[15] 班固:《汉书·高帝纪上》,中华书局2000年版,第17页。
[16] 司马迁:《史记·孝文本纪》,中华书局2000年版,第295页。

者勿听治。”[17]同时,在量刑定罪上采取“罪疑者予民”[18]的原则,大大减少了罪犯。

汉初,在蠲除繁苛、务使法简刑轻的思想指导下,社会矛盾缓和,政治安定。《汉书·刑法志》说,文帝时“论议务在宽厚,耻言人之过失。化行天下,告讦之俗易,吏安其官,民乐其业。”一年“断狱数百,几致刑措”[19]。《汉书·景帝纪》也说:“汉兴,扫除烦苛,与民休息。至于孝文,加之以恭俭,孝景遵业,五六十载之间,至于移风易俗,黎民醇厚。”上述正史记载不乏史家溢美之词,但汉初法简刑轻带来的社会秩序的稳定和风气的转变,确是历史的事实。当然,这并不意味着社会上不存在犯罪的现象和法律也无为无用了。相反,景帝在五年(公元前152年)九月诏中十分明确地指出:“法令度量,所以禁暴止邪也。”[20]“禁暴”与“止邪”,清楚地显示了法律的价值与锋芒所向。

汉初统治者在力矫秦弊的基础上也致力于恢复和重建法制秩序。文帝时,张释之任公车令,一次太子入司马门不下车,张释之追止不准入殿门,并依法劾不下公门不敬。文帝为此事向薄太后谢罪,自认“教儿子不谨”[21]。后张释之任廷尉时更几次以法折服文帝。例一:一日文帝出行中渭桥,有人从桥下走出,惊乘舆马。张释之判为“此人犯跸,当罚金”。文帝要求重治,张释之谏曰:“法者,天子所与天下公共也,今法如是,更重之,是法不信于民也。”又说:“且方其时,上使使诛之则已,今已下廷尉,廷尉,天下之平也,壹倾,天下用法皆为之轻重,民安所措其手足?惟陛下察之。”文帝终于表示“廷尉当是也”[22]。例二:有人盗高庙座前玉环,张释之按盗宗庙服御物之法定为弃市。文帝以其侵犯皇权要处以族刑,张释之免冠顿首坚持说:“法如是足也。”再次折服文帝,“许廷尉当”[23]。在法自君出的封建社会,文帝能够以身守法,不以个人意志破坏法律的规定,对于维护法律的权威和法治秩序起了重要的作用。文帝之所以如此,就在于他认识到立法务在守法,尤其是天下治乱系于天子。他曾表示:“朕获保宗庙,以微眇之身托于士民君王之上,天下治乱,在予一人。”[24]

至武帝时期,封建经济逐渐繁荣,中央集权制度得到了巩固,府库充盈,兵

[17] 班固:《汉书·文帝纪》,中华书局2000年版,第86页。
[18] 班固:《汉书·刑法志》,中华书局2000年版,第929页。
[19] 班固:《汉书·文帝纪》,中华书局2000年版,第97页。
[20] 班固:《汉书·景帝纪》,中华书局2000年版,第106页。
[21] 班固:《汉书·张释之传》,中华书局2000年版,第1768页。
[22] 班固:《汉书·张释之传》,中华书局2000年版,第1769页。
[23] 班固:《汉书·张释之传》,中华书局2000年版,第1770页。
[24] 班固:《汉书·文帝纪》,中华书局2000年版,第84页。

旅强盛。武帝逐渐突破了“无为政治”的束缚,他“外事四夷之功,内盛耳目之好,征发烦数,百姓贫耗,穷民犯法,酷吏击断”[25]。在这样的历史背景下,“黄老思想”已经与新形势格格不入,而迫切需要一种为武帝推行封建大一统的政治经济政策进行理论辩护的新的思想体系。于是由董仲舒创建的,以《公羊春秋》为主干,兼采阴阳、法、道、名诸家学说而成的新儒学便应运而生,成为统治中国二千余年的正统法律思想。

董仲舒,西汉河北广川人,约生于吕后五六年,死于武帝元鼎二年。他少治《春秋》,尤其对公羊学造诣极深,被尊为汉群儒之首。景帝时曾任博士,武帝即位以后,他在应诏对策中,从“春秋大一统”出发,论证了“罢黜百家,独尊儒术”的必要性。他说:“春秋大一统者,天地之常经,古今之通谊也。今师异道,人异论,百家殊方,指意不同,是以上亡以持一统,法制数变,下不知所守。臣愚以为诸不在六艺之科,孔子之术者,皆绝其道,勿使并进。”[26]他还从春秋大一统出发,主张“强干弱枝、大本小末”[27],“唯天子受命于天,天下受命于天子”[28],并倡导“王者必改制”[29]。由于董仲舒的思想可以成为专制主义中央集权制度的理论基础,也迎合了好大喜功的武帝的政策需要,因而得到了武帝的赏识和采纳,儒学成为官学,儒家思想成为正统思想。由崇尚黄老之学转变到独尊儒术,除客观形势的需要外,也说明了西汉统治者从长期的经验中认识到儒家思想较之秦时专任刑罚更有利于国家的长治久安,比起黄老之学更能促进国家的强盛和中央集权的巩固。

由儒家思想取代黄老之学不是偶然的。除政治形势发展的需要外,黄老之学构成的本身也蕴含着这种可能性。

事实上,汉初统治者推崇的黄老之学已和先秦的黄老之学有所区别。他们在崇尚“约法省禁”“务在安民”“无为而治”的同时,也标榜儒家的仁义和运用法家的刑名,成为融会吸收儒家、法家部分思想内容的黄老之学,从而具备了向儒家转型的内在可能性。

从《淮南子》一书的基本内容,也可以看出汉初黄老之学的时代特点。《淮南子》为淮南王刘安的门客所著,是一部以道家为主,融合儒、法、墨、阴阳五行诸家思想的论著汇集。它提倡无为的治国之道,通过无为达到无不为。但与此

---

〔25〕 班固:《汉书·刑法志》,中华书局2000年版,第932页。
〔26〕 班固:《汉书·董仲舒传》,中华书局2000年版,第1918页。
〔27〕 苏舆:《春秋繁露义证·十指》,中华书局1992年版,第145~146页。
〔28〕 苏舆:《春秋繁露义证·为人者天》,中华书局1992年版,第319页。
〔29〕 苏舆:《春秋繁露义证·楚庄王》,中华书局1992年版,第15页。

同时,《淮南子》也肯定了法的作用,并且提出以法来限制君主的擅断:“法者,天下之度量,而人主之准绳也。……法定之后,中程者赏,缺绳者诛。尊贵者不轻其罚,而卑贱者不重其刑;犯法者虽贤必诛,中度者虽不肖必无罪……法籍礼义者,所以禁君,使无擅断也。”[30]这段论述等于给法家“一断于法”的观点作了具体的注脚,而以法禁君的思想又高出于法术势相结合的法家理论。

《淮南子》还以仁义为治国之经纪,并且夸张为“此万世不更者也”[31],表明儒家思想已在汉初黄老之学中占有相当的地位。汉武帝初即位时,其祖母窦太后执掌国政,“窦太后好黄帝、老子言,帝及太子诸窦不得不读《黄帝》《老子》,尊其术”[32],就在窦太后执政时,窦婴、田蚡、赵绾诸大臣便主张尊儒,但未被采纳,反而削职罢官。至窦太后死,武帝亲政,任田蚡为相,从而为罢黜黄老之学、独尊儒术提供了权力保障。

立法思想儒家化的主要表现为:

其一,德主刑辅,务德而不务刑。西周初期,周公旦曾经提出“明德慎罚”的思想,指导了周朝的法制建设。至汉董仲舒构建了完整的德主刑辅的理论体系。他以“天人感应”说为德主刑辅论的哲学基础,以阴阳五行相辅相成之理来论证德主刑辅符合天道运行的规律。他说:“天道之大者在阴阳。阳为德,阴为刑;刑主杀而德主生,是故阳常居大夏,而以生育养长为事;阴常居大冬,而积于空虚不用之处,以此见天之任德而不任刑也……王者承天意以从事,故任德教而不任刑。刑者不可任以治世,犹阴之不可任以成岁也。为政而任刑,不顺于天,故先王莫之肯为也。”[33]又说,“圣人法天而立道”[34],“故圣人多其爱而少其严,厚其德而简其刑”[35]。董仲舒在论证“任德不任刑”[36]“大德而小刑”“务德而不务刑”[37]的同时,也阐述了刑的地位和作用,他说,阳主阴辅,“刑者,德之辅,阴者,阳之助也”。[38]

除董仲舒外,刘向在《说苑》中也对刑德关系及其不同的作用进行了论述。他说:“治国有二机,刑德是也。王者尚其德而布其刑,霸者刑德并凑,强国先其刑而后德。夫刑德者,化之所由兴也。德者,养善而进阙者也;刑者,惩恶而禁

[30] 刘安:《淮南子·主术训》,中华书局2014年版,第232页。
[31] 刘安:《淮南子·氾论训》,中华书局2014年版,第380页。
[32] 司马迁:《史记·外戚世家》,中华书局2000年版,第1584页。
[33] 班固:《汉书·董仲舒传》,中华书局2000年版,第1904页。
[34] 班固:《汉书·董仲舒传》,中华书局2000年版,第1913页。
[35] 苏舆:《春秋繁露义证·基义》,中华书局1992年版,第352页。
[36] 苏舆:《春秋繁露义证·基义》,中华书局1992年版,第351页。
[37] 苏舆:《春秋繁露义证·阳尊阴卑》,中华书局1992年版,第328页。
[38] 苏舆:《春秋繁露义证·天辨在人》,中华书局1992年版,第336页。

后者也。故德化之崇者至于赏,刑法之甚者至于诛。”[39]

德主刑辅论经过汉儒多方面的论证,逐渐成为汉朝立法施政的指导思想。正如宣帝所说,“汉家自有制度,本以霸王道杂之,奈何纯任德教,用周政乎!”[40]所谓“霸王道杂之”的内涵,简而言之,就是礼法结合、德主刑辅。由于它适合封建国家的统治需要,故成为汉以后影响悠久的、建设封建法制的指导思想。

从先秦开始的儒法之争,至西汉经过董仲舒最终完成了合流。学术的发展总是经由学说之间的互相争辩与吸收而完成的,这个学术发展的一般规律也适用于春秋战国以来,由百家争鸣最后定于儒家一尊的实际发展过程。由孔子开创的儒学既不排斥法律的存在,也不否认法律的价值,而只是以德礼为先导,以德礼为主宰。正因如此,发展至以荀子为代表的稷下学派,便吸收了法家学说的内涵,既隆礼又重法。作为法家集大成者的韩非,在批评儒家礼有差等的同时,也承认儒家关于君臣父子的尊卑贵贱之礼。他说,“臣事君,子事父,妻事夫,三者顺则天下治;三者逆则天下乱。此天下之常道也”[41],并坚持封建的等级制度取代奴隶制的等级制度,从而决定了儒法合流的可能性。

韩非法术势相结合的理论,为专制主义的政治制度提供了理论基础。所谓“一断于法”之法,是君主实现统治的工具,是君权的派生物,是以人治——君治为主宰的法治,它和儒家的人治在实际上有相通之处。特别是汉初,汉儒通过“天人感应”学说鼓吹君权受命于天,并以伦理父权来加强皇权,宣扬“陛下上为皇天子,下为黎庶父母”[42]。特别是抛弃了孟子“民为贵,社稷次之,君为轻”[43]和荀子“从道不从君”[44]的民贵君轻说,而代之以尊君卑臣说,从而与法家的君权神圣的理论完全合拍。

汉初统治者虽然批判了秦始皇的暴虐,但却继承了秦始皇创立的以皇帝为无上权威的专制主义政体,所谓“汉承秦制”。他们总结秦亡的经验教训,目的在于强化专制主义的统治。而儒法合流发挥二者刚柔相济的作用,正是强化专制主义统治的要求。中国封建的政治史一再证明,只要君主专制政体还存在,汉儒所确立的儒法合流的新儒家思想便不会失去统治地位。

汉兴以来,法律的治国功能已经得到了普遍的共识,指导立法的原则逐渐

---

[39] 刘向撰,赵善诒疏证:《说苑疏证》卷七《政理》,华东师范大学出版社1985年版,第170页。

[40] 班固:《汉书·元帝纪》,中华书局2000年版,第195页。

[41] 韩非著,张觉译注:《韩非子全译·忠孝》,贵州人民出版社1992年版,第1090页。

[42] 班固:《汉书·鲍宣传》,中华书局2000年版,第2314页。

[43] 孟轲:《孟子·尽心下》,上海古籍出版社1987年版,第111页。

[44] 荀况:《荀子·臣道》,上海古籍出版社2014年版,第157页。

转为儒家的纲常名教学说。董仲舒所倡导的德主刑辅为汉统治者确认为治国方略,从而开始了法律儒家化的历程。德主刑辅是儒法合流的产物和表现,也是封建法律文化的主要内容,其影响不仅及于封建末世,而且影响周边国家。

在德主刑辅思想的指导下,儒家的伦理道德不仅表现为律文,也运用于司法实践,由此而盛行"春秋决狱"。

其二,以"三纲"为最高的立法原则。这是和独尊儒术分不开的。汉初,高祖曾对儒家持轻蔑态度,斥责称道《诗》《书》的儒生陆贾说:"乃公居马上而得之,安事《诗》《书》!"陆贾反驳说:"居马上得之,宁可以马上治之乎?且汤武逆取而以顺守之。文武并用长久之术也。"〔45〕这对于高祖转变对儒学的态度起了积极作用。其后,儒生叔孙通制定朝仪,序君臣之礼,使其叹曰:"吾乃今日知为皇帝之贵也。"〔46〕因此,高祖十一年(公元前 196 年)消灭英布班师途中,路经鲁地,以太牢之礼祭礼孔丘,开创了封建帝王祭孔的先例。至武帝"罢黜百家,独尊儒术",以董仲舒为代表的儒家学派逐渐受到统治者的推崇。尤其是作为董仲舒思想核心的"三纲"学说成为国家的纲纪和立法的最高原则。

所谓"三纲",是君为臣纲、父为子纲、夫为妻纲,是以严格的封建等级制度为基础的君权、父权、夫权的集中体现。它所强调的是君臣、父子、夫妇各自遵守上下尊卑的礼节,"故贵贱有等,衣服有制,朝廷有位,乡党有序,则民有所让而不敢争"〔47〕。为了膨胀"三纲"的权威,董仲舒鼓吹说,"王道之三纲,可求于天"〔48〕,从而给这个学说涂上一层神秘的色彩。

在汉代,"三纲"不仅是社会的最高道德标准,也是国家立法的根本原则。它指导了汉律的修订,也体现为汉律的基本内容。例如,汉律中有关"大不敬""不孝""不道""禽兽行"等罪名的确立以及"亲亲得相首匿""原心定罪""议""请"原则的实行,都是从立法上贯彻"三纲"原则的具体表现。"三纲"的法律化,把道德教化的精神力量与法律强制的力量相结合,编织了一道严密的统治网,起到了防范犯罪、稳定汉政权的效果。

其三,秋冬行刑与顺天赦宥。战国末期成书的《吕氏春秋》和汉初成书的《淮南子》,便以阴阳五行学说为指导,将发布政令、进行征伐、惩治犯罪等重要的国家活动同自然界的四时寒暑节气联系在一起。至董仲舒,从"天人感应"的理论出发,进一步论证了"顺天行诛"以符合自然运行的规律。他说:"天有四

〔45〕 司马迁:《史记·郦生陆贾列传》,中华书局 2000 年版,第 2084 页。
〔46〕 司马迁:《史记·刘敬叔孙通传》,中华书局 2000 年版,第 2102 页。
〔47〕 苏舆:《春秋繁露义证·度制》,中华书局 1992 年版,第 231 页。
〔48〕 苏舆:《春秋繁露义证·基义》,中华书局 1992 年版,第 351 页。

时,王有四政……天人所同有也。庆为春,赏为夏,罚为秋,刑为冬。”[49]“春者天之所以生也,仁者君之所以爱也,夏者天之所以长也,德者君之所以养也,霜者天之所以杀也,刑者君之所以罚也。由此言之,天人之征,古今之道也。”[50]经过董仲舒的阐发,不但为秋冬行刑制造了舆论准备,而且随着儒家正统地位的确立而开始制度化、法律化。

除此之外,《盐铁论》和《礼记·月令》也都对秋冬行刑有所论证。《盐铁论·论灾》说:“春夏生长,利以行仁;秋冬杀藏,利以施刑。”《礼记·月令》说:“仲春之月……安萌芽,养幼少,存诸孤……命有司,省囹圄,去桎梏,毋肆掠,止狱讼。”“孟夏之月……断薄刑,决小罪,出轻系。”“孟秋之月……命有司,修法制,缮囹圄,具桎梏,禁止奸,慎罪邪,务搏执,命理瞻伤察创,视折审断,决狱讼,必端平,戮有罪,严断刑,天地始肃,不可以赢。”“仲秋之月……乃命有司申严百刑,斩杀必当,毋或枉挠,枉挠不当,反受其殃。”“季秋之月……乃趣狱刑,毋留有罪。”“孟冬之月……是察阿党,判罪无所掩蔽。”

根据儒家“敬顺天时”“顺天行诛”的理论,秋冬执行死刑被看作顺阴阳,则五行,合于天时的,从而把现实中残酷的司法镇压与四季运行的“天道”联系起来。由于借用天的威严有助于加强司法的严肃性和欺骗性,因而得到统治者的肯定,并把它制度化、法律化。汉代执行死刑定在秋季和“三冬”(农历十月、十一月、十二月),至立春,则停止刑杀。武帝“元光四年冬十二月晦,论杀魏其于渭城”。胡三省注曰:“汉法以冬月行重刑,遇春则赦若赎,故以十二月晦,论杀魏其侯。”[51]

东汉时,章帝鉴于社会矛盾的激化,于元和二年(公元85年)下令将“三冬”执行死刑,压缩在十月一个月内。其令如下:“朕咨访儒雅,稽之典籍,以为王者生杀,宜顺时气。其定律,无以十一月、十二月报囚。”[52]至于具体的执行日期要选在“望后利日”[53],即农历十五、十六日月望以后的某日,这时“天地始肃”,杀气已至,恰好代天行诛。但是,危害国家统治的重大犯罪则不受此限。章帝建初元年(公元76年)诏中明确指出:“罪非殊死,且勿案验……立秋如故。”[54]如系殊死重罪,则决不待时。高帝时韩信、彭越都是在春正月、三月被执行夷三族的,或许当时秋冬行刑尚未制度化。

---

〔49〕 苏舆:《春秋繁露义证·四时之副》,中华书局1992年版,第353页。
〔50〕 班固:《汉书·董仲舒传》,中华书局2000年版,第1913页。
〔51〕 司马光编著:《资治通鉴·汉纪十》,中华书局1956年版,第585页。
〔52〕 范晔:《后汉书·章帝纪》,中华书局2000年版,第105页。
〔53〕 阮元校刻:《十三经注疏·周礼·秋官》,中华书局1980年版,第876页。
〔54〕 范晔:《后汉书·章帝纪》,中华书局2000年版,第102页。

随着秋冬行刑的确立,一般案件如在春夏行刑,则被视为一种暴行。《汉书·诸葛丰传》载“丰以春夏系治人”,被皇帝下诏斥为“不顺四时,修法度,专作苛暴,以获虚威”。然而,秋冬行刑的理论,在汉代便受到王充的批评,唐柳宗元更进行了尖锐的抨击,指出与其“顺时顺天”,不如“顺人顺道”,“刑之所以不措”,秋冬行刑是其原因之一。[55]

秋冬行刑的执行制度,由于具有的欺骗性效果而一直贯穿于汉以后的封建社会,明清之季的“秋审”便导源于此。

此外,汉兴以后,一反秦时以法为尚不赦的传统,从高祖起便进行频繁的赦宥。以后在天人感应思想的影响下更以顺天行赦相标榜,甚至登位有赦、死葬有赦、灾异有赦、寿庆有赦,名目繁多,不一而足。高祖在位十二年,大赦九次;文帝在位二十三年,大赦四次;景帝在位十六年,大赦五次;武帝在位五十五年,大赦十八次;昭帝在位十三年,大赦七次;宣帝在位二十五年,大赦十次;元帝在位十六年,大赦十次;成帝在位二十六年,大赦九次;哀帝在位六年,大赦四次。在统治者看来,以法网绳之于前,以赦宥继之于后,既可震慑小民,又佯示仁政,未始不为得计。可见汉代的赦完全失去了《尚书·吕刑》中“五刑之疑有赦,五罚之疑有赦”的原意。

汉代滥赦的结果是,犯罪现象增多,社会秩序更加动荡。著名的思想家王符、崔寔都针对滥赦的流弊迭发议论。王符说:“今日贼良民之甚者,莫大于数赦。赦赎数,则恶人昌而善人伤矣……轻薄恶子,不道凶民,思彼奸邪,起作盗贼,以财色杀人父母,戮人之子,灭人之门,取人之贿,及贪残不轨,凶恶弊吏,掠杀不辜,侵冤小民,皆望圣帝当为诛恶治冤,以解蓄怨,反一门赦之,令恶人高会而夸诧,老盗服臧而过门,孝子见仇而不得讨,亡主见物而不得取,痛莫甚焉。……夫性恶之人……数陷王法者,此乃民之贼,下愚极恶之人也。虽脱桎梏而出囹圄,终无改悔之心……出狱踧踖,复犯法者何不然……大恶之资,终不可化,虽岁赦之,适劝奸耳!”[56]“赦以趣奸,奸以趣赦,转相驱,两不得息,虽日赦之,乱甫繁耳。”[57]崔寔虽然揭示了“一期之中,大小四赦”所造成的恶果,但他并不绝然反对大赦,而只是反对数赦、频赦,他主张“宜十岁以上乃时一赦”[58]。特别是王符在批评滥赦的同时还强调了法制的重要性,他说:“明法禁而和海内者,三王也……君立法而下不行者,乱国也……是故违法之吏,妄造令

---

〔55〕 柳宗元:《柳河东集·卷三·断刑论》,上海人民出版社1974年版,第57页。
〔56〕 王符:《潜夫论·述赦》,上海古籍出版社1978年版,第214~215页。
〔57〕 崔寔:《政论》,载魏征等编:《群书治要》,鹭江出版社2004年版,第734页。
〔58〕 崔寔:《政论》,载魏征等编:《群书治要》,鹭江出版社2004年版,第734页。

之臣,不可不诛也。……君诚能授法而时贷之,布令而必行之,则群臣百吏莫敢不悉心从己令矣,己令无违。则法禁必行矣。故政令必行,宪禁必从,而国不治者,未尝有也。"[59]汉代思想家对赦宥的批评虽然没有矫正两汉的积弊,但却为中华法文化的宝库增加了新的积累,并对后世产生了积极的影响。

二、立法活动与法律形式

公元前206年汉高祖刘邦进入咸阳,为了扩大政治影响,笼络人心,以利于夺取政权,宣布:"与父老约法三章耳:杀人者死,伤人及盗抵罪。余悉除去秦法。"[60]虽然"约法三章"只是政治策略性的口号,但它反映了人民大众的意愿,使苦秦法久矣的"兆民大说"[61],对汉高祖统一全国产生了极有利的影响。

汉朝建立以后,各种复杂的事务绝非权宜之计的三章之法所可以调整。因此,汉高祖五年(公元前202年)以"四夷未附,兵革未息,三章之法,不足以御奸",命丞相萧何"攈摭秦法,取其宜于时者,作律九章"[62]。由于萧何曾为秦时刀笔吏,入咸阳后又注意收藏秦朝的律令典籍,奉命修律必然以秦律为本,加以创制。在中国法制史上,后起王朝的立法,总要选取先朝法律中适合于新形势需要的部分,然后再进行必要的改革和创制,这可以说是一般的规律。正因如此,中国悠久的法制史的因革脉络的传承关系才如此清晰,无论所损所益均可以查知。

《九章律》是汉朝最初的、也是最重要的一部法典。根据已有的文献记载,《九章律》远取李悝《法经》,近取秦律,于盗、贼、囚、捕、杂、具六律之外,增加户律、兴律、厩律三篇。除前引《汉书·刑法志》关于《九章律》历史渊源的论述外,《晋书·刑法志》和《唐律疏议》也有类似的记载:"萧何定律,除三夷连坐之罪,增部主见知之条,益事律兴、厩、户三篇合为九篇。""汉相萧何更加悝所造户、兴、厩三篇,谓九章之律。"可见,《九章律》就是在《法经》盗、贼、网、捕、杂、具六篇之后,增加户、兴、厩三篇而成的,所增之律,多为民事经济法规。

《九章律》早佚,据《晋书·刑法志》可考知目者凡四十六。《盗律》九目:劫略、恐猲、和买卖人、持质、受所监、受财枉法、勃辱强贼、还赃畀主、贼伤。《贼律》十目:大逆无道、欺谩、诈伪、踰封、矫制、贼伐树木、杀伤人畜产、诸亡印、储

〔59〕王符:《潜夫论·衰制》,上海古籍出版社1978年版,第285页。
〔60〕班固:《汉书·高帝纪上》,中华书局2000年版,第17页。
〔61〕班固:《汉书·刑法志》,中华书局2000年版,第925页。
〔62〕班固:《汉书·刑法志》,中华书局2000年版,第929页。

峙不办、盗章。《囚律》七目:诈伪生死、诈自复除、告劾、传覆、系囚、鞫狱、断狱。《杂律》四目:假借、不廉、呵人受钱、使者验赂。《具律》二目:出卖呈、擅作修舍事。《兴律》六目:上狱、考事报谳、擅兴徭役、乏徭、稽留、烽燧。《厩律》九目:逮捕、告反、逮受、登闻道辞、乏军之兴、奉诏不谨、不承用诏书、上言事变、以惊事告急。《捕》《户》二律无目。《九章律》由于匆匆编制,内容难免重叠错杂。《晋书·刑法志》批评说:"《盗律》有贼伤之例,《贼律》有盗章之文,《兴律》有上狱之法,《厩律》有逮捕之事,若此之比,错糅无常,后人生意,各为章句。"

关于户、兴、厩三律是否为萧何首创,由于云梦秦简的发现而得到了新的考证。根据云梦秦简记载,魏安釐王二十五年(公元前252年)曾颁行户律,现存条文反映了魏国已建立了严密的户籍管理制度,如商贾与经营客店者及赘婿不准立户,不分给田地房屋。[63] 秦国早在商鞅变法时也已形成了按"什伍"编制的户籍制度。云梦秦简中有关"匿户""徒居""傅籍服役"的记载可为确切的史证。这说明魏、秦二国在萧何制定户律之前已经存在户律。

至于《兴律》,包括"工兴"与"军兴"两部分内容。云梦秦简中《徭律》《戍律》《敦表律》《工律》《司空律》均属此类规定。在汉代,某些主管土木工程的官署也是徒刑罪犯的服刑之地和监管之所。由于囚徒也调用戍边,《兴律》中才有"上狱""考事报谳""烽燧""稽留""乏徭"等目。可见兴律的法律内容也早于萧何制律而存在。

此外,《晋书·刑法志》所列厩律九目,也可以从《秦律十八种》中的《厩苑律》和《内史杂》律文中的《厩律》找到它的历史原型。

总之,萧何新增加的户、兴、厩三律与秦律的传承关系十分明显,萧何以云梦秦简中有关户、兴、厩三律的内容为基础,重加修订增补,使之进一步充实和系统。以《九章律》为代表的汉律,以刑事法律为主,兼有断狱、经济、户籍等多方面的内容,是汉初惩治犯罪、维护社会秩序、加强国家统治的重要工具。

除《九章律》外,高祖时曾命儒生叔孙通先后撰著《仪品》《仪礼》,修订朝仪之法,使皇帝神圣尊严,臣下尊戴敬上,叔孙通因此而被超升为九卿之一——奉常。惠帝时,又命叔孙通增补汉律所未涉及的仪礼,完成《傍章律》十八篇。《晋书·刑法志》说:"叔孙通益律所不及,'傍章'十八篇。""傍章"即汉仪也。《汉书·礼乐志》也有类似的记载:"叔孙通所撰礼仪,与律令同录,藏于理官。"

汉武帝时,还命廷尉张汤制定有关宫廷警卫的《越宫律》二十七篇,御史赵

---

[63] 睡虎地秦墓竹简整理小组编:《睡虎地秦墓竹简》,文物出版社1990年版,"释文注释"第174页。

禹制定有关诸侯百官朝贺制度的《朝律》六篇。连同《九章律》《傍章律》共计六十篇三百五十九章,统称汉律。1983年12月至1984年1月,湖北江陵张家山出土汉律竹简五百余支,在已清理出的二十七种律名中,有与云梦秦简秦律相同的,如金布律、徭律、置吏律、效律、传食律、行书律、田律;不同的如杂律、□市律、均输律、史律、告律、钱律、赐律等。《律令二十八种》的主要内容有徭律、爵律、户律、金布律、津关令、贼律、盗律、捕律、告律、亡律、传食律、赐律、行书律、钱律、置吏律、史律、均输律、具律、效律等。[64]

张家山出土的第一支竹简背后有"二年律令"的标题。经考证为吕后二年(公元前186年)律令,即高祖五年至吕后二年汉朝通用的法律。它的出土进一步证明了秦汉律之间的继受关系。其篇目的繁杂与内容的丰富,显示了汉初法律体系的状态。

西汉的立法活动集中在两个时期:一是高祖、惠帝时期,二是武帝时期。汉初经过半个多世纪的休养生息,至武帝时,经济繁荣,国力强盛,使武帝有可能"外事四夷之功",北击匈奴,南定百越,"内盛耳目之好,征发烦数",结果却造成了"百姓贫耗,穷民犯法,酷吏击断,奸轨不胜"[65]的严峻形势。统治集团内部也继七国之乱以后发生了衡山王与淮南王谋反的事件,整个社会动荡不安。于是,武帝"招进张汤、赵禹之属,条定法令,作见知故纵、监临部主之法,缓深故之罪,急纵出之诛"。所谓"见知故纵、监临部主之法",按颜师古注:"见知人犯法不举告为故纵,而所监临部主有罪并连坐也。"[66]《晋书·刑法志》所载《魏律序》作了以下进一步的解释:"律之初制,无免坐之文,张汤、赵禹始作监临部主、见知故纵之例。其见知而故不举劾,各与同罪,失不举劾,各以赎论,其不见不知,不坐也,是以文约而例通。"可见,此法的出发点是严肃监临官举劾犯罪的责任,以加强整个官僚群体的统治效能。对于张汤、赵禹所立之法,史书中有以下评价:"张汤与赵禹共定律令,务在深文。"[67]"务在深文"四字不仅勾画出了张汤、赵禹之流的酷吏嘴脸,也反映了由汉初的无为而治向着武帝时期外事征伐、内肆兴建转变的时代特点。

不仅如此,针对盗贼蜂起,还制定了督责主管官吏缉捕盗贼的《沈命法》。举凡"群盗起不发觉,发觉而弗捕满品者,二千石以下至小吏主者,皆死"[68],借

---

〔64〕 陈耀钧、阎频:《江陵张家山汉墓的年代及相关问题》,载《考古》1985年第12期。
〔65〕 班固:《汉书·刑法志》,中华书局2000年版,第932页。
〔66〕 班固:《汉书·刑法志》,中华书局2000年版,第932页。
〔67〕 班固:《汉书·张汤传》,中华书局2000年版,第2002页。
〔68〕 班固:《汉书·酷吏传》,中华书局2000年版,第2173页。

以督责和惩治缉捕盗贼不力的官吏。然而,《沈命法》颁布以后,主管小吏唯恐不能如期破案而招祸,反而经常隐匿盗贼,上下级之间也互相欺瞒。

武帝为了加强中央集权,贯彻文帝以来实行的“强干弱枝”的政策,还颁发了一系列单行法,如削弱诸侯国的《左官律》和《附益法》,严格地方官责任的《上计律》。

总之,武帝时期在《九章律》和《傍章律》的基础上,进行了一系列以深文著称的专门性立法,史书说武帝时“律令凡三百五十九章,大辟四百九条,千八百八十二事,死罪决事比万三千四百七十二事”[69],以致宣帝时不得不将令加以整理,编纂成“令甲”、“令乙”和“令丙”,“令甲以下三百余篇”[70]。但并没有从根本上改变“宪令稍增,科条无限”[71]的局面。至成帝时,“大辟之刑千有余条,律令繁多百有余万言”[72]。即使是明习法律者,也不知所由,更不用说一般的官吏和百姓了。

汉律在唐时已经亡佚,仅存篇目、律名和片断记载。清人杜贵墀撰写《汉律辑证》,沈家本著有《汉律摭遗》,为研究汉律者提供了资料。

汉以正律为基础,以众多的专门律为傍章,形成了汉律的体系。武帝时随着国家对内对外活动的加强,在提倡独尊儒术的同时,更表现出了对法律的倚重,特别是专制皇权的发展,使令成为更具有灵活性和权威性的法律形式。

令,是两汉重要的法律形式,《汉书·宣帝纪》文颖注:“天子诏所增损,不在律上者为令。”由于令是最高权力拥有者皇帝发布的,所以它可以改变、补充以至于取消现行的某些法律条款。《汉书·杜周传》记载杜周在回答断狱“不循三尺法”,专以皇帝意旨为依归的责难时说:“三尺(法)安出哉?前主所是,著为律,后主所是,疏为令,当时为是,何古之法乎!”令所调整的范围非常广泛,有指导审判程序的“廷尉挈令”和加强司法管理的“狱令”,有保卫皇帝人身安全的“宫卫令”,有征取赋税管理农事的“田令”,有管理府库的“金布令”,有祭祀宗庙礼仪的“祠令”和“斋令”,有荫袭官爵的“任子令”和选拔考课官吏的“功令”,有压抑商人的“缗钱令”,此外,还有“五时令”“妖言令”“品令”“予告令”“秩禄令”“赎刑令”“租挈令”“马复令”“卖爵令”“戍卒令”“捕杀单于令”“水令”“公令”“养老令”,等等。张家山出土的汉律竹简有《津关令》,山东银雀山出土的汉简有《守法守令十三篇》,涉及土地、赋税、市廛、库藏、

---

[69] 班固:《汉书·刑法志》,中华书局2000年版,第932页。
[70] 房玄龄等:《晋书·刑法志》,中华书局2000年版,第600页。
[71] 范晔:《后汉书·陈宠传》,中华书局2000年版,第1049页。
[72] 班固:《汉书·刑法志》,中华书局2000年版,第934页。

守城、守令等诸多方面。

由于令经常是针对特定事项随时颁发的,数量多而杂,其中成为法律形式的令也要经过一定的程序。凡于王者之命结尾处附“具为令”“著为令”“议为令”“议著为令”字样者,或经皇帝“制可”的法令,才是具有法律效力的令。

科,又称科条,是法律条款的概称。所谓“宪令稍增,科条无限”[73]。科也有科断的法律功能,如刘熙《释名》“科,课者,课其不如法者罪责之也”。因此,在司法实践中出现了“一律两科”的现象。见于《晋书・刑法志》的汉科,有“登闻道辞”“考事报谳”“使者验赂”“擅作修舍”“平庸作赃”“投书弃市”等。说明科在向着独立的法律形式发展,但科也须经皇帝批准颁行之后才具有一般的法律效力。

比,是成例的汇编。在司法实践中应用成例进行判决,始于春秋战国。汉兴以后,高祖七年(公元前200年)下诏:“廷尉所不能决,谨具为奏,傅所当比律令以闻。”颜师古注曰:“以例相比况也。”[74]汉时凡是比照成例断罪量刑称为“决事比”,具有判例法的性质。武帝时期由于狱讼繁兴,法律的条文规定又不足,故凡律无正条者,比附以治罪,形成决事比、死罪决事比、辞讼比三类,是律的重要补充。仅死罪决事比便有一万三千四百七十二事。张家山出土的汉简中有《奏谳书》二百余支,按《说文解字》所说:“谳,议罪也。”《奏谳书》所载众多案例,不仅审转程序与《汉书・刑法志》所载基本相符,而且案例内容涉猎广泛,上自显贵,下及平民,具有指导司法实践的意义。此外,属于汉代立法的还有陈宠、陈忠父子所奏《决事比》,陈宠所撰《辞讼比》,鲍昱奏定《法比都目》《嫁娶辞讼决》,应劭所撰《司徒都目》《决事比例》等。

总括上述,西汉的法律形式比秦时增多,内容更加丰富,是中国古代法制文明史上的重要里程碑。由于比的广泛应用,且作为律的补充,可以说汉是判例法盛行的时代;并且,积累了判例、判例法和制定法三者之间相互补充的经验,对后世影响深远。由于各种法律形式相互补充,形成严密的法网,以致“文书盈于几阁,典者不能遍睹”,结果“奸猾巧法,转相比况”,“罪同而论异,因缘为市,所欲活则傅生议,所欲陷则予死比”[75],破坏了应有的法制秩序,预示着西汉的衰落。

---

〔73〕 范晔:《后汉书・陈宠传》,中华书局2000年版,第1049页。

〔74〕 班固:《汉书・刑法志》,中华书局2000年版,第936页。

〔75〕 班固:《汉书・刑法志》,中华书局2000年版,第932页。

三、行政法律的充实与发展

(一)确立以皇帝为首的国家机构的运行机制

由秦始皇创立的皇帝制度得到进一步巩固和发展,表现为皇帝至尊地位的法律化。

据蔡邕《独断》卷一记载:“汉天子正号曰皇帝,自称曰朕,臣民称之曰陛下。其言曰制诏,史官记事曰上。车马衣服器械百物曰乘舆,所在曰行所在,所居曰禁中,后曰省中,印曰玺,所至曰幸,所进曰御。其命令一曰策书,二曰制书,三曰诏书,四曰戒书。”通过汉儒“天人感应”说使皇权神秘化。

根据董仲舒提出的“天人感应”说,皇帝被尊为“天子”,所谓“王者父天母地,为天之子也”〔76〕。皇帝对国家的统治也被说成是“承天意以从事”〔77〕,是“天意之所予也”〔78〕。因此,服从皇帝的专制统治,就是顺应“天意”。一些儒家还把神权和伦理父权沟通起来,鼓吹“陛下上为皇天子,下为黎庶父母”〔79〕,以进一步膨胀皇权。

建立“尊君抑臣”的礼仪制度。叔孙通通过制定朝律,形成了一整套尊君抑臣的礼仪制度。这套制度“用之于国,则君臣有叙而政治成焉;用之于天下,则诸侯顺服而纪纲正焉”〔80〕。绛侯周勃有安刘氏、立文帝的大功,上朝时意甚自得,文帝也十分敬重,对此爰盎进曰:“丞相如有骄主色,陛下谦让,臣主失礼,窃为陛下弗取也。”此后每朝“上益庄,丞相益畏”〔81〕。

尊君抑臣的结果是“削相权,建内朝”。汉初丞相握有实权,负责一切政务的处理。至武帝时期,为扩大皇权而蓄意削弱相权,武帝在位五十四年,用丞相十三人,其中有畏罪自杀者二人,下狱论死者三人,以过免者四人,弃市者一人,以至于武帝拜公孙贺为相时,贺顿首涕泣不敢接印绶。

与削弱相权同时,皇帝宠幸近臣,使宫廷机关逐渐扩大并掌握了实际权力,这种演变是专制政治的必然结果。在封建时代,掌握国家最高权力而又深居宫廷之内的皇帝,除运用政府机构进行统治外,还通过更接近于他的宫廷机关了

---

〔76〕 班固:《白虎通义·爵》,商务印书馆1936年版,第1页。
〔77〕 班固:《汉书·董仲舒传》,中华书局2000年版,第1904页。
〔78〕 苏舆:《春秋繁露义证·深察名号》,中华书局1992年版,第286页。
〔79〕 班固:《汉书·鲍宣传》,中华书局2000年版,第2314页。
〔80〕 司马光编著:《资治通鉴·汉纪三》,中华书局1956年版,第375页。
〔81〕 班固:《汉书·爰盎传》,中华书局2000年版,第1741页。

解施政情况。这样,管理国家事务的实际权力便逐渐由朝堂移至内廷。武帝时拔擢了许多贤良士大夫充当侍中、给事中、尚书等侍从官职,他们出入禁闼,有参与议论国家政事的方便条件。同时,皇帝也有意识地让他们参加大臣们的政策辩论,因而逐渐形成了"中朝"和"外朝"之分。侍从皇帝的宫廷机关构成"中朝",逐渐参与决策;而以丞相为首的"外朝",却退居到执行政务的地位。

西汉"中朝"与"外朝"的划分,是封建行政体制的一个重要演变,它反映了皇帝与丞相在权力上的矛盾,以及皇权的加强。"中朝"职官中最重要的是原属少府掌管图书、秘籍、章奏的小官——尚书,由于皇帝赋予他们处理国家事务的权力,遂成为直接隶属于皇帝的最重要的宫廷机关,并且设官分职,建立了尚书台。至东汉,尚书台的组织机构俨然是朝廷中的小朝廷,在职权上也凌驾于"外朝"职官之上,所谓"虽置三公,事归台阁(尚书台)"〔82〕。

在封建时代,皇帝之所亲重,便是权势之所由来,这是专制政治的重要特色。皇帝为了防止大权旁落,总是蓄意把实际管理权从朝廷移于内廷,结果虽然限制了大臣擅权,却为宦官、外戚等内廷近臣的窃权造就了方便条件,加深了统治阶级内部的矛盾和政治的腐败,这正是专制主义制度发展的必然趋势和结果。

武帝时,"敬上防非,于事尤重",特命廷尉张汤制定有关宫廷警卫的《越宫律》二十七篇。

秦时的朝议制度至西汉逐渐制度化,以便于指挥国家机器的运转,强化统治效能,西汉遇有大事由皇帝召集朝议,例如,高祖时下诏诸侯王"议可立为燕王者"〔83〕。元平元年(公元前74年)"昭帝崩,亡嗣。……群臣议所立"〔84〕。成帝时"中二千石、二千石、博士及明习律令者,议减死刑及可蠲除约省者"〔85〕。除皇帝外,任何大臣不得擅自召集朝议,但皇帝有时指令丞相或大将军主持朝议。参加朝议的公卿大臣可以抒陈己见,最后由皇帝决断,即刘向所说"兼听独断"〔86〕。至于皇帝通常受事听政的朝会制度,汉代亦有定制,如宣帝时五日一听事,每十月朔和岁旦还定期举行大朝,受王侯百官郡国上计,为此制定《上计律》。武帝时,还命赵禹制定《朝律》六篇。

西汉皇帝制度的发展,是巩固中央集权制度的重要环节,也是中央集权制

---

〔82〕 范晔撰,李贤等注:《后汉书·卷四九》,中华书局2000年版,第1118页。
〔83〕 班固:《汉书·高帝纪上》,中华书局2000年版,第56页。
〔84〕 班固:《汉书·霍光传》,中华书局2000年版,第2103页。
〔85〕 班固:《汉书·刑法志》,中华书局2000年版,第934页。
〔86〕 刘向撰,赵善诒疏证:《说苑疏证》卷十三《权谋》,华东师范大学出版社1985年版,第345页。

度不断强化的反映。

皇帝以下,建立丞相、三公、九卿的中央行政管理体制。汉初丞相权力极大,所谓“丞天子助理万机”[87],西汉一代任用丞相五十六人,出身布衣的三十三人,名声显赫的如萧何、陈平、张苍、公孙贺、车千秋,任职均在十年以上。至武帝,封建经济、政治实力的增强和战争的胜利,使皇权显著上升,丞相职位虽高,权力则逐渐缩小。皇帝经常通过内廷尚书署亲自裁决政务,有时还加给宦官以“中书令”的称号,使之与闻国政。秦时创设的丞相、太尉、御史大夫的三公职位为大司徒、大司马、大司空所取代。

九卿职务一如秦时,仅官职名称有所改动,如奉常改为太常,郎中令改为光禄勋,典客改为大鸿胪,治粟内史改为大司农。九卿隶属于丞相。为使机关的组织建设与活动有法可依,还制定了“大鸿胪挈令”“廷尉挈令”“光禄挈令”,以及确定官制与行政机关的职能分工的《汉官仪》。

西汉地方政权沿袭秦制,实行郡县两级制度。但高祖“惩戒亡秦孤立之败”[88],大封子弟为王,使以刘氏为中心的统治体系深入全国各地,并且立下“非刘氏而王,天下共击之”[89]的誓约。由此而产生了王、侯国与地方郡县制并存的行政体制。然而,实行的结果与高祖的本意相反,由于王国辖地极广,“夸州兼郡、连城数十”[90],诸王又拥有封地以内的全部权力,可以任意收取租赋、设置百官,遂成割据一方之势。

为了控制王国活动,朝廷坚持由中央派遣王国丞相的制度。据《汉书》记载,诸王对王国丞相或“辄求其罪,告之;亡罪者,诈药杀之”[91],或设法陷害,使其任职“无能满二岁,辄以罪去,大者死,小者刑”[92];个别王国甚至公开“逐汉所置”[93]。文帝时,已经形成尾大不掉的诸王割据局面。至景帝即位,终于爆发了地方王国反对朝廷的“七国之乱”。“七国之乱”不利于当时社会经济的恢复,更违背人民安居乐业的愿望,因而在不到三个月的时间便为朝廷平定。此后,改定王国制度,削除了诸王在国内的军事和财政实权,而由中央统一管理。王国的组织机构、官员品秩也都大大削减,特别是只许诸王在京师食取租税,不许直接管理封国。这种“分土而不治民”的政策打击了王国的割据势力,巩固了

[87] 班固:《汉书·百官公卿表上》,中华书局2000年版,第612页。
[88] 班固:《汉书·诸侯王表》,中华书局2000年版,第283页。
[89] 司马迁:《史记·吕太后本纪》,中华书局2000年版,第282页。
[90] 班固:《汉书·诸侯王表》,中华书局2000年版,第283页。
[91] 班固:《汉书·胶西王端传》,中华书局2000年版,第1845页。
[92] 班固:《汉书·赵敬肃王彭祖传》,中华书局2000年版,第1846页。
[93] 班固:《汉书·淮南厉王传》,中华书局2000年版,第1646页。

中央集权的统治。

汉初设置的侯国,辖地较小,大者不过三四万户,小者仅千余家。诸侯初期在封邑内也享有独立的行政权和财政权,随着王国改制,侯国的独立权力也被削除。

武帝时期采取“强干弱枝,推恩削藩”的措施,再次削减了王国的土地和权势,并且制定了惩治王侯的《附益律》,限制私自扩大和提高官员数量与品级的《尚方律》,使王国的辖区和权力实际上与郡同。与此同时,侯国也遭到削弱,大体上相当于县。终汉之世,封国在名义上虽然存在,但地方制度仍以郡县制为主。在封国割据势力遭到沉重打击之后,中央的政令才得以下达到全国。

汉朝的郡是地方最高一级政权,以郡守(后称太守)为长官,有二千石的俸禄,因此,通称郡守为“二千石”。郡守有处理一郡兵、刑、钱、谷事务以及任命郡县属吏之权。所谓“太守专郡,信理庶绩,劝农赈贫,决讼断辟,兴利除害,检察郡奸,举善黜恶,诛讨暴残”〔94〕。宣帝曾说:“庶民所以安其田里而亡叹息愁恨之心者,政平讼理也。与我共此者,其唯良二千石乎。”〔95〕

郡下设县是地方基本行政单位,以县令为长官,由朝廷直接任免。汉时无论县令还是郡守都实行久任制度,以利于其建树功绩,消除“五日京兆”〔96〕的临时思想。

县以下基层组织仍为乡、里。乡官为啬夫,里官为里魁。里以下按什伍编制居民,“什主十家,伍主五家,以相检察,民有善事恶事,以告监官”〔97〕。汉时已有相当严密的编户制度,在官府所掌握的户籍中,详细登记了所属居民的年龄、性别、社会关系、土地财产以及身长、肤色等外部特征,作为征收赋税、徭役的根据和缉捕逃亡者的线索。由于按编户制度组织起来的农民是封建国家赋敛剥削的对象和徭役、兵役的基本承担者,统治者十分重视户籍的管理工作。刘邦初入关时,萧何首先关注的便是秦时户籍。汉朝建立以后,每年八月查核一次户籍,既不许隐匿,更禁止随便迁徙。户籍管理的优劣是考察地方官治绩的一项重要内容,西汉所谓的循吏,大多是在任职期间“户口岁增”〔98〕,因而得到国家的赏识。

县以下除乡、里基层行政组织外,还于每十里处设亭。开始时亭设于边境,

---

〔94〕 孙星衍等辑,周天游点校:《汉官六种》,中华书局1990年版,第20页。

〔95〕 班固:《汉书·循吏传》,中华书局2000年版,第2688页。

〔96〕 班固:《汉书·张敞传》,中华书局2000年版,第2407页。

〔97〕 范晔:《后汉书·百官志五》,中华书局2000年版,第2745页。

〔98〕 班固:《汉书·循吏传》,中华书局2000年版,第2692页。

是防止外族入侵的边防组织,古籍和1930年在我国内蒙古自治区额济纳旗居延地区和甘肃省嘉峪关以东的金塔县肩水金关出土的汉简中都有明确的记载。以后发展成专门从事“求捕盗贼”的警察性组织。[99] 由于普遍设亭,构成了严密的监视网。

东汉时期沿用郡县两级制度,州只是监察区,不是一级地方政权。至东汉末灵帝时,为了加强镇压黄巾起义的需要,正式确立州为地方最高一级政权,形成了州、郡、县三级制度。

(二)加强对职官的管理

中国封建的官僚制度,经过战国、秦至汉,进入一个新的发展阶段。由于封建官僚是维护和实现国家统治的重要工具,因此选拔官吏充实官僚机构是加强封建国家统治的重要环节。高祖在总结战败项羽的经验时,强调重用张良、萧何、韩信所起的决定性作用。因此,于高祖十一年(公元前196年)颁布《求贤诏》,把网罗贤士大夫和“世世奉宗庙亡绝”连在一起,命令征召“贤士大夫”,并责成中央和地方官吏推举人才。[100]

随着扩大官僚机构的需要,逐步建立了一套任免官吏的制度。出土的“功令”即为选拔与考察文武官吏之法。西汉选拔官吏的主要途径是郎选、察举、征辟、贡举、特召、射策与对策,其中察举和征辟是常用的形式。文帝时明确规定,公卿郡守以及王侯,每年要向皇帝选荐“贤良能直言极谏者”,“上亲策之”[101]。但选荐的范围比较狭窄,一般仅限于二千石以上的官僚或富豪子弟,不能广泛地选取国家所需要的人才和满足中小地主进入官场的欲望。为此,武帝采纳了董仲舒提出的建议,令郡国每年按二十万人举一人的比例察举孝廉,由朝廷录用为官。《汉书·董仲舒传》说:“……及仲舒对册,推明孔氏,抑黜百家,立学校之官。州郡举茂材,孝廉,皆自仲舒发之。”

察举的科目分为贤良方正、孝悌力田、茂才(秀才)异等和孝廉,而以直言极谏作为贤良方正的标志。凡是被举荐者,皇帝多亲自策问,以示重视。特别值得提出的是,每逢天象有变,如发生地震、日蚀、水旱灾荒,皇帝便下诏要求公卿大夫、列侯及郡国举荐人才。在统治者看来,天象示警的原因之一,就是人才的埋没和流失。汉代把人才的重要性提到与天象相关联的高度,是历代所未有

[99] 范晔:《后汉书·百官志五》,中华书局2000年版,第2745页。
[100] 班固:《汉书·高帝纪下》,中华书局2000年版,第52页。
[101] 班固:《汉书·文帝纪》,中华书局2000年版,第92页。

的。在武帝颁发的"议不举孝廉者罪诏"中明确提出:"进贤受上赏,蔽贤蒙显戮。"[102]正因如此,两汉以得人之盛著称,著名的晁错、董仲舒、公孙宏、黄霸、鲁丕、申屠刚、路温舒、鲍宣、赵广汉、萧望之、张衡、李固、陈蕃、李膺等,都是通过察举进入官场的。由于地方官吏有很多机会被察举拔擢,都比较自我约束,这是汉代吏治在一段时间较为清明的原因之一。

东汉察举的科目较西汉增加,有贤良方正、孝廉、秀才、明经等。和帝时,诏定边郡按户口数目分配孝廉名额,人口十万以上岁举孝廉一人,不满十万可两年举一人,五万以下三年举一人。[103] 顺帝时,选举孝廉增加年龄和才学的限制,一般限于四十岁以上,特殊人才不限。[104] 但东汉的察举已成为官僚们与地方豪族互相勾结,把持政权的一种手段。以致明帝继位时,特别下诏:"今选举不实,邪佞未去,权门请托,残吏放手,百姓愁怨,情无告诉,有司明奏罪名,并正举者。"[105]章帝建初元年(76年)诏中也斥责:"选举乖实,俗吏伤人。"[106]至和帝时重新申敕,选举不实者,"显明其罚"[107]。然而,在东汉政治日益腐朽的大趋势下,尽管三令五申,仍不能改变"选举不实,官非其人"的现象。葛洪在《抱朴子·审举篇》中对此作了生动的揭露,"举秀才不知书,察孝廉父别居,寒素清白浊如泥,高第良将怯如鸡"。

察举之外还有"征辟",即由皇帝或公卿州郡长官征召士人为官。吕后时为太子征请"商山四皓",开创了征辟的先例。至于地方官征辟属吏,百石以上者须奏请朝廷核准。实际上,征辟往往被用来粉饰国家尊贤重士的一种象征。由于察举与征辟的重要根据是乡党评议,而所谓乡党又是由退职的官僚和地方豪强组成,可见这种制度是架设在封建政府与地方权势者之间的一座桥梁,其局限性可知。

武帝时,制定了"四科""四行"的标准,由皇帝特召选官。所谓四科,"第一科曰德行高妙,志节清白;二科曰学通行修,经中博士;三科曰明晓法令,足以决疑……四科曰刚毅多略,遇事不惑"[108];所谓四行,是"敦厚、质朴、逊让、仁义"[109]。凡经皇帝特召选官,往往越等超升,不拘资格,以示对于高才贤士的钦重。

---

[102] 班固:《汉书·武帝纪》,中华书局2000年版,第119页。
[103] 范晔:《后汉书·和帝纪》,中华书局2000年版,第128页。
[104] 范晔:《后汉书·顺帝纪》,中华书局2000年版,第174~175页。
[105] 范晔:《后汉书·明帝纪》,中华书局2000年版,第67页。
[106] 范晔:《后汉书·章帝纪》,中华书局2000年版,第92页。
[107] 范晔:《后汉书·和帝纪》,中华书局2000年版,第120页。
[108] 孙星衍等辑,周天游点校:《汉官六种·汉旧仪》,中华书局1990年版,第69页。
[109] 班固:《汉书·元帝纪》,中华书局2000年版,第202页。

为了培植官僚的后备力量,武帝还在京师创设"太学",置博士弟子员,学习儒家经典,每年考试一次,合格者可以做官。西汉太学不仅为封建学校的建设提供了范例,也推动了官僚的儒家化,使"公卿大夫士吏,彬彬多文学之士矣"[110]。有些士人因上书皇帝,提出了有利于国家统治的措施而获得官职。例如,穷困潦倒的主父偃以上书言事得到武帝赏识,被任为郎中,一年之中,四次升迁。此后"上书拜官"也成了士人做官的一条途径。

至于选官所采取的射策与对策,是两种考试方式。射策是默取题目解释其问难,以分优劣;对策是回答所询政事或经义,以定高下。对策合格,多任言谏谋议之官;射策合格,多任郎官。

贵族、官僚、富家子弟,不仅是"察举""征辟"的对象,同时享有恩荫与赀选等做官的特权。例如,二千石以上官吏,任满三年,便可以保举子弟一人为"郎"。武帝时,为了解决因征战而发生的财政困难,打破了商人不能做官的陈例,实行"卖官鬻爵",从而又为商人豪富"赀选为官"创造方便条件。但是,依靠父兄荫袭和财富为官,不以才选,不以德举,经常为人所轻视。董仲舒便公开批评说:"吏二千石子弟选郎吏,又以富赀,未必贤也。"[111]

此外,以军功拜爵也是一条重要途径。1978 年青海大通县上孙家寨出土的汉简中有"斩捕首虏二级,拜爵各一级;斩捕五级,拜爵各二级;斩捕八级,拜爵各三级,不满数,赐钱级千"的记载,这与《韩非子·定法》中所载"商君之法曰:斩一首者爵一级,欲为官者,为五十石之官;斩二首者爵二级,欲为官者,为百石之官"是一致的。说明汉沿行以军功拜爵封官的制度。

汉代对官吏的任用方式有,拜(初任或复任为官)、征(皇帝特召入朝为官)、守(试用)、假(代理)、兼(以本官兼其他职)、领(兼领)、行(代行其他职)、迁(迁调)等。

汉初建立的选拔官吏制度,一方面,扩大了西汉政权的阶级基础,网罗了人才,加强了国家的统治力量;另一方面,由于选拔官吏既要照顾到门户、亲故关系,又多在地方官吏豪强的把持之下,遂由加强中央集权的措施变成了发展地方豪强势力的方法。

至于免官,主要有自请免官、惩戒免官与连坐免官三种。

官僚制度的发展,推动了考绩制度的法律化,而且划分较细,出土的《史律》为专门考察史官的法律。汉代考课官吏自下而上,逐级进行。各县令长与侯国

---

[110] 班固:《汉书·儒林传》,中华书局 2000 年版,第 2668 页。
[111] 班固:《汉书·董仲舒传》,中华书局 2000 年版,第 1911 页。

相,每年年终向郡国呈上计簿,由郡国守相考核,成绩优异者迁补优缺或提升。如赵广汉为阳翟令,“以治行尤异,迁京辅都尉”[112]。

郡国长官年终要向丞相府(东汉向尚书台)、御史府报告工作。所谓“考绩功课,简在两府”。颜师古注曰:“两府,丞相御史府也。”[113]郡国上计的法定内容比较广泛,举凡各县户口、垦田农桑、漕运水利、钱谷出入、盗贼狱讼、教育选举、灾变疾疫等项,都在“上计之列”。[114] 治绩优异的奏闻天子,或升迁,或调优缺。如颍川太守黄霸,“户口岁征,治为天下第一”,迁京兆尹,位当九卿。[115] 除郡国上计外,武帝时设置的十三部刺史,也要按“六条”察郡国长官,岁末回京奏报,对郡国上计有核实作用。

朝廷各部门由主管长官考察下属,“自丞相以下各奉职奏事,以傅奏其言,考试功能。侍中、尚书功劳当迁,及有异善,厚加赏赐”[116]。

一般每年一小考,称为常课,三年一大考,称为大课。由丞相、御史府共定考绩等第,以优者为“最”,劣者为“殿”,称为会课。为了防止偏私,考核采用公开评议形式。主考者可以提出种种问题,受考核者需根据政绩实情回答。然后,逐级汇总,由县而郡,由郡而朝廷,最后丞相(东汉是尚书令或录尚书事)总其成上奏皇帝。汉代把考核官吏视为提高吏治的国家大事。如《潜夫论·考绩七》所说,“官长不考功,则吏怠傲而奸宄兴;帝王不考功,则直贤抑而□伪胜”。因此,皇帝接受上计,常于每年正月初一群臣朝贺时举行,有时也在封泰山、祀明堂时“受计”。

汉代考绩已有专门的法律,如《上计律》,而各级和各种职司官的考课内容都有具体规定,如薛宣便以“明习文法”而“诏补御史中丞”[117]。正因考绩有法,优劣有据,保证了考绩制度的实施。基本做到了有功则升、无功则退,官吏贪赃枉法或软弱不称职则分别予以制裁或罢免。凡被罢黜的官吏,不得擅自到京师。汉法规定:“免罢守令,自非诏征,不得妄到京师。”[118]汉朝考绩反对“累日以取贵,积久以致官”[119],而且一般不以一事定终身,使国家职官得以新陈代谢,颇有生气。

---

[112] 班固:《汉书·赵广汉传》,中华书局2000年版,第2391页。
[113] 班固:《汉书·薛宣传》,中华书局2000年版,第2532~2533页。
[114] 范晔:《后汉书·百官志五》,中华书局2000年版,第2472~2473页。
[115] 班固:《汉书·循吏传》,中华书局2000年版,第2692页。
[116] 班固:《汉书·宣帝纪》,中华书局2000年版,第174页。
[117] 班固:《汉书·薛宣传》,中华书局2000年版,第2519页。
[118] 范晔:《后汉书·苏不韦传》,中华书局2000年版,第744页。
[119] 班固:《汉书·董仲舒传》,中华书局2000年版,第1911页。

无论是中央还是地方官吏,都按品级的高低由国家统一发给俸禄。按汉法,官阶十五级,以“石”定秩次(官等),以“斛”定俸额,俸禄的多少是区分官职高下的标志。汉初经济衰蔽,“天子不能具醇驷,而将相或乘牛车”,高祖不得不“量吏禄,度官用”〔120〕。惠帝时,鉴于吏禄低薄,特别下诏:“吏所以治民也,能尽其治则民赖之,故重其禄,所以为民也。”〔121〕至宣帝,随着经济的恢复与发展,增加百石小吏的俸禄。

俸禄以粟谷为主,还有部分钱。官吏们除享有国家所赋予的俸禄外,还免除各种赋役。按汉法,六百石以上的官吏,除军赋外免除全家人一切徭役。下级官吏和博士弟子,则本人终身免役。

官吏年七十,耳目不聪,腿脚不便,照例须致仕;因疾病亦可致仕。二千石以上的致仕官,可以享受原俸禄的三分之一。平帝元始元年(公元1年)规定:“天下吏比二千石以上年老致仕者,参分故禄,以一与之,终其身。”〔122〕至于一千石以下的官员告老则不予俸禄。汉朝之所以优待两千石以上的高官,一是因其责任重大,对于国家贡献较多;二是以严于治吏著称的汉朝,高官显宦很少有居其位久而不获咎的。所以,年七十致仕的高官,皇帝顾念其多年勤于国事,赐金赐禄。

由于官吏致仕的制度化,在官场上造成了一种年老告退以让贤路的风气。譬如,位居右丞相的周勃,自知能力不如陈平,于是谢病告老,让位于陈平。不仅如此,高官致仕受到皇帝的优待。丞相韦贤、御史大夫杜延年,皆以年老告退,天子优奖,各赐黄金百斤,安车驷马,牛酒医药。其影响所及有助于致仕制度的贯彻,使上下官吏不断更新,减少了暮气,提高了效能,对于国家政治、经济乃至科学文化的发展,具有一定的积极作用。

为了对官吏进行有效的监督,汉初沿袭秦制,仍以御史大夫执掌中央监察权,位居三公之一,有权检举丞相,成为权力的制衡机制。至成帝时,适应中枢行政体制的变化,建立了“御史台”作为专门行使监察权的监察机关,以御史中丞为长官。御史台的建立,是中国古代监察制度发展的重要标志。虽然御史台在名义上由少府统辖,但实际的活动是独立的,职掌极为广泛,可以监察礼仪、财政、军事;纠察百官、察举非法、参与制定法律,考课百官、荐举人才,管理兰台图书秘籍;对外监督部刺史,等等。除此之外,皇帝还根据需要直接从侍御史中任命绣衣直指御史惩办地方奸猾,或与州郡共同审理大狱,或负责指挥镇压叛乱。

---

〔120〕 班固:《汉书·食货志上》,中华书局2000年版,第950页。

〔121〕 班固:《汉书·惠帝纪》,中华书局2000年版,第63页。

〔122〕 班固:《汉书平帝纪》,中华书局2000年版,第245页。

武帝时,还建立了由皇帝直接掌握的监察京师与三辅(京兆、右扶风、左冯翊)、三河(河南、河内、河东)以及弘农等近都七郡官吏的司隶校尉。司隶校尉有权"察皇太子以下,行马内事皆主之"[123],"纠皇太子、三公以下,及旁州郡国,无不统"[124]。每逢朝会,独据一席,与尚书令、御史中丞一起被称为"三独坐",受到皇帝的特殊重视。司隶校尉还握有直接逮捕罪犯的权力,并有众多属官。但司隶校尉的权力常常受到丞相的抵制,武帝以后其权力不断受到侵削。元帝初元四年(公元前45年)罢持节,西汉末改隶大司空,东汉时期仅为七郡的督察官。

汉初废除了秦时设于郡的监御史,而由丞相随时派出"丞相史"监察数郡。文帝时为加强中央对地方官的监督,在各郡设有常驻的"监御史"一人,负责监察郡内工作。武帝厉行强化中央集权,划分全国为十三部州作为监察区,各派刺史一人为固定的监察官。十三部监察御史的设置是汉代监察制度的重要发展。

值得指出的是,汉代地方监察官的职权范围已逐渐法律化。"惠帝三年,相国奏遣御史监三辅不法事有:词讼者、盗贼者、铸伪钱者、狱不直者、徭赋不平者、吏不廉埏、吏苛刻者,逾侈及弩力十石以上者,非所当服者,凡九条。"[125]上述"九条"涉及行政、司法、财经、吏治等重要方面,虽然仅适用于三辅郡,但却是中国封建地方监察法的重要成果。惠帝以后,地方王侯权势扩张,使御史察郡的职能受到阻碍,以致文帝十三年(公元前67年)不得不下诏:"以御史不奉法,下失其职,乃遣丞相史出刺,并督监察御史。"[126]尽管丞相史出刺是临时性措施,但也扩大了丞相的权力,这同样为皇帝所深忌。因此,至武帝时,调整了监察机关的职权,并手订"六条",要求各部刺史依六条对部内所属郡、国进行监督。"六条"如《汉官典职仪》所载:"刺史班宣,周行郡国、省察治状、黜陟能否、断治冤狱,以六条问事,非条所问,即不省。一条,强宗豪右,田宅逾制,以强凌弱,以众暴寡;二条,二千石不奉诏书、遵承典制,倍(背)公向私,旁诏守利,侵渔百姓,聚敛为奸;三条,二千石不恤疑狱,风厉杀人,怒则任刑,喜则淫赏,烦扰刻暴,剥截黎元,为百姓所疾,山崩石裂,祆祥讹言;四条,二千石选署不平,苟阿所爱,蔽贤宠顽;五条,二千石子弟恃怙荣势,请託所监;六条,二千石违公下比,阿

[123] 马端临:《文献通考·卷六十一·职官考十五》,中华书局2011年版,第1833页。

[124] 李昉纂,夏剑钦校点:《太平御览》卷二五〇《职官部》(四八),河北教育出版社1994年版,第362页。

[125] 李林甫等撰,陈仲夫点校:《唐六典》卷一三《御史台》,中华书局2014年版,第379页。

[126] 杜佑:《通典·卷三十二·职官十四》,中华书局1988年版,第884页。

附豪强,通行货赂,割损正令也。”[127]

刺察“六条”与刺察三辅的“九条”不同,它是全国性的地方监察法规,它以地方强宗豪右为主要监察对象,严防郡守与地方豪强势力相互勾结,形成不利于中央集权的地方割据。这是特定的时代背景所加给它的烙印。明末顾炎武考证说:“汉时,部刺史之职,不过以六条察郡国而已,不当与守令事。……故朱博为冀州刺史,敕告吏民,欲言县丞尉者,刺史不察黄绶,各自诣郡。鲍宣为豫州牧,以听讼所察过诏条,被劾。而薛宣上疏,言吏多苛政,政教烦碎,大率咎在部刺史。或不循守条职,举错各以其意,多与郡县事。”[128]

西汉政权是以地主豪强为社会基础的,但是以皇帝为首的统治集团同地方豪强势力之间,在权力与利益的争夺上,也存在一定的矛盾,特别是当地方豪强势力发展到郡县不能制、公然抗衡朝廷政令时,为了维护国家的整体利益便不得不进行必要的压制,以保证中央对地方的控制权。因此,统治阶级内部中央集权和地方分权的矛盾始终是存在的,有时还可能发展成尖锐的冲突。虽然它不是社会的基本矛盾,但如何加以调整,关系到国家的前途,因而是封建统治者历来关注的问题之一。

除上述“九条”“六条”外,还有一条不成文的规定,刺史考察王国诸王,如发现罪状,须及时上奏皇帝,以实现其作为皇帝设在地方上的耳目的职能。因此,刺史实际职权不断发展,至西汉末,已经是“任重职大”,拥有“选第大吏,所荐位高至九卿,所恶立退”[129]的大权。但西汉时各部辖区(通称为州)还只是监察区,不是一级政权,部刺史也只是中央派出的监察官,而非郡守以上的地方官。郡守失职,刺史可以向朝廷上报,但无权直接处理。刺史如超越“六条”滥用职权,要受到丞相的弹劾。但至西汉末年,刺史实际上已经超越“六条”的规定,直接干预地方的行政事务。皇帝不仅承认既成的事实,有时还授权刺史代行郡守事,使其侵权行为由非法变为合法。这个转变的动因是日益尖锐的农民反抗迫使皇帝赋予地方官以更大的应变能力。

中央监察机关御史台的建立与地方固定监察官的设置,不仅标志着封建监察制度的发展,同时也是中央集权制度进一步加强的结果,对于严肃吏治、纠弹不法确实起到了一定的作用。例如,成帝时丞相匡衡被司隶校尉王骏弹劾“背法制,专地盗土以自益……乱减县界,附下罔上,擅以地附益大臣,皆不道”,被

---

[127] 《汉书·百官公卿表》注引《汉官典职仪》。

[128] 顾炎武:《日知录·六条之外不察》,上海古籍出版社2014年版,第209~210页。

[129] 班固:《汉书·朱博传》,中华书局2000年版,第2533页。

免为庶人。[130] 顺帝时,侍御史张纲奏劾大将军梁冀,“京师震竦”[131]。不仅如此,汉代监察制度还提供了具有借鉴意义的历史经验。譬如,以法察吏具有明确的标准,不受行政干预;监察官位虽卑而权重,可以纠弹宰相一级的高官,因而具有权威性,也便于皇帝控制;部刺史的任期有定限,并不得任用本籍人,以防止与地方豪强、官吏夤缘勾结;对于执掌鞫谳疑案的治书侍御史,要求选择明法律者担任,力求“天子疑狱,以法律谳是非”[132];创立了言谏制度,以谏议为言官,可以面谏皇帝,直陈诏令失误。言官与察官并行,使汉代监察的内容极为宽广。但是,为了防止监察御史滥用职权,一方面,对御史的选任进行控制,注意提高其本身的素质;另一方面,在丞相之下设司直,负责纠劾御史的违法失职行为。

在汉代的监察工作中,司法监察也受到皇帝的重视,或下诏通饬,或亲自鞫谳,或派官出巡地方,通过各种形式进行司法监察。高祖七年(公元前198年)曾下诏严申“狱之疑者,吏或不敢决,有罪者久而不论,无罪者久系不决。自今以来,县道官狱疑者,各谳所属二千石官,二千石官以其罪名当报。所不能决者,皆移廷尉,廷尉亦当报之。廷尉所不能决,谨具为奏,傅所当比律令以闻”。[133]

为了对地方司法进行有效的监察,武帝元狩六年(公元前117年)“遣博士六人,分循行天下,存问鳏寡废疾无以自振业者,贷与之……详问隐处亡位及冤失职,奸猾为害、野荒治苛者,举奏。郡国有所以为便者,上丞相御史以闻”[134]。

宣帝五凤四年(公元前54年)“复遣丞相、御史掾二十四人循行天下,举冤狱、察擅为苛禁深刻不改者”[135]。

章帝建初五年(公元80年)特别下诏:“孔子曰:‘刑罚不中,则人无所措手足。’今吏多不良,擅行喜怒,或案不以罪,迫胁无辜,致令自杀者一岁且多于断狱,甚非为人父母之意也。有司其议纠举之。”[136]

两汉的司法状况在相当长的一段时期差强人意,是和其经常性的司法监察分不开的。

汉代监察制度的发展与衰落,充分说明了皇权对它的影响。当皇帝励精图

---

〔130〕 班固:《汉书·匡衡传》,中华书局2000年版,第2493页。
〔131〕 范晔:《后汉书·张纲传》,中华书局2000年版,第1227页。
〔132〕 李昉等:《太平御览·职官卷二四》,中华书局1960年版,第1074页。
〔133〕 班固:《汉书·刑法志》,中华书局2000年版,第936页。
〔134〕 班固:《汉书·武帝纪》,中华书局2000年版,第128页。
〔135〕 班固:《汉书·宣帝纪》,中华书局2000年版,第188页。
〔136〕 范晔:《后汉书·章帝纪》,中华书局2000年版,第96页。

治,注意发挥监察机关的职能时,便可以收到澄清吏治、纠举不法、维护法纪的作用;反之,皇帝昏庸,皇权失威,监察机关也就丧失了应起的制衡作用。

四、文献与汉简中的刑事法律

刑事法律是西汉法律体系中的主体部分,既有集中的刑事立法,如《九章律》中的盗律、贼律、囚律、网律;也有单行的刑事立法,如《沈命法》、"廷尉挈令"、"狱令"、"箠令"、"宫卫令"。至于"比"基本上是刑法判例的汇编。西汉刑法的主要任务就是全面打击危害专制主义中央集权的犯罪,以维护重建的封建国家,如同《汉书·刑法志》所说,"刑罚不可废于国"。

在西汉的刑事法律中,突出反映了"纳礼入刑""刑德并施"的儒家思想影响,这是罢黜百家、独尊儒术后的时代烙印。由此而形成了一系列影响深远的刑法原则和罪名,《明史·刑法志》说,"历代之律,皆以汉九章为宗",表达了汉刑法的奠基作用。

文景时期,在废除秦苛法酷刑的历史潮流冲击下,进行了废除肉刑的刑制改革。文帝从亡秦的历史教训和汉政权建立以后的经验中,认识到刑法不应是单纯的惩办,而须与教化相结合,刑罚要给人以生路,不宜使之陷入绝境。这对于稳定社会秩序具有积极的作用。废肉刑是中国刑法史上具有重大历史意义的改革,它体现了法制文明的进步,是隋唐以后笞、杖、徒、流、死法定五刑的历史渊薮。

(一)汉律中的主要罪名

西汉时期,社会经济、政治关系的发展与社会矛盾的复杂化,使犯罪种类大为增加,出现了一系列新的罪名。

1. 危害政权

反逆,即谋反和大逆。谋反是以暴力危及政权的最严重的犯罪,是刑法打击的重点,犯者处重刑。高祖十一年(公元前 195 年),"淮阴侯韩信谋反长安,夷三族"。[137] 同年,梁王彭越谋反,也夷三族。[138] 文帝所说,"法者治之正也,所以禁暴而卫善人也"[139],反映了刑法锋芒之所向。

大逆,即大逆不道,也是严重的犯罪,犯者株连甚广。《汉书·景帝纪》如淳

---

〔137〕 班固:《汉书·高帝纪下》,中华书局 2000 年版,第 51 页。

〔138〕 班固:《汉书·高帝纪下》,中华书局 2000 年版,第 53 页。

〔139〕 班固:《汉书·刑法志》,中华书局 2000 年版,第 935 页。

注引汉律说:“大逆不道,父母、妻子、同产皆弃市。”甚而祖父母也不得幸免。如犯罪者本人逃亡,则行文全国,悬赏追捕。由于反逆罪直接危害到国家统治,不适用赦。

首匿。所谓首匿,“言为谋首而藏匿罪人”[140]。武帝时“重首匿之科”[141],严惩隐藏谋反和大逆不道罪犯,犯之者一概弃市,严重的夷三族,虽王侯不得免。例如,宣帝元康元年(公元5年),修故侯福“坐首匿群盗,弃市”[142]。

通行饮食。凡为起义者通告信息、充当向导、供给饮食,均属通行饮食罪。按律处以大辟,企图借以隔断起义军同民众的联系,以瓦解起义军队伍。武帝时曾在一地一次屠杀起义农民一万余人,其中“以法诛通行饮食坐相连郡,甚者数千人”[143]。

群盗。原秦罪名,武帝时,由于征伐无度,盗贼蜂起,“复聚党,阻山川,往往而群”[144]。为加强镇压,武帝作“沈命法”,以严刑督责和惩治缉捕盗贼不力的官吏。所谓沈命法,按应劭注,“沈,没也”,沈命即“敢蔽匿盗贼者没其命也”。举凡“群盗起不发觉,发觉而弗捕满品者,二千石以下至小吏主者,皆死”[145]。

见知故纵。为了加强对犯罪的举报,武帝作“见知故纵、监临部主之法”,强制官吏之间的相互纠举,否则按法治罪。据颜师古注:“见知人犯法不举告为故纵,而所监临部主有罪并连坐也。”[146]然而,“沈命法”和“见知故纵、监临部主之法”执行的结果并没有达到预期的目的,因为“小吏畏诛,虽有盗弗敢发,恐不能得,坐课累府,府亦使不言。故盗贼浸多,上下相为匿,以避文法焉”[147]。因此,东汉初不得不重新规定:“吏虽逗留回避故纵者,皆勿问,听以禽讨为效。”[148]

2. 亵渎皇权、危害皇帝人身

不敬、大不敬。据《唐律疏议》:“汉制九章,虽并湮没,其不道、不敬之目见存。原夫厥初,盖起诸汉。”所谓不敬,就是“亏礼废节”,其范围很广,如奏疏切直、辞不逊顺,引喻不当、失大臣体,奉诏奉使不敬,甚至坐骑至司马门,已属不敬。宣帝甘露元年(公元前53年),高平宪侯嗣侯魏弘“坐酎宗庙骑至司马门,

---

〔140〕 班固:《汉书·宣帝纪》,中华书局2000年版,第176页。
〔141〕 范晔:《后汉书·梁统列传》,中华书局2000年版,第782页。
〔142〕 班固:《汉书·王子侯表》,中华书局2000年版,第376页。
〔143〕 班固:《汉书·酷吏传》,中华书局2000年版,第2173页。
〔144〕 班固:《汉书·酷吏传》,中华书局2000年版,第2173页。
〔145〕 班固:《汉书·酷吏传》,中华书局2000年版,第2173页。
〔146〕 班固:《汉书·刑法志》,中华书局2000年版,第932页。
〔147〕 班固:《汉书·酷吏传》,中华书局2000年版,第2173页。
〔148〕 范晔:《后汉书·光武帝纪下》,中华书局2000年版,第46页。

不敬,削爵一级为关内侯"[149]。此外,对皇帝使用过的器物处置不当,属大不敬。据《太平御览》记载,朝贺时有卫士置弓于地,被指斥为"天子之弓……何敢置地,大不敬……付狱治罪"[150]。此外,触犯皇帝名讳和议论死去的皇帝也属大不敬,"敢有擅议者弃市"[151]。不敬、大不敬罪并无明晰准确的律文规定,它的出现反映了汉代专制主义制度的强化和君为臣纲论的影响。

违反诏令。由于诏令是皇帝意志的体现,也是指挥国家活动的重要根据,因此要求臣下绝对服从。高祖五年(公元前202年)令中严定:"有不如吾诏者,以重论之。"[152]景帝伐吴王濞时也曾下诏:"敢有议诏及不如诏者,皆要斩。"[153]居延汉简中多有"不奉诏当以不敬论"的记载。汉时拒不执行诏令为"废格",是触犯皇权的严重犯罪,处重刑。武帝时,"淮南王安……废格明诏,当弃市"[154]。至于诈称、伪造、篡改皇帝诏令,为"矫诏""矫制"罪,视其后果区分为"大害"、"害"与"不害"三种,分别处以刑罚。按律"矫诏大害,要斩"[155],矫制大害也处死刑,武帝时"博士徐偃使行风俗,偃矫制使胶东、鲁国鼓铸盐铁",被张汤劾为"矫制大害,法至死"[156]。矫制害按律亦当弃市,但可赎免,《汉书·武帝功臣表》,浩侯王恢"坐使酒泉矫制害,当死,赎罪免"。至于矫制不害,则止免官,《汉书·外戚恩泽侯表》记载,宜春侯伉"坐矫制不害,免"。

欺谩、诬罔、祝诅。"违忠欺上谓之谩"[157],宣帝时新利侯偃"坐上书谩,免"[158]。诬罔,属于"逆节绝理"不道之罪,处极刑。武帝时,乐通侯栾大"坐罔上,要斩"[159]。祝诅,是借用祝祷的形式咒骂皇帝,犯者按大逆论。西汉一代因诅咒罪被杀的王侯达数十人。

盗毁山陵、宫阙及御物。由于皇家宗庙、山陵、宫阙及御物是皇权的象征,如有谋毁、盗毁,依律处重刑。文帝时,有人盗高庙座前玉环,按法应弃市,文帝认为"盗先帝器……欲致之族",由于廷尉张释之依律力争才免于族诛。[160]另

[149] 班固:《汉书·外戚恩泽侯表》,中华书局2000年版,第584页。
[150] 李昉等:《太平御览·兵部卷七十八》,中华书局1960年版,第1598页。
[151] 班固:《汉书·韦贤传》,中华书局2000年版,第2338页。
[152] 班固:《汉书·高帝纪下》,中华书局2000年版,第41页。
[153] 班固:《汉书·荆燕吴传》,中华书局2000年版,第1492页。
[154] 司马迁:《史记·淮南衡山列传》,中华书局2000年版,第2347页。
[155] 《汉书·景武昭宣元成功臣表》,如淳注。
[156] 司马迁:《汉书·终军传》,中华书局2000年版,第2127页。
[157] 房玄龄等:《晋书·刑法志》,中华书局2000年版,第604页。
[158] 班固:《汉书·王子侯表下》,中华书局2000年版,第381页。
[159] 班固:《汉书·外戚恩泽侯表》,中华书局2000年版,第578页。
[160] 班固:《汉书·张释之传》,中华书局2000年版,第1770页。

据《太平御览》卷九五四引《三辅旧事》,汉时有人盗山陵柏树,处弃市刑,可见处罚之严。

阑入宫、殿门及皇家园囿。所谓阑入,按应劭注:“无符籍妄入宫曰阑。”[161]由于阑入宫、殿门是对皇帝人身安全的一种威胁,因此处以严刑。凡阑入宫门者,城旦;阑入殿门者,弃市。据《汉书·外戚传》记载,“充国为太医监,阑入殿中,下狱当死”,后入马二十匹赎死罪。守卫宫、殿门的官吏,未能及时发现和制止阑入者,为“失阑罪”,犯者免官。如阑入皇帝的园囿,虽贵为侯爵也要免爵。例如,山都贞侯“坐阑入甘泉上林,免”[162]。

犯跸。所谓“跸”,颜师古解释:“皇帝辇动,左右侍帷幄者称警,出殿则传跸,止人清道也。”[163]犯跸,就是冲犯皇帝出行时的仪仗车骑,处罚金刑。《汉书·张释之传》载,一次文帝出行中渭桥,有人从桥下走出,惊乘舆马。廷尉张释之根据乙令“跸先至而犯者,罚金四两”,判为“此人犯跸,当罚金”,并据法折服了拟处重刑的文帝。

3. 危害中央集权

汉初,中央集权与诸王侯割据的矛盾是统治集团内部的主要矛盾,突出地表现为“七国之乱”。由于统一符合社会发展的进程和人民的要求,“七国之乱”失败。从武帝时起,厉行加强中央集权、打击王侯割据的政策,由此而产生了一系列新的罪名:

阿党与外附诸侯。“诸侯有罪,傅相不举奏,为阿党”[164],是不利于中央集权的重罪。武帝时,淮南王、衡山王反,“党与死者数万人”[165]。东汉桓帝时,大将军梁冀被诛,韩演“坐阿党抵罪,以减死论,遣归本郡”[166]。

地方侯王为了窥察朝廷的动向,蓄意交结朝内大臣,因而又出现了外附诸侯罪。凡“坐与诸侯王交通”者[167],概处重罚。《汉书·严助传》:“后淮南王来朝,厚赂遗助,交私论议。及淮南王反,事与助相连,上薄其罪,欲勿诛,廷尉张汤争,以为助出入禁门,腹心之臣,而外与诸侯交私如此,不诛,后不可治,助竟弃市。”汝昌侯傅商“坐外附诸侯免”。[168]

---

〔161〕 班固:《汉书·成帝纪》,中华书局2000年版,第215页。
〔162〕 班固:《汉书·高帝功臣表》,中华书局2000年版,第510页。
〔163〕 班固:《汉书·梁孝王传》,中华书局2000年版,第1698页。
〔164〕 班固:《汉书·齐悼惠王传》,中华书局2000年版,第1551页。
〔165〕 班固:《汉书·武帝纪》,中华书局2000年版,第124页。
〔166〕 范晔:《后汉书·韩棱传》,中华书局2000年版,第1035页。
〔167〕 班固:《汉书·霍光传》,中华书局2000年版,第2225页。
〔168〕 班固:《汉书·外戚恩泽侯年表》,中华书局2000年版,第600页。

东汉光武帝时,重新“申明旧制阿附蕃王法”[169],可见,阿附藩王始终是中央集权制的威胁,也始终被列为严重犯罪。后世刑法中的奸党罪即源于此。

王侯私出国界。为防止王、侯国之间结党营私,形成对抗中央的地方势力,因此,严禁王侯私出国界,犯者或免,或为司寇,或予重罚。景帝时,嗣杨邱共侯偃“坐出国界,削为司寇”[170]。武帝时,邗侯李寿,“坐为卫尉居守,擅出长安界,送海西侯至高桥,又使吏谋杀方士,诛”[171]。

王侯逾制。为严禁王侯逾制,武帝时特别颁布“尚方律”。《宋书·武三王传》引汉律说:“车服以庸,《虞书》茂典,名器慎假,《春秋》明诫。是以尚方所制,汉有严律,诸侯窃服,虽亲必罪。”汉时,除“器服装饰、乐舞音容”之类不得逾制外,尤其严禁王侯僭越天子之礼。例如,诸侯“听事不得南向坐”,不得妄称警跸与称制。淮南王谋反罪的成立,就在于“不用汉法,出入称警跸、称制,自为法令,拟于天子”[172]。

此外,各王侯国的属吏均有限额,超过限额,即属“事国人过律”,依法治罪。“事国人过律”,按颜师古注:“事谓役使之。员,数也。”文帝时,嗣东茅敬侯刘告“坐事国人过员,免”。

酎金不如法。文帝时制定酎金律,据张晏注,“酎之言纯也”,以“正月旦作酒,八月成,名曰酎”[173]。按汉制诸侯须出金助酎,称为“酎金”。武帝时为削弱王侯实力,加重了酎金的数量和成色。“少不如斤两”,或者“色恶”,“王削县,侯免国”[174]。元鼎五年(公元前 112 年),“列侯坐献黄金酎祭宗庙不如法夺爵者百六人”[175]。

漏泄省中语。漏泄省中语原为秦时罪名,汉为了维护高深莫测的皇帝权威,确保核心机密不致外泄,遂沿用此罪名。但在昭帝以前,犯此罪被刑者,尚属寥寥。昭帝以后,犯此罪被刑者数目大增。洪迈《容斋随笔》卷二记载以下案例:“盖汉法漏泄省中语为大罪……(京)房初见帝时(指汉元帝),出为御史大夫郑君言之,又为张博道其语,博密记之,后竟以此下狱弃市。”东莱都尉齐宋登,因“坐漏泄省中语下狱自杀”[176]。

---

[169] 范晔:《后汉书·光武帝纪下》,中华书局 2000 年版,第 51 页。
[170] 班固:《汉书·王子侯年表》,中华书局 2000 年版,第 551 页。
[171] 班固:《汉书·武帝功臣表》,中华书局 2000 年版,第 551 页。
[172] 司马迁:《史记·淮南衡山列传》,中华书局 2000 年版,第 2342 页。
[173] 班固:《汉书·景帝纪》,中华书局 2000 年版,第 100 页。
[174] 司马迁:《史记·平准书》,中华书局 2000 年版,第 1218 页。
[175] 班固:《汉书·武帝纪》,中华书局 2000 年版,第 133 页。
[176] 班固:《汉书·百官公卿表》,中华书局 2000 年版,第 707 页。

4. 危害社会秩序

左道惑众。左道,即邪道,凡以左道蛊惑民众者,依律皆处死刑。《汉书·杜周传》记载,杜业上书成帝,告发师丹"背经术,惑左道",应处"大辟"。《汉书·王商传》载,左将军史丹奏,丞相王商"执左道以乱政,为臣不忠,罔上不道,《甫刑》之辟,皆为上戮"。上戮,指弃市、腰斩等重刑。

巫蛊。凡以邪术暗中加害于人,为巫蛊。在古代中国由于科学不发达,迷信之风盛行,以巫蛊加害于人的活动也屡见不鲜。由于巫蛊惑乱人心,危害社会治安,从汉迄清刑法中均列有巫蛊罪,犯者处重刑。武帝时,太子刘据被江充告发,在宫中埋有巫蛊武帝的木人,案发后太子自杀,牵连公主、皇后、丞相等"坐而死者,前后数万人"[177]。

5. 破坏经济秩序

私自冶铁煮盐。为加强中央集权的经济基础,武帝推行"盐铁官营"政策,从豪强地主富商大贾手中夺回了盐铁经营权,并以严刑惩罚私自铸铁煮盐,"敢私铸铁器、煮盐者,釱左趾,没入其器物"[178]。

盗铸钱。按秦律盗铸钱处死刑,汉初旧律也以盗铸钱为死罪,文帝时废除此律,使民放铸。贵族吴王濞和宠臣邓通因而豪富,所谓"吴、邓钱布天下"[179],造成币制的紊乱。景帝时,恢复禁令,"定铸钱伪黄金弃市律"[180]。但是,官民盗铸沿行已久,一时未能消除。至武帝加强了朝廷对财政的控制,将铸币权收归中央,发行通行全国的五铢钱,禁止郡国铸钱,"盗铸诸金钱皆死",但由于犯法者众,不能尽诛,于是在实行五铢钱后五年,"赦吏民之坐盗铸金钱死者数十万人……赦自出者百余万人"[181]。

侵犯公私财产。早在高祖刘邦初入关时提出的约法三章中便有"盗抵罪"的内容,《九章律》也以《盗律》为首。据《汉书·萧望之传》,汉时盗与受财、杀人均属不赦之罪。对盗窃罪的处刑,是根据赃物的多少而定的。所谓"盗臧有多少,罪名不可豫定,故凡言抵罪,未知抵何罪也"[182],对于无故侵入他人室宅庐舍、车船,其中或有盗嫌窃疑的,法律允许立时格杀而无罪。[183]

对于窃盗官府器物处刑尤重,"太子郭夫人弟为曲周县吏,断盗官布,法应

---

[177] 班固:《汉书·江充传》,中华书局2000年版,第1676页。
[178] 班固:《汉书·食货志下》,中华书局2000年版,第976页。
[179] 桓宽:《盐铁论校注·卷一·错币第四》,中华书局2017年版,第52页。
[180] 班固:《汉书·景帝纪》,中华书局2000年版,第106页。
[181] 班固:《汉书·食货志下》,中华书局2000年版,第978页。
[182] 班固:《汉书·高帝纪上》,中华书局2000年版,第17页。
[183] 阮元校刻:《周礼·秋官·朝士》,中华书局1980年版,第878页。

弃市”[184]。阳城侯田延平“坐为大司农,盗都内钱三千万,自杀”[185]。如系主守为盗,属知法犯法,赃物价值十金,即弃市。对于“盗乘舆服御物”者,处刑较一般盗罪尤重。

6. 官吏渎职

汉承秦时“明主治吏不治民”的传统,[186]注意发挥官吏在安民治国中的作用。景帝在诏书中指出:“不事官职耗乱者,丞相以闻,请其罪。”[187]并建立了“岁竟丞相课其殿最,奏行赏罚”的官吏考核制度。[188] 在统治者重视吏治的思想指导下,汉律中有关官吏职务犯罪的规定,较秦时增加。主要有以下几种:

贪污。汉律中贪污罪的名目很多,有受所监、受财物、听请、受财枉法、受赇枉法,等等。《说文解字》说:“赇,以财物枉法相谢也。”颜师古注《急就篇》曰:“以财求事曰赇。”汉律对官吏贪污的处刑颇为严厉。例如,吏受所监临属下饮食钱财,或免官夺爵,或罚金二斤。如受赇枉法则重刑。文帝十三年(公元前191年)诏曰:“吏受赇枉法……皆弃市。”[189]至于听请有受财不受财之分,听请受财处刑较重。平丘侯王迁听请受赃六百万,当以不道论死,因而畏罪自杀。除惩治受赇贪污外,也制裁行赇者,“临汝侯灌贤坐行赇罪,国除”[190]。汾阴悼嗣侯意“坐行赇,髡为城旦”[191]。尽管汉刑法对贪污罪处刑较严,但由于官吏贪污是封建国家的本质所决定的,是不可避免的,尤其是武帝为弥补财政虚耗,实行卖官,进一步败坏了吏治。

鞫狱不直和故纵。“不直”和“故纵”都是秦刑法中的罪名,是官吏在审判中的犯罪。汉律对鞫狱故不直一般处弃市刑,但由于不直是指入罪不以实,如晋灼所注,“律说出罪为故纵,入罪为故不直”[192],因此,虽为死罪尚可赎免。新畤侯赵弟“坐为太常鞫狱不实,入钱百万赎死,而完为城旦”[193]。

故纵系出罪,即放纵罪犯,因此自武帝时起处刑极严而且不许赎死。昭帝

[184] 陈寿撰,裴松之注:《三国志》卷十二《魏书·鲍勋传》,中华书局1959年版,第384页。
[185] 班固:《汉书·外戚恩泽侯表》,中华书局2000年版,第583页。
[186] 韩非著,张觉译注:《韩非子全译·外储说右下》,贵州人民出版社1992年版,第750页。
[187] 班固:《汉书·景帝纪》,中华书局2000年版,第108页。
[188] 班固:《汉书·丙吉传》,中华书局2000年版,第2354页。
[189] 班固:《汉书·刑法志》,中华书局2000年版,第940页。
[190] 司马迁:《史记·高祖功臣侯者年表》,中华书局2000年版,第756页。
[191] 班固:《汉书·高帝功臣表》,中华书局2000年版,第436页。
[192] 班固:《汉书·成帝功臣表》,中华书局2000年版,第549页。
[193] 班固:《汉书·成帝功臣表》,中华书局2000年版,第549页。

时,“廷尉李种坐故纵死罪,弃市”[194]。然而,“缓深故之罪,急纵出之诛”[195]所造成的后果,却是治狱之官,“上下相驱,以刻为明。深者获公名,平者多后患。故治狱之官皆欲人死,非憎人也,自安之道在人之死”[196]。

选举不实。汉时选拔人才的基本制度是察举,国家大吏不荐人才有罪,荐而不实亦有罪。汉刑法中的选举不实罪,实际是秦法“任人而所任不善者,各以其罪罪之”[197]在新的历史条件下的发展。武帝时,“山阳侯张当居为太常,坐选子弟不以实,免”[198]。因选举不实而免官,或被处以徒刑,或被削封邑者,屡见不鲜。

违反军律。此罪涉及广泛,如未得兵符而发兵为“擅发兵”罪,犯者处死刑。战争中有意不前或过失误期,为“逗留和失期”罪,前者处死刑,后者虽处死刑,但可赎免。将帅指挥不力造成士卒伤亡为“失亡”罪,当斩,亦可赎免。从征士卒逃亡为“逃亡”罪,本人处死,罪及妻子。此外,还有“乏军兴”罪、背敌弃城罪、讨贼失力罪、弃军逃亡罪、虏获不实罪、争功冒赏罪,等等。

7. 思想言论

随着专制制度的发展,汉不仅继承了秦的思想言论罪,而且有所发展。除诽谤、祝诅、诬罔、诋欺等罪外,还有诽谤妖言罪、非所宜言罪和腹诽罪。

诽谤妖言。秦时“诽谤者族”,是招致反抗的苛法之一。因此,刘邦甫入关中便宣布废除。文帝二年(公元前178年)五月正式下诏废除诽谤妖言罪,指出:“今法有诽谤讠夭言之罪,是使众臣不敢尽情,而上无由闻过失也,将何以来远方之贤良?其除之……自今以来,有犯此者勿听治。”[199]至武帝时,重用酷吏张汤,恢复了以诽谤妖言治罪。宣帝时,路温舒奏请“除诽谤以招切言,开天下之口,广箴谏之路”[200]。但宣帝虽善其言却未下明诏废除。相反,河南太守严延年“坐怨望非谤政治不道,弃市”[201]。哀帝时,再次“除诽谤诋欺法”[202]。然而,直到东汉,因诽谤而治罪者仍不少见,这说明在专制制度下既不可能杜绝惩罚思想言论的暴行,也就不可能彻底废除诽谤妖言罪。

汉刑法中的妖言与唐律中“诈为鬼神之语”的妖言不同。按《汉书·高后纪》颜师古注:“过误之语,以为妖言。”可见,所谓妖言不过是词语不慎或有过误

[194] 班固:《汉书·昭帝纪》,中华书局2000年版,第156页。
[195] 班固:《汉书·刑法志》,中华书局2000年版,第932页。
[196] 班固:《汉书·路温舒传》,中华书局2000年版,第1810页。
[197] 司马迁:《史记·范雎蔡泽列传》,中华书局2000年版,第1889页。
[198] 班固:《汉书·百官公卿表》,中华书局2000年版,第655页。
[199] 班固:《汉书·文帝纪》,中华书局2000年版,第86页。
[200] 班固:《汉书·路温舒传》,中华书局2000年版,第1811页。
[201] 班固:《汉书·酷吏传》,中华书局2000年版,第2178页。
[202] 班固:《汉书·哀帝纪》,中华书局2000年版,第235页。

之言而已,由此而获罪者或被徙边,或没为官奴婢,或免官为庶人,也有的比附"大逆不道",弃市。

非所宜言。秦二世时曾以非所宜言罪镇压反对他的诸生。汉援用秦律,借"非所宜言"惩罚臣僚和百姓。例如,《汉书·陈汤传》记载,"丞相御史奏汤惑众不道,妄称诈归异于上,非所宜言,大不敬"。《汉书·王尊传》记载,王尊劾奏丞相御史大夫等人"卑君尊臣,非所宜称,失大臣体……皆不敬"。可见,同属非所宜言罪,或按不敬,或按大不道,或按大不敬论处,说明这种犯罪并没有特定的犯罪要件和"正法",而是凭统治者的需要任意解释,反映了专制制度下因言致罪,轻重随心的刑法特征。

腹诽。秦时腹诽者诛。武帝时,廷尉张汤也以腹诽的罪名处死和他有仇隙的大农令颜异。"异与客语,客语初令下有不便者,异不应,微反唇,汤奏当异九卿见令不便,不入言而腹非,论死,自是后有腹非之法比,而公卿大夫多谄谀取容。"[203]颜异对于武帝造白鹿皮币的法令并没有妄加评议,便以腹诽论死,已经超越以言论定罪的界限。然而,武帝却肯定了这一罪名,推行强化专制主义中央集权政策。

8. 违反伦常

自武帝罢黜百家以后,儒家伦常观念的影响力进一步加强,凡违反伦常者均属刑法打击的重点。

不孝。夏商以来不孝罪便是重罪,汉律循此传统并作出一些具体规定。例如,何休注《春秋公羊传·文公十六年》,强调"无尊上,非圣人,不孝者,斩首枭之"。武帝曾以不孝罪处死衡山王太子。[204] 宣帝更以孝号召天下,他在地节四年(公元前66年)诏书中说:"导民以孝,则天下顺。"[205]汉律在确认不孝为重罪的同时,又规定子女为父母报仇而杀人者,减刑;子女如殴打父母,斩首枭之;如谋杀父母,则以大逆论,本人腰斩、妻子弃市。

禽兽行。所谓禽兽行是指卑幼与尊长妾的通奸行为。按汉律,常人通奸处三年徒刑,如以卑奸尊则以干犯伦常,属禽兽行,处以重刑。《汉书·燕王传》载:"定国与父康王姬奸,生子男一人,夺弟妻为姬,与子女三人奸。……公卿皆议曰:'定国禽兽行,乱人伦,逆天道,当诛。'上许之,定国自杀。"

9. 侵犯人身

杀人。杀人者死是约法三章的首要内容。在汉刑法中,杀人分谋杀、贼杀、

[203] 班固:《汉书·食货志下》,中华书局2000年版,第978页。

[204] 班固:《汉书·衡山王传》,中华书局2000年版,第1659页。

[205] 班固:《汉书·宣帝纪》,中华书局2000年版,第176页。

斗杀、戏杀、误杀、使人杀人、轻侮杀人、复仇杀人、狂易杀人,等等。

谋杀,“二人对议谓之谋”。[206] 汉律中所谓杀人,一般就是指谋杀而言,谋杀罪处弃市刑,谋杀人未遂,减刑。据《汉书·恩泽侯表》记载,章武嗣侯窦常生“坐谋杀人未杀,免”。[207]

贼杀,即后世律文中的故杀,贼杀也处重刑。汉律中还有贼斗杀人的罪名。

斗杀,“两讼相趣谓之斗”。[208] 汉承秦制奖励公战,严惩私斗,因斗而杀,“同伍及邻居之人,皆被收掩”。[209]

戏杀,“两和相害谓之戏”,戏杀减罪。据《酉阳杂俎·礼异》引汉律:“律:有甲娶,乙丙共戏甲,旁有柜,比之为狱,举置柜中,复之,甲因气绝,论当鬼薪。”也就是说,判处三年徒刑。

误杀人。据《后汉书·郭躬传》,汉律有“故误”之分,误杀即过失杀,凡过失杀人不坐死。

使人杀人,即教唆人或指使他人杀人,犯者按共犯中的主犯从重处刑。一些有爵位的贵族高官也因使人杀人而弃市。

复仇杀人。西周在宗法制度影响下,法律允许子孙为亲复仇,无罪。汉初刑法禁止私相报怨,但法令虽具而奉行不力,私相杀伤者,不绝于世。因此,后汉桓谭提出:“今宜申明旧令,若已伏官诛而私相杀伤者,虽一身逃亡,皆徙家属于边,其相伤者加常二等,不得雇山赎罪。”[210]

狂易杀人,是指人因病狂而改易其本性杀人。后汉陈忠奏请,“狂易杀人,得减重论”,被采纳施行。[211]

汉代杀季父和杀兄同属弃市之罪,二者在量刑上无所区别。父母杀子也无减轻之律,与杀凡人同罪。《后汉书·党锢列传》载:“小民困贫,多不养子,彪严为其制,与杀人同罪。”杀奴婢也需告官,禁止私杀,否则治罪。

伤人。伤人抵罪也是约法三章的内容之一。汉律中伤人罪分斗伤、贼伤和盗伤三种。

斗伤是在斗殴中所造成的伤害,斗伤在伤人罪中是大量的。斗伤又分刃伤与非刃伤两种,前者处刑重于后者。凡“斗以刃伤人,完为城旦,其贼加罪一等,

---

[206] 房玄龄等:《晋书·刑法志》,中华书局2000年版,第604页。

[207] 班固:《汉书·刑法志》,中华书局2000年版,第572页。

[208] 房玄龄等:《晋书·刑法志》,中华书局2000年版,第604页。

[209] 史游:《急就篇》,《钦定四库全书》影印本,1792年版,第55页。

[210] 范晔:《后汉书·桓谭传》,中华书局2000年版,第641页。

[211] 范晔:《后汉书·陈忠传》,中华书局2000年版,第1049页。

与谋者同罪”。[212]

贼伤,是指有意采用各种方法伤害他人身体。

盗伤有强盗伤人和窃盗伤人。盗伤则“与杀同罪”。“所以累其心而责其意也。”[213]窃盗如拒捕伤人,即按强盗论,“盗伤缚守似强盗”。[214]

汉刑法中还规定了伤害保辜制度。所谓保辜就是凡斗伤人,被告要在一定期限即“辜期”内对受害人的伤势负责,如在期限内伤势恶化死亡,被告按杀人罪论处。《急就篇》注:“保辜者,各随其状轻重,令殴者以日数保之,限内至死,则坐重辜也。”后世《大清律例》对保辜作了如下解释:“保,养也;辜,罪也,谓殴伤人未至死,当官立限以保之,保人之伤正所以保己之罪也。”可见保辜是一种保护受害人的制度。其在中国古代刑法中历史悠久,春秋时期已有此制,如鲁襄公七年,郑伯髡在赴诸侯大会的路上为反对他的大夫所伤,未到家即死亡。何休在注《春秋公羊传》时使用保辜的观点加注说:“古者保辜……辜内当以弑君论之,辜外当以伤君论之。”又徐彦疏:“其弑君论之者,其身枭首,其家执之;其伤君论之者,其身斩首而已,罪不累家。”[215]汉律中的保辜制度已经广泛应用,嗣昌武靖信侯单德,“元朔三年坐伤人二旬内死,弃市”。[216]

奸情。汉律中奸情罪分强奸、和奸。强奸指使用暴力或其他胁迫手段侵犯妇女人身的一种犯罪行为。《晋书·刑法志》引张斐《注律表》对强奸解释为:“不和谓之强。”对强奸罪的处刑是严厉的,如庸釐侯端因强奸人妻被判处死刑,后遇赦免死。[217] 和奸虽罪不至死,但也是一种重罪。土军式嗣侯宣生,“坐与人妻奸,免”。[218]

(二)废肉刑的刑制改革

1.废肉刑的经过

文帝十三年(公元前67年),“齐太仓令淳于公有罪当刑,诏狱逮系长安。淳于公无男,有五女,当行会逮,骂其女曰:‘生子不生男,缓急非有益也!’其少女缇萦自伤悲泣,乃随父至长安上书曰:‘妾父为吏,齐中皆称其廉平,今坐法当刑。妾伤夫死者不可复生,刑者不可复属,虽后欲改过自新,其道亡繇也。妾愿

[212] 班固:《汉书·薛宣传》,中华书局2000年版,第2526页。
[213] 桓宽:《盐铁论校注·卷十·刑德第五十五》,中华书局2017年版,第525页。
[214] 房玄龄等:《晋书·刑法志》,中华书局2000年版,第604页。
[215] 阮元校刻:《十三经注疏·春秋公羊传·襄公七年》,中华书局1980年版,第2312页。
[216] 班固:《汉书·高帝功臣表》,中华书局2000年版,第436页。
[217] 班固:《汉书·王子侯表下》,中华书局2000年版,第388页。
[218] 班固:《汉书·高惠高后文功臣表》,中华书局2000年版,第489页。

没入为官婢,以赎父刑罪,使得自新。'书奏天子,天子怜悲其意,遂下令曰:'……今法有肉刑三,而奸不止,其咎安在?……今人有过,教未施而刑已加焉,或欲改行为善而道亡繇至,朕甚怜之。夫刑至断肢体,刻肌肤,终身不息,何其刑之痛而不德也,岂称为民父母之意哉?其除肉刑,有以易之。'"[219]根据文帝的诏令,丞相张苍、御史大夫冯敬等议定:"当黥者,髡钳为城旦舂;当劓者,笞三百;当斩左止者,笞五百;当斩右止……皆弃市。"[220]

以黥、劓、斩左右趾为主要内容的肉刑,历经夏商周三代至文帝已两千余年,可谓源远流长。文帝十三年(公元前167年)废除肉刑,不单纯是为孝女感动所致,而是和汉初的整个形势以及统治者所推行的慎刑政策分不开的。从当时的形势来看,一方面,经过休养生息,经济得到了恢复和发展,社会秩序比较稳定,出现了"人人自爱,而重犯法",[221]"化行天下,告讦之俗易,吏安其官,民乐其业,畜积岁增,户口浸息"[222]的良好形势,从而为文帝改革刑制,改重为轻提供了必要的社会条件。另一方面,汉初的二十几年间,仍然发生了一系列大的战乱。例如,公元前200年与匈奴之战;公元前197年,代相陈豨联结匈奴自立为代王,发动了反汉的战争;公元前196年诛韩信、彭越后,英布叛乱;公元前182~公元前181年匈奴侵汉;公元前180年镇压诸吕。因此,文帝力图通过废肉刑进一步网络人心,扩大政权的群众基础,建立稳固的统治秩序。

此外,废肉刑也是汉朝建立以来所采取的省刑除苛等一系列措施深入发展的结果。

文帝废肉刑既有改重从轻的一面,也有改轻从重的一面,例如,刖右趾罪不至死,竟然处死刑。而且,笞三百以上,使犯罪者饱受榜掠,往往笞未毕而人已死,以至于"外有轻刑之名,内实杀人,斩右止者又当死,斩左止者笞五百,当劓者笞三百,率多死"。[223] 因此,景帝即位以后,立即下诏承认:"加笞与重罪无异,幸而不死,不可为人。其定律:'笞五百曰三百,笞三百曰二百。'"不久再下诏:"加笞者,或至死而笞未毕,朕甚怜之。其减笞三百曰二百,笞二百曰一百。又曰:'笞者所以教之也,其定箠令。'"遵照景帝圣意,丞相刘舍、御史大夫卫绾奏定箠令:"笞者,箠长五尺,其本大一寸,其竹也,末薄半寸,皆平其节。当笞者笞臀,毋得更人,毕一罪乃更人。自是笞者得全,然酷吏犹以为威。"[224]

---

[219] 班固:《汉书·刑法志》,中华书局2000年版,第930页。
[220] 班固:《汉书·刑法志》,中华书局2000年版,第931页。
[221] 班固:《汉书·食货志上》,中华书局2000年版,第956页。
[222] 班固:《汉书·刑法志》,中华书局2000年版,第929页。
[223] 班固:《汉书·刑法志》,中华书局2000年版,第931页。
[224] 班固:《汉书·刑法志》,中华书局2000年版,第932页。

可见,废肉刑由文帝发其端,景帝继其后,经过两代完成。对于这一重大的刑制改革,史书多推崇为仁政,如明丘濬在《大学衍义补》一书中说:“按后世以笞为刑始此……自是以来,天下之人犯法者始免断肢体,刻肌肤,百世之下,人得以全其身,不绝其类者,文帝之德大矣。”从中国刑制发展史来看,废肉刑的确反映了法制文明的进步,并为封建时期代表性的笞、杖、徒、流、死五种刑制的确立奠定了重要基础。

然而,景帝虽然矫正了废肉刑由轻改重之弊,却又产生了“死刑既重,而生刑又轻,民易犯之”的新问题。[225] 班固说:“且除肉刑者,本欲以全民也,今去髡钳一等,转而入于大辟,以死罔民,失本惠矣。故死者岁以万数,刑重之所致也。至乎穿窬之盗,忿怒伤人,男女淫佚,吏为奸赃,若此之恶,髡钳之罚又不足以惩也。故刑者岁十万数,民既不畏,又曾不耻,刑轻之所生也。”[226] 早在班固之前,光禄勋杜林已经指出:“古者肉刑严重,则人畏法令,今宪律轻薄,故奸轨不胜……”[227]

需要指出,文帝废肉刑令颁布以后,宫刑作为次死之刑的肉刑,应属废除之列。晁错在文帝十五年(公元前169年)对策中说:“肉刑不用……除去阴刑。”注引张晏曰,阴刑即“宫刑也”[228]。景帝元年(公元前156年)诏中也说:“孝文皇帝……除宫刑,出美人,重绝人之世也。”[229] 但据《史记·孝文本纪》索隐引崔浩汉律序云:“文帝除肉刑而宫不易。”又引张斐注云:“以淫乱人族序,故不易之也。”说明对于特定犯罪仍用宫刑。至景帝中元四年(公元前148年),正式允许以宫代死,“死罪欲腐者,许之”。苏林注云:“宫刑,其创腐臭,故曰腐也。”[230] 以宫代死,可能是为了克服废肉刑后“死刑既重,而生刑又轻”的矛盾而采取的所谓制“中刑”。

东汉明帝时,又恢复了以斩右趾代替死刑。这是对光武帝所主张的“吾理天下,亦欲以柔道行之”[231] 的宽刑省罚政策的回应。至东汉末,随着阶级斗争的尖锐化,主张恢复行肉刑的言论甚嚣尘上。《晋书·刑法志》说:“建安元年……故辽东太守崔寔、大司农郑玄、大鸿胪陈纪之徒,咸以为宜复行肉刑。”在恢复肉刑的一派声浪中,仲长统的观点是具有代表性的,他说:“肉刑之废,轻重

---

[225] 班固:《汉书·刑法志》,中华书局2000年版,第932页。
[226] 班固:《汉书·刑法志》,中华书局2000年版,第940页。
[227] 范晔:《后汉书·杜林传》,中华书局2000年版,第626页。
[228] 班固:《汉书·晁错传》,中华书局2000年版,第1760页。
[229] 班固:《汉书·景帝纪》,中华书局2000年版,第99页。
[230] 班固:《汉书·景帝纪》,中华书局2000年版,第106页。
[231] 范晔:《后汉书·光武帝纪下》,中华书局2000年版,第47页。

无品,下死则得髡钳,下髡钳则得鞭笞。死者不可复生,而髡者无伤于人。髡笞不足以惩中罪,安得不至于死哉。夫鸡狗之攘窃,男女之淫奔,酒醴之赙遗,谬误之伤害,皆非值于死者也。杀之则甚重,髡之则甚轻,不制中刑以称其罪,则法令安得不参差,杀生安得不过谬乎?今患刑轻之不足以惩恶,则假臧货以成罪,托疾病以讳杀,科条无所准,名实不相应,恐非帝王之通法,圣人之良制也。或曰:'过刑恶人,可也,过刑善人,岂可复哉。'曰:'若前政以来,未曾枉害善人者,则有罪不死也,是为忍于杀人,而不忍于刑人也。今令五刑有品,轻重有数,科条有序,名实有正,非杀人逆乱鸟兽之行甚重者,皆勿杀。嗣周氏之秘典,续吕侯之祥刑,此又宜复之善者也。'"〔232〕

与此同时,反对恢复肉刑的也大有人在,其中以孔融为代表,他说:"……故曰上失其道,民散久矣,而欲绳之以古刑,投之以残弃,非所谓与时消息者也,纣斮朝涉之胫,天下谓为无道。夫九牧之地,千八百君,若各刖一人是天下常有千八百纣也。求俗休和,弗可得也。且被刑之人,虑不念生,志在思死,类多趋恶,莫复归正。夙沙乱齐,伊戾祸宋,赵高、英布,为世大患,不能止人遂为非也,适足绝人还为善耳。虽忠如鬻拳,信如卞和,智如孙膑,冤如巷伯,才如史迁,达如子政,一离刀锯,没世不齿……汉开改恶之路,凡为此也。故明德之君,远度深惟,弃短就长,不苟革其政者也。"对于孔融的议论,"朝廷善之",已定的刑制,"卒不改焉"〔233〕。

汉以后魏晋时期,围绕肉刑的存废仍然迭有争论。主张恢复肉刑者曹魏以陈群为代表,西晋以刘颂为代表,其基本理由大都本于班固,企图借肉刑来弥补"杀之则甚重,髡之则甚轻"所造成的空隙。但是,肉刑制度始终没有从法律上正式恢复,这正如东晋大将军王敦所说,"百姓习俗日久,忽复肉刑,必骇远近……不宜有惨酷之声,以闻天下"〔234〕。然而,司法实践中对于黥刑的适用,从汉迄清始终未断,个别时期尤有甚者。但它属于法定五刑之外的酷刑之类。

总括上述,西汉文景废除肉刑是中国刑制的重要改革,使刑制由野蛮趋向于"文明",改善了与封建经济基础不相适应的上层建筑的某些部分,符合历史发展的潮流,因而具有进步的意义。尽管文景以后倡议恢复者大有人在,却终究没有恢复,其原因就在于此。

2. 死刑

见于汉律令的死刑共六百一十条,死刑的执行方法有以下几种:

---

〔232〕 范晔:《后汉书·仲长统传》,中华书局2000年版,第1115页。

〔233〕 范晔:《后汉书·孔融传》,中华书局2000年版,第1531页。

〔234〕 房玄龄等:《晋书·刑法志》,中华书局2000年版,第613页。

斩首,斩首又称"殊死"。据《汉书·高帝纪》记载,高祖六年(公元前 199 年),令曰:"兵不得休八年,万民与苦甚,今天下事毕,其赦天下殊死以下。"韦昭注:"殊死,斩刑也。"师古曰:"殊,绝也,异也,言其身首离绝而异处也。"景帝时七国谋反,"斩御史大夫晁错以谢七国"〔235〕。

枭首,"枭,谓斩其首而悬之也。"〔236〕凡"无尊上,非圣人,不孝者,斩首枭之"〔237〕。汉初,彭越以谋反罪枭首雒阳。《汉书·外戚传》记载:"女子楚服等坐为皇后巫蛊祠祭祝诅,大逆无道……枭首于市。"可见,汉代妇女犯重罪也处以枭首。

腰斩,据《释名·释丧制》说:"斫头曰斩,斩腰曰腰斩。"《周礼·秋官·掌戮》郑玄注云:"斩以鈇钺,若今要斩也;杀以刀刃,若今弃市也。"可见,腰斩和弃市不仅受刑的部位不同,行刑使用的刑具也不同。腰斩适用于大逆等重罪,《汉书·武帝纪》载,丞相刘屈氂的妻子因作巫蛊,大逆枭首,牵连屈氂也被腰斩。在汉代军法中,"乏军兴"或其他重罪,均处腰斩。

弃市,按师古注:"杀之于市也。谓之弃市者,取刑人与市,与众弃之也。"〔238〕弃市是汉代常用的死刑,多适用于反逆、杀人、欺罔等。

族刑,大逆无道,本人腰斩,父母、妻子、同产无少长皆弃市,是为族刑。公孙敖、主父偃、郭解等,或因大逆不道,或受牵连,而被处族刑。汉初,还保留了夷三族刑,三族者,"父族、母族、妻族也"〔239〕。彭越、韩信均被夷三族。至吕后元年废除三族罪,但其后新垣平谋逆又处以夷三族刑,酷吏王温舒竟被夷五族。

磔,师古曰"磔谓张其尸也"〔240〕。对于反逆重罪则用磔刑。景帝中元二年(公元前 148 年)改磔刑为弃市。

3. 肉刑

汉初肉刑共有黥、劓、斩左右趾、宫四种。文帝十三年(公元前 167 年)废肉刑以后,仅存宫刑和斩右趾。

宫刑,又称腐刑或蚕刑。汉时宫刑除适用于犯淫乱的男女罪犯外,也有因政治原因而被处以宫刑,如司马迁曾为李陵投降匈奴一事辩解,被处以宫刑。文帝废肉刑,"而宫不易"的原因,一则"以淫乱人族序,故不易之也"〔241〕;再则弥

---

〔235〕 班固:《汉书·景帝纪》,中华书局 2000 年版,第 102 页。
〔236〕 班固:《汉书·陈汤传》,中华书局 2000 年版,第 2273 页。
〔237〕 阮元校刻:《春秋公羊传·文公十六年》,中华书局 1980 年版,第 2410 页。
〔238〕 班固:《汉书·景帝纪》,中华书局 2000 年版,第 104 页。
〔239〕 班固:《汉书·高帝纪下》,中华书局 2000 年版,第 49 页。
〔240〕 班固:《汉书·景帝纪》,中华书局 2000 年版,第 104 页。
〔241〕 司马迁:《史记·孝文本纪》,中华书局 2000 年版,第 301 页。

补死刑与笞刑之间由于轻重悬绝而造成的空白。

斩右趾，文帝废肉刑，“当斩右趾……皆弃市”[242]，以致罪不应死者竟然处死，因而受到讥评。至景帝即位仍将某些不应弃市的罪犯改为斩右趾。所谓“以生易死”，这既使刑罪相称，对犯罪者起到惩戒作用，又克服了文帝废肉刑的弊端。

4. 笞刑

文帝以笞刑取代黥、劓、刖左趾之后，笞刑遂成为汉代重要的刑种。据《唐律疏议·名例》说：“汉时，笞刑用竹，今则用楚。”笞刑虽然不是毁伤肢体的肉刑，但也触及皮肉，常常使受刑者非死即伤，所以景帝定箠令，规定了笞刑刑具的规格和受刑的部位。后世遵用并将笞刑列为法定五刑之一。

5. 徒刑

汉代徒刑沿用秦制，文帝改革时将不定期的徒刑改为等次分明的有期刑，他在诏中说：“其除肉刑，有以易之。及令罪人各以轻重，不亡逃，有年而免。具为令。”[243]据此，丞相张苍、御史大夫冯敬提出了以下具体刑期：“罪人狱已决，完为城旦舂，满三岁为鬼薪白粲。鬼薪白粲一岁，为隶臣妾。隶臣妾一岁，免为庶人。”[244]景帝时，进一步完善了徒刑的刑期：“有罪各尽其刑。凡有罪，男髡钳为城旦。皆作五岁。完四岁，罪为司寇，司寇男备守，女为作如司寇，皆作二岁。男为戍罚作，女为复作，皆一岁到三月。”[245]以下分别加以阐述。

司寇，据《汉旧仪》载，“司寇男备守，女为作如司寇”皆为两年刑。桓帝时，段颎“坐诈玺书伏重刑，以有功论司寇”[246]。在《汉书·王子侯表功臣表》中耐为司寇者六人。司寇在服刑期可以承当“伺察边寇”和监领刑徒服刑的任务。

罚作、复作，皆为一岁刑。罚作是守边；复作适用于女犯，是在官府服强制劳役。《汉书·宣帝纪》载：“使女徒复作。”注引李奇曰：“复作者，女徒也。谓轻罪，男子守边一岁，女子软弱不任守，复令作于官，亦一岁，故谓之复作徒也。”孟康曰：“复，音服，谓弛刑徒也，有赦令诏书去其钳釱赭衣，更犯事。不从徒加，与民为例，故当复为官作，满其本罪年月日，律名为复作也。”师古认为孟说为是。文帝时，云中太守魏尚，因记录斩敌首误差六级，而被“削其爵，罚作之”[247]。

[242] 班固：《汉书·刑法志》，中华书局2000年版，第931页。
[243] 班固：《汉书·刑法志》，中华书局2000年版，第930页。
[244] 班固：《汉书·刑法志》，中华书局2000年版，第931页。
[245] 孙星衍等辑，周天游点校：《汉官六种·汉旧仪》，中华书局1990年版，第53页。
[246] 范晔：《后汉书·段颎传》，中华书局2000年版，第1450页。
[247] 司马迁：《史记·张释之冯唐列传》，中华书局2000年版，第2126页。

隶臣妾,也是一岁刑,颜师古注曰:“男子为隶臣,女子为隶妾。鬼薪白粲满一岁为隶臣,隶臣一岁免为庶人,隶妾亦然也。”[248]秦时,隶臣妾兼有刑徒与官奴婢的属性,汉时刑制改革,隶臣妾成为完全意义上的刑徒。但武帝以后,以罚作、复作代替隶臣妾,隶臣妾的刑名遂不再见于史籍。

汉代服刑的刑徒,由于被迫从事各种繁重的劳役,而且过着非人的生活,因而在成帝时接连发生刑徒起义,迫使统治者减免刑罚和赦免刑徒。

6. 迁徙

汉时尚无流刑,而有徙,或曰迁、流徙。《汉书·彭越传》记载高祖曾赦有牵连的罪犯徙蜀,是迁徙刑最早的一例。其后诸王有罪大都适用此刑。迁徙中有“谪戍”,也就是徙边。武帝元狩五年(公元前118年),“徙天下奸猾吏民于边”[249]。天汉元年(公元前100年)“启河右四郡,议诸疑罪而谪徙之”[250]。东汉时徙边作为减死之刑较为常用,而且逐渐发展为徙边固防的需要,失去了原来意义上的刑惩意义。徙边罪犯遇赦亦可放回,名儒马融因忤犯大将军梁翼,谪戍朔方,后“得赦还,复拜议郎”[251]。东汉末,徙边又成为死刑的株连刑,遇有重罪,本人处死,妻子徙边。

7. 禁锢

禁锢,按颜师古注,“终身不得仕”之意[252]。文帝时规定:“贾人赘婿及吏坐赃者不得为吏。”[253]但汉代的历史上禁锢更多地适用于犯法的官吏。东汉时期禁锢的范围不断扩大,牵连子孙和亲属。

8. 赎刑

赎刑广泛适用,而且不同时期各有具体规定。如惠帝时“民有罪,得买爵三十级以免死罪”,应劭注“一级直钱二千,凡为六万”[254],是为汉用钱赎罪的开始。至武帝,为弥补连年征战的财政空虚,广泛实行入钱赎罪。天汉四年(公元前97年)“令死罪入赎钱五十万,减死一等”[255],太始二年(公元前96年)“募死罪人赎钱五十万,减死一等”。[256] 京兆尹张敞还提出:“非盗受财杀人,及犯法不得赦者,皆得以差入谷此八郡赎罪。”当时萧望之反驳说:“如此则富者得生,

---

[248] 班固:《汉书·刑法志》,中华书局2000年版,第931页。
[249] 班固:《汉书·武帝纪》,中华书局2000年版,第127页。
[250] 魏收:《魏书·刑罚志》,中华书局2000年版,第1921页。
[251] 范晔:《后汉书·马融传》,中华书局2000年版,第1333页。
[252] 班固:《汉书·息夫躬传》,中华书局2000年版,第1682页。
[253] 班固:《汉书·贡禹传》,中华书局2000年版,第2306页。
[254] 班固:《汉书·惠帝纪》,中华书局2000年版,第65页。
[255] 班固:《汉书·武帝纪》,中华书局2000年版,第146页。
[256] 班固:《汉书·武帝纪》,中华书局2000年版,第147页。

贫者独死,是贫富异刑而法不一也。”[257]从张敞建赎刑之议和萧望之的反驳,说明当时以钱赎刑还是临时性措施,不是常法,但已逐渐向制度化发展。司马迁在《报任少卿书》中说“家贫,财赂不足自赎”就说明了这一点。赎刑的制度化、法律化是东汉明帝以后之事。

西汉末至东汉初年实行的“女徒顾山”也属于赎刑的范畴。平帝元始元年(公元前86年)发布诏令,“天下女徒已论,归家,顾山钱月三百”。颜师古注曰:“谓女徒论罪已定,并放归家,不亲役之。但令一月出钱三百,以雇人也。”[258]东汉光武帝建武二十九年(53年)“令天下系囚自殊死已下及徒各减本罪一等,其余赎罪输作各有差”[259]。明帝建武中元二年(公元57年)诏曰:“天下亡命殊死以下听得赎论,死罪入缣二十匹,右趾至髡钳城旦舂十匹,完城旦舂至司寇作三匹。其未发觉,诏书到先自告者半入赎。”[260]和帝以后诸帝均有赎罪之令,使赎刑盛行于东汉。《后汉书·陈宠传》说:“今律令……赎罪以下二千六百八十一。”

9. 罚金

罚金适用于轻微犯罪,属最轻刑。例如,“三人以上无故群饮,罚金四两”[261];“乙令:‘跸先至而犯者,罚金四两’”[262];“令甲:‘诸侯在国,名田他县,罚金二两。’”[263]

(三)受儒家思想影响的刑法原则

汉律中的刑法原则是战国以来司法经验的总结,经过辑存、考证,可以概括如下。

上请与听赎。“上请”是汉律中赋予贵族官僚的一项法定特权,凡宗室贵族及六百石以上高官犯罪,司法官无权擅自判决,而须“上请”皇帝裁夺。高祖七年(公元前200年),“令郎中有罪耐以上,请之”。应劭注曰:“言耐罪以上,皆当先请也。”[264]这标志着“上请”制度的建立。郑玄在为《周礼》“八辟”所作的注中,对“上请”适用的范围勾勒得十分清楚。例如,议亲之辟注曰“若今时宗室

[257] 班固:《汉书·萧望之传》,中华书局2000年版,第2444页。
[258] 班固:《汉书·平帝纪》,中华书局2000年版,第246页。
[259] 范晔:《后汉书·光武帝纪下》,中华书局2000年版,第54页。
[260] 范晔:《后汉书·明帝纪》,中华书局2000年版,第67页。
[261] 班固:《汉书·文帝纪》,中华书局2000年版,第80页。
[262] 班固:《汉书·张释之传》,中华书局2000年版,第1769页。
[263] 班固:《汉书·哀帝纪》,中华书局2000年版,第235页。
[264] 班固:《汉书·高帝纪下》,中华书局2000年版,第47页。

有罪,先请是也”;议贤之辟注曰“若今时廉吏有罪,先请是也”;议贵之辟注曰“若今时吏墨绶(六百担以上)有罪,先请是也”。

汉代也确认了由来已久的以钱赎刑的原则,并扩大为以钱、物或爵作为赎刑的代价。赎刑也适用于死刑,惠帝时“民有罪,得买爵三十级,以免死罪”。应劭注曰:“一级直钱二千。”师古注曰:“令出买爵之钱以赎罪。”[265]景帝时,根据晁错的建议实行“入粟县官……得以除罪”[266]。武帝时,明令纳钱五十万,减死罪一等。以钱物赎罪,使富者得生,贫者独死,甚至司马迁也因无钱自赎而遭宫刑。这种“贫富异刑而法不一”[267]的制度,曾经受到有见识的官僚的反对,但由于它是封建等级特权法的本质所决定的,非但未能革除,反而不断扩大适用的范围。

自首与过失减刑,故意与首恶从重。汉律明确规定“先自告,除其罪”[268],所谓“自告”即自首。先自告减罪的范围也只限于已自首部分。但杀人者虽先自告,仍弃市。

汉律对于首恶采取从重原则。《汉书·主父偃传》记载:“偃本首恶,非诛偃无以谢天下,乃遂族偃。”《汉书·伍被传》记载:“张汤进曰,被首为王画反计,罪无赦。遂诛被。”此外,还将西周时便通行的故意从重、过失减轻的刑法原则进一步具体化。以杀人罪为例,汉律中凡故意杀人,一般均处死刑,而过失杀人则不坐死。长期的司法经验证明、故意与首恶从重,自首与过失减轻,既有利于打击故意犯与首恶犯,又便于分化犯罪集团;既考虑到犯罪者的动机,又着眼于区别用刑所带来的社会效果。

亲亲得相首匿。在孔子提出的“父为子隐,子为父隐,直在其中矣”[269]的“仁孝”思想影响下,从宣帝时起,改变了武帝时期实行的父子、夫妇首匿相坐之法。于地节四年(公元前66年)下诏云:“父子之亲,夫妇之道,天性也。虽有患祸,犹蒙死而存之。诚爱结于心,仁厚之至也,岂能违之哉。自今子首匿父母,妻匿夫,孙匿大父母,皆勿坐。其父母匿子,夫匿妻,大父母匿孙,罪殊死,皆上请廷尉以闻。”[270]这种在一定的血亲范围内法律允许互相隐罪不予制裁或减轻处罚的刑法原则,是引礼入法、法与情合的重要表现。还在武帝推行首匿相坐之法时,董仲舒就曾经借春秋大义,论证了一个隐匿犯有杀人罪的义子之父“不

〔265〕 班固:《汉书·惠帝纪》,中华书局2000年版,第65页。

〔266〕 班固:《汉书·食货志上》,中华书局2000年版,第954页。

〔267〕 班固:《汉书·萧望之传》,中华书局2000年版,第2444页。

〔268〕 班固:《汉书·衡山王传》,中华书局2000年版,第1659页。

〔269〕 阮元校刻:《十三经注疏·论语·子路》,中华书局1980年版,第2507页。

〔270〕 班固:《汉书·宣帝纪》,中华书局2000年版,第176页。

当坐”。宣帝把儒家亲亲首匿思想加以法律化，标榜以仁孝治天下，反映了儒家思想正统地位趋于巩固。

从实质上看，孔子鼓吹的父子有罪相容隐的所谓“直”，实际是强制卑幼“为尊者讳”“为亲者讳”[271]，这当然是封建统治者所乐于接受的。亲亲首匿的原则为汉以后历代刑法所援用，但反逆大罪不在此列。

矜恤老幼妇残。由于老、幼、妇、残对于社会的危险性较小，汉律减轻此类人犯法应负的刑事责任。惠帝时诏“民年七十以上，若不满十岁，有罪当刑者，皆完之”[272]。景帝时，对于“年八十以上，八岁以下，及孕者未乳、师、朱儒，当鞠系者，颂系之”[273]。就是对这几类罪犯拘押时不带刑具。宣帝鉴于“夫耆老之人，发齿堕落，血气既衰，亦无暴逆之心”，下诏说：“自今以来，诸年八十非诬告杀伤人，它皆勿坐。”[274]成帝时规定“年未满七岁，贼斗杀人及犯殊死者，上请廷尉以闻，得减死”[275]。至西汉末，平帝元始四年（公元 4 年），针对“苛暴吏多拘系犯法者亲属、妇女老弱，构怨伤化，百姓苦之”的严酷现实，为了缓和日趋尖锐的阶级矛盾，特别下诏，明敕百寮：“眊悼之人（八十曰眊，七岁曰悼），刑罚所不加，圣王之所制也……妇女非身犯法，及男子年八十以上，七岁以下，家非坐不道，诏所名捕，它皆无得系。”[276]只有犯不道罪才加以拘禁。东汉光武帝建武三年（公元 27 年）诏中重申此项规定，只是将七岁以下改为十岁以下。

汉统治者从长期的实践经验中深知老弱妇残犯罪的可能性较小，因此，采取恤刑的措施，既不会影响统治秩序的稳定，又可以粉饰“仁道”“爱民”之意。此项刑法原则的确立，也反映了我国古代法制文明的进步。只有反叛大罪，采用连坐、族诛等酷刑，老幼都不免。

诬告反坐。诬告反坐是传统的刑法原则。诬告是以捏造事实向官府告发，以陷人于罪，不仅直接危害了被诬告者本人，而且妨害了社会秩序的稳定，扰乱了司法机关的正常活动，因此，汉刑法中列有“诬罔”“教人诬告”等罪名，并加重了对诬告罪的惩罚。其目的如同《晋书·刑法志》所载曹魏律《序略》所云：“所以累之使省刑息诬也。”宣帝元康四年（公元前 62 年）诏书中特别指出，自今以后，“诸年八十以上，非诬告、杀伤人，它皆勿坐”。按颜师古注：“诬告人及杀

---

[271] 阮元校刻：《十三经注疏·春秋公羊传·闵公元年》，中华书局 1980 年版，第 2243 页。

[272] 班固：《汉书·惠帝纪》，中华书局 2000 年版，第 63 页。

[273] 班固：《汉书·刑法志》，中华书局 2000 年版，第 936 页。

[274] 班固：《汉书·刑法志》，中华书局 2000 年版，第 936 页。

[275] 班固：《汉书·刑法志》，中华书局 2000 年版，第 936 页。

[276] 班固：《汉书·平帝纪》，中华书局 2000 年版，第 249 页。

伤人皆如旧法。”[277]可见,汉刑法中,诬告等同于杀伤人,都是严重犯罪,即使年八十以上也不得免刑。如果诬告他人谋反,即使被诬者未决,诬人者也要处死刑。唆使他人诬告也同样处重刑,宣帝时长沙剌王刘建德教人诬告和他有积怨的内史,以弃市罪削八县罢中尉官。另据《后汉书·杨璇传》记载,荆州刺史赵凯,诬奏杨璇冒功,结果“凯反受诬人之罪”。近年出土的居延汉简中有“建武三年侯粟君所责寇恩事”,不仅记录了“以辟所出入罪反罪”的汉律条文,而且以一个确切的诬告反坐的案例证明了汉代司法实践中确实实行诬告反坐的原则。

数罪以重者论。郑玄曾据汉律注解《尚书大传·多方》“一夫而被此五刑”时指出:“被此五刑喻犯数罪也……犯数罪犹以上一罪刑之。”何休注《公羊传·昭公六年》“杞伯益姑卒”时也引汉律说:“一人有数罪,则以重者坐之。然则亦不再加。”说明汉时一人犯数罪不采取并合论罪,而是择其重者处之。这条刑法原则既不放纵重罪,又避免了一人之身反复受刑的痛苦,是古代刑法趋向文明的表现。

刑罚只及一身。汉儒根据《春秋公羊传·昭公二十年》“恶恶止其身,善善及子孙”的观点,论证了刑罚只及一身的原则的合理性,由于得到汉统治者的肯定,而在司法实践中得以有效推行。安帝时,居延都尉范邠因贪污罪,拟增锢其子,太尉刘恺“独以为春秋之义,善善及子孙,恶恶止其身,所以进人于善也。……如令使臧吏禁锢子孙……非先王详刑之意也。有诏:‘太尉议是。’”[278]东汉时平原多盗,赵憙斩其渠帅,根据恶恶止其身的春秋之义,将当坐的余党数千人,仅只徙京师近郡监管,从而缓和了矛盾,得到了皇帝的允准。[279]

君亲无将,将而诛焉。“君亲无将,将而诛焉”见于《春秋公羊传·庄公三十二年》,师古注曰:“将有其意义。”也就是说,君亲至上,卑幼不得对君亲有犯罪之心,否则即诛之,这是儒家伦理法思想的表现。汉时正式将其确认为实际的刑法原则。例如,在讨论对淮南王安的处刑时,胶西王端便提出:“春秋曰:臣毋将,将而诛。安罪重于将,谋反形已定……当伏法。”[280]这个刑法原则是以犯罪者的动机为定罪量刑的根据,实际上是通过惩罚对君亲不利的动机,维护君亲至上。

不溯及既往。汉律规定:“犯法者,各以法(发)时律令论之,明有所讫

[277] 班固:《汉书·宣帝纪》,中华书局2000年版,第181页。
[278] 范晔:《后汉书·刘恺传》,中华书局2000年版,第870页。
[279] 范晔:《后汉书·赵憙传》,中华书局2000年版,第610页。
[280] 班固:《汉书·衡山王传》,中华书局2000年版,第1657页。

也。"[281]就是根据犯罪时的现行的法律断罪,不溯及已变动了的法律和法律关系,以维护法律秩序的稳定。例如,西汉成帝绥和年间,定陵侯淳于长犯大逆罪处死刑,其妾迺始等六人在案发前已离异改嫁,但丞相翟方进、大司空何武等仍拟处以死刑,廷尉孔光认为不应追溯犯罪前已经离异的妾应负之罪,他说:"大逆无道,父母妻子同产无少长皆弃市,欲惩后犯法者也。夫妇之道,有义则合,无义则离。长未自知当坐大逆之法,而弃去迺始等,或更嫁,义已绝,而欲以为长妻论杀之,名不正,不当坐。"[282]这场争论最后由成帝下诏肯定孔光的意见,不追究迺始等人的刑事责任。

哀帝时,鉴于大赦前的犯罪于大赦后仍受到追究的事实,特别下诏,"有司无得举奏赦前往事"[283];平帝即位以后也认为,"往者有司多举奏赦前事,累增罪过,诛陷亡辜,殆非重信慎刑,洒(洗)心自新之意也"。为此他在诏书中强调:"自今以来,有司无得陈赦前事置奏上。有不如诏书为亏恩,以不道论。定著令,布告天下,使明知之。"[284]

综上所述,汉代的刑法原则较之秦时充实,体现了儒家思想的影响,对于稳定司法秩序、实现刑法的任务起了重要的作用,并对汉以后有着深远的影响。

五、民事法律关系的发展与民事立法

西汉经济的恢复与发展,促进了财产关系的流转和封建等级制下人身关系的形成,而这一切又推动了民事法律的发展。

《二年律令》中的《户律》《置后律》《傅律》主要是民事立法,《户令》可视为《户律》的补充法,此外,皇帝因臣下奏请制定某项民事立法而颁布的诏令,当为民事法律渊源。《二年律令》中的《津关令》,其中既有自上而下要求立法之令,也有自下而上请求立法的记载。《二年律令》中既有纯粹的民事法律,也有民事附带刑事的法律。总之,对于了解汉代的民事法律具有重要的物证价值。

民事法律关系的发展必然要求制定相应的法律加以规范和保护。西汉时期的民事法律散见于各种律中,如《户律》确认户籍、身份,《金布律》调整市场与货币流通,尤其在《傍章律》中涉及民事法律关系的许多方面。散见于各律中的民事法律规定,通过对特定的财产关系和人身关系的调整,维护了封建的经

[281] 班固:《汉书·孔光传》,中华书局2000年版,第2499页。
[282] 班固:《汉书·孔光传》,中华书局2000年版,第2499页。
[283] 班固:《汉书·哀帝纪》,中华书局2000年版,第235页。
[284] 班固:《汉书·平帝纪》,中华书局2000年版,第243～244页。

济制度和社会秩序,确定了民事行为当事人之间的权利义务关系,起到了社会调节器的应有作用。

(一)身份与民事权利

西汉社会各阶级阶层在法律上的地位是不同的,因而在民事法律关系中所享受的权利和所承担的义务也有显著的差别。

诸侯王、官僚、地主、大商人享有完全的民事法律权利。

自耕农民也是民事权利主体,但佃耕农民以出卖劳动力受雇于人,由于依附于土地,常常伴随地权的转移归附新主,并饱受超经济剥削,其人身不完全自由,所享有的民事权利也因此受到限制,是不完整的。与此相类似的,耕种官田的农民,在国家直接控制下,也没有完全的人身自由与完整的民事权利。

商人作为商品流通领域的主体,自然具有民事行为能力;但由于汉代推行重农抑商的政策,从高祖时起便规定,商人不得衣丝乘车,商贾子孙不得为官,不得名田。惠帝还曾下令对商贾倍算其赋。可见商人的民事权利也受到一定的限制。

赘婿和妇女虽有人身自由权,但在民事法律关系上的权利却受到种种限制。特别是大量的官私奴婢是赏赐、买卖的标的物,与牛羊田宅同列,毫无权利可言。如《汉书·董仲舒传》所说,"众其奴婢,多其牛羊,广其田宅,博其产业"。由于官私奴婢数量极多,是一个庞大的劳动力阶层,两汉都曾下诏免为庶民,由此而获得了与庶民相同的民事权利。

至于行为能力,汉代没有明确概念与规定,一般以承担徭役的年龄即所谓"丁年"为获得行为能力的根据。汉初,男子年"二十三傅之畴官",按颜师古注:"傅,著也。言著名籍,给公家徭役也。"[285]景帝二年(公元前155年)冬十月改为"令天下男子年二十始傅"[286]。"傅"即应视为具有行为能力。男丁服役的年龄,除武帝时恢复二十三岁外,一般由二十岁至五十六岁。二十岁以下,十五岁以上虽不服役,但要交纳"算赋"。十五岁以下七岁以上也要交纳"口钱"。

在汉代,由于政府在灾荒年月将国有种子和粮食贷给灾民,或将大量官田出租给无地或少地的农民,因而发生了债权债务关系,政府成为特殊的民事权利主体而存在。由于是向国家缴纳赋税的基本单位,因而也具有权利主体的地位。

---

[285] 班固:《汉书·高帝纪上》,中华书局2000年版,第27页。

[286] 班固:《汉书·景帝纪》,中华书局2000年版,第101页。

至于民事权利客体,主要是田宅、牛马、奴婢以及法律允许在市场流通的手工业产品和农产品。

(二)所有权及法律保护

所有权的核心是土地的所有权。在汉代,国家拥有的山林川泽、苑囿园池、垦田荒地、可耕地称为“官田”或“公田”,并享有经营、收益、处分的权利。还通过实行屯田制度使国家可以无限制地占有土地。

除此之外,皇帝、贵族、官僚、地主、大商人、自耕农也占有不等的土地,称为私田。成帝便“置私田于民间”[287],早在高祖五年(公元前202年)五月在颁布大夫以上加爵一级的令中便特别提出“诏吏先予田宅”[288],使官僚地主化。哀帝虽宣布占田不得过三十顷,“犯者以律论”,但不久后却赐给宠臣董贤田二千顷。[289]

汉初颁行的“田律”、“田令”和“田租税律”,其着眼点都是对公私土地所有权的保护,确认官田与私田的租税收入。据《汉书·沟洫志》记载,武帝曾下诏:“今内史稻田租挈重,不与郡同,其议减。”颜师古注曰:“租挈,收田租之约令也。郡谓四方诸郡也。”它反映了汉代官府向农民出租土地即所谓“假民公田”“赐民公田”以收取地租的历史事实。但须指出的是,农民除向官府租佃土地外,更多的是向地主租佃土地,所谓“或耕豪民之田,见税什伍”[290]。

为了强制农民依法缴纳租额,昭帝始元六年(公元前81年)秋七月,“令民得以律占租”。如淳注曰:“律,诸当占租者家长身各以其物占,占不以实,家长不身自书,皆罚金(铜)二斤,没入所不自占物及贾钱县官也。”[291]如拒不交租税者要受到法律的惩治。

为了保护所有权,官田禁止买卖,如盗卖官田处死刑。私田如进行买卖、赠与、出租、继承等民事活动时,要求订立文契,作为所有权变动的法律凭证。居延汉简中的“卖田券”和已发现的买山刻石,就是不同形式的文契。如所有人的财产受到他人非法侵占或损害,所有人可以向官府提出诉讼,要求返还原物或予以损害赔偿,严重的要受到刑罚处分。

由于法律允许民田自由买卖和继承,土地兼并盛行,武帝时已经出现了“富

---

[287] 班固:《汉书·五行志中之上》,中华书局2000年版,第1118页。
[288] 班固:《汉书·高帝纪下》,中华书局2000年版,第40页。
[289] 班固:《汉书·哀帝纪》,中华书局2000年版,第235页。
[290] 班固:《汉书·食货志上》,中华书局2000年版,第957页。
[291] 班固:《汉书·昭帝纪》,中华书局2000年版,第157~158页。

者田连阡陌,贫者亡立锥之地"[292]的土地集中现象。地主豪强无休止地兼并土地,不仅使自耕农民失去土地,造成阶级矛盾的尖锐化,也不利于中央集权制国家基础的巩固。当时拥护中央集权制的政治家董仲舒便首倡"限民名田,以澹不足"[293]的主张,汉政府也屡颁"限田"和"抑兼并"的诏令。但限田的法令不仅受到贵族、豪强、大地主的抵制而无法实行,封建国家的本质也决定了其不可能得到认真贯彻。皇帝自己也置买私田。除私有土地外,国家仍占有大量官田,官田禁止买卖,如盗卖官田处死刑。随着屯田制的正式确立,又使国家得以无限制地扩占土地。至王莽时,土地集中现象更为严重,终于诱发了西汉统治的危机。

(三)债的法律调整与保护

西汉时期,因契约而发生之债已逐渐成为社会上较为普遍的现象,这是和商品经济的一定发展分不开的。汉简与地下文物的发现,使汉代因债而产生的法律关系、法律纠纷得到可靠的物证,如同郑玄所注《周礼》所云:"若今时市类为券书以别之,各得其一,讼则案券以证之。""谓若今时辞讼有券书者为治之。"在契约之债中以买卖契约最为流行。

买卖契约在汉时称为"券"或"券书",是各种契约形式中最普遍的一种。"券"或"券书"是买卖关系成立的合法凭证,发生争讼,则以此为凭。由于汉时民田所有人"卖买由己"[294],在汉墓中发现了许多以石、砖、铅、木、玉制作的买地券,其中包括订立契约的时间、当事人、田地四至、亩数、价钱、证人、不许侵犯等内容。例如,建初六年(81 年)武孟靡婴买田玉券如下:"建初六年十一月十六日乙酉,武孟子男靡婴买马起宠、朱大弟少卿家冢田,南广九十四步、西长六十八步、北广六十五步、东长七十九步、为田廿三亩奇百六十四步,直钱十万二千。东,陈田比分;北、西、南朱少比分。时知券约赵满,何非。沽酒各二千。"[295]建宁二年(169 年),王未卿买田铅券,还"丹书铁券为约"[296]。

在买卖契约中,土地买卖列为首位,汉简"长东里乐奴卖地券"中所列要件有卖主、卖地亩数、卖价、地款交付情况、卖主所应承担的责任、证人等。

不仅买卖土地有"地券",甚至赊买卖布袍、长袴也都须有契约和证人,居延

---

[292] 班固:《汉书·食货志上》,中华书局 2000 年版,第 957 页。
[293] 班固:《汉书·食货志上》,中华书局 2000 年版,第 957 页。
[294] 荀悦:《申鉴·时事》,上海古籍出版社 1990 年版,第 15 页。
[295] 张传玺:《历代契约会编考释》,北京大学出版社 1995 年版,第 45 页。
[296] 张传玺:《历代契约会编考释》,北京大学出版社 1995 年版,第 45 页。

汉简中便发现有贳卖契约。所谓贳，《说文》的解释为“贳，贷也”，《广雅》的解释为“贳，赊也”，即预付货以后再行付款。例如，“建昭二年闰月丙戌，甲渠令史董子方，买鄣卒□威裘一领，直七百五十，约至春钱毕已，旁人杜君隽”[297]，旁人即证人。从大量的居延汉简文中，可以看出凡属个人财物均可自由买卖，成交之后，订立契约，并有中人为证。

由于奴婢也是主要的买卖对象，因此汉代的买卖契约中也包括相当数量的买卖奴婢契约。《太平御览》卷五九八及孙星衍《读古文苑》卷二〇所载王褒的《僮约》典型地反映了汉代的买奴情形：“神爵三年正月十五日，资中男子王子渊从成都安志里女子杨惠买亡夫时户下髯奴便了，决贾万五千。奴当从百役使，不得有二言。……奴不听教，当笞一百。”由于盛行买卖奴婢，而有专门的奴婢市场。《汉书·王莽传》载，西汉时，“置奴婢之市，与牛马同栏，制于民臣，颛断其命，奸虐之人，因缘为利，至略卖人妻子”。

对于买卖行为中故意抬高价格显失公平者，即使是贵族高官也要予以惩罚。武帝太始四年（公元前92年）梁期侯嗣侯任当千，“坐卖马一匹贾钱十五万，过平，臧五百以上，免”[298]。这个案例虽然反映了武帝推行强干弱枝政策，乘机裁撤封侯国的政治原因，但由此也可以窥见对买卖公平要求之一斑。在涉外的买卖活动中，尤其要求依法进行。譬如买入塞外禁物，或出口马匹和武器，均给予法律制裁。景帝二年（公元前155年），嗣侯宋九，“坐寄使匈奴，买塞外禁物，免”[299]。

汉时，“为人起责，分利受谢”[300]的借贷活动已经盛行。发生借贷关系时须立券。法律在调整借贷关系时，侧重于保护债权人的利益，逾期不偿者要负法律责任。文帝时，河阳侯嗣侯陈信“坐不偿人债，过六月，免”[301]。

贵族官僚、豪商都热衷参与借贷，以牟取高利。颜师古曾为“为人起责，分利受谢”注曰：“言富贾有钱，假托其名，代之为主，放与它人，以取利息而共分之，或受报谢，别取财物。”[302]由于放贷者取息甚高，遂成为致富的一个途径。《史记·货殖列传》举高利贷者无盐氏为例，说他一岁之中获息十倍，“用此富埒关中”。债务人则往往因至期无力偿还，而不断发生逃亡与盗贼事件，成为社会不安定的因素。为此，汉律不得不明定利率，限制高利贷盘剥。据《汉书·食货

---

[297] 谢桂华、李均明、朱国照校：《居延汉简释文合校》，文物出版社1987年版，第38页。

[298] 班固：《汉书·武帝功臣表》，中华书局2000年版，第542页。

[299] 班固：《汉书·高帝功臣表》，中华书局2000年版，第475页。

[300] 班固：《汉书·谷永传》，中华书局2000年版，第2570页。

[301] 班固：《汉书·高帝功臣表》，中华书局2000年版，第448页。

[302] 班固：《汉书·谷永传》，中华书局2000年版，第2570页。

志》载:“欲贷以治产业者,均受之。除其费(成本),计所得受息,毋过岁什一。”凡取息过律者,追究法律责任。武帝元鼎元年(公元前116年),旁光侯刘殷“坐贷子钱不占租,取息过律,会赦,免”[303]。成帝建始二年(公元前31年)陵乡侯刘䜣,“坐贷谷息过律,免”[304]。因取息过律而“夺侯免国”,处罚不谓不严,这中间虽有政治因素,但也反映了高利取息危害社会秩序之严重。汉时已经出现了役身为奴抵债的现象,《太平御览》卷四一一引刘向《孝子图》:“前汉董永,千乘人,少失母,独养父。父亡,无以葬,乃从人贷钱一万。永谓钱主曰:‘后若无钱还君,当以身作奴。’”

为了保证债务关系的履行,设债务担保人,称为“任者”,也有见证人,称为“旁人”。债务担保,或者以物担保,或者以人为保,用以约束履行债务的义务。如债务已经清偿,要在原契约上注明。敦煌疏勒河流域出土的一百七十号汉简,正面为贳买契约,反面书以“正月责付”,表明债已清偿。

除上述契约形式外,尚有租赁契约、雇佣契约等。

除契约之债外,也发生侵害人身与财产的损害赔偿之债。据《后汉书·逸民传·梁鸿》载:

> (梁鸿)后受业太学,家贫而尚节介,博览无不通,而不为章句。学毕,乃牧豕于上林苑中。曾误遗火延及它舍,鸿乃寻访烧者,问所去失,悉以豕偿之。其主犹以为少。鸿曰:“无它财,原以身居作。”主人许之。因为值勤,不懈朝夕。

(四)婚姻、家庭与继承

自武帝罢黜百家、尊崇儒术以后,儒家三纲五常的学说构成了汉律的思想基础。这在婚姻家庭制度方面表现得尤为明显。汉时婚姻关系的成立,以父母主婚、媒妁传言为首要条件。随着商品经济的发展,“六礼”之中的“聘礼”极为盛行。汉初鉴于人口锐减,为了增殖人口,提倡早婚。曾下令,“女子年十五以上至三十不嫁,五算”[305],即五倍算赋。对此汉时人颇有异议,《汉书·王吉传》说:“世俗嫁娶太早,未知为人父母道而有子,是以教化不明而民多夭。”《礼记·内则》提出,男“三十而有室”,女“二十而嫁”。实际情况未必如此。至于婚姻

---

[303] 班固:《汉书·王子侯表上》,中华书局2000年版,第335页。
[304] 班固:《汉书·王子侯表上》,中华书局2000年版,第335页。
[305] 司马迁:《汉书·惠帝纪》,中华书局2000年版,第67页。

的禁忌,据《白虎通·姓名》载:“同姓不得相娶,皆为重人伦也。”近亲与尊卑之间也严禁通婚,更不得娶亡人为妻,违者科刑。

根据汉时礼法,婚姻的目的是“上以事宗庙,下以继后世也”[306],由此必然维护夫权统治,所谓“夫者,妻之天也”[307],同时,也重视生子延嗣,这是宗法制度所要求的。国家为奖励民间生子,高祖于七年下令民产子,免除二年徭役。由于延嗣继世是婚姻的目的,汉律虽然确定婚姻关系为一夫一妻制,但无后嗣者,纳妾亦不禁止。至于皇帝、贵族、官僚则实行法定的一妻多妾制。从武帝时起,皇后以下有十四个等级的“诸姬”,泛称“后宫三千”。丞相张苍也是“妻妾以百数”[308]。但妾的地位低下,“乱妻妾位”不仅为宗法所不许,也为国法所严禁,孔乡侯傅晏“坐乱妻妾位,免,徙合浦”[309]。

汉律也允许男子入赘女家,所谓“家贫子壮则出赘”[310]。由于赘婿既贫穷无力娶妻,又不得承继本支宗祀,因而受到社会歧视和法律上的不平等待遇。例如,文帝时,“贾人、赘婿及吏坐赃者,皆禁锢不得为吏”[311]。

婚姻的解除,主动权操于丈夫之手,突出地表现为妇人“七去”之条的规定。所谓七去是不顺父母、无子、淫、妒、恶疾、多言、窃盗。据《大戴礼记·本命》解释:“不顺父母去,为其逆德也;无子,为其绝世也;淫,为其乱族也;妒,为其乱家也;有恶疾,为其不可与粢盛也;口多言,为其离亲也;盗窃,为其反义也。”但也有“三不去”的理由:“有所取无所归,不去;与更三年丧,不去;前贫贱后富贵,不去。”[312]总之,丈夫可以各种口实休去贤良之妻,妻子却无权脱离品行恶劣的丈夫。儒家的理论认为,“夫有恶行,妻不得去者,地无去天之义也”[313]。

对于离婚后的财产,汉律也作出了前所未有的规定。据《礼记·杂记下》郑玄注引汉律,“弃妻升所赍”,规定丈夫提出离婚,允许妻子将出嫁时的财物带走。

汉律所确认的以男尊女卑为特征的婚姻关系,还表现在妻子如私自改嫁,或夫死未葬而改嫁者,皆弃市;夫与人通奸,只处徒刑,而妻与人通奸,则处死刑。

在继承方面,受宗法制度的影响,无论皇帝、贵族、官僚以及庶民都以宗祧继承为主。其次是财产继承。因此,立继即确立继承人最为紧要,称为“置后”

---

[306] 阮元校刻:《十三经注疏·礼记·昏义》,中华书局1980年版,第1680页。
[307] 阮元校刻:《十三经注疏·仪礼·丧服》,中华书局1980年版,第2394页。
[308] 司马迁:《史记·张丞相列传》,中华书局2000年版,第2074页。
[309] 班固:《汉书·外戚恩泽侯表》,中华书局2000年版,第599页。
[310] 班固:《汉书·贾谊传》,中华书局2000年版,第1723页。
[311] 班固:《汉书·贡禹传》,中华书局2000年版,第2306页。
[312] 高明注译:《大戴礼记·本命》,商务印书馆1977年版,第469页。
[313] 陈立撰,吴则虞点校:《白虎通疏证》,中华书局1994年版,第467页。

或“代父后”。汉代无论王位还是爵位的继承权都属于嫡长子,所谓“父子相传,汉之约也”[314]。《史记·孝文本纪》说:“立嗣必子,所从来远矣。……子孙继嗣,世世弗绝,天下之大义也。”景帝时,欲传帝位于其弟梁孝王,大臣窦婴争谏说:“汉法之约,传子适孙,今帝何以得传弟,擅乱高祖约乎!”袁盎也说:“方今汉家法周,周道不得立弟,当立子。”[315]

《二年律令·置后律》规定了无子男立继的继承顺序和限制:

> 死毋子男代户,令父若母,毋父母令寡,毋寡令女,毋女令孙,毋孙令耳孙,毋耳孙令大父母,毋大父母令同产子代户。同产子代户,必同居数。弃妻子不得与后妻子争后。[316]

在封爵的继承上尤其强调嫡长子继承,汉律特别规定了“非正”罪与“非子”罪。凡非嫡系正宗继承爵位,为“非正”罪,依律免为庶人。平帝时“嗣平周侯丁满,坐非正免”[317]。凡非亲生之子继承爵位,为“非子”罪。宣帝时营平侯赵钦死后,其养子赵岑继位,赵岑系长安女子王君侠之子,被告发,“岑坐非子免,国除”[318]。对于爵位继承之所以强调嫡长子继承制,是为了把统治特权世世代代保留在宗祧以内,避免造成世袭权利的丧失。但“嗣子睢有罪,不得代”[319]。至于禁止异姓承继宗祧,则是为了确保宗法血缘的纯正性,不使异姓乱宗。

至于财产继承,诸子一般享有平等继承权。例如,陆贾有千金,平均分给五子,每子各得二百金,“令为生产”[320]。这是汉时通行的法定财产继承的范例。

汉代已经出现遗嘱继承,遗嘱称为“先令”,颜师古注曰:“先令者,预为遗令也。”[321]江苏扬州仪征胥浦一百零一号汉墓出土的先令券书竹简是迄今所知最早的遗嘱继承实证:

> 元始五年九月壬辰朔辛丑[亥],高都里朱夌,卢(庐)居新安里,甚接其死,故请县乡三老、都乡有秩、左里(师)、田谭

[314] 班固:《汉书·窦婴传》,中华书局2000年版,第1815页。

[315] 司马迁:《史记·梁孝王世家》,中华书局2000年版,第1664页。

[316] 彭浩、陈伟、[日]工藤元男主编:《二年律令·置后律》,上海古籍出版社2007年版,第379~380页。

[317] 班固:《汉书·外戚恩泽侯表》,中华书局2000年版,第599页。

[318] 班固:《汉书·赵充国传》,中华书局2000年版,第2251页。

[319] 班固:《汉书·高惠高后文功臣表》,中华书局2000年版,第428页。

[320] 班固:《汉书·陆贾传》,中华书局2000年版,第1631页。

[321] 班固:《汉书·景十三王传》,中华书局2000年版,第1847页。

等,为先令券书。

麦自言:有三父、子男女六人皆不同父。[欲]令子各知其父家次。子女以君、子真、子方、仙君、父为朱孙。弟公文,父吴衰近君。女弟弱君,父曲阿病长宾。妪言:公文年十五去家,自出为姓,遂居外,未尝持一钱来归。妪予子真、子方自为产业。子女仙君、弱君等贫毋产业。五年四月十日,妪以稻田一处、桑田二处,分予弱君。波(陂)田一处,分予仙君,于至十二月。公文伤人为徒,贫无产业。于至十二月十一日,仙君、弱君各归田于妪,让予公文。妪即受田,以田分与公文。稻田二处,桑田二处,田界易如故,公文不得移卖田予他人。时任知者:里、伍人谭等,及亲属孔聚、田文、满真。先令券书明白,可以从事。[322]

总括上述,汉朝的民事法律对于产业权的认定,债权债务关系的调整,婚姻家庭制度的规范,都达到了相当的水准,为汉以后民事法律的发展奠定了重要的基础。汉朝的民事法律是汉朝法律体系中的重要组成部分,它的发展彰显了汉朝法制文明的进步。

六、重农抑商的经济法律

汉代经济关系的复杂化以及专制主义的经济政策推动了经济立法的发展。多见于《九章律》、《傍章律》和单行的律令,如农田管理、征收田赋和畜牧业管理方面的《田律》和《厩律》,工程兴建和徭役方面的《兴律》《徭律》《均输律》,工商管理方面的《工律》《关市律》,金融管理方面的《金布律》《金布令》《钱律》。此外,还有盐铁专卖及禁止私铸钱币的法律。

为了防止土地兼并,武帝时颁行"限民名田"的法令,限制豪强兼并土地,即使"诸侯在国,名田他县",也处"罚金二两"[323]。同时,禁止商贾占田,"贾人有市籍,及家属,皆无得名田,以便农。敢犯令,没入田货"[324]。哀帝时再下"限民名田"令,规定"诸王、列侯得名田国中;列侯在长安及公主名田县道;关内侯、吏、民名田,皆无得过三十顷。……贾人皆不得名田、为吏,犯者以律论。诸名

[322] 扬州博物馆:《江苏仪征胥浦101号西汉墓》,载《文物》1987年第1期。
[323] 班固:《汉书·哀帝纪》,中华书局2000年版,第235页。
[324] 班固:《汉书·食货志下》,中华书局2000年版,第977页。

田、畜奴过品,皆没入县官”[325]。至王莽时,为解决土地集中造成的矛盾,下令“更名天下田曰王田……不得买卖”[326]。但他开历史倒车的改革只是加速了败亡而已。

为确保重农的基本国策,景帝曾在诏令中说:“朕亲耕,后亲桑,以奉宗庙粢盛祭服,为天下先。”[327]汉初实行的入粟拜爵、举孝弟力田,都意在奖励农业生产。为了运用法律的强制力“劝课农桑”,确保实施重农的基本国策。除《田律》外,还将临时发布的有关农事的诏令汇编成《田令》。为了兴修水利,合理用水,发展农业生产,还专门制定了《水令》,并以农田水利管理的好坏作为官吏考绩的主要内容。汉简奏谳书中特别记载了对于懒惰游民和不参加农业生产者的惩罚。

由于耕牛是农业的主要生产力,汉律严予保护。严禁滥杀、私宰耕牛,即使盗牛也处重刑。汉律《盗律》规定:“盗马者死,盗牛者加。”[328]在《津关令》中还规定不许向国外贩卖耕牛,违者依法处治。

汉代为加强国家的经济实力,实行盐铁官卖制度。煮盐、冶铁是汉代主要的手工业部门,但汉初却由豪强大族把持。他们“财或累万金,而不佐公家之急”[329],这是“兵连而不解”,“县官大空”[330]的武帝所不能允许的。他实行盐铁官营政策,从豪强地主和富商大贾手中夺取了盐铁经营权,并以严刑禁止私人铸铁、煮盐,敢有私铸铁器、私煮盐者,“钛左趾,没入其器物”[331]。自此以后,盐铁官营遂成定制。把经营盐铁的经济特权从一部分豪强、大商人手中转移到以国家为代表的统治集团手中,加强了中央集权制度的物质基础。

东汉和帝鉴于盐铁专营经济效率低,不利于国家税收,而且对劳动力多有浪费,于章和二年(88 年)下令:“罢盐铁之禁,纵民煮铸,入税县官如故事。”[332]此后,由官营向着私营并征收盐铁税的政策转变。但从汉以后的历史实际来看,盐铁官营一直是封建国家禁榷的主要内容。

除官营手工业外,民间私人手工业如养蚕、纺织、建筑、竹木器等也大量存在,并受到法律的调整。

秦时制定的手工业专门法规,如《工律》《工人程律》《均工律》《效律》,汉时

---

[325] 班固:《汉书·哀帝纪》,中华书局 2000 年版,第 235 页。
[326] 班固:《汉书·王莽传》,中华书局 2000 年版,第 3019 页。
[327] 班固:《汉书·景帝纪》,中华书局 2000 年版,第 108 页。
[328] 桓宽:《盐铁论校注·卷十·刑德第五十五》,中华书局 2017 年版,第 525 页。
[329] 班固:《汉书·食货志下》,中华书局 2000 年版,第 974 页。
[330] 班固:《汉书·食货志下》,中华书局 2000 年版,第 974 页。
[331] 班固:《汉书·食货志下》,中华书局 2000 年版,第 976 页。
[332] 范晔:《后汉书·和帝纪》,中华书局 2000 年版,第 115 页。

仍继续沿用。

汉初为了抑商,景帝后元二年(公元前144年)颁布征收"算訾钱"法,凡有訾财万钱者,应纳一百二十七钱,纳税率约占百分之一点三。武帝元狩四年(公元前119年),更力图从商人处搜刮财物,充实国家的财政收入。为此,先后颁布算缗、告缗令,向商人重征财产税,规定每二千钱抽取一算(一百二十钱)。对于经营手工业者的产品,每四千钱抽取一算。凡隐匿财物不报或申报不实,即构成匿税罪罚戍边一年,并没收其产业。有能告发者,赏给应没收财产的一半。许多中等以上的商人"皆遇告",因而破产。但西汉政府却乘机"得民财物以亿计,奴婢以千万数。田,大县数百顷,小县百余顷,宅亦如之"[333]。

不仅如此,武帝还采纳桑弘羊的建议,在郡国设置均输平准官,直接经营郡国对中央贡品的运输和一部分官营商业,当时称为"均输平准"。桓宽在《盐铁论·本议》中解释说:"往者,郡国诸侯各以其方物贡输,往来烦杂,物多苦恶,或不偿其费。故郡国置输官以相给运,而便远方之贡,故曰均输。开委府于京师,以笼货物。贱则买,贵则卖,是以县官不失实,商贾无所贸利,故曰平准。"可见,实行均输、平准的目的在于调剂运输、平抑物价,使政府能够控制市场,开辟财源,限制富商巨贾危害国家利益的投机活动,维持必要的经济秩序。但是,高征商税和平准均输虽然一时有利于国家,却阻碍了商品经济的发展,从长远的观点看,其消极影响不容忽视。

由于汉朝开通西域,对外贸易远较秦时发达,为此也立法加以调整,如出入关卡需要有"传",即通行证。《汉书·文帝纪》如淳注曰,"两行书赠帛,分持其一,出入关,合之乃得过,谓之传也",否则以"阑出入关罪",论死。同时,严禁马匹、武器出关,"塞外禁物"也不得买入。这些规定以控制对外贸易和维护国家安全。

汉初币制混乱,朝廷听任贵族、官僚和豪强自由铸钱,而不能禁止,由此导致了吴王濞"即山铸钱,富埒天子,后卒叛逆"[334]的严重后果,因此,景帝时,便将造币权收归朝廷,严禁私人铸钱。至武帝,为了加强朝廷对财政的控制,发行通用全国的五铢钱,禁止郡国铸钱,原郡国旧钱,下令销毁。如盗铸金钱,"罪皆死"[335],以致因犯钱禁而定死罪者数十万人。币制改革,稳定了国家金融,打击了割据势力,巩固和加强了中央集权制度。

鉴于秦末农民大起义之后的严峻经济形势,实行"什五而税一"的"轻田

---

〔333〕 班固:《汉书·食货志下》,中华书局2000年版,第979页。

〔334〕 班固:《汉书·食货志下》,中华书局2000年版,第970页。

〔335〕 班固:《汉书·食货志下》,中华书局2000年版,第975页。

租”政策。[336] 文帝时还曾因自然灾害而下令减免“田租之半”[337]。景帝时田租减为三十税一,遂为定制。与此同时,要求农民必须按田土亩数如实向国家报告交租数额,即所谓占租率,“占不以实,家长不身自书,皆罚铜二斤,没入所不自占物及贾钱县官也”[338]。

除田租外,民七岁至十四岁,每年出口赋钱二十钱。武帝时加征三钱“以补车骑马”[339]。昭帝时,因“百姓未能家给”,“有司奏请减什三,上许之”[340]。

向身份不同的成年人征收人头税称为算赋。高祖四年(公元前203年)八月,“初为算赋”[341]。一般“民年十五以上至五十六出赋钱,人百二十为一算”[342],但商人与奴婢“倍算”,即征收二百四十钱,以限制从事经商和蓄婢。为了鼓励人口增殖,女子十五至三十不嫁者,分为五等,每等加征一算。武帝时,年八十以上,可两年不交算赋。

此外,每户每年交二百钱作为户赋。男丁傅籍以后至五十六岁,均需承担国家的徭役,也可以出钱代役,叫“更赋”。

从西汉赋税制度可以看出,人口税重于田赋,加重了农民负担。

七、儒学影响下的司法制度

汉朝的司法制度虽以秦为基础,但有显著发展。中央和地方的司法机关体系已经确立,诉讼与审判的程序和制度都趋向于规范化,出现了典型的民事诉讼案例。尤其是在儒家思想影响下所形成的春秋决狱,不但饶有时代特色,而且突出地反映了中国古代司法文化的特色,影响深远。

(一)司法体制

西汉以廷尉(景帝、哀帝时一度改名为大理)为最高司法机关,负责审理皇帝下达的“诏狱”,以及地方审理不当或可疑的“疑狱”。廷尉以下有左右正、左右监、左右平等属官,负责具体的司法工作。遇有重大案件,丞相、御史大夫也

---

[336] 班固:《汉书·食货志上》,中华书局2000年版,第950页。
[337] 班固:《汉书·文帝纪》,中华书局2000年版,第86页。
[338] 班固:《汉书·昭帝纪》,中华书局2000年版,第158页。
[339] 班固:《汉书·武帝纪》,中华书局2000年版,第143页。
[340] 班固:《汉书·昭帝纪》,中华书局2000年版,第163页。
[341] 班固:《汉书·高帝纪上》,中华书局2000年版,第33页。
[342] 班固:《汉书·高帝纪上》,中华书局2000年版,第33页。

参与审判,称为"杂治"。成帝时,于尚书台中"又置三公曹,主断狱"[343],也握有一定的司法权。

汉承秦制,皇帝掌握有最高的司法权,还在高祖七年(公元前200年)便制诏御史说:"自今以来,县道官狱疑者,各谳所属二千石官,二千石官以其罪名当报。所不能决者,皆移廷尉,廷尉亦当报之。廷尉所不能决,谨具为奏,傅所当比律令以闻。"[344]对于犯罪的官吏,先要"上请",获准后才可以审理。近年发现的汉简《奏谳书》中便有许多上报"议罪"的案件。东汉时扩大了"上请"的范围。光武帝建武三年(27年)诏曰"吏不满六百石,下至墨绶长、相,有罪先请"[345],凡应上请而不先请,治以应得之罪。桥玄曾因此而坐为城旦。[346] 中郎将张脩"以不先请而擅诛杀,槛车征诣廷尉抵罪"[347]。有时皇帝也亲自断案,如宣帝"上常幸宣室,斋居而决事"[348]。东汉光武帝也"常临朝听讼,躬决疑事"[349]。

地方司法体制与行政合一,郡县守令执掌司法。郡设"决曹椽"为专职司法官。汉时,地方司法机关权力极大,一般案件均可自行处理,并握有死刑案件的处决权。据《陔余丛考》记载:"汉郡县守令皆有专杀权。"王温舒为河南太守时,"捕郡中豪猾,相连坐千余家"[350]。仅遇有重大疑案始转呈廷尉,或由丞相及其他行政官吏共同审议,最后由皇帝核定。京师以内,由三辅——京兆尹、左冯翊、右扶风论决狱讼,"不之廷尉"。

汉初,封国也享有相对独立的司法权,由内史执掌。景帝以后,由封国丞相(相当于郡县守令)执掌司法。东汉灵帝时,州已演变成地方最高政权机关,同时也成为郡县的上诉审级。

为了发挥司法机关的职能,上级司法机关经常派出官吏巡视司法状况,即所谓"录囚徒"。

(二)诉讼与管辖

据《晋书·刑法志》所引魏《新律序略》记载,汉时诉讼与审判均有专门法律:"囚律有告劾、传覆……有系囚、鞫狱、断狱之法。"

---

[343] 房玄龄等:《晋书·刑法志》,中华书局2000年版,第472页。
[344] 班固:《汉书·刑法志》,中华书局2000年版,第936页。
[345] 范晔:《后汉书·光武帝纪下》,中华书局2000年版,第25页。
[346] 范晔:《后汉书·桥玄传》,中华书局2000年版,第1145页。
[347] 范晔:《后汉书·南匈奴传》,中华书局2000年版,第2004页。
[348] 班固:《汉书·刑法志》,中华书局2000年版,第933页。
[349] 房玄龄等:《晋书·刑法志》,中华书局2000年版,第596~597页。
[350] 班固:《汉书·酷吏传》,中华书局2000年版,第2078页。

汉时提起诉讼,一是由当事人自己自告或告发他人,称为"告劾",即今之自诉。《二年律令》规定:"诸欲告罪人,及有罪先自告而远其县廷者,皆得告所在乡,乡官谨听,书其告,上县、道官。廷士吏亦得听告。"官府记录告辞的文书或告劾提交的文书称为"爰书"。居延汉简有"右男子范长实自征爰书""皆不服爰书自证书到如律令"等记载。

二是由官府主要是监察御史和司隶校尉"察举非法""举劾犯罪",即今之公诉。此外,官吏之间也可以相互纠举。武帝时,为了加强各级官吏纠举犯罪的责任,由张汤、赵禹等"条定法令,作见知故纵、监临部主之法"。颜师古曰:"见知人犯法不举告为故纵,而所监临部主有罪并连坐也。"[351]武帝还针对特定事件,制定了有关奖励吏民告发犯罪的法令。例如,元鼎三年(公元前116年)十一月,"令民告缗者以其半与之"。孟康曰:"有不输税,令民得告言,以半与之。"[352]

在一般情况下,须按司法管辖逐级告劾,但有冤狱,可以越级上书皇帝,"诣阙告诉"。有些冤民"不远千里,断发刻肌","诣阙告诉",但其结果往往是"百上不达"[353],有冤难伸。

由于确立"亲亲得相首匿"的原则,除大逆谋反外,一般不准卑幼告发尊亲长,也不许奴婢告主。此外,年未盈十岁及在押罪犯无权告发。对于谋反的罪行主动告发者免罪,其他如诬告、错告皆应负法律责任。

官府接到起诉人的告劾后,如需逮捕羁押被告即由官府实施。涉及谋反等重大犯罪,不仅逮捕罪犯本人,而且"事相连及者"一并逮捕归案。但对于贵族官吏须履行"有罪先请"的程序,经过皇帝批准才可以逮捕,即所谓"诏捕"。凡被逮捕羁押者,一般要戴刑具桎梏、锒铛,只有官吏、老小、废疾和孕妇可以"颂系",即不戴刑具。

(三)审判

1.刑事案件的审判

汉时审讯被告,称为"鞫狱"。《尚书·吕刑》正义说,"汉世问罪谓之鞫",并沿用《周官》的"五听"之法。在审讯中被告的口供即所谓"辞服"是定罪量刑的主要根据。因此,司法官奉行的信条就是,"棰楚之下,何求而不得"[354]。暴刑之下,常使犯人被迫诬服。

---

[351] 班固:《汉书·刑法志》,中华书局2000年版,第932页。

[352] 班固:《汉书·武帝纪》,中华书局2000年版,第130页。

[353] 范晔:《后汉书·虞诩传》,中华书局2000年版,第1264页。

[354] 班固:《汉书·路温舒传》,中华书局2000年版,第1810页。

取得口供以后,经三日再行复审,以视其供辞是否相同。《汉书·张汤传》王先谦补注引张晏曰:“讯考,三日复问之,知与前辞同不也。”

除口供外,沿行秦时的证据制度,有书证、物证、证人证言等。

司法官进行判决以前要向被告宣读判词,即“读鞫”。如罪犯呼冤,允许犯人请求复讯,即“乞鞫”。如系二岁刑以上,家人也可以为之乞鞫。但乞鞫须在一定期限内进行,郑玄在《周礼·秋官·朝士》注中说,“在期内者听,期外者不听,若今时徒论决满三月,不得乞鞫”,可见汉时乞鞫一般以三月为限。乞鞫之法是汉初慎刑思想在审判程序上的反映。但接受乞鞫的官吏并不立即复审,往往拖延时日,以致“有罪者久而不论,无罪者久系不决”[355]。由于司法官玩法行私,“所欲活,则傅生议,所欲陷,则予死比”[356],“富奸行赂于下,贪吏玩法于上,使有罪不论而无过被刑”[357]。尤其是武帝时在“缓深故之罪,急纵出之诛”的思想指导下,以张汤、赵禹等酷吏充任廷尉、御史中丞等职,肆行司法镇压。“深者获公名,平者多患害”,“故治狱之吏,皆欲人死”[358],使乞鞫的程序常常流于形式。

为了监督司法,剖解冤狱,由皇帝或上级司法监察机关或专差官吏,对在押犯进行审录,录囚制度始于武帝,元封五年(公元前106年)规定,州刺史每年八月“巡行所部郡国,录囚徒”[359]。青州刺史隽不疑“每行县录囚徒还,其母辄问不疑:有所平反,活几何人?”[360]东汉时,荆州刺史谢夷吾经常通过录囚徒纠正错案。光武帝也曾亲自录囚。汉代的录囚制度是和监察制度结合在一起的。通过录囚,确实起到了改善狱政、纠正错案、监督司法活动、统一法律适用的效果,所以汉以后延续了一千余年。

汉代对于疑案实行逐级移送制度。县不能决移送于郡,郡不能决移送中央廷尉,廷尉不能决奏请皇帝裁夺。据《二年律令》规定,司法官“毋敢以投书者言毄(系)治人。不从律者,以鞫狱故不直论”。“群盗、盗贼发,告吏,吏匿弗言其县廷,言之而留盈一日,以其故不得,皆以鞫狱故纵论之”。此项司法官的法律责任显然是秦律的发展。

随着儒家思想被奉为统治思想,儒家学说也通过各种途径影响着立法与司法,其突出表现是春秋决狱。在汉代的司法实践中,依律断案是基本的,但从武帝时起,公孙弘、董仲舒等人提倡以《春秋》决狱,进一步把儒家思想引到司法领

---

〔355〕 班固:《汉书·刑法志》,中华书局2000年版,第935页。

〔356〕 班固:《汉书·刑法志》,中华书局2000年版,第932页。

〔357〕 范晔:《后汉书·章帝纪》,中华书局2000年版,第102页。

〔358〕 班固:《汉书·路温舒传》,中华书局2000年版,第1810页。

〔359〕 范晔:《后汉书·百官志五》,中华书局2000年版,第2469页。

〔360〕 班固:《汉书·隽不疑传》,中华书局2000年版,第2278页。

域中来。

《春秋》一书是社会大动荡时期的产物,是为稳定固有的君道、父道、臣道、子道、夫道、妇道,挽救礼崩乐坏的社会,维护尊尊、亲亲、长长、男女有别的三代礼制而作的。如同董仲舒所说,"春秋之道,奉天而法古"[361]。由于《春秋》所维护的大一统的观念,完全符合汉代统治者推行强干弱枝、建立统一专制主义中央集权制的政治需要,才有可能以《春秋》解释现行的法律,并直接用于决狱。

儒家所倡导的行仁政、明礼义,尊尊以君为主,亲亲以父为本,尊君为忠,亲父为孝,忠为孝本,孝为忠源,这一套儒家教条在《春秋》中都有所体现。因此,《春秋》决狱不仅符合法律的基本精神,也表达了统治者重礼的意识。故为武帝所认可。

由于立法总是落后于生活的,"罢黜百家、独尊儒术"后所形成的社会关系,一时还不能完全法律化,更不可能于短时间内建立起儒家思想为指导的法律体系。在这种情况下引经断狱,以《春秋》为审判的根据,恰恰弥补了法律的不足,体现了国家的意志,这就是为什么在完备的儒家化的《唐律疏议》出现以后春秋决狱才退出历史舞台。

在春秋决狱的影响下出现了体现儒家伦理法制的司法准则,如:

原心定罪。董仲舒说:"春秋之听狱也,必本其事而原其志,志邪者不待成,首恶者罪特重,本直者其论轻。"[362]实际就是根据《春秋》之义去考察犯罪者的主观动机,作出判决。《太平御览》卷六百四十曾引董仲舒春秋决狱以下案例:"甲父乙与丙争言相斗,丙以珮刀刺乙,甲即以杖击丙,误伤乙,甲当何论?或曰:'殴父也,当枭首。'议曰:'臣愚以父子至亲也,闻其斗,莫不有怵怅之心,扶杖而救之,非所以欲诟父也。春秋之义,许止父病,进药于其父而卒,君子原心,赦而不诛。甲非律所谓殴父也,不当坐。'"此例因动机良好,虽然造成严重的后果,也赦而不诛。又如,《后汉书·霍谞传》记载:"有人诬谞妃宋光于大将军梁商者,以为妄刊章文,坐系洛阳诏狱,掠考困极。谞时年十五,奏记于商曰……谞闻春秋之义,原情定过,赦事诛意。故许止虽弑君而不罪,赵盾以纵贼而见书,此仲尼所以垂王法,汉世所宜遵前修也。……光之所坐,情既可原,守阙连年,而终不见理。……不偏不党,其若是乎?……商高谞才志,即为奏原光罪。"这里所说的赦事诛意也同样是惩罚动机,"意恶功遂"也不免于诛。

原心定罪兼顾事实与动机是合理的,但片面地追究动机,以"心"作为定罪的唯一根据,又以儒家道德观念作为衡量"心"的尺度,则是错误的。结果便出

---

[361] 苏舆:《春秋繁露义证·楚庄王》,中华书局1992年版,第14页。

[362] 苏舆:《春秋繁露义证·精华》,中华书局1992年版,第92页。

现了罪同论异、牵强附会的现象,只是便于官吏们任意断罪、营私舞弊。有些思想家批评说,“论心定罪,志善而违于法者免,志恶而合于法者诛”[363],违背了援法断罪的基本要求。

为亲者讳,为尊者讳。为亲者讳,表现为亲亲容隐,“亲亲得相首匿”;为尊者讳,涉及的方面较广,包括公族在内。《汉书·梁孝王传》载:“有司案验,因发淫乱事,奏立禽兽行,请诛。太中大夫谷永上疏曰……春秋为亲者讳……今梁王年少,颇有狂病,始以恶言按验,既亡事实,而发闺门之私……非所以为公族隐讳。……天子由是寝而不治。”为尊者讳和为亲者讳,都是以儒家的纲常说为理论基础的,经过引经决狱者的鼓吹使其对司法实践产生了重要影响,并由此而衍生了“君亲无将,将而诛焉”的法律原则,使伦理道德法律化。

董仲舒在总结引经断案经验的基础上撰写的《春秋决狱》,得到最高统治者的肯定,对于当时的司法审判具有指导意义而被广泛引用。董仲舒致仕在家,朝廷每有政议,“数遣廷尉张汤亲至陋巷,问其得失。于是作春秋决狱二百三十二事,动以经对,言之详矣”[364]。董仲舒的弟子吕步舒也受帝命“持斧钺治淮南狱,以春秋谊颛断于外”[365]。同时代的奏谳掾兒宽,也“以古法义决疑狱,(张汤)甚重之”[366]。昭帝时,隽不疑根据《春秋》决一大狱后,昭帝赞赏说:“公卿大臣,当用经术,明于大谊。”[367]

《春秋决事》共收录判例二百三十二例,该书已失传,从散见于他书的三四例中可以看出春秋决狱的立论精神与实际价值。

总括上述,春秋决狱是在西汉前期特定历史条件下所形成的一种特殊的审判原则。通过对文意深奥的经书的解释,宣扬了儒家的法律理念,迎合了统治者建立大一统的专制主义中央集权制度的需要,同时也给严酷的司法活动涂上一层仁政的色彩。在这个过程中儒家经典法典化了,伦理道德也法律化了,成为强制约束人们实际生活的行为规范,并且开辟了引礼入法的新通道。

对于春秋决狱,从历史发展观点考察有其必然性,也在某种程度上限制了皇帝司法权的滥用,特别是在融通德治与法治,实现以经为体、以法为用方面做出了贡献。王充说:“董仲舒表春秋之义,稽合于律,无乖异者。……论者徒尊法家,不高春秋,是暗蔽也。”[368]沈家本也说:“使武帝时治狱者皆能若此,《酷吏

---

[363] 桓宽:《盐铁论校注·卷十·刑德第五十五》,中华书局2017年版,第526页。
[364] 范晔:《后汉书·应劭传》,中华书局2000年版,第1088页。
[365] 班固:《汉书·五行志上》,中华书局2000年版,第1094页。
[366] 班固:《汉书·兒宽传》,中华书局2000年版,第1995页。
[367] 班固:《汉书·隽不疑传》,中华书局2000年版,第2279页。
[368] 王充:《论衡·程材》,中华书局1990年版,第543页。

传》何必作哉。"[369]但是,由董仲舒首倡的春秋决狱,其发展所带来的任意比附,破坏了法律的确定性,冲淡了援法断罪的严肃性,缩小了法律发挥作用的空间,特别是由于司法之官贤愚不齐而发生的种种谬误,也促进了司法机关的腐朽。近人章炳麟、刘师培曾对春秋决狱进行了批判。章炳麟说:"独董仲舒为春秋折狱,引经附法,异夫道家儒人所为,则佞之徒也。……仲舒之折狱二百三十二事……上者得以重秘其术,使民难窥;下者得以因缘为市,然后弃表埻之明,而从縿游之荡,悲夫!经之虮虱,法之秕稗也。"[370]刘师培说:"及考其所著书(指董仲舒《春秋决事》),则又援'公羊'以傅今律,名曰引经决狱,实则便于酷吏之舞文。时公孙宏亦治春秋……缘饰儒术,外宽内深,睚眦必报……掇类似之词,曲相符合,高下在心,便于舞文,吏民益巧,法律以歧,故酷吏由之,易于铸张人罪,以自济其私。"[371]

2. 民事案件的审判

居延汉简中发现的《侯粟君所责寇恩事》是东汉初年的民事诉讼案件审判的文献资料。其中包括爰书二件,都乡啬夫关于案件的报告一件,居延县令为案件的处理而向上级的报告一件。该简提供了了解汉代民事诉讼实际状况的确切物证,具有重大历史价值。简文如下:

> 建武三年十二月癸丑朔乙卯,都乡啬夫宫以廷所移甲渠候书召恩诣乡,先以"证财物故不以实,臧五百以上,辞已定,满三日而不更言请者,以辞所出入罪反罪"之律辨告。乃爰书验问。恩辞曰:颍川昆阳市南里年六十六岁姓寇氏,去年十二月中,甲渠令史华商、尉史周育当为候粟君载鱼之觻得卖。商、育不能行,商即出牛一头,黄特齿八岁,平贾直(值)六十石,与它谷十五石,为谷七十五石;育出牛一头,黑特齿五岁,平贾直(值)六十石,与它谷卌石,凡为谷百石,皆予粟君,以当载鱼就直(值)。时,粟君借恩为僦,载鱼五千头到觻得,贾直(值)牛一头,谷廿七石,约为粟君卖鱼沽出时行钱卌万。时粟君以所得商牛,黄特齿八岁,以谷廿七石予恩,顾僦直,后二至三日当发,粟君谓恩曰:"黄牛微瘦,所得育牛黑特虽小,肥,贾直(值)俱等耳(尔),择可用者持行。"恩即取黑

[369] 沈家本:《历代刑法考·汉律摭遗卷二十二·春秋决狱》,中华书局1985年版,第1776页。
[370] 章炳麟:《章太炎全集(三)·检论·原法》,上海人民出版社1984年版,第436页。
[371] 刘师培:《儒学法学分歧论》,载《国粹学报》1905年第29期。

牛去,留黄牛。非从粟君借㸷牛。恩到觻得卖鱼尽,钱少,因卖黑牛,并以钱卅二万附粟君妻业,少八万,恩以大车半木则轴一,直(值)万钱;羊韦一枚为橐,直(值)三千;大笥一合,直(值)千,一石去卢一,直(值)六百;𦈡索二枚,直(值)千。皆置业车上,与业俱来还。到第三置,恩籴大麦二石付业,直(值)六千;又到北部,为业卖肉十斤,直(值)谷一石三升。凡并为钱二万四千六百,皆在粟君所。恩以负粟君钱,故不从取器物。又恩子男钦,以去年十二月廿日为粟君捕鱼,尽今正月、闰月、二月,积作三月十日不得贾直(值),时,市庸平贾大男日二斗,为谷廿石。恩居觻得,付业钱时,市谷决石四千,以钦作贾谷十三石八斗五升,直(值)觻得钱五万五千四,凡为钱八万,用偿所负钱毕,恩当得钦作贾余谷六石一斗五升付。恩从觻得自食,为业将车到居延,行道廿余日,不计贾直(值)时,商、育皆平牛直(值)六十石以粟君,粟君因以其贾予恩已决。恩不当予粟君牛,不相当谷廿石,皆证也,如爰书。

建武三年十二月癸丑朔戊辰,都乡啬夫宫以廷所移甲渠候书召恩诣乡,先以"证财物故不以实,臧五百以上,辞以定,满三日而不更言请者,以辞所出入罪反罪"之律辨告,乃爰书验问,恩辞曰:"颍川昆阳市南里年六十六岁姓寇氏,去年十二月中,甲渠令史华商、尉史周育当为候粟君载鱼之觻得卖。商、育不能行,商即出牛一头,黄特齿八岁,平贾直(值)六十石,与它谷十五石,为谷七十五石。育出牛一头,黑特齿五岁,平贾直(值)六十石,与它谷卌石,凡为谷百石,皆予粟君,以当载鱼就直(值)。时粟君借恩为就载鱼五千头到觻得,贾直(值)牛一头,谷廿七石,□(约)为粟君卖鱼沽出时行钱卌万,时粟君以所得商牛黄特齿八岁,谷廿七石予恩。顾就直(值)后二至三日当发,粟君谓恩曰:'黄牛微瘦,所将育黑特虽小,肥、贾直(值)俱等,耳(尔)择可用者持行'。恩即取黑牛去,留黄牛。非从粟君借牛。恩到觻得,卖鱼尽,钱少,因卖黑牛并以钱卅二万付粟君妻业,少八万,恩以大车半𢵧轴一,直(值)万钱;羊韦一枚为橐,直(值)三千;大笥一合,直(值)千一石;去卢一,直(值)六百;𦈡索二枚,直(值)千。皆在业车上。与业俱来还,到北部为业卖肉十斤,直(值)

谷一石;到弟(第)三置为业籴米大麦二石,凡为谷三石,钱万五千六百,皆在业所。恩与业俱来,到居延后,恩欲取轴器物去,粟君谓恩:'汝负我钱八万,欲持器物?'怒。恩不敢取器物去。又恩子男钦,以去年十二月廿日为粟君捕鱼,尽今年年月、闰月、二月、积作三月十日,不得贾直(值)。时市庸平贾,大男日二斗,为谷廿石。恩居觻得付业钱,时市谷决石四千,并以钦作贾谷当所负粟君钱毕,恩又从觻得自食,为业将车莝斩,来到居延积行道廿余日,不计贾直(值)。时商、育皆平牛直(值)六十石与粟君,因以其贾与恩牛。已决:不当予粟君牛,不相当谷廿石,皆证也如爰书。"

建武三年十二月癸丑朔辛未,都乡啬夫宫敢言之。廷移甲渠候书,曰:"去年十二月中取客民寇恩为僦载鱼五千头,到觻得就贾用牛一头,谷廿七石,恩愿沽,出时行钱卌万,以得卅二万又借牛一头以为犅。因卖不肯归以所得僦直(值)牛偿,不相当廿石。"书到验问治决言。前言解廷邮。书曰:"恩辞不与候书相应,疑非实,今候奏记府,愿诣乡爰书是正。府录:令明处更详验问,治决言。"谨验问,恩辞:"不当与粟君牛,不相当谷廿石,又以在粟君所器物直(值)钱万五千六百,又为粟君买肉、米谷三石;又为男钦为粟君作贾直(值)廿石,皆□(尽)□(偿)□(所)□(负)粟君钱毕。粟君用恩器物币(敝)败,今欲归恩,不肯受。"爰书自证,写移爰书,叩头死罪,死罪。敢言之。右爰书。

十二月己卯,居延令守丞胜移甲渠候官。候□(所)责男子,寇恩□(事)□(乡)□。辞爰书自证,写移书□(到)□□□□□辞,爰书自证。须以政不直者法亟极。如律令。掾党、守令史赏。[372]

从上述简文可以看出,汉代的民事案件由原告起诉,按原告就被告的原则,由被告居住地的县廷受理,由县廷指令都乡啬夫宫负责案件的具体调查审理工作。都乡啬夫宫须及时向县廷报告调查与审理工作的进展情况,以便取得县廷

[372] 甘肃居延考古队简册整理小组:《"建武三年候粟君所责寇恩事"释文》,载《文物》1978 年第 1 期。

的指令，本案对法律的适用及判决就是在县廷的指令下作出的。

对原告的起诉受理之后，即开庭审判，由被告进行答辩。为了查清事实，检验被告所供是否属实，都乡啬夫官要在不同时间对被告进行两次或两次以上的讯问，并在认定事实的基础上，提出判决意见，最后由县廷批准。此案虽属个案，但却说明了汉代民事诉讼已经形成了一套确定的诉讼程序，体现了中国民事诉讼审判制度的重要发展阶段。

需要指出，在民事诉讼中，除由官府判决外，也已出现由官府调解息讼的端倪。汉书《地理志下》载，颍川好争讼分异，黄、韩化以笃厚。又如，《后汉书·桓荣传》载，（桓晔）遂浮海客交阯，越人化其节，至闾里不争讼。著名的循吏刘矩所断民间讼案，已具有鲜明的调解息讼的色彩。《汉书·循吏传·刘矩》载，民有争讼，矩常引之于前，提耳训告，以为忿恚可忍，县官不可入，使归更寻思，讼者感之，辄更罢去。昭帝时，韩延寿入守左冯翊，"民有昆弟相与讼田自言"，韩延寿自责未宣明教化，遂闭门思过。两昆弟深刻自悔，表示终死不再相争。韩延寿以此"恩信周遍二十四县，莫复以辞讼自言者"。

汉代的调解息讼是与儒家思想被确立为统治思想的历史环境分不开的。孔子曾有言"听讼吾由人也，必也使无讼乎"，这是很有影响的。另外，调解息讼是衡量官吏是否为循吏、良吏的重要标准之一，也是治绩的表现。西汉时召信臣迁南阳太守，"户口增倍，盗贼狱讼衰止"[373]；东汉时王堂复拜鲁相，"政存简一，至数年无辞讼"[374]。

八、私家注律的兴起

东汉时期多为因事而立法，缺乏总体规划，以致彼此歧异，前后冲突，尤其是法律渊源的复杂化、多样化，使得吏民无所适从。和帝时，廷尉陈宠认为，汉兴以来三百零二年间，"宪令稍增，科条无限"，极应减少律条。陈宠的主张虽有充分的历史根据，但却未被采纳。至东汉后期，法令更加繁密。

为了解释法律渊源之间的关系，减少彼此间的矛盾，力求做到法律的统一适用，私家注律开始兴起。

在秦统治时期，法律的解释权专属国家官吏，严禁私家解律，如欲学习法律，必须以吏为师。至西汉始允许私家解释、注译现行律文，这一方面反映了统

---

〔373〕 班固：《汉书·循吏传》，中华书局2000年版，第2699页。

〔374〕 范晔：《后汉书·王堂传》，中华书局2000年版，第742页。

一的国家已经巩固,另一方面也说明了各家的解释尽管自为章句、各执一说,但都符合国家的利益和需要,体现了统治者所惬意的法律意识。由于汉儒提倡引经注律,通经的大儒往往是明律的大家,他们各自聚徒传授,世守其业。据史书记载,郭躬与马融各有门徒数百人,郑玄有门徒上千人。此外,南阳杜氏父子,山东郑氏兄弟,"皆明经,通法律政事"[375]。官府承认诸家之说,并用以断狱,显示了律学的兴起及其对立法、司法所起的不可忽视的作用。然而,诸说并存,毕竟不利于法律的统一适用,因此,东汉时便统一于郑玄说为法定的标准。

东汉时期,著名的律学家如颍川郭氏三代、沛国陈氏三代、河南吴氏三代都是祖孙相承、明习律法、位列高官、治绩显著。据《后汉书·郭躬传》载,"郭氏自弘后,数世皆传法律,子孙至公者一人,廷尉七人,侯者三人,刺史、二千石、侍中、中郎将者二十余人,侍御史、正、监、平者甚众","法家之能庆延于世盖由此也"。尤其是经学大师马融和郑玄,也都为法律注解立说。郑玄所撰《汉律章句》称得上汉代一部完备的律学著作,同他所注释的其他经传同样斐然于世。《晋书·刑法志》说:"叔孙宣、郭令卿、马融、郑玄诸儒章句,十有余家,家数十万言。凡断罪所当由用者,合二万六千二百七十二条,七百七十三万二千二百余言。"《唐六典》卷六中也说:"至后汉马融、郑玄诸儒十有余家,律令章句,数十万言,定断罪所用者合二万六千余条。"由此可见东汉律学发展的盛况。但是,本为弥补汉律,"错杂无常"而撰著的汉律章句,却又变得"言数益繁,览者益难",于是天子下诏:"但用郑氏章句,不得杂用诸家"[376]。从此,郑玄的汉律章句成为重要的法律渊源。现举郑玄注律的片段说明它在中国律学史上的价值。关于自诉,注云"若今时辞讼有券书者为治之",即辞讼当事人只要有券书,就可以向官府控告。关于"读鞫",注云"读书则用法,如今时读鞫已乃论之","鞫谓劾囚之要辞,行刑之时,读已乃论其罪也",即司法官对罪犯所作的最后宣判。关于"乞鞫",注云"谓在期内者听,期外者不听,若今时徒论决,满三月,不得乞鞫"[377]。也就是说,当事人对判决不服,可以在三个月内请求重新审理。

郑玄还善于采用历史比较法,即以汉代的典章制度与经籍中所述的典章制度比较参证,从而详细地阐明中国古代法律制度的历史发展与内在联系,正如《后汉书·郑玄传》所说,"郑玄括囊大典,网罗众家,删裁繁诬,刊改漏失,自是学者略知所归"。郑玄的汉律章句对后世律学影响深远。

由于律学家深知维护法制的尊严关系到国家的兴衰,故敢于据法进谏,指

---

〔375〕 班固:《汉书·郑弘传》,中华书局 2000 年版,第 2188 页。
〔376〕 房玄龄等:《晋书·刑法志》,中华书局 2000 年版,第 600 页。
〔377〕 阮元校刻:《十三经注疏周礼·秋官司寇》,中华书局 1980 年版,第 878 页。

陈时弊。例如,东汉时,有兄弟两人共同杀人,明帝认为兄不训弟,故应治兄死罪,减弟死罪。然而,中常侍孙章却错误地传诏,说兄弟俩均应处死。尚书以孙章"矫诏杀人",主张对孙章处以腰斩之刑。于是,明帝诏见律学家郭躬问及如何处置。郭躬认为孙章"应处以罚金",明帝反问郭躬,孙章矫诏杀人"为何谓罚金?"郭躬据法对曰:"法令有故误,章传命之谬,于事为误,误者其文则轻。"又说:"君王法天,刑不可以委曲生意。"[378]

律学家陈忠为使刑罚改重为轻,曾向安帝提出二十三条决事比,如废除宫刑和赃吏三世禁锢之法,狂易杀人者从轻论处,免除母子兄弟互相代死,[379]均经安帝采纳。

解释法律之学由秦时的官方垄断到东汉时期的向私家开放,表现了由严酷的专制政治向相对开明的政治转化。私家注律的兴起不仅有助于解决司法中的困惑,更为儒家思想渗透到现行法律开辟了一条蹊径。私家注律的成果还丰富了古代的刑法学和诉讼法学,无论是概念的抽象还是律文的注释,都显示了律学家的法学造诣和经验的总结。总之,东汉的私家注律昭示了法制文明的进步和古代法学的光辉,为以后的官私注律奠定了重要的基础。

总括上述,汉代法制是中国法制史上的重要发展阶段,无论立法、司法均有长足进步。沈家本在《汉律摭遗》自序中说:"唐律之承用汉律者不可枚举,有轻重略相等者,有轻重不尽同者,试取相较,而得失之数可藉以证厥是非,是则求唐律之根源,更不可不研究夫汉律矣。"特别是儒家思想的渗入,更显示了"文明"色彩。如果说西汉大儒董仲舒举起了德主刑辅的大旗,使儒家思想跃居统治地位,至东汉时期通经明法的大儒如群星闪烁、人才辈出。他们倡导"德刑并用,常典也"[380],"出于礼,入于刑,礼之所去,刑之所取"[381],礼者,"勉其前",刑者,"禁防其后"[382],二者各有其效用。他们对于封建社会正统法律思想的确立做出了贡献。

除此之外,文、景二帝和东汉光武帝能够以法律身,尊法执法,不仅促进了法制秩序的建立,也是盛世、治世形成的重要条件。盛世与法治之不可分,"君敬法则法行,君慢法则法弛"[383],是值得借鉴的。

---

[378] 范晔:《后汉书·郭躬传》,中华书局2000年版,第1042页。
[379] 范晔:《后汉书·陈忠传》,中华书局2000年版,第1049页。
[380] 荀悦:《申鉴·时事》,上海古籍出版社1990年版,第14页。
[381] 王充:《论衡·谢短》,中华书局1990年版,第566页。
[382] 王充:《论衡·率性》,中华书局1990年版,第80页。
[383] 王符:《潜夫论·述赦》,上海古籍出版社1978年版,第222页。

第六章　立法的进步与文化大融合的魏晋南北朝法制

（公元220年～公元581年）

魏晋南北朝时期，处于割据对峙的状态，社会动荡不安，阶级矛盾与民族矛盾复杂尖锐。因此，各朝统治者都力图运用法律手段维护统治，以致立法活动颇为活跃。晋《泰始律》是西晋及南朝立法的主要成就，不仅对《汉律》进行了大规模的总结，也是反映法律儒家化历史潮流的时代结晶，其影响深远。

为立法司法服务的律学也随之兴起，魏晋律学逐渐与经学分野，摆脱了对经学的附庸地位，它以立法技术、律典结构、刑名原理及科罪量刑的原则为研究重点，以解释现行法律便于统一适用为主要任务，使律学的方向逐渐向科学化发展，既有学理价值，更具有实际指导意义，是衡量这一时期法制文明的重要尺度。然而，西晋八王之乱、永嘉之乱以后，中原法律文明的中心逐渐转移到江浙地区。

北方少数民族进入中原地区以后，为了在广大汉族地区建立统治，采取积极适应与吸收汉文化的政策，形成了汉化的典章制度。在这个过程中，精通汉律学的崔浩、高允等士族代表人物，成为积极向北魏统治者灌输汉族先进法文化的中介，影响着北朝法律的制定。

北魏太和年间，孝文帝推行改制，制定了以儒家纲常伦理为主干的《北魏律》，实现了以汉文化为主导的各族文化在更大范围的融合和中华法制文明的伟大发展。

北魏以后，北齐、北周相继以汉魏律为宗，甄采习俗，制定了在中国法制史上前所未有的少数民族王朝的一系列法律。

在各民族文化大融合的基础上,造就了超越秦汉的中华法制文明,其主要标志就是魏晋律学的兴起与各朝立法的主要成就。

一、魏晋南北朝时期的立法成就

东汉末年,在镇压黄巾起义的兼并战争中,形成了以曹操、孙权和刘备为首的魏、吴、蜀鼎足而立的封建政权,史称"三国"。三国的出现,是豪强集团兼并性和割据性发展的必然结果,同时也表现了在尚不具备全国统一的条件下所能形成的局部统一。

三国之中魏国最强,著名的政治家、军事家曹操实行屯田制度,反对地方豪强隐瞒依附农民,录用所谓"不仁不孝而有治国用兵之术"之人为官等措施,[1]恢复了北方经济,使曹魏政权得以巩固。由于曹魏政权是依靠士族支持才得以建立和发展的,魏文帝时实行"九品中正制",从制度上确认了士族任官的特权,最终使曹魏政权流入大士族司马氏之手。

吴、蜀两国的创建和发展过程,虽与魏国不同,但在依赖士族豪强支持这一点上则是共通的。吴国是在外来士族和吴郡士族的全力支持下建立起来的。蜀国也是以荆州士人和益州豪族作为政权的重要支柱。在三国相对安定的环境中,南北经济都有显著的恢复和发展,从而为重建统一国家提供了重要条件。至公元280年,晋武帝司马炎灭蜀吴,建立了统一的晋朝,史称"西晋"。

西晋统治者从一开始就加重了对土地的兼并,实行占田制度,允许官吏按官品占田、占客以及荫亲属,从而以法律的形式确认官僚强占民田的特权,发展了士族豪强的经济基础。此外,还通过恢复封国制度大量增设官职,以满足士族参加政权的要求。结果不仅加重了人民的负担,也激化了统治集团内部的权力冲突,最终爆发了"八王之乱"。这时,与西晋政权处于对立状态的内迁的匈奴、鲜卑、羯、氐、羌等少数民族的统治者积极进行着争夺统治权的斗争,先后在北方建立了许多割据的小国,彼此进行着兼并战争,形成了"十六国"的混乱局面,社会经济遭到严重破坏,"诸夏纷乱,无复农者"[2]。

公元316年,西晋为匈奴贵族建立的汉国所灭。公元317年西晋宗室司马睿依靠流徙江南的北方士族和江南地方士族的共同支持,建立了东晋王朝。

---

〔1〕 陈寿撰:《三国志》卷一魏书一《武帝纪一》,中华书局1959年版,第49页。

〔2〕 房玄龄等:《晋书》卷一百七载记第七《石季龙下》,中华书局1974年版,第2795页。

公元420年,东晋为刘宋王朝所灭。此后在一百六十几年间,历经宋、齐、梁、陈四朝,史称“南朝”。南朝皇帝,虽然出身于“庶族”,并任用一些“寒门”为官,但并没有动摇百家士族的特权地位。直到梁朝末年,统治阶级内部发生了“侯景之乱”,才使得煊赫一时的豪门士族受到沉重打击而渐趋衰落,新兴的一般地主豪强开始执掌朝政。与此同时,北方混战的各国也为鲜卑族拓跋氏统一,建立了北魏王朝。北魏末年,分裂为东魏和西魏,后由北齐取代东魏,北周取代西魏,北齐又为北周所灭。从北魏到北周,史称“北朝”。北朝统治者,为了取得汉族大地主的支持,也强制维护士族门阀制度。北魏孝文帝时,“选官用人必先大族”,并且命令鲜卑贵族与汉族士族通婚,从血缘上加强两者的合作。南北朝的分裂对峙一直到公元六世纪末。公元581年北周政权为汉族大臣杨坚篡夺,建立了隋朝,并于公元589年,攻灭南陈,统一了延续数百年之久的分裂的中国。

在南北朝对峙时期,社会经济有了一定的恢复和发展。尤其是北魏孝文帝实行均田制度,把国有的荒地分配给无地的农民耕种,由国家收取赋税,并规定其中一部分土地归农民私有,这对于推动北方经济的发展起了积极的作用,为隋朝统一中国提供了历史条件。

在三国两晋南北朝统治的数百年间,征战连绵不绝,政权不断更替。各朝统治者为了在动乱中求得国家的生存与发展,都十分注意运用和发挥法律的作用,从而加强了立法活动,推动了法制的发展。各朝在继承两汉法制的基础上,同时对立法、司法、律学都进行了改革和创新。尤其是晋律是对两汉法律进行大总结的产物,晋代律学也是中国律学史上陡起的高峰。

北朝少数民族统治者在进入广大汉族地区以后,积极适应先进的汉族文化,北朝法制远取两汉,近取魏晋,进行了大胆的革新,表现了少数民族对中华法系的积极贡献和各族法文化的融合。

总之,魏晋南北朝时期的法制处于承前启后的重要发展阶段,是我国封建法制走向成熟的产物,为隋唐法制的完善奠定了重要基础。

(一)以《魏律》为代表的三国的立法成就

魏国的奠基人曹操,是一位“揽申商之法术”的封建法治主义者,[3]他强调“治定之化,以礼为首,拨乱之政,以刑为先”[4]。早在担任洛阳北部都尉时,便

---

〔3〕《三国志》卷一魏书一《武帝纪一》,中华书局1959年版,第55页。

〔4〕《三国志》卷二十四魏书二十四《韩崔高孙王传二十四》,中华书局1959年版,第683~684页。

制造“五色棒”悬于门上,“有犯禁者,不避豪强,皆棒杀之”〔5〕。北定中原以后,为收拾人心颁行《甲子科》,以减轻刑罚,凡因罪“犯钛左右趾者,易以木械。……又嫌汉律太重,故令依律论者听得科半”〔6〕。魏国最重要的立法成就是明帝时制定的《新律》。

魏明帝鉴于东汉以来“法令滋章,犯者弥多,刑罚愈众,而奸不可止”〔7〕,于太和三年(229年)下诏,命司空陈群、散骑常侍刘劭、给事黄门侍郎韩逊、议郎庾嶷、中郎黄休、荀诜等,删约旧科,傍采汉律,定为魏法,制定《新律》十八篇。由于魏律的主要制定者陈群是三国时代的杰出学者,其祖父陈实、父亲陈纪都以道德学问闻名于世,刘劭也是少有的律学家,从而决定了《新律》具有一定的创造性。

首先,革新体例。陈群、刘劭鉴于《汉律》正律篇章有限,只能依傍章科令和事比作为补充,以致经常发生类别不合、名义不当的现象。例如,“盗律有贼伤之例,贼律有盗章之文,兴律有上狱之法,厩律有逮捕之事,若此之比,错糅无常”〔8〕。为此,将原《魏律》扩充为十八篇,《晋书·刑法志》引《魏法序略》记载:“今制新律,宜都总事类,多其篇条。”《新律》十八篇,除九章律原有盗、贼、囚、捕、杂、户六篇篇名不变外,改兴律为擅兴,改具律为刑名,删除厩律,增加劫略、诈伪、毁亡、告劾、系讯、断狱、请赇、惊事、偿赃和免坐十篇。

改具律为刑名之后,列于全律之首,是《新律》体例的重大革新。早在战国李悝著《法经》时,就曾创设具法置于盗、贼、囚、捕、杂五法之后,以总括各篇所列罪刑加减事例。然而,《汉律》却将具律置于杂律和户律之间,造成体例上的混乱。陈群和刘劭总结《汉律》之失,在制定《新律》时,将分散于各篇的罪名加以集中,并将更定的刑制并入具律,改称刑名,置于律首。对于这项改革,后人均加以肯定,《晋书·刑法志》引《魏法序略》记载:“旧律因秦法经,就增三篇,而具律不移,因在第六。罪条例既不在始,又不在终,非篇章之义。故集罪例以为刑名,冠于律首。”《唐律疏议》律序也说:“汉作九章,散而未统,魏朝始集罪例,号为刑名。”《新律》的体例是在总结秦汉律的基础上形成的,不仅对晋律的发展具有直接的影响,而且成为后世封建法典的通例。

其次,调整律目。《魏法序略》记载:“盗律有劫略、恐和卖买人,科有持质,皆非盗事,故分以为劫略律。贼律有欺谩、诈伪、逾封、矫制。囚律有诈伪生死,

〔5〕《三国志》卷一魏书一《武帝纪一》,中华书局1959年版,第3页。
〔6〕《晋书》卷三十志第二十《刑法志》,中华书局2000年版,第599页。
〔7〕《三国志》卷三魏书三《明帝纪三》,中华书局1959年版,第107页。
〔8〕《晋书》卷三十志第二十《刑法志》,中华书局2000年版,第600页。

令景有诈自复免,事类众多,故分为诈律。贼律有贼伐树木、杀伤人畜产及诸亡印,金布律有毁伤亡失县官财物,故分为毁亡律。囚律有告劾、传覆;厩律有告反逮受;科有登闻道辞,故分为告劾律。囚律有系囚、鞫狱、断狱之法;兴律有上狱之事;科有考事报谳,宜别为篇,故分为系讯、断狱律。盗律有受所监受财枉法;杂律有假借不廉;令乙有呵人受钱;科有使者验赂,其事相类,故分为请赇律。盗律有劫辱强贼;兴律有擅兴徭役;具律有出卖呈;科有擅作修舍事,故分为兴擅律。兴律有乏徭稽留;贼律有储峙不办;厩律有乏军之兴,及旧典有奉诏不谨、不承用诏书,汉氏施行有小愆之反不如令,辄劾以不承用诏书,乏军要斩,又减以'丁酉诏书'。'丁酉诏书',汉文所下,不宜复以为法,故别为之留律。秦世旧有厩置、乘传、副车、食厨,汉初承秦不改,后以费广稍省,故后汉但设骑置而无车马,而律犹著其文,则为虚设,故除厩律,取其可用合科者,以为邮驿令。其告反逮验,别入告劾律。上言变事,以为变事令,以惊事告急,与兴律烽燧及科令者,以为惊事律。盗律有还赃畀主;金布律有罚赎入责,以呈黄金为价;科有平庸坐赃事,以为偿赃律。"[9]

上述记载反映了《魏律》在吸收傍章科令,调整、归纳各篇内容的基础上,进行了较为细致的分别门类,既解决了"篇少则文荒,文荒则事寡,事寡则罪漏"的缺陷,[10]又避免了东汉末年存在的律令紊乱、科比冗杂的现象,基本上达到了文信而例通,这是立法技术的重大提高,在中国封建立法史上具有突出的价值。但清末法学家沈家本在其《汉律摭遗》中却对此予以批评,他说:"传,逮也,覆,覆按也,分为两事,则或传或覆,合为一事,则谓传逮罪人而覆按之也。此乃鞫囚之事而非告劾之事,魏分入告劾律,未详其义。系囚之事,魏分为系讯律,而鞫狱断狱又为断狱律,鞫者推勘之词,断者论决之事,可区为二,而事实相因,实难分别,系讯断狱事既相连,分之转无界限,汉统于囚律最为得之。"可见,魏律的改革虽较之汉律前进了一大步,但限于当时的历史条件仍有不足之处。

最后,变革某些罪、刑与刑法原则。魏文帝针对三国时期盛行的诬告人反的风气,于黄初五年(224 年)春正月下令,除谋反大逆乃得相告外,"其余皆勿听治;敢妄相告,以其罪罪之"[11]。《新律》更以明文严禁诬告:"囚徒诬告人反,罪及亲属,异于善人,所以累之,使省刑息诬也。"[12]同时,为了保护劳动力,恢复农业经济,也禁止因复仇而互相残杀。黄初四年(223 年)正月魏文帝下诏:

---

[9] 《晋书》卷三十志第二十《刑法志》,中华书局 2000 年版,第 601 页。

[10] 《晋书》卷三十志第二十《刑法志》,中华书局 2000 年版,第 601 页。

[11] 《三国志》卷二魏书二《文帝纪二》,中华书局 1959 年版,第 84 页。

[12] 《晋书》卷三十志第二十《刑法志》,中华书局 2000 年版,第 602 页。

"丧乱以来，兵革未戢，天下之人，互相残杀。今海内初定，敢有私复仇者皆族之。"〔13〕另据《晋书·刑法志》引《魏律序略》记载："贼斗杀人，以劾而亡，许依古义，听子弟得追杀之。会赦及过误相杀，不得报仇，所以止杀害也。"在这里，一方面限定了允许复仇的条件，以及复仇者的身份；另一方面又强调"会赦及过误相杀，不得报仇"，体现了禁止复仇的基本精神。

《新律》取消了汉时为诛杀大臣而任意比附的"不道"的罪名；缩小了连坐的范围，上不及祖父母，下不及孙；并"改投书弃市之科"，以示轻刑。与此同时，加重了对贪污罪的惩罚，专设惩治贪污的请赇律。

随着伦理道德观念向法律的渗透，《新律》中规定，杀继母与杀生母同；"除异子之科"，继子或义子与父同居共财；加重殴兄、姊的刑罚，等等。力图运用法律的强制性巩固伦理道德秩序，进而加强国家的统治。

在刑制方面，魏因汉制，死刑仍为枭首、腰斩、弃市三等。据《晋书·刑法志》和《唐六典》记载："大辟之刑有三：一曰枭，二曰斩，三曰弃市。"但"谋反大逆，临时捕之，或潴，或枭菹，夷其三族，不在律令"。可见，魏虽未废除夷族之刑，但"不在律令"，不是"国之常刑"，比起汉时有所进步。此外，魏还沿袭汉文景帝废肉刑的改革，已无黥、劓、刖之刑，宫刑虽未废除，但也"不在律令"。见于史书的曹魏五刑死、髡、完、作、赎是处于汉唐之间新的法定五刑形成之前的过渡形态。

在刑法原则方面，魏律首次以"八议"入律。八议之制起源于《周礼》的"八辟"，凡是亲、故、贤、能、功、勤、贵、宾八种人，在法律上享有减免刑罚的特权。魏以前虽有此制，但未入律，陈群、刘劭等人在士族豪门权势日盛的条件下，将"八议"明文规定于魏《新律》，以取得士族豪门对政权的支持。此后，八议入律，相沿不改，《唐六典》注说："八议自魏、晋、宋、齐、梁、陈、后魏、北齐、后周及隋皆载于律。"

总括上述，可见《新律》是在整理秦汉旧律的基础上制定的一部带有总结性的法典。由于《新律》渗透了儒家"礼"的精神，因而推动了法律儒家化的进程。儒家提倡"亲亲"，在《新律》中则"除异子之科，使父子无异财也。殴兄姊加至五岁刑，以明教化也"〔14〕。另在儒家"君为臣纲"的思想指导下，对于"谋反大逆"处以"或潴""或枭菹""夷其三族"的酷刑，以"严绝恶迹也"〔15〕。至于八议入律，更是儒家"礼"的规范的制度化与法律化。

---

〔13〕《三国志》卷二魏书二《文帝纪二》，中华书局1959年版，第82页。

〔14〕《晋书》卷三十志第二十《刑法志》，引《魏律序略》，中华书局2000年版，第925页。

〔15〕《晋书》卷三十志第二十《刑法志》，引《魏律序略》，中华书局2000年版，第925页。

曹魏也以令辅律,有州郡令四十五篇,尚书官令、军中令一百八十余篇。

三国时期,除以《魏律》为代表的主要立法成就外,蜀、吴二国也进行了必要的立法。

蜀汉定都成都以后,著名的政治家诸葛亮积极主张立法设度,运用法律来维护统治。他提出"非法不言,非道不行"[16]、"法行则知恩"[17]、"尽忠益时者,虽仇必赏,犯法怠慢者,虽亲必罚"[18]。因此,"刑政虽峻而无怨者,以其用心平而劝戒明也"[19]。同时,诸葛亮也主张"教令为先,诛罚为后""人君先正其身,然后乃行其令"[20]。他与法正等人共同制定的《蜀科》是治蜀的基本大法。陈寿在《进诸葛亮集表》中还附有"法捡""科令""军令"等篇目,现仅存几条"教"与"军令",其余均已佚失。

孙吴向来以重刑著称,刑罚残酷,汉时已经废去的夷三族、族诛之刑,在吴则屡见不鲜。孙权曾以"但不得已而为之耳"为重刑辩解。[21] 黄武五年(226年)春,陆逊曾劝孙权"施德缓刑"。"于是令有司尽写科条,使郎中褚逢赍以就逊及诸葛谨,意所不安,令损益之"[22]"嘉禾三年……表定科令"[23]。据《文献通考》记载,"吴之律令,多依汉制",但均已佚失。

(二)以《晋律》为代表的两晋及南朝的立法成就

早在司马氏代魏之前,晋王司马昭便"患前代律令,本注烦杂""科网本密",而于魏咸熙元年(264年),令贾充、郑冲、羊祜、杜预等人以汉、魏律为基础,遵循"蠲其苛秽,存其清约,事从中典,归于益时"的原则,[24]制定《晋律》,于晋武帝泰始四年(268年)颁行全国,通称《泰始律》。由于《晋律》曾经张斐、杜预分别注释,故又称"张杜律"。

《晋律》共二十篇,六百二十条,二万七千六百五十七言。其篇名为刑名、法例、盗律、贼律、诈伪、请赇、告劾、捕律、系讯、断狱、杂律、户律、擅兴、毁亡、卫宫、水火、厩律、关市、违制和诸侯。《晋律》比魏律虽然只增加了两篇,但篇章设置更趋于合理,体例进一步完善,内容更为充实,法律解释也达到规范化的水准。

---

〔16〕《诸葛亮集·教令》。

〔17〕《诸葛亮集·答法正书》。

〔18〕《三国志》卷三十五蜀书五《诸葛亮传五》,中华书局1959年版,第934页。

〔19〕《三国志》卷三十五蜀书五《诸葛亮传五》,中华书局1959年版,第934页。

〔20〕《诸葛亮集·教令》。

〔21〕《三国志》卷四十七吴书二《吴主传二》,中华书局1959年版,第1133页。

〔22〕《三国志》卷四十七吴书二《吴主传二》,中华书局1959年版,第1133页。

〔23〕《三国志》卷五十九吴书十四《吴主五子传十四》,中华书局1959年版,第1364页。

〔24〕《晋书》卷三十志第二十《刑法志》,中华书局2000年版,第927页。

1.《晋律》是在日趋成熟的律学(主要是刑法学)的基础上完成的,是中国封建社会一部具有鲜明儒家色彩的法典。如同陈寅恪先生所说,“司马氏以东汉末年之儒学大族创建晋室,统制中国,其所制定之刑律尤为儒家化”[25]。

《晋律》的儒家化主要是通过任用儒学家修律和解释法律实现的。杜预在上《律表》的奏章中说《晋律》的基本精神就是礼所强调的“格之以名分”[26],因此,他撰著《律表》时“远遵古礼,近同时制”[27],通过注律将法与礼进一步结合。

《晋律》儒家化具体表现为以下几点:

其一,“峻礼教之防,准五服以制罪”[28]。凡是违反礼教的罪犯皆处以重刑。例如,“重奸伯叔母之令,弃市。淫寡女,三岁刑”[29]。在定罪量刑时不仅要考虑当事人的身份等级,以期达到“宝君子而逼小人”的目的,[30]同时,还要明确提出按区别亲疏的丧礼“五服”之制定罪行的轻重。准五服制罪,始于《晋律》,一直延续至清末。

其二,礼律并重,礼直接作为定罪的依据。例如,《晋书·殷仲堪传》:“异姓相养,礼律所不许。”又如,《晋书·庾纯传》:“凡断正臧否,宜先稽之以礼。”

其三,纳礼于律中,使礼法律化。例如,八议入律,“诸侯应八议以上,请得减收留赎,勿髡钳笞”[31]。又如,不敬、不道、恶逆、诬罔父母、反逆等罪名,均以违礼而入律。

由于《晋律》是一部引礼入法、礼法结合的法典,比较适合于中国固有的国情,其体例也较魏律严谨,对法律的解释尤趋于规范化,因此,《晋律》的影响及于南北朝。

2.《晋律》又一特点在于改善篇章设置,简约律令说解。

首先,将刑名分为刑名、法例两篇,并列于律首。凡罪刑轻重的类别、科刑加减的方法、篇章律条的文例,分别规定在刑名和法例两篇之中,以统贯全律各篇。张斐说:“刑名所以经略罪法之轻重,正加减之等差,明发众篇之多义,补其章条之不足,较举上下纲领……名例齐其制。”[32]

其次,增加或变更了一些律名。例如,为加强宫门禁卫,增设卫宫律;为管

---

〔25〕 陈寅恪:《隋唐制度渊源略论稿·刑律》,三联书店2001年版,第111页。
〔26〕 《晋书》卷三十四列传四《杜预传》,中华书局2000年版,第1026页。
〔27〕 《晋书》卷二十志第十《礼中》,中华书局2000年版,第622页。
〔28〕 《晋书》卷三十志第二十《刑法志》,中华书局2000年版,第927页。
〔29〕 《晋书》卷三十志第二十《刑法志》,中华书局2000年版,第927页。
〔30〕 《晋书》卷三十志第二十《刑法志》,中华书局2000年版,第931页。
〔31〕 《北堂书钞》卷四四《刑法部》(中),引《晋律》。
〔32〕 《晋书》卷三十志第二十《刑法志》,中华书局2000年版,第928页。

理日益频繁的关津交往,增设关市律;为救防水火灾害,增设水火律;为维护统一的中央集权制度,增设违制律;为调整统一后恢复的分封制,增设诸侯律。此外,将魏律中的囚律合并于系讯律,恢复了魏律废止的厩律,删除了魏律中的劫掠、惊事、偿赃、免坐四律。这些变动反映了法与时转的客观规律与发展社会经济、强化专制制度的要求。

再次,提高正律的地位,区分律令的界限。根据《太平御览》引杜预《律序》记载,"律以正罪名,令以存事制""其余未宜除者,若军事、田农、酤酒,未得皆从人心,权设其法,太平当除,故不入律,悉以为令,施行制度,以此设教,违令有罪则入律。其常事品式章程,各还其府,为故事"〔33〕。可见,律是固定性的规范,令是暂时性的制度,违令有罪,属于律的范围,非依律不能定罪,从而矫正了秦时法律令混用不清的弊病,也进一步明晰了汉时关于"前主所是著为律,后主所是疏为令"的初步界定。〔34〕

最后,晋律令将七百七十三万余字的汉律令及说解,精简为十二万六千三百字,称得上"蠲其苛秽,存其清约"。对此,杜预评论:"法者盖绳墨之断例,非穷理尽性之书也。故文约而例直,听省而禁简,例直易见,禁简难犯。易见则人知所避,难犯则几于刑厝。"〔35〕为了警戒小民不要误触法网,武帝时,还应侍中卢等人之请,抄录死刑条目,"悬之亭传,以示兆庶"〔36〕。

3. 晋律学在两汉律学的基础上得到了进一步发展。鉴于汉代"诸儒章句十有余家,家数十万言。凡断罪所当由用者,合二万六千二百七十二条,七百七十三万二千二余言",所造成的"言数益繁,览者益难",魏文帝下诏"但用郑氏章句,不得杂用余家。"〔37〕从而使得律学的发展呈现统一化的趋势。

从西晋起开始在官府设立"律学博士",专门传授律学,此后多有律博士的建制。晋时律学家的代表是杜预和张斐。张斐著有《律解》二十一卷、《汉晋律序注》一卷,杜预著有《律本》二十一卷、《杂律》七卷。这些著作虽已失传,但从片段的记载中可以发现晋律学已逐渐从经学中分离出来,不再是经学的附庸,它所研究的重心在于立法技术、法律运用、刑名原理及科罪量刑原则等,这是律学发展至新阶段的主要特点。除杜预、张斐外,著名的律学家还有刘颂、钟繇、钟会、傅干、曹羲、丁仪、刘劭等。

---

〔33〕《晋书》卷三十志第二十《刑法志》,中华书局 2000 年版,第 603 页。
〔34〕 班固:《汉书·杜周传》,中华书局 2000 年版,第 2017 页。
〔35〕《晋书》卷三十四列传四《杜预传》,中华书局 2000 年版,第 669 页。
〔36〕《晋书》卷三十志第二十《刑法志》,中华书局 2000 年版,第 606 页。
〔37〕《晋书》卷三十志第二十《刑法志》,中华书局 2000 年版,第 600 页。

晋文帝时命贾充、杜预等定律,律成之后,杜预作律令注解。杜预不仅明于律学,尤其精于经学,他所著《春秋左氏经传集解》对先秦礼仪政治法律制度都有精细的比较分析和说明,这对于他所注之律不能不有所影响。譬如,他从礼重名分的儒家基本观念出发,指出:"刑之本在于简直,故必审名分……今所注皆纲罗法意,格之以名分。使用之者执名例以审趣舍,伸绳墨之直,去析薪之理也。"[38]可见注律也是对《晋律》儒家化的推动。综观《律本》的片段遗存,可以看出杜预解律不但设定了《晋律》的立法原则,而且对于作为普遍行为准则的法律及其实施提出了明确的要求,使执法者在定罪量刑时有了明确的标准。

与杜预同时的明法掾张斐在其所著《律解》及向晋武帝上奏的《注律表》中,对二十种罪的概念及其含义作了扼要而精确的表述。他说:"其知而犯之谓之故,意以为然谓之失,违忠欺上谓之谩,背信藏巧谓之诈,亏礼废节谓之不敬,两讼相趣谓之斗,两和相害谓之戏,无变斩击谓之贼,不意误犯谓之过失,逆节绝理谓之不道,陵上僭贵谓之恶逆,将害未发谓之戕,唱首先言谓之造意,二人对议谓之谋,制众建计谓之率,不和谓之强,攻恶谓之略,三人谓之群,取非其物谓之盗,货财之利谓之赃:凡二十者,律义之较名也。"[39]在这里区分了故意和过失犯罪的界限,提出了"造意"、"合谋"和"群"的基本要件,明确了由于粗心而造成的失职与过失犯罪的区别,剖白了"赃""戏""斗""诈""强""略""戕""率"等字的含义。这些规范化的解释,体现了中国古代律学所达到的新水平,为其摆脱穿凿附会的引经解律,使律学向着科学发展,作出了开创性的贡献。

张斐不仅对法律的字义进行了解释,而且还综合名实对《晋律》中一些既相类似又容易混淆的罪名进行了区分。譬如,"卑与尊斗,皆为贼。斗之加兵刃水火中,不得为戏,戏之重也""戏似斗,斗而杀伤傍人,又似误""向人室庐道径射,不得为过,失之禁也。都城人众中走马杀人,当为贼,贼之似也""加威势下手取财为强盗"[40]。至于"缚守""恐""呵人""受赇""持质""盗赃""留难""擅赋""戳辱"等都是以威势得财,或者与强盗之"名殊者也",或者"罪相似者也"。

对于《晋律》刑名的类别和加减方法,张斐也作了简明扼要的解释:"意善功恶,以金赎之。故律制生罪不过十四等,死刑不过三,徒加不过六,囚加不过五,累作不过十一岁,累笞不过千二百,刑等不过一岁,金等不过四两。""不以加至死,并死不复加。不可累者,故有并数,不可并数,乃累其加。以加论者,但得其

〔38〕《晋书》卷三十四列传四《杜预传》,中华书局2000年版,第1026页。
〔39〕《晋书》卷三十志第二十《刑法志》,中华书局2000年版,第604页。
〔40〕《晋书》卷三十志第二十《刑法志》,中华书局2000年版,第605页。

加;与加同者,连得其本。不在次者,不以通论。"〔41〕

以上可见,张斐、杜预对《晋律》的解释,既有学理价值,更具有实践指导作用。

晋朝除张斐、杜预通过注释《晋律》发展了古代律学外,刘颂还针对"法渐多门,令甚不一"的弊病,提出了具有跨时代意义的司法改革意见。其一,他论证了"君臣之分,各有所司",并举例说,"监司以法举罪,狱官案劾尽实,法吏据辞守文",因此皇帝也不要随意干涉司法,而应使执法机关恪尽其职守。其二,强调法律颁布以后,皇帝必须守信于天下,不得肆意更改。因为"人君所与天下共者,法也。已令四海,不可以不信以为教,方求天下之不慢,不可绳以不信之法"〔42〕。其三,为了做到公平理狱,他坚持"律法断罪,皆当以律令正文,若无正文,依附名例断之,其正文名例所不及,皆勿论"〔43〕。同时建议:"今限法曹郎令史,意有不同为驳,唯得论释法律,以正所断,不得援求诸外,论随时之宜,以明法官守局之分。"〔44〕

刘颂关于法司独立审判和援法定罪的思想,是汉以来封建法治思想的继承和发展,也是刘颂多年从事管理司法工作经验的总结。刘颂的思想如与西方资产阶级在十七八世纪提出的司法独立和法无明文不为罪相比,可以发现在基本原则上具有一致性,只是刘颂提出于公元三世纪的晋朝,早于西方一千多年,说明中华法制文明的先进性。然而,在刘颂提出这一思想的同时,有支持者,如侍中太宰汝南王亮便奏请惠帝"以为宜如颂所启,为永久之制"〔45〕。也有反对者,如主簿熊远在奏疏中为君权肆意坏法辩解说:"若开塞随宜,权道制物,此是人君之所得行,非臣子所宜专用。"〔46〕由于西晋皇帝大都昏庸,政治腐败,使得刘颂的思想不可能得到全部实施。

《晋律》以外,有令四十篇,二千三百零六条。据《唐六典》卷六《尚书刑部》所载《晋令》的篇目是,户、学、贡士、官品、吏员、俸廪、服制、祠、户调、佃、复除、关市、捕亡、狱官、鞭杖、医药疾病、丧葬、杂上、杂中、杂下、门下散骑中书、尚书、三台秘书、王公侯、军吏员、选吏、选将、选杂士、宫卫、赎、军战、军水战、军法、杂法。史书称誉晋令详备。

还有《故事》三十卷,是贾充从当时"制诏之条"中删定而成的。故事与律、

〔41〕《晋书》卷三十志第二十《刑法志》,中华书局 2000 年版,第 604 页。
〔42〕《晋书》卷三十志第二十《刑法志》,中华书局 2000 年版,第 610 页。
〔43〕《晋书》卷三十志第二十《刑法志》,中华书局 2000 年版,第 610 页。
〔44〕《晋书》卷三十志第二十《刑法志》,中华书局 2000 年版,第 610 页。
〔45〕《晋书》卷三十志第二十《刑法志》,中华书局 2000 年版,第 611 页。
〔46〕《晋书》卷三十志第二十《刑法志》,中华书局 2000 年版,第 611 页。

令并行,律是国家大法,违令犯罪归于律;令是政教施行的制度;故事是国家机关的规章与办事细则。这三者的分工,反映了立法思想与立法技术的进步。

晋时虽已有了“科”的法律形式,但为防止“一律两科”,所以“科”尚无独立的地位。另据《晋书·食货志》记载,晋平吴后,“又制户调之式”,包括户调、占田、课田以及荫族、荫客等内容,可见“式”也是法律形式之一。

晋朝瓦解以后,统一的中国出现南北分立。南朝宋齐梁陈四朝基本沿用《晋律》,南宋曾于孝武帝大明四年(460年)改订律令,据《唐六典》卷六注,其“篇目及刑名之制,略同晋氏”。

南齐初建时,沿用《晋律》,《南齐书·孔稚珪传》说:“江左相承,用晋世张、杜律二十卷。”至武帝永明七年(489年),以《晋律》为基础制定《永明律》一千五百三十二条,永明九年重编律文,但未施行。

南梁武帝曾命蔡法度、沈约等增损《晋律》,完成《梁律》二十篇,二千五百二十九条。《梁律》与《晋律》所不同者仅将《晋律》中的贼律改为贼叛,盗律改为盗劫,请赇改为受赇,捕律改为讨捕,删去诸侯篇目,增加仓库篇目而已。

此外,蔡法度还制定了《梁令》《梁科》各三十卷。《梁律》对刑罚的规定比较严整。死刑分为弃市、枭首,耐刑由二年至五年,鞭刑分制鞭、法鞭、常鞭,杖刑分大杖、法杖、小杖,并有赎刑。南梁刑制对北朝颇有影响。

南陈也制定了律令,据《唐六典》注:“陈令范泉、徐陵等参定律令,律三十卷,令三十卷,科三十卷,轻重繁简,一本梁法也。”但《隋书·刑法志》批评陈律“条流冗杂,纲目虽多,博而非要”。值得提出的是,南陈将以官当徒的“官当”首次入律,此后历代相沿,成为封建法典的重要内容之一。

综上所述,宋齐梁陈四朝基本上援用《晋律》,改动较少。由于南朝统治者崇尚清谈,盛行玄学、佛学,律学日渐衰微,王植之、蔡法度等人也只能简单地遵循《晋律》作为修律的基础。相比而言,北朝的律学比南朝发达,崔浩、高允等人皆以精通《汉律》而出名。以致隋并陈以后,多取法北朝律,魏晋以来一脉相承的南朝律基本终结。

(三)以《北魏律》《北齐律》为代表的北朝立法

公元386年,鲜卑拓跋氏建立北魏政权(称后魏、元魏),是为北朝之始。北魏统治者进入中原以前,既无文字,也无法律,所谓“魏初,礼俗纯朴,刑禁疏简……决辞讼,以言语约束,刻契记事,无囹圄考讯之法,诸犯罪者,皆临时决遣”[47]。进

---

〔47〕 魏收:《魏书》卷一百一十一《刑罚志七第十六》,中华书局2000年版,第1920页。

入中原以后,才开始注意吸收汉族先进的法文化,运用法律作为统治手段,以适应统治中原广大地区的需要。从太祖起,诏“三公郎中王德定律令,申科禁……吏部尚书崔玄伯总而裁之”[48]。世祖时再次诏“司徒崔浩改定律令”[49]。为了吸收汉族先进的法律文化,世祖不仅令专攻律学的崔宏、崔浩主持修律,而且还特命“博通经史天文术数,尤好春秋公羊”[50]的高允参与其事。在司法实践中也仿行汉“春秋决狱”之例,据《魏书·世祖纪》记载:“诸有疑狱,皆付中书,以经义量决。”尤其是北魏孝文帝迁都洛阳以后,随着均田制、赋税制、三长制等重大改革的实施,发展了封建的农业经济,巩固了北方的统一和中央集权,因而有可能进行大规模的立法建制。孝文帝鉴于“律令不具,奸吏用法,致有轻重”[51],不仅多次修律,还亲自执笔定拟,史书说:“孝文用夏变俗,其于律令,至躬自下笔,凡有疑义,亲临决之,后世称焉。”[52]可见北魏统治者对于制定法律的重视。

孝文帝积极吸收汉族先进法文化,提出了“营国之本,礼教为先”[53]“法为治要”的礼法并用的治国方略。[54] “礼教为先”反映在法律上,其一,加重对不孝罪的处刑。太和元年(477 年)诏曰:“三千之罪,莫大于不孝。而律不逊父母,罪止髡刑,于理未衷,可更详改。”[55]其二,创制存留养亲之法:“诸犯死刑者,父母、祖父母年老,更无成人子孙,旁无期亲者,具状以闻。”[56]太和十八年(494 年),对流犯返乡再作补充规定:“诸北城人,年满七十以上及废疾之徒,校其元犯,以准新律。事当从坐者,听一身还乡,又令一子扶养。终命之后,乃遣归边;自余之处,如此之犯,年八十以上,皆听还。”[57]存留养亲之法直至清朝仍然实行。其三,直系卑亲属可依法为尊亲属隐罪。窦瑗说:“父母、祖父母,小者攘羊,甚者杀害之类,恩须相隐,律抑不言。法理如是,足见其直。”[58]其四,亲属相犯,根据伦常加重处刑。其五,根据恤刑原则罢“门房之诛”(一人犯罪,并

---

〔48〕《魏书》卷二《太祖纪二》,中华书局 2000 年版,第 22 页。

〔49〕《魏书》卷四上《世祖纪四上》,中华书局 2000 年版,第 53 页。

〔50〕《魏书》卷四十八列传三十六《高允传》,中华书局 2000 年版,第 721 页。

〔51〕《魏书》卷一百一十一《刑罚志七第十六》,中华书局 2000 年版,第 1923 页。

〔52〕程树德:《九朝律考·后魏律考序》,商务印书馆 2010 年版,第 449 页。

〔53〕《魏书》卷十九中景穆十二王列传七中《任城王传》,中华书局 2000 年版,第 317 页。

〔54〕《魏书》卷七下《高祖纪七下》,中华书局 2000 年版,第 121 页。

〔55〕《魏书》卷一百一十一《刑罚志七第十六》,中华书局 2000 年版,第 1923 页。

〔56〕《魏书》卷七下《高祖纪七下》,中华书局 2000 年版,第 110 页。

〔57〕《魏书》卷七下《高祖纪七下》,中华书局 2000 年版,第 118 页。

〔58〕《魏书》卷八十八列传良吏第七十六《张恂　鹿生　张应　宋世景　路邕　阎庆胤　明亮　杜纂　裴佗　窦瑗　羊敦　苏淑》,中华书局 2000 年版,第 1293 页。

坐祖孙、父母、妻子、同产)。太和十一年(487年)诏曰:“门房之诛,犹在律策,违失周书父子异罪。推古求情,意甚无取。可更议之,删除繁酷。”[59]

“法为治要”表现在立法上,如太和元年(477年)至太和五年(481年),太和十五年(491年)至太和十八年(494年)两次修律时,孝文帝亲自执笔,或斟酌字句,或厘定流刑徒刑限制。[60]

表现在司法上,孝文帝经常躬自断狱,并且强调执法者毁法,必然使有法等于无法,为此,严禁矫法办案,律外用刑,厉行执法监督。太和年间,廷尉下增设司直,负责“论刑辟是非”。至魏末,司直专司“复治御史检劾事”[61],从适用法律和审判程序是否准确、合法等方面进行监督,以约束御史风弹权的滥用。

北魏时期,鉴于行政机关干预司法造成大量错案,有识之士倾注心力于健全“覆治之律”,以扭转疲于应付上诉的被动局面,利于查明案情,洗复清雪。郎中辛雄根据长期的司法经验,提出较为系统的意见:“一曰:御史所纠,有注其逃走者。及其出诉,或为公使,本曹给过所有指,如不推检,文案灼然者,雪之。二曰:御史赦前注获见赃,不辨行赇主名,检无赂以置直之主,宜应洗复。三曰:经拷不引,傍无三证,比以狱案既成,因即除削。或有据令奏复者,与夺不同,未获为通例。又须定何如得为证人。若必须三人对见受财,然后成证,则于理太宽。若传闻即为证,则于理太急。令请以行赇后三人俱见物及证状显著,准以为验。四曰:赦前断事,或引律乖错,使除复失衷,虽案成经赦,宜追从律。五曰:经赦除名之后,或邀驾诉枉,被旨重究;或诉省称冤,为奏更检。事付有司,未被研判,遂遇恩宥。如此之徒,谓不得异于常格,依前案为定。若不合拷究,已复之流,请不追夺。六曰:或受辞下检反覆,使鞫狱证占分明,理合清雪,未及告案,忽逢恩赦。若从证占而雪,则违正格;如除其名,罪滥洁士。以为罪须案成,雪以占定,若拷未毕格及要证一人未集者,不得为占定。”[62]上述辛雄的意见,不仅为克服审判监督方式的不确定和混乱提供了操作统一的依据和明确、简化、较合理的方法,而且还发展了有关证据、拷囚和赦前事的理论,具有重要的价值。为了使上述意见得到采纳,辛雄还慷慨陈词:“古人虽患察狱之不精,未闻知冤而不理。今之所陈,实士师之深疑,朝夕之急务,愿垂察焉。”[63]由于辛雄所奏切中时弊,而且言之成理,持之有据,深受皇帝的嘉纳,“诏从雄议”。由是

---

〔59〕《魏书》卷一百一十一《刑罚志七第十六》,中华书局2000年版,第1923页。
〔60〕《魏书》卷一百一十一《刑罚志七第十六》,中华书局2000年版,第1923~1926页。
〔61〕《魏书》卷一百一十三《官氏志九第十九》,中华书局2000年版,第1998页。
〔62〕《魏书》卷七十七列传六十五《辛雄传》,中华书局2000年版,第1145~1146页。
〔63〕《魏书》卷七十七列传六十五《辛雄传》,中华书局2000年版,第1146页。

而有覆治之律。《魏书·刑罚志》说:“律文,狱已成及决竟,经所绾,而疑有奸欺,不直于法,及诉冤枉者,得摄讯复治之。”覆治之律的出现,说明北魏为提高司法效果而不断地追求法制自身的完善。

由于官是执法者,法律是通过官的活动得以实施,因此孝文帝在提倡“法为治要”的同时,也注意立法制官。太和八年(484年)将计赃处死的标准由“枉法十匹,义赃二百匹”,改为“义赃一匹,枉法无多少皆死”[64]。当年因赃而被处死的守宰四十余人,皇室诸王犯赃,而被削官爵、徙边、赐死国除者,也大有人在。[65]

为使百官分职定位,各统其属,太和十七年(493年)和太和二十三年(499年)两次颁布《职员令》,依法规定了百官的职权、活动准则,以及课验官员善否的标准。

继孝文帝之后执政的宣武帝,根据“循变协时,永作通制”的原则,在太和律的基础上,由太师彭城王勰领衔主持修律,彭城王勰召集“八座朝士有才学者,五日一集,参论轨制应否之宜”,最后完成《正始律》。《正始律》二十篇,汇集了北魏一个多世纪修律的成就,是北魏律的代表作。二十篇中有十八篇可在汉、魏、晋律中找到相同的篇名,唯有《斗律》是太和年间由《系讯律》中分出,《婚姻律》是北魏首创。

《正始律》在礼法结合上增加了深度和广度,而又具有可操作性,因此《隋书·经籍志》以《正始律》为北魏律的定本,加以收录。

孝文帝时期,除律外,据《太平御览》记载还有《太和职员令》二十一卷。

总括上述,北魏统治经历了一个半世纪之久,在反映游牧民族习惯法的基础上,经过吸收汉民族先进的法律文化,逐渐树立了制定成文法的法制观念。从天兴定律起,几经修律,无论立法、司法、刑制都达到了一定的规模,特别是孝文帝时期,实行全面汉化的政策,两次修律都与儒生反复磋商,亲自笔削。孝文帝修律,以汉魏律为宗,兼收晋律以及南朝法律的某些内容,不仅“八议”“不敬”“不孝”入律,而且严“不道”之诛,重“诬罔”之辟,疑狱依经义断决,推动了法律封建化和儒家化的进程,奠定了北朝法制发展的方向,促进了整个社会的发展。同时,也融合了汉以来各族法律文化的精髓,较之南朝法律多所创建。今人陈寅恪曾在《隋唐制度渊源略论稿》中论述了北魏法律的源流及其发展的原因。他说:“元魏刑律实综汇中原士族仅传之汉学及永嘉乱后,河西流寓儒者

---

〔64〕《魏书》卷一百一十一《刑罚志七第十六》,中华书局2000年版,第1923页。

〔65〕有梁州刺史临淮王元提、夏州刺史章武王元彬、怀朔镇将汝阴王元天赐、长安镇将南安王元桢、京兆王元太兴、徐州刺史济阴王元郁,见《魏书》诸王本传,中华书局2000年版,第1923页。

所保持或发展之汉魏晋文化,并加以江左所承西晋以来之律学,此诚可谓集当日之大成者。若就南朝承用之晋律论之,大体似较汉律为进化,然江左士大夫多不屑研求刑律,故其学无大发展。且汉律学自亦精湛之意旨,为江东所坠者,而河西区所保存汉以来之学术,别自发展,与北魏初期中原所遗留者亦稍不同,故北魏前后定律能综合比较,取精用宏,所以成此伟业,实有其广收博取之功,并非偶然所致也。"

北魏末年,边镇酋帅纷起掌政,公元534年北魏分裂为东魏、西魏。东魏于孝静帝兴和三年(541年)十月,"诏文襄王与群臣于麟趾阁议定新制,甲寅,班于天下"[66]。据《唐六典》注:"后魏以格代科,于麟趾殿删定,名为《麟趾格》。"《麟趾格》是东魏的主要法典,以格代科是汉以来法律形式上的一大变化。

西魏法典有《大统式》,据《周书·文帝纪》记载,魏大统元年(535年)三月,"太祖(宇文泰)以戎役屡兴,民吏劳弊,乃命所司斟酌今古,参考变通,可以益国利民便时适治者,为二十四条新制,奏魏帝行之"。七年(541年)十一月,"太祖奏行十二条制,恐百官不勉于职事,又下令申明之"。十年(544年)七月,"魏帝以太祖前后所上二十四条及十二条新制,方为中兴永式,乃命尚书苏绰更损益之,总为五卷,班行天下",是为《大统式》。以"式"为法典的主要形式是封建立法史上的又一变化。

天保元年(550年),东魏高洋执政,自立为帝,改东魏为齐,史称"北齐"。北齐初建立时,援用东魏《麟趾格》,但"军国多事,政刑不一,决狱定罪,罕依律文"[67]。至武成帝河清三年(564年),始在《北魏律》的基础上制定《北齐律》十二篇,九百四十九条。《北齐律》由擅长律学的渤海封氏及儒生崔暹、李洋、魏收等人经过长达十五年的精心研讨,并在总结历代法制经验的基础上完成。所谓"校正今古,所增损十有七八"[68]。《北齐律》的篇目虽源于《北魏律》,但大为简约,仅存十二篇,即名例、禁卫、户婚、擅兴、违制、诈伪、斗讼、贼盗、捕断、毁损、厩牧、杂律,因此,《北齐律》以"法令明审,科条简要"而为史书所称道。

《北齐律》还首创"重罪十条",成为隋唐以后"十恶"的前身,是封建法典最重要的内容。《隋书·刑法志》说:"(北齐)河清三年(564年),尚书令赵郡王睿等奏上齐律十二篇……又列重罪十条:一曰反逆、二曰大逆、三曰叛、四曰降、五曰恶逆、六曰不道、七曰不敬、八曰不孝、九曰不义、十曰内乱。其犯此十者,不在八议论赎之限。"

---

〔66〕《魏书》卷十二《孝静纪十二》,中华书局2000年版,第204页。

〔67〕魏征等:《隋书》卷二十五志第二十《刑法志》,中华书局2000年版,第477页。

〔68〕《北齐书·崔昂传》,中华书局2000年版,第286页。

《北齐律》无论体系、内容都对隋唐律有着直接的渊源意义。程树德在《九朝律考》中说:“南北朝诸律,北优于南,而北朝尤以齐律为最。”“隋唐二代之律,均以此为蓝本……盖唐律与齐律,篇目虽有分合,而沿其十二篇之旧;刑名虽有增损,而沿其五等之旧;十恶名称,虽有歧出,而沿其重罪十条之旧……故读唐律者,即可因之推见齐律。”

北齐除律外,还有令四十卷,“其不可为定法者,别制权令二卷,与之并行”[69]。

北齐统治者也十分重视法律的学习与宣传,“又敕仕门之子弟常讲习之,齐人多晓法律盖由此也”[70]。

北齐政权存在了二十七年,为北周所灭。北周政权是于公元557年宇文觉废西魏恭帝之后建立的。北周灭齐,统一了中国北方,直至公元581年杨坚取代北周,建立隋朝。

北周灭齐以后,废除《北齐律》,制定《刑书要制》,专用于治理北齐旧地。《隋书·刑法志》说,周武帝“以齐之旧俗,未改昏政,贼盗奸宄,颇乖宪章。其年又为《刑书要制》以督之。其大抵持仗群盗一匹以上,不持仗群盗五匹以上,监临主掌自盗二十匹以上,盗及诈请官物三十匹以上,正长隐五户及十丁以上,及地顷以上,皆死。自余依大律。由是狡诈颇息焉”。

北周统治期间,代表性的法典是《北周大律》。《北周大律》虽以《北魏律》为直接渊源,但在律目上与《北齐律》之简约不同,而是以《北魏律》的二十篇为基础扩充为二十五篇,即刑名、法例、祀享、朝会、婚姻、户禁、水火、兴缮、卫宫、市廛、斗竞、劫盗、叛贼、毁亡、违制、关津、诸侯、厩牧、杂犯、诈伪、请赇、告言、逃亡、系讯、断狱,共一千五百三十七条。

在《北周大律》中虽无十条重罪之目,但却吸纳了其基本内容。《隋书·刑法志》说,北周制律,“保定三年(563年)三月庚子乃就,谓之大律,凡二十五篇……不立十恶之目,而重恶逆、不道、大不敬、不孝、不义、内乱之罪,凡恶逆,肆之三日。……盗贼及谋反、大逆、降、叛、恶逆罪当流者,皆甄一房,配为杂户”。

北周统治者宇文氏“初习华风”[71],在立法上刻意仿古,强摹《周礼》,兼取《周官》与《尚书》,甚至在形式上也仿效周礼与大诰,结果正如《隋书·刑法志》所评论的,“其大略滋章,条流苛密,比于齐法,烦而不要”,因此,隋虽承周建国,

---

〔69〕《隋书》卷二十五志第二十《刑法志》,中华书局2000年版,第479页。

〔70〕《隋书》卷二十五志第二十《刑法志》,中华书局2000年版,第479页。

〔71〕刘知几:《史通》,中华书局2014年版,第753页。

却舍周律而采《北齐律》。由于法律的发展植根于社会,“法与时转”是科学的概括,脱离社会的发展实际,一味仿古、求古,必然会造成古今的歧义与冲突。以三代的法律形式与基本内容来适应一千余年以后的北周社会,其“矫揉造作”的主观想象产物自然不可避免地遭到淘汰。

北朝法制经过北魏的长期探索,至北齐,进入一个新的发展时期,无论是体例、篇目、罪名、刑制、法例都趋于定型。隋唐就是在此基础上缔造了臻于成熟的封建法制。

综上可见,魏晋南北朝是中国法制史上的重要发展时期。

首先,法典的编订频繁与法律的形式多样。这一时期各朝立法的活跃,是中国历史上少有的,而且法律的形式多样,于律、令之外有科、比、故事、格、式等互相补充,形成严密的法网。隋唐时期,定型的律令格式即导源于此。

律与令的区别是,“律以正罪名,令以存事制”〔72〕,凡不宜入律者,“悉以为令……违令有罪则入律”〔73〕。

科,原始含义同课,《释名》记载:“科,课也,课其不如法者,罪责之也。”汉科虽为刑事法规之一,但形式上仍附于律,有补充法与施行细则之义,南朝梁、陈各有科三十卷,北朝律外也有科,隋唐以后,科存其意于格、律之中,不再作为独立的法律形式。

比,即比附援引,始于西周,因其具有随时之宜、任意之便,不受固定的律文约束,至秦汉已广泛应用。北齐时,“大理明法,上下比附,欲出则附依轻议,欲入则附从重法,奸吏因之,舞文出没”〔74〕。可见比已成为司法审判的重要根据。比与例不同,比取律文相近者,例以成例为依据。汉魏六朝重比而例尚无专名,唐及五代例始渐兴起,宋时例已有代敕的趋势,至明清例与律并行。

故事,作为一种法律形式,始于东汉初期,据《晋书·裴秀传》记载:“(刘)秀创制朝议,广陈刑政,朝廷多遵用之,以为故事。”北魏“每有断决,多为故事”〔75〕,说明故事作为一种成例与律令并行。

格,源于汉代的科,北魏始以格代科,作为律的补充。《隋书·刑法志》记载:“律无正条,于是遂有别条权格,与律并行。”至东魏制定《麟趾格》,始为独立法典。北齐时重行刊定,称为《北齐麟趾格》。

式,源于汉代的品式章程。西魏苏绰编定《大统式》是最早的以“式”为形

---

〔72〕 李昉撰,夏剑钦校点:《太平御览》卷六三八《刑法部四》,第26页。

〔73〕 《晋书》卷三十志第二十《刑法志》,中华书局2000年版,第603页。

〔74〕 《隋书》卷二十五志第二十《刑法志》,中华书局2000年版,第479页。

〔75〕 《魏书》卷六十四列传五十二《郭祚传》,中华书局2000年版,第962页。

式的法典。南北朝时期格、式与律、令并行,是秦汉以来封建法律的重要发展,其影响及于后世。唐宋法律均以律令格式为主要法律形式,至明清格、式才失去了独立的地位。

其次,形成封建法典中最基本的内容,南北法律文化互相融合。作为中国封建法典基本内容的"八议"与"十恶",以及流、徒之列为刑罚,死刑之分为绞、斩,都形成于这一时期。

北朝统治者进入中原以后,由于重视法律的作用,也令"仕门子弟,讲习法令"成为一种世业。汉魏晋的法律文化对于北朝法律的影响十分明显,北朝主要的法律体现了以汉族为主的各族法律文化的融合。如同恩格斯所说,"每一次由比较野蛮的民族所进行的征服……在绝大多数情况下,都不得不适应征服后存在的比较高的'经济状况',他们为被征服者所同化,而且大部分甚至还不得不采用被征服者的语言"[76]。历史的事实证明,北朝统治者只有采用被征服者(汉族)的法律,接受被征服者的法律文化,才能稳固其在中原地区的统治。

再次,严格维护私门宗法,以适应门阀政治权力结构下社会控制的需要。魏晋南北朝时期世族私门力量强大,形成门阀政治,东晋时王、谢、庾、桓四大门阀专权,皇帝也要仰承其鼻息。南朝寒庶虽参加政权,但门阀政治的影响依旧。在这样的背景下,形成了重门第、轻国家的政治伦理道德。名教的重心由国而家,由忠而孝,以致士大夫并不以出仕新王朝为耻,反映在法律上则表现为严格维护私门宗法,即使北朝也受到这个时代风尚的影响。

北朝为了克服游牧民族的积习,也力图借助法律确立和维护传统的礼教伦常,以抑制私家势力的离心倾向,协调家国关系,巩固专制主义中央集权的政权。

最后,在相互吸收的基础上形成新的法律系统。晋朝以后,统一的中国分裂为南北朝对峙,法律虽都以《汉律》为宗,但也相应地分为南北二系。南朝宋、齐、梁、陈沿用《晋律》为基本渊源,达二百余年,至陈并于隋,南朝法律系统遂告终止。

北朝法律系统从《北魏律》首开端绪,至《北齐律》已经蔚然可观,并创制了新的法律形式"格""式"。其他如"八议"论赎范围的明定、十条重罪的法律化与五刑的制度化,都为隋唐律及其以后的封建法律的发展奠定了基础。北朝法律系统可以称为我国封建中期法律发展之滥觞。北朝律优越于南朝律不是偶然。一方面,南朝在腐朽的士族统治下,以清谈互相标榜,热衷于玄学、佛学,轻

[76] 《马克思恩格斯选集》(第3卷),人民出版社1972年版,第222页。

视刑名法例之学,法制趋于保守,律学也因之大衰;另一方面,北朝少数民族入主中原以后,富于积极进取精神,由游牧文化迅速向封建的农业文化转变,无论经济、政治、思想、文化都保持改革的态势。为了有效地运用法律武器,重用崔浩、高允、熊安生等著名的汉律学家和名儒,经过他们之手传播了先进的汉族法文化,综合了魏晋以来的司法经验,造就了北朝律系统的辉煌成就。以《北齐律》为例,在崔昂主持下,封述、赵彦深、魏政、阳休之、马敬德等一大批律学家共同参与,历时十余年始完成。它克服了南朝律的繁芜,注意了礼律并举,又在罪名与刑制上有所创新,"法令明审,科条简要"的《北齐律》,[77]是法文化融合的重要成果,在中华法制文明上写下了光彩的一笔。

程树德在《九朝律考》中曾将律章的发展沿革如图6-1表示。

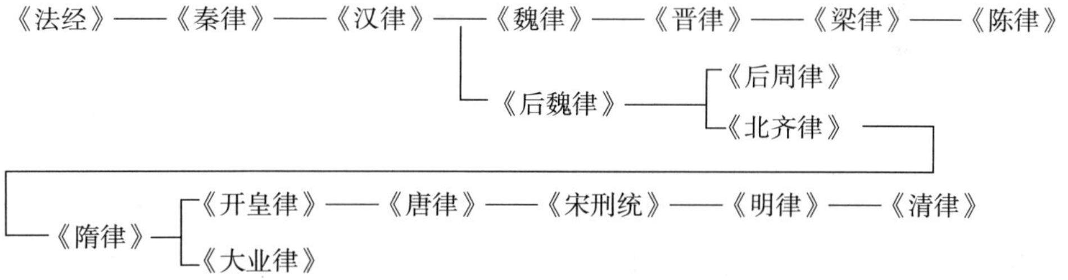

图6-1　律章的发展沿革

二、各朝法律的基本内容

(一)典律分野的趋向与行政管理制度的法律化

魏晋南北朝时期,从全国范围看是封建割据的形势,但就某一个王朝而言,仍然是专制主义的政体,皇帝握有最高的统治权。这一时期的行政立法向着法典化的趋势发展。

蜀汉丞相诸葛亮针对原西蜀吏治腐败的状况,亲自撰写《八务》《七戒》《六恐》《五惧》之法,以告诫官吏廉洁自持,严格执法。南朝齐、梁各自撰有《齐典》《梁典》,汇纂了历代的规章制度。北朝在行政立法上也饶有成就。北魏废帝"始作九命之典,以叙内外官爵"[78]。西魏于大统十年(544年),颁行由"二十四条新制"和"十二条制"汇辑而成的《大统式》五卷,《周书·文帝纪》详述如下:

---

〔77〕《隋书》卷二十五志第二十《刑法志》,中华书局2000年版,第479页。
〔78〕令狐德叶:《周书·文帝纪》,中华书局2000年版,第23页。

大统元年(535 年),“三月,太祖以戎役屡兴,民吏劳弊,乃命所司斟酌今古,参考变通,可以益国利民便时适治者,为二十四条新制,奏魏帝行之”。

大统七年(541 年)冬,“十一月,太祖奏行十二条制。恐百官不勉于职事,又下令申明之”。

大统十年(544 年),“秋七月,魏帝以太祖前后所上二十四条及十二条新制,方为中兴永式,乃命尚书苏绰更损益之,总为五卷,班于天下。于是搜简贤才,以为牧守令长。皆依新制而遣焉。数年之间,百姓便之”。

《大统式》的内容既含有国家机构的行政规范、行政章程与细目,也包括对官吏职务犯罪的处置,是一部具有单行行政法性质的法律。

北周文帝时,命卢辩“依周礼建六官,置公、卿、大夫、士,并撰次朝仪,车服器用,多依古礼,革汉、魏之法”〔79〕。又命柳敏、苏绰等人“修撰新制,为朝廷政典”〔80〕。

典、式的出现,标志着中国古代行政法进入了一个新的阶段,并预示着唐代典、律分野的历史必然发展趋势。

1. 中央三省制度的形成。东汉时尚书台实际已经发展成国家最高行政管理机关,从曹魏起,进而脱离与少府在名义上的隶属关系,变成皇帝领导下的全国最高行政管理机关。由皇帝指定亲信重臣兼理录尚书事,“军国大事,总而裁决”〔81〕,是皇帝以下握有实权的最高官职,被正式称为“宰相”。但录尚书事并非常设,常设的是尚书令,尚书令亦有“宰相”之称。尚书令以下设有协助其处理事务的左右仆射和具体执行政务的左右丞、各曹尚书以及其他属官。各曹是中央政府的重要行政管理机关,其中左民曹管理田土户籍,度支曹管理财政收支,客曹管理外交,五兵曹管理军政,三公曹和都官曹管理司法行政,殿中曹管理宫廷事务,各曹均以尚书为长官。尚书以下,分设若干小曹,以郎中为长官。尚书台在国家中的地位与重要性,北魏孝文帝曾有所评论,他说:“然尚书之任,枢机是司,岂惟总括百揆,缉和人务而已,朕之得失,实在于斯。”〔82〕

随着尚书台组织机构的扩充,南梁时遂正式改为尚书省,所属各曹定为六曹。由尚书台发展为尚书省,反映了国家行政事务的烦冗和官僚机构的加强。

曹魏在曹丕称帝以后,为了维护皇权,牵制日益发展的尚书令的权力,将原有的秘书监改为中书省,设中书监、令。中书监、令在秦汉时仅为掌管宫中书记

〔79〕《周书·卢辩传》,中华书局 2000 年版,第 273 页。

〔80〕《周书·柳敏传》,中华书局 2000 年版,第 378 页。

〔81〕《魏书》卷二十一上献文六王列传九上《北海王详传》,中华书局 2000 年版,第 378 页。

〔82〕《魏书》卷二十一上献文六王列传九上《广陵王羽传》,中华书局 2000 年版,第 369 页。

的小官,多以宦官充任,而这时由于接近皇帝,负责审理章奏,草拟诏旨,执掌机要,权力不断加强。马端临在《文献通考》中说:“中书监、令,掌管机要,多为宰相之任。”中书监、令通常以文学之士充任,下设中书侍郎、中书舍人和主书、主事等属吏。由于中书省参与军国大计的决策,逐渐侵夺了尚书省的职权。晋时中书省有“凤凰池”之称,荀勖由中书令迁尚书令,便以“夺我凤凰池”而不胜愤懑,至南朝后期,中书省已发展成国家最重要的中枢组织。

然而,皇帝也唯恐中书省权势日盛,侵犯皇权,因此,在魏晋时便采询侍中参与大政的办法,钳制中书省职权的行使,逐渐发展出门下省,凡属重要政令,皇帝要征取侍中的意见,由侍中“尽规献纳,纠正违阙”,因而受到亲重。西晋任恺为侍中时,“政事多谘焉”,对尚书令贾充也“每裁抑焉”[83]。门下省不仅有权弹劾百官,甚至可以封驳皇帝的诏令。侍中也被称为“宰相”,侍中以下有黄门侍郎、给事中等属官。北魏也多以侍中辅政。

由于三省是制定政令和最高行政管理机关,三省长官一直为士族把持。东晋时,大士族王导一人便以司徒领中书监并录尚书事达数十年之久。三省长官各为握有实权的宰相,从而形成一种权力制衡的机制。杜佑《通典》说:“自魏晋重中书之官,居喉舌之任,则尚书之职,稍以疏远。至梁、陈,举国机要,悉在中书,献纳之任又归门下,而尚书但听命受事而已。”这不仅有利于维护以皇权为中心的专制主义统治,也便于共同决策军国大事,加强国家的管理。因此,三省制度的形成标志着封建行政管理制度的重大发展,其影响深远。

除三省系统外,九卿机关或裁并,或改变名称,例如,北齐称九寺,南梁称春夏秋冬十二卿(春卿太常、宗正、司农,夏卿太府、太仆、少府,秋卿卫尉、廷尉、大匠,冬卿光禄、鸿胪、太舟)。由于三省组织的扩大而受到侵削,九卿的职权较秦汉时显著下降。北齐时改九卿为九寺,从此国家机关不再以官员的名称为名称,是国家机关发展史上的一个进步。

2. 御史台不再隶属于少府,而是皇帝直接掌握下的中央监察机关。御史台仍以御史中丞为长官,南朝称为南司、南台,北朝称为御史中尉、宪司,御史中尉拥有“震肃百僚”的权威。“出入千步清道,与皇太子分路,王公百辟咸使逊避,其余百僚,下马弛车止路旁,其违缓者,以棒棒之。”[84]可见其权势的显赫。魏晋时皇帝允许御史风闻言事,如百官有罪,御史中丞失纠,则要免官,同时,规定大士族不得为御史中丞,以防止徇私隐庇。晋朝以后,御史中丞以下设殿中侍

---

〔83〕《晋书》卷四十五列传十五《任恺传》,中华书局2000年版,第846页。

〔84〕杜佑:《通典》卷二四《职官》(六),中华书局1988年版,第665页。

御史,也偶置检校御史、督运御史、监军御史,名目繁多、机构庞大,且多系因事设置,职权也不统一。

对于地方的监察,不再设置固定的监察官,而由朝廷不定期地派出巡御史负责。司隶校尉在魏晋初期仍然保留,同御史中丞“分督百僚”[85],但两者的职权既重叠,而司隶校尉又逐渐向行政官转化,因此,至东晋废除司隶校尉,并其行政权于扬州刺史(东晋京师设于扬州),并其监察权于御史台。

监察机关职权的提高与组织机构的扩大,以及官职人选的相对严格,说明统治者对于监察机关纠弹官吏失职、整肃吏治、强化国家统治效能的作用的认识。然而,在世家大族控制朝政的情况下,皇帝多成傀儡,更遑论御史中丞,至曹魏末年,御史台已经不能发挥应有的作用。两晋时期,执掌监察权的机关虽多,却无法改变“豪右放恣”“朝野溷淆”的局面,皇帝也不敢支持监察官触犯豪门,因此监察机关的实际作用较之汉代有所削弱。至南朝,随着御史官品的下降,监察机关的地位与职权也进一步下滑。

然而,这一时期的监察法规却较秦汉时有所发展,曹魏有《察吏六条》之法,其主要内容是:“察民疾苦冤失职者,察墨绶长吏以上居官政状,察盗贼为民之害及大奸猾者,察犯田律四时禁者,察民有孝悌廉洁行修正茂才异等者,察吏不簿入钱谷放散者。”[86]曹魏《察吏六条》与《汉六条》不同,重点在于行政治安监察与财经监察。由于魏文帝的胆略远逊于汉武帝,而州牧的揽权又大大超过汉时的刺史,以致曹魏《察吏六条》缺乏推动实施的权威。

晋泰始二年(266年),颁布察郡国诏书五条,实为监察郡国之法:“一曰正身,二曰勤百姓,三曰抚孤寡,四曰敦本息末,五曰去人事。”[87]泰始四年(268年),武帝在诏中再次明确提出《察长吏》能否十条与《察长吏》八条,其中以“田畴辟,生业修,礼教设,禁令行”为“长吏之能”,“人穷匮,农事荒,奸盗起,刑狱烦,下陵上替,礼义不兴”为“长吏之否”[88]。对于长吏是否“在官公廉,虑不及私,正色直节,不饰名誉”或者“身行贪秽,谄黩求容,公节不立,而私门日富者”[89],都要进行“谨察”“扬清激浊,举善弹违”。上述监察立法涉及的方面虽然宽泛,但缺乏重点,而且在士族势盛的条件下很难加以实施。

南北朝时期的监察法规,以北周武帝时颁布的“遣大使巡察诸州,诏制九

---

〔85〕 杜佑:《通典》卷二四《职官》(六),中华书局1988年版,第663页。
〔86〕 程树德:《九朝律考·魏律考》,转引《文选》“齐故安陆昭王碑文”注,引“汉书音义”。
〔87〕 《晋书》卷三帝纪三《武帝纪》,中华书局2000年版,第39页。
〔88〕 《晋书》卷三帝纪三《武帝纪》,中华书局2000年版,第38页。
〔89〕 《晋书》卷三帝纪三《武帝纪》,中华书局2000年版,第38页。

条”为代表。所谓“九条”,“一曰决狱科罪,皆准律文;二曰母族绝服外者,听婚;三曰以杖决罚,悉令依法;四曰郡县当境贼盗不擒获者,并仰录奏;五曰孝子顺孙义夫节妇,表其门闾,才堪任用者,即宜申荐;六曰或昔经驱使,名位未达,或沉沦蓬荜,文武可施,宜并采访,具以名奏;七曰伪齐七品以上,已敕收用,八品以下,爰及流外,若欲入仕,皆听预选,降二等授官;八曰州举高才博学者为秀才,郡举经明行修者为孝廉,上州上郡岁一人,下州下郡三岁一人;九曰年七十以上,依式授官,鳏寡困乏不能自存者,并加禀恤”[90]。其中以援法断罪为首列监察要点,一方面反映了北朝颇尚法治的精神,另一方面也说明地方官玩法枉断的严重。

综上可见,魏晋南北朝时的监察法规大体上继承了汉武帝时以六条察郡国的渊源,但把“察”与“举”联系在一起,反映了这一时期的特点。

3. 由郡县制向州郡县三级制演变。西汉前期设置十三郎,是地方固定的监察区,并不是一级政权,刺史也只是职掌监察的监察官,不参与地方军政事务。然而至东汉末,在镇压农民起义和军阀混战中,部逐渐演变为地方最高一级政权——州。至魏晋南北朝,地方政权基本上是州、郡、县三级制。州置刺史,此多兼领兵权,以后遂发展成刺史兼“都督诸州军事”,加将军衔,甚至拥有专杀二千石以下官吏的大权。为了防止刺史揽权自重,不利于中央集权统治,皇帝经常派皇室子弟、亲信担任刺史。有时则不置刺史而由其属官代理,或者在刺史之下,设置“典签”官以分其职权,并进行监督。所谓“典签皆出纳教命,执其枢要,刺史不得专其职任”[91]。对于北方已失陷的州则虚设刺史,称为“遥领”。

州下有郡,京师郡长官称尹,外郡长官称太守,郡太守也兼领兵权,晋时太守有将军称号。郡太守属吏,较汉时增多。

郡下有县,大县置令,小县设长,县令以下属吏也有增加。

郡县机构的扩大,反映了地方事务的复杂与地方统治的加强。

至于县以下的基层组织,大体上与汉制同。

北朝,自北魏统一北方以后,仿汉制建立政权组织。但地方官刺史、太守和县令,经常设三职,一为拓跋宗室,二为非宗室的鲜卑族,三为汉族。从而反映了以拓跋贵族为中心的各族上层联合统治的北朝政治特色。

在基层政权中,北魏实行宗主都护制,在坞堡组织的基础上,委任豪族大地主作宗主,进行统治。宗主都护制是以宗族为单位建立起来的临时性的基层政

---

〔90〕 令狐德叶:《周书・宣帝纪》,中华书局2000年版,第80页。

〔91〕 《资治通鉴》卷一二八,中华书局1956年版,第4025页。

权,至孝文帝改革废除,建立“三长制”的封建基层政权。所谓“三长制”,就是五家为邻,设一邻长,五邻为里,置一里长,五里为党,立一党长,实质上与沿行已久的封建什伍组织基本相同。三长以检查户口、征收租调、征发徭役和兵役为基本职责。三长制的推行,是北朝基层政权的重要发展。

为了加强对汉族及其他各族人民的统治,北魏延兴三年(473 年)规定,县令能静(镇压)一县“劫盗”者,兼治二县,能静(镇压)二县“劫盗”者,兼治三县,任职三年得升为郡太守。郡太守能静(镇压)二郡者,兼理三郡,任职三年得迁为州刺史。然而,厉行强化统治的结果,并没有能压服人民的反抗,相反却激起了各地和各族人民反压迫的斗争。这个事实教训了北朝的统治者,孝文帝时,立法奖励政绩较好的地方官,使其久于其任;对于政绩恶劣的,尽管任期未满,也要撤职处罚。

4. 唯才是举与九品中正选官制。曹魏政权建立以后,曹操为了扩大其统治基础,提出了“唯才是举”的口号,并选择各地有声望的人士出任中正官,将当地士人按才能分别评为九等(九品),由政府按等选任官吏。至公元 220 年魏文帝曹丕代汉以后,为了进一步争取士族的支持,采纳吏部尚书陈群提出的“制九品官人之法”,建立“九品中正制”。也就是说,由朝廷选择所谓“贤有识鉴”的现任官吏兼任其出生州郡的“中正”,在郡为小中正官,在州为大中正官。其职责就是根据家世、才能、德行,将辖区内的人才列为九品——上上、上中、上下、中上、中中、中下、下上、下中、下下,由小中正先行品评,然后申报大中正,再经大中正申报司徒,最后由朝廷按品第高下任官。九品中正制度是士族垄断政权特定时代的任官制度。

九品中正制初设立时,虽然宣称“盖以论人才优劣,非为世族高卑”[92],但实际上由于担任中正官的都是士族代表,以致品评人物首先以家世门第为标准,其次才是所谓才德。至西晋,进而以家世为唯一标准,凡列为一、二品者为上品,享有最优越的政治特权,从而形成了“上品无寒门,下品无士族”的现象,士族门阀制度与国家任官制度完全结合在了一起。至东晋,门阀制度达到了鼎盛阶段,国家权力由王、谢、庾、桓等几家大士族轮流掌握,他们世代为高官,子弟年二十便可做秘书郎,而且照例优先升迁。所谓“贵仕素资,皆由门庆,平流进取,坐至公卿”[93]。至于庶族“寒门”子弟,三十岁才有可能担任一般官职。由此可见“士庶之际,实自天隔”的门第界限。[94] 九品中正制度的实行,巩固了

---

[92] 沈约:《宋书·恩幸传》,中华书局 2000 年版,第 1531 页。

[93] 萧子显:《南齐书·褚渊王俭传》,中华书局 2000 年版,第 293 页。

[94] 沈约:《宋书·王弘传》,中华书局 2000 年版,第 865 页。

在大土地所有制基础上形成起来的士族制度,使士族垄断国家政权的特权地位制度化,经由九品中正选拔出来的官吏,“饱食醉酒,忽忽无事,以此销日,以此终年”[95]“奢侈之费,甚于天灾”[96],从而加速了政治上的腐朽。

至南北朝后期,在各族人民起义的不断打击下,士族势力逐渐衰微,庶族地主的经济实力得到发展,九品中正制丧失了存在的基础。

5.官吏考课制度化。北朝虽无确定的任官制度,但贵族和士族同样拥有优越的权利。对官吏的考级,曹魏初期实行三年一考,以决定黜陟。明帝时,为了整饬吏治,令散骑常侍刘劭作都官考课法七十二条。刘劭在奏疏中叙述了制定的过程:“百官考课,王政之大较。然而历代弗务,是以治典阙而未补,能否混而相蒙。陛下以上圣之宏略,愍王纲之弛颓,神虑内鉴,明诏外发。臣奉恩旷然,得以启矇,辄作都官考课七十二条,又作说略一篇。臣学寡识浅,诚不足以宣畅圣旨。著定典制。”[97]考课法七十二条早已失传,从当时任散骑黄门侍郎杜恕的议论中可以窥见它所涉猎的庞杂内容:“其有夙夜在公,恪勤特立,当官不挠贵势,执平不阿所私,危言危行以处朝廷者,自明主所察也。若尸禄以为高,拱默以为智,当官苟在于免负,立朝不忘于容身,洁行逊言以处朝廷者,亦明主所察也。”[98]

晋时杜预曾经批评《都官考课法》过于苛细,难以贯彻。他说:“其文可谓至密。然由于累细以违其体,故历代不能通也。”[99]因此,他在奉命制定黜陟之法时,以“去密就简,则简而易从也”[100]为原则,并得到晋武帝的采纳。泰始四年(268年)六月,以颁诏的形式宣布晋考课之法:“郡国守相三载一巡行属县,必以春,此古者所以述职宣风展义也。见长吏,观风俗,协礼律,考度量,存问耆老,亲见百年。录囚徒,理冤枉,详察政刑得失,知百姓所患苦。无有远近,便若朕亲临之。敦喻五教,劝务农功,勉励学者,思勤正典,无为百家庸末,致远必泥。士庶有好学笃道,孝悌忠信,清白异行者,举而进之。有不孝敬于父母,不长悌于族党,悖礼弃常,不率法令者,纠而罪之。田畴辟,生业修,礼教设,禁令行,则长吏之能也。人穷匮,农事荒,奸盗起,刑狱烦,下陵上替,礼义不兴,斯长吏之否也。若长吏在官公廉,虑不及私,正色直节,不饰名誉者;及身行贪秽,谄黩求容,公节不立,而私门日富者,并谨察之。扬清激浊,举善弹违,此朕所以垂

[95]《颜氏家训·勉学篇》。

[96]《晋书》卷四十七列传十七《傅玄传》,中华书局2000年版,第874页。

[97]《三国志》卷二十一魏书二十一《王卫二刘傅传二十一》,中华书局1959年版,第619页。

[98]《三国志》卷十六魏书十六《任苏杜郑仓传十六》,中华书局1959年版,第501页。

[99]《晋书》卷三十四列传四《杜预传》,中华书局2000年版,第670页。

[100]《晋书》卷三十四列传四《杜预传》,中华书局2000年版,第670页。

拱总纲,责成于良二千石也,于戏戒哉。”[101]

泰始五年(269 年)再次颁诏:“古者岁书群吏之能否,三年而诛赏之。诸令史前后,但简遣疏劣,而无有劝进,非黜陟之谓也。其条勤能有称尤异者,岁以为常。吾将议其功劳。”[102]

南朝宋初实行六年一考绩,后以“六年过久,乃以三年为断,谓之小满”[103]。其考课的内容,见于宋文帝元嘉二十年(443 年)诏书:“抑亦耕桑未广,地利多遗;有司其班宣旧条,务尽敦课;考核勤惰,行其诛赏;观察能殿,严加黜陟。”[104]至宋孝武帝大明七年(463 年),再次颁诏:“行幸所经,莅民之职,功宣于听,即加甄赏。若废务乱民,随愆议罚,主者详察以闻。”[105]

南齐改三年一考为一年一大考。南齐武帝于永明三年(485 年)下诏对地方考绩作出明白晓喻,“守宰亲民之要,刺史案部所先,宜严课农桑,相土揆时,必穷地利。若耕蚕殊众,足厉浮堕者,所在即便列奏。其违方骄矜,佚事妨农,亦以名闻,将明赏罚,以劝勤怠,校核殿最,岁竟考课,以申黜陟”[106]。南齐明帝于建武二年(495 年)诏书中再次强调:“守宰亲民之主,牧伯调俗之司,宜严课农桑,罔令游惰,揆景肆力,必穷地利,固修堤防,考校殿最,若耕蚕殊众,具以名闻;游怠害业,即便列奏,主者详为条格。”[107]

南梁武帝于天监十五年(516 年)曾诏申考绩纲要:“守宰若清洁可称,或侵渔为蠹,分别奏上,将行黜陟;长吏劝课,躬履堤防,勿有不修,致妨农事;关市之赋,或有未允,外时参量,优减旧格。”[108]并且提出“小县有能,迁为大县;大县有能,迁为二千石”[109],以示课能信赏。

南陈宣帝于太建四年(572 年)诏书中提出,以“其莅政廉秽,在职能否”[110],作为官吏黜陟的条件,并设定了“最”“殿”要目。但南陈皇帝多为无能腐败之君,政治上无所建树,考绩制度难以实施。

与南朝相比,北魏充满改革进取精神,建立了一套严格考核官吏的制度。魏孝文帝太和十八年(494 年)制定了具有代表性的《三等黜陟法》:“三载考绩,

[101] 《晋书》卷三帝纪三《武帝纪》,中华书局 2000 年版,第 38 页。
[102] 《晋书》卷三帝纪三《武帝纪》,中华书局 2000 年版,第 39 页。
[103] 《文献通考》卷三九《选举考》(十二)。
[104] 沈约:《宋书・文帝纪》,中华书局 2000 年版,第 61 ~ 62 页。
[105] 沈约:《宋书・孝武帝纪》,中华书局 2000 年版,第 89 页。
[106] 萧子显:《南齐书・武帝纪》,中华书局 2000 年版,第 33 页。
[107] 萧子显:《南齐书・明帝纪》,中华书局 2000 年版,第 59 页。
[108] 姚思廉:《梁书・武帝纪》,中华书局 2000 年版,第 37 页。
[109] 姚思廉:《梁书・良吏传》,中华书局 2000 年版,第 531 页。
[110] 姚思廉:《陈书・宣帝纪》,中华书局 2000 年版,第 55 页。

自古通经;三考黜陟,以彰能否。今若待三考然后黜陟,可黜者不足为迟,可进者大成赊缓。是以朕今三载一考,考即黜陟,欲令愚滞无妨于贤者,才能不壅于下位。各令当曹考其优劣,为三等,六品以下,尚书重问;五品以上,朕将亲与公卿论其善恶。上上者迁之,下下者黜之,中中者守其本任。"[111]为保证考课的实施,魏孝文帝确实亲临朝堂,考课五品以上官和尚书省诸官。自尚书令、仆射以下,因失职、乖礼行为轻重,分别处以黜官、夺禄、解任等罚,"黜退二十余人"[112]。太和十九年(495年)再次颁令:"诸州牧精品属官,考其得失,为三等之科以闻,将亲览而升降焉。"[113]由于"廷尉者,天下之平民,命之所悬也",孝文帝考课司法官尤为严格,只有"心平性正,抑强哀弱,不避贵势,直情折狱者可为上等"。同时,他还亲考廷尉五官司直,"迟回三复"以示慎重。[114]

太和时期考绩的重心,由弹劾地方官违法,向着考核官吏才能与施政实效转变,从而形成了"肃明纲纪,赏罚必行,肇革旧轨,时多奉法"的风尚,[115]而为史书所称道。

魏宣武帝时期,进一步修改黜陟之法,将考课官分为任事官和散官两类,任事官三年一考,散官四年一考,以定升降等第。至魏明帝孝昌元年(525年),又改三年为一年一考,并严令各郡"劝善黜恶,经国茂典。其令每岁一终,郡守列令长,刺史列守相,以定考课,辩其能否。若有滥谬,以考功失衷论"[116],企图利用刑律保证考绩制度的实施。

总括魏晋南北朝时期,虽然考绩有法,而且内容不断充实,但由于战乱频仍,政局动荡,官吏的职守变化迅速,难以依法考核。尤其是在世家大族垄断政权的情况下,考绩中形式主义严重,"真伪浑杂,虚实相蒙"[117]。

官吏的品俸与致仕也逐渐制度化。曹魏时,以九品定官级,开创了封建时期法定的官阶制度,直到清亡,沿袭未废。南朝梁陈"品班"并用。北朝魏齐于九品中复分"正""从",形成十八等级。

6. 俸禄与致仕制度。至于俸禄制度,曹魏沿用汉制,晋代官俸杂用田帛,一品田五十顷,二品四十五顷,依次至九品为十顷。职田之外,还有食谷、绢帛之

---

[111] 《魏书》卷七下《高祖纪七下》,中华书局2000年版,第118页。

[112] 杜佑:《通典·选举三·考绩》,中华书局1988年版,第369页。

[113] 《魏书》卷七下《高祖纪七下》,中华书局2000年版,第120页。

[114] 《魏书》卷二十一上献文六王列传九上《广陵王羽传》,中华书局2000年版,第368页。

[115] 《魏书》卷八十八列传良吏第七十六《张恂　鹿生　张应　宋世景　路邕　阎庆胤　明亮　杜纂　裴佗　窦瑗　羊敦　苏淑》,中华书局2000年版,第1287页。

[116] 《魏书》卷九《肃宗纪九》,中华书局2000年版,第161页。

[117] 《三国志》卷二十二魏书二十二《桓二陈徐卫卢传二十二》,中华书局1959年版,第652页。

俸。南朝沿用晋制。

北魏前期,无论中央或地方官吏一律无俸禄,守宰只要上交定额租调,便可以不受限制地任意搜刮,以致"初来单马执鞭,返去从车百辆",由此而激起了民众激烈的反抗。至孝文帝太和八年(484 年),随着封建官僚制度的确立与发展,开始实行俸禄制度,"给百官绢粟有差"。

至于致仕制度,据《三国志·魏书·田豫传》,豫在位因年老屡乞逊位,太傅司马宣王不允,"豫答曰:'年过七十而以居位,譬犹钟鸣漏尽,而夜行不休,是罪人也。'"说明按制度七十岁为致仕年龄。晋朝也按七十岁致仕,但致仕者常以帝命出任官职,例如,大将陈骞,"帝以其勋旧耆老,礼之甚重"[118],虽年逾致仕,仍命任职。南齐永明中,御史沈渊曾建议明帝"百官年登七十,皆令致仕"[119],以示划一。

北魏致仕的规定比较灵活,按制度七十岁休致,但念及勤旧,"眷然未忍",故"虽满七十,听其莅民"。北魏孝明帝正光四年(523 年)诏中说:"其有高名俊德,老成耄士,灼然显达,为时所知者,不拘斯例。"[120]

致仕以后的经济待遇和政治待遇,视其致仕前的职位而定,一般"才非秀异,见在朝官",致仕后"给本官半禄,以终其身"[121],有特殊功勋的高官,可拿全俸,有时还会赐宅第,赠钱物、几杖等表示宠耀。

(二)重刑的倾向与"重罪十条"的出现

1. 重罪十条的法律渊源及其他犯罪

魏晋南北朝时期,由于阶级矛盾、民族矛盾日益激化,统治者为了维持统治,加强镇压活动,致使刑罚日趋严酷。早在曹魏时,对于危害国家的反逆罪便处以族刑,晋沿魏制,只是妇女不连坐。《晋书·阎缵传》说:"晋兴已来,用法太严,迟速之间,辄加诛斩,一身伏法,犹可强为,今世之诛,动辄灭门。"

南朝沿袭晋制,《南梁律》规定:"其谋反、降叛、大逆已上皆斩。父子同产男,无少长,皆弃市;母妻姊妹及应从坐弃市者,妻子女妾同补奚官为奴婢;赀财没官。"[122]

由于北朝阶级压迫与民族压迫结合在一起,因而对反逆罪的镇压更为残

---

〔118〕《晋书》卷三十五列传五《陈骞传》,中华书局 2000 年版,第 678 页。
〔119〕《南齐书·明帝纪》,中华书局 2000 年版,第 59 页。
〔120〕《魏书》卷九《肃宗纪九》,中华书局 2000 年版,第 158 页。
〔121〕《魏书》卷九《肃宗纪九》,中华书局 2000 年版,第 158 页。
〔122〕《隋书》卷二十五志第二十《刑法志》,中华书局 2000 年版,第 474 页。

酷。据《魏书·刑罚志》记载:“昭成建国二年……犯大逆者,亲族男女无少长皆斩。”神䴥年间崔浩定律令:“大逆不道腰斩,诛其同籍,年十四以下腐刑,女子没县官。”

北齐统治时期,综合魏晋以来的各项严重犯罪,形成重罪十条:“一曰反逆,二曰大逆,三曰叛,四曰降,五曰恶逆,六曰不道,七曰不敬,八曰不孝,九曰不义,十曰内乱。其犯此十者,不在八议论赎之限。”〔123〕从汉代重罪“不道”中,分离出“反逆”“大逆”“叛”“降”等固定的独立罪名,并列于重罪十条的前列,显示了刑法打击的重点。

重罪十条中,“反逆”“大逆”“叛”“降”是对镇压严重危害国家的各种犯罪经验的总结并将其加以法律化,成为封建刑法中的核心部分,体现了中国古代法律重公权的特点。

重罪十条中,“不敬”是指侵犯皇权的犯罪。三国两晋南北朝时期,就全国而言,是封建割据对峙的形势,但就各王朝而言,仍是以皇帝为最高主宰的专制主义中央集权政体。为了维持皇帝至尊的地位,便于统一地调动国家的力量,指挥国家机器的运转,侵犯皇权的行为,如矫诏、祝诅、诽谤、附下罔上、诬罔等均属“不敬”,要受到严厉的刑罚。南齐时永嘉太守王瞻,因“诣阙跪拜不如仪”,被“送付廷尉杀之”〔124〕。为了保证皇帝对死刑的控制权,臣下“自非临军战阵,一不得专杀”“犯者以杀人罪论”〔125〕。北魏为了防止后宫干政和外戚擅权,规定:“后宫产子将为储贰,其母皆赐死。”〔126〕重罪十条中,“恶逆”“不孝”“内乱”均属严重悖礼的伦理犯罪。不孝者诛,始自夏朝,由来已久。曹魏时,明确规定,“夫五刑之罪,莫大于不孝”〔127〕,杀继母同于亲母,皆处死罪。自晋朝起,加速了法律儒家化的进程,儒家所提倡的纲常名教得到了法律的进一步确认。晋律中不孝罪,弃市。南朝宋律中“伤殴父母,枭首;骂詈,弃市;谋杀夫之父母,亦弃市”〔128〕。宋明帝时实行大赦,“唯子杀父母、孙杀祖父母、弟杀兄……不在赦例”〔129〕。在刘宋以前,判决父祖罪,按程序子孙须当庭表示同意;刘宋时,认为令子孙同意父祖罪是“亏教伤情,莫此为大”〔130〕之事,遂予废除。南朝梁、陈

〔123〕《隋书》卷二十五志第二十《刑法志》,中华书局2000年版,第478页。
〔124〕《南齐书·王玄载传》,中华书局2000年版,第342页。
〔125〕《宋书·孝武帝纪》,中华书局2000年版,第88页。
〔126〕《魏书》卷十三《皇后列传一》,中华书局2000年版,第217页。
〔127〕《三国志》卷四魏书四《三少帝纪四》,中华书局1959年版,第147页。
〔128〕《宋书·孔季恭传》,中华书局2000年版,第1011页。
〔129〕《宋书·索虏传》,中华书局2000年版,第1569页。
〔130〕《宋书·蔡廓传》,中华书局2000年版,第1036页。

律中,还规定了清议禁锢之科,凡缙绅之族、士人,如亏损名教,不孝及内乱,赃污淫盗者,即属有犯乡论清议,而被列为“终身不齿”,不再享有乡举里选的资格,从而显示了伦理道德对法律的重要影响。

北魏太和十一年(487年),孝文帝召集群臣论定刑典时,特别提出三千之罪莫大于不孝,犯者严加惩处。即使居官而守丧不谨者,也将构成免官的理由。据《魏书·任城王云传附澄传》记载,元嵩叔父死,未卒哭便游猎悠游。孝文帝大怒,责其“不能克己复礼,企心典宪……有如父之痛,无犹子之情,捐心弃礼。何其太速!便可免官”。至北周、北齐更是把不孝列入重罪十条,虽属八议,亦不减罪。

综上可见,重罪十条的形成,与北朝君主的权威日益加强、纲常伦理的礼治不断被强调以及刑事立法技术的提高和汉以来长期司法实践经验的积累等是分不开的。从发展的源流来看,汉代“不道”“不敬”等罪,为重罪十条提供了历史渊源。《唐律疏议》说:“汉制九章虽并湮没,其不道,不敬之目见存。”《晋律》沿之,张斐并在概念上作了进一步解释,“亏礼废节,谓之不敬”“逆节绝理,谓之不道”[131],“为蛊毒者”也视为不道,“男女皆斩,而焚其家”[132]。就北周、北齐刑法发展的内在联系来看,在北齐律制定重罪十条之前,北周律已经总结出了十种重罪,所不同者,北齐律将北周律中的“谋反”“大不敬”分别改为“反逆”“不敬”,此外完全相同。这说明北周律、北齐律的起草者审视重罪的出发点是一致的。

“重罪十条”也是从隋唐直至明清封建法典中“十恶”的前身。

除“重罪十条”外,各朝法律都无一例外地对侵犯财产权的强盗罪,处以严刑。《魏律》十八篇中,盗律、劫略律并行。《晋律》注中还从犯罪手段上区分了暴力与非暴力犯罪的界限,从而使盗罪开始划分为盗与强盗,凡“取非其物谓之盗”“加威势下手取财谓之强盗”[133],对于强盗犯本人斩首,亲属强迫补兵。南朝宋律进而规定:“凡劫,身斩刑,家人弃市。”[134]北魏也实行“坐盗弃市”。北周还区分持杖群盗与不持杖群盗,“持仗群盗一匹以上,不持仗群盗五匹以上……皆死”[135]。对于“盗贼群攻乡邑及入人家者”,出于正当防卫,“杀之无罪”[136],至于盗御物、官物、牛、马,也都处死刑。南齐时竟有十岁小儿偷刘邻家稻一束

[131] 《晋书》卷三十志第二十《刑法志》,中华书局2000年版,第604页。
[132] 《魏书》卷一百一十一《刑罚志七第十六》,中华书局2000年版,第1921页。
[133] 《晋书》卷三十志第二十《刑法志》,中华书局2000年版,第605页。
[134] 《宋书·何尚之传》,中华书局2000年版,第1145页。
[135] 《隋书》卷二十五志第二十《刑法志》,中华书局2000年版,第480页。
[136] 《隋书》卷二十五志第二十《刑法志》,中华书局2000年版,第479页。

"付狱治罪"之事。[137] 由此可见,法律对于侵犯私有财产罪的惩治相当严厉。在《魏律》中还按事后共犯论罪的原则,规定:"知人掠盗之物而故买者,以随从论。"[138]

除侵犯财产外,汉时侵犯人身的杀人罪已有贼杀、谋杀、故杀的划分。至张斐为《晋律》作注所列杀人,有谋杀、贼杀、故杀、斗杀、戏杀、误杀和过失杀七杀,科刑也依情节而有所不同,如"过误伤人,三岁刑"[139]。北魏文帝时,仇杀受禁,"敢有私复仇者皆族之"[140],此外,北魏"杀人有首从之分""已伤及杀而还苏者,死;从者,流,已杀者,斩"[141]。随着儒家礼治精神的渗透,尊卑间的杀伤行为,科刑迥异,如"祖父母、父母忿怒,以兵刃杀子孙者,五岁刑",而"害其亲者,轘之"[142]。

为了惩治官吏贪污,《魏律》十八篇专列"请赇""偿赃"二篇,此外,还有"呵人受钱"之令,"使者验赂"之科,标志着惩贪之法趋于细密。晋时,注释法律盛行,使得贪赃受贿罪的概念趋于规范化,例如,"货财之利谓之赃""以罪名呵为受赇""输入呵受为留难,敛人财物积藏于官为擅赋"[143]。

曹魏时,官吏贪赃处刑极严,犯者弃市。《晋律》中凡官吏贪污罪不至死者,虽遇赦,仍禁锢终身,轻者二十年。南陈时,增加不枉法受财条,科同"正盗"。北魏显祖时,以诏令形式陆续颁布一系列严惩贪渎的单行刑事法规,具有代表性的如,太安五年(459年)九月戊辰诏:"牧守莅民,侵食百姓,以营家业,王赋不充,虽岁满去职,应计前逋,正其刑罪。"[144]"诸监临之官所监治,受羊一口、酒一斛者,罪至大辟。与者以从坐论。"[145]北魏孝文帝太和八年(484年)遣使巡行天下,纠守宰之不法者,坐赃死四十余人。著名的司法官辛雄还就贪污罪提出了定罪的证据理论,他说:"若必须三人对见受财,然后成证,则于理太宽,若传闻即为证,则于理太急。令请以行赇后三人俱见物,及证状显著,准以为验。"辛雄的奏议得到皇帝的首肯,"诏从雄议"[146]。

北齐也有枉法赃处死之罚,据《北史·祖珽传》记载:"珽拟补令史十余人,

[137] 萧子显:《南齐书·良政传》,中华书局2000年版,第627页。
[138] 《文献通考》卷一六九《刑考》(八),中华书局2011年版,第5072页。
[139] 沈约:《宋书·何承天传》,中华书局2000年版,第1124页。
[140] 《三国志》卷二魏书二《文帝纪二》,中华书局1959年版,第82页。
[141] 《魏书》卷一百一十一《刑罚志七第十六》,中华书局2000年版,第1926页。
[142] 《魏书》卷一百一十一《刑罚志七第十六》,中华书局2000年版,第1921页。
[143] 《晋书》卷三十志第二十《刑法志》,中华书局2000年版,第605页。
[144] 《魏书》卷五《高宗纪五》,中华书局2000年版,第79页。
[145] 《魏书》卷二十四列传十二《张衮传》,中华书局2000年版,第413页。
[146] 《魏书》卷七十七列传六十五《辛雄传》,中华书局2000年版,第1145页。

皆有受纳……后其事皆发……缚送廷尉,据犯枉法处绞刑。”可见,魏晋南北朝时期对贪赃枉法均处以重刑。

北朝统治者对于汉族士大夫利用、使用之余,也心存疑虑,常常借口文字罪加以诛伐。例如,太平真君十一年(450 年),曾任司徒的汉学家崔浩,以撰国史“述而不备”的罪名被捕入狱,由北魏太武帝亲自审问,并令:“浩已下,僮吏已上,一百二十八人,皆夷五族。”经高允力争,改为崔浩一人灭族,“余皆身死”[147]。此案是以文字定罪的大案,其实文字是借口,真正的原因是崔浩势大才高,形成抗衡北朝鲜卑统治者的严重威胁,因而才以“撰史失当”的罪名加以诛伐。

这一历史时期盛行蓄奴制度,奴婢数量庞大,既影响了社会生产与国家赋税的收入,又是潜在的社会不安定因素,因此在《晋律》中“去捕亡、亡没为官奴婢之制”[148]。

在南朝的法律中,禁止压良为贱,以示良贱等级的不可逾越。在北朝,由于私奴婢无限增加,损害了国家利益,因此,北魏“盗律”特别规定:“掠人、掠卖人、和卖人为奴婢者死。”[149]北周法律重申“压匿良人者,诛,籍没其妻子”[150]。不仅如此,北朝后期还大规模释免奴婢。

2. 刑制刑法原则

曹魏的刑制分为死刑三、髡刑四、完刑三、作刑三、赎刑十一、罚金六、杂抵罪七,并且,恢复了族刑,虽不入律,但“犯大逆不道”之罪者,施腰斩,家属从坐,唯“不及祖父母、孙”。

晋初,为了缓和阶级矛盾,“减枭、斩、族诛、从坐之条,除谋反适养母出、女嫁,皆不复还坐,父母弃市”[151]。晋怀帝永嘉元年(307 年)宣布“除三族刑”。但至东晋明帝太宁三年(324 年),又“复三族刑,惟不及妇人”[152]。

晋代刑制分为死刑、髡刑、赎罪、杂抵罪和罚金五种。“刑杀者是冬震曜之象,髡罪者似秋雕落之变,赎失者是春阳悔吝之疵也。”[153]死刑有三种:“一曰枭首,二曰腰斩,三曰弃市。”“枭首者,恶之长;斩刑者,罪之大;弃市者,死之

---

[147] 《北史·高允传》,中华书局 2000 年版,第 737 页。
[148] 《晋书》卷三十志第二十《刑法志》,中华书局 2000 年版,第 603 页。
[149] 《魏书》卷一百一十一《刑罚志七第十六》,中华书局 2000 年版,第 1925 页。
[150] 《隋书》卷五十五列传二十《侯莫陈颖传》,中华书局 2000 年版,第 923 页。
[151] 《晋书》卷三十志第二十《刑法志》,中华书局 2000 年版,第 603 页。
[152] 《晋书》卷六帝纪六《明帝纪》,中华书局 2000 年版,第 104 页。
[153] 《晋书》卷三十志第二十《刑法志》,中华书局 2000 年版,第 606 页。

下。"[154]髡刑有四等,"一曰髡钳五岁刑,笞二百,二曰四岁刑,三曰三岁刑,四曰二岁刑,刑等不过一岁"。髡刑都兼罚劳作,故髡作并称,"髡作者刑之威"。对于"意善功恶"的某些过失犯罪,允许"以金赎之",所谓"赎罚者误之戒"。赎罪有五等:"赎死金二斤,赎五岁刑金一斤十二两,四岁、三岁、二岁各以四两为差。"[155]另据《唐六典》注,"晋赎罪得兼用绢",可见晋代赎罪是金帛兼用的。魏晋的杂抵罪是夺爵、除名、免官的总称,可视为"官当"的雏形。杂抵罪也有五等,分别为罚金十二两、八两、四两、二两、一两。

总计髡刑四等,赎罪五等,杂抵罪五等,共为十四等,称为"生罪",以别于死罪。《唐六典》注,"王者立此五刑,所以宝君子而逼小人",从而昭示了刑罚锋芒之所向。

南朝《梁律》中死刑只有"大罪枭其首,其次弃市"[156],而无腰斩。梁武帝大同十一年(545年)"复开赎罪之科",此外,还有髡钳四等,笞二百。梁刑制的主要变化是增加了"一岁刑"以下至"鞭杖一十"的"九等之差",和自"免官加杖督一百"以下至"杖督一十"的"八等之差",并且明确规定以绢赎罪。陈因梁制,唯赎刑只限于有官者。

北魏崔浩定律时,死刑中增加了绞刑,共有斩、绞、车裂、腰斩、沉渊等。凡大逆不道及杀死父母等罪,车裂,较轻者腰斩;造畜蛊毒、盗马等罪,斩首;通奸处绞;巫蛊他人,沉渊。北魏还实行"门诛"的株连刑,虽于延兴四年(474年)下诏,非大逆干纪者皆罪止其身,但迄至太和修律,门诛尚有十六章,可见整个北魏时期,门诛之制一直未废。北齐刑制以死、流、耐、鞭、扑五刑为骨干。死刑保留枭首、斩、弃市,增加绞共为四等。改迁、徒为流,并入律,为次死的法定刑,所谓"赦死从流"。流无里程之差,一般投边境地为兵卒,不能远去者,男徒、女舂各六年。流刑是鲜卑法固有的刑种之一,将流刑确立为主刑,起因于补充北方边镇的戍兵,同时也鉴于它可以起到调整刑罚轻重失调的弊病的作用,是北朝对封建刑罚体系的重大改进。从中可以看出少数民族在吸收汉族法文化的基础上的创新。

北朝前期作役刑,由一年至五年,故又称"年刑"。北齐称年刑为"耐罪",分为五等,均加鞭一百,而笞数有差。北周改年刑为"徒刑","徒输作者,皆任其所能而役使之"[157],突出了拘束罪人、强责其劳役的性质,徒刑亦分五等。此

[154]《晋书》卷三十志第二十《刑法志》,中华书局2000年版,第606页。

[155] 李林甫等撰:《唐六典》卷六《尚书刑部》,陈仲夫点校,中华书局2014年版,第181页。

[156]《隋书》卷二十五志第二十《刑法志》,中华书局2000年版,第473页。

[157]《隋书》卷二十五志第二十《刑法志》,中华书局2000年版,第480页。

外,还有鞭刑五等、杖刑二等,属身体刑。形成了以杖、鞭、徒、流、死为主干的五刑。杖一十至五十,鞭六十至一百,各为五等。流五等,自二千里起每加五百里为一等,徙刑加鞭笞。死刑有绞、斩、枭、裂、磬。除主刑外,还有作为辅刑的财产刑,罚、赎、杂抵等。

北朝还有"补兵"之刑,就是将罪犯迁徙到边远地方当兵,既是对罪犯的惩罚,也有实边、安边之意。

魏晋时期,由于农民暴动波澜迭起,恢复肉刑以惩治反抗者的声浪不断涌起。曹魏时陈群、钟繇都主张恢复肉刑,企图以此来杜绝犯罪。陈群说:"若用古刑,使淫者下蚕室,盗者刖其足,则永无淫放穿窬之奸矣。"〔158〕其后,李胜强调肉刑是必要的威吓手段,"刑一人而戒千万人"〔159〕。但是,反对恢复肉刑的王朗、夏侯玄等人,也针锋相对地予以反驳,夏侯玄说:"若饥寒流沟壑,虽大辟不能制也,而况肉刑哉。"〔160〕

晋时刘颂也奏请恢复肉刑,以为肉刑可以保全罪人生命,而且可以"去其为恶之具"〔161〕"止奸绝本,理之尽也"〔162〕。魏晋之间关于恢复肉刑的争论,几经反复,始终未能实现,这并不是说明统治者的"仁慈",而是震慑于人民的反抗。晋元帝时,大将军王敦清楚地表达了这一点,他说:"百姓习俗日久,忽复肉刑,必骇远近,且逆寇未殄,不宜有惨酷之声,以闻天下。"〔163〕南北朝时期,间或有人提及恢复肉刑之事,但没有再形成争论。不过,在实践中劓、刖、黥等刑罚的使用始终没有断绝过。

在刑制的改革上值得提的就是废除宫刑。西魏文帝大统十三年(547 年)下诏:"自今应宫刑者,直没官,勿刑。"〔164〕北齐后主天统五年(569 年)也颁布诏令:"应宫刑者普免刑,为官口。"〔165〕至此,宫刑不复作为一种法定刑。此外,改革妇女从坐制度。汉魏以来,出嫁之女,如亲父犯族刑大罪,要从坐受戮,同样,夫家犯族刑之罪,也要"随姓之戮",使得妇女"一人之身,内外受辟"。这种制度至曹魏高贵乡公时有所改变,规定,"在室之女,从父母之诛",已嫁之妇,"从夫家之罚"〔166〕,后世多循此制。

---

〔158〕《三国志》卷二十二魏书二十二《桓二陈徐卫卢传二十二》,中华书局 1959 年版,第 634 页。

〔159〕杜佑:《通典》卷一六八,中华书局 1988 年版,第 4336 页。

〔160〕杜佑:《通典》卷一六八,中华书局 1988 年版,第 4336 页。

〔161〕《晋书》卷三十志第二十《刑法志》,中华书局 2000 年版,第 607 页。

〔162〕《晋书》卷三十志第二十《刑法志》,中华书局 2000 年版,第 607 页。

〔163〕《晋书》卷三十志第二十《刑法志》,中华书局 2000 年版,第 613 页。

〔164〕李延寿:《北史 · 西魏文帝纪》,中华书局 2000 年版,第 117 页。

〔165〕《北齐书 · 后主纪》,中华书局 2000 年版,第 68 页。

〔166〕《晋书》卷三十志第二十《刑法志》,中华书局 2000 年版,第 603 页。

在赦罪方面,除诸葛亮奉行“治世以大德,不以小惠”,〔167〕严于赦罪外,其他各朝均仿效两汉,赦宥频繁,名目翻新,有所谓获珍禽异兽之赦与刻章玺之赦,结果无助于整饬法律秩序,反而导致法弛刑滥,社会动荡不安。

这一历史时期的刑法原则如下:

首先,八议入律。“八议”之说最早见于《周礼》的“八辟”,在汉朝的典籍中,虽有适用八议的案例,但尚未入律。至曹魏,八议作为一项刑法原则正式入律。《唐六典》注说:“‘八议’入律,始于魏也。”所谓“八议”,即议亲、议故、议贤、议能、议功、议贵、议勤、议宾。凡属亲、故、贤、能、功、贵、勤、宾八类人物如若犯罪,享有减刑或免刑的法定特权。八议之制从曹魏起一直沿行至清末,历时一千六百余年。

“八议”入律以后,为官僚贵族任意残民虐民而不受惩罚提供了法律保障。晋时,庐陵太守羊聃,一次冤杀二百余人,“有司奏聃罪当死”,但因聃属议亲之列,竟免死。刘宋时,雍州刺史张邵,掠民贪赃,依法当死,但左卫将军谢述上表陈情,“邵,先朝旧勋,宜蒙优待”〔168〕,结果仅只免官而已。南齐巴东王杀死僚佐,戴僧静为之辩护说:“天子儿过误杀人,有何大罪。”〔169〕尤其是梁朝法律在保护贵族特权方面更为突出,凡属皇室贵族犯罪,一律宽免,以致“王侯子弟皆长而骄蹇不法”〔170〕。据载秣陵一位老人,在梁武帝外出时曾经当面陈说:“陛下为法,急于黎庶,缓于权贵,非长久之术。诚能反是,天下幸甚。”〔171〕在封建时代,无决死之心,不敢面责皇帝,秣陵老人之言表达了广大人民积愤已极的心声。

南朝刘宋,为了保护贵族官吏还规定,民众因反抗而伤害贵族官吏者,即使遇赦同样处以重刑,并且强制其家属充当奴婢或补兵。

北朝法律也确认了“八议”的刑法原则,凡属八议之列的贵族高官,如犯法则“特加原宥”,或“竟不加罪”。

由于“八议”纵容了贵族权门及其家属的犯罪行为,不仅招致民众的强烈反抗,也影响了国家的稳定,当时有识之士已经认识到“若亲贵犯罪,大者必议,小者必赦,是纵封豕于境内,放长蛇于左右”〔172〕。

至北齐,鉴于社会矛盾激化,从国家利益出发,划定了“八议”适用的范围,

---

〔167〕《三国志》卷三十三蜀书三《后主传三》,注引《华阳国志》,中华书局1959年版,第903页。

〔168〕《资治通鉴》卷一二二,中华书局1956年版,第3833页。

〔169〕萧子显:《南齐书·戴僧静传》,中华书局2000年版,第375页。

〔170〕魏征:《隋书》卷二十五志第二十《刑法志》,中华书局2000年版,第475页。

〔171〕魏征:《隋书》卷二十五志第二十《刑法志》,中华书局2000年版,第475页。

〔172〕李昉纂,夏剑钦校点:《太平御览》卷六五二《刑法部》(十八),河北教育出版社1994年版,第129页。

凡属严重危害国家利益的犯罪,“不在八议论赎之限”。

其次,免官与官当。早在汉代已可用削爵、免官抵罪,但多为权宜之计,未成定制。《晋律》开始明确规定“免官,比三岁刑”“有罪应免官,而有文武加官者,皆免所居职官”[173]。《梁律》免官分二等:“一曰免官加杖督一百,二曰免官。”[174]至南陈,创立官当之法,即以官当徒,用官品或爵位抵罪。《南陈律》规定:“五岁四岁刑,若有官,准当二年,余并居作。其三岁刑,若有官,准当二年,余一年赎。若公坐过误,罚金。其二岁刑,有官者赎论。”[175]

北朝崔浩制定《神麢律》时,规定:“王官阶九品,得以官爵除刑。”其后在制定的《法例律》中,将以官爵折抵刑罚,明确规定:“五等列爵及在官品令从第五,以阶当刑二岁;免官者,三载之后听仕,降先阶一等。”[176]凡是有公、侯、伯、子、男五等爵位的贵族,以及官阶在从第五品以上者,犯罪后以官阶抵当二岁徒刑;免官者,三年后降先阶一等复叙,从而为犯罪官吏提供了重新入仕的途径。

北魏末期,适用官当的主体大为扩展,即使无官品、无禄恤的“中正”和宫廷禁卫等流外勋人,也都可以以职当刑。

总之,官当入律使犯罪的官僚与勋爵可以逃脱法律的制裁,这不仅损害了法律的公正性与权威性,也加速了吏治的败坏。尽管如此,官当之法从南陈起一直适用至封建社会终结,体现了封建刑法的特权性质。

再次,亲属相犯依伦常定罪。亲属间相犯,视血缘亲疏而有轻重之分,是魏晋南朝司法实践中通行的原则,北朝在接受汉族法律文化影响以后,也以此为刑法原则之一。据《北魏律》记载,对亲属相犯,拟罪之前,先查清相互间的亲疏尊卑长幼关系,再依据服制详定刑罚等差,或加重,或减轻。凡是卑幼伤尊长,如杀祖父母、父母,处分重于常人相杀,所谓“害其亲者轘”[177],反之,尊长杀卑幼,刑事责任轻于杀常人。北魏《斗律》记载:“祖父母、父母忿怒,以兵刃杀子孙者,五岁刑;殴杀者,四岁刑。若心有爱憎而故杀者,各加一等。”[178]但如常人相杀,则处死刑,又如,常人之间“掠人、掠卖人、和卖人为奴婢者死”[179]。但卖子只处一岁刑;卖五服内亲属如系尊长处死刑,如系周亲及妾与子妇者处流刑。由此可见,犯罪主体的特定伦常身份对定罪量刑的重要影响。

---

[173] 《太平御览》卷六五一《刑法部》(十七),河北教育出版社1994年版,第117页。
[174] 《隋书》卷二十五志第二十《刑法志》,中华书局2000年版,第473页。
[175] 《隋书》卷二十五志第二十《刑法志》,中华书局2000年版,第476页。
[176] 《魏书》卷一百一十一《刑罚志七第十六》,中华书局2000年版,第1924页。
[177] 《魏书》卷一百一十一《刑罚志七第十六》,中华书局2000年版,第1921页。
[178] 《魏书》卷一百一十一《刑罚志七第十六》,中华书局2000年版,第1929页。
[179] 《魏书》卷一百一十一《刑罚志七第十六》,中华书局2000年版,第1925页。

特别是《晋律》“峻礼教之防,准五服以制罪”的原则确立以后,使得依伦常定罪量刑进一步制度化、法律化。所谓“五服”是根据亲疏等差关系而形成的五种丧服制度,即斩衰、齐衰、大功、小功、缌麻。如亲属间相犯,根据服制所定的亲疏关系有区别地定罪量刑,从而加强了“礼”在刑法中的比重,凸显了中华法系的伦理色彩,直到清末修律之前,准“五服以制罪”不仅适用于亲属间的刑事犯罪,也适用于民事纷争,服制成为司法官所必备的知识,为此明清律均首列丧服图。

最后,减轻老、小、女人过失犯罪的刑罚。根据《晋律》规定,“轻过误,老、少、女人当罚金、杖罚者,皆令半之”[180]。由于此刑法原则适用的对象是老、小、妇女,其社会危险性较小,而又是过失犯罪,处以轻刑不致影响国家治安,还可以借此显示恤刑之意。

(三)士族特权制度下的民事法律

魏晋南北朝时期的民事法律较之两汉有所发展,而且由于士族对社会财富的垄断和士、庶身份的限制,形成了明显的时代特色。

1. 士族是地主阶级中的最高等级,是大土地所有者,享有完全的民事法律权利。一般地主,称为庶族或寒门,虽在参政权上远逊于士族,但也享有完全的民事法律权利。农民阶级处在大动荡、大混战、大掠夺的历史条件下,发生了急遽的分化,除自耕农民享有民事法律权利外,依附于士家大族的农民,身份降为部曲(士家兵丁也称部曲)和佃客,丧失了独立的民事法律主体的地位。曹魏时,李典拥有宗族部曲三千余口,孙吴朱桓拥有部曲万口。部曲的身份与所佃耕的土地世代相袭,也可以转移给新主,但不得出卖,如经主人放免,则享有平民的身份。

佃客也是依附于士家大族的农民,他们是从占田制发展而来的。早在曹魏时期,便颁行了“赐公卿以下租牛客户各有差”的法令。西晋在此基础上,进一步制定了占田法,即按官品占田、占客和荫亲属。通过占田法将士家大族的经济特权制度化,并为他们掠夺农民土地、占有农民人身、任意进行剥削提供了法律依据。按晋制,官吏可按官品占田十顷至五十顷,占佃客一户至五十户,庇荫衣食客和亲属多者九族,少者三世。除官僚士族外,皇室、国宾、先贤后代和士人子孙,也都可以按门第高低庇荫亲属。所谓庇荫亲属,实质上是允许合法地占有依附农民。作为“荫人”的佃客,没有自己的户籍,对主人有着严格的人身

---

[180] 《晋书》卷三十志第二十《刑法志》,中华书局2000年版,第603页。

依附关系。曹魏时,佃客与土地、钱帛一样都可用于赏赐。实际上,士族官僚所占之田与所占之客都远远超出了法律的规定。

奴婢的身份最为低下,他们是被买卖、赠与和赏赐的对象,不具备任何民事法律权利,甚至主人杀死奴婢也无须抵罪,因为奴婢是主人的财产,法律禁止“诱藏亡奴婢”。奴婢的主要来源是“因荒自卖”者,国家不仅确认“门胄高华”的士族大量占有和役使奴婢的合法性,而且也实行籍没俘虏和罪犯为官奴婢,以致士族官僚之家竞相蓄养奴婢。东晋刁逵“有田万顷,奴婢数千人”[181]。由于奴婢处于社会最底层,法律严禁和制裁“掠良人为奴婢”,这是封建等级制度所不允许的。但此令也反映了当时自耕农民身份的急遽下降和国家与士族在争夺劳动力与赋税方面的矛盾。

晋时,“十六以上至六十为正丁”具有完全的民事行为能力。南朝,一般十五岁至十六岁为半丁,即限制行为能力人。北朝,十八岁以上六十五岁以下为丁年,享有完全民事行为能力。

2. 所有权的核心是土地,土地的所有形式,一是国家所有的官田,二是地主和农民所有的私田。曹魏时期的屯田与西晋实行的占田,都是以国有土地为基础的土地分配与经营制度。当时得到国家政权支持的士族豪强,为了巩固和扩大他们对土地的占有,从而与国家的土地所有制发生了尖锐矛盾。东晋时,为了维护国家的所有制,法律规定:“占山护泽(侵占国有土地湖泽)……赃一丈以上皆弃市。”[182]这条法律对一般农民确实起到了威慑作用,但并没能阻止士族疯狂地掠夺土地。相反,占田制本身已经确认了士族官僚豪强对土地的等级占有,并促进了大土地所有制的发展。

南朝刘宋政权也仿行晋占田制,允许官吏豪强占山地一顷至三顷,从而给予士族豪强掠占土地以法律保障,南朝土地占有的突出特点是将经济价值高的国有“山林川泽”化为士族私有。在“权门并兼,强弱相凌”的争夺中,“百姓流离,不得保其产业”[183]。为此,孝武帝时制定“占山令”五条,凡已被私人占有的山泽湖泊,“听不追夺”“若先已占山,不得更占;先占阙少,依限占足”,同时规定“官品第一、第二,听占山三顷”,至“第九品,一顷”[184]。由此可见,占山令是西晋占田令的移植,是对士族“封略山湖”的事实予以法律上的追认。

北朝法律在保护和促进封建大土地所有制方面,与南朝相同。例如,北朝

[181] 《晋书》卷六十九列传三十九《刁逵传》,中华书局2000年版,第1226页。
[182] 沈约:《宋书·羊玄保传》,中华书局2000年版,第1013页。
[183] 沈约:《宋书·武帝纪》,中华书局2000年版,第19页。
[184] 沈约:《宋书·羊玄保传》,中华书局2000年版,第1013页。

实行均田制度，奴婢亦可计口分田，从而在确保封建国家土地所有制的前提下，发展了拥有大量奴婢的官僚地主对土地的占有。北魏在总结均田经验的基础上制定了均田令，规定，男夫一人可得桑田二十亩，“皆为世业，身终不还”[185]，并可传子孙，这是田制的一项重大变化。“均给天下民田”的实施，虽然使农民得到了一定的土地，但享受最大利益的仍是官僚士族。在北齐的法令中，便出现了官吏的永业田。

这一时期，中原居民大量南迁，“漂居异乡，事涉数世”，一旦返回旧墟，便会与现有占田人发生土地产权的纠纷，由于“年载稍久，乡老所惑，群证虽多，莫可取据。各附亲知，互有长短”，致使“争讼迁延，连纪不判。良畴委而不开，柔桑枯而不采，侥幸之徒兴，繁多之狱作”[186]。为此孝文帝采纳朝臣建议，规定了土地争讼的时效年限，“所争之田，宜断年限，事久难明，悉属今主”[187]，以示对现佃人所有权的重视。

在这一时期，由于佛教盛行，各地广建寺院，寺院不仅是宗教活动的场所，同时还占有大量土地和依附农民，成为了特殊的民事主体。

与田制的变动密切相连的是赋税制度的变化。根据征战与防御的需要，国家各项财政开支显著增加，从而推动了赋税立法的发展。赋税立法的主要成就是实行租调法。租指田租，调指户调，这是适应于小农经济的课税方法。租调之法始于曹魏建安九年（204年）制定的“户调令”。该令将汉代“口赋”“算赋”等人头税制，改为以户为征调单位，规定“田租亩四升，户出绢二匹，绵二斤”[188]，颁行户调令的目的是反对豪强擅恣掠夺，以恢复残破的经济，安定社会。蜀国在建安十三年（208年），曾“调其赋税，以充军实”[189]。吴国在黄武五年（226年）也有“宽赋息调”的记载。[190]

西晋太康元年（280年）在颁布《占田令》的同时，推行《户调式》。规定丁男按五十亩收租四斛，即每亩八升。除田租外，还有户调，丁男为户主，每年缴绢三匹，绵三斤；丁女为户主，户调减半。“其赵郡、中山、常山国输缣当绢者，及余处常输疏布当绵绢者，缣一匹当绢六丈，疏布一匹当绢一匹，绢一匹当绵三斤。”[191]西晋的户调显然较曹魏为重。

---

[185]　《魏书》卷一百一十《食货志六第十五》，中华书局2000年版，第1906页。

[186]　《魏书》卷五十三列传四十一《李孝伯传》，中华书局2000年版，第793页。

[187]　《魏书》卷五十三列传四十一《李孝伯传》，中华书局2000年版，第793页。

[188]　《三国志》卷一魏书一《武帝纪一》，中华书局1959年版，第26页。

[189]　《三国志》卷三十五蜀书五《诸葛亮传五》，中华书局1959年版，第915～916页。

[190]　《三国志》卷四十七吴书二《吴主传二》，中华书局1959年版，第1133页。

[191]　徐坚：《初学记》卷二七，引《晋令》。

南朝初期,户调以“听受杂物当租”[192]“二分取钱,一分取布”。但至梁、陈时,“丁男调布,绢各二丈,丝三两,绵八两”“禄绢八尺,禄绵三两二分……丁女并半之”[193]。所谓“禄米、禄绢、禄绵”等原为一种附加税,用于刺史、守、令的俸禄和所部兵士的给养,而后正式作为一种税收。此外,还有“口钱”“塘丁税”等多种杂调,其中有的是为战争所需要的临时性税收。南朝之所以以丁男女为征调计算单位,是由于编户混乱,无法以户为单位进行征调。

北魏道武帝拓跋入主中原后,改变游牧生活,实行“分土定居”,也以户调法向农民征收赋税。其后,在颁布均田令的同时,颁布租调法,一般是“一夫一妇,帛一匹,粟二石”[194]。这种赋税制度适应当时的社会状况,并能满足国家的需要,因此为隋唐所承袭。

综上所述,以均田法和户调法为代表的经济法律,在两汉的基础上有了较大发展,不仅有利于当时社会经济的发展,也满足了国家的财政需要。

3. 债的主要形式是契约之债,以买卖契约与借贷契约最为流行。《晋律》规定买卖田宅牛马应订立“文券”,载明成交额,国家按百分之四征收“契税”,由卖买双方按三与一之比分担。买卖其他物品(动产)可不立文券,但仍须交税,如发生纠纷,以契税的单据为凭。契税制度发端于东晋。曾发现的晋太康五年(284 年)“杨绍买地砖”就载有“民有私约如律令”字样,说明民间买卖土地订立私约已较为普遍,国家承认其法律效力。南朝各国基本援用晋制。

在这一历史时期中,借贷关系较为盛行,王公贵族也放贷取利。据《宋书·蔡廓传》记载,王妃公主放贷后,“子息滋长,督责无穷”,另据《宋书·顾觊之传》记载,吴郡顾觊之之子绰,“私财甚丰,乡里士庶,多负其责(债)”。甚至地方刺史也“逼民假贷”,这可以说是中国古代少有的债务关系的一大特点,它反映了贵族官僚的贪婪和国家法纪的败坏。官僚尚且如此,富商大贾、地主豪强更是竞相放贷取利,“旬日之间,增赢十倍”[195]。北魏情况与此类似,故而文成帝不得不颁布禁令,把牧民之官与大商富贾以贷取利看做“为政之弊,莫过于此”,因此,“一切禁绝,犯者十匹以上皆死。布告天下,咸令知禁”[196]。

借贷关系的盛行,也推动了借贷契约的发展。一般借贷契约都规定了借贷利息和债务担保等内容。由于高利盘剥(如借谷者,秋收按三倍偿还),造成了

---

[192] 《宋书·孝武帝纪》,中华书局 2000 年版,第 89 页。

[193] 《隋书》卷二十四志第十九《食货志》,中华书局 2000 年版,第 475 页。

[194] 《魏书》卷一百一十《食货志六第十五》,中华书局 2000 年版,第 1907 页。

[195] 《魏书》卷五《高宗纪五》,中华书局 2000 年版,第 80 页。

[196] 《魏书》卷五《高宗纪五》,中华书局 2000 年版,第 80 页。

大批自耕农民破产,有的卖儿鬻女偿还债务,也有的以身抵债。

对于债务的担保,汉时已有以物为质的担保行为。晋时出现了"以人为质"的记载,《晋书·桓冲传》记载:"……家贫,母患,须羊以解,无由得之,温乃以冲为质。"

魏晋南北朝时期,是契约制度趋于发展和定型的时期,契约一般包括双方当事人、立契时间、契约的标的物及其状况、契约的担保、违约金、保人、见证人等内容。迄今发现的契约中均有"不得返悔,悔者一罚二"的字样。随着财产担保、家属连带责任、保证人制度的采用、契税制度的实行对契券的证明力的增强,契约的法律效力也随之增强,而从"民有私要,要行二主""民有私要,如律令"的规定中,反映了诚信已成为订立契约的要件。

在汉魏"取予文书""禀给文书"的影响下,西晋时已出现合同的契约形式,"西晋泰始九年高昌翟姜女买棺约"上端大草书一"同"字右半部。至北朝十六国时期,合同形式广泛用于买卖、借贷、雇佣等契约。例如,"高昌延寿四年赵明儿买作人券"中"二主和同立券","高昌延寿五年赵善众买合地券"中"三主和同券","高昌面鼠儿夏田举粟合券"中"二主和同,即共之券"。所谓"合同"即"和同",表明两相情愿合意为订立契约的前提条件,这是考查古代契约应特别注意之处。

4.魏晋南北朝时期,出现了调整婚姻家庭关系的专门法律《户婚律》。为了补充因战乱而造成的兵源不足和增加丁税,各朝普遍实行早婚制度。晋武帝泰始九年(273年)定制:"女年十七父母不嫁者,使长吏配之。"[197]南朝法定婚龄更早于晋代:"女子十五不嫁,家人坐之。"[198]北魏结婚年龄又早于南朝,史载太子晃十五岁,献文帝弘十三岁便已有子。由此可以推知民间的早婚状况。北齐时,"女年二十已下,十四已上,未嫁悉集省,隐匿者,家长处死刑"[199]。以严刑强迫民间早婚,主要不是社会习俗,而是国家增殖人口的利益使然。

作为婚姻缔结要件之一的"六礼"之制继续沿用。《晋律》记载:"崇嫁娶之要,一以下娉为正,不理私约。"[200]北朝在崇礼的影响下,也履行六礼仪式。北魏规定,"男女不以礼交者,皆死",以此来"峻礼教之防"[201],同时也承认私约的约束力。

---

[197] 《晋书》卷三帝纪三《武帝纪》,中华书局2000年版,第42页。

[198] 《宋书·周朗传》,中华书局2000年版,第1388页。

[199] 《北齐书·后主纪》,中华书局2000年版,第72页。

[200] 《晋书》卷三十志第二十《刑法志》,中华书局2000年版,第603页。

[201] 《晋书》卷三十志第二十《刑法志》,中华书局2000年版,第603页。

由于门阀制度盛行,婚姻关系上特别重视门第家世。士族如与庶族联姻,将被视为"失类",要受到讥评和奏弹。南梁时,士族王源嫁女于富阳满氏,被御史中丞沈约奏弹,"惟利是求,玷辱流辈,莫斯为甚""请以见事免源所居官,禁锢终身"[202]。大将军侯景请求与王、谢大士族联姻,梁武帝明确指出:"王、谢门高非偶,可于朱、张以下访之。"[203]由此可见门第界限的严格。

北朝也同样实行门第婚姻,禁止不同等级违制通婚。北魏文成帝和平四年(463年)下诏:"名位不同,礼亦异数……今制,皇族、师傅,王公侯伯及士民之家,不得与百工、伎巧、卑姓为婚,犯者加罪。"[204]孝文帝太和二年(478年)再下诏,"皇族贵戚及士民之家,不惟氏族高下,与非类婚偶""以违制论"[205]。

在封建等级制度下,良贱不得通婚由来已久,但在门阀制度盛行的时代,已将等级婚姻推向极端。士族通过婚姻联系,维护特殊的社会地位,加强士族内部的联系和团结,巩固对国家的控制权。为了寻求支持,皇室也与高门联姻。

由于奴婢不具备独立的人格,他们的婚配取决于主家。根据严禁良贱为婚之法,如果家长为奴娶良人为妻,或奴仗主势娶良女为妻,家长均要承受法律制裁。据《魏书·道武七王列传·京兆王传》记载,"继在青州之日,民饥馁、为家僮取民女为妇妾,又以良人为婢,为御史所弹,坐免官爵"。

对于同姓不婚的禁忌,北朝初期并无禁令,孝文帝时,崇尚礼制,将同姓为婚列为"不道"重罪。西魏文帝进一步禁止"中、外及从母姊妹为婚"。至周武帝再令不得娶同姓为妻妾,其已定未成者,即令改聘。北朝频频立法禁止同姓为婚,表现了法律儒家化的不断深入。

南朝在"男帅女,女从男"的儒家教条影响下,妻子在家庭中是无权的,无论家产的支配、子女的教令,均须听从丈夫。北朝鲜卑族的习俗向以妻子支撑门户,因而妻子在家庭中的地位高于南朝。据《颜氏家训·治家》记述:"邺下风俗,专以妇持门户,争讼曲直,造请逢迎,车乘填街衢,绮罗盈府寺。代子求官,为夫诉屈,此乃恒、代之遗风。"

关于离婚,南朝的依据是《大戴礼记》所载"七出"之条,"不顺父母、无子、淫、妒、有恶疾、多言、窃盗",但在北朝很少因无子而强制出妻。

在这一时期娶妾是合法的,晋令明文规定,官僚可以按品纳妾一至四人,《颜氏家训》中也说:"江左不讳庶孽,丧室之后,多以妾媵终家事。"

---

[202] 严可均校辑:《全上古三代秦汉三国六朝文·全梁文卷》,中华书局1965年版,第6221页。
[203] 《南史·侯景传》,中华书局2000年版,第1331页。
[204] 《魏书》卷五《高宗纪五》,中华书局2000年版,第82页。
[205] 《魏书》卷七上《高祖纪七上》,中华书局2000年版,第92页。

为了通过巩固家庭秩序进而稳定整个国家的统治,这一时期还特别注意发挥家长所起的作用,法律确认家长统治下的封建家庭制度,严格维护家庭中尊卑不平等的各种规定。与此同时,也要求家长对国家承担更大的义务。晋时便有"举家逃亡,家长斩"的明确规定。[206]

在继承方面,由于门第和族谱是特权的来源,严格区别嫡庶,只有嫡子享有身份继承权,庶子一般没有继承权,或只能继承部分财产。晋武帝泰始十年(274年)诏中说:"嫡庶之别,所以辨上下,明贵贱。"[207]为了保证宗支的延续,"有子立长,无子立嗣",但嗣子须选同宗、同辈,排除异子与女子的继承权。曹魏律规定:"除异子之科,使父子无异财也。"[208]

北朝也同样实行嫡长子继承制,庶子更是受到歧视。但由于北朝法律确认"赐妻及其所生子承嫡",同时一家之内享有妻之名分的又不止一人,因而造成了继承关系的混乱。法律之所以保护嫡长子继承权,原是为了防止统治权和财产权的分散与削弱,然而正因为继承的是实际的权力和权利,因此为争夺继承权不断发生的激烈的流血斗争,彻底撕碎了亲情血缘的外衣。《颜氏家训·后娶篇》说,江左于家长身殁之后往往"辞讼盈公门,谤辱彰道路。子诬母为妾,弟黜兄为佣,播扬先人之辞迹,暴露祖考之长短,以求直已者,往往而有"。

三、承袭汉制的司法制度

魏晋南北朝时期的司法机关,基本上承袭汉制,中央仍为廷尉。曹魏明帝时,为了提高司法官的素质,根据卫觊的建议,设律博士,教授法律。至北齐,为了适应司法活动的需要,扩大廷尉为大理寺,正卿以下设少卿、正、监、平等属吏,律博士增至四人,并新设明法椽二十四人,槛车督二人,椽、司直与明法各十人。至北周,以复古相尚,中央司法机关称为秋官大司寇。随着三省制度的初建,在尚书台所属各部、曹中也设有主管司法行政并兼审刑狱的机关。曹魏初,除保留汉时三公曹、二千石曹外,增设比部"以司刑狱",置"都官主军事刑狱"[209]。晋初,以三公尚书"掌刑狱",后改以吏部尚书"兼掌刑狱",南朝刘宋置都官尚书"掌京师非违""兼掌刑狱"[210]。北魏初期,以三都大官执掌司法,至北

[206] 《晋书》卷三十志第二十《刑法志》,中华书局2000年版,第611页。
[207] 《晋书》卷三帝纪三《武帝纪》,中华书局2000年版,第42页。
[208] 《晋书》卷三十志第二十《刑法志》,中华书局2000年版,第602页。
[209] 《宋书·百官志上》,中华书局2000年版,第812页。
[210] 李林甫等撰:《唐六典》卷六《尚书刑部》,陈仲夫点校,中华书局2014年版。

齐,以殿中尚书统三公曹,“掌五时读时令、诸曹囚帐、断罪、赦日建金鸡等事”[211],都官尚书统比部曹、掌诏书律令勾检等事。中央行政机关兼掌司法事务,说明行政干预司法的加强,而司法机关的扩大,反映了诉讼的增多及其对维护国家统治的重要作用。

地方司法审级和行政机关的等级是一致的,地方司法权仍属地方行政官吏。南朝刘宋以前,县所作的判决,经郡派督邮按验然后执行,刘宋时,改为县判决后将案卷及犯人一并送郡,由郡太守复判、执行。如郡太守不能决,再送州刺史,刺史如仍有疑,则呈廷尉。总体说来地方官握有较大的司法权,一般案件州郡可自行审结,至于京师之地,由尚书与守宰“平治庶狱”,直接向皇帝负责。北魏初期,地方守宰多为领兵将领,在司法中经常恃权滥杀。随着专制体制的巩固,在《神麚律》中正式规定,“诸州国之大辟,皆先谳报,乃施行”[212],借以加强对死刑执行的监督。

这一时期在起诉方面,仿汉制限制自诉权利。曹魏《新律》分别编成《告劾律》《系讯律》《断狱律》,使诉讼与审判之法独立成篇,是立法与司法上的一个创举。法律禁止子孙控告父母和祖父母,违者处死,同时,不许狱中在押犯控告他人,但在晋元康元年(291 年)设登闻鼓,以通下情。北魏世祖时,也设有登闻鼓,“人有穷冤则挝鼓,公车上奏其表”[213]。为了加强朝廷对地方的监督,曾经鼓励直诉,告发犯罪,但如“诸告事不实,以其罪罪之”[214]。

在审判制度方面,由于长期的司法经验的积累和魏晋修律时所进行的认真总结,使得审判制度发展显著。尤其是通过注律、解律,许多概念有了明晰的内涵,便于司法官定罪量刑,但由于政治腐败,司法官徇私枉法者多,以致制度上的建设在实践中常常落空。据史书记载,西晋用法“常随意轻重”“任情以破成法”。南朝贵族官僚有犯罪者,皆“屈法申之”。《南齐书·孔稚传》说,(司法官)“昏心狠态,吞剥氓物,虐理残其命,曲文被其罪”。尤其是《隋书·刑法志》所描绘的“奸吏招权,巧文弄法,货贿成市,多致枉滥”,可以视为这一时期司法状况的概括。

在审讯中,普遍实行刑讯制度,南梁还一度实行以断食来逼迫犯人招供的所谓“测囚”之法。刑讯的残酷以及刑讯所造成的冤狱,从时人的言论中可见一

[211] 《隋书》卷二十七志第二十二《百官志中》,中华书局 2000 年版,第 510 页。
[212] 《魏书》卷一百一十一《刑罚志七第十六》,中华书局 2000 年版,第 1921 页。
[213] 《魏书》卷一百一十一《刑罚志七第十六》,中华书局 2000 年版,第 1921 页。
[214] 《魏书》卷六十列传四十八《韩麒麟传》,中华书局 2000 年版,第 901 页。

斑。南陈都官尚书周弘正说:“……重械之下,危堕之上,无人不服,诬枉者多。”[215]

皇帝为了加强对最高审判权的控制,有时也亲自审判大案。魏明帝太和三年(229年)改平望观为听讼观,“每断大狱,常幸观临听之”[216],北周武帝,“听讼于正武殿,自旦及夜,继之以烛”[217]。北魏对于死刑的处决权,由皇帝亲自掌握,“诸州国之大辟,皆先谳报,乃施行”[218],这项加强专制主义集权的制度,为后世所继受。

北魏在提倡“法为治要”,要求官吏以法断狱的同时,也以礼相标榜,仿行西汉时的春秋决狱,引据《春秋公羊传》的精神和原则,修正法律,判决案件。《魏书·世祖纪》载太平真君六年(445年)诏:“诸有疑狱,皆付中书,以经义量决。”《魏书·刑罚志》言:“以有司断法不平,诏诸疑狱皆付中书,依古经义论决之。”在实践中,崔挺根据“春秋之义,善善及子孙,恶恶止其身”,上书论证“一人犯罪捕亡,合门充役”的法规失当,“高祖纳之”[219]。

罪犯于判决后如不服,可以提起上诉,或由家属代为上诉。“狱结竟,呼囚鞫语罪状。囚若称枉欲乞鞫者,许之也。”[220]但曹魏时,“二岁刑以上,除以家人乞鞫之制”,目的是“省所烦狱也”[221]。

综上所述,魏晋南北朝时期是中国历史上分裂割据、南北对峙的时代,各朝统治者为了维持统治,都非常重视立法建制,发挥法律工具的治世作用。因此,这一时期的立法、执法、司法、律学都有新的发展,特别是民族文化的大融合与南北经济的恢复,推动了法制文明的进步,为过渡到隋唐法制文明的辉煌奠定了历史的基础。

魏晋南北朝时期,中枢行政体制由汉朝的三公九卿制转向三省六部制,刑罚制度由沿袭废肉刑的传统,向笞、杖、徒、流、死的新五刑转化。北朝均田制与租调法的出现为唐朝的均田制和租庸调法提供了原型,而晋以来民有私约当律令,反映了债法的发展。在司法方面,晋刘颂提出的“律法断罪,皆当以法律令正文。若无正文,依附名例断之。其正文名例所不及,皆勿论”,以及北朝在司法中提出的“法为治要”,都反映了依法断狱的要求。

---

[215] 《陈书·沈洙传》,中华书局2000年版,第304页。

[216] 《三国志》卷三魏书三《明帝纪三》,中华书局1959年版,第96页。

[217] 《周书》卷五帝纪第五《武帝》,中华书局2000年版,第58页。

[218] 《魏书》卷一百一十一《刑罚志七第十六》,中华书局2000年版,第1921页。

[219] 《魏书》卷五十七列传四十五《崔挺传》,中华书局2000年版,第853页。

[220] 《史记·夏侯婴列传》,索隐,中华书局2000年版,第2062页。

[221] 《晋书》卷三十志第二十《刑法志》,中华书局2000年版,第602页。

第七章　中华法制文明定型的隋唐法制

（公元 581 年～公元 907 年）

一、兼取南北之长的隋朝法制

隋朝是中国古代著名的王朝，但又是短命的王朝。隋朝法制上承魏晋，下启唐宋，具有承先启后的重要地位。

隋初立法，强调“取适于时”，而不拘泥于一国、一族的偏见，博取南北立法之所长，吸纳各族律学文化之精粹，制定了具有历史重要价值的《开皇律》。《开皇律》的出现，标志着中国封建法律的基本原则与制度趋于定型。

然而，隋朝二世而亡，只存在了三十几年，其原因之一就是由上立法，而又由上毁法，招致社会无序与动荡不安，终至危亡。当隋文帝立法、尊法、执法时，一批执法之官如苏威、赵绰、梁毗、刘行本等，也敢于依法与文帝面争，出现了“君子咸乐其生，小人各安其业，强无陵弱，众不暴寡，人物殷阜，朝野欢娱，二十年间，天下无事，区宇之内晏如也”的盛世。[1] 然而一旦自上毁法，随即国破家亡，这是一个适用于古今的历史规律，值得引以为鉴。事实上，隋朝法制的盛衰史也是隋朝的兴亡史。

（一）隋初立法与《开皇律》的历史地位

在三国两晋南北朝数百年的统治下，虽处于割据对峙之势，但南北经济联

---

〔1〕 魏征等撰：《隋书》卷二《高祖纪下》，中华书局 1973 年版，第 55 页。

系的密切,各族之间融合的加强,以及豪强门阀势力经过农民起义的不断打击而陷入衰颓,为统一的封建国家的重建提供了重要的条件。

公元581年,掌握北周军政实权的关陇大地主大官僚集团的代表杨坚,篡夺了北周政权,自立为文帝,建立隋朝。至公元589年灭南陈,结束了自西晋末年以来持续二百七十余年的南北分裂对峙的形势,重新统一了中国。隋朝的统一,对于中国封建社会的发展起着重要的促进作用。

隋朝是以汉族地主阶级为主,并由一部分鲜卑贵族和其他少数民族上层分子组成的封建政权。隋初,为巩固国家的统一进行了一系列改革,其中法制改革是重要的组成部分。

1.《开皇律》的制定

文帝杨坚原是北周的外戚重臣,曾以"法令滋章,非兴化之道"[2]向北周宣帝"切谏",并且预言宣帝"法令繁苛,耽恣声色……殆将不久"[3]。宣帝死后,杨坚以丞相之职总揽朝政,随即"革宣帝苛酷之政,更为宽大,删略旧律,作《刑书要制》,奏而行之"[4],说明改革法制一直是杨坚施政的重要思考。即位文帝以后,总结北周亡国之诫,遂把法制改革提上了紧迫的议事日程。他命裴政、苏威、高颎、郑译、杨素、常明、韩濬、李谔、柳雄亮等一批达官、名儒,以"政采魏、晋刑典,下至齐、梁,沿革轻重,取其折衷"为指导原则,[5]制定新律。然而,新律颁行不久,便以"律尚严密,故人多陷罪",每年断狱,犹至万数。于开皇三年(583年)令苏威、牛弘等人更定新律,删去死罪八十一条、流罪一百五十四条、徒杖等罪一千余条,所留"唯五百条",最后完成了著名的《开皇律》的修订。[6]

《开皇律》在篇目上以《北齐律》十二篇为基础,改"禁卫"为"卫禁","婚户"为"户婚","违制"为"职制","厩牧"为"厩库"。此外,分"捕断"为"捕亡"与"断狱",删去"毁损",形成名例、卫禁、职制、户婚、厩库、擅兴、盗贼、斗讼、诈伪、杂、捕亡、断狱十二篇。

为阐述制定《开皇律》的指导思想和主要变革,文帝特别下诏指出:"帝王作法,沿革不同,取适于时,故有损益。夫绞以致毙,斩则殊刑,除恶之体,于斯已极。枭首轘身,义无所取,不益惩肃之理,徒表安忍之怀。鞭之为用,残剥肤体,彻骨侵肌,酷均脔切。虽云远古之式,事乖仁者之刑,枭轘及鞭,并令去也。贵

[2] 魏征等撰:《隋书》卷一《高祖纪上》,中华书局1973年版,第3页。
[3] 魏征等撰:《隋书》卷五十《宇文庆传》,中华书局1973年版,第1314页。
[4] 司马光编著:《资治通鉴》卷一七四《陈纪八》,中华书局1956年版,第5412页。
[5] 魏征等撰:《隋书》卷六六《裴政传》,中华书局1973年版,第1549页。
[6] 魏征等撰:《隋书》卷二五《刑法志》,中华书局1973年版,第712页。

砺带之书,不当徒罚,广轩冕之荫,旁及诸亲。流役六年,改为五载,刑徒五岁,变从三祀。其余以轻代重,化死为生,条目甚多,备于简策。宜班诸海内,为时轨范,杂格严科,并宜除削。先施法令,欲人无犯之心,国有常刑,诛而不怒之义。措而不用,庶或非远,万方百辟,知吾此怀。"[7]这里体现了文帝对于法制文明的认识与追求。

以《开皇律》与《北齐律》相比较,虽在篇名、刑制、主要罪名上"多采后齐之制"[8],但由于《北齐律》与《北周律》之间有着相因相袭的关系,在"多采后齐之制"中也包含有《北周律》的遗文。《旧唐书·刑法志》所说"隋文帝参用周、齐旧政,以定律令,除苛惨之法,务在宽平"是可信的。不仅如此,《开皇律》的起草人多为北周重臣,尤其是曾任北周刑部侍郎因"明习故事"受诏"参定周律"的裴政,在起草《开皇律》的过程中起了重要的作用。"凡疑滞不通,皆取决于政"(指裴政),[9]因此"参用周齐旧政,以定律令"也是可能的,而认为"与北周律无涉",未必符合历史的实际。

文帝深知北周法滋刑苛,又刻意复古,脱离了社会实际,难以实施,而《北齐律》明晰简约,可以说是集南北朝法制建设之大成。因此,以《北齐律》为蓝本,在立国不足三年的时间,便完成了《开皇律》的制定。

隋初立法,不拘泥于一国、一族的偏见,取精用宏,兼收并蓄,从而造就了在中华法制文明史上具有里程碑意义的《开皇律》。

2.《开皇律》的历史地位

《开皇律》是魏晋以来法制建设成功经验的全面总结。它继承了《北齐律》"法令明审,科条简要"的传统,[10]篇数虽不变,但条目简约近一半;它综合了魏晋以来立法技术的最新成就,从《魏律》改具律为刑名,列于律首,到《晋律》以刑名、法例统贯全律,再到《开皇律》以名例为全律的总则,形成了中国封建法典的固定体例,篇目的设置也更趋于合理;它吸收了魏晋律学的成果,无论是犯罪概念的确定、礼刑关系的结合、执法原情的协调,都取得了新的进展,这在《隋书·刑法志》和《唐律疏议》中都可以得到佐证;它删除了魏晋南北朝以来的一些残酷的刑罚,确立了以五刑——笞、杖、徒、流、死为代表的中国封建的法定刑制,体现了时代和法律文明的进步。由于文帝重视司法建设,提倡援法断罪,使汉以来引经决狱之风受到顿挫。

---

[7] 魏征等撰:《隋书》卷二五《刑法志》,中华书局1973年版,第711~712页。
[8] 魏征等撰:《隋书》卷二五《刑法志》,中华书局1973年版,第711页。
[9] 魏征等撰:《隋书》卷六六《裴政传》,中华书局1973年版,第1549页。
[10] 魏征等撰:《隋书》卷二五《刑法志》,中华书局1973年版,第706页。

《开皇律》对社会、国家各方面的法律调整进一步规范化,每篇所调整的对象明确、内容具体。譬如名例律相当于总则,卫禁篇是宫廷警卫之法,职制篇是文官任职要求与渎职罪的惩处,户婚篇是户籍、田宅、婚姻的有关规定,盗贼篇是侵犯财产与人身以及危害社会秩序的处罚,断狱篇是有关司法审判的规定。总之,《开皇律》十二篇基本满足了对于经济、政治、军事、司法、家庭、个人多方面的法律调整,并以刑罚的强制措施保证均田制度和新税制的推行。《开皇律》无论律文的繁简、刑罚的轻重、刑种的增删、罪名的厘定,都反映了对历史经验的认真总结,达到了中国法制历史发展的新水平。

《开皇律》为唐律的制定和唐以后封建法制的发展奠定了重要基础。唐朝是中国的封建盛世王朝,《唐律疏议》是中国封建法典的范本,而唐律的制定也是因袭隋《开皇律》而成的。史书说,唐初修律时"因开皇律令而损益之,尽削大业所用烦峻之法""大略以开皇为准"[11]。《唐律疏议》序也说:"唐因于隋,相承不改。"从《唐律疏议》的篇目、条文、刑制、法例当中,可以清楚地看到《开皇律》的痕迹,因此有"隋亡而法不亡"之说。[12]

总之,隋《开皇律》在中国封建法制史上处于承先启后的历史地位,它的编纂体例、诸法合体的丰富内容和制度建设,对唐和唐以后的法制发展有着深远的影响。

文帝以后,炀帝于大业三年(607年)修改《开皇律》,制定《大业律》。《大业律》的内容与《开皇律》基本相同,仅在篇目上增为十八篇。将《开皇律》中贼盗、户婚、厩库三篇,分为贼、盗、户、婚、仓库、厩牧六篇,并增加请求、告劾、关市三篇。

炀帝虽然以"推心待物,每从宽政"相标榜,大肆渲染"除十恶之条"[13]"十条之内,唯存其八"[14],其实正如史书所说,不过是"矫情饰行,以钓虚名"而已。[15] 随着征役繁兴,"有司皆临时迫胁,苟求济事,宪章遐弃,贿赂公行……"[16]说明《大业律》颁布后不久便已成为具文。这正如炀帝颁布的"轻徭薄赋"的改革课役法,被随之而来的大兴土木所破坏一样,他所进行的修律与改革也被肆无忌惮地草菅人命和玩法行私所彻底破坏。

隋朝除律外,还有高颎等修撰的《开皇令》三十卷,其篇目是官品、诸省、诸

---

〔11〕 刘昫等撰:《旧唐书》卷五十《刑法志》,中华书局1975年版,第2134页。

〔12〕 王夫之:《读通鉴论》卷一九《隋文帝》,中华书局1975年版,第630页。

〔13〕 魏征等撰:《隋书》卷二五《刑法志》,中华书局1973年版,第716页。

〔14〕 长孙无忌等撰:《唐律疏议》卷一《名例·十恶》,刘俊文点校,中华书局1983年版,第5页。

〔15〕 魏征等撰:《隋书》卷四《炀帝纪下》,中华书局1973年版,第94页。

〔16〕 魏征等撰:《隋书》卷二五《刑法志》,中华书局1973年版,第717页。

寺、诸卫、东宫、行台、诸州、祠、户、学、选举、考课、衣服、关市、丧葬等,内容涉及行政、田制、司法等许多方面,相当完备。炀帝时也制定和颁行了《大业令》三十卷。据《隋书·薛道衡传》记载,《大业令》的制定颇费周折:"会议新令,久不能决。道衡谓朝士曰:'向使高颎不死,令决当久行。'"结果,薛道衡因此被处死,妻、子流徙。

同时,继续沿用"格"与"式"的法律形式。《隋书·李德林传》说:"格、令颁后,苏威每欲改易事条。德林以为格、令已颁,义须画一,纵令小有驳,非过蠹政害民者,不可数有改张。"另据《隋书·炀帝纪》记载,炀帝四年(608年)曾"颁新式于天下"[17]。《隋书·苏威传》也说:"律、令、格、式,多威所定。"

综上可见,隋朝的法律形式经过甄选是多样的,为唐朝律、令、格、式的详定奠定了历史的基础。

(二)隋朝的行政管理体制与开科取士

隋朝的行政法在《开皇律》中虽有若干规定,但更多见于《开皇令》。《开皇令》具有行政法规的性质,规定了有关中央与地方的政权组织、职官管理制度、学校、关市以及礼仪方面的规范。

隋朝沿袭三省制度,由三省分掌中枢政务。以尚书省长官尚书令、门下省长官纳言和内史省长官内史令(隋朝因避讳,改中书省为内史省,中书令为内史令)为宰相,共理国政,地位并重。尚书省以下分设吏、民、礼、兵、刑、工六部,是管理行政、经济、军事、司法、文化等各项政务的执行机关。六部分辖四司,共二十四司。隋朝创立的三省六部二十四司的行政管理体制,是秦汉以来七百余年的重大发展,它反映了封建统治者在组织国家管理、发挥行政机关职能方面的经验已经臻于成熟。

至于地方制度,隋初实行州、郡、县三级制度。开皇三年(583年),为了加强中央对地方的控制,同时也由于魏晋以来战争频繁,设置常变,行政区划不断缩小,一州仅及汉时一郡,需要加以调整,因此,根据"存要去闲,并小为大"的原则,[18]将州、郡、县三级制度改为州、县二级制度(炀帝时改州为郡),减少了地方政权的层次,也削减了地方行政官吏的人数和职权。隋朝建立以前,虽然实行专制主义中央集权的体制,但地方长官仍然握有很大权力,不仅掌握辖区内的兵、刑、钱、谷事务,而且握有对属僚的任免权,所谓"自聘属官"。这种情况极

---

[17] 魏征等撰:《隋书》卷三《炀帝纪上》,中华书局1973年版,第72页。

[18] 魏征等撰:《隋书》卷四六《杨尚希传》,中华书局1973年版,第1253页。

便于形成地方割据势力,妨碍中央政令的贯彻实施,因此,隋朝统治者,在调整地方制度的同时,将任免地方重要属吏的权力收归中央。凡九品以上的地方官,一律由吏部任免,并由吏部每年考核一次。以后又规定刺史、县令以下的地方官,三年一换,不得重任,并须回避本郡,使地方豪强难以把持本地政务。此外,还采取"朝集"的形式,限令地方官于每年年末至京师报告工作,接受朝廷监督。特别是仿北魏例收回了地方官对死罪的处决权,文帝诏中明确规定:"诸州死罪不得便决,悉移大理案覆,事尽然后上省奏裁。"〔19〕

隋朝地方制度的改革,有助于消除封建割据的局面,缓解了"民少官多,十羊九牧"的现象,〔20〕提高了地方机关的行政效率。至此,封建地方行政管理制度也进入了一个新的发展阶段。

魏晋南北朝时期,为巩固士族特权而建立的特殊任官制度——九品中正制,随着士族的没落和庶族地主的兴起,成了扩大政权阶级基础和加强中央集权的障碍。因此,隋统一全国以后,废除了九品中正制,建立了科举制度。

所谓科举制度,是由国家设立各科,定期进行统一考试,考中之后授给官职,即"开科取士""分科举人"。文帝时设立"秀才科",由应试人自己报名参加考试,中试后再由朝廷考察录用,从此,科举选官成为中国封建文官制度的重要内容。炀帝时,增设"进士科",拓宽了科举取士的途径。科举制度的实行,使得国家选用官吏的权力从地方士族手中集中到中央政府,扩大了参政者的范围,有利于选拔人才和强化中央集权。因此,隋初创立的科举制度一直为以后各朝所沿用。

隋朝有关考核官吏的记载简略,据《隋书·百官志》记载:"每岁考殿最。刺史、县令三年一迁,佐官四年一迁。"另据炀帝大业二年(606年)秋七月庚申,申制:"百官不得计考增级,必有德行功能,灼然显著者,擢之。"〔21〕

(三)封建刑法基本架构的完成

《开皇律》十二篇,是一部以刑为主、诸法合体的重要法典,自魏晋以来,立法者与律学大师们孜孜以求之,不断改进的封建刑法的基本架构,至隋已经完成,与此相联系的罪名与刑制也都基本定型。

《开皇律》以北齐创立的"重罪十条"为基础,删去"降"罪,增加"不睦",形成"十恶"条款,即谋反、谋大逆、谋叛、恶逆、不道、大不敬、不孝、不睦、不义、内

---

〔19〕 魏征等撰:《隋书》卷二五《刑法志》,中华书局1973年版,第714页。

〔20〕 魏征等撰:《隋书》卷四六《杨尚希传》,中华书局1973年版,第1253页。

〔21〕 魏征等撰:《隋书》卷三《炀帝纪上》,中华书局1973年版,第66页。

乱。十恶入律自隋始,此后遂成为封建刑法最主要的内容,犯者概处重刑。《隋书·刑法志》引律说:“大逆谋反叛者,父子兄弟皆斩,家口没官。”十恶“不在八议论赎之限”,虽遇赦亦不得免刑。

由于文帝是以周臣通过政变的方式取得的政权,在儒家忠孝观念日盛的历史背景下,为了防范臣下议论,危及已夺取的权力,除以反、逆、叛、大不敬等重罪加以震慑外,还从思想舆论上严加控制,因而产生了新的犯罪。凡私议皇帝或诅咒者,即为诽谤皇帝罪,虽开国功臣也不宽宥。例如,有真宰相之称的重臣高颎,因受到文帝猜忌而被免官,[22]光禄大夫李敏因“屏人私语”,被处以死刑。[23] 炀帝时猜忌尤甚,经炀帝复官至太常的高颎,因私议朝廷,“殊无纲纪”被告发,不仅本人论死,而且“诸子徙边”[24]。

为了防止利用撰著国史的形式诋毁皇帝,开皇十三年(593年),特别下诏:“人间有撰集国史、臧否人物者,皆令禁绝。”[25]史书说文帝“天性沉猜”“无宽仁之度,有刻薄之资”[26],其实这不是性格特征问题,而是隐藏着尖锐的权力斗争。

文帝鉴于两汉以来谶纬盛行,民间往往以谶语号召群众进行反抗,于开皇十三年(593年)下令:“私家不得隐藏纬候图谶。”[27]炀帝时更“发使四出,搜天下书籍与谶纬相涉者,皆焚之,为吏所纠者至死”[28]。因事涉谶纬而被治罪的大臣、贵族有王谊、何竦、杨秀、张仲让等。需要指出,隋统治者反对谶纬并非出于反对迷信、尊重科学,而是唯恐民间借此煽惑,聚众生事,危及隋朝政权。此外,为了从思想上禁锢广大人民,还以严法强制推行佛教、道教。“敢有毁坏、偷盗佛及天尊像、岳镇海渎神形者,以不道论。沙门坏佛像,道士坏天尊者,以恶逆论。”[29]

随着专制主义的发展,朋党被列为一种严重的犯罪。文帝时,郎茂以“朋党,附下罔上”“除名为民,徙且末郡”[30]。因朋党罪李浑本人及宗族多人被诛杀,其余“无少、长,皆徙岭外”[31]。

---

[22] 魏征等撰:《隋书》卷四一《高颎传》,中华书局1973年版,第1182页。
[23] 魏征等撰:《隋书》卷三七《李敏传》,中华书局1973年版,第1124页。
[24] 魏征等撰:《隋书》卷四一《高颎传》,中华书局1973年版,第1184页。
[25] 魏征等撰:《隋书》卷二《高祖纪下》,中华书局1973年版,第38页。
[26] 魏征等撰:《隋书》卷二《高祖纪下》,中华书局1973年版,第55页。
[27] 魏征等撰:《隋书》卷二《高祖纪下》,中华书局1973年版,第38页。
[28] 魏征等撰:《隋书》卷二四《经籍志一》,中华书局1973年版,第941页。
[29] 魏征等撰:《隋书》卷二《高祖纪》,中华书局1973年版,第45页。
[30] 魏征等撰:《隋书》卷六六《郎茂传》,中华书局1973年版,第1556页。
[31] 魏征等撰:《隋书》卷三七《李浑传》,中华书局1973年版,第1121页。

为了严防农民起义,禁止民间私藏、私造武器,开皇三年(583 年)下令:"禁大刀长矟。"〔32〕开皇九年(589 年)又下令:"人间甲仗,悉皆除毁。"〔33〕开皇十五年(595 年)再次下令:"收天下兵器,敢有私造者,坐之。"〔34〕至炀帝时,蜂起的农民起义,使得民间常用的铁叉、搭钩之类的铁器也被视为武器加以禁绝。《隋书·炀帝纪》说:"五年春正月……制民间铁叉、搭钩、䂎刃之类,皆禁绝之。"

不仅如此,文帝开皇十八年(598 年)还因江南地区"私造大船,因相聚结,致有侵害",下令:"其江南诸州,人间有船长三丈已上,悉括入官。"〔35〕

侵犯官私财产的犯罪历来是刑法打击的重点。《开皇律》制定以后,"上以盗贼不禁,将重其法",刑部侍郎赵绰进谏说:"陛下行尧、舜之道,多存宽宥。况律者,天下之大信,其可失乎!"〔36〕赵绰的意见虽然被采纳,但随着强盗、窃盗罪的不断发生,最终仍是加重了侵犯官私财产罪的处刑。例如,开皇十六年(596 年),合川仓粟少七千石,不仅处死主管官吏,而且"没其家为奴婢,鬻粟以填之"〔37〕,并就此案立法:"是后盗边粮者,一升已上皆死,家口没官。"〔38〕与此同时,"盗一钱已上皆弃市……行署取一钱以上,闻见不告言者,坐至死……四人共盗一榱桶,三人同窃一瓜,事发即时行决"〔39〕。如此严苛的盗贼之法,必然遭到激烈的反抗,迫使文帝不得不停止"盗取一钱弃市之法"〔40〕。但至炀帝时,"穷人无告,聚为盗贼。帝乃更立严刑,敕天下窃盗已上,罪无轻重,不待闻奏,皆斩……又诏为盗者籍没其家"〔41〕。然而,盗贼重法非但没有遏制盗贼的发展,反而使隋政权更加孤立,最终导致其在"盗贼"大起义的烽火中崩溃。

隋朝的刑制继往开来,趋于定型。文帝鉴于北周"刑政苛酷,群心崩骇"〔42〕,招致覆亡的教训,下令废除宫、鞭、枭首、孥戮、相坐等酷刑。法定刑有死、流、徒、杖、笞五种。死刑只有斩、绞;流刑由一千里至三千里,并居作二年、二年半至三年;徒刑由一年至三年;杖刑由六十至一百;笞刑由十至五十。隋朝刑制是汉初废肉刑以来刑制改革的最终完成,反映了时代的进步对于法律文明

〔32〕 魏征等撰:《隋书》卷一《高祖纪上》,中华书局 1973 年版,第 18 页。
〔33〕 魏征等撰:《隋书》卷二《高祖纪下》,中华书局 1973 年版,第 33 页。
〔34〕 魏征等撰:《隋书》卷二《高祖纪下》,中华书局 1973 年版,第 39 页。
〔35〕 魏征等撰:《隋书》卷二《高祖纪下》,中华书局 1973 年版,第 43 页。
〔36〕 魏征等撰:《隋书》卷六二《赵绰传》,中华书局 1973 年版,第 1485 页。
〔37〕 魏征等撰:《隋书》卷二五《刑法志》,中华书局 1973 年版,第 714 页。
〔38〕 魏征等撰:《隋书》卷二五《刑法志》,中华书局 1973 年版,第 714 页。
〔39〕 魏征等撰:《隋书》卷二五《刑法志》,中华书局 1973 年版,第 714 页。
〔40〕 魏征等撰:《隋书》卷二五《刑法志》,中华书局 1973 年版,第 714 页。
〔41〕 魏征等撰:《隋书》卷二五《刑法志》,中华书局 1973 年版,第 717 页。
〔42〕 魏征等撰:《隋书》卷一《高祖纪上》,中华书局 1973 年版,第 3 页。

的推动。但至文帝晚年“用法益峻”[43],不仅否定了此前除谋叛外不收族的规定,而且恢复了籍没和罪及九族之法,“行裂枭首之刑,或磔而射之”[44]。

(四)以均田、租庸调法为主干的民事与经济法律

隋朝沿承北齐的均田法,并在全国范围内加以推行。根据均田法,农民按丁受田,因此应首先规定成丁的年龄。按《隋书·食货志》记载,男女三岁以下为“黄”,十岁以下为“小”,十七岁以下为“中”,十八岁以上六十岁以下为“丁”(开皇三年改为二十一岁),六十为“老”。成丁之年开始受田课役,因此十八岁又称“丁年”。

男丁受露田(口分田)八十亩,桑田(永业田)二十亩;妇人受露田四十亩。官僚、贵族受田的数量远远大于农民,如诸王可受永业田三十顷至一百顷,此外,还有职分田和公廨田等,特别是奴婢也可以依良丁受田,因此,官僚贵族地主对土地的实际占有超过了均田制所规定的标准。但是,均田制的实行,使中央政府直接控制了全国大多数农户,保证了朝廷的赋税收入,促进了国有荒地的开垦。例如,开皇九年(589年)垦田面积仅为一百九十四万四千二百六十七顷,至大业年间(605~618年)已增至五千五百八十万四千零四十顷。这对于隋朝的富强是十分重要的,杜佑说:“隋代之盛,实由于斯。”[45]均田制的实行,也使农民获得了少量土地,在一定程度上改善了生活,有利于社会的安定。

在封建时代,个体农户是承担国家赋役的基本单位,官府直接控制的农户越多,中央集权的统治也越巩固。因此,隋初在推行均田制的同时,还大力整理户籍,以增加中央直接控制的承担赋税徭役的人户。公元583年,文帝下令在全国“大索貌阅”[46],即由州县官主持检查隐漏户口,并根据户籍与本人体貌核对(即貌阅),如有不实,里正、党长流配远乡。整顿户籍的结果,新查实壮丁四十四万三千人,新编入户籍一百六十四万余人。为了防止百姓逃税和官吏舞弊,并使赋税负担及时与户口的等级变动相符合,文帝根据宰相高颎的建议,实行“输籍法”[47],于每年正月初五,县令出查,令百姓五党或三党为一团,定户等上下,确定应纳税额。

大索貌阅和输籍法的实行,一方面将农民置于政府的控制之下,防止其逃

[43] 魏征等撰:《隋书》卷二五《刑法志》,中华书局1973年版,第715页。
[44] 魏征等撰:《隋书》卷二五《刑法志》,中华书局1973年版,第717页。
[45] 杜佑撰:《通典》卷七《食货七》,王文锦等点校,中华书局1988年版,第157页。
[46] 魏征等撰:《隋书》卷二四《食货志》,中华书局1973年版,第681页。
[47] 魏征等撰:《隋书》卷二四《食货志》,中华书局1973年版,第681页。

税、漏税和逃亡,以保证国家的赋税需求,另一方面也削弱了地方割据势力,加强了中央政府对全国的统治。

隋初,为了恢复经济实行宽减赋役的政策,规定一夫一妇纳粟三石,丁男服役的年龄由十八岁改为二十一岁,每年服役由一月减至二十天,调绢由四丈减到二丈,这就是颇有影响的租庸调法。该法的实施,确实减轻了对广大农民的赋敛,使农民有可能扩大再生产,从而营造了隋初的繁荣。

南北朝时期币制不统一,民间私铸钱币现象严重,货币制度十分混乱,为此,文帝将铸币权严格控制在中央政府。于开皇元年(581年)九月下令铸“五铢钱”“悉禁古钱及私钱”[48]。“京师及诸州邸肆之上,皆令立榜,置样为准,不中样者不入于市。”[49]开皇四年(584年)再颁诏令:“仍依旧不禁者,县令夺半年禄。”[50]“京师以恶钱贸易”者,予以严惩。据《隋书·赵绰传》记载,京师有人以恶钱易好钱,违背禁令,文帝愤而欲处其死刑,大理寺丞赵绰依法进谏:“此人坐当杖,杀之非法。”

此外,针对当时工商业的发展状况以及隋朝与西域各国商路的沟通和贸易关系的繁复,在《大业律》中专立“关市”篇加以调整。

隋朝的民事与经济法律,保护了民事法律活动,促进了以农业为主的整个社会经济的恢复和发展。

(五)集权中央的司法制度

隋朝中央司法机关,以都官省管理司法行政,大理寺执掌审判,御史台负责司法监督并参与重大案件的审判。地方司法机关与地方制度的改革相适应,由州县长官兼理司法。

诉讼的提起,一是由官吏或监察机关提起诉讼;二是当事人自诉,但不得诬告。如有枉屈,县不受理,可逐级经郡、州直至尚书省,甚至“听挝登闻鼓”诣阙申诉。《开皇律》规定:“有枉屈县不理者,令以次经郡及州,至省仍不理,乃诣阙申诉。有所未惬,听挝登闻鼓,有司录状奏之。”[51]这种逐级申诉制度,反映了隋初对当事人诉讼权利的保护。

为了加强司法队伍建设,提高审判工作质量与效率,文帝十分重视执法官吏的培训。在《开皇律》颁行以后,曾于大理寺设律博士八人,明法二十人,审断

〔48〕司马光编著:《资治通鉴》卷一七五《陈纪九》,中华书局1956年版,第5443、5444页。
〔49〕魏征等撰:《隋书》卷二四《食货志》,中华书局1973年版,第692页。
〔50〕魏征等撰:《隋书》卷二四《食货志》,中华书局1973年版,第692页。
〔51〕魏征等撰:《隋书》卷二五《刑法志》,中华书局1973年版,第712页。

大狱,讲授法律,所谓"断决大狱,皆先牒明法,定其罪名,然后依断"[52]。与此同时,州、县设律生(博士弟子)"明习法令",诸州长史以下,行参军以上,也都要学习律文,并且要集中到京城进行考试。由于得到制度保证,隋朝官吏多明习法律,律学也再现了新的生机。但至开皇五年(585年),发生了始平县律生辅恩舞文弄法、陷害慕容天远反坐案,文帝大怒,认为"人命之重,悬在律文,刊定科条,俾令易晓。分官命职,恒选循吏,小大之狱,理无疑舛。而因袭往代,别置律官,报判之人,推其为首。杀生之柄,常委小人,刑罚所以未清,威福所以妄作,为政之失,莫大于斯"。于是下诏,将"大理律博士、尚书刑部曹明法、州县律生,并可停废"[53]。但由于"诸曹决事,皆令具写律文断之",不明法律,无法胜任,文帝于开皇六年(586年)又"敕诸州长史已下,行参军已上,并令习律,集京之日,试其通不"[54]。

在司法审判中,开皇初年严格要求司法官依律文判决,所谓"具写律文断之"[55]。据《隋书·权武传》载,权武"常以南越边远,治从其俗,务适便宜,不依律令",应该说权武的认识有其因地因俗治宜的某种合理性,但是"上令有司案其事,皆验,上大怒,命斩之"。为了督励官吏援法断罪,文帝多次"亲录囚徒"[56]。

在讯囚方面,"尽除苛惨之法,讯囚不得过二百,枷杖大小,咸为之程品,行杖者不得易人"[57],同时,废除了测囚制度。

对于诸州的死罪案件,不仅严令"诸州死罪,不得辄决,悉移大理按覆,事尽,然后上省奏裁"[58],而且于死囚执行前须经三奏而后行刑。隋朝死刑执行权收归中央的规定,避免了地方官草菅人命的弊病,而三复奏的制度化也体现了慎刑的要求,但至炀帝后期,死囚复奏制度废而不用,助长了滥杀之风。

死刑的行刑时间,沿袭汉制于秋冬行刑。但文帝也曾于"六月棒杀人",尽管大理少卿赵绰争辩说:"季夏之月,天地长成庶类。不可以此时诛杀。"然而,文帝却辩解说:"六月虽曰生长,此时必有雷霆。天道既于炎阳之时,震其威怒,我则天而行,有何不可!""遂杀之。"[59]

---

〔52〕 魏征等撰:《隋书》卷二五《刑法志》,中华书局1973年版,第712页。
〔53〕 魏征等撰:《隋书》卷二五《刑法志》,中华书局1973年版,第712~713页。
〔54〕 魏征等撰:《隋书》卷二五《刑法志》,中华书局1973年版,第713页。
〔55〕 魏征等撰:《隋书》卷二五《刑法志》,中华书局1973年版,第713页。
〔56〕 魏征等撰:《隋书》卷二五《刑法志》,中华书局1973年版,第712页。
〔57〕 魏征等撰:《隋书》卷二五《刑法志》,中华书局1973年版,第712页。
〔58〕 司马光编著:《资治通鉴》卷一七八《隋纪二》,中华书局1956年版,第5538页。
〔59〕 魏征等撰:《隋书》卷二五《刑法志》,中华书局1973年版,第715页。

总括以上,隋朝虽然只存在了三十七年,但却是一个重要的朝代,就法制而言尤其如此。隋律无论在体制、篇目和刑种等项的规定上,都为以后的封建法制建设所取法。

隋初不仅锐意改革法制,积极修律,而且严于执法。例如,文帝子杨俊多造宫室,被勒令"归第"加以软禁,大臣们谏以处分太重,文帝说,"法不可违""我是五儿之父,若如公意,何不别制天子儿律? 以周公之为人,尚诛管、蔡,我诚不及周公远矣,安能亏法乎?"[60]又如,王谊与文帝有旧,又是佐命功臣,其子复娶文帝第五女为妻,后"公卿奏谊大逆不道,罪当死",文帝召见王谊,怆然说:"朕与公旧为同学,甚相怜愍,将奈国法何?""于是赐死于家。"[61]

为使执法公平,文帝非常重视对司法官的选任。他任命薛胄为大理卿,赵绰为少卿,史书说此二人"俱名平恕,然胄断狱以情,而绰守法,俱为称职"[62]。后梁毗为大理卿,也是"处法平允,时人称之"[63]。在司法监察方面,柳彧为治书持御史,"持节巡省河北五十二州,奏免长吏赃污不称职者二百余人,州县肃然,莫不震惧"[64]。在封建专制时代,法律虽为治世之具,但归根结底仍是依人为治。隋初,由于文帝强调任官贵在得人,见贤必进,有才必举,从而形成了较为廉明的官僚队伍,对于维持开皇法制起到了积极的作用,带来了社会的秩序和经济的发展。

如果说文帝初期尊法重法,是维护开皇法制的保障,那么,至文帝晚年,完全违背了"以轻代重,化死为生""除孥戮相坐之法"的立法初衷,[65]走上了"持法尤峻,喜怒不常,过于杀戮"的毁法之路。[66] 既然皇帝以言代法、法外施刑,官吏们也窥察圣意,构煽大狱,陷害无辜。史书说,"每有诏狱,专使主之,候帝所不快,则案以重抵,无殊罪而死者,不可胜原""其临终赴市者,莫不途中呼枉,仰天而哭"[67]。

文帝一生既立法、执法,也不断毁法、玩法,这是法自君出、狱由君断、皇权凌驾于法律之上的专制制度所决定的。文帝临终前,反思他一生的作为与国家兴废之由,深感法制的重要,因而在遗诏中强调法制一定要"沿革随时……务当

[60] 魏征等撰:《隋书》卷四五《杨俊传》,中华书局1973年版,第1240页。
[61] 魏征等撰:《隋书》卷四十《王谊传》,中华书局1973年版,第1170页。
[62] 魏征等撰:《隋书》卷六二《赵绰传》,中华书局1973年版,第1486页。
[63] 魏征等撰:《隋书》卷六二《梁毗传》,中华书局1973年版,第1479页。
[64] 魏征等撰:《隋书》卷六二《柳彧传》,中华书局1973年版,第1484页。
[65] 魏征等撰:《隋书》卷二五《刑法志》,中华书局1973年版,第712～713页。
[66] 魏征等撰:《隋书》卷二《高祖纪下》,中华书局1973年版,第54页。
[67] 魏征等撰:《隋书》卷二五《刑法志》,中华书局1973年版,第716页。

政要”。但与此同时仍然坚持君权立法,他说,“自古哲王,因人作法……律令格式,或有不便于事者,宜依前敕修改”〔68〕,表现了专制制度下君主的思维方式。

炀帝即位之始,一度以“高祖禁网深刻”为名,〔69〕更定新律,以行宽政相标榜。然而,他实际所推行的“百役繁兴”“征税百端”的政策,〔70〕使得文帝晚年本已尖锐的社会矛盾更加激化,“区宇之内,盗贼蜂起,劫掠从官,屠陷城邑”〔71〕。于是,炀帝抛弃了宽仁的伪装,以“急令暴条以扰之,严刑峻法以临之,甲兵威武以董之”,结果“海内骚然,无聊生矣”〔72〕。大业九年(613 年),杨玄感起兵失败,炀帝对御史大夫裴蕴说:“玄感一呼而从者十万,益知天下人不欲多,多即相聚为盗耳,不尽加诛,无以惩后”“由是峻法治之,所杀三万余人,皆籍没其家,枉死者太半,流徙者六千余人”〔73〕,遂使隋朝转瞬覆亡。在中国历史上,秦、隋都曾经是不可一世的封建帝国,而又都是二世而亡,这中间值得总结的历史教训颇多,特别是以确切的史实证明了法制兴则国强、法制废则国危的规律。

二、中华法系确立的唐朝法制

唐朝是中国封建社会的盛世王朝,经济的恢复与迅速发展,国家的统一与稳定,文化的繁荣兴盛,使中国傲然自立于世界文明强国之林。英国学者赫·乔·韦尔斯在其所著《世界史纲——生物和人类的简明史》一书中说,唐朝在世界文明史上赢得了“伟大的领先”地位,而且持续了“一千年左右”。

唐朝的社会历史条件为中华法制文明走向辉煌创造了必要的条件。应运而生的一大批开明的政治家、法学家如李世民、魏征、房玄龄、杜如晦、长孙无忌、戴胄等,为唐朝法制文明的发展起了推波助澜的作用。

以《唐律疏议》为代表的唐代法律体系,不仅标志着中华法系的形成,而且是中华法系的巅峰之作。《四库全书总目〈唐律疏议〉提要》认为,“唐律一准乎礼以为出入,得古今之平”,这说明唐律具有植根于中华民族文化土壤上的本土性。同时,它也具有世界性,周边国家如日本、高丽、越南、琉球的法制创建均以唐律为版本,成为中华法系大法苑中的组成部分。这除了相邻国家的国情有与中国唐朝相似之处外,还在于唐律的伦理性、科学性和完备性。五百条律文涵

---

〔68〕 魏征等撰:《隋书》卷二《高祖纪下》,中华书局 1973 年版,第 53 页。

〔69〕 魏征等撰:《隋书》卷二五《刑法志》,中华书局 1973 年版,第 716 页。

〔70〕 魏征等撰:《隋书》卷四《炀帝纪下》,中华书局 1973 年版,第 95 页。

〔71〕 魏征等撰:《隋书》卷四《炀帝纪下》,中华书局 1973 年版,第 95 页。

〔72〕 魏征等撰:《隋书》卷四《炀帝纪下》,中华书局 1973 年版,第 96 页。

〔73〕 司马光编著:《资治通鉴》卷一八二《隋纪六》,中华书局 1956 年版,第 5683 页。

盖了唐代社会的政治、经济、军事、外交、婚姻、家庭,乃至个人等各个领域,对社会关系、国家活动实行全面的调整。而且,以疏议附于律文之后,采用多种形式和方法进行解释,以使律意明确,便于适用。律文与疏议结合并用是制定法的一项伟大创造。唐以后,中国法律虽历经千余年的发展过程,但没有超出唐律的基本规范。也正因如此,传承唐律的大明律继续对日本、朝鲜诸国发挥着强烈影响。诚如日本著名法律史家仁井田陞总结的那样,“中国也曾经有过像唐朝、明朝那样……通过它的儒教文化,此外也通过它的法,给东亚带来了极为深刻的影响”[74]。

(一)以隋亡为鉴的立法思想

公元611年爆发的全国性的隋末农民大起义,势如急风骤雨迅速扩展到全国,不仅摧毁了隋政权,也深刻地影响着唐初的政治。以李渊父子为首的关陇贵族官僚集团,在农民起义的猛烈发展中看到隋朝崩溃之势已成,于是趁机举起了“反隋”的旗子。他们一方面凭借一支实力强大的武装力量占据关中作为根据地,残酷地镇压农民起义军;另一方面又宣布废除隋末苛法,与民约法十二条,以及严格行军纪律等,以便从政治上瓦解农民军。在李渊集团的军事镇压和政治攻势之下,农民起义军遭到失败,公元618年,重新建立起新的封建王朝——唐。唐朝共经历了二百九十年,是中国历史上著名强盛的朝代,也是中华法制文明高度发展、中华法系臻于定型,并对国内外法制发展影响巨大的朝代。

唐初,统治集团目睹了拥有百万军队和庞大国家机构的隋朝瞬间覆亡,确使他们“惕然震惧”,太宗李世民便经常对臣下说:“天子者……无道则人弃而不用,诚可畏也。”[75]为了重建和巩固封建国家的统治,恢复“万户则城郭空虚,千里则烟火断灭”的残破经济,[76]不得不实行一系列与民休息的政策。武德七年(624年)颁布均田令,使农民获得少量土地,实行租庸调法,减轻徭役和赋税,同时,减轻刑罚,讲求吏治,惩治贪官,奖励农耕,兴修水利,注意生产,等等。上述政策对于“贞观之治”的出现起到了积极的作用。

需要特别指出的是,唐朝统治者极为重视法治对社会的控制作用,不仅积极立法,而且提出了一系列崭新的法律思想。

1. 明法慎刑,以宽仁治天下

太宗李世民和辅佐他的名臣魏征、王珪、房玄龄、杜如晦、马周、戴胄等人,

---

〔74〕［日］仁井田陞:《中国法制史》,牟发松译,上海古籍出版社2010年版,第52页。

〔75〕吴兢编著:《贞观政要》卷一《政体》,上海古籍出版社1978年版,第16页。

〔76〕刘昫等撰:《旧唐书》卷五三《李密传》,中华书局1975年版,第2214页。

都亲身经历了隋朝由盛转衰、顷刻覆亡的过程,因而"动静必思隋氏,以为殷鉴"[77]。他们从总结隋亡的教训中发现"宪章遐弃"[78]"不以官人违法为意"[79]"法令尤峻"[80]是招致"人不堪命,遂至于亡"[81]的重要原因,因此,唐朝建立以后,十分注意立法建制,恢复法治秩序。魏征曾经向太宗进言说,"且法,国之权衡也,时之准绳也。权衡所以定轻重,准绳所以正曲直",作为"万乘之主",如果"任心弃法",无异于"舍准绳以正曲直,弃权衡而定轻重""不亦惑哉?"[82]魏征的进言得到了太宗的肯定,他多次表示,"法者非朕一人之法,乃天下之法",不可以因私"挠法"[83]。可见,以明法作为"安民立政,莫此为先"[84]的治国方略,是唐初君臣的共识。通过明法,"禁暴惩奸,弘风阐化"[85],稳定社会秩序,防止隋末法纪败坏激起民变的历史重演。

太宗不但强调明法,而且注意慎刑,提出"以宽仁治天下,而于刑法尤慎"的思想。[86] 唐初大臣封德彝主张"以威刑肃天下",他说:"三代以还,人渐浇讹,故秦任法律,汉杂霸道,盖欲化而不能,岂能之而不欲邪!"他指责主张以仁义治天下的魏征,是"书生未识时务,若信其虚论,必败国家"[87]。与此相反,魏征则主张以仁义治天下,他说,"仁义,理之本也;刑罚,理之末也。为理之有刑罚,犹执御之有鞭策也。人皆从化,则刑罚无所施;马尽其力,则有鞭策无所用",结论就是"圣人甚尊德礼而卑刑罚"[88]。魏征还反驳封德彝的责难,他说:"五帝、三王不易民而化,昔黄帝征蚩尤,颛顼诛九黎,汤放桀,武王伐纣,皆能身致太平,岂非承大乱之后邪!"[89]在这场争论中,太宗采纳了魏征的意见。因为他看到了隋文帝后期"不悦儒术,专任刑名"[90],常因小过治以重罪,逐渐失去民心的后果,和隋炀帝"益肆淫刑"招致"败亡亦促"的悲剧,因此,确定以仁义治国。他说:"朕看古来帝王以仁义为治者,国祚延长;任法御人者,虽救弊于一时,败

〔77〕 吴兢编著:《贞观政要》卷八《刑法》,上海古籍出版社1978年版,第248页。
〔78〕 魏征等撰:《隋书》卷二五《刑法志》,中华书局1973年版,第717页。
〔79〕 王方庆辑:《魏郑公谏录》卷三《对隋日山东养马》,畿辅丛书本。
〔80〕 刘昫等撰:《旧唐书》卷五十《刑法志》,中华书局1975年版,第2133页。
〔81〕 刘昫等撰:《旧唐书》卷五十《刑法志》,中华书局1975年版,第2133页。
〔82〕 吴兢编著:《贞观政要》卷五《公平》,上海古籍出版社1978年版,第175页。
〔83〕 吴兢编著:《贞观政要》卷五《公平》,上海古籍出版社1978年版,第164页。
〔84〕 刘昫等撰:《旧唐书》卷五十《刑法志》,中华书局1975年版,第2134页。
〔85〕 刘昫等撰:《旧唐书》卷五十《刑法志》,中华书局1975年版,第2134页。
〔86〕 欧阳修、宋祁撰:《新唐书》卷五六《刑法志》,中华书局1975年版,第1409页。
〔87〕 司马光编著:《资治通鉴》卷一九三《唐纪九》,中华书局1956年版,第6084页。
〔88〕 吴兢编著:《贞观政要》卷五《公平》,上海古籍出版社1978年版,第171页。
〔89〕 司马光编著:《资治通鉴》卷一九三《唐纪九》,中华书局1956年版,第6084页。
〔90〕 魏征等撰:《隋书》卷七五《儒林传》,中华书局1973年版,第1706页。

亡亦促。既见前王成事,足是元龟。"[91]为了贯彻"以宽仁治天下,而于刑法尤慎"的思想,[92]他首先要求司法官重视证据,证据不足者,不得轻易判决。司法官如在审判中失于出入者,各以其罪罪之;滥于用刑者,处以杖刑。

太宗还亲自规定,"自今以后,大辟罪,皆令中书、门下四品已上及尚书九卿议之"[93],从而开创了后世九卿会审制度的先河。同时还实行死囚于执行前"三复奏"的复核程序,后鉴于三复奏"须臾之间,三奏便讫,都未得思,奏何益",而改为"五复奏"。

鉴于"死者不可再生,用法务在宽简"[94],减少了刑律中的死刑条款,扩大了改重为轻的幅度。史书说《贞观律》与隋律相比,"减大辟者九十二,减流入徒者七十一条",并删去"兄弟连坐俱死"之法。"自是比古死刑,殆除其半""凡削烦去蠹,变重为轻者,不可胜纪"[95]。特别是太宗提出的"民之所以为盗者,由赋繁役重,官吏贪求……故不暇顾廉耻耳。朕当去奢省费,轻徭薄赋,选用廉吏,使民主食有余,则自不为盗,安用重法邪"[96]。太宗对于犯罪根源的认识及其措施,不仅具有实用价值,而且还是中国古代刑法理论的基础。

由于明法慎刑的思想在实践中得到了贯彻,出现了尊法守法的社会风气,据史书记载,贞观四年,"断死刑,天下二十九人,几致刑措"[97]。

2. 德礼为本,刑罚为用

由汉迄唐关于德礼为本、政刑为用、综合治国的论者不绝如缕,《汉书·酷吏传》颜师古注曰:"化以德礼,则下知愧辱,而至于治也。"

《晋书·四夷列传》说:"经国者,德礼也;济世者,刑法也。二者或差,则纲维失绪。"

唐初《贞观政要》有以下记载:"道之以礼,务厚其性而明其情。民相爱,则无相伤害之意;动思义,则无畜奸邪之心。若此,非律令之所理也,此及教化之所致也,圣人甚尊德礼而卑刑罚。"[98]"盖政者为治之具,刑者辅治之法;德礼者,出治之本,而德又礼之本也。后世之为治者,德礼有愧,教化不先,非惟德礼不能使民有耻且格,而政刑亦不能使民免而无耻矣。甚而至于罪丽于十恶尚忍

---

[91] 吴兢编著:《贞观政要》卷五《仁义》,上海古籍出版社1978年版,第149页。
[92] 欧阳修、宋祁撰:《新唐书》卷五六《刑法志》,中华书局1975年版,第1409页。
[93] 吴兢编著:《贞观政要》卷八《刑法》,上海古籍出版社1978年版,第239页。
[94] 吴兢编著:《贞观政要》卷八《刑法》,上海古籍出版社1978年版,第238页。
[95] 刘昫等撰:《旧唐书》卷五十《刑法志》,中华书局1975年版,第2138页。
[96] 司马光编著:《资治通鉴》卷一九二《唐纪八》,中华书局1956年版,第6025~6026页。
[97] 吴兢编著:《贞观政要》卷八《刑法》,上海古籍出版社1978年版,第239页。
[98] 吴兢编著:《贞观政要》卷五《公平》,上海古籍出版社1978年版,第171页。

言之哉。”[99]

唐代著名的古文大家韩愈在《潮州请置乡校牒》中提出:“孔子曰:‘道之以政,齐之以刑,民免而无耻。’不如以德礼为先,而辅以政刑也。”

著名的《唐律疏仪》在名例篇中宣布“德礼为政教之本,刑罚为政教之用”,并以自然现象的“昏晓阳秋”来比喻德礼、刑罚之密切联系,永恒运行互补互用而不少变,所谓“昏晓阳秋,相须而成者也”。

礼乐政刑是以德礼为本、政刑为用综合治国,符合国家发展规律,是政治智慧的凝结。以德礼为治世之本,以政刑为治国之具,四者综合为用,既可导民向善、缔造仁政,又可明慎用刑、法致中和。可致一朝盛世,还可谋求社会和谐与长治久安。德礼为本,体现了中华民族以人为本的重德礼德精神;刑罚为用,以刑罚为治国之具而不以惩罚为目的。唐初形成的德礼为本、刑罚为用,不仅整顿了社会风俗,而且发挥了明刑弼教的作用。这个卓越的立法指导思想有力地创造了唐朝以法治为突出特点的和谐盛世。

3. 法条简约,保持稳定

针对隋末法令滋彰,人难尽悉之弊,从高祖李渊起便强调立法要简约,使人易知。他曾指示修律大臣说:“本设法令,使人共解,而往代相承,多为隐语,执法之官,缘此舞弄,宜更刊定,务使易知。”[100]太宗时,进一步强调法条简约易知、保持稳定的重要性。他说:“国家法令,惟须简约,不可一罪作数种条。格式既多,官人不能尽记,更生奸诈。若欲出罪即引轻条,若欲入罪即引重条。”[101]他命令长孙无忌、房玄龄及其他修律官要对高祖颁行的《武德律》,“更加厘改……斟酌今古,除烦去弊”[102]。在他主持下制定的《贞观律》,确实是封建法典中较为简约宽平、明白易知的法律。此外,太宗还于贞观十一年(637 年)正月,删去武德以来“敕三千余条,为七百条,以为格”[103]。

太宗以后,颇有贞观遗风的高宗李治在永徽二年(651 年)九月《颁行新律诏》中明白晓示,新律所遵循的原则是,“画一之制,简而易从;约法之章,疏而不漏”[104]。作为有唐一代代表性的法典《永徽律》,称得上是“捐彼凝脂,敦兹简

[99] 倪文杰、韩永主编:《古今图书集成精华·贞观政要·刑法》,人民中国出版社 1998 年版,第 548 页。

[100] 刘昫等撰:《旧唐书》卷五七《刘文静传》,中华书局 1975 年版,第 2292 页。

[101] 吴兢编著:《贞观政要》卷八《赦令》,上海古籍出版社 1978 年版,第 251 页。

[102] 刘昫等撰:《旧唐书》卷五十《刑法志》,中华书局 1975 年版,第 2138 页。

[103] 欧阳修、宋祁撰:《新唐书》卷五六《刑法志》,中华书局 1975 年版,第 1407 页。

[104] 董浩等编:《全唐文》卷一一《高宗皇帝·详定刑名诏》,中华书局 1983 年版,第 142 页。

要”的。[105]

太宗不仅要求法律简约易知,同时还强调保持稳定的必要性,如变更法律一定要“详慎而行之”[106]。他说:“法令不可数变,数变则烦,官长不能尽记,又前后差违,吏得以为奸。”[107]又说,“诏令格式,若不常定,则人心多惑,奸诈益生”,因此,“必须审定,以为永式”[108]。在这种思想的指导下,“自房玄龄等更定律、令、格、式,讫太宗世,用之无所变改”[109]。高宗时制定的《永徽律》中更从程序上严格规定:“诸称律、令、式,不便于事者,皆须申尚书省议定奏闻。若不申议,辄奏改行者,徒二年。”[110]

处于大动乱之后的社会环境,保持法律的相对稳定,无论对促进经济的恢复,还是维持安定的政治局面和维护法律的权威,都是非常重要的,而且收到了效果。明末清初,著名思想家王夫之从总结历史经验的角度指出,太宗之世,“法令密而庐井定”[111],其原因之一就是法令的相对稳定。

4. 人有所犯,一断于律

隋朝制法毁法的后果使太宗认识到官民一体奉法守法的重要性。他在贞观元年(627年)诏中严肃指出,律令虽早已颁布,但“内外群官,多不寻究,所行之事,动乖文旨”[112]。洞悉封建政治的太宗深知“法之不行,自上犯之”。因此,他告诫群臣说:“朕见隋炀帝都不以官人违法为意,性多猜忌,惟虑有反叛者。朕则不然,但虑公等不尊法式,致有冤滞。”[113]为使人有所犯,一断于律,他把重点放在督励官吏奉法守法上。还在中央和地方都设置监察官,负责监督法律的实施,凡“尽忠益时者,虽仇必赏;犯法怠慢者,虽亲必罚”[114]。岷州都督高甑生诬告李靖谋反,按法当死,高甑生是李世民旧部,有人以此为之关说,当即遭到反驳,“甑生违李靖节度,又诬其反,此而可宽,法将安施!且国家自起晋阳,功臣多矣,若甑生获免,则人人犯法,安可复禁乎?我于旧勋,未尝忘也,为此不敢

[105] 长孙无忌撰:《进律疏表》,载长孙无忌等撰:《唐律疏议》,刘俊文点校,中华书局1983年版,第579页。

[106] 司马光编著:《资治通鉴》卷一九四《唐纪十》,中华书局1956年版,第6124页。

[107] 司马光编著:《资治通鉴》卷一九四《唐纪十》,中华书局1956年版,第6124页。

[108] 吴兢编著:《贞观政要》卷八《赦令》,上海古籍出版社1978年版,第251~252页。

[109] 欧阳修、宋祁撰:《新唐书》卷五六《刑法志》,中华书局1975年版,第1410页。

[110] 长孙无忌等撰:《唐律疏议》卷一一《职制·律令式不便辄奏改行》,中华书局1983年版,第229页。

[111] 王夫之:《读通鉴论》卷二〇《唐太宗》,中华书局1975年版,第697页。

[112] 王钦若等编撰:《册府元龟》卷一五一《帝王部·慎罚》,周勋初等校订,凤凰出版社2006年版,第1682页。

[113] 王方庆辑:《魏郑公谏录》卷三,畿辅丛书本。

[114] 吴兢编著:《贞观政要》卷五《公平》,上海古籍出版社1978年版,第165页。

赦耳”,终于“坐减死徙边”[115]。对于受财枉法的官吏,“随其所犯,置以重法”[116],皇叔江夏王李道宗也因“生赃下狱”,受到“免官,削封邑”的处分。[117]

在封建时代,享有法定权利的官吏行法守法,是维系封建法治的重要条件,而“法自君出”的皇帝能否尊法、奉法,尤为关键。贞观时期,封建法治秩序的建立,是和太宗率先垂范分不开的。例如,贞观初所选官大都伪造资历,太宗曾颁发敕令,限其自首,否则处死,不久,温州司户参军柳雄诈冒资荫事发,大理寺少卿戴胄“据法断流”。“太宗曰:‘朕初下敕,不首者死,今断从法,是示天下以不信矣。’胄曰:‘陛下当即杀之,非臣所及,既付所司,臣不敢亏法。’太宗曰:‘卿自守法,而令朕失信耶?’胄曰:‘法者,国家所以布大信于天下,言者当时喜怒之所发耳!陛下发一朝之忿,而许杀之,既知不可,而置之以法,此乃忍小忿而存大信,臣窃为陛下惜之’。”最终还是太宗折服,并表示:“朕法有所失,卿能正之,朕复何忧也?”[118]又如,裴仁轨私自役使门夫,太宗怒“欲斩之”,但按法“诸监临之官,私役使所监临……各计庸赁,以受所监临财物论”,罪不至死。因此,监察御史李乾佑为之力争,指出:“法者,陛下所与天下共也,非陛下所独有也。今仁轨坐轻罪而抵极刑,臣恐人无所措手足。”[119]终于使太宗收回成命,并提升李乾佑为侍御史。特别是广州都督党仁弘犯法当死,太宗“哀其老且有功”[120],免其死罪,为此特下诏罪己,“请罪于天”,以示不应曲法。他说:“法者……不可以私而失信。今朕私党仁弘而欲赦之,是乱其法,上负于天,欲……谢罪于天三日。”[121]同时,承认有三罪:“纵舍任心,以欺众庶,罪一也;知人不明,委用贪冒,罪二也;善善未赏,恶恶不诛,罪三也。”[122]皇帝如此,流风所及,“官吏多自清谨,制驭王公、妃主之家,大姓豪猾之伍,皆畏威屏迹,无敢侵欺细人”[123],臣下也敢于面对至高无上的皇权以法相争。贞观十一年(637年),太宗曾就“近日刑网稍密”一事,问及大理寺卿刘德威,刘对曰:“此在主上,不在群臣,人主好宽则宽,好急则急。……今失入无辜,失出更获大罪,是以吏各自免,竞就深文,非

---

[115] 司马光编著:《资治通鉴》卷一九四《唐纪十》,中华书局1956年版,第6116页。

[116] 吴兢编著:《贞观政要》卷一《政体》,上海古籍出版社1978年版,第24页。

[117] 刘昫等撰:《旧唐书》卷六十《宗室传》,中华书局1975年版,第2355页。

[118] 吴兢编著:《贞观政要》卷五《公平》,上海古籍出版社1978年版,第165页。

[119] 司马光编著:《资治通鉴》卷一九二《唐纪八》,中华书局1956年版,第6044页。

[120] 欧阳修、宋祁撰:《新唐书》卷五六《刑法志》,中华书局1975年版,第1409页。

[121] 司马光编著:《资治通鉴》卷一九六《唐纪十二》,中华书局1956年版,第6182页。

[122] 王钦若等编撰:《册府元龟》卷一五〇《帝王部·宽刑》,周勋初等校订,凤凰出版社2006年版,第1673页。

[123] 吴兢编著:《贞观政要》卷一《政体》,上海古籍出版社1978年版,第24页。

有教使之然,畏罪故耳。陛下倘一断以律,则此风立变矣。"[124]魏征更是直截了当地指出:"居人上者,其身正,不令而行,其身不正,虽令不从。"[125]这确实触及了封建法制的要害。

然而,封建专制国家的本质决定了即使是开明君主也不可能长期尊法、奉法,唐太宗同样没有超越这个规律。随着国家的繁荣强盛,太宗曾经拥有的严于律己的精神和虚心纳谏的作风也被一天天消磨,这在贞观十一年(637年)魏征的奏疏中可以窥见端倪。魏征说:"夫刑赏之本,在乎劝善而惩恶。帝王之所以与天下为画一,不以贵贱亲疏而轻重者也。今之刑赏,未必尽然。或屈伸在乎好恶,或轻重由乎喜怒。遇喜则矜其情于法中,逢怒则求其罪于事外,所好则钻皮出其毛羽,所恶则洗垢求其瘢痕。瘢痕可求,则刑斯滥矣;毛羽可出,则赏因谬矣。刑滥则小人道长,赏谬则君子道消。小人之恶不惩,君子之善不劝,而望治安刑措,非所闻也。"[126]尤其至贞观后期,太宗也走上了封建皇帝无法摆脱的"任情以轻重"的老路,使唐初艰难缔造的法治秩序受到了破坏。

总括以上,唐初统治者的立法指导思想,是以重建法治秩序限制特权者恣意横行为基点的,这是隋末大动乱之后,阶级力量对比关系新变化的反映和民众的普遍要求,因而有其深刻的社会背景。法治环境的改善为经济文化的发展创造了有利条件,出现了"天下帖然""人人自安"的祥和局面。[127] 史书说:"商旅野次,无复盗贼,囹圄常空,马牛布野,外户不闭。又频致丰稔,米斗三四钱。行旅自京师至于岭表,自山东至于沧海,皆不赍粮,取给于路。入山东村落,行客经过者,必厚加供待,或发时有赠遗……"[128]贞观之治的历史,雄辩地说明了盛世与法治的关系。作为封建法治的主要表征,法律是对权力特别是对皇权的某种约束,它的出现既有复杂的社会政治原因,也与皇帝个人的品格不无关系。正因如此,封建的法治才是难得的,又是不稳定的。

(二)立法活动与主要立法成就

1. 以《永徽律》为代表的四朝律的制定

唐朝法制是中国封建法制的发达形态,其立法活动集中在武德、贞观、永徽、开元四朝。高祖李渊起兵之始便打起"除隋苛法"的旗号,与民约法十二条,除杀

---

〔124〕 司马光编著:《资治通鉴》卷一九四《唐纪十》,中华书局1956年版,第6126页。

〔125〕 王方庆辑:《魏郑公谏录》卷五,畿辅丛书本。

〔126〕 吴兢编著:《贞观政要》卷八《刑法》,上海古籍出版社1978年版,第245页。

〔127〕 吴兢编著:《贞观政要》卷六《奢纵》,上海古籍出版社1978年版,第209页。

〔128〕 吴兢编著:《贞观政要》卷一《政体》,上海古籍出版社1978年版,第24页。

人、劫盗、背军叛逆者处死外,其余一并蠲除。唐朝建立以后,于武德二年(619 年)命裴寂、刘文静等,“与当朝通识之士”修订律令,制定五十三条新格,揭开了唐朝立法的序幕。不久又命尚书左仆射裴寂、右仆射肖瑀、大理寺卿崔善为、给事中王敬业等十五人,从唐初的社会实际出发,参酌隋律,起草法典,制定《武德律》十二篇,五百条,于武德七年颁行天下。此外还编纂了武德令、格、式等。

太宗即位以后,命房玄龄、长孙无忌等修改《武德律》,历经十年(自贞观元年至贞观十一年)完成《贞观律》十二篇,五百条,颁行天下。此外,“定令一千五百四十六条,以为令;又删武德以来敕三千余条为七百条,以为格;又取尚书省列曹及诸寺、监、十六卫计帐以为式”[129]。

高宗时,以武德、贞观两律为基础,由太尉长孙无忌、司空李责力、左仆射于志宁等人制定《永徽律》十二篇,五百条,于永徽二年(651 年)颁行全国。次年(652 年),鉴于“律学未有定疏,每年所举明法,遂无凭准”,下诏“宜广召解律人条义疏奏闻”[130],仍令长孙无忌、李责力、于志宁等人主持。根据“网罗训诰,研覆丘坟”的原则,[131]对《永徽律》逐条逐句进行注解,既阐明律义,揭示源流,又审定理论原则与概念,这种对律文的统一解释,称为“律疏”。律疏经皇帝批准,于永徽四年(653 年)颁行天下。律疏附于律文之后,与律文具有同等效力,“自是断狱者皆引疏分析之”[132]。疏与律合编,统称《永徽律疏》,即后世的《唐律疏议》。律疏的制定,对于统一地适用法律起了重要的作用,也推动了律学的发展。而“律”与“疏”合编的形式,也显示了立法技术的提高,其影响远播海内外。

高宗以后,武则天临朝,编订《垂拱新格》二卷、《垂拱留司格》六卷、《垂拱式》三十卷。据《旧唐书·刑法志》记载:“其律令惟改二十四条,又有不便者,大抵依旧。”

玄宗时命宰相宋璟与李林甫等人修订法律,主要是对《永徽律疏》进行刊正、校核,完成开元律、令、格、式等,并且编纂了一部行政法规汇编——《唐六典》,共三十卷。

综上可见,唐朝法律的主要形式是律、令、格、式。据《唐六典》解释:“凡律以正刑定罪,令以设范立制,格以禁违正邪,式以轨物程事。”《新唐书·刑法志》也有类似的解释:“令者,尊卑贵贱之等数,国家之制度也;格者,百官有司之所

---

[129] 欧阳修、宋祁撰:《新唐书》卷五六《刑法志》,中华书局 1975 年版,第 1407 页。

[130] 刘昫等撰:《旧唐书》卷五十《刑法志》,中华书局 1975 年版,第 2141 页。

[131] 长孙无忌撰:《进律疏表》,载长孙无忌等撰:《唐律疏议》,刘俊文点校,中华书局 1983 年版,第 579 页。

[132] 刘昫等撰:《旧唐书》卷五十《刑法志》,中华书局 1975 年版,第 2141 页。

常行之事也;式者,其所常守之法也。凡邦国之政,必从事于此三者,其有所违及人之为恶而入于罪戾者,一断以律。”根据史书解释,可以看出律基本上是刑事法律,《永徽律》虽基本为刑法典,但诸法合体的架构也含有民事的、行政的、经济的和诉讼的法律条款。唐代虽然是封建盛世王朝,唐代法学也达到了前所未有的高峰,但无论是社会的总体发展,还是刑法理论水平和立法技术,都不可能制定出一部现代意义上的刑法典,其中杂有少量非刑法条款,也是不足为怪的。即便是最后一部封建法典——《大清律例》,也没有超出《唐律疏议》所确立的诸法合体的模式。

“律”之外,“令”是国家组织制度与行政管理活动的法规,涉及“设范立制”与财经制度等诸多方面,范围比较广泛。据《唐六典》记载,开元时期“凡令二十有七”。

“格”是皇帝针对“百官有司之所常行之事”,临时颁发的各种单行敕令,经过汇集编录之后上升为法律,“永为法则”。唐时,遇有重大的特殊事务或案狱,皇帝经常以“制”“敕”权断,但制、敕不得作为法律援引,“若辄引,致罪有出入者,以故失论”[133]。只有经过整理、编订的某些制、敕,才成为“永格”,即正式法规。就“格”的内容而言,除少部分为刑事法规外,均为行政法规,它所调整的事项具体而又广泛,是系统法典的重要补充。由于格是以制、敕为基础的,其效力最高,当格与律发生冲突时,以格为准。从《武德新格》起,直至《开元格》,历代均频繁颁行新格,数量较多,仅开元时期就有格二十四篇。

“式”是国家机关的公文程式和活动细则,具有行政法规的性质。从武德朝起开始编式,至开元时期共有式三十三篇。

2.《唐六典》的制定

开元十年(722年)玄宗下诏,命大臣以《周礼》六典为模式,编修唐代政典,并手书理典、教典、礼典、政典、刑典、事典六条作为纲目,令“以类相从,撰录以进”[134]。但是,负责编纂的徐坚“沉吟岁余”“历年措思,未知所从”[135],此后毋煚、余钦、咸廙、孙季良、韦述等人也参加编撰,他们“检前史职官,以令式分入六司,以今朝六典,象周官之制”。其后又增加数人,“用功艰难,绵历数载”,至开元二十六年(738年)书成,“始奏上,百寮陈贺,迄今行之”[136]。《唐六典》采取

[133] 长孙无忌等撰:《唐律疏议》卷三十《断狱·辄引制敕断罪》,刘俊文点校,中华书局1983年版,第562页。

[134] 陈仲夫:《〈唐六典〉简介》,见李林甫等撰:《唐六典》,陈仲夫点校,中华书局2014年版,第1页。

[135] 刘肃撰:《大唐新语》卷九《著述》,许德楠、李鼎霞点校,中华书局1984年版,第136页。

[136] 刘肃撰:《大唐新语》卷九《著述》,许德楠、李鼎霞点校,中华书局1984年版,第136页。

“以官统典”“以令式入六司,其沿革并入注中”的体例,[137] 由此,“官领其属,事归于职”,使行政法规与行政部门相结合。

《唐六典》以唐代官制为纲目,分卷记述了中央三师、三公、尚书都省,吏、户、礼、兵、刑、工六部,门下、中书、秘书、殿中、内侍五省,御史台及太常、光禄、卫尉、宗正、太仆、大理、鸿胪、司农、太府九寺,国子、少府、军器、将作、都水五监,十六卫,太子东宫府率,诸王公主府邑,地方三府、都督、都护、州、县等行政机构。详述了各官职司、品秩、官员编制、职责范围、行政管理的基本原则、方式和规程,以及各行政机关之间的关系,每一官署、官职的历史沿革。

《唐六典》是以现行的某些令、式为主要内容的,一部官修的行政法规汇编,它的法律效力来自所收录的现行行政法规本身。作为行政法规汇编的《唐六典》,没有必要按立法的一般程序颁布施行,但由于在实践中《唐六典》便于行政机关征引,宪宗时宰相郑曾建议,“于常参官内选学艺优深,理识通明者三五人”“量加删定”(六典),颁布施行。[138]

《唐六典》作为一部官修的行政法规汇编,反映了立法技术的进步和便于征引的价值。正因如此,明清二代才以《唐六典》为历史的基础,制定颁行具有行政法典性质的《明会典》和《清会典》。

总括以上,唐朝武德、贞观、永徽、开元四个时期,都曾经集中地、大规模地修订法律,力图达到“正本澄源,式清流末,永垂宪则,贻范后昆”的目的,[139] 但只有《永徽律疏》和《唐六典》完整地保存至今。现存的《永徽律疏》是我国封建时代最具有代表性的法典。它周密详尽地规定了保护封建国家与社会的各种法律规范,更加切合中国的国情和社情,是中国法律发展史上影响最大的一部法典。《永徽律疏》的产生不是偶然的,它是中国封建社会发展到兴盛阶段的产物,是秦汉以来历代立法与司法经验的总结,同时也是经过长期分裂割据之后,对如何加强中央集权的经验的总结。《永徽律疏》颁行以后,除对律条进行文字上的刊正以外,更多的是根据制敕编撰“格后敕”。例如,开元十七年(729 年),侍中裴光庭、中书令萧嵩“奏令所司删撰《格后长行敕》六卷,颁于天下”[140]。格后敕是将历年所颁发的制敕,“分朋比类,删去前后矛盾及理例重错者”,加以

---

[137] 纪昀总纂:《四库全书总目提要》卷七九《史部三十五 · 职官类 · 唐六典》,河北人民出版社 2000 年版,第 2079 页。

[138] 吕温:《吕衡州文集》卷五《代郑相公请删定施行六典开元礼状》,商务印书馆 1935 年版,第 56 页;董浩等编:《全唐文》卷六二七《代郑相公请删定施行六典开元礼状》,中华书局 1983 年版,第 6327 页。

[139] 刘昫等撰:《旧唐书》卷五十《刑法志》,中华书局 1975 年版,第 2135 页。

[140] 刘昫等撰:《旧唐书》卷五十《刑法志》,中华书局 1975 年版,第 2150 页。

"条流编次"[141]。至开元二十五年(737年),李林甫奏请:"今年五月三十日前敕,不入新格、式者,并望不任行用限。"[142]实际就是以新的格后敕取代开元十七年的《格后长行敕》。

3. 中唐以后的主要立法活动

中唐以后,国势衰微,由于皇权的提高和应变的需要,以编定格后敕为主要立法活动。例如,德宗贞元元年(785年),尚书省进《贞元定格后敕》三十卷,宪宗元和十年(815年),刑部许孟容等奉敕删定《开元格后敕》三十卷,元和十三年(818年),郑余庆等详定《元和格后敕》三十卷,文宗太和七年(833年),刑部进《太和格后敕》五十卷,开成四年(839年),刑部狄兼谟等删定《开成详定格》十卷,宣宗大中五年(851年),刘瑑等奉敕编纂《大中刑法总要格后敕》六十卷,大中七年(853年),张戣撰《大中刑律统类》十二卷。

由于敕是最具有权威性的,某些敕的法律效力和适用范围都超过了律令格式,甚至可以改变律、令、格、式。《宋刑统·断狱律》载长庆三年(823年)十二月二十三日敕节文可以为证:"御史台奏,伏缘后敕,合破前格。自今以后,两司检详文法,一切取向后敕为定。"在中唐以后的法律体系中,敕的比重逐渐超越律、令、格、式。例如,《大中刑法总要格后敕》共六十卷,"起贞观二年六月二十日,至大中五年四月十三日,凡二百二十四年杂敕,都计六百四十六门,二千一百六十五条"[143]。

至大中七年(853年),左卫率府仓曹参军张戣将唐律按类分为一百二十一门,又将"条件相类"的令、格、式及敕附于律文之后,共一千二百五十条,号为"刑律统类"。这种将律、令、格、式与敕混编的"刑律统类",改变了自秦、汉以来修律的传统体例,既便于司法官查阅,更富于应用性,因此,奏上以后,宣宗即诏刑部颁行。《大中刑律统类》是宋时刑统的历史前身。

唐朝后期,"安史之乱"所引起的社会经济、政治形势的重大变化,冲击了既定的法治秩序,而这时的统治者也往往囿于祖宗之法,在思想上趋向于保守,丧失了初唐时期以法治国的魄力与进取精神,而以编敕为主要的法律形式,也正说明了法制原则的松弛。

(三)行政机关组织法与职官法

处在封建经济、政治和文化发展时期的唐朝,有关调整行政管理方面的法

[141] 王溥撰:《唐会要》卷三九《定格令》,上海古籍出版社2006年版,第824页。
[142] 王溥撰:《唐会要》卷三九《定格令》,上海古籍出版社2006年版,第822页。
[143] 刘昫等撰:《旧唐书》卷五十《刑法志》,中华书局1975年版,第2156页。

律规范的详密,是唐以前历朝无法相比的。唐朝的行政法律,以令、格、式为主。据《唐六典》记载,玄宗开元时所定令,共二十七篇,三十卷:一曰官品,分为上下;二曰三师三公台省职员;三曰寺监职员;四曰卫府职员;五曰东宫王府职员;六曰州县镇戍岳渎关津职员;七曰内外命妇职员;八曰祠;九曰户;十曰选举;十一曰考课;十二曰宫卫;十三曰军防;十四曰衣服;十五曰仪制;十六曰卤簿,分为上下;十七曰公式,分为上下;十八曰田;十九曰赋役;二十曰仓库;二十一曰厩牧;二十二曰关市;二十三曰医疾;二十四曰狱官;二十五曰营缮;二十六曰丧葬;二十七曰杂令。共一千五百四十六条。唐令早已散佚,日本学者仁井田陞编撰的《唐令拾遗》一书,复原唐令七百一十五条,相当于原唐令的一半。

"格"源于皇帝所制敕,它所调整的对象是"百官有司之所常行之事也",因此,《唐六典》所载《开元格》二十四篇,"皆以尚书省二十四司为篇名"。具体为吏部、司封、司勋、考功,户部、度支、金部、仓部,礼部、祠部、膳部、主客,兵部、职方、驾部、库部,刑部、都官、比部、司门,工部、屯田、虞部、水部。随着国家行政事务的发展与专制制度的加强,格的编录愈加频繁,见于史书的有武德新格、贞观格、永徽格、垂拱格、神龙格、太极格、开元格、贞元格、元和格、太和格、开成格等。

格基本上是行政法律,只有《刑部格》含有刑事法律规范的内容。例如,"宿宵行道,男女交杂,因此聚会,并宜禁断。其邻保徒一年,里正决杖一百"[144]。

"式"是中央各行政部门制定的有关行政管理的工作章程与办事细则等。据《唐六典》所载,《开元式》三十三篇,以尚书省列曹为篇名,具体为吏部、司封、司勋、考功,户部、度支、金部、仓部,礼部、祠部、膳部、主客,兵部、职方、驾部、库部,刑部、都官、比部、司门,工部、屯田、虞部、水部、秘书、太常、司农、光禄、太仆、太府、少府、监门宿卫与计账。可见,"式"是由朝廷颁行的部门行政规章,所谓百官有司"所常守之法",但在《刑部式》中也含有刑事法律的内容。

综上可见,唐朝的行政法律是相当完备的,除国家机构设置、官员编制、职掌权限、品级俸禄各部门之间的关系,以及对各级官吏的选拔、任用、考课、奖惩、监督和休致等外,还涉及田赋、户籍、赋役、征榷、市籴、库藏、官手工业、官商业、工程兴造、水利、科技、教育、宗教寺院、僧侣管理以及少数民族聚居区的行政管理等诸多方面。其涉猎之广泛、规范之详备、系统之缜密、协调之有法,均为前代所未有。作为行政法规汇编的《唐六典》已经达到初步的行政法典的水

---

〔144〕《神龙散颁刑部格》残卷。转引自刘俊文:《敦煌吐鲁番唐代法制文书考释》,中华书局1989年版,第252页。

准。将国家的政务活动和官吏的管理进一步纳入法治的轨道,对于唐初开明盛世的形成起了重要的作用,其影响不限于东邻各国,也远及西方世界,西方的文官制度便被认为是以唐为渊薮。

1. 定型的专制主义中央集权的管理体制

作为封建社会的行政法,其主要任务是确认中央与地方的行政管理体制,是国家机构的组织法。

在唐朝的国家机构体系中,皇帝居于最高支配地位,总揽全权。皇帝以下,设"三师"(太师、太傅、太保)、"三公"(太尉、司徒、司空),作为顾问军国大事的辅佐。他们的品位虽高,但无实权,也没有官衙和僚属,实际是对某些大臣的荣誉性的赠官。如《唐六典》所说,"三师训导之官也""三公论道之官也""但存其名位耳""皆不视事"。朝廷中行使最高行政权的机关是三省六部。早在隋时已经确立了中书省(隋称内史省)取旨、门下省审核、尚书省执行的三省分权制度。

唐朝以中书省为中枢决策和最高出令机关,中书令为长官,参与军国大事,负责审理尚书省及其他机关的章奏公文,并根据皇帝的指示起草诏令及下行文书,送交门下省审核、副署,付诸施行,所谓"盖以佐天子而执大政者也"〔145〕。中书省所属组织机构,也因职权地位的显要,而有所扩充,中书令以下设中书侍郎、中书舍人、右散骑常侍、右补阙、右拾遗等官职。

门下省为审核驳正中书政令的机关,侍中为长官,地位与中书令相等,有权"参议朝政",并负责审查诏敕,纠正朝政得失和审阅各种下行文书,提出供皇帝裁决的意见,因而起着重要参谋的作用,所谓"佐天子而统大政者也"〔146〕。对于中书省草拟的下行诏令文书,如认为不便施行,可以封驳奏还。封驳制度在某种程度上制约了皇权的行使,以保证皇帝诏旨更能符合国家的利益和需要,因而是加强专制主义统治的一个重要环节。太宗便曾对黄门侍郎王珪说:"国家本置中书、门下以相检察,中书诏敕或有差失,则门下当行驳正。人心所见,互有不同,苟论难往来,务求至当,舍己从人,亦复何伤!比来或护己之短,遂成怨隙,或苟避私怨,知非不正,顺一人之颜情,为兆民之深患,此乃亡国之政也。"〔147〕门下省除侍中外,设门下侍郎、给事中、左散骑常侍、谏议大夫、左补阙、左拾遗等官职。

尚书省为最高行政管理机关,以尚书令为长官。由于唐初秦王(唐太宗)曾任尚书令,其后遂不再实授,而以左右仆射掌管尚书省,以下有左右丞。尚书省

---

〔145〕 李林甫等撰:《唐六典》卷九《中书省》,中华书局1992年版,第273页。

〔146〕 李林甫等撰:《唐六典》卷八《门下省》,中华书局1992年版,第241页。

〔147〕 司马光编著:《资治通鉴》卷一九二《唐纪八》,中华书局1956年版,第6041页。

长官有权参与军国大事,执行中书、门下两省议决的事项。随着国家事务的日益繁杂,尚书省的组织机构显著扩充,形成了完整的系统,成为实现国家职能的最重要机关。太宗曾说:"尚书省,天下纲维,百司所禀,若一事有失,天下必有受其弊者。"[148]

尚书省设吏、户、礼、兵、刑、工六部,每部分辖四司,共二十四司。六部二十四司的行政管理机构和体制,从隋唐确立,迄至明清,一千余年相沿未改,说明这一套机构适应封建国家行政管理的任务与要求,发挥了重要的作用。六部的具体职掌如下:

吏部管理全国文官的任免、升降、考核、赏罚,下辖吏部、司封、司勋、考功四司。

户部管理全国户口、土地、赋税、钱粮、财政收支,下辖户部、度支、金部、仓部四司。

礼部管理全国礼仪、祭祀、科举、学校教育,下辖礼部、祠部、膳部、主客四司。

兵部管理全国武官任免、升降、赏罚、考核与军事行政,下辖兵部、职方、驾部、库部四司。

刑部管理全国司法行政并参与重大案件的审理,下辖刑部、都官、比部、司门四司。

工部管理全国农林水利、工程营建及工匠管理,下辖工部、屯田、虞部、水部四司。

六部设尚书、侍郎为正、副长官,各司设郎中、员外郎为正、副长官,各有执行具体事务的属吏。

战国秦汉以来建立的诸卿(九卿、列卿)制,在六部制确立以后,虽仍保留,但其职权已下降到听从部令的事务官地位。

总括唐三省制度具有以下的特点:

三省职权与分工合作关系进一步制度化、法律化。

唐以前,三省制度虽已形成,但相互间职责不清,组织也不严密,至唐朝,三省职权始有明确的划分。一方面,确认了三省具有共同参议军国大事的权力,是皇帝以下"总百官、治万事"的中枢领导机关;另一方面,也规定了中书出诏令、门下掌封驳、尚书管执行的分工合作关系,以加强国家的行政管理。

三省长官共同行使宰相职权。

---

[148] 刘昫等撰:《旧唐书》卷七十《戴胄传》,中华书局 1975 年版,第 2533 页。

秦汉以来统一的宰相机构划分为三,不仅加强了各自的统治效能,也使宰相之间互相牵制,从而削弱相权,强化君权。在封建的政治史上,君权和相权之间的权力争夺,时紧时弛,是统治集团内部的主要矛盾。

在中书令与门下侍中被确认为正式宰相以后,由于承担的具体任务不同,时有争执,以致文书往来迁延不决,影响了行政效能的发挥,为此产生了中书与门下长官共同议事的制度与办公机构。《文献通考》卷五十《职官考四》有以下记载:"置政事堂,盖以中书出诏令,门下掌封驳,日有争论,纷纭不决,故使两省先于政事堂议定,然后奏闻。"政事堂最初设在门下省,中叶以后,中书令权势日重,遂移至中书省,开元十一年(723年)铸有"中书门下"专印,成为宰相的联合办公机构,由于中书、门下合署办公,因此门下省的审核程序多在共同议事中完成。

唐初,皇帝常因三省长官名位太高,有意识地不予设置,而由副职或其他官员兼理。例如,太宗时,杜淹以吏部尚书参议朝政,魏征以秘书监参议朝政。高宗以后,赋予参加政事堂会议的官员以"同中书门下三品(后改为二品)",或"同中书门下平章事"等职衔,执行宰相职务,有宰相之称,以致唐朝执行宰相职务、有宰相称号的官员,经常四五人,最多时达十余人。这既可以集中官僚们的统治经验,加强国家管理,也可以使其互相牵制,防止宰相专权,更便于皇帝根据需要随时裁撤或调整。

在政事堂议事的众宰相中,由一人主持会议,称为"执政事笔",由他将会议结论整理成诏敕文书,奏请皇帝画敕,发尚书省施行。开元年间,李林甫、杨国忠为相,长期窃据"执笔",专权用事。肃宗继位以后,有鉴于此,于至德二年(757年)令,"宰相分直主政事执笔,每一人知十日"。德宗贞元十年(794年)五月八日,"又分每日一人执笔"[149],并设吏、枢机、兵、户、刑礼五房,"分曹以主众务焉"[150]。由于国家大政方针皆由政事堂出,其地位之显要可想而知。

唐朝宰相权力的分割,还表现为中叶以后翰林学士院的设置。翰林院原设于宫中,由备皇帝顾问的一批文人组成,并不涉及国家政事。高宗时,始设"翰林待招"负责草拟诏敕。开元二十六年(738年),玄宗另设翰林学士院,负责草拟"内命",包括"拜免将相,号令征伐"等机密诏旨,[151]因而有"内相"之称。翰林学士属于皇帝私人秘书性质,人数不固定,由皇帝随意指派。宪宗时,在翰林学士中设"翰林学士承旨"一人,专门负责按帝命起草诏旨,成为翰林学士院的

---

〔149〕王溥撰:《唐会要》卷五一《中书令》,上海古籍出版社2006年版,第1036页。

〔150〕欧阳修、宋祁撰:《新唐书》卷四六《百官志一》,中华书局1975年版,第1180页。

〔151〕欧阳修、宋祁撰:《新唐书》卷四六《百官志一》,中华书局1975年版,第1183~1184页。

主要官员。翰林学士院的设置,以及机要大权向翰林学士院的转移,反映了皇权的加强和宰相权力被分割。

代宗永泰元年(765 年),又设内枢密使,专用宦官,执掌机密章奏,传达诏旨,不仅参预朝政,而且往往兼握兵权,从而为唐朝后期宦官擅权创造了有利条件,也使宰相权力再一次受到凌替。

唐朝中央政府还设有九寺、五监等管理行政事务的机关。九寺为太常、光禄、卫尉、宗正、太仆、大理、鸿胪、司农、太府。九寺来源于秦汉时的九卿,北齐时改卿为寺,隋唐沿用北齐旧制。但随着六部制的确立,九寺在朝廷中的地位已较秦汉时下降,只分管具体事务,所谓"总群官而听曰省,分务而专治曰寺"[152]。九寺以卿和少卿为正副长官。

五监,一为管理有关学校教育事项的国子监。在封建制国家机构中,专设执掌学校教育的机关是从隋朝开始的,隋设国子寺,唐改寺为监,国子监的建立反映了国家对于培养人才的重视。二为管理国家和宫廷手工业生产的少府监。三为管理全国宫殿、宗庙、城郭、官衙等工程修建的将作监。四为管理武器制造的军器监。自汉以来,历代武器的制造统一由少府所属"考工"与"尚方"二机构管辖,至隋唐,为了适应大规模征战的需要,始扩大成独立的领导军事生产的机构。五为管理水利、舟船航运及堤防、桥梁的都水监。九寺五监,虽然在形式上与六部无从属关系,但因其主管的职权范围很难与六部截然分开,实际上成为了尚书省六部的附属机关。

唐朝地方政权沿袭隋制,设州、县二级,玄宗时一度改州为郡,不久仍恢复州制。州设刺史(称郡时设太守),首都及陪都所在之州,一律称府,设府尹。由于州是地方最重要的一级政权,太宗非常重视州刺史的选择,认为"治人之本,莫重刺史"[153]。他把全国刺史的名字记在屏风上,"坐卧恒看",以便于考察政绩,随时黜陟。[154]

州下各县设县令,唐时地方州、县长官及重要属吏,均由中央任免,体现了专制主义中央集权制度的重要发展。同时明确提出了以殊功异行、祥瑞灾荒、户口赋税的增减和盗贼的多少,作为吏部考核地方官吏政绩的标准。

太宗时,为了加强对地方的控制,分全国为十道(后改为十五道)监察区,由皇帝临时派遣巡按使,考察每道州、县官吏。巡按使有时称采访处置使,后改称观察使。此外,还设有营田使、转运使、租庸使等官,负责财政经济事务,"道"遂

---

〔152〕 欧阳修、宋祁撰:《新唐书》卷一八四《杨收传》,中华书局 1975 年版,第 5391 页。
〔153〕 欧阳修、宋祁撰:《新唐书》卷一九七《循吏传》,中华书局 1975 年版,第 5612 页。
〔154〕 吴兢编著:《贞观政要》卷三《择官》,上海古籍出版社 1978 年版,第 89 页。

逐渐演变成高于州的一级政权机关。

为了防止外族侵扰和镇压被征服的西北各族人民,唐初曾在边境诸州划定军区,设置总管,后扩大军区为都督府,总管改称都督,总揽数州军事,僚属与州相仿。都督中有加“大”字衔者,例归亲王遥领,具体事务由属吏长史代行。高宗以后,将带“使持节”衔的都督改称节度使。睿宗时,专设节度使管辖数州军事,不问行政。开元中叶,朔方、陇右、河东、河西诸镇,都设置节度使,由于数州为一镇,州刺史遂成为节度使的下属。而节度使既带京官和御史大夫衔,又多兼按察、安抚、度支等使,得以统管军事、民政、财政和监察,职高任重,所辖机构也日渐庞大。“安史之乱”以后,有功的战将多授节度使职,并遍设于内地,领州多者至十余州,少者亦不下三四州,逐渐发展成握有土地、人民、甲兵、财赋的地方割据势力。

县以下设乡(坊)、里(村)等基层行政组织,“百户为里,五里为乡”“两京及州县郭内,分为坊,郊外为村”[155],可见城乡的行政建制不同,农村以村为单位,城邑以坊为单位。乡有乡长,里有里正,村有村正,并有严密的邻保组织,互相监视。据天宝元年(742年)统计,全国共有一万六千八百二十九乡。[156] 里正与村正(按均田法)负责土地收授,劝课农桑,收纳赋税,摊派兵役、徭役等事项,是临民的基层官吏。至于坊,以长安城居民区与商业区为例,共划分一百一十坊,由坊正掌管坊内事务和坊门锁钥。

唐时,为了加强中央同地方的联系,建立了驿传制度,在各主要交通线上,每隔三十里设一驿。中叶以后,全国共有陆驿一千二百九十七所,水驿二百六十所,水陆相兼的驿八十六所,每驿都有驿舍和驿马。从长安下达的重要诏令,或州有急事上报,都遣使乘驿马。主管机关派出驿使时,斟酌紧要程度,在符契上注明驿程日数,如驿使在途稽留,违限不到,根据误期日数和后果的大小予以处罚。由此可见行政法律的详密和中央与地方联系的加强。

2. 适应官僚政治需要的职官管理法

(1)文官考试制度的确立

据《新唐书·选举志》记载:“唐制,取士之科,多因隋旧,然其大要有三:由学馆者曰生徒,由州县者曰乡贡,皆升于有司而进退之。其科之目有秀才,有明经,有俊士,有进士,有明法,有明字,有明算,有一史,有三史,有开元礼,有道举,有童子。而明经之制,有五经,有三经,有二经,有学究一经。有三礼,有三

---

〔155〕 刘昫等撰:《旧唐书》卷四三《职官志二》,中华书局1975年版,第1825页。

〔156〕 刘昫等撰:《旧唐书》卷九《玄宗纪下》,中华书局1975年版,第229页。

传,有史科。此岁举之常选也,其天子自诏者曰制举,所以待非常之才焉。”可见,唐时科举有常选和制举两种。常选每年进行,参加科举考试的有国子监的生徒和州、县的自行报考者,考取合格后,再由州、县保举参加尚书省礼部主持的“省试”。至于经皇帝特别下诏,考取名士的“制科”,无论日期还是项目都是临时决定,有贤良方正、直言极谏、文词清丽、博通坟典达于教化、军谋宏远等科。考取后可得高官厚禄,是唐朝网罗所谓非常人才的一种手段。但制科出身在当时不被视为正途。例如,张瑰兄弟八人,七人进士出身,一人制科出身,被称为“杂色”。在“常贡之科”中,明经和进士二科最为热门,尤其是进士科成为跻身官场的重要出身,所以考中进士被誉为“登龙门”,当时流行有“三十老明经,五十少进士”的谚语。

唐朝各科考中以后,虽然取得为官的资格,但并不会马上授官,还须再经吏部铨试,合格才授给官职,否则,只能通过给大官当幕僚的途径,然后得到国家正式委任的官职。著名的文学家韩愈,便是在考中进士之后,三次省试未得通过,最后被迫担任节度使的幕僚,才踏进的官场。

吏部铨试包括四方面内容,据《通典·选举三》记载:“择人有四事,一曰身,取其体貌丰伟;二曰言,取其词论辩正;三曰书,取其楷法遒美;四曰判,取其文理优长。四事可取,则乎先德行,德均以才,才均以劳。”另据《古今图书集成》记载:“吏部所试四者之中,则判为尤切。盖临政治民此为第一义,必通晓事情,谙练法律,明辨是非,发隐伏,皆可以此觇之。”[157] 由于吏部考取以后,即正式任用为官,所以通称“释褐试”,即脱去粗布衣,换上官服。

对于六品以下官员也要进行定期考试,根据成绩,再综合该官员的德、才、劳诸因素,予以正式委任,报送中书、门下二省审批,最后由皇帝以制敕裁定。对司法官员的任用,吏部须与刑部尚书共同研究决定,然后注拟。

武则天统治时期,为了扩大政权的阶级基础,极力从中小地主中选拔拥护者,科举制度得到了进一步发展。武则天曾下令下级官吏和一般百姓都可以参加科举,并创立了由她亲自主持的殿试。载初元年(690 年)二月,“策问贡人于洛城殿,数日方了。殿前试人自此始”[158]。此外,还增开了武举科目,考中者由兵部授予武官。唐朝科举考试的内容比较庞杂,但主要的二科——明经试帖经,进士试诗赋和时务策,唐代诗人辈出,未尝不与科举考试诗赋有关。

科举选官的进一步制度化、法律化,是和社会经济、政治的发展分不开的。

---

〔157〕 马瑞临:《文献通考·卷三十七·选举考十》,上海师范大学古籍研究所、华东师范大学古籍研究所点校,中华书局 2011 年版,第 1092 页。

〔158〕 杜佑撰:《通典》卷一五《选举三》,王文锦等点校,中华书局 1988 年版,第 354 页。

实行均田制度以后,地主经济显著发展,中小地主数量激增,他们要求参加政权,以保护和加强自己的经济利益和政治地位。统治者也希望通过科举制度广泛选拔人才,充实国家机构,加强中央集权的力量,为官僚政治注入生气。科举制度的实行,开拓了中小地主参与政权的途径,网罗了一些"寒素"出身的士大夫,如太宗时的马周、孙伏伽、张玄素等人都在朝廷中担任要职,"家代无名"的李义府通过科举官至宰相。

从唐朝起,公卿百官大多以"文章"进身,封建士大夫通过科举参加政权,进一步削弱了门阀士族在政权中的势力,使得考选和任官的权力由中央政府直接掌握,从而在政府和封建士大夫之间结成了一种特殊的联系,并把读书、应试和做官三者连成一气,成为笼络封建士大夫的有效方法。唐太宗一次"私幸端门",看到新科进士缀行而出,大悦,"天下英雄入吾彀中矣"[159]。由于科举应试必须以儒家经义为准则,儒家经典成了做官的敲门砖,这对于维护思想上的专制统治也起了重要的作用。自隋唐起迄清末,一直实行科举选官制度。

实行科举制度,任何人都可以平等应考,求取功名和官职,比起九品中正的士族选官制度确有"民主"的一面。但是,资荫重高的特权人物,依然可以不拘常例地被录取,而普通劳动人民不可能有那么多的金钱和时间去读书、应考。因此,科举制度主要是开扩了士大夫参加政权的途径,调整了统治阶级内部各个阶层之间的权力分配。

为了培养官僚的后备力量,并使科举选官制度得以贯彻实施,唐朝大兴学校,玄宗时将教育法制与学校体制编入《唐六典》中。

与唐代重法治相适应的,科举设"明法"科,属常科之一,其考试内容为律八条、令三条。在国子监中设"律学"为国子六学之一,是专门性质的法律教育机构,与明经、进士二科相比,明法科居于次要地位,这也许是德礼为本、刑罚为用指导思想的反映。

除科举选官外,五品以上的京官和地方刺史以上的长官,均有举荐人才的义务,如"应贡举而不贡举",或"贡举非其人",要受到刑法制裁。对于专业性强的官职,还设定特殊的选官程序,如司法官须由吏部与刑部尚书共同注拟,方可委任。

(2)文官考核的程序与标准

为了提高国家机关的行政效率,使吏称其职,唐朝严格实行考绩,无论考绩的内容还是程序都进一步完备。考核官吏由吏部考功司负责。据《唐六典》记

---

〔159〕 王定保:《唐摭言》卷一《述进士上篇》,上海古籍出版社1978年版,第3页。

载:“考功郎中、员外郎之职,掌内外文武官吏之考课。”[160]但吏部考核只限四品以下官,三品以上由皇帝亲自考核,所谓“进名听内考,非有司所得专”[161]。至于考绩的年限,每年一小考,称为“岁课”,由本司或州县长官主持,每四年一大考,称为“定课”。

唐朝考核官吏的标准相当规范,以流内官为例,实行“四善二十七最”的考课法。所谓“四善”是德义有闻、清慎明著、公平可称、恪勤匪懈。所谓“二十七最”是,献可替否,拾遗补阙,为近侍之最;铨衡人物,擢尽才良,为选司之最;扬清激浊,褒贬必当,为考校之最;决断不滞,与夺合理,为判事之最;推鞫得情,处断平允,为法官之最;访察精审,弹举必当,为纠正之最;赏罚严明,攻战必胜,为将帅之最,等等。经过考课,定出上中下三等九级。例如,四善一最以上为上上;三善一最以上为上中;二善一最以上为上下;无最而有二善为中上;无最而有一善为中中;职事粗理,善最不闻为中下;爱憎任情,处断乖理为下上;背公向私,职务废阙为下中;居官谄诈,贪浊有状为下下。[162]

对于地方州县官的考绩,除“四善二十七最”外,户口的增减、农田的耕垦收获,也是考绩的内容。

至于流外官,则按四等考课:“清谨勤公,勘当明审为上;居官不怠,执事无私为中;不勤其职,数有愆犯为下;背公向私,贪浊有状为下下。”[163]

与考课相联系的是对官吏的奖赏。唐朝为保证官吏的素质,要求“进考之人,皆有定限。苟无其功,不要充数”[164],按唐制,小考赏以加禄,罚以夺禄,大考赏以晋升,罚以降职,重者免官,直至刑罚制裁。如因过失贬官,后政绩突出者,经过考课优异,仍可升迁。《考课令》规定,考在中上以上者可加禄,中中者守本禄,中下以下则“夺禄”。

唐朝考绩不仅有法,而且在相当一段时间内是依法执行的。例如,高宗时滕王元婴为全州刺史,因政绩拙劣被考为下下等。考官徇私“不以实者”,按“贡举非其人”减一等治罪。作为皇帝之尊也常亲自为重臣写考词、定考第,成为名副其实的最高主考官。玄宗便曾为中书令张说写考词如下:“动惟直道,累闻献替之诚,言则不谀,自得谋猷之体。政令必俟其增损,图书又藉其刊削,才望兼著,理合褒升。考中上。”[165]然而,天宝之乱以后,国家衰败,政治混乱,考绩制

---

〔160〕 李林甫等撰:《唐六典》卷二《尚书吏部》,中华书局1992年版,第41页。

〔161〕 欧阳修、宋祁撰:《新唐书》卷一一八《李渤传》,中华书局1975年版,第4281页。

〔162〕 欧阳修、宋祁撰:《新唐书》卷四六《职官志一》,中华书局1975年版,第1189页。

〔163〕 李林甫等撰:《唐六典》卷二《尚书吏部》,中华书局1992年版,第44页。

〔164〕 刘昫等撰:《旧唐书》卷四三《职官志二》,中华书局1975年版,第1824页。

〔165〕 刘昫等撰:《旧唐书》卷九七《张说传》,中华书局1975年版,第3054页。

度也流于形式。

贞观初,“诸职事官,七十听致仕。五品以上上表,六品以下申省奏闻”“年虽少,形容衰老者,亦听致仕”[166],致仕之官,本人先提出申请,称为“乞骸骨”。根据官品的高下,批准的程序也有区别。例如,五品以上官致仕,须直接奏请皇帝批准;六品以下,例由尚书省奏请皇帝批准。对致仕官的待遇,随着经济的繁荣、政治的稳定,呈现提高的趋势,并且开始区分政治待遇和经济待遇。政治待遇方面,贞观二年(628年)规定,文武致仕官仍可以朝参,其班位“宜在本品见任之上”,以示荣誉。三品以上的致仕高官,还可以参加朝朔望。致仕官还乡,由皇帝专给“公乘”送回,表示隆重。天宝三年(744年),太子宾客贺知章告老还乡,玄宗亲自饯行,赋诗惜别,并令六卿百官供帐长安青门,期望官吏致仕蔚成风气。

致仕官的经济待遇方面,宰相有的可得全禄,如房玄龄、宋璟,皇帝特许赐给全禄,五品以上官可得半禄,而且“终其余年”,功勋卓著者,蒙皇帝恩准,也可得全禄。禄为禄米,有时也赐帛和月俸钱。京官六品以下,外官五品以下致仕,各有永业田可以养老。致仕后禄米的领取,无论在原籍,或寄居其他州县,皆由朝廷发出敕书,就地领取。

中唐以后,政治腐败,官吏贪恋禄位,以致致仕制度不能依法施行。白居易在《秦中吟·不致仕》诗中所描写的,正是官场的真实反映,诗中说:“七十而致仕,礼法有明文;何乃贪荣者,斯言如不闻?可怜八九十,齿堕双眸昏。朝露贪名利,阳夕忧子孙,挂冠顾翠缕,悬车惜朱轮。金章腰不胜,伛偻入面君,谁不爱富贵?谁不恋君恩?年高须告老,名遂合退身。少时共嗤消,晚岁多因循,贤者汉二疏,彼独是何人?寂寞东门路,无人继去尘。”

除致仕外,还制定了官吏休假的专法。按《假宁令》,每十天休假一日,为“旬假”;中秋、七夕、重阳、冬至为“节令假”;因病、因事有“事故假”;婚丧嫁娶有“婚丧假”等。各种假日皆有法定期限,不得超假,超者夺俸,在任官连续请假超过百日者,停官。

(3)独立的监察体制的形成

在专制主义中央集权制明显加强的唐代,监察机关也发展为独立的系统,形成了严密的网络,并将整个国家活动纳入监察范围。

中央监察机关为御史台,以御史大夫为长官,御史中丞二人为辅佐,“掌邦

---

[166] 杜佑撰:《通典》卷三三《职官十五》,王文锦等点校,中华书局1988年版,第925页。

国刑宪、典章之政令,以肃正朝列”[167]“掌以刑法典章,纠正百官之罪恶”[168],有权弹劾百官,参与大狱,审察礼仪,尽规献纳,监督府库的出纳,是皇帝“耳目之司”的重要官职。《文献通考》卷五十三《职官考七》说:“自贞观初,以法理天下,尤重宪官,故御史复为雄要。”玄宗在《饬御史刺史县令诏》中也说:“御史执宪,纲纪是司。”[169]睿宗更进一步表示:“彰善瘅恶,激浊扬清,御史之职也。政之理乱,实由此焉。”[170]

御史台以下分设台院、殿院、察院。台院,设治书侍御史六人,执掌纠弹中央百官,参加大理寺审判和推鞫由皇帝制敕交付的案件,以及总判台内杂事。由于侍御史职权极重,在御史中品级最高,受到特殊重视,或由皇帝直接指派,或由宰相、御史大夫商定后由吏部选任。

殿院,设殿中侍御史四人,执掌纠察朝仪,巡视京城内外,监督朝会、巡幸、郊祀活动的礼仪,以维护皇帝的尊严。

察院,设监察御史十五人,其中三人分察六部,所谓“分察尚书六司,纠其过失”[171],称为“部察”,余十二人,巡按州县,监察州县地方官吏。唐朝以“道”为监察区,因此对地方的监察,又称“道察”。道察或由察院临时派出监察御史,具有奉敕特使的性质,或者定期巡视。监察御史在御史台中品级虽低(正八品下),但却可以不预先经过御史台长官,而直接向皇帝奏弹。贞观八年(634年),太宗发布《遣使巡省天下诏》:“宜遣大使,分行四方,申谕朕心,延问疾苦,观风俗之得失,察政刑之苛弊。耆年旧齿,孝悌力田,义夫节妇之家,疾废茕嫠之室,须有旌赏赈赡,听以仓库物赐之。若有鸿材异学,留滞末班,哲人奇士,隐沦屠钓,宜精加搜访,进以殊礼,务尽使乎之旨,俾若朕亲睹焉。”[172]神龙二年(706年)二月又颁敕,选官二十人“分为十道巡察使,二周年一替,以廉按州部。俾其董正群吏,观抚兆人,议狱缓刑,扶危拯滞。若能抗词直笔,不惮权豪,仁恕为怀,黜陟咸当,别加奖擢,优以名器。如脂韦苟全,蘧蒢戚施,高下在心,顾望依附者,将迁削屏弃,肃以宪章”[173]。开元八年(720年)八月,玄宗遣御史大夫王晙等巡按诸道,“巡内有长吏贪扰,狱讼冤抑,暗懦尸禄,苛虐在官,即仰随事

---

[167] 李林甫等撰:《唐六典》卷一三《御史台》,中华书局1992年版,第378页。

[168] 欧阳修、宋祁撰:《新唐书》卷四八《百官志三》,中华书局1975年版,第1230页。

[169] 董浩等编:《全唐文》卷二九《元宗十·饬御史刺史县令诏》,中华书局1983年版,第327页。

[170] 董浩等编:《全唐文》卷一九《睿宗二·简择内外文武官敕》,中华书局1983年版,第223页。

[171] 李林甫等撰:《唐六典》卷一三《御史台》,中华书局1992年版,第382页。

[172] 董浩等编:《全唐文》卷五《太宗二·遣使巡省天下诏》,中华书局1983年版,第64页。

[173] 宋敏求编:《唐大诏令集》卷一〇三《按察上·遣十使巡察风俗制》,商务印书馆1959年版,第525页。

按举所犯状,并推鞫准格断覆讫闻奏。仍便覆囚"[174]。有时针对特别事项,派出御史专察,例如,开元四年(716年)七月遣使分道巡按时,以司法监察为重点。"其天下囚徒,虑有冤滞,宜令大理寺及本巡使,所在按理,流罪已下,非犯名教及官典取受,并听减一等收赎;即使非理均事可疑者并杖以下罪,并宜放免。"[175]太和年间还因天灾粮价昂贵,专令御史巡定诸道米价。

御史出巡,尤其是遣使巡察,其活动在皇帝的直接控制下,所谓"事无巨细得失,皆令访察,回日奏闻,所以明四目,达四聪也"[176],这是出巡御史位卑权重的根源。御史的活动不仅在客观上造成了皇帝关心民瘼的印象,而且也起到了整肃吏治、巩固专制制度的作用。

唐初在艰难缔造法治秩序的过程中,强调百官理政依律,太宗在《纠劾违律行事诏》中严肃指出:"自今以后,官人行事,与律乖违者,仰所司纠劾,具以名闻。"[177]监察御史初按汉代"六条问事"进行纠弹,武则天时尚书侍郎韦方质奉旨修定监察州县的四十八法,所谓"以四十八条察州县"[178],实行十年后,以其烦琐难以执行而中止。玄宗开元年间,制定《六察法》,具体内容为:"察官人善恶;察户口流散,籍账隐没,赋役不均;察农桑不勤,仓库减耗;察妖猾盗贼,不事生业,为私蠹害;察德行孝悌,茂才异等,藏器晦迹,应时行者;察黠吏豪宗兼并纵暴,贫弱冤苦不能自申者。"[179]

《六察法》虽以汉《刺史六条》为宗,但因汉唐历史背景不同而有所发展。开元二十二年(734年)二月十九日,玄宗在《置十道采访使敕》中明确指出:"且十道为率,六察分条。周汉已还,事有因革,帝王之制,义在随时。其天下诸道,宜依旧逐要便置使,令采访处置。若牧宰无政,不能纲理;吏人有犯,所在侵渔,及物土异宜,人情不便;差科赋税,量事取安。朕所责成,贵在简要,其余常务,不可横干。"[180]汉设十三部监察区,以强宗豪右、二千石及其子弟为监察重点,以推行强干弱枝的政策。唐则牧宰与吏人并察,列为六察之首,反映了地方官僚系统的发展以及朝廷对地方官的倚重。汉魏晋以来的强宗豪右和士家大族,

---

〔174〕 宋敏求编:《唐大诏令集》卷一〇四《按察下·遣御史大夫王晙等巡按诸道制》,商务印书馆1959年版,第532页。

〔175〕 董浩等编:《全唐文》卷二五三《苏颋四·遣王志愔等各巡察本管内制》,中华书局1983年版,第2561页。

〔176〕 刘昫等撰:《旧唐书》卷一二八《颜真卿传》,中华书局1975年版,第3593页。

〔177〕 宋敏求编:《唐大诏令集》卷八二《刑法·纠劾违律行事诏》,中华书局1983年版,第470页。

〔178〕 欧阳修、宋祁撰:《新唐书》卷四八《百官志三》,中华书局1975年版,第1232页。

〔179〕 欧阳修、宋祁撰:《新唐书》卷四八《百官志三》,中华书局1975年版,第1237页。

〔180〕 宋敏求编:《唐大诏令集》卷一〇〇《官制上·置十道采访使敕》,商务印书馆1959年版,第509页。

经过隋末农民大起义的沉重打击,已经急遽没落,不再是中央集权的主要威胁,因此,列于六察之末。

唐朝作为封建盛世,归根结底是以均田制为基础的农业发展的结果,因此,对地方官吏的经济监察,诸如户口、籍账、赋役、农桑、仓库占有很大的比重。

此外,唐朝实行科举选官制度,取代了自汉以来的察举、征辟,因此,地方官选署不平不在监察之列,而改为不使"应时行用"者埋没民间。

《六察法》不仅涉及官吏的治绩,也兼顾官吏的品德、学识、才能,从而展示了唐代充当文官的基本条件。

由于《六察法》的对象、要求、范围、处理方式均有具体规定,使出巡御史有章可循,同时也是对位卑权重的御史的一种约束,防止其滥用监察权。贞元十年(794年)四月敕中,便严令出巡御史"宜令自今以后,据《六典》合举之事,所司有隐蔽者,即具状奏闻。其余常务,不须更闻"[181]。出使御史如"非充按察覆囚,不得辄差判官",更不许作威作福,以致"州县祗迎,相望道路,牧宰祗候,僮仆不若"[182]。

为了防止御史"风闻弹人"所造成的消极后果,中宗时曾下诏,"每弹人,必先进内状,许乃可"[183],以后遂成为定制。同时,也严防监察官结成朋党,贞元元年(785年)三月,宰相召谏官、御史宣谕上旨:"自今上封弹劾,宜人自陈论,不得群署章奏,若涉朋党。"[184]大中元年(847年)四月,御史台鉴于诣"台"告诉民事纠纷的增多,特别奏准,未经本司论理的案件,不得径赴御史台告诉,以确保御史台发挥"临制百官,纠绳不法"的主要职能,避免越权限。其文如下:"伏以御史台临制百司,纠绳不法,若事简则风宪自肃,事烦则纲纪转轻。至如婚田两竞,息利交关,凡所陈论,皆合先陈府县,如属诸军诸使,亦合于本司披论。近日多便诣台论诉,烦亵既甚,为弊颇深。自今已后,伏请应有论理公私债负及婚田两竞,且令于本司、本州府论理,不得即诣台论诉。如有先进状,及接宰相下状送到台司勘当审知,先未经本司论理者,亦且请送本司;如已经本司论理不平,即任经台司论诉。台司推勘冤屈不虚,其本司本州元推官典,并请追赴台推勘,量事情轻重科断。本推官若罪轻,即罚直书下考;稍重,即停任贬降。以此惩责,庶免旷官。"[185]

---

〔181〕 王溥撰:《唐会要》卷六〇《殿中侍御史》,上海古籍出版社2006年版,第1241页。

〔182〕 王溥撰:《唐会要》卷六二《出使》,上海古籍出版社2006年版,第1277页。

〔183〕 刘餗:《隋唐嘉话》(下),程毅中点校,中华书局1979年版,第44页。

〔184〕 王溥撰:《唐会要》卷六一《弹劾》,上海古籍出版社2006年版,第1262页。

〔185〕 王溥撰:《唐会要》卷六〇《御史台》,上海古籍出版社2006年版,第1231~1232页。

唐朝的监察官“位卑权重”，虽不过八品，不及县令，但上可以纠百司长官，下可以察地方大员。“位卑”便于皇帝控制，“权重”源于皇帝倚重，因此监察官职能的发挥也同皇帝个人的品德密切相关。贞观年间，侍御史柳范奏弹吴王恪游猎，践踏田禾，太宗因对侍臣说：“权万纪事我儿，不能匡正，其罪合死。”[186]

唐初，统治者吸取隋亡的教训，注意纳谏，尤其是太宗树立了封建帝王纳谏的典范，这是他取得成就的重要原因。与此相联系的是扩大了谏官机构，有左右散骑常侍、左右谏议大夫、左右补阙、左右拾遗等谏官，分属中书、门下两省。谏官的主要职责是研究国家的政策、法令，以及某些重大措施和制度，如认为不妥，有权向皇帝规谏。这种规谏既无损于皇权的行使，又有裨益于国家统治，因此得到倡导。太宗晚年颁发《令群臣直言诏》表示：“朕登摄宇内，字育黔黎，恐一德之或亏，惧小瑕之有累……昔惟魏征，每显余过。自其逝也，虽过莫彰……自斯以后，各悉乃诚，若有是非，直言无隐。”[187]开元十二年(724年)四月敕中明示：“自今以后，谏官所献封事，不限旦晚，任封状进来，所由门司不得有停滞。如须侧门论事，亦任随状面奏，即便令引对。如有除拜不称于职，诏令不便于时，法禁乖宜，刑赏未当，征求无节，冤抑在人，并极论失，无所回避，以称朕意。”[188]此后，历朝均有类似的敕令发布，如乾元二年(759年)四月敕：“两省谏官十日一上封事，直论得失，无假文言，冀成殿最，用存沮劝。”[189]广德二年(764年)九月二十一日敕：“令(谏官)每月一上封事，指陈时政得失。”[190]永泰元年(765年)正月二十三日敕：“谏官奏事，不须限官品次第，于每月奏事官数内听一人奏对。”[191]大历十二年(777年)四月十二日敕：“自今以后谏官所献封事，不限早晚，任封状以进。”[192]

谏官对于纠正皇帝违失确实起过一定的作用。例如，永徽二年(651年)九月一日，左武侯引驾卢文操盗左藏库物，高宗命有司处死，“谏议大夫萧钧谏曰：‘文操所犯，情实难原，然准诸常法，罪未至死。今致之极刑，将恐天下闻之，必谓陛下轻法律，贱人命，任喜怒，贵财物。臣之所职，以谏为名，愚臣所怀，不敢不奏。’上纳之，谓钧曰：‘卿职在司谏，遂能尽规，特为卿免其死。’顾侍臣曰：

---

[186] 马端临：《文献通考》卷五三《职官考七》，上海师范大学古籍研究所、华东师范大学古籍研究所点校，中华书局2011年版，第1564页。

[187] 宋敏求编：《唐大诏令集》卷一〇五《求直言·令群臣直言诏》，商务印书馆1959年版，第536页。

[188] 王溥撰：《唐会要》卷五五《谏议大夫》，上海古籍出版社2006年版，第1116页。

[189] 王溥撰：《唐会要》卷五五《谏议大夫》，上海古籍出版社2006年版，第1113页。

[190] 王溥撰：《唐会要》卷五六《左右补阙拾遗》，上海古籍出版社2006年版，第1139页。

[191] 王溥撰：《唐会要》卷五六《左右补阙拾遗》，上海古籍出版社2006年版，第1139页。

[192] 王溥撰：《唐会要》卷五六《左右补阙拾遗》，上海古籍出版社2006年版，第1139页。

'真谏议也。'"[193]

由于御史和谏官发挥着封建国家自我补救的作用,对其素质要求非常严格。"先正其身,始可行事。当须举直错枉,不避亲仇。纠慝绳违,务从公正。如闻愆过,阴自鼓动,不即弹射,自树恩私,曾无忌惮,仍有请托,将何以寄之鹰隼,用屏豺狼!如此当官,深负所委,自今以后,不得更然。"[194]

综上所述,唐朝扩大了监察机关组织,赋予御史以广泛的监察权,充实了监察立法,使监察机关的活动有章可循,以确保监察权的正确行使,发挥肃正纲纪与吏治的作用。监察活动的法律化是封建行政管理不断完善的一个重要标志。

(四)定型化的刑事法律

著名的《唐律疏议》虽然沿袭诸法合体的编纂体例,但就其基本性质而言,实为一部具有代表性的刑法典。在《唐律疏议》中,"十恶""八议"正式入律,"七杀""六赃"之法也已定型。而法定五刑的规定,其影响至为深远。在唐律十二篇中,《名例律》可以说是律文的总则,是刑法基本原则的集中体现。如同《唐律疏议》所解释,"名者,五刑之罪名,例者,五刑之体例"。

见于《唐律疏议》的主要罪名如下:

十恶,"十恶"源于《北齐律》中的十大重罪,至隋唐始正式定为"十恶",是最严重的犯罪。"十恶"为,谋反,图谋推翻国家统治;谋大逆,图谋毁坏宗庙山陵和宫阙;谋叛,图谋叛国;恶逆,殴打和谋杀祖父母、父母、伯、叔、姑,及夫之祖父母、父母等尊亲属;不道,杀一家非死罪者三人及支解人;大不敬,盗大祀神御物及皇帝御用舆服器物,或制造御用药品不如本方、饮食误犯食禁,或指斥乘舆及对皇帝的制使无人臣之礼等;不孝,控告或诅骂祖父母、父母,祖父母、父母在别籍异财或供养有缺,诈称祖父母、父母死,或闻祖父母、父母丧匿不举哀,或于祖父母、父母丧期嫁娶作乐等;不睦,谋杀及卖缌麻以上亲属,殴打或控告丈夫及大功以上尊长、小功尊属;不义,长官杀所属府主、刺史、县令,或属吏与士卒杀本主管五品以上官长,或杀现受业师及闻夫丧不举哀并作乐改嫁等;内乱,强奸小功以上亲属及父、祖妾,或与父、祖妾通奸等。

"十恶"之所以被列为最严重的犯罪,在于它直接危及了国家的统治与至尊无上的皇权,触犯了纲常名教和贵贱尊卑秩序。如同《疏议》所说:"五刑之中,十恶尤切。亏损名教,毁裂冠冕,特标篇首,以为明诫。"由于"十恶"是"常赦所

---

[193] 王溥撰:《唐会要》卷五五《谏议大夫》,上海古籍出版社2006年版,第1115页。

[194] 宋敏求编:《唐大诏令集》卷一〇〇《官制上·诫饬御史制》,商务印书馆1959年版,第506~507页。

不原"的大罪,凡有犯者,或死或流或徒,流罪以上不得请议、收赎。"十恶"之中,尤以谋反、谋大逆和谋叛最为严重。按唐律,谋反或谋大逆,无论主犯、从犯皆斩,其父及子年十六以上皆绞,十五以下及母、女、妻、妾(子妻、妾亦同)、祖孙、兄弟、姊妹、部曲、资财、田宅,一并没官,伯叔父及兄弟之子也流三千里,可见其株连之广。至于祖孙、叔伯、兄弟及妇女和十五岁以下儿童之所以免于死刑,是惟恐杀戮过多,激起更强烈的反抗。同时,统治者从经验中也体察到儿童和妇女的社会危险性不大,因而网开一面。但是,免于诛杀的一个重要前提是他们没有直接参加谋反或谋大逆的活动,否则一并处死。在唐律中,牵连亲族处刑的只有谋反和谋大逆,从而凸显出唐律镇压的锋芒所向。不仅如此,谋反罪即使"词理不能动众,威力不足率人",首从也一律处斩,父子母女妻妾并流三千里。甚至"口陈欲反之言,心无真实之计,而无状可寻者",也要流二千里,实际是惩罚思想。对谋反、谋大逆罪,卑幼控告尊长无罪。相反,知谋反、谋大逆而不告密者,处绞刑。

对于谋叛罪,本人或绞或斩,妻、子流二千里,若率部众百人以上,父、母、妻、子并流三千里,知谋叛而不告者亦流二千里。《疏议》对此的解释是,"谋危社稷,始兴狂计,其事未行,将而必诛,即同真反",也就是说,谋而未遂,罪仍成立。按唐律"谋"系指二人以上合谋而言,但谋反罪"若事已彰明,虽一人同二人法",显然已超出唐律所确认的刑法原则,而在实践中对谋反罪的镇压往往不受法律规定的约束。例如,唐末,庞勋率领桂林戍卒起义时,不仅起义军上万人被杀,而且"悉捕戍桂州者亲族,斩之,死者数千人"[195]。

由于加强皇权是加强专制主义中央集权制度的核心,"十恶"的规定体现了对于皇权"神圣威严"的维护。《疏议》明确宣称皇帝是"奉上天之宝命""作兆庶的父母",是集君权、神权、父权于一身的至尊,因此,凡对皇帝有"逆心",即属"规反天常,悖逆人理"的大罪。其他如亵渎皇帝尊严、危害其人身安全的大不敬罪,涉及的范围极其广泛,凡盗皇帝舆服用物,盗及伪造皇帝印玺,为皇帝配药未按原方,做饭犯食禁,造乘船不牢固,以及发言诽谤朝廷,对抗皇帝委派的特使等均是大不敬罪,凡有犯者,或死或流。此外,在《卫禁律》《职制律》中也有维护皇权专制统治的一系列条款。

由于尊卑伦常关系是封建统治秩序的具体体现,是父权、夫权、族权借以矗立的社会基础,因此,唐律对其严格加以维护,在"十恶"中属于惩治危害齐家尊礼的占了一半。凡以卑犯尊、子孙供养有缺,或父母在别籍异财、居父母丧作乐

---

〔195〕 司马光编著:《资治通鉴》卷二五一《唐纪六十七》,中华书局1956年版,第8148~8149页。

嫁娶、殴骂或控告尊亲属等,便构成了“恶逆”“不孝”“不睦”罪,要受到严刑制裁。以违礼为刑事责任的依据,并依尊卑而同罪异罚,是中华法系的特点之一。

七杀,所谓“七杀”即谋杀、故杀、斗杀、误杀、过失杀、戏杀、劫杀。关于谋杀,《唐律》规定:“诸谋杀人者徒三年;已伤者,绞;已杀者,斩。从而加功者,绞;不加功者,流三千里。造意者,虽不行仍为首。”〔196〕按《疏议》解释,“谋杀人者,谓二人以上”,因而需要区分首从,造意者“其计已成,身虽不行,仍为首罪,合斩”。由于谋杀是伙同预谋杀人,情节严重,社会危险性大,因而列于“七杀”之首。谋杀未遂,一般按杀人罪减等处刑,但奴婢谋杀主、子孙谋杀尊亲,均处死刑,以体现对纲常名教的维护。故杀,按《疏议》解释,“斗而用刃,即有害心;及非因斗争、无事而杀,是名故杀”,一般处以斩刑,但主人故杀奴婢,只徒一年。误杀与斗杀,减杀人罪一等处刑。戏杀,减斗杀罪二等处刑。过失杀,一般以赎论,但部曲、奴婢即使过失杀主者,亦处绞刑。劫杀,指劫囚杀人,皆斩。“七杀”之法的出现,是封建刑法理论的重大发展,它概括了杀人罪的各方面情节,综合考察动机和效果,以确定量刑的幅度,打击危害性最大的犯罪。

所谓“六赃”即强盗、窃盗、枉法、不枉法、受所监临及坐赃。根据《疏议》解释,“以威若力而取其财者”为强盗。对于强盗罪的处刑极为严厉,即使不得财,也徒二年,得一尺者徒三年,十匹及伤人者绞,杀人者斩。如持武器,虽不得财,也流三千里,得五匹即绞,伤人则斩。凡在州、县、乡、里境内,有一人为盗或容留盗者,里正笞五十,三人加一等,州、县官亦视具体情况处笞刑或徒二年。由于奴婢是主人的私有财产,略卖、和诱奴婢同侵犯其他财产一样,均按强盗论罪。在强盗罪中,如系共谋则不分首从;如首谋者临时不行,而行者又未进行强盗活动,则分别首从科刑。

至于窃盗,《疏议》解释为“潜身隐面而取”。窃盗虽不得财,笞五十,得布一尺杖六十,一匹加一等,五匹徒一年,五十匹加役流。如盗皇帝御宝,处绞刑。盗大祀神御物,以亵渎神权,列为“十恶”,犯者流二千五百里。盗毁天尊像或佛像,徒三年。其他如盗“乘舆服御物”、盗宫殿门符、盗禁兵器等,处流刑二千里至二千五百里。盗园陵草木,盗官、私牛马而杀之者,处徒刑。如夜无故入人家者,笞四十,家主发觉后,立时杀死勿论。官吏监守自盗、唆人为盗、行盗过失杀伤人,加重科刑。亲属间相盗,或盗己家财物者,减轻科刑。对于和诱奴婢、故纵官奴婢逃亡、监临主守私贷官物、隐匿课税等行为,均按窃盗罪论处。中唐以

---

〔196〕 长孙无忌等撰:《唐律疏议》卷一七《贼盗·谋杀人》,刘俊文点校,中华书局1983年版,第329页。

后,随着阶级矛盾的尖锐化,加重了对窃盗罪的处刑,“窃盗计赃至钱一贯以上,处极法”,甚至“百钱以下毙踣”[197]。

至于贪赃枉法,官吏贪赃是封建官僚制度的必然属性,因而也是普遍的现象。官吏无限制的贪掠,是激起农民起义的重要原因之一,因此,唐初以严法惩治贪官污吏,监临主司如受财枉法,一尺杖一百,一匹加一等,十五匹则绞。受财而尚未枉法者,一尺杖九十,二匹加一等,三十匹加役流。此外,官吏收受其管辖区居民的财物、猪羊供馈,或役使其所辖区居民,或向其借贷财物、奴婢牛马等,都以贪污论罪,可见规范之细、惩罚之严。贞观时期,太宗“深恶官吏贪浊,有枉法受财者,必无赦免。在京流外有犯赃者,皆遣执奏,随其所犯,置以重法”[198]。但贞观以后,惩贪之法日渐松弛,尤其是对大官僚贵族的贪敛受贿,多方为之开脱。玄宗时,武疆令裴景仙贪赃绢五千匹,罪当死,但“以其祖父(裴寂)昔预经纶、佐命有功”而得减罪。[199]

至于坐赃,按《疏议》解释:“谓非监临主司,因事受财,而罪由此赃,故名‘坐赃致罪’。犯者,一尺笞二十,一疋加一等;十疋徒一年,十疋加一等,罪止徒三年。”

此外,唐朝统治者吸取了隋末大肆兴建激起民变的教训,严禁擅自兴造,根据《唐律·擅兴律》规定,凡有重大兴造,如修城、筑堤,必须上报尚书省,无法令明文而擅自兴造及征发徭役者,十庸以上以贪污罪论。工程兴造所耗财物、人力申报不实者,笞五十,严重者以贪污罪减一等论。征发丁夫不按差遣之法,或私自役使丁夫杂匠,或被差充丁夫杂匠而稽留不赴者,均处刑罚。

唐朝由于实行均田制和租庸调法,因此严格加强了户籍管理,对于脱漏户籍将严格治罪。按《疏议》解释,余户不附为脱,隐口不附为漏,如脱漏户籍,家长徒三年,脱口及虚报年龄以逃避课役者,徒一年至三年刑,里正和州县长官也依所辖地区脱漏户口的多少,处笞刑或徒刑。如里正妄自脱漏谋取私利者,以枉法论,处徒、流,直至加役流刑。

唐朝的刑制删除了历代沿用的酷刑条文,以笞、杖、徒、流、死五种刑为法定刑,这是中国古代刑制的重大变化,反映了社会的发展和法制文明的进步。

笞刑,分五等,由十至五十,每等加十。据《疏议》解释,“笞者,击也,又训为耻。言人有小愆,法须惩诫,故加捶挞以耻之。汉时笞刑用竹,今时则用楚”。笞刑的受刑部位是腿与臀,笞是五刑中最轻的一种。

杖刑,分五等,由六十至一百,每等加十。据《疏议》解释:“杖者持也,而可

〔197〕 王溥撰:《唐会要》卷三九《议刑轻重》,上海古籍出版社 2006 年版,第 834、835 页。
〔198〕 吴兢编著:《贞观政要》卷一《政体》,上海古籍出版社 1978 年版,第 24 页。
〔199〕 刘昫等撰:《旧唐书》卷一百《李朝隐传》,中华书局 1975 年版,第 3127 页。

以击人者钦。”杖刑用三尺五寸长的竹杖(又叫法杖),击打受刑人的背部、臀部与腿部。

徒刑,分五等,由一年至三年,每等加半年。据《疏议》解释,“徒者,奴也,盖奴辱之”,是自由刑与奴役刑的结合。犯人须带钳或枷劳动,如在京师则送至将作监,妇女送至少府监。在地方则送至官手工业作坊,或服杂役。

流刑,分三等,由二千里至三千里,每等加五百里。据《疏议》解释,“谓不忍刑杀,宥之于远也”。流刑里数虽分三等,但均劳动一年,谓之“常流”,其后增加“役流”,强迫犯人劳动三年。

死刑,分二等,绞、斩。

就唐刑制中的主刑而言,一罪一刑,与秦汉时期一罪多刑有所不同。对于刑罚的加减也有严格的规定,如“加者数满乃坐”“不得加至于死”“加入绞者不加至斩”。此外,除“十恶”大罪,自笞十以至死刑都允许以钱赎免,赎金为铜一斤至一百二十斤不等。由此可见,五刑的锋芒所向是贫苦无告的劳动人民。

唐律中虽然删除了一些酷刑,但杖刑仍畸重,经常杖数未满而人已死亡,“虽非死刑,大半殒毙”[200]。中唐以后,随着阶级斗争的逐渐尖锐化,腰斩、枭首、夷三族等非法定刑不时出现,至唐末,甚至犯罪者的家属也经常“无问亲疏皆死,孩稚无遗”。这说明唐初实行的“轻刑慎罚”,只是在特定的条件下采取的措施,不可能长久维持,更没有改变封建刑罚的本质。

唐律中的刑法适用原则也进一步规范化,特别是详定对特权者减免刑罚的议、请、减、赎之法。

“八议”为:议亲,即皇亲;议故,皇帝的故旧;议贤,有大德行;议能,有大才干;议功,有大功勋;议贵,三品以上职事官及有一品爵者;议勤,为国家服务勤劳;议宾,前朝贵族等。凡属“八议”范围以内的贵族官僚,除“十恶”外,流罪以下减一等,死罪则根据其身份和犯罪情节由官吏集议减罪,报请皇帝批准。“八议”之制源于《周礼》,《疏议》说,“今之‘八议’,周之‘八辟’也。礼云:‘刑不上大夫’,犯法则在八议,轻重不在刑书也。其应议之人,或分液天潢,或宿侍旒扆,或多才多艺,或立事立功,简在帝心,勋书王府。若犯死罪,议定奏裁,皆须取决宸衷,曹司不敢与夺。此谓重亲贤,敦故旧,尊宾贵,尚功能也”,但“其犯十恶者,不用此律”。表明当“八议”与国家利益冲突时,则服从国家利益。除“八议”外,《唐律》中还有“请”“减”“赎”“官当”“免官”等减免贵族官吏及其亲属刑罚的规定。

---

[200] 宋敏求编:《唐大诏令集》卷八二《刑法·减抵罪人决杖法诏》,商务印书馆1959年版,第474页。

请,适用于皇太子妃大功以上亲,应议者期以上亲及孙,以及五品以上官。犯流罪以下可减一等,死罪须上请皇帝裁定。由于适用于"请"的身份低于"八议",所以适用的范围较为狭窄,"其犯十恶,反逆缘坐,杀人,监守内奸、盗、略人,受财枉法者,不用此律"。

减,适用于七品以上官及应请者的亲属,流罪以下可减一等。

赎,适用于九品以上官及七品以上官的亲属。流罪以下可以钱赎罪,事实上死罪亦可收赎。在《唐律》中明确规定了各种刑罚的赎金定额,如笞刑五十赎铜五斤,杖刑一百赎铜十斤,徒刑三年赎铜六十斤,死刑赎铜一百二十斤。赎刑的法律化为有产者免于刑罚制裁大开方便之门。

官当,适用于一般官吏,即以其官品的等级抵罪。例如,五品以上官,一官可抵"私罪"徒刑二年,"公罪"徒刑三年。九品以上官,一官可抵"私罪"徒刑一年,"公罪"徒刑二年。如有兼官,则先以高者抵罪,再以低者抵罪。如罪小官大,抵罪以后留官收赎,如罪大官小,则余罪收赎。凡因"官当"去官者,一年后仍可降原官一等任用。由此可见,一般官吏虽不能享受"议""请"的优待,却可以用官品抵罪,减免刑罚处分。

免官,可以"比徒二年;免所居官者(现职),比徒一年",但"流外官不用此律"。凡因罪免所居官者,一年后,降原级一等叙用。清人薛允升在《唐明律合编》一书中指出:"其(唐律)优礼臣下,可谓无微不至矣。"

从"八议"到"免官"的一系列规定,充分显示了唐律保护贵族、官僚的特权性。

划分公罪、私罪。早在秦律中,已有"公罪"和"私罪"的初步划分。《唐律》则明确规定,公罪即官吏"缘公事致罪,而无私曲者"。私罪即官吏"不缘公事,私自犯者",或"虽缘公事,意涉阿曲……受请枉法……屈法申情"。由于私罪一般是官吏以权谋私的故意行为所造成的,故处刑从重。但无论公罪、私罪都允许"官当"抵罪。区分公罪、私罪的目的在于,严格官吏职守,加强对赃官的打击,维护国家利益。

自首减罪。《唐律》规定,犯罪未发而能自首者,免除其罪。轻罪虽发,但能自首重罪,则免除重罪。"因问所劾之事而言余罪者",其别言之罪,亦按自首处理,并且允许委托他人代为自首,已知他人控告而自首者,可减罪二等。但如自首不实或不尽者,依其不实、不尽情节处以刑罚。除向官府自首外,也可以向受害人自首,如"诸盗、诈取人财,而于财主首露者,与经官司自首同"。为了分化瓦解集团犯罪,还规定轻罪能捕重罪并自首者,免罪。但"犯盗已发""故杀伤"等罪,不符合自首的要件。从《唐律》关于自首免罪或减罪的规定中,可以看出其力图把刑罚的锋芒对准首恶,缩小打击面,以稳定社会秩序。

区分共犯、首犯、从犯与累犯。《唐律》规定,在共同犯罪中,根据各人的具体罪行,分别以主从处刑。共同犯罪以造意者,亦即主谋者为首犯,处重刑,随从者为从犯,减轻一等。对于斗殴之类的共犯,以下手重者为重罪,如分不清轻重,则以谋首为重罪。若家人共犯,只坐尊长。但谋反、谋大逆等重大犯罪,则不分主从,一律治罪。对于累犯则加重处刑。《疏议》解释说,"前后三入科刑",实为"怙终其事",必须"峻之以法,用惩其罪"。例如,强盗罪"前后三犯徒者,流两千里;三犯流者,绞"。

老幼废疾减刑。凡年在七十以上十五以下,及废疾(痴哑、腰脊折、一肢废等),流罪以下,可以赎罪,但加役流、反逆缘坐流、会赦犯流者除外。八十以上十岁以下,及笃疾(恶疾、两肢废、两目盲等),犯死罪可以上请减免,一般盗或伤人可以赎罪,余皆勿论。九十以上七岁以下,虽有死罪不加刑。犯罪时未老、疾,事发时已老、疾者,依老、疾处理。犯罪时幼小,事发时已长大,依幼小处理。实际经验证明,这一类人对于社会的危险性不大,从宽处理,不仅不会影响到国家与社会的稳定,而且还可以借此渲染恤刑与统治者的仁慈。

允许同居相隐。早在《汉律》中已有了"亲亲得相首匿"的原则,《唐律》作了进一步规定:"诸同居,若大功以上亲,及外祖父母、外孙、若孙之妇、夫之兄弟及兄弟妻有罪相为隐,部曲、奴婢为主隐,皆勿论……其小功以下相隐,减凡人三等。若犯谋叛以上者,不用此律。"由此可见,凡属四世亲族可以相互为隐,仅大功以上与小功以下略有区别,此外,部曲、奴婢也可以为主隐,但无论亲族或主奴间的隐罪,都限于一般犯罪。对于直接危及国家统治的重大犯罪,不仅禁止互相隐罪,而且允许子孙控告祖父母、父母,奴婢控告主人。

并合论罪从重。《唐律》规定,"二罪以上俱发,以重者论,屡发而重者,合并论罪"。如一罪先发并已作出判决,而后又发现余罪,如罪刑相等,维持原判,不等,则从重罪更行改判,以加强对严重犯罪的打击。

类推适用。凡"断罪无正条,其应出罪者,则举重以明轻,其应入罪者,则举轻以明重",而且《唐律》明确规定:"犯状既多,故通比附。"类推原则的适用,取决于司法官的法律意识和利益追求。为了防止滥用类推,《唐律》特别规定"诸制敕断罪临时处分不为永格者,不得引为后比。若辄引致罪有出入者,以故失论"。但是,转相比况的结果使得法网更加严密。

化外人相犯。由于唐朝同周围许多国家有频繁的贸易关系,当时居住和往来中国经商的天竺、波斯、中亚、南洋及犹太人,大约十余万人。为了调整在贸易或相互间发生的纠纷,《唐律》规定:"诸化外人同类自相犯者,各依本俗法,异类相犯者,以法律论。"所谓化外人,《疏议》解释为"蕃夷之国"之人,这种口吻反映了唐统治者以天朝大国自居的立场。《唐律》规定,凡属同一国的外国人之间的诉讼,依其本国法律处理,不同国人之间的诉讼(包括同中国人的诉讼),根据《唐律》加以裁判,这个原则既尊重外国人所属国家的法律,又从审判的角度维护了独立的司法权。直至清朝均沿用此原则。

总括上述,唐律不仅对各种犯罪规定了明确的刑罚处分,还表现了对于预防犯罪的重视。譬如,《贼盗律·杀人移乡》规定:“诸杀人应死会赦免者,移乡千里外。”《疏议》解释说:“杀人应死,会赦免罪,而死家有期以上亲者,移乡千里外为户。”目的是防止被害人亲属进行报复,实际是由社会承担了预防犯罪的责任。由于律文有限,不可能包罗所有的犯罪,因此在《杂律》的最后一条规定:“诸不应得为而为之者(法律虽无明文规定,但却属不应做之事),笞四十。事理重者,杖八十。”这条规定便于官府用来惩治发生于法律明文规定以外的犯罪行为。

(五)趋于复杂化的民事法律

唐朝虽然法制发达,但在重公权、轻私权的影响下,并没有改变重刑轻民的倾向,以致刑法虽然已臻成熟和定型,而民法却仍然散见于律、令、格、敕当中。在实际生活中,习惯仍起着重要的民事调整作用,这从一些出土的文书中可以窥见一斑。但是,唐代封建商品经济的发展与财产关系的复杂化,毕竟为民事法律的发展提供了一个可靠的基础。因此,从中国民事法律发展的全过程来看,唐代民法也已进入了一个新的阶段。

1. 民事权利能力与行为能力

在权利与义务关系缺乏法律上的“私人平等”的唐代,民事权利主体的权利能力和行为能力,依人的身份不同而有很大的差异。贵族、官僚是血统高贵的特权者,和“牧民”“临民”的集团,他们享有国家所赋予的一系列法定特权,民事权利只是其中的次要部分。唐律称平民为“良人”或“凡人”,主要是士、农、工、商之人。《唐六典·户部郎中员外郎》规定:“辨天下之四人,使各专其业。凡习学文武者为士,肆力耕桑者为农,巧作器用者为工,屠沽兴贩者为商。工商之家不得预于士;食禄之人,不得夺下人之利。”可见,士的地位最高,一旦进入仕途,即可根据品级享有法定特权,是享有完全民事权利能力和行为能力的主体。农、工、商也都享有民事权利能力和行为能力,只是工、商不得为官。

在所谓的贱民中又分官贱民和私贱民两大类。官贱民包括官奴婢、官户、工乐户、杂户和太常音声人;私贱民有奴婢、部曲、客女、随身(赁人指使为随身,期满即摆脱贱民的地位而复为良人)等。贱民之中,官私奴婢处于最低层,他们“律比畜产”,毫无权利能力和行为能力,也没有自己的户籍。可见,在民事法律关系上,一方是享有完全权利的贵族、官僚、地主和四民中的大部分,另一方是完全没有或部分享有权利能力的社会底层。法律之所以严禁良贱逾限,目的就在于维护以等级形式表现出来的统治秩序和权利义务关系。

由于唐代经济与对外贸易的发展,使大批外国商人来到中国经商,法律承认外国商人为民事权利主体,可以“列肆而市”,并允许“化外人”与中国人通婚,但化外人的中国妻子不得随夫出境。

至于行为能力,既没有明确的概念,也没有统一的年龄规定,大体上与法律所确认的丁年即为国家服徭役和交纳赋税的法定年龄相当。隋初,十八岁以上为丁,开皇三年(583 年)改为二十一岁,炀帝时改为二十二岁。唐朝沿用隋制,高祖武德七年(624 年)四月定令,男女“始生者为黄,四岁为小,十六为中,二十一为丁,六十为老”[201]。玄宗天宝三年(744 年),令百姓十八为中,二十二为丁。广德元年(763 年)七月又诏:“天下男子,宜二十三成丁,五十八为老。”[202]历代丁年的差别,常常是由国家人口的多少与徭役的需要而定。

由于国家按照人丁征收赋税,因此十分重视对于户籍的管理。据《旧唐书·食货志》记载,“武德七年始定律令……三年一造户籍”“每岁一造计帐”,分送县、州、户部。同时,根据资产分天下人户为九等,“诸国蕃胡内附者,亦定为九等”[203]“诸道士女道士、僧尼之簿籍,亦三年一造”[204]。凡有脱漏户口使国家课役受损失者,处以刑罚。《唐律·户婚律》规定,脱户者家长徒三年。脱口及增减年龄、体状以免课役者,一口徒一年,二口加一等,罪止徒三年。里正不觉脱漏增减者,一口笞四十,三口加一等,过杖一百,十口加一等,罪止徒三年。州县不觉脱漏增减者,十口笞三十,三十口加一等,罪止徒三年。

2. 均田制下的产业权

动产与不动产称为“产”、“业”或“产业”,即今之物权。不动产指田宅,所谓“地既不离常处,理与财物有殊”[205],其所有权人称为业主或产主。动产包括财物、畜产和奴婢,称为“财”“物”,其所有权人称为财主或物主。

唐律对物权的保护,主要采取禁止妄认、返还非法所得以及赔偿等方式。凡本非己有,故意认作己有者,为妄认,妄认与误认有别,但无论妄认还是误认,受害方均可请求确认物权。对于非法取得的财物,不仅要返还原物,还须返还

[201] 刘昫等撰:《旧唐书》卷四八《食货志上》,中华书局 1975 年版,第 2089 页。

[202] 刘昫等撰:《旧唐书》卷四八《食货志上》,中华书局 1975 年版,第 2091 页。

[203] 李林甫等撰:《唐六典》卷三《尚书户部》,中华书局 1992 年版,第 77 页。

[204] [日]仁井田陞:《唐令拾遗·杂令》开元七年,栗劲等编译,长春出版社 1989 年版,第 795 页。

[205] 长孙无忌等撰:《唐律疏议》卷一三《户婚·妄认盗卖公私田》,刘俊文点校,中华书局 1983 年版,第 245 页。

生产蕃息。《唐律疏议》规定:“问曰:假有盗得他人财物,即将兴易及出举,别有息利,得同蕃息以否?其赃本是人、畜,辗转经历数家,或有知情及不知者,如此蕃息,若为处分?答曰:律注云,‘生产蕃息’,本据应产之类而有蕃息,若是兴生、出举而得利润,皆用后人之功,本无财主之力。既非孳生之物,不同蕃息之限,所得利物,合入后人。其有辗转而得,知情者,蕃息物并还前主;不知情者,亦入后人。”[206]不仅如此,凡取与不和、以恐喝取人财物、以欺诈方式取人财物、侵夺霸占他人财物者,均属非法所得,物主有权要求返还。至于侵损物权的赔偿,唐律也作了较为明确的规定。

唐代物权的种类主要分为所有权、佃权、质权、典权等。

(1)所有权的取得与保护

唐代通过均田获得土地的所有权。所有权的主要对象是土地。根据均田令,社会各阶层广泛取得了土地的所有权。武德七年(624年)颁布均田令:“诸丁男、中男给田一顷,笃疾、废疾给四十亩,寡妻妾三十亩,若为户者加二十亩。所授之田,十分之二为世业,八为口分。世业之田,身死则承户者便授之,口分则收入官,更以给人。狭乡授田,减宽乡之半,其地有薄厚,岁一易者,倍授之。宽乡三易者,不倍授。”[207]

至开元二十五年(737年),根据推行均田的经验,进一步修订颁行均田令:“诸丁男给永业田二十亩,口分田八十亩,其中男年十八以上亦依丁男给。老男、笃疾、废疾各给口分田四十亩,寡妻妾各给口分田三十亩。先有永业者,通充口分之数。黄、小、中、丁男女及老男、笃疾、废疾、寡妻妾当户者,各给永业田二十亩,口分田二十亩。应给宽乡,并依所定数。若狭乡新受者,减宽乡口分之半。其给口分田者,易田则倍给(宽乡三易以上者,仍依乡法易给)。”[208]永业田可以传子孙,“不在收授之限,即子孙犯除名者,所承之地亦不追”[209]。口分田,本人死后还官。州县内“受田悉足者为宽乡,不足者为狭乡”[210]。

此外,“诸以工商为业者,永业、口分田各减半给之。在狭乡者并不给”[211]

---

[206] 长孙无忌等撰:《唐律疏议》卷四《名例·以赃入罪》,刘俊文点校,中华书局1983年版,第89页。

[207] [日]仁井田陞:《唐令拾遗·田令》武德七年,栗劲等编译,长春出版社1989年版,第540页。

[208] [日]仁井田陞:《唐令拾遗·田令》开元二十五年,栗劲等编译,长春出版社1989年版,第542页。

[209] [日]仁井田陞:《唐令拾遗·田令》开元二十五年,栗劲等编译,长春出版社1989年版,第550页。

[210] [日]仁井田陞:《唐令拾遗·田令》开元二十五年,栗劲等编译,长春出版社1989年版,第556页。

[211] [日]仁井田陞:《唐令拾遗·田令》开元二十五年,栗劲等编译,长春出版社1989年版,第562页。

“道士给田三十亩,女官二十亩”“僧尼亦如之”[212]“杂户者,依令,老免进丁受田,依百姓例。官户受田,减百姓口分之半”[213]。

收授田地有固定日期,“每年起十月一日,里正预校勘造簿,历十一月,县令总集应退,应受之人,对共给授,十二月内毕”[214]。

“良口”除依法分得永业、口分田外,还可以分得园宅地,“三口以下给一亩,每三口加一亩。贱口五口给一亩,每五口加一亩,并不入永业、口分之限”[215]。

贵族高官可依勋爵和官品获得永业田。“凡官人及勋爵,授永业田”,其具体数额是:“亲王百顷,职事官正一品六十顷,郡王及职事官从一品各五十顷,国公若职事官正二品各四十顷,郡公若职事官从二品各三十五顷,县公若职事官正三品各二十五顷,职事官从三品二十顷,侯若职事官正四品各十四顷,伯若职事官从四品十一顷,子若职事官正五品各八顷,男若职事官从五品各五顷。上柱国(武官最高勋级)三十顷,柱国二十五顷,上护军二十顷,护军十五顷,上轻车都尉十顷,轻车都尉七顷,上骑都尉六顷,骑都卫四顷,骁骑尉、飞骑尉各八十亩,云骑尉、武骑尉各六十亩。”此外,还有临时赏赐的赐田。

不仅如此,京都文武职事官还可以依品级分得京城百里内不同数量的职分田,“一品十二顷,二品十顷,三品九顷……九品二顷”[216]。

在外诸州及都护府、亲王府官人的职分田,“二品十二顷,三品十顷,四品八顷……九品一顷五十亩”[217]。

至于充作各级官府办公费用的公廨田,在京诸司由二十六顷至二顷,在外诸司由四十顷至一顷。[218]

由于奴婢也可以依良丁受田,贵族官僚实际所获土地数量远远超过平民。在分田过程中,也存在强占农民土地的现象,唐令明确规定,亲王可获地“一顷作园,若城内无可开拓者,于近城便给。如无官田,取百姓地充”[219]。

唐初,在全国范围内比较彻底地推行了均田制度,敦煌唐文书残卷中发现的“给田簿”“退田簿”反映了均田制度实行的情况,这不是偶然的。隋末长期

---

[212] [日]仁井田陞:《唐令拾遗·田令》开元二十五年,栗劲等编译,长春出版社1989年版,第568页。

[213] [日]仁井田陞:《唐令拾遗·田令》开元二十五年,栗劲等编译,长春出版社1989年版,第569页。

[214] [日]仁井田陞:《唐令拾遗·田令》开元二十五年,栗劲等编译,长春出版社1989年版,第566页。

[215] [日]仁井田陞:《唐令拾遗·田令》开元二十五年,栗劲等编译,长春出版社1989年版,第558页。

[216] [日]仁井田陞:《唐令拾遗·田令》开元二十五年,栗劲等编译,长春出版社1989年版,第575页。

[217] [日]仁井田陞:《唐令拾遗·田令》开元二十五年,栗劲等编译,长春出版社1989年版,第577~578页。

[218] [日]仁井田陞:《唐令拾遗·田令》开元二十五年,栗劲等编译,长春出版社1989年版,第572、573页。

[219] [日]仁井田陞:《唐令拾遗·田令》开元二十五年,栗劲等编译,长春出版社1989年版,第584页。

的大规模战争所造成的人口流亡(太宗贞观初年全国不满三百万户,不及隋时三分之一),使得国家占有大量无主土地,这是全面推行均田制度的有利条件。而在隋末农民大起义中,农民从地主手中夺取了一部分土地,也是唐朝统治者不得不承认的事实。均田制的实施增加了国家的赋税收入,缓和了阶级矛盾,推动了社会生产的恢复和发展,也加强了中央集权。

除此之外,所有权的获得还有其他方式。

无主物的占有。《唐律》确认对无主物实行先占权,规定"诸山野之物,已加功力刈伐积聚,而辄取者,各以盗论"[220]。所谓山野之物,按《疏议》解释,"谓草、木、药、石之类",有人已加功力,或刈伐,或积聚,即不得辄取,否则计赃,依盗法科罪。

埋藏物的发现。唐律中"宿藏物",即埋藏物。按《杂律》疏议:"凡人于他人地内得宿藏物者,依令合与地主中分,若有隐而不送,计应合还主之分,'坐赃论减三等'……'若得古器形制异,而不送官者'……'罪亦如之'。""依令送官",则"酬直",即给予一定报酬。如租借公私田宅,得宿藏物,则"合与佃住之主中分""其私田宅,各有本主,借者不施功力,而作人得者,合与本主中分。借得之人,既非本主,又不施功,不合得分"[221]。

阑遗物的拾得。阑遗物即遗失物,按《疏议》解释,阑遗物谓"宝、印、符、节及杂物之类"。"诸得阑遗物,满五日不送官者,各以亡失罪论;赃重者,坐赃论。私物,坐赃论减二等。"[222]官府须将"阑遗之物,揭于门外,牓以物色,期年没官"[223],即一年以后仍无人认领,没为官府所有。

漂流物的处理。根据《唐令拾遗·杂令》十一,"诸公私竹木为暴水漂失,有能接得者,并积于岸上,明立标榜,于随近官司申牒,有主识认者,江河五分赏二,余水五分赏一。限三十日,无主认者,入所得人"[224]。

生产蕃息的归属,所谓生产蕃息,就是由于物本身按自然规律繁殖而产生的权益,如"婢产子,马生驹之类"。由于《唐律》视奴婢为主人的所有物,所谓"律比畜产",故婢产子与马生驹同为一类的"生产蕃息",其归属则明确规定:

---

[220] 长孙无忌等撰:《唐律疏议》卷二〇《贼盗·山野物已加功力辄取》,刘俊文点校,中华书局1983年版,第369页。

[221] 长孙无忌等撰:《唐律疏议》卷二七《杂律·得宿藏物隐而不送》,刘俊文点校,中华书局1983年版,第520~521页。

[222] 长孙无忌等撰:《唐律疏议》卷二七《杂律·得阑遗物不送官》,刘俊文点校,中华书局1983年版,第521页。

[223] 欧阳修、宋祁撰:《新唐书》卷四六《百官志一》,中华书局1975年版,第1191页。

[224] [日]仁井田陞:《唐令拾遗·杂令》开元二十五年,栗劲等编译,长春出版社1989年版,第785页。

"依律随母还主。"

此外,唐代所有权还有共有、伙有等形式。共有财产主要包括山泽陂湖等自然物产,而宗族共有的故茔地等属于伙有财产。

《唐律》对所有权严加保护,如禁止"占田过限"、侵犯他人不动产所有权。"诸占田过限者,一亩笞十,十亩加一等;过杖六十,二十亩加一等,罪止徒一年",但如在人少地多的"宽乡",为了奖励开发荒闲之地,则不受此限,"若于宽闲之处者,不坐"[225]。

与此同时,依法惩治"盗耕种公私田"、"妄认盗卖公私田"、"盗耕人墓田",以及"里正授田不当"等行为。犯者根据情节轻重分别处笞三十至徒二年刑。为了防止官吏挟势侵夺百姓土地,使社会矛盾激化,《唐律》规定:"诸在官侵夺私田者,一亩以下杖六十。……罪止徒二年半。园圃,加一等。"[226]

为了保护因均田而获得的土地所有权,禁止随意出卖、贴赁和质口分田。《户婚律》规定,只有"卖充宅及碾硙邸店",或由狭乡乐迁宽乡,或贫无以葬者,方可出卖口分田。除此之外,"诸卖口分田者,一亩笞十,二十亩加一等,罪止杖一百;地还本主,财没不追"[227]。不仅如此,买卖田地,"皆须经所部官司申牒,年终彼此除附。若无文牒辄卖买,财没不追,地还本主"[228]。但至唐中叶,土地兼并渐趋激烈,均田制度陷入危机。武则天统治时期,农民破产逃亡的现象已相当严重,"天下户口,亡逃过半"[229],使得"租调既减,国用不足"。为此,开元二十三年(735年)九月,下令严禁买卖口分田与永业田:"天下百姓口分、永业田,频有处分,不许买卖典贴。如闻尚未能断,贫人失业,豪富兼并,宜更申明处分,切令禁止。若有违犯,科违敕罪。"[230]至"安史之乱"以后,国势衰微,不仅听任贵族、官僚、地主兼并土地,而且允许通过订立契约的形式使掠夺行为合法化,终使均田制度遭到破坏。

关于口分田的"贴赁"及"质",也同样在法律的禁限以内,只有在特定条件

---

〔225〕 长孙无忌等撰:《唐律疏议》卷一三《户婚·占田过限》,刘俊文点校,中华书局1983年版,第244页。

〔226〕 长孙无忌等撰:《唐律疏议》卷一三《户婚·在官侵夺私田》,刘俊文点校,中华书局1983年版,第246页。

〔227〕 长孙无忌等撰:《唐律疏议》卷一二《户婚·卖口分田》,刘俊文点校,中华书局1983年版,第242页。

〔228〕 [日]仁井田陞:《唐令拾遗·田令》开元二十五年,栗劲等编译,长春出版社1989年版,第561页。

〔229〕 刘昫等撰:《旧唐书》卷八八《韦嗣立传》,中华书局1975年版,第2867页。

〔230〕 王钦若等编撰:《册府元龟》卷四九五《邦计部·田制》,周勋初等校订,凤凰出版社2006年版,第5622页。

下,才可获得允许。开元二十五年(737年)田令规定:"诸田不得贴赁及质,违者财没不追,地还本主。若从远役、外任,无人守业者,听贴赁及质。其官人永业田及赐田,欲卖及贴赁者,皆不在禁限。"[231]

动产所有权的保护。《唐律》除对不动产田宅的所有权严加保护外,对于动产所有权也多方面予以保护,甚至不得随意采摘官私田园的瓜果蔬菜。按唐律,"诸于官私田园,辄食瓜果之类,坐赃论;弃毁者,亦如之;即持去者,准盗论","主司给与者,加一等"[232]。又如,不得私自动用他人受寄财物,"诸受寄财物而辄费用者,坐赃论减一等。诈言死失者,以诈欺取财物论减一等。"只有寄存的牲畜病死,或财物"被强盗者,不偿"[233]。

(2)调整租佃关系,保护佃权

佃权,是指佃权人支付地租,占有出租人土地,并进行耕种收益的权利。从已发现的吐鲁番和敦煌唐文书中,可以了解隋唐时期的租佃契约形式以及保护佃权的具体规定。例如,阿斯塔那北区的墓葬中发现三件高昌延寿年间的租佃文书,其中,《道人智贾夏田契》载明为延寿二十四年(584年)立,从而确证隋初此地已流行租佃关系和有关的法律文书。此地还发现了唐代租佃契约,如贞观十七年(643年)《高昌赵怀满夏田券》、龙朔三年(663年)《赵阿欢仁与张海隆租佃常田契》、天授年间《张文信租田契》、天宝年间《吕才艺出租田契》、天复二年(902年)《敦煌刘加兴出租地契》、天复四年(904年)《敦煌令狐法性出租地契》。[234]

在已发现的唐代租地契中,一方面,反映了对佃权的保护。例如,《樊曹子租地契》规定:"其地及物当日交相分付。两共对面平章,一定与(已)后。不得休悔。如休悔者,罚□大入不(悔)人。"又如,《贾员子租地契》规定:"一定已后,两共对面平章,更不休悔。如先悔者,罚□□□送纳入官。恐后无凭,立此为俭(验)。"另一方面,则保护出租人的利益,佃权人不能如期交租,任出租人夺取其家财。例如,《赵怀满租地契》规定:"若前却不上(偿),听掣家财。"[235]唐时田租苛重,已发现的租佃文书中,有的田租高达百分之五十。陆贽在《均节赋

---

[231] [日]仁井田陞:《唐令拾遗·田令》开元二十五年,栗劲等编译,长春出版社1989年版,第564页。

[232] 长孙无忌等撰:《唐律疏议》卷二七《杂律·食官私田园瓜果》,刘俊文点校,中华书局1983年版,第516页。

[233] 长孙无忌等撰:《唐律疏议》卷二六《杂律·受寄财物辄费用》,刘俊文点校,中华书局1983年版,第484页。

[234] 上述几件契约的录文可参见张传玺主编:《中国历代契约会编考释》(上),北京大学出版社1995年版,第279、280、294、295、307、311、312、325~328页。

[235] 张传玺主编:《中国历代契约会编考释》(上),北京大学出版社1995年版,第280页。

税恤百姓》一文中,所描写的私家田租额是十分惊人的,“今京畿之内,每田一亩,官税五千,而私家收租殆有亩至一石者,是二十倍于官税也;降及中等,租犹半之,是十倍于官税也”。

唐律对于租佃关系的调整和对佃权的保护,是民事法律关系的重要发展,这是和均田制下农民获得少量土地分不开的。此外,土地所有者荫客权的废弛,与人身依附关系的相对削弱,也使佃农可以通过订立契约的形式取得对于土地的使用与收益权。尽管唐时对佃权设有各种限制,但租佃关系的法律化对于农业经济的发展仍起着一定的促进作用。

(3)质权与典权

质权即今之担保物权,指债权人因担保债权,占有债务人或第三人移交的财产,并可就其卖得的价金享有优先清偿的权利。早在汉代已有以物或以人质钱的记载。唐时由于商品经济活跃,质权制度有了很大发展,无论“朝列衣冠……或在清途”都“私置质库楼店”[236],甚至各地寺院也纷纷建立质库,名曰“长生库”“无尽库”,以质钱取利。吐鲁番阿斯塔那二百零六号墓出土的“质库帐”,是唐代长安新昌坊内或附近一个质库的帐籍,它为了解唐代“质库”制度提供了宝贵的物证。其中记载了以实物抵押作为基础,由质库进行评检、质钱的实际情况,如马四娘一件白小绫衫子举取四十五文,□阿四一件小绫衫子举取五十文。由于质库“论质估价”低于市价,而在赎取抵押物时,除归还母钱外,还须支付子钱(利钱),从中获取高利,盘剥小民,为此特别立法予以限制。据《唐六典》卷六《比部郎中员外郎》注:“凡质举之利,收子不得逾五分。”同时,除质举契约规定利息外,“不得因旧本更令生利,又不得回利为本”。

质物回赎具有一定的清偿期,逾期不赎,质库即取得质物的所有权。

官府虽然承认以“两情和同”为订立质举契约的条件,[237]所谓“任依私契,官不为理”[238];但如“诸家长在(‘在’谓三百里内,非隔关者),而子孙弟侄等,不得辄以奴婢、六畜、田宅及余财物私自质举及卖田宅(无质而举者,亦准此)”[239]。

在债务关系中,法律虽允许“役身折酬”,但严禁执持人为质而求财产。《唐

---

[236] 董浩等编:《全唐文》卷七八《武宗三・加尊号后郊天赦文》,中华书局1983年版,第820页。

[237] [日]仁井田陞:《唐令拾遗・杂令》开元二十五年,栗劲等编译,长春出版社1989年版,第791页。

[238] [日]仁井田陞:《唐令拾遗・杂令》开元二十五年,栗劲等编译,长春出版社1989年版,第789页。

[239] [日]仁井田陞:《唐令拾遗・杂令》开元二十五年,栗劲等编译,长春出版社1989年版,第788页。

律·贼盗律》规定,“诸有所规避,而执持人为质,皆斩”,如以奴婢质债则不禁止。由此可见,质举的封建剥削性质和质权所维护的社会关系。

典权即今之用益物权,是指支付典价的典权人,占有出典人的不动产而加以使用和收益的权利。典权人对典物有权使用、收益,或将典物出租、转让,出典人有权在典期届满时交还典价,赎回原物,不付利息。如典权人出于故意或过失致使典产毁损,负赔偿责任;但如典产因天灾地变等不可抗力而灭失,不负赔偿之责。

中国古代“典”与“卖”往往连在一起,称为“典卖”“帖卖”。北齐时已有帖卖法令,据《通典·宋孝王关东风俗传》:“帖卖者,帖荒田七年,熟田五年,钱还地还,依令听许。”唐时,帖典有了进一步发展,《旧唐书·宪宗本纪》(下)记载,元和八年(813年)十二月“辛巳,敕:应赐王公、公主、百官等庄宅,碾硙、店铺、车坊、园林等,一任帖典货卖,其所缘税役,便令府县收管”。《旧唐书·卢群传》中也有“典质良田”数顷的记载。需要指出的是,唐时典与质并没有明确的区分,杜甫诗中“朝回日日典春衣”的“典”,实际就是“质”。

唐代房宅可以出典。贞观二十二年(648年)《河南县桓德琮限期退还典宅钱契》就是例证。[240] 在均田制推行的唐前期,典权的设立受一定条件的限制,口分田一般禁止出典,均田制废止后,土地流转已成事实,土地出典不可阻挡。五代时期还发现出典已身和儿子的契约,如后晋天福八年(943年)《敦煌吴庆顺典身契》、(后)唐清泰二年(935年)《敦煌赵僧子典儿契》。[241]

典权设立要有书面形式,并要求有官人、本人、业主、四邻同署文契,否则无效。

3. 债的法律调整的扩大

中国古代,“债”称为“责”,其本义为“假贷人财物未偿”。债务人称“债人”、“责人”或“负人”,债权人称“债主”、“责主”或“钱主”。不履行债务,称为“违负”或“不偿”;清偿债务,称为“偿”或“还”。唐律中所谓“债”(责)的含义较为狭窄,主要指负财、欠钱而言。凡以不法行为对他人财产造成损害,可以请求“备(赔)偿”,但侵犯他人自由和名誉,尚无赔偿的规定。

唐时,契约是债的发生的重要依据,无论动产还是不动产的转移,均须订立契约文书,称为“券”或“文券”,也有口头契约。如发生债务纠纷,官府即以契约为凭,中人为证,因此,不立市券者,买卖双方及主管的市司都要受到责罚。《唐律·杂律》规定:“买奴婢、马、牛、驼、骡、驴,已过价不立市券,过三日笞三十,卖者减一

---

[240] 张传玺主编:《中国历代契约会编考释》(上),北京大学出版社1995年版,第266页。

[241] 张传玺主编:《中国历代契约会编考释》(上),北京大学出版社1995年版,第269~271页。

等。”“买卖已讫,而市司不时过券者,一日笞三十,一日加一等,罪止杖一百。”

为了保证债务契约的履行,对于违契不偿者处以刑罚。“一匹以上,违二十日,笞二十,二十日加一等,罪止杖六十;三十匹,加二等;百匹,又加三等,一百日不偿,合徒一年,各令备偿。”同时,允许债权人对违契不偿者,可以采取“自力救助”的办法取得补偿,如牵掣和役身折酬。

牵掣,是指债权人强制扣押违契不偿的债务人的财物,但不得超过本契应得的债务额,并需要报官,否则治罪。《唐律·杂律》规定:“诸负债,不告官司而强牵财物,过本契者,坐赃论。”《疏议》还作了具体解释:“谓公私负债,违契不偿,应牵掣者,皆告官听断。若不告官司,而强牵掣财物若奴婢、畜产,过本契者,坐赃论。”

役身折酬又称“人身折酬”,是指债务人家资殆尽,无力偿债时,债权人可令债务人及其户内男口,以劳役代偿债务。据《唐令拾遗·杂令·开元二十五年》规定:“诸公私以财物出举者,任依私契,官不为理……家资尽者,役身折酬。役通取户内男口……”〔242〕

以上可见,唐律不仅以刑罚手段强制债务人履行债务,而且认可牵掣和役身折酬为合法,以保证债权人取得补偿。

唐代因财产关系活跃,契约的种类也大为增多,出现了买卖、租赁、雇佣、借贷、寄托、承揽等各种形式的契约。

买卖契约是唐代最主要的契约种类。唐律令对买卖关系作出了一些原则性的规定,如和同原则、瑕疵责任制度、定金制度、不动产购买优先权。唐时买卖田宅和重要的动产必须订立契约,否则无效。田令规定:“诸买卖田,皆须经所部官司申牒,年终彼此除附。若无文牒,辄卖买财没不追,地还本主。”〔243〕均田制的推行,虽使土地买卖受到一定的限制,但法律允许永业田在一定情况下出卖,特别是官僚贵族的永业田及赐田,“欲卖及贴赁者,不在禁限”。此外,经营商业的地主所占之永业田,如“卖充田宅、邸店、碾硙,虽非乐迁,亦听卖易”。一般庶人,“徙乡及贫无以葬者,得卖永业田”,自“狭乡而徙宽乡者,得并卖口分”。因此,土地买卖契约仍是当时主要的契约形式。随着经验的积累,对契约内容的要求也更加严格,以现存的唐大中六年(852 年)《敦煌僧张月光博园田

---

〔242〕 [日]仁井田陞:《唐令拾遗·杂令》开元二十五年,栗劲等编译,长春出版社 1989 年版,第 789 页。

〔243〕 [日]仁井田陞:《唐令拾遗·田令》开元二十五年,栗劲等编译,长春出版社 1989 年版,第 561 页。

契》、唐乾符二年(875年)《敦煌陈都知卖地契》为例,[244]土地买卖契约中须写明双方姓名、土地亩数、坐落四至、每亩地价和中人,等等。

对于奴婢、牲畜等动产的买卖,也要求订立契券,方为合法。开元二十五年(737年)《关市令》规定:"诸买卖奴婢、牛、马、驼、骡、驴等,用本司、本部公验以立券。"据《新唐书·张又新传》记载,当时身居要职号称"八关十六子"之一的张又新,因买婢不立券,连京市牙人都敢对他"搜索凌突",并因此受到御史的劾举。现存唐龙朔元年(661年)《高昌左憧憙买奴契》中,写明了买奴的日期、价格、奴仆姓名、年龄以及人、钱交付以后三日得悔等内容。又如,唐开元二十一年(733年)《西州康思礼卖马契》中特别注明:"如后有人寒盗识认者,一仰主、保知(支)当,不关买人之事。"[245]

在买卖契约中,卖主的担保责任已经成为制度。担保分为标的物瑕疵担保和违约担保两种。《唐律·杂律》规定:"诸买奴婢、马牛驼骡驴,已过价……立券之后,有旧病者三日内听悔,无病欺者市如法,违者笞四十。"[246]这条规定显然属于瑕疵担保,至于违约担保,敦煌发现的买卖契约中绝大多数都有对先悔者惩处的内容。惩处的手段主要是罚物,如有些契约中明书,"若先悔者,出绢五还",所罚财物或归不悔人,或归官府。也有的在使用民事制裁手段的同时兼用刑事手段。例如,《敦煌僧张月光博园田契》载明:"如先悔者,罚麦贰拾驮入军粮,仍决丈(杖)卅。"[247]宪宗元和年间买地砖牒中规定:"如有忏吝,打你九千,使你作奴婢。"[248]

在担保制度中,担保人负有代偿责任。根据社会习惯,卖方亲属往往就是保人,因此在买卖契约中,如中人系兄弟、姻亲必须注明。有的契约还明书:"或有恩敕赦书行下,亦不在论理之限。"[249]可见,《唐律》对于违约担保责任的强调。

借贷契约。唐时"借"与"贷"都具有特定的含义。借,一般指"使用借贷",如《职制律》中"以官奴婢及畜产私自借""借奴婢、马、牛、驼、骡、车、船、碾硙、邸店之类",其标的物为奴婢、畜产、车船等。贷,一般指"消费借贷",如《职制律》中"贷所监临财物""以官物私自贷",其标的物为银、钱、粮食、绢丝等。使用借贷与消费借贷的区别在于前者是特定物(如借奴婢甲,返还时仍须为奴婢

[244] 张传玺主编:《中国历代契约会编考释》(上),北京大学出版社1995年版,第221~224页。
[245] 张传玺主编:《中国历代契约会编考释》(上),北京大学出版社1995年版,第207页。
[246] 长孙无忌等撰:《唐律疏议》卷二六《杂律·奴婢马牛不立券》,刘俊文点校,中华书局1983年版,第500页。
[247] 张传玺主编:《中国历代契约会编考释》(上),北京大学出版社1995年版,第222页。
[248] 张传玺主编:《中国历代契约会编考释》(上),北京大学出版社1995年版,第253页。
[249] 张传玺主编:《中国历代契约会编考释》(上),北京大学出版社1995年版,第226页。

甲),而后者属非特定物,所贷之物经过使用,已不可能返还原物。

借贷契约分有息和无息两种,有息契约称为“出举”,无息契约称为“负债”。有息契约不仅是主要的,而且盛行高利盘剥。史载“唐初,州县官俸,皆令富户掌钱,出息以给之;息至倍称,多破产者”[250]。为此,开元十六年(728 年)下诏:“自今已后,天下负举,祇宜四分收利,官本五分取利。”[251]开元二十五年(737 年)再颁诏令:“诸公私以财物出举者……每月取利,不得过六分。积日虽多,不得过一倍。”[252]对于举粮生息,强调“一年为断”“不得因旧本更令生利,又不得回利为本”[253]“若违法积利,契外剥夺及非出息之债者,官为理收”。但如债务人到期违契不偿,或违期偿还,债权人可以告官请求偿还,官府依律追究债务人的刑事责任,并责成其如数偿还。《唐律·杂律》规定:“诸负债违契不偿,一匹以上,违二十日笞二十,二十日加一等,罪止杖六十;三十匹,加二等;百匹,又加三等。各令备偿。”私人间借用什物,不得损坏,若借物不还,可以经官诉追。

需要指出的是,唐朝官府也进行贷放,其利息往往超过私人出贷,以此支付官员薪俸。据《唐会要》卷九一载:“武德已后,国家仓库犹虚,应京官料钱,并给公廨本,令当司令史番官回易给利,计官员多少分给。”这种情形在唐代屡罢屡复。

私人之间借贷关系的成立,虽然任依私契,但禁止卑幼私举财物和官吏在所辖之部放债借债。敦煌发现的唐代借贷契约与这些规定基本上是吻合的。例如,显庆五年(660 年)《天山县张利富举钱契》载,共借银钱十文,月利一文,还钱之日子本俱还。如本人不在,由妻儿保人偿还,延引不还者,听掣家资杂物。两和立契,画指为信。[254]

为了担保债务人履行债务契约,无论公私借贷都要有质押。敦煌发现的借贷契约中,有的债务人以全部家产作保,如“违限不还,任牵掣家资杂物牛畜等”。此外,还实行“保人”制度,当债务人完全不履行或不完全履行债务时,债权人有权向保人请求履行,或赔偿损失,如债务人逃亡,则由保人代偿。这种保证往往以家庭成员或亲属同时担保的方式进行,如唐麟德二年(665 年)《张海欢、白怀洛贷银钱契》明定:“若延引注托不还钱……若张身东西没落者,一仰妻儿及收后保人替偿。”该契所列保人一共五位,其中有张海欢的妻子郭如莲、其

---

[250] 司马光编著:《资治通鉴》卷二一二《唐纪二十八》,中华书局 1956 年版,第 6734 页。

[251] 王溥撰:《唐会要》卷八八《杂录》,上海古籍出版社 2006 年版,第 1919 页。

[252] [日]仁井田陞:《唐令拾遗·杂令》开元二十五年,栗劲等编译,长春出版社 1989 年版,第 789 页。

[253] [日]仁井田陞:《唐令拾遗·杂令》开元二十五年,栗劲等编译,长春出版社 1989 年版,第 790 页。

[254] 张传玺主编:《中国历代契约会编考释》(上),北京大学出版社 1995 年版,第 333 页。

母及大女等。[255] 由借贷者家庭主要成员乃至整个家庭对债主承担债务担保,是唐代借贷关系中的普遍现象,也是家族共财观念在债权中的反映。保人制度的确立,使债务的履行得到一重保证,因而推动了债务关系的发展,加速了财与物的流转。

在使用借贷中也不乏借用官物,但借用官物,事过十日不还者,按律治罪。《唐律·厩库律》规定,"诸假请官物,事讫过十日不还者,笞三十,十日加一等,罪止杖一百,私服用者,加一等"。同时,禁止监临主守与监临主守之官以官物私下自借或借人。《唐律·厩库律》规定,"诸监临主守,以官奴婢及畜产私自借,若借人及借之者,笞五十,计庸重者,以受所监临财物论。驿驴,加一等""诸监临主守,以官物私自贷,若贷人及贷之者,无文记,以盗论,有文记,准盗论""诸监临主守之官,以官物私自借,若借人及借之者,笞五十,过十日,坐赃论,减二等"。

唐律令为谋求长远利益,强调国家处理债务纠纷的权力,禁止出借人侵夺借用人的非法行为,并在处理民间债务纠纷时,首创债务纠纷的诉讼时效规定,在中国民事法律史上有着极其重大的意义。

赁庸契约。早在汉典籍中已经出现过"赁田"和"庸耕"的记载。据《广雅》注:"庸,役也,谓役力而受雇直也。"但在唐以前,租赁与雇佣尚无明确的区分,统称为"赁"与"庸"。唐律始将"赁""庸"明定于法典,并作出了区分。据《唐律·名例篇》记载,"若计庸赁为赃者,亦勿征(没收)""庸赁虽多,各不得过其本价"。《疏议》解释说,"庸,谓私役使所监临,及借车马之属""赁,谓碾硙、邸店舟船之类,须计赁价为坐"。可见,利用并役使他人的劳力,称为"庸";使用他人邸店及器物,称为"赁"。"赁"的报酬,称为"赁价""赁直"。从敦煌唐文书残卷所载雇庸契约中,反映了当事人双方的权利义务关系。例如,被雇人接受雇主的报酬,以钱为主,也有衣服、谷米等。初工时先付一部分,契约履行完毕,付清剩余部分。契约期限长则一年,短则数月。受雇人怠惰则罚钱,若损坏和丢失雇主农具家畜,须负责赔偿,若逃亡,保人负赔偿之责。当事人任何一方违约,均受处罚,通常是罚羊一只。唐文书中也有雇牛、雇驴、雇驼等契券,分别载明雇价、期限、违约处惩、牲畜发生病、死时的处置与担保等。吐蕃寅年(长庆二年,822 年)《敦煌瓦匠氾英振受雇契》内容如下:"寅年八月七日,僧慈灯于东河庄造佛堂一所。……一仰氾英振垒,并细泥一遍。其佛堂从八月十五日起首……付布一匹,折麦四硕二㪷。又折先负慈灯麦二硕一㪷,余欠氾英振一硕七㪷,毕功日分付。一定已后,不许休悔。如先悔者,罚麦三驮,入不悔人。恐人

[255] 张传玺主编:《中国历代契约会编考释》(上),北京大学出版社 1995 年版,第 338、339 页。

无信,故立此契。两共平章,书纸为记。”[256]

赔偿契约。唐时侵害他人财产,或伤害身体需要赔偿,即损害赔偿之债。为了保障受害人依约索取赔偿的权利,有时也订立赔偿契约,如吐蕃寅年(长庆二年)《敦煌李条顺赔偿契》载:“寅年八月十九日,杨谦让共李条顺相诤,遂打损经(胫)节儿断,令杨谦让当家将息。至廿六日,条顺师兄及诸亲等迎将当家医理。从今已后,至病可日,所要药饵当直及将息物,亦自李家自出。……官有政法,人从此契,故立为验,用后为凭。”[257]

唐代的契约还有典卖契约、寄存契约等形式,不加赘述。

4. 全面地确认和维护封建婚姻家庭与继承制度

(1)婚姻的缔结与解除。根据《唐律》规定,婚姻关系的缔结须立有“婚书”,或私约,二者都具有法律的约束力,“无故辄悔者,杖六十。若更许他人者,杖一百,已成婚者,徒一年半,后娶者知情减一等,女追归前夫。不娶还聘财,后夫婚如法”。

卑幼的婚姻由祖父母、父母或期亲尊长主婚,违者杖一百。从而决定了这种婚姻关系的缔结,常常是漠视子女意志的。只有当“卑幼在外,尊长后为定婚,而卑幼自娶妻,已成者,婚如法;未成者,从尊长,违者,杖一百”。

媒妁也是合法婚姻的要件,《疏议》说,“嫁娶有媒”“为婚之法,必有行媒”。经过“纳采”“问名”“纳吉”“纳徵”“请期”“亲迎”的六礼仪式,始为合法。《疏议》说,“妻者,传家事,承祭祀,既具六礼,取则二仪”“虽无许婚之书,但受聘财”,亦属合法婚姻。由于受到魏晋南北朝时期“卖女纳财,买妇输绢”的影响,以致在聘礼上“计较锱铢,责多还少”,与“市井无异”“太宗尝以山东士人尚阀阅,后虽衰,子孙犹负世望,嫁娶必多取赀,故人谓之卖婚”[258]。有唐一代,“多纳货贿”的聘财之风屡禁不止。

结婚的法定年龄,贞观元年(627 年)定为“男年二十,女年十五”。开元二十五年(737 年),为了增加人口,将婚龄降低,根据开元二十五年(737 年)令:“诸男年十五,女年十三以上,并听婚嫁。”婚期已届,不得故违,男家无故三年不娶,有司给据改嫁。婚期未到,一般也不得强娶。但居父母丧及夫丧,或祖父母、父母被囚禁,不得嫁娶,违者处杖、徒刑。

在婚姻的限制方面有如下规定:

第一,良贱不得通婚。开元二十五年(737 年)令,“诸工乐、杂户、官户、部

---

[256] 张传玺主编:《中国历代契约会编考释》(上),北京大学出版社 1995 年版,第 433、434 页。
[257] 张传玺主编:《中国历代契约会编考释》(上),北京大学出版社 1995 年版,第 514 页。
[258] 欧阳修、宋祁撰:《新唐书》卷九五《高俭传》,中华书局 1975 年版,第 3837 页。

曲、客女、公私奴婢,皆当色为婚”[259]。如贱人娶良人女为妻,徒一年半。对此《疏议》解释说:“人各有偶,色类须同,良贱既殊,何宜配合。”

第二,同姓不得为婚。《疏议》说:“同宗共姓,皆不得为婚。”违者,各徒二年,缌麻以上,以奸论。如同姓异宗,则不在禁例。

第三,姑舅、两姨姊妹不得为婚。《疏议》说,“父母姑、舅、两姨姊妹,于身无服,乃是父母缌麻,据身是尊,故不合娶”,违者,各杖一百,并离之。

第四,虽非同姓,但有血缘关系的尊卑之间不得为婚,违者各以奸论。

第五,不得娶逃亡妇女为妻妾,否则与之同罪。

第六,监临官不得娶监临女为妻妾,违者杖一百。

如果嫁娶违律,“祖父母、父母主婚者,独坐主婚”“期亲尊长主婚者,主婚为首,男女为从。余亲主婚者,事由主婚,主婚为首,男女为从;事由男女,男女为首,主婚为从”[260]。处罚的依据是尊长所犯罪刑的轻重。国家惩罚尊长的罪刑越重,嫁娶者的罪刑就越重。免责条件是,如果奉祖父母、父母的命令成亲,则不为罪。

唐代允许寡妇再嫁,贞观元年(627年)二月四日诏令,“孀居服纪已除,并须申以婚媾,令其好合”,但以父母、祖父母之命为条件,他人不准强迫守志的孀妇改嫁,否则“徒一年,期亲嫁者,减二等,各离之,女追还前家,娶者不坐”。

纳妾亦属合法,“若婢有子及经放为良者,听为妾”。《疏议》曰,“婢为主所幸,因而有子;即虽无子,经放为良者,听为妾”,娶妾也须订立婚契。

离婚有强制离婚和协议离婚两种。强制离婚包括官府强制离婚和丈夫强制离婚。凡违反法律规定的婚姻,或义绝者“夫殴妻之祖父母、父母及杀妻外祖父母、伯叔父母、兄弟、姑、姊妹”或“妻殴詈夫之祖父母、父母,杀伤夫外祖父母、伯叔父母、兄弟、姑、姊妹及与夫之缌麻以上亲”,由官府强制离异,否则徒刑一年。妻子有犯“七出”(无子、淫佚、不事舅姑、口舌、盗窃、妒忌、恶疾)之一者,由丈夫强制离异。七出之条《大戴礼·本命篇》记载:“妇有七去……不顺父母去,为其逆德也;无子,为其绝世也;淫,为其乱族也;妒,为其乱家也;有恶疾,为其不可共粢盛也;口多言,为其离亲也;盗窃,为其反义也。”妇女虽犯“七出”,但有“三不去”,据《疏议》解释:“三不去者,一经持舅姑之丧;二娶时贱后贵;三有所受无所归。”“诸妻无七出及义绝之状而出之者,徒一年半;虽有七出,有三不

---

〔259〕［日］仁井田陞:《唐令拾遗·户令》开元二十五年,栗劲等编译,长春出版社1989年版,第168页。

〔260〕长孙无忌等撰:《唐律疏议》卷一四《户婚·嫁娶违律》,刘俊文点校,中华书局1983年版,第272、273页。

去出之者,杖一百,追还合。”“三不去”的规定反映了礼制对于法律的影响,以及主婚者生前意志的延续有效。但如妻子患有恶疾和犯奸者,不适用“三不去”的规定。事实上,丈夫可以随意休妻,而妻妾如擅自离去则处徒二年刑,因而改嫁者加二等。

夫妻双方自愿离婚,称为“和离”,《唐律·户婚律》规定:“若夫妇不相安谐而和离者,不坐。”这项规定对于减轻妇女因婚姻关系造成的痛苦具有一定的积极意义。

(2)家长制家庭的法律化。唐律也以法律的形式肯定了封建家长制家庭制度,“凡是同居之内,必有尊长”“诸户主,皆以家长为之”。家长由家内男性最尊者担任,只有家内无男性时,女性才可以成为家长。在家长制度下,家长拥有家庭的财产权、对子女的教令权、自行责罚权和送惩权及主婚权,子女的正当权利和利益,均须听从家长支配,子女必须服从,否则即为不孝,而不孝又被列为“十恶”重罪。不仅如此,祖父母、父母在,子孙别籍异财者,徒三年。卑幼擅自动用家内财物,处笞十至杖一百。子孙违反教令和供养有阙者,徒三年。对此《疏议》解释说:“祖父母、父母有所教令,于事合宜,即须奉以周旋,子孙不得违犯……若教令违法,行即有愆;家实贫窭,无由取给;如此之类,不合有罪。”这项规定与晋律有很大的不同,是对传统礼法的一大改进。

尊卑之间发生詈殴,也依身份的不同而有完全不同的处刑。如詈祖父母、父母者,绞;而子孙因违反教令被祖父母、父母殴杀者,只处徒一年半,过失杀者勿论。子孙告祖父母、父母,被认为是“忘情弃礼”之行,故处以绞刑。

家长除享有治家的权利外,也对国家负有缴纳赋税、服役以及严格户籍申报等义务,违者,自笞四十至徒三年。

至于夫妻在家庭中的地位,沿袭男尊女卑的夫权传统。无论是家内的财产权,还是子女的教令权,只要夫在,妻子便无法行使。如果夫妻间发生人身侵害,处刑也截然不同。夫殴伤妻,减凡人二等处刑;殴妾折伤以上,减妻二等(减凡人四等),而且“皆须妻、妾告,乃坐”。反之,妻殴夫,徒一年,媵及妾犯者,各加一等。

综上可见,唐律全面地确认封建婚姻家庭制度,表现了尊卑、贵贱、男女在法律上的不平等。这种不平等是封建时代人身隶属关系的反映,维护这种不平等关系,是等级伦理社会向法律提出的要求。

(3)身份继承是继承法的核心。在继承制度中首重身份继承,实行嫡长子继承制,嫡长子逝世则由嫡长孙继承宗祧,如无嫡子,则立庶为长。按《唐律》规定,嫡妻之长子为嫡子,“不依此立,是为‘违法’合徒一年”。嫡妻五十以上子死,“许立庶子为嫡”,但皆“先立长,不立长者,亦徒一年”。另据《唐律》规定:“无嫡子及有罪疾,立嫡孙;无嫡孙,以次立同母弟;无母弟,立庶子;无庶子,立嫡孙同母弟;无母弟,立庶孙。曾、玄以下准此。”可见,宗祧继承只限男系,而且是直系卑亲属。如无直系卑亲属,则应为其立嗣。“诸无子者,听养同宗于昭穆相当者”[261]“诸以子孙继绝,应析户者,非年十八已上,不得析”[262]。上述法定的宗祧继承制度受到严格保护,庶子冒充嫡子继承,处徒刑二年,用欺诈手段冒名继承,则流二千里。

与身份继承有所不同的是封爵的继承。封爵继承由直系子孙继承,不及兄弟等旁系,无子孙即除去封爵。

至于财产继承,一般财产诸子平分。《唐律·户婚律》引开元二十五年(737年)户令:“应分田宅及财物者,兄弟均分……兄弟亡者,子承父分。兄弟俱亡,则诸子均分,其未娶妻者,别与娉财;姑姊妹在室者,减男娉财之半,寡妻无男者,承夫分。……(若改适,其见在部曲奴婢田宅,不得费用)。”

户绝之家有女也应得资产。据《宋刑统·户婚·户绝资产》引唐开成元年(836年)七月五日敕节文如下:“自今后,如百姓及诸色人绝,无男,室有女,已出嫁者,令女合得资产。”

(六)加强对经济关系的法律调整

1.在均田制基础上实行“租庸调法”

武德七年(624年)颁布租庸调法,规定,凡授田者,每丁每年向国家纳粟二石或稻三斛,为“租”,亦即田赋。每年每丁服劳役二十天,闰年加两天,如不服役,可用绢或布代替,一天折绢三尺,或布三尺七寸五分,为“庸”,亦即百姓对国家应负的劳役。每年纳绢或绫二丈,加丝绵三两,不产绢之地交纳布二丈五尺和麻三斤,为“调”,亦即国家对家庭手工业产品的征课,实为户口税。除正役外,还有额外加役,加役十五天者,免调;加役三十天者,租调全免。从租庸调法中可以看出,唐朝课税的对象一是田,二是户,三是身。三者之间联系密切,“有田则有租,有家则有调,有身则有庸。天下为家,法制均一,虽欲转徙,莫容其奸,故人无摇心,而事有定制”[263]。通过均田制和租庸调法,既把农民置于国家

---

[261] [日]仁井田陞:《唐令拾遗·户令》开元二十五年,栗劲等编译,长春出版社1989年版,第141页。

[262] [日]仁井田陞:《唐令拾遗·户令》开元二十五年,栗劲等编译,长春出版社1989年版,第143页。

[263] 陆贽:《陆宣公集》卷二二《中书奏议六·均节赋税恤百姓第一条》,浙江古籍出版社1988年版,第243、244页。

控制之下,又将其束缚在土地之上;既满足了国家最大限度的剥削,又使农民在法定的范围内能够承受。

根据《通典·食货六》记载,租、庸、调均有一定的完纳日期,“诸庸调物,每年八月上旬起输,三十日内毕,九月上旬各发本州”“诸租,准州土收获早晚,斟量路程险易远近,次第分配。本州收获讫发遣,十一月起输,正月三十日内纳毕”。

除完纳日期外,有关官吏和户主必须按法定数额如期交纳,否则治罪。“诸部内输课税之物,违期不充者,以十分论,一分笞四十,一分加一等”“假有当里之内,征百石物,十斛(一石)不充笞四十,每十斛加一等,全违期不入者徒二年”“户主不充者,笞四十”,受笞以后,责令缴纳。[264] 由此可见里正和户主在督催课役方面的重要作用。

按《唐律》,“主户内有课口者为课户”[265],课户是赋役的主要承担者。但自王公以下,贵族官僚均不列为课户,因此,唐代赋税的实际承担者是农民,反映了唐代赋税制度的实质。

由于租、庸、调三者统一征收,赋役量比较稳定,赋役的减免规定也较为详备,而这一切又得到了法律的确认,因此可以说唐代的赋役制度是成功的历史经验的总结。

唐中后期,均田制度受到破坏,租庸调法也失去了存在的基础,以致“王赋所入无几”[266]。为了解决财政危机,德宗即位以后,宰相杨炎上书奏请废除“以丁夫为本”的租庸调法,改行以家资和土地多少为标准的赋税法,得到德宗的允准,并于建中元年(780 年)制定两税法。其主要内容是:

第一,量出制入,根据财政支出的数额,确定出总税额,摊派到各地征收。

第二,不分主户客户,不论土著和外来户,一律在现居地立户籍,“户无主客,以见(现)居为簿”[267]。

第三,根据资产定出户等,确定应纳户税税额,并在居住地完纳。没有固定住处的商人,所在州县按其收入征税三十分之一。

第四,租庸调和一切杂税、杂徭全部废除,但“丁额不废”,丁口册子继承保留。

第五,每年分两次纳税,“置两税使以总之”[268]。夏税限六月纳毕,秋税限

---

[264] 长孙无忌等撰:《唐律疏议》卷一三《户婚·输课税物违期》,刘俊文点校,中华书局 1983 年版,第 252 ~253 页。

[265] 欧阳修、宋祁撰:《新唐书》卷五一《食货志一》,中华书局 1975 年版,第 1340 页。

[266] 刘昫等撰:《旧唐书》卷一一八《杨炎传》,中华书局 1975 年版,第 3421 页。

[267] 刘昫等撰:《旧唐书·食货志上》,中华书局 1975 年版,第 2093 页。

[268] 欧阳修、宋祁撰:《新唐书》卷五二《食货志二》,中华书局 1975 年版,第 1347 页。

十一月纳毕,两税按钱计算,也可折收实物。

第六,以每年户数和所收税额的增减作为考核官吏治绩的依据。

两税法将各种赋税统一征收,趋向于简化。同时,改变了传统的"计丁而税",实行普遍的"计资而税",这符合按"负担能力"征课的租税原则,多少改变了课役不均,主要摊派在农民头上的状况,也及时解决了国家的财政危机。但是,两税法引致的以钱折物的折纳与法外加税,又成了不可克服的弊端。

2. 对手工业生产的法律调整

唐朝建立了庞大的分工细密的手工业生产管理机构,如工部、少府监、军器监和将作监。史载少府监所属工匠一万九千八百五十人,将作监一万五千人。这些工匠都是从全国各地按"材力强壮、技能工巧"征调而来的。为了保证专门技巧后继有人,法律规定该工匠子弟"不得别入诸色"[269]。

在对工匠的管理方面,也建立了一套严密的组织。"凡工匠,以州县为团,五人为火。五火置长一人"[270],以保证工匠轮番服役。从工匠的身份看,大致可分为三类:第一类,是因"反逆相坐,没其家,配官"的官奴婢,他们"长役无番"[271],世代相袭。第二类,是轮番工匠,"番户一年三番,杂户二年五番"[272]。一番为期一月,故番户每年报役三个月,杂户每年服役两个半月,番户、杂户属于贱民。第三类,是和雇工匠,多为临时需要雇用的人身比较自由的工匠,不分技艺高低,一律按日付给同样的劳动报酬。唐律一方面要求丁夫、杂匠按时服役,"稽留不赴者,一日笞三十,三日加一等,罪止杖一百";另一方面对工匠的技术任用、医疗、生产安全也作出了明确的规定,"诸役功力,有所采取而不任用者,计所欠庸,坐赃论减一等"。《疏议》解释说:"谓官役功力,若采药,或取材之类,而不任用者。若全不任用,须计全庸;若少不任用,准其欠庸,并倍坐赃论减一等。"[273]"诸丁匠在役……疾病,主司不为请给医药救疗者,笞四十,以故致死者,徒一年"[274]"若有所造作及有所毁坏,备虑不谨,而误杀人者,徒一年半;工匠、主司各以所由为罪。"《疏议》解释说:"谓有所缮造营作及有所毁坏崩撤之类,不先备虑谨慎,而误杀人者,徒一年半。'工匠、主司各以所由为罪',或由

[269] 李林甫等撰:《唐六典》卷七《尚书工部》,中华书局1992年版,第222页。

[270] 欧阳修、宋祁撰:《新唐书》卷四六《百官志一》,中华书局1975年版,第1198页。

[271] 李林甫等撰:《唐六典》卷六《尚书刑部》,中华书局1992年版,第193页。

[272] 李林甫等撰:《唐六典》卷六《尚书刑部》,中华书局1992年版,第193页。

[273] 长孙无忌等撰:《唐律疏议》卷一六《擅兴·功力采取不任用》,刘俊文点校,中华书局1983年版,第316页。

[274] 长孙无忌等撰:《唐律疏议》卷二六《杂律·丁防官奴婢病不救疗》,刘俊文点校,中华书局1983年版,第484页。

工匠指？傧,或是主司处分,各以所由为罪,明无连坐之法。律既但称‘杀人’,即明伤者无罪。”[275]

在生产管理方面,首先,强调工作须如法,“有不如法者”,即“在官司造作,辄违样式……笞四十,不任用……及应更作者,并计所不任赃、庸,累倍坐赃论减一等。其供奉作者加二等。工匠各以所由为罪。监当官司,各减三等”[276]。其次,对于产品的规格有明确的要求。例如,锦、罗、纱、布等幅宽一尺八寸,长四丈为一匹,布五丈为一匹。为保证产品质量,“诸造器用之物及绢布之属,有行滥、短狭而卖者,各杖六十”。“不牢谓之行,不真谓之滥”“绢匹不充四十尺,布端不满五十尺,幅阔不充一尺八寸”,谓之短狭,“其行滥之物没官,短狭之物还主”。出售不合格的产品,“得利赃重者,计利,准盗论。贩卖者,亦如之。市及州、县官司知情,各与同罪;不觉者,减二等”[277]。最后,明确生产责任,要求在产品上刻印生产者的姓名,《唐令拾遗·关市令·开元七年》规定,“诸其造弓矢、长刀、官为立样,仍题工人姓名,然后听鬻之。诸器物亦如之”“军器则勒岁月与工人姓名”[278]。

3. 对商业市场的法律管理

唐时商业繁盛,京城和地方都有许多著名的市,奴婢和牛、马、驼、骡、驴及其他商品均在市场上出售。因此,对商业的管理是《唐律》的重要内容,涉及商品市场、物价管理和度量衡管理等诸多方面。为了维护正常的商业秩序,防止强买强卖,欺行霸市,哄抬物价,《唐律》规定:“诸卖买不和而较固取者;及更出开闭,共限一价;若参市而规自入者,杖八十。已得赃重者,计利,准盗论。”所谓“卖买不和”,是指卖物及买物人“两不相和”,同于强卖强买。所谓“而较固取者”,是指“强执其市,不许外人买”。所谓“更出开闭”,是指买卖双方共为奸计,“自卖物者以贱为贵,买物者以贵为贱”。所谓“参市”,是指“负贩之徒共相表里,参合贵贱,惑乱外人”“人有所卖买,在傍高下其价,以相惑乱”。上述四种情况,依《唐律》均处杖八十,如“已得利物,计赃重于八十者,计利,准盗论”“其赃既准盗科,即合征还本”。

在物价管理方面,物价关系到千家万户的生活,也是控制市场的重要环节。

---

[275] 长孙无忌等撰:《唐律疏议》卷一六《擅兴·功力采取不任用》,刘俊文点校,中华书局 1983 年版,第 316～317 页。

[276] 长孙无忌等撰:《唐律疏议》卷一六《擅兴·工作不如法》,刘俊文点校,中华书局 1983 年版,第 314 页。

[277] 长孙无忌等撰:《唐律疏议》卷二六《杂律·器用绢布行滥短狭而卖》,刘俊文点校,中华书局 1983 年版,第 497～498 页。

[278] 欧阳修、宋祁撰:《新唐书》卷四八《百官志三》,中华书局 1975 年版,第 1270 页。

因此,官府派出官员根据生产与消费的供求情况,以及产品的质量,“遣评”“公私市易”的商品价格,如应贵而评贱,应贱而评贵,要负法律责任。《唐律·杂律》规定:“诸市司评物价不平者,计所贵贱,坐赃论;入己者以盗论。”在要求主管市场官员公平议价的同时,也赋予他们监督商品质量的职权,凡在市场上出售不符合规格的低劣商品,依法治罪,“得利赃重者,计利,准盗论”“市及州、县官司知情,各与同罪,不觉者,减二等”。

在度量衡管理方面,唐时全国实行统一标准的度量衡制度。由尚书省户部中金部掌全国“权衡度量之数”。私人虽允许制作度量衡器,但必须经政府核校盖印后方能使用,太府寺校印署及州县地方机关负责核校工作。根据《关市令》,“斛斗秤度等,所司每年量校,印署充用”,时间是每年八月。私制的度量衡器不合乎规格而在市场使用者,笞五十;虽合乎规格,但未经官府加盖印署,笞四十。如给他人造成损失,计所增减,准盗论。负责监校度量衡器的官员,如徇私不平,治罪。《唐律·杂律》规定:“诸校斛斗秤度不平,杖七十。监校者不觉,减一等,知情,与同罪。”

4. 国家专营的对外贸易

在经济法律中,对外贸易管理法不仅是重要组成部分,而且饶有时代特色。唐时,商品经济的发展以及统一国家的稳定,为对外贸易创造了有利条件。唐与欧亚各国的贸易和边境各民族之间的经济往来,都达到了前所未有的兴旺程度。据《新唐书·地理志》(下)记载,当时有七条道路通往国内外贸易市场。“一曰营州入安东道,二曰登州海行入高丽渤海道,三曰夏州(今陕西和山西)塞外通大同云中道,四曰中受降城(今内蒙古自治区包头市)入回鹘道,五曰安西入西域道,六曰安南通天竺道,七曰广州通海夷道。”

由于对外贸易对国家的经济政治影响较大,因此采取国家专营的政策。设互市监,掌管陆路贸易;设市舶司,掌管水路贸易;在边境地区,也派官管理各民族之间及与邻近国家之间的商品交换,并设立固定的贸易场所。《关市令》规定:“诸外蕃与缘边互市,皆令互官司检校,其市四面穿堑,及立篱院,遣人守门。市易之日卯后,各将货物畜产,俱赴市所。官司先与蕃人对定物价,然后交易。”[279]

随着对外贸易的发展,侨居中国的外国商人及其眷属不断增加。为了加强对外商聚居地区的管理,专设“蕃场”,并从多方面保护外商的财产权。例如,文宗大和八年(834年)八月二十三日敕令,凡来唐经商之波斯、蕃客死后,其资财

---

[279] [日]仁井田陞:《唐令拾遗·关市令》开元二十五年,栗劲等编译,长春出版社1989年版,第643页。

货物如有父母、嫡妻、男女、亲女、亲兄弟之相随,并请给还。

私人出入边境参与贸易活动,须得到政府发给的证明——过所,方准出入。未经许可而擅自出入贸易者,治罪。《唐律·卫禁律》规定:“诸越度缘边关塞者,徒二年。共化外人私相交易,若取与者,一尺徒二年半,三匹加一等。十五匹加役流。”即使擅自相互赠换,也在禁例。

有些商品从国家利益考虑限制出口。例如,“诸锦、绫、罗、縠、紬、绵、绢、丝、布、牦牛尾、真珠、金、银、铁,并不得度西边、北边诸关及至缘边诸州兴易”[280]“诸赍禁物私度关者,坐赃论;赃轻者,从私造、私有法”“若已度关及越度被人纠获,三分其物,二分赏捉人,一分入官”[281]。

总括上述,可以看出唐朝因商品经济繁荣而形成的法律调整,除依经济手段制裁外,都按刑法处罚。表现了经济法律与刑事法律的某种混同,这是封建经济法律的一个特点。

(七)趋于完备的司法制度

唐朝从长期的司法实践中积累了丰富的经验,使得司法制度趋于完备。

1. 三司推事的司法体制

大理寺是最高审判机关,负责审理朝廷百官犯罪及京师徒刑以上案件,对徒、流刑罪的判决,须送刑部复核,死罪的判决直接奏请皇帝批准,此外,对刑部移送的地方死刑疑案有重审之权。大理寺在组织上沿袭三国两晋旧制,设卿、少卿、正、丞、司直、评事等官和众多的属吏。太宗对大理寺卿的选任极为重视,他说:“大理之职,人命所悬,此官极须妙选。”[282]

刑部是最高司法行政机关,设尚书、侍郎、郎中、员外郎等官,下设刑部、都官、比部、司门四司,掌“天下刑法及徒隶、勾覆、关禁之政令”[283]。并负责复核大理寺流刑以下及州、县徒刑以上案件,在审核中如发现可疑,徒、流以下案件驳令原机关重审,或径行复判,死刑案件则移交大理寺重审。

御史台是最高监察机关,设御史大夫和御史中丞为正副长官,除职掌弹劾百官,“肃正朝列”外,[284]还负责监督大理寺和刑部的司法审判活动。

---

[280] [日]仁井田陞:《唐令拾遗·关市令》开元二十五年,栗劲等编译,长春出版社1989年版,第643页。

[281] 长孙无忌等撰:《唐律疏议》卷八《卫禁·赍禁物私度关》,刘俊文点校,中华书局1983年版,第176~177页。

[282] 王溥撰:《唐会要》卷六六《大理寺》,上海古籍出版社2006年版,第1356页。

[283] 刘昫等撰:《旧唐书》卷四三《职官志二》,中华书局1975年版,第1837页。

[284] 李林甫等撰:《唐六典》卷一三《御史台》,中华书局1992年版,第378页。

唐时，每遇重大案件，由大理寺卿会同刑部尚书、御史中丞共同审理，称“三司推事”，开创了后世“三法司”联合审判制度的先河。皇帝还经常根据案件情况，命令非司法机关参与审判。例如，死刑案件，刑部须会同中书、门下二省更议，以示慎刑。对于地方未解至中央的重大案件，则派监察御史、刑部员外郎、大理评事，充当“三司使”前往审判。有时还由门下省给事中、中书省中书舍人和御史台御史，共同组成特别法庭，称为“小三司”，负责审理申诉案件。

中央司法机关由一分而为三，至唐代已经定型，以使三者互相制衡，加强司法效能。事实上，专制制度下的皇帝拥有最高审判权、复决权和赦免权。从中也反映出皇帝控制司法权的加强。

地方司法机关仍由行政机关兼理，州县长官即为该审级的最高司法官，直接管理诉讼的佐官则较前增多。例如，州设司户参军事及各都督府设户曹参军事，负责民事案件的审判，“剖断人之诉竞。凡男女婚姻之合，必辨其族姓，以举其违。凡井田利害之宜，必止其争讼，以从其顺”。另设法曹参军事及各都督府司法参军事，负责刑事案件的审判，“掌律、令、格、式，鞫狱定刑，督捕盗贼，纠逖奸非之事，以究其情伪，而制其文法。赦从重而罚从轻，使人知所避而迁善远罪”〔285〕。

县以司法佐、史等管理司法事务，县以下乡官里正、坊正、村正对有关婚姻、土地等民事案件，也握有一定的调解与审判权，不服可上诉至县。刑事案件则不经乡官，直接由县审判。为了提高司法官的素质，凡属高级司法官吏，多由科举出身。太宗时，于国子监设“律学”以加强司法官吏后备队伍的培养。

唐初，虽以刑法“宽简”著称，但仍存在“今之法司，复理一狱，必求深刻，欲成其考”的现象。〔286〕魏征在贞观十一年（637年）针对太宗对司法权的滥用进行了批评，他说：“顷年以来，意渐深刻，虽开三面之网，而察见渊中之鱼，取舍在于爱憎，轻重由乎喜怒。爱之者，罪虽重而强为之辞；恶之者，过虽小而深探其意。”〔287〕中唐以后，司法越来越脱离封建法制所要求的轨道。

2. 诉讼与司法管辖

唐时提起诉讼可分为两种：一种是由监察机关或各级官吏向官府纠举犯罪，称为“举劾”，类似近代的公诉，该纠举而不纠举，或不及时纠举，均要负刑事责任。另一种是由当事人或亲属向官府告诉，即近世的自诉。

唐代起诉，一般需有起诉书，即“辞牒”。凡不能书者，典为书之，即由官吏代为书写，也可雇人书写，但代书人不得“加增其状，不如所告者，笞五十；若加

〔285〕李林甫等撰：《唐六典》卷三〇《三府督护州县官吏》，中华书局1992年版，第749页。

〔286〕王溥撰：《唐会要》卷四〇《君上慎恤》，上海古籍出版社2006年版，第839页。

〔287〕吴兢编著：《贞观政要》卷五《公平》，上海古籍出版社1978年版，第173页。

增罪重,减诬告一等"[288]。除书面方式外,口头起诉,也具有合法的效力。但是,除谋反、谋大逆、谋叛等罪外,卑幼不能控告尊长,奴婢不得控告主人,如强行控告则处重刑。贞观二年(628 年)诏:"自今奴告主者,斩之。"《唐律疏议·斗讼》规定:"诸部曲、奴婢告主,非谋反、逆、叛者,皆绞。"此外,狱中罪犯及年八十岁以上,十岁以下,或笃疾者,一般都没有告诉权。对于无告诉权人起诉的案件,不得受理,否则司法官要被处以"减所理罪三等"的刑罚。

然而,对于某些刑事案件,则有强制告发的义务。例如,"知谋反,大逆者,密告随近官司;不告者,绞",亲属告发,免除连坐。"同伍保内,在家有犯,知而不纠者,死罪,徒一年;流罪,杖一百;徒罪,杖七十。其家唯有妇女及男年十五以下者,皆勿论"[289]"祖父母、父母及夫为人所杀,私和者,流二千里;期亲,徒二年半""虽不私和,知杀期以上亲,经三十日不告者,各减二等"[290]。《唐律疏议·名例》对自首也作了规定,不但本人可以自首,亦可"遣人代首,若于法得相容隐者,为首及相告言者,各听如罪人身自首法"。

为了确保所告事实的真实性,《唐律疏议·斗讼》规定:"诸告人罪,皆须明注年月,指陈实事,不得称疑。违者,笞五十。"如教令人告诉,"事虚应反坐,得实应赏"。"诸邀车驾及挝登闻鼓,若上表,以身事自理诉,而不实者,杖八十"[291],至于"投匿名书告人罪者,流二千里",诬告者反坐。

唐朝司法管辖以县为第一审级,受理杖以下案件,州为第二审级,受理上诉案件,徒流以上罪,报送刑部。"诸有犯罪者,皆从所发州县推而断之"[292],不得越诉,"诸越诉及受者,各笞四十"。《疏议》曰:"凡诸辞讼,皆从下始。从下至上,令有明文。谓应经县而越向州、府、省之类,其越诉及官司受者,各笞四十。"[293]

民事案件也以县为第一审级。为了使民间细事的告诉与受理制度化,《唐会要》卷五五《省号下》和《御史台上》有记载,大历十四年(779 年)七月理匦使

---

[288] 长孙无忌等撰:《唐律疏议》卷二四《斗讼·为人作辞牒加状》,刘俊文点校,中华书局 1983 年版,第 444 页。

[289] 长孙无忌等撰:《唐律疏议》卷二四《斗讼·监临知犯法不举劾》,刘俊文点校,中华书局 1983 年版,第 450 页。

[290] 长孙无忌等撰:《唐律疏议》卷一七《贼盗·亲属为人杀私和》,刘俊文点校,中华书局 1983 年版,第 333 页。

[291] 长孙无忌等撰:《唐律疏议》卷二四《斗讼·邀车驾及挝鼓诉事不实》,刘俊文点校,中华书局 1983 年版,第 447 页。

[292] [日]仁井田陞:《唐令拾遗·狱官令》开元七年,栗劲等编译,长春出版社 1989 年版,第 689 页。

[293] 长孙无忌等撰:《唐律疏议》卷二四《斗讼·越诉》,刘俊文点校,中华书局 1983 年版,第 447 页。

崔造奏:“亡官失职、婚田两竞、追理财物等,并合先本司,本司不理,然后省司,省司不理,然后三司,三司不理,然后合报投匦进状。如进状人未经三处理及事非冤屈,辄妄来进状者,不在进限。如有急切须上闻,不在此限。其妄进状者,臣今后请并状牒送本司及台府处理。”敕旨依奏。

大中元年(847年)四月,御史台奏:“……至如婚田两竞,息利交关,凡所陈论,皆合先陈府县,如属诸军诸使,亦合于本司披论。近日多便诣台论诉,烦亵既甚,为弊颇深。自今已后,伏请应有论理公私债负及婚田两竞,且令于本司、本州府论理,不得即诣台论诉。如有先进状,及接宰相下状送到台司勘当审知,先未经本司论理者,亦且请送本司;如已经本司论理不平,即任经台司论诉。台司推勘冤屈不虚,其本司本州元推官典,并请追赴台推勘,量事情轻重科断。本推官若罪轻,即罚直书下考;稍重,即停任贬降。以此惩责,庶免旷官。臣今月三日,已于延英面奏,令臣将状来。”敕旨依奏。[294]

上述记载说明,唐朝中期以后,随着民事案件的增多,统治者对于民事诉讼程序也给予一定的重视。在司法实践中,民事案件大多数在县判决后即告结案,只有少数案件仍然上诉,直至朝廷。例如,《新唐书》卷一六三《穆宁附穆赞传》所载卢岳妾诉卢岳之妻家产继承案,《新唐书》卷一百一十《薛讷传》所载来俊臣曲断私债案,都是民事案件上诉至中央司法机关的史证。

在地区管辖上,凡相距在百里之内,案涉两个或两个以上的同级司法机关,其管辖原则是:轻从重,即轻罪从重罪;少从多,即两县囚犯罪名相等,移少就多;后从先,即移后发之囚至先系之处。但百里以外各从事发处审断。

3.“依状鞫狱”的审判制度

官府接受起诉以后,须传讯当事人,应逮捕拘提者立即逮捕拘提,加以关押。

为了保证审讯的公正性,进一步完善了审讯回避即“换推制度”。司法官与当事人有亲属关系,师生关系,有仇嫌以及曾在本地区任过刺史、县令者,均为应回避的范围。《唐六典·刑部》规定:“凡鞫狱官与被鞫人有亲属仇嫌者,皆听更之。”

在审讯中要求“判官亲问”“依状鞫狱”,不得追究诉状以外的事项。《唐律疏议·断狱》:“诸鞫狱者,皆须依所告状鞫之。若于本状之外,别求他罪者,以故入人罪论。”魏征曾经指出:“凡理狱之情,必本所犯之事以为主,不严讯,不旁求,不贵多端,以见聪明。”[295]但如经人检举,或发现另有他罪者,不在此限。

为了判明事实真相,对证据的要求进一步具体化。例如,被告人的口供是

---

〔294〕　王溥撰:《唐会要》卷六〇《御史台》,上海古籍出版社2006年版,第1231、1232页。

〔295〕　吴兢编著:《贞观政要》卷五《公平》,上海古籍出版社1978年版,第174页。

定罪的基本依据,但如“赃状露验,理不可疑,虽不承引,即据状断令”[296],在这里物证起了决定性的作用。除口供、物证外,有些案件也要求有证人。如《疏议》所云,“三人以上,明证其事,始合定罪”[297],但犯罪者的家属(长幼得相容隐者),不得为证,以防止曲意偏袒。此外,“诸年八十以上、十岁以下,及笃疾,皆不得令其为证”,因其缺乏作证的能力,均不得作证。证人如作伪证,则治罪,“诸证不言情……致罪有出入者,证人减二等”[298]。检验伤害不实者,也予以处罚,“诸有诈病及死伤,受使检验不实者,各依所欺,减一等。若实病死及伤,不以实验者,以故入人罪论”[299]。

由于罪从供定是封建司法审判的通例,为取得口供,动用刑讯是合法的,但唐代为防止刑讯逼供而在法律上作出了一定的限制。“诸应讯囚者,必先以情,审察辞理,反覆参验,犹未能决,事须讯问者,立案同判,然后拷讯。”[300]所谓“立案同判”就是疑案由承审官会同现任长官同判,然后拷讯。只有年七十以上、十五以下及废疾者和孕妇,才可免于刑讯。但是,“拷囚”不得过三次,每次相距二十日,总数不得过二百,如在此限内拷囚至死者,不论;超过此限而拷囚至死者,司法官治罪,最多至徒二年。太宗时起,将拷囚的受刑部位改背为臀。唐朝法定的拷囚制度对于司法官的无限制榜掠是一种约束,然而,这种约束,随着封建法制的败坏,逐渐流于形式,以致统治者自己也承认“肆行惨虐,曾靡人心”“楚疼切心,何求不得”[301]。刑讯逼供只适用于普通百姓,对于享有议、请、减等特权者不得拷讯,如误用拷讯,司法官论罪。

为了保证经过拷问所取得的供词不被推翻,要求罪犯亲写口供书,“若不解书,主典依口写讫,对判官读示”[302],然后由司法官据以判决。

对化外人案件的审理,专设译人,译人须如实翻译,不准作伪,否则负刑事责任。

---

〔296〕 长孙无忌等撰:《唐律疏议》卷二九《断狱·讯囚察理》,刘俊文点校,中华书局1983年版,第552页。

〔297〕 长孙无忌等撰:《唐律疏议》卷二九《断狱·议请减老小疾不合拷讯》,刘俊文点校,中华书局1983年版,第550页。

〔298〕 长孙无忌等撰:《唐律疏议》卷二五《诈伪·证不言情及译人诈伪》,刘俊文点校,中华书局1983年版,第475页。

〔299〕 长孙无忌等撰:《唐律疏议》卷二五《诈伪·诈病死伤检验不实》,刘俊文点校,中华书局1983年版,第473页。

〔300〕 长孙无忌等撰:《唐律疏议》卷二九《断狱·讯囚察理》,刘俊文点校,中华书局1983年版,第552页。

〔301〕 李希泌主编:《唐大诏令集补编》卷二十《刑法·禁酷刑及匿名书诏》,上海古籍出版社2003年版,第870~871页。

〔302〕 [日]仁井田陞:《唐令拾遗·狱官令》开元二十五年,栗劲等编译,长春出版社1989年版,第715页。

司法官在判决时,需要援法定罪、判刑,所谓“诸断狱皆须具引律、令、格、式正文,违者笞三十。若数事共条,止引所犯罪者,听”[303],表现了封建的法治主义精神,在世界法治文明历史中赢得了尊重。只有在唐朝重视法治的历史条件下,才有可能比较认真地贯彻实施。罪刑法定,不仅树立了法律所具有的权威,保证了司法活动符合国家的利益,严肃了司法官的审判责任,防止了权力的滥用,同时也减少了对于当事人的法外迫害。不仅如此,《唐律疏议·断狱》所规定的“制敕,量情处分,不为永格者,不得引为后比”,实际也是对无限适用“人主权断”的一种限制。

但在封建时代,援法断罪、罪刑法定,受到两方面的冲击:一是皇帝对于司法权的控制。《唐律》规定,凡应“言上”或“待报”的案件,擅自判决者,“各减故、失三等”论罪。二是允许类推适用。《唐律疏议·名例》规定:“诸断罪而无正条,其应出罪者,则举重以明轻;其应入罪者,则举轻以明重。”此外还有“不应得为而为之者”的条款,可以涵盖许多律令不载的行为。不过,总体来说,唐朝较之以往各朝更加严格地要求司法官准确地运用法律,如故意出入人罪,“入全罪,以全罪论”“从轻入重,以所制论”“其出罪者,各如之”,但根据不同情况,减三等至五等处刑。

为了保证判决公正,对徒以上或其他重案,要求“长官同判”,或连署意见,以示共同负责。《唐律疏议·名例·同职犯公坐》规定,连署官分为四等,“诸同职犯公坐者,长官为一等,通判官为一等,判官为一等,主典为一等,各以所由为首”,而且要“各呼囚及其家属,具告罪名”,并要犯人亲写服辩书,即“取囚服辩”,以免反复。罪犯如对判决不服,可以上诉。不服县判决,可以诉至州,不服州判决可上诉至尚书省,由“左右丞为申详之”,再不服可向“三司陈诉”[304]。在一般情况下,不准越级上诉。接受上诉的司法机关须“更为审详”,违者,笞五十,如系死罪则杖一百。但在封建法庭“官无悔判”思想的左右下,很少作出改判,只是造成了诉讼时间上的拖沓,增加了当事人的讼累而已。高宗曾经在诏令中指出:“幽絷困滞,证逮遐广,寒暑相袭,风露交侵,淹乎年岁,成其病苦。”[305]文宗敕令中也说:“其有绝小事者,经数个月不速穷诘。”[306]

---

[303] 长孙无忌等撰:《唐律疏议》卷三十《断狱·断罪不具引律令格式》,刘俊文点校,中华书局1983年版,第561页。

[304] [日]仁井田陞:《唐令拾遗·公式令》开元七年、开元二十五年,栗劲等编译,长春出版社1989年版,第532页。

[305] 王钦若等编纂:《册府元龟》卷一五一《帝王部·慎罚》,周勋初等校订,凤凰出版社2006年版,第1683页。

[306] 王溥撰:《唐会要》卷四〇《君上慎恤》,上海古籍出版社2006年版,第842页。

徒以上案件的判决除“长官同断”外,还必须向被告及其家属宣布所判之罪名并“取囚服辩”。如“不服状”,听其上诉。上诉除依审级外,还有直接向朝廷申诉冤屈的非常上诉程序,称为“直诉”。直诉有三种形式。一为登闻鼓,即于朝堂外悬鼓,如有伸冤者,击鼓上闻。“登闻”一词,初见于汉代律文。《唐律疏议·斗讼》规定:“挝登闻鼓不实,杖八十;主司不即受理,加罪一等。”二为匦函,唐武周时期在朝堂设置四个铜匣,名曰“匦”,其中“伸冤”匦,收受诉状,并设有理匦使负责处理。三为邀车驾,即皇帝车驾经过时,拦路喊冤。《唐律疏议·斗讼》规定,“诸邀车驾……而不实者杖八十”“主司不即受者,加罪一等”。历代对于非常程序之诉,均有种种限制。唐时邀车驾申诉只能在仪仗队外俯首陈告,若冲入仪仗队内,杖六十。

4.判决的执行

对判决的执行,笞、杖刑的判决在县执行,如系怀孕妇女,须待产后一百日方可执行。徒刑的执行,在京师,则男犯送将作监,女犯送少府监服劳役,在州县,则送至当地官府服劳役。判处流刑的罪囚应立即押送配所,稽留不送者,一日笞三十,三日加一等。对于死刑的执行,须复奏皇帝,京师地区“五复奏”,地方“三复奏”,不待复奏下达而行刑者,流二千里。由于死刑判决的正确与否常常会引起社会的骚动,唐统治者持审慎态度。如判决应绞而斩,或应斩而绞者,徒一年。在立春至秋分万物孕育生长期间执行死刑者,也徒一年。但对于谋反、谋大逆、谋叛、恶逆以及部曲、奴婢杀主等罪,则只需“一复奏”,即行处决。复奏不仅是慎刑的表现,也是加强中央集权、保证司法权统一行使的重要措施。死刑的执行,一般“皆于市,五品已上,犯非恶逆已上,听自尽于家。七品以上及皇族若妇人,犯非斩者,皆绞于隐处”〔307〕。

唐朝从笞刑到死刑均可以铜赎罪,但有期限限制。“诸赎死刑限八十日,流六十日,徒五十日,杖四十日,笞三十日。若无故过限不输者,会赦不免。”〔308〕

对于民事诉讼,从农业生产方面规定了“务限”制度,据唐《杂令》:“谓诉田宅、婚姻、债负,起十月一日,至三月三十日检校,以外不合。若先有文案,交相侵夺者,不在此例。”〔309〕民事审判(包括轻微的刑事案件),多于审理前进行调解。乡老、里正、村正、坊正对于发生在乡里间的民事争讼负有调解职能,经过调解使民事争讼化解于告诉之前。县司法官在受理案件以后,也不排除通过调解结案。

---

〔307〕[日]仁井田陞:《唐令拾遗·狱官令》开元七年,栗劲等编译,长春出版社1989年版,第696页。

〔308〕[日]仁井田陞:《唐令拾遗·狱官令》开元二十五年,栗劲等编译,长春出版社1989年版,第721页。

〔309〕窦仪等撰:《宋刑统》卷一三《户婚律·婚田入务》,薛梅卿点校,法律出版社1999年版,第232页。

在民事案件中,由于过失行为所造成的损失,只承担民事责任。例如,《唐律疏议·厩库·官私畜产毁食官私物》疏议:"其误杀伤者,不坐,但偿其减价。"《唐律疏议·杂律》载:"诸水火有所损毁,故犯者,征偿;误失者,不偿。"毁人"用功修造之物",如属"误毁损者,但令修立,不坐""诸弃、毁、亡失及误毁官私器物者,各备偿"。以上数条,说明了唐代独立的民事责任的存在,是民事诉讼制度不断完善的反映。

民事判决除依律、令、格、式外,也可根据共同认可的风俗习惯、乡规民约进行判决,但不得违反国家制定法。所订立的私契也具有举证效力。《杂令》规定:"诸公私以财物出举者,任依私契,官不为理。……若违法积利,契外掣夺,及非处息之债者,官为理。"对于已经生效的民事判决,则令败诉方执行。

在唐代的司法制度中,总体说贯穿了律法断罪的特点,而在民事诉讼与审判中,更为注重德礼为本,法情结合。以吐鲁番文书中的民事案例为例。

> 奉判:黄门缪贤,先娉毛君女为妇,娶经三载,便诞一男。后五年,即逢恩赦。乃有西邻宋玉,追理其男,云与阿毛私通,遂生此子。依追毛问,乃承相许未奸。验儿酷似缪贤,论妇状似奸宋玉。未知儿合归谁族?阿毛宦者之妻,久积标梅之叹。春情易感,水情难留,眷彼芳年,能无怨旷?夜闻琴调,思托志于相如;朝望垣,遂留心于宋玉。因兹结念,夫复何疑。况(宋)玉住在西邻,连瓦接栋,水火交贸,盖其是常;日久月深,自堪稠密。(缪)贤乃家风浅薄,本缺防闲,恣彼往来,素无闺禁。(宋)玉有悦(阿)毛之志,(阿)毛怀许(宋)玉之心,彼此既自相贪,偶合谁其限约。所款虽言未合,当是惧此风声。妇人唯恶奸名,公府岂疑披露。未奸之语,此之由。相许之言,足堪明白。(缪)贤既身为宦者,理绝阴阳。妻诞一男,明非己胤。设令酷似,似亦何妨。今若相似者例许为儿,不似者即同行路,便恐家家有父,人人是男,诉父竞儿,此暄何已。宋玉承奸是实,(阿)毛亦奸状分明,奸罪并从赦原,生子理须归父。儿还宋玉,妇付缪贤。毛、宋往来,既宜断绝。[310]

---

〔310〕《文明判集残卷》,第101~114行。转引自刘俊文:《敦煌吐鲁番唐代法制文书考释》,中华书局1989年版,第443~444页。

5. 监狱

唐时中央监狱设于大理寺,有狱丞和狱吏。京师地区和全国州县,也都设置地方监狱,由典狱若干人负责管理。

唐朝对于监狱的管理比较周密,已决犯人入狱时,"贵贱男女异狱",并根据案情带枷或钳、杻、链等刑具。按唐律,囚犯应枷、杻、链而未加,或脱去,或擅自更易刑具者,主管监狱的丞、吏处笞、杖刑。为防止囚犯传递消息,或越狱逃亡,监狱内不许携入纸、笔、酒、杵棒等,如狱吏给予犯人绳、锯等可使罪犯自杀或越狱之物,杖一百,如犯人因此而得以逃亡或自伤、伤人者,徒一年;自杀、杀人者徒二年。囚犯应请给衣食、医药而未请给,及应叫家人入视而不叫入视,应脱去枷、杻、链而不脱去者,杖六十;以故致死者,徒一年。窃减囚食,笞五十;以故致死者,绞。

汉时实行的录囚制度,唐朝继续沿行,除皇帝"亲录囚徒"外,还指令朝廷官吏录囚。巡察使、按察使、廉察使、采访使,经常根据皇帝的制命进行临时性的审录囚徒,凡"狱囚枷锁铺席及疾病粮饷之事,有不如法者,皆以状申"[311]。刑部于每年正月派人至各地录囚,御史台则通过录囚进行司法监察,至于地方府州都督、刺史也有赴所属各县录囚的任务。

但是,正如"法不能自行,得其人则存,失其人则亡",唐初,由于慎选职掌司法之官,出现了戴胄、张文瓘、徐有功、袁仁敬等一批刚正不阿、严于执法的良吏。但武则天统治时期任用索元礼、周兴、来俊臣等酷吏,每有赦令,"俊臣必先遣狱卒,尽杀重囚",监狱法成为一纸具文,以致中宗也不得不承认"冤滥之声,盈于海内"[312]。著名诗人白居易曾经慨叹说:"虽有贞观之法,苟无贞观之吏,欲其行善,无乃难乎?"[313]

(八)唐律的特点与世界地位

唐律是以律为核心,由律、令、格、式、典、敕、例多种法律形式组成的一个完备的法律体系。这里仅以《唐律疏议》为依据分析唐律的特点与历史地位。

特点之一,"一准乎礼,以为出入",经过两汉的引礼入法和魏晋的法律儒家化,至唐代,礼法结合已有可能进入一个新的阶段,唐初统治者为了塑造主流意识形态,颁布了儒家五经定本和新的五礼,排定三教秩序,礼法结合已达到一体化的程度。所谓一体化,并不是礼与法的简单等同,而是二者有机联系、相互渗

---

[311] [日]仁井田陞:《唐令拾遗·狱官令》开元七年,栗劲等编译,长春出版社1989年版,第692页。

[312] 刘昫等撰:《旧唐书》卷一八六《酷吏传上·来俊臣传》,中华书局1975年版,第4841页。

[313] 白居易:《白氏长庆集》卷四十八《策林四·论刑法之弊》,四部丛刊景日本翻宋大字本。

透、密不可分,如同《唐律疏议》所说,“德礼为政教之本,刑罚为政教之用,犹昏晓阳秋相须而成者也”。法国法学家孟德斯鸠在讨论中国的法律精神时,也一语道破:“礼教构成国家的一般精神……中国人的生活完全以礼为指南。”[314] 于礼以为出入在立法上的表现如下:

1. 纲常之礼指导着法律的制定

太宗曾明确表示:“失礼之禁,著在刑书。”魏征也曾经指出:“礼义以为纲纪……明刑以为助。”[315] 由于儒家倡导的“三纲”是礼的核心,因此贯穿唐律的思想主线就是维护“三纲”。“十恶”之所以被认定为“常赦所不原”的重罪,就在于它触犯了君为臣纲、父为子纲、夫为妻纲的礼教。

以纲常之礼为指导思想的唐律,使宗法伦理的道德准则,既高居于法律之上,也深入于法律之中,一部《唐律》便充满着礼教法的色彩。除此之外,体现“礼”的仁政和德治,不仅是唐初的治国方略,也是贞观时期修律的重要支点,由此而产生了种种慎刑、恤刑的规定。如果说,儒家纳纲常之礼于儒学体系,而使儒学历数千年而长青,那么,法律纳纲常之礼于法律体系,也使中华法系独树一帜于世界法学之林。

2. 礼典的基本规范法律化

《唐律》五百条中,或直接或间接源于“礼”,尤其是以《周礼》“八辟”为原型的“八议”制度,经过南北朝时期的确认,最后定型于《唐律》,成为典型的封建等级特权法的《唐律》的基石。

此外,以“不孝”为主要内容的宗法伦理犯罪,充斥在《唐律》的条文中。不仅如此,《唐律·杂律》还规定:“诸不应得为而为之者,笞四十;事理重者,杖八十。”注中特别指出:“谓律令无条,理不可为者。”按管子所说,“礼者,谓有理也”[316]。因此,“理不可为”实际是“礼不可为”。可见,这一原则无异于将全部违“礼”的行为纳入法律制裁的轨道,也可以说赋予礼教以基本规范法律的效力,成为一道不可逾越的大防线。这就使法之所禁必为礼所不容,礼之所许例为法所不禁的传统认识进一步落到了实处。

礼典入律、礼法结合,不仅表现为法律条文,也体现在释律的“疏议”当中。“疏议”依礼、准礼对律文的解释随处可见。通过“疏议”,阐明了律文的礼义内涵,论证了律文的礼教价值,表现了《唐律》所依据的社情国情,以及深厚的文化底蕴。

由于“礼”的基本规范以法律的强制执行的形式出现,并以刑罚作为后盾,

---

〔314〕 [法]孟德斯鸠:《论法的精神》(上册),张雁深译,商务印书馆 2005 年版,第 377 ~ 378 页。

〔315〕 魏征等撰:《隋书》卷二五《刑法志》,中华书局 1973 年版,第 695 页。

〔316〕 黎翔凤撰,梁运华整理:《管子校注》卷十三《心术上》,中华书局 2004 年版,第 770 页。

从而加固了纲常之礼,使得宗法性的家族主义、男权中心、义务本位、身份制度等,都成了不可动摇的社会支柱。在“礼”与“法”的双重作用下,个人的权利观念与价值受到了漠视。

3. 司法实践中因礼而为之轻重

唐朝作为统一强盛的中央集权的封建大国,它要求在司法实践中统一地适用法律,正是为了避免各地司法官员对律文的理解有出入,以致在司法中出现偏差,才有“疏议”之作。通过“疏议”,统一了各地司法官对于律文的不同理解,指导了他们的司法实践。由于《唐律》从某种意义上说是一部礼教大法,严格地适用《唐律》本身就体现了于礼以为出入的要求。

《唐律》所规定的罪与罚,体现了良贱尊卑的等级区分,展示了与其身份相适应的以“礼”为标准的权利义务关系,维护了严上下之分、重天泽之辨、序尊卑之别的社会结构。以斗殴为例,一般“殴人者笞四十”[317],但“诸殴缌麻兄姊,杖一百。小功、大功,各递加一等。尊属者,又各加一等”[318]“诸殴兄姊者,徒二年半。……伯叔父母、姑、外祖父母,各加一等”[319]“詈祖父母、父母者,绞;殴者,斩”[320]。总之,良贱尊卑之间相犯,各依其身份而有所加减,这是“礼”所要求的,也是“法”所规定的。

《唐律》虽然要求司法官断案具引律令格式,但同时也允许司法官原情执法,循“礼”折律。太宗曾指示说:“比来有司断狱,多据律文,虽情在可矜,而不敢违法,守文定罪,或恐有冤。自今门下省视,有据法当死而情在可矜者,录状奏闻。”[321]在唐代的司法实践中,不乏以礼法断狱的实例。例如,长庆年间,某姑鞭打其媳致死,京北府断以偿死,刑部尚书柳公绰以礼改判。据《册府元龟》记载:“柳公绰,长庆中为刑部尚书。京兆人有姑以小过鞭其妇至死,府上其狱,郎中窦某断以偿死,公绰曰:‘尊殴卑,非斗也;且其子在,以妻而戮其母,非教也。’竟从公绰所议。”[322]

---

[317] 长孙无忌等撰:《唐律疏议》卷二一《斗讼·同谋不同谋殴伤人》,刘俊文点校,中华书局1983年版,第390页。

[318] 长孙无忌等撰:《唐律疏议》卷二二《斗讼·殴缌麻兄姊》,刘俊文点校,中华书局1983年版,第411页。

[319] 长孙无忌等撰:《唐律疏议》卷二二《斗讼·殴兄姊等》,刘俊文点校,中华书局1983年版,第413页。

[320] 长孙无忌等撰:《唐律疏议》卷二二《斗讼·殴詈祖父母父母》,刘俊文点校,中华书局1983年版,第414页。

[321] 董浩等编:《全唐文》卷九《太宗六·谨死刑诏》,中华书局1983年版,第105~106页。

[322] 王钦若等编撰:《册府元龟》卷六一六《刑法部·议谳三》,周勋初等校订,凤凰出版社2006年版,第7125页。

从现有的唐代司法案例中,凡属违礼之罪都要加重处刑。

由于以“礼”为出入是受到国家保护的司法原则,并且体现了道德高于法律的社会公认的价值尺度,司法官既要依律,也不可以不循“礼”。不依律所责者,是职务;不循“礼”所责者,是人格。当然,依律本身也是在循“礼”,但无论如何,五百条唐律不可能涵盖所有“礼”的规范,不可能一无缺失地体现“礼”的精神,这就需要发挥司法官的能动作用。由于唐代科举选官的重要标准是明经,执法之官既明法又谙于礼制,因此以“礼”断案对于他们并不陌生。历代如专任刑罚者被视为致乱之源,而推行礼法结合者被誉为治世之端,正因为如此,于“礼”以为出入被后世称颂备至。

特点之二,律疏一体的结构与律学的新成就。高宗时期,于永徽二年(651年)颁行《永徽律》,又于永徽四年(653年)颁行《律疏》,附于律文之后,与律文具有同等法律效力。律与疏合编,开创了立法的新的结构形式。《律疏》也体现了唐代律学的新成就。它以准确地阐明律意、解释名词术语、辨析法律的历史源流与原则为基本内涵,以执法用法为目的,具有很高的理论和应用的价值。

唐代著名律学家房玄龄、长孙无忌、李勣、宋璟、于志宁等人,不仅通经明法,而且身居要职,是皇帝身边的辅佐之臣。他们参加了一系列重要的立法活动,由他们完成的《律疏》有可能运用历史的、比较的方法,总结此前各朝法制的利弊得失与律学的已有成就,并在儒家纲常礼制思想的指导下,通过以礼释法贯彻了封建正统的法律意识与道德意识,实现了礼法的进一步结合。律学家的社会地位与权威性使得《律疏》的解释也具有权威性。

《律疏》取材广泛,所谓“远则皇王妙旨,近则肖、贾遗文,沿波讨源,自枝穷叶,甄表宽大,裁成简久”[323]。它对律文的解释,或阐明律意、剖析内涵,或解释字词、明确概念,或就某项原则制度进行历史的追溯,或设置问答、通过辩难解析法律的疑义。不仅体现了刑法学、诉讼法学的最新发展,也反映了法理学、历史法学、注释法学的杰出成就。由于律疏与律文具有同等效力,在实践中成为司法官断罪量刑的重要依据。真正起到了“譬权衡之知轻重,若规矩之得方圆”的作用。[324]

《律疏》关于字词的解释。例如,“笞”,疏议曰:“笞者,击也,又训为耻,言人有小愆,法须惩戒,故加捶挞以耻之。”

关于概念的解释。例如,“化外人”,疏议曰:“化外人,谓蕃夷之国,别立君长者,各有风俗,制法不同。”此解释具有深远影响。

---

[323] 长孙无忌等撰:《唐律疏议》卷一《名例》,刘俊文点校,中华书局1983年版,第3页。

[324] 长孙无忌等撰:《唐律疏议》卷一《名例》,刘俊文点校,中华书局1983年版,第3页。

关于历史源流的解释。例如,“卫禁律”,疏议曰:“《卫禁律》者,秦汉及魏未有此篇。晋太宰贾充等,酌汉魏之律,随事增损,创制此篇,名为《卫宫律》。自宋洎于后周,此名并无所改。至于北齐,将关禁附之,更名《禁卫律》。隋开皇改为《卫禁律》。”

关于引用儒家经典的解释。例如,“流”刑,疏议曰:“《书》云:‘流宥五刑’,谓不忍刑杀,宥之于远也。又曰:‘五流有宅,五宅三居’,大罪投之四裔,或流之于海外,次九州之外,次中国之外,盖始于唐虞。”

关于引律释律。例如,“诸断罪无正条,其应出罪者,则举重以明轻”。疏议曰:“断罪无正条者,一部律内,犯无罪名,‘其应出罪者’,依《贼盗律》:‘夜无故入人家,主人登时杀者,毋论。’假有折伤,灼然不坐。”

综上所述,以《律疏》为代表的唐代律学是官方律学,它所追求的是统一适用法律,这是中央集权的封建帝国所要求的。律学所显示的重刑轻民倾向,以及儒家学说的影响,是传统律学的基本特点。律学所综合的法律实施中的经验,丰富了立法者的法律意识,对于国家立法具有重要指导意义,同时也提高了司法官吏用法的准确性,并为讲读律例提供了范本。

中国传统律学是在一个封闭性的国家发展起来的特有的法学,并且受到国家严格的控制,从未受到过外来法学的影响,所以,在其发展过程中只存在纵向的继受关系,而没有横向的吸纳与比较,这种独立性是它的特殊性,也是孤立性。作为律学家,无论是当政的官僚,还是所谓私家,他们的社会地位是否巩固,所能发挥作用的大小,都离不开皇帝的信任与支持,个人所能发挥的余地是很小的,这就是为什么封建专制制度下的律学只能以注释律学的形式出现的原因。

特点之三,相对的完备性。唐朝法律以律、令、格、式、典、敕、例诸种法律渊源构成了较为完备的法律体系。比较全面地制定了调整经济、政治、军事、司法、社会、家庭等各方面关系的法律规范,并在总结秦汉以来法治建设经验的基础上,更加切合统治阶级的利益和中央集权国家的需要。各种法律形式之间,基于调整对象的不同,也各有侧重、互相配合,使多样性与统一性相结合,形成了相当稳定的法律体系。在这个体系中,以刑法为主体,民事与刑事不分,行政与司法混同,道德与法律掺和,实体法与程序法杂糅,最终完成了封建法典的构架。这种构架适应了以自然经济占统治地位的经济基础,反映了宗法伦理道德笼罩社会的特殊国情,体现了专制主义的法文化的积淀,因此,它的定型与延及后世都不是偶然的。

《唐律》还全面地确认与加强了专制主义中央集权的国家制度。首先,全面加强皇权,确认皇帝总揽行政、军事、司法各种大权,凡属违反皇帝意旨,或对其神圣权威与人身有所侵犯的,都是“反天常、悖人理”的大罪,要受到严厉的处刑。甚至误犯皇帝尊讳也要受刑罚处分:“诸上书若奏事误犯宗庙讳者,杖八十;口误及写文书误犯者,笞五十。即为名字触犯者,徒三年。”[325]其次,依法调整了中央与地方权力的分配,在相当长的一段时间,维持了中央集权稳定的态势。最后,通过法律的形式确认了国家对土地、水源的垄断,以及对工商业的干预和重大工程兴建的控制,使得在经济领域的专制主义统治得到了加强。

在司法方面,无论是诉讼审判程序,还是证据、刑讯、回避、代理、调解、复核、上诉、执行等制度,都达到了公元七世纪所能达到的完备程度。

《唐律》的完备性是同唐朝所处的封建社会已经进入繁盛时期的历史条件分不开的,也是统治者经过长期反复的分裂割据之后,对于如何巩固中央集权制度和加强法制,已经积累了丰富经验的结果。但是,《唐律》的完备性是相对的,是就它在封建法制发展中的地位而言,这种完备性从实质上看,不过是对于维护封建统治秩序作出了更为严密的规定而已。

特点之四,反映了一定的科学性和先进性。作为唐朝法律体系重要构成部分的律、令、格、式,四者之间明确规定了分工与不同的作用,如同《唐六典》所载,“律以正刑定罪,令以设范立制,格以禁违正邪,式以轨物程事”。四者互相关联,统一于一个整体之中。“凡邦国之政,必从事于此三(令、格、式)者,其有所违及人之为恶,而入于罪戾者,一断以律。”[326]

就篇章结构而言,分为篇、卷、条,撰入五百条律文,这种先总后分,按次类列纂各项条款,在法理上有其逻辑,也便于司法援用。

再举唐律中以“断罪无正条轻重相举”的原则与“断罪不具引律令格式”的规定是否矛盾为例,近人董康对此特加论述:“按唐律本条用意,乃就其行为,示应否为罪或确认为罪之标准。义与《后汉书·陈宠传》辞讼比决事比为近,属于量刑问题……明律改为比附加减,范围浸广,大失唐律本旨,遂为吾国法律进步之障碍物矣。”[327]董康通过比较,得出唐、明律在这个细节上的细微差异,更真切地表明了唐律之科学。

从上述对唐律特点的简要分析,说明了《唐律》被后世历代王朝引为楷模绝非偶然。它是保存下来最早、最完整的封建法典。它产生于封建经济、政治、文

[325] 长孙无忌等撰:《唐律疏议》卷十《职制·上书奏事犯讳》,刘俊文点校,中华书局1983年版,第200页。

[326] 欧阳修、宋祁撰:《新唐书》卷五六《刑法志》,中华书局1975年版,第1407页。

[327] 董康:《科学的唐律》,载何勤华、魏琼编:《董康法学文集》,中国政法大学出版社2005年版,第315页。

化高度发展的唐代,又综合了唐以前各朝的法制建设经验,并经“诸名流裁酌损益,审慎周详,而后成书”[328]。因而是承先启后的一代巨作,其影响深远。例如,五代十国间的法制,大都沿唐之旧,别无创作。宋朝“法制因唐律、令、格、式,而随时损益则有《编敕》,一司、一路、一州、一县,又别有《敕》”[329]。元泰定四年(1327年)柳赟撰《唐律疏议序》中说:“非常无古,非变无今,然而必择乎唐者(指唐律)以之揆道得其中,乘之即过,除之即不及,过与不及,其失均矣。”[330]《至元新格》二十篇,同于《唐律》者九篇,如八议、十恶、官当都沿袭唐制。明初,制定法律时,“丞相李善长等言,历代之律,皆以汉《九章》为宗,至唐始集其成,今制宜遵唐旧。太祖从其言”[331],并命儒官四人同刑官共讲《唐律》,日讲二十条。《唐律》对《大清律例》也有明显的影响。据《四库全书总目提要》记载:“凡《唐律》篇目今所沿用者,有《名例》《职制》《贼盗》《诈伪》《杂犯》《捕亡》《断狱》诸门。其《唐律》合而今分者,如户婚为《户役》《婚姻》,《厩库》为《仓库》《厩牧》,《斗讼》为《斗殴》《诉讼》诸门。其名稍异而实同者,如《卫禁》为《宫卫》,《擅兴》为《军政》诸门……”[332]研究《唐律》,不仅可以知其流,还可以悉其源,如同清代学者孙星衍在《重刊故唐律疏议序》中所说,“不读《唐律》,不能知先秦历代律令因革之宜”。

《唐律》的完备性与先进性构建了它在世界法制史上的地位,是中华法系的杰出代表,影响周边国家千年之久。早在隋唐时代日本就派出遣隋使、遣唐使和遣唐学者到中国学习法律文化,这在日本历史上称为“祖先之贻谋”“祖法”[333]。他们从切身经历中深感“大唐国者,法式备定之珍国也”[334]。因此,呼吁移植隋唐法律,建设日本法制。著名的吉备真备、大和长冈、嵯峨朝国、额田今足等人,不仅在唐朝研核律令格式,探讨法律疑问,而且依据唐代律令积极制定日本律令。从七世纪下半叶开始,进入日本的奈良、平安时代,日本天皇为了加强封建的集权统治,相继制定和颁布了一系列以唐律、令为法源的法典。具体如下:

天智七年(668年)由遣唐学生高向玄理、僧旻等人主持制定了《近江令》二

---

〔328〕 薛允升编:《唐明律合编·例言》,中国书店2010年影印版,第3页。

〔329〕 脱脱等撰:《宋史》卷一九九《刑法志一》,中华书局1977年版,第4962页。

〔330〕 柳赟:《唐律疏议序》,录自元至正崇化余志安勤有堂刻本,载《唐律疏议》附录,中华书局1983年版,第664页。

〔331〕 张廷玉等撰:《明史》卷九三《刑法志一》,中华书局1974年版,第2279页。

〔332〕 纪昀总纂:《四库全书总目提要》卷八二《史部三十八·政书类二·唐律疏义》,河北人民出版社2000年版,第2161~2162页。

〔333〕 余又荪:《隋唐五代中日关系史》,商务印书馆1964年版,第99页。

〔334〕 《日本书记》卷二二,推古天皇卅一年条,叶一六一。

十二卷,这是日本历史上第一部成文法典。据中田薰《唐令与日本令之比较》的论断,《近江令》是根据唐武德、贞观、永徽、麟德、乾封、仪凤、垂拱七令制定的。《近江令》在奈良时代已经失传。[335]

天武十三年(686年),由遣唐留学生伊吉博德等人主持编纂《天武律令》,其依据仍是唐贞观、永徽两朝的律令。

文武天皇大宝元年(701年),日本制定了其历史上划时代的法典——《大宝律》六卷和《大宝令》十一卷。参与撰写大宝律令的既有遣唐留学生伊吉博德、土部生男,也有大陆移民的后代黄文备、段大角等。据佐藤诚实所著《律令考》记载:"大宝令当出自近江令,其所本者为武德、贞观、永徽三令,恐以永徽为多。"黄遵宪在其所著《日本国史·刑法志》中亦有以下记载:"孝德朝依仿唐制,始设刑部省,省中分二司,曰赃赎司,曰囚狱司,于是始有刑律。律分十二,一曰名例,二曰卫禁,三曰职制,四曰户婚,五曰厩库,六曰擅兴,七曰贼盗,八曰斗讼,九曰诈伪,十曰杂律,十一曰捕亡,十二曰断狱。亦用五刑,别有八虐,六议等条,大概同唐律。其时遣唐学生颇有习律者,归以教人,而法制颇详明矣。"日本学者桑原骘藏在其所著《中国法制史论》一书中指出:"我国《大宝律》大体上是采用《唐律》,只不过再考虑我国国情稍加斟酌而已。"例如,将《唐律》中的"八议"省为"六议",删去"议勤""议宾";将"十恶"改为"八虐",删去"不睦""内乱"。刑名之制,《大宝律》仍沿《唐律》笞、杖、徒、流、死五刑,唯流刑不计里数,而分为近流、中流、远流三等。其罪名之制,如阑入宫殿、犯跸、指斥乘舆、私渡关,等等,皆与《唐律》相同。大宝律令是"大化改新"的产物,它虽已散失,但在日本却影响深远。

元正天皇灵龟四年(718年),日本制定了历史上最完备的法典《养老律》十卷和《养老令》十卷。养老律令是对大宝律令的修订,它以《永徽律疏》为蓝本,并参酌了开元律令,由"留学受业,研览经史,该涉众艺"[336]的遣唐使吉备真备奉敕修撰,其篇数、篇名、内容与《唐律》基本相同,只是条文少于《唐律》。

除律令外,唐代的式、格也对日本法制的发展产生过影响,如桓武天皇时制定了《删定令格》、嵯峨天皇与清和天皇时又分别制定了《弘仁格式》与《贞观格式》、醍醐天皇时还修订有《延喜格式》。正如《大日本史·刑法志》所说,"比皇朝所以遵神道,采唐制,删定五代之大典者,可谓备矣"。直到明治六年(1873年),日本"参酌各国之定律"编订《改定律例》以前,《唐律》的精神和基本内容

---

[335] [日]中田薰:《日本私法法制史讲义》,创文社1983年版。

[336] 《续日本纪》卷三三,天平七年条。

始终渗透于日本法律,影响着日本法律文化的发展。

《高丽律》也以《唐律》为蓝本,高丽世宗朝史臣郑麟趾所著《高丽史·刑法志》说:"高丽一代之制,大抵皆仿于唐,至于刑法,亦采唐律,参酌时宜而用之,曰狱官令二条,名例十二条,卫禁四条,职制十四条,户婚四条,厩库三条,擅兴三条,盗贼六条,斗讼七条,诈伪二条,杂律二条,捕亡八条,断狱四条,总七十一条,删繁取简,行之一时,亦不可谓无据。"《高丽律》不仅在篇目体系上与《唐律》相同,在内容上,无论就刑名的规定,或特权者的优待条款,以及其他方面的规范,也都极为相似。至朝鲜王朝又以《大明律》为宗,主要立法基本仿自明律。

越南李朝、陈朝的法律也深受《唐律》的影响。据《历朝宪章类志·刑法志》记载,李太尊明道元年(1042 年)颁布的《刑书》三卷,陈太尊建中六年颁布的《国朝刑律》,大都依循《唐律》。所谓"当初核定律格,想亦遵用唐宋旧制,但其宽简之间,时加斟酌"。至黎朝统治初年(1401 年)编纂的《鸿(洪)德刑律》,也"参用隋唐断治,有画一之条,有上下之准,历代遵行,用为成宪"。就内容而言,不仅有十恶、八议之条,其他如卫禁、军政、户婚、盗贼、奸淫、殴讼、诈伪、违制、杂犯、捕亡、断狱,均源于《唐律》。

日本、高丽、越南等国之所以接受中华法系为母法,除唐律本身所具有的特点优点外,还在于基本国情的相近。上述诸国,均以农业为基本经济形态,重视宗法伦常关系,实行专制主义的政治体制,并在文化上接受儒家的思想影响,这是接受中华法系的物质基础。但接受中华法系并非一成不变的照搬,而是根据本国的具体情况有所调整。譬如大宝律令中便将《唐律》的"十恶"改为"八虐",除谋反、谋大逆、谋叛、恶逆、大不敬、不孝、不义外,将"不睦"并入"不道",省去"内乱",此外,流刑的里数均有所减少。以上可见,中华法系作为一个独立的法系,不仅本身需要具有独特的特点,而且还需要被一些国家和地区接受和采用,否则便不足以构成一个独立的系统。中国悠久的法律文明发展至唐代已使中华法系完全确立,无论从《唐律》的基本特征还是国际影响都说明了这一点。《唐律》不仅在中国法制发展史上具有重要的历史地位,也是世界法制发展史上光辉的一页。

三、五代十国的法律制度

唐末,黄巢领导的农民起义,虽遭到残酷镇压,但唐朝的统治也由此濒于崩溃。各地藩镇据地称雄,互相攻伐,至公元 907 年,由起义军叛将朱温灭唐称帝,建立后梁。此后,在中原地区相继出现了后唐、后晋、后汉、后周的统治,史称"五代"。与此同时,全国各地实力较大的节度使,也先后称王称帝,建立了十个割据的政权,史称"十国"。五代十国是唐末藩镇割据的延续和恶性发展。

在五代十国统治期间,东北辽河流域的契丹国逐渐兴起,占领了燕云十六州,改国号为辽,建都燕京(今北京),成为北方强大的国家,至此,中国又重新陷入南北大分裂的状态。

五代十国所遵行的法律,大体上沿用唐后期的律、令、格、式和编敕,但以敕为主要的法律形式,"凡断罪,合取最后敕为定"[337]。因此,编敕成为五代的主要立法活动。

后梁太祖朱温于开平三年(909年)十一月,诏删定律令格式。次年(910年)十二月,宰臣奏上新定律令三十卷,式二十卷,格十一卷,并目录十三卷,律疏三十卷,凡五部十一帙,共一百三十卷,合称《大梁新定格式律令》。

后唐庄宗同光三年(925年),仿唐宣宗时的《大中刑律统类》,编纂了《同光刑律统类》十三卷。清泰二年(935年),又将"清泰元年已前十一年内制敕,可久远施行者,凡三百九十四道,编为三十卷"[338],名为《清泰编敕》。

后晋天福三年(938年),编定《天福杂敕》三十一卷。

后周广顺元年(951年),"以晋、汉及国初事关刑法敕条,凡二十六件,分为二卷,附于编敕,目为《大周续编敕》,命省、寺行用焉"[339]。周世宗显德四年(957年),又以"法书行用多时,文意古质,条目繁细,使人难会,兼前后敕格,互换重叠,亦难详定",故诏侍御史张湜等重新编撰刑书,次年编成《大周刑统》,共二十一卷"颁行天下,与律疏令式通行"[340]。《大周刑统》以《大中刑律统类》为蓝本,将律分类为门,附以与律文相近的令、式、格、敕,汇编而成。《大周刑统》制定时比较审慎,而且形成了一种新体例。"其所编集者,用律为主;辞旨之有难解者,释以疏意;义理之有易了者,略其疏文。式令之有附近者次之,格敕之有废置者又次之。事有不便于今、该说未尽者,别立新条于本条之下;其有文理深古、虑人疑惑者,别以朱字训释。至于朝廷之禁令,州县之常科,名以类分,悉令编附。"[341]这些改变对于后来宋朝的立法有着直接的影响。

至于十国,起于草泽的吴太祖删定格令五十卷。南唐李昪早在为吴相时,

---

[337] 王钦若等编撰:《册府元龟》卷六一六《刑法部·议谳三》,周勋初等校订,凤凰出版社2006年版,第7129页。

[338] 王钦若等编撰:《册府元龟》卷六一三《刑法部·定律令五》,周勋初等校订,凤凰出版社2006年版,第7081页。

[339] 薛居正等撰:《旧五代史》卷一四七《刑法志》,中华书局1976年版,第1962页。

[340] 薛居正等撰:《旧五代史》卷一四七《刑法志》,中华书局1976年版,第1965页。

[341] 薛居正等撰:《旧五代史》卷一四七《刑法志》,中华书局1976年版,第1964~1965页。

便兴利除害,“变更旧法甚多,及即位,命法官及尚书删定为《升元条》三十卷”[342]。此外,据《宋史·艺文志》载,当时尚有律令《江南刑律统类》、《江南格令条》及《蜀杂制敕》,但五代十国时期各国所编纂的法典均已失传。

五代十国在民事、经济法律方面,针对社会经济的变动和民事法律纠纷的复杂化,制定了有关所有权取得的时效以及典权、债权方面的具体条款。例如,周太祖广顺元年(951 年)十二月批开封府文中,对契约与牙保制度作了较全面的规定:“应有诸色牙人、店主引致买卖,并须钱物交相分付。或还钱未足,仰牙人、店主明立期限,勒定文字,递相委保。如数内有人前却及违限别无抵当,便仰连署契人同力填还。如诸色牙行人内,有贫穷无信行者,恐已后误索,即许众状集出。”[343]

广顺二年(952 年),又制定了完整的《禁私盐曲法》。对盐、曲的制作、买卖作出了详尽的规定,对后世盐法的发展具有重大影响。

在刑事法律方面,据《册府元龟》记载,后唐明宗长兴二年(931 年)四月,在《开成格》中对盗贼罪明确规定:“须得本赃,然后科决。如有推勘因而致死者,以故杀罪论。”[344]在滥施刑讯的五代,能够规定刑讯致死者,主审官吏要承担刑事责任,无疑是对被告人生命的一种保护。在天成元年(926 年)敕中,还针对随意牵连攀引、罪及无辜的现象,明确规定,“自今后每捉到正贼,但见赃验,便行正断,不在更追关连祇证及宿食去处”[345],这对牵连无辜也起到了一定的抑制作用。

在狱政方面,后唐长兴二年(931 年),濮州录事参军上言:“诸道狱囚,恐不依法拷掠,或不胜苦致毙,翻以病闻,请置病囚院,兼加医药。”[346]此建言得到明宗批准,正式下敕,“诸道州府各置病囚院”“或有病囚,当时差人诊候,疗理后据所犯轻重决断”,并规定“每五日一次,差人洗刷枷杻”[347]。后又重申唐代《狱官令》中有关狱政管理的规定,例如,“诸囚死无亲戚者,官给棺,于官地埋瘗,置砖铭于圹内,立碑于冢上,书其姓名”[348]。后周太祖郭威一再敕令诸道州府,对囚犯“宜令官吏疾速推鞫,据轻断遣,不得淹滞。仍令狱吏,洒扫牢狱,当令虚歇;

---

[342] 司马光编著:《资治通鉴》卷二八三《后晋纪四》,中华书局 1956 年版,第 9240 页。

[343] 王钦若等编撰:《册府元龟》卷六一三《刑法部·定律令五》,周勋初等校订,凤凰出版社 2006 年版,第 7084 页。

[344] 王钦若等编撰:《册府元龟》卷六一三《刑法部·定律令五》,周勋初等校订,凤凰出版社 2006 年版,第 7079 页。

[345] 王溥:《五代会要》卷十《刑法杂录》,上海古籍出版社 1978 年版,第 159 ~ 160 页。

[346] 薛居正等撰:《旧五代史》卷一四七《刑法志》,中华书局 1976 年版,第 1966 页。

[347] 王溥:《五代会要》卷十《刑法杂录》,上海古籍出版社 1978 年版,第 161 页。

[348] 王溥:《五代会要》卷十《刑法杂录》,上海古籍出版社 1978 年版,第 161 ~ 162 页。

洗涤枷械，无令蚤虱；供给水浆，无令饥渴。如有疾患，令其家人看承，囚人无主，官差医工诊候，勿致病亡”“常令净扫狱房，洗刷枷匣，知其饥渴，供与水浆，有病者听骨肉看承，无主者遣医工救疗，勿令非理致毙，以致和气有伤”[349]。周世宗显德二年（955年）进一步下敕：“应诸道见禁罪人，无家人供备喫食者，每人逐日破官米二升，不得听任狱子节级减消罪人口食。仍令不住供给水浆，扫洒狱内，每五日一度洗刷枷杻。如有病疾者，昼时差人看承医疗。”[350]由于世宗重视监狱管理，“亲录囚于内苑”“由是诸长吏无不亲察狱讼”[351]。世宗时的狱政建设，在中国狱政史上是颇有价值的。五代时期有作为的帝王，之所以注意改善狱政，恰恰反映了这个时期狱政的黑暗与狱吏的贪酷。

五代十国时期虽不断立法，但时代的主要特点是滥刑，这和当时盗贼蜂起与统治者的暴虐是分不开的。宋时文彦博曾经指出：“唐末、五代用重典以救时弊，故法律之外，徒、流或加至于死。”[352]按《唐律》，窃盗罪的最高刑为加役流，至唐后期窃盗赃满三匹以上者，即集众决杀。后唐基本沿袭此制。后晋天福初期，“窃盗赃满五匹处死，三匹以上决杖配流”。后汉天福十二年（947年）又下敕：“应天下凡关强盗，捉获不计赃物多少，按验不虚，并宜处死。”[353]后汉时，“窃盗一钱以上皆死”。

后周太祖实行“宽政”，规定：“其犯窃盗者，计赃绢满三匹者，并准众决杀。”[354]

对于“强盗”罪，五代普遍使用族诛重罚，和奸罪，男女并处极刑，制造和贩卖私盐、私釉者一概严惩。后唐，贩私盐十斤以上，处死，私自制碱煮盐，不论斤两皆死，并对告密者实行奖赏。后汉，私自制釉，不论斤两皆死。后周改为犯盐、釉者，“五斤以上，并决重杖一顿，处死”[355]。

在刑罚方面，尤其表现了滥刑的时代特色，清人赵翼在《廿二史札记·五代滥刑》中说：“五代乱世，本无刑章，视人命如草芥，动以族诛为事。”最残酷的凌迟刑，便创始于五代。宋代著名词人陆游在其《谓南文集·条对状》中说：“五季多故，以常法为不足，于是始于法外特置凌迟一条。肌肉已尽，而气息未绝；肝

---

[349] 薛居正等撰：《旧五代史》卷一四七《刑法志》，中华书局1976年版，第1973页。

[350] 王溥：《五代会要》卷十《刑法杂录》，上海古籍出版社1978年版，第164页。

[351] 司马光编著：《资治通鉴》卷二九二《后周纪三》，中华书局1956年版，第9528页。

[352] 脱脱等撰：《宋史》卷二〇一《刑法志三》，中华书局1977年版，第5009页。

[353] 马端临：《文献通考》卷一六六《刑考五》，上海师范大学古籍研究所、华东师范大学古籍研究所点校，中华书局2011年版，第4972页。

[354] 王溥：《五代会要》卷九《定赃》，上海古籍出版社1978年版，第155页。

[355] 薛居正等撰：《旧五代史》卷一四六《食货志》，中华书局1976年版，第1952页。

心联络,而视听犹存。”

在司法审判中,“以轻附重”“禁锢逾时”“或蒙赦宥,已被诛夷”是极普遍的现象。[356]

连年混战所造成的社会动荡与人民的反抗,使统治者感到极大的威胁,因此企图用苛法酷刑威吓百姓,支撑纷乱的政局,保持一隅的政权。但是,用武力和酷刑维持的军阀专政是不可能延续长久的,最终被宋朝所取代,割据的中国重归于一统。

〔356〕 王溥:《五代会要》卷十《刑法杂录》,上海古籍出版社1978年版,第159～160页。

第八章　商品经济推动下的两宋法制文明

（公元 960 年～公元 1279 年）

在中华法制文明史上，两宋是继唐之后成就斐然的时代。

宋初，采取“不立田制”“不抑兼并”的政策，使土地的转移空前加快，中小地主与自耕农数迅速增长，佃农也成为租佃制下的国家编户，摆脱了部曲制下依附于主人的私属身份，从而普遍地刺激了生产的积极性，推动了农业的恢复与发展，而农业的发展又为手工业、商业的发展提供了物质基础。因此，宋朝成了当时世界上著名的贸易大国。

社会经济的繁荣带动了科学技术的进步，造纸、火药、活字印刷、指南针、天文、医学、算学也取得了巨大成就，学术思想在较为宽松的政治环境中也十分活跃，既有代表宋学的程朱理学，也有陈亮、叶适为代表的重商学派，传统的重义轻利的义利观，也在商品大潮的冲击下走向义利并重。

宋初，为了避免五代十国的大分裂与藩镇割据局面的再现，加强了中央集权，严格控制地方的军权、政权、财权，为了加强中央集权，重视法制建设，推行以法为治，法律被看作“理国之准绳，御世之衔勒”〔1〕，只有“法制立，然后万事有经，而治道可必”〔2〕。陈亮曾就汉唐宋三朝法制进行比较，他说：“汉，任人者也；唐，人法并行也；本朝，任法者也”。〔3〕

由于宋朝重视以法为治，无论中央官还是地方官都以明法相尚，在士大夫

---

〔1〕 徐松辑：《宋会要辑稿·选举》一三之一一，中华书局 1957 年版，第 4473 页。

〔2〕 李焘：《续资治通鉴长编》卷一四三，庆历三年九月丙戌，中华书局 2004 年版，第 3455 页。

〔3〕 陈亮：《陈亮集》卷一一《人法》，中华书局 1987 年版，第 124 页。

中间形成了读书读律的风气。现存的两宋判牍中显示了司法官熟习法律,并且兼顾法理情三者的关系。为了确保司法官准确地援法断罪,宋朝还建立了鞫谳分司的制度。

两宋法制建设的主要成就表现为,制定了具有时代特色的《宋建隆详定刑统》(以下简称《宋刑统》)和《庆元条法事类》,丰富了民事与财政金融立法,强化了中央集权的行政立法,改革了司法制度。至于律学,除继受汉魏晋以来注释律文的传统外,还注意案例分析,总结司法经验,出现了《折狱龟鉴》和《棠阴比事》之类的律学著作,尤其是宋慈编著的《洗冤集录》一书,对中国古代法医学进行了全面总结,是中国最早的,也是享誉世界的法医学著作。该书从明代起先后被朝鲜、日本、法国、英国、德国、荷兰翻译出版,表现了宋朝法制文明的卓越成就,也是中华民族对世界法文化的重要贡献。

在两宋统治期间,先后与辽、西夏、金鼎立并存,使得中原文化在更广阔的地域里和民族间得到了传播和交流。从现存的辽、西夏与金的法典中,不仅反映了法文化交流的明显烙印,而且体现了少数民族法制文明的迅速提高,及其对中华法系的丰富与发展。

一、宋初国策与立法特点

(一)推行加强中央集权的国策

宋朝是在经过五代十国的大分裂和百年藩镇割据之后建立起来的统一封建政权。宋初,统治者鉴于藩镇割据给华夏各族和中央政府造成的灾难和威胁,将巩固统一、建立强有力的中央集权制度、防止“方镇太重,君弱臣强”[4]局面的再现作为基本国策。

由于地方豪强势力在黄巢起义的打击下遭到削弱,使宋太祖在统一全国以后,所推行收夺地方兵权、财权的各种措施得以贯彻,因此两宋的国家实力虽不如汉唐,但是专制主义的中央集权却超过了汉唐,地方上再没有出现公开的分裂割据。宋人叶适对此作了历史性的评价,他说:“国家因唐、五季之极弊,收敛藩镇,权归于上,一兵之籍,一财之源,一地之守,皆人主自为之也。欲专大利而无受其大害,遂废人而用法,废官而用吏,禁防纤悉,特与古异,而威柄最为不分。虽然,岂有是哉!故人才衰乏,外削中弱,以天下之大而畏人,是一代之法

---

〔4〕 李焘:《续资治通鉴长编》卷二,建隆二年七月戊辰,中华书局2004年版,第49页。

度又有以使之矣。"[5]

宋初统治者非常重视运用法律管理国家控制社会。太祖曾说:"王者禁人为非,莫先于法令。"[6]太宗也反复告诫臣下:"法律之书,甚资政理,人臣若不知法,举动是过,苟能读之,益人知识。"[7]仁宗更将法制作为图治的首要条件,他说:"法制立,然后万事有经,而治道可必。"[8]在上述尊法重法的思想影响下,宋朝皇帝多"究心庶狱""临轩虑囚",积极开展立法活动,加强法制建设。建隆三年(962年),乡贡明法张自牧提出《大周刑统》已不适用的意见。稍后,工部尚书判大理寺窦仪也奏请:"《周刑统》科条繁浩,或有未明,请别加详定。"[9]于是,太祖令窦仪主持修订法律。建隆四年(963年)八月,窦仪、苏晓、奚屿、张希让、冯叔向等人制定《宋刑统》,刻版摹印,颁行天下。在中国法制史上以此种方式公布国家基本法典,始于宋。

《宋刑统》仿自唐末宣宗时的《大中刑律统类》和后唐的《同光刑律统类》、后周的《显德刑律统类》,采取律、敕并重,令、格、式合编的体例,这是自秦、汉、唐以来法典编制体例上的一大变化。《宋刑统》三十卷、十二篇、五百零二条,篇目沿袭《唐律》,但每篇详细分门,十二篇共分二百一十三门,并于律文之后附以经过选录的,自唐开元二年至建隆三年之间敕、令、格、式中通行的刑事规范,以及窦仪等奏请经太祖批准的"起请"之条。

(二)立法的特点

《宋刑统》颁行以后,虽经太祖乾德四年(966年)、神宗熙宁四年(1071年)、哲宗绍圣元年(1094年)、高宗绍兴元年(1131年)数次驳议,但改动很少。终宋之世,《宋刑统》仍不失为最具代表性的一部法典,但是,随着社会的发展,新产生的法律关系已经超出了《宋刑统》所能调整的范围,因而不得不倚仗皇帝颁发的敕令进行有针对性的及时的调整。由于敕的数量逐渐增多,其效力又大于固定的成法,因此,在司法实践中,发挥了"丽刑名轻重"的作用。[10]这是宋朝专制主义中央集权制度的强化在立法、司法上的表现。

所谓敕,是皇帝在特定时间针对特定的人或事临时发布的诏令。由于敕具

[5] 叶适:《叶适集·水心别集》卷十《始议二》,中华书局1961年版,第759页。

[6] 《宋大诏令集》卷二百《刑法上·改窃盗赃计钱诏》,中华书局1962年版,第739页。

[7] 李攸:《宋朝事实》卷一六《兵刑》,中华书局1955年版,第241页。

[8] 李焘:《续资治通鉴长编》卷一四三,庆历三年九月丙戌,中华书局2004年版,第3455页。

[9] 王应麟纂:《玉海》卷六六《诏令·律令下·建隆新定刑统》,江苏古籍出版社、上海书店1987年版,第1245页。

[10] 脱脱等撰:《宋史》卷一九九《刑法志一》,中华书局1977年版,第4964页。

有灵活性,并可补充、修正律文的不足,为统治者所乐于采用。其调整的范围不断扩大,涵盖了国家的基本活动,所谓朝廷之外,“一司、一路、一州、一县,又别有《敕》”[11]。真宗咸平元年(998 年),敕已多达一万八千五百五十五道。

为了把数量庞大的散敕加以分类整理,删去矛盾重复之处,而后通过一定程序加以公布,使之上升为特定的法律形式,取得普遍的效力和稳定性的要求,从宋初起便开始编敕。太祖时期有《建隆编敕》一百零六条,与《宋刑统》并颁天下。太宗以后,陆续颁行《太平兴国编敕》十五卷、《淳化编敕》三十卷、《咸平编敕》十二卷、《大中祥符编敕》三十卷、《天圣编敕》十二卷、《庆历编敕》二十卷、《嘉祐编敕》三十卷。神宗时,还制定颁布了《元丰编敕令格式》,范围极广。据粗略统计,自太祖建隆四年(963 年)至南宋理宗宝祐二年(1254 年)的二百九十年间,先后修订法典二百四十余种,其中新编敕令格式占法典总数的百分之八十以上。可见编敕是宋朝最经常最重要的立法活动。

在法典化的编敕中,既有通行全国的,也有适用于中央各机关和地方路州县的。通过不同时期的编敕,可以窥见宋朝法律制度变动的轨迹。《宋史·刑法志》说:“宋法制因唐律、令、格、式,而随时损益则有《编敕》。”这是符合历史实际的。由于编敕是经常性的立法活动,故而成为宋朝立法的特点之一。

宋初编敕,由大理寺掌管,至仁宗时,设“详定编敕所”专司其事。宋代编敕均已失传。

以上可见,律是国家的制定法,具有稳定性、综合性和权威性,是法律体系中的主干。敕是皇帝因人因事临时发布的诏令,具有最高的法律效力。北宋前期律、敕并行,至神宗变法,遂逐渐以敕补律。神宗曾明确宣布,“律不足以周事情,凡律所不载者一断以敕”[12],从而昭示了敕的价值及其补法的功能。正是为了补充和修改现行律文,“熙宁初,置局修敕,诏中外言法不便者,集议更定”[13]。在司法实践中,依律断案是法定的要求,只有律所不载者才依敕、令、格、式,如《宋史·职官志》所说,“凡断狱本于律,律所不该,以敕令格式定之”。但实际状况是,敕是最根本的依据,以致神宗在有些诏书中直书敕、令、格、式,而不言律。《宋史·刑法志》也说,“律恒存乎敕之外”,但这并不意味着在法律体系中律的主干地位的改变,只是强调了敕的价值。

律、敕并行既保持了法律的稳定性,扩大了调整的范围,又发挥了法律的灵活性。宋敕、令、格、式所调整的内容及解释与唐稍有不同,凡“禁于已然之谓

---

〔11〕 脱脱等撰:《宋史》卷一九九《刑法志一》,中华书局 1977 年版,第 4962 页。
〔12〕 脱脱等撰:《宋史》卷一九九《刑法志一》,中华书局 1977 年版,第 4963 页。
〔13〕 脱脱等撰:《宋史》卷一九九《刑法志一》,中华书局 1977 年版,第 4964 页。

敕,禁于未然之谓令,设于此以待彼之谓格,使彼效之之谓式”[14]。可见这四种“法令之书”都具有相应的调整对象与功能。但至明宗时期,以敕补律逐渐演变为以敕代律,甚而以敕破律,导致了皇帝对立法权的滥用。《宋史·刑法志》说,“徽宗每降御笔手诏,变乱旧章。……蔡京当国,欲快己私,请降御笔,出于法令之外”,如不奉行则依“违制罪”处罚。同时,也便于司法官任意援引,以行其私,导致固有的立法程序不复存在,法治秩序难以维持。

除编敕外,也进行编例。所谓“例”是由汉唐的比、例发展而来的,根据例所调整的对象,分为“断例”和“事例”。“断例”可以作为断罪量刑依据的成例,由于便于司法官援引,遂由最初的一案一例的临时性援引,发展为常行的制度。为了将例提升为具有普遍效力的法律形式,从庆历朝起实行编例,附于《庆历编敕》之后。神宗时编有《熙宁法司断例》《元丰断例》,哲宗时编有《元符刑名断例》,徽宗时编有《崇宁断例》。南宋时高宗、孝宗、宁宗各朝,编有《绍兴刑名疑难断例》《乾道新编特旨断例》《开禧刑名断例》。上述七部断例,是宋朝法律的重要形式,也是立法的成就。其数量虽不及编敕,但具有连续性,例在司法中的地位和作用不断加强。编例的盛行,是宋朝立法的特点之二。

至于“事例”,又称为“指挥”,其中有属于特旨的“内批指挥”和尚书省各部对下级官署的指示。“指挥”也是作为成例而被援引的,但在北宋时期,“指挥”尚未单独编修。至南宋历史条件的变化,使依“指挥”行事迅速发展,并且经过编修成为一种新的法律形式,如绍兴二十一年(1151年)编成《盐法续降指挥》第一百三十卷、《茶法续降指挥》第八十八卷。

关于例的适用,北宋初期强调“法所不载,然后用例”[15],但施行的结果如同御史刘一正所言,“法令具在,吏犹得以为奸,今一切用其所省记,欺蔽何所不至”[16]。至南宋,已然是“法令虽具,然吏一切以例从事,法当然而无例,则事皆泥而不行”[17]。特别是在“指挥自是成例”[18]“续降指挥谓之‘后敕’”[19]的思想指导下,例的适用范围更加广泛,以致出现了国家“以例为要”,官吏“非例无行”的局面。[20] 孝宗时期为矫正用例之弊,曾致力于限制“例”与“指挥”的适用

[14] 脱脱等撰:《宋史》卷一九九《刑法志一》,中华书局1977年版,第4964页。

[15] 脱脱等撰:《宋史》卷一九九《刑法志一》,中华书局1977年版,第4964页。

[16] 脱脱等撰:《宋史》卷一九九《刑法志一》,中华书局1977年版,第4965页。

[17] 脱脱等撰:《宋史》卷一九九《刑法志一》,中华书局1977年版,第4965页。

[18] 朱弁:《曲洧旧闻》卷二,王根林校点,上海古籍出版社2012年版,第110页。

[19] 陈振孙:《直斋书录解题》卷七《法令类》,上海古籍出版社1987年版,第224页。

[20] 叶适:《叶适集·水心别集》卷一五《上殿劄子(上孝宗皇帝劄子)》,中华书局1961年版,第834、835页。

范围,法司如更定律令,“必亲为订正之”[21],但收效甚微。

宋朝例的法律地位的提高以及编制的立法程序,对明清有着重要影响。

南宋孝宗淳熙三年(1175 年)颁布《淳熙敕令格式》,不久,孝宗认为敕令格式合编,“其书散漫,用法之际,官不暇遍阅,吏因得以容奸”[22],遂以“事”为类编纂法典,改变了按法律形式汇编的体例,编成《淳熙条法事类》,共四百二十卷,总门三十三,别门四百二十。据《玉海·诏令·律令下》记载,淳熙六年(1178 年)正月庚午,赵雄奏:“士大夫罕通法律,吏得舞文。今若分门编次,聚于一处,则遇事悉见,吏不能欺。”[23]乃诏敕局,取敕、令、格、式、申明,体仿《吏部七司条法总类》,随事分门,纂为一书。淳熙七年五月二十八日书成(四百二十卷),为总门三十三,别门四百二十,以淳熙八年三月一日颁行,赐名“条法事类”。

宁宗时,谢深甫等编定《庆元条法事类》奏上,于嘉泰三年(1203 年)七月颁行。根据《玉海》所载,《庆元条法事类》共有一百四十余卷。现存《庆元条法事类》十六门,四十八卷。理宗淳祐十一年(1251 年),又依据庆元法与《淳祐敕令格式》编纂《淳祐条法事类》,凡四百三十卷,这是宋代最后一次较大规模的立法活动,此后,“遵而行之,无所更定矣”[24]。

“条法事类”,是将相关的敕、令、格、式及指挥、申明等,依事分门别类,汇总编排,合为一书,以便于检索,它的出现是宋朝法典编纂体例上的又一创新,为《元典章》的形成提供了蓝本,是宋朝立法的特点之三。

宋朝不抑兼并的土地政策促使土地买卖盛行,带动了整个商品经济的发展,也使得传统的重义轻利的义利观发生了改变。北宋李觏率先提出:“人非利不生,曷为不可言?……欲者,人之情,曷为不可言?”[25]至南宋,讲求功利的事功学派兴起,其代表人物陈亮认为,“功到成处,便是有德;事到济处,便是有理”[26]。叶适和陈耆卿还对“重农抑末”的理论和政策进行了抨击。叶适说:“夫四民交致其用,而后治化兴,抑末厚本,非正论也。”[27]郑至道说:“古有四民,曰士曰农曰工曰商。士勤于学业,则可以取爵禄,农勤于田亩,则可以聚稼穑,工勤于技巧,则可以易衣食,商勤于贸易,则可以积财货,此四者皆百姓

〔21〕 脱脱等撰:《宋史》卷二〇〇《刑法志二》,中华书局 1977 年版,第 4993 页。

〔22〕 脱脱等撰:《宋史》卷一九九《刑法志一》,中华书局 1977 年版,第 4966 页。

〔23〕 王应麟纂:《玉海》卷六六《诏令·律令下·淳熙条法事类》,江苏古籍出版社、上海书店 1987 年版,第 1263 页。

〔24〕 脱脱等撰:《宋史》卷一九九《刑法志一》,中华书局 1977 年版,第 4966 页。

〔25〕 李觏:《李觏集》卷二九《杂文·原文》,中华书局 1981 年版,第 326 页。

〔26〕 陈亮:《陈亮集》卷二九《致陈同甫书》,中华书局 1987 年版,第 393 页。

〔27〕 叶适:《习学记言序目》卷一九《史记一·平准书》,中华书局 1977 年版,第 273 页。

之本业。”[28]

不仅士大夫在商品经济冲击下产生了与传统背离的思想倾向，甚至最高统治者皇帝也面对现实讲求财利。宋神宗曾下诏说，“政事之先，理财为急”[29]，“内外臣僚有知财用利害者，详其事状闻奏”[30]。

由重义轻利转向义利并重，是在商品经济发展的基础上出现的，同时，又反过来予商品经济以新的推动，在这样的背景下，调整民事关系的法律规范得到新的丰富和发展。《宋刑统》中调整民事法律关系的条款较之《唐律疏议》明显增加，如《户婚律》中增设“户绝资产”门、“死商钱物”门、“典卖指当论竞物业”门、“婚田入务”门，这些内容是宋以前历代法典中所没有的。同时，对户绝财产的继承，死商财物的处理，卑幼私自典卖田宅、质举财物等行为的处罚，以及婚田争讼的诉讼时限、质举财物的质举标准、遗失物的处理原则等，也都作出了明确和详细的规定。

除此之外，还出现了一系列专门的民事立法，如《户绝条贯》《遗嘱财产条法》《元丰市舶法法则》《户绝田敕》《户婚敕》。对于民间发生的田土争端，官府不再视为“细故”，而是强调“治道，民事为急”[31]，从《名公书判清明集》所载民事审判的案例中可资证明。

宋朝民事法律内容的丰富，反映了社会生活的发展要求和对私有权保护的重视，加之为舒缓财政困窘而进行的财经立法，是宋朝立法的特点之四。

总括上述，两宋三百年间的立法活动极具时代特色，在许多方面都超过了隋唐的成就。在立法技术上也有明显的提高，并积累了可资借鉴的历史经验。譬如，神宗时期，在专门法的起草过程中比较注意博采众议，先试后行。“熙丰变法”中颁行的免役法，就是几经朝廷复议拟成条文，然后先行于一州、一县，“揭示一月”“民无异辞”[32]，再考察其实际效果，最后制成新法颁行全国。这不仅体现了对待立法的审慎态度，也是确保所立之法符合实际需要的重要措施，尽管这个措施并没有得到普遍贯彻，但仍然是宋朝立法活动中值得借鉴的。

宋朝由于法律形式多样，而且新旧律同时并用，造成了法律适用的无所适从，尤其便于司法官任意援引，以行其私。宋人夏竦曾批评说：“律、令、格、式之

---

〔28〕 陈耆卿：《嘉定赤城志》卷三七《风土门·天台令郑至道谕俗七篇·重本业》，载成文出版社编：《中国方志丛书·华中地方·浙江省》第五六〇号，成文出版社1968年影印版，第7362页。

〔29〕 脱脱等撰：《宋史》卷一八六《食货志下八·均输》，中华书局1977年版，第4558页。

〔30〕 《宋大诏令集》卷一八四《财利下·言财利可采录施行者甄赏诏》，中华书局1962年版，第668页。

〔31〕 李心传编纂：《建炎以来系年要录》卷一五九，绍兴十九年四月己未，胡坤点校，中华书局2013年版，第3015页。

〔32〕 脱脱等撰：《宋史》卷一七七《食货志上五·役法上》，中华书局1977年版，第4300页。

科,《刑统》《编敕》之条,棼类相杂,矛盾不同。奸吏有市法之门,丹笔有误书之罪。"[33]

二、强化中央集权的行政法律

宋朝在加强专制主义中央集权的基本国策指导下,建立起了庞大的官僚机构,并改革行政管理体制。为了确保新的行政管理体制,能够维系国家机关之间的相互关系和有效运转,行政立法不仅数量多,而且规范密。除《宋刑统·职制律》二十二门中有关综合性的行政法律外,还就行政机关组织与管理、科举选官、考课、品俸、监察等各方面颁行了相应的行政法规。尤其是南宋谢深甫监修的《庆元条法事类》,收录了从南宋初年至庆元年间六十余年的敕、令、格、式及随敕申明,并于书后附有《开禧重修尚书吏部侍郎右选格》二卷,是开禧二年(1206年)三月所颁《开禧重修七司法》中的部分内容,因而保留了大量的行政法资料。仅以《庆元条法事类》中职制、文书二门为例,便可以看出其涉猎的广泛。

例如,职制门内含职掌、禁谒谒见、上书奏事、臣僚陈请、奉使之官违限、到罢、考任、考课、批书、差出、权摄差委、朝参赴选、寄居待阙、保官、监司巡历、监司按举、巡尉出巡、按阅弓兵、评议公事、定夺体量、漏泄传报、亲嫌、对移、省员废并、去官解役、擅离职守、迎送宴会、馈送、同职犯罪、差借监临、舍驿、辄入官舍、命官搬家、吏卒接送、差破宣借、差破当值、差借舟船、寻医侍养、给假、致仕、殁于王事、恩泽、荫补、封赠、磨勘升改、回授、理赏、叙复、亡殁等。

文书门内含诏敕条制、赦降、文书、行移、架阁、给纳印记、雕印文书、毁失、质卖、私有禁书等。

宋朝虽然没有仿《唐六典》编纂以典为形式的行政法律汇编,但《庆元条法事类》却也称得上是有宋一代行政法律的总汇。除《庆元条法事类》外,保留至今的还有《吏部七司法》残卷和《景定吏部条例》。

(一)加强中央集权的体制改革

宋朝为加强中央集权制,从中央到地方的行政管理体制都进行了较大的改革和调整。虽然沿袭唐三省制度,但与宰相脱钩,"中书令、侍中、尚书令不预朝政,侍郎、给事不领省职,谏议无言责,起居不记注,中书常阙舍人,门下罕除堂

[33] 黄淮、杨士奇编:《历代名臣奏议》卷二一〇《法令》,上海古籍出版社1989年版,第2759页。

侍,司谏、正言非特旨供职亦不任谏诤"[34]。最高行政机关是中书门下,但它与唐不同,不是宰相的联合机构,而是脱离三省的独立行政机构。其长官"中书门下平章事"行宰相事,一般设二三人,无定员,设"参知政事"为副宰相。中书门下有权对下属行政机关发布命令,下属机关也直接向中书门下报告工作,所谓"佐天子,总百官,平庶政,事无不统"[35]。但军政权分割于枢密院,财政权分割于三司使,而且事无大小均须奏请皇帝,然后再草旨施行。因此,宰相所握有的实际权力已较过去削弱。太宗时,曾经同时设置七相,使宰相擅权成为不可能。不仅如此,太宗还通过设置差遣院、审刑院、理检司、审官院、考课院等机构,进一步侵夺了宰相所经办的具体事务。宰相指挥下属的"札子",也因太宗至道二年(996年)七月令而受到限制,该令说,"自今大事,须降敕命,合用札子,亦当奏裁,方可施行也"[36],否则,下属部门可以将札子封奏。宋朝相权的削弱反衬出皇权的加强。

宋初行政管理体制的变化虽然加强了中央集权,但却造成了机构重叠、职权分散、冗官充斥、行政效率低下的后果。因此,神宗元丰五年(1082年)以《唐六典》为蓝本,实行三省六部制,进行了一次规模较大的行政机构改革,使宰相和三省重新衔接,扩大了宰相的权力,所谓"政柄皆归中书省"[37]。神宗改制是在中央集权制已经稳固的条件下进行的,因此,赋予了宰相一定的实权,以应付矛盾纷呈的政局。宋时宰相名称多变,至南宋孝宗,始最后确定宰相为左右丞相,副宰相为参知政事。

为了统辖百万人的庞大军队,及时应对内忧外患,宋朝沿袭五代旧制,建立枢密院为最高军事行政机关,"掌军国机务、兵防、边备、戎马之政令;出纳密命,以佐邦治;凡侍卫诸班直、内外禁兵招募、阅试、迁补、屯戍、赏罚之事,皆掌之"[38]。枢密院长官为枢密使,其品级相当于宰相,宋人称之为"二府",是朝廷"发号布政所从出也"[39]。通过设立枢密院,不仅加强了军队、军政的管理,而且进一步收兵权于中央,以便于皇帝控制军队,成为强化中央集权的重要环节。神宗改制时,有人建议废除枢密院,但神宗不以为然。他说:"祖宗不以兵柄归有司,故专命官以统之,互相维制,何可废也。"[40]然而,"二府"抗衡虽便于皇帝

---

[34] 脱脱等撰:《宋史》卷一六一《职官志一》,中华书局1977年版,第3768页。
[35] 脱脱等撰:《宋史》卷一六一《职官志一》,中华书局1977年版,第3773页。
[36] 李焘:《续资治通鉴长编》卷四〇,至道二年七月丙寅,中华书局2004年版,第847页。
[37] 王应麟纂:《玉海》卷一二一《官制·台省》,江苏古籍出版社、上海书店1987年版,第2242页。
[38] 脱脱等撰:《宋史》卷一六二《职官志二》,中华书局1977年版,第3797页。
[39] 脱脱等撰:《宋史》卷四三八《儒林传八·汤汉传》,中华书局1977年版,第12976页。
[40] 脱脱等撰:《宋史》卷一六二《职官志二》,中华书局1977年版,第3800页。

分别控制,但在政务执行上却难以配合,枢密使“每朝奏事,与中书先后上,所言两不相知,以故多成疑贰”,甚至出现了“中书欲战,密院欲守,何以令天下”[41]的局面,为了调整这个矛盾,常在战争期间以宰相兼枢密使。南宋理宗以后,政治形势严峻,使得宰相兼枢密使成为定制。枢密院虽与中书门下并称“二府”,但地位稍低,其长官为当然的副宰相。

为了解决财政困扰,设置三司——盐铁司、度支司、户部司作为最高财政管理机关,总管四方贡赋、钱粮出纳和全国户口。三司的地位虽低于二府,但由于理财对维持国家生存具有特殊的作用,三司长官三司使权任甚重,被称为“计相”。

由于吏部之外设审官院,刑部之外设审刑院,因此六部的职权遭到侵削。

地方行政管理体制从制止割据、集权中央着眼而有较大变化。总的趋向是地方政权权力分散制衡,中央对地方的控制加强。

宋初,地方政权分为州、县两级。州、县官或采取定期轮任的差遣形式,或由朝官外补,以防止地方官结党揽权。特别是太祖收回了节度使握有的兵权、财权和所在州、郡的行政管理权,取消了藩镇辖领多郡的制度,迫使节度使“拱手以趋约束”[42],成了将帅大臣和宗室勋戚徒拥的空衔,这是北宋集权中央的重要措施。

为了加强中央对地方的控制,仿唐时以“道”为监察区的体制,于州上设“路”,为地方最高一级政权。路设经略安抚使(南宋称帅司)掌管一路军政。设转运使(南宋称漕司)掌一路或数路财赋,各州除必要的经费支出外,各种税收都经由转运使送交中央。其后转运使职权扩大,兼理边防、治安、钱粮、监察等项事务,成为府、州以上的行政长官。设提点刑狱(南宋称宪司)掌司法。设提举常平使掌赈灾或盐铁专卖。上述四机关互不统属,互相监督,各自对皇帝负责。

路以下府、州、军、监为同级政权,是征税治民的重要地方政权。但府的地位高于州,凡皇帝即位前居住过或任过职的州,在其即位以后,便升格为府。军在唐时是军区,五代以后,逐渐演变成行政区;监多设在矿区,一般不管民政。在这一级政权中以州为主,府、军、监数目不多,军、监一般也不领有县。府、州、军、监分别以知府、知州、知军、知监为长官,由皇帝任命文官担任,以防止过去由于武将兼领地方官所造成的拥兵自重。至太宗初年,西北边境上的州郡也都以文官充任,而且唯恐知州揽权过大与中央抗衡,在官衔上加“权知”二字,如“权知州事”,

---

〔41〕 王明清:《挥麈录·后录》卷一,中华书局1961年版,第67页。

〔42〕 脱脱等撰:《宋史》卷四三六《儒林传六·陈亮传》,中华书局1977年版,第12933页。

以表示其“名若不正”“任若不久”。尔后更明确规定“三岁一易”和本地人不能在本地任官,使之不能据地自守。此外,在各府、州还设立了“事得专达”皇帝的“通判”,以分知州的职权。通判带有监察官的性质,并负责一州的财政及其他事务,州内一切政令如无通判联署则无效。通判可以随时向皇帝报告州内情况,成为皇帝设在地方上的耳目,因而有“监州”之称。然而,通判虽在事实上握有较大的权力,但是随着中央集权制度的稳定,通判逐渐演变成州的副长官。

县以知县为长官,五代以来由节度使委派武人驻县(称镇将)把持县政的现象已不复存在,但恢复了县尉的职位,负责缉拿盗贼和司法。如有盗贼,县尉须领兵追捕。

县以下有都保、大保、保等基层组织。

总括地方行政体制的变化,正如范祖禹所说,“收乡长、镇将之权悉归于县,收县之权悉归于州,收州之权悉归于监司,收监司之权悉归于朝廷”〔43〕。唐末以来“擅制数州,挟其力以争衡上国”的藩镇割据势力,〔44〕基本上被消灭,中央对地方的控制达到了前所未有的程度。

宋朝的行政管理体制具有以下特点:

其一,中央与地方行政体制的变化都围绕着加强中央集权的主线,以致地方缺乏应变的权力与能力。

其二,实行“官与职殊”“名与实分”的制度,造成机构重叠,官制紊乱。官虽有品级、俸禄,但不掌握实权,职也是虚衔,如殿阁学士,作为加给有名望的高级官吏的荣誉称号。只有“差遣”才是握有实际权力、担负实际责任的官职。以致出现官虽至尚书,但却被差遣为知州之事。实行官与职殊、名与实分的目的,是为了防止官吏擅权,结果却造成了官制的极端紊乱。“仆射、尚书、丞、郎、员外,居其官不知其职者,十常八九。”〔45〕真宗时,有人建议裁减冗员,数目竟达十九万五千余人。至南宋,“州县之地不广于前,而陛下官五倍于旧”〔46〕。

其三,赋予官吏优厚的俸给。太祖“杯酒释兵权”时,便以金银田宅作为换取大将兵权的条件。其后为了发挥官僚机构的作用,满足庞大的官吏群的需要,以巩固君主专制统治,而实行优厚的俸禄制度。有官俸(最高四百千)、禄粟(最高每月一百石)、职钱、公用钱、职田(最高四十顷)、茶汤钱、给卷(出差路

---

〔43〕 范祖禹:《范太史集》卷二二《转对条上四事状》,载《钦定四库全书》第一一〇〇册,商务印书馆 1986 年影印版,第 269 页。

〔44〕 文天祥:《文山先生全集》卷三《封事·己未上皇帝书》,商务印书馆 1935 年版,第 76 页。

〔45〕 脱脱等撰:《宋史》卷一六一《职官志一》,中华书局 1977 年版,第 3768 页。

〔46〕 宋祁:《景文集》卷二六《上三冗三费疏》,商务印书馆 1936 年版,第 336 页。

费)、厨料、薪炭等,此外,还有傔人(仆役)及其衣粮的供给。大官可役使仆一百人,每人每年粮折钱三十文,衣料绢折钱每匹一贯,布每匹三百五十文,绵每两四十文。可见,一入仕途,衣食享用,都可按时支取。范仲淹任参知政事时,出恩例(例赏),一次赐给苏州近郊上等田一千亩,真是"恩逮于百官者唯恐其不足,财取于万民者不留其有余"[47]。然而,优厚的俸禄并没有能克服官僚集团的腐朽贪婪。

(二)职官管理法的充实

1. 选官、考课、品级与致仕

宋朝为了加强对庞大的官吏群体的管理,无论是选任调迁,还是考课奖惩,都进一步法律化、规范化。宋朝选官的途径虽多,但首推科举取士。宋初,科举每年一次,至神宗朝,"三年一大比"成为定制。一方面,封建经济的发展,使得中小地主的数量有所增加,他们要求通过科举参加政权;另一方面,为了加强中央集权的基础,需要大量网罗具有才干的士大夫,并从思想上予以羁縻。所谓"圣朝(指宋朝)广开科举之门,俾人人皆有觊觎之心,不忍自弃于盗贼奸宄"[48]。

科举考试的内容,初期时而侧重诗赋,时而侧重经义。仁宗时,欧阳修、范仲淹提出先试策论,以使天下举子留心治乱之道,此后,试策论一直受到重视。特别需要指出的是,由于太宗倡导"经生明法,法吏通经"[49],创建了"明法科",遂使法律成为科举考试的重要内容。神宗改制时,明法科势盛,"试以律令、《刑统》大义、断案,中格即取"[50]。科举试法起着某种导向作用,神宗时名臣彭汝砺说:"异时士人未尝知法律也,及陛下以法令进之,而无不言法令。"[51]

在考试方法上,创造了"糊名"(弥封)、"誊录"(考卷由别人抄写)和回避制度(试院官及试院余官亲戚,并两相避),以防止科场舞弊,不以文章取士。宋朝的科举考试方法为后世取法。

为了便于皇帝对科举的控制,殿试进一步制度化,每三年由皇帝亲自殿试考选。鉴于唐代"座主"和"门生"曾经结成政治集团,互相攻讦的弊端,太祖下

---

〔47〕 赵翼:《廿二史札记校证》卷二五《宋制禄之厚》,王树民校证,中华书局1984年版,第534页。

〔48〕 王栐:《燕翼诒谋录》卷一,载《钦定四库全书》第四〇七册,商务印书馆1986年影印版,第715页。

〔49〕 马端临:《文献通考》卷三二《选举考五》,上海师范大学古籍研究所、华东师范大学古籍研究所点校,中华书局2011年版,第935页。

〔50〕 马端临:《文献通考》卷三一《选举考四》,上海师范大学古籍研究所、华东师范大学古籍研究所点校,中华书局2011年版,第908页。

〔51〕 黄淮、杨士奇编:《历代名臣奏议》卷一一六《风俗》,上海古籍出版社1989年版,第1540页。

诏,“禁谢恩于私室”[52],考生只能做天子门生,而不许称主考官为“恩师”“师门”,亦不许自称“门生”。

由于应试者不重门第、不讲身份,僧道百家都可以参加科举考试,从而拓宽了取士的来源,也增加了科举的民主色彩。与此相适应,增加了录取的名额和任官的数量。以进士科为例,唐时进士及第每次不过二三十人。宋朝进士分为三等,一等称及第,二等称赐进士出身,三等称赐同进士出身,录取总额通常在二三百人,最多时达五六百人。唐时录取以后,只是取得任官资格,还须经吏部考试合格,才授给官职。宋朝则一经录取便可释褐为官,名列高等的可得注授判官、知县、幕职等差遣。宋初得人较盛,著名的如王嗣宗、吕蒙正、苏易简、梁灏、程宿、孙何、孙钺、陈尧咨、王曾、李迪、梁固、张师德,皆从科举入仕。说明宋朝科举制度的改革起到了积极的作用。

为了给科举考试创造条件,培植官僚的预备队伍,宋朝的学校分设于京师、路、州县,而总隶于国子监。其中国子生为京朝七品以上官的子孙,太学生为八品以下官的子弟,也包括庶人之俊异者。元丰二年(1079年)颁布《学令》,规定了学生的名额,私试、公试的时间和办法,以及学费的来源等。此外,凡任诸州教授者,不许差兼他职,占居州县学舍者,杖一百,“所属不遣者,与同罪”[53]。

选官途径除科举常科外,还实行制举、荐举。据《宋史·选举志》记载:“制举无常科,所以待天下之才杰,天子每亲策之。”

宋初,省台高官可于京官幕职及州县官中荐举人为朝内职官,宰相、御史中丞也可以从朝臣中荐举人为转运使。为了防止夤缘附会,滥举不实,严申荐举者的责任,如被荐举人违法犯赃,荐举人连带治罪。熙宁元年(1068年),鉴于荐举为官,流弊日甚,下诏废除内外举官之法,集其权于吏部选官院。哲宗元祐元年(1086年)恢复荐举制度,并制定“十科荐举取仕法”[54]:一曰,行义纯固可为师表科(有官无官人皆可举);二曰,节操方正可备献纳科(举有官人);三曰,智勇过人可备将帅科(举文武有官人);四曰,公正聪明可备监司科(举知州以上资序);五曰,经术精通可备讲读科(有官无官人皆可举);六曰,学问该博可备顾问科(有官无官人皆可举);七曰,文章典丽可备著述科(有官无官人皆可举);八曰,善听狱讼尽公得实科(举有官者);九曰,善治财赋公私俱便科(举有官

---

〔52〕 曾巩:《元丰类稿》卷四九《本朝政要策·贡举》,商务印书馆1937年版,第505页。

〔53〕 谢深甫等修:《庆元条法事类》卷一〇《职制门七》“舍驿”条引《杂敕》,戴建国点校,黑龙江人民出版社2002年版,第176页。

〔54〕 谢深甫等修:《庆元条法事类》卷一四《选举门一》“十科”条引《荐举格》,戴建国点校,黑龙江人民出版社2002年版,第306~307页。

者);十曰,练习法令能断请谳科(举有官者)。十科荐举法只实行了八个月,后高宗时虽恢复,但已无法与科举竞衡。

在宋朝的选官途径中最为人所鄙视者,一是恩荫,二是卖官鬻爵。根据恩荫法,贵族官僚可以通过"荫补"直接做官,多者一官可恩荫数十人。富家巨室也可以凭借财力买得官职,"非特富商巨贾,皆有入仕之门,但人有数百千轻货以转易三路,则千缗之入为有余,人人可以滥纡命服,以齿仕路,遂致此流遍满天下,一州一县,无处无之"[55]。至南宋,卖官鬻爵已成为国家财政的重要来源。

至于官吏的铨选,初期由中书省和审官院分掌,神宗元丰改制以后,文官归吏部铨选,武官归兵部铨选。

需要指出,宋朝的任官回避制度,在隋唐的基础上进一步完善。例如,乡贯回避,即州县官不得在本州、本路或曾寄居处以及田产所在地区任官。又如,亲嫌回避,父子兄弟及亲近之在两府者,与侍从执政之官,必相回避。地方官员之间有亲嫌关系,亦皆行回避之法。为了贯彻亲嫌回避,实行避亲移任法,即同等官的对移。任官回避的出发点是为了防止官员亲故请托,徇私枉法,因而具有合理性。

为加强中央集权的国家统治,宋朝十分重视依法课吏,形成了特有的考课法。

宋初,沿袭唐制内外官任满一年,为一考,三考为一任,特别是对法司之官,既有明确的转官年限,也有严格的考课与回避制度。"刑法之寺,断覆之司……并以三周年满"[56]"每至年终,当议考校,无劳者退黜,有功者甄酬"[57]"诸职事相干或统摄有亲戚者,并回避"[58]。

太宗时,对州县官考课的法定标准与等第规定有:"郡县有治行尤异、吏民畏服、居官廉恪、莅事明敏、斗讼衰息、仓廪盈羡、寇盗剪灭、部内清肃者,本道转运司各以名闻。当驿置赴阙,亲问其状加旌赏焉。其贪冒无状、淹延斗讼、逾越宪度、盗贼竞起、部内不治者,亦条其状以闻,当行贬斥。"[59]凡"'政绩尤异'为上,'职务粗治'为中,'临事弛慢、所莅无状'者为下,岁终以闻"[60]。真宗时,又定"州县三课"法:"公勤廉干惠及民者为上,干事而无廉誉、清白而无治声者为

[55] 徐松辑:《宋会要辑稿·职官》五五之三九,中华书局1957年版,第3618页。

[56] 《宋大诏令集》卷一六〇《官制一·御史台流内铨南曹刑部大理寺并三周年为满诏》,中华书局1962年版,第605页。

[57] 《宋大诏令集》卷一六〇《官制一·置三司推官诏》,中华书局1962年版,第605页。

[58] 谢深甫等修:《庆元条法事类》卷八《职制门五》"亲嫌"条引《职制令》,戴建国点校,黑龙江人民出版社2002年版,第149页。

[59] 脱脱等撰:《宋史》卷一六〇《选举志六》,中华书局1977年版,第3758页。

[60] 脱脱等撰:《宋史》卷一六〇《选举志六》,中华书局1977年版,第3757~3758页。

次,畏懦贪猥为下。”[61]

神宗熙宁元年(1068年),颁行《守令四善四最》考课法。四善仍为唐时的“德义、清谨、公平、勤恪”;四最是“断狱平允、赋入不扰、均役屏盗、劝课农桑、赈恤饥穷、导修水利、户籍增衍、整治簿书”[62]。在《庆元条法事类》中对“四最”又作了进一步的规定,“民籍增益,进丁入老,批注收落,不失其实”,为“生齿之最”,“狱讼无冤、催科不扰”为“治事之最”,“农桑垦殖,水利兴修”为“劝课之最”,“屏除奸盗,人获安居,赈恤困穷,不致流移”为“养葬之最”[63]。

对诸路监司的考课,神宗时有“七事”之法:劝农桑、治荒废;招荒亡、增户口;兴利除害;劾有罪,平狱讼;不失案察;屏盗贼;举廉能。[64]

南宋高宗在“七事”之法的基础上,制定考课监司令守的“八事”之法,即举官当否、劝课农桑、增垦田畴、户口增损、兴利除害、事失案察、校正刑狱、盗贼多寡。[65]

考课的依据是治绩,依考课的结果定赏罚,如同苏洵所说,“有官必有课,有课必有赏罚”[66],因此,考课不实不公者,处以刑罚。

《庆元条法事类》“考课”条引《职制敕》对于监司考课州县不实者的处罚,规定如下:

> 诸监司考课,事应互申而不申若增减者,各徒二年。
>
> 诸考知州、县令,课绩不实者,优、劣等徒二年,上等减二等,中下者又减一等。有所请求而不实及官司各以违制论。以上若该赏罚者,官吏一等科罪。即保奏违限者,吏人杖一百,当职官减三等。
>
> 诸监司每岁审择保奏知州、县令功状不公不实,或附会观望权势若干请者,各以违制论加一等。

宋朝考课的方法也有明显发展,具体表现在历纸的使用与磨勘法上。凡由朝廷指定官员或官署考核迁转官阶的寄禄官,或拟选入京朝官的功过,称为“磨

[61] 脱脱等撰:《宋史》卷一六〇《选举志六》,中华书局1977年版,第3759页。

[62] 脱脱等撰:《宋史》卷一六〇《选举志六》,中华书局1977年版,第3761页。

[63] 谢深甫等修:《庆元条法事类》卷五《职制门二》“考课”条引《考课格》,戴建国点校,黑龙江人民出版社2002年版,第70页。

[64] 脱脱等撰:《宋史》卷一六〇《选举志六》,中华书局1977年版,第3760。

[65] 谢深甫等修:《庆元条法事类》卷五《职制门二》“考课”条引《考课式》,戴建国点校,黑龙江人民出版社2002年版,第70~76页。

[66] 苏洵:《嘉祐集》卷九《上皇帝十事书》,载《钦定四库全书》第一一〇四册,商务印书馆1986年影印版,第918页。

勘”。各部院长官平时记录所属政绩优劣的考状,称为“历纸”。太宗端拱二年(989年),设审官院考课京官,设考课院考课幕职州县官。史载:“初,帝虑中外官吏清浊混淆,命官考课,号磨勘院,至是改为审官院,掌审京朝官。其幕职、州县官,别置考课院主之。”[67]从磨勘的实施来看,京官引对磨勘始于真宗咸平四年(1001年),据《宋史·选举志》记载,真宗咸平四年“命审官院考京朝官殿最,引对迁秩。京朝官引对磨勘自此始”。对幕职州县官的磨勘引对,大约始于大中祥符七年(1014年),据《宋会要辑稿·选举》记载:“中书门下言:‘文武臣僚年终举到幕职州县官,今欲定五人以上同罪保举者,替日令吏部流内铨磨勘引对’从之。”仁宗庆历三年(1043年),辅臣范仲淹等制定磨勘保任之法,规定:“自朝官至郎中、少卿,须清望官五人保任,始得迁。”[68]保任法的实施,往往重视年资,忽视政绩。庆历时期,翰林学士张方平建议说:“其应磨勘叙迁,必有劳绩。或特敕择官保任者,即与转迁。如无劳绩又不因保任者,更增展年。其保任之法,须选择清望有才识之人,命之举官。如此,则是执政之臣举清望官,委清望官举亲民官。凡官有阙,惟随员数举之,庶见急才爱民之意。”[69]

另据元丰定制,凡文职官根据职位不同,或三年或四年始得磨勘,武职官五年始得磨勘。

为了保证磨勘制度的贯彻实施,宋朝制定如下规定:“诸被差点对应磨勘及关升人录白、告敕、宣札、印纸,而漏落不如式者,杖一百。所属官司不保明缴申尚书吏部者,罪亦如之。”[70]

磨勘之法虽然详细,但宋朝一入仕途,不问治绩劳逸,只要无大过错,照例文官三年一升,武官五年一迁,所谓“知县两任,例升通判;通判两任,例升知州”“贤愚同等,清浊一致”[71]。因此,官吏居官期间,不求有功,但求无过。虽有考官之法,大都流于空文。“致使年老病患者、或弱懦不才者、或贪残害物者……布在州县,并无黜陟……使天下州县不治者十有八九。”[72]南渡以后,奸相专权,国势日衰,考课之法形同具文。

宋初,职官品级沿用唐九品之制,每品有正有从,凡十八等。此外,也仿唐制,设散官二十九阶。神宗改制时,修定官品令,取消散阶,将本官阶改为寄禄

---

〔67〕 商辂:《通鉴纲目续编》卷二,明成化刻本。

〔68〕 脱脱等撰:《宋史》卷一六〇《选举志》,中华书局1977年版,第3760页。

〔69〕 脱脱等撰:《宋史》卷一六〇《选举志》,中华书局1977年版,第3760页。

〔70〕 谢深甫等修:《庆元条法事类》卷一三《职制门十》“磨勘升改”条引《职制敕》,戴建国点校,黑龙江人民出版社2002年版,第262页。

〔71〕 范仲淹:《范文正公集》卷八《天圣五年上执政书》,商务印书馆1937年版,第107页。

〔72〕 李焘:《续资治通鉴长编》卷一四一,庆历三年五月戊寅,中华书局2004年版,第3374页。

官阶,对宋前期的品阶制度加以简化。

至于俸禄,依官品的高下定其多寡。宋初统治者认为,"俸禄薄而责人以廉,甚无谓也,与其冗员而重费,不若省官以益俸"〔73〕。因此,不断颁发"增俸诏"和"省官诏"、"省吏诏",但实际上省官、省吏并没有贯彻,只有取之于民的俸禄有所增益。既有禄粟,又有职钱、布帛,其数额根据国库的盈拙而迭有增减。随着封建商品货币关系的日渐发展,在元丰改制以前,俸禄中的禄粟部分已经折钱,以钱为俸是宋朝俸禄制度的重大发展。神宗元丰改制时,百官俸禄除俸钱外,其他供给悉并为职钱,按月发给。至徽宗时,兼官兼薪之风盛行,有一身兼领十余俸者,冗员充斥不仅造成行政效率的低下,也成为政府难以承受的财政负担,因此,不得不强制推行官吏致仕制度。

按法律规定,官员七十致仕,但因贪图宦俸,虽已老迈仍不告退者甚多。仁宗时,包拯建议,凡文武百官年及七十而不致仕者,"许御史台纠劾以闻"〔74〕,以便赋予致仕以某种强制性。王安石也曾指出:"大夫七十而致仕,其礼见于经,而于今为成法。"〔75〕然而,事实上七十致仕之法并没有认真贯彻。对致仕官的待遇,如确有功于国者,或增俸或食全禄。太祖时王彦超致仕,诏给大将军俸,上官正致仕赐全禄。太祖以后,致仕之官或赐全禄,或给半俸。为了鼓励百官按时休致,"凡文武官致仕者,皆转一官,或加恩其子孙"〔76〕,即荫补其子孙为官。

由于年届七十之官应致仕而不致仕,加上科举取士的扩大和卖官鬻爵的盛行,使得官僚队伍急剧膨胀。为了缓和"官多阙少"的矛盾,增设了有名无实的闲散官职,他们"居闲之日常多,而治事之日常少",〔77〕是现任的候补大军。为了防止闲官与地方势力勾结,干涉政务,法律规定,任满待阙的官僚不得于任地寄居,"诸外任官罢任未及三年而于本处寄居者,徒一年"〔78〕。知州、通判、县令虽缺员,也不得"差寄居待阙官权摄"〔79〕。闲官如在一地寄居七年以上,其寄居地视同原籍,适用"回避本贯"的任官原则,"并不许注拟差遣"〔80〕。此外,"有田

---

〔73〕《宋大诏令集》卷一六〇《官制一·省西川州县官增俸诏》,中华书局1962年版,第605页。

〔74〕脱脱等撰:《宋史》卷一七〇《职官志十》,中华书局1977年版,第4089页。

〔75〕王安石:《临川先生文集》卷五三《外制·孙戾太子中允致仕制》,中华书局1959年版,第568页。

〔76〕徐松辑:《宋会要辑稿·职官》七七之二八,中华书局1957年版,第4146页。

〔77〕李焘:《续资治通鉴长编》卷三八六,元祐元年八月辛亥,中华书局2004年版,第9401页。

〔78〕谢深甫等修:《庆元条法事类》卷七《职制门四》"寄居待阙"条引《职制敕》,戴建国点校,黑龙江人民出版社2002年版,第111页。

〔79〕谢深甫等修:《庆元条法事类》卷六《职制门三》"权摄差委"条引《职制敕》,戴建国点校,黑龙江人民出版社2002年版,第98页。

〔80〕李心传编纂:《建炎以来系年要录》卷一七五,绍兴二十六年十月丙子,胡坤点校,中华书局2013年版,第3344页。

产物力在三等户以上”者,也“不许注授本处差遣”[81]。宋朝对闲官虽然作出了一些限制,却未能从根本上防止闲官与权贵勾结“干扰州县”政务,以致常与“大姓豪家”互为表里,侵剥小民。宋朝一方面限制闲官干政,另一方面却对闲官的经济利益给予优待。例如,官府出卖官田,“监司州县官吏公人并不许收买”,但“寄居待阙官愿买者听”[82],从而助长了闲官兼并土地之风。由于闲官日增,至南宋中期已数倍于在任官,他们为了求得早日差遣,磨勘迁转,纷纷奔走于公卿长官门下,加速了吏治的败坏。

综上可见,宋朝行政法规范细密,但由于律敕繁杂,法无定制,很难贯彻实施,冗官充斥,困扰天下。如同欧阳修所指出的,“方今天下凋残,公私急困,全由官吏冗滥者多”[83]。

2. 监察体制的发展与监察法

宋袭唐制,设御史台为最高监察机关,执掌“纠察官邪,肃正纲纪”[84],以御史大夫为台长,但向无实任,而以御史中丞执掌台事。御史台下设台院、殿院、察院,侍御史与殿中侍御史有言事、议政之权。监察御史虽负责监察六曹及百司之事,号称“六察”,但也有言事之责,所谓“三分察、三言事”[85]。

除御史台外,还将唐时以规谏皇帝为主要任务的谏院,确定为独立的机关,以左右谏议大夫、司谏、正言为谏官。“凡发令举事,有不便于时,不合于道,大则廷议,小则上封”“朝廷阙失,大臣百官任非其人,三省至百司事有违失”等,“皆得谏正”[86]。谏官也握有“风闻言事”之权,可见,谏院在组织上是独立的,在事权上却与御史台混同。因此台、谏并提,其所以如此,不外削减谏官对皇帝的谏诤权,扩大对百官的监督权。侍御史吕诲在奏章中表述得十分明白:“台谏者,人主之耳目,期补益聪明,以防壅蔽。”[87]

宋朝的监察制度扩大了御史的弹奏权和行政监督权。按宋制,“自朝廷至于州县,由宰相及于百官,不守典法,皆合弹奏”[88],神宗时,御史唐坰便曾面弹宰相王安石。此外,御史台负责点检、编修现任文武官的班簿,参预考课监司、

---

〔81〕 徐松辑:《宋会要辑稿·职官》六一之五十,中华书局1957年版,第3779页。

〔82〕 徐松辑:《宋会要辑稿·食货》五之二三,中华书局1957年版,第4872页。

〔83〕 欧阳修:《欧阳修集编年笺注(第六册)》卷九八,《奏议集》卷一,《再论按察吏状》,李之亮笺注,巴蜀书社2007年版,第97页。

〔84〕 脱脱等撰:《宋史》卷一六四《职官志四》,中华书局1977年版,第3869页。

〔85〕 王应麟纂:《玉海》卷一二一《官制·祥符御史台》,江苏古籍出版社、上海书店1987年版,第2241页。

〔86〕 脱脱等撰:《宋史》卷一六一《职官志一》,中华书局1977年版,第3778页。

〔87〕 脱脱等撰:《宋史》卷三二一《吕诲传》,中华书局1977年版,第10428页。

〔88〕 李焘:《续资治通鉴长编》卷三七一,元祐元年三月甲子,中华书局2004年版,第8982页。

郡守,外官任满到阙,京官除授转官或赴外任,都要经过"台参""台谢""台辞"的考核程序,"遇有老病昏懦之人……若委实不堪厘务者,并许弹奏"[89]。

由于御史权重,故由皇帝亲自掌握御史的任免权。废除唐代宰相所握有的御史任用权和宰相荐举御史权,凡经宰相荐举为官,以及宰相的亲戚故旧均不得为御史,以保证御史对中枢机关的监督。凡未经两任县令者,不得为御史,以保证御史具有实际的施政经验,更好地行使监察权。

允许御史"风闻弹人"而不一定要有实据,奏弹不当也不加惩罚,而且明令御史每月必须奏事一次,称为"月课",如上任后百日内无所纠弹,则罢黜作外官,或罚"辱台钱"。风闻弹人的规定,反映了皇帝防范臣下的急切心态,和对于耳目之司的倚重,由此也助长了御史弹劾权的滥用。

台、谏虽属两个系统,但在职责上却是混一的,谏官"并行御史之职",台官也兼谏议之权。神宗元丰二年(1079年)"诏御史六员,三分察,三言事"[90]。元丰八年(1085年)又诏:"监察兼言事。"[91]台谏合一的目的是发挥两个系统的监察职能,以维系封建的官僚政治。

宋朝在地方建立了监司、通判监察体系。监司是由皇帝派到路一级负责监督地方军、政、财、刑的四个机构,彼此互不统属,直接对皇帝负责。通判是州的监察官,负责监察知州及所部官吏。仁宗曾明确指出:"州郡设通判,本与知州同判一郡之事,知州有不法者,得举奏之。"[92]

监司、通判监察系统的建立,形成了上下左右涵盖宽广的监察网络。

综上所述,宋朝监察机关及其职权的扩大,是中央集权的需要,御史所拥有的广泛监察权,是附着于皇权的,是受皇帝的信任程度而为之消长的。但为了约束御史监察权的滥用,实行监察机构与其他机构互察之法。譬如,尚书省握有"奏御史失职"之权,[93]诸路监司之间,可彼此监督,互相纠举,如不互察,以失察罪论处。互察之法加强了监察机制,是宋代监察制度的重要发展。

此外,为了防止御史借"风闻言事"挟嫌攻讦,仁宗皇祐元年(1049年)降诏:"自今言事者,非朝廷得失,民间利病,毋得以风闻弹奏,违者坐之。"[94]

---

〔89〕徐松辑:《宋会要辑稿·职官》五五之九,中华书局1957年版,第3603页。

〔90〕王应麟纂:《玉海》卷一二一《官制·祥符御史台》,江苏古籍出版社、上海书店1987年版,第2241页。

〔91〕王应麟纂:《玉海》卷一二一《官制·祥符御史台》,江苏古籍出版社、上海书店1987年版,第2241页。

〔92〕孙逢吉:《职官分纪》卷四一《通判军州》,载《钦定四库全书》第九二三册,商务印书馆1986年影印版,第782页。

〔93〕脱脱等撰:《宋史》卷一六一《职官志一》,中华书局1977年版,第3787页。

〔94〕李焘:《续资治通鉴长编》卷一六六,皇祐元年正月辛酉,中华书局2004年版,第3983页。

随着监察机关的扩大和监察制度的完善,监察立法也有了新的充实与发展。

宋朝监察法的主要表现形式为诏、敕、令、格等,反映了君命立法的实质。其主要内容与特点概括如下:

其一,宋朝的监察法在纵向继受汉唐的传统的同时,又凸显了时代特点。主要表现为维护专制皇权和中央集权。例如,明确宣布执行监察权的主体——监察官为皇帝的耳目之司。崇宁五年(1106 年)十月十六日《诫约监司体量公事怀奸御笔手诏》中说:"监司分按诸路,为耳目之任。"[95]政和元年(1111 年)十二月二十一日《诫饬台官言事御笔手诏》中也说:"耳目之寄,台谏是司。古之明王,责以言事,罔匪正人,故能雍容无为,端拱于一堂之上,广览兼听,信赏必罚,以收众智,以驭辟吏,百官向方而万事理。"[96]同时,在《训饬百司诏》中再次申明:"御史耳目之官也,举台纲,肃官邪,惟汝之责,何惮而不为,汝其分行纠劾不法,必罚无赦。"[97]正是由于监察官是皇帝的耳目之司,如有"怀奸挟情,不实不尽"[98],蒙蔽圣聪,贪赃枉法者,从重治罪。

其二,详定监司与按察官的职掌与违法处置办法。《庆元条法事类・职制令》规定如下:

> 诸监司每岁分上下半年巡按州县,具平反冤讼,搜访利害,及荐举循吏,按劾奸赃以闻。
>
> 诸监司岁以所部州县量地里远近更互分定,岁终巡遍。提点刑狱仍二年一遍,并次年正月具已巡所至月日申尚书省。
>
> 诸监司巡历所至,应受酒食之类辄受折送钱者,许互察。
>
> 诸监司巡按,许接见宾客,唯不报谒。
>
> 诸监司巡历所至,止据公案簿书点检,非有违法及事节不圆,不得分令供析,无公事不得住过三日。
>
> 诸监司准指挥分诣本路州干办者,各依本年已分巡历处。
>
> 诸州县禁囚,监司每季亲虑,若有冤抑,先疏放讫,具事

[95] 《宋大诏令集》卷一九六《诫饬七・诫约监司体量公事怀奸御笔手诏》,中华书局 1962 年版,第 722 页。

[96] 《宋大诏令集》卷一九七《诫饬八・诫饬台官言事御笔手诏》,中华书局 1962 年版,第 726 页。

[97] 《宋大诏令集》卷一九七《诫饬八・训饬百司诏》,中华书局 1962 年版,第 726 页。

[98] 《宋大诏令集》卷一九六《诫饬七・诫约监司体量公事怀奸御笔手诏》,中华书局 1962 年版,第 722 页。

因以闻。

诸监司每岁被旨分诣所部点检、催促结绝见禁罪人者，各随置司州地里远近限五月下旬起发，至七月十五日以前巡遍，仍具所到去处月日申尚书省。

诸监司巡按，遇诸州州院、司理院，并县禁罪人及品官、命妇公事各徒以上者，虽非本司事，听审问。若情涉疑虑，或罪人声冤，或官司挟情出入而应移推者，牒所属监司行，若承报不行，或虽行而不当者，具事因奏。

诸监司每岁点检州县禁囚淹留不决或有冤滥者，具当职官职位、姓名按劾以闻。

诸生子孙而杀或弃之罪赏条约州县乡村粉壁晓示，每季举行，监司巡历常点检。

诸巡检、县尉遇在廨宇，每日躬亲教阅，仍具注于历，监司因按阅取历点检。

诸监司巡历所至，按阅弓手，每岁一阅，不至者，听差官。

诸守戍禁军因差出枉路私归营，若缘路托疾寄留避免征役并官司容纵及审验不实者，监司因巡历觉察按劾。

诸将副训练官应约束措置兵政军情不便，并职事违法或勘断不当，听州县长官觉察，申经略安抚、钤辖司，或提举将兵官，如应勘劾，仍权移别将。监司巡历所至点检。

诸将下军须什物，转运、提点刑狱司岁一点检。

诸州招填禁军，转运司巡历所至听点检，有违法者，牒提点刑狱司行。

诸发运、监司公文行下所部，非置司所在，实封递送，不得差人，其巡历所至，逐处令人承受。

诸察访所至，采访在任官能否奏，仍以知州、通判治状申尚书省，武臣申枢密院。

诸监司按察官，每岁终具发摘过赃吏姓名置籍，申尚书省。

诸监司分上下半年，具所部县令有无善政显著及谬懦不职之人申尚书省。

诸监司每岁分上下半年巡按州县，具平反冤讼、搜访利害及荐举循吏、按劾奸赃以闻。

诸监司知所部推行法令违慢,虽非本职,具事因牒所属监司施行。其命官老病不职而非隶本司者,准此,仍听具奏。即辞讼事属本司,听受理。已经本司理断,其余监司方许受理。

诸按察官知所部官有犯,若事理重者,躬亲廉察,余事听先委不干碍清强者体究,有无实迹,结罪保明申。所委官司于按章内明坐所差官体究到事因,并不得出榜召人首告。即犯赃私罪虽已离任,被告论或因事彰露者,听按治。[99]

此外,《庆元条法事类·职制敕》中还有以下规定:

诸监司巡历所部不遍者,杖一百,遍而不申,减二等。

诸监司巡按,巧作名目追呼巡、尉、弓兵将带出本界者,杖一百。

诸监司官巡按,般担人有人应差而和雇者,徒二年。

诸监司每岁巡历所部州县,若承指挥非泛干办,及因疾故未遍复出,辄再受到、发酒食供馈,并依例外受馈送法。

诸监司每岁诣所部点检、催促结绝见禁罪人,于令不应委官而辄委者,徒二年。

诸发运、监司巡历,随行吏人所在受例外供馈,以受所监临财物论。

诸监司巡按,随行公吏、兵级于所部受乞财物者,许人告。

诸州县公吏因监司巡历点检辄逃避者,杖一百,因追呼整会事节省,加一等,并勒停,永不收叙。

诸监司知所部推行法令违慢,非本职而已具事牒所属监司,若承报不即按举,或施行阔略,而元牒之司不举奏者,减所属监司应得之罪一等。即监司于职事违慢,逐司不互察者,准此。若犯赃私罪庇匿不举者,以其罪罪之。

---

〔99〕 根据《名例敕》:"诸称监司者,为转运,提点、刑狱、提举常平司;称按察官者,谓诸司通判以上之官及知州通判各于本部职事相统摄者。"参见谢深甫等修:《庆元条法事类》卷七《职制门四》"监司巡历"条引《职制令》、"监司知通按举"条引《职制令》,戴建国点校,黑龙江人民出版社2002年版,第117~119、129页。

诸所部违法，监司及知州、通判失按举，并奏裁。

诸按察官体量所部官，各以实犯罪状具奏，诸司不许互相关白。其被旨体量虽先失按举，但事得实者，除其罪。[100]

《庆元条法事类·厩库敕》与《庆元条法事类·杂敕》规定如下：

诸发运、监司巡按，随行公吏违法出给驿券，及所给官司各徒二年。

诸发运、监司巡按，以所得酒卖易，杖一百。

诸军无家属因差出逃亡，应申官注籍、关报、开阁举催而于令有违者，各徒二年。发运、监司所至不检察，与罪人同。

诸监司（属官同）沿流应给船，非遇巡按辄差占牵驾人兵，若巡按而差过数，或已归本司不即发遣者，各杖一百。[101]

其三，监察官通过点检各级机关公文运行有无迟误，执行公务有无差失，进行行政监察，以提高行政效率。元丰五年（1082年）十二月，神宗诏："御史台秋冬季序差御史一员，赴三省点检诸房文字稽滞，毋得干预其事。"[102]元丰六年诏御史台："每半年轮御史一员取摘三省诸房簿点检稽滞差失，未有轮差及置局取吏之法诏三省各一员，言事、察官序差，以本台吏就逐省点检。"[103]地方或每岁一点检，或每季一点检，或监司巡历所至点检。

其四，地方监察则以司法监察、经济监察为重点。真宗大中祥符七年（1014年）十二月，"诏川峡、广南、福建转运使、提点刑狱官察部内僚吏，有贪墨不法、惨刻用刑者以闻"[104]。大中祥符九年（1016年）四月，又诏："三京，诸路大辟罪，狱既具而非理致死者，委纠察提点刑狱官察之。"[105]仁宗庆历七年（1047年）三月，指令转运、提刑二司："每巡历至州县，先入刑狱中询问罪人。其有禁系人身死，仰画时具检验状申二司点检，如情理不明，有拷掠痕，立便取索公案，差官

[100] 谢深甫等修：《庆元条法事类》卷七《职制门四》"监司巡历"条引《职制敕》、"监司知通按举"条引《职制敕》，戴建国点校，黑龙江人民出版社2002年版，第116、128页。

[101] 谢深甫等修：《庆元条法事类》卷七《职制门四》"监司巡历"条引《杂敕》，戴建国点校，黑龙江人民出版社2002年版，第117页。

[102] 徐松辑：《宋会要辑稿·职官》十七之十一，中华书局1957年版，第2739页。

[103] 徐松辑：《宋会要辑稿·职官》十七之十三，中华书局1957年版，第2740页。

[104] 李焘：《续资治通鉴长编》卷八三，大中祥符七年十二月丁巳，中华书局2004年版，第1905页。

[105] 李焘：《续资治通鉴长编》卷八六，大中祥符九年四月乙未，中华书局2004年版，第1982页。

看详,依公施行。"[106]神宗熙宁三年(1070年)十一月,诏令监司检察已执行的判决,如发现有误则改正之,然后详细奏闻朝廷。[107]

《庆元条法事类·断狱令》对诸监司行使司法监督权作出以下规定:"诸监司有所按劾,限三十日具所按事状及应推治人录奏,仍申尚书刑部。诸官司按发官吏不究事实,或挟情奏劾,致降先次指挥,如勘得别无元劾罪犯,具因依奏闻。[108]

"诸监司决罪人,于所在州县勾杖直。若巡历非州县者,听就近勾,差过即遣还。余官应论决而无杖直者,亦听差借。诸官司遇按察官巡历点检,不得移罪人于厢店锁系。"[109]

可见,诸监司长官对地方司法官的失职行为,或根据法律规定自行处理,即所谓"按治",或"按劾以闻",即上奏弹章等候上裁,而更多的是"申尚书省",通过行政诉讼加以解决。

此外,通过经济监察维护以农立国的国策。例如,《庆元条法事类·考课令》规定:"诸监司被受劝农手诏,每岁春秋检行下所属,遇巡历所至,检察知州、县令劝农之勤惰,岁终较其尤著者为优、劣等(如未至岁终替移者,牒后官通计),限次年正月终保奏。(知州各一员,所部五十县以上者,县令各二员;五十县以下者,各一员。或无,不听阙。)罢任到阙日,具任内已保奏优、劣之人以问(外移准此)。"[110]

另据《庆元条法事类·农桑门》记载:"诸缘劝农辄追扰人户者,徒二年。(容纵公吏等,与同罪。)""诸守令出郊劝农(每岁用二月十五日),不得因而游玩及多带公吏,辄用妓乐宴会宾客。"[111]遇有水旱灾荒,"监司、帅守奏闻不实或隐蔽者,并以违制论"[112]。

由于宋朝所处的特殊历史背景,也对维持国家活动具有重要意义的赋税收入进行监察。《庆元条法事类·赋役门》规定:"诸人户输纳税租应折变物,转运司以纳月上旬时估中价准折。有违法者,提点刑狱司觉察奏劾。""诸税租,创支

---

〔106〕 徐松辑:《宋会要辑稿·刑法》六之五五,中华书局1957年版,第6721页。

〔107〕 徐松辑:《宋会要辑稿·刑法》四之二五,中华书局1957年版,第6634页。

〔108〕 谢深甫等修:《庆元条法事类》卷七《职制门四》"监司知通按举"条引《断狱令》,戴建国点校,黑龙江人民出版社2002年版,第130页。

〔109〕 谢深甫等修:《庆元条法事类》卷七《职制门四》"监司巡历"条引《断狱令》,戴建国点校,黑龙江人民出版社2002年版,第124页。

〔110〕 谢深甫等修:《庆元条法事类》卷七《职制门四》"监司巡历"条引《考课令》,戴建国点校,黑龙江人民出版社2002年版,第120页。

〔111〕 谢深甫等修:《庆元条法事类》卷四九《农桑门》"劝农桑"条引《职制敕》《职制令》,戴建国点校,黑龙江人民出版社2002年版,第680~681页。

〔112〕 谢深甫等修:《庆元条法事类》卷四《职制门一》"上书奏事"条引《职制敕》,戴建国点校,黑龙江人民出版社2002年版,第38页。

移而不奏,或奏而不待报辄施行者,各徒二年。"[113]"民间典买田产,就买官契投纳税钱",州县"敢有违戾,即重加黜责"[114]。

其五,监察法中不仅严格规定监察官的法定责任,还详列违纪重罚之法。凡应察而不察,或擅作威福,或贪赃枉法,分别处以罢黜、杖一百、徒二年、流二千里、永不收叙等惩罚。崇宁五年(1106年)《诫约监司体量公事怀奸御笔手诏》中说:"监司分按诸路,为耳目之任,近降指挥,体量公事,而观望顾避,附下罔上,隐庇灭裂,变乱事实……使朝廷刑罚失误,其罪莫大,除已究正,量行黜责外,自今敢有怀奸挟情,不实不尽者,流二千里,斥之远方,永不收叙,仍不以去官赦降原减。布告诸路,咸使闻知。"[115]

为了发挥监察官的作用,防范监察官弄权行私,特别制定了监司互监法,它是宋代监察法中最具有特色的法规。具体如下:

> 诸官司无按察官而有违法及不公事者,发运、监司按察奏,发运、监司互相觉察,其经略按抚、发运、监司属官,听逐互行按举。
>
> 诸所部官有犯,监司郡守依法按治,不得倚阁俸给,仍许诸司互察。
>
> 诸灾伤路分,安抚司体量措置,转运司检放展阁,常平司籴给借贷,提点刑狱司觉察妄滥,如或违戾,许互相按举,仍各具已行事件申尚书省。
>
> 诸监司知所部推行法令违慢,非本职而已具事牒所属监司,若承报不即按举,或施行阔略,而元牒之司不举奏者,减所属监司应得之罪一等。即监司于职事违慢,逐司不互察者,准此。若犯赃私罪庇匿不举者,以其罪罪之。[116]

使监察官互相监督,是宋朝皇帝驾驭大臣的统治权术之一——异论相搅,

---

[113] 谢深甫等修:《庆元条法事类》卷四八《赋役门二》"支移折变"条引《赋役令》《户婚敕》,戴建国点校,黑龙江人民出版社2002年版,第657、658页。

[114] 谢深甫等修:《庆元条法事类》卷四八《赋役门二》"科敷"条引"随敕声明",戴建国点校,黑龙江人民出版社2002年版,第669、670页。

[115] 《宋大诏令集》卷一九六《诫饬七·诫约监司体量公事怀奸御笔手诏》,中华书局1962年版,第722页。

[116] 谢深甫等修:《庆元条法事类》卷七《职制门四》"监司知通按举"条引《职制令》《职制敕》,戴建国点校,黑龙江人民出版社2002年版,第128、129页。

在监察制度上的体现。根据《续资治通鉴长编》卷二一三,熙宁三年(1070 年)七月壬辰条载:“真宗用寇准,人或问真宗,真宗曰‘且要异论相搅,即各不敢为非’。”所谓“异论相搅”,就是使政见相左、各不相能的大臣相互纠讦、监视与牵制,表现了皇帝对百官“事为之防,曲为之制”的深心。[117]

综上可见,宋朝监察制度发展的概况尤以监察法内容较为全面,成为行政立法中的典中之典,并且得到了体制上的保证。但是,在封建专制制度下,尽管建立了严密的监察网络,失监仍是不可避免的。最大的失监,就是皇帝超出任何监察法约束之外,然而他是制定所有监察法的原动力和监察网络的轴心。正因为如此,对官吏的监察与制裁也常常因帝意而改变,表现了封建监察法的局限性。

三、维护中央集权的刑事法律

两宋的刑事立法主要是《宋刑统》与若干刑事特别法,以及大量的敕令与编例。刑法的锋芒所向首在惩治“十恶”大罪,同时,厉行盗贼重法,以维护国家统治。刑罚制度也由折杖法的减刑措施,走向肉刑的部分复活。这种发展趋势,反映了宋代社会矛盾的激化和官僚政治的腐败。

(一)严惩反叛,实行盗贼重法

隋唐律中的“十恶”大罪,仍是两宋刑法的主要打击锋芒之所向。对于谋反、谋大逆、谋叛者,分别处以腰斩、弃市,甚至凌迟刑。民家私藏武器,“匿不以闻者”,处斩刑。为了防止以宗教形式秘密结合,图谋反抗,“凡传习妖教,夜聚晓散,与夫杀人祭祀之类,皆著于法,诃察甚严”[118]。真宗天禧年间,将“厌魅咒诅”“造妖书妖言”“传授妖术”等罪,与“十恶”相提并论。[119] 徽宗时,要求州县官止邪于未行,如失于觉察,坐罪。

为了维护皇帝的尊严,扩大了违制罪的适用范围。按《唐六典》卷九《中书令》载:“凡王言之制有七……二曰制书,行大赏罚,授大官爵,厘革旧政,赦宥降虏则用之。三曰慰劳制书,褒赞贤能,劝勉勤劳则用之。”可见,违制罪即违反皇帝颁布的制书的犯罪。宋朝扩大了违制罪的范围,如故意违制,处徒二年;如系故失按违制失论,刑法较故违制减轻。其适用的广泛可从仁宗诏中窥见一斑。天圣元年(1023 年)十月仁宗诏:“诸州典狱者,不先白长吏而榜平民,论如违制

---

[117] 李焘:《续资治通鉴长编》卷一七,开宝九年十月乙卯,中华书局 2004 年版,第 382 页。

[118] 脱脱等撰:《宋史》卷一九九《刑法志一》,中华书局 1977 年版,第 4981 页。

[119] 脱脱等撰:《宋史》卷一九九《刑法志一》,中华书局 1977 年版,第 4974 页。

律;榜有罪者以失论。”[120]同年十一月又诏:“自今师巫以邪神为名,屏去病人衣食、汤药、断绝亲识,意涉陷害者,并共谋之人,并比类咒咀律条坐之。非憎嫉者,以违制失论。其诱良男女传教妖法为弟子者,以违制论。”[121]

此外,加重了对伪造官文书、印记的处刑。伪造官文书原“止流二千里,今断从绞”;伪造印记“再犯不至死者,亦从绞坐”[122]。

最能反映宋刑法的时代特点的是盗贼重法。太祖鉴于五代时的盗贼重法深为民害,于建隆三年(962年)制定《宋刑统》时提出“临下以简,必务哀矜”的方针,[123]对窃盗的惩罚较五代为轻。犯窃盗,计赃满五贯,处死;不满五贯,决脊杖二十,配役三年。强盗则计赃满三贯,处死;不满三贯,决脊杖二十,配役三年。但与唐律相比仍为苛重,以强盗罪为例,《唐律疏议·贼盗律》规定,强盗“伤人者绞,杀人者斩”“其持杖者,虽不得财,流三千里”。但《宋刑统·贼盗律》准周显德五年(958年)七月七日敕条行事,强盗不论持杖不持杖,不问有赃无赃“并处死”“其造意之人,行而不受分,或受分而不行,并与行者同罪”“其有同谋,行而不受分,或受分而不行,亦减行者一等决配”。由此可见,尽管宋初统治者标榜“临下以简,必务哀矜”,但对于危害社会治安和国家利益的犯罪行为,依然实行严刑打击。

随着阶级矛盾的不断激化,刑罚进而趋于加重。特别是太宗年间爆发的王小波、李顺起义,使统治者“骇然丧胆”。为镇压此次起义,太宗下诏,“其贼党等,或敢恣凶顽,或辄行抗拒,即尽加杀戮,不得存留”,以致被“杀戮溺死者不可胜计”[124]。太宗时,还“重盗剥桑柘之禁”,即使是盗剥桑柘树皮充饥,也按尺计,积四十二尺为一功,三功以上抵死。[125] 正如《宋史·刑法志》所说,“太祖、太宗颇用重典,以绳奸慝”。在外忧与内患的考量上,太宗曾明确表示:“外忧不过边事,皆可预防。惟奸邪无状,若为内患,深可惧也。”[126]以“治平之世”和“宽厚之君”相标榜的仁宗时代,虽然修改了“强盗”法,但仍较唐律为重。例如,不持杖不得财,徒二年,持杖而不得财,流五千里,持杖得财或伤人者,均判极刑,以致每年所判死刑人数,“视唐几至百倍”[127]。

仁宗中期以后,土地的大量兼并和频繁的对外战争,日益加重了农民负担,

---

〔120〕 李焘:《续资治通鉴长编》卷一〇一,天圣元年十月癸未,中华书局2004年版,第2339页。
〔121〕 李焘:《续资治通鉴长编》卷一〇一,天圣元年十一月戊戌,中华书局2004年版,第2340页。
〔122〕 脱脱等撰:《宋史》卷二〇一《刑法志三》,中华书局1977年版,第5009页。
〔123〕 脱脱等撰:《宋史》卷一九九《刑法志一》,中华书局1977年版,第4967页。
〔124〕 李攸:《宋朝事实》卷一七《削平》,中华书局1955年版,第274页。
〔125〕 脱脱等撰:《宋史》卷一九九《刑法志一》,中华书局1977年版,第4976页。
〔126〕 李焘:《续资治通鉴长编》卷三二,淳化二年八月丁亥,中华书局2004年版,第719页。
〔127〕 脱脱等撰:《宋史》卷一九九《刑法志一》,中华书局1977年版,第4975页。

出现了“诸处盗贼纵横”[128]“郡邑悉不能制御”的严重形势。[129] 为了镇压盗贼,仁宗嘉祐七年(1062 年),于常法之外首立“窝藏重法”,以盗贼之法惩治窝藏犯。所谓“窝藏重法”,是将京畿诸县有关惩治“盗贼囊橐之家”[130]的敕令加以汇编而成,是适用于特定地区的刑事特别法。刑事特别法的出现是中国刑法史上一大变化,对宋以后封建刑法的发展具有重要影响。在以盗贼之法惩治窝藏犯的同时,还将京畿诸县划为“重法地”,凡在重法地犯贼盗罪者,加重处刑,借以强化京畿地区的治安。

英宗继位后,继承了以重法治盗贼的传统,于治平三年(1066 年)下诏:“开封府长垣、考城、东明县并曹、濮、澶、滑州诸县,累有凶恶之人结集,强劫人户财物,杀害捕盗官吏,须议别立重法。”[131]凡于上述地区“获强劫罪死者,以分所当得家产给告人,本房骨肉送千里外州军编管,即遇赦降……并配沙门岛。罪至徒者,刺配广南远恶州军牢城,以家产之半赏告人,本房骨肉送五百里外州军编管。编管者,遇赦毋还”[132]。英宗实行的重法,既强调法律的追溯力,又株连犯人亲属和籍没家产,实际上是按反逆罪惩治贼盗。如同范祖禹所说,“今重法之地,独为匪民,一人犯罪,连及妻孥,没其家产,便同反逆……别异州城,偏行峻令”[133]。

神宗熙宁四年(1071 年),修改盗贼重法,扩大了重法适用的地区,包括淮南东西、福建、河北东西、京东东西、陕西、永兴、京畿等十路。《宋史·刑法志》说:“至元丰时,河北、京东、淮南、福建等路,皆用重法,郡县益广矣。”同时提出“重法之人”的概念与刑罚规定。史载:“至元丰,更定其法……虽非重法之地,而囊橐重法之人,并以重法论。”[134]所谓重法之人,主要是指武装反抗的农民,也包括统治集团内部的某些反叛者。对重法之人的惩治,没有地区限制,一经捕获,不但诛杀本人,而且籍没家产以赏告密者,妻子编置千里以外,逢赦亦不移不释。如有贼盗“复杀官吏及累杀三人,焚舍屋百间,或群行于州县之内,劫掠于江海船筏之中,虽非重法之地,亦以重法论”[135]。在重法地内任职的地方官,“必择强健之吏,奉法(重法)除盗,视民如仇,一切以击断为称职”[136]。

至哲宗时,重法地已占全国二十四路的百分之七十一,“贼盗重法”代替了

[128] 李焘:《续资治通鉴长编》卷一四三,庆历三年九月癸巳,中华书局 2004 年版,第 3463 页。
[129] 包拯撰:《包拯集校注》卷一《请速除京东盗贼》,杨国宜校注,黄山书社 1999 年版,第 87 页。
[130] 李焘:《续资治通鉴长编》卷三四四,元丰七年三月乙巳,中华书局 2004 年版,第 8255 页。
[131] 徐松辑:《宋会要辑稿·兵》一一之二八,中华书局 1957 年版,第 6951 页。
[132] 徐松辑:《宋会要辑稿·兵》一一之二六,中华书局 1957 年版,第 6950~6951 页。
[133] 李焘:《续资治通鉴长编》卷四七八,元祐七年十月丙子,中华书局 2004 年版,第 11390 页。
[134] 李焘:《续资治通鉴长编》卷三四四,元丰七年三月乙巳,中华书局 2004 年版,第 8255 页。
[135] 李焘:《续资治通鉴长编》卷三四四,元丰七年三月乙巳,中华书局 2004 年版,第 8255 页。
[136] 李焘:《续资治通鉴长编》卷四六八,元祐六年十二月乙卯,中华书局 2004 年版,第 11181 页。

《宋刑统》中的贼盗律,其处刑之严酷尤甚于神宗时期。例如,神宗时期"重法地分,劫盗五人以上,凶恶者,方论以重法。(哲宗)绍圣后,有犯即坐,不计人数"[137]。对窝藏犯,神宗时杖配五百里或邻州,哲宗时一并处死。

上述"贼盗重法"的颁行过程,说明社会危机不断深重,统治者只有乞助于重刑苛法一途。神宗时,文彦博曾说:"唐末、五代,用重典以救时弊,故法律之外,徒、流或加至于死。国家承平百年,当用中典,然犹因循,有重于旧律者。"[138]不抑兼并的对内政策,输币求和的对外政策,以及强化中央集权所造成的犯罪根源,不是一味重法所能克服的。仁宗时,有识之士刘敞尖锐地指出,"衣食不足,盗之源也;政赋不均,盗之源也;教化不修,盗之源也""不务衣食,而务无盗贼,是止水而不塞源也;不务化盗,而务禁盗,是救焚而救以升龠也"[139]。哲宗时范祖禹也说,熙宁以来,州军"别立盗贼重法……有重法之地,又有重法之民……自行法以来二十余年,不闻盗贼衰止,但闻其愈多耳"[140]。苏洵还揭露了施行重法,反而迫使民众铤而走险的事实,他说:"待之以待盗贼之意,而绳之以绳盗贼之法,重足屏息之民,而以碪斧令,于是民始忍以其父母妻子所仰赖之身,而弃之于盗贼,故每每大乱。"[141]然而,这些"止水塞源"的务本主张,并没有受到皇帝的重视,这一杰出的思想价值只是留给后世统治者思索。

南宋孝宗时,对于免死的强盗,要在额上刺"强盗"字样,以示不齿于人和便于管束。两犯强盗,即使从犯也论死罪。

除盗贼重法外,惩贪之法也带有时代的烙印。鉴于五代以来官吏贪赃枉法,割据称雄,危害了后周政权的统治,宋统一政权建立以后,严惩贪墨之罪,以督励百官奉法执法。太祖、太宗两朝,官吏受赃者常赦不原,或弃市,或杖毙于朝,或刺配沙门。太祖时,"大名府文簿郭颛坐赃弃市""蔡河纲官王训等,以糠土杂军粮,磔于市""将军石延祚坐监仓与吏为奸赃弃市"[142]。为了重惩贪赃枉法之官,限制"请""减""赎""官当"之法的适用。太宗时,诏诸职官以赃论罪虽遇赦不得叙,永为定制。这在一定时期一定程度上有助于匡正吏治,禁遏贪婪

[137] 脱脱等撰:《宋史》卷一九九《刑法志一》,中华书局1977年版,第4978页。

[138] 脱脱等撰:《宋史》卷二〇一《刑法志三》,中华书局1977年版,第5009页。

[139] 刘敞:《公是集》卷四〇《患盗论》,商务印书馆1935年版,第474页。

[140] 范祖禹:《范太史集》卷二二《转对条上四事状》,载《钦定四库全书》第一一〇〇册,商务印书馆1986年影印版,第274页。另见李焘:《续资治通鉴长编》卷四六八,元祐六年十二月乙卯朔,中华书局2004年版,第11180页。

[141] 苏洵:《嘉祐集》卷一五《张益州画像记》,载《钦定四库全书》第一一〇四册,商务印书馆1986年影印版,第958页。

[142] 赵翼:《廿二史札记校证》卷二四《宋初严惩赃吏》,王树民校证,中华书局1984年版,第525页。

之风。但宋初便以利诱大臣交出兵权,所谓“择便好田宅市之,为子孙立永远不可动之业,多置歌儿舞女,日饮酒相欢以终其天年”[143],其后,为了强化中央集权,也亟须群臣支持,“恩逮于百官者惟恐其不足,财取于万民者不留其有余”[144],因而严格惩贪之法不可能贯彻实施。

从真宗朝起,治吏之法已由重转轻,官吏犯赃弃市之法基本不用。英宗统治期间,京师富国粮仓毁坏大米十八万石,仓吏也只不过“夺官”而已。尤其徽宗重用蔡京、童贯,使贪风盛炽,进一步败坏了吏治,“廉吏十一,贪吏十九”[145]。至南宋,“不肖官吏之非法横取,盖已不甚深求”[146],以赃论罪,遇赦不得叙之法,遭到破坏。

综观两宋惩治赃罪的条款,即使在宋初也较唐律为宽。按《唐律疏议·监主受财枉法》规定,监临主司受财而枉法者,十五匹(绢)即绞,不枉法者,三十匹加役流,无禄枉法者,二十匹绞,不枉法者,四十匹加役流。《唐律疏议·受所监临财物》规定,五十匹流二千里,强乞取准枉法论,监临主守自盗,加凡盗二等,三十匹绞。《宋刑统》在条文规定上虽与唐律相同,但附敕却作出了修正。例如,官吏犯枉法赃十五匹合绞者,敕文宽至二十匹;无禄官枉法赃从二十匹宽至二十五匹;无禄官不枉法赃从四十匹加役流宽至过五十匹,直到过一百匹,有些还要奏请皇帝裁决。南宋《庆元条法事类》较《宋刑统》进一步放宽,《职制门·馈送》引《贼盗敕》规定:“诸监临主守自盗,及盗所监临财物,罪至流,配本州(谓非除免者),三十五匹绞。”引《职制敕》规定,“诸监临主司,受及乞取所监临赃百匹,命官奏裁,余配本城”。《职制门·理赏》引《职制敕》规定:“诸监临主司,受财不枉法,赃五十匹,配本城。”《库务门·仓库受乞》旁照法引《职制敕》规定:“诸监临主司……受及乞取所监临赃百匹,配本城。”

不仅如此,由于宋朝专制主义日益强化,皇帝的立法权和司法权也随之不断膨胀,因此,对于贪赃的官吏,常常以法外宽待的形式赐恩免刑。真宗时,对赃官曾以杖流配海岛代替弃市之法。仁宗时,“则并杖流之例亦不复见”[147]。神宗时,免去杖黥,徽宗时无论命官还是吏役犯赃罪,都采取“去官勿论”的行政处分。尤其是“严下吏之贪,而不问上官”[148]的结果,恰恰助长了贪酷之风。

---

〔143〕 李焘:《续资治通鉴长编》卷二,建隆二年七月戊辰,中华书局2004年版,第50页。

〔144〕 赵翼:《廿二史札记校证》卷二五《宋制禄之厚》,王树民校证,中华书局1984年版,第534页。

〔145〕 李新:《跨鳌集》卷一九《上皇帝万言书》,载《钦定四库全书》第一一二四册,商务印书馆1986年影印版,第555页。另见黄淮、杨士奇编:《历代名臣奏议》卷四三,上海古籍出版社1989年版,第593页。

〔146〕 赵翼:《廿二史札记校证》卷二四《宋初严惩赃吏》,王树民校证,中华书局1984年版,第526页。

〔147〕 赵翼:《廿二史札记校证》卷二四《宋初严惩赃吏》,王树民校证,中华书局1984年版,第526页。

〔148〕 王夫之:《读通鉴论》卷二八《五代上》,中华书局1975年版,第1032页。

南宋王明清在《挥麈录·后录》一书中记载,宋初曾有“不杀大臣”的约定:“本朝法令宽明,臣下所犯,轻重有等,未尝妄加诛戮。恭闻太祖有约,藏之太庙,誓不杀大臣、言官,违者不祥。此诚前代不可及。”哲宗也曾表示:“遵祖宗遗志,未尝杀戮大臣。”[149]明清之际,王夫之在《宋论》一书中也指出:“自太祖勒不杀士大夫之誓以诏子孙,终宋之世,文臣无欧刀之辟。”如果说宋初不杀大臣的誓约,是为了统一内部力量,取得大臣们的支持,巩固初建的专制主义中央集权,那么,在两宋统治期间,对触法的大臣或杀或宥,也是从有利于调整统治集团内部矛盾考虑的。譬如,太宗时,兵部尚书卢多逊与秦王交结不轨,大逆不道,只夺官配流崖州。真宗时,宰相丁谓因欺罔罪,并与宦官雷允恭勾通,仁宗即位后也仅贬崖州。南宋高宗时,“其于用法,(指对官吏而言),每从宽厚,罪有过贷,而未尝过杀”[150]。然而,宽以治吏所造成的“刑罚不足以沮奸”[151],既败坏了吏治,也削弱了法律的权威,最终导致宋朝覆亡。

(二)折杖法所体现的刑制变化

宋朝刑制的主要变化是折杖法的实行。太祖统一全国以后制定了旨在一洗“五刑之苛”、行宽仁之治的“折杖法”,使“流罪得免远徙,徒罪得免役年,笞杖得减决数”[152]。至建隆四年(963年)颁行《宋刑统》时,正式列入《名例律》“五刑门”内。折杖法是宋刑制主要变化之一。奉诏制定折杖法的吏部尚书张昭,曾详奏折杖法适用的范围与作用以及内容如下:

> 准诏,徒、流、笞、杖刑名应合该除免、当、赎上请外,据法书轻重等第用常刑杖施行,令臣等详定可否闻奏者。伏以五刑之制,百代所遵,虽沿革之不同,贵重轻之无扰,仰承睿旨,别定明文,俾官吏之依凭,绝刑名之出入,请宣付有司颁行。凡流刑四:加役流,杖二十,配役三年;流三千里,杖二十,配役一年;二千五百里,杖十八,配役一年;二千里,杖十七,配役一年。徒刑五:徒三年,杖二十;二年半,杖十八;二年,杖十七;一年半,杖十五;一年,杖十三。杖刑五:杖一百,为杖二十;九十,为十八;

〔149〕脱脱等撰:《宋史》卷二〇〇《刑法志二》,中华书局1977年版,第5000页。

〔150〕脱脱等撰:《宋史》卷二〇〇《刑法志二》,中华书局1977年版,第4991页。

〔151〕徐积:《节孝集》卷二九《策问》,载《钦定四库全书》第一一〇一册,商务印书馆1986年影印版,第937页。

〔152〕马端临:《文献通考》卷一六八《刑考七》,上海师范大学古籍研究所、华东师范大学古籍研究所点校,中华书局2011年版,第5043页。

八十,为十七;七十,为十五;六十,为十三。笞刑五:笞五十,为笞十;四十、三十,为八;二十、一十,为七。旧据《狱官令》用杖,至是定折杖格,常行官杖长三尺五寸,大头阔不过二寸,厚及小头径不过九分。小杖不过四尺五寸,大头径六分,小头径五分。徒、流、笞、杖,通用常行杖。流罪决讫,役一年;加役流决讫,役三年。徒罪决而不役。徒、流皆背受,笞、杖皆臀受,讯杖如旧制。[153]

折杖法使杖刑的代用制度较为完善,徽宗时,虽小有更定,但总体上没有变化。折杖法初不适用于死刑,以确保对严重犯罪的打击,后折杖法与刺配法相结合逐渐替代死刑。

在折杖法实行的同时,从仁宗起死刑于绞斩之外,采用五代时已出现的凌迟刑,用以制裁荆湖地区杀活人祭祀鬼神、"口语狂悖致罪者"[154]。神宗时,凌迟刑已用于镇压危害国家统治的反逆大罪。终北宋之世,凌迟刑只见于诏敕,至南宋始与绞、斩同列成为法定刑。所谓凌迟,"先断其支体,乃抉其吭,当时之极法也"[155]。清代律学名著《读律佩觿》对凌迟刑的施行叙述得更为具体,凌迟者,"其法乃寸而磔之,必至体无余脔,然后为之割其势,女则幽其闭,剖其腹,出其脏腑以毕其命。仍为支分节解,菹其骨而后已"[156]。清人沈家本考证说:"凌迟之义,本言山之由渐而高,杀人者欲其死之徐而不速也。"[157]

同时,还恢复了腰斩、枭首和夷族以及杖杀等酷刑。非法定刑的滥用,表明宋统治者力图以残酷的刑罚威吓此伏彼起的"贼盗",是封建刑制的大倒退。元明清时期将残酷的法外刑列入法定刑,实际导源于宋朝。两宋酷刑的法定化,不仅有违历史发展的潮流,也与宋统治者明法、重法的主张相悖。有宋一代士大夫们不断陈请废除非法之刑,但却始终未能改变,这是封建专制制度日益强化和日益孤立所带来的后果。

除此之外,附加刑的广泛应用与肉刑的复活,也反映了宋刑制的变化。附加刑主要是刺配。宋初,太祖以"务存仁恕"相标榜,实行"刺配之法",即对赦免死罪的犯人,处以决杖、流配、刺面三种合用的代用刑。但是,随着阶

---

[153] 李焘:《续资治通鉴长编》卷四,乾德元年三月癸酉,中华书局2004年版,第87~88页。
[154] 脱脱等撰:《宋史》卷二〇〇《刑法志二》,中华书局1977年版,第4999页。
[155] 脱脱等撰:《宋史》卷一九九《刑法志一》,中华书局1977年版,第4973页。
[156] 王明德:《读律佩觿》卷四(下)《凌迟》,何勤华等点校,法律出版社2001年版,第136页。
[157] 沈家本:《历代刑法考·刑法分考·陵迟》,中华书局1985年版,第111页。

级矛盾的发展,在"颇用重典"的趋势下,对罪情严重的流刑犯,也要加杖和刺面。太宗以后,逐渐以刺配为常法,真宗祥符编敕中,列入事涉刺配者,四十六条,至仁宗庆历编敕中,已达一百七十条,神宗熙宁编敕中,又增为二百余条,南宋孝宗淳熙编敕中竟多至五百七十余条。以致"配法既多,犯者日众,黥配之人,所至充斥"〔158〕。由于流配犯沿用五代旧制,发往西北边区服军役,故又称"配隶",隶属于军籍,有的则只服劳役,如遇赦,轻者纵还,重者终身不释。刺配之"刺"实为古代肉刑之一的黥刑。后人对于宋朝刺配之刑多所讥评。明丘濬在《大学衍义补》中说:"宋人承五代为刺配之法,既杖其脊,又配其人,而且刺其面,是一人之身,一事之犯,而兼受三刑也。"然而,宋代不仅广泛适用刺配之刑,一些官僚、士大夫还迫于农民起义的威胁,主张全面恢复肉刑。例如,曾布、韩绛等人都力主恢复肉刑。理学家张载、朱熹也鼓吹肉刑是"先王制刑督奸之本意",因而是"仁术"〔159〕。然而,逆历史潮流而动的复肉刑的主张终究未能实现。

四、适应商品经济发展的民事法律

两宋商品经济的发展推动了民事法律关系的复杂化,极大地丰富了民事法律的内容,成为中国民法史上陡起的一个高峰。

(一)编户齐民的扩大与身份的变化

宋朝根据"税产物力"将全国户口分为主户和客户,租佃制经营取代了此前的庄园制经营,佃户虽无产也编入客户,成为国家的编户齐民,不再是地主的私属,这是其身份地位和法律地位的重大突破。编户由于客户居住地不同,分为"乡村户"与"坊廓户"。在主户中,"或以税钱贯百,或以地之顷亩,或以家之积财,或以田之受种"〔160〕,而有等第之分。由于户等是国家征收赋役多少的依据,每三年一修版籍,以便及时反映户等的变动情况。主户和客户都具有民事权利主体资格,即使是雇工、人力、女使等在唐代系属没有独立人格的贱民,也由于成为国家的编户齐民,而在法律上作为民事权利主体参与民事法律活动。客户、佃客拥有民事权利主体必备的自由意志和权利,人身安全有了保障。

至于行为能力,《宋刑统·户婚律》规定:"诸男女三岁以下为黄,十五以下

〔158〕 脱脱等撰:《宋史》卷二〇一《刑法志三》,中华书局1977年版,第5020页。

〔159〕 朱熹撰:《朱子全书·晦庵先生朱文公文集》卷二五《答张敬夫》,朱杰人等主编,刘永翔等校点,上海古籍出版社、安徽教育出版社2002年版,第1111页。

〔160〕 李焘:《续资治通鉴长编》卷三七六,元祐元年四月,中华书局2004年版,第9134页。

为小,二十以下为中。其男年二十一为丁,六十为老……"[161]可见,宋朝成丁的年龄为二十一岁,即享有完全的行为能力。"八十以上,十岁以下及笃疾者"为限制行为能力人,如"犯反逆、杀人应死者,上请;盗及伤人者,亦收赎,余皆勿论","九十以上,七岁以下"属无行为能力人,"虽死罪,不加刑"[162]。

为了防止通过"别籍异财"降低户等,以减轻对国家承担的赋役,法律禁止析产分居,太祖开宝元年(968 年)令,百姓凡祖父母、父母在者,子孙不准分居。次年(969 年)八月,又晓谕析居之风盛行的川陕地区州县官:"察民有父母在而别籍异财者,其罪死。"[163]太宗时期虽免除死罪,但仍要"论如律"[164]。凡欲析户之家必须向官府申请,并履行一定的手续,始为合法。由于户口是国家赋役的基础,并列为考核州县官政绩的标准之一,凡"县吏能招增户口,县即申等,仍加其俸缗"[165],以致一些官吏乘机在版籍中增加虚户,冀邀升赏,出现了户多丁少的情况。同时,由于官府对丁男的残酷剥削,也使得"民有子者或弃不养,或卖为僮仆,或度为释老"[166]。

官僚地主虽然在民事权利主体中居于支配地位,但完全不具备门阀士族时代的经济地位和政治特权。特别是在商品经济迅速发展的条件下,名臣将相很少有能维持富贵"三世之久者"[167]。

然而商人的社会地位则发生了明显的变化,被视为"能为国致财者也"[168]。被编入坊郭户,成为国家编户平民,不再列入"市籍",其合法权益受到保护,"妄有取索赊荷"者,治罪。[169] 商人也取得了科举入仕从政为官的权利,显示了社会地位的提高。

宋朝在法律上沿袭士、庶之分和良、贱之别的传统规定。《宋刑统》中保留了《唐律》关于"部曲"、"奴婢"及"官户"等分属于贱民的条款,仁宗时,还颁布

---

〔161〕 窦仪等撰:《宋刑统》卷一二《户婚律》,"脱漏增减户口"门,薛梅卿点校,法律出版社 1999 年版,第 214 页。

〔162〕 窦仪等撰:《宋刑统》卷四《名例律》,"老幼疾及妇人犯罪"门,薛梅卿点校,法律出版社 1999 年版,第 64 页。

〔163〕 李焘:《续资治通鉴长编》卷一〇,开宝二年八月丁亥,中华书局 2004 年版,第 231 页。

〔164〕 李焘:《续资治通鉴长编》卷二四,太平兴国八年十一月癸丑,中华书局 2004 年版,第 556 页。

〔165〕 马端临:《文献通考》卷一一《户口考二》,上海师范大学古籍研究所、华东师范大学古籍研究所点校,中华书局 2011 年版,第 297 页。

〔166〕 李焘:《续资治通鉴长编》卷七六,大中祥符四年六月甲子,中华书局 2004 年版,第 1728 页。

〔167〕 吕皓:《云溪稿·上邱宪宗卿书》,载胡宗楙辑:《续金华丛书》,1924 年永康胡氏梦选廔刊本。

〔168〕 李焘:《续资治通鉴长编》卷二六二,熙宁八年四月丙寅,中华书局 2004 年版,第 6390 页。

〔169〕 李元弼:《作邑自箴》卷八《书市买牌》,载《续修四库全书》第七五三册,上海古籍出版社 2002 年版,第 159 页。

诏令“禁以财冒士族娶宗室女”[170]。但在实际中执行的却是“取士不问家世,婚姻不问阀阅”[171]“所交不限士庶”[172]的开放政策,特别是对佃农的超经济剥削有所削弱。佃客在租佃契约期满后可以自由起移。天圣五年(1027年)仁宗下诏,江淮、两浙、荆湖、福建、广南州军取消对客户起移的限制,“自今后客户起移,更不取主人凭由,须每田收田毕日,商量去住,各取稳便,即不得非时衷私起移”[173],如果主人“非理拦占,许经县论详”[174]。显然,这是佃农人身自由权扩大的重要表现。与此相联系的,佃客也不为地主的行为负法律上的连带责任。

不仅如此,佃客根据契约获得承佃与退佃的自由权,如强制“勒令耕佃”,佃客可以告官申理。但如佃客欠租负债,或违契不偿,法律允许地主“经官陈论”,听凭“官为理索”。苏轼曾说:“客户乃主户之本,若客户阙食流散,主户亦须荒废田土矣。”[175]如发生主客相犯,法律的天平是向着主户倾斜的,譬如“佃客犯主,加凡人一等;主犯之,杖以下勿论,徒以上减凡人一等”[176]。哲宗元佑年间还规定,地主打死佃客,减罪一等,发配邻州,南宋绍兴年间,又改为发配本州。

南宋时期,政治形势的变化使得动荡不定的南宋政权更加依赖地主阶级的支持,因此,对佃客的超经济剥削有所反弹,在一些地区再现了“随田佃客”的现象,甚至佃户死后,妻子也不能自由改嫁。至光宗绍熙元年(1190年),法律不准佃客控告地主,从而更加恣纵了地主对佃客的私刑迫害,以致《元典章》中出现了“亡宋已前,主户生杀,视佃户不若草芥”[177]的记载。

宋时,作为商品交换基础的手工业,无论矿冶、造船、纺织、制瓷、造纸,都取得了前所未有的发展。在官、私手工业中广泛采取雇募制。雇工的人身是自由的,与雇主之间,摆脱了主仆的称呼,形成了较为平等的雇佣关系。手工业雇工也取得了民事权利主体的资格,广泛参与民事法律活动。

最能反映社会关系变化的,是婢仆由“律比畜产”的所有权客体地位,向着民事权利主体地位转化。两宋时期,很少有世袭奴婢和因犯罪而没为官奴婢的

---

[170] 脱脱等撰:《宋史》卷九《仁宗本纪一》,中华书局1977年版,第188页。

[171] 郑樵:《通志》卷二五《氏族略第一·氏族序》,中华书局1987年版,第439页。

[172] 吕大钧:《吕氏乡约·过失相规》,载《续修四库全书》第九三四册,上海古籍出版社2002年版,第250页。

[173] 徐松辑:《宋会要辑稿·食货》一之二四,中华书局1957年版,第4813页。

[174] 徐松辑:《宋会要辑稿·食货》一之二四,中华书局1957年版,第4813页。

[175] 苏轼:《苏文忠公全集·东坡奏议》卷十四《乞将损弱米贷与人户令赈济佃客状》,明成化吉州刻,缪荃孙批校本,叶十二。

[176] 李焘:《续资治通鉴长编》卷四四五,元祐五年七月乙亥,中华书局2004年版,第10716页。

[177] 《元典章》卷四二《刑部四·诸杀一·杀奴婢娼佃》“主户打死佃客”条,陈高华等点校,中华书局、天津古籍出版社2011年版,第1463页。

现象。为官僚富豪之家服役的“人力”和“女使”,多因兵荒生计所迫,经过牙人的中介,与主人形成了雇佣关系,仅在契约有效期内与主人维持主仆名分。法律禁止强雇人或强质人为奴婢。如有不法之徒拐卖良人为奴婢,依法严惩,同时释放被拐卖者。

家内服役的“人力”和“女使”与主人的关系完全雇佣化。婢仆成为契约一方当事人,而非主人的私有财产,其人身权利受到法律保护,享有独立的人格权和去留的决定权。法律严禁主家以私刑惩治婢仆,更不得私自杀害。《宋刑统》中有关“官户、杂户、良人之名”“奴婢贱人,类同畜产”之语,当时人或明确指出“已不用此律”[178],或斥为“不可为训,皆当删去”[179]。

然而,在商品经济发展的基础上,所形成的新的社会关系,没有也不可能突破封建等级制度的界限。例如,《宋刑统》中规定,主人为“奴娶良人女为妻者,徒一年半,女家减一等,离之。其奴自娶者亦如之。主知情者,杖一百;因而上籍为婢者,流三千里。即妄以奴婢为良人,而与良人为夫妻者,徒二年(奴婢自妄者亦同),各还正之”[180]。又如,“诸部曲、奴婢告主,非谋反、逆、叛者,皆绞。……即奴婢诉良,妄称主压者,徒三年”[181]。这些并不是具文,从著名的《皇祐法·略人为奴婢者绞》中,[182]可以得到证明。

(二)产业权的新发展

两宋时期,所有权、典权、永佃权、相邻权、共有(族产)权以及著作权等,均有所发展,从而形成了完整的产业权体系。以下仅就所有权、典权加以阐述。

所有权是产业权最主要的内容,宋时所有权已经区分为不动产所有权(业主权)和动产所有权(物主权)。在不动产所有权中,土地是核心,经政府没官的无主田、荒闲田、逃户田和户绝田等,属于国家所有的官田。随着“不抑兼并”政策的推行和商品货币关系的作用,国家的土地所有制形态日渐衰落,私人土地所有制形态迅速发展,以致两宋官田趋于私田化,官租趋于私租化,私人土地所有权渐居主导地位,成为所有权关系变动中的一大特点。在此基础上,地主土地私有制和租佃制得到广泛发展。

---

[178] 费衮撰:《梁溪漫志》卷九《官户杂户》,金圆校点,上海古籍出版社1985年版,第104页。

[179] 赵彦卫:《云麓漫钞》卷四,中华书局1996年版,第57页。

[180] 窦仪等撰:《宋刑统》卷一四《户婚律》,“主与奴娶良人”门,薛梅卿点校,法律出版社1999年版,第253~254页。

[181] 窦仪等撰:《宋刑统》卷二四《斗讼律》,“奴婢告主罪”门,薛梅卿点校,法律出版社1999年版,第421页。

[182] 徐松辑:《宋会要辑稿·食货》六九之六九,中华书局1957年版,第6346页。

私人不动产所有权的取得,主要是垦田、买卖、继承和受赐等。以垦田为例,宋初为了恢复和发展农业生产,奖励垦辟荒田,法律承认新垦荒田者的所有权。太祖即位后即下诏:“所在长吏谕民,有能广植桑枣,垦辟荒田者,止输旧租。”[183]太宗时,鉴于五代以来战乱频仍所引起的所有权变更,与土地争讼的大量涌现,强调“所垦田即为永业”[184]。南宋初年也规定现佃“满五年,田主无自陈者,给佃者为永业”[185]。

为了进一步从法律上承认土地的私有权,在北宋初期就已经出现了作为官府正式承认土地所有权的凭证——红契。不动产所有权的转移不仅需要立有文契,而且还要取得官府承认,所谓“皆得本司文牒,然后听之”[186],并以税契作为重要条件。太祖开宝二年(969年)诏令中指出:“民典卖田宅,输钱印契,税契限两月。”[187]同时,由于印契是解决土地纠纷的重要依据,凡“交易有争,官司定夺,止凭契约”[188]“交争田地,官凭契书”[189]“凡人论诉田业,只凭契照为之定夺”[190]“理诉田产,公私惟凭干照”[191]。为此,建立了较为完备的税契制度。依照《宋刑统》的规定:“诸诈为官文书及增减者,杖一百。”[192]但如契书丢失,则可召集邻保为证,于两月内向官府申请补办手续。南宋时,因战乱逃亡而丢失契书者颇多,于绍兴二年(1132年)闰四月三日下令:“曾被兵火亡失契书业人,许经所属陈状,本县行下本保邻人依实供证,即出户帖付之。邻人邀阻不为依实勘会及县令不即给帖,并许业人越诉,其合干人重置典宪,庶几民间物业各有照据。”[193]

为了保护不动产所有权,除合法的买卖、租佃、典、押外,禁止盗买卖与盗典

---

[183] 脱脱等撰:《宋史》卷一七三《食货志上一》,中华书局1977年版,第4158页。

[184] 脱脱等撰:《宋史》卷一七三《食货志上一》,中华书局1977年版,第4158页。

[185] 脱脱等撰:《宋史》卷一七六《食货志上四》,中华书局1977年版,第4271页。

[186] 窦仪等撰:《宋刑统》卷二六《杂律》,“受寄财务辄费用”门引《杂令》,薛梅卿点校,法律出版社1999年版,第468页。

[187] 马端临:《文献通考》卷一九《征榷考六》,上海师范大学古籍研究所、华东师范大学古籍研究所点校,中华书局2011年版,第545页。

[188] 《名公书判清明集》卷五《户婚门·物业垂尽卖人故作交加》,中国社会科学院历史研究所、宋辽金元史研究室点校,中华书局1987年版,第153页。

[189] 《名公书判清明集》卷六《户婚门·王直之朱氏争地》,中国社会科学院历史研究所、宋辽金元史研究室点校,中华书局1987年版,第185页。

[190] 《名公书判清明集》卷九《户婚门·伪作坟墓取赎》,中国社会科学院历史研究所、宋辽金元史研究室点校,中华书局1987年版,第318页。

[191] 《名公书判清明集》卷九《户婚门·过二十年业主死者不得受理》,中国社会科学院历史研究所、宋辽金元史研究室点校,中华书局1987年版,第313页。

[192] 窦仪等撰:《宋刑统》卷二五《诈伪律》,“伪造宝印符节”门,薛梅卿点校,法律出版社1999年版,第443页。

[193] 徐松辑:《宋会要辑稿·食货》七〇之一三九,中华书局1957年版,第6440页。

卖。“盗典卖田业者,杖一百,赃重者准盗论,牙保知情与同罪”[194],知情而买者,钱没官,例如,“以己田宅重叠典卖者,杖一百,牙保知情与同罪”。[195] 卑幼如果“蒙昧尊长,专擅典、卖、质举、倚当,或伪署尊长姓名,其卑幼及牙保引致人等,并当重断,钱业各还两主”[196]。至南宋,卑幼私卖田产,不仅钱没官,田还主,而且还赋予尊长以五年的理诉时效:“诸同居卑幼私辄典卖田地,在五年内者,听尊长理诉。”[197]需要指出的是,如尊长盗卖卑幼产业,法律也允许卑幼“不以年限陈乞”[198],以示对所有权的同等保护。官府因设置屯田、营田,也不许乘机侵占民田,如擅自侵占民田,受侵害的百姓可以依法诉讼,请求返还被侵占的土地。

至于动产所有权的取得,除买卖、继承、赠与外,宿藏物的发现、阑遗物的取得、漂流物的应获、无主物的先占,以及生产蕃息的归属等,均为重要的途径。以漂流物的应获为例,《宋刑统·杂律·地内得宿藏物》引《杂令》规定:“诸公私竹木为暴水漂失,有能接得者,并积于岸上,明立标榜,于随近官司申牒,有主识认者,江河五分赏二分,余水五分赏一分,限三十日,无主认者,入所得人。”在《庆元条法事类》中又将公、私漂流物分别处理,并提高了得货人的所得比例,凡无主识认者全给得货人。

对于动产所有权的侵害,也要依法予以赔偿。如故意惊扰,侵害他人动产所有权,除以刑法制裁外,并须对受害人给予经济赔偿。其他如弃毁、亡失公私器物、官私牲畜,毁食官私物、毁伐官山林,以及杀伤官私畜产等行为,或赔偿,或并科以刑罚。通过详定损害赔偿之法,以保护动产所有权。

至宋朝,典买卖成为普遍的现象,并加以法律化、制度化。

典卖与一般卖出不同,一般卖出是绝卖,不能收赎。典卖是活卖,在一定期限内可以收赎,因此,典价比卖价低许多。由于典卖土地者绝大部分是自耕农民,通过典卖制度,地主们不仅可以廉价取得土地的收益,而且当农民无力收赎时,还可以依法取得土地的所有权。法律在这方面是偏袒典权人的,

---

[194] 《名公书判清明集》卷五《户婚门·从兄盗卖已死弟田业》,中国社会科学院历史研究所、宋辽金元史研究室点校,中华书局1987年版,第145页。

[195] 《名公书判清明集》卷九《户婚门·重叠》,中国社会科学院历史研究所、宋辽金元史研究室点校,中华书局1987年版,第302页。

[196] 窦仪等撰:《宋刑统》卷一三《户婚律》,“典卖指当论竞物业”门,薛梅卿点校,法律出版社1999年版,第231页。

[197] 《名公书判清明集》卷六《户婚门·叔侄争再判》,中国社会科学院历史研究所、宋辽金元史研究室点校,中华书局1987年版,第190页。

[198] 《名公书判清明集》卷九《户婚门·卑幼为所生父卖业》,中国社会科学院历史研究所、宋辽金元史研究室点校,中华书局1987年版,第299页。

《宋刑统》规定,典契“证验显然者”方许收赎,“并无文契,及虽执文契难辨真伪者,不在论理收赎之限”[199]。这便为典权人取得所典买田宅的所有权提供了方便。据《名公书判清明集》记载,豪民为“图谋小民田业”,当小民要回赎典产时,“则迁延月日,百端推托。或谓寻择契书未得,或谓家长外出未归。及至民户有词,则又计嘱案司,申展文引,逐限推托,更不出官。展转数月,已入务限矣,遂使典田之家终无赎回之日。……此富者所以田连阡陌,而贫者所以无卓锥之地也”[200]。

为了使典权的设立合法化,要履行法定的程序和手续:

其一,须订立典契。据史料记载,“田产典卖,须凭印券交业”[201]“在法:典田宅者,皆为合同契,钱、业主各取其一,此天下所通行,常人所共晓”[202]“人户出典田宅,依条有正契,有合同契,钱、业主各收其一,照证收赎”[203]。典契订立以后,还须投印、税契和当官过割,以使典权最终合法化。

其二,“亲邻”“四邻”依法享有优先承典权。《宋刑统·户婚律》规定,典卖“先问房亲,房亲不要,次问四邻,四邻不要,他人并得交易”,但如“房亲着价不尽,亦任就得高价处交易”[204]。

其三,典契内须注明田宅的顷亩间架以及担保人。“若契内不开顷亩、间架,四邻所至,税租役钱,立契业主、邻人、牙保、写契人书字,并依违法典卖田宅断罪。”[205]同时,还须约定时效,一般定为三十年,“经三十年后……不在论理收赎之限”[206]。

其四,保护家长对财产的处分权。凡典买卖产业,必须家长和买主“当面署押契帖”,如果家长在化外或阻于战争,一时难返,呈报州县,“给予凭由,方许商

---

[199] 窦仪等撰:《宋刑统》卷一三《户婚律》,“典卖指当论竞物业”门,薛梅卿点校,法律出版社1999年版,第231页。

[200] 《名公书判清明集》卷九《户婚门·典主迁延入务》,中国社会科学院历史研究所、宋辽金元史研究室点校,中华书局1987年版,第317页。

[201] 陈襄:《州县提纲》卷二《交易不凭钞》,载《钦定四库全书》第六〇二册,商务印书馆1986年影印版,第632页。

[202] 《名公书判清明集》卷五《户婚门·典卖园屋既无契据难以取赎》,中国社会科学院历史研究所、宋辽金元史研究室点校,中华书局1987年版,第149页。

[203] 徐松辑:《宋会要辑稿·食货》六一之六四,中华书局1957年版,第5905页。

[204] 窦仪等撰:《宋刑统》卷一三《户婚律》,“典卖指当论竞物业”门,薛梅卿点校,法律出版社1999年版,第232页。

[205] 徐松辑:《宋会要辑稿·食货》六一之六六,中华书局1957年版,第5906页。

[206] 窦仪等撰:《宋刑统》卷一三《户婚律》,“典卖指当论竞物业”门,薛梅卿点校,法律出版社1999年版,第231页。

量交易"[207]。卑幼如专擅典卖,或伪署尊长姓名,依法重断。

典权人在典契有效期内对典物享有一定的处分权,可以出租、出押、出典,但无权出卖。如出典人欲出卖典产,典权人有先买权,并须签订绝卖文契,补付"贴买钱"作为典价与实际地价之间的差额补偿。如典权人不愿找绝,出典人有别卖他人的权利。

为了保护典权人的利益,严禁"一物两典",如有重复典卖者,业主、中人、邻人并契上署名人,"各计所欺入已钱数,并准盗论"[208],并须将钱退还典主。业主无力退还的,勒令典契上署名的中人、邻人共同赔偿,典当物仍归第一个典权人所有。南宋时,对重叠典卖的处罚加重,"诸以已田宅重叠典卖者,杖一百,牙保知情与同罪"[209]。与此同时,也维护出典人的收赎权,宋初规定:"证验显然者,不限年岁,并许收赎。"[210]南宋时,凡是典期届满,出典人备钱收赎,"并许收赎"。典主如"故作迁延占据者,杖一百",并"勒令日下交钱退业"[211]。但业主只有到典契所规定的回赎时间方可取赎,超过回赎期限而没有回赎,典主也不能取得田宅的所有权,但可以将田宅转典与他人。至于典权的时效期间也有变化,凡典卖田宅经二十年,契约不明,钱、业主死者,不得受理,这反映了南宋时期典卖田宅的流转速度较北宋加快。但如契约明白,钱、业主俱在,则出典人可获得无限期的回赎权。

由于两宋典权立法明了详备,故而有"典赎之法,昭为日星"之说。[212]

宋时,典与质尚无明确划分。所谓质权,是指借贷者以物品作抵押,向他人借贷而产生的权利。凡典质之物不得擅自变卖,《宋刑统》明确规定,"收质者,非对物主不得辄卖"[213],但业主或物主过期不赎者,典主可以在告诉市司以后加以出卖,以抵偿所欠债务,有所剩余则归还业主或物主。

---

[207] 窦仪等撰:《宋刑统》卷一三《户婚律》,"典卖指当论竞物业"门,薛梅卿点校,法律出版社 1999 年版,第 231 页。

[208] 窦仪等撰:《宋刑统》卷一三《户婚律》,"典卖指当论竞物业"门,薛梅卿点校,法律出版社 1999 年版,第 232 页。

[209] 《名公书判清明集》卷九《户婚门·重叠》,中国社会科学院历史研究所、宋辽金元史研究室点校,中华书局 1987 年版,第 302 页。

[210] 窦仪等撰:《宋刑统》卷一三《户婚律》,"典卖指当论竞物业"门,薛梅卿点校,法律出版社 1999 年版,第 231 页。

[211] 《名公书判清明集》卷九《户婚门·典主迁延入务》,中国社会科学院历史研究所、宋辽金元史研究室点校,中华书局 1987 年版,第 318 页。

[212] 《名公书判清明集》卷九《户婚门·揩改契书占据不肯还赎》,中国社会科学院历史研究所、宋辽金元史研究室点校,中华书局 1987 年版,第 314 页。

[213] 窦仪等撰:《宋刑统》卷二六《杂律》,"受寄财务辄费用"门,薛梅卿点校,法律出版社 1999 年版,第 468 页。

(三)债法的新成就

两宋商品经济的发展与债法内容的丰富、制度的完备,达到了当时世界债法的先列。两宋以订立契约、侵权行为、不当得利、无因管理等法律事实所生之债最为普遍。

两宋私人之间、官民之间财产关系的复杂化,要求以契约的形式来设定债权人、债务人之间的民事权利义务关系,从而促进了因契约所生之债的发展,而契约的广泛应用也推动了契约种类的增多,常见的如买卖契约、典当契约、借贷契约、雇佣契约、租赁契约。由于官府印卖契纸,从而使契约形式趋于统一和规范,有利于防止伪契,减少纠纷。同时,契税、契押也都趋于制度化。

此外,有关契约标的、价格及其计算、期限等,均有相当完备的法律规定。

在订立契约时,强调双方当事人"合意"与"不得抑勒",对于"取与不合"和"固取者",都要"重置典宪"。同时,必须有牙保、写契人亲书押字,并经官司投税过格方为合法。

值得特别予以关注的是,随着两宋商品经济的高度发展,市场竞争机制逐渐渗透到契约制度中,一种高级缔约方式——竞争缔约法在两宋产生。主要有官田出租、出卖中的竞争缔约和官有工商业经营权转让中的竞争缔约。约略相当于后世的招投标法和拍卖法。

因侵权行为所生之债,是指因过失或故意而侵害他人财产权和人身权的不法行为,在行为人与受害人之间产生的一种损害赔偿的债权债务关系。由于侵权行为的性质和危害的程度不同,或处以不同程度的"备偿",或于"备偿"之外科以刑罚。为了保护不动产的私有权,如田土所有权被非法侵犯,所有权人可以不受"务限"的约束,随时向官府投诉,并可越诉。即便是官府侵占民户私田,也允许民户向上级机关或朝廷进状,请求返还。

对动产的侵害,一般要求原物赔偿,或折价赔偿,不能赔偿者,追究刑事责任。

对人身的侵害,多追究刑事责任,并实行保辜制度。但在商品经济的影响下,也要求行为人对受害人(包括命案在内)给付经济赔偿,如私和而受财多者,准盗论。

上述侵权行为如因不可抗力,或非行为人的原因而造成损害,或已超出时效规定,则免除赔偿责任。

不当得利之债,是指没有合法依据而使他人受损、自己获利所形成的债权债务关系。如"诸官物误支失收者",请纳人(受益人)为不当得利,应返还原物或赔偿相应价值。[214]

无因管理之债,是指虽无法定的或约定的义务,但为避免他人利益受到损失而自愿管理,或提供劳务的事实行为,在管理人与他人之间产生的债权债务关系。两宋时期,战争频仍,业主逃亡者多,以致土地多由他人耕种,原业主返回后须支付耕种管理人投入的工本费。此类无因管理之债,在宋代既广泛又具有典型意义。

有关债的担保制度,分为信誉担保和财产担保两大类。前者表现为"三人相保""保人代偿""连保同借"等。例如,《庆元条法事类·财用门·理欠》引《关市令》记载:"诸负债违契不偿,官为理索,欠者逃亡,保人代偿。"后者表现为物保和钱保。两宋时期的抵押权,就是以不动产为担保,但不改变不动产的占有状态。质权则是以动产作担保,并转移动产的占有权于债权人。因此,在债务履行期限届满前,债权人不得占有抵押物,但可占有质押物,期满若债务人不能履行债务,债权人虽有权处理抵押物,但要公平评估抵押物的价值,除抵偿债务外,多余部分仍归债务人。《庆元条法事类》规定:"诸税钱未纳,听以物克(充)当,别注历,收经一年不赎者,没官。其物准钱不足,干系人备偿。"[215]显而易见,这已具有现代民法中抵押权、留置权的内涵。所谓钱保,主要是以定金担保。

在动产买卖中沿袭《唐律》中有关瑕疵担保的规定。但由于动产和人口的买卖经常发生第三人追夺纠纷,在买卖契约中较为普遍地规定了第三人追夺时的担保责任,以保证买主的所有权。

两宋对于债的履行或不履行,及债的消灭均有详细规定。《宋刑统》对债的履行人及履行标的数量、质量和期限规定如下,"收质者,非对物主不得辄卖"[216],凡"以产为抵,官预给钱,约期限、口数、斤重以输"[217]"物有头数,输有期限"[218]"其行滥之物没官,短狭之物还主"[219]"诸称日者……从朝至

[214] 谢深甫等修:《庆元条法事类》卷三二《财用门三》"理欠"条引《理欠令》,戴建国点校,黑龙江人民出版社2002年版,第513页。

[215] 谢深甫等修:《庆元条法事类》卷三六《库务门一》"商税"条引《场务令》,戴建国点校,黑龙江人民出版社2002年版,第552页。

[216] 窦仪等撰:《宋刑统》卷二六《杂律》,"受寄财务辄费用"门,薛梅卿点校,法律出版社1999年版,第468页。

[217] 脱脱等撰:《宋史》卷一七九《食货志下一》,中华书局1977年版,第4355页。

[218] 窦仪等撰:《宋刑统》卷一三《户婚律》,"差科赋役不均平及擅赋敛加益"门,薛梅卿点校,法律出版社1999年版,第238页。

[219] 窦仪等撰:《宋刑统》卷二六《杂律》,"校斗秤不平"门,薛梅卿点校,法律出版社1999年版,第483页。

暮。……称年者,以三百六十日”“闰月亦计为日。称载不论闰,须经正月以后始是一载”[220]。

对于逾期不履行债务,宋袭《唐律》,按标的数额及迟误日期分别处刑,并责令赔偿:“诸负债违契不偿,一匹以上,违二十日笞二十,二十日加一等,罪止杖六十;三十匹加二等……百匹,又加三等……各令备偿。”“诸负债不告官司,而强牵财物过本契者,坐赃论。”“谓公私债负,违契不偿,应牵掣者,皆告官司听断。若不告官司,而强牵掣财物,若奴婢、畜产,过本契者,坐赃论。”[221]《宋刑统》还特别选附唐后期《杂令》中的规定:“诸公私以财物出举者,任依私契,官不为理。……家资尽者,役身折酬。役通取户内男口。”[222]

但从宋朝的社会实际来看,对不能履行债务者主要是予以经济制裁,所谓保人代偿也是承担经济赔偿的责任,而不是人身强制。相反,质当人口,役身折酬要负刑事责任。例如,太宗至道二年(996年)下诏:“江、浙、福建民负人钱没人男女者还其家。敢匿者有罪。”[223]此后,遂成为定法。南宋孝宗隆兴二年(1164年)二月六日,知潭州黄祖舜针对民间客商因用户借其货钱而折人男女的现象,上言:“湖南人户少欠客人盐钱,辄敢折人男女充奴婢,乞以徒罪论断。”于是,刑部立法,“如人户少欠客人盐钱,其客人辄折其男女充奴婢者,欲比附‘以债负质将人户杖一百,钱物不追’条法断罪”,得到了孝宗的批准。[224]

为了取得违契不偿的经济赔偿,主要是通过告官听断,由官府强制执行,即所谓“监还”“监纳”“监理”;或者暂时中止履行,俟债务人有能力履行时再令其履行。凡此都表现了官府对于所谓“细事”的干预的加强,这是宋朝统治下突出的时代特点。

至于债的消灭,除债务人清偿外,还有以下原因:

债务人及担保人确实无力偿还或死亡者,经一定期限后,予以免除。光宗绍熙二年(1191年)十一月赦文:“有已经估籍家产偿还不足,依旧监系牙保等,牵联不已,可并与除放,毋致违戾。”[225]《名公书判清明集》中,胡石壁对李五三兄弟欠债案的判决既有法律依据,也具有酌情理断的典型性:“今本府押其兄弟

---

〔220〕 窦仪等撰:《宋刑统》卷六《名例律》,“杂条”门,薛梅卿点校,法律出版社1999年版,第117页。

〔221〕 窦仪等撰:《宋刑统》卷二六《杂律》,“受寄财务辄费用”门,薛梅卿点校,法律出版社1999年版,第467～468页。

〔222〕 窦仪等撰:《宋刑统》卷二六《杂律》,“受寄财务辄费用”门,薛梅卿点校,法律出版社1999年版,第468页。

〔223〕 脱脱等撰:《宋史》卷五《太宗纪二》,中华书局1977年版,第99页。

〔224〕 徐松辑:《宋会要辑稿·食货》二七之一五,中华书局1957年版,第5263页。

〔225〕 徐松辑:《宋会要辑稿·食货》三一之三一,中华书局1957年版,第5356页。

下县监纳,已数阅月,更无一钱以偿之。啼饥号寒,死已无日,纵使有欠负,亦已无可责偿,况未必是实乎!在法:债负违契不偿,官为追理,罪止杖一百,并不留禁。今观其形容憔悴如此,不惟不当留禁,杖责亦岂可复施?合免监理,仍各于济贫米内支米一斗发遣。"[226]《庆元条法事类》亦规定:"诸欠无欺弊而身死者,除放;有欺弊应配及身死而财产已竭者,准此。"[227]

超过时效,又无契书为凭者,债的关系自然消灭。太祖建隆三年(962年)敕令:"如是典当限外,经三十年之后,并无文契,及虽执文契,难辨真虚者,不在论理收赎之限。"[228]此后,在商品经济的冲击下,民事流转速度加快,时效的期限缩短为二十年甚至十年。例如,南宋时"诸理诉田地,而契要不明,过二十年,钱主或业主死者,不得受理"[229],典卖田宅"过十年典卖人死,或已二十年,各不在论理之限"[230]。如因阻于战乱,或其他原因不能履行债务,则此时间不计入时效期限:"有故留滞在外者,即与出除在外之年。"[231]《庆元条法事类》还规定:"如出限,许逐人陈诉。其经由官司曲意阻难及迁延时日者,并重置典宪。"[232]诉讼时效的缩短,虽有利于实际耕作者取得土地的所有权;但也便于地主官僚通过以典就买的形式,吞并自耕农民的土地。

因恩赦或官府命令而除放债务。两宋时期,皇帝经常以诏敕除放债务。例如,光宗登基赦中宣布:"凡民间所欠债负,不以久近多少,一切除放。"[233]官府有时也因灾荒频仍,从维持社会秩序的目的出发除放公私债务。

在各种契约中,值得一提的是"赊卖"。赊卖是凭信用赊贷,约定期限后再付现钱。据《宋会要》记载,真宗乾兴元年(1022年)六月诏中宣示赊卖立法:"如有大段行货须至赊卖与人者,即买主量行货多少,召有家活物力人户三五人

---

〔226〕《名公书判清明集》卷九《户婚门·欠负人实无从出合免监理》,中国社会科学院历史研究所、宋辽金元史研究室点校,中华书局1987年版,第339页。

〔227〕谢深甫等修:《庆元条法事类》卷三二《财用门三》"理欠"条引《理欠令》,戴建国点校,黑龙江人民出版社2002年版,第514页。

〔228〕窦仪等撰:《宋刑统》卷一三《户婚律》,"典卖指当论竞物业"门,薛梅卿点校,法律出版社1999年版,第231页。

〔229〕《名公书判清明集》卷九《户婚门·揩改契书占据不肯还赎》,中国社会科学院历史研究所、宋辽金元史研究室点校,中华书局1987年版,第315页。

〔230〕《名公书判清明集》卷四《户婚门·漕司送许德裕等争田事》,中国社会科学院历史研究所、宋辽金元史研究室点校,中华书局1987年版,第118页。

〔231〕窦仪等撰:《宋刑统》卷一三《户婚律》,"典卖指当论竞物业"门,薛梅卿点校,法律出版社1999年版,第232页。

〔232〕谢深甫等修:《庆元条法事类》卷一三《职制门十》"理赏"条引随敕声明,戴建国点校,黑龙江人民出版社2002年版,第275页。

〔233〕洪迈:《容斋三笔》卷九《赦放债负》,载《钦定四库全书》第八五一册,商务印书馆1986年影印版,第600页。

以上,递相委保,写立期限文字交还,如违限……若是内有连保人别无家活,虚作有物力,与店户、牙人等通同蒙昧客旅,诳赚保买物色,不还价钱,并乞严行决配。"[234]南宋孝宗淳熙十一年(1184年)七月诏中进一步强调:"今后应赊买客人茶,其人见有父母兄长,并要同共书押文契。"[235]可见,宋时赊卖货物不仅要订立契约,以财产作抵押,而且要有物力之人乃至父母兄长共同书押担保。如无人保,只由赊卖人写立欠钱文契,发生"诳赚"纠纷,官府不为受理,以示对赊卖人权利的维护。

随着租佃制的发展,在农业生产中也出现了合伙契约的形式。太宗太平兴国七年(983年)诏中说:"……及其家见有种子,某户见有阙丁,某人见有剩牛,然后分给旷土,召集余夫,明立要契,举借粮种,及时种莳,俟收成,依契约分,无致争讼。"[236]

但合伙契约主要流行于商业领域,以解决资金不足,所谓"共财出贩""连财合本",同时也分摊风险,这是两宋商品经济的规模不断扩大的重要原因之一。

合伙关系也表现为合伙贩运、合伙承包、合伙经营海外贸易等。在合伙契约中,各方当事人均负连带责任,既"分获筹钱",也共担亏损。真宗天禧三年(1019年),知应天府王曾指出:"府民五户共扑买酒场,岁课三万余缗。逋欠积久,其两户已破产,三户累尝披诉。"[237]至于分配盈余,一般需待扣除税款和付经营人报酬后,按出资额的多寡"为率均分"。

除以上主要契约形式外,宋代的居间契约、委托契约、承揽契约也比较发达。

(四)提高妇女地位的婚姻与继承

在婚姻立法中,有关父母与尊长的主婚权、婚姻关系成立的要件、法定婚龄、婚姻禁忌与解除等,基本等同于《唐律》的规定。但宋朝商品经济发达的历史背景必然在婚姻关系上有所反映。譬如,随着奴婢身份地位的提高,官司并不禁止奴婢与官人通婚,只是不许与本主同居亲缔结婚姻,说明良贱不婚的传统法律已经发生了某种变化。又如,《宋刑统》虽然禁止丈夫自嫁妻妾,但在事实上却允许民间迫于饥寒之家典雇妻妾,《名公书判清明集》中记载了许多由此而引发的案例,一般援用"和离法"解除双方的婚姻关系,不坐男子之罪。由于

---

[234] 徐松辑:《宋会要辑稿·食货》三七之九,中华书局1957年版,第5452页。
[235] 徐松辑:《宋会要辑稿·食货》三一之二六,中华书局1957年版,第5353页。
[236] 徐松辑:《宋会要辑稿·食货》六三之一六二,中华书局1957年版,第6067页。
[237] 李焘:《续资治通鉴长编》卷九四,天禧三年十一月辛未,中华书局2004年版,第2172页。

宋时民族矛盾比较尖锐,在民族关系复杂的西北边疆地区,禁止汉族州民与边境内已归化的少数民族通婚。太宗至道元年(995年)八月颁布敕令:"禁西北缘边诸州民与内属戎人昏娶。"[238]哲宗元祐元年(1086年)三月户部申明:"归明人除三路及沿边不得婚嫁,余州听与嫁娶;并邕州、右江归明人,许省地溪峒结亲。"[239]说明边境民族间的通婚禁令涉及国家安全,始终受到重视,只是稍有松动而已。

至于离婚,最显著的特点是扩大了妇女离婚的主动权,这是比前代法律明显进步的地方。例如,"在法,已成婚而移乡编管,其妻愿离者,听"[240];妻子"被夫同居亲强奸,虽未成,而妻愿离者,亦听"[241]。从文献资料中可以看出,在宋代实际社会生活中,妇女主动提出离婚的原因是多种多样的,它反映了"从一而终"的传统观念受到了冲击,也是妇女地位有所提高的表现。

与此相联系,夫死(或离)再嫁,得到了社会的同情与法律的保护。真宗大中祥符七年(1014年)诏中说,夫亡,"妻不能自给者,自今即许改适"[242]。另据哲宗元祐五年(1090年)条贯:"女居父母及夫丧而贫乏不能自存,并听百日外嫁娶之法。"[243]但"不能更占前夫屋业"[244],所谓"朝嫁则暮义绝"[245]。

此外,定婚后,男方无故三年不成婚者,听离,但女方须"经官自陈改嫁,各还聘财"[246]。丈夫外出三年不归,六年不通问,也准予改嫁或离婚。如寡妇再婚姑舅无依,或因子幼需要抚养,或因夫家财产原因,可以在夫家招后夫,俗称"接脚夫",这种创自宋代的寡妇再适的婚姻形式,也反映了对传统礼教的冲击和"解放"妇女的意义。

对于寡妇再嫁,宋代士大夫也在观念上发生了极大的变化。著名政治家、

---

[238] 脱脱等撰:《宋史》卷五《太宗本纪二》,中华书局1977年版,第98页。

[239] 李焘:《续资治通鉴长编》卷三七三,元祐元年三月辛巳,中华书局2004年版,第9034页。

[240] 《名公书判清明集》卷九《户婚门·已成婚而夫离乡编管者听离》,中国社会科学院历史研究所、宋辽金元史研究室点校,中华书局1987年版,第353页。

[241] 谢深甫等修:《庆元条法事类》卷八〇《杂门》"诸色犯奸"条引《户令》,戴建国点校,黑龙江人民出版社2002年版,第922~923页。

[242] 李焘:《续资治通鉴长编》卷八二,大中祥符七年正月壬辰,中华书局2004年版,第1861页。

[243] 苏轼:《苏文忠公全集·东坡奏议》卷一三《乞改居丧婚娶条状》,明成化吉州刻,缪荃孙批校本,叶十九。

[244] 《名公书判清明集》卷九《户婚门·已嫁妻欲据前夫屋业》,中国社会科学院历史研究所、宋辽金元史研究室点校,中华书局1987年版,第355页。

[245] 《名公书判清明集》卷八《户婚门·检校嫠幼财产》,中国社会科学院历史研究所、宋辽金元史研究室点校,中华书局1987年版,第280页。

[246] 《名公书判清明集》卷九《户婚门·诸定婚无故三年不成婚者听离》,中国社会科学院历史研究所、宋辽金元史研究室点校,中华书局1987年版,第350页。

诗文家王安石便力主儿媳庞氏再适,理学大师程颐也令其甥女、侄媳改嫁,甚至真宗、仁宗皇帝的二位皇后也是改适之妇。不过,两宋程朱理学的教条毕竟对婚姻家庭立法有所影响。例如,夫亡,妻不“守志”者,“其见在部曲、奴婢、田宅不得费用”[247]。《名公书判清明集》中,多处出现“一女不事二夫”“相守以死”的判词,以此为“知经识礼”。

妻子在家中的地位,按法律规定是与丈夫不平等的,“其妻虽非卑幼,义与周亲卑幼同”[248],因此,妻在家中的权利受丈夫节制,夫妻间相犯,同罪异罚。但如夫亡,妻则享有家长的一切权利,譬如,在物业交易中未经与女户主“亲闻商量”,不以寡母为契首,即为违法交易,处以刑罚。

两宋继承法虽以《唐律》为基础,但法条增多,规范细密,达到了相当完备的程度。

根据两宋继承法,宗祧身份继承与财产继承已开始分离。宗祧继承以嫡长子为第一继承人,无嫡子者以庶子为继承人,户绝之家可以通过立继、命继继承宗祧,收养异姓养子也可以“依亲子孙法”成为法定继承人。《名公书判清明集》解释说:“如必曰养同宗,而不开立异姓之门,则同宗或无子孙少立,或虽有而不堪承嗣,或堪承嗣,而养子之家与所生父母不咸,非彼不愿,则此不欲,虽强之,无恩义,则为之奈何?是以又开此门,许立异姓耳。”[249]但收养异姓子,限三岁以下,一经收养,即视同亲子,“诸遗弃子孙三岁以下收养,虽异姓亦如亲子孙法”[250]。

财产继承基本沿袭唐《户令·应分》的规定,“诸应分田宅者及财物,兄弟均分”“兄弟亡者,子承父分,兄弟俱亡,则诸子均分”[251],但有较大发展。

首先,对于女子继承财产的分配作出了详细规定,如区分在室女、归宗女、出嫁女与寡妇,以及其应享有的财产继承权。

在室女如有兄弟则无财产继承权,只能获未婚兄弟聘财之半的嫁资。“姑

---

〔247〕 窦仪等撰:《宋刑统》卷一二《户婚律》,“卑幼私用财”门,薛梅卿点校,法律出版社1999年版,第222页。

〔248〕 窦仪等撰:《宋刑统》卷二四《斗讼律》,“告周亲以下”门,薛梅卿点校,法律出版社1999年版,第420页。

〔249〕 《名公书判清明集》卷七《户婚门·双立母命之子与同宗子》,中国社会科学院历史研究所、宋辽金元史研究室点校,中华书局1987年版,第220页。

〔250〕 《名公书判清明集》卷七《户婚门·已有养子不当求立》,中国社会科学院历史研究所、宋辽金元史研究室点校,中华书局1987年版,第214页。

〔251〕 窦仪等撰:《宋刑统》卷一二《户婚律》,“卑幼私用财”门,薛梅卿点校,法律出版社1999年版,第221页。

姊妹在室者,减男娉财之半"[252],只有在户绝的条件下,在室女才可以继承全部家产。养女的继承权与亲女同。

北宋初期,归宗女的继承权与在室女同。《宋刑统》规定:"如有出嫁亲女被出,及夫亡无子,并不曾分割得夫家财产入己,还归父母家后户绝者,并同在室女例。"[253]但自哲宗以后至南宋,归宗女的户绝财产继承权份额只有在室女的一半。

出嫁女在无兄弟和在室女时,享有三分之一的财产继承权,其余入官,"如无出嫁女,即给予出嫁亲姑、姊、妹、姪一分"[254]。

寡妇的继承权,只有在夫死无子守志不嫁的情况下,方可承夫分产,如改嫁则不得将夫家财产带走。南宋时期法律有所改变:"寡妇无子孙并同居无有分亲,召接脚夫者,前夫田宅经官籍记讫,权给,计直不得过五千贯,其妇人愿归后夫家及身死者,方依户绝法。"[255]但如寡妇改嫁到后夫家生活或死亡,财产要没官。

其次,规定了遗腹子、私生子、义子及赘婿的继承权。

遗腹子与已出生的亲子权利相同,《名公书判清明集·女婿不应中分妻家财产》判中引宋法如下:"在法:父母已亡,儿女分产,女合得男之半,遗腹之男,亦男也,周丙(其父)身后财产合作三分,遗腹子得二分,细乙娘(其母)得一分。"

私生子称为"别宅子",《宋刑统》对别宅子的继承权作了专门规定:"准唐天宝六载五月二十四日敕节文……称是在外别生男女及妻妾,先不入户籍者,一切禁断。辄经府、县陈述,不须为理,仍量事科决,勒还本居。"[256]说明对于别宅子的继承财产诉讼,如已入户籍,则官府承认并受理,如不入户籍,则不予受理。南宋时,条令较北宋有所放宽,规定:"诸别宅之子,其父死而无证据者,官司不许受理。"[257]按此法,别宅子只有在其父已死,而又没有足够的证据证明其

---

[252] 窦仪等撰:《宋刑统》卷一二《户婚律》,"卑幼私用财"门,薛梅卿点校,法律出版社1999年版,第222页。

[253] 窦仪等撰:《宋刑统》卷一二《户婚律》,"户绝资产"门,薛梅卿点校,法律出版社1999年版,第223页。

[254] 徐松辑:《宋会要辑稿·食货》六一之五八引《天圣户绝条贯》,中华书局1957年版,第5902页。

[255] 《名公书判清明集》卷八《户婚门·夫亡而有养子不得谓之户绝》,中国社会科学院历史研究所、宋辽金元史研究室点校,中华书局1987年版,第273页。

[256] 窦仪等撰:《宋刑统》卷一二《户婚律》,"卑幼私用财"门,薛梅卿点校,法律出版社1999年版,第222页。

[257] 《名公书判清明集》卷八《户婚门·无证据》,中国社会科学院历史研究所、宋辽金元史研究室点校,中华书局1987年版,第293页。

亲子地位时,官府才不予受理。反之,不论是否同居或同籍,只要有证据证明与其父的血缘关系,官府即承认其地位,并有一定的财产继承权。

由于宋代妇女改嫁自由,“再嫁之妻将带前夫之子,就育后夫家者多矣”,此前夫之子称为义子。[258] 义子不得随义父姓,如义父死则应归本宗,义子没有财产继承权,但可以分得其母自随财物。

赘婿,一般是由于男方家庭贫困,无钱娶妻,自愿入赘女方家为婿,因而在家庭中没有地位和权利,更无权承分妻家的财产,只有在特定的情况下,才可以分割妻家的部分财产。例如,赘婿以妻家财物营运,“增置财产,至户绝日,给赘婿三分”[259]。

最后,规定了对于户绝之家的继绝制度,以保护家内私有财产不致流失。继绝分为立继和命继,据《名公书判清明集》引淳熙指挥:“立继者谓夫亡而妻在,其绝则其立也当从妻;命继者谓夫妻俱亡,则其命也当惟近亲尊长。”[260]“立继者与子承父分法同,当尽举其产以与之”[261],又引《户令》:“诸已绝之家立继绝子孙,谓近亲尊长命继者,于绝家财产者,若只有在室诸女,即以全户四分之一给之,若又有归宗诸女,给五分之一。其在室女并归宗女,即以所得四分,依户绝法给之。止有归宗诸女,依户绝法给外,即以其余减半给之,余没官。止有出嫁诸女者,即以全户三分为率,以二分与出嫁女均给,一分没官。若无在室、归宗、出嫁诸女,以全户三分给一。”[262] 但无论是命继或立继,都不可以随便选立,依法,必昭穆相当,就是辈分相同。而且,己家独子不可绝己家之后而立为他人子;一家之子也不可继两家之绝,以防侵吞双份家财。一旦昭穆相当之人立为嗣子,便不能随便遣还。据《名公书判清明集》记载:“诸无子孙,听养同宗昭穆相当者为子孙。”[263]“诸养子孙,而所养祖父、父亡,其祖母、母不许非理遣

---

[258] 《名公书判清明集》卷七《户婚门·义子包并亲子财物》,中国社会科学院历史研究所、宋辽金元史研究室点校,中华书局1987年版,第242页。

[259] 《名公书判清明集》卷七《户婚门·立继有据不为绝户》,中国社会科学院历史研究所、宋辽金元史研究室点校,中华书局1987年版,第216页。

[260] 《名公书判清明集》卷八《户婚门·命继与立继不同再判》,中国社会科学院历史研究所、宋辽金元史研究室点校,中华书局1987年版,第266页。

[261] 《名公书判清明集》卷八《户婚门·命继与立继不同再判》,中国社会科学院历史研究所、宋辽金元史研究室点校,中华书局1987年版,第266页。

[262] 《名公书判清明集》卷八《户婚门·处分孤遗财产》,中国社会科学院历史研究所、宋辽金元史研究室点校,中华书局1987年版,第288页。

[263] 《名公书判清明集》卷八《户婚门·已立昭穆相当人而同宗妄诉》,中国社会科学院历史研究所、宋辽金元史研究室点校,中华书局1987年版,第247页。

还。”[264]除非“所养子孙破荡家产,不能侍养,及有显过,告官证验,审近亲尊长证验得实,听遣”[265]。

在唐代“遗嘱处分”的基础上,遗嘱继承也有所发展,“若亡人遗嘱证验分明,依遗嘱施行”[266]。遗嘱继承被看作“皆贤明之人为身后之虑”的举措,[267]并且是司法审判中的重要依据。因此,立遗嘱人有年龄限制,《名公书判清明集》中有“七岁,且遗嘱非真,似难争立”的记载。[268] 宋时遗嘱有口头与书面两种形式,但口头遗嘱证明力较差。书面遗嘱需“亲书遗嘱,经官给据”[269]“经官印押”[270],凡未经官印押的遗嘱,视为“私家之故纸”[271],官府不予承认。根据遗嘱已分财产发生争执,限于三年之内告诉,《名公书判清明集》中有满五年、十年而诉遗嘱不公者,概不受理。

综上所述,两宋封建商品经济的发展,为民事法律规范的充实提供了重要的物质基础。无论物权、债、婚姻与继承等,都达到了相当完备的程度,是中国民法史上的重要篇章。

五、循变协时的经济与金融法律

两宋在农产品商品化的进程中,使棉、丝、糖等农产品迅速增产,从而为手工业的发展提供了广阔的原料市场。无论是造船、制瓷、纺织、兵器制造、印刷、矿冶,均有不同程度的发展,产品的质量、生产技术与规模,都超过了唐代。家庭手工业作坊遍布农村。在农业和手工业发展的基础上,商业繁荣,城市兴起,商行出现,海外贸易迅速扩大,所有这一切都推动了两宋经济法律的发展。

---

〔264〕《名公书判清明集》卷八《户婚门 · 父在立异姓父亡无遣还之条》,中国社会科学院历史研究所、宋辽金元史研究室点校,中华书局 1987 年版,第 245 页。

〔265〕《名公书判清明集》卷七《户婚门 · 出继子不肖勒令归宗》,中国社会科学院历史研究所、宋辽金元史研究室点校,中华书局 1987 年版,第 224 ~ 225 页。

〔266〕徐松辑:《宋会要辑稿 · 食货》六一之五八,中华书局 1957 年版,第 5902 页。

〔267〕袁采:《袁氏世范》卷上《睦亲》,载《钦定四库全书》第六九八册,商务印书馆 1986 年影印版,第 611 页。

〔268〕《名公书判清明集》卷八《户婚门 · 先立一子俟将来本宗有昭穆相当人双立》,中国社会科学院历史研究所、宋辽金元史研究室点校,中华书局 1987 年版,第 268 页。

〔269〕《名公书判清明集》卷七《户婚门 · 先立已定不当以孽子易之》,中国社会科学院历史研究所、宋辽金元史研究室点校,中华书局 1987 年版,第 206 页。

〔270〕《名公书判清明集》卷八《户婚门 · 父子俱亡立孙为后》,中国社会科学院历史研究所、宋辽金元史研究室点校,中华书局 1987 年版,第 263 页。

〔271〕《名公书判清明集》卷五《户婚门 · 僧归俗承分》,中国社会科学院历史研究所、宋辽金元史研究室点校,中华书局 1987 年版,第 139 页。

不仅如此,两宋政府为了应付入不敷出的财政危机,支撑艰难的局面,也加强了金融立法,力图运用法律手段强化资金的筹集、使用、管理和监督。

(一)农业与工商业立法

宋初,实行不立田制、不抑兼并的政策,以顺应中唐以来土地关系的急遽变化,使土地私有制迅速取得支配地位。属于官田的屯田、营田、官庄、职田、学田、监牧地等,只占全国土地总数的百分之四点三。[272] 在这种情况下,农业立法的主要任务是保护土地私有权,巩固新的土地关系,促进农业发展。从宋初起,"输钱印契"便成为取得土地所有权的法律依据。此外,官府不仅不干预民间的土地买卖;相反,还采取各种刑事制裁手段保护合法的土地关系不受侵犯。

鉴于五代战乱以后,大量土地荒芜,朝廷积极推行垦荒政策,以增加赋税收入和安置流民。法律确认垦荒者享有新垦田的永业权,并以垦荒多少,作为考课地方官吏政绩的标准,直到南宋时期,继续实行以垦荒田为永业田之法。

神宗时期,鉴于"不抑兼并"的土地政策造成了田产不实、赋税不均、中下农户负担过重等严重弊端,于熙宁五年(1072年)八月推行"方田均税法",规定每年九月由县官丈量土地,以东西南北各千步为一方,按照土地形状、色质分为五等,清丈之后,重新均定田税,禁止越额增数,如典卖割移土地,须以新丈量的方田为准。方田均税法的推行,查出了大量隐漏的田产。过去投托豪强门下的所谓"子户",重新成为国家的"编户齐民",从而增加了国家的税收。但随着改革的失败和大地主的抗衡,方田均税法最终陷于废弛。南宋时,推行"经界法",丈量土地,厘定税额,但无明显效果。

为加强农田水利的管理,熙宁二年(1069年)十一月,条例司颁布《农田利害条约》,是农田水利法的集中代表。该条约以"开垦废田,兴修水利,建立堤防,修贴圩埠"[273],发展农业生产为宗旨。其主要内容是,凡已规定应修应疏浚的水利工程,一应工料费用由当地住户按户等出资,故意阻挠不出工料者,科以刑罚。如工程浩大,民力不足,由官府贷钱,或州县富人"出钱借贷,依例出息,官为置簿及催理"[274]。私人出资兴修水利有功利者,按其大小给予奖酬,或量才录用。《农田利害条约》的推行,调动了各方面的积极性,有助于水利的兴修和农业生产的发展。

手工业法规以严格确认集中化的管理体制为特点。凡与国计民生关系密

---

[272] 漆侠:《宋代经济史》(上),上海人民出版社1987年版,第340页。

[273] 徐松辑:《宋会要辑稿·食货》一之二八,中华书局1957年版,第4815页。

[274] 徐松辑:《宋会要辑稿·食货》一之二八,中华书局1957年版,第4815页。

切、盈利巨大的手工业项目,如铜、铁、金、银等金属品的手工业生产,主要由国家专设的“监”“冶”经营、兼控,私家虽可经营一部分,但不得擅自经营,否则,以盗论。政和年间,仿茶马法“官置炉冶,收铁给引,召人通市”[275],但占有铁炉的冶户均为富豪,工匠不仅遭受残酷的经济剥削,而且对冶户存在严格的人身依附关系。北宋时,在一些地区出现了以从事纺织为主的民户,叫“机户”。明道二年(1033 年)规定,机户每年织就的绫,只能自卖三分之一,其余由官府收买,从而压制了机户迅速发展的可能。[276]

对于工程兴建,宋援《唐律》,禁止非法兴造。凡“应言上而不言上,应待报而不待报”的非法兴造,“各计庸,坐赃论减一等”,如“非法兴造及杂徭役十庸以上,坐赃论”[277]。

为使手工业产品的质量达到法定标准,保证技艺的传授,手工工匠要在规定的时间内进行技术培训,既可以父子相承,家世相传,也可以实行学徒制度。某些产品生产时要遵照一定的规程,官府还予为立样,并将生产者的姓名与生产时间题识于产品之上,以明责任和便于追究质量。由于在手工业生产管理中逐渐由招募制取代了劳役制,因而适应了生产力发展的要求,促进了手工业生产的发展。

两宋商业的繁荣带来了市场的扩大,推动了市场管理法规的发展。除见于《宋刑统》和有关敕令外,熙宁五年(1072 年)三月,在王安石变法期间,还制定和公布了专门的市场管理法——市易法。市易法共有十二条目,主要内容是京都开封设立市易务,作为管理市场调节物价的专门机构。市易务由朝廷拨付一百万贯资金,根据市场情况或向商人收购,或出售货物,借以平抑价格。市易务也向商人贷款,由商人以产业作抵押,收取年息二分,商人向市易务赊购的货物,也取年息二分,于半年或一年以后偿还。市易务由于掌握了雄厚的资金,因而有可能及时收购滞销货物,或向商人赊销,以达到平抑物价、控制市场的目的。

在市易务成立以前,有关平抑价格、收售货物和向中小商人贷款等,一直被大商人所操纵取利。市易法的推行,把这几项大利从大商人手中收归朝廷,有助于市场经济的稳定,加强了国家的集中管理,增加了商税收入。因此,在京师

---

[275] 马端临:《文献通考》卷一八《征榷考五》,上海师范大学古籍研究所、华东师范大学古籍研究所点校,中华书局 2011 年版,第 524 页。

[276] 徐松辑:《宋会要辑稿·食货》六四之二三,中华书局 1957 年版,第 6111 页。

[277] 窦仪等撰:《宋刑统》卷一六《擅兴律》,“兴造料请”门,薛梅卿点校,法律出版社 1999 年版,第 296、297 页。

开封实行市易法以后,陆续推行于各地。

作为市场管理法重要内容的度量衡法和物价管理法,继续沿行唐《关市令》和《唐律疏议》中的有关规定。

宋时,虽然取消了唐代的"市坊"制度,商人贸易不受地域和时间的限制,但是体现传统"抑商"政策的专卖法,所涉及的范围却更为广泛,包括盐、茶、酒、矾、香药、铁、石炭(煤)、醋等民间日常生活必需品,借以充实国用。其中,以盐、茶最为重要,立法详审而严苛。

由于盐利是宋朝财政的重要来源,据真宗天禧末年统计,盐利占国家总收入的百分之十三点二,南宋绍兴末年,竟达总收入的百分之五十四点五,[278]因此,榷盐是国家垄断的专利。仁宗时,为解决官运官销中扰民之弊,确保国家盐利,以通商法取代官榷法,即盐的生产全由政府控制,而运销则分官运官销和商运商销两种方式。官销由市易务专管,商销在官府的控制下取得盐引,或包买包卖,或代销,但是禁止私贩。"诸犯私有盐一两,笞四十,二斤加一等,二十斤徒一年,二十斤加一等,三百斤配本城。"[279]

宋初,以严刑惩治私自炼盐,建隆二年(961年)诏:"私炼盐者,三斤死;擅货官盐入禁法地分者,十斤死。"[280]此后有所放宽,但至仁宗时又恢复重法。至南宋,由于"朝廷大费,全藉茶盐之利"[281]"朝廷养兵之费,多仰盐课"[282],所以对贩私盐罪于"常法外重行断治"[283]。尤其是私犯外盐,持杖盗贩,均不免于死罪。

除立法严防私盐外,还设置专官监督生产,缉私察贩,奖励告发。所有这一切都为明清盐法提供了重要的先例。

茶法大体上同于盐法。有官茶园,也有民营"园户"。民营园户,由官府借与"本钱",按百分之二十加息,所生产的茶须全部售给官府,由场务进行专卖,并设六"榷货务"主管其事。凡匿不送交官场或私贩者,茶叶没收,计值论罪。持杖贩私茶为官司捕获者,皆处死刑。[284]主吏私贩官茶,值五百钱者,流二千里,一贯五百者,死罪。[285]

---

[278] 漆侠:《宋代经济史》(下),上海人民出版社1987年版,第855页。
[279] 徐松辑:《宋会要辑稿·食货》二六之一九,中华书局1957年版,第5243页。
[280] 徐松辑:《宋会要辑稿·食货》二三之一八,中华书局1957年版,第5183页。
[281] 徐松辑:《宋会要辑稿·食货》二六之三,中华书局1957年版,第5235页。
[282] 徐松辑:《宋会要辑稿·食货》二六之七,中华书局1957年版,第5237页。
[283] 徐松辑:《宋会要辑稿·食货》二六之五,中华书局1957年版,第5236页。
[284] 李焘:《续资治通鉴长编》卷五,乾德二年八月辛酉,中华书局2004年版,第131页。
[285] 李焘:《续资治通鉴长编》卷五,乾德二年八月辛酉,中华书局2004年版,第131页。

除官销外,商销须到东京榷货务缴纳茶价,取得“要券”(茶引),然后到指定场务取茶销售。两宋茶法经过多次变更,力图把园户、茶商纳入国家专榷的轨道,进行盘剥。哲宗时,右司谏苏辙奏曰:“自官榷茶以来,以重法胁制,不许私卖。抑勒等第,高秤低估,递年减价,见今止得旧价之半。”[286]侍御史刘挚也说:“是官于园户名为平市,而实夺之……欲伐茶则有禁,欲增植则加市,故其俗论谓地非生茶也,实生祸也。”[287]

南宋时,除个别省份外,都实行茶引法,有“长引”和“短引”,改官买官卖为民间领引私贩,但需订立文约,并由亲属担保。淳熙十一年(1184 年)诏中说:“今后应赊买客人茶,其人见有父母兄长,并要共同书押文契。”[288]

四川地区还设置茶马司,将茶叶运往少数民族地区,换取马匹。但严禁私卖私贩,违者按军法治罪。

宋代专卖专利范围的扩大,与法律调整的加强,是专制主义在经济领域的体现,它同商品经济的自由发展是矛盾的。但由于专卖专利收入是国家财政收入的大宗,神宗元丰年间仅盐、茶、酒、矾等专卖收入已达二千六百五十七万余贯。因此,两宋坚持禁榷,尽管它不利于市场竞争,顿挫了商品经济自由发展的势头,但却是维持国家统治所需要的。

宋时,对外贸易在中国封建社会史上取得了空前发展。尤其是海外贸易扩展到欧、亚、非三大洲,成为当时世界著名的贸易大国,这并非偶然。其一,商品经济的发展为海外贸易提供了物质条件;其二,通过海外贸易缓和了始终困扰朝廷的理财问题;其三,不存在实行禁海政策的政治因素;其四,从太宗起,便确立了“招徕远人,阜通货贿”的指导思想,[289]遣人到南海诸国招徕商人,太宗以后,真宗、仁宗、神宗、高宗、孝宗更采取积极措施,招诱安抚奖励海外商人,为海外贸易的不断兴发提供保障。

海外贸易的方式:一是以“朝贡”“回赐”为名目的官方交易。凡属贡、赐的货物,免交商税。二是民间的贸易往来。为了加强海外贸易的管理,在主要港口广州、杭州、明州、泉州、密州、秀州、温州、江阴,均设置市舶司管理舶商,征收舶税,收买舶货。

海外贸易的发展必然要求相应的法律调整。宋朝继承了《唐律疏议》中有关中外贸易的“交易方式”“市场管理”“禁行私商”等规定,以及由来已久的市舶立

---

[286] 苏辙:《栾城集》卷三六《论蜀茶五害状》,上海古籍出版社 2009 年版,第 787 页。

[287] 脱脱等撰:《宋史》卷一八四《食货志下六》,中华书局 1977 年版,第 4500 页。

[288] 徐松辑:《宋会要辑稿・食货》三一之二六,中华书局 1957 年版,第 5353 页。

[289] 徐松辑:《宋会要辑稿・职官》四四之二四,中华书局 1957 年版,第 3375 页。

法。据《宋史》记载："互市舶法自汉初与南越通关市，而互市之制行焉。……北魏立互市于南陲。隋唐通货易于西北，开元定令，载具条目。……宋初循周制。"[290]但宋时，海外贸易的形式与外商来华的规模已非唐朝可比，因此，在《宋刑统》中特别增设"死商钱物，诸蕃人及波斯附"门，以保护外商及其亲属的财产所有权，而且不断颁发敕令作为对外贸易法的补充形式。孝宗曾明确指出："海南四郡既无通商条令，仰遵守敕条约束。"[291]

宋朝代表性的外贸法规是《市舶条法》，其主要内容如下：

建立管理外贸的机构。设置市舶司、市易司、博易务、牙行、海关、洋行等各种管理海外贸易的机构，其中以市舶司最为重要。其主要职掌接待中外贡使商贾、征收税率、管理商品互易、结交番客。

确定征税的基本标准。自唐以来，征收外商榷税的标准，或"以十抽一"，或"十分抽二"。宋律规定的抽解定数，是"三路市舶司，今后蕃商贩到龙脑、沉香、丁香、白豆蔻四色，并依旧抽解一分"[292]"所市物货，取息毋过二分"[293]。未经抽解，不得私取其货，违者，科罪。但如商船遇险、货物损坏，可以减免税，"舶船遇风至诸州界，亟报所隶，送近地舶司榷赋分买"[294]。至于有意漏税，或不征税，依法制裁。由于宋朝对外来商品实行"榷卖制"，因此凡进口的禁榷之物，如象牙、宝珠等全部由官府收购。

舶货在外地出售须持有"公凭"。通行的官府与商人之间签订的有效合同，即所谓"公凭"制度，也推行于海外贸易。神宗熙宁编敕："诸客旅于海道商贩……载行货名件往某处出卖。……即为出给公凭。"[295]徽宗时，鉴于海外客商与民间交易活动增多，下诏，一方面，"听其往还"，另一方面，要求市舶司"勘验诣实，给与公凭"[296]，以保证舶货的行销。

禁止贩运人口及制造兵器物资。宋律规定，若商贾、市舶将男女人口等私贩下海，"舶商、船主、纲首、事头、火长各杖一百，船物没官，有首告者于官物内一半充赏"[297]"诸以堪造军器物卖与化外人及引领者，并徒二年""物没官"，知

---

〔290〕脱脱等撰：《宋史》卷一八六《食货志下八》，中华书局1977年版，第4558页。

〔291〕徐松辑：《宋会要辑稿·蕃夷》四之八四，中华书局1957年版，第7755页。

〔292〕徐松辑：《宋会要辑稿·职官》四四之二五，中华书局1957年版，第3376页。

〔293〕脱脱等撰：《宋史》卷一八六《食货志下八》，中华书局1977年版，第4561页。

〔294〕脱脱等撰：《宋史》卷一八六《食货志下八》，中华书局1977年版，第4560页。

〔295〕苏轼：《苏文忠公全集·东坡奏议》卷八《乞禁商旅过外国状》，明成化吉州刻，缪荃孙批校本，叶四。

〔296〕徐松辑：《宋会要辑稿·职官》四四之八，中华书局1957年版，第3367页。

〔297〕王圻撰：《续文献通考》卷二六《市舶》，万历癸卯曹时聘刊本。

情者“减犯人一等”[298]。

保护外商的合法权益。凡是来华贸易的外国商人,只要领取了市舶司颁发的“验符”或其他官方凭证,其合法利益即受到保护,包括外商在中国的定居权和婚姻权。熙宁时,已有大量“蕃客带妻儿过广州居住”[299]。顾炎武曾考证说,“自唐设结好使(市舶)于广州。自是商人立户,迄宋不绝,诡物殊音,多流寓海滨湾泊之地,筑石联城,以长子孙”[300],并且允许外商与当地官吏之家通婚,以及阿拉伯商人在“蕃坊”内设教堂,立主教,依回教风俗,朝觐礼拜。尤其是不得非法侵占外商货物,违者治罪。对于抽解物不去外州货卖,不得更行收税。已抽解、和买之外的余货,“不得毫发拘留……如违,许蕃商越诉,犯者计赃坐罪”[301]。

此外,还规定了外商在华身死后财产处理办法。例如,“死商有父母、嫡妻及男,或亲兄弟、在室姐妹、在室女、亲侄男、见相随者,便任收管财物”。如父母妻儿等不相随,则“明立碑记”,以便“牒本贯追访”。经“勘问无家人亲属者”,依户绝法“所有财物,随便纳官,仍俱状申省”[302]。在处理涉外纠纷时,《宋刑统》沿用《唐律》关于“化外人”相犯的规定:“诸化外人,同类自相犯者,各依本俗法。异类相犯者,以法律论。”[303]说明对涉外纠纷采取属地主义与属人主义相结合的法律适用原则。汪大猷知泉州时,对“蕃商与人争斗,非伤折罪,皆以牛赎”的故事表示异议,他说:“安有中国用岛夷俗者。苟在吾境,当用吾法”[304]。王涣之知广州时,“蕃客杀奴,市舶使据旧比,止送其长杖笞,涣之不可,论如法”[305]。

禁止官员私自经营海外贸易,严惩外贸官员的违法失职行为。按宋律,商贾出海贸易,需经申请批准给券等一系列手续,以示国家对海外贸易的专控。为了防止不公平的竞争,禁止权贵官员私自进行海外贸易,更不许市舶官员利用职权和买舶商货物,凡“私与蕃国人贸易者,计直满百钱以上论罪,十五贯以

〔298〕 谢深甫等修:《庆元条法事类》卷二九《榷禁门二》“兴贩军需”条引《卫禁敕》,戴建国点校,黑龙江人民出版社2002年版,第430页。

〔299〕 徐松辑:《宋会要辑稿·刑法》二之二一,中华书局1957年版,第6506页。

〔300〕 顾炎武:《天下郡国利病书》卷一〇四,上海古籍出版社2011年版,第3422页。

〔301〕 徐松辑:《宋会要辑稿·职官》四四之三四,中华书局1957年版,第3380页。

〔302〕 窦仪等撰:《宋刑统》卷一二《户婚律》,“死商钱物”门,薛梅卿点校,法律出版社1999年版,第223页。

〔303〕 窦仪等撰:《宋刑统》卷六《名例律》,“化外人相犯”条,薛梅卿点校,法律出版社1999年版,第109页。

〔304〕 脱脱等撰:《宋史》卷四〇〇《汪大猷传》,中华书局1977年版,第12145页。

〔305〕 脱脱等撰:《宋史》卷三四七《王涣之传》,中华书局1977年版,第11001页。

上黥面流海岛"[306]。市舶司官员及地方知州通判,以"和买"为名侵吞舶商货物者,治以"决配"之法。特别是严禁市舶司使、海关监督、知府、督抚以及海防巡捕私与"奸商"勾结,营私舞弊,偷买或盗运违禁物、毒品烟土等,或"罔顾宪章,苟徇货财,潜通交易,阑出徼外,私市掌握之珍",犯者"皆重置之法"[307]。政和六年(1116年),大食国进奉物品,由于广东司严曹事蔡蒙休押伴,蔡氏半路滞留,强行取去香药,不还价钱,蕃商上诉,宋徽宗下令提刑司审理惩罚,以自盗罪徒二年。[308]

总括上述,宋朝鼓励和依法保护海外贸易,对社会经济的发展起了积极推动的作用。例如,嘉定十二年(1219年)宣布禁银铜铁与外互市,准用绢布、锦帛等作为与外国交换的商品之后,大大刺激了丝绸业的生产。为了招徕外商、扩大海外贸易所制定的调整中外贸易的法律,在中国古代法制史上也写下了别开生面的一页。

(二)金融财政立法

1. 钱法

商品经济的发展,必然推动货币关系的发展。北宋时,货币以铜、铁为本位,开封府等十三路专用铜钱,陕西河东两路铜钱与铁钱兼用,川蜀四路专用铁钱。并严禁铜钱流出"蕃界"和"阑出"江南塞外,违者治罪,边关官吏失察,五贯以下处罪,五贯以上处死。南宋高宗绍兴年间,制定"铜钱出界罪"令,规定,将铜钱与蕃商博易者,徒二年,千里编管。同时也严禁不合法定规式的钱币,即所谓轻小恶币流通。对于私铸钱币,造意人与首犯处绞刑,邻保配徒一年,里正、坊正、村正各决杖六十。

随着商品货币经济的发展,出现了世界上最早的纸币,即用于支付手段的信用货币——交子。"交子"充当货币起源于四川,由于铁钱体重值小,携带不便,不适应商业活动的需要,一些富商集资发行纸币,称为"交子",可以随时兑换,定期流通,每三年为一届,发行新券,兑换旧券。仁宗天圣元年(1023年),鉴于民办"交子"常因信用问题发生纠纷,遂正式设立官办的益州交子务,禁止私造,确认了纸币的法律地位。"交子"的流通有固定的期限和法定的发行限额、面值、流通领域,以及与铜钱的兑换比例,并要求蓄有相当数量的准备基金,伪造"交子"者依法治罪。熙宁时期,"交子"由于扩大发行量而贬值百分之七

---

[306] 脱脱等撰:《宋史》卷一八六《食货志下八》,中华书局1977年版,第4559页。

[307] 徐松辑:《宋会要辑稿·职官》四四之三,中华书局1957年版,第3365页。

[308] 脱脱等撰:《宋史》卷四九〇《大食国传》,中华书局1977年版,第14121页。

十五,至徽宗时,企图以发行纸币解决财政困难,导致“交子”信誉扫地。

南宋时,采矿业逐步衰落,而在对外贸易中铜钱又大量外流,纸币日益取代铜钱成为主要的支付手段。南宋的纸币既有川峡交子,也有地区性流通的“会子”。为了维护纸币的信用,满足商品迅速流转的需要,规定“民间典卖田宅、马牛、舟车等如之,全用会子者听”[309]。同时,“定民间买钞之价,以抑豪强”[310],如伪造会子“凡经行用,并处死”[311]。

两宋发行纸币,既适应了商品货币关系发展的需要,也是弥补财政亏空的一种手段。然而,理宗时,因财用匮乏,设立“撩纸局”,增印纸币,造成了严重的通货膨胀,“市井观之,粪土不如”,使得社会经济陷于崩溃。[312]

此外,宋朝也有称为“正钱”“便钱”的汇票和称为“帖子”的支票,以及类似有价证券的“盐钞”。

2. 财政法

宋朝财政需求的增多与国家对财政收入的依赖,使得财政立法大大超过前代。

宋初,财政危机尚不明显,“……传至真宗,内则升中告成之事举,外则和戎安边之事滋,由是食货之议,日盛一日”[313]。仁宗治平以后,连续出现财政赤字。至神宗临朝,国用不足已成为当务之急,因此,神宗变法置理财于首位。主持变法的王安石说:“夫合天下之众者财,理天下之财者法,守天下之法者吏也。吏不良,则有法而莫守;法不善,则有财而莫理。”[314]王安石变法使得国家财政实际收入猛增,收支状况有所好转,然而,哲宗废罢新法,财政又呈困难局面。《宋史·食货志》说:“自崇宁以来……所入虽多,国用日匮。”至南宋,“府库已竭,而调度方殷,根本已空,而蠹耗不止”[315],整个财政已经濒临崩溃。

由于财政收入主要用于支撑官俸、兵饷、祭祀和输币求和,《文献通考》卷二十四《国用考二》说:“大概(国计)其所以疲弊者,曰养兵也,宗奉也,冗官也,郊赉也。”早在元丰改制以前,朝廷设立三司使主管财政,地方财政则由转

〔309〕 脱脱等撰:《宋史》卷一八一《食货志下三》,中华书局1977年版,第4406页。

〔310〕 脱脱等撰:《宋史》卷一八二《食货志下四》,中华书局1977年版,第4445页。

〔311〕 脱脱等撰:《宋史·孝宗本纪》(三)。

〔312〕 李曾伯:《可斋续稿》(后)卷三《救蜀褚密奏》,载《钦定四库全书》第一一七九册,商务印书馆1986年影印版,第616页。

〔313〕 脱脱等撰:《宋史》卷一七三《食货志上一》,中华书局1977年版,第4156页。

〔314〕 王安石:《临川先生文集》卷八二《度支副使厅壁题名记》,中华书局1959年版,第861页。

〔315〕 黄淮、杨士奇编:《历代名臣奏议》卷二七三《理财》,上海古籍出版社1989年版。

运使负责,形成了三司主内,转运使主外,从地方到中央各有专司掌管财政收入。元丰改制以后,以户部取代三司,三司原有的权力分别为皇帝、宰相和户部几方掌握。南宋时,为了摆脱财政的极度困窘,加强了管理上的集权制,强制地方上调财富,朝廷通过年度、季度和按月的经济报告掌握地方支出状况,避免地方擅自挪用经费,结果虽然收财权于中央,却使地方州郡更加困弱,难以应付。

为了加强理财,《宋刑统》中为数不多的财政法规定,已远远不能满足需要,因此,通过敕令等形式,颁行财政法规,依法控制财政支出,甚至郊祀的支出也有定法。据《宋史·食货志》记载:"一岁用度及郊祀大费,皆编著定式。"神宗时,为了加强上计还将账籍法式化,违者治罪。

宋朝主要的财政立法如下:

(1)赋税法。宋朝赋税以田赋和商税为主。田赋沿袭唐代两税法,"其输之迟速,视收成早暮而宽为之期"[316],称为正税。正税税率虽然不变,但名目繁多的附加税往往超过正税数倍,至期不能完纳田赋者,由征税官负责校科、拘催。建隆四年(963年)诏中指令:"每遇起纳税赋,告谕人户赴指定仓库送纳,初限已前未得校料,中限将终全未纳者,即追户头或次家人,令、佐同共校料。"[317]由于校科是拘催前的必经程序,拘催必须是在末限结束之前,"诸税租,州辄差官吏下县催督。若县未入末限或未经科校,辄差人下乡者,并杖一百"[318]。

为了确保夏秋二税的完纳,《宋刑统》中规定了一系列对"违期不充者"的惩罚。至南宋,随着财政困难的加剧,对于违欠税物的立法更为详备,"诸输税租违欠者,笞四十,递年违欠及形势户杖六十……品官之家杖一百"[319],税租户外逃"限满不归,合宅什物估卖入官"[320]。地方县吏人、书手、户长、令佐及州官各依拖欠税物处以不等刑罚。为防止隐匿二税,还建立了连保责任制和奖励告首。

除田税外,商税对于国家用度的重要性也日益为人们所认识。《梦溪笔谈》

---

[316] 马端临:《文献通考》卷四《田赋考四》,上海师范大学古籍研究所、华东师范大学古籍研究所点校,中华书局2011年版,第97页。

[317] 徐松辑:《宋会要辑稿·食货》七〇之一、七〇之二,中华书局1957年版,第6371页。

[318] 谢深甫等修:《庆元条法事类》卷四七《赋役门》"拘催租税"条引《户婚敕》,戴建国点校,黑龙江人民出版社2002年版,第611页。

[319] 谢深甫等修:《庆元条法事类》卷四七《赋役门》"违欠租税"条引《户婚敕》,戴建国点校,黑龙江人民出版社2002年版,第626页。

[320] 谢深甫等修:《庆元条法事类》卷四七《赋役门》"阁免租税"条引《户令》,戴建国点校,黑龙江人民出版社2002年版,第630页。

说:“今国用未减,岁入不可阙;既不取之于山泽及商贾,须取之于农。与其害农,孰若取之于商贾?”[321] 为了征取商税,宋初,州县经过户部批准可以设置税场、税务。“诸税务应创置,不申尚书户部待报,及虽申而不应置者,并陈请人各杖一百。”[322] 但实际上禁而不止,税务、税场“在在有之”,甚至“深村小路”,也“私立关津,公行收税”[323]。

为了加强对商税的控制,由朝廷派出地方监税官,雍熙三年(986 年)著令“监当使臣、京朝官并三年替”[324],自此,吏部差监税官成为定制。监税官的职责是检验货物、收纳税额,等等。

太祖时,为调整商税曾颁行《商税则例》。所谓“开基之岁,首定商税则例。自后累朝守为家法”[325]。“州县税务,凡应税之物,令申所载,以所收物名则例,大书版榜,揭务门外晓示。”[326] 可见,《商税则例》初期只笼统列出应税物的名目和住税百分之二十、过税百分之三十的税率,尚无各种货物税钱的名目。崇宁五年(1106 年)九月十七日诏令户部:“取索天下税务自今日以前五年内所收税钱,并名件,历差官看详,参酌税务名件、税钱多寡立为中制,颁下诸路造为板榜,十年一易,永远遵守。”[327] 自此则例的内容有所扩大,不仅包括重新修定的税目,还规定了各色货物的税率,以及十年一修则例的期限。南宋时,物价波动影响了税钱的稳定,因此,《商税则例》每半年一修,以便根据物价增减税钱。

由于宋代盐商课以“住税”,行商课以“过税”,前者每千钱纳税十,后者每千钱纳税二十,商税成为国家财政的重要收入。为了确保商税完纳,对于匿税罪给予刑事制裁,据《庆元条法事类》记载:“诸物应税而不赴务及虽赴而欺隐者,皆为匿。已离务者不得再检,虽有失漏之数,不为匿。”[328] 对匿税者通常笞四十,如税钱满十贯,杖八十,除补交税钱,还要将应税物的三分之一

---

〔321〕 沈括:《梦溪笔谈》卷一二《官政二》,胡道静校证,中华书局 1957 年版,第 437 ~ 438 页。

〔322〕 谢深甫等修:《庆元条法事类》卷三六《库务门》“商税”条引《厩库敕》,戴建国点校,黑龙江人民出版社 2002 年版,第 548 页。

〔323〕 徐松辑:《宋会要辑稿 · 食货》一八之二四,中华书局 1957 年版,第 5119 页。

〔324〕 马端临:《文献通考》卷一四《征榷考一》,上海师范大学古籍研究所、华东师范大学古籍研究所点校,中华书局 2011 年版,第 402 页。

〔325〕 马端临:《文献通考》卷一四《征榷考一》,上海师范大学古籍研究所、华东师范大学古籍研究所点校,中华书局 2011 年版,第 401 页。

〔326〕 徐松辑:《宋会要辑稿 · 食货》一七之四二,中华书局 1957 年版,第 5104 页。

〔327〕 徐松辑:《宋会要辑稿 · 食货》一七之二八,中华书局 1957 年版,第 5097 页。

〔328〕 谢深甫等修:《庆元条法事类》卷三六《库务门》“商税”条引《场务令》,戴建国点校,黑龙江人民出版社 2002 年版,第 550 页。

充公。

宋代列入"榷货"的物品,也有一部分是在政府直接控制下由商人经营购销的,也存在专卖税收的问题。例如,真宗曾诏令三司:"经度茶、盐、酒税以充岁用,勿增赋敛以困黎元。"〔329〕有些种茶园户因不能完成以茶代税的定额,常以假茶充数,为此政府专门立法予以打击。

(2)上供钱物法。起源于唐安史之乱以后的"上供"——地方财赋直接送交中央的制度,宋时不仅制定了一系列法律规定,而且反映了加强中央集权的特点。例如,建隆三年(962年)令:"自今诸州岁受税租及莞榷货利,上供物帛,悉官给舟车,输送京师。"〔330〕乾德三年(965年)又令,诸州除支度经费外,"凡金帛悉送阙下,无得占留"〔331〕。熙宁三年(1070年)再定上供钱物新格,对上供的法定时间和具体数额作出了新的规定。至南宋,见于《庆元条法事类》的上供之法更为细密,无论上供的期限、数量和质量,均有法式。关于钱物上供的时间,元丰时,每年年终为州县起发上供物到中央的时间,崇宁时,改为一年两限,南宋或为两限,或为三限。如违法定期限,主管官吏按"解纳违限",处杖八十或杖一百的刑罚。

钱物上供的数额在熙宁新格中已有规定,并将夏秋二税之外的十余种税收科目合而为额,一并纳入上供的范围,称作"无额上供"。有宋一代无额上供的钱物数额有增无减,不及定额者治罪。宣和元年(1119年),因上供物数额不足而坐罪贬秩的漕臣二十二人。南渡以后,"里外军国之费,除茶盐课入外,止仰上供钱物资助",因此,"不容少有违欠"〔332〕。对于上供钱物的质量也有严格要求,如上供钱"不足或有私滥者,每一文,本库元拣数人罚钱一百文入官";上供谷,则"州委通判,不拘界分拣选充换堪好者装发"〔333〕。上供钱物不得移用截留,否则"各有专一断罪条法指挥"〔334〕。

(3)账籍管理法。为了加强对财政的管理,不仅确认了四十种账籍的标准格式,而且制定了财物账籍的编造、记录、报送、审复等法律,违者处以杖刑。南

---

〔329〕脱脱等撰:《宋史》卷一七九《食货志下一》,中华书局1977年版,第4349页。

〔330〕脱脱等撰:《宋史》卷一七五《食货志上三》,中华书局1977年版,第4250页。

〔331〕马端临:《文献通考》卷二三《国用考一》,上海师范大学古籍研究所、华东师范大学古籍研究所点校,中华书局2011年版,第690页。

〔332〕李心传编纂:《建炎以来系年要录》卷九三,绍兴五年九月丁亥,胡坤点校,中华书局2013年版,第1786页。

〔333〕谢深甫等修:《庆元条法事类》卷三〇《财用门一》"上供"条引《仓库令》,戴建国点校,黑龙江人民出版社2002年版,第442、443页。

〔334〕徐松辑:《宋会要辑稿·食货》三五之三八,中华书局1957年版,第5427页。

渡以后,曾"敕诸路监司,应经兵火州县,自来所有丁产,钱谷簿书,皆依法置造"[335]。并申明"州县租税簿籍,令转运司降样行下,并真谨书写,如细小草书,从杖一百科罪,勒停永不收叙,其簿限一日改正。当职官吏失点检杖八十,如有欺弊,自依本法施行"[336]。

统一账簿的目的是便于"上计"核查。秦汉以来,年终上计制度,改为月报、季报、岁报。在《庆元条法事类》中,详细规定了各类账簿的适用、上报途径与期限。例如,"诸州夏秋税管额账,夏自正月一日,秋自四月一日,各限四十五日;纳毕账自二税限满日限六十日,造申转运司"[337]"诸上供钱物状,逐州次年正月中旬依式攒送磨勘司、审计院,各限五日磨审讫申转运司覆验,限三月终缴申尚书户部"[338]"诸州仓库场务簿历并岁前两月缴申提点刑狱司印押,限岁前一月给下,岁终开具已印给过名件申尚书户部账司"[339]。对上计的审查权,元丰改制前由三司负责,再报与皇帝,元丰改制以后归转运司和户部。

(4)财政监督法。由于理财是国家的要务,不仅制定了财政管理法,也制定了财政监督法。违反财政法规的吏民,或予以行政处分,或以刑法制裁。

宋初,财政管理与审计合一,形成了内部审计制度,由附属于三司的都磨勘司负责审计。这种内部审计制度造成了极大的弊端,史书说:"旧帐案隶三司,自治平中至熙宁初,凡四年账未钩考者,已逾十有二万。钱帛、刍粟积亏不可胜计。"[340]元丰改制以后,财政的管理与审计分离,形成了外部审计制度,由比部独立执掌中央审计监督权。地方由朝廷委派各路转运使"专管帐目磨勘"[341],府、市、军、监一级机构,以通判负责监审,县则由县令兼理财政审计监察。南宋时,在各军主要集结地设有审计院,便于加强对军队钱粮的审计监督。

以上可见,宋朝已形成了自中央至地方的多层次的财政监督体系,这是宋以前所未有的,它充分说明了财政是宋朝的生存命脉。

---

[335] 徐松辑:《宋会要辑稿·食货》一一之一五,中华书局1957年版,第5000页。

[336] 徐松辑:《宋会要辑稿·食货》一一之一八,中华书局1957年版,第5001页。

[337] 谢深甫等修:《庆元条法事类》卷四八《赋役门二》"税租账"条引《赋役令》,戴建国点校,黑龙江人民出版社2002年版,第643页。

[338] 谢深甫等修:《庆元条法事类》卷三〇《财用门一》"上供"条引《仓库令》,戴建国点校,黑龙江人民出版社2002年版,第442页。

[339] 谢深甫等修:《庆无条法事类》卷三六《库务门一》"场务"条引《仓库令》,戴建国点校,黑龙江人民出版社2002年版,第541~542页。

[340] 脱脱等撰:《宋史》卷一六三《职官志三》,中华书局1977年版,第3861页。

[341] 徐松辑:《宋会要辑稿·食货》一一之一一,中华书局1957年版,第4998页。

与财政监督机构广泛设立相适应,制定了财政监审法。

首先,确定监审官吏的连带责任。凡监临主司隐匿课税,"计所缺,准盗论。主司知情,与同罪;不知情,减四等"[342]"诸于税租簿脱误者,杖八十,令、佐减二等"[343]。

其次,规定了账籍的送审时限。据《庆元条法事类》记载,"诸州夏秋税管额账,夏自正月一日,秋自四月一日,各限四十五日;纳毕账自二税限满日限六十日,造申转运司"[344],凡"账历无故违限不送磨勘司,一日杖六十,三日加一等"[345]。

最后,形成预算、决算的法律规范。根据《宋史·食货志》"一岁用度及郊祀大费,皆编著定式"的记载,说明宋朝虽无预算之名,却有预算之实。至于决算,是根据预算执行结果,按法定程序编制"账状",作为上计的主要内容。在预算、决算的基础上,两宋还编纂了《会计录》,见于史书的有《景德会计录》六卷、《祥符会计录》三十卷等。

总之,宋朝的财政立法逐渐趋于专门化,成为法律体系中相对独立的部门。它以集财权于中央,最大限度地敛取财富为特点,在一定时期确实起到了支撑宋朝的作用,但没有,也不可能解除日益窘迫的财政危机和政治危机。随着官僚机构的无限膨胀和军队的扩充,加上对外输币求和,使得财政状况逐渐趋于崩溃,自仁宗庆历以后,每年入不敷出,差额在三百万缗以上。至英宗治平二年(1065年),不足之数已达一千五百七十万缗。[346]"一岁之入,仅能充期月之用,三分二在军旅,一在冗食。"[347]"每以财用不给为忧,日与大臣讲求其故"[348]的神宗曾慨叹说:"穷吾国用者,冗兵也。"[349]为了维持财政收入,宋统治者都比较重视财政立法,高宗曾表示"邦计匮乏,苟有一毫可以节省,亦当

---

[342] 窦仪等撰:《宋刑统》卷一五《厩库律》,"输课税逗留湿恶"门,薛梅卿点校,法律出版社1999年版,第278页。

[343] 谢深甫等修:《庆元条法事类》卷四八《赋役门二》"簿账欺弊"条引《户婚敕》,戴建国点校,黑龙江人民出版社2002年版,第652页。

[344] 谢深甫等修:《庆元条法事类》卷四八《赋役门二》"税租账"条引《赋役令》,戴建国点校,黑龙江人民出版社2002年版,第643页。

[345] 谢深甫等修:《庆元条法事类》卷三二《财用门三》"点磨隐限"条引《厩库敕》,戴建国点校,黑龙江人民出版社2002年版,第501页。

[346] 马端临:《文献通考》卷二四《国用考二》,上海师范大学古籍研究所、华东师范大学古籍研究所点校,中华书局2011年版,第700页。

[347] 脱脱等撰:《宋史》卷一七九《食货志下一》,中华书局1977年版,第4351页。

[348] 脱脱等撰:《宋史》卷一七九《食货志下一》,中华书局1977年版,第4354页。

[349] 脱脱等撰:《宋史》卷一九六《兵志十》,中华书局1977年版,第4899页。

行之”[350]。王安石变法的核心就是理财。徽宗时,蔡京、童贯频繁变易钞法,以侵夺盐茶商人之利,补充财政。史载,崇宁、政和年间(1102～1117年),蔡京推行“循环法”,“新法于今才二年,而所收已及四千万贯”[351]。正是由于管理财政具有特殊的重要意义,三司使才在国家机关中居于显赫地位。

六、鞫、谳分司的司法制度

(一)司法体制的变化

宋初,司法机关沿袭唐制,但以加强刑部“复按”的职权,作为集司法权于中央的主要措施。太祖时,曾明令诸州大辟(死罪)案件,须先送刑部详细复核。大理寺则只“谳天下奏案而不治狱”[352]。太宗淳化二年(991年)八月,为了加强皇帝对司法权的控制,于大理寺、刑部之外,增设审刑院于宫中,有知院及详议官六人,凡经刑部复核后的案件,须送至审刑院详议,再奏请皇帝批准。审刑院不归宰相统领,而直属于皇帝。真宗时,又令审刑院奏报皇帝的案件,须先送中书省“看详”,然后再奏请皇帝论决。此外,凡属“奏裁”重案,谓之“诏狱”,由制勘院负责审理。审刑院的建立,限制了大理寺和刑部的职权,以致大理寺不设长官,而由其他官员兼理。直至神宗元丰改制,因机构重叠裁减审刑院,才恢复了刑部和大理寺原有的职权。从此,始专设大理寺卿一人、少卿二人为专职正、副长官。

至于御史台,除监察职能外,也具有司法监督和审判重大疑案的职能,其司法管辖主要是命官与司法官犯法案件,以及州县不能解决的疑难大案。凡是违法失职的官吏,在送大理寺审判以前,须先由御史台侦讯。御史台也有权分派御史参与重大刑事案件的审理,以便行使司法监察。

皇族宗室人员犯法,在京师由大宗正司受理,在外地由外宗正司受理,徒以上由皇帝下旨裁决。

军人犯法也有专门管辖的审判机关,如枢密院、殿前司、侍卫马步军司、经略安抚司、总管司、都监、监押。

地方司法机关,于京畿地区设提点开封府界诸县镇公事,职掌京畿地区内县、镇司法刑狱,南宋时称提点京畿刑狱。各路设置固定的提点刑狱公事,简称

---

[350] 李心传编纂:《建炎以来系年要录》卷九五,绍兴五年十一月癸未,胡坤点校,中华书局2013年版,第1817页。

[351] 脱脱等撰:《宋史》卷一八二《食货志下四》,中华书局1977年版,第4452页。

[352] 脱脱等撰:《宋史》卷一六五《职官志五》,中华书局1977年版,第3900页。

提刑,其官署号“宪司”。提刑主管复核及审查所属州县的判决,和每十日一上报的囚账,有疑狱时“即驰传往视之”[353]。提刑还经常巡视各州县,“所至审问囚徒,详核案牍,凡禁系淹延而不决,盗窃逋窜而不获,皆劾以闻,及举刺官吏之事”[354]。可见,提刑是一个监督州县司法工作、加强司法活动的官职,后世巡按使即由提刑发展而来。

州设司寇院(后改司理院),长官为司寇参军(后改司理参军),专“掌讼狱勘鞫之事……不兼他职”[355]。为了加强朝廷对地方司法权的控制,以及监督地方司法机关的活动,限令各州十日一报囚账,不许谎报。

由监司、州、军在案件发生地附近设置的推勘院,为地方临时审判机关,管辖地方大案疑案和多次翻异的案件。

宋朝对于司法官的任用由朝廷统一掌握,在人选上注重儒士,改变了五代以来由地方马步院、牙校等武官执掌司法的状况。司法官须经“律义”与“案例”的考试,合格者任用,优异者可拔擢至大理寺。由于科举设明法科,提倡士人研习律学,故现任官也要定期考试法律,“其知州、通判、及幕职、州县官等秩满至京,当令于法书内试问。如全不知者,量加殿罚”[356]。直到南宋,仍然是“进士预荐(为官)者听试(法律)”[357],一时“天下争诵律令”[358],有力地促进了学习法律的社会风气,推动了法学的发展。

(二)诉讼程序的相对完备

两宋在告诉的方式、告诉的限制以及程序等方面基本沿袭唐制。起诉的方式一是被害人自诉,二是被害人亲属或以外的其他知情者向官府告发,三是犯罪人自首。宋初,告诉人的年龄限制在八十以下、十岁以上,但谋反大案不受此限。乾德四年(966年),将告诉人的年龄上限减为七十以下,此外,身患重病及怀孕妇女不得起诉,南宋时,妇女“非单独、无子孙孤孀,辄以妇女出名,不受”[359]。为了防止诬告、挑讼,凡“讼不干己事,即决杖,枷项令众十日”[360]。如

[353] 脱脱等撰:《宋史》卷一九九《刑法志一》,中华书局1977年版,第4971页。

[354] 脱脱等撰:《宋史》卷一六七《职官志七》,中华书局1977年版,第3967页。

[355] 脱脱等撰:《宋史》卷一六七《职官志七》,中华书局1977年版,第3976页。

[356] 徐松辑:《宋会要辑稿·选举》一三之一一,中华书局1957年版,第4473页。

[357] 脱脱等撰:《宋史》卷一五七《选举志三》,中华书局1977年版,第3673页。

[358] 马端临:《文献通考》卷三八《选举考十一》,上海师范大学古籍研究所、华东师范大学古籍研究所点校,中华书局2011年版,第1113页。

[359] 黄震:《黄氏日抄》卷七八《公移·词诉约束》,载《钦定四库全书》第七〇八册,商务印书馆1986年影印版,第802页。

[360] 徐松辑:《宋会要辑稿·刑法》三之一二,中华书局1957年版,第6583页。

系人命重案,例须死者亲属告诉。

告诉人身份地位的不同,对于官府受理的先后有着重要的影响。按宋时的社会职业结构分为士、农、工、商、杂五类,因此,受理案件的顺序,先士人,依次为农夫、商人,最后是杂人(师巫、游手末作、僮仆等)。

对于诉状的书写格式沿后周之制,或自己书写,或请人代书,如当事人不识文字,亦可以白纸一幅权当诉状。随着诉讼活动的增加,对诉状的要求也趋向严格。诉状须由在官府注册的"书铺"按一定格式统一书写,并须取得他人"保识",才能呈递,经过官府开拆司审查合乎规格,方能收受。黄震在《词诉约束》中阐述了对诉状的要求:"不经书铺不受,状无保识不受,状过二百字不受,一状诉两事不受。"[361]

宋朝在商品经济影响下,允许并提倡依法起诉,以保护自身的权利,为此还设立"登闻鼓院""登闻检院"受理申告的案件。淳化四年(993 年)十月,京畿民牟晖挝登闻鼓,诉家奴丢失了一只小猪,太宗下诏赐千钱偿其值,并对宰相说:"似此细事悉诉于朕,亦为听决,大可笑也。然推此心以临天下,可以无冤民矣。"[362]著名的清官包拯知开封府时,改革了诉讼人不得进入官门,只能将书状交与守门吏役的旧规,大开正门,让诉讼人直接上庭自道曲直。

值得提出的是,官吏举劾的起诉方式,不仅是常用的,也起着重要的作用。宋朝由于重视发挥监察职能,鼓励台谏弹劾百官,提起行政诉讼,并且经常派遣使臣巡察各地纠举犯罪。同时,还建立了监司互相察举的制度,以督励忠于职守,防止犯法。地方官如隐藏民间犯罪,也要求知情官纠举,应纠举而不纠举者,治罪。《刑部格敕》规定:"百姓间有犯恶逆以上者,州县长官量事贬降,隐而不言,委录事参军纠察闻奏。"[363]

关于越诉,虽沿袭《唐律》"越诉及受者,各笞四十",但在颁发的敕令中却有所放宽。尤其是徽宗以后,为了保持安定的社会秩序,对于地方官非法科敛百姓,允许越诉。据政和三年(1113 年)十二月十一日御笔,对"置杖不如法,决罚多过数,伤肌肤"的推勘官及行杖人,"许赴尚书省越诉"[364]。南宋时,为了维持偏安一隅的局面,更加依赖人民群众的支持,凡是川陕民冤抑者,可以"经宣

---

〔361〕 黄震:《黄氏日抄》卷七八《公移·词诉约束》,载《钦定四库全书》第七〇八册,商务印书馆 1986 年影印版,第 802 页。

〔362〕 李焘:《续资治通鉴长编》卷三四,淳化四年十月丁丑,中华书局 2004 年版,第 757 页。

〔363〕 司马光:《传家集》卷二八《章奏十三·乞今后有犯恶逆不令长官自劾劄子》,载《钦定四库全书》第一〇九四册,商务印书馆 1986 年影印版,第 295 页。

〔364〕 《宋大诏令集》卷二〇二《刑法下·置杖不如法决罚过多许越诉御笔》,中华书局 1962 年版,第 751 页。

抚处置司陈诉"[365]。此外,为保证商品的正常流通,以充实财政收入,诸税务违法侵扰商旅者,"本司不觉察,许被扰人径诣尚书省越诉,即先将漕臣重置典宪"[366]。

对于诬告者,宋初反坐极严,多置重法,但至后期,诬告反坐之法废弛,以致妄诉者多。

两宋时期,土地私有制的发展和民事权利主体范围的扩大,使得民事纠纷大量涌现,由此而引起官府的重视,形成了较唐代进一步明确和充实的民事诉讼程序与审判制度。

民事诉讼的原告人,必须是本案的直接利害关系人,法律禁止非直接关系人提起诉讼,老人、病残人及妇女提起的诉讼,可以由家人代理,亲属之间发生的民事纠纷,可以互相论告。现存的宋代案例中,不乏卑属成员告论尊属分产不平的诉讼,这种诉讼关系是汉唐明清所未有的,是私有制的发展与新的义利观使然。

民事诉讼以县为第一审级,州为第二审级,"在法:县结绝不当,而后经州",甚至可以上诉至路,直至挝登闻鼓,直诉于朝廷。表现了对民间田土细事的重视,这是宋朝民事诉讼法律的显著特点。[367]

民事诉讼的起诉须在一定期限内进行。唐《杂令》规定:"诉田宅、婚姻、债负,起十月一日,至三月三十日检校,以外不合。若先有文案,交相侵夺者,不在此例。"《宋刑统》对此作出补充规定,更具有可操作性:"所有论竟田宅、婚姻、债负之类(债负:谓法许征理者),取十月一日以后,许官司受理,至正月三十日往接词状,三月三十日以前断遣须毕,如未毕,具停滞刑狱事由闻奏。如是交相侵夺及诸般词讼,但不干田农人户者,所在官司随时受理断遣,不拘上件月日之限。"[368]

此外,凡超过法定时效的民事诉讼,官府不再受理,"准法:诸理诉田宅,而契要不明,过二十年,钱主或业主死者,官司不得受理"[369]"应交易田宅,过三年

[365] 徐松辑:《宋会要辑稿·刑法》三之二五,中华书局1957年版,第6590页。

[366] 谢深甫等修:《庆元条法事类》卷三六《库务门一》"商税"条引"随敕声明",戴建国点校,黑龙江人民出版社2002年版,第556页。

[367] 徐松辑:《宋会要辑稿·刑法》三之三二,中华书局1957年版,第6593页。

[368] 窦仪等撰:《宋刑统》卷一三《户婚律》,"婚田入务"门,薛梅卿点校,法律出版社1999年版,第233页。

[369] 《名公书判清明集》卷四《户婚门·吴肃吴镕吴桧互争田产》,中国社会科学院历史研究所、宋辽金元史研究室点校,中华书局1987年版,第112页。

而论有利债负准折,官司并不得受理"[370]"诸典卖田宅满三年,而诉以应问邻而不问者,不得受理"[371]"在法:分财产满三年而诉不平,又遗嘱满十年而诉者,不得受理"[372]"准法,诸祖父母、父母已亡,而典卖众分田宅私辄费用者,准分法追还,令元典卖人还价。即典卖满十年者免追,止偿其价,过十年典卖人死,或已二十年,各不在论理之限"[373]。只有"卑幼产业为尊长盗卖,许其不以年限陈乞"[374]。

(三)创立鞫、谳分司的审判制度

宋朝统治者不仅重视选官司法,而且注重制度建设。宋时审判管辖较唐时明确,凡杖以下案件属县管辖,所谓"杖罪以下县决之"[375]。徒以上重案,须将人犯、案卷解送至州。元丰改制以前,州有权判决徒刑以上直至死刑案件,元丰改制以后,死刑案须经过路一级主管刑狱的机关复核。为了防止专权滥刑,规定州属判官或推官以及司理、司法各参军,须对以知州名义发布的判决负连带责任。死刑重案如有"法重情轻,情重法轻,事有可疑,理有可悯"等情,须向朝廷"奏谳",由大理寺详断。凡应奏不奏,或不应奏而奏,知州要受到一定的处分,但不许官吏借此推诿责任,凡未经依法审判,不得径行上奏,而所谓上奏,事实上也"唯以情重法轻上请加罪,而未闻以情轻法重取旨宽贷"[376],这是由封建上奏制度的本质所决定的。

元丰改制以前,流刑以下案件,经刑部复核即可结案,重大疑案须送审刑院详议,元丰改制以后,"天下奏按,必断于大理,详议于刑部,然后上之中书,决之人主"[377]。有时皇帝令翰林学士、负责知制诰的中书舍人、同平章事、参知政

---

[370] 《名公书判清明集》卷四《户婚门·游成讼游洪父抵当田产》,中国社会科学院历史研究所、宋辽金元史研究室点校,中华书局1987年版,第104页。

[371] 《名公书判清明集》卷九《户婚门·有亲有邻在三年内者方可收赎》,中国社会科学院历史研究所、宋辽金元史研究室点校,中华书局1987年版,第309页。

[372] 《名公书判清明集》卷五《户婚门·侄与出继叔争业》,中国社会科学院历史研究所、宋辽金元史研究室点校,中华书局1987年版,第135页。

[373] 《名公书判清明集》卷四《户婚门·漕司送许德裕等争田事》,中国社会科学院历史研究所、宋辽金元史研究室点校,中华书局1987年版,第118页。

[374] 《名公书判清明集》卷九《户婚门·卑幼为所生父卖业》,中国社会科学院历史研究所、宋辽金元史研究室点校,中华书局1987年版,第299页。

[375] 窦仪等撰:《宋刑统》卷三〇《断狱律》,"断罪引律令格式"门疏议引《狱官令》,薛梅卿点校,法律出版社1999年版,第549页。

[376] 《宋大诏令集》卷二〇二《刑法下·遵守法重情轻上请法御笔手诏》,中华书局1962年版,第752页。

[377] 脱脱等撰:《宋史》卷二〇一《刑法志三》,中华书局1977年版,第5012页。

事、御史、谏官等共同评议,称为“杂议”,然后决断。

根据宋律,“诸犯罪皆于事发之所推断”[378],如一案涉及两地,则“听移送先系处,并论之”[379]。由于刑事案件的诉讼与审判的程序繁复,机关重叠,以致“展转迟回,有一二年未报下者”,甚至“有矜贷之报下,而其人已毙于狱者;有犯者获贷,而干连病死不一者”[380]。

宋朝统治者不仅重视官吏知法,尤其强调官吏执法,对于司法官的要求尤为明确和严格。开宝八年(975 年)十二月,太祖曾“诏有司重详定推状条样,颁于天下,凡三十三条”[381]。此推状虽早已佚失,但其内容无疑与司法官职责有关。徽宗时,规定州、县官须亲自审判案件,不得委属官担任,否则徒二年,自此以后,州、县官亲自鞫讯遂成定制,特别是创立了鞫、谳分司的审判制度。鞫,指审理案情事实;谳,指检选应用的法条。鞫与谳各有专官分掌,鞫官不得检法,谳官不得审问,各有专司,不得逾越,所谓“狱司推鞫,法司检断,各有司存,所以防奸也”[382]。鞫、谳分司制度的创立,一者力求避免由于法律繁杂而用法失当造成冤狱,再者使援法断罪进一步落实。鞫、谳分司实行的结果,有利于提高司法审判的质量,避免了适用法律不当和官吏玩法行私。因此,终宋之世,相沿未废。

为了防止司法官循私不公,造成冤抑,宋承唐制,严格实行法官回避制度。除司法官与被告有亲嫌、同年同科,例须回避外,司法官之间,以及同一案件的后审官与前审官如有亲嫌关系,也须回避。神宗时还规定,大理寺官吏“禁出谒及见宾客”[383],以防止收受贿赂和请托。

在审讯过程中,一般不得追究状外事,否则“论如律”,但事关劫盗、命案除外。由于口供是断结的主要根据,刑讯逼供是合法的。《宋刑统》规定,凡审理案件,应先以情审察辞理,反复参验,如果事状疑似,而当事人又不肯实供者,则采取刑讯拷掠以取得口供。宋时审讯中的拷囚远甚于唐代,除笞、杖等所谓法定刑具被广泛应用外,还滥用“夹帮”“脑箍”“超棍”等种种刑罚,以“严限日时,监勒招承、催促结款”[384]。

---

〔378〕 谢深甫等修:《庆元条法事类》卷七三《刑狱门三》“决遣”条引《断狱令》,戴建国点校,黑龙江人民出版社 2002 年版,第 744 页。

〔379〕 窦仪等撰:《宋刑统》卷二九《断狱律》,“不合拷讯者取众证为定”门,薛梅卿点校,法律出版社 1999 年版,第 543 页。

〔380〕 脱脱等撰:《宋史》卷二〇一《刑法志三》,中华书局 1977 年版,第 5015 页。

〔381〕 李焘:《续资治通鉴长编》卷一六,开宝八年十二月甲子,中华书局 2004 年版,第 355 页。

〔382〕 黄淮、杨士奇编:《历代名臣奏议》卷二一七《慎刑》,上海古籍出版社 1989 年版,第 2852 页。

〔383〕 李焘:《续资治通鉴长编》卷二九六,元丰二年二月甲寅,中华书局 2004 年版,第 7210 页。

〔384〕 脱脱等撰:《宋史》卷二〇〇《刑法志二》,中华书局 1977 年版,第 4996 页。

除口供外,也重视证人证言和物证的作用,譬如,老幼废疾之人不合拷讯,便取据众证以定罪。为了严格证言制度,依法凡属相容隐者及老幼废疾不得作证,如伪证则治罪。对于物证的重要性在《宋刑统》中也有所反映,例如,“赃状露验,理不可疑”的案件,罪犯虽不承认,仍可据状定罪,这里所说的赃状即是指物证。[385] 为了取得物证,案件关系人如病伤死亡须进行检验,“诸(有)诈病及死、伤受使检验不实者,各依所欺减一等。若实病、死及伤,不以实验者,以故入人罪论”[386]。著名的法医学著作《核验格目》《核验正背人行图》《洗冤集录》,以及断狱之书《棠阴比事》《折狱龟鉴》的相继问世,是和司法审判中重视勘验与总结经验分不开的。

审讯结束,要求犯人书写供状、画押,作为判决的依据。“囚辞,皆狱官亲听,令自通状,不能书者,典为书之。……仍示囚,详认书字,能书者,亲书结款。”[387] 对于犯人的供状,还须经他官核实,即所谓“录问”,然后始能判决,死刑案件要由知州、通判、幕职官共同“聚录”。录问官如不能对不当之案及时驳正,则治罪,录问时犯人翻供,则移案更审。

案件的正式判决,须向犯人宣读,如无异词即执行,如不服判决可向上级司法机关申诉,但须按程序逐级进行,不得越诉。上诉期为一年至三年,如“妄行翻异”者加罪。对于上诉的复审,先采取同级异司复审,称为“别推”,如仍申诉,则交上级司法机关复审,称为“移推”,直到申之朝廷,由皇帝委官审理。在复审中,初审官不得参与。

为了提高司法机关的工作效率,在审判期限上明确规定,凡大理寺审判的案件,大事不过二十五日,中事不过二十日,小事不过十日。审刑院详符(复核),大事不过十五日,中事不过十日,小事不过五日。所谓大事、中事、小事,哲宗时曾经具体规定,凡二十缗以上为大事,十缗以上为中事,不满十缗为小事。但虽有上述期限的规定,也无法避免审判实践中的拖沓淹滞,旷日费时。

宋朝皇帝司法权的强化,表现为通过审刑院控制了重要的审判活动,虽然神宗改制裁撤了审刑院,但又通过门下省复核、中书省评议以及行政官杂议,继续操纵着中央司法机关的活动。不仅如此,对于发生在京师地区的狱讼,皇帝还要定期亲自决狱虑囚,例如,“太宗在御,常躬听断,在京狱有疑者,多临决

---

[385] 窦仪等撰:《宋刑统》卷二九《断狱律》,“不合拷讯者取众证为定”门,薛梅卿点校,法律出版社1999年版,第538页。

[386] 宋慈:《洗冤集录校译》卷一《条令》,杨奉琨校译,群众出版社1980年版,第6页。

[387] 谢维新、虞载编:《古今合璧事类备要》外集卷二十三《刑法门·款辨》,明嘉靖三十五年(1556年)重刊本。

之"[388]。徽宗崇宁五年(1106年)公然下诏为皇权擅断制造舆论,"擅杀生之谓王""重轻予夺在上"。接着又于崇宁六年(1107年)下诏:"凡御笔断罪,不许诣尚书省陈诉,如违并以违御笔论。"[389]为了保证皇帝对司法权的控制,还规定司法官吏如遇"情重法轻,情轻法重",律无明文时,必须上奏皇帝决定。皇帝还操纵着御史系统,进行广泛的司法监督。

民事审判也和刑事审判一样,州县官必须亲自审理,如属回避范围理应回避。在审理过程中,应诉的当事人及干证人必须出庭,否则官府可以采取强制措施,缉捕当事人到官,并予以"寄收"。在民事审判中,为了查清案情,证据起着重要的作用。民事证据分为书证、物证、证人证言、当事人陈述、鉴定意见、勘验笔录等。其中,书证是民事诉讼活动中最常见的一种证据,包括契据、干照、砧基簿、文书、遗嘱、定亲帖子、宗谱等。除物证外,当事人的陈述和证人证言,也是民事诉讼中常见的证据和裁判的根据。对于证据的真实性,由官府审查判断,或进行现场勘察,以便核实。

民事审判一般不得使用刑讯,也不适用"亲属相容隐"的司法原则。在《名公书判清明集》所收民事案例中,出庭作证的证人便有当事人之弟和当事人的祖母。

民事调处也得到进一步发展。在官府调处中,分为官府直接调处与奉命由民间调处两种方式。民间调处主要是亲族邻里调处。由于调处息讼有利于及时解决民事纠纷,防止矛盾的激化,也可以减少讼累,避免吏胥侵害,因而较为流行。

为了防止因民事诉讼拖延不决影响生产,特别制定了民事诉讼结绝的时限。孝宗乾道二年(1166年)规定,民事诉讼在州县半年之内未结绝者,即可上诉,"比来民讼,至有一事经涉岁月,而州县终无予决者,缘在法:县结绝不当,而后经州,州又不当,而后经监司。乞自今词诉,在州县半年以上不为结绝者,悉许监司受理"[390]。宁宗庆元年间又规定:"诸受理词诉,限当日结绝,若事须追证者,不得过五日,州郡十日,监司限半月,有故者除之,无故而违限者,听越诉。"[391]朱熹知潭州时发布的《约束榜》规定,经县起诉的民事诉讼"今立限约束,自截日为始,应诸县有人户已诉未获,盗贼限一月,斗殴折伤连保辜通五十

---

[388] 脱脱等撰:《宋史》卷一九九《刑法志一》,中华书局1977年版,第4968页。

[389] 脱脱等撰:《宋史》卷二〇〇《刑法志二》,中华书局1977年版,第4991页。

[390] 徐松辑:《宋会要辑稿·刑法》三之三二,中华书局1957年版,第6593页。

[391] 徐松辑:《宋会要辑稿·刑法》三之四〇、三之四一,中华书局1957年版,第6597～6598页。

日,婚田之类限两月,须管结绝"[392]。

宋朝实行的"鞫谳分司"原则也适用于民事诉讼。由检法官查出与案件有关的法律,以便长官作出判决。但若民事法律条文欠缺,也存在以礼断案或依习惯断案的现象,由司法官灵活掌握。

判决之后,要作出"断由"发给当事人,说明案情的缘由、诉讼请求、争议的事实和理由、判决认定的事实和适用的法律等。如对判决不服,当事人可上诉于州、府、军、监,由州属司法官审理;如仍不服,可上诉于监司,由监司送邻州委官审理;如再不服,可上诉于户部,户部是民事诉讼的终审机关。"若事属本曹,郡县监司不能稽者,受其讼焉。"[393]凡"田务券债""立户分财""典卖产业""田讼务限",以及"户绝""索取妻男"等上诉案,由户部所属机关负责审理,或指令地方监司、州县复审。为防止淹滞不决,户部于宁宗嘉定六年(1213 年)十月,专门置籍查核交办地方未结的案件。

宋朝是专制主义中央集权的强化时代,商品经济的繁荣与科技的发展,使得传统文化进入了一个高峰时期,不仅散文家、诗人、词人辈出,而且还出现了程颐、程颢、朱熹、张载等思想家、哲学家。陈寅恪先生曾经指出:"华夏民族之文化,历数千年之演进,造极于赵宋之世。"[394]就文化而言,也是如此,例如,《宋史·艺文志》中所著录的刑法类书籍达到了二百二十一部、七千九百五十五卷之多,而作为封建法治盛世的唐朝,在史书中所著录的刑法类书籍却只有"六十一部,一千四卷"[395]。法文化上的成就,不应因宋朝的积贫积弱而失去其光彩。

七、两宋法制的历史地位与律学的成就

宋朝所处的历史背景,使其立法不囿于旧律,司法不囿于旧制,崇尚务实,多所变革。在立法上出现了专门化趋向;在司法上创立了一系列新制度;在律学上钩沉爬梳,产生了许多传世的不朽之作。可以说两宋是继唐之后法制成就辉煌的朝代,有些成就既超越于唐,也为明清所未能企及。宋代法制丰富了中华法系,凸显了我国传统法制的理性和智慧,在中华法制文明史上占有重要的地位。

---

[392] 朱熹撰:《朱子全书·晦庵先生朱文公文集》卷一〇〇《公移·约束榜》,朱杰人等主编,刘永翔等校点,上海古籍出版社、安徽教育出版社 2002 年版,第 4630 页。

[393] 脱脱等撰:《宋史》卷一六三《职官志三》,中华书局 1977 年版,第 3848 页。

[394] 陈寅恪:《邓广铭宋史职官志考证序》,《金明馆丛稿二编》,三联书店 2001 年版,第 277 页。

[395] 欧阳修、宋祁撰:《新唐书》卷五八《艺文志二》,中华书局 1975 年版,第 1497 页。

宋初统治者为了加强中央集权,促进经济发展,广立法制,任人行法,以维持稳定的统治秩序。但是,随着专制主义的强化,国家制定法越来越受到敕、例等临时性立法的冲击,所谓"用法以后冲前,改更纷然"[396],本为辅律的措施却变成了破律的弊害,以致法律形式冗杂、内容繁密,"内外上下一事之小,一罪之微,皆先有法以待之"[397]。不仅如此,北宋后期,皇帝以言废法的现象极为普遍。《宋史·刑法志》说:"徽宗每降御笔手诏,变乱旧章。……蔡京当国,欲快己私,请降御笔,出于法令之外。"皇帝无限制地扩大立法权,冲击了既定的立法程序,也破坏了艰难缔造的法治秩序。结果导致颁行的法律,官不能尽览,民不得知其概略。尤为严重的是,立法者出令而不能行,遂慢其令,布法而不能施,自坏其法,法律失去了权威性和稳定性。百姓在朝令夕改中手足无措,国家也陷入了积贫积弱的境地。

需要指出的是,宋朝相对宽松的政治环境,与读书读律的提倡,使得法律思想较为活跃,一些著名的法学著作相继问世。例如,律学博士付霖撰写的《刑统赋》,将建隆四年(963年)颁布的《宋刑统》,以音韵的形式编成通俗易懂便于记忆的律学读本,并亲自作注,金元时期仍有人为《刑统赋》作注,注本近十种之多。仁宗时,曾任国子监直讲的孙奭撰著《律文音义》《律令释义》二书,说明当时国子监中对于教授法学的重视。

宋朝重视司法,注意分析案例,总结经验,因而出现了《折狱龟鉴》和《棠阴比事》二书。《折狱龟鉴》为郑克撰,是中国第一部汇集历史上有关决狱和司法检验的案例,并作出分析评述与总结的著作,表达了作者"尚德缓刑"、"明慎用刑"、严防枉滥的主张,以及对昏官酷吏"深文峻法,务为苛刻"的痛斥,是研究中国古代司法的重要参考资料。在《折狱龟鉴》的基础上,桂万荣编著了《棠阴比事》,"凡一百四十四条,皆古来剖析疑狱之事"。该书从执法、断狱、量刑、司法检验等各方面,总结历代司法审判的经验与教训,受到理宗皇帝的褒奖,因而流传广泛,很早就被译成日文出版。此外,在《名公书判清明集》中也保存了珍贵司法案例的法律史料。

宋时科技的进步,也使法医学取得了突破性的进展。宋慈采撷前人著作中有关法医检验的案例,结合自己的实践经验,编成《洗冤集录》一书。《洗冤集录》共五卷、五十三目,[398]是宋慈对中国古代法医学的全面总结,既是中国最早

[396] 脱脱等撰:《宋史》卷一九九《刑法志一》,中华书局1977年版,第4964页。

[397] 顾炎武:《日知录校注》卷八《法制》引宋人叶适语,陈垣校注,安徽大学出版社2007年版,第474页。

[398] 《四库全书总目》子部,法家类。

的一部比较完整的法医学专著,也是世界上第一部法医学专著。其书一出,立即由钦命颁行全国,成为南宋办理命案官员必读之书,而且被后世奉为“金科玉律”。

《洗冤集录》先由明代朝鲜使臣译成朝鲜文,此后,日本、法国、英国、德国、荷兰先后翻译出版,这充分说明中华民族对于世界法制文明的卓越贡献。

由于宋朝去唐未远,《宋刑统》的篇目与内容多传承《唐律疏议》,因此,释律的空间有所局限,以致释律的方向转为编撰和剖析案例,以补益司法,尤其是《洗冤集录》的出现是律学转向的突出成就。而由唐朝的官方注律至宋朝的私家注律,既与相对宽松的政治环境有关,更重要的是迫于内忧外患,官府已经无力、无暇顾及于此。

此外,宋时理学学派与改革家和功利主义学派,还围绕立法的宗旨、变法、法令宽严以及恢复肉刑等问题,进行了尖锐的论辩驳诘,也促进了法律文化的发展,《宋史·艺文志》著录刑法类书籍达二百二十一部,为《新唐书·艺文志》所载同类书籍的四倍。

宋时以程颢、程颐、朱熹为代表的理学家进一步将三纲五常渲染为天理,而天理又表现为国法,于是在司法中出现了以天理、国法、人情三者联通的价值取向,形成了宋朝司法文明的一个新的亮点。

八、与宋朝对峙的辽、西夏与金朝的法制

中国自古以来就是统一多民族的国家,除汉族外,各少数民族也对中华法制文明的缔造作出了积极的贡献。华夏法制的形成,溯本追源,就是以苗族的“刑”作为原型发展起来的。自上古至先秦,是中国各民族融合与统一基业的发端,以华夏族为主干,融入了古史所称东夷、南蛮、西戎、北狄等部族,形成了一个颇具规模的民族共同体。正是由于民族融合的成功,才出现了秦汉时代统一强盛的封建帝国。在这个过程中也开始了各族法律智慧最初的交融。魏晋南北朝时期,是民族大融合与法文化大融合的又一重要时期。正是由于各民族坚持不懈地进行法制的创造和法文化的交流,才有了隋唐时期中华法系的成熟与定型。

唐以后中国进入封建社会后期,在这一历史阶段,契丹族、党项族、女真族、蒙古族、满洲族先后建立了辽、西夏、金、元和后金政权,这些政权有的限于边陲一隅,有的已扩展到北中国,有的则发展为统一的全国政权。它们一方面继续吸收汉族先进的法律文化,从而迅速提高本民族的法制文明;另一方面在抛弃本民族习惯法中落后传统的部分的同时,也注意保存固有的民族文化,并力图融

入时代的潮流中去。在这个历时更长、范围更宽广的民族大融合时期，少数民族对法制的创造，无论是元蒙的行政法，还是后金的民族立法，都取得了突出的成就，创造了丰富的立法与司法经验，是少数民族法制史上的重要篇章，也使中华法系具有更加丰富的内涵。

自北宋政权建立以来，所奉行的基本国策，主要就是对内加强专制主义中央集权，而对外则是在战争失败以后，不惜采取割地输币的妥协换取与辽金的对峙局面。例如，景德元年(1004年)，宋辽媾和议成澶渊之盟以后，宋朝每年要予辽国银绢三十万以求得暂时的和平。

在宋辽对峙的同时，羌族的一支，在宁夏、甘肃、陕北一带建立西夏朝，并经常侵犯宋朝西北地区，宋朝对西夏同样采取赠送银绢以换取和平的政策。

公元1115年，女真族起于东北黑龙江流域，建立了金朝。金朝于太宗天会三年(1125年)灭辽，此后长驱南下，于公元1126年攻陷宋都开封，俘获皇帝和许多贵族大臣，北宋政权灭亡。仓皇南渡的宋朝宗室和文武官吏于公元1138年定都临安，史称"南宋"。南宋高宗继承了北宋统治者享乐苟安的衣钵，只求半壁江山的偏安，无意于收复失地的宏业，以致形成宋、金两个政权的长期并存。

(一)辽朝法制

公元916年，北方契丹族耶律阿保机自称皇帝，建元神册，建立了军事封建的辽国，统治着北方各族人民。由于契丹族"鱼猎以食，车马为家"，与汉人"耕稼以食，城郭以居"的生产、生活方式不同，辽统治者实行分而治之的政策，"以国制待契丹，以汉制待汉人"。契丹人适用本民族的习惯法，一般犯罪"量轻重决之"，重大犯罪则"权宜立法"，临时处断。[399]"汉人则断以律令"，即适用《唐律》。在政权组织上，设有"北面官"统治契丹人，"南面官"统治汉人，均由契丹族贵族担任。至世宗时期，政权组织大体上仿照唐制，逐渐完备。

从立法活动上看，神册六年(921年)，辽太祖耶律阿保机"乃诏大臣定治契丹及诸夷之法"[400]，揭开了辽朝法制建设的序幕。同年，耶律突吕受诏撰《决狱法》，成为辽朝第一部成文法。[401]

辽初的立法指导思想，既吸收汉法，又"参酌国俗"[402]。太宗时，灭渤海国，

[399] 脱脱等撰：《辽史》卷六一《刑法志上》，中华书局1974年版，第936页。

[400] 脱脱等撰：《辽史》卷六一《刑法志上》，中华书局1974年版，第937页。

[401] 脱脱等撰：《辽史》卷七五《耶律铎臻附弟突吕不传》，中华书局1974年版，第1240页。

[402] 脱脱等撰：《辽史》卷七四《韩知古传》，中华书局1974年版，第1233页。

“治渤海人,一依汉法”[403],扩大了汉法的适用范围。

至圣宗时期,契丹族基本上完成了从奴隶制到封建制的转变,因而有可能对经济、政治进行改革。辽圣宗自幼重视学习汉族文化,为了改革法制,他首先下令翻译了汉族法典,作为改革法律制度的依据,同时,又命朝内外大臣对现行法律中的缺失,分条疏奏,并把改革的重点置于解决“蕃汉异治”、用法不均的问题上。他曾“诏汉儿公事皆须体问南朝法度行事,不得造次举止”[404],至此辽朝法律中“贵蕃轻汉”的民族色彩有所淡化。太平七年(1027 年),制定“条制”,规定契丹人和汉人犯法“一等科之”,即一体同科。契丹人“犯十恶亦断以律”,表现了中原先进法律文化的影响和辽律封建化的进程。

兴宗重熙五年(1036 年),参照唐制颁布了《重熙新定条制》五百四十七条,这是辽的基本法典。其中确立了死、流、徒、杖四等刑罚,以及优容贵族官僚违法行为的“八议”“八纵”之法。可以说,从这时起,辽朝的法律虽仍保留奴隶制法律的某些特点,但就基本性质而言,已经是封建制的法律了,史称“(耶律)庶成定法令,治民者不容高下其手”[405],说明它在辽立法史上的地位。

至道宗清宁六年(1060 年)制定《清宁条制》。咸雍六年(1070 年)又以“契丹、汉人风俗不同,国法不可异施”[406],在《重熙新定条制》的基础上颁布《咸雍重修条制》七百八十九条。凡合于汉人律令者皆载入,普遍适用于契丹人和汉人,南北律渐趋一致。《咸雍重修条制》是辽朝在总结前代立法经验的基础上制定的内容最广泛的法典。后经多次编增,条文多达一千四百条,以致“条约既繁,典者不能遍习,愚民莫知所避,犯法者众,吏得因缘为奸”[407]。因此,道宗于大安五年(1089 年)下令,“复行旧法”,即继续适用《重熙新定条制》。

辽的几部法典都已失传,只能从《辽史》的记载中看出其主要法律形式是成文的“制条”“条制”,并以律、令、例等作为补充,反映了辽法制文明的飞速进步,其影响也及于《元典章》与明清律例。另从犯法治罪的事例和有关纪事中,可以看出辽朝从“蕃汉异制”到“国法不可异施”的历史发展过程。

辽朝法律体系的基本构成,也是其最主要的成就,即制定了成文的刑法,这在法制文明发展初级阶段是带有普遍性的现象。契丹建国前后,只有谋叛和盗窃两项大罪,随着统治领域的扩大,经济、政治制度的发展,以及民族关

---

[403] 脱脱等撰:《辽史》卷六一《刑法志上》,中华书局 1974 年版,第 937 页。

[404] 叶隆礼撰:《契丹国志》卷七《圣宗天辅皇帝》,贾敬颜、林荣贵点校,中华书局 2014 年版,第 82 页。

[405] 脱脱等撰:《辽史》卷八九《耶律庶成传》,中华书局 1974 年版,第 1354 页。

[406] 脱脱等撰:《辽史》卷六二《刑法志二》,中华书局 1974 年版,第 945 页。

[407] 脱脱等撰:《辽史》卷六二《刑法志二》,中华书局 1974 年版,第 945 页。

系、阶级关系的复杂化,各种犯罪日渐增多。见于《事例》中的主要犯罪有以下几类:

第一类,官员贪赃,执法不公,守卫不严,赴任误期,泄漏宫事,误奏诬陷等。

第二类,临阵退却,军事失备,调发稽误,收容间谍及私藏兵器等。

第三类,差科赋役违法擅征,贩私盐,与外国贸易走私等。按辽法铜钱、铁、书籍以及羊、马等都禁止与他国私相交易,违禁者严刑,持钱十贯出南京(今北京市)即处死。

第四类,斗殴谋杀,贩卖人口,伪造文书,强奸等。特别是圣宗统和十二年(994年)下诏,"契丹人犯十恶者依汉律"[408],使隋唐律中的十恶大罪普遍适用于辽,反映了法律对于君权和亲权的维护。

最足以反映辽刑法的特点及其在民族融合、社会发展基础上所取得的进步的是刑法的适用原则。辽初由于蕃汉异治、贵蕃卑汉,实行契丹族与汉族同罪异罚的原则。经过圣宗、道宗改制,因民族而在刑法上异论的现象基本克服。苏辙在使辽时曾经进行实地考察,返宋后上书说:"北朝之政,宽契丹、虐燕人,盖已旧矣。然臣等访闻山前诸州祇候公人,止是小民争斗杀伤之狱,则有此弊。至于燕人强家富族,似不至如此。"[409]正是民族矛盾得到了某种缓解,才推动了社会的发展与法制文明的进步。

又如,在圣宗以前,法律允许奴隶主对奴隶不仅役使、惩罚,也可以杀害。圣宗统和二十四年(1006年)下诏:"若奴婢犯罪至死,听送有司,其主无得擅杀。"[410]与此同时,允许主人对奴隶施以其他刑罚。奴婢由听任主人任意杀害到法律禁止主人擅杀,反映了奴隶制社会向封建制社会演进中的新关系的确立,体现了对奴婢最基本的人身权、生存权的保护。

关于刑制,辽建国前,在契丹部落中犯大罪者主要是处斩,或籍没,罚作奴隶。按契丹不成文的"籍没之法",凡因罪被没入者,成为皇室贵族的家务奴隶,听从役使,缺乏人身的自由。

此外,还有一些独特的刑名。例如,投崖,即贵族反叛,命自投崖而死;生瘗,即活埋,是处置反叛者的重刑;射鬼箭,即犯死罪的罪犯,用乱箭射死;木剑大棒击打,木剑面平背隆,太宗时大臣犯罪不至死,以木剑击背;铁骨朵击打,即以熟铁打作八片虚合的铁骨朵,用三尺长的柳木作柄,窃盗走私等罪,用铁骨朵拷打五至七下;沙袋击打,穆宗时统治严酷,制造沙袋,用熟皮缝合,盛沙半升,

---

[408] 脱脱等撰:《辽史》卷一三《圣宗纪四》,中华书局1974年版,第145页。

[409] 苏辙:《栾城集》卷四二《北使还论北边事劄子五道》,上海古籍出版社2009年版,第940页。

[410] 脱脱等撰:《辽史》卷六一《刑法志上》,中华书局1974年版,第939页。

加以木柄,犯罪者用沙袋击打,但不得过五百下;鞭烙,对于应伏罪而不伏罪的罪犯使用鞭烙,烙三十者鞭三百,烙五十者鞭五百。

值得提出的是,圣宗时开始参据汉法正式采用汉族封建法典中的刑名。兴宗时制定的《重熙新定条制》,将刑名分为死、流、杖、徒四种。死刑有绞、斩、凌迟、族诛。流刑分为流放边城和境外绝域,并附加黥刺。杖刑仍保留沙袋、木剑、铁骨朵等刑。徒刑分为终身、五年、一年半三等。辽末天祚帝时,因四方纷纷起义,又恢复了投崖等死刑。总之,辽代的刑罚残酷而庞杂,如同《辽史·刑法志》所载,“非常用而无定式者,不可殚记”。

关于司法制度,契丹建国前处理部落事务的长老,称为“决狱官”,执掌一定的司法职能。太祖时制定决狱法,设置专职司法官,称为“夷离毕”。太宗时建立“夷离毕院”,增设众多属官执掌司法,同时,在分管契丹和汉人军政的北枢密院和南枢密院中,也设置兵刑房,主管司法,枢密院长官也可以自理讼事。贵族犯法,由所在官司案问,申报北、南院复问,奏报定案。圣宗统和十二年(994年),又仿汉制设大理寺、尚书刑部、御史台等司法、监察机关。为了克服契丹人与汉人之间在司法上同罪异罚的弊病,太平六年(1026年)下诏:“自今贵戚以事被告,不以事之大小,并令所在官司按问,具申北、南院覆问得实以闻。”[411]于是,汉官有权审理契丹人的案件,并可依汉律治罪。兴宗时,皇叔耶律重元奏称,“汉人禁勘,受枉者多,重元奏请五京(上京、中京、东京、西京、南京)各置契丹警巡使”[412],此后,契丹人犯法,即由五京警巡使审理。但警巡使与副使仍多以汉官充任,而且“凡四姓(契丹、汉、渤海、奚)相犯,皆用汉法”[413]。辽统治者为在立法、司法上消除民族隔阂作出了积极贡献,它所提供的历史经验值得重视。

汉人地区仍由州县官兼理司法。

为了便于直诉,太祖时设置钟院,可以击钟鸣冤。圣宗时,在此基础上设登闻鼓院与匦院,如有冤不能伸,准到御史台陈诉,派官复审。圣宗还两次派出官员到各地审决滞案,一些重大罪案往往依皇帝的意志论决重轻。贵族官僚犯法,也因“八议”“八纵”的规定和赎罪之法,而享有法定特权。例如,品官因公事误犯,以及年七十以上、十五以下犯罪者,可出钱赎罪。

辽法制对后起的金具有重要的影响。

---

[411] 脱脱等撰:《辽史》卷六一《刑法志》,中华书局1974年版,第940页。

[412] 脱脱等撰:《辽史》卷一一二《逆臣传上·耶律重元传》,中华书局1974年版,第1502页。

[413] 余靖:《武溪集》卷一八《契丹官仪》,商务印书馆1946年影印明成化刻本。

(二)西夏朝法制

西夏朝是以党项族为主体建立的政权。从唐末以来,迄北宋,党项拓跋氏以中原王朝节度使的身份统辖五州之地,逐渐加强了自己的势力,成为割据一方的地方政权。在与汉族文化交流的过程中,西夏的政治、法律、军事制度基本仿效宋制。

宋宝元元年(1038年)十月,党项族首领李元昊即皇帝位,建立了以党项族为主体的大夏王朝,史称"西夏",与南宋、金鼎足而立,存在了一百九十年,最后为元蒙所灭。

西夏的行政管理体制仿北宋,于皇帝之下设中书省、枢密院、三司、御史台、农用司、群牧司、官计司、受纳司、磨勘司以及飞龙院、文思院、蕃学、汉学等中央行政机关。蕃学、汉学,是皇室学习文化与培养官僚的教育机构。其后,设上书省作为最高行政机关。

西夏的地方行政建制采用州、县两级制,地方官职有州主、通判、正听、都案等,由西夏中央委派。在政治中心和军事冲要之地设郡和府。

西夏对于官吏的任用,无党项人与汉人之别,据《宋史・夏国传》记载:"自中书令、宰相、枢使、大夫、侍中、太尉以下,皆分命蕃汉人为之。"但武职官,多由党项人担任。

就法制而言,早期党项氏族社会尚无成文法,所谓"俗尚武,无法令赋役",起着社会调整作用的是习惯法。随着西夏朝的建立,西夏法制也进入了一个新的发展阶段。

西夏建国以后,深受儒家文化熏陶的开国皇帝李元昊,曾经研习汉文法律著作,迄今虽未发现西夏建国时制定的法律,但据已发现的中晚期西夏文的法典残卷,可以推知,西夏建国时的法律制度已有相当的规模。

20世纪初发现的西夏文书中,有崇宗贞观年间颁布的军事法典《贞观玉镜统》,仁宗天盛年间颁布的《天盛改旧新定律令》,神宗光定五年(1215年)编纂的《新法》等,其中最具有代表性的是《天盛改旧新定律令》。

天盛是西夏仁宗的年号,是西夏王朝的鼎盛时期,《天盛改旧新定律令》的系统性与完备性,说明了它是鼎盛时代的产物。之所以称为"改旧新定",无疑是对原有律令的修改与更订。

《天盛改旧新定律令》采取以刑为主、诸法合体的编纂体例,共二十卷,卷下分为一百五十门,一千四百六十条。除个别卷的条款有缺失外,余皆完好。各卷主要内容是:一卷,"十恶";二卷,"八议"及老幼重病减罪;三卷,盗窃与捕盗、典当、借债;四卷,巡边、御寇;五卷,武器;六卷,军籍磨勘、出师;七卷,投诚、番人叛逃;八卷,纵火、互殴、强奸、嫁娶;九卷,司法、监狱与诉讼;十卷,官吏品级、任职、转迁;十一卷,外使往来、僧道寺庙与财产分配;十二卷,宫廷守护与保密;十三卷,告密、信使;十四卷,误杀伤与斗殴;十五卷,开荒、凿渠、修桥及纳粮课税;十六卷,地租、租赁;十七卷,仓廪供给、度量衡;十八卷,盐务、贸易赋税;十九卷,畜牧;二十卷,罪与罚。

《天盛改旧新定律令》在《颂律表》中阐述了修订法典的宗旨:“奉天显道耀武宣文神谋睿智制义去邪惇睦懿恭皇帝,敬承祖功,续禀古德。欲全先圣表略,用正大法文义,故而臣等共议论计,比较旧新律令,见有不明疑碍,顺众民而取长义,一共成为二十卷。奉敕名号天盛改旧新定律令,印面雕毕,敬献陛下,依敕所准,传行天下,着依此新律令而行。”

《天盛改旧新定律令》第十卷五门中,详列了关于西夏王朝各政府机构的品位和名称。西夏政府机构分为上、次、中、下、末五等司,各等司中罗列数量不等的机构。例如,上等司有中书、枢密,次等司有殿前司、御史、中兴府、三司、僧众功德司、出家功德司等十七个机构,中等司有大恒历院、都转运司、陈告司、都磨勘司、审刑司等二十六个机构,下等司和末等司也含有几十个中央和地方机构。此外还有五个机构不在五等司之中,如秘书监、番汉大学院。《天盛改旧新定律令》还规定了各机构中应设的官员及其数目,有些类似正史中《职官志》的内容。各职司中设几正、几副、几同、几判、几承旨,都有明确规定。例如,中书有六名主要官员,其中四名中书,一名副中书,一名同中书,中兴府和殿前司设八正、八承旨,宣徽院、皇城司、匦匣司各设四正、四承旨。此外,还专设条款详细规定各机构用印的标准、质量,按令共分为四种,纯金印、纯银印、铜包银印和铜印。重量自皇太子、中书、枢密以下,由一百两至九两不等。

《天盛改旧新定律令》除详定官僚机构外,还规定了“诸司大小任职三年”一迁转的办法,以及“诸司大人,承旨、习判、都案、案头等不赴任上及超出宽限期”的处罚,和“矫传行圣旨及矫为诸司等时”的治罪条款。在《天盛改旧新定律令·使来往门》中,还规定了“我国人往使他国时,不许不过局分处超携驮、人。倘若违律,超携驮、人入他地段时,徒一年”。

总之,《天盛改旧新定律令》有关官吏职务方面的规定,其细腻程度颇为可观,这对一个边陲之地的少数民族的王朝是极为可贵的。

《天盛改旧新定律令》虽然以刑为主,但实际上是诸法合体的一部综合性法典,其中也有民事与经济法律的内容,尽管较为单薄。在《天盛改旧新定律令·租地门》中,允许卖自属私地,但不许“地边相接者”强买,违律时,“庶人十三杖,有官罚马一。所取贿亦当还之”。说明法律确认私人的土地所有权,并有地册为凭。此外,不许“于他人地处拓地,断取相邻地禾穗”等,违律拓地者,按长宽、地价,比偷盗罪减一等,违律断取禾穗者,计价以偷盗法论。

现存西夏卖地房契说明土地所有人有权出卖属于自己的土地。契文如下:

> 西夏天盛二十二年(1170年)寡妇耶和氏宝引母子卖地房契(西夏文汉译)
>
> 天盛庚寅二十二年,立文契人寡妇耶和氏宝引等,今有自属畜养牲口之闲置地一片,连同草屋三间,树两株,情愿卖与耶和女人。议定地价为全齿骆驼二,双峰骆驼一,信步骆驼一,共四匹。此后他人不得过问此地。若有过问者,宝引等管。若有人翻悔,依律令承罪。有不服者,罚麦三十斛入官。立契以后,随即依行。地界在司堂下,共有二十二亩。北接耶和回鹘盛界,东、南邻耶和写,西与梁嵬名山为界。
>
> 立文契人耶和氏宝引
>
> 共商契者子没罗哥张
>
> 共商契者[子]没罗口鞭
>
> 知见人耶和盛□(押)
>
> 梁狗人(押)□和乙盛(押)

凡“无力种诸田而弃之,三年已过……诸人有曰愿持而种之者,当告转运司……著之簿册而当种之”,即获得所有权。

根据《天盛改旧新定律令·收纳租门》规定,地租形式以实物谷、米为主,每年腊月交租,所交地租多少,上告转运司登记、簿册。

在卖与典的民事法律行为中,保护先买者与先典者的利益。例如,“诸人帐舍、田地、畜、人、物等,卖与二人而争时,应较先后,先买者当成交,后买者之资当还”“诸人有典房舍、田地于他人者,未赎,不许卖与他人。若违律卖时,有官罚马一,庶人十三杖。所典处本利钱全部给予,然后允许另卖”。

除不动产外,分用共有动产畜物,须经过户主,如“不问户主,子孙、兄弟、妻子、媳等随意分用者,依实所分用者治罪,不须赔偿”。

在《天盛改旧新定律令·催索债利门》中,允许“全国诸人放官私钱,一缗收利五钱以下,一斛收利一斛以下”,至期不能偿还,债权人有权催索,并可告局分处。无论官民,负债不还,均要受到处分。“十缗以下有官罚五缗钱,庶人十杖。

十缗以上有官罚马一,庶人十三杖”,也可以人出力抵债,“其日数,男女工价计量之法当与盗偿还工价相同”。现存西夏“借谷物契”如下:

西夏光定元年(1211 年)耶和小狗山借谷物契(西夏文汉译)

光定元年四月二十六日,立契者耶和小狗山今于嵝讹阿金刚茂处借贷三石,本利共计为四石五斗,对换一黑色母驴,一全齿骆驼,一幼驴等为典压。保典人梁氏月宝、室子男功山等担保。期限同年八月一日当谷物聚齐交出。若不交时,愿将所典牲畜情愿交出。

立文契者小狗山
商契保典人梁氏月宝
接商契保典人室子男功山
同商契□立福成盛
同商契康茂盛
知人嵝讹腊月犬
没罗西铁(押)
□□□(押)
八□(押)

《天盛改旧新定律令·当铺门》中,还规定了“物属者及开当铺者”,双方的权利义务关系,至期不赎,开当铺者可随意变卖。但若违律卖典物时,“十缗以上徒一年”。

现存西夏文契中,也发现有典麦契,具体如下:

西夏天庆十一年(1204 年)兀女浪粟典麦契

[天庆十一年五月]初三日,立文人兀女浪粟,今[自己]□□袄子裘一领,于斐处[典到大麦][五]斗,加三利,小麦五斗,加四利。共本利大麦[一石][三]斗五升。其典不充,限至来八月[一日。不赎来时,一]任出卖不词。

立文人兀女[浪粟](押)
知见人讹静□□(押)

关于婚姻,《天盛改旧新定律令·为婚门》中规定了婚姻缔结的条件,是父母之命、媒妁之言以及女方须在十三岁以上。其中,尤为强调聘财的价值,如男方无力承担聘财,可于女家从事三年无偿劳役,期满,如双方自愿,可以结婚。关于聘财的种类与数量,依身份的不同而有差别。宰相、亲王并高官应付聘财"予价一律至三百种以内",骆驼、马、衣物服饰、金豹虎皮等,不得超过一百五十种。亲王以下官僚,"一律予价二百种以内",其中骆驼、马、衣物服饰、金豺虎皮等,不得超过一百种。庶人"一律予价一百种以内",其他物不得超过二十种。女方的嫁妆,如盖帐,也依身份而有法定的规定。

根据党项族的婚俗,实行一夫多妻制,但无妻、妾之别,只是称谓上有所不同。按法,先娶者为妻,后娶者为妇人。

在婚姻禁忌方面,大体仿唐律,但同姓为婚者,各徒三年,较唐律为重,唐律各徒二年。

关于离婚,基本实行"七出"之条,但无妻子擅离的处罚。按唐律,妻妾擅去者,徒二年,因而改嫁者加二等。由于西夏国处于战争频繁状态,如果丈夫被俘,妻子有子女者,应于十年后方可离婚,如无子女者,五年后可以离婚,未迎娶者,逾三年,婚约作废。

在西夏的经济立法中,沿行传统的禁榷制度,以禁酒为重点。按律"诸人不许私造曲,若违律时……一缗以内,造意十三杖,从犯十杖。……二十缗以上,一律造意无期徒刑,从犯徒十二年。买者知晓,则当比从犯减一等。若买者不知,勿治罪"。他人告举时,给予不等赏赐。至于榷盐,并无明确禁令,只规定卖盐者,"当计税时抽纳,不许随意偷税。……所逃之税数以偷盗法判断"。

关于市场管理方面的法律,主要是确定新旧度量衡的换算,以及有关度量衡标准的确定与签署。同时,详细规定了有关市场商品买卖征税与逃税的法律条款。

在《天盛改旧新定律令·与他国买卖门》中,也规定了对外贸易的法律规范。如赴他国买卖者,所卖官物及所载私物,"当分别卖之而勿混",如以"官之好物调换私之劣物,徒二年"。官物在出售前,应当明数注册,出售官物所得价及实物,当于正副使眼前校验成色、种数并注册。若因官、私物调换而致官方亏损,"则量其因私获超利几何,以偷盗法判断"。如果随意违律加价买卖,"当量所加之价,以枉法贪赃罪法判断"。由于西夏与宋、金都有贸易关系,在涉外贸易方面的法律较为细致。

党项族内迁以后,随着社会的进步和汉法文化的输入,开始设置和断官,运用法律手段裁决争端。曾巩在《隆平集》中说:"蕃族有和断官,择气直舌辩者为之,以听讼之曲直;杀人命纳命价百二十千。”在天盛法典与西夏人骨勒茂才撰写的《番汉合时掌中珠》中,记载了陈告司、审刑司等司法机关以及有关刑事诉讼程序和司法官的法定责任。例如,《诸司判罪门》规定:“诸司问公事限期,死刑、长期徒刑等四十日,获劳役者二十日,其余大小公事十日期间问毕判断。若彼期间问判不毕时,局分中都案、案头、司吏、庶人十三杖,有官罚马一。当事人不全备,则勿计入前述日期中。”

对于已判决的案件,依季节由边境刺史、监军司、经略查检有无失误,并与律令仔细核校,“有失误则另行查检,无,则增于板薄上,一等奏闻而告晓之。若诸司人未依季节而报,而中书、枢密局分人未过问等,一律依延误公文判断”。

为了取得口供,可以“三番拷之”,如依法拷讯而致死者,无罪,超过法定杖数致死者,徒二年。一事尚未审明,“不许越司另告他处”;否则,“告者,取状者等有官罚马一,庶人十三杖”。司法官受贿而枉断公事者,或革职,或治罪。

现存的天赐礼盛国庆二年(1070 年)《瓜州审判档案残卷》,记录了当年二至六月,瓜州地方官审理民间牲畜、钱财纠纷的文书档案,反映了西夏民事诉讼的实况,这无疑是在宋发达的民事诉讼制度影响下的结果。

在《天盛改旧新定律令·行狱杖门》中,还规定了监狱管理制度。如设督监、小监负责管理狱囚,狱内如囚犯有病不医,或夺取囚犯食粮、衣服,因而致囚犯死亡,主管监狱的官吏,分别治罪。如因监守失误,致使囚犯自杀者,“小监罚马一”。

《天盛改旧新定律令》是汉羌法文化融合的一部法典,无论篇章结构还是法律内容,既沿袭唐宋律又根据本民族习惯法加以融合,这是《天盛改旧新定律令》的突出特点。详述如下:取消名例律。将“十恶”分为“十门”,即谋逆门(唐为谋反)、失孝德礼门(唐为谋大逆)、背叛门(唐为谋叛)、恶毒门(唐为恶逆)、为不道门(唐为不道)、大不恭门(唐为大不敬)、不孝顺门(唐为不孝)、不睦门(唐为不睦)、失义门(唐为不义)、内乱门(唐为内乱)。并将与“十恶”大罪有关的条文三十九条集中在一起。在内容上,伦理犯罪的内容相对减少,如《不睦门》《内乱门》较唐律减少了许多条款,而《不道门》却增加了一系列具体规定,它反映了西夏虽然注重吸收汉文化(尤其仁宗时期儒学也取得了长足发展),但游牧民族的旧传统毕竟妨碍着对伦理法的全面吸收。此外,在西夏习惯法统治时期,刑法残酷、野蛮,接受唐宋刑制以后,虽然迅速走向法制文明,但由于内部民族矛盾与阶级矛盾的尖锐,因此,加重了对于危害国家统治与皇权及贵族特权的犯罪的惩罚。在《谋逆门》中规定,凡“欲谋逆官家,触毁王座者,有同谋以及无同谋,肇始分明,行为已显明者,不论主从一样,皆以剑斩,家门子、兄弟节亲连坐”“谋逆人中，或以语言摇动众心未得，以威力慑人导引未能等者，造意、同谋皆以剑斩，父母、妻子、子、女等当连坐，应易地而居，送边地守城，终身在军中”。即使是酒醉、疯癫中说讲谋逆语，有可信见者，也按谋逆奏告。在《背叛门》中，凡叛逃已行者，“造意以剑斩杀，各同谋者发往不同地守边城无期徒刑，做十三年苦役”，妻子、儿女连坐，没入牧农主中服劳役。

在《为不道门》中，详列了庶人对庶人、庶人对官人、官人对庶人、官人对官人之间的故伤、故杀等犯罪的处罚规定。对于“做咒法事”以杀人，其造意者，按“故意杀法”治罪。

关于贼盗罪，在《天盛改旧新定律令》中分为九门，凡属与贼盗有关的条款，全部集中于九门之中，而与唐宋律之分列于各篇不同。这九门是盗亲门、杂盗门、群盗门、重盗门、盗赔偿返还门、自告偿还解罪减半议合门、追赶捕举告盗赏门、搜盗踪迹门和问盗门。西夏由于特殊的国情，决定了《天盛改旧新定律令》具有一些《唐律》中未见的规定。按《唐律》，作为贼盗的客体，牲畜与其他财物不分；但在西夏党项族的社会经济生活中，畜牧业仍占有较大比重。因此，对于贼盗的客体，将家畜与其他财物加以区分，分别治罪，而且将“畜”列为首位，以示对家畜的重视。例如，窃割他人死家畜的肉，查证属实，“官罚马一，庶人杖十三”，将窃取的皮、肉还主，肉已食，或皮已用，按窃盗法追赔。如夺取、抽拿他人牧草，或散放家畜，侵害他人草场，按强盗、偷盗罪论处。

在贼盗律中还出现了群盗的罪名：“凡五人以上同谋皆往盗窃，畜物已入手，则多寡不论，当为群盗。”群盗罪最早见于秦简，《天盛改旧新定律令》之所以确立此罪名，反映了对五人以上同谋犯罪的加重打击，凡有犯者，不分首从、官庶，一律处以剑斩，妻子缘坐。如五人同谋，其中一二人未往盗窃，则群盗罪名不成立，按强盗、偷盗罪论，造意者绞，从者徒十二年。

在《盗毁佛神地墓门》中规定，盗毁佛像、神帐、道教像、天尊、夫子影殿等，造意者徒六年，从者徒三年，僧道为盗者加一等。按《唐律·盗毁天尊佛像》条只有盗毁天尊像、佛像，而无夫子像。《天盛改旧新定律令》之所以增加对盗毁夫子像的惩罚，反映了仁宗时期西夏儒学受到尊崇的时代特点。仁宗曾正式宣布尊孔丘为文宣帝，并下令各州郡立庙祭祀。因此，才制定出对盗毁夫子像的惩罚之法。

唐律中累犯加重的原则在《天盛改旧新定律令》中也有所反映。但由于西夏刑制不设流刑，《重盗门》中对于“前因盗已作判断，短期劳役日满，以及解除长期徒刑劳役等而重盗者，当按新罪判断。短期徒刑日未满重盗时，除死罪以外，短期徒刑未完日期及新罪刑期共相比较，视罪状高低，以其重者判断。轻罪者当入重罪,罪相等者当依次加一等,可至无期徒刑、长期徒刑。……无期徒刑中重盗者……犯一个月劳役以上罪,则不论大、小当绞杀”。

关于强奸罪,《天盛改旧新定律令》八卷设四门,即夺妻门、侵凌妻门、威势藏妻门、行非礼门。

在此四门中,较为突出地反映了西夏民族立法的特点。例如,在《夺妻门》中,引诱成奸者,男女双方均治罪,各徒三年,较《唐律》为重,《唐律》各徒一年半。藏匿被夺人妻,逾三个月,或受贿不报者,徒三年。妻子被夺,丈夫亲告,“夺妻罪”成立,衙门即受理;在丈夫亲告前,法律亦允许双方和解。在《侵凌妻门》中,受等级观念的影响,以贱犯上者,处刑重于以上犯贱者,大略与《唐律》同。强奸幼女者,未伤徒六年,已伤徒八年,致死者绞。在《行非礼门》中规定,凡与小功亲属相奸即属“行非礼”,与《唐律》中的内乱罪相似,所不同者,《唐律》内乱罪的要件是奸小功以上亲,而西夏律“服五个月孝服期”(含小功)即构成行非礼。

西夏刑制溯源于唐宋,但有所变化,正刑分为杖、徒(役刑)、死三种。其中,杖刑由七至二十,徒刑由三个月至十二年以至无期,死刑分绞死与以剑斩杀。官员可以依据其官品的高低,通过“罚马”“罚钱”“降革官职、军职”减免刑罚。除正刑外,还有附加刑——黥、铁枷。黥适用于十恶、盗窃、违反军令、敕禁及杂罪中的长期徒刑。凡徒一年至四年,于手背黥四字;徒五至六年,于耳后黥六字;徒八至十年,于面上黥八字;徒十二年至无期,于面上黥十字。有官品者一律不加黥刑。而铁枷,适用于犯徒罪的牧、农、舟、车夫及奴仆。刑期短者戴三斤重铁枷,刑期长者戴五斤重铁枷。

有关“八议”减罪,以官当徒,以及老幼废疾、笃疾减刑的规定,大体同于唐宋律,但亦有小异。例如,扩大“八议”中“议亲”的范围,包括帝王族亲、姻亲和皇后之亲;进一步细化了以官当徒的条款,并与庶人犯同样罪作出比较;严格了对老幼废疾、笃疾者免罪的规定,按唐律,犯罪时幼小,事发时长大,依幼小论,而西夏法典则以成人法论。

总括以上,《天盛改旧新定律令》是中国历史上第一部用少数民族文字印行的法典,总计二十余万字,不含注释和案例,其详细程度为现存中古法律之最。

(三)金朝法制

公元 1115 年在黑龙江流域建立的金朝是以女真族为主体的政权。女真族的历史可以追溯到西周初年,经过汉魏晋隋唐五代的漫长时期,虽然称谓有所不同,但却一直在繁衍生息和发展。至十一世纪,以靺鞨为主体,吸收其他部落形成了女真族,逐渐崛起于白山黑水之间,由臣属于辽,至反辽自立。公元1115年建立大金国,定都会宁,女真完颜部首领阿骨打称帝,是为金太祖。

女真族建国前经历了长期的由习惯、习惯法统治的时期,与当时女真部落的经济水平、文化素质、心理状态相适应,因而具有很强的约束力,但与日益发展的私有制关系和阶级的分化发生矛盾。十一世纪初,完颜部落酋长石鲁(昭祖)为了改革女真旧俗,建立了维护贵族统治的秩序,创制"条教",用以"约束""检制"诸部落。对于新创制的条教,"诸父、部人皆不悦,欲坑杀之"[414]。面对"诸部犹以旧俗,不肯用条教",昭祖不得不用暴力强制推行,所谓"顺者抚之,不从者讨伐之"[415]。但昭祖为改革女真旧俗而推行的条教,仍未超出不成文的习惯法的范畴,而且带有浓厚的神权法的色彩。如《金史·谢里忽传》所载,"国俗,有被杀者,必使巫觋以诅祝杀之者,乃系刃于杖端,与众至其家,歌而诅之……既而以刃画地,劫取畜产财物而还,其家一经诅祝,家道辄败"。

至十一世纪中叶,景祖乌古乃被辽朝授予"生女真部族节度使"称号,自此"诸部君臣之分始定"[416]。十一世纪末,穆宗盈歌统一女真各部落,所谓"尽服四十七部之众",在此基础上以完颜部的法令作为部落联盟的统一法令,"一切治以本部法令""自是号令乃一,民听不疑矣"[417]。

金朝建立初期,太祖完颜阿骨打为了安抚尽"协辅之力"的各部贵族,稳定既有的统治秩序,在即位时宣称:"吾虽处大位,未易改旧俗也。"[418]在政权组织上,实行亲贵合一的勃极烈制。谙班勃极烈为执掌国家政务的最高行政官,是金朝皇帝的法定继承人;国论忽鲁勃极烈为最高军事统帅,并参与朝政的决策。在法制上,习惯法仍起着主要的调整作用。如《金史·刑志》所载,"金初法制简易,无轻重贵贱之别,轻罪笞以柳篸,杀人及盗劫者,击其脑杀之,没其家赀,以十之四入官,其六偿主,并以家人为奴婢,其亲属欲以马牛杂物赎者从之,或重罪亦听自赎,然恐无辨无于齐民,则劓刵以为别"。

综上可见女真族进入中原以前法制的发展状况。进入中原以后,金统治者积极吸收汉族先进的法律文化,在此基础上,法制取得了迅速的发展和辉煌的成就。

太宗完颜晟即位之始,继续奉行"一依本朝旧制"的太祖遗训,同时积极推

---

[414] 脱脱等撰:《金史》卷一《世纪·昭祖石鲁纪》,中华书局1975年版,第3页。
[415] 脱脱等撰:《金史》卷一《世纪·昭祖石鲁纪》,中华书局1975年版,第4页。
[416] 脱脱等撰:《金史》卷六八《冶诃传附孙蒲查传》,中华书局1975年版,第1600页。
[417] 脱脱等撰:《金史》卷一《世纪·穆宗盈歌纪》,中华书局1975年版,第15页。
[418] 脱脱等撰:《金史》卷七〇《完颜撒改传》,中华书局1975年版,第1614页。

进攻打辽宋的军事活动,于天会三年(1125 年)灭辽,南下攻宋,天会四年(1126 年)攻下北宋都城汴京,俘虏宋徽宗、钦宗父子,北宋灭亡,女真族进入中原地区。随着统治地域的扩大,以及面对生活在先进的生产方式和文化熏陶下的广大汉民,已经不能继续适用习惯法来建立和维持新的统治秩序,因此不得不兼用辽宋法规。《金史·刑志》说,“(金)太宗虽承太祖无变旧风之训,亦稍用辽宋法”,从此进入了金法制发展的新阶段。太宗虽然兼用古律,制定敕条,以弥补习惯法之不足,大臣们也建议“因时制宜,成一代之法”[419],但并未进行制定成文法典的活动。

熙宗完颜亶统治期间,金国的统治范围已达黄河流域,经过不断改革,国家制度日趋完备,为了消除唐宋旧法与女真习惯法并存的混乱状况,于天眷三年(1140 年)占据河南后,“乃诏其民,约所用刑法皆从律文”[420],进一步明确了在中原汉族居住地区继续适用唐宋律文。皇统初,又“诏诸臣,以本朝旧制,兼采隋、唐之制,参辽、宋之法,类以成书,名曰《皇统制》,颁行中外”[421]。《皇统制》一千余条,史称《皇统新制》,是金国第一部成文法典。另据《大金国志》卷十二《熙宗纪年四》记载:“皇统五年……秋七月……颁行皇统新律千余条,大抵依做大宋,其间亦有创立者……”可见,其主要内容虽依仿宋法,但也不乏在女真旧制基础上的创制。例如,“殴妻致死,非用器刃者不加刑”“徒自一年至五年,杖自一百二十至二百”“僧尼犯奸,及强盗不论得财不得财,并处死”等,便为唐宋律所不载。

皇统九年(1149 年),海陵王完颜亮夺取帝位以后,“又多变易旧制”,于正隆年间制定率意更改、轻重不一的《续降制书》,与《皇统制》并行,结果“是非淆乱”“吏不知适从,夤缘舞法”[422]。

世宗完颜雍即位以后,力图改革法令不一的混乱状态。这时趋于巩固的金国统治为改革法制提供了客观条件,而被称为“小尧舜”的金世宗本人又十分重视立法,他曾表述说,“法者,公天下持平之器”[423],因此在他的推动下,法制取得了新建树与新发展。大定十七年(1177 年)设立专门立法机构,命大理卿移剌慥等针对皇统、正隆之制及大定初期制定的《军前权宜条理》《续行条理》等,进行了“论其轻重,删繁正失”的系统修订。凡“制有阙者以律文足之。制、律俱

---

[419] 脱脱等撰:《金史》卷七〇《完颜撒改传》,中华书局 1975 年版,第 1615 页。
[420] 脱脱等撰:《金史》卷四五《刑志》,中华书局 1975 年版,第 1015 页。
[421] 脱脱等撰:《金史》卷四五《刑志》,中华书局 1975 年版,第 1015 页。
[422] 脱脱等撰:《金史》卷八九《移剌慥传》,中华书局 1975 年版,第 1987 页。
[423] 脱脱等撰:《金史》卷四五《刑志》,中华书局 1975 年版,第 1020 页。

阙及疑而不能决者,则取旨画定”,已有立法中,如大定初期制定的《军前权宜条理》等,如有可以常行者,编为定法。历时五年,最后完成《大定重修制条》十二卷,一千一百九十条,这是金朝建国以来最大的一次立法活动,由于大定以来“尽行中国法”[424],这部法典更多地融入了汉法。

章宗完颜璟统治时期,是金朝社会经济发展、政治稳定、民族融合的极盛时期。这时儒学本体的汉文化已为女真人普遍接受,章宗就是一位彻底推行汉化的皇帝。他在法制上总结了立国七十年的经验,在权衡汉蕃法律杂糅利弊得失的基础上,更多地引进唐宋律,造就了金朝的法制文明。

章宗即位之始,鉴于“礼乐刑政因辽、宋旧制,杂乱无贯”[425]“制、律混淆”,遂于明昌元年(1190年)设置“详定所”审定律令。明昌三年(1192年),详定所“用今制条,参酌时宜,准律文修定,历采前代刑书宜于今者,以补遗阙,取《刑统》疏文以释之”[426],编成《明昌律义》。《明昌律义》不仅历采前代的刑书编律,而且以《宋刑统》的疏义为官方解释,是一部从精神到内容都基本汉化的法典。另将“榷货”“边部”“权宜”等事集为《敕条》,即《泰和敕条》。

《明昌律义》及《泰和敕条》编成以后,大臣们仍以尚未完善为词,要求制定新律。在“金人以为法家之祖”阎公贞的主持下,再一次校定律令,于泰和元年(1201年)十二月,完成新律十二篇。其篇目与《唐律》同,因而《金史·刑志》说它“实《唐律》也”。新律于律文后“附注以明其事,疏义以释其疑”,共三十卷,五百六十三条,定名为《泰和律义》。

此外,还制定《律令》二十卷、《新定敕条》三卷、《六部格式》三十卷,连同《泰和律义》统称《泰和律令敕条格式》,于泰和二年(1202年)五月颁布施行。

《泰和律令敕条格式》是金朝最完备的法典,是熙宗、世宗以来立法之大成,它标志着金朝法制封建化与中原化的完成。随着金朝的衰落,再没有进行较大的修律活动,直至金亡一直沿用泰和律令。

章宗时期颁行的《泰和律令》《泰和六部格式》基本上是行政立法,在《泰和新定敕条》中,有些也属于行政法条款。著名的《元典章》就是以金行政法为历史渊源的。

金于太宗天会四年(1126年)“始定官制,立尚书省以下诸司府寺”[427]。熙宗即位以后,仿宋制建立中书、门下、尚书三省,尚书省号称“政府”,下分六部,

---

[424] 刘祁:《归潜志》卷一二,中华书局1997年版,第137页。

[425] 脱脱等撰:《金史》卷七三《完颜守贞传》,中华书局1975年版,第1689页。

[426] 脱脱等撰:《金史》卷四五《刑志》,中华书局1975年版,第1022页。

[427] 脱脱等撰:《金史》卷七八《韩企先传》,中华书局1975年版,第1777页。

管理行政,设枢密院,管理军政,设御史台,执掌监察。天会十五年(1137 年),熙宗下诏于汴京设“行台尚书省”,作为尚书省的派出机构,其后,在一些重要的地区设置行台尚书省,简称“行台”或“行省”,代表中央行使职权。金统治者为了避免宋时枢密院与中书文武对峙、军政矛盾的弊病,由尚书省宰执兼任枢密院长官。哀宗完颜守绪于天兴元年(1232 年)四月下令:“并枢密院归尚书省,以宰相兼院官。”[428]

地方政权仿宋制设路、州、府、县等机构,基层组织则城厢有坊,乡里有社。但在女真人聚居区及其他一些地区,仍保留传统的猛安谋克。据《金史·兵志》载,“猛安者千夫长也,谋克者百夫长也”,是女真传统的组织部属的编制。至熙宗以后,名称虽仍保留,但性质已经发生变化,成了军事编制与地方行政组织的混合体。

金朝的高级官吏,基本上由宗室、权贵和猛安谋克上层担任,中下级官员则以汉人居多。从太宗时起,为了适应统治区域扩大的需要,实行科举取士制度,吸收大批士人充当州县官吏。科考每三年举行一次,科考的内容以经义、词赋为主,也有策论、律令。章宗时创设了“制举宏词科”。世宗时开设“女真策论进士科”,该科以女真人为对象,以女真文版经书为依据,可直接应会试和殿试。策论进士科的开设,促进了女真人学习儒家经典,有利于提高女真人的文化素质,加强了民族间的文化融合,并对元、清提供了历史范例。

在应试资格上虽无民族限制,但有身份之禁,贱民及“放良人”不准应试,其他如犯“十恶”“奸盗”,或为父母服丧的“丁忧人”,均不得应试。科举录取名额无定数,考取进士得授“文散官”,经过录用考察再任命为“职事官”。

世宗、章宗为了选拔贤才,迭次下诏,命五品以上官荐举忠廉之臣。通过荐举,确实遴选出大批贤能充实了官僚队伍。至于特授,则限于贵族宗室和孔子后裔。

综上可见,金朝的职官选任虽以科举为主,但针对不同民族、不同层次,各有不同的方法,所谓“兼采唐、宋之法而增损之”[429]。不仅扩大了政权的社会基础,也充实了相关的法律,制定了《贡举程试条理格法》《荫叙法》等。

金朝对职官的考课,基本沿用唐宋的考课法,根据考课结果进行黜陟赏罚。值得提出的是,关于职官廉政方面的要求与规定,例如,县官拖欠部民钱债“三日不偿其直,当削官一阶,解职”[430],“生日受馈献,法当夺官”,即使是“宰执、枢

[428] 脱脱等撰:《金史》卷一一四《白华传》,中华书局 1975 年版,第 2510 页。

[429] 脱脱等撰:《金史》卷五一《选举志一》,中华书局 1975 年版,第 1129 页。

[430] 脱脱等撰:《金史》卷七《世宗纪中》,中华书局 1975 年版,第 171 页。

密馈献亦宜罢去”[431]。同时，注意发挥监察机关的监督作用，章宗曾告诫谏官说：“国家设置谏官，非取虚名，盖责实效，庶几有所裨益。卿等皆朝廷选擢，置之谏职，如国家利害、官吏邪正，极言无隐。”[432]

战争无宁日的环境和复杂的阶级关系、民族关系，使金朝加重了对犯罪的惩罚。史书说：“金法严密，律文虽因前代而增损之，大抵多准重典。”[433]譬如，对于危害金朝统治的起义盗贼，均凌迟处死，并且严格规定地方官捕盗的责任，违者杖百，同时还“定申报盗贼制”，不以实奏闻者，杖百。

窃盗只要得财物至少徒三年，十贯以上徒五年，三十贯以上徒终身并刺面，“强盗不论得财不得财，并处死”。

随着专制皇权的发展，制定了“犯宫禁”、“犯讳”、漠视皇权等罪，犯者或杖一百二十，或处死刑。

金朝为了整饬官僚队伍，加强国家统治，制定了一系列单行法规以惩治职官犯赃罪，如《职官犯罪同职相纠察法》《军前受财法》《军前差发受赃法》。有金一代，上自亲王，下至路府州县长官，因犯赃而被降职、夺爵、免官、除名、处死者，不乏其例。

此外，还依法惩治职官赌博、占卜相命、违制饮酒等。

为了保证战争的胜利，还制定了《出征军逃亡法》《擒捕逃军赏格及居停人罪》等军法。凡“进退自专，有失机会以致覆败者斩”“闻寇弛备，且来不战，去不追，在法皆当斩”[434]，弃城者死。

金朝的刑制参照唐宋刑制建立刑罚体系，共分死刑、徒刑、杖刑三种。死刑，除斩、绞外，另有族诛、凌迟、磔、醢等酷刑。徒刑，由一年至五年，共七等，并参照辽代刑制设无期徒刑，如窃盗三十贯以上徒终身。徒刑也附加决杖，“徒二年以下者杖六十，二年以上杖七十，妇人犯者并决五十，著于《敕条》”[435]。杖刑，由二十至二百。隋唐以来的流刑以“非今所宜”[436]，由徒四年以上并附加决杖代之。由杖刑至死刑均可以铜赎罪，早在女真部落时期，便实行以牛马杂物赎罪，章宗时期，仿照唐朝以铜赎刑制度，但所用的铜数为唐制的一倍。至金国后期“法当赎铜者”折征银两，“既足以惩恶，又有补于官”[437]。

---

[431] 脱脱等撰：《金史》卷六《世宗纪上》，中华书局1975年版，第148页。
[432] 脱脱等撰：《金史》卷十《章宗纪二》，中华书局1975年版，第235页。
[433] 脱脱等撰：《金史》卷一二九《酷吏传》，中华书局1975年版，第2777页。
[434] 脱脱等撰：《金史》卷一一〇《冯璧传》，中华书局1975年版，第2432页。
[435] 脱脱等撰：《金史》卷四五《刑志》，中华书局1975年版，第1023页。
[436] 脱脱等撰：《金史》卷四五《刑志》，中华书局1975年版，第1023页。
[437] 脱脱等撰：《金史》卷四八《食货志三》，中华书局1975年版，第1088页。

金朝的刑法原则值得提出的是限制“八议”的适用范围。凡皇家无服亲,全部排除在议亲之外,议贤也仅限于犯公罪,而在实践中,对于法当议减的轻罪案件往往不予减免。

熙宗曾经表示,“国家立法,贵贱一也,岂以亲贵而有异也”[438]。世宗也以“法者,公天下持平之器”,批驳尚书省援引“八议”为后族犯罪开脱,指出:“若亲者犯而从减,是使之恃此而横恣也。……前二十年时,后族济州节度使乌林达钞兀尝犯大辟,朕未尝宥,今乃宥之,是开后世轻重出入之门也。”[439]他对议贤也提出异议,说:“夫有功于国,议勋可也。至若议贤,既曰贤矣,肯犯法乎。”[440]从史籍记载看,世宗确实做到了“于亲属旧知未尝欺心有徇”[441]。这与女真统治者的特权等级意识相对淡薄不无关系,但更重要的是,防止外戚权力过重,破坏法度。

金朝在刑法适用原则中也表现出民族压迫的特色。譬如,女真人打伤与杀死汉人、契丹人无罪,而汉人对女真人稍有触犯,便处死,以致女真人每以轻罪或无故击杀汉人、契丹人,并没其家赀。

根据金朝的户籍法,“男女二岁以下为黄,十五以下为小,十六为中,十七为丁,六十为老,无夫为寡妻妾,诸笃废疾不为丁”[442]。可见,金人十七岁即具有行为能力。根据金朝的户籍法,按民族划分为“本户”,即女真猛安谋克户,与“汉户”“契丹户”“杂户”,其中本户社会地位最高,其次为契丹户,但都属于国家编户齐民的良民范畴。此外,隶属于监户和官户的均为贱民,其中奴婢没有户籍,只依附于主人,地位最为低下。奴婢的来源主要是战乱中被掳掠的良民,以及因罪或“征偿莫办”沦为奴婢。按金朝法制,良贱之间界限极为森严,妄认良民为奴是犯罪行为,但奴婢建立军功,或因灾疫为奴者可以赎免为良民。

在所有制方面,经过军事掠夺而为国家所有的官田,在全国土地中占有较大的比重,此外,还通过多次括田,掠夺农民的土地,使民庶流离,概无乐土。

女真人所占有的官田,只有使用权、收益权,而无处分权,随着封建生产方式影响的加深,封建租佃关系也在女真族内部迅速发展起来。一些猛安谋克户和出征军人,多将土地出租给汉族农民,收取地租,尽管金朝下令禁止,但已无法遏制封建租佃制的发展趋势,以致章宗泰和四年(1204年)九月,不得不颁布

---

[438] 脱脱等撰:《金史》卷六八《冶诃传》,中华书局1975年版,第1598页。
[439] 脱脱等撰:《金史》卷四五《刑志》,中华书局1975年版,第1020页。
[440] 脱脱等撰:《金史》卷四五《刑志》,中华书局1975年版,第1020页。
[441] 脱脱等撰:《金史》卷七《世宗纪中》,中华书局1975年版,第162页。
[442] 脱脱等撰:《金史》卷四六《食货志一》,中华书局1975年版,第1031页。

《屯田户自种及租佃法》,[443]承认女真人土地占有关系封建化的现实。

至于华北、陕西等地的大部分土地,仍属于汉族为主的地主及自耕农,只需向国家交纳赋税,"卖质于人无禁"[444]。

在债法上,继承了宋债法的成果,无论买卖、借贷均须订立契约。现存买卖契约中主要是土地买卖契约,以金大定二十八年(1188年)《修武县马用父子卖地契》为例:[445]

> 出卖地业人,修武县七贤乡马坊村故税户马愈、男马用同弟马和,自立契将本户下□□地二段,共计贰亩叁厘,立契卖与全真门弟子王太和、王崇德为永业,修盖全真道庵。准得价钱壹拾陆贯文,各七□九伯。并据即目见定交割。谨具开坐如后:
>
> 出卖村南竹茵地一段:南北畛,东长贰拾陆步伍分,西长贰拾陆步伍分,南阔壹拾陆步,北阔壹拾步。并次东一段:东长贰拾陆步,西长贰拾捌步半,南阔壹拾步,北无步。东至大河,西自至,南自至,北自至。并据钱、业主对目商议定:所有地内差税物力实钱,照依通捡去马愈户下贮脚供输。所据地内竹竿树木,不系卖数。
>
> 天雨水流透,车牛出入,一依仍旧通行。
>
> 右件前倾(顷)出卖地土,卖与全真门弟子为永业。并不是衷私卑幼□交,亦不是债欠准折,并无诸般违碍;又加立契日一色见钱交领,并□别无悬欠。恐人无信,故立此文为据。
>
> 大定二十八年十二月。自立其契出卖人马用(押)
>
> 同立契人马和(押),引领人部下王守纱(押)
>
> 写契人本村王莹(押)
>
> 税说价钱壹拾陆贯文二十三日

在此卖地契中,土地四至分明,产权清楚,所谓"并无诸般违碍",而且"目见定交割"后即完成产权转移。立卖契人除当事人马用外,签押的还有"同立契人"即卖主亲族,"引领人"即中人,"写契人"即代书人。以上可见,作为买卖契

---

[443] 脱脱等撰:《金史》卷一二《章宗纪四》,中华书局1975年版,第269页。

[444] 脱脱等撰:《金史》卷四七《食货志二》,中华书局1975年版,第1043页。

[445] 张传玺:《中国历代契约会编考释》(上),北京大学出版社1995年版,第530页。

约成立的要件已相当完备。

至于债务契约中的担保,大多以人为质,到期不能偿还,则沦为奴婢,这在金朝十分普遍,造成了社会的动荡。为此,太宗天会九年(1131 年)下诏:"官为赎之。"[446] 世宗大定三年(1163 年)十一月诏中更明确提出:"中都、平州及饥荒地并经契丹剽掠,有质卖妻子者,官为收赎。"[447] 债务奴婢官为收赎是金国债法中的一个特点,它一方面承认借贷契约的有效性,以保护债权人的利益,另一方面动用官帑代为赎免,以缓和尖锐的社会矛盾。

金朝的婚姻与继承制度,在民族大融合的过程中,受到了汉族的宗法礼制的影响,改革了某些传统的民族习俗,但仍保留着较为鲜明的特点。进入中原地区以后,允许移居到华北、陕西等地的女真人与汉人、契丹人通婚,以巩固金朝的统治基础。《金史·兵志》说,(金)"得志中国,自顾其宗族国人尚少……听与契丹、汉人婚姻,以相固结",并把这看作"长久之利也",以至金帝的嫔妃也多娶自汉女。

按女真旧俗,无同姓为婚之禁,但从太祖起,便参照汉族婚姻制度,改革女真旧俗,"同姓为婚者,杖而离之"[448]。然而,法律并不严格禁止良贱为婚,太宗天会十年(1132 年)四月诏中说:"诸良人知情嫁奴者,听如故为妻。"[449] 章宗泰和二年(1202 年)重申:"奴娶良人女为妻者,并准已娶为定……与夫所生男女,并听为良。"[450] 但如女真人户奴婢与良人通婚,须经家主同意,并取得"房亲及村老给据,方许娉于良人"[451]。至于姑表为婚也为法律所不禁。

金国皇帝、贵族、官僚都实行多妻制,庶人基本上一夫一妻,但也允许置妾。夫妻之间的法律地位较之汉制尤为不平等,例如,"殴妻至死,非用器刃者,不加刑"[452]。世宗时虽然制定"妻无罪而辄殴杀者,罪"的法令,[453] 但实际并没有约束力。

继承制度方面,无论身份继承还是财产继承,大体沿用宋法。根据《世袭猛安谋克迁授格》记载,承袭者应为年二十五岁以上的嫡长子,而且要求"先读女直(真)字经史,然后承袭"[454]。至于妇女的财产继承份额,较之唐宋为少,反映

---

[446] 脱脱等撰:《金史》卷三《太宗纪》,中华书局 1975 年版,第 63 页。
[447] 脱脱等撰:《金史》卷六《世宗纪上》,中华书局 1975 年版,第 132 页。
[448] 脱脱等撰:《金史》卷二《太祖纪》,中华书局 1975 年版,第 30 页。
[449] 脱脱等撰:《金史》卷三《太宗纪》,中华书局 1975 年版,第 64 页。
[450] 脱脱等撰:《金史》卷四五《刑志》,中华书局 1975 年版,第 1021 页。
[451] 脱脱等撰:《金史》卷四六《食货志一》,中华书局 1975 年版,第 1034 页。
[452] 洪皓:《松漠纪闻》,翟立伟标注,吉林文史出版社 1986 年版,第 34 页。
[453] 脱脱等撰:《金史》卷七《世宗纪中》,中华书局 1975 年版,第 169 页。
[454] 脱脱等撰:《金史》卷八《世宗纪下》,中华书局 1975 年版,第 192 页。

了金时妇女地位总体下降的趋势。

在经济法律方面,首先完善了禁榷立法。按金制,盐、酒、曲、茶、醋、香、矾、丹、锡、铁均在禁榷之列。尤重打击私盐活动,即使享有种种特权的女真人犯私盐,也与平民一体惩治。

为管理商业贸易,建立"市令司",并于大定二十年(1180年)颁行《商税法》,规定商品税率为百分之三至百分之四。

金朝还在两宋金融立法的基础上,制定了一系列有关货币发行、流通、管理的法律,如《钞法》《钱法》。在"控制交钞"的市场投入量和以国家为后盾提高交钞的信用,查禁伪弊、禁止炒卖以及管制铸造钱币的主要材料等方面,积累了丰富的经验。但处于南宋与元蒙夹击下的金朝,国势日衰,虽有严密的金融立法,也无法阻止通货膨胀和财政秩序的紊乱。

从熙宗改制起,建立了仿唐宋的司法体制。中央司法机关为刑部、大理寺、御史台,御史台以下设置"登闻鼓院""登闻检院"。中央司法机关的官员由女真、汉人、契丹人分任,并设有译史翻译不同民族的语言,以免因语言而误判。世宗曾经表彰原王大兴说,"有女真人诉事,以女真语问之,汉人诉事,汉语问之",故能"见事甚明,予夺皆不失当"[455]。

地方司法机关仿宋制,以路、府、州、县行政长官兼理司法。章宗时于"路"一级设提刑司,以后又改为按察使司,执掌司法监察,备受皇帝亲重。女真人及其他少数民族聚居地区,由猛安谋克和秃里等职官执掌司法事务。

案件起诉分为官吏纠举、当事人及其家属告诉和投案自首三种形式。值得提出的是,金律不适用亲属相容隐的原则,亲属之间可以互相告发,包括卑幼告尊长,奴婢告主,这在汉族封建法典中是严禁的。但如告诉失实或诬告,则给予处罚。

州县官握有自行杖杀人犯的大权,无论何种诉讼案件,"各许专决"[456],从而为州县官揽权自重、擅断司法提供了条件。以致章宗时特别制定《州县官听讼条约》加以约束,"违者按察司纠之"[457],然而这也只能收到暂时的效果,没有,也不可能消除金末地方司法秩序再度混乱的局面。

由于在审讯中滥施刑讯,以致世宗也发出了"箠楚之下,何求不得,奈何点检司不以情求之乎"的慨叹。[458]

---

[455] 脱脱等撰:《金史》卷八《世宗纪下》,中华书局1975年版,第191页。

[456] 李栻:《历代小史》卷六二《金志》,江苏广陵古籍刻印社1989年影印版。

[457] 脱脱等撰:《金史》卷四五《刑志》,中华书局1975年版,第1024页。

[458] 脱脱等撰:《金史》卷八八《移剌道传》,中华书局1975年版,第1968页。

以上可见,金朝的法制发展以熙宗、世宗、章宗三朝最具有代表性,这不仅与社会经济的发展密切相关,而且同他们本人重视封建法制与积极推进汉化是分不开的。

女真族进入中原地区以后,传统的法观念与华夏封建正统的法观念发生了激烈的碰撞,在这个过程中,为了统治广大汉族地区的政治需要,以及先进的法文化对落后的法文化所具有的亲和力、改造力,使二者由冲突至逐渐互相渗透和融汇,以至于儒家正统的法律思想成为金朝立法的指导思想和理论基础。如果说师从中原儒士、熟读儒家经典的熙宗,是“宛然一汉家少年天子”,那么继起的世宗,更以忠孝作为调整君臣上下关系和匡正社会的准则,并使以忠孝为内涵的伦理道德规范法律化。

至章宗,“承世宗治平日久,宇内小康,乃正礼乐,修刑法,定官制,典章文物然成一代治规”[459]。正是由于金国最高统治者率先垂范,积极推进汉化,才使得女真人的法观念发生了变化,为唐宋律的适用提供了广泛的群众基础与思想基础。

金律的内容和基本的法律形式与唐宋律相似,即便是各种法律形式之间的关系,也只是于大同中有小异。以“制”“律”关系为例,世宗曾经指出:“自今制无正条者,皆以律文为准。”[460]章宗时,“制有阙者以律文足之”[461]。这不仅反映了“制”是以诏敕的形式颁行的,具有灵活性和针对性;更重要的是“律”,多为唐宋时代的法律条文,它的权威性和现实性都无法与“制”相比。

金朝法制不仅较辽法制完备、系统,而且还以其新的建树,证明了它虽以唐宋律为基础,却又是唐宋律的发展。如同《金史·文艺列传序》所说,“金用武得国,无以异于辽,而一代制作能自树立唐、宋之间,有非辽世所及,以文而不以武也”。元初,元好问也认为,“金源氏有天下,典章法度,几及汉唐”[462]。正因如此,金律对元蒙和后金都有着直接的影响。蒙古统治者在建立元朝以前,在审判中一直适用泰和律令,直到至元八年(1271 年),元世祖忽必烈才宣布“禁行金泰和律”[463]。后金领袖努尔哈赤,也从金法制中吸取了改革女真旧俗建设法制的经验,直到他临终前还嘱咐八旗固山之主,要“效彼(金章宗)之严守法度,信赏必罚”[464]。

---

[459] 脱脱等撰:《金史》卷一二《章宗纪四》,中华书局 1975 年版,第 285 页。
[460] 脱脱等撰:《金史》卷四五《刑志》,中华书局 1975 年版,第 1016 页。
[461] 脱脱等撰:《金史》卷四五《刑志》,中华书局 1975 年版,第 1018 页。
[462] 脱脱等撰:《金史》卷一二六《文艺传下·元好问传》,中华书局 1975 年版,第 2742 页。
[463] 宋濂等撰:《元史》卷七《世祖纪四》,中华书局 1976 年版,第 138 页。
[464] 《清实录·满洲实录》卷八,天命十一年六月二十四日,中华书局 1985 年影印版,第 415 页。

然而,在金朝统治期间,始终处于战乱之中,统治集团内部又充斥着激烈的权力之争,使所立之法往往成为具文。章宗以后国势衰微,政治腐败,法制废弛,终于为元蒙所灭。

第九章 “祖述变通”的元法制

(公元1279年~公元1368年)

公元13世纪初,蒙古族杰出领袖成吉思汗统一了长期以游牧为生的蒙古人各部落,建立了蒙古汗国,成吉思汗被拥戴为全蒙古的大汗。

蒙古国建立以后,为了巩固统治,进行了必要的军政法制建设,形成了以十户、百户、千户和万户为单位的军事行政组织,用以编制蒙古各部落的牧民,千户长和万户长由大汗直接封任。与此同时,还建立了领户分封制度,凡属成吉思汗的子弟、亲族和功臣,都得到了不同数量的封户。为了扩大大汗的权力,成吉思汗把他直接掌握的亲卫军(怯薛)增加到一万人。此外,还设置了“断事官”,开始记录“扎撒”(习惯法),作为处理民刑诉讼案件的根据。经过以上的建制,基本上确立了蒙古国的国家雏形。

以成吉思汗家族为首的蒙古统治集团,随着国家基础的巩固,在“各分土地,共享富贵”的贪欲支配下,凭借强大的武力,不久便灭掉了西夏。公元1234年又约同南宋联合攻灭金朝,继而转攻南宋,至公元1264年已经占据了中原大部分地区,并将统治中心由上都(蒙古多伦附近)南迁到中都燕京(今北京)。公元1271年元世祖忽必烈在部分汉族地主的支持下建立了元朝,次年改中都为大都。公元1279年灭掉南宋,完成了元朝对全国的统治,结束了长期割据对峙的局面,建立了元朝。元朝是中国历史上第一个以少数民族——蒙古族为主体建立的统一政权。

元朝统治者一方面参照唐宋旧制,积极进行政权与法制建设;另一方面,又沿袭某些蒙古国固有的统治方式与习惯法构建了有元一代的法制。

元朝统治下的社会经济结构和阶级结构比较复杂,但占据主导地位的是封建的生产关系,主要的阶级对立仍然是地主阶级同农民阶级的对立。

需要指出的是,元朝虽然是以蒙古族为主体的少数民族政权,但是封建社会后期的历史条件使得社会经济经过艰难曲折的途径仍然得到了一定发展,并在此基础上进一步推动了文化的发展。

元初著名的政治家、思想家耶律楚材主张,治国“崇文事”“用儒臣”。在他的积极鼓动下,太祖时便任用儒生出身的姚枢。至太宗时,进一步扩大网罗儒生,耶律楚材奏请由孔丘五十一代孙孔元楷袭封衍圣公,并付以林庙地。同时,率领大臣及其子孙,执经解义,研习圣人之道。他说:“三纲五常,圣人之名教,有国家者莫不由之,如天之有日月也。”[1]随着儒学的兴起,程朱理学被推崇为官学,史学也取得了丰硕的成果,《蒙古秘史》、《文献通考》以及《元经世大典》和辽、金、宋三朝正史,都具有较高的史学价值。至于戏曲、文学、美术也取得了辉煌的成就。在自然科学方面,元代的天文学是中国古代天文学发展的高峰,特别是元代与亚非欧国家的文化交流融汇是唐宋盛世所不及的。所有的这一切都为元法制文明的进步提供了重要条件。

元朝虽然不是崇尚法治的时代,但在元世祖“祖述变通”的政策指导下,积极吸收汉族的先进法文化,形成饶有民族特色和时代特色的立法建制。其在中华法制文明史上仍然具有不可忽视的地位。

一、“附会汉法”的立法成就

元朝在统一中国之前已开始草创称为“大扎撒”的简单成文法。成吉思汗建立国家时,令郭宝玉制定法律,颁行《条画五章》,这可以视为蒙古汗国成文法的开端。在司法实践中也准许援用金律断案,所谓“百司断理狱讼,循用金律”[2]。在刑罚手段上重罪处死,其余案犯量情笞决而已。至窝阔台汗六年(1234年)五月,大会诸王百僚,颁《条令》,规定诸公事非当言而言者,处笞、杖刑,直至死刑,凡“不遵此法者,斥罢”[3]。但总体来说习惯法仍占统治地位。

世祖时,鉴于统治全国的需要,采纳汉族官僚提出的“遵用汉法”“附会汉法”的建议,积极编纂以“国之成法”即蒙古习惯法为基础,并“援唐宋之故典”,参“辽金之遗制”的元朝法律,力图用法律来规范元统一后新出现的社会关系。

[1] 宋濂等撰:《元史》卷一四六《列传第三十三·耶律楚材传》,中华书局1976年版,第3462页。
[2] 宋濂等撰:《元史》卷一百二《刑法一》,中华书局1976年版,第2603页。
[3] 宋濂等撰:《元史》卷二《本纪第二·太宗纪》,中华书局1976年版,第33页。

以“附会汉法”作为元世祖最具代表性的立法指导思想,并非偶然。在经济、文化、国家管理各方面都落后于汉族的蒙古贵族,为了统治全中国,只能吸收、参用汉族先进的统治方式与法律文化。因此,“附会汉法”是唯一的选择,也是明智的选择。所谓“附会汉法”,就是在保留某些蒙古族固有体制与传统习惯法的基础上,有选择的参用汉法,“稽列圣之洪规,讲前代之定制”,从而把“祖述”和“变通”结合在一起,形成有元一代的法制。

“附会汉法”除维护蒙古贵族的特权地位外,更着眼于统治全国的实际需要,以致在立法与司法各方面都呈现出不同程度的蒙汉兼收并蓄的图景。“附会汉法”是现存的封建经济政治关系推动的结果,使得在不长的时间里有可能建立起一整套法律制度与秩序,稳定了社会的生产与生活,为元朝政权在全国得以建立起到了历史积极作用。但是,元朝统治者虽然举起“祖述变通”的旗帜,吸纳了唐宋律的基本精神和内容,但与此同时固有的保守性限制了引进汉族先进法文化的深度和广度,以致元朝立法展现出浓厚的蒙古习惯法与回回法的特征。就推进法制汉化的程度而言,元不及北魏,也没有达到金世宗、章宗的认识水平,然而,也不能因此而否定元法制的历史地位与价值。

世祖至元八年(1271 年)下诏:“禁行金泰和律。”〔4〕至元十年(1273 年),在汉族官僚史天祥、姚枢等人协助下制定《新格》,并下令禁用宋代鞭背、黥面等刑,因此被后世称为“法宽”“刑轻”的时代。至元二十七年(1290 年),中书参知政事何荣祖“以公规、治民、御盗、理财等十事辑为一书,名曰《至元新格》,命刻版颁行,使百司遵守”,于次年(1291 年)正式颁布。《至元新格》是元朝统一以后颁布的第一部法典,也是诸法合体的元朝基本法。“大致取一时所行事例,编为条格而已,不比附旧律。”“格”作为一种法律形式,唐时已经出现,是一种单行的补充法,在几种法律形式中是次于律的。但至元朝,格已不是补充法,而是最重要的法律形式。

《至元新格》全文已佚,只是在《通制条格》和《元典章》中保留了九十六条内容。另从元人徐元瑞所撰《吏学指南》中,可以窥见《至元新格》“十事”的基本内容:“公规,谓官府常守之制也;选格,谓铨量人才之限也;治民,谓抚养兆民,平理诉讼也;理财,谓关防钱谷,主平物价也;赋役,谓征催钱粮,均当差役也;课程,谓整治盐酒曲税之类是也;仓库,谓谨于出纳,收贮如法也;造作,谓量督工程,确其物料也;防盗,谓禁弭奸宄也;察狱,谓推鞫囚徒也。”〔5〕

---

〔4〕 宋濂等撰:《元史》卷七《世祖纪》,中华书局 1976 年版,第 138 页。

〔5〕 徐元瑞撰:《吏学指南》卷三,元刻本,第 3 页 b 面。

《至元新格》属于“宏法大纲”,尚不能满足司法实际的需要。因此,成宗大德三年(1299年)三月命何荣祖“更定律令”。次年二月又谕何荣祖:“律令良法也,宜早定之。”何荣祖遵谕选定三百八十条,即所谓《大德律令》,[6]但被元老重臣斥为“讹舛甚多”,[7]没有颁行。仁宗时,将“格例条画有关风纪者类集成书”,称为《风宪宏纲》,这是一部关于纲纪吏治的封建监察法。

英宗至治三年(1323年),在《至元新格》和《风宪宏纲》的基础上,经完颜纳丹、曹伯启汇编世祖以来历朝的条格、诏令、断例,制定《大元通制》,共二十篇:名例、卫禁、职制、祭令、学规、军律、户婚、食货、大恶、奸非、盗贼、诈伪、诉讼、斗殴、杀伤、禁令、杂犯、捕亡、恤刑、平反,二千五百三十九条。其中条格一千一百五十一条,断例七百一十七条,诏制九十四条,令类五百七十七条。《元史·刑法志》说:“至英宗时,复命宰执儒臣取前书而加损益焉,书成,号曰《大元通制》,其书之大纲有三:一曰诏制,二曰条格,三曰断例。凡诏制为条九十有四,条格为条一千一百五十有一,断例为条七百十有七,大概纂集世祖以来法制事例而已。”[8]所谓“条格”,是由皇帝裁定或中枢机关颁发至下属机关的政令,是唐时令、格、式的混合。所谓“断例”,是“科断通例”,“画一之法也”,也有的属“科断事例”,即“因事立法,断一事而为一例”。所谓“诏制”,即“不依格例而裁之自上者也”。

《大元通制》承袭唐宋律五刑、十恶、八议等内容,如同《经世大典·宪典总序》所说,“名例者,古律旧文也,五刑、五服、十恶、八议咸在焉。政有沿革,法有变更,是数者之目,弗可改也”。有些则“暗用而明不用,名废而实不废”。[9]与此同时,《大元通制》又从元朝统治的实际出发增加了唐宋律所没有的新的条文。《大元通制》是元朝定型化的代表性法典,适用的时间最长,其主要内容保存在《元史·刑法志》中。

在颁行《大元通制》的同时,还编纂成《大元圣政国朝典章》,简称《元典章》,共六十卷,包括诏令、圣政、朝纲、台纲、吏部、户部、礼部、兵部、刑部、工部等十类,三百七十三目,每目各分若干条格。《元典章》是由地方政府编纂的,是自元世祖以来五十余年间,有关社会经济、政治、军事、法律各方面的诏令、条格和判例的汇编,其中刑部最多,共有十九卷。《元典章》集中反映了元朝典章制

---

〔6〕 宋濂等撰:《元史》卷二十《成宗纪》,中华书局1976年版,第430页。

〔7〕 宋濂等撰:《元史·何荣祖传》,中华书局1976年版,第3956页。

〔8〕 宋濂等撰:《元史》卷一百二《刑法一》,中华书局1976年版,第2603~2604页。

〔9〕 吴澄撰:《草庐吴文正公全集》卷一九《大元通制条例纲目后序》,《文渊阁四库全书补遗·集部·宋元卷》,北京图书馆出版社2006年版,第13页b面。

度发展变化的情况,是研究元史的重要史料。据《四库全书》书类存目,《元典章》附有新集,续载英宗至治三年事。《元典章》所载史实,有些不见于元史。

元末,顺帝至顺二年(1331年)编成《经世大典》,共分帝号、帝训、帝制、帝系、治典、赋典、礼典、政典、宪典、工典十篇,八百八十卷。其体例沿用《元典章》,是一部律令式汇编的法典,内容多与《元典章》《大元通制》相同,其中《宪典》是《元史·刑法志》的基础。原书已佚,仅在《永乐大典》残卷中保留了一小部分。

至正六年(1346年),在增删《大元通制》的基础上,颁布《至正条格》,原卷数已不可考,现载《永乐大典》二十三卷,二千九百零九条以及祭祀、户令、学令、选举、仓库、捕亡、赋役、狱官等二十七目。编纂这部法典的主要目的是克服《大元通制》颁布以后的二十余年间朝廷陆续颁降许多诏制条格,以致前后不便检引,而使奸吏借以舞文作弊,破坏法制的问题,"合为一代之宪章,民之所避,吏知所守"。[10]

总括有元一代,英宗朝是立法活跃时期,贡献比较突出。作为英宗新政产物的《大元通制》是元朝仅有的一部系统完整的成文法典,它的颁布标志着元朝由蒙古习惯法向着汉族成文法典的重大转折,它与唐宋法律的形式与内容已十分接近。《大元通制》的颁布改变了世祖至元二十八年(1651年)颁布《至元新格》以后较长时期法制不修,在司法实践中"有例可援,无法可守"的混乱局面,并在全国通行了四十余年。

作为英宗朝另一立法成就的《元典章》在体例上也颇具创意。它是一部法律大汇,其中记载了中央与地方的行政机关体系和司法、监察制度,体现了民事诉讼与刑事诉讼的进一步划分以及司法监督的强化。可以说它上承《唐六典》的余脉,下启明清会典的先河。

元朝法制是封建社会后期少数民族统治全国时期创行的统一法制,对于恢复和发展农业生产、增加户口、促进民族间的交流起了积极的作用。对行政监察、民事诉讼以及法医学等方面都作出了突出的贡献,并为后世所取法。

元朝立法具有以下特点:其一,条格与断例是法律的主要形式。条格来源于宋朝"行敕",数量多而又便于灵活适用。断例也是某些法典的基本构成,以《至正条格》为例,竟收断例一千零五十条,这反映了元朝统治者在立法中所奉行的"古今异宜,不必相沿,但取宜于今者"的指导思想。[11] 由于有些断例突出

---

〔10〕 高宗敕撰:《续文献通考》卷一三五《刑一》,商务印书馆1936年《万有丛书》本,第4012页。

〔11〕 宋濂等撰:《元史》卷二十《成宗纪》,中华书局1976年版,第430页。

地反映了蒙古族习惯法的遗痕,以致在法律体系上出现多元结构,这是元朝不同于唐宋法制的时代特色。但广泛运用断例也产生了“有例可援,无法可守”的弊端。其二,在蒙古传统的汗权无上权威的基础上,又吸收了唐宋封建专制主义,表现在立法上圣旨成为最灵活、最经常的立法形式,又具有最高的法律效力。现存的元代圣旨碑雄辩地说明了这一点,其中涉及官员的任命、寺院的维护、奸细的防范、财产的保护、赋税的交纳、差役的减免等许多方面。有些圣旨是就案例而发的训诫,这对明大诰的形成,似不无影响。由于元朝皇帝多以个人意志凌驾于法律之上或以意代法,国家立法缺乏应有的约束力。《新元史·刑法志》在总结元亡的教训时指出:“任意而不任法”,是其主要的原因。其三,以立法的形式公开肯定不同民族在法律上的不平等,维护蒙古族的特权,确认民族压迫的行政管理体制和在司法上的同罪异罚。其四,实行“各依本俗法”的原则,使法典内容充斥各族的法律规范,特别是在行政与军队编制、婚姻、宗教、刑罚、司法等方面都保留了蒙古传统习惯法。其五,确认和维护僧道的法定特权,形成宗教与世俗权力并行的司法制度,同时也为僧侣干政提供了条件。其六,由于军政、宗教各机关同时兼理司法,从而形成了“不相统摄”的司法体系,产生了司法权的分散和审判中随意擅断的种种弊端。

有元一代虽然没有制定出与金《泰和律》相类的传世法典,也缺乏系统划一的法律形式,但却汇合了汉、契丹、女真各族的法制文明,在传承中有创新。

作为元开国之君的成吉思汗,从建立统一的元帝国的战略目标出发,提出了“尽收诸国,各依风俗”的方略。[12] 这个方略对整个元代的国家施政、立法、治军、宗教各方面都有着指导意义和深远影响。

世祖忽必烈入主中原以后,网罗了一批汉族儒生作为幕僚。在他们的影响下,世祖从单纯的“各从本俗”,转向“附会汉法”。至元二年(1265年),儒学大师许衡上疏说,“考之前代,北方之有中夏者,必行汉法乃可长久”“以北方之俗,改用中国之法也,非三十年不可成功”。[13] 至元二十八年(1291年)颁行的《至元新格》就是“国朝旧制”与“汉法”相结合的立法成果。

元代后期学者吴澄在《大元通制条例纲目后序》中论证了《大元通制》同样是“国朝旧制”与“汉法”相融汇的产物。他说:“古律虽废不用,而此书为皇元一代之新律矣。以古律合新书,文辞各异,意义多同,其于古律,暗用而明不用,

---

〔12〕 陈高华等点校:《元典章》卷五七《刑部》卷十九,中华书局2011年版,第1893页。

〔13〕 苏天爵撰:《元文类》卷一三,《四部丛刊》影印元刊本,第4页a面。

名废而实不废。”[14]

除汉法外,元初曾经循用金《泰和律》。至元八年(1271 年)虽然禁用泰和律令,但直到至元二十八年(1291 年)始颁行《至元新格》,在此期间无论立法与司法无疑仍参引金律。

此外,民间私家律学著述亦有所成就。例如,注解宋代傅霖所撰《刑统赋》,以利于官吏断狱。据沈家本《枕碧楼丛书》收入的元人注本,有以下四种:《刑统赋解》《粗解刑统赋》《别本刑统赋解》《刑统赋疏》。其中以顺帝时沈仲纬所撰《刑统赋疏》最为著名。该书对傅霖《刑统赋》逐句疏解,并于疏文后每条附有“直解”“通例”二门,前者引证《唐律疏议》,作出释义;后者取元代条例或判牍作为印证。其所引条例多不见于《大元通制》和《元典章》,是研究元律的珍稀资料。此外,见于其他著录的还有《刑统赋释义》《刑统赋注》等。

元时学吏从政之书也较为流行,如徐元瑞《吏学指南》、胡祗遹《杂著》、张养浩《为政忠告》,其中以《吏学指南》最为著名。作者在该书自序中说:“尝闻善为政者必先于治,欲治必明乎法,明法然后审刑,刑明而清,民自服矣。”

私家法学著作以应用为目的,这是自汉唐以来一脉相承的。所不同者元人重吏,而为吏者又多为不谙吏治的蒙古族人,因此,指导“习吏”与用法并重。在《吏学指南》中便包括“吏师定律之图”与“为政九要”两部分。

还需要指出的是,元法医学在宋法医学的基础上有了进一步提高。《元典章·刑部五·诸盗二》中,对尸体的检验已单列一门,详述“检尸法式”与对于证人的要求。在《大元验尸记》中,分为四部分,其一有关检尸的法规,正律十六条,附条格通例十九条;其二“检尸式”,为规范检验官吏的法规;其三“尸帐式”,即填写验尸报告的格式与应报的内容,在“事情未定,首从未分”的情况下,不预先标明正犯、干犯名色;其四“检尸法”,并附图两幅。[15]《大元验尸记》是司法实践中检验经验的积累和总结,代表着当时中国法医学的水平。

此外,也出现了与宋慈《洗冤集录》同类的著作,但多已失传。流传至今的仅有东瓯王与撰《无冤录》一部,该书成书于“至大改元”期间,虽多采《洗冤集录》的材料,但由于加入驳正之语,尤为精审,曾被朝鲜、日本翻译出版。清嘉庆十七年(1811 年),全椒吴鼒将《洗冤集录》与《无冤录》以及明末书商编纂的《平冤录》汇为一书,刊刻出版,名为《宋元检验三录》。

---

〔14〕 吴澄撰:《草庐吴文正公全集》卷一九《大元通制条例纲目后序》,《文渊阁四库全书补遗·集部·宋元卷》,北京图书馆出版社 2006 年版,第 13 页 b 面。

〔15〕 解缙等编:《永乐大典》卷九一四《经世大典·宪典》,第 33 页 b 面。

二、具有民族特色的行政立法与管理体制

(一)“祖述变通”的行政法律

元朝是以经济文化落后的蒙古族为主体的政权,在统一全国以后所面临的紧迫任务,就是确立中央集权的统治,实现有效的国家管理,发挥各级官僚机构的作用,为此从元初起便注意制定行政法律。作为元统一后颁布的第一部法典《至元新格》,虽然原文已佚,但就现有散见的各条可以看出,它是百官遵守的具有行政法规性质的法典。如同《元史·世祖纪》所载,“何荣祖以公规、治民、御盗、理财等十事辑为一书,名曰《至元新格》,命刻版颁行,使百司遵守”。作为元朝立法代表的《大元通制》二十篇中,职制、祭令、学规、食货各篇都属行政法律。尤其是《元典章》按吏、户、礼、兵、刑、工六部分类,集中反映了元朝的典章制度,是行政法令、法规的汇编。

此外,从行政公务活动若干规程中也可以看出行政法律调整的细密程度及其对于维持国家机关正常运转的重要作用。譬如,世祖时鉴于内外机关理政拖沓,官吏玩忽职守,以致贻误公事,于至元八年(1271年)仿宋例制定“行移公事程限”,规定:“内外诸衙门……今后小事限七日,中事十五日,大事三十日。若令史迟慢,断决令史。”[16] 至元二十八年(1291年)在《至元新格》中进一步规定,“诸官司所受之事”,皆须于当日印毕、“付绝”,如属“事关急速,随至即付”。[17] 至于“小事”限五日程,中事(谓须检复者)限七日程,大事(谓须计算簿账,或咨询者)限十日程,“违者,量事大小,计日远近,随时决罚”。[18]

为督励官署遵守公务程限,建立了公务催办制度。世祖至元八年(1271年)规定,“在都诸司局”公事,十日初催,过五日再催。“外路至都”公事距离在五百里以内者,十五日初催,过十日再催。距离在五百里以外者,三十日初催,过二十日再催,依次展限。距离三千里以外,七十日初催,又过六十日再催。[19] 依例三催不报者,其违慢人吏,由“本部量情就便断遣,外据官员取招,拟定呈省”。[20]

下级官署在职务范围内,不得敷衍推诿,只有“议拟相应,方许申呈”上司,

---

〔16〕 陈高华等点校:《元典章》卷一三《吏部七》,中华书局2011年版,第508页。
〔17〕 陈高华等点校:《元典章》卷一三《吏部七》,中华书局2011年版,第509页。
〔18〕 陈高华等点校:《元典章》卷一三《吏部七》,中华书局2011年版,第509页。
〔19〕 陈高华等点校:《元典章》卷一三《吏部七》,中华书局2011年版,第507页。
〔20〕 陈高华等点校:《元典章》卷一三《吏部七》,中华书局2011年版,第512页。

否则监察官可以纠弹、制裁。如属“事合申禀”上级官署,“依理与决”“不即依理与决者”“随其事究治”。[21]

(二)特色鲜明的管理体制

在元朝的行政法中,建立具有民族特色的行政管理体制是核心的内容。元朝建立以后,蒙古贵族采纳汉族封建国家的统治经验,改变了以万户统军旅、断事官掌刑政的简陋传统,建立起具有民族特色的行政管理体制。

元朝最高统治者称大汗,大汗在蒙古汗国时期,形式上需要经过带有氏族民主制残余色彩的库烈尔台(部落首领会议)推举产生。至公元1260年世祖即位以后,为了确立皇帝的最高权威,废除库烈尔台,改为世袭制。皇帝以下,以中书省为最高行政管理机关,所谓“中书政本也,军国之务大小由之”。[22] 由中书省一省制代替沿行已久的三省制,主要目的在于提高国家的统治效率,减少权力机关之间的摩擦。

世祖以后,为防止掌管军国大政的中书省长官中书令擅权,而不常设置,如设置则以皇太子兼领。中书令以下有左右丞相、平章政事、左右丞、参知政事等官职,由于中书令通常由皇太子兼领,并不到职视事;因此,左右丞相、左右丞担负着指挥政务的实际责任,统称作宰执,其议事之所也称“政事堂”,既便于集中处理政务,也使得中枢官吏职权的行使受到制衡。中书省以下分设吏、户、礼、兵、刑、工六部,管理国家各种事务。其他从属于六部的行政管理机关院、寺、监、府等,基本上沿袭唐制,略有增减,但各部正职须选用蒙古人,以凸显蒙古贵族的权力地位。

元朝从加强专制主义中央集权的要求出发,强调“惟执政出典外郡,申部公文”,凡“不由中书而辄上闻,既上闻而又不由中书径下所司行之者,以违制论”。[23]

除中书省外,元袭宋制继续设置枢密院掌管军事,照例由皇太子兼领枢密使。枢密使以下有枢密副使、同知院事等官职。但枢密院同中书省之间不再是并列的“二府”,枢密院的法定地位较中书省低。由于枢密院掌管国家军事和军队调遣,只有蒙古贵族才有资格担任长官。有关布防、兵籍、军队调遣等军事机密,仅皇帝与二三亲近贵族密议掌握,所谓“虽枢密近臣职专军旅者,唯长官一

〔21〕 陈高华等点校:《元典章》卷一三《吏部七》,中华书局2011年版,第510页。
〔22〕 陈高华等点校:《元典章》卷二《圣政》,中华书局2011年版,第33页。
〔23〕 宋濂等撰:《元史》卷一百二《刑法一》,中华书局1976年版,第2615~2616页。

二人知之。故有国百年,而内外兵数之多寡,人莫有知之者”。[24] 汉族官吏虽有在枢密院任职者,但不得过问军务机密。元朝统治者对于军权的严格控制,反映出军队对于维护元蒙统治、加强中央集权所起的重要作用。

元初为进行征战的需要,曾沿金旧制在四川、江淮各地设置行枢密院。世祖统一以后,废置而不常设,比较常设的有四川、岭北二处。至元末,为镇压各地反元起义,始陆续增设行枢密院,以便镇压。

朝廷新建置的机构有蒙古翰林院,掌管起草皇帝诏旨;通政院管理驿站;将作院管理工匠;集贤院管理学校事务;宣政院管理宗教和少数民族事务。由于元朝统治者崇信喇嘛教,并且推行宗教政策,主管宗教事务的宣政院职权广泛,兼管吐蕃地方事宜,宣政院官职人选僧俗并用。由此可见僧侣在国家中的地位以及他们对于元朝政治的重要影响。此外,也设置了许多管理手工业和理财的机关,但相互间职权重叠、系统紊乱。

地方机构大体上仿照宋、金旧制。初建时期,分为路、府(州)、县三级。由太祖时期,凡攻城邑,稍有抵抗,即行屠城,至地方政权的稳定建立,经历了极大的变化。在这个过程中具有政治眼光的大臣耶律楚材,从巩固蒙古政权出发,反对传统的野蛮政策,建议设立州郡长官。太宗即位以后,耶律楚材再次建议设立州郡长官,使军民分治:“凡州郡宜令长吏专理民事,万户总军政,凡所掌课税,权贵不得侵之。”[25] 由于耶律楚材受到太祖、太宗的亲重,官至中书令,他的建议对于元朝采纳宋金地方制度起了重要的作用。

元地方制度,除仿行宋金旧制外,还设置行中书省作为临时派出机关,以加强对地方的控制。由于行中书省的创设有利于加强中央集权制度,不久便以行省为常设的固定行政区划,形成行省、路、府(州)、县四级政权。行中书省的设置是元朝地方行政机构的一个显著变化,当时全国除中书省直辖的河北、河南、山东、山西等地区(叫“腹里”)以及宣政院直辖的吐蕃外,共分十一个行省,另于边疆地区专设管理少数民族事务的四个行省。

行中书省设丞相,多由蒙古亲王、贵族充当,权力极大,“军国重事无不领之”,[26] 甚至同列官吏有事都须跪禀。丞相以下设平章政事、左右丞、参知政事等官职。元行省制对于明清两朝省级政权的建设具有显著影响。行中书省与行枢密院、行御史台是元朝代表中央分治地方的军、政、监察三大机关,显示出元统治者十分重视中央对地方的控制。这是因为元朝推行民族压迫政策,引起了尖

---

〔24〕 宋濂等撰:《元史》卷九十八《兵一》,中华书局1976年版,第2509页。

〔25〕 宋濂等撰:《元史》卷一四六《列传第三十三·耶律楚材》,中华书局1976年版,第3458页。

〔26〕 宋濂等撰:《元史》卷九十一《上百官七·行中书省》,中华书局1976年版,第2305页。

锐的社会矛盾,故需要在地方建立拥有极大权力以便及时应付事变的机构。

行省以下,腹里地区一般设路、府、州、县四级,非腹里地区一般设路、州(府)、县三级。路设总管府,以总管为长官;府(又称散府)设知府(或府尹);州设州尹(小州称知州);县设县尹。但自路以下无论总管府、散府或州、县照例均设掌印办事、握有实权的蒙古管事官达鲁花赤一员。达鲁花赤的品级虽与所在各级政权的长官相同,但职权较大,既可以监督地方行政长官,又是地方政务的最高负责人。

此外,在行省与路之间,还设置两种道:一是设在边疆少数民族地区执掌军民政务的宣慰使司;二是设在全国各地职掌监察的肃政廉访使司(初名提刑按察司)。后者分别受中央御史台及江南、陕西二行御史台领导,在性质上是地方监察机关。

为了深入控制居民,在县以下建立村社、里甲等基层组织。凡五十家编为一社,利用汉族地主、乡耆为社长,负责治民理讼、催征税役、宣明教化。但在社长以上,另有蒙古提点官进行监督。特别是派遣蒙古军队或探马赤军驻社,名义上是与民共同编社,实际上是进行军事统治。

村社以下有里甲,凡二十家编为一甲,甲有甲主,由蒙古人或色目人担任,甲主对居民有无所不为的权威,其衣食等项也全部由所属居民供给。在地方政权体系中,军事镇压和民族压迫的色彩极为鲜明。

元初,州县地方官实行世袭制,世祖采纳汉官廉希宪等人的建议,废除地方官世袭制,削弱了蒙古贵族在辖区内自行派官的权力,加强了中央集权的统治。

需要特别指出,自元朝起,中国已经开始对西藏地区行使行政管辖权。早在公元1253年蒙古国宪宗便曾派遣军队进入西藏,结束了唐末以来西藏地区四百多年的混乱状态,统一了西藏,从此西藏便划归中国版图之内,成为中国领土不可分割的一部分。世祖时更定政教合一的制度,在西藏沿行数百年之久。由宣政院负责对西藏地区事务的管理,并派有宣慰使一人驻在西藏,负责征收赋税、贡物、调查户口,考核当地官吏等项事宜,并在西藏地区设置驿站、军站以加强同内地的联系。

总括上述,元朝的行政机构庞大而又重叠,隶属系统也极为紊乱,但不可否认其中确有因时制宜、因俗制宜的创造性。

元朝官制形成于世祖时期。据《元史·百官志序》记载,忽必烈即位,“立朝仪,造都邑,遂命刘秉忠、许衡酌古今之宜,定内外之官”。[27] 由于选任官吏强

---

〔27〕 宋濂等撰:《元史》卷八十五《百官一》,中华书局1976年版,第2119页。

调民族原则,无论中央或地方政府的长官,照例由蒙古贵族担任。副职则尽先任用色目人,汉人只能充当中下级官吏或属吏。终元之世,汉人任丞相者,仅有史天泽与贺唯一两人,而这两人事实上已经完全蒙古贵族化了。间或虽有任副丞相职者,但也不得参与机要,如韩元善为左丞、韩镛为参知政事,但当丞相脱脱在内廷奏事时,便“以事关兵机,而元善及参知政事韩镛皆汉人,使退避,勿与俱”。[28] 在枢密院中,不仅汉人不得任长官,即使色目人得任枢密使者,终元之世也不过四人而已。有关兵籍等军机重务,“汉人不阅其数”。[29] 除军权外,蒙古贵族也把控了国家财政生命线的赋税权,有元一代,只有肆意榨取各族人民膏血的汉官卢世荣掌握过元朝的赋税。

(三)以监察为重点的职官管理法

元初耶律楚材主张广收名儒任官,进行科举考试,并允许被俘为奴的儒者考试,其主人如隐瞒不令参加考试者,处死。结果在取士四千零三十人中,免为奴隶者占四分之一。但元朝科举,同样表现出民族的不平等。按元制,乡试取三百人,然后赴京师参加会试,再取一百人,其中蒙古、色目、汉人、南人各二十五人,参加京试。无论乡试、会试、廷试各分两组,蒙古、色目人为一组,汉人、南人为一组。不仅分卷考试,而且分榜题名。蒙古人和色目人为右榜(蒙制以右为上),汉人和南人为左榜。考取后放官,也有高下之分,大体上蒙古人高色目人一等,色目人又高汉人、南人一等。

除科举选官外,出身于学校的分为国子监学、蒙古字学、回回国学、医学、阴阳学等。荐举则有遗逸、茂异、求言、进书、童子等名目。享有荫袭世选特权的例属贵族勋臣之家。随着元朝政治的腐败,选官途径更加五花八门,以致“捕盗者以功叙,入粟者以赀进,至工匠皆入班资,而舆隶亦跻流品。诸王、公主,宠以投下,俾之保任。远夷、外徼,授以长官,俾之世袭”。[30] 由于仕途混杂,铨选虽有随朝、外任、省选、部选、文官、武官、考数、资格等一系列规定,但实际上“而或援例,或借资,或优升,或回降,其纵情破律,以公济私,非至明者不能察焉”。[31]

元朝对官吏的考课,既有考官系统,也有法律规定。就考官系统而言,中书省负责考核京都职官,吏部负责考核外任官吏,所谓“吏部……掌天下官吏……

---

〔28〕 宋濂等撰:《元史》卷一八四《列传第七十一·韩元善》,中华书局1976年版,第4241页。
〔29〕 宋濂等撰:《元史》卷九十八《兵一》,中华书局1976年版,第2509页。
〔30〕 宋濂等撰:《元史》卷八十一《选举一》,中华书局1976年版,第2016页。
〔31〕 宋濂等撰:《元史》卷八十一《选举一》,中华书局1976年版,第2016页。

考课殿最之法”。[32] 由于沿袭金国官与吏并用,“省台部译史、令史、通事、仕进皆列于正班”的制度,[33]对于熟悉行政事务,经办具体工作的吏极为重视,有椽史、令史、书写、铨写、书吏、典吏等名目。无论是科举、学校入仕,还是荫袭、荐举出身,一般都要先任吏职,经过考资再迁转为官。因此,考课也分“职官”与“吏员”两类。内任官以三十月为满,外任官以三岁为满,钱谷典守以二岁为满。内任官一考升一级,外任官一考进一阶,二考升一级或三考升二级。世祖时吏员考满定为九十个月,成宗执政以后改为在京吏员一考为三十个月,三考为九十个月。在外吏员考满为一百二十个月,吏员考满后除授六品以下各官职。

就考课的法律而言,世祖时期有《五事三等考课升殿法》,所谓“五事”是户口增、田野辟、诉讼简、盗贼息、赋役平。“五事备者为上选,内三事成者为中选,五事俱不举者黜。”[34]至元二十二年(1285 年)世祖又下诏:“以五事责办管民官……每岁终考课管民官,五事备具,内外诸司官职任内各有成效者为中考,第一考对官品加妻封之,第二考令子弟承荫叙任,第三考封赠父母、祖父母;凡品格不及封赠者,量迁官品。其有政绩殊异者,不须升擢。”[35]管民官如犯枉法赃,不叙用;非枉法赃,须殿三年方听告叙,再犯终身不叙。武宗至大四年(1310年)进一步规定:“其清慎公勤、政迹昭著、五事备具者,从监察御史、肃政廉访司察举,优加迁擢。废公营私、贪污败事诸人,陈告得实,依条断罪。”[36]为了保证考课的质量,由御史台负责检核。成宗大德十一年(1307 年)下诏:“监察御史廉访司严加纠察,年终考其殿最者各一人,具实申闻,以凭黜陟。”[37]

由于监察官权重势显,专定察官考课之法。肃政廉访使于任终时,能使“一道镇静,民无冤滞”者为“称职”。如果“苛细生事,暗于大体,所察不实,民多冤滞”者,为“不称职”,由御史台考核并将结论“呈省定夺”。[38]

各级监察官凡是“照刷尽心,按治有法,使官吏畏谨,一道镇静”者,“为称职”。如“合察大事,不为尽心,专务苛细,暗于大体者”“为不称职”,由行御史台负责考核,决定黜陟。[39]

元朝虽然考课有法,但由于政事淆乱,难以实施。特别是“刀笔下吏,遂致

---

[32] 宋濂等撰:《元史》卷八十五《百官一》,中华书局 1976 年版,第 2125~2126 页。

[33] 脱脱等撰:《金史》卷五十一《选举一》,中华书局 1975 年版,第 1130 页。

[34] 陈高华等点校:《元典章》卷二《圣政一》,中华书局 2011 年版,第 39 页。

[35] 宋濂等撰:《元史》卷八十四《选举四·考课》,中华书局 1976 年版,第 2114 页。

[36] 陈高华等点校:《元典章》卷二《圣政一》,中华书局 2011 年版,第 43 页

[37] 陈高华等点校:《元典章》卷二《圣政一》,中华书局 2011 年版,第 41 页。

[38] 陈高华等点校:《元典章》卷六《台纲二》,中华书局 2011 年版,第 158 页。

[39] 陈高华等点校:《元典章》卷六《台纲二》,中华书局 2011 年版,第 162 页。

窃权势,舞文法矣”。[40]

世祖至元二十二年(1285年)开始付给职官月俸银,实行官俸制度。后改银为钱,丞相月俸钱一百四十贯,米十五担,以下按品级递减。至于外官,另有职田,由二顷至十六顷不等。

至于官吏致仕,世祖时太常少卿王磐曾指出:“前代用人,二十从政,七十致仕,所以资其材力,悯其衰老,养其廉耻之心也。今入仕者不限年,而老病者不能退,彼既不自知耻,朝廷亦不以为非,甚不可也。”[41]世祖采纳其建议,以七十致仕为制度,但未能认真执行。蒙古与色目官员致仕,均予以升一等的特殊优待。翰林院和集贤院等备朝廷咨询的侍从老臣,虽年届七十,亦不许致仕。

在元朝的行政法中,最具有时代特点的是察吏之法。元统一政权建立以后,为了克服蒙古族散漫松弛的旧制积习和监督汉族及其他少数族官僚的施政活动,元朝十分重视发挥监察机关的职能。世祖曾经就中书、枢密与御史台三者的关系,以及他重视御史台的理由,做了明白晓示:“世祖尝言,中书朕左手,枢密朕右手,御史台是朕医两手的。此其立台之旨,历世遵其道不变。”[42]由于皇帝重视,监察机关的地位明显提高,中央监察机关御史台与中书省互不统属,地位并重,御史大夫由从二品提高到从一品。而且,扩大了御史台的监察权,凡是行政违制、失误,造作不如法,推纠冤狱,体察职官任职,纠劾文武官员重大违失违制等,都属于御史台的职权范围。《元史·刑法志·职制》中有以下记载:“诸台官职掌,饬官箴,稽吏课,内秩群祀,外察行人,与闻军国奏议,理达民庶冤辞,凡有司刑名、赋役、铨选、会计、调度、征收、营缮、鞫勘、审谳、勾稽,及庶官廉贪,厉禁张弛,编民茕独流移,强暴兼并,悉纠举之。”

为使监察机关的活动有法可循,元朝制定了一系列监察法规。世祖至元五年(1268年),在侍御史高鸣的主持下,“定台纲三十六条”,即《宪台格例》。至元六年(1269年),制定《察司体察等例》,以明各道宪司的职责。至元十四年(1277年)又制定《行台体察等例》,以明行御史台的职责。此后,至元二十一年(1284年)制定《禁治察司等例》,至元二十五年(1289年)制定《察司合察事理》,至元二十九年(1292年)制定《廉访司合行条例》。经过世祖一代的努力,监察法规逐步完善,世祖以后“历世遵其道而不变”。仁宗时制定的《风宪宏纲》可以说是行政监察法的集大成者。

《宪台格例》中规定了御史台的职责范围,御史台有权弹劾中书省、枢密院、

---

〔40〕 宋濂等撰:《元史》卷八十一《选举一》,中华书局1976年版,第2016页。

〔41〕 宋濂等撰:《元史》卷一百六《列传第四十七·王磐》,中华书局1976年版,第3754页。

〔42〕 叶子奇撰:《草木子》卷之三下《杂制篇》,中华书局1959年版,第62页。

制国用使司等内外百官,奸邪非违,肃清风俗,刷磨诸司案牍,并监察祭祀及出使之事,体察职官老病、是否称职。对于廉能公正者,具姓名闻奏。如有污滥者,亦行纠察。在迁转官员中,如任满不行迁转,或迁转不依条格以及非奉朝命,擅自补注官品者,均委监察纠察。纠察官吏利用职权和买诸物,不依时价,冒支官钱,或其中克减给散不实,或将官物侵使,或移易借贷者,或乞受钱物,或办理课程除正额以外,若有增余,不尽实到官者。纠察诸囚禁非理死损者,诸承追取合审重刑及应照刷文案,若有透漏者,以及诉讼人于应管公事官员私第谒托者。明定御史台的司法监察权,"诸诉讼人等,先从本管官司陈告,如有冤抑,民户经左右部,军户经枢密院,钱谷经制国用使司,如理断不当,许御史台纠弹""诸官司刑名违错……委监察纠察""诸衙门有见施行枉被囚禁及不合拷讯之人,并从初不应受理之事,委监察从实体究。如是实有冤枉即开坐事因,行移元问官司,即早归结改正。若元问官司有违,即许纠察""诸囚禁非理死损者委监察随事推究"。

此外,御史台还有权纠察禁榷不严,阻坏钞法,灾情不报,户口流散,农桑不勤,仓廪减耗,官吏入茶坊酒肆,以及边境不报,边城不完等事项。

《宪台格例》还专条规定:"该载不尽,应合纠察事理,委监察并行纠察。"这就将御史台的监察、纠举范围扩大到可以任意解释的地步。

地方监察条例《行台体察等例》规定行御史台的职责范围如下:弹劾行中书省、宣慰司及以下诸司官吏,奸邪非违,刷磨案牍等行为;纠察诸职官犯赃罪,侵欺盗用移易借贷官钱;朝廷所行政令,承受官稽缓不行,或虽已施行而不复检举,致有弛废者,以及刑名违错,赋役不均,户口流亡,仓廪减耗,擅科差发,并造作不如法,和买不给价等;纠察边境有警不报,号令不严,衣甲不整,虚报战功以及刑名词讼,审听不明,拟断不当,官吏受财故有出入,一切违枉者。同时,对于各处官员为治有方,能使讼简、政平、民安、盗息、一方镇静者,即听保举;其有贪暴、不谙治体、败坏官事、蠹害百姓,及年老衰病不胜职者,并行纠察。《行台体察等例》最后也特别规定:"凡可兴利除害,及一切不便于民,必当更张者,咨台呈省闻奏,其余该载不尽,应合纠弹,事理比附,已降条画,斟酌彼中事宜,就便施行。"由此可见行御史台所职掌的地方监察权之广泛。

在至元六年(1269年)颁布的《察司体察等例》,首先,强调边关备御的法定监察责任为沿边应禁物货,无得私相贸易,奸细人等,不致透漏过界。如所在官司防禁不严,仰究治施行。其关津因而故将行旅、刁蹬阻滞,亦仰究治。其次,规定诉讼与审判上的要求是诉讼人等先从本管官司,自下而上,以次陈告。若理断不当,许赴提刑按察司陈诉,若越诉及诬告者,钦依圣旨事意施行;京府、州、县,凡遇鞫勘罪囚须管公座圆问,并不得委公吏人等推勘。最后,明确提刑按察司的举荐权和考课内容为“随路州县若有德行才能可以从政者,申保提刑按察司再行访察得实,申台呈省”。提刑按察司官由御史台考按,得使一道镇静,谙知大体,所察得实,民无冤滞,为称职;苛细生事,暗于大体,所察不实,民多冤滞,为不称职。视其实迹,呈省定夺。

在上述监察官的职权范围中,司法监察是一项重要内容。《元史·刑法志》有以下规定:“诸大宗正府理断人命重事,必以汉字立案牍。以公文移宪台,然后监察御史审覆之”“诸鞫问罪囚,除朝省委问大狱外,不得寅夜问事,廉访司察之”“诸处断重囚,虽叛逆,必令台宪审录,而后斩于市曹。诸内外囚禁,从各路正官及监察御史廉访司以时审录,轻者断遣,重者结案,其有冤滞,就纠察之。”〔43〕

由于专制制度下皇帝对臣下多有猜忌,尤为倚重监察御史与肃政廉访使。监察御使隶属御史台察院,是天子的耳目之司,专任刺举之事。所谓“在内诸司有不法者,监察御史劾之”。至于肃政廉访使隶属于行御使台,常驻各道监察区,对地方官吏进行监督。所谓“外察行人……理达民庶冤辞”。〔44〕对于官吏失职、渎职等行为,如“赃污、欺诈、稽违,罪入于刑书者”,也要“岁会其数及其罪状上之”。〔45〕

为了防止廉访使以权坏法,在江南和陕西两地御史台派出机关——行御史台,以加强对肃政廉访使的领导。据《元史·刑法志·职制》记载:“诸行台官,主察行省宣慰司已下诸军民官吏之作奸犯科者,穷民之流离失业者,豪强家之夺民利者,按察官之不称职任者,余视内台立法同。”同时还制定了对于肃政廉访使的考核之法。凡能将所辖各区的“冤滞”情况,及时禀报中央御史台,要“著于籍”,作为日后升迁的根据。如“举劾失当”“并坐之”,追究“失当”的责任。

元朝从中央到地方监察机关体系的形成、监察机关地位的提高和监察法规的制定,是与元统治的特殊历史条件分不开的。蒙古贵族操纵下的元政权,为了实现对全国的统治,虽然不得不利用汉族地主官僚,但又害怕他们拥权自重,不利于蒙古贵族的统治,于是便采取了又利用又防范的政策,通过监察机关严密地监视汉族地方官吏的活动。正因如此,御史大夫一职“非国姓(蒙古贵族)

〔43〕 宋濂等撰:《元史》卷一百三《刑法二·职制下》,中华书局1976年版,第2632页。
〔44〕 宋濂等撰:《元史》卷一百二《刑法一·职制上》,中华书局1976年版,第2617页。
〔45〕 宋濂等撰:《元史》卷一百二《刑法一·职制上》,中华书局1976年版,第2617页。

不以授”。[46] 顺帝至正六年(1346 年)任命汉官贺唯一为御史大夫,特赐姓蒙古氏,改名太平。一般汉族官吏,甚至没有资格充当地方监察机关的书吏。除此之外,由于蒙古和色目贵族官僚缺乏管理统一大国的经验和能力,以致世祖也自认,“今任职者多非材,政事废弛”。[47] 因此,他采纳了汉官提出的强化监察机关“则纪纲举、天下治矣”的建议,试图通过监察机关来整肃吏治,提高行政效率,发挥国家机关的作用。

由于元朝监察机关职权广泛,十分重视台官的选用,“擢官必自圣裁,取人必忠纯体国以成笃厚之政”。监察官违法失职,加等治罪。据《元史·刑法志·职制》记载:“诸风宪,荐举必考其最绩,弹劾必著其罪状,举劾失当,并坐之。”“诸风宪官吏但犯赃,加等断罪,虽不枉法亦除名。”《元典章》中也载有以下规定:“御史台、按察司、监察御史……正己方可正人,不应受赃出首,今后有犯人,比之有司官吏加罪一等,经赦不赦……”

对于地方监察官,至元二十一年(1355 年)八月特定《禁治察司条例》予以约束。例如,“中外官吏赃罪,轻者杖决,重者处死。言官缄默,与受赃者一体论罪”[48]“不得因生日节辰送路洗尘受诸人礼物,违者以赃论;巡按去处并不得求娶妻妾,如违治罪;任所并巡按去处并不得拜识亲眷因而受人献贺财物,如违以赃论”。[49]

三、参照唐宋旧制与创新相结合的刑事法律

在世祖即位以前,刑法体系极为紊乱,往往因事而立法。例如,为保证对军前掠夺人口的占有实行“藏亡法”,凡“停留逃民及资给饮食者皆死,无问城郭保社,一家犯禁,余并连坐”。[50] “藏亡法”是从成吉思汗时的“札撒”发展而来的,原札撒规定,“凡发现逃亡之奴隶及战俘而不将其送回主人者处死”“凡未经主人许可而将衣食给予战俘者处死”。[51]

世祖继位以后,一度实行金《泰和律》和蒙古习惯法。但并未改变刑法的混乱状态,汉官刘秉忠、姚枢都曾向世祖进言,“今百官自行威福,进退生杀惟意之

---

[46] 宋濂等撰:《元史》卷一百四十《列传第二十七·太平》,中华书局 1976 年版,第 3368 页。
[47] 宋濂等撰:《元史》卷一百六十三《列传第五十·张雄飞》,中华书局 1976 年版,第 3820 页。
[48] 宋濂等撰:《元史》卷十二《世祖纪九》,中华书局 1976 年版,第 246 页。
[49] 陈高华等点校:《元典章》卷六《台纲二》,中华书局 2011 年版,第 160 页。
[50] 苏天爵:《元文类》卷五七《耶律楚材神道碑》,《四部丛刊》影印元刻本,第 15 页 b 面。
[51] [俄]梁赞诺夫斯基:《蒙古诸部习惯法》,载《亚洲通讯》1923 年第 51 期、1924 年第 52 期。

从”，极应“会古酌今，均为一法，使无敢过越”。[52] “定法律，审刑狱，则收生杀之权于朝，诸侯不得而专，丘山之罪不致苟免，毫发之过免罹极法，而冤抑有伸。”[53] 世祖从其言，于至元八年底（1271 年）下令废止金《泰和律》，积极吸收汉族的法律文化。元朝的刑法体系主要是由条格、断例所构成，直到制定著名的《大元通制》仍含断例七百一十七条。尽管元朝刑法在形式、名称上不同于唐宋，但其基本精神却得到一定程度的贯彻。元后期学者吴澄评论说：“《大元通制》颁降于天下，古律虽废不用，而此书为皇元一代新律矣。以古律合新书，文辞各异，意义多同。其于古律，暗用而明不用，名废而实不废。何也？制诏、条格犹昔之敕令格式也，断例之目……一循古律篇题之次第而类辑，古律之必当从，虽欲违之而莫能违也。岂非暗用而明不用，名废而实不废乎？”[54] 文宗在读了元《经世大典·宪典》之后，曾对近臣说：“此岂非《唐律》乎？”[55] 由此可见元刑法与唐宋旧律的传承关系。

（一）按服制定刑罚之轻重

在唐宋法律文化的影响下，元刑法也依儒家的纲常礼教按五服亲等定刑罚的轻重。早在元初编纂《大德典章》时，便收入丧服图。《元典章·礼部》所叙礼制也列丧服图。尤其在《大元通制》中增设五服专条。如同《经世大典·宪典总序》所说，“至治以来，《通制》成书，乃著五服于令”。[56] 五服是区别宗法尊卑与亲疏的标志，既是礼制，也是法制。元刑法中将五服列于篇首，并设专条，表明元统治者吸收正统法律文化的积极态度。而以五服列于篇首也为明清二代提供了先例。不仅如此，元刑法中对于违反伦理的犯罪一般采取加重的原则。例如，“诸子弑其父母，虽瘐死狱中，仍支解其尸以徇”[57] “诸居父母丧，欺奸父妾者，各杖九十七，妇女归宗”[58]。但唐宋律中所规定的祖父母、父母在不得别籍异财之款，在元刑法中并无明禁，《元典章》中还记载了经父母允许子孙可以分居析产的事例。

---

[52] 宋濂等撰：《元史》卷一百五十七《列传第四十四·刘秉忠》，中华书局 1976 年版，第 3689～3692 页。

[53] 宋濂等撰：《元史》一百五十八《列传第四十五·姚枢》，中华书局 1976 年版，第 3712 页。

[54] 吴澄撰：《草庐吴文正公全集》卷一九《大元通制条例纲目后序》，《文渊阁四库全书补遗·集部·宋元卷》，北京图书馆出版社 2006 年版，第 13 页 b 面。

[55] 宋濂等撰：《元史》卷一百八十一《列传第六十八·揭溪斯》，中华书局 1976 年版，第 4185 页。

[56] 苏天爵撰：《元文类》卷四二《宪典总序》，《四部丛刊》影印元刊本，第 3 页 b 面。

[57] 宋濂等撰：《元史》卷一百四《刑法三·大恶》，中华书局 1976 年版，第 2651 页。

[58] 宋濂等撰：《元史》卷一百四《刑法三·奸非》，中华书局 1976 年版，第 2654 页。

(二)改十恶为“诸恶”

元刑法虽然参照唐宋旧制,但从统治的实际出发,也有所创新,如改十恶为“诸恶”。十恶是唐宋律中最主要的犯罪,元朝沿袭十恶的基本内容,但改十恶之名为“诸恶”。其中以谋反罪即危害政权罪作为打击的重点。规定:“诸大臣谋危社稷者,诛;诸无故议论谋逆,为倡者处死,和者流;诸潜谋反乱者处死,宅主及两邻知而不首者同罪;诸谋反已有反状,为首及同情者凌迟处死,为从者处死,知情不首者……流远并没入其家,其相须连坐者各以其罪罪之;诸逆反叛不首者处死;诸妖言惑众啸聚为乱为首及同谋者处死,没入其家。”可见,对谋反罪惩罚之严、株连之广。

为了防止汉人武装集结,危及元朝统治,禁止汉人二十人以上持弓箭“聚众围猎”,后不计人数一律禁止。江南反元斗争激烈地区,长期实行宵禁,从晚至清晨,禁止人行,屋内不许点燃灯火,不准闭门。举凡民间一般练习武艺、“集众祠祷”“赛神赛社”、节日“立集聚众买卖”等,一律严刑禁止。

为了严密防范可能发生的反元武装暴动,特别制定私藏、私造兵器罪。根据《大元通制》,凡私藏枪、刀、弩、弓箭、盔甲以及可以作为武器的铁尺、铁骨朵和含刀刃的铁柱杖等,均为私藏兵器罪。世祖至元二十三年(1287 年),在“诸汉人持兵器者禁之”的法条基础上,发布敕令:“凡汉民持铁尺、手挝及杖之藏刃者,悉数入官。”民间私藏弓箭至十副(一弓三十箭为一副)及私有兵器十件者处死刑。私藏全副铁甲处死刑,不成副者,按多少治罪。随着阶级斗争的发展,连用于捕盗贼的汉人弓手和汉军平时也一律不许握有武器,只是在出兵时才发给武器,事毕即“收归兵器库”,进而将可以充作武器使用的铁制农具也由官府设局专卖。民间如私造兵器,与私藏同罪,均处死刑。凡能制造铁器的工匠,由政府严加管理,以防止其打造兵器。但蒙古人、色目人手持兵器不在禁例。可见,私藏私造兵器的禁令主要针对汉族人。

不仅兵器不得私藏、私造,即使马匹也不得私有私养,违者没官。自世宗至顺帝几十年间没入官的民间养马竟达七十余万匹。

除此之外,为了维护皇权及皇帝的人身安全,如有“乱言犯上者,处死,仍没其家”“妄撰词曲诬人以犯上恶言者处死”。即使享有法定特权的僧道,如伪造经文,犯上惑众,“为首者斩,为从者各按情节轻重,分别处刑”。以上可见,对犯上罪的镇压锋芒已经深入到思想文化领域。

如有指斥乘舆、职官指斥诏旨等行为,亦属犯上,除特恩外一律治罪。曾经指斥诏旨的职官,虽会赦仍除名不叙。至于“诸盗乘舆服御器物者,不分首从皆处死,知情领买除价钱者,减一等”。

凡主谋伪造符宝及受财铸造者,皆处死刑。伪造制敕与伪造符宝同样治罪,在制书中妄加增减,与伪造府印信文字犯制敕者,均处死刑。侍官诈传上旨杖一百零七,除名不叙。伪造宝钞自首谋以及制造者、同情者皆处死刑,虽亲老无兼丁,不听上请,并没其家产。两邻知而不首者杖七十七,坊正主首社长失察,并巡捕军兵各笞四十七,捕盗官及镇守巡捕军官各笞三十七。

对于擅自带刀阑入殿庭者杖八十七,流远;阑入禁卫盗金玉宝器者处死;入禁苑盗杀官兽,为首者杖八十,徒二年,为从减一等,并刺字。

(三)具有民族色彩的刑制与刑法适用原则

元刑制继续沿用笞、杖、徒、流、死的五刑制度,但笞杖的数目以七为基数,其中笞刑分为七、十七、二十七、三十七、四十七、五十七共六等,杖刑分为六十七、七十七、八十七、九十七、一百零七共五等。元朝之所以由十减为七,据说世祖曾言:“天饶他一下,地饶他一下,我饶他一下。”

徒刑分一年、一年半、二年、二年半、三年共五等,并分别杖六十七至一百零七。流刑不分里数,只列辽阳、湖广、迤北,据《经世大典·宪典总序》说:“流则南之迁者之北,北之迁者之南,大率如是。”死刑在《元史·刑法志》中分为斩与凌迟处死两种,但在《经世大典·宪典总序》中只是提到“死刑,有斩无绞……斩首之降即为杖一百零七,籍流”,没有涉及凌迟处死。在《事林广记》至顺刻本中保存的《大元通制》所列死刑为“绞刑、斩刑”,《刑统赋疏》通例所引刑法也是“死刑二等:绞、斩”。可见死刑一般为绞、斩。

凌迟刑主要适用于惩治大逆、大恶(不孝)罪。凡属谋反罪的首犯及同情者,一律凌迟处死,后将同谋者及知而不举者也一并凌迟处死。对于子孙杀死祖父母、父母,以及奸妇商同奸夫亲手杀死本夫者,也都凌迟处死。杀死父母的罪犯如在行刑前已经死亡,仍须肢解尸体示众。

元刑罚虽有上述法定刑的种种规定,但在实践中既冗滥而又表现出随意性,同时还允许私刑的合法存在。

此外,实行赎刑制度,“诸牧民官,公罪之轻者,许罚赎。诸职官犯夜者,赎。诸年七十以上,年幼十五以下,不任杖责者,赎。诸罪人癃笃残疾,有妨科决者,赎”。〔59〕

〔59〕 宋濂等撰:《元史》卷一百二《刑法一·名例》,中华书局 1976 年版,第 2609 页。

1. 按民族标准分而治之

蒙古人犯罪一律不准拷掠,除死罪外,概不监禁,也不执拘。汉人犯窃盗罪,初犯刺左臂,再犯刺右臂,三犯刺项;犯强盗罪,初犯即刺项。而蒙古人犯窃盗,强盗罪,“不在刺字之条”。如果将蒙古人刺字,官吏要受杖刑和撤销职务的处分。在多桑著《蒙古史》一书中曾引太宗言:“成吉思汗法令,杀一回教徒者,罚黄金四十巴里失,而杀一汉人者,其偿价仅与一驴相等。”此外,如蒙汉人之间发生纠纷,刑法以公开不平等的原则进行处罚,蒙古人殴打汉人,汉人不能还手,只可以“诉于有司”;蒙古人如因争吵、酗酒打死汉人,最多罚其当兵和赔烧埋银。但在相同的条件下,汉人打死蒙古人或色目人,除赔偿烧埋银外,还要处死刑。由此可见不同民族间的同罪异罚。但对于早期归顺的北方汉族大地主则予以特殊优待。例如,私藏弓箭之法就不适用于他们。世祖曾对汉官汪惟和说:“汝家不与它汉人比,弓矢不汝禁也。”〔60〕

2. 主奴僧俗严格实行同罪异罚

元朝法律确认蓄养奴婢的合法性,蒙古人和色目人可以随便占有战俘为奴婢,“诸蒙古……军前所俘人口,留家者为奴婢”。〔61〕贵族官僚阿里海牙就强占降民三千户为家奴。此外,或因有罪而没官为奴,或因债务而沦为奴隶,以及奴隶所生的子女,都成为奴隶的来源。由于蓄养奴隶合法,蒙汉贵族官僚之家役使奴隶“动辄百千家,有多至万家者”。元人陶宗仪《辍耕录》说,“(元时)男曰奴,女曰婢,总曰驱口”,其数量之大,“凡居天下之半”,但一般汉人与南人则不允许占有蒙古人或色目人为奴婢。不仅如此,通过括田、括马、括户,许多农民被迫失去了土地,沦为国家或贵族们的农奴。

根据主奴身份的不同,定罪量刑也截然不同。建元之初,“法制未定,奴有罪者,主得专杀”。〔62〕建元以后,虽然奴隶犯罪要归官府审断,但奴主仍可以随便杀死无罪的奴婢,至多不过罚杖八十七。酒醉而杀,还可以减等。如因奴婢反抗,或打骂奴主而杀之者,无罪。但奴隶无论在任何情况下杀伤奴主,甚或控告奴主,都要处死刑,即使误杀误伤也不例外。奴隶如辱骂主人,杖一百零七,居役二年,“役满自归其主”继续为奴。法律还确认奴主有权对奴婢任意施行刺面、铁枷、钉头、劓鼻等各种残酷私刑。奴主如奸淫女奴、奴妻,不受任何处分。但如奴奸淫奴主妻女,则必处死刑。总之,奴婢的人格完全被漠视,生命也无任何保障,最多只被视为会说话的牲畜,其身价相当于一头驴的价格。

---

〔60〕 宋濂等撰:《元史》卷十五《世祖纪十二》,中华书局1976年版,第323页。

〔61〕 宋濂等撰:《元史》一百三《刑法二·户婚》,中华书局1976年版,第2640页。

〔62〕 宋濂等撰:《元史》卷一百二十五《列传第十二·布鲁海牙》,中华书局1976年版,第3071页。

由于元统治者极力推行宗教政策,宗教意识也渗透到刑法中去。僧道教徒一般犯罪不受普通法律制裁。俗人如“殴西番僧者,截其手,詈之者,断其舌”。司法机关只能就僧道犯奸盗、诈伪、杀伤人命等重罪案件进行处理,一般“僧、道、儒人有争,有司勿问”。[63] 至大二年(1309年)僧侣龚柯等人与诸王合儿八剌的妃子争道,并将其拉于车下殴打,对此案皇帝也竟然“诏释不问”,可见僧道的特权与元刑法的时代特点。

3.“贼盗”加重

由于元朝封建剥削之外又杂有奴隶制的压榨,民众生活困苦,盗贼蜂起,因此,沿行五代以来对“贼盗”加重处刑的原则。按《唐律》:“诸强盗,不得财徒二年,一尺徒三年,二匹加一等,十匹及伤人者绞,杀人者斩;其持杖者,虽不得财,流三千里,五匹绞,伤人者斩。”“诸窃盗不得财,笞五十,一尺杖六十,一匹加一等,五匹徒一年,五匹加一等,五十匹加役流。”然而,至元年间诏令规定:“强盗皆死;盗牛马者劓;盗驴骡者黥额,再犯劓;盗羊豕者墨项,再犯黥,三犯劓;劓后再犯者死。”[64]可见,元朝为惩治窃盗犯广泛恢复了肉刑,至于强盗则一律处死。

4.官吏犯赃罪处罚较轻

元刑法对于官吏犯赃的分类与处罚规定较为细密,详列取受、侵盗、侵占、回钱、过钱、首赃、赃罚等罪名与犯罪特征。成宗时重视吏治,强调“诸牧民官不先洁己,何以治人?”为此下诏:“今后因事受财,除依例断罪外,枉法赃者即不叙用,不枉法赃须殿三年方听告叙再犯,终身不叙。”[65]但总体说来,对于犯赃罪的职官处罚较轻。如因事受财枉法者,除名不叙;不枉法者殿三年,再犯不叙,无禄者减一等。枉法一贯至十贯者笞四十七,十贯以上至二十贯者笞五十七,二十贯以上至五十贯者杖七十七,一百贯以上杖一百零七;不枉法一贯至二十贯笞四十七,二十贯以上至五十贯笞五十七,五十贯至一百贯杖六十七,一百贯以上至一百五十贯杖七十七,二百贯以上至三百贯杖九十七,三百贯以上杖一百零七,除名不叙。官吏受赃如能悔过自首,无不尽不实者免罪,有不尽不实者只坐不尽之赃。职官如恐吓有罪人求赂即使未得财,也杖二十七,受财为人请托者计赃论罪,侵用官田者,以枉法论。犯赃之官虽死,仍责其家属纳赃。

---

〔63〕 宋濂等撰:《元史》卷一百二《刑法一·职制上》,中华书局1976年版,第2620页。
〔64〕 宋濂等撰:《元史》卷三十九《顺帝纪二》,中华书局1976年版,第836页。
〔65〕 陈高华等点校:《元典章》卷一一《吏部五》,中华书局2011年版,第411页。

四、体现民族等差的民事法律

元朝统治时期,落后的游牧经济冲击着中原地区的封建经济,两宋时期高度发展的商品经济受到了严重的破坏,并出现了衰退。与此相适应的民事法律关系总体说来也处于迟滞状态,顿挫了两宋时期民事法律发展的势头。但由于各族人民之间的经济与婚姻关系的往来与联结,也推动了某些民事法律的发展,如实行契尾制度,限定房亲、邻人优先典买的时间。尤其是婚姻立法保持着原有的民族习俗,顽强抵御着封建礼教观念的影响,因而具有鲜明的特色。

(一)按民族身份划分等级

元蒙在进入中原以前还处于奴隶制时代,进入中原以后在汉族先进生产方式的影响下才开始了封建化的过程,因此,不可避免地保留着相当程度的奴隶制残余。从而决定了在社会构成上存在一个由家奴、军奴、寺奴、勃兰奚等组成的庞大的奴隶阶层。元朝法律称他们为奴、奴婢或驱口,可以被主人随便买卖、转让甚至杀害,是"与钱物同"的所有权客体,不享有任何法定的民事权利。

随着社会经济的恢复,封建租佃制逐渐占据主导地位,佃户的身份相当于农奴,地主不仅可以役使佃户本人,也可以役使其家属,特别是江南某些地区佃户所生的子女也是地主的法定奴婢。

为了加强蒙古贵族的统治地位,元根据民族标准将全国人民强制分成四个等级:蒙古人,色目人,汉人(北方汉人、契丹人、女真人和高丽人统称作汉人),南人(南方汉族和其他各族人)。其中,蒙古人地位最高,汉人尤其是南人地位最为低下。蒙古贵族企图借此分化各族的团结,使民族压迫制度化,以维护蒙古贵族的统治地位。按照民族标准划分的四个等级是带有政治性的,也影响到这四个等级民事权利的平等行使。此外,在元朝野史记载中有所谓一官、二吏、三僧、四道、五医、六工、七匠、八娼、九儒、十丐的社会结构划分,但这种划分并不具有确切的实证。譬如,至元二十五年十一月(1288 年),《无锡免秀才杂泛差役诏碑》中以皇帝的名义宣布:"今后在籍秀才,做买卖纳商税,种田纳地税,其余一切杂泛差役并行蠲免,所在官司,当切存恤,禁约使臣毋得于庙学安下,非理骚扰,准此。"从这道圣旨碑文中可以看出在籍秀才可以经商,而且受到官府的保护,免除一切差役。

(二)保护产业权的时代特点

在元朝民事法律规范中,产业权的范围包括动产和不动产两部分。元朝关于产权的所有权的法律保护沿用唐宋旧律,但由于元统治者崇尚宗教,对寺院的田产所有权加以特殊保护。例如,中统二年(1261年),林县宝严寺圣旨碑特别明示:“但属寺家底田地、水土、竹园、水磨有底园林、解典库、浴堂、店、出赁房子根底,醋、酵曲根底,拣那什么人休使气力夺要者。”〔66〕所谓“休使气力”一语,即勿得仗势欺人之意。另据至元五年(1268年)重阳万寿宫圣旨碑文记载:“但属宫观的水土、竹苇、水磨、园林、解典库、浴堂、店舍、铺席、曲醋等,不拣什么差发休要者。”〔67〕至元三十年(1293年),赵州柏林寺圣旨碑也指令“属这寺家底水土、园林、碾磨、店铺、浴房,不拣什么休夺要者,税粮休与者”。〔68〕类似的圣旨碑文尚多,无须再征引亦足以说明对于元朝寺院经济的保护。

所有权的取得,也沿袭唐宋旧制,只是对于宿藏物的归属作出了明确具体的规定。根据《通制条格·杂令》记载,至元十一年(1274年)四月,西京路王拜驴等于贺二地内掘得埋藏之物,拟令得物之人与地主停分。案经中书省批准,并定例:“今后若有于官地内掘得埋藏之物,于所得物内一半没官,一半付得物之人。于他人地内得者,依上与地主停分。若租佃官私田宅者,例同业主。如得古器珍宝奇异之物,随即申官进献,约量给价。如有诈伪隐匿其物,全追没官,更行断罪。”另据《大元通制》:“诸锄获宿藏之物,在他人地内者,得与地主平分;在官地内者,一半纳官;在己地内者,即同业主。”但略去唐律中“隐而不送者,计合还主之分,坐赃论减三等”的规定。

元时社会经济与阶级结构也赋予所有权保护时代的烙印。例如,世祖中统二年(1261年)五月在圣旨中宣布,不得宰杀马牛,违者“决杖一百,两邻知而不首者减一等;官司失觉察者又减一等”。〔69〕民家如牛马死亡,均要申官验明原因,以免涉嫌违禁,为此元代专有《申死牛马》状。

又如,“驱口”与“钱物”同属于主人的财产,可以自由处分。由于牲畜走失与驱口逃亡,损害了所有权人的利益,为此增加了官府收管与认领期限的法律规定。世祖中统五年(1264年)八月圣旨条画规定:“诸处应有不兰奚人口、头匹等,从各路府司收拾。……限十日以里,许令本主识认。如十日以外,作孛兰

〔66〕 蔡美彪:《元代白话碑集录》,科学出版社1955年版,第22页。

〔67〕 蔡美彪:《元代白话碑集录》,科学出版社1955年版,第23页。

〔68〕 蔡美彪:《元代白话碑集录》,科学出版社1955年版,第35页。

〔69〕 陈高华等点校:《元典章》卷五七《刑部一九》,中华书局2011年版,第1897页。

奚收系",〔70〕本主认领后,应立"本主识认"文状,作为所有权归属的官方证明。私人收留孛兰奚人口、头匹诸物,须于"三日内申送所在官司,如有隐藏或违限不解赴官"者,治罪。"告人约量给赏。"〔71〕

元时典权大体沿袭宋制,凡适用于不动产之典,称为"典质"或"质典";适用于人身之典,称为"典雇"。典权的设定以定立典契为前提,典契已有固定程式,例如:

典买田地契式

□里□都姓□

右□有梯已承分晚田若干段,总计几亩零几步,产钱若干贯文。一段坐落□都,土名□处。东至、西至、南至、北至。系□人耕作,每冬交米若干石。今为不济,差役重难,情愿至□人为牙,将上项四至内田段,立契尽底出卖(或云典)与□里□人为业。三面言议,断得时直价中统钞若干贯文,系是一色现钞。即非抑勒准折债负。其钞当已随契交领足讫,更无别领。所卖(或云典)其田,的系梯已承分物业,即非瞒昧长幼、私下成交,于诸条制并无违碍等事。如有此色,且□自用知当,合备别业填还,不涉买(或云典)主之事。从立契后,仰本主一任前去给佃管业。永为已物。去后子孙更无执占收赎之理,所有上手朱契,一并缴连赴官印押。前件产钱仰就□户下改割供输,应当差发。共约如前,凭此为用。谨契。

年　月　日出业人姓□号　契

知契姓□号

牙人姓□号

时见人姓□号

典买房屋契式

□甲□都姓□

右□有梯已承分房屋一所,总计几间几架,坐落□都,土名□处。东至、西至、南至、北至。系□人住坐。今因贫困,

〔70〕 陈高华等点校:《元典章》卷五六《刑部一八》,中华书局2011年版,第1859页。
〔71〕 陈高华等点校:《元典章》卷五六《刑部一八》,中华书局2011年版,第1860页。

不能自存,情愿到□人为牙,将上项四至内房屋寸土寸木不留,尽底出卖(或云典)与□里□人为业。三面言议,此得时直价中统钞若干贯文。系是一色现钞,即非抑勒准折债负。其钞当已随契交领足讫,更无别领。所卖(或云典)基层的系梯已承分物业,即非瞒昧长幼,私下成交。于诸条制并无违碍等事。如有此色,且□有自用知当,不涉买(或云典)主之事。从立契后,仰本主一任前去管。永为己物。何后之孙更无执占收赎之理。所有上手,一并缴连赴官印押。共约如前,凭此为用。谨契。

年　月　日出业人姓□号　契

知契姓□号

牙人姓□号

时见人姓□号[72]

根据典契,典权人占有典物,享有使用权、收益权,并有保管典物的义务。出典人不得一物两典,在典期届满后有回赎权,典权人不得拒绝回赎。

在典买卖关系中,尊长握有决定处分权。据《大元通制》,“诸典卖田宅,须从尊长书押,给据立账”,否则无效。但与此同时,对典买卖关系中的双方都作出了明确的法律约束,如“典主不愿交易者,限十日批退,违限不批退者,笞一十七;愿者限十五日议价,立契成交,违限不酬价者,笞二十七,任便交易”。[73] 由于元朝对江南地区实行极端残酷的压榨,以致江浙一带出现了以妻子作为典卖客体的现象,法律对此是默认的,“其妻既入典雇之家,公然得为夫妇,或为婢妾”。[74]

对于动产的典当、典质须至“解典库”,俗称当铺,也须立有“解帖”即当契,依法取利。按元法:“诸典质,不设正库、不立信帖,违例取息者,禁之。”[75] 解库对典当物负有保管之责,亡失毁损,需要赔偿。解库对典当人的财物,只有经过一定期限才可以处理,以偿欠债,如有剩余仍归典当人。大德七年(1303年),江西省龙兴路熊瑞控告诚德库不肯放赎典当物,该库辩称“已过周年,下架了

---

〔72〕 以上二契式转引自张传玺:《中国历代契约会编考释》(上),北京大学出版社1995年版,第588~590页。

〔73〕 宋濂等撰:《元史》卷一百三《刑法二·户婚》,中华书局1976年版,第2641页。

〔74〕 陈高华等点校:《元典章》卷五七《刑部一九》,中华书局2011年版,第1889页。

〔75〕 宋濂等撰:《元史》卷一百五《刑法四·禁令》,中华书局1976年版,第2687页。

当”。为解决纠纷,官府查到元贞二年(1296 年)中书省定例:“今后语人解典,二周年不赎许令下架。”经礼部审议认为,“解典诸物,望图利息,因为定例不一,以致争讼繁多”,因此,统一规定“照依金银一体二年下架”,并得到中书省批准“遍行各处遵依,永为定例”。[76] 至治三年(1323 年)颁行《大元通制》,将典当物赎期展限至三年,规定:“诸以财物典质……经三周年不赎,要出卖。或亡失者,收赎日于元典物钱上,别偿两倍,虽有利息,不在准折之限。”

(三)契约之债有所发展

元代因契约关系而发生的债较为普遍,契约种类增多,而且趋于程式化。例如,书面契约即分为“契式”“约式”“批式”“榜式”。契式用于买卖、典质、雇佣,约式用于租赁,批式用于借贷,榜式用于个别特殊的买卖。

田宅买卖沿袭宋制,确认尊长的处分决定权和保障卖主的房亲、邻人、典主的优先购买权。“军户诸色人户,凡典卖田宅,皆从尊长画字,给据立账,取问有服房亲,次及邻人、典主。”[77] 但元律严格限定优先购买权的时间,以免影响土地买卖的顺利进行,房亲、邻人、典主“不愿者限一十日批退,如违限不行批退者,决一十七下。愿者限一十五日批价,依例立契成交,若违限不行酬价者,笞二十七,任便交宜”[78]“亲邻典主故相邀阻,需求书字钱物者,笞二十七”[79]“亲邻典主在他所者,百里之外,不在由问之限”。[80] 限定房亲、邻人、典主优先购买权的时间是元律的新规定。

对于土地的买卖实行契尾制度,即投税过割之后将税票粘连契约之尾,目的在于防止因土地所有权的转移而使国家税收落空。“官给半印勘合公据”的契纸和契尾是验证契约是否合法的主要标记,也是勘验诉讼的重要凭证。《通制条格》有以下记载:“大德十年五月……今后质典交易,除依例给据外,须要写立合同文契二纸,各各画字,赴务投税,典主收执正契,业主收执合同,虽年深,凭契收赎,庶革侥幸争讼之弊,都省准呈。”[81] 元朝实行的契尾制度对明、清产生了直接的影响。明律规定:“凡典卖田宅,当税契过割……不过割者,一亩至五亩笞十至四十。”清《户部则例》规定,买卖双方须“亲赴州县”对册,“推收过割”。另据《清朝文献通考》卷三十一《征榷考》(六)记载,“止钤契纸,不连用尾

---

〔76〕 陈高华等点校:《元典章》卷二七《户部一三》,中华书局 2011 年版,第 998 ~ 999 页。
〔77〕 陈高华等点校:《元典章》卷一九《户部五》,中华书局 2011 年版,第 694 页。
〔78〕 陈高华等点校:《元典章》卷一九《户部五》,中华书局 2011 年版,第 694 页。
〔79〕 宋濂等撰:《元史》卷一百三《刑法二 · 户婚》,中华书局 1976 年版,第 2641 页。
〔80〕 宋濂等撰:《元史》卷一百三《刑法二 · 户婚》,中华书局 1976 年版,第 2641 ~ 2642 页。
〔81〕 郭成伟点校:《大元通制条格》卷一六,法律出版社 2000 年版,第 206 页。

者”为违法。凡税契过割者称为红契,具有某种公证意义,未税契过割者称为白契,举证效力逊于红契。现例举红白契如下:[82]

元统二年(1334年)徽州冯子永等卖山地红契

在城冯子永同弟子良今为户门无钱用度,自情愿将拾西都捌保土名小山、皆承祖经理吊字贰阡(仟)壹百捌拾号山壹角,玖拾号计山叁角。其山东至弯心上降,西至长岭降,南至双坞口处田,北至坞头坳。今将前项四至内山尽数立契出卖与西都谢能静名下为业。面议时价梅花银肆钱,在手前去用度。其价并契当日两相交付明白。其山听自能静入山永远管业。未卖之先,即无家外人重复交易。如有一切不明,并系卖人之(支)当,不涉买人之事。自卖之后,二家各无言悔。如先悔者甘罚银壹钱,与不悔人用,仍以此文为用。今恐无凭,立此文契为照者。

元统贰年肆月初贰日
立契人冯子永(押)契
同弟子良(押)
依口奉书人冯宗义(押)

元贞二年(1296年),龙源汪必招卖荒地白契

龙源汪必招,今将承祖本都一保土名茗坦招州榜上荒地一块,系五百十四号,计税四分二厘五,本身合一半。今凭中立契出卖与汪名前去为业。当日三面议时值价文(纹)银壹两整,在手足讫。其价契当日两明。未卖之先,并无重互交易。来历不明,壹并自理,不干买人之事。所有税粮随契推扒供解,再不复立推单。今恐无凭,立此卖契为照。元祯二年三月廿日 立契人 汪必招(押) 亲笔无中。

上述买卖契约的主要内容包括产业的四至,转移的对象、价格、中人,特别是卖方关于产权转移的保证等。这些均属买卖契约成立的要件。

---

〔82〕 以下二契式转引自张传玺:《中国历代契约会编考释》(上),北京大学出版社1995年版,第561、546页。

除买卖、典买卖土地须订立契约外,换地、退地也须立有文书。例如,至正十年(1350年)徽州胡鼎卿、郑贵夫换地文书如下:

十二都胡鼎卿有夏地一段,坐落十五都四保土名黄荆坞口上,系赖字九百四十四号。其地与十五都尊姑夫郑世京原买汪元鹗赖字九百四十二号田山与九百十四号地抵界。……今来结砌未便,凭亲眷郑贵夫言议,愿将赖字九百四十四号内取与郑世京抵界夏地上截一段,对换郑世京黄荆坞口新结石墈外小丘田一截,其田价地□对面结石墈为界。黄荆坞口田新结石墈以里仍系郑世京管业为主,新结石墈外小丘田一截系胡鼎卿管业为主,其赖字九百四十四号夏地埋石以上系世京管业为主,新立埋石之下仍系胡鼎卿管业为主。今二家对换之后,据从评人言议,愿意对换,各不许悔。如悔者,愿罚中统钞一十贯与不悔人用,仍依此文书为准。今恐无凭,立此对换文书为用。

至正十年正月十五日　胡鼎卿

主持对换人　郑贵夫

对于大宗动产如马牛的买卖,也须订立契约,并有固定的程式。例如,买牛契式:

某乡某里姓某

右某有某角某色牛一头,现年几岁。今因窘迫,召到某人为牙,将上项牛出卖与某人宅。当三面议断价钞若干贯文,当已随契交领足讫,更无别领。所卖其牛系是栏下所养牛只,即非盗卖人家头口。如有此色,且某自用知当,不涉买主之事。今恐向后无凭,故立此为用,谨契。

年　月　日姓某号契

牙人姓某号

在元朝的各种契约中,借贷契约是基本形式。根据元人徐元瑞《吏学指南·钱粮造作》所做的解释,"以物假人曰借,从人求物曰贷"。借贷契约除借贷双方当事人外,还须有中人、见证人画押。私债的利息为一本一利。《大元通制》禁令如下:“诸称贷钱谷,年月虽多,不过一本一息,有辄取赢于人,或转换契息,息上加息,或占人牛马财产,夺人子女以为奴婢者,重加之罪,仍偿多取之息,其本息没官。”《元典章》中也有以下规定:“放债取利不得过分”“多要利钱本利没官”“诸借取钱债,每钞一两,月息三分,年月虽多,不过一本一利……债主不得将欠债人私下监收,拖拽人口头匹。”这些严格的规定恰恰从另一面说明了元时高利贷盘剥的严重性和掠夺性。

为了防止官吏掯勒部民,仿唐宋旧制严禁官吏取借部民钱债,尤其严禁取借官府仓库钱物,违者以盗论,并须“赔填”。此外,“卑幼不得私借钱债……若违,其借人、借与人、牙保人一例断罪”。

关于债的履行,在一般履行中禁止扯拽人口头匹,抵偿债务。但法律允许折庸质债,《至元杂令》规定,“诸负债贫无以备,同家眷折庸”。[83] 由于元朝统治期间,社会动荡、剥削繁重,债务人很难如期清偿债务,以致官府出面强制债务人履行较为常见。

需要指出的是,法律虽然限制高利贷盘剥,但在实践中缺乏应有的约束力。蒙古贵族、官吏以及回回人放债,取息远远高出法定利率,而且往往迫使债务人折身抵价。所谓“……其年则倍之,次年则并息又倍之,谓之羊羔利,积而不已,往往破家散族,至以妻子为质,然终不能偿”。[84]

元时民间雇佣关系盛行,雇佣的对象多系小厮、脚力,也有雇女子为妾者。为了以契约的形式调整主、雇双方的利益,达到“和雇”[85]的目的,针对不同的雇佣对象制定了相应的契式。属于人身雇佣的,例如:

> 某乡某里姓某
>
> 右某有亲生男子名某、年几岁。今因时年荒欠,不能供赡,情愿投得某人保委,将本男雇与某里某人宅充为小厮三年。当三面言议断,每年得工雇钞若干贯文。其钞当已预先借讫几贯,所有余钞候在年月满日结算请领。自男某计工之后,须用小心伏事,听候使令,不敢违慢抗对无礼,及与外人通同搬盗本宅财货什物,将身闪走等事。如有此色,且保人并自知当,甘伏赔还不词。或男某在宅,向后恐有一切不虞,并是天之命也,且某即无他说。今恐仁理难凭,故立此为用。

---

〔83〕 黄时鉴撰:《元代法律资料辑存》,浙江古籍出版社1988年版,第40页。

〔84〕 苏天爵撰:《元文类》卷五七《耶律楚材神道碑》,《四部丛刊》影印元刊本,第17页b面。

〔85〕 徐元瑞的著作《吏学指南》对“和雇”解释为“两顺曰和,庸赁曰雇”。

谨契。

年　月　日　父姓某号契

保人姓某号[86]

在人身雇佣契约中,除听人役使出卖劳动力外,也有雇与他人为妾者。

除人身雇佣外,还有脚力雇佣,多属官吏雇佣,根据水陆运输的不同,而有不同的契式,例如:

某州某县某里脚夫姓某

右某等今投得某乡某里行老姓某保委,当何得某处某官行李几担,送至某处交卸。当三面议断,工雇火食钞若干贯文,当先借讫上期钞几贯,余钞逐时在路批借,候到日结算请领。且某等自交过担仗之后,在路须用小心照管。上下,不敢失落,至于中途亦不敢妄生邀阻需索酒食等事。如有闪走,且行老甘自填还上件物色,仍别雇脚夫承替,送至彼处交管。今恐无凭,立此为用。谨契。

年　月　日　脚夫姓某号契

行老姓某号

上述脚力雇佣契式中,最重要之点是如有"闪走""损坏",由脚夫"甘自填还""一一偿还",以此约束被雇佣人"小心照管"。

(四)蒙汉法杂糅的婚姻与继承

元朝在统一中国以前,以游牧为基本生活方式,婚姻关系比较随便,缺乏严格的法律约束。统一中国以后,虽然受到儒家所倡导的封建礼教伦常的影响,但仍保持某些蒙古族原有的传统。早在太祖时就有"成吉思汗皇帝降生,日出至没,收尽诸国,各依风俗"的记载。[87] 特别是在婚姻方面允许依照不同民族的风俗与习惯行事,而不强求划一。至元八年(1271年)定制:"诸色人同类自相婚姻者,各从本俗法。"例如,汉族有"有妻更娶者",法律不予承认,且判离异,但蒙古习惯法"札撒"却允许蒙古人一夫多妻,所以蒙古婚姻从本俗,可以"不在

---

[86] 张传玺:《中国历代契约会编考释》(上),北京大学出版社1995年版,第663页。

[87] 陈高华等点校:《元典章》卷五七《刑部一九》,中华书局2011年版,第1893页。

此限”。[88] 此外,蒙古族实行“父兄弟婚”,即子可以收父妾、弟可以收兄妻,或兄收弟妻。但如汉人,侄收婶母,同奸法,各离;子收庶母,如居父母丧,各杖一百零七,离之;兄收弟妻,男杖一百零七,妇杖九十七,离之。但弟收亡兄之妻,是法律允许的亲属婚,是从蒙古习惯法发展来的,并适用于汉族的法例。

婚姻的成立要有婚书,对于婚书的内容已有明确的规定:“凡婚书不得用彝语虚文,须要明写聘财、礼物、婚主并媒人各各画字。女家回书亦写受到聘礼数目,嫁主其媒人亦合画字,仍将两下礼书背面大书合同字样,分付各家收执,如有词语朦胧,别无各各画字并合同字样,争告到官,即同假伪。”[89] 此外,私约也是婚约的一种形式,并具有法律效力。《元史·刑法志》有以下记载:“诸有女许嫁,已报书及有私约,或已受聘财而辄悔者,笞三十七。”

元律还明确规定了依门第不同而有不同的聘财,“上户金一两,银五两,彩缎六表里,杂用绢四十匹。中户金五钱,银四两,彩缎四表里,杂用绢三十匹。下户银三两,彩缎二表里,杂用绢十五匹”。[90] 同时,禁止利用缔结婚姻关系而谋财取利。如贪财或受财而使妻妾转嫁,要受到刑法制裁。女方如有产业陪嫁,也要订立文书,以示产权转移。例如,至正六年(1346 年)休宁县吴兰友为女陪嫁产业文书如下:

> 休宁县淳议(义)里吴兰友有女益娘,出嫁与祁门县十一都项偕甫宅。今来有忠(中)田壹坵,系商字,坐落土名水䏚町。其田东至寿田,西至张家田,南至张家田,北至李家田。其田原上硬租贰拾壹秤。今于内取租壹拾陆秤,批拨与益娘浆洗衣服用度。外有租五秤。偕甫愿将已置到休宁县州一都六保土名环滩坞塘堀,系买杨子云田,上租五秤,对换,各人收租管业,随产供解。又将原买吴荣甫山,坐落土名下坞南坑贰处,共计四号。于内照依原买来脚文契,合得分法,批与女益娘以为手饰之资。所是原买文契随契缴付,日后子孙即无争论。其前项所批山田,今从批拨之后,一听益娘婿偕甫自行闻官受税,收苗长养,永远为业。水䏚町田契与别产相连,未曾缴付。日后要用,本家赍出,照证不词。如有子孙争竞,一听偕甫将此文书赴官理治,准不存论。今恐无凭,立

---

〔88〕 郭成伟点校:《大元通制条格》卷三《户令二·婚姻礼制》,法律出版社 2000 年版,第 38 页。
〔89〕 陈高华等点校:《元典章》卷一八《户部四》,中华书局 2011 年版,第 611 页。
〔90〕 陈高华等点校:《元典章》卷一八《户部四》,中华书局 2011 年版,第 611 页。

批(此)契文书为用。

至正六年十月十五日　父吴兰友(押)

依口奉书人吴唐孙(押)[91]

至于婚姻的限制,基本援用唐宋旧法,如同姓不得为婚。《元典章》中“户部·婚姻·同姓不得为婚”条载,至元二十五年(1288年)十月尚书省奏准,“在先(同姓)做了夫妻的每根底,休教听离,从今后……交禁约者”。[92] 至元年间漳州路尤溪县陈良,告邻人蔡福取蔡大女广娘为妻,系同姓为婚。经浙江省审理,蔡广娘已于至元二十八年(1290年)过继给曹家养育成人,难比明知同姓为婚,断令与夫完聚。

良贱也不得为婚。据《元典章》“户部·婚姻·驱口嫁娶”条载:“驱口不嫁良人,驱口不娶良人。”但《通制条格》卷三“户令·良贱为婚”条又载:“至元十四年七月中书省户部议定,驱口与良人结婚,儿男籍记为良,随父同居,止驱死后,另立户名当差,军驱的儿男,为良贴户。”可见,至元十四年(1277年)以后,禁止良贱为婚的禁令已有某种程度的松动,按照蒙古习惯法,奴隶与主构婚,奴隶也可以在一定条件下放为良。因此,元朝良贱不得为婚的禁令,不似唐宋法制那样严格。

在汉人中间禁止乱伦婚姻及娶已婚妻妾。“诸汉人、南人,父没子收其庶母,兄没弟收其嫂者,禁之。”对于有夫妻妾知而故娶者,“将媒人,婚姻主前后一体断罪,钱财没官。本妇断斋归宗”。[93] 婚姻关系的解除,在《元典章》中载有“七出”与“义绝”之法,但在最重要的法典——《大元通制》中却没有“七出”与“义绝”的规定,这表现出蒙古族在婚姻关系上顽强抵御着汉族封建礼教的冲击。但法律允许不和睦的夫妻自由离婚,所谓“夫妇不和睦……合离者,不坐。写立休书赴官告押执照,即听改嫁”。[94] 男女双方订婚以后,男方“五年无故不娶者,有司给据改嫁”。[95] 此外,未婚夫“为盗及犯流远者,皆听改嫁”。[96] 显然,这是符合人情的、合理的,同时也是对“女子从一而终”的封建教条的某种否定。对于重婚者则强制离异,“诸有妻妾,复娶妻妾者,笞四十七,离之”。[97] 现

[91] 张传玺:《中国历代契约会编考释》(上),北京大学出版社1995年版,第675页。

[92] 陈高华等点校:《元典章》卷一八《户部四》,中华书局2011年版,第627页。

[93] 宋濂等撰:《元史》卷一百三《刑法二·户婚》,中华书局1976年版,第2643页。

[94] 《大元通制·户婚部》。

[95] 宋濂等撰:《元史》卷一百三《刑法二·户婚》,中华书局1976年版,第2643页。

[96] 宋濂等撰:《元史》卷一百三《刑法二·户婚》,中华书局1976年版,第2643页。

[97] 宋濂等撰:《元史》卷一百三《刑法二·户婚》,中华书局1976年版,第2643页。

任职官如娶娼为妻,不仅解职、离异,而且笞五十七。

在继承方面,蒙古人和色目人各依其本俗法。按蒙古习惯法由幼子继承父业,后因接受汉法的影响实行诸子均分制,但实际份额各不相同。根据条例规定:“诸应争田产及财物者,妻之子各四分,妾之子各三分,奸良人及幸婢子各一分。”[98]

对于户绝之家的女子和寡妇,均享有继承权或有条件的继承权。例如,女儿未嫁享有全部继承权,已嫁有部分继承权。寡妇只有在无子无女又无侄嗣的情况下才享有全部继承权。

过继嫡侄为子的过房子,享有完整的继承权,但如过继之后其伯叔又生子者,其过继子与生子均分财产。例如,天历二年(1329年)徽州谢和孙摘立继子文书,明确规定如下:

> □□□谢和孙父亲胜四朝奉有贰子,长男谢旋孙、次男和孙。见长男旋孙有肆子,和孙有一子名助孙不幸早丧。今和孙拟欲摘旋兄次子佐孙,今来禀覆母亲。奉母亲主议,摘立兄旋孙次男佐孙继续和孙,成(承)接后嗣,奉祀香火。如和孙倘有亲出,所有户下物业仍与佐孙一体均分,不在难易。只以今来结立为使(始)。如佐孙过之后,贰家并不许悔易。如有悔易者,罚中统钞伍拾锭,与不悔人用,仍依文书为使。今恐无凭,立此结立文为照者。
>
> 天历贰年五月初十日　谢和孙(押)结立
>
> 谢阿李(押)[99]

对于祖遗财产的分析,也要订立分业文书,以免发生争执。例如,至正十年(1350年)徽州吴德仁等分业合同如下:

> 吴德仁同弟海宁与孺人庭梅,共承祖有上宅住地一段,孺人庭梅共业主边德仁兄弟元(原)共业,客边□,□孺人庭梅合得分法,已行卖与庭椿、庭梧、德仁兄弟名下。今两下商议,德仁情愿与庭椿、庭梧□□□取便庭椿、庭梧管业,客边

[98] 郭成伟点校:《大元通制条格》卷四《户令三·亲属分财》,法律出版社2000年版,第54页。

[99] 张传玺:《中国历代契约会编考释》(上),北京大学出版社1995年版,第685页。

德仁兄弟管业。主边上截,与本家梯己佃火住地相连,房对面立楗埋石为界。两家界畔,众存路一条,计叁尺。庭椿、庭梧该贰尺,德仁兄弟该一尺。里到山,外至水甽。□路日后两下侵占及闭塞。所有庭杞元(原)亦(已)买得□孺人分法,系存在德仁兄弟份内取分业。自今议立合同之后,各依此文管业,一任两下迁造屋宇,永远照依合同管业。所有水甽外余地,并依立楗为界,里至外,外至庭松屋地。今恐无凭,立此合同三本,各收一本为照者。

至正十年庚寅岁二月十六日吴德仁(押)

见立合同吴寿卿(押)[100]

如兄弟分属民户与军户,也可以相互过继弟侄承嗣,但须改变过继子的户籍。平阳路民户郑某,其兄现充军户,年老无嗣,过继其侄充贴户津洛正军一案,经中书省审议后判决,将其侄名籍除豁,承继伯父祖业,应当贴身户役。并定例:"已后民户内有无子之家,军户内却有承继同宗弟侄,亦仰依上一体施行。"[101]

五、司法权多元的审判制度

(一)多元的司法机关体系

元朝统治期间,司法权是多元的,但司法制度仍取得了一定的发展。早在蒙古国时代既没有固定的司法机关,也无所谓诉讼程序。统一中国以后,始仿照宋制建立刑部、御史台,并在蒙古国扎鲁勿赤的基础上建立大宗正府。大宗正府既是管理蒙古贵族事务的机构,又是具有独立管辖范围的中央司法机关。大宗正府"以诸王为府长",设蒙古断事官负责蒙古王公贵族案件的审判,并掌管京师附近蒙古人和色目人的诉讼案件,所谓蒙古人犯法,"择蒙古官断之,行杖亦如之"。[102] 大宗正府长官虽然同御史台长官均为"秩从一品",但不受御史台的监督。

由于元朝重视宗教,尤其推崇喇嘛教,大喇嘛被皇帝尊奉为帝师、国师。一

---

[100] 张传玺:《中国历代契约会编考释》(上),北京大学出版社 1995 年版,第 677 页。

[101] 郭成伟点校:《大元通制条格》卷三《户令二 · 户绝财产》,法律出版社 2000 年版,第 29 页。

[102] 宋濂等撰《元史》卷一百二《刑法一 · 职制上》,中华书局 1976 年版,第 2611 页。

般僧侣也具有强大的势力和尊贵的地位,享受法定的免役特权和司法特权。因此,管理宗教事务的宣政院也成为最高宗教审判机关,负责审理重大的僧侣案件和僧俗纠纷案件。成宗时,为了控制宣政院的审判权,曾经下诏:“自今僧官、僧人犯罪,御史台与内外宣政院同鞫。宣政院官徇情不公者,听御史台治之。”[103]除宣政院外,寺院的主持也握有一定的审问权,僧人除犯奸盗、诈伪、殴伤人命等罪归司法机关审问外,其自相争告,由寺院的主持审问、继结。

此外,执掌宫廷执事的中政院,兼理内廷官吏案件的审判。执掌道教的道教所审理与道教有关的案件。执掌军事大权的枢密院,也兼理重大的军事案件和校尉级军官的案件。上述司法机关各自管领,不相统摄,凡有公诉,并须约会,以致虚调文移,迁延不决,严重地影响了司法权的统一行使和审判效率。

地方司法机关,分为行省、路、府(州)、县各级。行省为地方最高政务机关与司法机关,并设肃政廉访司使,监督各路司法。各路设推官专掌诉讼。地方府、州、县均由行政长官兼掌司法。由于路、府、州、县各设有蒙古管事官达鲁花赤一人,也可以直接鞫勘罪囚,其权力凌驾于地方长官之上,从而使得地方的司法权实际操纵于蒙古官之手。如发生军民、僧俗间的重大案件,由地方官约同该管军官与宗教职事“会问”。

基层乡里组织之长——社长,对于不听父母教导、为人凶恶者,大书其过于门,改正以后再去掉。如终岁不改,罚在本社服劳役。但“社”并不是基层司法机关。

(二)地区管辖与民族宗教管辖并行

元朝虽然司法机关系统紊乱,但在诉讼与审判制度上却有所发展。在法典中,“诉讼”已经作为专篇出现,体现出程序法与实体法分离的趋势。同时还规定了民事诉讼与刑事诉讼不同的程序。例如,民事诉讼当事人一般不许羁押;军官巡检,出使人不得接受民词;推官专管刑狱。凡涉及不同户籍、民族及僧俗之间的诉讼,由有关直属上司共同联合审理,即所谓“约会”制度。约会制度适用于民事案件和轻微刑事案件。

在告诉方面,分为官府纠举与当事人自诉两种。对自诉案件的限制除仿照唐宋律,要求“明注年月,指陈实事,不得称疑”[104]外,还严禁奴隶告发主人,这反映了在元朝统治下的时代特点。与此同时,在汉族文化的影响下,禁止子告

---

[103] 宋濂等撰:《元史》卷二十《成宗纪三》,中华书局1976年版,第439页。

[104] 宋濂等撰:《元史》卷一百五《刑法四·诉讼》,中华书局1976年版,第2670页。

父、妻告夫,这体现了蒙汉文化的融合。

在诉讼中虽然允许逐级上诉,但不得越诉。其管辖是“五十七以下司县断决,八十七以下散府州军断决,一百七以下,宣慰司、总管府断决”。[105] 设有登闻鼓,可以击鼓申诉。也有相当于唐朝邀车驾的乘舆诉,但先要经过州县及中央有关省部台院各级审理,仍未决,才可以采取乘舆诉,否则治罪。

除地区司法管辖外,还根据民族、身份、宗教的不同而有专门管辖。例如,“诸蒙古人居官犯法,论罪既定,必择蒙古官断之,行杖亦如之。诸四怯薛及诸王、驸马、蒙古、色目之人,犯奸盗诈伪,从大宗正府治之”。[106] “上都、大都所属蒙古人并怯薛军站色目与汉人相犯者,归宗正府处断,其余路府州县汉人、蒙古、色目词讼,悉归有司刑部掌管。”[107] 回回人之间的词讼初由“哈的”大师依本俗回回法审断,仁宗皇庆元年(1312 年)下诏:“哈的大师,只管他每掌教念经者。回回人应有的刑名、户婚、钱粮词讼大小公事,哈的每休问者,交有官司依体例问者。”[108]

军人、军户有关“斗讼、婚田、粮赋、钱债、财产、宗从继绝,及科差不公,自相告者”,由专管军官审理。僧侣之间的争讼,一般由各寺院主持本管头目归问,“奸盗、诈伪、致伤人命,但犯重刑,管民官问者,其余和尚自其间不拣什么相争告的勾当有呵,本寺里主持的和尚头目结绝者”。[109] 如果“诸僧、道、儒人有争,所司勿问,止令三家所掌会问”。[110] 专门管辖是和专门适用的法律与法庭联系在一起的,这不仅妨碍了国家法律的统一性,还便于营私坏法,放纵罪犯。《元史·刑法志》便记载了西僧“恣意纵囚”“以售其奸宄”的事状。

(三)民事审判中广泛实行调解

根据元律,法官审理案件时,不得出入人罪,如果故出入人罪,或按全罪论,或减所出入罪一等论,失出入者,减三至五等论。“凡死罪必详谳而后行刑。”然而,这些规定在实践中并没有得到认真执行,不仅皇帝的圣旨具有最高的司法权威,可以生杀予夺,而且即使是皇后的懿旨也同样须遵行。

在审判中成案也具有一体遵行的法律效力,现存元代资料不乏适用判例的例证。例如,千户王继祖于亡父身死未殡时成亲被告发,礼部查得至元二十六

---

[105] 陈高华等点校:《元典章》卷三九《刑部一》,中华书局 2011 年版,第 1333 页。
[106] 宋濂等撰:《元史》卷一百二《刑法一·职制上》,中华书局 1976 年版,第 2611 页。
[107] 宋濂等撰:《元史》卷八十七《百官三·大宗正府》,中华书局 1976 年版,第 2187 页。
[108] 陈高华等点校:《元典章》卷五三《刑部一五》,中华书局 2011 年版,第 1759 页。
[109] 陈高华等点校:《元典章》卷五三《刑部一五》,中华书局 2011 年版,第 1760 页。
[110] 宋濂等撰:《元史》卷一百二《刑法一·职制上》,中华书局 1976 年版,第 2620 页。

年(1289年)成案,“王唐儿不候葬讫伊兄,于停丧之夜与嫂贺真真拜尸成亲,大伤风化”,因而建议“将各人离异”。据此成案,礼部判决,“王继祖父丧停尸,忘哀成亲,乱常败俗,莫甚于此”“断令各人离异”,并罢黜王继祖千户职。[111]

由于口供是结案的重要根据,刑讯取供是合法的,如“诸有司断诸小罪,辄以杖头非法杖人致死”者,“罪坐判署官吏”。[112] 事实上,刑吏但问贿赂的轻重,不论案情的是非,对犯人肆意进行拷掠以逼取口供。

元朝在书证的取得和尸检方面也有一些新规定,如禁止司法官吏私自抄没人家,“发人家录私书,辄兴狱讼”或者“构饰傅会,以文致人罪者”。[113] 在《元典章》中还收录了《诸杀检验条》及当日的验尸方式。

在元刑法中虽有回避、上诉、不得夜审等规定,也大都是具文,经常是随地置狱,不论律例,不问虚实,株连蔓引,备极惨酷。元代著名戏剧家关汉卿在其名著《窦娥冤》中,通过剧中人所道出的“官吏无心正法,百姓有口难言”“衙门从古向南开,就中无个不冤哉”,恰恰是元朝司法昏暗的真实写照。

鉴于司法冤滥是造成社会动荡不安的重要因素,元统治者注意平反冤狱。在中国法制史上将“平反”列入刑法自元朝始,它规定平反冤狱的官吏要受到奖励。《元史·刑法志》说:“凡职官能平反重刑一起以上等同,诸职官能平反冤狱一起之上与减一资,诸路府曹吏能平反冤狱者,于各道宣慰司部令史补用。”

值得提出的是,随着各民族间经济往来的显著增加,由此而产生了大量民事纠纷,“诸民讼之繁,婚田为甚”。[114] 为解决日益增多的民事纠纷,民事诉讼制度有了新的发展。

除沿袭宋《务限法》凡有关婚姻、良贱、家财、田宅案件于三月一日,住接词状,十月初一日举行外,也扩大了民事诉讼代理的范围。据《元史·刑法志》记载:“诸致仕得代官,不得已与齐民讼,许其亲属家人代诉,所司毋侵挠之。”年老笃疾残废等人许令其同居亲属代理诉讼。妇女“若或全家无男子,事有私下不能杜绝,必须赴官陈告,许令宗族亲人代诉,所告是实,依理归结,如虑不实,止罪妇人,不及代诉……”如果“寡居无依及虽有子男,别因他故妨碍,事须论诉者,不拘此例”。元朝将民事代理制度扩大到一般百姓,这无疑是历史的进步。近人徐朝阳说:“一般人民许与代理诉讼者,盖自元代始。”[115]

---

〔111〕 陈高华等点校:《元典章》卷四一《刑部三》,中华书局2011年版,第1386页。
〔112〕 宋濂等撰:《元史》卷一百二《刑法一·职制上》,中华书局1976年版,第2619页。
〔113〕 宋濂等撰:《元史》卷一百五《刑法四·诉讼》,中华书局1976年版,第2671页。
〔114〕 陈高华等点校:《元典章》卷五三《刑部一五》,中华书局2011年版,第1748页。
〔115〕 徐朝阳:《中国诉讼法溯源》,商务印书馆1973年版,第60页。

元朝还在民事诉讼中广泛运用调解。根据《至元新格》述:“诸论诉婚姻、家财、田宅、债负,若不系违法重事,并听社长以理谕解,免使妨废农务,烦挠官司。”[116]调解的方式有民间调解,即由社长负责对邻里间的民事纠纷“以理论解”;还有司法机关调解。调解的结果对当事人具有法律效力,诉讼双方一般不得再以同样事实和理由重新提起诉讼。《元典章》对此有详细记载:“凡告婚姻、田土、家财、债负不违法者,若已拦告,所在官司不许轻易再接词状归问,如违从廉访司照刷究治。”“今后凡告婚姻、土地、家财、债负,如原告被论人等自愿告拦休和者,准告之后,再兴讼端,照勘得别无违错事理,不许受状。”“今后凡告婚姻、田宅、家财、债负,若自愿告拦,详审别无违法,准告以后,不许妄生词讼,违者治罪。”

调解的广泛运用是和“民讼之繁,婚田为甚”的社会历史条件分不开的。统治者力图通过调解缓和社会矛盾,减轻司法机关承受的压力。元人张养浩说:“亲族之讼宜徐而不宜亟,宜宽而不宜猛,徐则或悟其非,猛则益滋善恶,下其里中开愉之,斯得体矣。”元调解制度对明清都有明显的影响。

总括上述,有元一代的法制是封建社会后期以蒙古族为主体的全国性政权的法律制度,它既反映了民族的特点,也反映了时代的特点,对于中华法制文明的发展做出了一定的贡献。

元朝统治期间,土地兼并剧烈,赋役繁重,加上战乱与自然灾害,使大量“乡居地著”的编户齐民背井离乡,成为流民大军,尽管元朝政府一方面实行安辑流亡的措施,另一方面采取严刑制裁,但始终未能解决,终于由地方骚乱酿成全国性的反元大起义,推翻了元朝,重新建立起以汉族为主体的封建王朝——明朝。

元朝是中国历史上第一个以少数民族——蒙古族为主体的统一政权。元初,蒙古贵族囿于传统的习俗,不以法制相尚,但元世祖接受了汉臣提出的“考之前代北方之有中夏者,必行汉法乃可长久”的建议,力求将“国朝旧制”与汉法相结合,《至元新格》就是这种结合的最初成果。此后随着治理国家的实际需要,以及社会经济的恢复与发展,特别是民族文化的深度融合,无论是国家体制的建设,还是纲常礼法的不断渗透,都凸显了时代的烙印。以致监察立法、民事法律、民事诉讼制度都取得了超越前代的成就,中华法制文明也在不断地开拓新路。

---

[116] 郭成伟点校:《大元通制条格》卷一六《田令》,法律出版社2000年版,第190页。

第十章　中华法制文明最后形态之明法制

（公元1368年～公元1644年）

明朝是中国封建社会后期的重要朝代。在二百七十六年的统治期间里，经济、文化都达到了一个新的高峰。明朝中叶以后，江浙一带在手工业和农业中先后出现了资本主义生产关系的萌芽，在文化与科学技术方面取得的成就，既具有总结意义又具有某种开创性。《永乐大典》的出现，不仅震惊了当时的世界，也是迄今世界上最大的百科全书。《本草纲目》《农政全书》《天工开物》等著作都体现了传统科技的集其大成。在教育方面，官学自中央至地方县、社分别设置学校；民间书院教育也蓬勃兴起，特别是西方科学文化的传入开阔了中国人的视野。

在上述历史背景下形成的明朝法制是上承唐宋旧律、下启清朝法制先河的代表形态。立法调整规模的扩大、内容的丰富、立法技术的提高，形成了新的法律体系。同时，适应统一司法权的需要，明朝改革了司法制度，刺激了私家注律的兴起，出现了王肯堂、雷梦麟等律学大家。明代律学是中华法制文明发展到新阶段的重要表征。

《大明律》的影响虽不如《唐律》宽广，但对日本特别是朝鲜仍有着深远的影响。日本江户时代，曾经广求明律之书籍作为参考。朝鲜王朝成立以后，太祖李成桂在即位的诏书中明确指出："自今京外刑决官，凡公私罪犯必该《大明律》。"[1]在《朝鲜经国大典》中也有"其议刑断狱以辅其治者，一以《大明律》为

---

〔1〕《朝鲜王朝实录·太祖》卷一，太祖元年七月丁未，首尔大学奎章阁本。

据”“又虑愚民无知触禁,爰命攸司将《大明律》译以方言,使众易晓,凡所断决,皆用此律,所以上奉帝范,下重民命也”。[2] 太祖四年(1371 年)二月,《大明律》被译成《大明律直解》一书出版。由此可见,《大明律》所代表的中华法制文明的历史价值。

明朝专制制度的高度强化,直接关系到法制的兴废。明初,《大明诰》的制定就是君权高度发展的产物。而宦官与锦衣卫之干预司法,则是极权政治带来的腐败在司法上的体现,曾经是非法的事物竟然变成了合法,明朝的统治危机也就不可避免了。浙东学派的思想家黄宗羲在《明夷待访录》一书中尖锐抨击专制制度不仅使“社稷沦亡”而且使“衣冠扫地”,他大声疾呼以“天下之法”取代“一家之法”。黄宗羲的思想展现了民主主义的精神,具有某种启蒙意义。

一、有明一代的立法思想与立法成就

(一)明初太祖朱元璋的立法思想

贫农出身的朱元璋,在元末农民大起义中逐渐拥有重兵,成为红巾军的重要领袖之一。为了巩固新占领的地区和夺取全国政权,他十分注意占领区内的政权建设与法制建设。至正十五年(1355 年),改所辖太平路为太平府、广德路为广兴府、集庆路为应天府,设置府、州、县官。翌年,朱元璋自称吴国公,后又改称吴王,建立中书省,设置左右丞相管理行政、左右都督职掌军政、御史大夫职掌监察;并于地方建置主管行政的行中书省和主管地方军事的行都督府。这些基本上确立了未来的明政权的组织模式。

1367 年朱元璋平定武昌,即吴王位时,提出“建国之初,先正纲纪”[3],把议拟律令提上议事日程,命李善长等制定并颁行《大明律令》。据《明史·刑法志》载:“明太祖平武昌,即议律令。吴元年冬十月,命左丞相李善长为律令总裁官,参知政事杨宪、傅、御史中丞刘基、翰林学士陶安等二十人为议律官……十二月书成。”[4]

由于反元暴政和重建以汉族地主为主体的统一的国家政权符合人民的要求,有利于社会的发展,同时朱元璋在反元斗争中又积蓄了较强的实力,因而他

---

[2] 郑道传:《三峰集》卷七《朝鲜经国典·宪典总序》,载《韩国文集丛刊》第 5 辑,韩国民族文化推进会 1996 年版,第 437 页。

[3] 谷应泰:《明史纪事本末》卷一四《开国规模》,中华书局 2015 年版,第 189 页。

[4] 张廷玉等撰:《明史》卷九十四《刑法志一》,中华书局 1974 年版,第 2280 页。

取得了最后胜利。1368年农历正月在南京即皇帝位，国号大明，年号洪武，重新建立起一个国力远比宋朝强盛的封建专制王朝。

明初面临的政治形势比较复杂。外部存在对新政权构成严重威胁的元朝残余势力；内部一些豪强大地主也采取不合作的态度；元末腐败政治所造成的黑暗吏治，对新建立的明朝政权继续发散着侵蚀的作用；而经过元末农民大起义的洗礼，阶级力量的对比关系也发生了深刻的变化。在这样的历史背景下，为了巩固新生的政权，保卫国防，整顿社会秩序，发展经济，必须建立强有力的集中统一的政权，专制主义遂因之得到高度发展。

以朱元璋为代表的明朝统治者，十分注意总结历代特别是宋朝加强中央集权、重视法制的历史经验，把法律看作“防民之具、辅治之术”，〔5〕强调只有法立才能“人志定、上下安”“建国之初，此为先务”。〔6〕因此，全国统一后，便命刘惟谦、胡惟庸等人及时制定《大明律》，创建有明一代法制的基础。

明太祖朱元璋虽出身平民，却十分注意总结封建国家统治的历史经验，尤其是他亲历了元末政治腐败，法纪荡然，招致农民大起义的事实，这使他清醒地认识到整饬封建统治秩序与法制的重要性。他说，“元氏昏乱，纪纲不立，主荒臣专，威福下移，由是法度不行，人心涣散，遂至天下骚乱”“卒至于亡”。〔7〕他强调指出：“夫法度者，朝廷所以治天下也。”〔8〕

为了使法易为人知，又便于官吏执行，也为了避免元末“条格烦冗，吏得夤出入为奸，所以其害不胜”的弊病，〔9〕还在吴元年（1367年）十月李善长等议拟律令时，朱元璋便指出：“法贵简当，使人易晓，若条绪繁多，或一事两端，可轻可重，吏得因缘为奸，非法意也。夫网密则水无大鱼，法密则国无全民，卿等悉心参究，日具刑名条目以上，吾亲酌议焉。”〔10〕洪武元年（1368年）公布大明令时，朱元璋再次指出：“……古者律令至简，后世渐以繁多，甚至有不能通其义者，何以使人知法意而不犯哉？民既难知，是启吏之奸而陷民于法，朕甚闵之。今所定律令，芟繁就简，使之归一，直言其事，庶几人人易知而难犯。”〔11〕

为了“使人易晓”，不要以身试法，朱元璋在洪武三十年（1397年）“故作大

〔5〕《明太祖宝训》卷三《守法》，正统七年十二月丙辰，北京大学图书馆藏书（明抄本），第179页。
〔6〕《明太祖宝训》卷一《经国》，正统七年十二月丙辰，北京大学图书馆藏书（明抄本），第49页。
〔7〕《明实录·太祖实录》卷一四，北京大学图书馆藏书（明抄本），第177页。
〔8〕《明实录·太祖实录》卷一一六，北京大学图书馆藏书（明抄本），第1898页。
〔9〕《明实录·太祖实录》卷二七，北京大学图书馆藏书（明抄本），第420页。
〔10〕张廷玉等撰：《明史》卷九十四《刑法志一》，中华书局1974年版，第2280页。
〔11〕丘濬：《大学衍义补》卷一百三《定律令之制》（下），上海书店出版社2012年版，第167页。

诰,以示民,使知趋吉避凶之道"。[12] 为了防止条绪繁多,一事两端,于可轻可重之间便于奸吏行私,凡"比例之繁,奸吏可资为出入者,咸痛革之"。[13] 吴元年十二月制定的《大明律令》曰,"凡为令一百四十五条,律二百八十五条",[14] 较之唐宋律确为简当易知。统一的明朝建立以后,几次修订大明律,也都注意贯彻简当的思想,如同《明史·刑法志》所说,"大抵明律视唐简核"[15]。

从"网密则水无大鱼,法密则国无全民"[16]的认识出发,朱元璋认为只要法律疏而不漏便达到了他理想中的法制目标。这表现了一个经历元末农民战争之后政治家的胸怀。

但是,在封建社会后期各种矛盾不断激化的历史条件下,法贵简当的思想无法长期贯彻下去。明中叶以后,为了防止法外遗奸,广泛制定例,以致同一事项,而有二三例。在明朝的法律体系中,"律者万世之常法,例者一时之旨意",[17] 但引例破律,例律相违的情况越来越严重。尤有甚者,"厂""卫"横行,不仅破坏了以法治天下的初衷,而且开启了前所未有的明代虐政之滥觞。

为了保持法制的稳定,对于已经制定的法律不许轻易改动。洪武二十五年(1392年),刑部提出"律条与条例不同者宜更定",朱元璋立即"以条例特一时权宜,定律不可改,不从"。[18] 洪武三十年(1397年)大明律成,特下令:"子孙守之,群臣有稍议更改,即坐以变乱祖制之罪。"[19] 这说明朱元璋对于保持法律的稳定是何等的重视,正因如此,《大明律》"历代相承,无敢轻改"。[20] 但是,法律是随着社会的变化而变化的,法与时转是客观规律,法律的稳定只能是相对的。明朝中叶以后,反复修订用以辅律的《问刑条例》便说明了这一点。

朱元璋除提出"法贵简当"保持稳定外,还重视"明刑弼教,以礼导民"。"明刑弼教"是中国由来已久的传统法律思想,也是朱元璋以法治国的理论基础,在他手订的《大诰》中反复强调明刑弼教的重要性。"明刑弼教"重在明刑,以刑辅教。为了明刑,朱元璋不仅重视立法,尤其重视吏民知法,通过法律宣传,整饬纲纪,预防犯罪。早在吴元年(1367年)十二月,《大明令》完成时,朱元璋唯恐"小民不能周知,命大理卿周桢取所定律令,自礼乐、制度、钱粮、选法之

---

〔12〕 张廷玉等撰:《明史》卷九十四《刑法志一》,中华书局1974年版,第22846页。

〔13〕 黄训编:《皇明名臣经济录》卷之十八《进大明律表》,辽海出版社2009年版,第1365页。

〔14〕 张廷玉等撰:《明史》卷九十四《刑法志一》,中华书局1974年版,第2280页。

〔15〕 张廷玉等撰:《明史》卷九十四《刑法志一》,中华书局1974年版,第2285页。

〔16〕 张廷玉等撰:《明史》卷九十四《刑法志一》,中华书局1974年版,第2280页。

〔17〕 张廷玉等撰:《明史》卷九十四《刑法志一》,中华书局1974年版,第2288页。

〔18〕 张廷玉等撰:《明史》卷九十四《刑法志一》,中华书局1974年版,第2284页。

〔19〕 张廷玉等撰:《明史》卷九十四《刑法志一》,中华书局1974年版,第2279页。

〔20〕 张廷玉等撰:《明史》卷九十四《刑法志一》,中华书局1974年版,第2287页。

外,凡民间所行事宜,类聚成编,训释其义,颁之郡具,名曰《律令直解》。太祖览其书而喜曰:'吾民可以寡过矣。'"[21]《明通纪》也有类似的记载:"(吴元年)十一月命中书省详定律令,颁戊申历。先是上以唐、宋以来,皆有成律断狱。唯元不仿古制取一时所行之事为条格,胥吏易为奸弊。自平武昌以来,即议定律,至是台谏已立,各道按察司将巡历郡县,欲颁成法,俾内外遵守。"[22]洪武五年(1372年)二月,鉴于"田野之民,不知禁令,往往误犯刑宪",特"命有司于内外府州县及乡之里社皆立申明亭,凡境内之人民有犯者,书其过,名榜于亭上,使人有所惩戒"。洪武十五年(1382年)八月,就申明亭在实行中的弊病,再谕礼部:"天下郡邑申明亭,书记犯罪者姓名,昭示乡里,以劝善惩恶。今有司概以杂犯小罪书之,使善良一时过误为终身之累,虽欲改过自新,其路无由,尔等详议之。于是礼部议:自今犯十恶、奸盗、诈伪、干犯名义、有伤风俗及犯赃至徒者书于亭,其余杂犯公私过误,非干风化者,悉皆除之,以开良民自新之路……制曰可。"[23]正是由于申明亭是贯彻明刑弼教的一种设于基层的制度,《大明律·刑律·杂犯》规定:"凡拆毁申明亭房屋及毁板榜者,杖一百,流三千里。"除申明亭外,还有旌善亭、乡饮酒礼、祭厉、祭社稷等礼制,[24]也都是服务于"明刑弼教"的目的。

最能反映"明刑弼教"思想的,是洪武十八年至二十年(1385~1387年)由朱元璋亲自编制的《大诰》四篇。其主要内容是选编官民过犯的案例,以及律外峻令与有关趋吉避凶的训诫。为了广泛地宣传大诰的内容,以威慑群众,要求"户户有此一本""臣民熟观为戒"。[25]洪武三十一年(1398年),还将《大诰三编》颁之学宫,作为国子监学和科举考试的内容。而在乡里则由塾师教授大诰;每于乡村节日民众集会之处,还有专人讲说大诰。"天下讲读大诰师生来朝者十九万三千四百余人,并赐钞遣还。"[26]洪武三十年(1397年),《大明律诰》成,朱元璋亲御午门,面谕群臣,昭示制作律诰的目的:"法在有司,民不周知,故命刑官取大诰条目,撮其要略,附载于律……刊布中外,令天下知所遵守。"[27]在封建时代,统治者一方面要求百姓守法,为此而在一定限度宣讲法律;另一方面

[21] 张廷玉等撰:《明史》卷九十四《刑法志一》,中华书局1974年版,第2280页。

[22] 陈建撰:《皇明通纪·启运录卷三》,中华书局2008年版,第106页。

[23] 沈家本撰:《历代刑法考·律令九》"申明亭"条,中华书局1985年版,第1141页。

[24] 罗冬阳:《明太祖礼法之治研究》,高等教育出版社1998年版,第102页。

[25] 朱元璋撰:《御制大诰·颁行大诰》,载刘海年、杨一凡总主编,杨一凡、曲英杰、宋国范点校:《中国珍稀法律典籍集成》乙编第一册《洪武法律典籍》,科学出版社1994年版,第93页。

[26] 《明实录·太祖实录》卷二五三,北京大学图书馆藏书(明抄本),第3652页。

[27] 张廷玉等撰:《明史》卷九十四《刑法志一》,中华书局1974年版,第2284页。

又有意识地造成百姓在法律上的愚盲,以致私藏国家刑典者治罪。

朱元璋在强调"明刑弼教"的同时,也注意以礼定律,以礼导民。他认为,礼与法皆"国之纪纲","礼者,国之防范"[28]"刑者,人君用之以防民",[29]二者是相通的。洪武元年(1368年)在着手制定通行全国的大明律时,曾"命儒臣四人,同刑官讲唐律,日进二十条",[30]反映了他对礼法结合的重视。因为唐律是封建法典中礼法结合的典范,体现了自汉以来不断完善的治国安邦的方略,如同《唐律疏议·序》中所说,"德礼为政教之本,刑罚为政教之用,犹昏晓阳秋相须而成者也"[31]。

由于礼的作用在于弘扬封建的道德教化,从精神上约束百姓服从国家的统治,可以起到法律威慑所达不到的作用,对于这一点朱元璋从总结历史经验中是深有体会的。他说:"礼乐者治平之膏粱,刑政者救弊之药石。"[32]唯有"以德化天下",[33]兼"张刑制具以齐之",[34]才能求得长治久安。正是在以礼导民、礼法结合思想的指导下,洪武七年(1374年)二月,奉命详定《大明律》的刑部尚书刘惟谦、翰林学士宋濂在《进明律表》中特别说明:"篇目一准于唐……合六百有六条,分为三十卷。或损或益,或仍其旧,务合轻重之宜。"[35]洪武二十二年(1389年),朱元璋曾就新修订的《大明律》谕太孙说:"'此书首列二刑图,次列八礼图者,重礼也'……太孙请更定五条以上,太祖览而善之。太孙又请曰:'明刑所以弼教,凡与五伦相涉者,宜皆屈法以伸情。'乃命改定七十三条。"[36]虽然改定的具体条款不见于史书,但它贯彻重礼弼教的原则是毋庸置疑的。

洪武三十年(1397年)《大明律》完成,朱元璋曾御午门,宣谕群臣说,"朕仿古为治,明礼以导民,定律以绳顽",[37]这可以说是朱元璋治国三十年经验的总结。所谓"明礼以导民",就是用传统的礼教导人民,使之知礼而远刑,减少犯罪。所谓"定律以绳顽",就是立法惩治危害国家统治的"凶顽",使之畏法而远罪。这是朱元璋在新的历史条件下对于礼法结合的概括。

由于伦理亲情是礼的核心内容,《大明律》中有关尊卑贵贱同罪异罚,"存留

---

[28] 《明实录·太祖实录》卷八〇,北京大学图书馆藏书(明抄本),第1449页。
[29] 《明实录·太祖实录》卷一六七,北京大学图书馆藏书(明抄本),第2559页。
[30] 张廷玉等撰:《明史》卷九十四《刑法志一》,中华书局1974年版,第2280页。
[31] 刘俊文撰:《唐律疏议笺解》卷一《名例律》,中华书局1996年版,第3页。
[32] 《明实录·太祖实录》卷一六二,北京大学图书馆藏书(明抄本),第2517页。
[33] 《明实录·太祖实录》卷一三一,北京大学图书馆藏书(明抄本),第2085页。
[34] 《明实录·太祖实录》卷二百二,北京大学图书馆藏书(明抄本),第3019页。
[35] 张廷玉等撰:《明史》卷九十四《刑法志一》,中华书局1974年版,第2281页。
[36] 张廷玉等撰:《明史》卷九十四《刑法志一》,中华书局1974年版,第2284页。
[37] 怀效锋点校:《大明律·御制大明律序》,法律出版社1999年版,第1页。

养亲”“同居亲属有罪得互相容隐”“奴婢不得告主”“弟不证兄，妻不证夫、奴婢不证主”等条款，均为礼刑结合的主要表现。在司法实践中，“凡与五伦相涉者，宜皆屈法以伸情”。朱元璋本人也曾对事涉伦理案件屈法伸情，以示“明礼以导民”。例一：“民父以诬逮，其子诉于刑部，法司坐以越诉。太祖曰：‘子诉父枉，出于至情，不可罪。’”例二：“有子犯法，父贿求免者，御史欲并论父。太祖曰：‘子论死，父救之，情也，但论其子，赦其父。’”〔38〕例三：“山阳民父得罪，当杖，子请代，上曰：‘朕为孝子屈法’，特释之”。〔39〕屈法原情是明刑弼教、礼法相佐在司法中的具体化，确实起到了导向的作用，但屈法原情只适用于对国家社会危害不大的一般性案件。唐明二代由于历史环境的不同，在某些犯罪的刑罚适用上也有所差异，凡是违反典礼风俗教化的处罚，明律轻于唐律；而对于威胁国家统治的严重犯罪的处罚，明律则较唐律加重。

明初朱元璋针对“民狃元习，徇私灭公，戾日滋”，〔40〕以致“弃市之尸未移，新犯大辟者即至”。〔41〕尤其是红巾军农民起义冲决了一切固有的封建秩序，这在已经由红巾军领袖蜕变为封建帝王的朱元璋看来，自然是“乱世”了。因此，他宣布“吾治乱世，刑不得不重”。〔42〕《明史·刑法志》说：“始，太祖惩元纵弛之后，刑用重典。”〔43〕建文帝即位以后，在宣谕刑官时曾表示：“大明律，皇祖所亲定，命朕细阅，较前代往往加重。盖刑乱国之典，非百世通行之道也。”〔44〕“刑乱国用重典”是周初为贯彻“慎罚”政策而确定的区别用刑原则，它对后世有着深远的影响。

重典治国的主要表现是扩大了惩治反叛、大逆等罪的范围，加重了对“贼盗”及有关“帑项钱粮等事”的量刑；严刑制裁贪赃枉法与渎职的官吏，以“先正纪纲”，扭转元末腐败政治所造成的积弊。《明史·循吏传序》说：“明太祖惩元季吏治纵弛，民生凋敝，重绳贪吏，置之严典。”〔45〕明初重绳贪吏，集中体现在朱元璋手订的《大诰》中。

出身布衣的朱元璋，深知贪官污吏扰民害民是激起民变的重要原因。他曾告谕群臣说：“尝思昔在民间时，见州县官吏多不恤民，往往贪财好色，饮酒废

---

〔38〕　张廷玉等撰：《明史》卷九十四《刑法志一》，中华书局1974年版，第2287页。

〔39〕　谷应泰撰：《明史纪事本末》卷一四《开国规模》，中华书局2015年版，第210页。

〔40〕　张廷玉等撰：《明史》卷九十四《刑法志一》，中华书局1974年版，第2284页。

〔41〕　朱元璋撰：《御制大诰序》，载刘海年、杨一凡总主编，杨一凡、曲英杰、宋国范点校：《中国珍稀法律典籍集成》乙编第一册《洪武法律典籍》，科学出版社1994年版，第51页。

〔42〕　张廷玉等撰：《明史》卷九十四《刑法志一》，中华书局1974年版，第2283页。

〔43〕　张廷玉等撰：《明史》卷九十四《刑法志一》，中华书局1974年版，第2279页。

〔44〕　张廷玉等撰：《明史》卷九十四《刑法志一》，中华书局1974年版，第2285页。

〔45〕　张廷玉等撰：《明史》卷二百八十一《循吏列传》，中华书局1974年版，第7185页。

事,凡民疾苦,视之漠然,心实怒之,故今严法禁,但遇官吏贪污蠹害吾民者,罪之不恕。"在朱元璋手订的《大诰》中,大部分是惩治贪官污吏的。[46] 由于《大诰》所载峻令多出于律外,又是"御制"的法外之法,不仅严密了法网,而且量刑均重于《大明律》。在《大诰》三编中罗列了墨面、文身、挑筋去指、剁指、断手、刖足、阉割为奴、斩趾枷令、常枷号令、枷项游历、镯脚等种种酷刑。《明史·刑法志》说:"凡三《诰》所列凌迟、枭示、族诛者,无虑千百,弃市以下万数。"[47] 这些酷刑多为当时行用的明律所未有,表现了君主任意滥刑以震慑"奸顽"。除《大诰》所载案例外,朱元璋还借空印案、郭桓贪赃案以及积年为民害者,大肆杀戮。

但须指出,朱元璋严法治吏根本着眼点是治民,是以实际行动实施"明主治吏不治民"的法家思想。正因如此,从《大诰》初编的制定,到《大诰武臣》的颁行,时间虽只不过两年零一个月,但打击贪官污吏的条目和案例的比重已在下降,而打击奸民的比重却在上升。特别是洪武三十年(1397 年),列入律诰的原大诰条目三十六条,真犯死罪和杂犯死罪中,打击的重点既有贪官污吏,也有"游民""逸民""闲民"。

明初重典治吏,有助于整饬吏治,调整阶级关系,强化中央集权。但是,重刑只可收效于一时,却不能从根本上消灭犯罪。清人沈家本评论说:"明祖当元代法纪废弛之后,人多徇私灭公,因严刑以惩戒之,盖欲风俗之移易也,其峻令之著于大诰者,多出于律外,自序云'弃市之尸未移,新犯大辟者即至',然则风俗之未能移易,重刑云乎哉。"[48] 朱元璋也切身感到严刑的局限性。他曾说:"我欲除贪赃官吏,奈何朝杀而暮犯。"[49] 曾经主张严刑峻法的刘基,在致仕还乡时对朱元璋建言说:"今国威已立,宜少济以宽大。"临终前又遗言:"当今之务在修德省刑,祈天永命。"[50] 刘基的遗言对朱元璋颇有影响,洪武二十八年(1395 年),他亲御奉天门谕群臣曰:"朕起兵至今四十余年,灼见情伪,惩创奸顽,或法外用刑,本非常典,后嗣止颁律与大诰,不许用黥刺、剕、劓、阉割之刑。臣下敢以请者,置重典。"[51] 洪武三十年(1397 年)御制《大明律序》中再次申明:"合黥刺者除党逆家属并律该载外,其余有犯俱不黥刺。"尽管朱元璋一再申明"刑乱世用重典"是一时权宜之计,但它的流弊却是无法预测的。以廷杖为

---

〔46〕《明实录·太祖实录》卷三九,北京大学图书馆藏书(明抄本),第 800 页。
〔47〕张廷玉等撰:《明史》卷九十四《刑法志二》,中华书局 1974 年版,第 2318 页。
〔48〕沈家本撰:《历代刑法考·明大诰峻令考》,中华书局 1985 年版,第 1899 页。
〔49〕刘辰:《国初事迹》,中华书局 1991 年版,第 13 页。
〔50〕张廷玉等撰:《明史》卷一百二十八《刘基传》,中华书局 1974 年版,第 3781 页。
〔51〕张廷玉等撰:《明史》卷三《太祖纪三》,中华书局 1974 年版,第 52 页。

例,朱元璋曾下令毙工部尚书夏祥,开创了“殿陛行杖”的先例,其后,廷杖竟成为常法。武宗因谏南巡,一次廷杖大臣一百四十六人,死十一人。世宗时,因谏大礼事件,一次廷杖大臣一百三十四人,死十六人。

(二)《大明律》的制定、《问刑条例》的修订与《明会典》的问世

1.《大明律》的制定

《大明律》的制定起自吴元年(1367年),经过三十年的时间始最终完成。《明史·刑法志》对此阐述如下:“盖太祖之于律令也,草创于吴元年,更定于洪武六年,整齐于二十二年,至三十年始颁示天下,日久而虑精,一代法始定,中外决狱,一准三十年所颁。”[52]然而,真实的立法过程要比《明史·刑法志》所概括的复杂得多。譬如,洪武六年(1373年)刘惟谦、宋濂在吴元年《大明律令》的基础上详定《大明律》,“颁行天下”。洪武九年(1376年),朱元璋以律“犹有未当者”,命丞相胡惟庸、御史大夫汪广洋等,“详议厘正十有三条”。洪武二十二年(1389年)刑部鉴于洪武十三年(1380年)废中书省,不再设宰相,而由吏、户、礼、兵、刑、工六部分掌中书省职权,提出“比年条例增损不一,以致断狱失当。请编类颁行,俾中外知所遵守”。二十二年修律,并不是简单地由翰林院同刑部官员“取比年所增者,以类附入”,而是进行了重大革新。如以名例律冠于篇首,下按六部体制分为吏、户、礼、兵、刑、工六律,共三十卷,四百六十条。隋唐以来,沿袭八百年的法典结构为之一变。洪武三十年(1397年),朱元璋编纂《钦定律诰》一百四十七条,用以补充《大明律》中有关死罪(包括真犯死罪和杂犯死罪)的处刑条款。律诰附于明律四百六十条之后,总其名曰《大明律》。至此,历经三十年之久,最后完成了《大明律》的制定工作,随即“刊布中外,令天下知所遵守”。[53]

《钦定律诰》旨在惩办贪官,惩治“流民”“闲民”,压制不满朝廷的言论,因而增加了“戴刑肆贪”“逸夫”“官吏下乡”“寰中大夫不为君用”“阻挡乡民除恶”等条目。而《律诰》的处刑又比律文更重,因而“轻重失宜”。直到明中叶,《律诰》才废而不用。

《大明律》的篇目如下:名例一卷,内分五刑、十恶、八议;吏律二卷,内分职制、公式;户律七卷,内分户役、田宅、婚姻、仓库、课程、钱债、市廛;礼律二卷,内分祭祀、仪制;兵律五卷,内分宫卫、军政、关津、厩牧、邮驿;刑律十一卷,内分盗

---

〔52〕 张廷玉等撰:《明史》卷九十四《刑法志一》,中华书局1974年版,第2284页。
〔53〕 张廷玉等撰:《明史》卷九十四《刑法志一》,中华书局1974年版,第2284页。

贼、人命、斗殴、骂詈、诉讼、受赃、诈伪、犯奸、杂犯、捕亡、断狱;工律二卷,内分营造、河防。《大明律》从草创到定型,历时三十余年,说明以朱元璋为代表的明朝统治者对待立法所持的是积极而又慎重的态度。刘惟谦等在《进大明律表》中说:"每一篇成,辄缮书上奏揭于西庑之壁,亲御翰墨为之裁定……圣虑渊深,上稽天理,下揆人情,成此百代之准绳。"[54]

《大明律》几经更定之后,创造出了新的结构,这说明大明律不仅吸取了唐律的基本精神和内容,也融合了唐以后,特别是明初三十年的法制建设的经验,因而是一部在新的历史条件下,条例简于唐律,精神严于宋律,无论形式和内容都有所发展的一部重要的封建法典。《大明律》共计四百六十条,作为"历代相承"的"成法",直到明末从未变更。这一方面反映了《大明律》所列规范起到了应有的调整作用,并得到例的补充;另一方面也和朱元璋主张法宜稳定,并以重刑禁止任意修改律令是分不开的。在中国古代每当大变乱之后,新建王朝有远见的统治者总是致力于立法工作和保持法律的稳定,借以巩固统一,整饬纲纪,树立法律的威信,维护社会秩序的安定。为了保证慎重修律,唐律曾规定了严格的程序:"诸称律令式,不便于事者,皆须申尚书省议定、奏闻;若不申议,辄奏改行者,徒二年。"[55]明律也有类似的规定,然而保持法律的不变,只是统治者的主观愿望;法须协时,世轻世重,才是客观的规律。朱元璋虽然强调后世子孙不得修改成律,变更祖制,但是并没能阻止以修例来辅律改律,由此而产生了"因律起例,因例生例,例愈纷而弊愈无穷""奸吏骫法,任意轻重"的种种弊端。[56] 这是朱元璋始料不及的。

在制定《大明律》之前,曾经撰著简约易行的《大明令》,所谓"国初未制律之前,首著为令,以颁示天下。"[57]《大明令》按六科分类,形成吏、户、礼、兵、刑、工六令的体系。共一百四十一条,其中"吏令自选用以至宣使等,凡十八条,户令自漏口脱户至解纳官物,凡二十四条;礼令自朝贺班次至封赠,凡一十七条;兵令自额设只候人等至支给分例,凡一十条;刑令自五刑至里长犯赃迁徙,凡七十条;工令则造作军器、织造缎匹二条"。[58] 另据《续文献通考》记载,"凡为令一百四十五条;吏令二十、户令二十四、礼令十七、兵令十一、刑令七十一、工令

---

〔54〕 陈其愫编:《皇明经济文辑》卷十六《刑法》,辽海出版社 2009 年版,第 1046 页。

〔55〕 刘俊文撰:《唐律疏议笺解》卷一一《职制律》,中华书局 1996 年版,第 908 页。

〔56〕 张廷玉等撰:《明史》卷九十四《刑法志一》,中华书局 1974 年版,第 2279 页。

〔57〕《大明律集解附例》卷二六《刑律·杂犯》"违令"条纂注,修订法律馆光绪 34 年刊本,第 14 页。

〔58〕《大明律集解附例》卷二六《刑律·杂犯》"违令"条纂注,修订法律馆光绪 34 年刊本,第 14 页。

二”,较万历三十八年(1405年)的《大明律》刻本纂注多出四条。

《大明令》一百四十余条,内容简约,是建国之初便于及时调整涉及六科关系的法律形式。丘濬认为,“斯令也盖与汉高祖初入关,约法三章,唐高祖入京师,约法十二条,同一意也”。[59] 事实上,《大明令》的性质与作用,均非汉约法三章与唐约法十二条可比。这在洪武元年(1368年)正月十八日朱元璋为律令颁行而发布的诏书中,可以得到证明。他说:“律令者,治天下之法也。令以教之于先,律以齐之于后。”[60]可见,令与律并行,是实在的治国之法和稳定的法律形式。《明史·刑法志》对于令、律关系也作了以下说明:“其洪武元年之令,有律不载而具于令者,法司得援以为证,请于上而后行焉。”可见,援令为证,极为慎重,须奏准之后方可据令科断。

洪武三十年(1397年),在总结三十年法制建设经验而制定的《大明律》,吸收了《大明令》中的有关规定,如吏令中的公事自觉改正,户令中的和顾和买等,说明《大明令》在实施中的重要价值。直到明中叶嘉靖朝颁行的《问刑条例》中,仍有“依《大明令》分给财产”的规定。

2.《明大诰》的制定

《明大诰》是不经过一般的法定立法程序而又具有最高效力的特殊法律形式,是《大明律》刑律的重要补充。

制定《大诰》的动因是“天下臣民不从教者多”,[61]“治之虽严,而犯者自若”,[62]因而力图通过训诫使“不善之心”向化,[63]同时辅之以严刑峻法以“警省愚奸”。为此,太祖编订《御制大诰》七十四条,《御制大诰续编》八十七条,《御制大诰三编》四十三条,《大诰武臣》三十二条,共计二百三十六条。在《大诰》四编中,太祖亲自辑录洪武十八年至洪武二十年间“善可为法,恶可为戒”的官民过犯案例一百五十六件,并根据传统纲常名教精心制作导民“趋吉避凶”之道的训诫。此外,还设置了一些不见于《大明律》的重刑峻令。

从《御制大诰三编》序中可以看出,太祖面对不断恶化的严峻形势表现出的

---

[59] 丘濬:《大学衍义补》卷一百三《定律令之制》(下),上海书店出版社2012年版,第167页。

[60] 转引自怀效锋:《大明律》点校本附录,辽沈书社1990年版,第229页。

[61] 朱元璋撰:《御制大诰续编后序》,载刘海年、杨一凡总主编,杨一凡、曲英杰、宋国范点校:《中国珍稀法律典籍集成》乙编第一册《洪武法律典籍》,科学出版社1994年版,第167页。

[62] 朱元璋撰:《御制大诰三编后序》,载刘海年、杨一凡总主编,杨一凡、曲英杰、宋国范点校:《中国珍稀法律典籍集成》乙编第一册《洪武法律典籍》,科学出版社1994年版,第245页。朱元璋撰:《御制大诰序》,载刘海年、杨一凡总主编,杨一凡、曲英杰、宋国范点校:《中国珍稀法律典籍集成》乙编第一册《洪武法律典籍》,科学出版社1994年版,第51页。

[63] 朱元璋撰:《御制大诰三编序》,载刘海年、杨一凡总主编,杨一凡、曲英杰、宋国范点校:《中国珍稀法律典籍集成》乙编第一册《洪武法律典籍》,科学出版社1994年版,第173页。

惶惑无奈的心态,以及陆续颁行《大诰》的原因。他说:“朕才疏德薄,控驭之道竭矣,遂于洪武十八年(1385年)冬十一月首出大诰前编,以示臣民。……然无藉奸顽……犯若寻常,上累朝廷用刑之惨,下灭身家……朕虑不忍,以续编再出,警省愚顽,使毋仍蹈。……迩来凶顽之人,不善之心,犹未向化,朕复出诰以三示之。”[64]刘三吾在《大诰三编》后序中也说:“皇上深念从古至今,无有不可变之俗,无有不可化之民,故于机务之隙,特将官民过犯,条成二诰,颁示中外,使民知所劝惩。……然而民狃于污习……奸诈百生,异乎寻常……皇上复虑天下官民仿效成风,自取刑戮,特拨机务,复条此诰,使其知此奸此计罔能欺诳,徒自杀身。”[65]

《明大诰》以古文《尚书》《大诰》为名,意在劝戒臣民“陈大道以诰天下”。[66] 正因为如此,在《御制大诰》最后一条宣布:“朕出是诰,昭示祸福,一切官民诸色人等,户户有此一本。若犯笞、杖、徒、流罪名,每减一等;无者每加一等。所在臣民,熟观为戒。”[67]在《大诰续编》和《大诰三编》的最后一条,再次强调指出:“朕出斯令,一曰大诰,一曰续编。斯上下之本,臣民之至宝,发布天下,务必户户有之。敢有不敬而不收者,非吾治化之民,迁居化外,永不令归。”[68]“此诰前后三编,凡朕臣民,务要家藏人诵,以为鉴戒。倘有不遵,迁于化外。”[69]以上可见,大诰的所谓劝戒,以及太祖所宣扬的晓民以法,都是以严厉的刑罚为后盾的。

除训诫外,《大诰》还通过重刑峻令和具有比附作用的官民过犯案例来“警戒愚顽”“惩创愚顽”,它的锋芒所向一是贪官污吏,二是奸民。例如,《御制大诰·乡民除患》规定,省府州县贪官污吏、老奸巨猾顽民,许城市乡村贤良方正、豪杰之士,将其绑缚赴京,“敢有邀截阻当者,枭令”,[70]后在《御制大诰三编》中

---

〔64〕 朱元璋撰:《御制大诰三编序》,载刘海年、杨一凡总主编,杨一凡、曲英杰、宋国范点校:《中国珍稀法律典籍集成》乙编第一册《洪武法律典籍》,科学出版社1994年版,第173页。

〔65〕 朱元璋撰:《御制大诰三编后序》,载刘海年、杨一凡总主编,杨一凡、曲英杰、宋国范点校:《中国珍稀法律典籍集成》乙编第一册《洪武法律典籍》,科学出版社1994年版,第245页。

〔66〕 王先谦撰:《尚书孔传参正》卷十八《周书·大诰》,中华书局2011年版,第622页,。

〔67〕 朱元璋撰:《御制大诰》,载刘海年、杨一凡总主编,杨一凡、曲英杰、宋国范点校:《中国珍稀法律典籍集成》乙编第一册《洪武法律典籍》,科学出版社1994年版,第93页。

〔68〕 朱元璋撰:《御制大诰续编》,载刘海年、杨一凡总主编,杨一凡、曲英杰、宋国范点校:《中国珍稀法律典籍集成》乙编第一册《洪武法律典籍》,科学出版社1994年版,第167页。

〔69〕 朱元璋撰:《御制大诰三编》,载刘海年、杨一凡总主编,杨一凡、曲英杰、宋国范点校:《中国珍稀法律典籍集成》乙编第一册《洪武法律典籍》,科学出版社1994年版,第244页。

〔70〕 朱元璋撰:《御制大诰·乡民除患》,载刘海年、杨一凡总主编,杨一凡、曲英杰、宋国范点校:《中国珍稀法律典籍集成》乙编第一册《洪武法律典籍》,科学出版社1994年版,第83页。

进一步规定“民拿害民该吏……敢有阻当者,其家族诛”。[71] 又如,为了威逼和惩治不与明王朝合作的文人儒士,颁行“寰中士夫不为君用”的峻令,犯者概处族诛之法。[72] 以《大诰》与《大明律》相比,明显的同罪而异罚。按明律,各衙门文卷隐漏不报杖八十,收粮违限杖一百,《大诰》则适用凌迟刑。官吏“沉滞公文”,“将应施行事务、故不施行”以及不认真执行“关防勘合之法”等,《大诰》的量刑均重于《大明律》。因此,《大诰》的颁行,不仅加强了皇权,也震慑了官民,对于巩固明初政权起到了积极作用。

由于《大诰》是直接的御制之法,而非冠以钦定名义的一般立法,更具有权威性和法律效力。在《大诰》中除训诫部分外,一般都有相应的量刑标准,是确定意义上的刑事法律规范。正因如此,太祖要求司法官“比《诰》治罪”“比《诰》所禁者治之”。[73] 洪武二十六年(1393 年)三月,颁行《诸司职掌》规定,“凡本部问有应合充军者,必须照依《律》与《大诰》内议拟明白”。[74] 另据《大明会典》记载:“二十八年奏准:抄劄迁发《律》与《大诰》该载者,宜从法司遵守。”[75] 而在实践中,不乏援引《大诰》定罪量刑的案例,此《大诰》是“朝廷所当世守,法司所当遵行”的现行有效法律。[76]

不仅如此,为了赋予《大诰》一般的法律形式,从洪武二十六年(1393 年)起太祖不断将《大诰》条目列入国家制定法中去,如洪武二十六年(1393 年)颁行的《充军》条例,收入《大诰》五条,同年颁行《真犯杂犯死罪》条例,收入《大诰》二十八条,洪武三十年(1397 年)颁行的《秋后处决》《工役终身》中,收入《大诰》二十二条。特别是洪武三十年(1397 年)五月在《钦定律诰》中收入《大诰》三十六条。此后,原《大诰》不轻于用,正如《明史·刑法志》所说,“自《律诰》出,而《大诰》所载诸峻令未尝轻用”。洪武三十一年(1398 年)建文皇帝即位,鉴于法外用刑,有害于“情法适中”,在即位诏中宣布:“今后官民有犯五刑者,法司一依《大明律》科断,无深文。”[77]“无深文”三字已经含而不露地宣布废除《大诰》四编。然而,在成祖取代建文帝以后,为了稳定夺来的政权,不仅恢复了

---

〔71〕 朱元璋撰:《御制大诰三编·民拿害民该吏》,载刘海年、杨一凡总主编,杨一凡、曲英杰、宋国范点校:《中国珍稀法律典籍集成》乙编第一册《洪武法律典籍》,科学出版社 1994 年版,第 234 页。

〔72〕 朱元璋撰:《御制大诰三编·苏州人材》,载刘海年、杨一凡总主编,杨一凡、曲英杰、宋国范点校:《中国珍稀法律典籍集成》乙编第一册《洪武法律典籍》,科学出版社 1994 年版,第 219 页。

〔73〕 朱元璋撰:《御制大诰三编序》,载刘海年、杨一凡总主编,杨一凡、曲英杰、宋国范点校:《中国珍稀法律典籍集成》乙编第一册《洪武法律典籍》,科学出版社 1994 年版,第 232 页。

〔74〕《大明会典》卷一七五《编发囚军》,明万历十五年内府刊本,第 26 页。

〔75〕 万历《大明会典》卷一七八《抄劄》,明万历十五年内府刊本,第 14 页。

〔76〕 丘濬撰:《大学衍义补》卷一百三《定律令之制》(下),上海书店出版社 2012 年版,第 168 页。

〔77〕 姜清:《姜氏秘史》卷一。

《大明律诰》中的原《大诰》三十六条的实际效力,而且多次颁发敕令,"仍令天下诵读(大诰)。遇乡饮则讲解如旧"[78]"选方正之士,讲读《大诰》、律令"。[79]至永乐十九年(1421年)四月,成祖的统治地位已经巩固,建文皇帝的影响早已消失,才宣布:"法司所问囚人,今后一依《大明律》拟罪,不许深文,妄行榜文条例。"[80]至仁、宣两朝,《大诰》四编,连同《律诰》三十六条,一律废止不用。嘉靖时人霍韬说,"洪武中,令天下生员兼读《诰》《律》《教民榜文》,又言民间子弟早令讲读《大诰》三编。今生儒不知诰律久矣""宣德、正统以后逐渐废坏,循至迩年,所存无几"。[81]

《大诰》四编实际效力的终止,有它的历史必然性,因为重典治国治民只可收到一时之效,而无法达到"民免而无耻"的境界,何况《大诰》条目与律文冲突,不利于法律的统一适用和国家的安定。所以,建文、仁宗、宣宗、英宗即位时所宣布的"诸司所问囚犯,今后一依《大明律》科断,不许深文,违者治罪",[82]都是审时度势、变更成法的正确之举。

3.《问刑条例》的修订

孝宗以后,三朝《问刑条例》的修订是明中后期主要的立法成就,也是社会发展在法制上产生的必然结果。自洪武三十年(1397年)《大明律》完成以后,太祖朱元璋认为该法积三十年之经验而成,已臻于完善,因此在他死前特作遗训,"已成之法,一字不可改易"[83]"群臣有稍议更改,即坐以变乱祖制之罪"。[84] 但是,不断发展的社会生活与一成不变的法典之间必然发生矛盾。因此,明朝沿用宋朝用"敕"断案的传统,经过大臣呈请、奏告,由皇帝"斟酌损益,著为事例",[85]适用于司法实践,以补律文的不足,如永乐时颁定的《流徒罪条例》、宣德时颁定的《贵州土人断罪例》。但在明初,一方面允许引例断案,防止法外遗奸;另一方面又惟恐以例破律,造成法制秩序的混乱。洪武二十二年(1389年),朱元璋曾下令将所增条例"以类附入"律文。成祖时也禁止"妄引榜文条例"断案。至宪宗成化元年(1465年),鉴于引例破律的现象泛滥,"又令谳

[78] 《明实录·太宗实录》卷十下,北京大学图书馆藏书(明抄本),第172页。

[79] 《明实录·太宗实录》卷三九,北京大学图书馆藏书(明抄本),第654页。

[80] 《明实录·太宗实录》卷二三六,北京大学图书馆藏书(明抄本),第226页。

[81] 《明实录·世宗实录》卷八三,北京大学图书馆藏书(明抄本),第1857页。

[82] 刘海年、杨一凡总主编,杨一凡、曲英杰、宋国范点校:《中国珍稀法律典籍集成》乙编第三册《皇明诏令》卷七至卷十,科学出版社1994年版,第185~308页。

[83] 朱元璋撰:《皇明祖训·序》,北京图书馆出版社2002年版,第1页。

[84] 张廷玉等撰:《明史》卷九十四《刑法志一》,中华书局1974年版,第2279页。

[85] 《明实录·孝宗实录》卷六五,北京大学图书馆藏书(明抄本),第1245页。

囚者,一依正律,尽革所有条例”。[86] 然而,制定于七十年前的律文,无论如何都不能适应迅速变化的社会关系,无法进行有效的调整。以致成化十八年(1482年)曾经下诏“尽革所有条例”的宪宗,也不得不首肯适用《挟诈得财罪例》。此后用例之风遂不可遏制。由于因事起例,产生了条例冗杂、难以统一适用的弊端,“一事三四例者有之,随事更张每年或再变其例者有之”。[87] 因此,宪宗朝大臣们奏议制定统一的《问刑条例》。但宪宗宥于旧制的束缚,仅表示同意而未予实施。

至孝宗继位,距《大明律》的颁行已近百年,律、例矛盾更加突出。刑部尚书彭韶等于弘治五年(1492年)七月,借鸿胪少卿李鐩请删定《问刑条例》。议曰:“刑书所载有限,天下之情无穷,故有情轻罪重,亦有情重罪轻,往往取自上裁,斟酌损益,著为事例,盖此例行于在京法司者多,而行于在外者少,故在外问刑,多至轻重失宜。宜选属官,汇萃前后奏准事例,分类编集,会官裁定成编,通行内外,与大明律兼用,庶事例有定,情罪无遗。”[88] 孝宗俯允修订《问刑条例》的要求,于弘治十一年(1498年)十二月下诏:“法司问囚,近来条例太多,人难遵守。中间有可行者,三法司查议停当,条陈定夺。其余冗琐难行者,悉皆革去。”[89] 弘治十三年(1500年)二月,刑部尚书白昂奉旨议上《问刑条例》二百七十九条,“请通行天下,永为常法”。[90] 三月初二日颁行《问刑条例》,通称弘治《问刑条例》。

弘治《问刑条例》对《大明律》作出较大的修正,除官吏渎职罪加重惩罚外,一般犯罪均改重从轻。同时,扩大了赎刑的适用范围,“凡军民诸色人役,及舍余审有力者,与文武官吏、监生、生员、冠带官、知印、承差、阴阳生、医生、老人、舍人,不分笞、杖、流、杂犯死罪,俱令运炭、运灰、运砖、纳科、纳米等项赎罪”。[91] 这从一个侧面反映出社会秩序较为稳定的时代特点。但为了加强控制官营采矿的专利,以增加税收,禁止贩卖官私引盐和盗掘矿产,犯者根据情节或充军,或斩首。此外,还对具有离心倾向的宗藩权力作出多方面的限制规定:“各王府不许擅自招集外人,凌辱官府……王府发放一应事务,所司随即奏闻,

---

〔86〕 张廷玉等撰:《明史》卷九十四《刑法志一》,中华书局1974年版,第2286页。

〔87〕 《皇明条法事类纂》(下),载刘海年、杨一凡总主编,杨一凡、曲英杰、宋国范点校:《中国珍稀法律典籍集成》乙编第五册《皇明条法事类纂》,科学出版社1994年版,第372页。

〔88〕 《明实录·孝宗实录》卷六五,北京大学图书馆藏书(明抄本),第1245页。

〔89〕 《明实录·孝宗实录》卷一四五,北京大学图书馆藏书(明抄本),第2547~2548页。

〔90〕 《明实录·孝宗实录》卷一五九,北京大学图书馆藏书(明抄本),第2851页。

〔91〕 弘治《问刑条例》单刻本第一款,载刘海年、杨一凡总主编,杨一凡、曲英杰、宋国范点校:《中国珍稀法律典籍集成》乙编第二册《大明条例》,科学出版社1994年版,第220页。

必待钦准,方许奉行。”[92]诸王无故不得出城,已革爵者先应议的子孙犯罪,可以“径自提问发落”。[93]

弘治《问刑条例》删繁就简,整齐划一,在相当程度上纠正了以例代律、以例破律的弊病,成为“辅律而行”的重要立法。正如给事中杨廉所说,《问刑条例》“以太祖‘立法贵简’之心为主,一切近代冗杂之例悉为革去。俾以例通律之穷,不以例淆律之正。庶刑官有所遵守”。[94] 它是百年来刑事条例立法经验的总结,对于嘉靖朝、万历朝《问刑条例》的制定起着奠基的作用。

弘治以后,经过正德,至嘉靖朝,历数十年的岁月,原有的法令又不可避免地出现轻重失宜的弊端。尽管世宗于建元之初推行新政,但对制定新条例却持拒绝态度。嘉靖七年(1528 年)下诏:“内外问刑衙门,但依《大明律》及弘治十三年条例行,不必再行编集。”[95]直至嘉靖二十九年(1550 年)十月,社会经济、政治关系的剧烈变动才使世宗不得不下诏颁布由刑部尚书顾应祥重修的《问刑条例》,要求“内外衙门一体遵守,今后问刑官敢有任情妄引,故入人罪者重治”。[96]

嘉靖《问刑条例》有三百七十六款,加上嘉靖三十四年(1555 年)续增九款,共为三百八十五款。嘉靖《问刑条例》以弘治《问刑条例》为基础,但革除者少,新增者多,反映了变化中的社会关系对法律的要求。由于弘治朝以后明朝已步入衰世,阶级矛盾日渐尖锐,统治集团内部的权力争夺尤为激烈,凡此都赋予嘉靖《问刑条例》以新的特点。

其一,加重对于威胁社会安定的“逃聚山谷”流民的制裁。其中有规定:“沿边地方军民人等,躲避差役,逃入土夷峒寨潜住,究问情实,俱发边远卫分永远充军。本管里长总小旗及两邻知而不首者,各治以罪。”[97]

其二,对于违禁与番夷交易者,实行重罚。“凡兴贩私茶,潜往边境,与番夷交易,及在腹里贩卖与进贡回还夷人者,不拘斤数,连知情歇家牙保,俱发烟瘴

---

〔92〕 弘治《问刑条例》单刻本九九,第一〇二款,载刘海年、杨一凡总主编,杨一凡、曲英杰、宋国范点校:《中国珍稀法律典籍集成》乙编第二册《大明条例》,科学出版社 1994 年版,第 235 ~236 页。

〔93〕 弘治《问刑条例》单刻本第八款,载刘海年、杨一凡总主编,杨一凡、曲英杰、宋国范点校:《中国珍稀法律典籍集成》乙编第二册《大明条例》,科学出版社 1994 年版,第 221 页。

〔94〕 龙文彬撰:《明会要》卷六十四《刑一 · 刑制》,中华书局 1956 年版,第 1246 页。

〔95〕 《明实录 · 世宗实录》卷九四,北京大学图书馆藏书(明抄本),第 2179 页。

〔96〕 《明实录 · 世宗实录》卷三六八,北京大学图书馆藏书(明抄本),第 6593 页。

〔97〕 嘉靖《问刑条例》“逃避差役条例”,载刘海年、杨一凡总主编,杨一凡、曲英杰、宋国范点校:《中国珍稀法律典籍集成》乙编第二册《大明条例》,科学出版社 1994 年版,第 461 ~462 页。

地面充军。”[98]“凡夷人贡船到岸,未曾报官盘验,先行接买番货,及为夷人收买违禁货物者,俱发边卫充军。”[99]

其三,继续削弱宗藩势力,加强中央集权。其中规定:“各王府违例收受子粒,并争讼地土等事,与军民相干者,听各衙门从公理断,长史司不许滥受词讼,及将干对之人占吝不发。”[100]如有“指称权贵名色”,或“近侍官家人名目”,措勒解户,诓诈财物,扰害驿递衙门,或参奏处治,或发边卫充军。[101]

嘉靖《问刑条例》的制定和推行,巩固了作为“辅律而行”的“常法”地位,对于弘治《问刑条例》所做的因革损益,有明确的针对性,因而在司法实践中起了重要的作用。

神宗即位以后,朝臣鉴于弘治与嘉靖两朝的《问刑条例》在量刑上仍有含混不清、区别不明之处,因此从进一步规范化的角度进行增修。经过十年之功,完成被称为“详悉允当”的万历《问刑条例》,于万历十三年(1585年)四月十一日奉旨颁行。

距颁行嘉靖《问刑条例》已有三十五年之久的万历《问刑条例》,共三百八十二款,它所确定的宗旨明确严谨,如同刑部尚书舒化在《重修问刑条例题稿》中所指出的,“立例以辅律”“依律以定例”“必求经久可行,明白易晓;务祛苛纵之弊,以协情法之中”。根据这个修例宗旨,万历《问刑条例》的主要特点和成就是在定罪量刑上进一步规范化。例如,弘治、嘉靖《问刑条例》都规定:“盗内府财物者,系杂犯死罪准赎外,若盗乘舆服御物者,仍作真犯死罪,依律议拟。”万历《问刑条例》则改为:“凡盗内府财物,系乘舆服御物者,仍作真犯死罪,其余监守盗银三十两,钱帛等物值银三十两以上;常人盗银六十两、钱帛等物值银六十两以上,俱问发边卫永远充军。内犯奏请发充净军。”在“略诱”“略卖”良人条中,万历《问刑条例》将弘治、嘉靖《问刑条例》中再犯、三犯均照前发遣,改为“再犯者,用一百斤枷,枷号一个月,照前发遣。三犯者,不分革前革后,发极边卫分永远充军”,以示罪与罚的区别。

面对阶级反抗的加剧,为了保证国家运转所必要的财政收入,万历《问刑条

---

[98] 嘉靖《问刑条例》“私茶条例”,载刘海年、杨一凡总主编,杨一凡、曲英杰、宋国范点校:《中国珍稀法律典籍集成》乙编第二册《大明条例》,科学出版社1994年版,第469页。

[99] 嘉靖《问刑条例》“私出外境及违禁下海”,载刘海年、杨一凡总主编,杨一凡、曲英杰、宋国范点校:《中国珍稀法律典籍集成》乙编第二册《大明条例》,科学出版社1994年版,第481页。

[100] 嘉靖《问刑条例》“应议者之父祖有犯”,载刘海年、杨一凡总主编,杨一凡、曲英杰、宋国范点校:《中国珍稀法律典籍集成》乙编第二册《大明条例》,科学出版社1994年版,第443页。

[101] 嘉靖《问刑条例》“收支留难条例”,载刘海年、杨一凡总主编,杨一凡、曲英杰、宋国范点校:《中国珍稀法律典籍集成》乙编第二册《大明条例》,科学出版社1994年版,第483~484页。

例》增加了严守城池和严惩贩私盐的条款:“凡沿边沿海及腹里府、州、县与卫所同住一城,及卫所自住一城者,若遇大虏及盗贼生发攻围,不行固守,而辄弃去,及守备不设,被贼攻陷城池,劫杀焚烧者,卫所掌印与专一捕盗官,俱比照守边将帅失陷城寨者律,斩。”对于强行贩卖私盐的行为,嘉靖《问刑条例》已经采取严惩的对策。“凡豪强盐徒聚众至十人以上……拒敌官兵,若杀人及伤人至三命者,比照强盗已行得财律,皆斩。”万历《问刑条例》将“命”字改为“人”字,只要杀伤三人以上,即问斩刑,而不必致死,可见一字之改,寓从严之意于其中。又如,对十人以下,拒捕伤人至二命者,为首及下手之人,“比照官司捕获罪人,聚众中途打夺,为首及下手之人,各坐以斩绞罪名”。万历《问刑条例》则明确规定,为首者“依律处斩”,不存在比照它例定刑的问题,也无须奏请。只有下手之人,才比照“聚众中途打夺罪人因而伤人律,绞”。这个改动也反映了打击首犯的立法意图。

万历《问刑条例》颁布以后,又按“律为正文,例为附注”的体例,将明律与例合编刊印。

总括以上,弘治、嘉靖、万历三朝《问刑条例》的修订,是有明一代中后期又一重要的立法活动,是对唐宋“敕”“例”形式的继承和发展,也是明代律学成就的体现。它的历史价值不仅在于根据社会生活的发展,突破了祖宗成法不可更改的束缚,而且使刑事条例规范划一,将“以例破律”改为“以例补律”,这对于明律的统一适用和司法审判的准确与效率起了积极的作用。正因如此,清康熙十八年(1679 年)在《大清律集解附例》之外,又命有司制定《问刑条例》,这充分体现出明三朝修订《问刑条例》的历史影响。

有明一代的法制虽然奠基于洪武朝,但法律关系的基础是社会关系,一时之法不可能适应于一代,尽管朱元璋以严刑来维持祖宗成法的不可变,但却无法阻止社会生活的前进。因此,《问刑条例》的出现有它的历史必然性。虽然在制定《问刑条例》的过程中有过这样那样的争论,但终究还是应运而生了。它的制定也反映了明朝中后期立法技术的提高。

4.《明会典》的制定

明初,太祖鉴于元末吏治败坏导致国势衰微,终至于亡的教训,建国以后大力整饬吏治,以严刑督责百官。与此同时,也积极准备制定行政管理法,以规范官吏的职、权、责,提高行政效率。特别是洪武十三年(1380 年)废除中书省后,行政管理体制发生了重大变化,需要用法律的形式加以确认,并用以调整日益复杂化的行政关系。但当时由于集中力量编修《大明律》,还不具备制定行政法典的条件,只是在《大明律》中增加了防止官吏擅权,要求官吏尽职尽责,以及考核官吏的相关条款。同时,还颁行了《诸司职掌》,为《大明会典》的编撰提供了初步框架。

此后,建文四年(1402年)颁布《功臣死罪减禄例》,弘治、嘉靖年间颁布《王府禁例六条》《宗藩军政条例》,均属单行行政法规。至英宗时,鉴于"累朝典制散见叠出,未会于一",百司难以查阅,开始着手修订《会典》。至孝宗弘治十年(1497年),特敕儒臣"发中秘所藏诸司职掌等诸书,参以有司之籍册,凡事关礼度者,悉分馆编辑之,百司庶府,以序而列。官各领其属,而事皆归于职,名曰大明会典"。《会典》于弘治十五年(1502年)编成,共一百八十卷。"特命工锓梓,以颁示中外,俾自是而世守之。……由朝廷以及天下,诸凡举措,无巨细精粗,咸当乎理而得其宜。"[102]但弘治会典并未颁行。

武宗时,经过"内阁重加参校,补正遗阙",正式颁行天下,通称《正德会典》。武宗在《御制明会典序》中指出,"国是所存,治化所著,皆于此乎系……命工刻梓,俾内而诸司,外而群服,考古者有所依据,建事者有所师法,由是而纲举目张,政成化洽,保斯世于无疆"。[103] 正德六年(1511年)四月初十日,武宗在《敕谕内阁》中说:"行诸今而无弊,传诸后而可征,以称朕法祖图治之意。"[104]

世宗嘉靖八年(1529年)进行续纂,通称《嘉靖续纂会典》。同年四月初六日世宗在《敕谕内阁》中指出:"朕惟此一代通典,百司之所遵行,后世以之为据……使天下臣民,知所趋向。"[105]

神宗万历四年(1576年)重修会典,于万历十五年(1587年)完成通称《万历重修会典》。神宗在《御制重修〈大明会典〉序》中强调:"惟是内外臣工,展采错事,务一禀于成宪,执此之政,坚如金石,行此之令,信如四时……俾万世子孙,皆得蒙业而安,祚流罔极。"

上述记载表明,会典取材于明朝官修律、令、礼、式、宪纲和诸司档案籍册,内容广博,记述详备,是"辑累朝之法令,定一代之章程"的大经大法,[106]因而受到最高统治者的重视。《大明会典》的体例基本沿袭《唐六典》,以六部官制为纲,按宗人府、六部、都察院、六科、各寺、府、监、司的次序,分述各行政机关的职掌和事例。但它与《唐六典》有所不同,不单纯是行政法律的汇编,而是天下臣民遵守力行的,具有行政法典性质的重要法律,它为清代五朝会典的制定提供

[102] 《大明会典·御制大明会典序(弘治)》,明万历十五年内府刊本,第4~5页。
[103] 《大明会典·御制大明会典序(正德)》,明万历十五年内府刊本,第3页。
[104] 《明实录·孝宗实录》卷一二三,北京大学图书馆藏书(明抄本),第2196页。
[105] 《大明会典·皇帝敕谕内阁》(二),明万历十五年内府刊本,第3~4页。
[106] 《大明会典·御制重修大明会典序》,明万历十五年内府刊本,第1页。

了先验,是明朝立法的重要成就。

二、加强专制主义的行政立法

《明会典》的制定,不仅使明朝的行政法律体系获得了支撑,而且展示了行政法典化的趋势,标志着封建社会后期立法的新成就,成为明朝国家活动的鸿纲大法。

(一)中枢行政管理体制的重大变革

明初,仿宋元时期一省制的旧制,设中书省,统辖六部,总揽全国行政,设都督府节制中外诸军事,设御史台职掌监察,统称“三大府”。地方设行中书省(以下简称行省),是最高一级地方行政机构,负责指挥地方军政司法事务。行省以下分设府、州、县各级地方政权。设行都督府,为地方最高军事机关。在紧张的军事斗争中,为了取得战争的胜利和应付瞬息万变的形势,需要赋予地方军政长官独立处理各种事务的权力;因此,除中书省、大都督府掌握中枢军政实权外,地方行省、行都督府长官也握有比较大的权力。这种权力分配关系在明朝统一政权稳定以后,已经处于不变亦变之势,明太祖朱元璋随即集中力量消除威胁皇权的相权,调整中央集权和地方分权之间的尖锐冲突,以便加强中央集权,使“天子居至尊之位,操可致之权,赏罚予夺,得以自专”。[107]

明初,丞相参与国家要务的决策,有权发号施令,直接指挥六部及其他部门的工作,成为皇帝以下的第一重臣,既是皇帝的助手,又在一定程度上制约着皇权的行使,因此,朱元璋必欲废除相制而后快。他先造舆论,说“历代丞相多擅权”,把秦、汉、唐、宋、元各朝的覆亡统统归咎于丞相“专权乱政”。[108] 继而采取各种步骤,削弱丞相的职权。洪武十年(1377 年)六月朱元璋下令:“天下臣民凡言事者,实封直达朕前。”[109]“大小政事,皆先启皇太子处分,然后奏闻。”[110]七月,建立通政使司衙门,设通政使一人,左、右通政各一人,职掌“出纳帝命,通达下情,关防诸司出入公文”。[111] 凡内外大臣奏章,必须经由通政使司转达皇帝,从而剥夺了丞相查阅奏章的权力。皇帝的旨意也经由通政使司抄送有关机

[107] 《明实录·太祖实录》卷一二九,北京大学图书馆藏书(明抄本),第 2054 页。
[108] 谷应泰:《明史纪事本末》卷一三《胡蓝之狱》,中华书局 2015 年版,第 182 页。
[109] 《明实录·太祖实录》卷一一三,北京大学图书馆藏书(明抄本),第 1864 页。
[110] 《明实录·太祖实录》卷一一三,北京大学图书馆藏书(明抄本),第 1864 页。
[111] 《大明会典》卷二一二《通政使司》,明万历十五年内府刊本,第 1 页。

关和官员。百姓如有陈情上言、申诉冤屈或告不法等事,也可以密封交通政使司直接奏达皇帝。太祖曾就通政使司设立的必要性与职能做了明白的表述:“政犹水也,欲其常通,故以‘通政’名官,卿其审命令以正百官,达幽隐以通庶务。当执奏者勿忌避,当驳正者勿阿随,当敷陈者毋隐蔽,当引见者勿留难。”〔112〕根据《大明会典》,通政使司的职权是“出纳帝命,通达下情,关防诸司出入公文,奏报四方章奏,实封建言,陈情伸诉及军情声息、灾异等事”。〔113〕但明朝中叶以后,传旨传言统由宦官,遂使通政使司形同虚设,终于在神宗时期废除。

洪武十一年(1378年)春,针对丞相胡惟庸“总中书之政……专肆威福”,〔114〕又下令“禁六部奏事不得关白中书省”,〔115〕取消了丞相指挥六部的权力。至洪武十三年(1380年),终于借口左丞相胡惟庸谋反,诛杀胡党及功臣一万五千余人,趁机废除了中书省,罢除丞相官职,丞相所属权力收归皇帝独揽。在中国历史上沿袭一千余年的丞相制度和七百余年的三省制度至此结束。从秦朝建立皇帝制度起,长期存在的皇权同相权的矛盾终于以皇帝的胜利作出了历史的总结。

中书省废除以后,六部(吏、户、礼、兵、刑、工)的职权和地位大大提高,成为直接对皇帝负责,分任朝政的中央最高一级行政机关。六部之中,吏部管理选授、考课文武官吏,户部管理全国户口、田赋、财政,礼部管理科举、礼仪、祭祀,兵部管理武官选授、军队调遣和训练,刑部管理刑狱,工部管理营造和水利。六部之中户、刑两部实行按地区划分辖司的制度,各辖十三司,这是前代所没有的,从此打破了隋唐以来中央机关六部二十四司的体制。六部各设尚书一人、侍郎二人,六部尚书对全国性的大政、大狱均可参与研究讨论。由于六部的职权各侧重在某一个方面,所谓“权不专于一司”,各部尚书又直接对皇帝负责,执行皇帝的命令,这样不仅减弱了对皇权的威胁,而且保证了皇帝独裁权力的行使。因此,太祖在此制度实行十几年以后,便下诏从制度上加以肯定,说:“国家罢丞相,设府、部、院、寺以分理庶务,立法至为详善,以后嗣君,其毋得议置丞相,臣下有奏请设立者,论以极刑。”〔116〕

明朝中枢行政管理体制的重大改革是唐宋以来专制主义中央集权制度的

〔112〕张廷玉等撰:《明史》卷七十三《职官志二》,中华书局1974年版,第1781页。
〔113〕《大明会典》卷二一二《通政使司》,明万历十五年内府刊本,第1页。
〔114〕《明实录·太祖实录》卷一二九,北京大学图书馆藏书(明抄本),第2043页。
〔115〕龙文彬:《明会要》卷三十一《职官三·六部总叙》,中华书局1956年版,第500页。
〔116〕张廷玉等撰:《明史》卷七十二《职官志一》,中华书局1974年版,第1733页。

进一步发展,“中外章奏皆上徹御览,每断大事,决大疑,臣下惟面奏取旨”。[117] 然而,皇帝“乾纲独断”,“日总万机,安能事事尽善”,[118] 使得太祖深感“人主以一身统御天下,不可无辅臣”。[119] 洪武十五年(1382 年),仿宋制从翰林院等文翰机关中选调官员加殿阁大学士衔,执掌草拟诏谕,并备皇帝顾问,但“不得平章国事”。[120] 成祖时,命翰林院侍读、编修、检讨等文学侍从官员入值文渊阁,正式称为内阁,并参与机务,“内阁预机务自此始”。[121] 但内阁大学士的官秩一般不过五品,职权也只是遵命办事,相当于机要秘书机构。宣宗时期,为了便于阁臣行使职权,加强统治效能,使六部中的某些长官入阁兼大学士衔。例如,兵部尚书杨士奇、工部尚书杨荣、礼部尚书杨溥均入阁兼内阁大学士,后遂成为制度。从此,内阁职权渐趋显重,特别是英宗初年,大学士多是几朝元老,官位高,加之皇帝幼小,内阁大学士的权势得到显著发展,“六部承奉意旨,靡所不领”。[122] 至世宗时,大学士夏言、严嵩先后秉政,实际上掌握了丞相的权力,“朝位班次,俱列六部之上”[123]“六曹之长,咸唯唯听命”[124]“遂赫然为真宰相”。[125] 但因太祖曾经定制子孙不许设置丞相,故内阁大学士只称“辅臣”,首席大学士称“元辅”或“首辅”,内阁大学士虽无丞相之名,却由于执掌“票拟批答”,比起不直接草诏的丞相更便于玩弄权柄。从国家体制上看,大学士并不是最高行政长官,与六部无直接的领导关系,而且有明一代,真正握有实权的首辅,不过严嵩、张居正两人而已,其他大多是仰承皇帝甚至宦官的鼻息行事,内阁首辅的票拟权受宦官批红的限制便足以说明这一点。这种仅遵旨草拟诏令而不参与其事的所谓“上委之圣裁,下委之六部”的内阁机构的建立,[126] 正是君主集权制度高度发展的结果。

按明制,宫内设司礼监太监协助皇帝批答章奏。他们口衔天宪,逐渐从执掌“章奏文书,照阁票批朱”,[127] 发展成相权的实际代表。《明史·职官志》说:“内阁之拟票,不得不决于内监之批红,而相权转归之寺人,于是朝廷纪纲,贤士

---

[117] 廖道南撰:《殿阁词林记》卷九钦定四库全书·史部,第 12 页。
[118] 《明太祖宝训》卷三《求言》,北京大学图书馆藏书(明抄本),第 220 页。
[119] 《明实录·太祖实录》卷一三三,北京大学图书馆藏书(明抄本),第 2115 页。
[120] 陈子龙等编:《明经世文编》卷二九三,中华书局 1962 年影印版,第 3086 页。
[121] 张廷玉等撰:《明史》卷一百四十七《解缙传》,中华书局 1974 年版,第 4120 页
[122] 张廷玉等撰:《明史》卷七十二《职官志一》,中华书局 1974 年版,第 1734 页。
[123] 张廷玉等撰:《明史》卷七十二《职官志一》,中华书局 1974 年版,第 1734 页。
[124] 谷应泰撰:《明史纪事本末》卷五五《沿海倭乱》,中华书局 2015 年版,第 958 页。
[125] 张廷玉等撰:《明史》卷七十二《职官志一》,中华书局 1974 年版,第 1730 页。
[126] 张廷玉等撰:《明史》卷二百五十七《冯元飙传》,中华书局 1974 年版,第 6640 页。
[127] 张廷玉等撰:《明史》卷七十四《职官志三》,中华书局 1974 年版,第 1818 页。

大夫之进退,悉颠倒于其手。"[128]武宗时,掌司礼监太监刘瑾权势显赫,首辅大学士票拟,须先"至瑾处请明,然后下笔"。[129] 明末思想家黄宗羲从司礼监借批红窃弄权柄,抨击了明朝罢丞相、设内阁的制度。他说:"有明之无善治,自高皇帝罢丞相始也……或谓后之入阁办事,无宰相之名,有宰相之实也。曰:不然。入阁办事者,职在批答,犹开府之书记者,其事既轻;而批答之意,又必自内授之而后拟之,可谓有其实乎!吾以谓有宰相之实者,今之宫奴也。……生杀予夺出自宰相者,次第而尽归焉……故使宫奴有宰相之实者,则罢丞相之过也。"[130]宦官本来是皇帝的侍从,由于经常接近皇帝,并在皇帝猜忌外官的心理作用下,逐渐擅权干政。明朝之所以出现比汉唐更为严重的宦官干政,恰恰是专制制度腐朽性的表现。

地方行政体制也有一定程度的发展。在全国统一政权取得之前,设立行中书省为地方最高行政机构,总揽辖区军事、行政、民政、财政和司法,但在统一政权建立以后,便同加强中央集权发生矛盾,洪武九年(1376年)下令废除行中书省制,撤去行省平章政事、左右丞等地方高官,仿宋制以承宣布政使司、都指挥使司和提刑按察使司共同组成省级政权机关,分别管理行政、军事和司法。明初全国共有十三承宣布政使司,总管各省行政、民政、钱谷等事,长官为左、右布政使各一人,是地方最高行政长官。都指挥使司管辖本省卫所,负责军务,设都指挥使一人,是地方最高军事长官。按察使司负责本省刑狱、监察,设按察使一人,是地方最高司法官。地方三司的设立,一方面,使地方机关职权趋向专一化,加强了统治效能;另一方面,由于三司地位平等、互不统属,直接受皇帝领导,不仅分散了省级长官的职权,而且造成三机关互相牵制,以便于皇帝操纵。

省以下分为府、县两级,宋、元时的路已被撤销。府设知府,京都设府尹。明朝的府,虽无总管府和散府之分,但州却有直隶州和散州之别。直隶州直接由布政使司领导,地位略等于府,散州则归属于府,略等于县,州官为知州。府(直隶州)以下辖若干县,县设知县。

为了加强中央对地方的控制和监督,在省与府之间设有监察区"道"。一省分若干道,一道辖若干府。道有"守""巡"之分,凡由布政使司佐官左右参政、参议分理各道钱谷者,为"分守道"。而由按察使司佐官副使、佥事分理各道刑名(司法)者,为"分巡道",分别对各府官吏进行监督。此外,还根据需要设置一些没有地盘的专职道员,如督粮道、提学道等,但道不作为一级政权。

---

[128] 张廷玉等撰:《明史》卷七十二《职官志一》,中华书局1974年版,第1730页。

[129] 谷应泰撰:《明史纪事本末》卷四三《刘瑾用事》,中华书局2015年版,第635页。

[130] 黄宗羲撰:《明夷待访录·置相》,凤凰出版社2017年版,第11页。

明初还仿汉刺史制度,以省为单位,划分大监察区,派监察御使前往稽查,称为“巡按某处监察御史”。成祖永乐年间,在此基础上创设巡抚制度。巡抚初为临时性的差使,宣宗以后始逐渐固定。巡抚加有副都御使或佥都御史、兵部侍郎、提督军务、赞理军务等衔,以便于行使监察职权。但遇有重要军事问题或与几省有关的问题,则无权处理。因此,代宗景泰年间,又创设总督制度。总督统辖几省或大省的军权和监察权,加兵部尚书或侍郎衔及都御史名号。督、抚的地位和职权高于布政使。但终明之世,督、抚在组织上并不是省级最高行政长官。

此外,还沿袭宋制在全国各重要城镇设置“巡检司”,“专一盘诘往来奸细及贩卖私盐犯人、逃军、逃囚、无引(路条)面生可疑之人”。[131] 孝宗以后,地方上设立捕盗通判、捕盗州判、捕盗主簿等警察性机构。凡此,都表现了专制主义统治的深入和强化。

至于基层组织,城中称坊,近城称厢,乡村称里。凡一百一十户为一里,设里长,里下为甲,设甲首一人,负责地方民政、教化、赋税、争讼等事。里长对贯彻官府的政策、维持基层社会秩序起着十分重要的作用。所谓“下有益于民事,上有助于官司”。[132]

综上可见,明朝地方行政体制的改革是在加强君主专制的政策指导下进行的,集中表现为行省制的废除和地方监察区的重叠设置。经过改革,既削除了元时行省拥有的独立大权,也避免了如宋代地方机构权力过弱的倾向。明统治者深知临民之官关系到国家的根本,因此,比较重视地方吏治。洪武十七年(1384年)制定府、州、县条例八事,颁示天下永为遵守。其中强调各级官吏务要尽职尽责,提高效率,并确保上级对下级的监督。在府、州、县级政权中,尤其重视作为基本行政单位的县官的职守,曾经颁布县官“到任须知三十一条”,规定县官到任首先要了解刑狱、版籍、田粮、司法、财政事项;其次要了解“境内民人犯法,被诛者几户”,“境内士人在朝为官作非犯法、黜罢在闲几人,至死罪者几人”,[133] 以便掌握县内居民的政治情况,加强监视,防止发生危害国家的行为。府、州、县官中如有“廉能正直者,必遣行人赍敕往劳,增秩赐金”。[134] 洪武时,还允许地方百姓保荐县官。例如:“张祯任上海县丞,民以抚宇有方,乞用为知县……吏部……难之。帝曰:民之所欲,不可拂也,即许之。”“杨贡为交河典

---

[131] 《大明会典》卷一三九,《兵部》(二十二),明万历十五年内府刊本,第39页。

[132] 顾炎武:《日知录》卷八《乡亭之职》,学苑出版社2016年版,第132页。

[133] 《大明会典》卷九《吏部》(八),明万历十五年内府刊本,第14页。

[134] 张廷玉等撰:《明史》卷七十五《职官志四》,中华书局1974年版,第1851页。

史,得民心,会知县林俊迁去,父老奏贡清正勤能,乞代其职,章下吏部,尚书王直以贡发身掾吏,格之。帝曰:民既奏保,宜顺其情,若拘以资格,用人之途狭矣,卿等其体朕意。遂之任,果以称职闻。"[135] 以上府州县条例及县官到任须知,虽仍含有压抑地方势力之意,但主要着眼点在于督励地方官进行更有效能的统治。

明初,为了巩固朱氏天下,实行分封诸子为王、分镇藩国的制度。受封诸王享有极大的政治、经济特权,"胡蓝"大狱发生以后,又将军权交付诸子,以亲王守边,专决军务。内地各大都会,也以皇子亲王镇守,以为只有朱家子孙才是最可靠的屏藩。然而,燕王朱棣夺取皇位的"靖难"之变的发生,使皇族间血亲关系的可靠性被赤裸裸的权力争夺破坏。成祖即位以后,除保留诸王的经济特权外,削除其军事和政治实权而且严加防范。

(二)维持官僚机构运转的职官法

明朝专制皇权虽然极度强化,但这绝不意味着实行皇帝个人统治,而是以皇帝为轴心带动整个官僚机构的运转。如果没有遍及全国的统一的官僚机构,皇帝的最高统治权也难以行使。

明初,太祖是亲理朝政的,他曾说"无一事不经心"。据《春明梦余录》记载,洪武十七年(1384年)九月十四日至二十一日,八天之间送至宫内的奏章一千一百六十件,案件三千二百九十一件,这样庞杂的案牍是任何个人也难以承受的,必须群臣辅助。太祖、成祖不仅日视三朝,还"时召大臣于便殿裁决庶政"。[136] 英宗时,只保留早朝,至孝宗时期为及时与大臣议事,恢复午朝。御史姜绾曾就此提出:"午朝宜论大政,毋泛陈细故。"[137] 但孝宗以后的皇帝,上朝者已寥寥,遑论三朝。武宗时"每月御朝不过三五日,每朝进奏不逾二事"。[138] 世宗"二十余年不视朝政"。[139] 神宗时"帝不视朝已三十载"。[140] 这是封建专制制度腐朽性的又一表现。然而,即使如此,国家机器仍能运转,这是和官僚机构的分职任事、协调有法分不开的,以致专制主义越强化,官僚机构也越庞大。仁、宣两朝虽然都推行过省事不如省官的裁减冗官的政策,但都无法阻止国家机构日趋膨胀的趋势。嘉靖时,给事中刘体乾说:"今之害最大者有二,冗吏、冗

---

[135] 《古今图书集成·官常典》卷六五九,中华书局1934年影印版,第50页。
[136] 张廷玉等撰:《明史》卷一百六十二《刘球传》,中华书局1974年版,第4404页。
[137] 张廷玉等撰:《明史》卷一百八十《姜绾传》,中华书局1974年版,第4788页。
[138] 张廷玉等撰:《明史》卷一百九十二《王元正传》,中华书局1974年版,第40页。
[139] 谷应泰:《明史纪事本末》卷五二《世宗崇道教》,中华书局2015年版,第796页。
[140] 张廷玉等撰:《明史》卷二百四十《何宗彦传》,中华书局1974年版,第6252页。

费是也。历代官制,汉七千五百员,唐万八千员,宋极冗至三万四千员。本朝自成化五年,武职已逾八万,合文职盖十万余……岁增月益,不可悉举。”[141]天启时,刑科给事中解学龙就官员的增长情况做过如下统计:“国初,文职五千四百有余,武职二万八千有余。神宗时,文增至一万六千余,武增至八万二千余矣。今不知又增几倍。”[142]

明朝官吏的“选举之法,大略有四:曰学校,曰科目,曰荐举,曰铨选。学校以教育之,科目以登进之,荐举以旁招之,铨选以布列之,天下人才尽于是矣”。[143] 但有明一代科举是选官的基本途径。据《明史·选举志》记载:“明制,科目为盛,卿相皆由此出,学校则储才以应科目者也。其径由学校通籍者,亦科目之亚也,此外则杂流矣。然进士、举贡、杂流三途并用,虽有畸重,无偏废也。”早在洪武三年(1370 年),太祖下诏开科取士,“自今八月为始,特设科举,务在经明行修,博古通今,其中选者,朕将亲策于廷,观其学识,第其高下而任之”。[144] 洪武六年(1373 年),由于“所司多取文词,及试用之,不能措诸行事者甚众”,[145]一度罢科举。洪武十五年(1382 年),“复设科取士,三年一行,为定制”。[146] 明科举考试分乡试(省试)、会试(京试)和殿试(廷试)。乡试于子、卯、午、酉年,会试于丑、辰、未、戌年。中乡试者为举人,中会试者参加殿试。殿试分三甲,一甲三名赐进士及第,二甲若干名赐进士出身,三甲若干名赐同进士出身。永乐七年(1409 年)下诏,国家重要官员如御史,必须选任科举正途,从此科举任官更加受到重视。

至于科考内容,太祖时采纳刘基的意见,专取四书五经命题,答题者只能代圣贤立言,以程、朱理学对经书的解释为准,不许抒发自己的见解。宪宗时,创设“八股”的格式,只讲求文章形式上的逐段对偶、堆砌雕琢,完全脱离了社会生活的现实,比起唐宋以诗文取士,更加禁锢士人的思想。这是强化专制主义在文化思想领域的反映,目的是制造大批为专制制度服务的驯服工具。顾炎武曾经痛切地指出:“愚以为八股之害,等于焚书,而败坏人材,有甚于咸阳之郊,所坑者但四百六十余人也。”[147]由于八股取士是维护封建统治和束缚士人思想非常巧妙的手段,尽管攻击八股文者多矣,但在古代政权的支持下,依然延续了数

---

〔141〕 张廷玉等撰:《明史》卷二百十四《刘体乾传》,中华书局 1974 年版,第 5662 页。
〔142〕 张廷玉等撰:《明史》卷二百七十五《解学龙传》,中华书局 1974 年版,第 7042 页。
〔143〕 张廷玉等撰:《明史》卷六十九《选举志一》,中华书局 1974 年版,第 1675 页。
〔144〕 谷应泰:《明史纪事本末》卷一四《开国规模》,中华书局 2015 年版,第 206 页。
〔145〕 谷应泰:《明史纪事本末》卷一四《开国规模》,中华书局 2015 年版,第 208 页。
〔146〕 张廷玉等撰:《明史》卷三《太祖纪三》,中华书局 1974 年版,第 40 页。
〔147〕 顾炎武:《日知录》卷一六《拟题》,学苑出版社 2016 年版,第 264 页。

百年之久，直到清末才予以废除。

科举之外，任官的途径还有荐举和捐纳，荐举主要实行于太祖时期，早在洪武六年（1373年），便"征天下贤才至京，授以守令"。[148]"令有司察举贤才，以德行为本，而文艺次之。"[149]洪武十二年（1376年），"征天下博学老成之士送京师"[150]。洪武十三年（1377年），"诏举聪明正直、孝弟力田、贤良方正、文学术数之士"。[151]洪武十四年（1378年），"诏求明经老成之士，有司礼送京师"。[152]洪武十五年（1379年），虽恢复科举但荐举不废。洪武十九年（1380年），"诏举经明行修练达时务之士。年六十以上者，置翰林备顾问；六十以下，于六部、布按二司用之"。[153]如荐举不当，要负连坐之责。仁宗时，"诏中外官举贤才，严举主连坐法"。[154]洪武时对具有才能者采取超迁、特擢的形式，"不次用之"。例如，鄱阳人张琬以贡士试高第，授给事中，"一日，帝问天下财赋、户口之数，口对无遗。帝悦，立擢左侍郎"。[155]太学生出身历金吾前卫经历黄福，曾上书论国家大计，"太祖奇之，超拜工部右侍郎"。[156]

景泰时期，宣大一带马草不敷，曾开捐纳，所纳草千五百束者，预选用。成化时，有纳粟冠带之制。成化十九年（1483年）给事中王瑞等抨击说："今幸门大开，鬻贩如市……以至厮养贱夫，市井童稚，皆得攀援。"[157]御史张稷等也揭露说："比来末流贱伎妄厕公卿，屠狗贩缯滥居清要。文职有未识一丁，武阶亦未挟一矢……一日而数十人得官，一署而数百人寄俸，自古以来，有如是之政令否也。"[158]明代不仅捐纳为官，还可以纳粟、银入监。由此而造成冗官充斥、吏治败坏。

为了集人事权于中央，明朝实行"廷推""部推"制度，凡大学士、吏部尚书、各部侍郎及督抚缺员，多用廷推除授；太常寺卿以下官员多用部推任命。明朝对官吏的任用注重资格，所谓"掌铨选者，罔论贤否，第循资格"。[159]明人叶向

---

[148] 谷应泰：《明史纪事本末》卷一四《开国规模》，中华书局2015年版，第198页。
[149] 张廷玉等撰：《明史》卷七十一《选举志三》，中华书局1974年版，第1712页。
[150] 张廷玉等撰：《明史》卷二《太祖纪二》，中华书局1974年版，第34页。
[151] 张廷玉等撰：《明史》卷二《太祖纪二》，中华书局1974年版，第34页。
[152] 张廷玉等撰：《明史》卷二《太祖纪二》，中华书局1974年版，第36页。
[153] 张廷玉等撰：《明史》卷三《太祖纪三》，中华书局1974年版，第43页。
[154] 张廷玉等撰：《明史》卷八《仁宗纪》，中华书局1974年版，第110页。
[155] 张廷玉等撰：《明史》卷一百三十八《张琬传》，中华书局1974年版，第3967页。
[156] 张廷玉等撰：《明史》卷一百五十四《黄福传》，中华书局1974年版，第4225页。
[157] 张廷玉等撰：《明史》卷一百八十《张稷传》，中华书局1974年版，第4777页。
[158] 张廷玉等撰：《明史》卷一百八十《张稷传》，中华书局1974年版，第4777页。
[159] 张廷玉等撰：《明史》卷一百五十二《周叙传》，中华书局1974年版，第4198页。

高曾就选官由重才向重资格的演变评论说:“往在洪(武)永(历)间,天造草昧,士各以所长奋,毋问所从来,时盖有其人而无其格。宣(德)正(统)成(化)弘(治)之世,文教大兴,士品乃定。诸服大僚备肺俯者,彬彬然多制科之选矣。而负奇蕴珍之夫,亦间缘他途以起,上之人不为厄也,时盖有其格而未尝限其人。嘉(靖)隆(庆)以来,制科益重,缙绅大夫十九其人,其以科贡起者,即有长材异能,多束于资,不得表见。时盖格愈严而人始病……夫天下非无才之患也,才而束于格之患也。”[160]

明代任用官吏实行回避制度,主要是亲族回避、籍贯回避以及职务回避。亲族回避,按洪武元年(1368 年)令:“凡父兄伯叔任两京堂上官,其弟男子侄有任科道官者,对品改调。”又令:“内外管属衙门官吏,有系父子兄弟叔侄者,皆从卑回避。万历五年题准,从卑回避,以官职论。”[161]籍贯回避,洪武时,曾定南北互调之法,以示劝惩。职务回避包括户部官回避、监察官回避、科场官回避、司法官回避、五府官回避等若干种。例如,浙江、江西苏松人不得官户部就带有明显的防范意义。此外,王府官“终身不得他迁”。[162] 回避制的逐步完善,反映了明朝对官吏管理的新发展。

至于官吏的考课,分为“京察”与“外察”两种。京察是对京官的考绩,“四品以上自陈以取上裁,五品以下分别致仕、降调、闲住为民者有差,具册奏请”,[163]京察每六年进行一次。外察是对外官的考绩,“州县以月计,上之府,府上下其考,以岁计,上之布政司。至三岁,抚、按通核其属事状,造册具报,丽以八法”。[164] 所谓“八法”,即考课官吏的八项标准:一贪、二酷、三浮躁、四不及、五老、六病、七疲、八不谨。无论内外官,任职满三年为一考,六年再考,九年通考,每一阶段考绩完成,称为“考满”。考满分上中下三等:称职、平常、不称职,根据等次,确定黜陟。考课由吏部负责,吏部尚书“掌天下官吏选授、封勋、考课之政令,以甄别人才”。[165] 所属考功司“掌文职官吏之考课及内外官之考察,凡旌别、访举及诸事故皆得稽之”。[166]

明朝考课,既严格而又有法度,人称“明兴考课之制,远法唐虞,近酌列代,

---

〔160〕 叶向高:《苍霞草》卷二《三途并用议》,江苏广陵古籍刻印社 1994 年版,第 169 页。
〔161〕 《大明会典》卷五《吏部》(四),明万历十五年内府刊本,第 31 页。
〔162〕 沈德符:《万历野获编》卷四《藩国随封官》,中华书局 1959 年版,第 113 页。
〔163〕 张廷玉等撰:《明史》卷七十一《选举志三》,中华书局 1974 年版,第 1723 页。
〔164〕 张廷玉等撰:《明史》卷七十一《选举志三》,中华书局 1974 年版,第 1723 页。
〔165〕 张廷玉等撰:《明史》卷七十二《职官志一》,中华书局 1974 年版,第 1734 页。
〔166〕 《大明会典》卷一二《吏部》(一一),明万历十五年内府刊本,第 1 页。

最为有法”,[167]而且明初是认真实行的。例如,洪武十八年(1385 年),吏部奏称天下布、按、府、州、县朝觐官四千一百一十七人,其中称职者十之一,平常者十之七,不称职者十之一,贪污阘弱者十之一。称职者升官,平常者复职,不称职者降调,贪污者付有司治罪,阘茸者免为民。对于考察的结论如有不当,本人可以辩白,主管机关考察不实也要受处分。对于治绩特别优异的可免于考察,洪武时,云南布政使张纨“治行为天下第一,特令吏部勿考”。[168] 李宗信为保宁知府,“特旨曰:李宗信能臣也,不在考例”。[169] 凡因京察罢职官吏尚可起复,大计罢黜者则永不录用。

明朝中叶以后,官吏考绩不仅流于形式,而且积弊丛生。神宗时,左副都御史邱橓抨击说:“如京官考满,河南道例书称职,外吏给由,抚按官概与保留。以朝廷甄别之典,为人臣交市之资,敢徇私而不敢尽法,恶无所惩,贤亦安劝,此考绩之积弊。”[170]

明朝官吏的俸禄按九品十八级,分别支给米、钞、布、盐等。在历史上明是以俸薄著称的,明中叶以后米贵钞贱,七品知县以米折钞,月俸不足银二两。俸薄的结果是大官贪污以致富,小官舞弊以救贫,相习成风。在封建时代,官吏贪污腐败是政权本质决定的,但俸薄未尝不是原因之一。

官吏致仕,按洪武元年(1368 年)令,官员年七十者致仕,以提高治理国家的效能。洪武十三年(1380 年),改为“文武官年六十以上者听致仕,给以诰敕”。[171] 孝宗弘治四年(1491 年)又规定:“凡告老疾官员,年五十五岁以上者,冠带致仕;未及五十五岁者,冠带闲住……六十五以上,不得取选。”[172]致仕也不单因年龄,如亲老者也许致仕,曰“归养”。至于“老疾不能任事者”,则随时强制致仕。对致仕官的待遇,或给田,或给俸,或二者兼有,有的还赐以奴仆,如成化初户部尚书杨鼎致仕,有司月给米二担,岁给役四人。致仕官员不得留住京师和任所地,即使宰相也不例外,以防止致仕官与现任内外官勾结。为了奖励官吏致仕还乡,许用官府专车送回,沿途接待。

(三)监察体制的变化与监察法的充实

为适应加强君主专制的需要,作为“天子耳目风纪之司”的监察机关,无论

[167] 孙承泽:《春明梦余录》卷三四《考课》,北京古籍出版社 1992 年版,第 556 页。
[168] 张廷玉等撰:《明史》卷一百五十一《张纨传》,中华书局 1974 年版,第 4175 页。
[169] 《古今图书集成·官常典》卷五九九,中华书局 1934 年影印版,第 25 页。
[170] 张廷玉等撰:《明史》卷二百二十六《邱橓传》,中华书局 1974 年版,第 5933 页。
[171] 张廷玉等撰:《明史》卷二《太祖纪二》,中华书局 1974 年版,第 35 页。
[172] 《大明会典》卷一三《吏部》(一二),明万历十五年内府刊本,第 24 页。

地位和职权都进一步提高。太祖曾经指出:“国家立三大府,中书总政事,都督掌军旅,御史掌纠察,朝廷纪纲尽系于此,而台察之任尤清要。”[173]

明初监察机关沿用唐宋旧制,中央设御史台。至洪武十五年(1382 年),适应加强专制主义的需要,改御史台为都察院,又称“风宪衙门”,[174]“专纠劾百司,辨明冤枉,提督各道……大狱重囚……偕刑部、大理谳平之”。[175] 都察院设左、右都御史为长官,以下有左右副都御史、左右佥都御史等。宣德十年(1435 年),依当时省制增设十三道监察御史一百一十人,分掌京师和地方监察工作。为了“察纠内外百司之官邪”,建立了监察御史出使巡按地方的制度。巡按御史纠劾地方官是否虐害百姓,是否尽忠于皇帝,是否符合国家政令的要求;因此,权力极大,“所按藩服大臣、府州县官诸考察,举劾尤专,大事奏裁,小事立断”。[176] 这一制度对于维持纲纪、吏治起了重要的作用。《明史·循吏传》说,“守令畏法”“吏治澄清者百余年”。中叶时何齐远特别指出:“监察之尤重,未有如我朝者也。”[177] 连世宗也认为,“天下生民休戚,吏治臧否,系于巡按御史”。[178] 由于巡按御史代天子巡狩,其地位与地方省级长官平列,甚至知府、知县谒见时要行跪拜礼。他们所拥有的权势,也为贪污弄权提供了有利条件。还在成祖时,大臣梁廷栋便奏称,巡按御史号称盘查访缉,每到一处,官员赠送多至二三万两,国家增一巡按御史,人民负担增加百万。明朝中期以后,御史权力的滥用更加突出。

都御史出巡时,常被皇帝特命兼管其他事务。凡兼管行政、民政的称“巡抚”,兼管军事的称“提督”,兼管行政、财政和军事的称“总督”。起初总督和巡抚仅为临时派遣的差使,至嘉靖时,为了加强对内镇压和抵御外患,遂固定设置在内地或边疆地区。总督和巡抚的权力远大于一般巡按御史,有“便宜从事”之权。但巡抚、按察使皆有监察权,由于职权交叉而发生的抚、按之争至明中叶愈演愈烈。

都察院除执掌监察权外,还握有对重大案件的司法权,以及战时派遣御史的监军权和特定事项的纠察权。然而,御史的品级一般不过正七品,他们的权力来源于皇帝钦派,是皇帝的耳目之司。由于御史的活动是维持国家正常运转所需要的,对御史的选拔比较严格,照例须进士、举人出身。成祖曾明令吏部,

---

[173] 张廷玉等撰:《明史》卷七十三《职官志二》,中华书局 1974 年版,第 1771 页。
[174] 《大明会典》卷二百九《都察院》(一),明万历十五年内府刊本,第 1 页。
[175] 张廷玉等撰:《明史》卷七十三《职官志二》,中华书局 1974 年版,第 1767 页。
[176] 张廷玉等撰:《明史》卷七十三《职官志二》,中华书局 1974 年版,第 1768 页。
[177] 王圻:《续文献通考》,《四库全书存目丛书》子部一八六,齐鲁书社 1995 年版,第 572 页。
[178] 《明实录·世宗实录》卷二四八,北京大学图书馆藏书(明抄本),第 4982 页。

“御史为朝廷耳目之寄,宜用有学识通达治体者”,[179] 而且还需要经过考选、试职后,才得实授。如御史犯罪则加三等,有赃从重论。御史察勘案件,违期不报,给予诘治。宣宗时,邵玘掌都察院事,“奉命考察御史,黜其不肖者二十余人”。[180]

除都察院系统外,还创立了负有独立监察权的六科组织。洪武十五年(1382年)废中书省,提高六部地位以后,为了监督六部活动,遂废除过去的谏官,并其权于给事中,创设六科给事中,独立监察机关系统。所谓六科即吏、户、礼、兵、刑、工,各科设给事中一人、左右都给事中各一人,主要负责监督六部官吏,所谓“掌侍从、规谏、补阙、拾遗、稽察六部百司之事”。[181] 凡六部奏请皇帝施行之事,须先经给事中审查,认为不当,可以驳回。六部奉旨执行之事,也须在给事中处登记,以便于检查执行情况。六科给事中的创置,对于地位和职权都已提高的六部起着钳制的作用,同时也分割了都察院的监察权。都察院与六科给事中两者虽有一定的分工,但并不是绝对的,也可以互相纠举,以便于皇帝操纵。给事中为了行使权力,往往将些微小之事附会成军国重事,造成了不少冤狱。封建监察制度的本质决定了明朝虽然重叠设置监察机构,但却没能保持清明的吏治。

地方监察机关为提刑按察使司,又称“行在都察院”“外台”。“掌一省刑名按劾之事。纠官邪,戢奸暴,平狱讼,雪冤抑,以振扬风纪,而澄清其吏治。”[182] 提刑按察使“周适天下,巡行风俗,上以宣帝命,下以求民瘼,按其官吏能否而进退之”,既有显赫的职权,又有相对的独立性,被称作“此我国家统纪之有经软”。[183] 明中叶以后,宦官势盛,地方的监察活动也纳入宦官职权范围,由皇帝家奴监察朝廷命官,说明一切纲纪礼法都已荡然无存。

明朝不仅形成了从中央到地方的监察机关体系,还制定了较为完善的监察法,用以确认监察机关的权责与活动程序,保证监察权的实施。

早在吴元年正月,朱元璋“命按察司佥事周浈等定议按察事宜,条其《宪纲》所当务者以进,谕之曰:风宪纪纲之司,惟在得人,则法清弊革。人言神明能行威福,鬼魅能为妖祸,尔等若能兴利除害、辅国裕民,此即神明;若阴私诡诈,蠹国害民,此即鬼魅也。凡事当存大体,有可言者勿缄默不言,有不可言者勿沽名

[179] 龙文彬:《明会要》卷三十三《职官五》,中华书局1956年版,第559页。
[180] 黄瑜:《双槐岁钞》卷四《都堂先兆》,中华书局1999年版,第71页。
[181] 张廷玉等撰:《明史》卷七十四《职官志三》,中华书局1974年版,第1805页。
[182] 张廷玉等撰:《明史》卷七十五《职官志四》,中华书局1974年版,第1840页。
[183] 陈梦雷:《古今图书集成·官常典》卷五九八,齐鲁书社2006年版,第600页。

卖直。苟察察以为明,苛刻以为能,下必有不堪之患,非吾所望于风宪矣”。

洪武四年正月,“御史台进拟《宪纲》四十条,上览之,亲加删定,诏刊行颁给,因谓台臣曰:元时任官,但贵本族,轻中国之士,南人至不得人风宪,岂是公道。朕之用人惟才是使,无间南北,风宪作朕耳目,任得其人,则自无壅弊之患。殿中侍御史唐铎对曰:臣闻元时遣使军抚百姓,初出之日,四方惊动,及至略无所为而去,百姓为之语曰奉使宣抚问民疾苦,来若雷霆去若败鼓,至今传以为笑,今陛下一视同仁,任官惟贤,尤重风宪,明立法度,所以安百姓、兴太平、天下幸甚,臣等敢不精白一心钦承圣意”。《宪纲》是有明一代最早的监察立法。其主要内容是关于御史的选用与职权方面的规定。太祖曾说:“朕之用人,惟才是使,无间南北。风宪作朕耳目,任得其人,自无壅弊之患。”③

洪武二十六年,在推行重典治吏政策的基础上,完善了以《宪纲》为代表的监察法。据《大明会典》卷二〇九记载,“洪武二十六年定:左右都御使、副都御使、佥都御史,职专纠劾百司,辩明冤狱,提督各道,及一应不公不法等事。其属有十二道监察御史,凡遇刑名,各照道分送问发落。其有差委监察御史,出巡、追问、审理、刷卷等事,各具事目,请旨点差”。之后,惠帝、成祖、仁宗、宣宗历朝对《宪纲》均有所增补。至英宗正统年间,《宪纲》已成为颇具规模的监察法规。

据《明英宗实录》卷六十载,正统四年十月庚子,英宗“敕谕行在礼部、都察院曰:朝廷建风宪,任之耳目,纲纪之寄,所以肃百僚而贞百度也。宪纲之书,肇于洪武,厥后官制不同,所宜因时改书,而中外宪臣,往往有任情增益者。我皇考宣宗章皇帝,临御臣下,屡以为言,遂敕礼部同翰林儒臣,考洪武旧文而申明之。并以洪武、永乐以来,祖宗所定风宪事体著在简册者,悉载其中,永示遵守,而益之以训戒之言。凡出臣下所增益者,并削去之。书成,先皇帝上宾,未及颁行。联嗣位之初,切以风宪为重,敕有司严选,务在得人。外之宪臣,复以宪纲为言。朕今于先朝所考定中,益以见行事宜,尔礼部即用刊印,颁布中外诸司遵守。尔都察院其下各道御史及在外按察司官,钦遵奉行。在洪武以后宪纲,凡系臣下自增者不用。敢有故违,必罪不恕。钦哉”。《宪纲》是明代监察立法的总纲,具有重要的指导意义。

此外,还有《巡抚六察》:清吏治、惩盗贼、肃边政、恤灾黎、进耆老、便人民。《巡按七察》:雪冤狱、清军役、正官风、劾官奸、清属吏、正法纪、肃盗匪。无论六察、七察,其核心均在于整肃吏治,这是明初的治国方略,巡抚、巡按在这方面负有特殊的使命。

由于监察官职要权重,也制定了约束监察官的法规,如《监官遵守六款》《监纪九款》《满日造报册式》。规定监察官不得“因循苟且,旷废其职”;“不可任一己之私，昧众人之公”；审讯要“详慎”，持身要“端肃、公勤、谨慎”；所到之处“循理守法”，注意“防闲”，不许“嘱托公事”；知善即举，见恶即拿，有误即纠，有利弊即陈，黜陟有据。〔184〕

明朝六科给事中是另一独立的监察系统，为规范其职权与活动，详定专门的监察法规。从立法体系来看，明朝六科监察法规可以分为总则和分则两个部分。前者为“六科通掌”，主要规定了给事中的权责和权限范围；后者为六科的权限及其工作细则。据《明会典》记载，六科通掌三十五条，另有吏科二十条、户科二十五条、礼科十六条、兵科三十五条、刑科十三条、工科十八条。

总括上述，明朝的监察法奠基于太祖时期，这和朱元璋严于治吏的思想是分不开的。经过成祖、仁宗、宣宗历朝增补，至英宗正统四年(1439年)，修订的《宪纲条例》，“各以类分列”，已经达到“甚备”的程度。〔185〕 在封建的监察法中，明朝的是较为完备的，是汉唐宋元以来监察立法的继承与发展，又为清朝监察立法提供了重要的历史渊源。由于监察机关有法可循，监察官有则可守，起到了纠正官邪的作用。洪武九年(1376年)，御史大夫汪广洋、陈宁劾奏丞相李善长，使李氏父子免冠待罪。永乐十四年(1416年)，御史刘观奏劾谷王穗昏聩无道，遂废穗为庶人。成化十九年(1483年)，御史徐镛等奏劾宦官汪直罪行，汪直被夺职。但是，从武宗起，监察官同宦官、权臣之间便发生了此伏彼起的权力斗争，有的监察官因奏劾宦官刘瑾，或被杖死，或被致仕，显示了宦官势盛。值得一提的是，嘉靖三十五年(1556年)，御史邹应龙奏劾严嵩父子，获准，严氏父子被治罪。顾炎武在《日知录》一书中对明代监察官评价颇高，认为明中叶以来内忧外患迭至，权奸权阉屡起，而明王朝仍无瓦解之势，其原因之一就是监察系统仍在发挥重要作用。〔186〕

三、体现重典治国的刑事法律

处在封建社会后期的明朝，阶级矛盾极其复杂尖锐。因此，在推行极端专制主义的过程中，出现了法外之罪和刑外之罚。在刑法适用上，对于严重危害国家、社会的犯罪的处罚，多有畸重之处。太祖曾说：“奈何胡元以宽而失，朕收平中国，非猛不可！”〔187〕

---

〔184〕《大明会典》卷二一〇《都察院》(二)，明万历十五年内府刊本，第1页。

〔185〕《大明会典》卷二百九《都察院》(一)，明万历十五年内府刊本，第23～25页。

〔186〕顾炎武：《日知录》卷九，学苑出版社2016年版，第152页。

〔187〕刘基：《诚意伯文集》卷一《皇帝手书》，商务印书馆1937年版，第3页。

(一)“治乱世,刑不得不重”[188]对刑事立法的影响

1. 扩大反逆罪的株连范围

按明律,“谋反”“谋大逆”被解释为“罪大恶极”之罪,一律采取重罪加重的原则。唐律中反逆罪,本人不分首从皆斩。其父及子年十六以上处绞刑,十五以下及母、女、妻、妾、祖、孙、兄弟、伯叔父、兄弟之子及笃疾废疾者,可不死。明律则不仅犯罪者本人不分首从均凌迟处死,而且其亲族凡年满十六岁以上的男子,如祖父、父、子、孙、兄、弟、伯叔父、兄弟之子,不限籍之异同,无论笃疾废疾,一律处斩,甚至异姓同居之人如外祖父、妻父、女婿、奴仆也同处斩刑。唐律对虽犯此罪但情节不同者惩罚也略有区别。例如,“词理不能动众,威力不足率人者”,本人处斩,父、子可不处死,祖、孙亦不牵连。再如,“口陈欲反之言,心无真实之计者”,只流二千里。明律则完全无视区别,不分情节轻重,一律处最重刑。对于知情故纵、隐藏不告者,唐律处绞刑,明律则处斩刑。往往一案株连,动辄数十人,甚至灭三族、九族、十族,以致乡里为墟。在加强镇压的同时,为了分化反抗者的力量,明律也规定有能捕获谋反、谋大逆罪犯者,“民授以民官,军授以军职,仍将犯人财产全给充赏。知而首告,官为捕获者,止给财产”[189]。

明律还扩大了“十恶”的范围,凡部民杀死本管知县、知州、知府,军士杀死本管百户、千户、指挥,均属“十恶”中的“不义”罪,一概处以极刑。

2. 严惩臣下结党和内外官交结

太祖鉴于历代臣下结党,削弱皇权,导致国亡民乱的教训,严禁臣下结党。在《大明律》中,特别增设了汉唐宋元刑法中所未有的“奸党”罪。其中规定:“若在朝官员,交结朋党,紊乱朝政者,皆斩,妻子为奴,财产并入官”“若犯罪,律该处死,其大臣小官巧言谏免、暗邀人心者,亦斩”“若刑部及大小各衙门官吏不执法律,听从上司主使,出入人罪者,罪亦如之”。此外,“凡奸邪进谗言左使杀人者”,亦属奸党,处斩刑。为了防止大臣私人荐引,结成朋党,国家官职的任用权专属皇帝,“若大臣专擅选用者,斩”“若大臣亲戚非奉特旨不许除授官职”,违者亦斩。甚至衙门官吏与士庶人等,“若有上言宰执大臣美政才德者,即是奸党,务要鞫问,穷究来历明白,犯人处斩,妻子为奴,财产入官”“若宰执大臣知情与同罪”。“文官非有大功勋于国家,而所司朦胧奏请辄封侯爵者,当该官吏及受封之人皆斩。”明初,胡惟庸与蓝玉两案发生以后,文武官吏坐奸党罪被诛杀

---

[188] 张廷玉等撰:《明史》卷九十三《刑法志一》,中华书局1974年版,第2283页。

[189] 怀效锋点校:《大明律》卷十八《刑律·贼盗》“谋反大逆”条,法律出版社1999年版,第134页。

者三万余人。“公、侯诸宿将坐奸党,先后丽法,稀得免者。”[190] 清人孙星衍在《重刻故唐律疏议·序》中说:“自永徽定律以后,宋元皆因其故。惟明代多有更改,又增奸党一章,以陷正士,而轻其轻罪,重其重罪。或言轻罪愈轻则易犯,重罪加重则多冤,非善政也。”清末律学家兼刑部尚书薛允升,在唐、明律比较中也指出,奸党等条,“皆洪武年间增定者也。明祖猜忌臣下,无弊不防,所定之律,亦苛刻显著,与唐律迥不相同”[191]“只知尊君,而不知礼臣”[192]“凡所以防臣下之揽权专擅,交结党援者,固已不遗余力矣”。[193]

在封建时代,朋党是当权者内部经常发生的现象,但明朝竟然采用大肆诛戮的手段去解决,除了说明朋党对于君主专制制度的危害外,更反映了皇权的极端发展。然而,奸党罪的肆意扩大,造成的消极后果就是朝官明哲保身,漠视国事。薛允升说:“然猜忌过甚,则刚克消亡,朝多沓沓之流,士保容容之福;遇重大事件,则唯诺盈廷,无所可否,于国事究何裨乎。”[194]

除惩治奸党外,还严禁内外官交结。洪武元年(1368 年),“上谓侍臣曰:吾见史传所书,汉唐末世皆为宦官败蠹,未尝不为之叹惋……其在宫禁,止可使之供洒扫,给使令而已,岂宜预政典兵。汉唐之祸,虽宦官之罪,亦人主宠爱之使然。向使宦官不得典兵预政,虽欲为乱,其可得乎”。[195] 为此下令,“不许寺人干预朝政”。[196] 洪武二年(1369 年),“命吏部定内侍诸司官制”“又顾侍臣曰:求善良于中涓,百无一二。用为耳目,即耳目蔽;用为腹心,即腹心病。驭之之道,但当使之畏法,不可使之有功。有功则骄恣,畏法则检束”[197]。洪武五年(1372 年),定宦官禁令:“有心怀恶逆,出不道之言者,凌迟处死,有知情而蔽之者同罪,知其事而不首者斩。”[198] 洪武十年(1377 年),“有内侍以久侍内庭,从容言及政事,上即日斥遣还乡,命终身不齿。谕群臣曰:‘阉寺之人,在左右久,其小忠小信足以固结君心。及其久也,假威窃权,势遂至于不可抑。朕立法,寺人不许预政事,今决去之,所以惩将来也。’”[199] 洪武十七年(1384 年),“敕内官

---

[190] 张廷玉等撰:《明史》卷一百二十六《汤和传》,中华书局 1974 年版,第 3755 页。
[191] 薛允升:《唐明律合编》卷九,中国书店出版社 2010 年版,第 74 页。
[192] 薛允升:《唐明律合编》卷三〇,中国书店出版社 2010 年版,第 306 页。
[193] 薛允升:《唐明律合编》卷九,中国书店出版社 2010 年版,第 68 页。
[194] 薛允升:《唐明律合编》卷九,中国书店出版社 2010 年版,第 69 页。
[195] 谷应泰:《明史纪事本末》卷一四《开国规模》,中华书局 2015 年版,第 198 页。
[196] 夏燮撰:《明通鉴》卷六,中华书局 2009 年版,第 173 页。
[197] 谷应泰:《明史纪事本末》卷一四《开国规模》,中华书局 2015 年版,第 203 页。
[198] 沈家本:《历代刑法考·律令九》卷一《宦官禁令》,中华书局 1985 年版,第 1123 页。
[199] 谷应泰:《明史纪事本末》卷一四《开国规模》,中华书局 2015 年版,第 215 页。

毋预外事。凡诸司毋与内监文移往来”,[200]又于内庭“尝镌铁牌置宫门曰:‘内臣不得干预政事,预者斩’”[201]。《大明律·吏律》中还专门规定:“凡诸衙门官吏,若与内官(即宦官)及近侍人员互相交结,漏泄事情,夤缘作弊,而符同奏启者,皆斩,妻子流二千里安置。”但是,这项被强调为子孙世守的禁令,却没有得到遵守,有明一代专制政治的腐朽,使宦官窃柄为祸更甚于前朝。

在中国历史上,宦官专权层出叠见不是偶然的,这是君主专制制度的必然产物。孤处深宫掌握最高权力的皇帝,唯恐大权受到权臣的威胁,遂以周围接近的宦官为心腹。尤其是明代许多皇帝昏庸腐化,甚至十几年不见外臣,从而为宦官专政制造了有利的条件。

曾经三令五申严禁宦官预闻政事的太祖本人,也于洪武二十五年(1392年)派宦官庆童往河州,敕谕茶马等事,中官奉使行事,自此始。

成祖朱棣由于夺取政权得力于宦官的内线,即位以后,遂对宦官“多所委任”,宦官拥有“出使、专征、监军、分镇、刺臣民隐事诸大权”。[202] 至英宗以九岁登基,宦官王振控制了军政大权,成为皇帝的替身。其后,宪宗时的汪直、武宗时的刘瑾、神宗时的冯保、熹宗时的魏忠贤,都形成了权倾中外的势力集团。武宗宠宦刘瑾下狱被审问时,刑部尚书刘璟“噤不敢声”,瑾以阶下囚竟狂呼:“满朝公卿皆出我门,谁敢问我者。”[203]熹宗时,许多朝廷官吏竞拜魏忠贤为“九千岁”,甘当其子孙和鹰犬,地方各省长官纷纷为魏忠贤立生祠,说明内外官交结的法禁完全失效权阉势盛达到何等程度。

3. 以严刑纠治思想言论

明律中因涉及言论思想而给予惩罚的条款,如“凡奸邪进谗言,左使杀人者,斩”[204]“凡造谶纬妖书妖言及传用惑众者,皆斩”,[205]收藏禁书与私习天文,“杖一百”[206]“假以上书,巧言令色,希求进用者,杖一百”[207]。除律有明文规定者外,臣民在奏章中因文字触犯皇帝之嫌,遭受严刑处决者,比比皆是。例如,官吏们在歌颂太祖的表章中有“作则垂宪”“遥瞻帝扉”“睿性生知”“体乾法坤”

[200] 谷应泰:《明史纪事本末》卷一四《开国规模》,中华书局2015年版,第216页。

[201] 张廷玉等撰:《明史》卷三百四《宦官传》,中华书局1974年版,第7765页。

[202] 张廷玉等撰:《明史》卷三百四《宦官传》,中华书局1974年版,第7766页。

[203] 谷应泰:《明史纪事本末》卷四三《刘瑾用事》,中华书局2015年版,第654页。

[204] 怀效锋点校:《大明律》卷二《吏律·职制》“奸党”条,法律出版社1999年版,第34页。

[205] 怀效锋点校:《大明律》卷十八《刑律·贼盗》“造妖书妖言”条,法律出版社1999年版,第135页。

[206] 怀效锋点校:《大明律》卷十二《礼律·仪制》“收藏禁书及私习天文”条,法律出版社1999年版,第91页。

[207] 怀效锋点校:《大明律》卷十二《礼律·仪制》“上书陈言”条,法律出版社1999年版,第93页。

"天生圣人"等字句,便以污蔑皇帝"作贼""发髡""帝非"等莫须有的罪名,大兴文学狱,肆意杀戮。也有的官吏因上书言事为帝所忌,而被处刑罚。洪武十五年(1382 年),"广平府吏王允道言磁州临水镇地产铁,请如元时置铁冶都提举司辖之,岁可收铁百余万斤。上命杖之,流海外"[208]。宣德六年(1431 年),巡按江西御史陈祚上疏,劝宣宗务帝王实学,听讲《大学衍义》一书。上览疏怒曰:"朕不读书,《大学》且不识,岂堪作天下主乎。命缇骑逮至京,并其家下锦衣狱,禁锢者五年。"[209]世宗时,以科举出题不当,吏部尚书李默、御史叶经,先后以讪谤罪处死。为了防止学校诸生议论国家大事,早在洪武十二年(1379 年)便颁行学校禁条:生员家"若非大事","毋轻至公门";"军民一切利病,并不许生员建言"。[210] 迄明末此禁条一直有效。

自秦以来,为了推行政治上的专制主义,必然要钳制臣民的思想和社会舆论,甚至不惜动用残酷的刑罚。这两者是互相联系、不可分割的。然而,借助暴力不以行为本身,而以当事人的思想方式作为打击的目标,无异于对非法行为的公开认可。而明朝的变本加厉,正说明封建社会后期统治者已经黔驴技穷了。

4. 整饬吏治,严惩贪官

由于国家的职能是通过行政官员、法官和军队等实体表现出来的,法家提出"明主治吏不治民"的思想,历代统治者都力求通过治吏来保证国家机器的运转及其职能的发挥。

明初,为了重建专制主义的国家统治,大力整饬吏治,以严法督励百官奉法执法,忠于职守。《大明律》特别规定,百官"务要熟读讲明律意,剖决事务",并以此作为考课官吏的标准之一,"若有不能讲解,不晓律意者,初犯罚俸钱一月,再犯笞四十附过,三犯于本衙门递降叙用"。"若官吏人等,挟诈欺公,妄生异议,擅为更改,变乱成法者,斩。"[211] 按唐律,如不先经尚书省审议,径行奏改律条者,罪止于徒。而明律竟拟斩刑,严于古者多矣。

整顿吏治,首以重法治赃吏。太祖曾召天下府州官来朝,谕之曰:"天下初定,百姓财力俱困,譬犹初飞之鸟,不可拔其羽,新植之木,不可摇其根要,在安养生息之。惟廉者能约己而利人……尔等当深戒之。"[212] 另据《明史 · 刑法

[208] 谷应泰:《明史纪事本末》卷一四《开国规模》,中华书局 2015 年版,第 216 页。

[209] 谷应泰:《明史纪事本末》卷二八《仁宣致治》,中华书局 2015 年版,第 434 页。

[210] 《大明会典》卷七八《礼部》(三六),明万历十五年内府刊本,第 5 页。

[211] 怀效锋点校:《大明律》卷二《吏律二 · 公式》"讲读律令"条,法律出版社 1999 年版,第 36 页。

[212] 《明实录 · 太祖实录》卷二九,北京大学图书馆藏书(明抄本),第 505 ~ 506 页。

志》:"太祖开国之初,惩元季贪冒,重绳赃吏,揭诸司犯法者于申明亭,以示戒。又命刑部,凡官吏有犯,宥罪复职,书过榜其门,使自省。不悛,论如律。"[213]《大明律·刑律》中专列"受赃"名目,此外在《户律》《课程》《盐法》中均有惩治官吏贪污的规定,处刑较唐律为重。

根据《大明律》,官吏"受赃",分枉法赃、不枉法赃与坐赃三种,均计赃科刑,但又有所区别。枉法赃"通算全科",即按受赃总数科刑。五贯以下杖八十,五十贯流三千里,八十贯绞(唐律十五匹绞)。不枉法赃"通算折半",即按受赃总算之半科刑。十贯杖七十,一百二十贯流三千里。坐赃指"官吏人等非因事受财,受赃致罪……"与非枉法赃同,也"通算折半",三贯以下笞三十,八十贯杖一百,百贯徒一年,五百贯以上罪止徒三年。除惩治受赃官吏外,与者减五等治罪。洪武年间还有以下专门规定:"凡官民人等犯枉法赃者,不分南北,俱发北方边卫充军。"[214]

明律中惩治官吏贪污罪的条目较唐宋律更加具体。例如,官吏受财,事后受财,有事以财请求,在官求索借贷人财物,家人求索,风宪官犯赃、因公擅科敛,私受公侯财物,留盗赃,受财脱漏户口,私役部民夫匠,私借官军船,私借钱粮挪移出纳,冒支官粮,冒领物料,等等。

官吏因赃除名,罢役之后,不再叙用。这与唐律中因赃免官,经过一定年限仍可降级使用显然不同。官吏断结案件以后受财,如已枉断,以枉法赃论;未枉断者,以非枉法赃论,比起唐律中官吏事后受财,按受所监临财物论罪为重。尤其对于官与吏受财分别详注,这反映出对于吏在司法实践中为非作歹的重视。职掌纠弹百官之权的"风宪官"御史,如犯赃则从重论。御史的家人求索借贷虽减本官所加之罪二等,但仍与一般监临官同等看待,若因事受财不准减等。

有明一代对贪赃官吏的惩处,严于前而宽于后。太祖时期打击贪官不遗余力。例如,洪武十八年(1385 年),有人告发户部侍郎郭桓与北平二司官吏通同舞弊、吞盗官粮。太祖下令法司拷讯,六部侍郎以下数百人均处死刑。追赃七百万石,供词牵及各直省官吏,系狱拟罪者数万人。太祖还允许百姓直接到京师控诉地方官的罪恶,甚至可以执送贪污官吏于京师。见于《大诰》中的案件多为惩治贪官污吏,无异于惩贪特别刑事法规,而且处刑均较明律为重。按《明律》,"不枉法赃",罪不至死,但《大诰》中官吏因犯"不枉法赃,被凌迟、枭首者极多"。对犯赃官吏,不仅惩罚本人,也株连通贿人及其家属。洪武四年(1371

---

[213] 张廷玉等撰:《明史》卷九十四《刑法志二》,中华书局 1974 年版,第 2318 页。
[214] 张廷玉等撰:《明史》卷九十三《刑法志一》,中华书局 1974 年版,第 2289 页。

年),曾敕谕刑部:“官吏受赃者,并罪通贿之人,徙其家于边,著为令。”[215]洪武五年(1372年),颁布了以惩治公侯犯赃罪的《铁榜》,这在中国古代刑法史上是无先例的。它规定:“凡公侯强占官民山场、湖泊、茶园、芦荡及金银铜锡铁冶者……三犯准免死一次。”“凡公侯除赐定仪仗户及佃田人户,已有名额报籍在官,敢有私托门下、隐闭差徭者斩。”[216]永嘉侯朱亮祖在广东受贿枉法,被召回后竟于朝堂上鞭死。

严法惩治贪赃对吏治的澄清产生了积极的影响。“一时守令畏法,洁己爱民,以当上指,吏治焕然丕变矣。”[217]但在中国封建时代,官吏贪污受贿植根于封建制度的土壤,任何严法酷刑只能治标,不能治本,只可收效于一时,不能防患于久远。就是在洪武年间,太祖也不得不承认:“我欲除贪赃官吏,奈何朝杀而暮犯。”[218]弘治年间制定《问刑条例》时,除官吏渎职加重惩罚外,一般犯赃罪均改重从轻。宣德朝以后,贪赃官吏或允许赎罪,或戍边、罢职,处死者极少,但“不得复官”。[219] 宣德四年(1427年),御史沈润“受金,出死罪”,“特命谪戍”[220]。天启四年(1624年),御史崔呈秀贪污,仅受“落职回籍”处分。[221] 对贪官的宽纵,遂使贪婪之风不可遏止,世宗时,严嵩父子贪污索贿被藉家时查出黄金三万两,白银二百余万两,其他珍宝、服玩数百万两。

除严于惩贪外,对于官吏擅权失职的惩处也较为严厉。如“事应奏不奏”唐律只杖八十,明律则区别军官、文职分别规定如下:“凡军官犯罪应请旨而不请旨,及应论功上议而不上议,当该官吏处绞。若文职有犯,应奏请而不奏请者,杖一百。有所规避从重论……若已奏已申不待回报而辄施行者,并同不奏不申之罪。”[222]清人薛允升曾就这项规定评论说:“职官有犯,明律多轻于唐律,而此律则较唐律为过重,总系猜防臣下,不使稍有专擅之意。”[223]至于领兵将帅如不申报上报,或不待回报擅调兵马者,“杖一百,罢职,发边远充军”。[224]

---

〔215〕 张廷玉等撰:《明史》卷九十三《刑法志一》,中华书局1974年版,第2288页。

〔216〕 沈家本:《历代刑法考·律令考》卷九《铁榜》,中华书局1985年版,第1124页。

〔217〕 张廷玉等撰:《明史》卷二百八十一《循吏传》,中华书局1974年版,第7185页。

〔218〕 刘辰:《国初事迹》,中华书局1991年版,第13页。

〔219〕 张廷玉等撰:《明史》卷一百七十七《王翱传》,中华书局1974年版,第4699页。

〔220〕 谷应泰:《明史纪事本末》卷二八《仁宣致治》,中华书局2015年版,第429页。

〔221〕 谷应泰:《明史纪事本末》卷六六《东林党议》,中华书局2015年版,第1042页。

〔222〕 怀效锋点校:《大明律》卷二《吏律二·公式》“事应奏不奏”条,法律出版社1999年版,第38页。

〔223〕 薛允升:《唐明律合编》卷十“事应奏而不奏”条按语,中国书店出版社2010年版,第85页。

〔224〕 怀效锋点校:《大明律》卷十四《兵律·军政》“擅调官军”条,法律出版社1999年版,第106页。

在条目繁多的失职罪中,以失守、纵盗、监守自盗处罚最重。“凡牧民之官失于抚宇,非法行事,激变良民,因而聚众反叛,失陷城池者,斩。”[225]成祖永乐十八年(1420年),“山东布政使储埏、张海,按察使刘本等坐纵盗诛”。[226]同年,“山东……唐赛儿作乱……三司郡县将校等官,皆以失寇伏诛”。[227]

对于监守自盗者不分首从,并赃论罪,满四十贯即斩。

明初,为了稳定社会秩序,要求官吏了解民间疾苦,熟悉境内生产与灾荒情况,对茫然不知者治罪。洪武二十五年(1392年),岢岚州学正吴从权、山阴教谕张桓至京,“上问民间疾苦,皆对曰:不知也,而非职事。上曰:……民情不知则所教何事?其窜之极边。命刑部榜谕天下学校”[228]。永乐十一年(1413年),“谕通政使、礼科给事中,凡朝觐官境内灾伤不以闻为他人所奏者,罪之”。[229]

5. 加重对强盗、窃盗和流民的刑罚

按唐律,强盗不得财者徒二年,得财十匹以上者绞。明律则“凡强盗已行不得财者,皆杖一百,流三千里;但得财者,不分首从,皆斩”,[230]而不问已获赃数、是否持械、有无杀人伤人等情形。至神宗万历年间,面对民众反抗的加剧,在《问刑条例》中增加了关于严守城池以及守城官责任的条款,规定:“凡沿边沿海及腹里府、州、县与卫所同住一城,及卫所自住一城者,若遇大虏及盗贼生发攻围,不行固守,而辄弃去,及守备不设,被贼攻陷城池,劫杀焚烧者,卫所掌印与专一捕盗官,俱比照守边将帅失陷城寨者律,斩。”[231]

明律对窃盗罪的处刑也严于唐律,“凡窃盗已行而不得财,笞五十,免刺;但得财者以一主为重,并赃论罪。……三犯者绞”[232]。(唐律最重至流刑)如盗内府财物则加重处刑,嘉靖《问刑条例》规定:“盗内府财物者,系杂犯死罪准赎外,若盗乘舆服御物者、圣旨、御宝、各衙门印信、夜巡铜牌及事关军机、钱粮的官文书等,仍作真犯死罪,依律议拟。”[233]至万历修订《问刑条例》时,将本条改为“凡盗内府财物,系乘舆服御物者,仍作真犯死罪。其余监守盗银三十两、钱帛等物

---

[225] 怀效锋点校:《大明律》卷十四《兵律·军政》“激变良民”条,法律出版社1999年版,第111页。

[226] 张廷玉撰:《明史》卷七《成祖纪三》,中华书局1974年版,第99页。

[227] 谷应泰:《明史纪事本末》卷二十三《平山东盗》,中华书局2015年版,第373页。

[228] 谷应泰:《明史纪事本末》卷一四《开国规模》,中华书局2015年版,第220页。

[229] 张廷玉等撰:《明史》卷六《成祖纪二》,中华书局1974年版,第90页。

[230] 怀效锋点校:《大明律》卷十八《刑律·贼盗》“强盗”条,法律出版社1999年版,第140页。

[231] 怀效锋点校:《大明律》附录《问刑条例·兵律二·军政》,法律出版社1999年版,第394页。

[232] 怀效锋点校:《大明律》卷十八《刑律·贼盗》“窃盗”条,法律出版社1999年版,第141页。

[233] 嘉靖《问刑条例》,《刑律一·贼盗》“盗内府财物”条例,载刘海年、杨一凡总主编,杨一凡、曲英杰、宋国范点校:《中国珍稀法律典籍集成》乙编第二册《大明条例》,科学出版社1994年版,第485页。

值银三十两以上,常人盗银六十两、钱帛等物值银六十两以上,俱问发边卫,永远充军"[234]。甚至擅食他人田园瓜果之类,也坐赃论,如系官田园则加二等。另据《嘉靖续纂条例》记载:"凡窃盗同居父、兄、伯、叔而又分赃者,照本犯之罪减二等",而不再依五服亲等区别论罪。

明律还特立"盗贼窝主"专条,凡盗贼窝主,或造意共谋,或分赃者,斩。

由于流民问题是自唐以来影响社会治安的极为棘手的问题。元末大量破产流亡的农民,曾经是反元起义的主力,在明朝建立以后,又成为国家稳定的潜在威胁。为了防止流民滋事,一方面,实行招诱流亡,移民垦荒的政策;另一方面,以严刑峻法处置流民。在《大明律》"人户以籍为定"[235]的基础上,《大诰》中也专列查禁游民之款,规定:"市村绝不许有逸夫。"如逃亡山泽,不听官府"召唤",为首者处绞,抗拒者全体处斩。允许邻里亲戚拘执"游民"赴京问罪,否则"逸夫(游民)处死。里甲四邻化外之迁"[236]。在《大诰》颁布以后,如仍有游民和其他闲散人员,里甲坐视不管,邻里不捉拿到官,除逸夫依律处死外,里甲四邻并流放边塞之外。流民如聚众反抗官府,则坚决镇压。洪武五年(1372年)三月,宣化地区官府迫使无籍之民为军,招致反抗,结果一百余人被杀戮。

经过严刑制裁并辅之以相应的政策,明初的流民问题得到一定程度的缓解。但由于官府有增无已的赋敛和地主阶级的残酷盘剥,小民被迫背井离乡,逃亡在外,补充了游民大军,至中叶流民激增已"势不可止"。因此,嘉靖《问刑条例》中对于"逃聚山谷"的流民,采取重法制裁。凡"沿边地方军民人等,躲避差役,逃入土夷峒寨潜住,究问情实,俱发边远卫分永远充军。本管里长总小旗及两邻知而不首者,各治以罪"[237]。

对于流民除严刑制裁外,还从户籍上加以防范,强制其必须在规定期限内于某地入籍,入籍后不许流动,否则以逃户论处。正统二年(1437年),由于流民日多,规定流民居住区有司均得委官换勘名籍,登记男妇大小丁口,十家编为一甲,互相保识,由当地里长管理,如抗拒官府者处死。[238] 成化初年,项忠、杨璿在荆襄山区驱流民附籍,引发大规模的流民起义,兵连祸结,死伤几十万人。成

---

[234] 怀效锋点校:《大明律》附录《问刑条例·刑律一·贼盗》,法律出版社1999年版,第406页。

[235] 怀效锋点校:《大明律》卷四《户律·户役》"人户以籍为定"条,法律出版社1999年版,第46页。

[236] 怀效锋点校:《大明律》卷四《户律·户役》"人户以籍为定"条,法律出版社1999年版,第46页。

[237] 嘉靖《问刑条例》,《户律·户役》"逃避差役"条例,载刘海年、杨一凡总主编,杨一凡、曲英杰、宋国范点校:《中国珍稀法律典籍集成》乙编第二册《大明条例》,科学出版社1994年版,第461~462页。

[238] 《大明会典》卷一九《户部·户口》,明万历十五年内府刊本,第23页。

祖即位以后,为了巩固统治地位,防止不利于中央集权的宗藩势力的扩大,实行削除地方诸王军政权力的政策,并对其活动严加防范。成祖以后继续执行此项政策,而且通过立法从多方面保证其实施。例如,弘治《问刑条例》中特别规定:"王府不许擅自招集外人,凌辱官府……王府发放的一应事务,所司随即奏闻。必待钦准,方许奉行。"诸王无故不得出城,已革爵者的应议子孙犯罪,可以"径自提问发落"。在嘉靖《问刑条例》中进一步规定:"各王府违例收受子粒,并争讼地土等事,与军民相干者,听各衙门从公理断,长史司不许滥受词状,及将干对之人占吝不发",如有"指称权贵名色",或"近侍家人名目",捐勒解户,诓诈财物,扰害驿道衙门,或参奏处治,或发边卫充军。英宗时还规定,王府官"从行岁久,加服俸,终身不得他迁"[239],嘉靖、万历以后,此例仍遵行不废。不仅王官不外调,王姻也不内除,其意均在防范宗室藩王势力的滋长。从历史上看,汉初文、景、武三朝为了集权中央,都曾经运用刑法限制诸王侯的权力,明朝实际上也在走汉初的老路,只是不如汉时坚决和彻底。

(二)重点治奸顽的刑制及刑法适用原则

明朝的刑制在重典治奸顽和明礼以导民的思想指导下发生了以下变化:

其一,制定刑与法外刑结合。法定刑与唐宋同,为笞、杖、徒、流、死(绞、斩)五刑。除法定刑外,发展了源自宋元的充军刑。明初,充军有实边之意,并无里程规定,后逐渐形成了不等的里程,而有极边、烟瘴、边远、边卫、沿海、附近六种之分,最远四千里,最近一千里。充军犯人根据身份在戍地或服劳役,或充当军士。充军期限分为"终身"和"永远"两种。"终身"即本人身死为止,"永远"即犯罪者本人死亡,子孙亲属仍须继续充军,直到"勾尽补绝"方能"开豁"。由此可见,充军刑远比流刑为重。

洪武元年(1368年)明律中,充军刑只有几款,后增至四十六条。嘉靖时已多达二百一十三条,万历时又增至二百四十三条。充军刑制的确立,一方面是和明统治者推行重刑主义攸关,另一方面也是与明军制改革分不开的。明朝军队的基本编制单位是卫、所,自太祖统一全国以后,"自京师达于郡县,皆立卫所"[240]。"度要害地,系一郡者设所,连郡者设卫。"[241]一般五千六百余人为一卫,卫下有千户所、百户所不等。以卫所为单位建立起来的军事编制和驻防制度,加强了中央集权的统治,也使充军刑有所依托。此外,充军还是补充兵籍的

---

[239] 沈德符:《万历野获编》卷四,中华书局1959年版,第113页。

[240] 张廷玉等撰:《明史》卷八十九《兵志一》,中华书局1974年版,第2175页。

[241] 张廷玉等撰:《明史》卷九十《兵志二》,中华书局1974年版,第2193页。

重要措施。《明会典》中有关根捕、勾补的具体规定，多是针对充军役而言。[242]

明朝还创立了"廷杖"及其他极端残酷的法外刑。所谓廷杖就是在午门前对大臣施用杖刑，以强迫臣下完全顺从皇帝的意志，表现出前所未有的专制皇帝的淫威。早在洪武八年（1375年），刑部主事茹太素上书太祖，有所忤触，被当廷杖打。洪武十四年（1381年），又将工部尚书薛祥廷杖致死。至武宗正德年间刘瑾当权，廷杖竟成为常刑。廷杖由司礼监监刑，锦衣卫施杖，有明一代，死于廷杖的大臣不计其数。武宗正德年间，廷杖"谏南巡"的大臣一百六十八人，死十五人；世宗嘉靖年间，廷杖"争大礼"的大臣一百四十三人，死十六人。隋唐宋元各代均有廷杖大臣之事，但明朝却把它发展成常用的威慑臣下的手段，已经超出重典"治吏"的范围，是皇帝专制淫威与凌辱大臣人格的突出表现。

明朝的法外刑，见于《大诰》的还有枭令、夷族、刺字等。最残酷的凌迟刑也被正式列入明律，成为常用手段。沈家本在《历代刑法志》中辑录了洪武一朝十几起凌迟大案，沈氏惊呼："遽拟凌迟，殊悬绝矣！""凌迟冤矣。"

英宗时期，宦官汪直以重枷一百斤，枷国子监祭酒李时勉，由此创枷号刑。武宗时，权宦刘瑾掌握西厂，创立大枷刑，枷重一百五十斤，犯者不出数日便累死，实际与死刑无异。熹宗即位以后，诏革大枷，但任用魏忠贤又创设了断脊、堕指、刺心之刑。明朝刑罚的残酷与肉刑的复活，既反映了封建社会后期异常尖锐的阶级矛盾，同时也是服务于强化极端专制主义统治的需要。

其二，刑名与服制联系进一步密切。依服制定罪量刑始自晋朝，晋以后历代相沿不改。元人龚端礼在《五服图解》中说："欲正刑名，先明服纪。服纪正则刑罚正，服纪不正，则刑罚不中矣。"由此可见，服制与刑罚的密切关系。

明律将"丧服图"列于篇首，以示对于服制的重视。朱元璋曾就此明白表述说："此书（指明律）首列二刑图，次列八礼图者，重礼也。"[243]以服制载于律，雄辩地说明了礼与法的结合，以及家族伦常关系对于立法的实际影响。不仅如此，服制还是裁定罪刑的重要标准之一。明人王肯堂在明律《笺释》中说："律首载丧服者，所以明服制轻重，使定罪者由此为应加应减之准也。"在司法实践中，凡审理有关亲属间的案件，须先问明是何称呼，是何服制，以使定罪量刑既依法又符合礼制。

根据《大明律》，凡亲属间的侵犯与伤害行为，依亲疏尊卑关系而有一系列特殊规定。例如，对人身的侵犯，血缘越近，处刑越重，但尊卑异罚。例如，子孙

---

[242] 《大明会典》卷一五四《军政》（一），明万历十五年内府刊本，第2～18页。

[243] 张廷玉等撰：《明史》卷九十三《刑法志一》，中华书局1974年版，第2283页。

殴祖父母、父母者,处斩刑,杀死者,凌迟处死。卑幼殴本宗及外姻缌麻兄姐,杖一百,小功兄姐杖六十,徒一年,大功兄姐杖六十,徒一年半。反之,尊长杀伤卑幼,血缘越亲,则定罪越轻。但奸非罪则不论尊卑长幼,关系越亲,惩罚越重。至于亲属间的财产侵犯,关系越近刑罚越轻,一般减等治罪。例如,不同财共居的亲属间相盗者,期亲减凡人五等,大功无服之亲减一等。亲属间自相诈欺者,无论同居与各居,均按亲属相盗律递减论罪。

其三,刑法适用原则也有异于前朝。第一,如犯罪在新律颁发之前,按新律拟断。早在汉时便规定"犯法者,各以法(发)时律令论之,明有所讫也"[244]。唐时进一步规定:"凡有罪未发,及已发未断而逢格改者,若格重则依旧条,轻从轻法。"[245]明律则"凡律自颁降日为始,若犯在已前者,并依新律拟断",并注解说:"此书言犯罪在先,颁律后事发,并依新定律条拟断,盖遵王之制,不得复用旧律也。"[246]由此可见,明律所强调的是"并依新律拟断",而不问新旧律在处刑上的轻重差别,从而与唐律的从新从轻原则不同。第二,对于化外人有犯,一律采取属地主义原则。根据唐律:"诸化外人同类自相犯者,名依本俗法;异类相犯者,以法律论。"[247]这显然是把刑法的属人主义与属地主义原则结合在一起的。然而,《大明律·名例》却规定,"凡化外人犯罪者并依律拟断",这里删除了"诸化外人同类自相犯者,各依本俗法"的规定。对于化外人利用族籍关系有所规避,逃脱罪责者,从重惩治。

又如,重其重罪,轻其轻罪。与唐律相比,凡危害国家安全与干犯皇朝的犯罪,明律的处刑均较唐律为重,而对于违反礼教罪的处刑则又轻于唐律。具体说来,"子孙违犯教令",唐律徒二年,明律降为杖一百。祖父母、父母在,子孙别籍异财,唐律徒三年,明律降为杖一百。闻父母丧匿不举哀,唐律流二千里,明律改为杖六十、徒一年。养杂户为子孙,唐律徒一年半,明律不构成犯罪。如同清人薛允升所说,"大抵事关典礼及风俗教化等事,唐律均较明律为重。贼盗及有关帑项钱粮等事,明律则又较唐律为重"[248]。这是明初在制定明律时所确定的"轻其所轻,重其所重"原则的体现,反映了封建社会后期阶级反抗的现实压力不断加强,在礼的束缚作用趋于淡化的历史条件下,统治者更多地求助于刑罚的威慑和镇压。薛允升说:"古人先礼教而后刑法,后世则重刑法而轻

---

[244] 班固撰,颜师古注:《汉书》卷八十一《孔光传》,中华书局1962年版,第3355页。
[245] 李林甫等撰:《唐六典》卷六,中华书局1992年版,第191页。
[246] 怀效锋点校:《大明律》卷一《名例律》"断罪依新颁律"条,法律出版社1999年版,第23页。
[247] 刘俊文撰:《唐律疏议笺解》卷六《名例律》,中华书局1996年版,第478页。
[248] 薛允升:《唐明律合编》卷九"祭享"条按语,中国书店出版社2010年版,第76页。

礼教。”[249]

四、民事法律的进一步发展

明初,通过招诱流亡,移民垦荒,兴修水利,实行屯田,农业经济得到恢复和发展。在此基础上又促进了工商业的进步,南京、杭州的丝绸,苏州、上海的棉纺织品,松江的染布,佛山的铸造,景德镇的陶瓷等,逐渐以地方特产著名。纺织业、矿冶业和造船业都取得了超越前代的成就。全国各地的经济联系进一步加强,市场繁荣,许多手工业产品除供应全国,也行销海外。商品经济的发展推动了民事法律的发展,明代民事法律体系更加完善,内容更加丰富。但由于传统国情条件的限制,明朝的民事法律渊源,仍然散见于律、令、条例、榜文、告示、习惯、礼俗之中,呈现多样性、分散性、复杂性的特点,没有专门的民事立法。

值得指出的是,洪武三十一年(1398年)三月十九日,户部为教民事奉圣旨颁布的《教民榜文》。该榜文四十一个条目,其中含有土地买卖、契约、家庭、继承等民事法律条款,以及民事诉讼的具体规定。它将大明律、令中户婚、田土的法律规范与乡村社会的诉讼制度进一步具体化,达到了相当完备的程度。《教民榜文》是奉旨颁行的具有教与罚双重意义的特殊法律形式。

(一)人户分编与民事权利主体

依所享权利的大小,明代民事主体的社会分层大致可划分为地主、自耕农、商人、手工业者、佃农、雇工、奴婢等。个人民事权利主体的分层较之宋元复杂化。此外,由于商品经济的发展,店铺和牙行等一些具有组织性质的民事主体如宗室、宗族、户、铺、车行相继出现。店铺除私人开设经营外,贵族官僚也雇人经营谋利,而且处于与私人店铺不平等的竞争地位。牙行是代客商买卖货物而收取佣金的居间人行会。根据明律,凡依法设立的牙行即具有民事法律主体的资格。贵族、官吏、地主不仅是民事主体,而且有些在民事法律关系中还享有特权。

在个人民事权利主体中,小农经济结构决定了自耕农占有重要地位。同时,进一步削弱了佃农对地主的人身依附关系,如洪武五年(1372年),太祖曾下令改变田主与佃农之间的主仆关系为“长幼”关系。因此,佃客在身份上具有独立性,是民事主体。至于“雇工人”的法律地位,以“立有文券,议有年限者”

---

[249] 薛允升:《唐明律合编》卷九“祭享”条按语,中国书店出版社2010年版,第76页。

为据,虽不同于奴婢,但如雇工人奸家长妻女,则与奴婢奸家长妻女一样,处斩刑,可见雇工人是不完全的民事主体。他们同其他平民发生民事关系时是民事主体,同雇主则处于不平等的地位。但短期雇工与雇工人不同,他们通过契约与雇主建立雇佣关系,是民事主体。万历十六年(1588 年)《新题例》规定:"今后官民之家凡倩工作之人,立有文券,议有年限者,以雇工人论;止是短雇月日,受值不多者,依凡(人)论。"[250]

商人不仅是商品流通领域内的民事主体,还参与土地买卖、租佃、借贷等民事活动。

手工业工人虽为民事权利主体,但由于明朝实行"匠籍"制度,凡从事手工业生产的工匠列入匠籍,世代为官府服役,不许脱籍,脱籍者按逃匠严惩。这多少妨碍了他们从事民事活动的自由。

奴婢仍被视为所有权的客体,但明初吸取元朝在中原地区推行奴隶制激化社会矛盾的教训,限定只有贵族功臣之家可以养奴蓄婢,数量最多不得超过二十人。一般庶民之家不许蓄养,否则杖一百,奴婢放免为良。同时,法律严禁诱骗略卖良民为奴婢,如有诱骗和略卖良人为奴婢,则杖一百,流三千里,以致明代奴婢的数量大为减少。奴婢享有一定的婚姻权,现存于中国历史博物馆的招婚文约可资证明。奴仆也有代主从事工商业的经营权,景泰时都指挥孙继宗、孙绍宗,指挥孙显宗曾"起塌房令家奴邀截客商引盐发卖"[251]。可见明代奴婢享有一定的民事权利,这对于缓和矛盾、维持农业和手工业生产所必需的劳动力,具有积极作用。但有明一代权贵之家仍大量蓄养奴婢实际并无限制,与此相联系的人口买卖也突破了法律的约束。

被法律认定为贱民的是广东疍户、山西乐户、浙江绍兴的惰民、江西宁国的世仆、徽州的伴当。此类法定贱民为唐宋元所没有,是明朝特定的专制政策的产物。他们在法律上处于完全无权的地位。

综上可见,处于封建社会后期的明代,佃农、雇工、奴婢从事民事活动的自主权相对有所扩大,反映了历史的发展趋势。但在等级制度森然的时代背景下,不同的身份层次之间的民事权利与义务,仍有着明显的差异。即使是民事主体,也由于社会政治地位和在家族内的地位不同而使其权利能力与行为能力均受到限制。譬如,按明律"年十六曰成丁,成丁而役,六十而免"[252]。说明成

〔250〕《大明律集解附例》卷二〇《刑律》"奴婢殴家长"条,修订法律馆光绪三十四年刊本,第 28 ~ 29 页。

〔251〕《明实录·英宗实录》卷一九三,北京大学图书馆藏书(明抄本),第 4030 页。

〔252〕张廷玉等撰:《明史》卷七十八《食货志二》,中华书局 1974 年版,第 1893 页。

丁即具有民事行为能力，但在宗法家族组织内，家长握有家内事务的处置权、管理权，家内成员尽管年届成丁，但在家长制度下，其行为能力的行使仍受到限制。

值得指出的是，民事权利能力和民事行为能力的这种不平等性并非绝对固定的，随着个人社会地位、家庭地位的变迁，土地所有关系的变化亦处于变动之中。

不仅如此，明代由于各色人户分别编入不同的户籍，享有不同的民事权利和民事诉讼权利。因此，法律禁止脱籍。按明制凡军、民、驿、灶、医、卜、工、乐分别编入与其身份相应的户籍，不得诈冒脱免。以军户为例，军户是兵役的承担者，列入军籍，父死子继，世代为兵，并享有月粮和布帛钱钞等赏赐。因此，明律严禁民户冒充军户，犯者杖八十。又如，列入匠籍的手工业匠户，如脱籍则按逃匠严惩。无论军户、匠户、灶户都不能随意流动，如有亡匿，于原籍递补，私自脱逃依法严惩。官司妄准脱户及变乱版籍者，杖八十。

（二）产业权的用益与担保的扩大

在以农业为主的自然经济统治下，产业权的核心和基本形式是土地的所有权。基于对土地的使用、受益、转让而又派生出永佃权、典权等如今之用益物权和质权、抵押权等如今之担保物权。

明朝继承了宋朝推行的不抑兼并的传统政策，实行"田多田少，一听民自为而已"[253]的政策，进一步发展了封建的土地所有制。根据《明史·食货志》记载："明土田之制，凡二等：曰官田、曰民田。"官田属于国家所有，法律禁止买卖、私占，并按官田则例起科。官田的来源主要是元旧有官田以及战乱中的抛荒地，其数量远远少于民地。弘治年间官田数量仅为民田的七分之一，至中后期由于官田逐渐转为贵族官僚私产，官田的比重愈益下降。

民田属于私人所有，通过奖励垦荒，"开垦成田，永为己业"和允许土地自由买卖，土地私有达到前所未有的高度。其中贵族官僚利用政治特权占有大量土地，据孝宗时统计，皇室、贵族、宦官占田五十九万八千四百五十六顷，占全国土地七分之一以上。万历时，福王封藩河南，神宗一次赐田二万顷。天启时，桂、惠、瑞三王和遂平、宁国二公主各占民田少则一万顷，多者四万顷。一般庶民地主人数众多，分布面广，也占有相当规模的土地。户部于洪武三十年（1397

---

〔253〕薛允升：《唐明律合编》卷一三（上）"欺隐田粮"条按语，中国书店出版社2010年版，第124页。

年),上报全国(云南、两广、四川除外)占地七顷以上的地主一万四千三百四十一户。[254] 此外还有大量的小庶民地主。

由于富有的商人投资土地,也出现了商人地主。以湖广地区为例,“占田万亩的江西商人地主,为数不少”[255]。

至于占有少量土地的自耕农民,通过继承祖产、垦荒和民屯等途径,扩大了土地所有权的范围。但他们的经济基础是脆弱的,既承担繁重的赋役,又缺乏抗御天灾人祸的能力,往往因不可抗力被迫典卖土地,而丧失土地的所有权。自洪武至孝宗一百四十年间,自耕农土地亩数减少一半,湖广、河南、广东减少尤多,大部分被王府或达官贵人侵夺。

共有土地所有权如族产、乡邻共有山林等共有土地在明代也依然存在。

明初,鉴于元末所有权关系混乱,编制了核实田亩的黄册和鱼鳞图册,以确认各种形式的土地所有权。同时,严格规定盗卖、侵占、冒认“他人田宅者”,杖八十,徒二年;“系官者,各加二等”;若系强占,最高可判处杖一百,流三千里。但对享有特权的贵族官僚是无所限制的。由于明朝不存在均田之制,废除了均田制下“占用过限”的禁令,“田多田少,一听民自为而已”。

在不动产中,房屋所有人独占房屋所有权,拥有对其房屋的占有、使用和处分的权利,法律予以保护。

对于动产的所有权,即所谓物主权,也分为国家所有权和私人所有权。前者的客体是官物,其范围不受任何限制;后者的客体是私物,其范围受到一定限制,如违制、违禁物品不得为私人所有。明律对于动产所有权的保护,除一般规定外,重点在于确认取得方式的合法性。例如,沿用传统的先占原则,明律规定,“若山野柴草木石之类”,他人“已用工力,斫伐积聚”,便视为“无主物的先占”,取得所有权,他人擅取者,“准窃盗论”[256]。对于拾得的遗失物,官物须全部还官;私物如有人识领,半赏得物人,半返失物人,三十日内物主踪迹不明,则物归拾得人。由于明律确认拾得人可依法获得遗失物的部分或全部所有权,因而与《唐律》“诸得阑遗物……各还官、主”的规定有所不同。与此相类似的,“若于官私地内,掘得埋藏无主之物”者,一般“并听收用”,如“系钟鼎符印等珍贵古器,不宜民间所有者,限三十日内送官,违者杖八十,文物没入官府”。也与《唐律》中“与地主中分”的规定有异。在《大明令》中,还规定了“客商病死,所

[254] 《明实录·太祖实录》卷二五二,北京大学图书馆藏书(明抄本),第3643页。

[255] 傅衣凌:《明清封建土地所有制论纲》,上海人民出版社1992年版,第28页。

[256] 怀效锋点校:《大明律》卷十八《刑律·贼盗》“盗田野谷麦”条,法律出版社1999年版,第143页。

遗财物”认领的时效原则,凡经过“召父兄、子弟……嫡妻,认识给还,一年后无认识者,入官”[257]。明代对所有权的法律保护,一方面是确认产权,另一方面禁止侵犯、冒领,且对官物从严保护。

以上明律、令中关于动产所有权取得方式的规定,较之唐律更符合社情与民情,是在商品经济发展的条件下私有权观念日益成熟在法律上的反映。

明中叶以后,土地所有权关系的一个重要发展是出现了永佃权。所谓永佃权是以交租为代价,永远佃种所有权人田地的权利,是用益物权的一种。早在北宋时期,已有关于永佃权的记载。至明中叶,佃客通过付出高额押佃银或对田地进行投资经营而获得。永佃权广泛流行于江浙、江西、安徽、福建等省份。随着永佃权的确立,租佃关系复杂化,出现了所有权与耕作权分离的一田二主或一田三主的现象。永佃权人不仅永久占有、使用和收益承租来的土地,而且拥有田面(又称田皮)的所有权。所有权人对土地的所有权称为田底权(又称田骨)。所有权人为“骨主”,永佃权人为“皮主”。

骨主与皮主之间的法律关系是:皮主享有永佃权,骨主不得随意撤佃,或另行招佃,也不因骨主转让处分土地而消失;皮主可以行使继承、典押、转租、出卖等各种田面权。正德年间《江阴县志》卷七《风俗》有以下记载:“其佃人之田,视同已业,或筑场圃,或构以屋庐,或作之坟墓,其上皆自专之,业主不得问焉。老则以分之子,贫则以卖于人,而谓之摧雇;得其财谓之上岸,钱或多于本业初价。”但皮主有交租的义务,如拖欠地租,骨主有权撤佃,偿还佃价。

永佃权的出现以及由此而引起的田面权与田底权的分离,是在商品经济冲击下租佃关系的复杂化于法律上的反映。永佃权人所拥有的田面权,刺激了他们从事改良土地、经营农业生产的积极性,改变了传统的田主与佃客的不平等关系,但对国家赋税收入却产生了某种不利影响。顾炎武在《天下郡国利病书》中说:“其受田之家,后又分为三主。……得田者坐食租税,于粮差概无所与,曰小税主。其得租者,但有租无田,曰大租主……租与税遂分为二……田入佃手,其狡黠者,逋租负税,莫可谁何!业经转手,佃乃虎踞,故有久佃成业主之谣。”明代的永佃权为清永佃权的进一步发展奠定了重要的基础。

典权经过隋、唐、宋、元的历史发展已经成熟,开始入律。明代律学家应槚的《大明律释义》解释道:“以田宅质人而取其财曰典,以田宅与人而易其财曰卖,典可赎,卖不可赎也。”这条解释明确区分了典与卖的界限,对于解决司法实践中因典、卖不清而发生的争讼,具有重要的指导意义。

---

[257] 怀效锋点校:《大明律》附录《大明令·户令》,法律出版社1999年版,第242页。

不仅如此,《大明律》还就典权的设立,典主、业主的权利义务,典权的消灭等,作出详明的规定:“凡典买田宅不税契者,笞五十,仍追田宅价钱一半入官。不过割者,一亩至五亩,笞四十,每五亩加一等,罪止杖一百,其田入官。若将已典、卖与人田宅,朦胧重复典、卖者,以所得价钱计赃,准窃盗论,免刺,追价还主。田宅从原典、买主为业,若重复典、买之人,及牙保知情者,与犯人同罪,追价入官,不知者,不坐。其所典田宅、园林、碾磨等物,年限已满,业主备价取赎,若典主托故不肯放赎者,笞四十,限外递年所得花利追征给主,依价取赎。其年限虽满,业主无力取赎者,不拘此律。”[258]由此可见,典卖田宅以税契为重要条件,税契之外,“过割”也是法定手续,经过过割改换户名,明确纳粮当差的责任,“以杜异日假捏之弊”[259]。为了保护典权人的利益,一物不得两典,违者处刑。

除大明律文外,弘治、嘉靖二朝还作出补充规定。以嘉靖二十九年(1551年)重修《问刑条例》为例:“典当田地器物等项,不许违律起利,若限满备价赎取,或价所收花利已勾一本一利者,交还原主,损坏者陪(赔)还。其田地无力赎取,听便再种二年交还。”[260]另据《明律·户律·田宅》:“若卖主无力回赎,许凭中公估找贴一次,另立绝卖契纸;若买主不顾找贴,听其别卖归还原价……”如业主备价赎取,典权人不得托故不肯放赎。明时无名氏在《新纂四六合律判语》中说:“文王既亡,已无虞、芮之让,苏琼虽在,尚有兄弟之争。故田宅典卖不明,斯官司讼狱不息。今某奸心肆起,巧诈百端,不税契书,欲使朦胧照证,不收籍册,复图隐蔽差粮。若此玩法之徒,宜坐笞杖之罪。”[261]

上述关于典卖的法律中,对于典权的期限尚未作出明确规定,民间所说“一典千年活”,反映了典权存续时间的不确定性。这种不确定性,不利于保护典权人的利益和发展生产;这种不确定性,也反映了典卖田产的农民渴望有朝一日收回田产的心态。然而,在明朝土地高度集中、封建剥削极为残酷、国家赋敛日益加重的情况下,典卖人很少有可能备价赎取,只是为官僚地主提供了一条合法的掠夺农民土地的途径。明代的担保物权如抵押权、质权也有发展,比前代更加完善。

(三)债法的新发展

明代的债法在唐宋债法的基础上取得了重大发展,《大明律》中专设《钱债》

---

[258] 怀效锋点校:《大明律》卷五《户律·田宅》“典买田宅”条,法律出版社1999年版,第55页。
[259] 怀效锋点校:《大明律》卷五《户律·田宅》“典买田宅”条,法律出版社1999年版,第55页。
[260] 黄彰健编著:《明代律例汇编》卷五《户律二·田宅》“典卖田宅”条。
[261] 郭成伟、田涛:《明清公牍秘本五种》,中国政法大学出版社1999年版,第85页。

篇，债的内涵也由“假贷人财物未偿者也”得到进一步丰富，主要可以分为契约之债和损害赔偿之债。尤其是契约制度，达到了封建社会可能达到的完善地步。

明时契约的形式已经相当规范，在现存的明代契约中，有卖田、卖屋、卖男、当田、当屋、租田、借贷、典雇、包工、雇船、赁屋、租店、伙资经商等十几种格式。为保证契税的征收，提高契约的法律效力，明确双方的权利义务，减少民间因草契而发生的纠纷，户部曾强制要求采用官印契纸。

契约的订立，要求当事人如卖主、债务人、佃户签署画押，并作出种种保证，而买主、债主、田主则无须签署画押。为了保证契约的履行，还须有负连带责任的第三人即中人、保人附署。中保在契约订立的过程中起着介绍引见、说和的作用，当义务人无法履行义务时，由保人代为履行。

凡是依法成立的契约，均具有法律的效力，受到法律保护，不得随意变更或解除。如拒不履行契约约定的义务，不仅要承担相应的民事责任，还将受到刑事制裁。以债务契约为例，债务人如不履行契约约定的义务，债权人可以告官，请求官府判令给付。明律还允许债权人牵掣制债务人的财物，但以“必告官司”为前提，否则处以杖八十。“若估价过本利者，计多余之物，坐赃论，依数追还。”[262] 债务人也可以以工折酬。在买卖契约中，一般都有“先悔者，甘罚银若干”的内容，以示订约当事人的责任，并保证契约的稳定性。

明时契约种类增多，仅举买卖、借贷契约加以述略。

买卖契约。在商品经济不断发展、买卖活动日益频繁的背景下，买卖契约成为最主要的契约形式。根据明律，买卖田宅等不动产，须履行税契、过割的法定程序，并将纳税凭证粘连于原契后，即所谓契尾，然后骑缝加盖县印，成为红契。同时，还须将应负赋役转移在买方税册上登记，即所谓过割。买卖动产，除牛马及大宗交易须订立书面契约外，一般无须订立契约。

明时虽然废除了唐宋元律中买卖田宅先问亲邻的规定，但民间仍保留“先问亲邻”的习俗。现存卖田、卖房契式中都有“投请房族，无人承买”的惯语。

根据唐宋律中的瑕疵担保原则，凡制作、出卖“器用布绢不如法”“造作军器不如法”，均负刑事责任。牲畜有病而卖者，买主可以退畜索回价款。

借贷契约。明律对借贷关系的法律调整，着眼点在于保护债权人的利益。例如，在借贷契约中，一般都明确约定偿还债务的期限，凡“负欠私债违约不还者”，五两以上，违三月笞十，每一月加一等，罪止笞四十。五十两以上违三月笞二十，每一月加一等，罪止笞五十，并追本利给主。债务人逾期不还，追加本利

---

〔262〕　怀效锋点校：《大明律》卷九《户律·钱债》“违禁取利”条，法律出版社1999年版，第82页。

之外,根据逾期时间的长短,处以笞刑。为了保障债务的偿还,严格实行中保制度,中保要在借贷契约上附署,以示债务人无力偿还或逃亡时,负责代为偿还。元末高利贷剥削是激起民变的原因之一,明律鉴于此对利率作出了一些约束。无论私债或典当财物,每月取利不得过三分,年日虽多,不过一本一利,违者笞四十,以余利计赃,重者坐赃论,罪止杖一百。"若豪势之人,不告官司,以私债强夺去人孳畜、产业者,杖八十。若估价,过本利者,计多余之物坐赃论。依数追还。若准折人妻妾、子女者,杖一百。强夺者,加二等。因而奸占妇女者,绞。"〔263〕明律还禁止监临官吏于所部地方放债典当,也禁止听选官员和监生等放债。如偷越番境(云南苗境、广东黎境),放债取利,按私通土苗例处治。

以上对债务关系的法律调整,表现了国家对私债的干预,目的是将债务关系纳入法定的限度以内,借以防止阶级矛盾的激化,维护国家的长治久安。这是明初统治者从总结元亡的教训中汲取的有益经验。

除上述契约之债外,也有侵权赔偿之债。

侵权是指侵害人身或他人财产的不法行为。受害人有权要求侵害人赔偿,侵害人有义务赔偿受害人的损失,由此而发生的债为侵权赔偿之债。

侵害人身应负的民事责任,主要是给付医药费,明律规定:"凡保辜者,责令犯人医治。"〔264〕同时,参用元代法律对过失杀人、车马杀伤人致死、窝弓杀伤人致死,均征收烧埋银,并给予死者家属,或因殴伤致残者以养赡费。

侵害他人财产应负的民事责任,主要是赔偿,如实物赔偿。弘治二年定例:"今后将弃毁器物,务要验放明白,某物责令陪(赔)偿某物。"〔265〕而更多的是折价赔偿,如《大明律·刑律·杂犯》"放火故烧人房屋"条规定:"并计所烧之物,减价,尽犯人财产,折赔偿,还官给主。"对于侵害国家财产的行为,除如数赔偿外,还必须承担相应的刑事责任。嘉靖年间,历任州县亲民官的王浚川在《浚川公移驳稿》中记载:"为处置解纳钱粮事。照得抚属州县,一应边腹及料价等项钱粮,每年佥派殷实收解,大约多者每人动至数千,少者亦不下数百。及至给文领出,见其银多,易于图利,或置买田宅,或撒秋生放,任意侵欺,视为己有。一遇事发,监追顾已,甑破水覆,莫能收救。纵使变产完赃,焉能偿其万一,终致父子毙于囹圄,亲族代其赔补。"〔266〕

---

〔263〕 怀效锋点校:《大明律》卷九《户律·钱债》"违禁取利"条,法律出版社1999年版,第82页。

〔264〕 怀效锋点校:《大明律》卷二十《刑律·斗殴》"保辜期限"条,法律出版社1999年版,第160页。

〔265〕 《皇明条法事类纂》卷一三《户部类》,载刘海年、杨一凡总主编,杨一凡、曲英杰、宋国范点校:《中国珍稀法律典籍集成》乙编第四册《皇明条法事类纂》,科学出版社1994年版,第567页。

〔266〕 郭成伟、田涛:《明清公牍秘本五种》,中国政法大学出版社1999年版,第43页。

凡非法取得或侵占他人财产,原物在者返还原物及其孳息,原物不在则估价或追价还主。在无名氏《新纂四六合律判语》中记载一则盗耕种官民田土的侵权行为的判词如下:"良农力于耕,获必已业而后宜;甫田属诸官,民若盗耕奚其可? 萧何为贫民请地,尤见囚于囹圄;窦宪凌贵主夺田,重招谴于臣工。使窃加乎耒耜,真射利于膏粱。今某肆汶阳之奸,无虞芮之让。南亩西畴,各有其主,辄兴负郭之嗟;上原下隰,本系诸官,乃起禳田之望。黄犊私耕于晓月,青种潜种于春风。不思阳羡未尝之茶,王公责专其役,是虽郓灌见浸之后,齐人前悔其非。固难比罪于穿窬,亦合论刑于计亩。"[267]

以上侵权赔偿之债,或属于民事责任,或属于刑事附带民事责任。正如契约之债广泛流行一样,侵权赔偿之债也是明代社会生活中常见的现象。

(四)沿袭唐宋旧律的婚姻与继承法

婚姻立法的基本原则是宗法伦常等级原则、夫为妻纲的一夫一妻制原则和礼法并用的原则。主婚权属于祖父母、父母;婚姻的缔结要有婚书和聘礼;同姓、同宗无服亲及良贱不得为婚;婚姻关系的解除以七出、义绝为条件等。但时代的演进也为婚姻法律增添了一些新的内容,如强调礼俗的规范作用。嘉靖年间,历任州县官的王浚川在《浚川公移驳稿》一书中说:"冠婚丧祭,有家之礼,所以厚风俗,植德教,此其大节也。近世诸儒,参论考证已极详明,近年通都名邦仕宦之家,举行者,亦为不少,今后生员之家,遇有吉凶事故,该学教官,务要督令知礼。生员,一一举行,务在成礼,不计丰约。举毕,该学备将冠者、婚者、丧者,举行过各礼缘由,及各赞行礼仪生员姓名,申呈各该提调衙门,申呈本道,候按临查考,以凭劝赏。其年将及二十者,方许冠,未冠者,不许成婚。居丧,不许供奉佛道,丁忧未葬亲者,不许复学。若是故违教条,不即举行,及各先期冠婚等项,不为禁止,教官朦胧申呈搪抵,虚应故事者,事发,各痛加惩治。"[268]

又如,强调"男女婚姻,各有其时",即适龄者方许结婚。按洪武三年(1370年)定制:"凡男年十六,女年十四以上,并听婚娶。"[269]禁止民间流行的"指腹割衫襟为亲"[270]。王浚川在《浚川公移驳稿》一书中指出:"男女婚姻,人伦之大,风化之源,所以修身齐家,为治立教,皆本于此。今后按属军民人等,但有男婚女嫁,务要年纪相等,方许聘定。士人之家,尤当致谨。盖以读书达礼,一乡之

---

[267] 郭成伟、田涛:《明清公牍秘本五种》,中国政法大学出版社1999年版,第86页。
[268] 郭成伟、田涛:《明清公牍秘本五种》,中国政法大学出版社1999年版,第54页。
[269] 俞汝楫:《礼部志稿》卷二〇,清文渊阁钦定四库全书·吏部,第74页。
[270] 怀效锋点校:《大明律》附录《大明令·户令》,法律出版社1999年版,第244页。

望,能以不美为耻,则观感之下,孰无是心。风俗之变可以计日而成矣。若是婚姻之家,幼男壮女,仍蹈旧俗,事发问罪,不追财礼,男女离异。若系生员之家,即是不能以礼义持身,以伦理化家者,定行黜退,以惩薄俗。"[271]

婚姻是"合二姓之好",双方家长的意愿是婚姻订立的首要前提,尤其是男性的直系尊亲属具有对卑幼的绝对主婚权。

男女双方"定婚之初,若有疾残、老幼、庶出、过房、乞养者,务要两家明白通知,各从所愿",然后再"写立婚书,依礼聘嫁"[272]。这是从大量的婚姻纠纷中总结出的、符合情理的、避免争讼的规定。

"写立婚书,依礼聘嫁"是婚姻缔结的法定程式。婚书(包括私约)具有法律效力,不得悔婚违约,另许另聘。《大明律》规定,"辄悔者,笞五十"[273],加重了对男方悔婚的处罚。虽无婚书,但曾受聘财者,也属合法婚姻,不得辄悔。

明代"依礼聘嫁"的结婚仪式与传统的六礼有所不同,据《大明令·礼令》记载:"凡民间嫁娶,并依《朱文公家礼》。"包括议婚、纳采、纳币、亲迎、见舅姑、庙见等内容。

在婚姻禁例方面,于禁止"同姓为婚"[274]之外,另设禁"娶同宗无服之亲"[275]的条款,表现了宗法所具有的约束力。至于良贱不婚、亲属不婚、不得娶逃亡妇女、监临官不得娶部民妇女等规定,大体与唐宋律同。

婚姻的解除,仍以七出、义绝为条件,但明律对义绝作出新的解释:"义绝之状,谓如身在远方,妻父母将妻改嫁,或赶逐出外,重别招婿,及容止外人通奸。又如本身殴妻至折伤,抑妻通奸,有妻诈称无妻,欺妄更娶妻,以妻为妾,受财将妻妾典雇,作姊妹嫁人之类。"[276]由此可见,明律关于义绝的认定,侧重于婚姻关系本身的状况,与唐律义绝条中注重夫对妻族、妻对夫族的殴杀罪、奸非罪,及妻对夫的谋害罪有所不同。

此外,"若夫妻不相和谐,而两愿离者,不坐"[277],即所谓和离。对于"违律为婚……虽会赦,犹离异,改正"[278]。成化二十一年(1485年)二月,违律为婚屡

[271] 郭成伟、田涛:《明清公牍秘本五种》,中国政法大学出版社1999年版,第54页。

[272] 怀效锋点校:《大明律》卷六《户律·婚姻》"男女婚姻"条,法律出版社1999年版,第59页。

[273] 怀效锋点校:《大明律》卷六《户律·婚姻》"男女婚姻"条,法律出版社1999年版,第59页。

[274] 怀效锋点校:《大明律》卷六《户律·婚姻》"同姓为婚"条,法律出版社1999年版,第62页。

[275] 怀效锋点校:《大明律》卷六《户律·婚姻》"娶亲属妻妾"条,法律出版社1999年版,第62页。

[276] 怀效锋点校:《大明律》卷二十二《刑律·诉讼》"干名犯义"条,法律出版社1999年版,第178页。

[277] 怀效锋点校:《大明律》卷六《户律·婚姻》"出妻"条,法律出版社1999年版,第65页。

[278] 怀效锋点校:《大明律》卷六《户律·婚姻》"嫁娶违律主婚媒人罪"条,法律出版社1999年版,第66页。

禁不止,因而特别定例:“今后各衙门遇有告讦前项违律为婚者,即与受理,从公查勘,审究的确,依律问断,毋容违犯,以伤风化。”〔279〕

处于封建社会后期的明代,虽以一夫一妻制为法定原则,禁止“有妻更娶妻”,但在夫为妻纲的封建教条束缚下,妻子在家庭中仍处于被支配的地位。例如,妻须冠以夫姓,并须接受丈夫教令、惩戒、监护嫁卖。明律还规定:“其夫殴妻,非折伤,勿论;至折伤以上,减凡人二等,须妻自告乃论。”〔280〕“凡妇人犯罪,除犯奸及死罪收禁外,其余杂犯,责付本夫收管。”〔281〕

丈夫可以利用明律所规定的“年四十以上无子者,方许娶妾”〔282〕,而任意纳妾。贵族官僚更是享有娶妾的法律特权。至于妻子则只能从一而终(夫死者例外)。不仅如此,妻子如犯奸罪或背夫私逃,法律允许“从夫嫁卖”〔283〕。

妻子在家庭中也拥有一定的家事管理权和财产权,但须具备一定条件或得到丈夫允许。例如,丈夫身死,寡妻可以行使家长的权利。但总体说来,夫妻双方在法律上的权利义务是不平等的。至于子女卑幼更处于无权地位。家长拥有对子女的教令权、惩戒权、主婚权和财产的垄断支配权,“凡祖父母、父母在,而子孙别立户籍,分异财产者,杖一百”以及“同居卑幼不由尊长,私擅用本家财物者”,“二十贯笞二十,每二十贯加一等,罪止杖一百”〔284〕。

由于封建的家长制家庭是专制制度的重要支柱,明律不仅以国法的强制力维护家长制家庭,还以圣谕的最高权威形式要求臣民凛遵。明初太祖便发布圣谕六条:“孝顺父母,尊敬长上,和睦乡里,教训子孙,各安生理,毋作非为。”〔285〕在明初的施政措施中许多都是教与罚相结合的,这是为避免元朝弊政亡国而形成的治理新朝的一种方略。

在继承方面,嫡长子继承制被看作“国家的定法”。无论是官员袭荫袭爵,还是平民承祀宗祧,都以嫡长子承继,“立嫡子违法者,杖八十”。如无嫡子可立

---

〔279〕《皇明条法事类纂》卷一三《户部类·违律为婚依律问断例》,载刘海年、杨一凡总主编,杨一凡、曲英杰、宋国范点校:《中国珍稀法律典籍集成》乙编第四册《皇明条法事类纂》,科学出版社1994年版,第372页。

〔280〕怀效锋点校:《大明律》卷二十《刑律·斗殴》“妻妾殴夫”条,法律出版社1999年版,第165页。

〔281〕怀效锋点校:《大明律》卷二十八《刑律·断狱》“妇人犯罪”条,法律出版社1999年版,第222页。

〔282〕怀效锋点校:《大明律》卷六《户律·婚姻》“妻妾失序”条,法律出版社1999年版,第60页。

〔283〕怀效锋点校:《大明律》卷二十五《刑律·犯奸》“犯奸”条,法律出版社1999年版,第197页。

〔284〕怀效锋点校:《大明律》卷四《户律·户役》“别籍异财”条、“卑幼私擅用财”条,法律出版社1999年版,第51页。

〔285〕丘濬:《大学衍义补》卷一八《治国平天下之要上》,上海书店出版社2012年版,第173页。

嫡长孙或庶长子,但不得立异姓义子,否则以乱宗论,杖六十。[286] 明律对于唐宋律中"户绝""听养同宗于昭穆相当者"一款,补充如下:"凡无子者,许令同宗昭穆相当之侄承继,先尽同父周亲,次及大功、小功、缌麻,如俱无,方许择立远房及同姓为嗣。"[287] 如所立继子不孝,可以告官别立。

对于财产的继承,"不问妻、妾、婢生,止依子数均分;奸生之子,依子数量与半分;如别无子,立应继之人为嗣,与奸生子均分;无应继之人,方许承绍全分"[288]。由此可见,明律提高了奸生子的法律地位,其继承权也相应上升,这是明继承法的一个特点,反映了封建传统法律观念的某种变化。

对于户绝财产,由所有亲女承受,无女者入官。寡妻无子守志者,合承夫份。养子如系收养的三岁以下遗弃小儿,也酌分给财产。至于招婿养老者,"仍立同宗应继者一人,承奉祭祀,家产均分"[289]。

从现存大量有关遗嘱"批契"中可以看出,遗嘱继承已是一种流行的继承方式。遗嘱继承多用书面形式,为确保其真实性,订立遗嘱时须有族人或见证人在场,并须画押。遗嘱继承得到法律的支持。

明继承法一方面仍将恪遵前代传统,如身份继承和财产继承相结合,嫡长继承与共同继承并存,等等;另一方面反映了封建社会后期在财产关系上情与法的沟通,如立嗣制度更为灵活、奸生子的继承权上升等,这都是封建继承法的进步。

五、适应经济发展的经济立法

经济立法在明朝的立法活动中占有较大的比重,这是因为经过元朝九十年落后与野蛮的统治和元末的大动乱,社会经济遭到极大的摧残和破坏,土地荒芜,人口锐减,如何恢复残破的社会经济是一个存亡攸关的问题。为了"安养生息",恢复和发展生产,重建专制政权所需要的经济基础,明统治者在继受唐宋经济法律的基础上,进行了一系列经济立法,使得经济立法的数量增多,形式多样,进入了日臻成熟的新的阶段。

---

[286] 怀效锋点校:《大明律》卷四《户律·户役》"立嫡子违法"条,法律出版社1999年版,第47页。

[287] 怀效锋点校:《大明律》附录《大明令·户令》,法律出版社1999年版,第241页。

[288] 怀效锋点校:《大明律》附录《大明令·户令》,法律出版社1999年版,第241页。

[289] 怀效锋点校:《大明律》附录《大明令·户令》,法律出版社1999年版,第242页。

(一)奖励垦荒的农业立法

明初,鉴于流民充斥,农业生产劳动力极端缺乏,既不利于农业生产的恢复,又成为专制政权的潜在威胁。因此,太祖一方面下令严禁诱骗略卖良人为奴婢,以使大量劳动力投入农业生产;另一方面招诱流亡从事生产,大力推行移民垦荒。山东、河南、安徽一带无主荒地,有能开垦者,即为己业,"永不起科"[290]。

洪武一朝多次颁发移民垦荒的法律,对农业生产起了积极的推动作用。例如,洪武元年(1368年),"天下州县垦田七百七十余顷"[291],至洪武十三年(1380年),"天下开垦荒闲田地五万三千九百三十一顷"[292]。在《大明律·户律》的"欺隐田粮"和"荒芜田土"条中,均规定了惩罚无故荒芜田土的条款,并以垦田多少考核官吏,决定黜陟。

除移民垦荒外,明初起便实行屯田,以增加农业收入。屯田有军屯、民屯、商屯、戍罪屯、赎罪屯等。据《明实录》,洪武时期屯田最高数九十万三千三百一十三顷九十五亩,约占全国田数十分之一强。洪武二十一年(1388年),军屯每年收粮五百余万石,可以满足卫所俸粮的需要,确实收到寓兵于农和实边的功效。由于屯田属国家所有,是国家经营土地的主要方式,为了保护屯田,明律规定,"凡用强占种屯田五十亩以上,不纳子粒",或典卖屯田,买卖双方各不纳子粒者,"官调边卫带俸差操,旗军军丁人等发边卫充军,民发口外为民……管屯等官不行用心清查者,纠奏治罪"[293]。

中叶以后,国家屯田已经完成了它所承担的历史任务,随着政治的腐败和屯军的大量逃亡,"屯田之法尽坏"[294]"天下不复有屯政矣"[295]。于是,屯田改为民田成为历史发展的趋势。崇祯时,采纳大臣汪始亨的建议:"无论军种民种,一照民田起科"[296],从法律上确认屯田的民田化,田主只要向国家交纳税粮,便拥有对屯田的占有、使用权。孝宗时制定的屯官征粮违限和强占屯田的禁令,早已成为一纸具文。

---

[290] 《大明会典》卷一七《户部》(四),明万历十五年内府刊本,第17页。

[291] 《明实录·太祖实录》卷三七,北京大学图书馆藏书(明抄本),第753页。

[292] 《明实录·太祖实录》卷一三四,北京大学图书馆藏书(明抄本),第2134页。

[293] 《问刑条例·户律二·田宅》"盗卖田宅"条,载刘海年、杨一凡总主编,杨一凡、曲英杰、宋国范点校:《中国珍稀法律典籍集成》乙编第二册《大明条例》,科学出版社1994年版,第230页。

[294] 《明实录·宪宗实录》卷二四四,北京大学图书馆藏书(明抄本),第4139页。

[295] 张廷玉等撰:《明史》卷七十七《食货》,中华书局1974年版,第1886页。

[296] 张廷玉等撰:《明史》卷二百五十六《毕自严传》,中华书局1974年版,第6611页。

由于实行"田多田少,悉听民便"的政策,因此明律重在惩治欺隐田粮赋役,而非唐时的"占田过限"。凡"欺隐田粮"者处笞杖刑,"其田入官,所隐税粮,依数征纳""里长知而不举,与犯人同罪"[297]。如将已有田粮诡寄官僚富厚之家,以逃避差役,诡寄受寄双方均论罪。借以保证国家的钱粮收入,维持庞大的国家机器的需要。明初还通过编制黄册和鱼鳞图册,查核全国田亩,使农户根据耕种田地的多少,按亩交赋。每丁除交纳田赋外还须交纳丁银,每年至少需服役一个月,较元代大为减轻,因而刺激了农民的生产积极性。

针对占有大量土地、户口,而又依势欺隐田粮,逃避差役的豪强地主,明律特别规定,功臣之家除拨赐公田外,其余田土必须尽数报官,依法纳粮当差,违者加重处罚,一亩至三亩杖六十,罪止杖一百,徒三年。若豪民令子女亲戚跟随官员隐蔽差役,家长杖一百,官员容隐者同罪。

为了发展农业,必须兴修水利,整治堤岸塘堰,疏浚河道。因此,立国之初,便设置营田司专掌水利。洪武二十七年(1394 年),遣国子监生分行天下督吏民修水利,开塘堰四万零九百八十七处。《大明律 · 工律》中规定,"盗决河防者,杖一百。盗决圩岸陂塘者,杖八十""不修圩岸及修而失时者,笞三十,因而淹没田禾者,笞五十""若毁害人家,漂失财物者,杖六十。因而致伤人命者,杖八十"。明朝的水利立法是农业立法中的重要组成部分,这使农业立法内容更为丰富。

总括以上,明朝的农业立法促进了农业生产的恢复和发展。据洪武二十六年(1393 年)统计,全国垦田面积已达八百五十万七千六百二十三顷,人口六千五十四万四千八百一十二人。《明史 · 食货志二》说:"是时宇内富庶,赋入盈羡,米粟自输京师数百万石外,府县仓廪蓄积甚丰,至红腐不可食。"

(二)推行匠籍制度的官手工业

农业的发展推动了工商业的进步和工商业立法的发展。明初适应官手工业发展的需要,沿袭元代匠户制度,将工匠人等划归专定的户籍——匠籍。匠户一经编籍,便失去了经营和迁徙的自由,世代不许脱籍,脱籍者按逃匠严惩。

洪武十九年(1386 年)制定工匠轮班制度,"轮班"三岁一役,役不过三月。除轮班外,还有"坐班",工匠每月工期十天,每年服役一百二十天,按月支领月粮,无工停支。不赴班者,罚银六钱,谓之"输班"。自洪武至英宗正统时,在籍轮班工匠大体在二十三万左右,住坐匠人数则少于此数。与元代"匠不离局"相

---

[297] 怀效锋点校:《大明律》卷五《户律 · 田宅》"欺隐田粮"条,法律出版社 1999 年版,第 53 页。

较,工匠除服役时间外,仍有较多的自由营作时间。

匠户制度由于得到法律的强制,推行得比较彻底。初期,通过对手工业工人的集中管理,匠户制度得以发挥技术优势,推动了手工业的发展。但是,匠户制度实质上是手工业的徭役制度,既是手工业劳动者的沉重负担,又限制了人身自由,因而挫伤了手工业劳动者生产的积极性。经过工匠的持续斗争,英宗时允准南方工匠以银代役。至嘉靖四十一年(1562年)规定:"自本年春季为始,将该年班匠通行折价类解。"[298]此法颁行后,以力役为特征的匠役制基本瓦解。这是民营手工业在明后期取得发展的重要原因。

明律对手工业产品的质量与规格要求,大体仿唐律,凡造作器物不如法者,笞四十。如制造军器不如法,或织造缎匹质量粗糙不合格者,各笞五十。如不堪使用及应再返工改造者,各计所损财物及所费雇工钱,罪重者坐赃论。如系供奉御用之物加二等,工匠各按应承担的责任论罪。有关官吏按责任大小论处,并须赔偿官府的损失。

特别值得提出的是,明律将唐宋律中有关手工业生产管理的条文加以整理充实,使之十分具体。例如:

凡军民官司有所兴造,应申报上级批准,不经批准而非法营造者,各计所得人数及工钱坐赃论。营造所需材料、财物、人工申报不实者,笞五十。若财物和人工已费,各计所损财物价及所费雇工钱,重者坐赃论。

造作局院的头目工匠多领物料归己者,计赃以监守自盗论,并须追物还官。主管官吏知情不举,与之同罪,失觉察者减三等。

民间违禁织造龙凤文,纻丝纱罗货卖者,杖一百,缎匹入官,机户及工匠同罪。

每年规定制造的缎匹、军器,如过期不纳齐纳足者处笞刑,罪止笞五十;官吏若不依期调拨物料给工匠者,也处笞刑。

各处公廨、仓库、局院等官房舍,如有损坏,负责官吏随即报告有关机构修理,违者笞四十。若因而损坏官物者,除依法科笞刑四十外,并须赔偿所损之物。

工程修筑不牢固,三年内报毁者,由承修官员和专管上司分赔。监管上司故意隐匿者,经发觉后,责令专修,并交部治罪。

役使人工,采取木石材料,烧造砖瓦,虚费功力不堪用,计所费雇工钱,坐赃

---

[298] 《大明会典》卷一八九《工部》(九),明万历十五年内府刊本,第8页。

论。因施工中考虑不周,而误杀人者,以过失杀人论。[299]

为保护矿产资源,凡金银铜铅等矿产的开采,由官府经营,私自盗掘者准窃盗论。民间可以向官府申请其他矿产的开采权,如未经官方许可,私自侵占或破坏矿产资源者,处以重刑。

(三)加强商业禁榷制度

商业立法在传统的重农抑末政策基础上,加强了国家对于盐、茶的官营专卖。早在元至正二十一年(1361 年),朱元璋便定《盐法》,令从贩盐者利中二十取一以助军饷。洪武元年(1368 年)定《盐引条例》,犯私盐者绞,有军器者斩。其后大明律的规定略宽:“凡犯私盐者,杖一百,徒三年。若有军器者,加一等……拒捕者斩。”[300]买食私盐者处杖刑一百。顾炎武在《日知录》书中曾就明代盐法之苛有所批评,他说:“行盐地方有远近之不同,远于官而近于私,则民不得不买私盐,既买私盐则兴贩之徒必众,于是乎盗多而刑狱滋矣。”

凡欲经营盐业者,必须以吏部颁制的“盐引勘合”为凭,并“赴场支盐”,如“不亲赴场支盐”,或“中途增价转买阻坏盐法者,买主卖主,各杖八十,牙保减一等,盐货价钱并入官”[301]。然而,事实上私盐自明初起即屡禁不止,宣德时,势豪之家更以武装贩运私盐。成化以后,越发猖獗,严重冲击着官盐的垄断地位。至明末,灶户只需按引交纳盐课逐渐便可将盐卖给商人,由商人运销各地。过去的官收商销的专卖制度,逐渐为官府收税,商收商销的私营制所取代。

除严禁私盐外,鉴于茶为“民所不可无”“番用所不可缺”之物,于至正二十年(1360 年),制定《茶法》,按三十抽一,以补充国家赋税收。同时,还以茶赴西北地区换马,因此,明令禁止贩卖私茶,统由官府经营。明统一以后,于杭州、江宁等地设立“茶引所”,“令各商纳引”收购茶叶。为防止以茶走私,在川陕等地设立“茶马司”,检验“符牌、以听各蕃纳马易茶”。为了保证对茶的官营专卖,明律规定,贩茶者必须请买“茶引勘合”,如不请买或使用已过期的“茶引勘合”,按贩私盐律杖一百,徒三年。例如,“兴贩私茶,潜往边境,与番夷交易”“不拘斤数,连知情歇家牙保,俱发烟瘴地面充军”[302]。除《大明律》中专列茶法外,中期颁布的《问刑条例》中也有“私茶条例”,但对贩卖私茶与关隘失察官军

---

〔299〕 以上均见怀效锋点校:《大明律》卷二十九《工律》,法律出版社 1999 年版,第 225 ~ 228 页。

〔300〕 怀效锋点校:《大明律》卷八《户役·课程》“盐法”条,法律出版社 1999 年版,第 77 页。

〔301〕 怀效锋点校:《大明律》卷八《户律·课程》“阻坏盐法”条,法律出版社 1999 年版,第 79 页。

〔302〕 嘉靖《问刑条例·户律·课程》“私茶条例”,载刘海年、杨一凡总主编,杨一凡、曲英杰、宋国范点校:《中国珍稀法律典籍集成》乙编第二册《大明条例》,科学出版社 1994 年版,第 469 页。

的处罚，较明初法令有所减轻。

明律也禁止私煎矾货卖，犯者按私盐法论罪。

以上可见，明朝以盐法、茶法为代表的官营专卖法，较之宋元律详细，处刑也严峻，表现出专制统治在经济领域的加强。

随着商品与市场关系的发展，明律中有关市场与仓库管理法也较前充实。

首先，严格度量衡统一标准。"凡私造斛、斗、秤、尺不平，在市行使，及将官降斛、斗、秤、尺作弊增减者，杖六十，工匠同罪。"市面上使用的度量衡器均须经官府"校勘""印烙""调平"，官吏失职者，分别处杖四十至杖七十。[303]

其次，严格规定市场管理机关在平抑物价上的责任。"评估物价或贵或贱，令价不平者，计所增减之价坐赃论。"[304]如借评估物价，使赃物归己者，"准窃盗论"，但免刺。对于城乡诸色牙行，及船埠头所选用的人户，须持有布政司发给的牙帖，其所经营的牙行由官给印信、文簿，按日登记客商船户籍贯、姓名、路引字号，物品数目，并于每月向官府呈报查照。如有私充牙人者"杖六十，所得牙钱入官。官牙、埠头容隐者，杖五十，革去。"[305]清人薛允升在比较唐明律时，认为"此条唐律无文，然亦明律中之最善者"[306]。

最后，严格仓库管理。仓库钱粮财物，不得虚支冒领，如出库钱粮不足数，监临主守及有关官吏虚出凭据者，计虚出之数并赃以监守自盗论。负责核查的官吏，如受财谎报足备者，计赃以枉法从重论。监守之官不按规定收纳钱粮，而折收其他财物并开予凭据者，也以监守自盗论。官府收支钱粮，必须专款、专物专用，不得挪移他用，即使挪移为官用也要并赃准监守自盗论。如私将官府或仓库所余钱粮销补别项亏损，蒙混作弊者，以监守自盗论。主管财物和仓库的官吏，对于侵欺、盗用、借贷官用钱粮物品而不觉举者，根据情节轻重予以惩罚。

由于工商业立法严密，工商业者动辄犯禁，致使商品经济被禁锢在狭小的领域，缺乏广阔的发展空间。

明朝对海外贸易也加强了管理。海外贸易是中国古代商业活动的重要组成部分，唐宋时期取得了显著的发展，促进了经济的繁荣与赋税的增加。与唐宋相比，明代海外贸易的势头受到了严重挫折。

---

[303] 怀效锋点校：《大明律》卷十《户律·市廛》"私造斛斗秤尺"条，法律出版社 1999 年版，第 85 页。

[304] 怀效锋点校：《大明律》卷十《户律·市廛》"市司评物价"条，法律出版社 1999 年版，第 84 页。

[305] 怀效锋点校：《大明律》卷十《户律·市廛》"私充牙行埠头"条，法律出版社 1999 年版，第 84 页。

[306] 薛允升：《唐明律合编》卷二七"私充牙行埠头"条按语，中国书店出版社 2010 年版，第 282 页。

从明初起,朱元璋便下令,“禁濒海民不得私出海”[307]“敢有私下诸番互市者,必置之重法”[308]。至《大明律》修成,进一步规定:“凡将马牛、军需、铁货、铜钱、缎匹、绸绢、丝棉私出外境货卖及下海者,杖一百。挑担驮载之人,减一等,物货船车,并入官。于内以十分为率,三分付告人充赏。若将人口、军器出境及下海者,绞。因而走泄事情者,斩。其拘该官司及守把之人,通同夹带或知而故纵者,与犯人同罪,失觉察者,减三等,罪止杖一百。军兵又减一等。”[309]

经过永乐、宣德两朝,至嘉靖初期,海禁稍弛,海上贸易迅速发展。但在封建时代,海上贸易的发展是对封建自然经济与闭关锁国政策的极大冲击,不利于专制制度的巩固。因此,从嘉靖三年(1524 年)起,便屡颁禁海律例,封闭了广州、宁波和泉州三个负责对外贸易机构市舶司。即使制造双桅海船也须报官拆毁,违者重罪,“沿海军民私与市贼,其邻舍不举者连坐”[310]。嘉靖二十九年(1550 年)颁行的《问刑条例》特别规定,“官民人等擅造二桅以上违式大船,将带违禁货物下海,前往番国买卖,潜通海贼,同谋结聚,及为向导,劫掠良民者”,正犯处以极刑,全家发边卫充军。“若止将大船雇与下海之人,分取番货,及虽不曾造有大船,但纠通下海之人接买番货”者,“俱发边卫充军”。其“探听下海之人,番货到来,私下收买贩卖,若苏木、胡椒至一千斤以上者,亦问发边卫充军,番货入官”。[311] 显而易见,《问刑条例》对私人海上贸易的惩罚重于《大明律》的规定,由于例是用以辅律的,《问刑条例》成了处理违禁下海的重要法律根据。其结果不仅阻碍了私人海外贸易的发展势头,也严重摧残了社会经济的发展和资本主义萌芽。

官方为了控制海外贸易,设市舶提举司,掌海外诸番朝贡市易之事,并将海外贸易纳入朝贡贸易的轨范,准许外国遣使来朝进贡时捎带货物,进行官方贸易,禁止外国私人来华贸易。为了防止外商假冒贡使走私贸易,于洪武十六年(1383 年)创立了勘合制度,“礼部置勘合文簿发诸国,俾往来俱有凭信稽考,以杜奸诈之弊”[312]。但随着中外经济交流的发展,勘合制度及有关法令逐渐失去效力,私人从事的海外贸易十分活跃。

---

[307] 《明实录·太祖实录》卷七〇,北京大学图书馆藏书(明抄本),第 1300 页。

[308] 《明实录·太祖实录》卷二三一,北京大学图书馆藏书(明抄本),第 3374 页。

[309] 怀效锋点校:《大明律》卷十五《兵律·关津》“私出外境及违禁下海”条,法律出版社 1999 年版,第 119 页。

[310] 《明实录·世宗实录》卷一五四,北京大学图书馆藏书(明抄本),第 3488 ~ 3489 页。

[311] 嘉靖《问刑条例》,“私出外境及违禁下海”条,载刘海年、杨一凡总主编,杨一凡、曲英杰、宋国范点校:《中国珍稀法律典籍集成》乙编第二册《大明条例》,科学出版社 1994 年版,第 482 页。

[312] 沈国元:《皇明从信录》卷八,上海古籍出版社 2002 年版,第 7 页。

为防止外商匿货,“凡泛海客商舶船到岸,即将货物尽实报官抽分,若停塌沿港土商牙侩之家不报者,杖一百。虽供报而不尽者,罪亦如之,物货并入官,停藏之人同罪,告获者官给赏银二十两”[313]。匿货实际上就是匿税,但对匿货的惩罚重于匿税,原因就在于“货多利大”。《笺释》说,“匿税其利小故笞而半罚”“匿货其利大,故杖而全罚”。同时还须指出,严惩匿货不完全是出于经济原因,还有维护国家主权的意义在内。正如《笺释》所说,以“严中国外番之辨”[314]。

综上可见,明经济立法的指导思想仍未超出重本抑末的窠臼,它的主要任务是为中央集权制度造就雄厚的物质基础,调整新出现的经济关系,以促进社会经济的发展。中叶以后,经济法律逐渐丧失了应有的约束力,明朝的社会经济也走向了下坡路。

(四)制定钞法、钱法

《大明律》在两宋财税法的基础上,专列钞法、钱法。明时纸币称为“宝钞”,由户部印造,钞以贯为单位,与铜钱“相兼行使”,具有同等的信用价值。可以用于“民间买卖诸物,及茶盐商税诸色课程”,如拒绝收受宝钞,处杖刑。收税人员如不“用心辨验,收受伪钞”,杖一百。市民如使用伪钞,除追纳赔偿外,并处杖刑。[315] 伪造宝钞者,“不分首从及窝主,并知情行使者,皆斩,财产并入官。告捕者官给赏银二百五十两,仍给犯人财产。”“里长知而不首者,杖一百”“巡捕守把官军知情故纵者,与同罪”[316]。明初,曾禁止在交易中使用金银充作支付手段,但由于宝钞很快贬价,地方商人往往拒绝使用,因此洪武末年再“申交易用金银之禁”。至英宗正统时期迫于形势的压力,不得不“弛用银之禁”,白银开始作为国家认可的货币,进入流通领域,逐渐取代了宝钞。[317]

与宝钞相兼行使的还有洪武大中通宝及历代铜钱。根据明钱法,铸钱由工部宝源局铸造。钱以文为单位,拒绝使用者,杖六十。“私铸铜钱者,绞(唐律为流三千里),匠人罪同,为从及知情买使者,各减一等。”[318] 为了防止私铸铜钱,

---

[313] 《大明会典》卷一六四《刑部》(六),明万历十五年内府刊本,第24页。

[314] 王肯堂:《王仪部先生笺释》卷八《舶商匿货》,康熙三十年顾鼎刻本,第74页。

[315] 怀效锋点校:《大明律》卷七《户律·仓库》“钞法”条,法律出版社1999年版,第67页。

[316] 怀效锋点校:《大明律》卷二十四《刑律·诈伪》“伪造宝钞”条,法律出版社1999年版,第193页。

[317] 张廷玉等撰:《明史》卷八十一《食货志五》,中华书局1974年版,第1963页。

[318] 怀效锋点校:《大明律》卷二十四《刑律·诈伪》“私铸铜钱”条,法律出版社1999年版,第193页。

严禁私相买卖和收匿废铜。军民之家除镜子、军器和寺观庵院钟磬等铜器外，其余废铜一律缴售给官府，如有违背处笞、杖刑。孝宗以后，不仅各钞关改折用银，制钱价值也以银为标准，逐渐走向银本位，以致出现了伪造金银罪，凡"伪造金银者，杖一百，徒三年；为从及知情买使者，各减一等"[319]。

为了增加国库税收，在明律中专列税法。明初，按照唐时两税法核定天下田亩，制定黄册和鱼鳞册作为征收田赋和丁税的依据。收取税粮有固定期限，夏税以五月十五日至七月终为期，秋税以十月初一至十二月终为期，不得超过期限。如超过规定期限半月以上仍未收足者，提调官吏、里长和欠粮人户分别处以杖刑，罪止杖一百。因而受财者，计赃以枉法从重论，如违限一年以上，仍未收足者，人户、里长杖一百、迁徙，提调吏处绞刑。

中叶以后，由于赋役苛重，农民被迫逃亡，生产遭到严重破坏。万历年间，担任内阁首辅的张居正推行"一条鞭法"，改革税制，并以此作为推行政治改革的一项重要内容。所谓"一条鞭法者，总括一州县之赋役，量地计丁，丁粮毕输于官。一岁之役，官为佥募。力差，则计其工食之费，量为增减；银差，则计其交纳之费，加以增耗。凡额办、派办、京库岁需与存留、供亿诸费，以及土贡方物，悉并为一条，皆计亩征银，折办于官，故谓之一条鞭"。[320] 新税法把过去一切征发项目合并为"一条"，简化了征收手续；将过去按户按丁摊派之役归于田亩，实行赋税合一，统一征收银两，改变了过去受里甲安排的十年亲役一次的做法，代之以每年征缴一次代征银。这些改革在当时颇中时弊，收效明显。

中国封建社会的赋役法，从秦汉起，就于田租之外又征户赋、口钱，至唐中叶开始实行两税法，合征地户两税，丁役银并入两税之内，但不久两税外又征丁役，走上了回头路。一条鞭法的实行，最终结束了历史上的三征(粟米、力役、布帛)体系，基本上完成由对人税向对物税、由实物税向货币税的转化，这不能不说是赋役制度上的重大改革。

明时税收除田赋外，商品税为另一重要来源。明初为发展经济，实行轻税政策，规定"凡商税三十税一"[321]。至宣德时，税率已大为提高，临时性的摊派也渐成额税。[322] 各府州县于城门外"各置引帖，凡客商货物入城，先吊引帖为照，然后投税验引收钞入门"[323]。对匿税者依法惩处，告发偷漏税者，予以奖

---

[319] 怀效锋点校：《大明律》卷二十四《刑律・诈伪》"私铸铜钱"条，法律出版社1999年版，第193页。

[320] 张廷玉等撰：《明史》卷七十八《食货志一》，中华书局1974年版，第1902页。

[321] 《明实录・太祖实录》卷一四，北京大学图书馆藏书(明抄本)，第193页。

[322] 《明实录・宣宗实录》卷五〇，北京大学图书馆藏书(明抄本)，第1203页。

[323] 《大明律集解附例》卷八《户律・匿税》，修订法律馆光绪三十四年刊本，第20页。

励。《大明律》规定:“凡客商匿税及卖酒醋之家不纳课程者,笞五十。物货酒醋一半入官,于入官物内以十分为率,三分付告人充赏。”[324]对于承办盐茶专卖的商户,限于年终纳齐商税。若“年终不纳齐足者”[325],以不足数额的多寡,分别给予笞四十至杖八十的处罚,并强制完税纳官。

从万历中叶起,增加矿监税和三饷加派,使庶民更加难以承担,这成为加速明朝覆亡的重要原因。

六、司法权限的变动与会审制度

明朝专制主义的极端发展对于司法制度的影响极为深刻,突出地表现为宦官组织和皇帝亲军直接参与缉捕与审判,这是历代未有的。曾经被认为是非法的宦官干政,被完全合法化了,而合法的司法机关与诉讼审判制度,却遭受到非法的凌夷,在这种情况下,所谓的司法公正和法制秩序便荡然无存了。司法制度中的非法变为合法,正是皇权极度膨胀的结果。与此相适应的,作为皇帝耳目之司的御史的司法监察权也较之唐宋扩大。御史巡按地方势威权重,而以司法监察为重点。但由于司法的状况关系到社会的稳定与国家的治乱,从明初起便建立了会审制度,以确保大案要案得到公正的判决。

(一)三法司执掌的变动

明朝中央常设的司法机关是刑部、大理寺、都察院,统称“三法司”。刑部与大理寺的名称、组织虽然与唐宋相同,但具体的职权却与唐宋不同。唐宋时大理寺是审判机关;明代大理寺一般不负责审判,而专掌复核。所谓“掌是谳平反刑狱之政令”,凡刑部、都察院审判的案件,“皆移案牍,引囚徒诣寺详谳”。如情允罪服,准予具奏,否则驳令改判,曰“照驳”。三拟不当,则纠问官,曰“参驳”。招供不清者,可移再审,曰“追驳”。屡驳不合,则请旨发落,曰“制决”。[326]据《明会典·大理寺》记载,“凡律内该载请旨发落者,本寺具本开写犯由罪名奏闻,取自上裁”,明朝实行的鞫于刑部,谳于大理寺,然后告成于皇帝的程序,被称作太祖以来的成法。由于审判归刑部,刑部的组织机构相应地扩大。初所属四司,后扩充为十三清吏司,分别受理地方上诉案件,以及审核地方上的重案和

---

[324] 怀效锋点校:《大明律》卷八《户律·课程》“匿税”条,法律出版社1999年版,第80页。

[325] 怀效锋点校:《大明律》卷八《户律·课程》“人户亏兑课程”条,法律出版社1999年版,第81页。

[326] 张廷玉等撰:《明史》卷七十三《职官志二》,中华书局1974年版,第1781页。

审理中央百官的案件。死刑案件须奏请皇帝批准。刑部官如错判,处罚较重。万历时,大理寺卿王用汲奏称:“按律,刑部及大小官吏,不依法律,听从上司主使,出入人罪者,罪如之。”[327]无论是刑部审判或大理寺复核,都须受都察院纠劾,凡“大狱重囚,(都御史)会鞫于外朝,偕刑部、大理谳平之”[328]。

明代的重大案件,必须经由三法司会审。洪武十七年(1384年),“诏天下罪囚,刑部、都察院详议,大理寺覆谳后奏决”[329]。由此可见,三法司虽是中央最高审级,但仍无权对重大案件作出判决,而必须呈报皇帝批准。遇有特大案件,锦衣卫、镇抚司,或其他大员,也参加审判。嘉靖五年(1526年),李福达借妖术谋反一案,三法司正副主官及锦衣卫、镇抚司各官会鞫,后又“命会九卿大臣鞫于阙廷”[330]。厂卫(锦衣卫及东、西厂),本不是司法机关,却也被皇帝特令赋予巡察缉捕,专理“诏狱”之权。

锦衣卫原为亲军上十二卫之一,职司卤簿,太祖时期:“天下重罪逮至京者,收系(锦衣卫)狱中……多使断治。”[331]从此锦衣卫以兵兼刑,得审理大案。洪武十五年(1382年),于锦衣卫下设北镇抚司“专理诏狱”,所管辖的案件,不限于“察不轨妖言,人命强盗重事”,也涉及其他词讼和州县案件,狱成,得专达皇帝。由于北镇抚司“其权日重”,使“法司益掣肘”。[332]洪武二十年(1387年),曾废除此制,“悉焚卫刑具,以囚送刑部审理”[333]。至成祖即位以后,“复典诏狱……而锦衣典诏狱如故”[334],“锦衣卫掌侍卫、缉捕、刑狱之事……凡承制鞫狱录囚勘事,偕三法司”[335]会同进行。

除锦衣卫系统外,永乐十八年(1420年)设“东厂”,成化十三年(1477年)设“西厂”,职掌“缉访谋逆妖言大奸恶等”,[336]厂属人员“四出刺民间阴事”,“大政小事,方言巷语,悉采以闻”[337],以致“民间斗詈鸡狗琐事,辄置重法,人情大扰”[338]。

---

[327] 张廷玉等撰:《明史》卷二百二十九《王用汲传》,中华书局1974年版,第5997页。
[328] 张廷玉等撰:《明史》卷七十三《职官志二》,中华书局1974年版,第1767页。
[329] 张廷玉等撰:《明史》卷三《太祖纪三》,中华书局1974年版,第41页。
[330] 谷应泰:《明史纪事本末》卷五六《李福达之狱》,中华书局1977年版,第873页。
[331] 张廷玉等撰:《明史》卷九十五《刑法志三》,中华书局1974年版,第2335页。
[332] 张廷玉等撰:《明史》卷九十五《刑法志三》,中华书局1974年版,第2336页。
[333] 张廷玉等撰:《明史》卷九十五《刑法志三》,中华书局1974年版,第2335页。
[334] 张廷玉等撰:《明史》卷九十五《刑法志三》,中华书局1974年版,第2325页。
[335] 张廷玉等撰:《明史》卷七十六《职官志五》,中华书局1974年版,第1862页。
[336] 张廷玉等撰:《明史》卷九十五《刑法志三》,中华书局1974年版,第2331页。
[337] 谷应泰:《明史纪事本末》卷三七《汪直用事》,中华书局1977年版,第551页。
[338] 张廷玉等撰:《明史》卷三百四《宦官传一》,中华书局1974年版,第7779页。

由于厂卫承命皇帝,地位特殊,有权参加三法司的审判,名曰"听记",实则起操纵决定的作用。英宗十四年(1449年),太监金英审理刑部、都察院狱囚,"英张黄盖中坐,尚书以下左右列坐。自是六年一审录,制皆如此"[339]。厂卫作出的判决,刑部、大理寺官虽"洞见其情,无敢擅更一字"[340]。"法司不敢平反。"[341]厂卫不仅可以随时密告逮捕,"或以一人而牵十余人,或以一家而连数十家"[342]。而且,对于逮捕来的人犯,可以任意施用酷刑,凡"入狱者率不得出"[343]。派往地方上的厂卫人员,只要"片纸朝入",便会严命夕传,纵抱深冤,谁敢辨理。不但破此诸族,又将延祸多人,但有株连,立见败灭。[344] 这种由亲军、近侍随意行法设刑而不受法律的约束是专制制度极端化的表现,造成了严重的司法混乱。史书说:"英、宪以后,钦恤之意微,侦伺之风炽。巨恶大憝,案如山积,而旨从中下,纵之不问;或本无死理,而片纸付诏狱,为祸尤烈。故综明代刑法大略,而以厂卫终之。"[345]

地方司法机关,府(州)、县二级仍与行政机关结合在一起,由知府、知县等行政长官掌握或亲理司法事务。省级专设提刑按察使,"掌一省刑名按劾之事"[346],并为府县一审案件的上诉机关,因而与职司监察的宋提点刑狱不同。按察使有权处决徒以下案件,徒以上重案须报送刑部,无权擅决。自县、府、省以至刑部、三法司,形成了一套完整的司法审级系统。

为了加强对府(州)、县各级司法机关的领导,凡有关土地、人口、赋役等事,由省布政使司统管,有关司法事项则专受省按察使司统管。这种基于工作对象而建立的比较专一的领导体制,标志着地方机关组织的严密和工作效能的加强。

由于实行军户与民户严格区分的制度,司法管辖也因此而有不同。军人犯法由军事机关处理,各省都指挥使设置的都卫断事司及卫所之千户、百户负责处理军人案件。军官犯罪从本管衙门开具事由,然后再申呈五军都督府或兵部奏闻皇帝,请旨处理。

基层组织里甲拥有民事与轻微刑事案件的审判权。里长之外设置"年高为

---

[339] 张廷玉等撰:《明史》卷三百四《宦官传一》,中华书局1974年版,第7770页。
[340] 张廷玉等撰:《明史》卷一百八九《徐珪传》,中华书局1974年版,第5010页。
[341] 张廷玉等撰:《明史》卷一百八十《胡献传》,中华书局1974年版,第4798页。
[342] 张廷玉等撰:《明史》卷一百九十二《安磐传》,中华书局1974年版,第5092页。
[343] 张廷玉等撰:《明史》卷三百六《田尔耕传》,中华书局1974年版,第7872页。
[344] 张廷玉等撰:《明史》卷二百十六《冯琦传》,中华书局1974年版,第5704页。
[345] 张廷玉等撰:《明史》卷九十三《刑法志一》,中华书局1974年版,第2280页。
[346] 张廷玉等撰:《明史》卷七十五《职官志四》,中华书局1974年版,第1840页。

众所服者”的老人,用以“导民为善,平乡里争讼”。[347] 洪武二十七年(1394 年)四月诏:“命有司择高年人公正可任事者,理其乡之词讼,若户婚、田宅、斗殴则令里胥决之。事涉重者,始白于官。若不由里老处分径诉县官,此之谓越诉。”[348] 从而确认了里老对民事诉讼和轻微刑事案件的一审管辖权。洪武三十一年(1398 年)三月十九日户部颁行《教民榜文》,巩固和扩大了里老的司法审判权,使之成为兼理民刑事案件的名副其实的一审组织。《教民榜文》规定:“民间户婚、田土、斗殴相争,一切小事,不许辄便告官,务要经由本管里甲、老人理断。若不经由者,不问虚实,先将告人杖断六十,仍发回里甲、老人理断。”[349] “今后民间除犯十恶、强盗及杀人,老人不理外,其有犯奸、盗、诈伪、人命,非十恶、非强盗杀人者,本乡本里内自能含忍省事,不愿告官系累受苦,被告伏罪,亦免致身遭刑祸,止于老人处决断者,听其所以,老人不许推调不理。”[350] “若事干别里,须会该里老人、里甲公同剖决。”[351] 如遇疑难案件,或事涉里老子弟亲戚,“须会东西南北四邻里分,或三里五里众老人、里甲剖决”[352]。对于参加审理词讼的老人的资格也作出了明确规定:“老人理词讼,不问曾朝觐、未曾朝觐,但年五十之上,平日在乡有德行、有见识、众所敬服者,俱令剖决事务。”[353] 由于里长、甲首是依丁粮多少轮流更换的,可见所谓年高公正之人和里老之辈绝大多数是地方上的豪绅或大族的族长,以此作为事实上的第一审,充分显示了政权、绅权和族权的紧密结合,这使发生在身边的争讼得以就便解决,确实减少了当事人的讼累。

为了确保审理案件的公正性,《教民榜文》规定了严格的督课内容。

老人、里甲对于民人的陈诉,如不能决断,“致令百姓赴官紊烦者,其里甲、老人亦各杖断六十;年七十以上者不打,依律罚赎,仍着落果断”。例如,“循情

[347] 张廷玉等撰:《明史》卷七十七《食货》,中华书局 1974 年版,第 1878 页。

[348] 顾炎武:《日知录》卷八,学苑出版社 2016 年版,第 140 页。

[349] 户部《教民榜文》第 1 条,载刘海年、杨一凡总主编,杨一凡、曲英杰、宋国范点校:《中国珍稀法律典籍集成》乙编第一册《洪武法律典籍》,科学出版社 1994 年版,第 635 页。

[350] 户部《教民榜文》第 11 条,载刘海年、杨一凡总主编,杨一凡、曲英杰、宋国范点校:《中国珍稀法律典籍集成》乙编第一册《洪武法律典籍》,科学出版社 1994 年版,第 637 页。

[351] 户部《教民榜文》第 3 条,载刘海年、杨一凡总主编,杨一凡、曲英杰、宋国范点校:《中国珍稀法律典籍集成》乙编第一册《洪武法律典籍》,科学出版社 1994 年版,第 635 页。

[352] 户部《教民榜文》第 5 条,载刘海年、杨一凡总主编,杨一凡、曲英杰、宋国范点校:《中国珍稀法律典籍集成》乙编第一册《洪武法律典籍》,科学出版社 1994 年版,第 636 页。

[353] 户部《教民榜文》第 4 条,载刘海年、杨一凡总主编,杨一凡、曲英杰、宋国范点校:《中国珍稀法律典籍集成》乙编第一册《洪武法律典籍》,科学出版社 1994 年版,第 636 页。

作弊,颠倒是非,依出入人罪论”[354]。

老人行为不轨,倚法为奸,不依众老人公论行事,故意扰乱案件的剖断,“许众老人拿赴京来”[355]。

如老人以剖断民事词讼为由,挟制里长、把持官府,拒不履行差役,“家迁化外”[356]。

老人、里甲剖决民事案件,不得设立牢狱,拘禁当事人,如违,治以重罪。[357]

老人、里甲应根据百姓的陈诉剖决案件,对于百姓不愿陈告的案件,“里甲、老人不得风闻寻趁,勾引生事”,否则杖六十;如为此而收受贿赂“以赃论”处。[358]

老人、里甲对于本里内的强劫、盗贼、逃军、逃囚及生事恶人,应将其缉拿归案。否则,“以罪罪之”[359]。

(二)重视司法管辖的诉讼程序

明时,起诉的方式仍以当事人陈告为主,同时也实行官府纠举。对诉讼当事人的年龄、性别、身份及健康状况均有限制。凡官司应受理的案件,必须迅速受理。如告“谋反”“叛逆”未立即受理,掩捕者,杖一百,徒三年。一般斗殴、婚姻、田宅案件,应予受理而未受理者,减犯人二等,罪止杖八十。

起诉一般要有书面诉状,内容包括案情发生的时间、事实、告诉人与代写人的姓名、地址、籍贯及画押等内容,并按审级管辖呈递。军户向所、卫、都指挥司逐级呈告,普通民户向所在州、县陈告。此外,还有沿行直接向皇帝陈告的直诉制度,洪武元年(1368年),于午门外设置“登闻鼓”,“俾冤民击之,通达下情,每日科道各一员,锦衣卫官一员轮司其事,民有冤抑,有司不为申理……实列其状以闻”[360]。万历时,有大冤方可击鼓。击鼓不实与阻遏击鼓均坐罪。鼓状收进

---

[354] 户部《教民榜文》第2条,载刘海年、杨一凡总主编,杨一凡、曲英杰、宋国范点校:《中国珍稀法律典籍集成》乙编第一册《洪武法律典籍》,科学出版社1994年版,第635页。

[355] 户部《教民榜文》第8条,载刘海年、杨一凡总主编,杨一凡、曲英杰、宋国范点校:《中国珍稀法律典籍集成》乙编第一册《洪武法律典籍》,科学出版社1994年版,第637页。

[356] 户部《教民榜文》第9条,载刘海年、杨一凡总主编,杨一凡、曲英杰、宋国范点校:《中国珍稀法律典籍集成》乙编第一册《洪武法律典籍》,科学出版社1994年版,第637页。

[357] 户部《教民榜文》第13条,载刘海年、杨一凡总主编,杨一凡、曲英杰、宋国范点校:《中国珍稀法律典籍集成》乙编第一册《洪武法律典籍》,科学出版社1994年版,第637页。

[358] 户部《教民榜文》第14条,载刘海年、杨一凡总主编,杨一凡、曲英杰、宋国范点校:《中国珍稀法律典籍集成》乙编第一册《洪武法律典籍》,科学出版社1994年版,第637页。

[359] 户部《教民榜文》第15条,载刘海年、杨一凡总主编,杨一凡、曲英杰、宋国范点校:《中国珍稀法律典籍集成》乙编第一册《洪武法律典籍》,科学出版社1994年版,第638页。

[360] 孙承泽:《春明梦余录·刑部》,北京古籍出版社1992年版,第101页。

后由皇帝亲拟旨意,送有关法司审理。正统至嘉靖初期,死罪犯执行前,可由家属击鼓申冤。[361] 唐宋以来的邀车驾讼,沿行如故。

明初,民间饱受官吏欺凌,因此越诉赴京上告者多。为此,洪武十五年(1382 年),便申明越诉之禁:"凡军民诉户婚田土,作奸犯科诸事,悉由本属官自下而上陈告,毋得越诉……违者罪之。"[362] 只有重大而又迫切需要解决的案件,才允许越级申诉。为防止越诉,明朝严格审级管辖。宣德时,越诉得实者免罪,不实者戍边。景泰时,不问虚实,皆发口外充军。在《教民榜文》中也明确规定:"民间词讼,已令自下而上陈告,越诉者有罪。……今后敢有仍前不遵者,以违制论决。"[363] "顽民不遵榜谕,不听老人告诫,辄赴官府告状,或径赴京越诉,许老人擒拿问罪。"[364] 但若里甲、老人"不能决断,致令百姓赴官紊烦者,其里甲、老人亦各杖断六十;年七十以上者不打,依律罚赎,仍着落果断"[365] 。

明律关于惩罚越诉的规定,主要着眼于稳定司法管辖秩序,发挥地方司法机关的职能,防止刁民缠讼。

刑事诉讼的司法管辖实行"以轻就重,以少就多,以后就先"的原则。如原告所告案件涉及两处州县,"听原告就被论官司告理归结"[366],反映了重视原告选择审判机关的权利,但由此也带来了州、县官之间相互推诿,造成贻误。民事诉讼的司法管辖主要是依被告人的户籍所在地确定。

明律关于"告状不受理""教唆词讼"等条,基本上与唐律相同。从稳定社会秩序出发,严惩诬告。按唐律,诬告者只反坐并不加等,明律则诬告人笞罪者,加所诬罪二等。流徒杖罪者,加所诬罪三等。如因被诬处流刑而典卖田宅者,除追征路费外,尚需备价取赎。诬人死罪已决者,反坐以死刑。"若各衙门官,进呈实封,诬告人,或风宪官挟私弹事不实者,罪亦如之。"[367] 永乐元年(1403 年)二月专定《诬告法》:"凡诬告三、四人者,杖一百,徒三年。五、六人者,杖一百,流三千里,所诬重者从重论。诬告十人以上者,凌迟处死,枭首其

[361] 尤韶华:《明代司法初考》,厦门大学出版社 1998 年版,第 79 页。

[362] 《明实录·太祖实录》卷一四九,北京大学图书馆藏书(明抄本),第 2352 页。

[363] 户部《教民榜文》第 38 条,载刘海年、杨一凡总主编,杨一凡、曲英杰、宋国范点校:《中国珍稀法律典籍集成》乙编第一册《洪武法律典籍》,科学出版社 1994 年版,第 643 页。

[364] 户部《教民榜文》第 23 条,载刘海年、杨一凡总主编,杨一凡、曲英杰、宋国范点校:《中国珍稀法律典籍集成》乙编第一册《洪武法律典籍》,科学出版社 1994 年版,第 639 页。

[365] 户部《教民榜文》第 2 条,载刘海年、杨一凡总主编,杨一凡、曲英杰、宋国范点校:《中国珍稀法律典籍集成》乙编第一册《洪武法律典籍》,科学出版社 1994 年版,第 635 页。

[366] 怀效锋点校:《大明律》卷二十二《刑律·诉讼》"告状不受理"条,法律出版社 1999 年版,第 175 页。

[367] 怀效锋点校:《大明律》卷二十二《刑律·诉讼》"诬告"条,法律出版社 1999 年版,第 176 页。

乡,家属迁化外。"[368]同时,不得受理,投递"匿名文告人罪",违者,杖一百。

(三)会审制度的初创

明朝的审判制度,充分体现了专制主义加强的精神,无论是朝廷对司法审判权的控制,还是皇帝对大狱与死刑的决定权,都有所强化。从明初起,太祖就亲自"录囚""有大狱必面讯""多亲鞫,不委法司"[369]。永乐元年(1403年),成祖"命法司五日一引奏罪囚"[370]。永乐十三年(1415年),下令:"自今死罪者,皆五覆奏,著为令。"[371]永乐十七年(1419年),又下令:"自今,在外诸司死罪,咸送京师审录,三复奏,然后行刑。"[372]洪熙元年,仁宗令:"法司执奏,五奏不允,同三公大臣执奏,必允乃已。"[373]并"特命内阁学士会审重囚,可疑者再问"[374]。正统时,英宗"谕三法司,死罪临决,三覆奏然后行刑"[375]。宪宗成化十七年(1481年),命司礼监太监一人会同三法司长官于大理寺审录罪囚,谓之"大审"。"自此定例,每五年辄大审。"[376]大审的对象主要是累诉冤枉的囚犯。作为"清天下狱讼"的监察御史,也是由皇帝派往各地审录囚犯的专使。他们代表皇帝行使对重案大案的复审权,凡是地方各省府审录罪囚,都由皇帝下诏指定御史负责主持会审。会审之后,再由御史领衔奏报皇帝。厂、卫组织直接参加审判,并享有"听记""坐记"的权力,正是体现出他们代表皇帝行使和监督司法权。宦官参与司法,迫使执法的清官洁身引退,而多数官吏唯恐被坐陷失出之罪,宁可深文罗织滥害百姓。这不仅破坏了既定的法律秩序,也危害到封建法制本身,加剧了统治阶级内部的利益冲突和国家的危机。

此外,唐宋以来对"八议"者的司法特权规定,《大明律》一一照录,无论"八议"者本人或其亲属,只能奉旨推问,不能擅自勾问。审判的结果也必须议拟奏闻,取自上裁。京官及在外五品以上官有犯,也须奏闻取旨,不许擅问。明朝皇帝对司法权的控制超过历代,或以意为法,或法外用刑,生杀予夺,不受法律约束。例如,明初御史范文从因上书不当,"下狱论死",不久,太祖又御笔批示"免

---

[368] 沈家本:《历代刑法志·律令九》卷九《诬告法》,中华书局1985年版,第1143页。
[369] 张廷玉等撰:《明史》卷九十四《刑法志二》,中华书局1974年版,第2305页。
[370] 张廷玉等撰:《明史》卷六《成祖纪二》,中华书局1974年版,第79页。
[371] 张廷玉等撰:《明史》卷七《成祖纪三》,中华书局1974年版,第95页。
[372] 张廷玉等撰:《明史》卷七《成祖纪三》,中华书局1974年版,第98页。
[373] 张廷玉等撰:《明史》卷八《仁宗纪》,中华书局1974年版,第111页。
[374] 张廷玉等撰:《明史》卷九十四《刑法志二》,中华书局1974年版,第2307页。
[375] 张廷玉等撰:《明史》卷十《英宗前纪》,中华书局1974年版,第127页。
[376] 张廷玉等撰:《明史》卷九十四《刑法志二》,中华书局1974年版,第2307页。

汝五次死”[377]。员外郎张来硕仅因上书劝谏不要把已许配的少女选作宫人而触怒太祖,竟下令将张来硕碎尸万段。

为了达到明刑弼教的目的,太祖还注意在司法中贯彻法理情三者的统一考量。这在明文献的案例中可以得到例证。例一:“民父以诬逮,其子诉于刑部,法司坐以越诉。太祖曰:‘子诉父枉,出于至情,不可罪。’”例二:“有子犯法,父贿求免之,御史欲并论父。太祖曰:‘子论死,父救之,情也,但论其子,赦其父。’”例三:“洪武二十年(1387 年),詹徽言:‘军人有犯当杖,其人尝两得罪而免,宜并论前罪,诛之。’太祖曰:‘前罪既宥,复论之则不信矣。’杖而遣之。”例四:洪武八年,“山阳民父得罪,当杖,子请代,上曰:朕为孝子屈法,特释之”。显而易见,上述案例对社会和国家的危害性不大,采取原情的宽大措施,既无害于国家的安全,还可借此渲染儒家所推崇的纲常名教,同时还可获得圣君仁惠的客观效果。

明时遇有重案、疑案以及死刑复核案,实行“会审”“圆审”和“朝审”。会审始于洪武十五年(1382 年),主要是三法司会审。圆审是由吏部尚书、大理寺卿、左都御史、通政使等联合审判死犯翻异案。朝审始于天顺三年(1459 年),英宗鉴于“人命至重,死者不可复生”,因此下令:“自天顺三年为始,每至霜降后,但有该决重囚,著三法司奏请会多官人等从实审录,庶不冤枉,永为定例”[378]。《明史·刑法志》也有以下记载:“天顺三年,令每岁霜降后,三法司同公侯伯会审重囚,谓之朝审。”由于朝审于秋季举行,成为清朝秋审制度的发端。无论是会审、圆审、朝审,最后都要报请皇帝裁决,或处决,或缓决,或减刑。因此,会审制度与皇帝独揽司法大权并不矛盾。

成祖永乐二年(1404 年)还实行热审,在小满后十余日,由太监和两京法司组织热审庭,审理囚犯。一般笞罪无干证者,即行释放。徒、流以下减等发落。重囚可矜疑及枷号者,具奏请旨定夺。热审在永乐、宣德时期,偶尔举行,正统以后记载颇多,正德时遂成为定制。[379] “热审”虽然在明朝的审判制度中不占重要地位,但却被鼓吹为重视民命的“仁慈”之举。

由于会审制度的推行有助于法律的统一适用,同时也对司法机关的审判活动起着某种监督作用,因此清袭明制继续沿行。

在审判中继续实行“依告状鞫狱”“断罪引律令”的规定,但有所补充,如

---

[377] 赵吉士:《寄园寄所寄》卷二《镜中寄》,黄山书社 2008 年版,第 86 页。

[378] 薛允升:《唐明律合编》卷三〇“有司决囚等第”条按语,中国书店出版社 2010 年版,第 307 页。

[379] 尤韶华:《明代司法初考》,厦门大学出版社 1998 年版,第 139 页。

“凡律自颁降日为始,若犯在已前者,并依新律拟断”[380],这表明统治者比较注意法律的统一适用,避免由于新旧律的轻重互异,而在适用上造成参差。此外,明律关于“凡律令该载不尽事理,若断罪而无正条者,引律比附,应加应减定拟罪名,转达刑部议定奏闻,若辄断决,致罪有出入者,以故失论”[381]的规定,也与唐律“举重明轻”“举轻明重”的原则不同,表现出立法集中化的倾向。明引律比附律比附范围很广,涉及笞、杖、徒、死等罪。例如,扯破宝钞,依弃毁制书律科断;骂詈三品以上官长,依骂詈祖父母律科断;诈称御史驾帖拿人,依诈传诏旨;起灭词讼,比附教唆;陷害良善,诬执平民,比依诬告,等等。在实践中,除死罪比附类皆奏闻以外,流徒以下罪比附者,很少奏闻。至明末,为了限制任意比附,强调罪无正条者,例应奏请,否则以“事应奏不奏”论罪。

嘉靖朝初期,鉴于武宗任用宦官刘瑾滥施刑罚,枉抑累累,为了重拾人心,整顿法制秩序,世宗在继位诏中强调以律断狱。“今后问刑,务要法当其情,不许深刻,所问犯人及在外问或解来人犯伸诉冤枉,或别调衙门,或多官会审,务要从公推问实情,果有冤枉,即与辩理,不许拘执成案逼勒招认,符合前问官吏,致令枉抑无伸,违者罪之。”“凡问囚犯,今后一依《大明律》科断,不许深文妄引参语,滥及无辜。其有奉旨推问者,必须经由大理寺审录,毋得径自参奏,致有枉人。”[382]

明律也仿唐宋律制定“听讼回避”条,“凡官吏于诉讼人内关有服亲及婚姻之家,若得受业师及旧有仇嫌之人,并听移文回避,违者笞四十,若罪有增减者,以故出入人罪论”。并且解释说:“亲主情而师主义,理得相容;仇有隙而嫌有疑,势合回避……所以防奸邪,杜私易也。”[383]同时也继承了“命夫命妇,不躬坐狱讼”的传统,“凡官吏有争论婚姻、钱债、田土等事,听令家人告官理对,不许公文行移,违者笞四十”[384]。听家人告理是为了“存其体”,也就是维护官吏的法定特权。

对于拷讯,虽有“老幼不拷讯”“拷讯不得过三度”,以及“官司决罚不如法”

---

[380] 怀效锋点校:《大明律》卷一《大明律·名例律》“断罪依新颁律”条,法律出版社1999年版,第23页。

[381] 怀效锋点校:《大明律》卷一《大明律·名例律》“断罪无正条”条,法律出版社1999年版,第23页。

[382] 刘海年、杨一凡总主编,杨一凡、曲英杰、宋国范点校:《中国珍稀法律典籍集成》乙编第三册《皇明诏令》卷一九《即位诏》,科学出版社1994年版,第600页。

[383] 怀效锋点校:《大明律》卷二十二《刑律·诉讼》“听讼回避”条,法律出版社1999年版,第176页。

[384] 怀效锋点校:《大明律》卷二十二《刑律·诉讼》“官吏词讼家人诉”条,法律出版社1999年版,第180页。

等限制,但由于刑讯是取得口供的重要手段,因而是不可避免的,而且无所谓节制,《明史·刑法志》说:"刑法有创之自明不衷古制者:廷杖、东西厂、锦衣卫、镇抚司狱是已。是数者,杀人至惨,而不丽于法,踵而行之,至末造而极。举朝野命,一听之武夫宦竖之手,良可叹也。"[385]弘治六年(1493年),太常寺少卿李东阳奏准:"凡考讯轻罪即时致死,累二十或三十人以上,本律外,仍议行降调。"[386]从这里可以看出,行刑讯逼供是何等残酷。嘉靖六年(1527年),世宗令:"中外有用法深刻,致戕民命者,即斥为民,虽才守可观,不得推荐。"[387]内外问刑官,只对死罪及盗窃重犯,"始用拷讯",其余只用鞭扑等常用刑具。但收效甚微。随着神宗改制的终结,滥刑之弊重新回潮。

至于基层组织的审判,须在申明亭进行。《教民榜文》规定:"凡老人、里甲剖决民讼,许于各里申明亭议决。"[388]审判方式采用"会议""议决""公同"等形式。《教民榜文》规定:"凡民有陈述者,即须会议,从公剖断。"[389]"凡老人、里甲剖决民讼,许于各里申明亭议决。"[390]"老人有犯罪责,许众老人、里甲公同会议。"[391]

凡属民事纠纷与轻微刑事案件,均以调处和息为原则。《教民榜文》规定:"老人须要将本里人民恳切告诫。凡有户婚、田土、斗殴相争等项细微事务,互相含忍。"[392]如不能和息和无法和息时,则应作出判决。"凡有户婚、田土、斗殴相争等项细微事务,互相含忍。设若被人凌辱太甚,情理难容,亦须赴老人处告诉,量事轻重,剖断责罚。"[393]为了保证里老判决的执行,特别规定:"民间词讼,已经老人、里甲处置停当,其顽民不服,辗转告官,捏词诬陷者,正身处以极刑,

---

[385] 张廷玉等撰:《明史》卷九十五《刑法志三》,中华书局1974年版,第2329页。

[386] 张廷玉等撰:《明史》卷九十三《刑法志一》,中华书局1974年版,第2290页。

[387] 张廷玉等撰:《明史》卷九十四《刑法志二》,中华书局1974年版,第2315页。

[388] 户部《教民榜文》第3条,载刘海年、杨一凡总主编,杨一凡、曲英杰、宋国范点校:《中国珍稀法律典籍集成》乙编第一册《洪武法律典籍》,科学出版社1994年版,第636页。

[389] 户部《教民榜文》第2条,载刘海年、杨一凡总主编,杨一凡、曲英杰、宋国范点校:《中国珍稀法律典籍集成》乙编第一册《洪武法律典籍》,科学出版社1994年版,第635页。

[390] 户部《教民榜文》第3条,载刘海年、杨一凡总主编,杨一凡、曲英杰、宋国范点校:《中国珍稀法律典籍集成》乙编第一册《洪武法律典籍》,科学出版社1994年版,第636页。

[391] 户部《教民榜文》第7条,载刘海年、杨一凡总主编,杨一凡、曲英杰、宋国范点校:《中国珍稀法律典籍集成》乙编第一册《洪武法律典籍》,科学出版社1994年版,第636页。

[392] 户部《教民榜文》第23条,载刘海年、杨一凡总主编,杨一凡、曲英杰、宋国范点校:《中国珍稀法律典籍集成》乙编第一册《洪武法律典籍》,科学出版社1994年版,第639页。

[393] 户部《教民榜文》第23条,载刘海年、杨一凡总主编,杨一凡、曲英杰、宋国范点校:《中国珍稀法律典籍集成》乙编第一册《洪武法律典籍》,科学出版社1994年版,第639页。

家迁化外。”[394]

七、律学的成就与《大明律》的世界地位

(一)律学的成就

《大明律》制定以后,朱元璋提倡的法律解释为律学的进一步发展提供了强大的动力。据《明史·刑法志》记载,朱元璋“恐小民不能周知(大明律),命大理卿周桢等取所定律令,自礼乐、制度、钱粮、选法外,凡民间所行事宜,类聚成编,训释其义”[395],是为《律令直解》。《律令直解》是钦命完成的具有很高权威性的官方释律之作,对于司法实践中准确地了解律意,适用法律,起着重要的指导作用,并且开了明代注释律学风气之先。

明代的立法解释与《唐律疏议》的疏解有所不同,它更紧扣适用中的具体问题,既不作历史沿革的陈述,也不作理论上的评说。首先,对《大明律》中列于律首的“六赃图”“纳赎例图”“收赎钞图”“五刑图”“狱具图”“丧服图”等,都作出了必要的简明的解释,以便于理解和适用。其次,对于律文中常用的八个字——以、准、皆、各、其、及、即、若进行了字义解释,名为“例分八字之义”,具体如下:

> 以者与真犯同,谓如监守贸易官物,无异真盗,故以枉法论,以盗论……
>
> 准者与真犯有间矣,谓如准枉法、准盗论,但准其罪,不在除名刺字之例……
>
> 皆者不分首从一等科罪,谓如监临主守,职役同情,盗所监守官物,并赃满贯,皆斩之类。
>
> 各者彼此同科此罪……各杖一百之类。
>
> 其者变于先意,谓如论八议罪犯,先奏请议,其犯十恶不用此律之类。
>
> 及者事情连后,谓如彼此俱罪之赃及应禁之物,则没官之类。

---

[394] 户部《教民榜文》第12条,载刘海年、杨一凡总主编,杨一凡、曲英杰、宋国范点校:《中国珍稀法律典籍集成》乙编第一册《洪武法律典籍》,科学出版社1994年版,第637页。

[395] 张廷玉等撰:《明史》卷九十三《刑法志一》,中华书局1974年版,第2280页。

即者意尽而复明,谓如犯罪事发在逃者,众证明白,即同狱成之类。

若者文虽殊而会上意,谓如犯罪未老疾,事发时老疾,以老疾论,若在徒年限内老疾者,亦如之之类。[396]

明代中叶以后,专制主义制度越发展越要求法律的统一适用。随着条例的不断增多,"一事三四其例者有之,随事更张每年再变其例者有之"[397]。律例之间的矛盾日益突出,解释法律的工作已经远远落后于法律应用的实际需要,以致奸吏因缘为奸,任情用法,严重破坏了统一的法制秩序。这时的明朝政府由于皇帝昏庸、宦官擅权,政治极端腐败,无暇和无力组织官方注律,只能认可和鼓励私家修律以满足统一用法的紧迫需要。在这样的背景下私家注律蓬勃兴起,其成果受到重视,有的还具备了官方注律的权威性。

私家注律以体现国家的立法意图与利益需要为前提,以维护现行法律的正确贯彻实施为宗旨,这是私家注律被认可的前提条件,否则其不仅没有发展前途,反而要受到刑法制裁。因此,私家注律是在专制政府监控下进行的。

明代主要的释律著作,除舒化奉旨纂修的《大明律附例》《明律纂注》外,私家释著有彭应弼《刑书据会》,唐枢《法缀》,雷梦麟《读律琐言》,姚思仁《大明律附例注解》,贡举《大明龙头便读傍训律法全书》,明允《大明律例注释详刑冰鉴》,苏茂相《大明律例临民宝镜》,徐昌祚《大明律例添释旁注》,陆柬之《读律管见》,王樵《读律私笺》,王肯堂《律例笺释》(别本称《明律笺释》),张楷《大明律释义》《大明律解》,何广《律解辩疑》,萧近高《刑台法律》,王楠《大明律集解》,朱敬循《大明律例致君奇术》,高举《大明律集解附例》,应廷育《读律管窥》,孙存《大明律读法书》,林兆珂《明律例注》,王之垣《律解附例》等。其中以王肯堂《律例笺释》,三十卷二十册,最具权威性,被明人奉为解律圭臬。

王肯堂万历十七年(1589年)进士,曾任南京行人司副、福建参政等职。通晓经学、律学,尤其是继承了律学的家学渊源,其父王樵曾撰写《读律私笺》,二十四卷,对于王肯堂撰写《律例笺释》有着重要影响。他在自序中说,"刑期无刑,用主不用"[398],即通过宣讲法律,预防犯罪,这是他释律的主要意图。《律例笺释》综合了时人释律的精华,并运用司法判例来阐释立法宗旨和法律原则。

---

[396] 《大明律集解附例》之《例义》,修订法律馆光绪三十四年刊本,第3页。

[397] 《皇明条法事类纂》(四),载刘海年、杨一凡总主编,杨一凡、曲英杰、宋国范点校:《中国珍稀法律典籍集成》乙编第五册《皇明条法事类纂》,科学出版社1994年版,第920页。

[398] 王肯堂:《律例笺释》卷首"自序",东洋文化研究所藏书,明万历刻本,第3页。

例如,《明律》"盐法"律文后附万历条例:"凡豪强盐徒聚众至十人以上……拒敌官兵,若杀人及伤三人以上者,比照强盗已行得财律,皆斩,为首者,仍枭首示众。"王肯堂解释说:"旧例云三命、二命,故议者泥于命字,遂谓伤而未死者,不得引用此例,不知私盐拒捕,律自应斩,况加之伤人乎?堤防奸徒,不嫌过重,今改三人二人者为当。"一字之改体现了对强行贩卖私盐行为的加重镇压。

王肯堂撰著的《律例笺释》,不仅指导了明中叶以后的立法与司法,也影响了清前期的法律建设。顺治三年律不仅律中小注引自王肯堂注释,许多条例也是准依笺释纂修而成。康熙中期,顾鼎重辑《律例笺释》,成为清代律学家注释清律的重要参考,直到沈之奇《大清律辑注》问世以后,因其现实针对性更强,才逐渐取代了《律例笺释》的地位。

除王肯堂《律例笺释》外,彭应弼所撰的《刑书据会》,以参用司法实例和司法用语注释律文为特点,其体例为清代律学家所借鉴。唐枢所撰《法缀》,按时间顺序分别排列官方律学文献和私家注律文本,不仅记述了明前期法制的概貌,而且还可以从中比较不同时期法律的变革。

明代律学的兴起,除由封建社会后期特定的历史环境所决定外,也还"具有由它的先驱者传给它,而它便由以出发的特定思想资料作为前提"[399]。南宋时期功利学派对旧律中有关婚姻、财产、继承观念的抨击也有一定的影响。由此不难理解明初刘基对传统法律中的"七出"之条提出的批评:"或问于郁离子曰:'在律妇有七出,圣人之言欤?'曰:'是后世薄夫之云,非圣人意也。夫妇人以夫者:淫也,妒也,不孝也,多言也,盗也,五者,天下之恶德也,妇而有焉,出之宜也。恶疾之与无子,岂人之所欲哉?非所欲而得之,其不幸也大矣,而出之,忍矣哉!夫妇人伦之一也,妇以夫为天,不矜其不幸,而遂弃之,岂天理哉?而以是为典训,是教不仁以贼人道也。仲尼没而邪辞作,惧人之不信,而驾圣人以逞其说。呜呼!圣人之不幸,而受诬也久矣哉!'"[400]

(二)《大明律》的世界地位

作为有明一代法律建设主要成就的《大明律》,上承《唐律》,下启清法,无论法律体系、规范内容、条文解释都有所创造,呈现出新的时代特色。不仅在中国法制文化发展史上具有重要的地位,而且是继唐律以后对东南亚各国影响较大的一部法典。

---

[399] 中共中央著作编译局编:《恩格斯政康·施米特》,载《马克思恩格斯选集》(第4卷),人民出版社1972年版,第485页。

[400] 刘基撰,傅正谷评注:《郁离子评注》,《七出》,天津古籍出版社1987年版,第410页。

《大明律》对日本的影响。明朝建立以后,中日两国恢复了友好的文化交流关系。在法文化交流方面也达到甚至超过唐代的水平,有关明律的书籍应日本求购要求,源源不断地运往日本。计有正德元年(1506 年),《大明律附例》一部十六本;正德二年(1507 年),《大明律例释义》一部八本、《大明律例添释旁注》一部四本、《大明律例附解》一部十二本、《新例三台明律招判正宗》一部八本;正德三年(1508 年),《大明律笺释》一部二套、《大明律私笺》一部八本,等等。

日本江户时代,享保年间幕府第八代将军德川吉宗,热衷于研究明律,据《德川实纪》记载:"法书充盈纪伊国家门,深为喜爱(明律),即位后仍不时阅览。"在这一时期日本法学家注释明律的代表作主要有:高濑忠敦撰《明律例释义》十四卷、《明律详解》二十一卷同补,荻生观撰《明律译》三十卷,高濑喜朴撰《大明律例释义》十四卷,冈白驹撰《明律译注》九卷,荻生徂徕撰《明律国字解》十六卷,榊原玄辅撰《明律译解同补译》《明律谚解大成》三十卷,荻生道济撰《明律疑义》,三浦义质撰《详说明律释义》,涩井孝室撰《明律详义》,管野洁撰《明律汇纂》等。其中《大明律例释义》,除翻译大明律文四百六十条外,还辅以具体事例加以说明。但由于未载大明律原文,因此幕府文官荻生观奉命校正明律原文后标上训点和片假名刊行,即《官准刊行明律》,由此而使明律广为流传。此外,《明律国字解》兼以《大明律》和《问刑条例》为对象,触及了明孝宗以后主要的立法活动。

《大明律》对日本法制文明的促进主要表现在两个方面,一是立法指导思想的认同,二是法典编纂形式与内容的吸收。

《大明律》是以儒家纲常名教学说为指导思想的,明孝宗时,丘濬撰写的被称为"以收明德之功""以发经传之旨"的《大学衍义补》,曾对日本法学界有着深远的影响。芦野德林撰写的《无刑录》就是脱胎于《大学衍义补》。至于《明律》中有关维护君权、父权、夫权的条款,均为日本法律所吸收。例如,土佐藩所著《海南律令》便原封不动地移植了《明律》中"十恶""八议"的规定。日本学者宇田尚在《日本文化与儒之影响》中说:"通观德川时代三百年之法规,抽出其全体之道德要素厥为儒教。"江户时代,最具有代表性的熊东藩所著《刑法草书》,无论形式与内容基本上都取自《明律》。此后不久,他又仿明《问刑条例》编写了例,补进《刑法草书》,定名为《御刑法草书附例》。

明治维新以后,制定的《新律纲领》也源自中国旧律。日本穗积陈重博士在《日本新民法》中论断说:"此法典系以中国之'唐、明、清律'为蓝本而一如日本旧律之稍加改变。"实际上,《新律纲领》大部分取材于《大明律》。

以上可见《大明律》对日本江户时代及明治初期法制的影响。日本法学教授小早川欣吾曾经指出:“中国法律在日本法意识之深刻影响,自远久之过去以迄现在,尚未完全停止,故中国法意识之研究,实有必要。”[401]

《大明律》对日本的影响概如上述,其对朝鲜的影响尤为深广。高丽末年政治腐败,法制废弛,出现了“禁纲不张,缓刑数赦,奸凶之徒脱漏自恣,莫之禁制,及其季世,其弊极矣”[402]的现象。有识之士建议,“杂用元朝《议刑易览》《大明律》以行者”[403]。由此推断《大明律》于高丽末年已传至朝鲜半岛,以致禑王六年(1380年)典法司中有“应参照《大明律》来改正本朝之律”[404]的上书。侍中郑梦周还“取《大明律》,《至正条格》、本朝法令,参酌删定、撰新律以进”[405]。但《大明律》的真正施行是在朝鲜王朝成立之后。

朝鲜王朝建立以后,积极改善与中国的关系,其太祖李成桂在其即位的诏书中称:“自今京外刑决官,凡公私罪犯,必该《大明律》追夺宣敕者,及收谢贴,该资产没官者,乃没家产;其附过、还职、收赎、解任等事,一依律文科断。勿蹈前弊,街衢革去。”[406]郑道传在《朝鲜经国典》中也说:“今我殿下德敦乎仁,礼得其序,可谓得为治之本矣。其议刑断狱以辅其治者,一以《大明律》为据。”[407]可见《大明律》在朝鲜王朝的适用效力。为了施行《大明律》,郑道传在所著《朝鲜经国典·宪典总序》中指出了翻译《大明律》的必要性:“又虑愚民无知触禁,爰命攸司将《大明律》译以方言,使众易晓,凡所断决,皆用此律,所以上奉帝范,下重民命也。”[408]至太祖四年(1395年)二月,由政丞赵浚令检校中枢院高士褧、金祉将《大明律》译成吏读文,再由郑道传、工曹判书唐诚加工润色最后完成《大明律直解》一书,并出版问世,为施行《大明律》提供方便条件。但亦依照朝鲜的具体国情做了一些修正。对此,明太祖表示理解他在诏书中说,“据数千里之地,自为声教”;建文帝在朝鲜求取《大明律》时也指出“仪从本俗,法守旧章”。事实上,朝鲜虽用《大明律》,“因时俗事势或轻之,或重之,或别立新条者多”[409]。

---

[401] 《法学论丛》第二七卷第六号。转引自杨鸿烈:《中国法律对东亚诸国之影响》,中国政法大学出版社1999年版,第354页。

[402] 《高丽史·刑法》(一)卷八四,韩国首尔大学藏万历四十一年朝鲜太白山史库本,第1页。

[403] 《高丽史·刑法》(一)卷八四,韩国首尔大学藏万历四十一年朝鲜太白山史库本,第1页。

[404] 《高丽史·刑法》(一)卷八四,韩国首尔大学藏万历四十一年朝鲜太白山史库本,第34~35页。

[405] 《高丽史·郑梦周列传》卷一一七,韩国首尔大学藏万历四十一年朝鲜太白山史库本,第17页。

[406] 《朝鲜王朝实录·太祖》卷一,元年七月,丁未条,首尔大学奎章阁本。

[407] 郑道传:《三峰集》卷七《朝鲜经国典·宪典总序》,载《韩国文集丛刊》(第5辑),韩国民族文化推进会1996年版,第441页。

[408] 郑道传:《三峰集》卷七《朝鲜经国典·宪典总序》,载《韩国文集丛刊》(第5辑),韩国民族文化推进会1996年版,第437页。

[409] 《朝鲜王朝实录·世宗》卷一一二,二十八年六月,癸卯条,首尔大学奎章阁本。

具体如下:

一是违礼从重。在朝鲜王朝统治期间深受朱子家礼的影响,极为重视纲常伦理名教,以“干名犯义”罪为例,犯者不依明律而依唐律论断。按明律“干名犯义”只杖一百徒三年,唐律则或流或绞,据唐律科断表现了违礼从重。朝鲜世宗十二年奇尚廉告其继母犯奸通之罪时,大臣许稠便奏请:“母子之间虽有过失,相为容隐,义也。今尚廉告母者,欲害其母与弟,贪取财物奴婢耳。不除如此大恶则人道灭矣。请依《唐律》论断。”[410]又如,奴婢告家长,《大明律》中规定,“凡奴婢告家长,缌麻以上亲杖一百徒三年,诬告者绞;雇工人告家及家长之亲者,各减奴婢一等,告者不减”,但朝鲜王朝则“奴婢及婢夫奴妻,并以斩论”[411],后因刑曹提议改斩为绞,仍重于唐明律。

二是文武官犯公私罪从重。按《大明律·文武官犯公罪》,“凡内外大、小军民衙门官吏犯公罪该笞者,官收赎吏每季类决,不必不过杖罪以上,明白立文案,每年一考记录罪名,九年通考所犯次数轻重,以凭黜陟”。但在朝鲜王朝大、小官吏因犯公务上的过失即被免职。另据《大明律》,“凡文官犯私罪笞四十,以下附过还职五十,解见任别叙杖六十降一等,七十条二等,八十降三等,九十降四等,俱解见仕流官于杂职内叙用杖一百者,罢职不叙”。但在朝鲜王朝杖六十则降二等,杖九十则降五等。

三是杀人及窃盗从重。《大明律·斗殴及故杀人》规定,无论是用拳脚,还是用金刃,均处以绞刑。但朝鲜王朝规定凡斗殴杀人处以绞刑,用刀杀人则处斩刑。对于盗窃犯,《大明律》规定“窃盗三犯者死”,朝鲜王朝规定“再犯者绞”。

四是调整赎、流刑法。由于明朝的货币是铜钱,而朝鲜王朝是五升布,将明律中的以钱赎罪改为以布赎罪。例如,笞十,按明律需以铜钱六百文赎免,而据朝鲜王朝《大明律直解》则需以五升布三匹赎免。至于流刑,根据朝鲜王朝的幅员,将明律中的二千里、二千五百里、三千里,改为六百里、七百五十里、九百里三种。上述调整是从朝鲜王朝的实际出发,是完全必要的。

中国的法文化很早就输入朝鲜半岛,高丽朝时期的法制便深受《唐律》影响,至朝鲜朝则倾心于明制,以《大明律》为立法的范本。直到中日甲午战争以后,朝鲜编定《刑法大全》仍然参酌《大明律》,可见其影响之深远。除《大明律》外,《大明会典》同样为朝鲜朝制定《经国大典》提供了范本。可见中国的法文

---

[410] 《朝鲜王朝实录·世宗》卷五一,十三年三月,壬辰条,首尔大学奎章阁本。

[411] 《朝鲜王朝实录·成宗》十年六月,甲辰条,首尔大学奎章阁本。

化促进了朝鲜法制文明的进步。

总括有明一代的法制建设，无论法律体系、法典体例、规范内容、司法体制、法律解释都有所创造，呈现多样化的特点，在中国法制的发展史上具有上承唐宋、下启清朝的重要地位，而且成为继唐律以后对东南亚各国影响较大的中国法制。

有明一代的法制有力地恢复了遭到严重破坏的社会秩序，重建了封建国家所需要的纲纪，打击了败坏吏治的各种贪蠹行为，使广大民众能在一定的法制秩序中生产和生活。由此带来了社会经济的迅速发展和国家的稳定富强，同时也推动了文化与科技的高度发展。所有这一切构成了明朝法制文明的新的图景。但是，专制制度的极端发展所造成的权力的滥用，逐渐破坏了法制秩序和封建法制的固有机制。明朝中叶以后整个官僚机构成了一具庞大的贪污机器。神宗时，宦官张鲸犯法当诛，竟"以金宝献帝获免"[412]。吏科给事中李沂在奏疏中指出："流传鲸广献金宝，多方请乞……中外臣民初未肯信，以为陛下富有四海，岂爱金宝……及见明旨，许鲸策励供事，外议籍籍，遂谓为真，亏损圣德，夫岂浅甚。"[413]结果神宗恼羞成怒，反而切责李沂："置贪吏不言，而独谓朕贪，谤诬君父，罪不可宥。"[414]皇帝为自己的贪赃枉法辩解，也就无法约束百官了。末代皇帝崇祯即位以后，户科给事中韩一良揭露说："然今之世，何处非用钱之地？何官非爱钱之人？向以钱进，安得不以钱偿……以官言之，则县官行贿之首，而给事为纳贿之魁……上司督取，不曰无碍官银，则曰未完纸赎，衡途过客，动有书仪，考满朝觐，不下三四千金，夫此金非从天降，非从地出，而欲守令之廉得乎？"[415]

专制主义的极端发展所造成的宦官专政，是明朝政治的一大特点，突出地表现了纲常颠倒，法纪败坏。明末黄宗羲在《明夷待访录》一书中深刻地揭露说："奄宦之祸，历汉、唐、宋而相寻无已，然未有若有明之为烈也。汉、唐、宋有干与朝政之奄宦，无奉行奄宦之朝政。今夫宰相六部，朝政所自出也。而本章之批答，先有口传，后有票拟；天下之财赋，先内库而后太仓；天下之刑狱，先东厂而后法司；其他无不皆然。则是宰相六部，为奄宦奉行之员而已。""汉、唐、宋之奄宦，乘人主之昏，而后可以得志。有明则格局已定，牵挽相维……其祸未有若是之烈也。"由于宦官严重地侵夺了国家官吏的权力，自明中叶以来，宦官和

---

〔412〕张廷玉等撰：《明史》卷二百三十四《李沂传》，中华书局1974年版，第6097页。

〔413〕张廷玉等撰：《明史》卷二百三十四《李沂传》，中华书局1974年版，第6097页。

〔414〕张廷玉等撰：《明史》卷二百三十四《李沂传》，中华书局1974年版，第6097页。

〔415〕谷应泰：《明史纪事本末》卷七二《崇祯治乱》，中华书局1977年版，第1176页。

官僚系统争夺权力的斗争此起彼伏、倾轧不已。至晚明以东林党为代表的正直官吏遭到了宦官无情的打击和迫害,宦官之祸达到历史之峰极。但是,最直接最深重地受到明末黑暗腐败政治之祸害的,仍是广大人民。随着土地兼并的进一步发展和对人民的加紧搜刮,终于使阶级矛盾激化。至17世纪初,爆发了白莲教徐鸿儒领导的山东农民起义,接着是陕北的饥民暴动,其后,李自成领导下的农民起义军得到迅速发展。起义军在占领区内建立了政权组织,提出了“贫富均田”“免征免赋”“平买平卖”的口号,受到广大人民群众的拥护。李自成所部在占领河南、湖广、陕西等地以后,建号大顺国,长驱北上,攻占明都北京,结束了明政权对全国的统治。与此同时,张献忠领导的另一支农民军在四川建立了大西国政权。然而,明末农民起义虽然推翻了明朝的腐朽统治,却在满州贵族和汉族地主武装的联合打击下走向了失败,满洲贵族操纵下的清朝政权终于代之而起。

第十一章　中华传统法制文明最后形态之清法制

（公元 1644 年～公元 1911 年）

清朝在 1644 年入关以前，已经在东北辽沈地区建立起稳固的女真族的后金（清）国，形成了特有的军政体制与法制。经历半个多世纪的发展，已具有相当的规模和实力，成为对抗晚明政权的强大的地方军政势力集团，并最后取明而代之，建立了统治中国二百六十余年之久的清朝。

清朝是中国封建社会的末代王朝。自公元 1644 年入关，经历了由盛到衰的历史发展过程。在这期间封建经济取得了超越前代的发展，典章制度建设也获得了显著的成就。一是表现在法律体系上，由行政法律、刑事法律、民事法律、经济法律、诉讼与狱政法律等部门法组成了相对完整的法律体系；二是表现在立法的内容上，不仅涉猎广泛，而且更切合社会的实际与民情；三是表现在司法制度上，程序完备、审级严格，会审和死刑复核进一步制度化、法律化。民事调解也广泛实行。

清朝作为专制主义高度强化的、统一多民族的国家，十分注重对全国范围的法律调整。对于边陲少数民族聚居地区采取因地制宜、因俗制宜的原则，制定了一系列专门性的法规，如《蒙古律例》《理藩院则例》《回疆则例》《西藏章程》等，这使中国封建时代的民族立法达到了前所未有的高度。在司法管辖方面，也深入少数民族聚居地区，从而有力地维护了法律政令的统一和国家的稳固。

由于清朝统治者实行严格的闭关锁国政策，以残酷的刑罚维持政治与思想文化上的专制统治，打击任何触动祖宗成法的异端思想和行动，使清朝法制充满了保守性,国家政治也不可避免地趋于腐朽,自清中叶以后便走向了下坡路。当资本主义侵略者把侵略的锋芒日益逼近中国的时候,清朝统治者依然陶醉在天朝大国的梦呓之中,直到1840年鸦片战争的爆发,才使他们逐渐清醒过来。

清代法制是中国封建法制的最后形态,也是最完备的形态。因此,剖析清代法制,有助于认识和把握整个封建法制的实质和发展的规律性。同时,清朝又处于中国近代历史的发端时期,开创了中国近代法制文明的新纪元。

一、关外时期法制的肇基

女真族是一个古老的民族,其历史可以上溯到公元前11世纪周朝的肃慎,发展至十五六世纪之交,以建州女真为核心,形成了一个新的民族共同体——满洲族。从万历十一年(1583年)满族的杰出领袖努尔哈赤起兵伐明,至顺治元年(1644年)入关,定鼎燕京,这是清王朝的开国时期,也是清朝发展史上不容忽视的肇基时期。崛起于东北一隅的满族,统一了东北地区,摆脱了落后的生产方式,完成了由奴隶制社会向封建制社会的过渡。

为了适应社会发展的转型与政治统治的需要,根据"参汉酌金"的原则,进行了艰巨的法制创设,这不仅是清朝"神武开基"的光辉一页,也为入关以后的治国建制奠定了重要基础。

在这期间,民族融合进入了新的发展时期,女真文化与蒙古、契丹文化、汉族文化的沟通与交融使得满洲族走上了前所未有的法制文明之路。

(一)由女真习惯法向成文法过渡

满洲族杰出领袖努尔哈赤从1583年起,经过三十几年的残酷斗争,终于完成了女真各族的统一。1616年(明万历四十四年)建立后金国,建元天命,自称"英明汗"。在创建后金国的实践中,不可避免地接触到法律与司法问题,由此逐渐形成了治国必须重视法律的意识。他曾告诫诸子侄和八旗将领说:"若谓为国之道何以为坚,则事贵乎诚,法令贵乎严密完备。毁弃良谋,轻慢所定之严格法令者,乃无益于政,国之鬼祟也。"[1]他强调"务须秉公持正,以诫谕国人"[2],"明法

---

〔1〕 中国第一历史档案馆、中国社会科学研究所译注:《满文老档·太祖》卷三,癸丑年十二月,中华书局1990年版,第19页。

〔2〕 中国第一历史档案馆、中国社会科学研究所译注:《满文老档·太祖》卷十一,天命四年七月初八日,中华书局1990年版,第100页。

度以训国人,使不罹于刑戮。"[3]他以明为鉴,指出明朝之所以每况愈下,就在于"法律不明,致遭天责"[4]。因此,他认为,"为国之道,在于族众势盛者不得越分,懦弱孤寡者不受欺侮"[5]。为了做到执法公平,努尔哈赤强调权贵守法,凡"悖道行乱,就依法惩办。就是掌管国人执政的诸贝勒,也依法惩办",甚至强制八旗将领"立誓"守法。他还利用满洲族人的迷信心理,从天道观上论证公平执法的必要性,他说,"风雨调和,日月轮转,其道永恒",就是"信守禁约,不违四时"的结果[6]。即使他的兄弟子侄违反法度,也同样予以惩治。例如,他诛杀了"通谋篡位"的女婿蒙格布禄,[7]处死了心怀异谋的长子褚英,[8]处罚了向诸小贝勒索取财物的养子达尔汗虾。[9]

为了维持社会秩序,努尔哈赤主张严惩犯罪,"凡例,杀人者抵罪,夺物者偿还,此乃结案之定法"[10]。同时,要求总兵以下,备御以上,世爵之臣,进行"严察","众果严察,则群小不敢为乱……察之不严,奸人伺间而起,国之乱也由此"[11]。在刑罚的适用上,他强调区分首从。天命六年(1621年)在审理努尔哈赤的包衣汉出哈等四人杀人夺财一案时,他亲自断决。"杀其首恶者阿哈岱,其余三人,各鞭五十,刺其耳鼻释之。"[12]

他曾晓谕诸贝勒注意判断是非。他说:"凡人陷于罪者,务详鞫焉……凡有议论,诸臣勿随声附和,当以非为非,以是为是,直言匡正之"。[13]

---

〔3〕 中国第一历史档案馆、中国社会科学研究所译注:《清实录》第一册《太祖高皇帝实录》卷五,天命三年闰四月壬午条,中华书局1985年版,第73页下栏。

〔4〕 中国第一历史档案馆、中国社会科学研究所译注:《满文老档·太祖》卷一一,天命四年七月初八日,中华书局1990年版,第100页。

〔5〕 中国第一历史档案馆、中国社会科学研究所译注:《满文老档·太祖》卷四,乙卯年十二月,中华书局1990年版,第37页。

〔6〕 中国第一历史档案馆、中国社会科学研究所译注:《满文老档·太祖》卷十六,天命五年七月十一日,中华书局1990年版,第150页。

〔7〕 中国第一历史档案馆、中国社会科学研究所译注:《清实录》第一册《满洲实录》卷三,乙卯年八月二十二日,中华书局1985年版,第115页。

〔8〕 中国第一历史档案馆、中国社会科学研究所译注:《清实录》第一册《满洲实录》卷三,乙卯年八月二十二日,中华书局1985年版,第115页。

〔9〕 中国第一历史档案馆、中国社会科学研究所译注:《满文老档·太祖》卷二八,天命六年十一月初一日,中华书局1990年版,第247页。

〔10〕 中国第一历史档案馆、中国社会科学研究所译注:《满文老档·太祖》卷五三,天命八年五月三十日,中华书局1990年版,第496页。

〔11〕 中国第一历史档案馆、中国社会科学研究所译注:《清实录》第一册《太祖高皇帝实录》卷八,天命八年六月,中华书局1985年版,第121页上栏。

〔12〕 中国第一历史档案馆、中国社会科学研究所译注:《满文老档·太祖》卷二二,天命六年五月二十四日,中华书局1990年版,第205页。

〔13〕 中国第一历史档案馆、中国社会科学研究所译注:《清实录》第一册《太祖高皇帝实录》卷七,天命六年四月,中华书局1985年版,第107页上栏。

努尔哈赤在总结历代统治经验的基础上,还阐述了明法度与重教化不可偏废,“以(法)训国人”,使无知之民,“不罹于刑戮”[14]。“以教化为本,移风易俗……兴仁让之风焉。”[15]

综观努尔哈赤的法律思想可以看出,既以女真族传统的习惯法为基础,又吸收了汉族成熟的法律文化。他在创建后金法律制度的过程中非常重视研究明朝的法律,天命六年(1621 年),他谕令都堂阿敦、副将李永芳、毛右铭和汉人八游击“著将明国所定诸项典章,俱缮文陈奏,以便去其不适,取其相宜”[16]。在后金国的法律中,侵犯汗权加重处刑,亲、贵、功、勤犯法依律减罪,都体现了汉族法律文化的影响。

作为后金国第二代君主的皇太极,尤其重视总结历史经验,他进一步认识到“励精图治,法制详明者,国祚必永;怠忽政事,废弛纪纲者,国势必危”[17]。因而把“宣布法纪,修明典常”提到“保邦致治之计”的高度。[18] 为了督励贵族勋戚奉法执法,他严于律己,率先垂范,以示法必信,令必行。天聪三年(1629年)二月,皇太极巡阅东京,守臣克彻尼夫妇迎至河口,请皇太极幸其第。皇太极说:“朕尝谕诸贝勒大臣,凡出行之次,各裹糇粮,毋得于民间取给饮食,致滋扰累。已誓诸天地,朕奈何自蹈之耶?”皇太极一生较能克制自己的恩怨,注意以国法为重,这在“法之不行,自上坏之”的专制制度下是难能可贵的。这是和他进取中原、取代明朝天下的雄图大略分不开的。正是逐鹿中原的需要,皇太极注意用法律调整各族关系,以形成强固的社会基础。

为了把漠南蒙古诸部纳入满洲的政令与法制的轨道,皇太极多次派员赴该地宣布盛京定制,从而加快了漠南蒙古诸部由习惯法向成文法过渡的进程。

特别值得提出的是皇太极以极大的魄力推行“参汉酌金”的立法思想。他一方面表示“朕闻国家承天创业,各有制度,不相沿袭。……朕缵承基业,岂可

[14] 中国第一历史档案馆、中国社会科学研究所译注:《清实录》第一册《太祖高皇帝实录》卷五,天命三年闰四月,中华书局 1985 年版,第 73 页下栏。

[15] 中国第一历史档案馆、中国社会科学研究所译注:《清实录》第一册《太祖高皇帝实录》卷六,天命四年六月丙辰,中华书局 1985 年版,第 85 页下栏。

[16] 中国第一历史档案馆、中国社会科学研究所译注:《满文老档·太祖》卷二〇,天命六年四月初二日,中华书局 1990 年版,第 189 页。

[17] 中国第一历史档案馆、中国社会科学研究所译注:《清实录》第二册《太宗文皇帝实录》卷三六,崇德二年六月,中华书局 1985 年版,第 465 页上栏。

[18] 中国第一历史档案馆、中国社会科学研究所译注:《清实录》第二册《太宗文皇帝实录》卷三六,崇德二年六月,中华书局 1985 年版,第 465 页上栏。

改我国之制,而听从他国"[19]。另一方面积极吸收汉族法律文化,用以改变满洲旧俗。

天聪六年(1632年)三月,皇太极对民间讦告例中"若子告父、妻告夫及同胞兄弟相告,果系反叛逃亡,有异心于上及诸贝勒者,许告,其余不许"的规定解释说:"所以严禁者,以此乃古圣王之成法,故今仿而行之耳。"天聪十年(1636年)六月,皇太极颁布"定上下问对应各有区别"谕,再次强调指出:"我国之人,向者未谙典礼,故言语书词,上下贵贱之分,或未详晰。朕阅古制,凡上下问对,各有分别。自今俱宜仿古制行之。"[20]皇太极所说的"古圣王之成法"和"古制"就是指明朝封建等级伦理的典章制度。

"参汉酌金"立法思想的形成不是偶然的,皇太极从与明争天下的战略目标出发,积极吸取汉族先进的、成熟的法律文化,迅速着手建设本民族的法律制度,并利用大明律中伦理化的法律,改造带有氏族制"旧习""陋习"的习俗,以提高满洲族的法律与道德水平。特别是为了确立以皇帝为最高权威的封建等级制度,扫除八王共治时代的"民主"影响。在这个过程中满汉儒臣所翻译的各种典籍,起了重要作用。这使汉族封建典章制度和传统的儒家纲常名教逐渐渗透到满族社会内部,形成了特色鲜明的清朝法制。

(二)"参汉酌金"的法制初创

据《清太祖武皇帝实录》记载,明万历十五年(1587年)努尔哈赤筑费阿拉城,"筑城三层,启建楼台"。"六月二十四日,定国政,凡作乱窃盗欺诈,悉行严禁。"[21]《清太祖高皇帝实录》也有类似的记载:"夏六月……壬午,上始定国政,禁悖乱,戢盗贼,法制以立。"[22]可见"法制以立"是"定国政"的重要内容。法制的锋芒所向是"悖乱"和"盗贼",它的主要职能是"禁"和"戢"。所谓"法制以立",不过是口头宣布某些"禁令""定例"而已。

此后制定成文法的活动逐渐展开,据《满文老档·太祖》乙卯年(1615年)

---

〔19〕 中国第一历史档案馆、中国社会科学研究所译注:《清实录》第二册《太宗文皇帝实录》卷一八,天聪八年四月,中华书局1985年版,第237页上~下栏。

〔20〕 中国第一历史档案馆、中国社会科学研究所译注:《清实录》第二册《太宗文皇帝实录》卷三〇,崇德元年六月,中华书局1985年版,第381页上~下栏。

〔21〕 中国第一历史档案馆、中国社会科学研究所译注:《清实录》第一册《满洲实录》卷二,乙酉岁至戊戌岁,中华书局1985年版,第66页下栏。

〔22〕 中国第一历史档案馆、中国社会科学研究所译注:《清实录》第一册《太祖高皇帝实录》卷二,丁亥年六月,中华书局1985年版,第35页上栏。

十一月条下记载:“英明汗……治军治猎,制定法令。”〔23〕《清太祖朝老满文档册》(荒字档)乙卯年十二月也记载,英明汗“成功的治理征服之国人,阻止了暴乱,平定了贼盗,建立完成了各种礼法”〔24〕。

但总体说来,此时的法制仍十分简陋,所谓“俗淳政简,所著为令,鞭扑斩决而已”。〔25〕 皇太极即位以后,随着封建经济的发展、皇权独尊政体的形成,以及与外藩蒙古新关系的建立等,都要求法律的调整和确认。因此,在皇太极统治期间立法活动频繁,法律调整的范围扩大,法律的形式也趋于多样化,具备了一定的体系,不仅是关外时期法制发展的高峰,也为入关以后的法制建设肇建了基础。

皇太极时期的立法活动,集中在行政、经济、刑事、军事和民族等领域。行政立法主要表现为六部二院成立以后制定的有关执掌的法令。皇太极曾下谕,将六部的“执掌条约备录之,榜于门外”〔26〕。皇太极还针对都察院的执掌颁发上谕:“凡有政事背谬,及贝勒、大臣骄肆慢上者,许直言无隐。”〔27〕他还面谕都察院的官吏:“尔等身任宪臣,职司谏诤,朕躬有过,或奢侈无度,或误谴功臣,或逸乐游畋,不理政务,或荒耽酒色,不勤国事,或废弃忠良,信任奸佞,及陟有过,黜有功,俱当直谏无隐。至于诸王贝勒大臣,如有荒废职业,贪酒色,好逸乐,取民财物,夺民妇女,或朝会不敬,冠服违式,及欲适己意托病偷安而不入朝参署者,该礼部稽查,若礼部徇情容隐,尔等即应察奏。或六部断事偏谬,及事未审结,诳奏已结者,尔等亦稽查奏闻。”〔28〕此外,关于朝会、朝议的定制,贵族官员的等级与服饰以及官员的考选、考课均属于关外时期行政法律所调整的主要内容。崇德元年(1636年)还颁布了一部经过议定的《会典》,它以《明会典》为原型,汇编了天聪朝重要的行政法令。崇德元年《会典》可以说开了清入关以后五朝会典的先河。

关外时期,刑事法律是主体部分,其明显成就是“十恶”入律。天聪十年(崇

---

〔23〕 中国第一历史档案馆、中国社会科学研究所译注:《满文老档·太祖》卷四,乙卯年十一月,中华书局1990年版,第35页。

〔24〕 广禄、李学智译注:《清太祖朝老满文原档》第一册《荒字老满文档册》,乙卯年十二月,“中央研究院”历史语言研究所1970年版,第49页。

〔25〕 张廷玉等撰:《钦定皇朝文献通考(五)》卷一百九十五《刑考(一)》,载《钦定四库全书》(第636册),商务印书馆1986年版,第479页。

〔26〕 中国第一历史档案馆、中国社会科学研究所译注:《清实录》第二册《太宗文皇帝实录》卷一二,天聪六年八月丁卯,中华书局1985年版,第170页上栏。

〔27〕 赵尔巽等撰:《清史稿》卷一百一十五《职官(二)》,中华书局1977年版,第3303页。

〔28〕 中国第一历史档案馆、中国社会科学研究所译注:《清实录》第二册《太宗文皇帝实录》卷二九,崇德元年五月乙卯,中华书局1985年版,第376页上栏。

祯九年,1636年)四月,颁诏大赦,除"十恶不赦外,其余罪犯悉赦之"[29]。崇德五年(崇祯十三年,1640年)十月,皇太极以己之诞辰颁诏:"兹万寿之辰,朕普施恩泽,自诸王以下以及庶民,罔不沾被。即有罪之人,亦欲推恩及之。除十恶外,余罪概行肆赦。一、谋危社稷;一、谋毁宗庙山陵及宫阙;一、谋背本国,潜逃他国;一、蛊毒魇魅;一、盗毁大祀神器,及上服御器物;一、欧辱祖父母、父母;一、兄卖弟;一、妻告夫;一、与宗族通奸;一、杀人强劫财物。惟此十恶不赦。"[30]

关外时期,无论汗权和皇权都至高无上,如有触犯,就列为重罪。天命时期的案例中不乏因不听汗令而被处死的案例,并出现了"盗御服""守御门疏忽"的罪行,犯者处极刑。至皇太极即皇帝位,皇帝的权威已凌驾于八旗贝勒之上。经过修改颁布的十恶大罪条款中,以"犯上"为首,皇太极之兄大贝勒代善曾因"轻慢皇上"几乎被革职。[31]

关外刑法中的逃人罪和容隐逃人罪是在特定条件下产生的特殊罪名。逃人主要是指被掳获为奴仆,不堪民族和阶级压迫,冒死逃亡的汉人和朝鲜人。由于逃人危及满洲贵族统治的社会基础与社会生产,缉捕逃人成为八旗兵的主要任务之一。天命八年(1623年)正月,努尔哈赤命李永芳、佟养性强行迁徙辽南沿海一带汉民,信牌上写明:"治逃人以潜逃罪,其收留之人治以盗人罪。"[32]此罪名在入关后仍保留了一段时间。

关外刑法还有针对性地限制宗教迷信活动。鉴于汉族信仰佛教者多,为了减少征明的阻力,后金对原有庙宇实行保护政策。天命六年(1621年)十一月三十日,努尔哈赤发布汗谕:"不准任何人毁坏庙宇,不要在庙里拴马牛,不要庙里出恭。"如有违背,"逮捕治罪"。天聪五年(1632年)六月,皇太极率大军过归化城,特以谕旨悬于格根汗庙,"毋许拆毁"[33],违者治罪。但为防止因逃避差役而相率为僧,除原建庙宇外,禁止私建庙宇。

由于努尔哈赤和皇太极都从汉族国家发展中深知被压迫的群众常常利用

[29] 中国第一历史档案馆、中国社会科学研究所译注:《清实录》第二册《太宗文皇帝实录》卷二八,天聪十年四月,中华书局1985年版,第369页上栏。

[30] 中国第一历史档案馆、中国社会科学研究所译注:《清实录》第二册《太宗文皇帝实录》卷五三,崇德五年十月壬申,中华书局1985年版,第707页下栏~708页上栏。

[31] 中国第一历史档案馆、中国社会科学研究所译注:《清实录》第二册《太宗文皇帝实录》卷二五,天聪九年九月,中华书局1985年版,第324页下栏。

[32] 中国第一历史档案馆、中国社会科学研究所译注:《满文老档·太祖》卷四三,天命八年正月,中华书局1990年版,第391页。

[33] 中国第一历史档案馆、中国社会科学研究所译注:《清实录》第二册《太宗文皇帝实录》卷一二,天聪六年六月,中华书局1985年版,第164页下栏。

宗教的形式进行反抗,造成统治的衰微,因而更注意对宗教的控制,即使在满族内部,也严禁萨满教蔓延。对汉族原有僧、道则置于政府严格监督之下。《崇德会典》规定了对寺庙的管理条款。寺庙容隐奸细,本寺和尚全部处死,隐藏逃人,本寺和尚为奴。"各处寺院若干,每寺和尚若干,某姓某名,一一开写明白,后有死亡增添者,照数查看。"

此外,对于秘密结社之类的左道旁门,坚决镇压。"妄言吉凶,蛊惑妇女,诱取财物",因而危害社会秩序的巫觋星士、喇嘛班第、和尚道士等人,一律严行禁止,如有查获,"必杀无赦"。[34] 即使汉人中焚烧纸钱、超度阴魂等习俗,也在禁例,凡有发现,从重治罪,虽汉大臣家属有犯也不得宥免。皇太极即帝位以后,又把汉族封建法典中蛊毒、魇魅等罪名,一并列入"十恶"。但出于加强满蒙政治联盟进而与明朝争夺天下的需要,对蒙古族虔诚信奉的喇嘛教,采取较为优容的政策。努尔哈赤于建立后金的前一年,在都城亲自主持修造七座大庙的典礼,表示尊崇喇嘛教。皇太极征服察哈尔后,即下令修建"实胜寺",将内蒙古的护法神像移至沈阳供奉,并在沈阳四门外各建喇嘛寺一座。对投奔后金的蒙古喇嘛还免除差徭,优礼相待。皇太极还遣使赴藏,"宣扬佛教"[35]。有头面的大喇嘛往往受到皇帝的礼遇。但对于不遵戒律的喇嘛,皇太极亲自过问,他说:"朕若不惩治,谁则治之?"[36]这说明满洲统治者在宗教问题上保持着非常清醒的政治头脑。

关外刑制由努尔哈赤时期常用的贯耳鼻、射鸣镝箭、打腮等逐渐趋向规范化,其死刑有斩头、枭首、磔杀、戮尸等,身体刑有贯耳鼻、鞭责等,自由刑有圈禁、饿禁、发边外安置等,财产刑有籍家、罚银、罚物等。

关外刑制逐渐由毁伤肢体为主要刑种,向着罚银、饿禁转化,这是由奴隶制社会向封建制社会过渡在刑制上的反映。同时,关外刑制带有鲜明的民族特色,诸如贯耳鼻、罚土黑勒威勒、罚重于上,都是汉族封建刑制中所不曾有的。

在刑法原则中值得一提的是皇太极时期实行的宽待新人的原则。所谓新人,是指新归附的汉人和蒙古人。宽待新人表现了皇太极扩大政权基础的策略思想,在实践中起了积极的作用。

皇太极统治期间,为适应社会的转型,制定了一系列调整和保护农业经济

---

〔34〕 中国第一历史档案馆、中国社会科学研究所译注:《清实录》第二册《太宗文皇帝实录》卷一〇,天聪五年闰十一月庚戌,中华书局 1985 年版,第 147 页上栏。

〔35〕 中国第一历史档案馆、中国社会科学研究所译注:《清实录》第二册《太宗文皇帝实录》卷四九,崇德四年十月己丑,中华书局 1985 年版,第 651 页下栏。

〔36〕 中国第一历史档案馆、中国社会科学研究所译注:《清实录》第二册《太宗文皇帝实录》卷四四,崇德三年十二月丁巳,中华书局 1985 年版,第 589 页上栏。

的立法,同时为了取得战争的胜利还进行了军事立法。

特别值得指出的是,向外藩蒙古宣布“盛京定制”,这是关外时期法制建设的重要成就,对入关以后的民族立法提供了重要的先验。

为了使归附的外藩蒙古接受满洲法律的约束,确认和维护清政权与外藩蒙古相互间的权利义务关系,改变外藩蒙古“法制未备”的状态,皇太极极力将满洲法制推行到外藩蒙古。这就是清朝史书所称的具有重要历史意义的向外藩蒙古宣布“盛京定制”。这既是关外时期立法的主要成就,也反映了统治者极为关注立法的时代特点。

具体如下:天聪三年(1629年)正月,“上颁敕谕于科尔沁、敖汉、奈曼、喀尔喀、喀喇沁五部落,令悉遵我朝制度”[37]。同年三月,“遣国舅阿什达尔汉同尼堪等赍敕。谕归顺各部落蒙古诸贝勒,申定军令”[38]。

天聪五年(1631年)四月,“上集归附蒙古诸部落贝勒,颁给敕谕,示以行军弭盗律令”[39]。

天聪六年(1632年),贝勒济尔哈朗、萨哈廉受命“指授归顺蒙古诸贝勒牧地,申明约法”[40]。

尽管皇太极不断下达有关遵守律令的敕谕,但漠南蒙古对接受后金法令的态度仍时有反复。天聪六年(1632年)九月,兀鲁特贝勒明安子,额驸多尔济“违编五十家为民之令”,并“私行围猎”,为此,天聪七年(1633年)八月,“遣国舅阿什达尔汉等颁钦定法律于科尔沁国土谢图济农”[41]。

同年(1633年)十月,“遣国舅阿什达尔汉、塔布囊达雅齐等往外藩蒙古诸国,宣布钦定法令”[42]。

天聪八年(1634年)正月,皇太极向来沈阳朝贺元旦的蒙古王公再次宣布:

---

〔37〕 中国第一历史档案馆、中国社会科学研究所译注:《清实录》第二册《太宗文皇帝实录》卷五,天聪三年正月辛未,中华书局1985年版,第67页下栏。

〔38〕 中国第一历史档案馆、中国社会科学研究所译注:《清实录》第二册《太宗文皇帝实录》卷五,天聪三年三月戊午,中华书局1985年版,第70页下栏。

〔39〕 中国第一历史档案馆、中国社会科学研究所译注:《清实录》第二册《太宗文皇帝实录》卷九,天聪五年四月丙午,中华书局1985年版,第121页上栏。

〔40〕 中国第一历史档案馆、中国社会科学研究所译注:《清实录》第二册《太宗文皇帝实录》卷一二,天聪六年十月,中华书局1985年版,第174页下栏。

〔41〕 中国第一历史档案馆、中国社会科学研究所译注:《清实录》第二册《太宗文皇帝实录》卷一二,天聪六年九月己亥,中华书局1985年版,第171页下栏;卷一五,天聪七年八月癸酉,第204页下栏。

〔42〕 中国第一历史档案馆、中国社会科学研究所译注:《清实录》第二册《太宗文皇帝实录》卷一六,天聪七年十月壬戌,中华书局1985年版,第212页下栏。

“不遵我国制度者俱罪之。”[43]强调蒙古各部要遵守金制。

崇德元年(1636 年)四月,“以圣汗钦定律令,颁行外藩十五城”[44]。

同年十月,命大学士希福等往察哈尔、喀尔喀、科尔沁“颁法律,禁奸盗”[45]。

崇德二年(1637 年)七月,命阿什达尔汉、塞冷、尼堪“往古尔班察干地方颁敕诏……”

翌年(1638 年)六月,“遣额尔德尼达尔汉囊苏喇嘛、多尔济达尔汉诺颜、艾松古等率四十人往蒙古土默特部落,会议颁示制度”[46]。

接受“盛京定制”的外藩蒙古,有义务按照满洲军令征调军队、约会从征,并须如期朝贡会集,不如期朝贡,“议夺所属人员”[47];会集不到,也要“按日罚马”,予以惩处。

值得指出的是,天聪九年(1635 年),皇太极在平定漠南蒙古的同时,下令编审内外喀喇蒙古壮丁。除盲人和残废者外,年十八岁以上六十岁以下都编入蒙古八旗。旗以上设盟。从而在蒙古地区建立了一种新的行政体制——盟旗制。崇德元年(1636 年)十月,皇太极命内弘文院大学士巴克什希福、蒙古衙门承政尼堪,偕都察院承政国舅阿什达尔汉等前往喀尔喀、察哈尔、科尔沁等部,“查户口、编牛录、会外藩、审罪犯、颁法律、禁奸盗”[48]。通过这些,清朝实现了对蒙古地区的有效统治。同年六月,皇太极下令设置专理蒙古事务的蒙古衙门。崇德三年(1638 年)定蒙古衙门为理藩院,成为管理蒙古等地少数民族事务的最重要的专门机构。

盛京定制还针对蒙古地区偷盗牲畜盛行和婚姻的混乱状况,宣布一系列法律。“凡驼、马、牛、羊一人盗者,不分主仆,绞;二人盗,斩一人;三人盗,斩二人;众人伙盗者,为首二人斩,余俱为从,鞭一百,罚三九。”“奸有夫之妇,拐投别贝

[43] 中国第一历史档案馆、中国社会科学研究所译注:《清实录》第二册《太宗文皇帝实录》卷一七,天聪八年正月庚寅,中华书局 1985 年版,第 221 页上栏。

[44] 中国第一历史档案馆、中国社会科学研究所译注:《满文老档 · 太宗》卷九,崇德元年四月二十八日,中华书局 1990 年版,第 1447 页。

[45] 中国第一历史档案馆、中国社会科学研究所译注:《清实录》第二册《太宗文皇帝实录》卷三一,崇德元年十月丁亥,中华书局 1985 年版,第 399 页上栏。

[46] 中国第一历史档案馆、中国社会科学研究所译注:《清实录》第二册《太宗文皇帝实录》卷四二,崇德三年七月壬申,中华书局 1985 年版,第 553 页上栏。

[47] 中国第一历史档案馆、中国社会科学研究所译注:《清实录》第二册《太宗文皇帝实录》卷三八,崇德二年八月癸丑,中华书局 1985 年版,第 499 页下栏。

[48] 中国第一历史档案馆、中国社会科学研究所译注:《清实录》第二册《太宗文皇帝实录》卷三一,崇德元年十月丁亥,中华书局 1985 年版,第 399 页上栏。

勒下者,男妇俱论死。”[49]

以上可见,皇太极在位期间,通过宣布盛京定制,大力加强外藩蒙古地区的法制建设,初步改变了长期以来蒙古各部法制未备的状况,形成了清与外藩蒙古比较稳定的相互关系,这对于以满洲、蒙古为核心的统一多民族的清朝的建立有着深远的影响。

在司法方面,努尔哈赤时期设置理政听讼五大臣,负责断狱,由努尔哈赤最后断决。为了改变满洲贵族拥有对本族所属成员断狱治罪的传统权力的情状,努尔哈赤告诫贝勒大臣们说,“凡事不可一人独断,如一人独断,必致生乱”[50],“要经众审理,然后入告,勿独自入告”[51]。同时,针对满族旧有的私家断罪的习惯,他宣布,“国人有事,当诉于公所,毋得诉于诸臣之家”,凡诉于私家不执送公所者“治罪不贷”[52]。为了做到审判公正,努尔哈赤要求听讼大臣于“听讼之时,宜平其心,心平则事理得,识明则法事彰,二者兼备,宣力殚忠,绥理民庶,致国家太平不难矣”[53]。对于有罪之人,“虽缚执当急,而诛戮不宜遽加……必平心和气,详审所犯始末,方能得请”[54]。

至天命十二年(1626年)皇太极继位以后,无论是司法机关的组成,还是诉讼制度,都参照明制进行了改革。

设十六大臣“审判狱讼”。天聪五年(1631年)七月,仿明制设立刑部,以贝勒济尔哈朗管刑部事,下设满洲承政二员,蒙古承政一员,汉承政二员,另设参政八员,启心郎一员。崇德三年(1638年)七月更定官制,设满洲承政一员,下设左、右参政、理事官、副理事官、启心郎等多员,分别以满洲、蒙古、汉人充之。[55] 刑部审拟的案件,一般需奏闻取旨,由皇太极裁决,奏闻时间定于每月逢五之日。

除上述司法机关外,诸王贝勒大臣会议、各部院会议也掌握一定的司法权,

---

〔49〕 中国第一历史档案馆、中国社会科学研究所译注:《清实录》第二册《太宗文皇帝实录》卷一七,天聪八年正月庚寅,中华书局1985年版,第221页上栏。

〔50〕 中国第一历史档案馆、中国社会科学研究所译注:《清实录》第一册《太祖高皇帝实录》卷五,天命元年七月,中华书局1985年版,第66页上栏。

〔51〕 金梁辑:《满洲密档》,文海出版社1967年版,第71页。

〔52〕 中国第一历史档案馆、中国社会科学研究所译注:《清实录》第一册《太祖高皇帝实录》卷五,天命元年七月,中华书局1985年版,第66页上栏。

〔53〕 中国第一历史档案馆、中国社会科学研究所译注:《清实录》第一册《太祖高皇帝实录》卷八,天命六年七月甲子,中华书局1985年版,第112页下栏。

〔54〕 中国第一历史档案馆、中国社会科学研究所译注:《清实录》第一册《太祖高皇帝实录》卷五,天命二年九月,中华书局1985年版,第67页下栏。

〔55〕 中国第一历史档案馆、中国社会科学研究所译注:《清实录》第二册《太宗文皇帝实录》卷四二,崇德三年七月,中华书局1985年版,第553页上栏。

但其作用不能与前者同日而语。

从实录和现存档案来看,绝大多数案件经诸法司分别审拟奏闻后,由皇太极亲自裁断,作为终审判决,付诸执行。涉及王、贝勒、贝子、公及其亲眷以及有世职者的案件,即使是微不足道的细事,也要由该管法司审拟后奏闻请旨。

关外时期告诉的方式主要有自诉、举首、参劾与自首。只有"民"(诸申、伊尔根)才有告诉权,按女真风俗,男子成年,即由其父分予财产,另立门户,自为家主,即所谓"民"。家主无论年龄还是身份,都完全具备了诉讼当事人的法定资格。

在早期满族社会,由于妇女地位十分低下,她们的告诉权利受到限制,很少以诉讼当事人出面。综观清入关前的数百件案例,妇女自诉冤情者极少,除非十恶不赦之类的大罪,或本夫已亡,妇女才得以出面自诉。至于奴仆婢妾不过是家主的特殊财产,不具有独立的法律地位和自诉权利。

关外时期的审判制度,既仿明制,也沿袭满洲的某些传统,是"参汉酌金"在司法上的具体体现。仿明制新建了审判制度,如审讯中原被告必须出庭,无论被告具有何种官职、身份,均须平等受审。

言词审理是关外时期最常见的审讯方式。为了取得口供经常一案多次审讯,主管刑部的莽古尔泰所说,"每据三次供词,复加详阅,以断是非",是有事实为据的。在审讯过程中允许诉讼当事人互相驳诘,也允许自辩。除口供外,证据也受到重视,建立刑部时皇太极特别谕示:"听讼务持其平,谳狱贵得其实。尔司刑诸臣,审理民事,于两造未陈,当即拘见证,同众面鞫,庶有实据。若不速问见证,两造知觉,潜相嘱托,支饰避罪,则审断安得公平?自今以后,不先取见证口供,致事有冤抑者,即按事之大小,坐以罪。"[56]证据分人证和物证。作为人证的资格,除家主外,个别案件中奴仆也可充当证人。证人不以实对也要治罪。至于物证,见于盛京案例的有档案一类书证,也有赃款赃物。

断事官如审判有误要负刑责。天聪五年(1631年)刑部建立时,明确规定:"凡诸贝勒审事,枉断人死罪者,罚银六百两。枉断人杖、赎等罪……罚银二百两。"[57]

---

〔56〕 中国第一历史档案馆、中国社会科学研究所译注:《清实录》第二册《太宗文皇帝实录》卷九,天聪五年七月庚辰,中华书局1985年版,第125页上~下栏。

〔57〕 中国第一历史档案馆、中国社会科学研究所译注:《清实录》第二册《太宗文皇帝实录》卷九,天聪五年七月,中华书局1985年版,第125页上栏。

(三)肇基时期的法制特点

关外时期的立法活动,虽然历时不长,数量不多,但却具有鲜明的、民族的和社会转变时期的时代特点。

1. 带有女真族习惯法的遗痕

处于急剧变动中的满族社会,在法制上不可避免地还保留了某些女真族习惯法的遗痕。

(1)国法与家法不分。后金政权建立以后,受氏族制末期家族血缘关系的强烈影响,形成了家国一体、亲贵合一的特有体制。努尔哈赤既是一国之主的后金汗,又是女真部落的最强大家族的族长,他的权威来自政权和族权双重支柱。辅佐努尔哈赤执政的,开始是身兼将帅的五大臣。迨其子成长以后,又以四大贝勒参与国政,统军管旗,由此而形成了有清一代以权贵为核心的宗族贵族政治。它的作用和影响虽因皇帝专制的不断强化而有所削弱,但直至清末始终没有从政治舞台上消失。在政权的结构和活动都以家族血缘与政治的双重原则为依据的条件下,努尔哈赤颁布的谕令,既是家法,也是国法,二者统一而不可分。例如,努尔哈赤关于禁止宗族妇女干政的口谕,首先是家法,其次也具有国法的属性。这只有在国家还没有发展到一定的成熟程度,而族长又具有极大权威的情况下才是可能的。努尔哈赤在创建后金政权的过程中,深切感到父权、族权的特殊作用,因而力图把巩固政权的任务落实到家族系统上。

至皇太极时期,社会经济、政治与文化的发展,以及对明战争的胜利,使短暂的"八王共治"阶段迅速向帝权独尊过渡。而皇太极个人的胆识与谋略又为这一演变提供了主观条件,随之而来的是君主集权取代贵族民主,官僚政治凌驾贵族政治。政治体制的变动决定了法律体系中家法的比重逐渐削弱,国家制定法的比重逐渐增强。家法与国法开始呈现分野的趋势,这是法制文明发展的必然性的表现。

(2)实行族内不分辈分的婚姻关系。按女真族习惯法,不同辈分之间可以缔结婚姻关系。子侄可以娶继母、伯母为妻,兄叔也可以娶弟妇、侄妇为妻。直至天聪三年(1629年),在汉族伦理礼制的影响下,才以"乱伦婚娶"的罪名,废除了这种婚姻关系上的习惯法。"凡娶继母、伯母、弟妇、侄妇,永行禁止……同族嫁娶,男女以奸论。"[58]日本伍石轩本《实录》中,保留了以下记载:"初,满洲一族妻室,如伯、叔母及嫂等,俱无嫁娶之禁,上(太宗)以一姓之内而娶其诸父

---

〔58〕 朱璘:《明纪辑略》卷一四,经学文化事业有限公司2015年版。

昆弟妻,乱伦殊甚,尝止之。”天聪五年(1631 年)七月,皇太极在申明谕禁同族嫁娶、违者以奸论罪的理由时说:“明与朝鲜皆礼义之邦,故同族从不婚娶。彼亦谓既为人类,若同族嫁娶,与禽兽何异? 是以禁止耳。”[59]《崇德会典》中再次重申禁止娶族中妇女为妻,理由是:“凡人既生为人,若娶族中妇女,与禽兽何异。”

(3)允许夫之恩爱者陪葬。家主死后,妻妾殉葬是女真族的传统习惯。《绝域纪略》有以下记载:“男子死,则必有一妾殉。当殉者,即于生前定之,不容辞不容僭也。当殉不哭,艳装而坐于炕上,主妇率其下,拜而享之。及时,以弓扣环而殒,倘不肯殉,则群起而缢之矣。”这种夫死妻殉的习惯法,在后金建国之后仍具有效力。至议定《崇德会典》时才有所限制:“凡妻从夫死,若平昔素所恩爱者许死,众必称扬之;若亲爱的妻不死,反逼房下侍妾而死,问死罪;若丈夫素不恩爱者及侍妾,不许从死。若违命死者,该部大人将尸看令犬食,仍令本主照死数,赔人入官。举首者将人断出。死者的兄弟亦令赔人入官,各问应得之罪。”[60]

(4)保留父系家长制。根据女真习惯法,家长称为“额真”。凡属家内一切财产,包括牧群、奴婢、银两、敕书等,均归家主所有,听其支配。家长还独揽子女婚嫁的支配权,以及对子女的惩戒权。习惯法维护父系家长的各项权利,违背者要受到族内的惩罚和舆论的谴责。努尔哈赤的权威就有赖于父系家长制的支持,汗命与家法成为肇基时期二元的法律系统。需要说明的是,这种父系家长制的权威并没有受到儒家伦理礼制的影响,而更多地带有女真族的原始性。

(5)实行早婚制。在女真族中,流行早婚制度,至天聪九年(1635 年),在汉族法文化的影响下,皇太极颁发上谕:“凡女子十二岁以上者许嫁,未及十二岁而嫁者,罪之。”需要指出的是,关外时期,年龄的计算多为虚岁,十二岁实际为十一岁,虽皇太极禁止早婚,但法定婚姻年龄仍然过早。入关以后,法定婚姻年龄才又改为男十六岁,女十四岁。

(6)财产继承不实行诸子均分,而由家主自由分配。在继承上也表现出女真族的习俗,家主在世时即可将家产分给已成年之子。根据女真族习惯法,亡父遗产并非诸子平分。除已分家的诸子无权继承外,未分家诸子中,幼子享有

---

[59] [日]村山芝塢、永根鉉编:《清三朝实录采要·太宗》卷二,天聪五年七月庚辰,山城屋佐兵衛板日本天保四年(1833 年)刊本。

[60] 李燕光点校:《清太宗实录稿本》卷一四,崇德元年四月十二日,辽宁大学历史系 1978 年版,第 5 页。

优厚待遇。在爵位与世职的继承上,因涉及政治、经济权利,努尔哈赤于天命六年(1621年)规定承袭爵号的顺序:“我所擢用之大臣,凡尽忠者,或阵亡,或病故,即令其子承袭其父所升之职。”[61]若功臣无嗣,则按先兄弟、后侄儿的顺序袭职。子侄承袭爵位只论功德,不论嫡长。

(7)鞫讯下人,家主参预。天聪六年(1632年)正月,刑部承政高鸿中奏称:“凡犯事人自有正身,如正身不到,审事官必不问理。见得我国中下人犯事,或牛录,或家主就来同审事官坐下,正犯未出一语,家主先讲数遍……切思暗中嘱托共事者,尚且有罪,况明明坐在一处讲事,不系嘱托,此系势压,而法纪安在?”[62]这种情况仍然保留了家内奴隶制的痕迹,奴隶作为主人的财产,自然要受到主人的关注。

以上可见,女真族的传统习惯法对后金法制的影响。但随着社会的进步,特别是与汉族法文化频繁的交流、交融,女真族习惯法的影响虽然在不断衰减,甚至被明令禁止,但仍保留着某些遗痕。

2. 与社会转型相适应的立法

由于关外时期社会由庄园奴隶制向农奴制迅速转型,与此相适应的法律也发生了变革。而且,当权者积极地促进新的生产方式的发展,推动社会的转型。在这个过程中,立法活动也带有鲜明的时代特点。

(1)制定保护农业生产的一系列法律。进入辽沈地区以后,在汉族先进生产方式的影响下,满洲族的社会经济迅速向封建农业经济过渡。作为新生的封建社会上层建筑的法制,在其中起了重要的调整和促进作用。开始实行依法授田,建立小农的土地所有制。皇太极多次告诫官员:“劝农讲武,国之大经,尔等宜各往该管屯地,详加体察,不可以部务推诿。”[63]他还多次颁发口谕或制定法律保护农业生产,如为防止行师出猎践踏农禾及牲畜进入农田,定“纵马食禾”罪及牲畜入农田罚例,凡纵畜入他人田者,按牲畜数量罚款。对于贵族大臣子弟郊外放鹰,“蹂践田园,伤残生畜”严予治罪。禁止小民以至宫中祭祀、筵宴、殡葬使用牛马骡驴,以保护农业生产力;严禁“滥役民夫,致妨农务”[64];同时,允许粮食自由买卖,实行纳粟赎罪,等等。上述法令,突出地反映了为适应社会

---

〔61〕中国第一历史档案馆、中国社会科学研究所译注:《满文老档·太祖》卷三一,天命六年十二月十四日,中华书局1990年版,第278页。

〔62〕辽宁大学历史系编印:《天聪朝臣工奏议》(卷上),辽宁大学历史系1980年印行,第2页。

〔63〕中国第一历史档案馆、中国社会科学研究所译注:《清实录》第二册《太宗文皇帝实录》卷一三,天聪七年正月庚子,中华书局1985年版,第179页下栏。

〔64〕中国第一历史档案馆、中国社会科学研究所译注:《清实录》第二册《太宗文皇帝实录》卷二三,天聪九年三月戊辰,中华书局1985年版,第299页下栏。

转型而发生的法律变革。这些变革体现了封建生产方式的利益和需要,并且推动了社会转型向着既定方向发展。

(2)反映家内奴隶制瓦解的《离主条例》的制定。努尔哈赤时期,奴隶作为主人的财产,可以任意出卖。天命末年,诸贝勒议定收税规则时,“人、马、牛、骡、驴、羊、山羊等七项,每一两取税一钱”[65],说明人与牛马驴羊同栏,出卖后同等纳税。由此可见天命时期奴隶的法律地位。至皇太极时期,社会性质和阶级关系发生了明显变化,这种变化必然会反映到法律关系上。崇德七年(1642年),皇太极下令“凡有粮贷人,及无粮求贷者,家长许互相称贷,勿得私向奴仆称贷及私贷与奴仆”。这条法令反映了奴仆已有包括房屋、牲畜、粮食、妻子以至奴仆的奴仆等财产,法律上虽仍属家主所有,但奴仆享有实际的支配权。所以,在日常生活中,能够以财产实际所有者身份参与借贷活动。

阶级关系的变化表现在法律上的最明显的例证是天聪五年(1631年)制定的《离主条例》。其中规定,凡告主私行采猎,隐匿出征所获,擅杀人命,奸淫属下妇女,冒功滥荐等,如所告属实,准其属下奴隶离主。天聪六年(1632年)又对离主的条件作了以下补充规定:“凡讦告之人,务皆从实,如告两事以上,重者审实,轻者审虚,免坐诬告罪,仍准原告离主;如告数款,轻重相等,审实一款,亦免坐诬告之罪;如所告多实及虚实相等,原告准离其主。所告多虚,原告不准离主。所告两事以上而轻者实,重者虚……坐诬诉罪,不准离主。”[66]用法律的形式确认奴仆的告主权,在奴隶制时代是不可能出现的。因此,《离主条例》的颁布,反映了后金奴隶制的社会关系已经不占主导地位。

在《离主条例》颁布以后,发生了一系列有记载的告主案件,对于所告属实的告发者“听所欲往”,准予出户,上升为“民”,或拨与他人为奴。都察院承政阿什达尔汉等在奏章中说,“有一仆人告主,及审所告是实,将原告拨与他人为奴”[67];然而,在当时的历史条件下,奴仆告主的权利是受到种种限制的。贝勒济尔哈朗曾指出:“如人讦告诸贝勒,不将讦告之人断出,仍隶本旗,谁复敢于举发者。”[68]

---

[65] 中国第一历史档案馆、中国社会科学研究所译注:《满文老档·太祖》卷七二,天命十一年八月初三日,中华书局1990年版,第705页。

[66] 中国第一历史档案馆、中国社会科学研究所译注:《清实录》第二册《太宗文皇帝实录》卷一一,天聪六年三月庚戌,中华书局1985年版,第156页下栏。

[67] 中国第一历史档案馆、中国社会科学研究所译注:《清实录》第二册《太宗文皇帝实录》卷三〇,崇德元年六月戊子,中华书局1985年版,第382页下栏。

[68] 中国第一历史档案馆、中国社会科学研究所译注:《清实录》第二册《太宗文皇帝实录》卷八,天聪五年三月,中华书局1985年版,第116页下栏。

《离主条例》的颁布,是社会关系发生大变动的结果,同时也表现出维护汗权和加强控制八旗贵族官员的政治意图。与此同时,还颁布了满官按品级占有奴隶数目的法令,禁止无限制地扩大非生产性奴隶的数量,并将部分满洲贵族官员的庄奴,分屯别居,编为民户,“择汉官之清正者辖之”[69],使之由强制为奴的地位变为农奴。

3. 与汉族先进法文化的融合

关外时期,两代君主努尔哈赤与皇太极不仅是汉文化的崇拜者,也是汉族先进法文化与法律制度的仿效者与推行者。在法制变革的数十年间,体现出对汉族法文化的吸收与融合,也成为关外时期法律的突出特点。

从努尔哈赤时起便注意吸收先进的汉族法律文化,尤其是皇太极更以汉族的法律文化作为立法建制的重要依据。“参汉酌金”的立法思想,最突出地表现了汉族法律文化对清政权立法活动的积极影响。而肯定这条立法路线,也表现出皇太极的政治远见。所谓“参汉”就是援用明朝的典章制度,所谓“酌金”就是酌取满族固有的某些习惯法。

天聪五年(1631年)三月,皇太极以“今闻国人皆有怨言,其怨者总因审理刑狱致有烦言”为由,令诸贝勒、大臣“作何更改”各抒己见。有人提出,“前人明习法度,业有成规,当令遵而行之”,这里的“前人法度”即是汉人制度,“遵而行之”即意味着背弃本族旧有的传统习惯法,而取仿封建法制、成规。这一建议受到了皇太极的赞赏。[70] 为了推行参汉酌金的立法思想,翻译了明朝的会典、刑法条例,为制定新法律提供了蓝本。

在刑律中“十恶”条款的引进,尊卑贵贱之间同罪异罚原则的确立,非反叛、逃走、犯上等事,子告父、妻告夫、弟告兄处以应得之罪,其他如满洲落后习俗的删除,会典与部院条约的制定以及对于监察院纠弹谏诤执掌的肯定,都是参汉酌金法文化融合的产物。

4. 军律占较大比重

关外时期战争无宁日的环境使频繁颁发军律是法律体系的组成部分,也是关外法制的一大特点。正是为了约束军队、保证战争的胜利和奖功罚过、确定俘获的分配办法等,后金政权不断颁发军律。“从令者馈酒,违令者斩头”[71]就

---

[69] 中国第一历史档案馆、中国社会科学研究所译注:《清实录》第二册《太宗文皇帝实录》卷一,天命十一年八月,中华书局1985年版,第26页下栏。

[70] 中国第一历史档案馆、中国社会科学研究所译注:《清实录》第二册《太宗文皇帝实录》卷八,天聪五年三月,中华书局1985年版,第117页上栏。

[71] 吴晗辑:《朝鲜本朝实录中的中国史料》(第4册),中华书局1980年版,第1530页。

是最早颁发的军律。随着战争规模的扩大,军律的调整范围也不断扩大,并逐渐规范化。

军律是以汗谕的形式表现出来的,标志着皇帝意志已成为最基本的法律渊源。由于八旗部属实行"兵民不分"的体制,军律也是具有普遍约束力的一种法律形式,其适用范围也及于归附的蒙古各部落。在迭次颁发的军律中,都禁止妄杀俘虏,表现了对劳动力使用价值的重视和发展封建性农业经济的需要。违反军律者,无论是内八旗还是外藩都分别处以斩、鞭责、籍没、革职、妻子为奴、贯耳鼻等刑罚。情节严重的,主管官吏要负连带责任。

总括上述,关外时期太祖、太宗二代法制建设的历史,既反映出满洲族传统的法律观念与习惯法的特色,又表现出强烈的民族间法律文化的融合。这是南北朝、辽、金、西夏、元所经历过民族融合和文化交流的历史在新的条件下的新发展。它所记述的统治者的法律思想更为丰富,法制建设的实际过程更为翔实,所做出的贡献也最为明晰。关外的六十余年是一个具有不同文化背景、不同历史传统的满、汉、蒙等各民族互相影响、迅速融合的时代。关外的法制,也表现出了与此相适应的特殊的发展规律。入关以后的漫长岁月一直是沿着这个轨迹发展的。

由于关外时期的社会形态处于急剧变动中,从而形成了复杂交错、变化不定的社会关系,它透过法律关系这面镜子的折射反映得十分清楚。因此,研究关外时期的法制有助于了解新旧变革时期的社会关系与法律关系。

关外时期已经形成了一套大体可以调整多种关系的法律体系,发挥了法律作为国家统治工具的重要作用。特别是既注意法律的统一性,又在适用上充分照顾不同民族、不同地区的特殊性。例如,在外藩蒙古地区一方面要求"悉遵我朝制度",另一方面又参酌蒙古地区的实际情况做了变通。这使东起嫩江、西至贺兰山的漠南蒙古,均纳入了满洲法制有效的调整范围,在定鼎燕京以后的一段相当长的时间里仍被奉为准则。由此可见,清开国时期的法律制度为入关以后的法制建设奠定了基础,是整个清代法制史不可分割的组成部分,称得上是中国少数民族法制发展史上的辉煌一页。

二、全面推行"参汉酌金"立法路线的成就

1644 年清朝入关以后,基于统治全国的需要全面推行"参汉酌金"的立法路线,迅速展开了立法活动。综观有清一代,立法的主要成就表现在三个方面:一是以《大清律例》为基本法典的刑事立法,二是以会典和各部院则例为主干的

行政法律,三是以理藩院则例为代表的民族立法。

(一)《大清律例》——“参汉酌金”的主要成果

满洲贵族入关以后,深感原有的简法旧律已经不能满足统治全国的需要,因而于顺治元年(1644年)六月,先行进驻北京的摄政王多尔衮下令,“自后问刑,准依明律”[72],这成为入主中原以后沿用明律的开端。同年八月,刑科给事中孙襄提出,在遵行“故明律令”的基础上,“当稽往宪,合时宜,斟酌损益”,进行立法,以便“布告中外,俾知划一遵守”。[73] 刑部左侍郎党崇雅也奏请“暂用明律,候国制画一,永垂令甲”[74]。于是,世祖下诏:“在外仍照《明律》行,如有恣意轻重等弊,指参重处。”[75]其后,刑科给事中李士焜根据审判实践中“止有杖决二法,重者畸重,轻者畸轻”,请求“早定律法”。[76] 江南道御史杨四重也奏称,“一代之兴,必有一代之制”,亟宜“创制立法,见诸施行”。[77] 他们建议,以“但取清律、明律,订其同异,删其冗繁……似无事过为纷更”[78]作为立法原则。这个原则得到了清朝最高统治者的肯定。多尔衮明白晓示:“法司官会同廷臣详绎明律,参酌时宜,集议允当,以便裁定成书,颁行天下。”[79]顺治二年(1645年),世祖谕示,“修律官参酌满汉条例,分别轻重差等,汇成一编进览”[80]“着作速汇辑进览,以便裁定颁行”。[81] 至翌年(1646年)五月,经过“广集廷议”,“增损裁量”,制定《大清律集解附例》,并以“律文有难明之义,未足之语”,增入小注,于次年颁行天下。这是清代第一部完整的成文法典。世祖在御制序文中说,“抚临中夏……人民既众,情伪多端……律例未定,有司无所秉承”,因此,制

---

〔72〕 中国第一历史档案馆、中国社会科学研究所译注:《清实录》第三册《世祖章皇帝实录》卷五,顺治元年六月甲戌,中华书局1985年版,第63页上栏。

〔73〕 赵尔巽等撰:《清史稿》卷一百四十二《刑法志一》,中华书局1977年版,第4182页。

〔74〕 赵尔巽等撰:《清史稿》卷一百四十二《刑法志一》,中华书局1977年版,第4182页。

〔75〕 赵尔巽等撰:《清史稿》卷一百四十二《刑法志一》,中华书局1977年版,第4182页。

〔76〕 中国第一历史档案馆、中国社会科学研究所译注:《清实录》第三册《世祖章皇帝实录》卷一四,顺治二年二月乙未,中华书局1985年版,第126页上~下栏。

〔77〕 中国第一历史档案馆、中国社会科学研究所译注:《清实录》第三册《世祖章皇帝实录》卷二二,顺治二年十二月癸卯,中华书局1985年版,第196页上栏。

〔78〕 中国第一历史档案馆、中国社会科学研究所译注:《清实录》第三册《世祖章皇帝实录》卷一六,顺治二年五月己亥,中华书局1985年版,第146页上栏。

〔79〕 中国第一历史档案馆、中国社会科学研究所译注:《清实录》第三册《世祖章皇帝实录》卷七,顺治元年八月丙辰,中华书局1985年版,第75页上栏。

〔80〕 中国第一历史档案馆、中国社会科学研究所译注:《清实录》第三册《世祖章皇帝实录》卷一四,顺治二年二月乙未,中华书局1985年版,第126页下栏。

〔81〕 中国第一历史档案馆、中国社会科学研究所译注:《清实录》第三册《世祖章皇帝实录》卷一六,顺治二年五月戊子,中华书局1985年版,第134页下栏。

定《大清律集解附例》。他要求“内外有司官吏,敬此成宪,勿得任意低昂”,并期望“百官万民畏名义而重犯法”,以达到“刑措”的“善境”。由于他对大清律的制定十分重视,叮嘱“子孙臣民,其世世守之”〔82〕。

这部法典是“详译明律,参以国制”而成的,实际上无异于明律的翻版,以致有些规定与清初的社会现实脱节。谈迁在《北游录·记闻》中说:“大清律即大明律改名也,虽刚林奏定,实出胥吏手。如内允依大诰减等,盖明初颁大诰,各布政司刊行,犯者呈大诰一本服罪,故减一等,其后不复纳,但引大诰,溺其旨矣。今清朝未尝作大诰,辄引之,何也?”正因为如此,大清律颁布以后许多规定并没有得到认真执行。顺治八年(1651年),刑科给事中赵进美在奏疏中说:“今律例久颁,未见遵行。”〔83〕尤其是《大清律集解附例》以汉文刊刻颁行,对于不懂汉文的满官更无约束力。为了“以励官守”,顺治十二年(1655年)“参之前朝会典,编为简明则例”〔84〕。顺治十三年(1656年)颁行满文《大清律》。

总括顺治朝立法,可以看出,入关以后的清朝统治者,为了长久地君临中国,无论是政权建设还是法制建设,都适应先进的广大汉族地区的社会实际,进行相应的调整和改革。就法制而言,在保留入关前已有法制建设成果的基础上,清朝统治者进一步袭用明朝的法律制度,把“参汉酌金”的立法路线推向全国。正如马克思在论述日耳曼对罗马的入侵时所指出的那样,“定居下来的征服者所采纳的社会制度形式,应当适应于他们面临的生产力发展水平……”〔85〕

圣祖继位以后,社会情势变更甚大,新例不断增加,国家渐趋太平,原仿明律而成之顺治律若干条文渐不应时,且条例新旧杂成,法司无所适从。康熙三年(1664年)八月,刑部奏请校正律文,添入新例。〔86〕遂命大学士管刑部尚书事对喀纳等承担此事,于康熙九年(1670年)完成。随着清朝统治疆域的扩大,为了协调立法与司法实践中的矛盾,康熙十八年(1679年)命刑部将所有旧条新例重新酌定。他在九月十四日上谕中,一方面,阐明了“国家设立法制”的目的在于“禁暴止奸,安全良善”。之所以于“定律之外,复设条例”,意在使百姓“畏而知警,免罹刑辟”。另一方面,也指出律与例不尽统一的弊端,以致有律不至死“而新例议死,或情罪原轻而新例过严”。因此,需“因时制宜”“应去应存”

〔82〕赵尔巽等撰:《清史稿》卷一百四十二《刑法志一》,中华书局1977年版,第4183页。

〔83〕中国第一历史档案馆、中国社会科学研究所译注:《清实录》第三册《世祖章皇帝实录》卷五十四,顺治八年润二月癸亥,中华书局1985年版,第428页。

〔84〕赵尔巽等撰:《清史稿》卷四百八十四《文苑一》,中华书局1977年版,第13326页。

〔85〕中共中央马克思恩格斯列宁斯大林著作编译局编译:《马克思恩格斯选集》(第1卷),人民出版社1972年版,第81页。

〔86〕张晋藩:《清代律学兴起缘由探析》,载《中国法学》2011年第4期,第156页。

"著九卿詹事科道会同详加酌定"。在这道上谕中,圣祖流露出一种徒法不足以为治的意向,因为他看到了前此律例增修的结果依然是"犯法者多而奸伪未见衰止"这个严峻的现实,使他在运用法律禁暴止奸的同时,也比较注意"钦恤民命"[87],注意贯彻刚柔并用、相辅相成的策略。根据圣祖确定的原则,刑部于次年编成《刑部现行则例》。《刑部现行则例》对律文规定以外的各类犯罪作出轻重不同的处罚规定。至康熙二十八年(1681年),台臣盛符升就十年实践中暴露出的律例并行的矛盾,奏请:"律例须归一贯,乞重加考定,以垂法守。"[88]对此圣祖"特交九卿议准,将《现行则例》附入大清律条"[89],并命尚书图纳、张玉书等为修律总裁进行较大的修订。"诸臣以律文仿自《唐律》,辞简意赅,易致舛讹,于每篇正文后增用总注,疏解律义。"自康熙三十四年(1695年)至康熙四十六年(1707年),经过反复审阅修改,最终将《现行则例》分门并入大清律内。但圣祖"留览未发",未正式颁行,只是为雍乾二朝制定完善的大清律奠定了重要的基础。

雍正初,世宗积极整顿纲纪,鉴于现行则例或有"从重改轻,从轻拟重",或有"先行而今停,事同而法异",遂命大学士朱轼等为总裁,以"析异同归,删繁就约,轻重有权,宽严得体"为原则,立即着手修订工作。[90] 至雍正三年(1725年)完成,雍正五年(1727年)颁布《大清律集解》。《大清律集解》体例依旧,只是条文有所增删和调整,并纂总注附于律后;特别是律文小注有了很多改进,使律义更加明晰。

由于条例的数量多(雍正三年已有815条),适用的范围广,又因时因事而立,成为实施律文的具体补充。在司法实践中,例的效力往往高于律,但为了防止官吏任意引例破法,雍正三年(1725年)五月二十七日,下诏"条例繁多……有司援引断狱,得以意为轻重,贻误非小",因此需要"校订画一……务期斟酌尽善,以副朕慎重刑名之意"[91]。在八百一十五条定例中,"累朝旧例"即"原例"三百二十一条,"康熙年间现行例"即"增例"二百九十条,"雍正朝钦定例"二百零四条。附例在律文之后,有总注,总注之后,标以"条例",而后分别标以"原例""增例""钦定律",扰攘顺、康两朝多年之"律例分别"问题至此得以解决。

世宗重视法律宣传,务使百姓知法畏法。雍正三年(1725年)九月九日,他

---

〔87〕 吴坛:《大清律例通考》卷首《圣祖仁皇帝上谕》,清光绪十二年(1886年)刊刻本。
〔88〕 赵尔巽等撰:《清史稿》卷一百四十二《刑法志一》,中华书局1977年版,第4183页。
〔89〕 赵尔巽等撰:《清史稿》卷一百四十二《刑法志一》,中华书局1977年版,第4183页。
〔90〕 赵尔巽等撰:《清史稿》卷一百四十二《刑法志一》,中华书局1977年版,第4184页。
〔91〕 吴坛:《大清律例通考》卷首《世宗宪皇帝上谕》,清光绪十二年(1886年)刊刻本。

在御制《大清律集解》序中,借周礼所载“布刑于邦国都鄙,乃悬刑象之法于象魏,使万民聚而观之”的掌故,论证了“先王立法定制,将以明示朝野,俾官习之而能断,民知之而不犯,所由息争化俗,而致于刑措也”。为此,他要求《大清律集解》“刊布内外”以后,已居官位者要“精思熟习,悉其聪明,以查小大之比”。已注名吏部将膺民社之责的士人,要“讲明有素,则临民治事不假于幕客胥吏而判决有余”。特别提出:“自通都大邑至僻壤穷乡,所在州县仿周礼布宪读法之制,时为解说,令父老子弟递相告戒,知畏法而重自爱,如此则听断明于上,牒讼息于下,风俗可正,礼让可兴。”〔92〕雍正十三年(1735 年),世宗在遗诏中还一再叮嘱:“国家刑罚禁令之设,所以诘奸除暴,惩贪黜邪,以端风俗,以肃官方者也。”〔93〕虽然世宗主张用重刑来纠正“人情浅薄,官吏营私,相习成风,罔知省改”的社会积弊,但也注意掌握尺度,所谓“宽严之用,又必因乎其时”,不能固定不变。〔94〕 同时,他还从统治实践中认识到“徒法不足以自行”“凡立法行政,孰可历久无弊?”〔95〕因此,“治天下惟以用人为本,其余皆枝叶事耳”〔96〕。他强调,“天下事,有治人,无治法。得人办理,则无不允协,不得其人,其间舞文弄法正自不少,虽条例画一,弊终难免”〔97〕。这里表现了一位封建专制皇帝对于任法与任人的看法。

高宗继位以后,命三泰等为总裁,重修大清律例,对原有律例逐条考正,重加编辑,同时详校定例,折衷损益,统名之为条例。又芟除律后总注,增添小注,并经高宗亲自裁定,于乾隆五年(1740 年)完成,定名《大清律例》,“刊布中外,永远遵行”。清初由简单地袭用明律,经过近百年的时间,几经修订终于完成《大清律例》,这个过程反映出清统治者从抚临中国的实际经验中越来越认识到建立统一法制、加强司法的重要性。

《大清律例》集历代封建法律之大成,所谓“隐合古义”“矫正前失”;体现了“诘奸除暴,惩贪黜邪,以端风俗,以肃官方”的指导思想。高宗在御制序文中进一步阐明了法律的功用,“非徒示之禁令,使知所畏惧”,更在于“弼成教化,以洽其好生之德”。同时,他还假借上天的权威,以加强刑罚的威慑力量,鼓吹“五刑

〔92〕 吴坛:《大清律例通考》卷首《世宗宪皇帝御制〈大清律集解〉序》,清光绪十二年(1886 年)刊刻本。

〔93〕 赵尔巽等撰:《清史稿》卷一百四十二《刑法志一》,中华书局 1977 年版,第 4186 页。

〔94〕 赵尔巽等撰:《清史稿》卷一百四十二《刑法志一》,中华书局 1977 年版,第 4186 页。

〔95〕 蒋良骐撰:《东华录》(雍正朝)卷五,清光绪十年(1884 年)长沙王氏刻本。

〔96〕 蒋良骐撰:《东华录》(雍正朝)卷九,清光绪十年(1884 年)长沙王氏刻本。

〔97〕 中国第一历史档案馆、中国社会科学研究所译注:《清实录》第七册《世宗宪皇帝实录(一)》卷九,雍正元年七月乙未,中华书局 1985 年版,第 175 页上栏。

五用,以彰天讨,而严天威"。[98]

《大清律例》在结构形式上与《明律》相同,共分名例律、吏律、户律、礼律、兵律、刑律、工律等七律三十篇,四十七卷,三十门,律文四百三十六条,附例一千零四十九条。《大清律例》作为定型化的一部法典,即所谓"祖宗成法",律文自乾隆五年(1740年)以后不再修改,而只用新增例弥补律文的不足。因此,条例不断增加,乾隆二十六年(1761年)已增至一千四百五十六条。例不仅数量多,而且效力大于律。清史稿《刑法志》说:"盖清代定例一如宋时之编敕,有例不用律,律既多成空文,而例遂愈滋繁碎。""例"是一种灵活的法律形式,较之固定的律更能适应形势的变化,而不受律文的约束。但在司法中广泛推行"以例断狱"的结果,不可避免地出现了"律外加重,或因例破律,或一事设一例,或一省一地方专一例,甚至因此例而生彼例"的现象。[99] 律与例矛盾的不可避免性,统治者在乾隆朝立法之初便意识到了。因此,乾隆十一年(1746年)定制,条例五年一小修,十年一大修。乾隆一朝,曾于十二年、十六年、二十一年、二十六年、三十二年、三十七年、四十三年、四十八年、五十三年、六十年,10次修订例文。每次修订,条例都有所增加,至同治九年(1871年)修例时,例已增至一千八百九十二条。此后,国势衰微,内忧外患纷至沓来,定期修例的制度也陷于废弛。

《大清律例》是中国历史上最后一部封建法典,就其基本性质而言是一部刑法典,由于沿袭传统的诸法合体的编撰体例,也含有行政法律、民事法律、经济法律、诉讼法律等条款。虽然其中有少许反映满洲族特权的条款,但总体说来是与《唐律疏议》《宋刑统》《大明律》一脉相承的封建法典。

《大清律例》是入关以后清朝统治者集中全力编制的一部法典,律例所载严密周详,是全面推行"参汉酌金"立法路线的主要成果。在某些内容上,更符合中国社会的社情,体现了情与法的统一。例如,从唐律起,历代法律均规定,祖父母、父母在,子孙不得别籍异财,《大清律例》虽列有此条,但补充"其父母许令分析者,听"[100]。在幅员辽阔、风俗各异的中国封建社会,父母在,分财异居的现象实际是存在的,法律禁而不止,尤其是满族习惯法,父母在,即令诸子分析财产,别籍异居。因此,此项补充规定符合社会的实际情况。又如,律文规定:"若娶己之姑舅、两姨姊妹者,杖八十,并离异。"[101] 但此类婚姻在民间已然相习

[98] 吴坛:《大清律例通考》卷首《御制〈大清律例序〉》,清光绪十二年(1886年)刊刻本。
[99] 赵尔巽等撰:《清史稿》卷一百四十二《刑法志一》,中华书局1977年版,第4186页。
[100] 《大清律例》卷八《户律·户役》"别籍异财"条例,清文渊阁四库全书本。
[101] 《大清律例》卷十《户律·婚姻》"尊卑为婚"条例,清文渊阁四库全书本。

成风,因此,在条例中又特别规定:“其姑舅、两姨姊妹为婚者,听从民便。”[102]此补充条例受到民间的欢迎,表现出了浓重的人情味。不仅如此,《大清律例》对相邻国家日本、朝鲜也有一定的影响,不失为体现中华法制文明的又一力作,尽管它在刑制上仍旧传承了明律中落后与野蛮的部分。

(二)《大清会典》与各部院则例的制定

圣祖亲政以后,在行政法律的创建上倾注极大的心血。康熙二十三年(1684 年),圣祖为了使国家机关的活动有典有则,下诏仿明会典起草清会典,历时六年完成,史称《康熙会典》。他在御制序文中说:“制治保邦之道,惟成宪是稽,不綦重欤。用是特命儒臣,纂辑会典,纲维条格,甄禄无遗,终始本末,犁然共贯。庶几大经大法,炳耀日星,而遵道路者,咸得有所据依矣……我国家典章弘备,视前代加详,悉皆本之实心,以相推准,而非缘饰虚文铺张治具,惟兹良法美意,相与世世恪遵无斁官治民察,以跻斯世于隆平万年无疆之休,将于是乎在矣。可不念哉。”

《康熙会典》是清朝入关后正式颁行的第一部具有行政法典性质的大法。按以官统事、以事隶官的体例分列宗人府,内阁,吏、户、礼、兵、刑、工六部,理藩院、都察院、通政使司、内务府以及其他寺、院、府、监等机构分目,首尾相衔,内容详备。“凡职方、官制、郡县、营戍、屯堡、觐享、贡赋、钱币诸大政于六曹庶司之事,无所不隶。”[103]上起清初,下至康熙二十六年(1687 年),清时人魏象枢曾评价说:“至若会典,乃当代宪章,与律令相表里。夫会典所载,皆百臣奉行之政令,诸司分列之职掌,即官礼诸制,无不条悉其中。”[104]

圣祖以后,雍正十年(1732 年)编成《雍正会典》。世宗在会典的御制序中说:“朕缵承宝位,体皇考之心以为心,法皇考之政以为政。其有因时制宜,更加裁定者,无非继表述事之意,绍闻衣德之思,爰允礼臣蒋廷锡所请,命阁臣开馆纂修,自康熙二十六年(1687 年)至雍正五年(1727 年),所定各部院衙门礼仪、条例悉行检阅,照衙门分类编辑。凡经九载,篇帙告竣,于是圣祖仁皇帝临御六十余年,立纲陈纪之端,命官敷政之要,首末完具,灿然如日星之炳照,与虞书周礼,并垂不刊。”可见,《雍正会典》除接续康熙二十六年、下迄雍正五年外,在体例上并无创新。

---

[102] 《大清律例》卷十《户律·婚姻》“尊卑为婚”条例,清文渊阁四库全书本。

[103] 允祹等纂:乾隆朝《大清会典》卷首《御制序》,中国第一历史档案馆藏刻本。

[104] 魏象枢:《圣朝大礼即行亟请更定会典事》,载魏象枢:《寒松堂集》卷一,中华书局 1985 年版,第 4 页。

乾隆十二年（1747年），高宗下令重修会典，从清太祖努尔哈赤起，至乾隆二十七年（1762年），上下百余年，内容较康熙、雍正两朝会典完备。凡涉及庙坛、职方和地理均附有图表。同时，鉴于“例可通，典不可变”，唯恐典例并载使后人“妄相牵引，无所适从”。因此，将附于各条的则例分出另编。按照以典为纲，以则例为目，使典例既不相混，又互相补充的宗旨，撰成《乾隆会典》一百卷，《乾隆会典则例》一百八十卷。这是《乾隆会典》有别于康熙、雍正两朝会典的变革之处。

从《乾隆会典》起，“以典为纲，以则例为目”，分别编辑，成为固定的体例。由于会典所载是“经久常行”的大法，凡事涉大体者一般不改动，只是适应“时势之推移”，增减则例。如同乾隆《大清会典凡例》所说，“嗣后如间有因时损益之处，其畸零节目，第于则例内增改。即有关大体者，亦只刊补一二条，无烦全书更动，庶一劳永逸，以便遵循”。乾隆以后，嘉庆六年（1801年）续修会典，于嘉庆二十三年（1818年）完成会典八十卷，事例九百二十卷，图一百三十二卷。《嘉庆会典》改乾隆会典则例为事例，事例的编制方式和范围一如则例。

光绪十二年（1886年）以《嘉庆会典》为基础，重修会典，于光绪二十五年（1899年）编成《光绪会典》一百卷，事例一千二百二十卷，图二百七十卷。《光绪会典》在清朝会典中时限最长、篇幅最大，是清会典的最后形态。

《大清会典》详细记述了清代自开国至光绪朝，各级行政机关的职掌、事例、活动原则与有关制度，典例互补，并辅以图说，涉猎极为广泛，多属“礼乐刑政大端”“经久常行之制”。如同《乾隆会典》凡例所说，“以典章会要为义，所载必经久常行之制。滋编于国家大经，官司所守，朝野所遵，皆总括纲要，勒为完书。”清人评价会典说，“皆百官奉行之政令，诸司分列之职掌”〔105〕“盖宪章法令，国有《会典》，官有案牍，其事由上而下，故天下道同”〔106〕。清五朝会典虽然仍沿袭诸法合体的体例，但基本性质是行政法典。所确认的是国家的行政体制与各部院司的执掌，因其所载皆为大经大法，而被称为清帝国之宪法。五朝会典是清朝立法的又一重大成就，它为清朝的法制文明增添了光彩。

除会典外，则例是清朝行政法律的另一重要成就。清朝为使部院政务活动规范化，责成各部院纂修则例。则例是诏准的各衙门的章则事例，是各衙门的组织法和办事的依据。早在康熙七年（1668年），左都御史王熙就疏请各该有

---

〔105〕　魏象枢：《圣朝大礼即行亟请更定会典事》，载魏象枢：《寒松堂集》卷一，中华书局1985年版，第4页。

〔106〕　章学诚：《答甄秀才论修志第二书》，载章学诚：《文史通义》，上海古籍出版社2015年版，第295页。

司“详察现行事例,有因变法而滋弊者,悉遵旧制更正。其有从新例便者,亦条晰不得不然之故”,以便“裁定画一”。[107] 圣祖十分重视则例的编撰,指出:“若无律例,倘一事有几样,部院官将何从办理?”[108]

则例分一般则例与特别则例。一般则例指六部针对一般事务制定的,如《钦定吏部则例》。特别则例指各部就所管辖的特定事项而制定的,如《钦定八旗则例》。有些虽无特别则例之名,但就其实质而言应归属于特别则例范畴,如《钦定户部漕运全书》《钦定学政全书》。清朝则例的制定主要是从康熙朝开始的。

康熙五十年(1711 年),颁布《六部现行则例》,将清初至康熙四十一年间各级官府办事规则与违制处分条例,分门别类作为定例颁布实施,又名《新纂更定六部现行则例》。康熙末年还修成《钦定吏部则例》《钦定吏部铨选官员则例》等。

雍正十二年(1734 年)制定《钦定吏部则例》,主要内容是各部职掌、官员的铨选和品级以及对各部违法行为的处分。乾隆、嘉庆、光绪各朝均续加修纂,特别是雍正年间制定,于乾隆七年(1742 年)刊刻颁行的《六部处分则例》,是一部内容丰富、影响深远的行政法律。至乾隆朝,则例的制定达于高峰。仅吏部则例就有以下数种:《钦定吏部则例》《钦定吏部处分则例》《钦定吏部铨选官员则例》《钦定吏部铨选满官则例》《钦定吏部铨选汉官则例》《钦定吏部验封司则例》《钦定吏部稽勋司则例》等。此外,乾隆十四年(1749 年)编成《钦定工部则例》,乾隆四十一年(1776 年)编成《钦定户部则例》。前者是有关乘舆、仪仗和军器制作的规定,光绪时分为营膳、船政、河防、水利、军火等项;后者除规定户部职掌外,分立户口、田赋、库藏、仓庾、漕运、盐法、参课、钱法、关税、廪禄、兵饷、蠲恤、杂支等门类,类似民事与经济法规。这两部则例,乾隆朝以后均经多次修订。

嘉庆九年(1804 年)编成《钦定礼部则例》,道光二十四年(1844 年)增修,共分仪制、祠祭、主客、精膳四门,是关于国家礼仪方面的行政法规。

省例是各直省立法的主要形式,是各直省督抚、藩臬二使等省级官员针对本地特别事务,通过一定形式、遵循一定程序制定之地方性法规。主要有《江西省例》《福建省例》《治浙成规》《广东省例》《粤东省例》《湖南省例》《豫省省例》《西江政要》《晋政辑要》等。省例中涉及行政法律方面的主要是公式、交代、官

---

〔107〕 赵尔巽等撰:《清史稿》卷二百五十《王熙传》,中华书局 1977 年版,第 9694 页。

〔108〕 徐尚定标点:《康熙起居注(八)》,康熙五十四年六月二十二日,东方出版社 2014 年版,第 201 页。

员任职、考核与俸禄等。

例如，《福建省例》中有关公文使用的规定："嗣后地方雨水关系民隐及紧要事件并不便形之公牍者仍用禀帖，其余应用详文候批存案者一概详用。不关紧要，无论吏治之事，不得用禀搪塞。"[109]

《粤东省例》有关官吏任职与考核的规定："各项候补知县与进士即用知县通归候补班轮补，选缺时应以各员到省月日分别先后挨补，至进士即用知县轮补到班，仍按各员科分甲第序补（军营出力之员向系压班先补，历办有案）。"[110]"各衙门役满吏攒每年七月内由抚院考试，除例定一切事宜照例遵行外，藩司于奉行试期之前开送应考吏役姓名清册同供结送院查核，并委现任佐杂二员巡绰搜检（中军官委千把会同文员巡绰），仍于南番二县内派委一员点名，由司照开各吏役年貌册发交点名官查对。点进听候抚院衙门考试（试卷由吏役自备呈司用印汇缴）。应需桌凳檄行广州府办送。"[111]

总之，清朝各部、院、监，蒙古、回疆各有则例，数量极多，形成了以会典为纲，以则例为纬的行政法律体系，成为清朝法制建设中最有价值的一部分。对于提高统治效能、诫饬官员"依法行政"，遏制行政中的随意性，起到了积极的作用。

（三）以《理藩院则例》为核心的民族立法

清朝为了统治辽阔的疆域，巩固统一多民族的国家，加强了对少数民族聚居区的法律管辖，专门制定了针对少数民族的立法。清朝民族立法是整个立法中的重要组成部分，在数量上和内容上都达到了中国古代民族立法的顶峰。

早在入关之前，皇太极便向漠南蒙古地区宣布"盛京定制"。入关以后，世祖把调整满汉关系提到重要议事日程。顺治三年（1646 年）下令开科取士；顺治五年（1648 年）又下令允许满汉联姻，特别是康熙朝颁行了崇儒祭孔之令、开博学鸿词科之令、满汉官员品级划一令等。顺康二朝，在调整汉族以外的其他各族关系的法律中，以蒙古为重点；顺治十年（1653 年）规定了外藩蒙古亲王以下、公以上，随从人员的服色和人数；顺治十一年（1654 年）规定外藩王、贝勒、贝子、公元旦来朝给赏例；顺治十二年（1655 年）规定赐恤外藩蒙古王公例；顺

[109] 周宪文编：《福建省例·公式例·用祥用禀章程》，大通书局 1987 年版。

[110] 宁立悌等编，黄恩彤等撰：《粤东省例新纂·吏例》卷三一《候补与即用知县拾补次序》，清道光二十六年（1846 年）刻本。

[111] 宁立悌等编，黄恩彤等撰：《粤东省例新纂·吏例》卷三一《考役满吏役》，清道光二十六年（1846 年）刻本。

治十五年(1658年)议定理藩院大辟条例;顺治十八年(1661年)规定理藩院等级与六部同、理藩院尚书入议政之列。

康熙朝建立以后,确立了以蒙古部落为“屏藩”“因俗而治”“不设边防”的指导思想。[112] 在立法上强调尊重边疆少数民族的习惯、风俗,所谓“修其教不易其俗”。这个民族政策对有清一代都有着重要影响,世宗说:“中国之一统始于秦,塞外之一统始于元,而极盛于我朝。自古中外一家,幅员极广,未有如我朝者也。”[113]他摒去了相沿已久的内中华而外夷狄的传统观念,把中国各族作为一个整体看待,明确表示各极边之地“俱归版图,是中国之疆土开拓广远,乃中国臣民之大幸,何得尚有华夷中外之分论哉!”[114]这种思想也体现在任官理政上。乾隆帝说得尤为透彻:“满、汉均为朕之臣工,则均为朕之股肱耳目,本属一体,休戚相关。至于用人之际,量能授职,惟酌其人、地之相宜,更不宜存满、汉之成见。边方提、镇,亦惟朕所简用耳,无论满、汉也。……嗣后若有似此分别满、汉,歧视旗、民者,朕必从重议处之。”[115]

雍、乾时期,对东北地区的少数民族以及西南地区的苗族,统治者颁行了一系列法令,进行必要的法律调整。对于回族聚居地区,以及维吾尔族、藏族地区也都进行了卓有成效的立法调整。

清朝之所以重视民族立法,并取得了超乎历代的成就,不是偶然的。首先,这与满洲贵族为政权主体的历史条件分不开。满洲族作为一个少数民族,从关外时起,便注重通过各种形式加强满族与其他少数民族的联盟,以壮大本民族的实力,只有这样才有可能统一关外,进取中原。这个治国方略不仅传承于入关以后,而且贯彻整个清朝统治时期。其次,清朝是最后一个封建王朝,各个方面都积累了丰富的经验,清朝皇帝一般都重视总结历代的统治经验。他们深知理顺民族关系对于巩固国家统治的重要性,他们在民族立法上采取的因地制宜、因俗制宜的原则,就是历代统治经验的成功总结。最后,由于清朝统治时期是中国各族法律文化迅速交融渗透、发展时期。汉民族的法律意识和悠久的法律文化传统,通过对满洲族统治者的影响取得了支配地位。与此同时,女真族、蒙古族及其他民族的法律文化,也得到新的升华。正是在中华民族各族法律文化大融合的基础上,才有可能产生比较成熟的、系统的、稳定的民族立法。研究

---

[112] 蒋良骐撰:《东华录》(康熙朝)卷一〇〇,清光绪十年(1884年)长沙王氏刻本。

[113] 中国第一历史档案馆、中国社会科学研究所译注:《清实录》第八册《世宗宪皇帝实录(二)》卷八三,雍正七年七月丙午,中华书局1985年版,第99页上栏。

[114] 蒋良骐撰:《东华录》(雍正朝)卷一五,清光绪十年(1884年)长沙王氏刻本。

[115] 中国第一历史档案馆、中国社会科学研究所译注:《清实录》第九册《高宗纯皇帝实录(一)》卷八,雍正十三年十二月辛未,中华书局1985年版,第303页下栏。

清朝的民族立法，有助于科学地认识中华法系的特点，揭示它对于巩固统一多民族国家以及加强中央政府同民族聚居地区的联系所起的重要作用。

1.《蒙古律例》与《理藩院则例》

顺治十五年（1658年）九月，议政王贝勒大臣等奉旨议定的理藩院大辟条例，便是以后制定的《蒙古律例》和《理藩院则例》的原型。康熙三十五年（1696年），随着统一国家的巩固，理藩院将清太宗以来陆续发布的一百二十五条有关蒙古的法令汇编为《则例》，作为理断蒙古事务、调整和巩固蒙古封建主对清朝的臣属关系和维护蒙古社会内部阶级关系与秩序的法律依据。

乾隆时期，清朝国土扩充，国力强盛，民族立法也走向活跃兴盛的阶段。其中具有代表性的是《蒙古律例》《理藩院则例》和《钦定西藏章程》。

《蒙古律例》共十二卷，二百零九条，它是由清政府于乾隆六年（1741年）制定的适用于蒙古族居住地区的法律。其主要内容如下：官衔门，关于蒙古王公的职衔、承袭、品秩、仪制、恩赏等；户口差徭门，关于户口管理、基层组织、差役徭役、婚姻继承等；朝贡门，关于蒙古王公的年礼庆贺、朝贺进贡等；会盟行军门，关于会盟时间与纪律、行军纪律和军器管理等；边境卡哨门，关于侵界、偷猎、贸易往来、买卖军器等；盗贼门，关于强劫、抢夺、偷窃和对贼罪的处理等；人命门，关于杀人、伤人等；首告门，关于诉讼的限制和程序等；捕亡门，关于捕获、隐匿逃人、拿获隐匿贼人、懸脱斩犯等；杂犯门，关于违用禁物、失火放火、发冢犯奸、诱卖人口等；喇嘛例门，关于喇嘛服饰、喇嘛班第、喇嘛寺庙管理及喇嘛犯罪的处理等；断狱门，关于罚罪牲畜的数目、王公犯罪的议处、死罪的审决与收赎等。从上述各门的规定中可以看出，《蒙古律例》是一部涉及行政、民事、刑事、军事、司法程序各方面的民族法规。它是清朝民族立法逐渐系统化的产物，为《理藩院则例》的制定打下了重要的基础。

嘉庆十六年（1817年），理藩院以乾隆五十四年（1789年）修订的《蒙古律例》为基础，编纂《理藩院则例》，于嘉庆二十二年（1817年）刊刻颁行。《理藩院则例》七百一十三条，分“通例”上下和“旗分”等六十三门。它适用于蒙古、西藏与青海地区的蒙古族和藏族，在内容上包罗详备，可以说是集清朝开国以来民族立法之大成。

《理藩院则例》虽以《蒙古律例》为基础，但却是《蒙古律例》的重要发展。凡录入《理藩院则例》的蒙古律例条文，根据适用范围的扩大和社会的发展，先后作了删修增补，增加了“捐输”一门，条文增至九百六十五条。

《理藩院则例》规定了理藩院及其所属与下属机构的编制与职掌，确立了蒙古地区的行政区划和职官制度，建立和健全了户口管理、地亩、仓储、征赋、俸禄、廪饩、朝觐、贡输、宴赉、扈从、仪制、印信、婚礼、赐祭、旌表、优恤、会盟、军政、邮政、边禁、喇嘛事宜等各项制度。尤其是刑法和司法方面较之《蒙古律例》有明显发展。例如,量刑时“有服制者依服制论”,体现了汉族礼制的影响。在斗杀条文中,“凡斗殴伤重,五十日内身死,殴之者绞监候”,显然是引进了《大清律例》中的“保辜”制度。在司法中,审理蒙古案件,蒙古例中无专条者,准比照刑律或吏、兵、刑部则例引用。蒙古与民人之间的案件,各按案发地区,分别依例定拟。蒙古人在内地犯事依刑例治罪,民人在蒙古地方犯事,依蒙古例治罪,反映了因族制宜、援俗为治的特色。此外,其中也详细规定了蒙古贵族与清政府之间的权利义务关系,以加强政治联盟。

道光二十二年(1842 年),在《理藩院则例》卷六一、六二中编入《西藏通例》二十六条,遂使其适用范围扩大至西藏、青海等地。《西藏通例》以法律的形式确立了西藏地区的职官制度,规定了驻藏大臣和西宁办事大臣的设置和权限以及西藏地区的军事、财政和喇嘛管理等制度,从而加强了清政府对于西藏、青海地区的行政、司法管辖权。《理藩院则例》作为清朝最重要的一部民族立法,除主要针对蒙古及藏族外,也涉及新疆维吾尔族、哈萨克族及黑龙江打牲索伦族、鄂伦春族、四川土司、土舍、头人等,这些规定均分散于各有关条款中。

2.《钦定西藏章程》

清朝对西藏地区的民族立法,主要是制定了六部章程:乾隆十六年(1751 年)制定的《酌定西藏善后章程》十三条,乾隆五十四年(1789 年)制定的《设站定界事宜》十九条,乾隆五十五年(1790 年)制定的《酌议藏中各事宜》十条,乾隆五十八年(1793 年)制定的《藏内善后章程》二十九条,道光二十四年(1844 年)制定的《酌拟裁禁商上积弊章程》二十八条,光绪三十三年(1907 年)制定的《新治藏政策大纲》十九条。上述六部章程是在不同的历史背景下制定的,各有其针对性和侧重面。例如,乾隆十六年章程,是在平定西藏企图摆脱清政府管辖的事变之后制定的,因此,它规定了西藏地方不再封藏王,以免地方大贵族权力扩大而设四噶隆主持地方政府的常务。遇有重要事务,“务须遵旨请示达赖喇嘛并驻藏大臣酌定办理”[116]。同时,革除了噶隆在私宅办理公务的传统。特别是详定驻藏大臣的一系列管理权,以加强清政府对西藏地区的管辖。又如,乾隆五十四年章程是在清政府平定西藏地方官员在贸易中苛待廓尔喀,引起军事侵犯之后制定的。因此,该章程规定了西藏对外贸易官员的职责和收税标准,同时还补充规定了西藏地方的驻防制度与司法制度。“凡有关汉、回、外番

〔116〕 张其勤:《清代藏事辑要》,西藏人民出版社 1983 年版,第 179 页。

等事,均令郎仔辖呈报,拣员会同审理"[117],表现出清政府对在西藏地方行使司法管辖权的重视。

在西藏六部章程中,乾隆五十八年(1793年)战胜廓尔喀入侵西藏之后制定的《藏内善后章程》,是一部比较完备的治藏法律。该章程根据高宗授意,由大将军福康安等人会同达赖、班禅等人共同拟订,并经高宗批准,故又称《钦定西藏章程》。主要内容是:创立了达赖、班禅等活佛转世灵童的"金瓶掣签"制度,使活佛的继承人制度法律化。"金瓶掣签"须在驻藏大臣监督下进行,确认了政教合一的政治体制。

《钦定西藏章程》提高了驻藏大臣的职权,驻藏大臣总揽全藏事务。第10条规定:"驻藏大臣督办藏内事务,应与达赖喇嘛、班禅额尔德尼平等,共同协商处理政事,所有噶伦以下的首脑及办事人员以至于活佛,皆是隶属关系。扎什伦布的一切事务,在班禅额尔德尼年幼时,由索本堪布负责处理;但为求得公平合理,应将一切特殊事务,事先呈报驻藏大臣,以便驻藏大臣出巡到该地时加以处理。"[118]凡属涉外事务、出入境管理统由驻藏大臣主持,驻藏大臣可直接向皇帝折奏请旨,达赖喇嘛如遇事拟请示皇帝,须经驻藏大臣转奏。

驻藏大臣还掌握了对西藏政府官员的任命权。高级官员噶伦和代本,须呈请皇帝任命,中下级官员由驻藏大臣和达赖喇嘛任命,并发放满、汉、藏三种文字的凭证。为了防止贵族垄断官职,特别规定普通士兵如有智能和战功亦可升任定本、代本。贵族子弟须年满十八岁,方可派任小秘书、小宗本。与此同时,还统一了西藏地方财政、赋税、币制与乌拉差役,建立西藏地方部队。加强了对西藏地方的司法管辖,对犯罪者的惩罚包括没收财产,均须经驻藏大臣审批。从而限制了地方噶伦乱定罪名,擅加罚款的弊端。

《钦定西藏章程》全面强化了清政府对西藏地方政务的管理,对于稳定西藏地方的社会秩序、加强西藏地方政府与清政府的关系产生了深远影响。

《藏内善后章程二十九条》是清政府中后期治理西藏地方的基本法规,被颁行后得到较全面执行,产生了积极而又深远的影响。正如清光绪五年(1879年)闰三月七日四川总督丁宝桢上光绪皇帝《会筹藏中应办事宜折》中所言:"伏思西藏地方,从前祖宗定制,自察木多、乍丫至前后藏以及江孜、定日各隘口,均设有游击都司兵丁,以资驾驭,而临之以住藏大臣,居中统治,凡藏中事务,其小而易办者,则由各该番官办理,层次申送,取裁于该摄政。其大而难办者,则

[117] 张其勤:《清代藏事辑要》,西藏人民出版社1983年版,第240页。

[118] 牙含章:《达赖喇嘛传》,人民出版社1984年版,第66页。

由摄政咨送住藏大臣核办,即其番官之拣补升除,均须由驻藏大臣主持办理,体统极为尊严,事权不容紊越,所以控驭该藏者立法至为精详。是以二百年来番官颇受汉官约束,番人自不敢轻视,汉番一体办理,一切令行禁止,极为顺手。"〔119〕

经过松筠、和瑛的不懈努力,《钦定西藏章程》得以真正落实,西藏百姓得到抚恤,西藏社会的发展得到法律的保障。

嘉庆二十二年(1815 年)十二月,《理藩院则例》汉文本告竣。内含《西藏通制》上卷十五条,下卷十一条,合计二十六条。其中源于《钦定藏内善后章程二十九条》者十七条。另有十二条分别规定于《理藩院则例》的其他部分,如金瓶掣签制度及西藏喇嘛教事务均集中规定于《理藩院则例》的《喇嘛事例》中。

3.《回疆则例》

乾隆二十六年(1761 年),在理藩院内专设徕远司管理"回疆"事务。同时,不同程度地适用《大清律例》《大清会典》和部分则例,但以《回疆则例》为最重要的立法。嘉庆十六年(1811 年),理藩院在开馆编修《理藩院则例》的同时,也修订了《回疆则例》。道光六年(1826 年)平定张格尔叛乱后,再次修订《回疆则例》,并于道光二十三年(1843 年)刊刻印行。

《回疆则例》继承了清朝在统一回疆初期立法中确认的"伯克"制度,并根据形势的发展,作出补充规定,如详列维吾尔族地区职官的设置、职掌、品秩、承袭、任用、休致。其中贯穿了因俗设官、因地制宜的原则。对于维吾尔族上层晋封王、贝勒、贝子、公者,其服色、坐褥准照蒙古王公例设置,借以加强满、维吾尔贵族集团的联盟。与此同时,严格维护清朝皇帝对于维吾尔族地方职官的任用权。此外,针对维吾尔族地区的年班、赏赉、度量衡、货币、赋役、贸易、驻军管理等各项制度,都作了专门规定。为了优待效忠朝廷的维吾尔族上层分子,一概豁免新疆各城有殉节蒙赏世职者的钱粮,并将苛敛婪索等陋规宣布为"禁例",以缓和回疆地区的阶级矛盾。对于维吾尔族地区的宗教管理和刑事案件的管辖也作了具体规定。例如,慎选回疆掌教的"阿訇",禁止莫洛回子习念真经;阿奇木伯克只有权处理枷责轻罪人犯,重案须随时禀明本管大臣听候要员会同审办,不得私理。

《回疆则例》作为适用于维吾尔族的专门立法,对于治理回部、稳定边疆具有重要的历史意义。光绪三年(1877 年),清军消灭了分裂中国领土的阿古柏汗国以后,为了加强清政权对新疆的管辖,推行郡县制度。光绪九年(1883 年)正式以新疆为行省,普遍设道、府(厅)、州、县各级地方政权机构,基层建立保

---

〔119〕 张其勤原稿、吴丰培增辑:《清代藏事奏牍》,中国藏学出版社 1994 年版,第 495 页。

甲,废除了维吾尔族原有的伯克制度,进一步加强了清政权对回疆地区的统治。

4. 青海地方的蒙古立法

雍正二年(1724年),清军在青海平叛之后,经世宗批准颁行《青海善后事宜十三条》《青海禁约十二事》,前者主要是行政立法,后者则基本上是刑事与民事立法。《青海禁约十二事》规定,“背负恩泽,必行剿灭;恪守分地,不许强占;差员商贾往过,不许抢掠;父殁不许娶继母及强娶兄弟之妇;察罕诺门汗喇嘛庙内,不得妄聚议事”等。其中也有一些条款旨在加强清政府的统辖,如朝见进贡定有期限;不准自称盟长;对喀尔喀、辉特、图尔古特部落,不许青海占为下属;编设佐领,不可抗违;内地差遣官员,不论品级大小,若捧谕旨,王公等俱行跪接,其余相见俱行宾主礼。雍正十一年(1733年)又制定了适用于宁夏、青海、甘肃等地少数民族的《西宁青海番夷成例》(又称《番例条款》),其主要内容是追赶逃人、奸污罪、挟仇出首人罪、告言人罪、殴伤人罪,戏误杀人、抢夺罪犯挟仇放火、出妻、家奴弑主以及司法管理等。《番例条款》原拟实行五年后改用《大清律例》,但由于该条款符合青海少数民族的风俗民情,收到因地因俗制宜之效,因此一再展期,至乾隆十三年(1748年)五月刑部奏准,今后番民命盗案照《番例条款》办理,不必再请展限。嘉庆十四年(1809年),番例已实行七十余年,遂“不用再行修改”。

《西宁青海番夷成例》共六十八条,在青海地区的民族立法中是具有代表性的。它主要源于《蒙古律例》,如“少纳牲畜计数折鞭”与“奸人妇女”两条,除个别文字外,无论是折鞭数,还是罚牲畜数,其在两例中的规定都是相同的。有的也作了变通修改,如《蒙古律例》会盟不到之无俸塔布囊等罚马十匹,《番例条款》改为罚犏牛,这是基于青海地区马少犏牛多而作出的改动。有些条款,如“不设十户头目”“唐古特人不许远处番回贸易”,则是清政府根据青海地区的特殊情况专门制定的。

《番例条款》虽然也有些军事、民事与诉讼方面的规定,但基本上是一部刑事法规。其中涉及偷盗、杀伤人以及逃人的内容占很大比重。根据《番例条款》,蒙古人一般犯罪,首先罚缴牲畜牛一至九头,马五至一百匹,缴纳不足者处以鞭打,最多至鞭一百,由所属佐领或管旗章京设誓具结。如故意隐匿不缴,则一体受罚。对于一些不决的疑案,也让当事人“设誓”。可见,《番例条款》不仅表现出极大的掠夺性,而且带有神明裁判的浓厚色彩。《西宁青海番夷成例》自编纂成后一直作为清朝治理青海的主体法律,实行至民国初年始才被废止。

5. 苗疆立法

清时苗疆地区系泛指云、贵、川、广、湖南各省苗民分布之地。苗民也是泛指苗、瑶、壮、彝、黎等少数民族。因此,适用于苗疆地区的民族立法,不仅有清朝确认其法律效力的苗、瑶、壮、彝等少数民族的传统习惯法,即所谓“苗例”。更重要的是编纂在《大清律例》中的调整苗疆地区的条例,共计三十六条。主要内容是规定了土官严格约束苗人的职责,如因土司约束不严,致使苗人犯抢劫罪,该土司交部议处。百人以上者,土司及府州官革职,知情故纵者,革职枷号一个月。若系重罪,虽不知情,也须议处,知情故纵者,革职,杖一百。大小土官如犯徒流罪以上,一律科断,杖罪以下,交部议处。对于苗民发生危害地方秩序的行为,犯劫掠仇杀等罪者,严加惩处。同时,严禁苗民私藏违禁物,“违者照民间私有应禁军器律治罪,该管头目人等知而不报者,杖一百。地方文武官弁失察,照例议处”〔120〕,借以严防苗民起事。为了防止苗民与内地民人发生纠纷,禁止民人无故擅入苗地,苗人也不得擅入民地;民人如贩卖军器与苗民者严惩。〔121〕

关于苗疆地区的司法制度,条例也作了规定。例如,承审苗民案件,有一定期限,自报官之日起,盗案限一年,命案、窃案限六个月,杂件限四个月,限满不结,须向上司报告。〔122〕审理黔省苗疆命盗案的期限,有所缩短,寻常命案三个月审结,盗案及性命重案两个月审结,不得展限。对于苗人之间的争讼,依照苗例处理,如系重大犯罪,一律按《大清律例》审断。苗民与内地民人发生奸拐贩卖嫁妻逐婿等事,均按《大清律例》断罪。

在《钦定吏部则例》中也规定了苗疆地方的土官承袭、土官支庶授职、土官缘事、土官降罚、土官阵亡议给世职、土官请封和土官额缺等项内容。上述苗疆的职官立法,适用于没有改土归流或改土归流不彻底的地区,其法律效力一直延续到清末。

除此之外,苗疆地区的法律形式,还有康熙年间发布的以刑事法律规范为主要内容的各种苗疆禁约。例如,康熙四十二年(1703 年),湖广提督俞益谟发布的、以警戒苗人不得为非作歹的“晓谕苗人告示”和“戒苗条约”,以及康熙五十年(1711 年)湖广总督鄂海制定的苗疆禁约。雍正时期,为在苗疆地区推行大规模的改土归流,亟须借助法律的强制加以贯彻。因此,在云贵、湖广、川陕等省都颁布了适用于苗疆的章程,成为苗疆地区的重要法律形式,内容涉及调整行政规划,确定苗疆地方官员的职责,对于户籍、土地、赋税、兵器等事项的

---

〔120〕《大清律例》卷一九《兵律·军政》“私藏应禁军器”条例,清文渊阁四库全书本。
〔121〕《大清律例》卷二〇《兵律·关津》“私越冒渡关津”条例,清文渊阁四库全书本。
〔122〕《大清律例》卷三五《刑律·捕亡》“盗贼捕限”条例,清文渊阁四库全书本。

管理,以及苗民劫杀重案须由文武官会同审理,等等。可以说雍正朝的苗疆立法是有清一代最有成就的。雍正以后,乾、嘉、道、光各朝也都制定了一些章程。

清朝的民族立法,在继承历代民族立法的基础上,体系更为严整,内容更为规范,作用更为明显,可以说是中国封建时代民族立法发展的顶峰。在立法中贯彻了因地制宜、缘俗为治的原则,不同地区、不同民族、不同时期的立法,各有明确的针对性,因而也各具特色。所谓“边腹之异,凡边外与腹地立法不同”[123],苗夷“照苗例完结”[124],“西藏治以番律,各回域治以回律,俱各从其俗”[125]。

通过民族立法加强了中央集权,强化了清政府对少数民族聚居地区的行政管辖、军事管辖、司法管辖,将中央与地方的权利义务关系纳入法制的轨道,形成了前所未有的、巩固的统一多民族国家。

三、行政体制与职官管理的进一步法律化

清朝会典与各部院则例的制定和颁行,使得行政法律体系严谨,内容充实,为国家体制和职官管理提供了更为坚实的法律依据。

(一)行政管理体制的变动

清朝是以满洲贵族为主体的末代封建王朝,它在明专制主义高度发展的基础上,又进一步加强。还在关外时期,随着社会性质由奴隶制向封建制过渡,原有的八旗共议国政的体制已不适合形势发展的要求,因此,皇太极即位以后便展开了集中君权的斗争。他于天聪三年(1629年)废除了四大贝勒按月分值的制度,“南面独坐”,临朝听政,建立起一套脱离固有的八旗制度的行政机构——六部(吏、户、礼、兵、刑、工),三院(内国史院、内秘书院、内弘文院),趁机削弱了八旗旗主的势力。过去八家平分、平养的制度,被当做陋习加以攻击:“如此三分四陆,如此十羊九牧,总藉此强兵,进了山海(关),得了中原,臣谓不数年

---

〔123〕 托津等纂:嘉庆朝《大清会典》卷四十一《刑部·尚书侍郎职掌一》,中国第一历史档案馆藏清刻本,第16页。

〔124〕 《清实录·高宗纯皇帝实录(一)》卷五二,乾隆二年闰九月丁卯,中华书局1985年版,第885页。

〔125〕 托津等纂:嘉庆朝《大清会典》卷四十一《刑部·尚书侍郎职掌一》,中国第一历史档案馆藏清刻本,第16页。

间,必将错乱不一,而不能料理也。"[126]经过十年改革,皇太极于天聪十年(1636年)宣布改元崇德,正式称帝,改国号为大清,这标志着封建专制制度渐趋巩固。

入关以后,基于战争的需要,由皇帝统一指挥八旗武装,并拥有正黄、镶黄、正白上三旗作为直属部队,其余下五旗:镶白、正蓝、镶蓝、正红、镶红由诸王分统。"有军则有权",掌握八旗武装是清朝皇帝集权的一个重大胜利。为了进一步削弱旗主的权势,康熙十八年(1679年)规定了八旗王公所属官员的名额,各旗设都统一人,副都统二人,"掌宣布教养,整诘戎兵,以治旗人"[127]。各旗都统直接听命于皇帝,各旗王公无权干预。圣祖晚年又派自己的儿子管理旗务,以加强对各旗的控制。雍正时期,为了巩固其统治地位,更加不遗余力地打击各旗主的势力。旗主除应有的侍从外,若调拨补用旗内人员,必须列名请旨。旗主对旗下人员不许擅行治罪,必奏闻交部。从而打破了各旗内部的隶属关系,架空了旗主。与此同时,严禁宗室各王"交通外吏",除岁时朝见外,不许私谒邸第。特别是雍正帝把下五旗护军撤归营伍,使诸王失去了与皇权抗衡的力量。

乾隆即位以后,继续执行集中皇权、削弱旗主的方针。严禁"各旗王公所属人员……其现居外任因事来京者",前去本管王公处谒见通问,"违者,杖一百发落"[128]。经过康雍乾三朝的权力斗争,彻底消除了干扰皇权的障碍,保证了专制主义中央集权制度的高度发展。

清朝皇帝握有至高无上的绝对权力,一切军政事务都由"乾纲独断"。康熙帝曾鉴于明亡的教训,深有感触地说,"朕见明朝之君,高居深宫过于安逸""不与臣下相见,而惟与宦竖相处,既不读书,亦不勤政,所以上下之情壅蔽不通"[129]。因此,他每天"面见诸臣,谘询得失"[130]"每事必加详慎"[131]。在用兵期间,一天批阅奏章达三四百本。高宗也在诏谕中公开说,此"乃本朝家法,自皇祖皇考以来,一切用人听言大权,从无旁假,即左右亲信大臣,亦未有能荣辱人,能生死人者"[132]。又说:"朕亲阅本章,折衷酌定,特降谕旨,皆非阁臣所能

---

[126] 胡贡明:《五进狂瞽奏》,载罗振玉编:《天聪朝臣工奏议》卷上,中国人民大学出版社1989年版,第34页。

[127] 允祹等纂:乾隆朝《大清会典》卷九五《八旗都统》,清文渊阁四库全书本。

[128] 张荣铮等点校:《大清律例》卷六《吏律·职制》"交结近侍官员"条附例,天津古籍出版社1993年版,第174页。

[129] 《内阁档案·南书房记注》,中国第一历史档案馆藏刻本。另见《清实录·圣祖仁皇帝实录(三)》卷二五四,康熙五十二年四月甲寅,中华书局1985年版,第516页。

[130] 蒋良骐撰:《东华录》(康熙朝)卷四六,清光绪十年(1884年)长沙王氏刻本。

[131] 蒋良骐撰:《东华录》(康熙朝)卷一〇〇,清光绪十年(1884年)长沙王氏刻本。

[132] 朱寿朋纂:《东华续录》(乾隆朝)卷二八,清光绪十年(1884年)长沙王氏刻本。

参与。"[133]洪亮吉修《高宗实录》有这样一段记载,"见一日中,朱笔细书,折成方寸,或询张、鄂,或询孙、朱,曰某人贤否,某事当否,日或十余次"。皇帝还握有最高的司法权,一切秋审、朝审重案的最后判决,都"取自上裁"。同时,还主持科举殿试,前十名考卷依例呈阅。

清统治者吸取了明末宦官专权招致败亡的教训,严禁宦官参预政治。顺治十年(1653年)谕曰,宦官"司阍阒洒扫、给令而已……非奉差遣,不许擅出皇城。外官有与交结者,发觉一并论死"[134]。顺治十二年(1655年)又下诏:"朕今裁定内官衙门及员数职掌,法制甚明,以后但有犯法干政,窃权纳贿,嘱托内外衙门,交结满汉官员,越分擅奏外事,上言官吏贤否者,即行凌迟处死,定不姑待,特立铁牌,世世遵守,钦此。"[135]圣祖即位以后,立即革去内监"十三衙门",指出,"委任宦寺,未有不召乱者"[136]。乾隆时,热河巡检张若瀛杖责不法太监,特旨擢升七级,任同知。[137]嘉庆十年(1805年),"诏内务府大臣,严行约束内监,稽其出入,纂入宫史,著为令"[138]。嘉庆二十一年(1816年),"特诏诸亲王、郡王勿令内监代为奏事,致开交结之端"[139]。清末光绪朝虽有太监李莲英的飞扬跋扈和出阅海军之事,但总体说来有清一代没有出现宦官窃权干政的现象。

在清朝,一切国家机关的设置、职权的变动,都以加强皇权为原则。皇帝通过各个直接对他负责的机构,亲自指挥军政事务,以致地方属吏的任免也全由皇帝掌握,皇帝的诏令可以不经任何曲折直达地方,指挥整个国家机器的运转。地方章奏也可以直达帝座。自唐以来,六科给事中执掌的封驳权也因并入都察院而消失,从而保证了一切国家事务统归"钦承宸断",彻底废除了丞相制度的残余。为了牢牢控制任用高官的权力,防止臣下"党援门户",从康熙时起便停止了往往由"一二有力大臣操其魁柄"的会推制度。[140]至于地方政事虽微如芥子,细若茧丝,也必须一一关白上宪,闻诸中枢,这样高度的中央集权是前所未有的。

乾隆晚年曾志得意满地列举了"前代所以亡国"的八大政治因素,即强藩、

---

[133] 朱寿朋纂:《东华续录》(乾隆朝)卷八〇,清光绪十年(1884年)长沙王氏刻本。

[134] 赵尔巽等撰:《清史稿》卷五《世祖纪(二)》,中华书局1977年版,第134~135页。

[135] 中国第一历史档案馆、中国社会科学研究所译注:《清实录》第三册《世祖章皇帝实录》卷九二,顺治十二年七月辛巳,中华书局1985年版,第724页下栏。

[136] 蒋良骐撰:《东华录》(康熙朝)卷一,清光绪十年(1884年)长沙王氏刻本。

[137] 赵尔巽等撰:《清史稿》卷一百一十八《职官志五》,中华书局1977年版,第3443页。

[138] 赵尔巽等撰:《清史稿》卷十六《仁宗本纪》,中华书局1977年版,第589页。

[139] 赵尔巽等撰:《清史稿》卷十六《仁宗本纪》,中华书局1977年版,第608页。

[140] 张廷玉等撰:《清朝文献通考》卷五五《选举考》,清文渊阁四库全书本。

外患、权臣、外戚、女祸、宦寺、奸臣、佞幸。“今皆无一仿佛者”[141],以证明其统治的巩固和成功。

道光时,著名的文学家梅曾亮对清代皇权高度强化有一段生动的描述。他说:“窃念国家炽昌熙洽,无鸡鸣狗吠之警,一百七十年于今。东西南北方制十余万里,手足动静,视中国头目。大小省督抚开府持节之吏,畏惧凛凛,殿陛若咫尺。其符檄下所属吏,递相役使,书吏一纸揉制若子孙,非从中复者,虽小吏毫发事,无所奉行。事权之一,纲纪之肃,推校往古,无有伦比。”[142]

清朝所处的历史条件,以及它所推行的中央集权政策,使中枢体制发生了一些变化,从中可以看出统治集团内部权力消长的轨迹。

清初,由满洲贵族组成的议政王大臣会议是皇帝以下具有决策权的组织,有关军国大事,往往由议政王大臣会议拟议具奏,然后交六部执行,所谓“凡军国重务不由阁臣票发者,皆交议政大臣会议”[143]。但此议政体制与皇帝的大权独揽必然发生冲突。同时,随着清统一政权的建立,需要更多地依靠汉族地主官僚的支持,以实现对全国的统治,因此,这种传统的满洲贵族专政,已经不能适应形势发展的需要。于是,圣祖在平定三藩的过程中,乘机革除了贪污腐化,贻误军机的勒尔锦、察尼等议政王大臣职务,逐渐排除了议政王大臣对国家事务的参与。平定三藩和统一台湾为加强中央集权创造了有利条件。此后,议政王大臣会议只是奉行敕谕遵行而已。

雍正时期,议政王大臣会议更加有名无实。至乾隆五十六年(1791 年),终于宣布议政王大臣会议已“无应办之事,殊属有名无实”[144],下令正式取消,诸王旗主议政的传统从此结束。这个演变的过程,也就是皇帝集权的过程,而内阁与南书房的建立又为皇帝集权提供了组织基础。

清朝的内阁起源于天聪十年(1636 年)的内三院——内国史院、内秘书院、内弘文院。顺治十五年(1659 年)仿明制改内三院为内阁,共分四殿二阁——中和殿、保和殿、文华殿、武英殿,文渊阁、东阁。乾隆十三年(1748 年)去中和殿增体仁阁,遂成三殿三阁之制。为了防止阁权过重,世祖有意压低大学士的品秩,由二品降为五品。世祖死后,根据“率循祖制,咸复旧章”的遗诏,罢内阁,恢复内三院。康熙九年(1670 年)八月,又改内三院为内阁,大学士兼尚书衔,

---

[141] 中国第一历史档案馆、中国社会科学研究所译注:《清实录》第二二册《高宗纯皇帝实录(一四)》卷一一一二,乾隆四十五年八月,中华书局 1985 年版,第 874 页下栏。

[142] 梅曾亮:《上方尚书书》,载梅曾亮著,王有立主编:《柏枧山房文集》卷二,咸丰六年(1856 年)刊本影印,华文书局股份有限公司 1969 年印行,第 10 页。

[143] 昭梿:《啸亭杂录》卷四《议政大臣》,上海古籍出版社 2012 年版,第 66 页。

[144] 梁章钜:《枢垣纪略》卷一《训谕》,文海出版社 1967 年版,第 26 页。

学士兼侍郎衔。由内三院到内阁的几次反复,反映出统治集团内部维护祖制的守旧势力和倾向援用明制的另一部分势力之间的斗争。由于内阁有利于皇帝集权,因而从康熙时起内阁遂成定制,直至清末官制改革才得以废除。

自清初至康熙中叶是阁权较重的时期。一方面,继承了明代内阁"章疏票拟,皆掌于其手"的旧制。另一方面,索额图、明珠等担任内阁大学士,票拟时任意轻重,形成权倾一时的势力集团。但自明珠解任大学士,内阁权力渐复明初体制,在皇帝的严密控制下履行其职责。

内阁执掌"赞理机务、表率百寮"[145],代拟批旨,呈进奏章等职能。内阁大学士名额不定,康熙时多用满汉大学士四员,雍正时六员,乾隆时增协办大学士,"或一员,或二员,因人酌派"[146]。从雍正时起,内阁大学士定为正一品,位列百官之上。"任军机者自亲王外,其领袖者必大学士,唐元三公尚不及也。"[147]大学士以下有内阁学士、侍读学士、侍读、典籍、中书、中书舍人等属官。由于大学士主要执掌票拟谕旨,因此,每日均须至内阁办公值宿。康熙九年(1670年),李霨任保和殿大学士,"凡机密诏旨,每口授霨起草,退直尝至夜分,或留宿阁中"[148]。只有经皇帝特准始可迟到、缺席。乾隆十四年(1749年),"以大学士张廷玉年老,命五日一进内备顾问"[149]。如大学士票拟错误,要受到降级或革职处分。康熙二十七年(1688年),武英殿大学士明珠利用票拟泄露机密,卖官鬻爵,被御史郭琇弹劾,革去大学士职务。

清朝大学士虽然"勋高位极",但由于皇帝亲自批答内外大臣奏折,"阁臣不得与闻,天子有诏则面授阁臣,退而具草以进,曰可,乃下"[150]。高宗曾经指出:"夫宰相之名,自明洪武时已废而不设,其后置大学士,我朝亦相沿不改,然其职仅票拟承旨,非如古所谓秉钧执政之宰相也。"[151]然而,内阁大学士之职,对于调整统治集团内部权力关系的平衡,或作为对某些大官明升暗降的一种措施,仍有其必要性,因此一直沿用到清末。

康熙十六年(1677年),出于集权的需要,选调翰林等官入乾清宫南书房当值,称为"南书房行走",人数不固定,"多至八人九人者"[152]。南书房除应制撰

---

〔145〕允祹等纂:乾隆朝《大清会典》卷二《内阁》,清文渊阁四库全书本。

〔146〕梁章钜:《大学士缘起》,载梁章钜:《浪迹从谈》卷四,福建人民出版社1983年版,第45页。

〔147〕赵尔巽等撰:《清史稿》卷一百七十四《大学士年表序》,中华书局1977年版,第6089页。

〔148〕赵尔巽等撰:《清史稿》卷二百五十《李霨传》,中华书局1977年版,第9686页。

〔149〕赵尔巽等撰:《清史稿》卷十一《高宗本纪(二)》,中华书局1977年版,第402页。

〔150〕叶凤毛:《内阁小志·序》,中华书局1985年版。

〔151〕中国第一历史档案馆、中国社会科学研究所译注:《清实录》第二二册《高宗纯皇帝实录(一四)》卷一一二八,乾隆四十五年十一月,中华书局1985年版,第85页下栏-86页上栏。

〔152〕吴振棫、王涛:《养吉斋丛录》卷四,浙江古籍出版社1985年版,第49页。

写文字外,也秉承皇帝意志,拟进诏旨,发布政令,一度成为中枢机要秘书机构,并非像圣祖所说,“欲得文学之臣,朝夕置左右,惟职经史讲诵”[153]“勿得干预外事”[154]。实际上,由于南书房“密迩宸扆”“诏旨密勿,时备顾问”,才出现了像徐乾学、高士奇这样一些权臣,敢与满洲权贵分庭抗礼。因此,有人说,南书房“非崇班贵瞟,上所亲信者不得入”[155]。圣祖还有意识地挑选汉族士大夫如张英、王鸿绪等入南书房,将其作为一种笼络手段。但自军机处成立以后,南书房遂不再参与机密事务,而专司文词书画等事。

世宗即位以后,进一步削弱与皇权相抵触的宗室诸王权力,收回诸王对下五旗军队的统率权。与此同时,设立军机处,这是清朝皇帝集权的重要措施,也是中枢体制区别于前朝的突出标志。

雍正时期,西北用兵征准噶尔部,“以内阁在太和门外,儤直者多,虑漏泄事机,始设军需房于隆宗门内”[156],挑选内阁中谨密可靠的中书办理机务。雍正七年(1729 年)六月,正式任命怡亲王允祥和大学士蒋廷锡、张廷玉办理军机。雍正八年(1730 年),添设军机章京。雍正十年(1732 年),移军机房于乾清门外,正式更名为军机处,颁定军机处印信。军机处是在南书房的基础上发展起来的,既无公署,又无专官,原非正式机关,所以《大清会典》只称为“办理军机处”。但军机处更便于皇帝通过它亲自指挥一切军政事务,故而没有因对西北用兵的结束而裁撤;相反,成为常设机构。军机处在清朝国家机关体系中的特殊地位和权势说明了它是皇权高度发展的产物。

军机处初设时仅筹办军务和协助皇帝商讨戎略而已,以后权力扩大到承旨办理军国要务,任免官员,呈奏章,起草谕旨,所谓“掌军国大政,以赞机务”[157],“掌书谕旨,综军国之要,以赞上治机务”[158]。军机大臣常“日直禁廷以待召见”[159],有时也参加重大案件的审办。

军机处的建立,不仅侵夺了内阁对重大政务票拟批签的职权,而且军机处有权修改内阁的票拟。军机处起草的诏旨“先下内阁,以次及于部院”[160],谓之“明发”,不经内阁,而由驿传直达督抚者,谓之廷寄,廷寄主要是机密事件,根据

---

[153] 徐珂编撰:《清稗类钞》第三册《吏治类 · 编修供奉内廷》,中华书局 1986 年版,第 1300 页。
[154] 徐尚定标点:《康熙起居注(一)》,康熙十六年六月十八日,东方出版社 2014 年版,第 302 页。
[155] 萧奭:《永宪录》卷一,中华书局 1959 年版。
[156] 赵翼、捧花生撰:《檐曝杂记》卷一《军机处》,中华书局 1982 年版,第 1 页。
[157] 赵尔巽等撰:《清史稿》卷一百一十四《职官志一》,中华书局 1977 年版,第 3270 页。
[158] 刘锦藻撰:《清朝续文献通考》卷一一八《职官考(四)》,浙江古籍出版社 2000 年版。
[159] 刘锦藻撰:《清朝续文献通考》卷一一八《职官考(四)》,浙江古籍出版社 2000 年版。
[160] 徐珂编撰:《清稗类钞》第三册《爵秩类 · 军机处》,中华书局 1986 年版,第 1280 页。

缓急,分为日行三、四、五、六百里或八百里。地方督抚的章奏,也经由军机处直达皇帝。廷寄制度的建立,进一步加强了地方和朝廷的联系,使皇帝的诏旨能够不受阻碍地迅速直达地方。内阁大学士成了只做一些例行公事的伴食丞相,尤其是执掌封驳奏章谕旨的通政使司更是形同虚设。

军机处地位虽然显赫,但无决策权,“只供传述缮撰,而不能稍有赞画于其间”[161]。仁宗在上谕中说:“军机大臣承旨书谕,并非将臣工翊赞之职尽责之……况我朝列圣相承乾纲独断……从不令臣下阻挠国是……用人行政,令出惟行,大权从无旁落。”[162]

军机大臣由皇帝从亲王、内阁大学士、六部尚书、侍郎中特拣,以满洲贵族居多。首席军机大臣称为“领班”,其余按资历、地位分别为军机大臣、军机大臣上行走、军机大臣上学习行走等。军机大臣无定员,最多六七人,以下设军机章京,满汉二班各八人担任缮写诏旨、记载档案、查核奏议等具体事务。为了防止泄露机密,军机处一律不许使用书吏,即使洒扫杂役人员也“皆选内务府童子”“至二十岁即更出”[163]。

军机处强调机密性质,乾隆十二年(1747年)上谕说:“军机处系机密之地,所交密议章奏,本无宣泄。”[164]嘉庆五年(1800年)上谕也指出:“军机处为办理枢务承写密旨之地,首以严密为要,军机大臣传述朕旨,令章京缮写,均不应稍有泄漏。”[165]因此,自王以下文武满汉大臣不准至军机处,违者重处不赦。每日还派出御史一人于军机处旁内务府值房监视,发现情弊立即参奏,候旨严惩。赵翼曾有如下一段描述:“军机非特不与外吏接也,即在京部院官亦少往还,余初入时,见前辈马少京、兆璟尝正襟危坐,有部院官立阶前辄拒之曰:‘此机密也,非公等所宜至也。’同直中有与部院官交语者,更面斥不少假,被斥者不敢置一词云。”[166]

由于军机处事务均由军机大臣和章京通同办理,减少了中间环节,因而具有效率高、决策迅速的特点。“每日折奏多者至五六十件,年终十二月二十五日为最末之一日,或明发上谕,或廷寄,皆于当天办完,未有压搁至一日者。”[167]然而,至清末,由于军机处负责奏补文武官员缺额,竟然成了卖官纳贿之所。

---

〔161〕 赵翼、捧花生撰:《檐曝杂记》卷一《军机处》“按”,中华书局1982年版,第3页。

〔162〕 中国第一历史档案馆、中国社会科学研究所译注:《清实录》第二九册《仁宗睿皇帝实录(二)》卷九四,嘉庆七年二月乙丑,中华书局1985年版,第261页。

〔163〕 徐珂编撰:《清稗类钞》第三册《爵秩类·军机处》,中华书局1986年版,第1281页。

〔164〕 梁章钜:《枢垣纪略》卷一《训谕》,文海出版社1967年版,第12页。

〔165〕 梁章钜:《枢垣纪略》卷一四《规制二》,文海出版社1967年版,第458页。

〔166〕 赵翼、捧花生撰:《檐曝杂记》卷一《军机不与外臣交接》,中华书局1982年版,第5页。

〔167〕 邓之诚:《谈军机处》,载王钟翰:《清史杂考·附录一》,人民出版社1957年版,第272~279页。

清朝中央行政机关沿袭明制,设吏、户、礼、兵、刑、工六部。清初由于诸王权力较大,部务往往由诸王、贝勒主持,康熙以后始逐渐改变。六部分设满汉尚书各一人,满汉侍郎各二人,以下有郎中、员外郎等属官。六部长官对皇帝负责,无权向地方直接发布命令,只能奏请皇帝颁发必要的诏谕。尚书、侍郎间如发生意见争执,均可单独上奏,听候皇帝裁决,使原已"权不专于一司"的六部职权更为分散,相互间的牵制也更为严重。六部主要长官虽设满汉复职,但实权操于满官之手,只是到了晚清,危机四伏,需要汉族大官僚更多的支持,才赋予汉六部堂官一些实际权力。

六部之中,吏部虽列首位,但因任官权力被皇帝垄断,又受到军机处的侵夺,实际不过办理文官任免手续、铨叙备案而已。户部所属机构冗杂,按地区分设十四清吏司,其中除山西清吏司辖山西省钱粮不兼别事外,其余清吏司或兼他省,或兼他事。例如,浙江清吏司兼管全国民数、谷数,云南清吏司兼管全国漕政,贵州清吏司兼管全国关税,以致各司名不副实,异常混乱。户部还专设捐纳房,主管卖官鬻爵事宜。兵部形式上是全国最高军政机关,但自军机处设立后,"兵部之职不过稽覆额籍,考察员弁而已"[168]。刑部所属机构分工也极为混乱,在十七省清吏司中,有的一司管两省,如奉天清吏司兼管吉林、黑龙江省刑名。有的一事两司承办,如罪刑的减免由江苏省清吏司和减等处承办。此外还专设督捕清吏司,管理八旗及各省驻防逃人之事,该司是为惩治逃人特设的机构,原属兵部,后改隶刑部。上述各司的分工,毫无规律可循,因而造成行政效率低下,弊端百出。

由于东北是清朝"龙兴之地",仿明制设陪都。自顺治十五年(1658 年)至康熙三十年(1691 年),建置盛京五部(无吏部),以侍郎为长官。从雍正三年(1725 年)始,每年派御史一名前往稽察(后改为三年一派)。盛京五部在晚清官制改革中被废去。

六部之外,其他院、寺、府、监较明朝有大裁并。九寺只剩下审理刑狱的大理寺,管理祭祀的太常寺,管理典礼筵宴朝会的光禄寺和鸿胪寺,以及管理马政的太仆寺。五监仅剩下掌国学政令的国子监。只有培养统治人才的翰林院仍维持明时的地位。通政使司长官仍为九卿之一,参与大政大狱的议决。

监察机关基本上沿袭明制,中央仍为都察院,但权力受到削弱。乾隆十三年(1748 年)裁去佥都御史,以左都御史和左副都御史执掌都察院,右都御史和右副都御史作为地方总督、巡抚、河道总督、漕运总督的兼衔。为了集中皇权,

---

〔168〕 梁章钜:《枢垣记略》卷二七《杂记一》,文海出版社 1967 年版,第 823~824 页。

雍正元年(1723年)取消六科给事中历来执掌的封驳权,而将六科并于都察院。六科给事中与十五道(清末因省区增加而有二十二道)监察御史,合称“科道”,分别负责对京内外官吏的监察和纠弹。监察权的集中同样适应了加强皇权的需要。为了充分发挥科道官员作为皇帝耳目的作用,康熙二十九年(1690年)令左都御史为议政大臣参与议政。世宗时,实行科道官员密折言事的制度,规定:“各科道每日一人上一密折,轮流具奏,一折只言一事,无论大小时务,皆许据实敷陈,即或无事可言,折内亦必声明无言之故。”〔169〕世宗还“设缇骑,逻察之人,四出侦伺”〔170〕,加强对各级官吏的监督。

都察院长官例为中央最高审级三法司的成员。按法只有军机处不在监察机关稽察之限。可见其监察权颇为广泛。但在极端专制主义的统治下,监察御史唯恐一言犯上而丢官丧命,因此,条奏内容大都无关紧要。康熙三十六年(1697年)上谕中说:“近时言官奏疏寥寥,间有入奏而深切时政从实直陈者甚少。”〔171〕乾隆五年(1740年)上谕也说:“科道为朝臣耳目之官……乃数年中条奏虽多,非猥琐陋见,即抄袭陈言,求其见诸施行能收实效者何事乎？近日即科道官敷奏者,亦属寥寥,即间有条奏多无可采。”〔172〕但有些御史确因直言上奏受到惩罚。例如,乾隆二十三年(1758年)御史周照条奏中提道:“行政急于观成,必条理繁多,法令严密,承于下者转得以空文相应。”结果触怒高宗,严行申饬:“试问今日之行政,有视昔加严者乎,繁者何条,密者何令。”〔173〕

清朝为巩固统一多民族王朝,制定了一整套民族政策,建立了唐宋所未有的管理蒙、回、藏等少数民族事务的机关——理藩院。圣祖曾追述说:“太宗文皇帝时,蒙古部落尽来归附,设立理藩院专管外藩事务。”〔174〕顺治十八年(1661年),世祖几次下谕,“理藩院……责任重大”“理藩院尚书照六部尚书入议政之列”〔175〕。雍正以后,以王公大学士兼理院事。理藩院由满人或蒙人充任,“掌外藩之政令,制其爵禄,定其朝会,正其刑罚”〔176〕,同时管理一部分属国事务及对俄交涉事宜。

---

〔169〕 中国第一历史档案馆、中国社会科学研究所译注:《清实录》第七册《世宗宪皇帝实录(一)》卷四,雍正元年二月,中华书局1985年版,第103页上栏。

〔170〕 昭梿:《啸亭杂录》卷一《察下情》,中华书局1980年版,第8页。

〔171〕 《光绪会典事例》卷九九八《都察院一·宪纲·谕旨一》,中国第一历史档案馆藏清刻本。

〔172〕 《大哉王言》,载翦伯赞等编:《戊戌变法(三)》,上海人民出版社、上海书店出版社2000年版,第368页。

〔173〕 《光绪会典事例》卷一〇〇〇《都察院三·宪纲·谕旨三》,中国第一历史档案馆藏清刻本。

〔174〕 《光绪会典事例》卷二五《吏部四·官制·理藩院》,中国第一历史档案馆藏清刻本。

〔175〕 《光绪会典事例》卷二五《吏部四·官制·理藩院》,中国第一历史档案馆藏清刻本。

〔176〕 《光绪会典事例》卷六三《理藩院·尚书侍郎职掌》,中国第一历史档案馆藏清刻本。

清朝管理皇族事务的机关是宗人府,以亲王、郡王充当宗人令,正一品,以下设左右宗正、左右宗人等官,概由满洲贵族充任。宗人府掌管皇族属籍,纂修"玉牒",议叙或议处皇族官员,审理皇族之间的争讼。为了显示皇族的尊贵,宗人府位居内阁六部之上。

为掌管宫廷事务和为皇帝衣、食、住、行服务,设立内务府,总管大臣或从诸卿中选任,或以王公、内大臣、尚书、侍郎兼任。内务府"掌上三旗包衣之政令与宫禁之治,凡府属吏、户、礼、兵、刑、工之事皆掌焉"[177]。因此,机构庞大,属官众多,除匠役、军丁、太监不计外,共有职官三千余人,比起掌管全国疆土、田亩、户籍、钱谷事务的户部官员尤为庞大,反映了专制体制发展的需要。

地方政权机关分省、道、府、县四级。明代临时派遣的总督、巡抚已成为固定的省级长官,代表皇帝行使地方军政大权,这是清朝加强中央集权的一项重要措施。至于都指挥使由于卫所制的废除而裁撤,并其军权于督抚;布政使和按察使也失去了行政上的独立性,成为隶属于督抚分理地方民财、刑狱的两个机关,称为"两司"。由于督抚统辖一方,手握实权,顺治时"初议各省督抚尽用满人"[178]。康熙时,决定山西、陕西两省专用满缺,对汉督抚则"议用满人巡方以监察之"[179]。可见督抚地位的重要和清统治者的严格控制。圣祖曾说:"政事无论大小,经营筹划于胸中,简任督抚之时,又必详加察访。"[180]他还经常召见督抚、提督、总兵,询问地方民情,并派遣亲信观察地方吏治。雍正时,通过廷寄制度进一步加强了中央与督抚的联系,而且严令督抚每事必奏,督抚一切活动必须秉承朝廷指示行事。

省下为道。按明制,道是监察分区并非行政区,道员是因事派遣的"差使",本身无品级。清朝自乾隆时起专设"守道"与"巡道",前者有固定辖区,主要管理钱谷政务;后者分巡某一带地区,主要负责刑名案件。道员自改为实官后多加兵备衔,节制境内都司以下武职官员,并负有监察权。此外,还有因专门事务而特设的道员,如督粮道、盐法道、兵备道、海关道。

道下为府,以知府为长官,是承上启下的地方官。在不宜设州县或少数民族聚居地区,设厅,如直隶厅、散厅。此外,州也是府属行政单位,有直隶州和散州。厅与州虽为固定的行政单位,但不是一级政权机关。

---

[177] 昆冈、李鸿章等修:光绪朝《大清会典》卷八九《内务府·总管大臣职掌》,中国第一历史档案馆藏清刻本。

[178] 徐珂编撰:《清稗类钞》第三册《爵秩类·满汉督抚》,中华书局1986年版,第1339页。

[179] 徐珂编撰:《清稗类钞》第三册《爵秩类·满汉督抚》,中华书局1986年版,第1339页。

[180] 蒋良骐撰:《东华录》(康熙朝)卷三四,清光绪十年(1884年)长沙王氏刻本。

府下为县,设知县管理一县的政令、赋役、诉讼、文教,知县被称为"亲民之官"。由于各县情况不同,有所谓"冲""繁""疲""难"之别,因而将县缺分为简缺、中缺、要缺、最要缺四等,慎加选择。

此外,还设有特别行政区顺天府和应天府。顺天府辖京畿附近州县,府尹为正三品,高于一般知府两级,并可不经总督转呈直接向皇帝奏事。应天府设于陪都盛京,辖五府、四厅、六州、二十六县,府尹为满缺正三品,亦可直接向皇帝奏事。

基层组织在明里甲的基础上创设了保甲。与里甲专管征收地方赋税不同,保甲负责监视所属居民的思想行动,防范和镇压其反抗。清统治者一再宣称"弥盗良法,无如保甲"[181]。圣祖在《圣谕十六条》中曾以"联保甲以弥盗寇"作为施政纲领之一。康熙四十七年(1708 年),整顿保甲制,每户"给印信纸牌一张,书写姓名、丁男口数于上,出则注明所往,入则稽其所来,面生可疑之人,非盘诘的确,不许容留……月底令保长出具无事甘结,报官备查"[182]。雍正四年(1726 年)进一步规定:"十户立一牌头,十牌立一甲长,十甲立一保正。"[183] 在苗、壮族聚居地区,以及江西、浙江、福建山区的棚民、广东山区的烧炭工人和江苏苏州踹房林立的地区,也普遍建立保甲制。保甲长俱以"识字及有身家之人"充当,[184] 所谓"以士大夫治其乡"[185]。乾隆二十二年至二十四年(1755～1757 年),高宗"更定保甲之法",总结、完善了入关以来实施一百余年的保甲制度,视其为维护统治秩序的根本措施之一,并将其触角进一步延伸,下令全国城乡、店房、寺院设册籍,记录往来客商。又责成地主、窑主、厂主对佃户、佣工严加管束,或附于牌甲之末,或附于本户之下。少数民族地区,已归流的按户编为保甲,未归流的由土司、头人、峒长约束。回民由礼拜寺掌教约束,蒙民由各旗札萨克约束,即使在旗人中也推行保甲制。保甲组织形成了一个庞大的统治网,突出地反映了清朝专制国家统治的严密。

还须指出,清朝管理民族事务和皇族事务的机关是整个国家机构中的重要组成部分,起着十分重要的作用。

以上可见,官僚机构之膨胀,形成了庞大的官吏群,据清代官书记载,官吏数量约三万余人。

---

〔181〕 张廷玉等撰:《清朝文献通考》卷二二《职役考》,清文渊阁四库全书本。

〔182〕 张廷玉等撰:《清朝文献通考》卷二二《职役考》,清文渊阁四库全书本。

〔183〕 中国第一历史档案馆、中国社会科学研究所译注:《清实录》第七册《世宗宪皇帝实录》卷四六,雍正四年七月乙卯,中华书局 1985 年版,第 702 页上栏。

〔184〕 张廷玉等撰:《清朝文献通考》卷二四《职役考》,清文渊阁四库全书本。

〔185〕 张廷玉等撰:《清朝文献通考》卷二一《职役考》,清文渊阁四库全书本。

为了发挥中央各机关的职能,每逢重大的军政行动、重要的奖惩和大狱的判决,都要先下九卿会议会审,然后会奏给皇帝,这个制度为皇帝作出最后的决断提供了重要的依据,也便于皇帝利用九卿会议的名义打击干扰皇权的政敌。例如,年羹尧一案,世宗便是根据九卿"议上年羹尧罪九十二款"赐死的。因此,参加九卿会议的官员,必须"如期齐集",并由都察院派出满汉御史二人将"有事不到者登记档案,以备日后查考。如无故不到者,查出即行参奏,照推诿例罚俸一年"。[186] 九卿会议"行查事件,定限三十日完结"[187],不得拖延。除九卿会议事项须会奏外,康熙二十三年(1684 年)还下谕,"凡一事经关两部,俱会同具奏"[188],由皇帝裁夺。

为了确保满官在政权中的优越地位,形式上标榜满汉一体,但实权握于满官之手,汉官"相随画诺,不复可否"[189]。世祖在《十朝圣训》中说:"朕自亲政以来,各衙门奏事,只见满臣,不见汉臣。"康熙四十八年(1709 年)上谕中也指出:"汉大臣……若不涉于彼之事,即默无一语。"[190]"大小汉官凡事推满官,事之得当则归功于己,如事失宜,则卸过于人。"[191]

为了从组织上保证满洲贵族控制要害部门,在任官制度上创造了"官缺"制度,这是清朝特有的分配官职的一种制度。有满官缺、蒙古官缺、汉军官缺和汉官缺四种,根据固定的官缺补授官职。例如,理藩院、宗人府及掌握钱粮府库、火药库等重要机构的职官,以及各省驻防将军、都统、参赞大臣,盛京五部侍郎全部为满州专缺。地方督抚司道提督总兵虽然满汉兼用,但近畿和要隘多用满官。康熙时汉人任督抚的"十无二三"。乾隆时巡抚满汉各半,总督大都是满人,[192] 以致乾隆时有的汉官提出"何内满而外汉也"[193]。直到咸丰以后,地方大员才以汉官居多。但知府以下的所谓亲民之官,汉人始终占绝对多数,体现了清朝推行"以汉制汉"的政策。凡属满官缺不许汉官补任,但京内外的汉官缺却许满官补任,二者权力地位的不平等于此可见。通过实行官缺制度,把官职的分配固定下来,以保证满洲贵族牢固地控制国家机器。但是,满洲统治者深知要实

---

〔186〕 阿桂等纂:《钦定吏部则例》卷十一《九卿会议不齐》,清乾隆刻本。

〔187〕 托津等奉敕纂:《钦定大清会典事例(嘉庆朝)》卷六九《吏部·处分例·各部院事件限期》,文海出版社 1991 年版,第 3217 页。

〔188〕 赵尔巽等撰:《清史稿》卷七《圣祖本纪(二)》,中华书局 1977 年版,第 214 页。

〔189〕 赵翼、捧花生撰:《檐曝杂记》卷二《兼管部务》,中华书局 1982 年版,第 34 页。

〔190〕 蒋良骐撰:《东华录》(康熙朝)卷八三,清光绪十年(1884 年)长沙王氏刻本。

〔191〕 《钦定吏部则例》卷十一。

〔192〕 中国第一历史档案馆、中国社会科学研究所译注:《清实录》第一一册《高宗纯皇帝实录(三)》卷一八四,乾隆八年二月癸巳,中华书局 1985 年版,第 373 页下栏。

〔193〕 朱寿朋纂:《东华续录》(乾隆朝)卷一七,清光绪十年(1884 年)长沙王氏刻本。

现对全国的统治,必须取得汉族地主官僚的支持,建立以满洲贵族为主体的满汉地主阶级的联合专政。康熙时,划定了满汉大学士、各部尚书的品秩,实行同职同级,以表示对汉族官僚的信任和倚重。圣祖经常说:“满汉军民,原无异视”[194]“满汉文武,皆为一体”[195]“满汉皆系朕之臣子,朕视同一体,并不分别”。[196] 然而,即便是圣祖,也时刻未忘对汉官的防范。康熙二十三年(1684年),他说:“自古汉人,结为党类,各援引同党之人,以欺其上,习以为常。”[197]康熙五十五年(1716年),他谆谆告诫子孙:“汉人人心不齐,如满洲蒙古数千万人皆一心,朕临御多年,每以汉人为难治,以其不能一心之故。国家承平日久,务须安不忘危。”[198]

作为少数民族的清朝统治者最为担心的就是汉官结成与满洲贵族相抗衡的势力集团,因此在利用之时又加以防范。例如,建立任官回避制度,汉官不得在本省任职,以防止利用乡土关系形成地方势力,即使接壤在五百里以内者,俱行回避。凡应回避不回避者,或降级或去职。选补外任官员,如与上司有宗族、外姻或师生关系也例应回避。此外,实行官吏保举连坐制度,制定《知府保举连坐法》,知府应对所荐州县官的犯罪行为负连带责任。即使九卿保举的补任官员,如犯有贪婪等情事,原举官也降二级调用。上下级官员之间虽无保荐关系也负连带责任,乾隆时云南巡抚孙士毅因未奏劾总督贪赃,被夺职遣戍伊犁。清朝还废除了明时地方州县官经高级地方官保举可以调京考选、补授科道或部属的“行取制度”,从而杜绝了地方官升任中央官的道路,防止了地方与中央之间沟通声气,形成不利于专制统治的势力。

各机关之间互相牵掣、制约,以保持权力的平衡。如管理关税既为户部所属户关,也有工部所属工关,内务府和顺天府也派员参加。即使六部堂官尚书与侍郎之间,也存在明显的权力制约,六部的奏折如侍郎不同意,便“例不得上”,而由尚书侍郎分别上奏,借以防止大臣权力专擅。

地方总督与巡抚,将军、都统与督抚,督抚与藩臬提镇之间,也出现了职权的交叉与互为约束的权力体制。

清朝各机关之间互相牵制造成了事权不一、责任不明、行政效率极为低下等问题。光绪三十二年(1906年)奕劻在改革官制的奏章中做过如下描绘:“积弊之难清,实由于责成之不定,推究厥故;殆有三端,一则权限之不分……一则

---

[194] 蒋良骐撰:《东华录》(康熙朝)卷九,清光绪十年(1884年)长沙王氏刻本。

[195] 蒋良骐撰:《东华录》(康熙朝)卷二一,清光绪十年(1884年)长沙王氏刻本。

[196] 蒋良骐撰:《东华录》(康熙朝)卷九〇,清光绪十年(1884年)长沙王氏刻本。

[197] 蒋良骐撰:《东华录》(康熙朝)卷五三,清光绪十年(1884年)长沙王氏刻本。

[198] 蒋良骐撰:《东华录》(康熙朝)卷九八,清光绪十年(1884年)长沙王氏刻本。

职任之不明……一则名实之不符,名为吏部,但司签掣之事,并无铨衡之权;名为户部,但司出纳之事并无统计之权;名为礼部,但司典仪之事,并无礼教之权;名为兵部,但司绿营兵籍、武职升转之事,并无统御之权。”[199] 这种现象是专制主义集权制度所要求的,也是这种制度高度发展的后果。

清朝国家机关的设置,基本沿袭明制,但由于清朝是以满洲贵族为主体的国家,又是中国最后一个封建王朝,能够吸取历代政权机关的建置经验,进行新的创制。例如,增设军机处、理藩院、八旗都统衙门、驻防将军以及统治少数民族的藩属各官,均为清朝的独创。同时,还将明代具有监察性质的总督、巡抚改为固定的封疆大吏。地方三司削减为二司,道员由临时差遣改为实官,并新建“厅”级行政单位。特别是为了显示皇帝的最高权威,上自大学士、尚书,下至地方司官道府,全可以作为加衔,由皇帝赏给百官。

国家机关的活动基本上有章可循、有法可守。从康熙朝起制定了五朝《会典》和大量则例,以法律的形式确认有清一代的行政管理体制和各个机关的行政职能范围与相互间的关系,使行政管理活动达到规范化,行政机关的职、权、责臻于法律化,中央与地方的分权制度化。

(二)职官管理进一步法律化

清朝选任职官的途径虽然多种多样,但以科举为正途。顺治二年(1645年)入关不久,便开科取士,宣布明时举人生员一律有权科考,以网罗汉族士大夫,缓和反清意识。清科举制度,每三年一考,分乡试、会试、殿试三级。乡试在省城举行,凡取得秀才资格者可以参考。会试在京城由礼部主持,取得举人资格者可以参考。考中会试再参加由皇帝亲自主持的殿试,殿试仿明制分三甲。

科举考试的内容,仍以程式严格、内容死板的八股文来禁锢士大夫的思想。圣祖曾自认:“非不知八股文为无用,特以牢笼人才,舍此莫属。”为了延揽人才,扩大统治基础,康熙时于正科之外增加特科,如“博学鸿儒(词)科”“经济特科”“孝廉方正科”。康熙十七年(1678年)开“博学鸿词科”,先由内外大臣举荐,不分已仕未仕,均在殿廷召试,只要有些声望的一律录取。在取中的五十名中有“名士”朱彝尊、汤斌、潘耒、毛奇龄、尤侗等人,都授以翰林院官职,此次特科被誉为“得人极盛”。[200] 史书谓康熙十七年(1678年)召开博学鸿词科“纯为圣祖定天下之大计”,当“销兵有望之时,正以此网罗遗贤……消海内漠视新朝之意,

---

〔199〕 朱寿朋纂:《东华续录》(光绪朝)卷二二〇,清光绪十年(1884年)长沙王氏刻本。

〔200〕 赵尔巽等撰:《清史稿》卷一百九《选举志四》,中华书局1977年版,第3177页。

取士民之秀杰者以作兴之"[201]。此后,乾隆元年(1736年)举行"博学鸿儒科",二十六年(1761年)举行"太后万岁恩科"。

按规定满、汉官员均须经过科举考试,但满员做官并不靠科举,而是靠特权。科举只是为汉官铺设的一条参加政权的阶梯,满官极少有经过科举入仕的。根据铨选满汉官吏的则例,科举及第一甲当庭授官,其余须经过朝考,始能授职,朝考是铨选进士的一种程序。清朝广泛推行科举制度,的确选拔了一些适合封建统治需要的人才,也扩大了政权的统治基础。

除科举外,凡由皇帝直接任用叫"特简",不受任何法律的限制。由大臣推举任用称为"会推",顺治六年(1646年)规定,凡总督、巡抚员缺,题准由会推保举题补。顺治十年(1653年),停止会推,将应升应转各员,开列具题。康熙二年(1663年)又定,凡满大学士员缺及尚书员缺,请旨会推。有功官员或因公殉难官员的子弟也可以"荫袭"得官。与此同时,还实行保举、荐举制度。康熙二十三年(1684年)"命廷臣察举清廉官"[202]。雍正四年(1726年)"诏诸行省举贤能吏"[203]。乾隆时多次下谕命廷臣密举贤能。荐举有时须回避,如康熙四十一年(1702年)谕:"九卿荐举,毋得保举本乡及现任本省官吏。"有时也不一定回避,如雍正二年(1724年)谕:"命京官主事以上、外官知县以上,举品行才猷备任使,即亲戚子弟不必引避。"[204]黄北知县关象宽即以子应诏引见,分派至刑部学习,后官至巡抚。但如荐举不实,或被荐举人犯罪,荐主受连坐处分,所谓"得人者优加进贤之赏,舛谬者严行连坐之罚"[205]。

清初对任官的资格限制较为严格,"俱限身家清白,八旗户下人,汉人家奴、长随,不得滥入仕籍"[206]。有些官职如詹事府、翰林院、吏部、礼部各司郎官必须科甲正途出身始能充任(旗员除外),保举或捐纳等异途出身者不能染指。后因捐纳之途大开,惟钱是取,罔论资格。

捐纳是入仕的异途,也是导致吏治败坏的弊政。清朝捐纳法,分现行事例和暂行事例两种,前者主要指捐职衔、贡监,以及捐加级、记录、封典之类,因其经常举行,又称为常捐。后者又称大捐,主要指河工、军需、赈灾等巨额款项之捐。顺治初,士子可以"纳粟入监",但不能得官。已经革职的官员,"分别纳银,许其开复

---

[201] 孟森:《清史讲义》,中华书局2006年版,第163页。

[202] 赵尔巽等撰:《清史稿》卷七《圣祖本纪(二)》,中华书局1977年版,第214页。

[203] 赵尔巽等撰:《清史稿》卷三百八《方显传》,中华书局1977年版,第10579页。

[204] 赵尔巽等撰:《清史稿》卷三百二十一《吴绍诗传》,中华书局1977年版,第10777页。

[205] 赵尔巽等撰:《清史稿》卷一百九《选举志四》,中华书局1977年版,第3182页。

[206] 赵尔巽等撰:《清史稿》卷一百十《选举志五》,中华书局1977年版,第3205页。

原系职官"[207]。康熙十三年(1674 年)因平三藩叛乱,财政紧张,在"搜集异途人才,补科目所不及"[208]的名义下,实行捐纳制度,以补军费的不足。三年内收入二百余万两,捐纳的知县五百余人。捐纳实官对清朝吏治败坏产生了较大的影响。

为了防止捐纳官滥用职权,曾经规定,"捐纳官到任三年,称职者具题升转,不称职者题参"[209],但实际上未能贯彻执行。平定三藩之乱后,一度停捐。后西安饥荒,兼修永定河及康熙五十六年(1717 年)青海用兵,又开捐例。雍正时,道、府以下各官均可捐纳,并扩大到武职。乾隆时,文官可捐至道府、郎中,武官可捐至游击。捐纳制度的实行,虽然为政府补充了一项临时财政收入,但由于开辟了地主、商人进入仕途的捷径,使官僚机构无限膨胀,加速了吏治的败坏。随着清朝的衰落,捐纳日益泛滥,成为清代一大弊政。如同当时人所说,"因捐一州县,所费无多,有力者子弟相沿,争为垄断,无力者借贷而至,易于取偿。官不安于末秩,士不安于读书,众志纷然,群趋于利,欲其自爱,其可得邪?!"[210]"捐途多而吏治益坏,吏治坏而世变益亟,世变亟而度支益蹙,度支蹙而捐途益多,是以乱召乱之道也。"[211]这种恶性循环直至清亡而后乃已。

属于异途的还有荫生制度,共分恩荫、难荫和特荫。所谓恩荫,早在顺治时便规定,文官在京四品、在外三品,武官二品以上,各送一子入国子监读书,期满根据父辈的品级授予官职。所谓难荫,是指殁于王室的官员,可荫一子入监读书,期满候选。所谓特荫,实行于乾隆三年(1738 年),功臣子孙或无官职,或品级卑微,可以送部引见加恩赐官。根据《荫生授官例》,一品官的荫生以五品缺用,二品官的荫生以六品缺用,三品官的荫生以七品缺用,四品官的荫生以八品缺用。至于袭荫的顺序,按嫡长子孙、嫡次子孙、庶长子孙、庶次子孙、弟侄依次进行,"不依次序僭越袭荫者杖一百、徒三年,仍依次袭荫"[212]。

对职官的考绩,清初沿袭明考满法,至康熙四年(1665 年)废除考满法,实行"京察"与"大计"。"京察"是对京官的考绩,每三年举行一次,于子、卯、午、酉年进行。三品以上京官和地方总督、巡抚自陈政事得失,由皇帝敕裁。三品以下京官由吏部和都察院负责考核。京察分三等,一等为称职,二等为勤职,三等为供职,根据等级实行奖惩。"大计"是对外官的考绩,也是三年一次,于寅、巳、申、亥年进行。大计的范围除督抚外,包括藩、臬、道、府及州县官。大计的

---

[207] 叶梦珠:《阅世编》卷六《赋税》,载《上海掌故丛书》(第 1 集),第 64 页。

[208] 赵尔巽等撰:《清史稿》卷一百十二《选举志七》,中华书局 1977 年版,第 3233 页。

[209] 赵尔巽等撰:《清史稿》卷一百十二《选举志七》,中华书局 1977 年版,第 3238 页。

[210] 刘锦藻撰:《清朝续文献通考》卷九三《选举考(十)》,浙江古籍出版社 2000 年版。

[211] 刘锦藻撰:《清朝续文献通考》卷九三《选举考(十)》,浙江古籍出版社 2000 年版。

[212] 《大清律例》卷六《吏律 · 职制 · 官员袭荫》,清文渊阁四库全书本。

程序是先期藩、臬、道、府，递察其贤否，申之督抚，督抚核其事状，注考造册，送吏部复核。大计分"卓异"与"供职"二等，按等予以奖惩。

无论京察与大计，考核的标准是统一的，均为"四格""六法"。所谓"四格"是才(长、平、短)，守(廉、平、贪)，政(勤、平、怠)，年(青、中、老)。所谓"六法"是不谨、罢软无为、浮躁、才力不足、年老、有疾。不谨、罢软者革职，浮躁、不才者降调，年老有疾者退休。考绩优异可以得到引见、升官、晋级、赏赐与封赠。考绩差劣给予罚俸、降级留任、革职等处罚。为官贪、酷者治罪。

考绩由吏部考功司主持，吏科给事中及河南道御史协同办理。就考绩制度的完备与法律规定的详密而言，清朝超过明代。尤其是康雍乾三朝对京察、大计执行得比较认真。康熙朝自二十二年至六十一年(1683~1722年)，共举行大计十四次，共举卓异官五百八十名，纠参、罢斥、降调官五千一百三十七名。[213]世宗时注意吏治，他常说，"敷政之道，用人为先"[214]"治天下惟以用人为本，其余皆枝叶事耳"[215]。为此强调"有治人无治法""凡立法行政，孰可历久无弊，从来有治人无治法，文武之政布在方策，其人存则政举，朕谓有治人即有治法"[216]。若不得其人，"即使尧舜之仁，皆苛政"。雍正初年，各部官员"实能办事者，不过一二人，其余庸碌无能之人，偷惰安闲，实属冗滥"[217]，这种现象说明考绩制度并未能切实贯彻。为此，世宗忧心忡忡，唯恐"进退人才，不得其实；听断狱讼，不得其平……民生何由安，吏治何由肃乎？"[218]因此，他十分注意对官吏的考察巡视，加强考绩制度。

乾隆朝六十年，大计京察共进行三十三次，举卓异官八百七十六人。由于这一时期官员老龄化比较突出，在有案可查的京察大计中，仅年老官即达一千七百九十人之众。[219]高宗对此颇为关注，明确指出，不能让"年力就衰之人，听其滥竽贻误"[220]。

---

〔213〕 郭松义等:《中国政治制度通史》(第10卷)，人民出版社1996年版，第575页。

〔214〕 戴逸、李文海主编:《清通鉴(十)》卷七九，康熙六十一年十一月二十九日，山西人民出版社2000年版，第2633页。

〔215〕 蒋良骐撰:《东华录》(雍正朝)卷九，清光绪十年(1884年)长沙王氏刻本。

〔216〕 中国第一历史档案馆、中国社会科学研究所译注:《清实录》第七册《世宗宪皇帝实录(一)》，雍正二年七月丁未，中华书局1985年版，第352页下栏。

〔217〕 张廷玉等撰:《清朝文献通考》卷六〇《选举考》，清文渊阁四库全书本。

〔218〕 中国第一历史档案馆、中国社会科学研究所译注:《清实录》第七册《世宗宪皇帝实录(一)》卷四九，雍正四年十月庚申，中华书局1985年版，第735页上栏。

〔219〕 郭松义等:《中国政治制度通史》(第10卷)，人民出版社1996年版，第576页。

〔220〕 中国第一历史档案馆、中国社会科学研究所译注:《清实录》第二三册《高宗纯皇帝实录(一五)》卷一一五九，乾隆四十七年六月壬午，中华书局1985年版，第515页下栏。

清中叶以后,考绩制度虽然继续实行,依然标榜“视其称职与否,即可分别去留,以示劝惩”[221],但在实践中无论京察还是大计都逐渐流于形式。以道光朝八次大计为例,共举卓异官一千三百五十七人,为康、雍、乾三朝卓异官的总和,超过受六法纠参之官。[222]

除考绩外,对职官的监察,由监察机关进行。清朝的监察法规较明代详密,早在顺治末年便制定了《巡方事宜十款》,其中规定了巡按纠参的范围,以及督抚与御史互纠和考核御史等项内容。至乾隆八年(1743 年),又在沿承明朝《宪纲条例》的基础上制定《台规》。乾隆以后,经过嘉庆、道光、光绪三朝重修,共四十二卷。《台规》分八类,主要是汇编了清朝历代皇帝有关监察的“圣制、圣谕、谕旨”,规定了督察院科、道、五城的职掌范围,汇集了有关典礼、考绩、会谳、辨诉、稽察、巡察等事宜的法规、条例和事例,详列了对御史进行考选、升转与礼仪方面的规定。《台规》是清朝最详细的监察法规,是监察机关活动的依据。

清代职官分为九品十八级,不及九品者为“未入流”。职官按品发给俸银禄米,京官有俸银、禄米、恩俸。京官正一品俸银一百八十两,禄米折银九十两,恩俸二百七十两。外官有俸银、养廉银,而无禄米、恩俸。外官从一品俸银一百八十两,养廉银一万五千两。可见外官待遇远远高于京官。乾隆元年(1736 年),以京官俸禄不足以供其日用之需,特旨恩给双俸。外官设养廉银,原意借以防止官吏贪赃枉法,实际只是增加了一项官俸支出,并没有收到防止贪赃枉法的效果。“一任清知府,十万雪花银”是清朝吏治腐败的真实写照。正由于外官俸给高于京官,京官多争取外放地方官。

清朝末年,官俸之外又发给公费银,根据官品的不同而有较大的级差,如军机大臣二万四千两,而最低的各司官员只有一百八十两。

清朝的致仕年龄为六十岁,未及六十岁但因父母年老请求致仕者,名为终养。官员致仕,有世职者,照品给俸,无世职者,仍给半俸。但因疾辞仕者,不给俸。对于国家重臣休致,则给全俸。从清初起,大臣告老休致,朝廷或升秩加衔,或赐袍服文绮、御制诗篇,或官其子孙,以奖励官吏为国家效忠。

四、加强专制统治的刑事法律

清朝刑法在中国封建刑事法律中最为完备,刑法思想、原则、内容与刑制都

---

〔221〕 张廷玉等撰:《清朝文献通考》卷五九《选举考》,清文渊阁四库全书本。
〔222〕 郭松义等:《中国政治制度通史》(第 10 卷),人民出版社 1996 年版,第 577 页。

达到了十分严密的程度。

(一)《大清刑律》中的主要罪名

1. 反逆罪

谋反，指谋危社稷，为十恶之首。康熙时，律学家沈之奇在律注中说：谋反乃“无君无亲，反伦乱德，天地所不容，神人所共愤者，故特表而出之，以为世诫”。

谋大逆，指谋毁皇帝宗庙、陵墓及宫殿。按唐律，谋大逆区分已行、未行，连坐家属亦有分别。但清律将谋反、谋大逆俱列为“法不容宽”“其恶已极、其罪至大”的罪行，但共谋者，不分首从，皆凌迟处死。同时，株连其父子、祖孙、兄弟及同居之人，不分异姓及伯叔父、兄弟之子，不限籍之同异，年十六以上，不论笃疾废疾皆斩。其男十五以下及母、女、妻、妾、姊妹、若子之妻妾，给付功臣之家为奴，财产入官。即使子孙确不知情，年十一以上，也要阉割发往新疆给官为奴。不仅如此，清朝统治者还任意扩大适用反、逆罪的范围，凡“上书奏事犯讳者”“奏疏不当者”，常加以“殊属丧心病狂”“妄议朝政”等罪名，按大逆律例治罪。

谋叛，指背叛本朝、私通和投降外国。“凡谋叛，但共谋者，不分首从皆斩，妻妾、子女，给付功臣之家为奴，财产并入官。”“逃避山泽，不服官司追唤者，以谋叛未行分首从论。甚至拒敌官兵者，以谋叛已行不分首从论。”[223]康熙时，通过定例扩大了谋叛罪的适用范围，凡对谋叛者的家属、财产有“隐漏情弊”的官吏，情节严重者与谋叛犯同罪。[224] 乾隆年间为了防止汉族人民利用宗教或结拜兄弟等形式聚众反抗，定例：“凡异姓人，但有歃血订盟焚表结拜兄弟者，照谋叛未行律，为首者拟绞监候；为从，减一等。若聚众至二十人以上，为首者绞决；为从，发云贵、两广极边烟瘴充军。其无歃血定盟焚表情事，止序齿结拜兄弟，聚众至四十人以上，为首者拟绞监候；四十人以下，二十人以上，为首者，杖一百，流三千里；不及二十人，为首者，杖一百，枷号两个月；为从，各减一等。”[225]不仅如此，早在顺治时，便以严刑禁止“盟社”，顺治十七年(1660年)下令，“生员不许纠党多人，立盟结社”[226]，违者治罪。

对于反、逆、叛罪犯，“知情故纵隐藏者，斩。有能捕获者，民授以民官，军授以军职，仍将犯人财产全给充赏。知而首告，官为捕获者，止给财产。不首者，

---

〔223〕 朱轼等纂：《大清律集解附例》卷一八《刑律·贼盗》，清雍正内府刻本。

〔224〕 《大清律例》卷二二《刑律·贼盗》，清文渊阁四库全书本。

〔225〕 《大清律例》卷二二《刑律·贼盗》，清文渊阁四库全书本。

〔226〕 张廷玉等撰：《清朝文献通考》卷六九《学校考》，清文渊阁四库全书本。

杖一百,流三千里”。[227]

此外,抗粮聚众,或罢考、罢市至四五十人,为首者斩立决,从者绞监候,被胁同行者各杖一百。如哄堂塞署,逞凶殴官,为首斩决枭示,同谋斩立决,从犯绞监候,被胁同行者,各杖一百。“凡造谶纬妖书妖言,及传用惑众者,皆斩。若私有妖书,隐藏不送官者,杖一百,徒三年。”[228]

2. 异端思想罪

所谓异端思想,主要指反清思想。为打击异端思想,多次兴起文字狱。顺治、康熙年间,浙江庄廷鑨招集学人编辑《明书》,称努尔哈赤为建州都督,不书清帝年号,而书隆武、永历等南明年号,被告发。时庄廷鑨已死,下令开棺戮尸,其兄弟、子侄以及刻者、读者、保存者,甚至事先未发觉的地方知府共七十余人,全部处死。清人归庄说:“康熙初,为国史事,杀戮多人,自此文网渐密。”[229]乾隆时,虽然多次在谕旨中说:“朕从不以语言文字罪人。”[230]但事实上乾隆一朝正是清代文字狱的高峰,往往一字一语锻炼成狱。由于清律中并无适用文字狱的法律条文,而是引用“大逆”的条例定罪。因此,一案构成,就意味着毁家灭族的惨祸,即使案发时未出世的子孙,也要世代为奴。雍正四年(1726 年),查嗣庭、俞鸿图典江西试,以“君子不以言举人”“小径之蹊间”命题,便以其居心不可问罪,结果本人下狱死,并戮尸枭首,其子处死,家属流放。乾隆时,内阁学士胡中藻在诗文中有“一把心肠论浊清”之句,同时在广西出试题“乾三爻不象龙”,被指为污辱清朝与皇帝,斩首于市。江苏人徐述夔咏诗:“大明天子重相见,且把壶儿搁半边”“明朝期正翮,一举去清都”,被告发图谋恢复明朝,徐及其子均被戮尸,其孙及校对者一律处死。不仅如此,康、雍、乾三代,还通过广泛地编纂丛书和类书,销毁不利于清朝统治的典籍记载。在编纂《四库全书》的过程中,触犯忌讳的文字被大量删削、伪造、歪曲和篡改,甚至遭到大规模销毁。自乾隆三十九年至四十七年(1774 ~ 1782 年)间,先后下毁书令二十四次,共毁书五百三十八种,一万三千八百六十二部,企图借以加强在思想文化领域的专制主义统治。

出于对思想文化的钳制,凡“因事造言,捏成歌曲,沿街唱和,及以鄙俚亵嫚之词刊刻传播者”[231],也照妖言惑众律处斩。康熙五十三年(1714 年)规定:凡

---

[227] 朱轼等纂:《大清律集解附例》卷一八《刑律·贼盗》,清雍正内府刻本。

[228] 《大清律例》卷二三《刑律·贼盗》,清文渊阁四库全书本。

[229] 归庄:《归庄集》卷一〇,上海古籍出版社 1984 年版,第 518 页。

[230] 《着孙嘉淦查明谢济世注书具奏谕》,载原北平故宫博物院文献馆编:《清代文字狱档》(第 1 辑),上海书店出版社 1986 年版,第 1 页。

[231] 吴坛:《大清律例通考》卷二三,清光绪十二年(1886 年)刊刻本。

“淫词小说”，造作刻印者，系官革职，军民杖一百、流三千里。市卖者，杖一百、徒三年；买看者，杖一百。[232]

总括康、雍、乾三朝迭兴文字狱百余起，以“莫须有”的罪名迭施挞伐，株连之广、惩罚之严，是历史上少见的。以致圣旨与法典、法令自相矛盾，刑名与断狱互相冲突，后旨与前旨公开抵牾，突出表现了极端专制主义对思想文化的控制。

3. 大不敬罪

在专制主义极端发展的历史条件下，清律传承了唐明律中大不敬罪的条款，而且加重了刑罚。凡上书奏事误犯御名及庙讳者，杖八十，若为名字触犯者，杖一百。凡为皇帝“合和御药”不依本方，造御膳误犯食禁，“乘舆服御物”保管不善，制造御用舟船不符合标准，均以危害皇帝安全罪，或杖一百，或徒三年。如冲突车驾仪仗则处绞刑。文武百官、军民人等无故在“御道”上直行，或过“御桥”者，均属蔑视皇权，按律治罪。

4. 奸党罪

顺治十七年（1660年），世祖采纳礼科给事中杨雍建的奏议，下令严禁社盟，“永绝朋党之根”[233]。此前，大学士陈名夏曾以包藏祸心、结党行私被处死。至康熙中叶，满汉官倾轧不已，南北党牵连报复，为此圣祖警告群臣说：“倘执迷不悟，复蹈前非，朕将穷极根株，悉坐以交结朋党之罪。”[234]世宗更以朋党罪名打击异己，一时诛窜者颇众。乾隆时，高宗还在胡中藻狱案兴起前便下谕说：“徇情曲庇，即是党援门户之渐。昔皇考洞悉此等陋习，大加振刷。”“倘以日久渐弛，复萌故智，将来如有似查嗣庭、吕留良不法之案，朕亦非不能执国宪以警奸顽者。诸臣其共惕之。”[235]

《大清律例》除全部援用《大明律集解附例》中奸党罪的条款外，还严禁内外官交结，“凡内外官员除系至亲好友世谊乡情彼此往来，无庸禁绝外，如外官赴任时，谒见在京各官，或至任所差人来往交结者革职。其在京各官与之接见及差人至外官任所来往者，亦革职。”[236]特别是各旗王公所属人员，现居外官因事来京者，不许谒见本管王公，违者杖一百发落，该管王公交宗人府照违制律议

---

[232] 吴坛：《大清律例通考》卷二三，清光绪十二年（1886年）刊刻本。

[233] 蒋良骐撰：《东华录》（顺治朝）卷二八，清光绪十年（1884年）长沙王氏刻本。

[234] 中国第一历史档案馆、中国社会科学研究所译注：《清实录》第五册《圣祖仁皇帝实录（二）》卷一五三，康熙三十年十一月已未，中华书局1985年版，第693页下栏。

[235] 中国第一历史档案馆、中国社会科学研究所译注：《清实录》第一五册《高宗纯皇帝实录（七）》卷四八一，乾隆二十年正月，中华书局1985年版，第29页上栏。

[236] 阿桂等纂：《钦定吏部则例》卷十三《营私·谒见大臣》，清乾隆刻本。

处。若私通书信求索、借贷,交宗人府计赃论罪。[237] 可见,禁止内外官交结,是针对威胁皇权的八旗旗主而制定的,是反映时代特色的奸党罪的新内容。

此外,大臣如交结内侍,或京官与家赀富厚之人滥行结纳者,或斩,或充军。“诸衙门官吏若与内官及近侍人员相互交结,漏泄事情,夤缘作弊而符同奏启者,皆斩,妻子流二千里安置”“闲罢官吏在京潜住有擅出入禁门交结者,各门盘诘拿送法司问实,发烟瘴地面充军”[238]。清人薛允升在《唐明律合编》卷九“交结近侍官员”条按语中说:“防臣下之揽权专擅交结党援者,固已不遗余力矣。然猜忌过甚,则刚克消亡,朝多沓沓之流,士保容容之福,遇重大事件,则唯诺盈廷,无所可否,于国事究何裨乎!”但这却是消除对皇权的威胁、保证专制主义集权所必需的。

5. 江洋大盗罪

据《皇朝政典类纂·刑律·贼盗》“强盗”条后附例载,乾隆二十六年(1761年)前后,首次规定“江洋大盗”罪,凡“在滨海(或)沿江行劫客船者”,为江洋大盗。只要“已行得财”,不论本人原籍何处,“均照江洋大盗例,无分首从皆拟斩决,亦不准分别法所难宥,情有可原”。可见,乾隆以后把“江洋大盗”已作为刑事镇压的重点。

仁宗即位后,鉴于“江洋大盗”威胁海防、江防,影响国家漕运,于嘉庆六年(1801年)制定新条例,凡“江洋行劫大盗,俱照此例立斩枭示”[239]。此后又补充规定:“洋盗拒捕杀人情重加拟凌迟。”[240]如“私运蔬菜接济洋盗,比照米谷济匪例,量减拟遣”[241]。船户“串通盗匪行劫船内客货”“并未同行上盗”“比照情有可原例拟遣”[242]。道光年间,国内外形势发生严重变化,对江洋大盗的处刑更重,防范更严。道光十六年(1836年),宣宗下令,将沿海港汊村庄设法编查,“履(屡)勘以绝窝线而清盗源”;严饬“各省沿海地方文武员弁,平日认真稽查盗匪与奸民”,使之“不能沟通”“株根净绝,洋面肃清”[243]。

---

[237] 席裕福辑:《皇朝政典类纂》卷三七七《吏律·职制》,文海出版社1969年版。

[238] 胡肇楷、周孟邻编:《大清律例通纂·吏律·交结近侍官员条》附例,清嘉庆十三年(1808年)刻本。

[239] 胡肇楷、周孟邻编:《大清律例通纂·刑律·贼盗》“强盗”条附六年修例,清嘉庆十三年(1808年)刻本。

[240] 席裕福辑:《皇朝政典类纂·刑律·贼盗》,文海出版社1983年版。

[241] 席裕福辑:《皇朝政典类纂·刑律·贼盗》,附奏准广东司嘉庆十五年说帖,附奏准嘉庆十九年广东案例,文海出版社1983年版。

[242] 席裕福辑:《皇朝政典类纂·刑律·贼盗》,附奏准广东司嘉庆十五年说帖,附奏准嘉庆十九年广东案例,文海出版社1983年版。

[243] 席裕福辑:《皇朝政典类纂·刑律·贼盗》,“强盗”条附道光十六年谕,文海出版社1983年版。

6. 传习邪教罪

为了防止民间利用宗教形式组织群众,进行反抗,清朝统治者历来重视运用刑事立法打击邪教。《大清律例》"禁止师巫邪术"条规定:"凡师巫,假降邪神、书符咒水、扶鸾祷圣,自号端公太保师婆及妄称弥勒佛、白莲社、明尊教、白雪宗等会,一应左道异端之术,或隐藏图像,烧香集众、夜聚晓散、佯修善事,煽惑人民,为首者绞(监候),为从者各杖一百流三千里,若军民装扮神像、鸣锣击鼓迎神赛会者,杖一百,罪坐为首之人,里长知而不首者,各笞四十。"

经过康乾百年盛世至仁宗时期,清朝迅速走向下坡路。嘉庆初年,仁宗鉴于农民起义假借宗教形式屡扑屡起,不得不修订有关传习白阳等教鉴治罪条例。据《皇朝政典类纂·礼律·祭祀》"禁止师巫邪术"条附载嘉庆六年(1801年)条例规定:"凡传习白阳、白莲、八卦等邪教,习念荒诞不经咒语,拜师传徒惑众者,为首拟绞立决,为从年未逾六十及虽逾六十而有传徒情事,俱改发回城,给大小伯克及力能管束之回子为奴。如被诱学习,尚未传徒而又年逾六十以上者,改发云贵、两广烟瘴地方充军;旗人清除旗档,与民人一律办理。至红阳教及各项教会名目,并无传习咒语,但供有飘高老祖,凡拜师授徒者,发往乌鲁木齐,分别旗、民,当差为奴。其虽未传徒,或虽供奉飘高老祖及收藏经卷者,俱发边远充军,坐功运气者,杖八十。如有具结改悔赴官投首者,准其免罪,地方官开造名册,申送臬司衙门存档。倘再有传习邪教情事,即按例加一等治罪。若拿获到案,始行改悔者,各照所犯之罪问拟,不准宽免。如讯明实,止茹素烧香者,讽念佛经,止图邀福,并未拜师传徒,亦不知邪教名目者,免议。""(凡)称为善友,求讨布施至十人以上者,或称烧炼丹药,出入内外官家,或擅入皇城夤缘作弊希求进用者,并军民人等,寺观住持不问来历,窝藏接引,容留披剃冠簪至十人以上者,俱发近边充军;若不及十人,容留、潜住、荐举、引用及邻甲知情不举,并皇城各门守卫官军不行关防搜拿者,各照违制律治罪。如事关重大,临时酌量为理。"[244]

以上可见,嘉庆六年条例一方面加重了对白阳、白莲教派领袖的处刑,改绞监候为绞立决;另一方面对于"具结改悔赴官投首者",免予刑事处罚,以利于分化瓦解。同时,给予官吏"临时酌量办理"的机动权。但如因"知情不详"或"不行关防搜拿"而引起严重后果者,依例治罪。道光年间,进一步规定,若"释回教

[244] 席裕福辑:《皇朝政典类纂·礼律·祭祀》,"禁止师巫邪术"条所附嘉庆六条修例,文海出版社1982年版。

匪在籍不安分,照旧发遣永远枷号”[245];如“释回各省教匪倘在中途逗留,仍行发遣”[246];“各项邪教首犯,无论罪名轻重,俱不准其援赦”[247]。从对邪教打击之狠、防范之严中可以看出邪教对清朝统治危害之巨与影响之广。

7. 兴贩与吸食鸦片烟罪

雍正七年(1729 年),清朝第一次颁布禁烟令,规定兴贩鸦片烟者照收买违禁货物例,枷号一个月,发近边充军;私开鸦片烟馆引诱良家子弟者,照邪教惑众律拟绞监候,为从杖一百,流三千里。船户、地保、邻佑人等,俱杖一百,徒三年。兵役人等借端需索,计赃照枉法律治罪。失察之汛口地方文武各官并不行监察之海关监督,均交部严加议处。可见打击的重点是贩卖鸦片,并加重了该管官吏的责任。仁宗在位期间,先后颁布了十余道有关禁烟的法令,规定了吸食鸦片的罪名和罚则,凡吸食鸦片者杖一百,枷号两个月。禁止外商进行鸦片交易,“嗣后西洋货船至澳门时,自应按船查验,杜绝来源。至粤省行销鸦片烟,积弊已久,地方官皆有失察处分”。道光元年(1821 年),为防止外商交易中夹带鸦片走私,规定:“凡洋艘至粤,先由行商出具所进黄埔货船并无鸦片甘结,方准开舱验货。其行商容隐,经事后查出者,加等治罪。”[248]

兴贩与吸食鸦片烟罪,是新产生的一种罪名,也是从嘉庆末年至道光二十年(1840 年)刑法打击的重点。但是,“法愈严而贩售者愈多、吸食者越众”,朝野上下都卷入了吸毒的旋涡。与此同时,在西方资本主义国家支持下的国际贩毒集团,转而采取大规模走私的手法向中国倾销鸦片,数量大幅度增长,清朝既无法堵流,更无力塞源。

道光十九年(1839 年)五月,经大学士、军机大臣会同宗人府及各衙门详议奏闻,宣宗批准,颁行《严禁鸦片烟章程》三十九条。首先,把打击的锋芒指向沿海地区的鸦片走私活动。第 1 条规定:“沿海奸徒,开设窑口,勾通外洋,囤积鸦片,首犯拟斩枭。为从同谋及接引护送之犯,并知情受雇船户拟绞监候。该管官知情故纵者革职,失察者分别议处。”第 2 条规定:“沿海员弁兵丁,受贿故纵,拟绞立决。”其次,以兴贩鸦片、开设烟馆作为严惩的对象:“开设烟馆,首犯拟绞立决,从犯及知情租屋者,发新疆给官兵为奴。”“栽种罂粟、制造烟土及兴贩至

[245] 席裕福辑:《皇朝政典类纂 · 礼律 · 祭祀》,“禁止师巫邪术”条附道光七年四川案例与道光十二年制颁的增例,文海出版社 1982 年版。

[246] 席裕福辑:《皇朝政典类纂 · 礼律 · 祭祀》,“禁止师巫邪术”条附道光七年四川案例与道光十二年制颁的增例,文海出版社 1982 年版。

[247] 席裕福辑:《皇朝政典类纂 · 礼律 · 祭祀》,“禁止师巫邪术”条附道光七年四川案例与道光十二年制颁的增例,文海出版社 1982 年版。

[248] 夏燮:《中西纪事》卷四,岳麓书社 1988 年版,第 59 页。

五六百两,或兴贩多次者,首犯拟绞监候,为从发极边烟瘴充军;兴贩一二次,数不及五百两者,为首发新疆给官兵为奴。”最后,采纳黄爵滋“重治吸食”的主张,“吸烟人犯,均予限一年六个月,限满不知悛改,无论官民,概拟绞监候”。如在限内吸烟者,平民“杖流”,在官人役并官亲、幕友“照平民加一等治罪”,职官“发新疆充当苦差”,兵丁“发近边充军”,宗室觉罗“发往盛京,严加管束”。

《严禁鸦片烟章程》是鸦片战争前夜颁行的禁烟法规,它是震动中外的禁烟运动的法律武器,发挥了一定的震慑作用,可惜鸦片战争失败,中国主权渐失,使得这个禁烟之法也化为废纸。

8. 官吏贪污索贿罪

顺治亲政以后,一时任法严肃,惩治贪墨。在《大清律集解附例》中对于官吏“受财”除计赃科刑外,还区分官与吏、有禄与无禄、枉法与不枉法,分别处刑。例如,枉法赃至八十两,绞。不枉法赃一百二十两,止杖一百,流三千里。官吏如于任内求索财物,“计赃准不枉法论,强者准枉法论,财物给主”[249]。风宪官受财,加罪二等。

顺治期间,将广纳贿赂的吏部尚书谭泰正法,籍没其家。大学士陈名夏父子也因“说人情,纳贿赂”,诏令“陈名夏论斩,妻子家产分散为奴”,其子陈掖臣遣戍。史书说:“世祖亲政之后,任法严肃,凡大臣专横,如陈名夏、谭泰、陈之遴、刘正宗之辈,无不立正典刑,以后人各知畏,夙弊尽革,以成一代雍熙之治。”[250]

圣祖即位以后,以整饬吏治作为“端本澄源”的关键,强调“臣子服官,首宜奉公杜弊”[251]。对于“诈索害民”“借端营私”的贪劣官吏,“定行严加处分”[252]。康熙二十五年(1686年),总督蔡毓荣因侵吞吴三桂入官的家资人口被判处死刑,后缓死充边。康熙二十八年(1689年),侍郎宜昌阿,巡抚金俊,侵吞兵饷及入官财物共计八十九万余两,被“斩立决”。同年,湖北巡抚张汧千强迫属员抵补亏空帑款,也受到严惩。

至雍正三年(1725年),一方面,定例:“凡侵盗钱粮入己,自一千两以下仍照监守自盗律拟斩,准徒五年;数满一千两以上者,拟斩监候,秋后处决,遇赦不

---

[249] 胡肇楷、周孟邻编:《大清律例通纂》“受赃”条附例,清嘉庆十三年(1808年)刻本。

[250] 《世祖传赞》,转引自萧一山:《清代通史》(上),中华书局1986年版,第386页。

[251] 中国第一历史档案馆、中国社会科学研究所译注:《清实录》第四册《圣祖仁皇帝实录(一)》卷九〇,康熙十九年五月癸卯,中华书局1985年版,第1136页上栏。

[252] 中国第一历史档案馆、中国社会科学研究所译注:《清实录》第四册《圣祖仁皇帝实录(一)》卷七三,康熙十七年四月壬申,中华书局1985年版,第939页上栏。

准援免。"[253] 另一方面,又制定了完赃减等之例,凡"侵盗、挪移等赃一年内全完,将死罪人犯,比免死减等例,再减一等发落;军、流、徒罪等犯,免罪"。若一年内未全完,可宽限二年。[254] 结果使贪污千两以上的赃官,大都可以引用此条归入"缓决"定案,很少以"情实"而奉旨处决。乾隆二十三年(1758 年),鉴于对贪官惩治不力,致使贪污之风难以遏制,遂废除完赃减等之例,"嗣后除因公挪移及仓谷霉浥、情有可原等案仍照旧例外,所有实系侵亏入己者,限内完赃减等之例,著永行停止"[255],并将该例从《大清律例》中删除。

综观乾隆期,执法惩贪以严为主。《清史稿》称,"高宗谴诸贪吏,身大辟,家籍没,僇及于子孙,凡所连染,穷治不稍贷,可谓严矣"[256]。晚清思想家薛福成也说,高宗"执法未尝不严""为他代所罕睹"[257]。但是,高宗晚年却庇护了清朝最大的贪污犯和珅。

嘉庆即位之初,因财政空虚恢复了雍正三年(1725 年)完赃减等例,而且规定"三年限内不完,死罪人犯永远监禁"[258]。从而使侵盗处死律成为具文,薛允升讽刺说此定例乃"刑典中一大关键也"[259]。

除贪污受贿罪外,其他职务犯罪,如"贡举非其人""应贡举而不贡举""应奏而不奏,应请而不请",保举曾因罪罢职不叙之人为官,考课不实,赴任违限,稽缓制书等罪大体仿唐明律,分别处不等刑罚。

在危害社会秩序与侵犯人身及财产罪中,清律大体仿唐明律,有所加减,分别处刑。

(二)刑制与刑法适用原则

清朝刑制沿用笞、杖、徒、流、死的刑罚制度。笞刑自一十至五十,分为五等。杖刑自六十至一百,亦分为五等。徒刑自一年起,以半年为一等,至三年

---

[253] 《光绪会典事例》卷七八一《刑部五九》,《刑律贼盗·监守自盗仓库钱粮》,中国第一历史档案馆藏清刻本。

[254] 《光绪会典事例》卷七八一《刑部五九》,《刑律贼盗·监守自盗仓库钱粮》,中国第一历史档案馆藏清刻本。

[255] 中国第一历史档案馆、中国社会科学研究所译注:《清实录》第一六册《高宗纯皇帝实录(八)》卷五七〇,乾隆二十三年九月戊戌,中华书局 1985 年版,第 238 页下栏。

[256] 赵尔巽等撰:《清史稿》卷三百三十九《恒文等传》,中华书局 1977 年版,第 11084 页。

[257] 薛福成:《入相奇缘》,载薛福成:《庸庵笔记》卷三,重庆出版社 1999 年版,第 65 页。

[258] 《光绪会典事例》卷七八一《刑部五九》,《刑律贼盗·监守自盗仓库钱粮》,中国第一历史档案馆藏清刻本。

[259] 薛允升著,胡星桥、邓又天主编:《读例存疑点注》卷一《名例律·上》"按语",中国人民公安大学出版社 1994 年版,第 2 页。

止,并附以杖刑。徒罪“发本省驿递,其无驿县,分拨各衙门充水火夫各项杂役,限满释放”[260]。流刑自二千里至三千里,分为三等,每五百里加一等,为次死之刑,但也附以杖一百及强制劳役一年。死刑分绞、斩,其中一类是“决不待时”,一类是“监候”。死刑手段除绞、斩外,还有凌迟、枭首、戮尸等残酷刑罚。所谓凌迟,按《大清律例集成》解释:“凌迟者,其法乃寸而磔之,必至体无残脔,然后为之割其势,女则幽其闭,出其脏腑,以毕其命,仍为支分节解菹其骨肉而后已。”与明朝相比,清朝适用凌迟酷刑的范围显著扩大。明律中有关凌迟的律和例,共计十三条,清律除全部承袭外,还陆续增加了劫囚、发冢、谋杀人、杀一家三人、威逼人致死、殴伤业师、殴祖父母和父母、狱囚脱监以及谋杀本夫等九条十三罪。凌迟罪犯在行刑前如自然死亡,仍须戮尸。

所谓枭首,是指斩首高悬以示众。凡应枭首的罪名,都在条例中明文规定,起初只限于特重罪犯,以后适用的范围不断扩大。嘉庆六年(1801年)扩及所谓江洋大盗。道光元年(1821年)扩及爬越城墙行劫的罪犯。道光二十五年(1845年)扩及粮船水手行劫杀人。同治九年(1870年)扩及京城及大兴、宛平二县境内的劫盗。同治九年(1870年)二百零二条斩立决的条例中,共有四十八个罪名规定斩后枭首。这说明,随着阶级斗争形势的发展,恐怖镇压的手段也在不断地加强。只有女犯例不枭首。

所谓戮尸,是指惩罚死者生前犯罪行为而斩戮其尸体。雍正时,吕留良死后受文字狱株连,曾被开棺戮尸。

不仅如此,清朝也扩大了斩、绞刑的适用范围。在同治九年(1870年)最后修订的《大清律例》中,有关绞、斩的律例有七百二十三条,适用绞、斩的罪名数量在一千以上。

此外,还有迁徙,即将罪犯强制迁出一千里外安置,永远不许回籍。也沿用明朝介于流、死之间的充军刑,分为五等:附近(二千里)、近边(二千五百里)、边远(三千里)、极边、烟瘴(均四千里)。还创设了“发遣”,将罪犯发往边疆地区,为驻防官兵充当奴隶,较充军刑重,也有发遣至边疆地区当差。

清朝还沿行传统的刺字之刑与明时的枷号。刺字刑起初只适用“窃盗”与“逃人”。[261] 后始逐渐广泛,有所谓“刺缘坐、刺凶犯、刺逃军逃流、刺外遣改遣改发、有刺事由者、有刺地方者,并有分刺满汉文字者”[262]。刺字的部位也因犯

---

[260] 赵尔巽等撰:《清史稿》卷一百四十三《刑法志(二)》,中华书局1977年版,第4194页。

[261] 沈家本撰,邓经元、骈宇骞点校:《寄簃文存》卷一《奏议·删除律例内重法折》,中华书局1985年版,第2025页。

[262] 赵尔巽等撰:《清史稿》卷一百四十三《刑法志(二)》,中华书局1977年版,第4196页。

罪的性质不同而有所不同,所谓“初刺右臂,次刺左臂,次刺右面左面”[263]。刺字之刑,使人犯“有过无由自新”,不利于社会秩序的稳定。

清初枷号是优待旗人犯罪的替代刑,“旗人犯罪……军流徒免发遣,分别枷号;徒一年者枷号二十日,每等递加五日;流二千里者,枷号五十日,每等亦递加五日;充军附近者,枷号七十日,近边、沿海、边外者八十日,极边烟瘴者九十日”[264]。但旗人罪犯如属“寡廉鲜耻”的累犯,则“销除旗档,一律实发”[265]。其后,枷号刑的适用不仅扩大范围,而且打破了旗民间的界限。“窃盗再犯加枷……犯奸加枷,赌博加枷,逃军逃流加枷”,以致“一切败检逾闲不顾行止者,酌量加枷”[266]。康熙八年(1669 年),确定“囚禁人犯止用细鍊,不用长枷”“枷号遂专为行刑之用”[267],枷号的期限也改为数年,或“永远枷号”。枷的重量有六十斤与七十斤的区别。

至于赎刑,顺治初年,在五刑二十等中“不列赎银数目”,给审判执行带来困难。至顺治十八年(1661 年)始定“官员犯流徒籍没认工赎罪例”[268]。这是清朝允许罪吏认工赎罪的首次规定。康熙十八年(1679 年)制定刑律“承问官滥准纳赎,交部议处之条”[269]。表明康熙年间“照例纳赎”之制已开始盛行。此外,还沿行明律“照律收赎”之制(又称律赎)。[270] 收赎适用于“老幼废疾、天文生及妇人折杖”者,[271]但犯“十恶不赦”等重罪者不得赎刑。由于官绅权贵及富有者的一般犯罪行为,均可采取不同的赎刑形式,其结果是有力者具资照例纳赎,无力者依律决配。

除国家制定的刑制外,贵族官僚之家还沿袭满洲族的习惯,普遍采用私刑,直至处死。《大清律例》规定:“若奴隶雇工人违犯教令而依法决罚,邂逅致死及过失杀人者,各无论。”所谓“违犯教令”和“过失”是可以由家长任意解释的。其私刑之残酷,连世宗皇帝也在上谕中承认:“向来八旗官兵人等,待家人过严,微小之失,甚至殴责毙命。”但与此同时,他继续肯定:“凡旗下奴仆违犯教令,家主依法决罚致死及过失杀者,仍照例不论。”[272]这就为滥用私刑提供了最权威

[263] 赵尔巽等撰:《清史稿》卷一百四十三《刑法志(二)》,中华书局 1977 年版,第 4196 页。
[264] 赵尔巽等撰:《清史稿》卷一百四十三《刑法志(二)》,中华书局 1977 年版,第 4196 页。
[265] 赵尔巽等撰:《清史稿》卷一百四十三《刑法志(二)》,中华书局 1977 年版,第 4196 页。
[266] 赵尔巽等撰:《清史稿》卷一百四十三《刑法志(二)》,中华书局 1977 年版,第 4196 页。
[267] 赵尔巽等撰:《清史稿》卷一百四十三《刑法志(二)》,中华书局 1977 年版,第 4196 页。
[268] 赵尔巽等撰:《清史稿》卷一百四十三《刑法志(二)》,中华书局 1977 年版,第 4197 页。
[269] 赵尔巽等撰:《清史稿》卷一百四十三《刑法志(二)》,中华书局 1977 年版,第 4197 页。
[270] 赵尔巽等撰:《清史稿》卷一百四十三《刑法志(二)》,中华书局 1977 年版,第 4198 页。
[271] 赵尔巽等撰:《清史稿》卷一百四十三《刑法志(二)》,中华书局 1977 年版,第 4197 页。
[272] 张廷玉等撰:《清朝文献通考》卷一九七《刑考》,清文渊阁四库全书本。

的根据,成为惩治卑幼与奴仆的重要手段。

清朝的刑法适用原则基本沿袭唐明,所不同者,在于维护满族特权,尤其是宗室、觉罗具有特殊法律地位。宗室、觉罗犯法,一般案件均由宗人府处治。重大死刑案件,由宗人府会同刑部审理。根据宗人府制定的宗室、觉罗刑罚《律例》,王公以下及宗室犯罪,除叛逆罪外,不拟死刑,不监禁刑部。对于一般旗人的特权,《大清律例》也有明文规定。例如:"凡旗人犯罪,笞、杖各照数鞭责,充军、流、徒免发遣,分别枷号。"徒一年者折枷号二十日,流二千里者折枷号五十日,每等递加五日。杂犯死罪也可以折枷。直到乾隆年间还定例:"凡旗人殴死有服卑幼,罪应杖流折枷者,除依律定拟外,仍酌量情罪,请旨定夺,不得概入汇题。"[273]但真犯死罪与削除旗籍者不能折枷。至清朝后期,满族的法定特权也渐成具文。

除此之外,刑罚适用男女有别。应决杖者,奸罪去衣受刑,余罪单衣决罚,皆免刺字,犯徒流者决杖一百,余罪收赎,犯奸及死罪收禁,余俱不许。怀孕俟产后百日拷决。顺治十六年(1659年)议定,妇人犯奸盗人命及牵连重犯外,俱令子侄兄弟代审。康熙三年(1664年)定,外省解到入官妇女,止令原解收押,不必寄监,在监孕妇将产,除反叛重案外,俱准保出,产后收禁。应牵连候审妇女,责付本夫亲属收管,邻里具结领保听审。康熙三十七年(1698年)诏曰,事属牵连,无论官民之妻,应质对者,遣司员、笔帖式往即其家,问取口词,永免提讯。雍正三年刑部尚书励廷仪奏请,女监别作墙垣隔别,从之。乾隆九年(1744年)定妇女非实犯死罪,承审官拘提录供,即交亲属保领。乾隆二十三年(1758年)定,犯妇怀孕,律应凌迟斩决者,初审证供明确,于产后一月起限审解,罪应凌迟处死者,产后一月期满,依律正法。嘉庆十四年(1809年)定,妇女犯应斩枭,即拟斩立决,免其枭示。

嘉庆二十三年(1818年),刑部核议贵州道监察御史吴杰条奏,各省妇女及年老残疾之人,翻控审虚,罪至军流,不准收赎,钦奉上谕,纂辑为例。

五、民事法律趋向法典化

清朝民法既是中国古代民法的最后形态,又是向现代民法转型的过渡形态,因而在中国民法史上具有承前启后、继往开来的重要地位。商品经济的发

---

〔273〕 沈家本:《修订法律大臣奏遵议满汉通行刑律折附片二并清单》,载上海商务印书馆编译所:《大清新法令(1901~1911)》(第1卷),商务印书馆2010年版,第320页。

展,以及与此相联系的超经济剥削的人身强制关系的松弛,使参加民事活动的层面扩大。户部则例的不断修订,以及礼部、工部民事法律内容的充实,使民法出现集中化的趋势。尽管仍未制定出一部单一的民法典,但却形成了多层次的、形式庞杂的民事法律渊源,其中既有制定法,也有习惯法;既有中央立法,也有地方法规。尤其是流行于各地的习惯法具有属人、属地的特性,反映了历史的延续性和浓厚的亲情、乡情,所以在适用上较之国家制定法更富有针对性,而且容易为群众所接受,可以进行有效的调整。

民法渊源的多样性与分散性也向司法官提出了如何适用法律的问题。司法官在民事审判中或用法或依礼或援引习惯,是可以自由选择的。这是清朝民事审判的特点之一,但也为司法官的枉法徇私提供了方便。

(一)社会结构与身份

1. 贵族官僚与地主

清朝贵族中无论宗室与觉罗都是基于血缘关系而形成的特权阶层,其身份是世袭的,贵族由于得到皇帝的恩荫赏赐而广有田宅与奴婢,并享有种种特权和法律的特殊保护。

贵族宗室以下,满汉职官形成了一个庞大的官僚集团,他们享有种种法定特权,以民事诉讼为例,凡“争论婚姻、钱债、田土等事,听令家人告官对理,不许公文行移,违者笞四十”[274]。除现任官外,“以理去官”的非现任官、致仕官、赴部候补官、封赠官等均属于官僚缙绅之列,与现任官一样享有法定的特权。

上述宗室贵族与官僚是民事权利的主体,享有完全的民事行为能力。

在地主阶级中,官僚缙绅地主占有大量土地,礼部侍郎高士奇在浙江“平湖县置田产千顷”[275]。刑部尚书徐乾学“买慕天颜无锡县田一万顷”[276]。孔府仅在直隶省武清、香河、东安、宝坻县即拥有土地三万八千亩。

庶民地主数量较多,在法律上属于凡人,享有完全的民事权利。

地主阶级中还有一部分是取得功名(举、贡、生、监),或捐有虚衔,但没有出仕的绅衿地主。他们通过与“同年故旧联络声援”,并和地方官结纳,包揽钱粮、词讼,武断乡曲,是地方官的统治基础。清人李钧在《牧沔纪略》卷下中写道:“绅士视官不足轻重,是以地方公事之权均在绅士之手,官不过为绅监印而已。”

上述地主阶级中的各阶层均享有民事权利能力和民事行为能力。

---

[274] 吴坛:《大清律例通考》卷三〇,清光绪十二年(1886 年)刊刻本。
[275] 蒋良骐撰:《东华录》(康熙朝)卷四四,清光绪十年(1884 年)长沙王氏刻本。
[276] 蒋良骐撰:《东华录》(康熙朝)卷四四,清光绪十年(1884 年)长沙王氏刻本。

2. 农民

农民,主要是自耕农、佃农,在清代居于回民——民、军、商、灶之首,属于“凡人”或“良人”序列,是民事法律权利的主体。清入关以后,为了维护满洲贵族的特权地位,保障八旗士兵的生活供给,实行圈地和投充的政策。与此同时,为了保证耕地和杂役的劳力,颁布《投充法》,使被剥夺土地的地主和自耕农生活无着者,可以投充旗下,沦为旗地庄屯中的直接生产者——奴仆,既没有人身自由,也很少有自己的独立经济,其地位相当于农奴。顺治六年(1649年),祁门汪富隆等带土地投充,立文书如下:

> 立还文书人汪富隆、和隆,今自愿凭中投到三四都谢宗成公祠庄屋楼房三间,门壁等物,厨房、猪栏、牛栏、厕所、园地、山场并农器家伙吨碓磨俱全,是身夫妇投主住歇,日后生发住居,是主扦坟、造宅、拜年、贺节、婚姻、散祭、打扫,永远子孙应付,无得抵拒生事,不安本分,如违,听主呈官理论。今恐无凭,立此文契,永远存照……
>
> 顺治六年三月初十日立还文书人汪富隆、汪和隆,代笔人汪五隆,中见人汪贵隆。[277]

圣祖即位以后,鉴于严峻的形势不得不终止招致社会大动荡的圈地活动,宣布“自后圈占民间房地,永行停止”“永免圈占”。同时,于康熙八年(1669年)实行“更名田”,即将明朝藩王的土地约二十万顷“给与原种之人,改为民户,号为更名地,承为世业”[278]。使这部分农民对藩产土地的占有合法化,成为自耕农。

除此之外,顺、康两朝多次颁布垦荒令,经过康熙朝几十年的政策倾斜与苦心经营,四川、广西、云南、贵州四省,由“田亩抛荒,不堪见闻”,转向“人民渐增,开垦无遗”。[279] 由于新开垦之田归己,自耕农数大为增加。据《霍山县志》卷二《风土》记载,乾隆时“中人以下咸自食其力,薄田数十亩,往往子孙守之,佃田而耕者仅二三”。

---

[277] 王钰欣、周绍泉主编:《徽州千年契约文书》清民国编卷一,《顺治六年祁门汪富隆等立还文书》,花山文艺出版社1993年版,第22页。

[278] 《清朝通典》卷一《食货》,清文渊阁四库全书本。

[279] 中国第一历史档案馆、中国社会科学研究所译注:《清实录》第六册《圣祖仁皇帝实录(三)》卷二四九,中华书局1985年版,第469页下栏。

自耕农数量的增加,扩大了参与民事活动主体的范围。

至于佃农的身份,顺治十七年(1660 年)定"佃户不过穷民,与奴仆不同,岂可欺压不容他适"[280]。雍正时期还禁止将佃户"欺压为奴""随田买卖",佃户一般可以自由退佃,自由迁徙,地主不能随便支配佃户人身。特别是雍正五年(1727 年)《钦定例》规定:"嗣后,如有不法绅衿仍前私置板棍,擅责佃户,经地方官详报题参,乡绅照违制例议处;衿监吏员革去衣顶职衔,照威力制缚人及于私家拷打者不问有伤无伤并杖八十律治罪。地方官失于觉察,经上司访出题参,照徇庇例议处。如将佃户妇女淫占为婢妾者,俱革去职衔衣顶,照豪势之人强夺良家妻女占为妻妾者绞监候律治罪。地方官不能查察,徇庇肆虐者,照溺职例革职。该官上司不行揭参,照不揭劣员例议处。"[281]"至有奸顽佃户拖欠租课,欺慢田主者,杖八十;所欠之租照数追给田主。"[282]佃户与地主并无主仆名分,平日共坐同食,彼此平等相待,不为使唤服役。雍正条例所确立的主佃关系准则,表明了佃农与地主在法律上的平等关系,提高了佃农的身份地位。

3. 雇工人

清朝雇工人的地位也有所提高。明时雇工人包括立有文券、议有年限的雇佣劳动者和士庶之家恩养未久、不曾配合的财买义男。清律中有关雇工人的律文虽然未变,但附例却根据实践中雇工人于家长有犯的大量案例不断修改。例如,乾隆二十四年(1759 年)定例如下:"其雇倩工作之人,若立有文契年限,及虽无文契而议有年限,或计工受值已阅五年以上者,于家长有犯,均依雇工人定拟。其随时短雇受值无多者,仍同凡论。"[283]此后乾隆三十二年(1767 年)、五十一年(1786 年)、五十三年(1788 年)均陆续修订《雇工人法》。根据乾隆五十三年(1788 年)修订的《雇工人法》:"凡官民之家,除典当家人,隶身长随,仍照定例治罪外,如系车夫、厨役、水火夫、轿夫及一切打杂受雇服役人等,平日起居不敢与共,饮食不敢与同,并不敢尔我相称,素有主仆名分者,无论其有无文契年限,俱以雇工人论。若农民佃户雇请耕种工作之人并店铺小郎之类,平日共坐共食,彼此平等相称,不为使唤服役,素无主仆名分者,亦无论其有无文契年限,俱以凡人科断。"[284]根据乾隆五十三年(1788 年)定例,雇工人只限于官民之家素有主仆名分的车夫、厨役、水火夫、轿夫及一切打杂服役的雇佣劳动者,以及

---

[280] 王新命等修:康熙《江南通志》卷六五,清康熙二十三年(1684 年)刻本。

[281] 转引自中国第一历史档案馆藏:《吏垣史书》,雍正五年九月十九日署吏部左侍郎查郎阿题本。

[282] 吴坛:《大清律例通考》卷二七,清光绪十二年(1886 年)刊刻本。

[283] 《光绪会典事例》卷八一〇《刑部 · 刑律斗殴 · 奴婢殴家长》,中国第一历史档案馆藏清刻本。

[284] 《光绪会典事例》卷八一〇《刑部 · 刑律斗殴 · 奴婢殴家长》,中国第一历史档案馆藏清刻本。

典当家人、隶身长随等。而从事农业生产与商业服务的雇工，不论是否立有文契年限均属凡人，与雇主处于平等的法律地位。

从清朝历次修改雇工人法的轨迹中可以看出，通过划定雇工人与雇工的界限，缩小了雇工人的范围，相应地提高了部分雇佣劳动者的法律地位，这是社会发展的趋势。乾隆时期，社会经济的发展需要更广泛地从封建人身依附关系中解放劳动者，因而推动了雇工人法的不断修订，并且改变了以立有文契和年限为雇工人的标准，代之以受雇劳作的工种标准，这不仅是立法上的进步，也是社会关系发生某种变动的反映。

雇工人与雇主的关系是基于双方同意的一种“契约关系”，只受雇佣，不是典卖，其人身自由、人格独立。如与其他良民发生法律冲突时，均以凡人论。一旦契约终止，即与原主不再有主仆关系，所谓“工满即同凡人”。但在契约存续、保持主仆名分期间，雇工人不仅称雇主为家长，而且与雇主的有服亲属均有主仆名分，在法律上处于不平等的地位。例如，凡人相殴不成伤，罪笞二十；雇工人殴家长及家长期亲，即使不成伤，也杖一百，徒三年，比凡人相殴重十三等。反之，家长殴雇工人即使折伤，也减凡人三等，折伤以下“勿论”。特别是雇工人“若违犯教令，而依法决罚，邂逅致死及过失杀者，各勿论”[285]。

由于清律把雇佣关系纳入封建宗法伦理关系当中，雇主是家长，雇工人是受家长“恩养”的，也是隶属于整个家族的，即使是雇主的卑幼亲属，对雇工人而言，也处于与其尊长同样优越的法律地位，所谓“份严情疏”。可见，清律中的雇工人完全不具备自由雇佣劳动者的含义。随着社会的进步和被压迫者的斗争，法律对于雇主的固有权利也进行了限制。例如，雇主杀雇工人，如无文契和受雇五年以下，同杀“凡”论。

4. 手工业工人和商人

清代，匠籍的废除使官府对手工业工人的人身控制和超经济剥削都大为减弱，手工业工人的身份获得了完全的自由。他们位列“凡人”，享有参与民事活动的平等权利。雍正、乾隆两朝，对于官府招募的手工业工人一律实行雇募制，根据工种和工作性质定口粮银（工价银），禁止无偿役使民力。这项改革也扩及于地方和民间。在《奉各宪永禁机匠叫歇碑记》中明确记载：“苏城机户，类多雇人工织，机户出（资）经营，机匠计工受值……至于工价，按件而计，视货物之高下，人工之巧拙，为增减。”[286]在雇工与坊主之间，也形成了“按日按工给发”货

---

〔285〕《大清律例》卷二八《刑律·斗殴下》，清文渊阁四库全书本。

〔286〕《奉各宪永禁机匠叫歇碑记》，载江苏省博物馆编：《江苏省明清以来碑刻资料选集》，三联书店1959年版，第6页。

币工资、“平等相称”的雇佣关系。但在封建制度下,手工业工人不可避免地受到官府、行会与坊主的束缚和压榨。

由于手工业工人是个体劳动者,经济实力薄弱,常因天灾人祸而破产,或受雇为雇工人,或沦为贱民,其民事法律主体的地位也随之发生变化。

清代商人也属“凡人”之列,是民事法律关系的主体。尽管清朝没有也不可能彻底改变重农抑商的传统政策,但在实践中的确发生了不小的变化。

在清代的商人构成中,与封建势力密切勾结或本身即为官僚,并专为皇室、军队、官府采办各种用品的商人,是享有特权的官商。他们持有官帑和某些商品的垄断经营权,以及减免税收的优待,既可以依势进行绝对有利的竞争,又可以肆无忌惮地掠夺各种手工业产品和商品,因而成为最殷实的巨商大贾。

除官商外,民间商人也伴随雍乾时期商业的空前繁荣而异常活跃,社会地位显著提高,其突出的表现是代表商人利益的会馆和公所的大量涌现、行帮势力的迅速增强。商人会馆和公所是工商业者的自治组织。会馆一般是由会员集资而成的,拥有共同财产,为往来成员提供仓储和住宿,并负责订立行规,统一度量衡。至于工商业公所是较为严格的行业组织,其主要职能是消除本行业内部竞争,调解纠纷。对外则保护同行业商人的利益,谋求共同发展。

至于“行”是根据经营商品的类别而组织起来的商人团体,如米行、药材行。“帮”既是商人按地域划分的同乡组织,也是按行业划分的同业会,如山西帮、花布帮。行帮作为自助互救的组织,一般置有田地,成为公用的来源。行帮可以作为独立的民事主体参与民事活动。

此外,还有由农民或小手工业者转化而来的小商贩,也属于自由的“凡人”。

5. 奴仆

根据《大清会典》,“奴仆及倡优隶卒为贱”“凡衙门应役之人……其皂隶、马快、步快、小马、禁卒、门子、弓兵、仵作、粮差及巡捕营番役,皆为贱役。长随亦与奴仆同。”[287]此外,存在于局部地区的堕民、丐户、九姓渔户、疍户、世仆等,也被当作贱民,列入贱籍。凡被列入贱籍的贱民,没有人身自由,法律地位极端低下,尤其是奴婢处于贱民的最底层,他们“律比畜产”,是所有权的客体,听凭主人任意役使与处置。早在关外时期,满洲社会便盛行蓄奴之风,“仕宦之家,僮仆成林”[288]。入关以后,战争中的俘虏、投充为奴和有罪发遣为奴,都是奴婢

---

〔287〕 光绪《大清会典》卷一七《户部·尚书侍郎职掌》,中国第一历史档案馆藏清刻本。

〔288〕 金长真:《清严主仆》,载李渔:《李渔全集》卷十六,《资治新书(初集)》卷七《条议部·民风》,浙江古籍出版社1991年版,第271页。

的来源。此外,买卖也是获取奴婢的途径。每逢集期,奴婢与牲畜同在市场上任人挑买。契买奴仆要“将文契报明本地方官钤盖印信”[289],契内有犯,验契究治。奴婢所生子孙,世世永远服役,即使已经赎身,其“在主家所育子孙,仍存主仆名分,不许开豁为良”[290]。

为了维护满洲族的统治地位,严禁将满洲、蒙古人口卖与汉军、民人为奴,亦不许私自相赠。例如,“满洲蒙古家人违禁卖与汉军汉人等,买卖之人系官,罚俸一年;系旗人,鞭一百;民,杖一百。”[291]

在清代,蓄奴虽然是合法的,但严禁压良为贱,《大清律例》规定:“若庶民之家存养良家男女为奴婢者,杖一百,即放从良。”[292]“凡设方略买而诱取良人为奴婢,及略卖良人与人为奴婢者,皆不分首从,未卖,杖一百,流三千里。”即使略卖子孙、亲属卑幼及妻妾为奴婢者,也分别处以不等的刑罚。压良为贱的法律禁令,不仅适用于庶民,也适用于官员。例如,奉差官员并督抚提镇大小各官,“不许买所属良民为奴并转相馈送,违者照略买良民例治罪”[293]。

在民事法律关系中,奴婢作为家主的私有财产,听凭家主任意处置。家长也握有对奴婢的主婚权。奴婢“违犯家长及期亲外祖父母教令,而依法于臀、腿受杖去处,决罚,邂逅致死,及过失杀者,各勿论”[294],借以保证家主对奴婢的任意役使。

随着社会经济的发展和广大奴婢的斗争,蓄奴制度越来越变得无利可图。因此,康熙二十一年(1682年)统治者顺应历史的潮流,发布奴婢赎身法令:“定旗下印契所买之人及旧仆内有年老、疾病,其主准赎者,呈明本旗,令赎为民。若将年壮旧人,借名赎出者,照买卖例治罪。”[295]康熙五十三年(1714年)又补充规定,“康熙四十三年以前白契所买之人,俱断与买主;四十三年以后(白契卖身者),照原价赎出为民”[296],而不限于“年老疾病”的奴婢。至雍正元年(1723年)制定《白契买人例》,改为:“自康熙四十三年起至六十一年止,白契所买之人,俱不准赎身。雍正元年以后,若给原价,俱准赎为民;其妻亦准赎出;若卖身

---

[289]《大清律例》卷二八《刑律·斗殴下》,清文渊阁四库全书本。

[290]载龄主纂:《户部则例》卷六《户口三》,清同治十三年(1874年)刻本。

[291]《光绪会典事例》卷一一一六《八旗都统·户口·旗人买卖奴仆》,中国第一历史档案馆藏清刻本。

[292]《大清律例》卷八《户律·户役》,清文渊阁四库全书本。

[293]载龄主纂:《户部则例》卷三《户口三》,清同治十三年(1874年)刻本。

[294]《大清律例》卷二八《刑律·斗殴下》,清文渊阁四库全书本。

[295]张廷玉等撰:《清朝文献通考》卷二〇《户口考二·奴婢》,清文渊阁四库全书本。

[296]载龄主纂:《户部则例》卷三《户口三》,清同治十三年(1874年)刻本。

后,买主配有妻室者,不准赎。”[297]乾隆元年(1736年)以后,“白契所买单身及带有妻室子女之人,俱准赎身。若买主配给妻室者,不准赎身”[298]。乾隆三年(1738年)又定:“自乾隆元年以前,白契所买作为印契者,不准赎为民。”[299]可见,对奴婢赎身的规定是相当严格的,受到契约年限以及是否配有妻室等各方面的制约,即使是已经赎身为民,也“止许耕作营生,不许考试出仕”[300],其政治权利是有限的,而民事权利则相对放宽。乾隆二十四年(1759年),颁布《八旗家人赎身例》,进一步将赎身制度规范化、法律化。凡八旗户下家人,只要本主情愿放出为民,即可呈明本旗,经过官府,而后收入民籍。这个条例解除了契买与年限以及是否配有妻室等限制,而将准否赎身的主动权完全交给家主,“如本主不愿,概不准赎”[301]。同时,法律严禁奴婢“欺主”,强迫家主允其赎身。

除此之外,还通过允许奴仆“开户”,即八旗所属奴仆自立户籍,取得半独立的身份。但不准越旗开户,而且须与原主人保持一定的隶属关系。乾隆三年(1736年)颁发的《旗人开户例》规定:“凡八旗奴仆,原系满洲、蒙古,直省本无籍贯。带地投充人等,虽有本籍,年远难考,均准其开户,不得放出为民。”[302]乾隆四年(1739年)、六年(1741年)经过议准,扩大了开户奴仆的范围,“凡从前盛京带来的奴仆,并带地投充奴仆及虏掠人等,准其开户,不准为民;印契所买奴仆内,有从盛京带来及带地投充人等亦止准开户,不准为民”[303]。可见,此时的奴仆开户已适应由农奴制向租佃制转变的需要,而将奴仆转变为依附农民。

所谓“放出为民”,是指放出奴婢,解除奴籍,编为民户,收入民籍,取得略逊于一般民人的地位和权利。法律对于“放出为民”的条件是较为严格的:首先,“本主情愿”,经本主呈明令其出户,并取具本主,“应准放入民籍”甘结。其次,“数辈出力,勤劳年久”或“本主因其(家奴)不堪驱使,情愿准其赎身者,亦准放出为民”[304]。最后,乾隆元年(1736年)以前白契所买壮丁,“实系民人印契,卖与旗人,契内有籍贯可稽者”[305],三辈后,准其放出为民。上述规定将奴婢“出旗为民”限定在狭小的范围内。此后,乾隆九年(1744年)、二十一年(1756

[297] 载龄主纂:《户部则例》卷三《户口三》,清同治十三年(1874年)刻本。

[298] 载龄主纂:《户部则例》卷三《户口三》,清同治十三年(1874年)刻本。

[299] 载龄主纂:《户部则例》卷三《户口三》,清同治十三年(1874年)刻本。

[300] 《光绪会典事例》卷七五二《刑部·户律户役·人户以籍为定》,中国第一历史档案馆藏清刻本。

[301] 《大清律例》卷八《户律·户役》,清文渊阁四库全书本。

[302] 张廷玉等撰:《清朝文献通考》卷二〇《户口考》,清文渊阁四库全书本。

[303] 鄂尔泰等修:《钦定八旗则例》卷三《家人开户为民》,乾隆七年(1742年)武英殿刊本。

[304] 《大清律例》卷八《户律·户役》,清文渊阁四库全书本。

[305] 《光绪会典事例》卷一五五《户部·户口·分析户丁》,中国第一历史档案馆藏清刻本。

年)、四十八年(1783年),经过多次修改,放宽了出旗为民的范围,提高了权利待遇,凡放出为民的奴仆,已经具备了凡人的基本法定权利,三代后所生之子孙,准其与平民一例,应试出仕,但"京官不得至京堂,外官不得至三品"[306]。

综上可见,雍、乾时期奴婢人身依附关系逐步松弛,奴婢可以有条件地取得凡人的社会地位。

属于贱民的除"奴仆""娼优""隶卒""皂隶"等外,还沿袭明朝由于政治的、历史的和经济的原因而将特定地区从事特定职业的人户列为贱籍贱民的规定。如山西、陕西的乐户,浙江绍兴的堕民,皖南的伴当、世仆,江苏常熟、昭文二县的丐户,广东的疍户,他们世代列为贱籍,社会地位极低。山西、陕西乐户,实际是娼妓,"绅衿地棍呼召即来"[307],被当地视为"贱之甚者","不齿于齐民"。康熙时,山西乐户不下数千百家。浙江堕民男子只许捕蛙、卖锡、逐鬼为业,"妇女则习媒或伴良家新娶嫁为人髻冠梳发,穿珠花,群走市巷,兼就所私……有流入他方者,人皆贱之"[308]。徽州府伴当,宁国府世仆,"本地呼为细民,几与乐户惰民相同"[309]。广东疍户,"以船为家,以捕鱼为业……粤民视疍户为卑贱之流,不容登岸居住,疍户亦不敢与平民抗衡,畏威隐忍,跼蹐舟中,终身不获安居之乐"[310]。

凡列于贱籍的贱民,不具有独立的人格,自然也不具备民事主体的地位。但随着社会的发展,明初由于特定的历史背景而强制列入贱籍的贱民,已经逐渐失去存在的基础。至清中叶,从稳定社会秩序的需要出发,着手改变此类贱民的状况。雍正元年(1723年)三月下谕:"除山西、陕西教坊乐籍,改业为良民。"[311]同年九月下谕:"除浙江绍兴府惰民丐籍。"[312]雍正五年(1727年)四月下谕,凡伴当、世仆"年代久远,文契无存,不受家主豢养者,概不得以世仆名之"[313]。雍正七年(1729年)下谕,准许广东疍户上岸,"准其在于近水村庄居住,与齐民一同编列甲户"[314]。雍正八年(1730年)五月又将常熟、昭文旧有丐

[306] 张廷玉等撰:《清朝文献通考》卷二〇《户口考二·奴婢》,清文渊阁四库全书本。

[307] 阮葵生:《茶余客话》卷二,上海古籍出版社2012年版,第63页。

[308] 鄂尔泰等编:《雍正朱批谕旨(七)》,北京图书馆出版社2008年版,第411页。

[309] 蒋良骐撰:《东华录》(雍正朝)卷十,清光绪十年(1884年)长沙王氏刻本。

[310] 中国第一历史档案馆、中国社会科学研究所译注:《清实录》第八册《世宗宪皇帝实录(二)》卷八一,雍正七年五月壬申,中华书局1985年版,第79页下栏。

[311] 蒋良骐撰:《东华录》(雍正朝)卷二,清光绪十年(1884年)长沙王氏刻本。

[312] 蒋良骐撰:《东华录》(雍正朝)卷二五,清光绪十年(1884年)长沙王氏刻本。

[313] 蒋良骐撰:《东华录》(雍正朝)卷一〇,清光绪十年(1884年)长沙王氏刻本。

[314] 中国第一历史档案馆、中国社会科学研究所译注:《清实录》第八册《世宗宪皇帝实录(二)》卷八一,雍正七年五月壬申,中华书局1985年版,第79页下栏。

户,“除其丐籍,列于编氓”[315]。

乾隆三十六年(1771 年)议准,凡豁除贱籍的乐户、丐户、惰民、疍户,如报官改业,经过四世,而且本族亲友“皆系清白自守”,准予“报捐应试”。安徽世仆放出两世以后,所生子孙准予“报捐应试”。如地方豪绅恶棍“仍前逼勒凌辱”削籍改业为良的“贱民”,或“自甘污贱者,依律治罪。其地方官奉行不力者,该督抚查参,照例议处”[316]。

在中国封建社会,长期保留贱民贱籍,是等级制度的具体产物。雍正朝实行豁贱为良,虽具有历史的积极意义,但由于没有触及等级制度的基础,不可能是彻底的。直到辛亥革命以后,南京临时政府按照临时大总统孙中山的意见,发布废除贱民贱籍的法令,才最终解决了贱籍贱民这一历史遗留的问题。

(二)产业权的进一步充实

在清代民法中,沿袭唐宋旧制称动产为“物”“财”“财物”,称不动产为“产”“业”“产业”。动产所有权人为“物主”或“财主”。不动产所有权人为“业主”“田主”“地主”“房主”。产业权即今之物权。至清代,也已形成了一定的物权观念。譬如,《大清律例会通新纂》“擅食田园瓜果”条注云:“物各有主。他人田园瓜果之类,不告于主而擅食之,于己非分,于人有损。故计其食过所值之价坐赃论罪。”[317]其中“物各有主”“于己非分”已有物皆有所有权人的含义。因此,清律对侵犯物权行为分别不同情况,或承担刑事法律责任,或只负民事法律责任。例如,《大清律例·户律·田宅》“弃毁器物稼穑”条规定:“凡(故意)弃毁人器物及毁伐树木、稼穑者,计赃,准窃盗论,免刺,官物加二等。若遗失及误毁官物者,各减三等,并验数追偿。私物,则偿而不坐罪。……若毁损人房屋墙垣之类者,计合用修造雇工钱,坐赃论,各令修立,官屋加二等。误毁者,但令修立,不坐罪。”可见,清代法律既注意对物权的保护,而且区分情节追究不同的法律责任。

在物权中,田宅是基本的标的物,也是私人的重要财产和国家课税的主要对象。田宅等不动产的买卖、典押,一般以立契,即制作法律文书为不可缺少的要件。至于一般动产的买卖、典押,原则上不需要制作法律文书,只有奴婢、马牛等重要动产的买卖,以及当铺典押的动产,才要求立有契纸。

---

〔315〕 中国第一历史档案馆、中国社会科学研究所译注:《清实录》第八册《世宗宪皇帝实录(二)》卷九四,雍正八年五月丙戌,中华书局 1985 年版,第 263 页下栏。

〔316〕 《大清律例》卷八《户律·户役》,清文渊阁四库全书本。

〔317〕 姚雨芗原纂,胡仰山增辑:《大清律例会通新纂》卷八《户律·田宅》,文海出版社 1987 年版。

对于不动产田地的使用收益权,由于关系到利益的归属,受到所有权人和国家的重视。《大清律例》关于田地的物权种类,有所有权(业主权)、租权(佃权)、地基权、典权、押权、永佃权等。对于动产,由于只重视其使用收益上的价值差,动产物权的种类较少,只有物主权、质权、抵押权等。除标的物为违禁物外,物主对所有物享有不受限制的占有、使用、收益、处分之权,并且不因物的遗失而丧失其物主权。

对物主权的原始取得,清民法强调先占原则。譬如,承认垦荒者享有其所开垦荒地的所有权,但如不利用,任其抛荒,则丧失所有权。此外,"若山野柴草、木石之类,本无物主,人得共采,但他人已用功力,砍伐积聚,是即其人之物矣"[318]。这是传统的物主权先占原则在清律中的体现。其他如遗失物的拾得、埋藏物的发现、孳息物的取得、漂流物的归属大体同于唐明律。

1. 对所有权的保护

所有权是最重要的物权形式。中国古代以农业立国,土地的所有权是所有权的核心。清代土地所有权分国家所有权和私人所有权两种形式,法律积极保护和调整各种形式的土地所有权关系。

清初,通过圈地、垦荒、承受、抄没、带地投充等途径,建立了国家土地所有制,并以皇帝的名义分配给宗室、贵族、八旗官兵耕种或出租,出现了宗室庄田和八旗庄田。庄田土地的所有权属于国家,只许租佃、典当,不许出卖。但清中期以后,国家的控制力减弱,官田逐渐变成占有者的私产,迫使政府由默认而最终承认其合法。除各种官庄外,属于国家所有的土地还有充公地,是通过籍没、革庄和违禁典卖、官赎、抵帑等途径形成的,其中也包括绝户产的充公;八旗官兵随缺地,八旗官兵在职期间享有对随缺地的占有、使用、收益之权,由佃户开垦耕种。时日既久,佃户逐渐把持土地,以致官兵对土地的权利仅仅表现为收租权。此外,还有马厂地、余租地、藉田、学田、祭田等各种形式的国有土地。国家还掌握了盐滩、矿山、河流、湖泊、山林的所有权。

在清代的土地关系中,"旗地"是旗人依靠政治特权而占有的土地。为了保护旗地的所有权以维护旗人的生活基础,法律禁止旗民交产,汉人不准典买旗地、旗房。但由于旗人不习耕种,生齿日繁,在康熙后期便出现了旗人私典田产与民的现象。至雍正七年(1729年)上谕中重申:"八旗地亩,原系旗人产业,不准典卖与民,向有定例。"[319]同时,对已典卖的旗地,由官府付与一定地价,强制

---

[318] 沈之奇:《大清律辑注》,法律出版社2000年版,第601～602页。

[319] 张廷玉等撰:《清朝文献通考》卷五《田赋考五》,清文渊阁四库全书本。

赎回。雍正十三年(1735年)奏准:凡红契典卖之旗地,可全价予以回赎;而白契典卖之旗地,则仅付半价或不给价"回赎"[320]。乾隆朝对上述规定多次修改,取消了红契、白契之分,而以年限为据。乾隆九年(1744年)规定,以"十年为率","在十年以内者,照原典之价;十年以外者,减原价十分之一;五十年以外者,以半价取赎"[321]。乾隆三十四年(1769年)又改为"无论年分远近、契价多寡,总以现在租息为断"[322]。乾隆朝四次回收旗地,共三万七千六百一十一顷,但贫苦的旗人无力购回从官府回赎的旗地。高宗在上谕中也承认:"赎地一事恐未必于贫乏旗人有益。"[323]从旗人广泛典卖旗地中反映出旗地已逐渐私有化。乾隆以后,嘉庆、道光、咸丰三朝,仍不断重申旗地无论旧圈自置,概不准售与民人,若典鬻旗地,从盗卖官田律,授受同惩。但在实际生活中却是禁而不止的,而且出现了以"长租、长种"为变相形式的旗民交产。对此,乾隆二十五年(1760年)专门制定了《违禁私行长租之例》,规定凡"违禁私行长租者,业主、租户,各治以违禁罪外,由业户名下将租价追出入官;由租户名下将地亩追出给还本人,使业主、租户两失长租之利,以示惩警"[324]。

鉴于旗民之间的经济往来不可阻挡,咸丰二年(1852年)颁行《旗地买卖章程》,允许"变通旗民交产","除奉天一省旗地盗典盗卖,仍照旧例,严行查禁外,嗣后,坐落顺天、直隶等处旗地,无论老圈、自置,亦无论京旗屯居及何项民人,俱准互相买卖,照例税契升科;其从前已卖之田,业主、售主,均免治罪"[325]。从此,"旗民交产"禁律虽在《大清律例》中保留,实际上已经废弛不行。与此类似的屯田也趋于私有化,购买者只要报官税契,按亩升科,便取得了合法的所有权。

在私人所有权中,首先是田宅不动产的所有权。清朝的宗室、贵族、官僚是全国最大的私人土地所有者阶层。他们依靠身份的特殊,通过接受钦赐、投献、购置获得了大量田宅。一般的庶民地主,多半由经营民屯、承租土地、充任庄头发展为私有土地的主要所有权人。至于占有土地不多的自耕农则处于不稳定的状态,或者上升为地主,或者沦为佃农。此外,部分工商业者也购置土地,成

---

〔320〕 详见托津等奉敕纂:《钦定大清会典事例(嘉庆朝)》卷一三五《户部·田赋·宗室庄田》,文海出版社1991年版,第6080~6081页。

〔321〕《光绪会典事例》卷一五九《户部·田赋·畿辅官兵庄田(一)》,中国第一历史档案馆藏清刻本。

〔322〕《八旗通志》卷六十六《田志五》,清文渊阁四库全书本。

〔323〕 张廷玉等撰:《清朝文献通考》卷五《田赋考五》,清文渊阁四库全书本。

〔324〕 张廷玉等撰:《清朝文献通考》卷五《田赋考五》,清文渊阁四库全书本。

〔325〕《光绪会典事例》卷一六〇《户部·田赋·畿辅官兵庄田(二)》,中国第一历史档案馆藏清刻本。

为土地的所有者。清中叶以后，商品经济的发展推动了土地商品化的进程，商人以其经商的利润购置田产、兼并土地成为新的趋向。嘉道时期，商人占有土地多者可达十万亩，与此相适应的地价大幅上扬。江南苏杭一带，顺治时良田一亩估银二三两，康熙时值银四五两，乾隆初年值银七八两，至乾隆末年估银高达五十余两。商人地主对土地经营的方式，基本上是招佃垦种，收取定额地租，不仅"经年不履田亩"[326]，甚至"不知田在何处"[327]。这就使佃农永佃权的流行成为可能。

在私人所有土地中，有些供专门之用的土地，如寺庙地、书院地、善堂地、宗族义田、祭祀田，采取公共所有的形式，由各自的代表人经营管理，不得擅自处分，一般也不征课赋。

为了防止地方官员依势侵占民产，《大清律例》和《户部则例》都禁止官员于任所置买田宅，但《户部则例》较之《大清律例》在范围上有所放宽。《户部则例》规定："参将以下任所置有产业，田粮照民赋一体输纳。"盛京管界各官虽不许于本管界内置买房地，但"如非本管界内，仍准照旧置买"。清朝禁止"官员于任所置买田宅"的立法原意，在于防范官员在其权限所及的任所内强占民产，贪渎不法。但是，随着政治的腐败，吏治与法纪都陷于松弛，这条规定实际丧失了约束力。

除田宅不动产外，动产的所有人拥有广泛的所有权，可以自由地典质买卖。

由于所有权关系是否稳定直接影响到社会秩序的稳定和国家统治的安危，清律从多方面保护所有权，惩治侵犯所有权的行为。为此，制定了严格确认产权归属的一系列规定。例如，乾隆三十三年（1768年）增例如下："凡民人告争坟山，近年者以印契为凭。如系远年之业，须将山地字号、亩数及库贮鳞册并完粮印串，逐一丈勘查对，果相符合即断令管业。若查勘不符又无完粮印串，其所执远年旧契及碑谱等项，均不得执为凭据，即将滥控侵占之人按例治罪。"[328]此例虽是针对民人告诉坟山而定，但适用于所有田土所有权的争议。

在清代，有关田土的文凭印契较为详细。所谓"丈量有册，垦报有册，过户有册，实征有册。数册互参，核其年月；册皆有据，察其后先。"[329]文凭不足，再进行实地勘查，"核其四至，四至相类，核其形图，形图不符，勘其现田"[330]。现

---

[326]《万载县志》卷三。

[327]《万载县志》卷三。

[328]《大清律例》卷九《户律·田宅》"盗卖田宅"条例，清文渊阁四库全书本。

[329]徐栋辑：《牧令书》卷一八《刑名中》，王植《听断》，清同治七年（1868年）江苏书局刻本。

[330]徐栋辑：《牧令书》卷一八《刑名中》，王植《听断》，清同治七年（1868年）江苏书局刻本。

场勘查,由州县官派出专官负责,并需制作勘查笔录。经过验查的文书证据和实地勘查的笔录,可以作为产权根据,妄认者处以侵占之罪。例如,“盗卖田宅”“盗耕种他人田(园地土)”者,分别情况处以不等刑罚,系官(田宅)者,各加二等,“递年所得花利,(官田)归官,(民田)给主”。即使功臣有犯盗卖田宅,也照律拟罪,只是奏请定夺[331],以示对不动产所有权的保护。

为了保护蒙古王公和普通牧民的土地所有权,雍正时曾经颁发《蒙古土地禁止私卖令》。乾隆十三年(1748 年),针对蒙古土地所有权的变动情况,又颁发《地亩赎回令》,同时禁止民人出边开垦地亩。[332] 对于民人典买的蒙古地亩,照以前归化城土默特蒙古撤回地亩之例,“价在百两以下,典种五年以上者,令再种一年撤回,如未满五年者仍令耕种,俟届五年再行撤回。二百两以下者再令种三年,俟年满撤回。均给还业主”[333]。由于得到法律的强制保护,蒙古地区的所有权关系比较稳定。

藏族地区,占人口百分之五的农奴主却占有了西藏地区全部土地、山林和绝大部分生产资料。为了使大小农奴主在划定的地界以内从事农业和畜牧业的经营,互不侵犯,清政府在《番例条款》中严格禁止越界住牧,违者罚以不等的牧畜。

清律不仅多方面维护不动产的所有权,同时也严格维护动产的所有权。《大清律例》规定:“凡盗民间马、牛、驴、骡、猪、羊、鸡、犬、鹅、鸭者,并计(所值之)赃以窃盗论。若盗官畜产者,以常人盗官物论。”“凡(故意)弃毁人器物及毁伐树木、稼穑者,计(所弃毁之物)赃,准窃盗论,免刺,官物加二等。”[334]“凡于他人田园擅食瓜果之类,坐赃论。弃毁者,罪亦如之。”[335]“凡盗田野谷麦、菜果及无人看守器物者并计赃,准窃盗论,免刺。若山野柴、草、木、石之类,他人已用工力砍伐积聚而擅取者,罪亦如之。”[336]

综上所述,对旗地旗房的保护以及对其他少数族所有权的保护,是清朝民事法律的一大特点。此外,由于宗族是清政权重要的社会基础,为了维护宗族共同体,法律保护宗族公产,严惩子孙盗卖祖产。乾隆二十一年(1756 年)定例:“凡子孙盗卖祖遗祀产至五十亩者,照投献捏卖祖坟山地例,发边远充军。不及前数及盗卖义田,应照盗卖官田律治罪。其盗卖历久宗祠一间以下,杖七

[331] 《大清律例》卷九《户律・田宅・盗卖田宅》,清文渊阁四库全书本。

[332] 松林等修:《理藩院则例》卷一〇《地亩》,清光绪十六年(1890 年)刻本。

[333] 《光绪会典事例》卷九七九《理藩院・耕牧・耕种地亩》,中国第一历史档案馆藏清刻本。

[334] 《大清律例》卷九《户律・田宅・弃毁器物稼穑等》,清文渊阁四库全书本。

[335] 《大清律例》卷九《户律・田宅・擅食田园瓜果》,清文渊阁四库全书本。

[336] 《大清律例》卷二三《刑律・贼盗中・盗田野谷麦》,清文渊阁四库全书本。

十,每三间加一等,罪止杖一百、徒三年。以上知情谋买之人各与犯人同罪,房产收回给族长收管,卖价入官。不知者,不坐。"[337]清律对侵犯族产的惩罚重于侵犯官私田宅的惩罚,意在维系伦常秩序和孝道观念,它是清朝专制统治的精神支柱。在清政府认可的大量家法、族规中,也都有禁止子孙盗卖族产的内容。例如,南昌魏氏宗谱规定:"如有将醮产自肥者,一经发觉,俱赴祠重责三十,追价。"[338]即使是族内个人的私有财产,在处分时也受到一定的限制。河北景定《张氏族谱》规定:"先人手置产业,艰辛备尝。倘有不肖子弟废弃正业,荡毁家产,族人宜恺切劝导,或设法阻其典卖田宅。"这种对族人私产处分权的限制是从宗族共同体的经济实力着眼的。正因如此,族人变卖产业,亲族享有优先购买权。安徽《桐城赵氏宗谱》规定:"凡族人田宅如有卖者,先尽本房,次及族人。族人不买,然后卖与外姓……如偷卖外姓,不通知族人者,罚之。"

2. 永佃权的发展

清代永佃权在江南地区继续有所发展。永佃权是以使用收益土地为主要内容,以交付佃租为代价而取得的一种地上权。早在宋代已有所谓"常为佃户,不失居业"[339]的记载。至明中叶,永佃已流行于东南各省。清时特定的历史环境使永佃的租佃关系取得了极大的发展。在永佃的租佃关系下,佃户虽有交租的义务,但却获得了世代承耕的权利,田主只要收取地租,便不得自行转佃。

永佃权的取得有以下途径:开垦私有或国有荒地,并长期从事改良土地的投资,使瘠薄之地变为膏腴之田,从而获得了永佃权;预付高额押租金,换取永远耕种权,但仍须每年交小额地租;原业主逃亡归来,面对佃户长期耕种其土地的现实,被迫承认与现佃户的永佃关系;因太平天国战争遭受严重破坏的江苏、浙江、安徽等地,人少、地荒,经济衰败,为了鼓励农民积极从事耕作,恢复生产,使部分农民获得永佃权;有些小土地所有者为免除对国家承担田赋,将土地投献给宗室、豪门,或舍给寺院,以换取永佃;以低价出卖土地,换取新田主对永佃的承诺,或以田抵债,言明以永佃为条件;佃户久佃,得到地主对永佃的认可等。

由于永佃人不因地主出卖地产而丧失其权利,遂有"卖田不卖佃""倒东不倒佃"之说。乾隆九年(1744年)十月十五日张德兴所立过佃契中便有以下内容:"今情愿(将所有当差地一段)过与李泰名下永为耕户耕种,不准李姓另种另典……准其客辞主,勿许主辞客。立字之后,如有另人争论,有取租张姓一面承

[337] 《大清律例》卷九《户律·田宅》"盗卖田宅"条例,清文渊阁四库全书本。

[338] 江西南昌《豫章黄城魏氏宗谱》卷一一《宗式》"禁侵食醮产"条。

[339] 魏泰:《东轩笔录》卷八,中华书局1983年版,第93页。

管,不与佃户相干。"[340]

永佃人除耕种外,还可以占有地上的孳息物,如盖房造坟,以及收获土地上自然生成的树木果实。

纳租是永佃人应尽的义务,有意抗租者,官府要强制干预。永佃人积欠地租,或有其他不法行为,业主虽可以撤佃。但永佃人往往"踞庄不出"进行抵制,或者要求田主退还押租钱。

根据《清高宗实录》卷一七五所载上谕,"业主贫乏,将田另售",原佃户子孙亦可"照旧永种""不许易佃"。由此而出现了"耕一主之田,至子孙十余世;近者,五六世、三四世"[341]的现象。随着永佃关系的发展,逐渐形成了"田皆主佃两业""一田二主"的地方现象。

所谓"一田二主"就是同一块土地的上层称为田皮、田面,由佃户享有它的使用收益权,是为皮主。下层称为田根、田骨,由原田主所有,是为骨主、田主。由于皮主与骨主可以各自处分其所有权,才有"一田二主"之说。"一田二主"广泛流行于江苏、浙江、江西、安徽、福建各地,并向全国扩展,反映了传统租佃关系的新变化,体现了农村中阶级力量对比关系的调整,同时也是清政府政策的产物。清朝统治者深知,为了建立对全国的稳定统治,必须恢复农业生产,将广大流民重新固定在土地上,因此,实行以"永佃"或"永久为业"的奖励垦荒政策。由永佃最终发展为"一田二主",是一个复杂的充满斗争的过程。田主(或称骨主)最初承认佃户的田面权是以有利可图为代价的,也是有限度的。但随着佃户为自我保护所进行的斗争,逐渐由不准自由处置田面权发展到可以完全自由地处置田面权,这是永佃佃户所追求的目标和凭借永佃的优势向田主进行斗争的结果。"一田二主"作为一种民间习惯,得以流行于江南经济发达地区,说明了它同经济发展程度存在内在联系。而它不断向全国扩展,也表现了新租佃关系的影响力。

按照惯例,皮主即使短期欠租也不会导致解除永佃契约。皮主还享有转佃、典押等权利,以致皮主从土地所获得的收益占十之八九,田主却只得十之一二。田皮的价值也因之而高于田骨,以至于民间流行"金皮银骨"的说法。

"一田二主"的出现及扩展使封建的租佃关系复杂化了,原有田主的所有权不断地弱化,造成了前所未有的土地所有权转移的复杂性。而佃户从耕种土地转而经营土地,也使阶级关系出现了新的变动。由于原田主不能顺利地实现收租的权

---

〔340〕 赵冈:《永佃权研究》,中国农业出版社2005年版,第23页。

〔341〕 魏礼:《与李邑侯书》,载《魏季子文集》卷八,清康熙刻本。

能,势必影响了田主履行对官府的纳税义务,使得清政府不得不对“一田二主”习惯进行干涉。根据《福建省例》,雍乾时期有以下规定:禁止田皮买卖;佃户只需向田主交纳正租,没有向皮主交纳皮租的义务;皮主欠租时,田主有解约和收回田皮之权;乡绅等对田主欠租,一经发现即处严罚。同时,命令各乡村将此令勒石竖碑以便周知。除《福建省例》外,《西江政要》《江苏山阴收租全案》也有类似的规定。至道光年间,江南地区皮户欠租达一年以上允许田主强行收回田皮另佃,禁止皮户自由买卖或出租土地。从《福建省例》的规定中可以看出清政府从国家利益出发,总结了民间由永佃发展成“一田二主”的经验教训,并且严禁在旗地实行永佃,以维护旗地地主的所有权和传统的租佃关系。

3. 典权

《大清律例》继承了明律关于典以“能否回赎”为根据的观点,规定:“以价易出,约限回赎者,曰典。”乾隆十八年(1753年)定例:“嗣后民间置买产业,如系典契,务于契内注明‘回赎’字样,如系卖契,亦于契内注明‘绝卖’‘永不回赎’字样。”[342]由此可见,典是活卖,卖是绝卖。典与卖的另一区别是典无须纳税,而卖须纳税。《大清律例》规定:“活契典当田房,一概免其纳税;其一切卖契无论是否杜绝,俱令纳税。”[343]

在清前期的典契中,有些并未规定典期,多是“钱到即赎”,这显然不利于典权人经营典买的田产,而大量的民间典契对回赎期是没有限制的。凡是未订立回赎期限者,不限时日均可回赎,所谓“一典千年活”。鉴于典契年限久远,内容含混,经常引起争讼,乾隆十八年(1753年)定例,凡“自乾隆十八年定例以前,典卖契载不明之产,如在三十年以内,契无‘绝卖’字样者,听其照例分别找赎。若远在三十年以外,契内虽无‘绝卖’字样,但未注明‘回赎’者,即以绝产论,概不许找赎。”[344]嘉庆六年(1801年),修订的《户部则例》明确规定了回赎期限:“活契典当年限不得超过十年,违者治罪。”“民人典当田宅,契载年份,统以十年为率,限满听赎。如原业主力不能赎,听典主投税过割执业。倘于典契内多载年份,一经发觉,追缴税银,照例治罪。”[345]为了保护旗地旗房的所有权,不因回赎期届满无力回赎而丧失,《户部则例》特别规定,“民人契典旗地,回赎期限以二十年为断”。如超过二十年,便作为升科地,呈报官府,与民地同样每亩征银三分,并永不回赎。“倘卖主无力回赎,许立绝卖契据,公估找贴一次,若买主不

[342]《大清律例》卷九《户律·田宅》“典买田宅”条例,清文渊阁四库全书本。
[343]《大清律例》卷九《户律·田宅》“典买田宅”条例,清文渊阁四库全书本。
[344]《大清律例》卷九《户律·田宅》“典买田宅”条例,清文渊阁四库全书本。
[345]载龄主纂:《户部则例》卷一〇《田赋·置产投税部》,清同治十三年(1874年)刻本。

愿找贴,应听别售,归还典价。"[346]

为了避免找贴之后再发生纠纷,民间习惯订立杜绝找价契约,如乾隆三十一年(1766 年)《山阴县王圣吉卖田杜绝找价白契》,[347] 全文如下:

> 立杜绝找契人王圣吉缘有淡字捌百四十四点五号田,共四亩二分五厘,出卖与处为业,得过正价银八十两正。今因契价不足,又浼原中找得时值价银三十九两正。自找之后,任凭过户管业,永不再找,遵例杜绝。欲后有凭,立此存照。(押)
>
> 乾隆三十一年八月日立杜绝找契人
>
> 王圣吉(押)
>
> 同第王有声(押)中人沈兵如(押)等

典权关系确立以后,典权人与出典人根据典契,双方各负有法定的权利义务。典权人有权占有、使用、收益典物,而且享有对典物的先买权、留置权以及对典物的转典权。典权人对典物负有保管、修缮以及向政府缴税的义务。如因典权人的故意或过失,致使典物损坏、灭失,典权人有责任加以赔偿。但由于不可抗力而使典物毁损、灭失,典权人不负赔偿之责。如典房被火烧毁,根据典期是否届满,以及原主、业主的具体情况,清律作出以下规定:"凡典产延烧,其年限未满者,业主、典主各出一半,合起房屋,加典三年,年限满足,业主以原价取赎。如年限未满,业主无力合起者,典主自为起造,加典三年,年限满足,业主照依原价加四取赎。如年限未满,而典主无力合起者,业主照依原价减四取赎,如年限已满者,听业主照依原价减半取赎。如年限已满,而业主不能取赎,典主自为起造,加典三年,年限满足,业主仍依原价加四取赎。"[348]

出典人拥有对典物的回赎权,但无回赎义务,即典主不得强制出典人回赎。回赎以备足典价为条件,徒有意思表示是无效的。典期届满,出典人无力回赎,典权人即获得典产的所有权。当典权人不愿找绝,出典人可别售他人。为了保护典权人的使用、收益权,禁止出典人一物两典。《清嘉庆十一年北京正黄旗平德典房白契》中特别言明:"自典之后,如有来路不明,重复典卖,有业主一面承

[346] 载龄主纂:《户部则例》卷一〇《田赋·置产投税部》,清同治十三年(1874 年)刻本。
[347] 张传玺:《中国历代契约会编考释》(下),北京大学出版社 1995 年版,第 1269 页。
[348] 《刑钱必览》卷七,清嘉庆十九年(1814 年)刻本。

管。"[349]重复典卖者,除照本律治罪外,还要追价发还后典买之人,田宅归原买之人为业,若典买之人及牙保知情者与犯人同罪,追价入官,不知情者不坐。

为了维护典权人的合法利益,在典契中也适用违约担保的原则。康熙二十年(1681年)《宛平县郭慎言出顶房草契》、康熙三十四年(1695年)《大兴县李溶发兄弟典房草契》中,都有"两家情愿,各无返悔。如有先悔之人,甘罚契内银一半入官公用"[350]的内容。以上两契相隔十四年,然而在内容与文字上完全一致,说明此类违约担保已有定式。不仅如此,在清代的典契中也强调中人的作用。乾隆五十六年(1791年),《大兴县杨余全转典房白契》中言明:"自典之后,倘有亲族人等争竞,中保一面承管。"[351]有些契约由典主同中保人共同"承管"。

总括上述,典在清代之所以广泛流行,为广大群众所接受,并被法律确认,是和中国的传统国情分不开的。在宗法制度与观念的统治下,子孙变卖祖宗遗产是有悖于孝道之举。因此,宁肯典产,而不卖产,以减轻来自族内的压力和精神上的负担。而尤为重要的是自耕农民或城市平民,一旦面临天灾人祸,为解燃眉之急,只能变产自救。他们乐于选择典产作为出路,是希望来日可以赎回,而不愿将田产绝卖。中国古代的典权经历了千余年的历史发展,直到近代,在民法典中仍然占有一定的位置。

4. 质权

早在汉朝已有关于质权的记载。唐时寺院多置典库,质钱取利,号曰"长生库、无尽藏"。宋以后社会上出现的"当铺""典铺",都是以"质"为业的店铺。清代由于商品经济发展,高利贷盛行,以致当铺遍布于城市和农村。据记载,乾隆九年(1744年)"京城内外官民大小当铺共六七百座"[352],达官贵人也开设当铺,获取高额利息。权相和珅一人就开设当铺七十五座。[353] 为了防止高利息造成平民破产,影响社会的安定,禁止违禁取利,清律规定,当铺月利不得过三分,且一本一利,违者笞四十。然而,实际上违禁取利者所在多有。以湖南的当铺为例,当本按月计息,每超过五天即按一月计算,年满过期不还,当物"不允取赎,立即变价发卖"[354]。

---

[349] 张传玺:《中国历代契约会编考释》(下),北京大学出版社1995年版,第1518页。

[350] 张传玺:《中国历代契约会编考释》(下),北京大学出版社1995年版,第1497页。

[351] 张传玺:《中国历代契约会编考释》(下),北京大学出版社1995年版,第1515页。

[352] 朱寿朋纂:《东华续录》(乾隆朝)卷二〇,清光绪十年(1884年)长沙王氏刻本。

[353] 薛福成:《查钞和珅住宅花园清单》,载薛福成:《庸庵笔记》卷三,重庆出版社1999年版,第67页。

[354] 赵申乔:《禁当铺违例取息示》,载赵申乔:《赵恭毅公自治官书类集》卷九,清雍正刻本。

当铺收当需开具当契,或贴子(当票)。当票是一种无记名债券,物主遗失当票需通知当铺,由保证人证明,方许取赎。“当权”设定后,须将当物的占有交付当主,故为要物契约。当铺的清偿期各地不同,最长三年,在此期限内物主有权任意清偿,以回赎当物,质权随之而消灭。当主不得对债务人强制清偿,或对其财物加以牵掣,或请官扣押。当主只对当物负有占有、留置、保管之权,若无特约不得使用收益。

在清代,不仅以物作质,也以人作质,一般都立有契约。康熙四十九年(1710 年)《休宁县项福生当女契》全文如下:[355]

> 立当契人项福生,今因缺用,自情愿将女一个当与汪名下,本纹银五两整。其利银即清,交与人汪名下不误。其女喜弟,年长八岁,六月二十一日子时生。今恐无凭,立此当契存照。
>
> 约纸共二张,共五两整
>
> 康熙四十九年八月初六日立当契人项福生(押)

在质权关系存在期间,质权人除占有质物外,并按月收取银息,如债务人不履行债务,质权人可将质物变卖,并优先接受清偿,但质权人也有义务妥善保管质物。如质物在质权存续期间发生灭失,则要根据情况,或照数赔偿,或按月扣除利息。

5. 抵押权

抵押权也是担保物权之一,是债务人或第三人向债权人提供不动产作为清偿债务的担保,而不转移占有的担保物权。出押人需要按契付息。可见,抵押权不同于质权,也不同于典权。

抵押也立有押契,规定押价、利息和支付期,并须交付田契或房契,故又称为“契押”。如至期不能归还,抵押就变为典当,这是在押契中十分重要的内容。咸丰四年(1854 年)十二月《藩伟士所立抵押契文》如下:“另将服字一千零八十号,土名屯溪中街屋契一纸附押,订期正月底一并归还,如过期不还,即将此契换当契。恐口无凭,立此存照。”[356]

清时典权、质权比较发达,抵押权相对薄弱,《清稗类钞》载:“典质业

---

[355] 张传玺:《中国历代契约会编考释》(下),北京大学出版社 1995 年版,第 1500 页。

[356] 安徽省博物馆编:《明清徽州社会经济资料丛编》(第 1 集),中国社会科学出版社 1988 年版,第 560 页。

者,以物质钱之所也。最大者曰典,次曰质,又次曰押。"由于清代民法理论贫乏,典、质、抵押这三种担保物权还没有十分明确的划分,也缺乏应有的法律解释。

(三)债法的完善

1.因契约而生之债

经过顺康两朝的恢复与发展,至雍乾时期,商品生产与交换达到了最高峰,与此相联系的,契约制度也取得了新的发展。无论买地、租房、雇工、合伙、婚娶、借贷均以契约为凭证,以确认双方的权利和义务,"民间执业,全以契券为凭……盖有契斯有业,失契即失业也"[357]。

清代契纸已由官府按统一规格印制,《写契投税章程》规定:"民间嗣后买卖田房必须用司印官纸写契,违者作为私契,官不为据。""民间嗣后买卖田房,如不用司印官纸写契,设遇旧业东、亲族人等……即将私契涂销作废;仍命改写官纸,并照例追契价一半入官。"[358]官府强调使用官契纸订立契约,以保证契约格式的统一,防止因伪契而发生纠纷。但在遗留下来的雍乾时期的契据中,也有较多的是立约人自备纸张,按照官版契纸格式书写。民间契约的内容必须符合国家的法律,否则无效。

在清代,买卖土地、房屋、奴婢须经官府同意,并履行税契的法律程序,才具有法律效力。清代税契与前不同,已经从买卖双方纳税,变为买方缴纳;从加盖官印的单一形式,也发展为官印、契尾的复杂形式,这些都标志着契约制度的发展。税契通常在立契后一年内完纳,逾期依法惩治。在税契的同时,还要将卖主的田地和应纳的赋税过户于买方名下,即所谓"过割",以使"田各有主,循主责粮差"。凡取得官府颁发的契尾和加盖官印的契约称为"红契""朱契"。民间订立的契约称为"白契",虽也具有民事法律效力,但如发生争讼,白契的举证效力不如红契。不仅如此,白契所买者(人)视同雇工,除年限久远者外,允许赎身;红契所买者则为奴婢,其子孙也永远为奴。白契的普遍流行使大清律对不税契者的惩罚难以实现。

总体说来,清代民间契约不仅具有广泛性、严肃性,而且具有详备性,可以说是中国封建社会较为成熟的和具有代表性的民事法律文书,也是官府所确认的具有法律约束力的法律凭证,它对民事法律关系起着实际有效的调整作用。

---

[357] 佚名:《严禁验契推收及大收诸弊以除民累》,载《治浙成规》卷一,国家图书馆藏清刻本。
[358] 张传玺:《中国历代契约会编考释》(下),北京大学出版社1995年版,第1466~1467页。

2. 契约的种类

从清代遗留的大量的契约档案资料中可以看出,流行于清代社会的主要契约形式是买卖契约、典当契约、借贷契约、雇佣契约、租赁契约、找贴契约、租佃契约、伙资契约等。另据资料记载,流行于我国台湾地区的民间契约形式便有以下各种:分家析产契约、典契约、杜买卖契约、归就契约、赠与契约、托付契约、过继承嗣契约、胎借契约,对换房屋契约、书田契约、共有契约、轮公契约等。契约形式的复杂化是清代民事法律关系发展的重要表征。兹举买卖、租佃、租赁、借贷契约为例加以说明。

随着商品经济的发展,因商品交易而订立的买卖契约呈现发展的趋势,并具有时代特点。例如,在不动产土地房宅的买卖契约中,必须写明"绝卖"字样,以示所有权的转移,并与活卖、典当相区别。契约关系的成立必须双方合意,不准逼勒成交,也不得以私债准折,更不许重复交易。田宅交易立契以后,须履行税契过割的法律程序,红契、白契具有不同的举证效力。买卖田宅,亲属享有优先权,在"一田二主"流行地区,买卖田土经常是问佃不问主;禁止买卖和典卖官田、官赐祭田、军队屯田、寺庙田产和祖遗祀产,严禁旗民交产。除不动产外,动产买卖如以人口为标的物也须订立契约。清朝时人口买卖是合法的。《户部则例》卷四《户口四》规定:"各省遇有灾侵,地方贫民卖鬻子女者允许本地民户、过往客商及并未驰驿官员认买。对入官人口由官府作价认买,凡年十岁以上至六十岁者,每口作价银壹拾两,六十一岁上作价银伍两,九岁以下幼丁每一岁作价银壹两,未周岁者免其作价。"〔359〕

清代租佃关系的发展使由此而产生的契约之债也比前代发达。租佃契约的主要标的是土地,内容包括土地的数量、位置、租佃期限、地租数额、交租的时间与方式以及不得违约拖欠等。从现存清代土地租佃契约中可以看出地租额极高,或者"按半分收""岁取其半",或者"客一主二",高者竟达百分八十以上。而且,不论年成丰歉照例交纳,所谓"不敢拖欠升合""不敢少欠""年成丰俭(欠),照例交纳,不得短少"等,这是租佃契约的重要内容。如发生欠租,则成为地主撤田另佃的理由。《歙县鲍日怀租田批》中言明:"若有欠少,任凭本家起业,另招他人作种。"〔360〕按照契约关系的平等原则,撤佃之权应属主佃双方,但在封建生产关系下,只有地主拥有增租撤佃之权,而无佃户自动撤佃之事。由于增租撤佃往往激起佃户尖锐的反抗,为了缓和主佃矛盾,稳定封建的租佃关

〔359〕 载龄主纂:《户部则例》卷四《户口四》,清同治十三年(1874 年)刻本。

〔360〕 安徽省博物馆编:《明清徽州社会经济资料丛编》(第 1 集),《歙县鲍日怀租田批》,中国社会科学出版社 1988 年版,第 433 页。

系，雍、乾二朝都颁布法令限制地主增租夺佃；同时，也严禁佃户拖欠田租，否则要受到惩处。

除上述外，蒙古人与汉人之间的租佃关系具有某种特殊性。因此，《理藩院则例》作出具体规定："在蒙古地方居住之民人，租种地亩、赁居房屋，均照原议数目纳租交价。倘恃强拖欠，或经扎萨克呈报，或经业主、房主控告，该司员及同知、通判等即为承追。加欠至三年者，查蒙古得有民人押租银两，即以押租银两作抵。如无押租银两，将该民人所种之地，所赁之房撤回，另行招租，仍勒限饬将欠租交清。倘限满不交，即将该民人枷号一个月，满日折责，递回原籍管束。"[361] 如租种蒙古地亩的民人回籍或不愿耕种，可将"所欠之租、所赁之房与押契钱文对抵，地归本主。如押契钱数不抵所欠之租，即报明该理事、司员、地方官酌量公平定拟"[362]。

在租赁契约中主要是租房契约，也有租铺店契约、租牲畜契约等。

在租房契中，须写明房屋坐落、租银、交付办法、中人及履行租约的保证等。现存康熙五十八年（1719年）《休宁县王佛佑租房批》如下：[363]

> 立租批仆王佛佑，今凂中租到家主名下房屋乙半，坐落土名竹林，通前至后出入门面堂地基，每年议定银乙两整。其租银三面议定，四季交纳，不得欠少分文。倘有租银不清，任从家主另行招租，无得异说，今欲有凭，立此租批存照。
>
> 康熙五十八年十一月立租批仆人　王佛佑
>
> 凂中家人　　汪禹功

租店铺契约由于对象复杂，契约的内容也较租房租契繁复，光绪三十年（1904年）《宛平县慎俭堂（谭姓）租铺底字据》如下：[364]

> 立成（承）做买卖人慎俭堂（谭姓），今租到杨鉴明自置铺底，坐落在锦什坊街武定侯东口外路东门面一间到底三层，有后院子一块。因自己不能成（承）做，同中人说合，情愿租给谭姓名下成（承）做，言明押租市平松根三十两正，其银笔下交

〔361〕松林等修：《理藩院则例》卷一〇《地亩》，清光绪十六年（1890年）刻本。

〔362〕松林等修：《理藩院则例》卷一〇《地亩》，清光绪十六年（1890年）刻本。

〔363〕张传玺：《中国历代契约会编考释》（下），北京大学出版社1995年版，第1551页。

〔364〕张传玺：《中国历代契约会编考释》（下），北京大学出版社1995年版，第1565页。

足,并无欠少。言明每月傢倨(家具)房银市平松江银一两四钱正。以租十年为满,银到归赎。同中言明,如若年头不到交房者,押租银全罚;如若年头不到要房者,罚银六十两。每月言明傢伙房银一两四钱,言明三个月房银不到者,准其铺东将买卖收回。铺内傢倨(家具)令(另)在清单一纸。恐口无凭,立字为证。

信行

成(承)做人　慎俭堂谭姓(押)

中人　曾濂溪(押)　刘旺江(押)

在清代也有以耕畜为标的物的租赁契约,在此类契约中,一般还规定孳生物的分配办法。现举山西兴县的租牛约如下:[365]

立租牛约人甲某,今在乙某名下租到黄牝牛一条,作本价银若干两,若后生犊,除本以外,两家利益均分,言明每年纳租粟若干斗,租成交还,不许短少。恐口无凭,立租约为证。

立租约人　甲某(押)

中人　某某(押)

某某(押)

在清代最常见的契约形式是借贷契约。世祖时期为控制借贷契约,多次下谕:“今后一切债负,每银一两,止许月息三分,不得多索,及息上增息……如违,与者、取者俱治重罪。”[366]其后《大清律例》修成,《户律·钱债》规定:“凡私放钱债,每月取利不得过三分,每年虽多,不过一本一利,违者,笞四十,以余利计赃,重者坐赃论,罪止杖一百。”

债务人须依约按期交纳利息、如期还本。为了保护债权人的利益,负债不偿者,根据数额和拖欠日期处以不同刑罚。“五两以上违三月笞一十,每一月加一等,罪止笞四十。五十两以上违三月笞二十……百两以上违三月笞五十……

[365] 司法行政部编:《民商事习惯调查报告录》(下),中国政法大学2000年版,第673页。

[366] 中国第一历史档案馆、中国社会科学研究所译注:《清实录》第三册《世祖章皇帝实录》卷三八,顺治五年四月丁未,中华书局1985年版,第308页上栏。

并追本利给主。”[367]但禁止债权人私自强夺债务人的产业，违者杖八十。对于强夺数额未超过债务者，“听赎不追”，若“估（所夺畜产之）价超过本利者，计多余之物，（罪有重于杖八十者），坐赃论，（罪止杖一百，徒三年）”[368]，并追原物还主。

私债必偿是国家的法律，也是民间通行的习惯，即使债务人身亡，也由其继承人偿还。如债务人破产，则由中保人负连带偿还责任。只有当债权人“准折债务人妻女”，构成犯罪的条件下，私债才免追。如系官府借给贫民的粮谷，或因开垦田土借给的牛具籽种，如果债务人人亡产绝，可以请求豁免。

根据清代刑科题本中，乾隆（二十六个年份）、嘉庆（二十个年份）、道光（二十二个年份），全国十八省和东北地区五百四十九件债务档案统计，其中年利率或月利率三分共二百七十四件，二分利率一百二十八件，五分利率五十二件，年利超过一倍的九十五件。可见利率二分和利率三分接近统计总数的四分之三。[369] 从趋势上看，借贷率有下降之势，这是和社会生产力水平的提高、商品货币经济的发展以及劳动者阶层生活的稳定分不开的。同时，法律的限制也起了一定的作用。例如，乾隆二十二年（1758年）定例，强调“放债之徒用短票扣折，违例巧取重利者，严拿治罪，其银照例入官。受害之人许其自首免罪，并免追息”。[370] “若豪势之人（于违约负债者），不告官司，以私债强夺去人孳畜产业者，杖八十。”[371]“若准折人妻妾、子女者，杖一百（奸占，加一等论），强夺者，加二等（杖七十、徒一年半）；因（强夺）而奸占妇女者，绞。（监候，所准折强夺之）人口给亲，私债免追。”[372]

不仅如此，为了防止监临官吏于所部内放债取利，盘剥部民，《大清律例》严格规定：“监临官吏于所部内举放钱债、典当财物者，即非禁外多取余利，亦按其所得月息，照将自己货物散与部民多取价利计赃，准不枉法论；强者，准枉法论。”除治罪外，所得利银照追入官。例如，“违禁取利，以所得月息全数科算，准不枉法论。强者，准枉法论，并将所得利银追出，余利给主，其余入官”[373]。

清朝关于违禁取利的法律规定，其着眼点是维持社会的稳定和正常的债务关系，对于债务人无疑是一种法律保护。但是，封建借贷法的本质决定了它在保护合法借贷关系的同时，是向着债权人的利益倾斜的。譬如，按法废止了“役

---

[367] 《大清律例》卷一四《户律·钱债·违禁取利》，清文渊阁四库全书本。
[368] 《大清律例》卷一四《户律·钱债·违禁取利》，清文渊阁四库全书本。
[369] 黄冕堂：《清史治要》，齐鲁书社1990年版，第510页。
[370] 《大清律例》卷一四《户律·钱债·违禁取利》，清文渊阁四库全书本。
[371] 《大清律例》卷一四《户律·钱债·违禁取利》，清文渊阁四库全书本。
[372] 《大清律例》卷一四《户律·钱债·违禁取利》，清文渊阁四库全书本。
[373] 《大清律例》卷一四《户律·钱债·违禁取利》，清文渊阁四库全书本。

身折酬”,但民间仍存在以工抵债的现象。

3. 侵权及损害赔偿之债

侵权及损害赔偿之债依侵犯客体的不同可以划分为致害人身和致害财物两类,并据此相应地承担民事责任。

根据清律,侵害与赔偿之债的成立,一是行为人所实施的行为是法律明文禁止的行为,或是法律虽没有明文规定,但依理不应作为而作为的行为。前一种情况,在清律中往往称为“不许”或“不准”,如“土目、土民不许私相典买土司田亩,如有违禁不遵者,立即追价入官,田还原主”[374]。后一种情况,清律称为“不应为”[375]。违法行为还包括违法不作为,即法律要求作为而没有作为。例如,“凡仓库及积聚财物,主守之人安置不如法,晾晒不以时,致有损坏者,计所损坏之物(价)坐赃论,著落均赔还官”[376]。

二是行为人的违法行为是因故意或过失所造成的。《大清律例·刑律·人命》“戏杀误杀过失杀伤人”条注释说明,“过失”不仅指违法者的主观因素,有时也包括意外事故在内。《大清律例·刑律·人命》“车马杀伤人”条记载:“若(无故)于乡村无人旷野地内驰骤,因而伤人致死者,杖一百,并追埋葬银一十两。”[377]尽管纯属意外事故,行为人主观上并无过错,但仍以“过失”论。凡是故意造成损害,除承担刑事责任外,还附带承担民事责任。但过失则有所不同,有些行为可能引起刑事责任并附带民事责任,有些行为则只引起民事后果,不负刑事责任,只“偿而不坐”。

三是行为人的违法行为与损害结果之间存在因果关系。违法行为不仅根据行为人的主观心理状态分为故意或过失,而且与损害结果之间也存在因果关系。

在特定的条件下,侵权行为可以免除民事责任。根据清律的规定,因不可抗力或意外事故所造成的侵害可免除责任。根据《大清律例·户律·仓库》的规定,仓库及积聚财物“若卒遇雨水冲激,失火延烧,盗贼劫夺,事出不测而有损失者,委官保勘复实,显迹明白,免罪不赔”。“若船行卒遇风浪,及(内外)失火延烧,或盗贼劫夺,事出不测而有损失者,申告所在官司,委官保勘复实,显迹明白,免罪不赔。”[378]行为人出于紧急避险所造成的侵害可免除责任。《大清律

[374] 《大清律例》卷九《户律·田宅·盗卖田宅》,清文渊阁四库全书本。
[375] 《大清律例》卷三四《刑律·杂犯·不应为》,清文渊阁四库全书本。
[376] 《大清律例》卷一二《户律·仓库下,损坏仓库财物》,清文渊阁四库全书本。
[377] 《大清律例》卷二六《刑律·人命·车马杀伤人》,清文渊阁四库全书本。
[378] 《大清律例》卷十二《户律·仓库·损坏仓库财物》,清文渊阁四库全书本。

例·兵律·厩牧》规定:“若畜产欲触抵踢咬人,登时杀伤者,不坐罪,亦不赔偿(兼官私)。”行为人实施正当防卫所造成的侵害亦可免除责任。《大清律例》规定:“凡祖父母、父母为人所殴,子、孙即时(少迟,即以斗殴论),救护而还殴,(行凶之人)非折伤,勿论。”[379] 当事人双方具有特定的宗法伦理关系可免除责任。《大清律例·刑律·贼盗》“亲属相盗”条规定:“凡各居亲属相盗财物者,期亲减凡人五等,大功减四等,小功减三等,缌麻减二等,无服之亲减一等,并免刺。”本条附例规定:“凡亲属相盗,除本宗五服以外,俱照无服之亲定拟外,其外姻尊长亲属相盗,惟律图内载明着,方准照律减等,此外不得滥引。”[380]

侵害人身行为在法律规定中有“戏杀误杀过失杀伤人”“车马杀伤人”“庸医杀伤人”“窝弓杀伤人”“畜产咬踢人”“斗殴”“奴婢殴家长”“同姓亲属相殴”“殴大功以下尊长”“殴期亲尊长”“骂詈”“诬告”等。这些行为均被定为犯罪而要追究刑事责任外,还需给付医药费、烧埋银、养赡费等民事赔偿。给付医药费一般适用于过失杀伤人和殴伤人未至死。给付烧埋银适用于殴杀人至死,是对死者埋葬费用的一种补偿。养赡费适用于人命案死者家属和殴伤残疾者。

侵害财产包括侵害他人不动产和动产两种。侵犯不动产的侵权行为主要是指盗卖盗耕、窃放农田蓄水灌溉己田、妨碍他人使用土地、失火放火烧人房屋或毁损人房屋墙垣等。侵害动产的侵权行为主要是指盗窃、弃毁器物稼穑、放火烧物、杀伤畜产、违禁取利、负欠私债违约不还等。侵犯不动产和侵犯动产行为所发生之债均负赔偿之责。

(四)杂有女真习俗的婚姻、家庭与继承

1. 清律有关婚姻的一系列规定,基本与唐律同,但由于历史条件的变化,也增加了一些新的规定。譬如,主婚权一般属祖父母、父母及尊亲属,但寡妇婚姻的主婚权另有规定。根据《大清律例》记载:“夫丧服满,妻妾果愿守志而女之祖父母、父母及夫家之祖父母、父母强嫁之者,杖八十。”[381] 由此可见,寡妇或再婚或守志由自己决定,这与唐律“妇人夫丧服除,誓心守志,惟祖父母、父母得夺而嫁之”[382] 是不同的。从各地流行的习惯来看,孀妇改嫁常由夫家父母(或夫之兄弟)主婚,但须通过娘家,近于共同主婚,夫家娘家均无父母,孀妇可自主改嫁。

对于奴婢婚姻的主婚权,则严格控制在家主之手,《大清会典事例》卷七五

[379] 《大清律例》卷二八《刑律·斗殴上·父祖被殴》,清文渊阁四库全书本。
[380] 《大清律例》卷二四《刑律·贼盗下·亲属相盗》,清文渊阁四库全书本。
[381] 《大清律例》卷一〇《户律·婚姻·居丧嫁娶》,清文渊阁四库全书本。
[382] 《唐律疏议》卷一四《户婚·父丧守志而强嫁》,四部丛刊三编景宋本。

六有如下记载:“国初定,凡家仆将女子私嫁于人,不问本主者,鞭一百,不论年份远近,生子与未生子,俱离异,给与本主。”[383]《大清律例》进一步规定:“凡民人家生奴仆、印契所买奴仆,并雍正十三年以前白契所买及投靠养育年久,或婢女招配生有子息者,俱系家奴,世世子孙永远服役,婚配俱由家主,仍造册报官存案。”[384]为了制裁奴仆私嫁女子,嘉庆六年(1801年)定例:“若契买家奴及户下陈人,将女私聘与人,未成婚者,给还本处。已成婚者,追身价银四十两;无力者,量追一半给主。其嫁女之人,杖一百,徒三年,满日给主管束。娶主知情,与同罪;不知者,不坐。”[385]

关于婚龄,清入关以前,实行早婚制,女年十二即可出嫁。入关以后,因受汉族文化影响,遂沿袭明制以男十六岁、女十四岁为法定结婚年龄。但由于各地经济文化发展程度不同,形成了不同的婚龄习惯。一般说来,在文化发达的江南地区,婚龄高于北方,更高于满族。据浙江归安《稽氏宗谱·条规》记载:“男子年二十以上皆可婚,女子十六以上皆可嫁。”据考证李光地等十三名官僚文人的年谱,其结婚年龄均超过十八岁。[386]但在偏僻地区,如恩施县,流行男女十二岁以上、十五岁以下即可成婚的习惯,而且多系女长于男,或长六岁至七岁,或达十岁以上。

关于婚姻的禁忌,沿袭传统的同姓、良贱、尊卑不得为婚的规定。但至清后期同姓不婚的禁忌已经有所松弛,《大清律例汇辑便览》说:“同姓者重在同宗,如非同宗,当援情定罪,不必拘文。”对于良贱为婚的科刑,也较之唐律减轻。按唐律,奴娶良人徒一年半,清律只杖八十,并将良贱通婚的罪责多加于家长。清朝中叶以后,随着社会关系的变动与贱民的陆续解放,良贱不婚的禁令也逐渐松弛。

此外,按大清律文规定,姑表、姨表兄弟姐妹禁止通婚,但民间相沿成俗,因而在条例中作出变通:“其姑舅、两姨姊妹为婚者,听从民便。”[387]

值得指出的是清代特定的民族间的婚姻禁忌。首先,满汉官民不通嫁娶。清入关以后,为了淡化汉人的反抗情绪,曾于顺治五年(1648年)八月下令,满汉官民得相嫁娶,但不久又定律严禁满汉通婚,违者科刑。其后《户部则例》规

---

[383] 《光绪会典事例》卷七五六《刑部·户律婚姻·嫁娶违律主婚媒人罪》,中国第一历史档案馆藏清刻本。

[384] 《大清律例》卷二八《刑律·斗殴下》“奴婢殴家长”条例,清文渊阁四库全书本。

[385] 薛允升著,胡星桥、邓又天主编:《读例存疑点注》卷三六《刑律·斗殴》“奴婢殴家长”条附例,中国人民公安大学出版社1994年版,第639页。

[386] 张研:《清代家庭结构与基本功能》,载《清史研究》1996年第3期。

[387] 《大清律例》卷一〇《户律·婚姻》“尊卑为婚”条例,清文渊阁四库全书本。

定:“在京旗人之女不准嫁与民人为妻。倘有许字民人者,查系未经挑选之女,将主婚之旗人,照违制治罪。系已经挑选及例不入选之女,将主婚之旗人照违令例治罪。聘娶之民人,亦将主婚者一例科断,仍准完配,将该旗女开除户册。若民人之女嫁与旗人为妻者,该佐领旗长详查呈报,一体给与恩赏银两,如有谎报冒领情弊,查出从重治罪。至旗人娶长随家奴之女为妻者,严行禁止。”[388]尤其严禁宗室觉罗与汉人联姻,以保持天潢贵胄血统的纯洁性。

其次,禁止汉蒙族人之间的婚姻。《理藩院则例》规定:“内地民人不准娶内外扎萨克等处蒙古妇女。如有私行婚嫁者,被人首出,将娶之妇离异归宗,将主婚之蒙古并违禁之民人各枷号三个月,满日鞭三百,民人递解回籍。该管台吉罚三九牲畜,该扎萨克照失察例罚俸六个月。如系该台吉扎萨克自行查出者,免议。”[389]即使逃入内地的蒙古人也禁娶内地人为妻。沈家本《寄簃文存》卷五引“督捕则例”如下:“凡口外蒙古人逃进内地,娶妻者,将所娶之妻断归母家。”[390]但满汉联姻已久,为法所不禁。

此外,“福建、台湾地方民人,不得与番人结亲,违者,离异。民人照违制律杖一百,土官通事减一等,各杖九十。该地方官如有知情故纵,题参,交部议处。其从前已娶生有子嗣者,即安置本地为民,不许往来番社。违者,照不应重律杖八十”[391]。此例为乾隆二年(1737年)定例,乾隆五年(1740年)馆修入律,其着眼点在于维护国家安全,防止结成抗清势力。至光绪元年(1875年),时过境迁,该规定经大臣沈葆桢奏准删除。

关于离婚之法,基本上沿袭前代七出、三不去和义绝之法。但清律中义绝的规定与唐律有所不同,按唐律:“诸犯义绝者离之,违者,徒一年。”《唐律疏议》对此解释如下:“夫妻义合,义绝则离,违而不离,合得一年徒罪。”又云:“义绝者,官遣离之,违法不离,合得徒罪,义绝者离之。”[392]清律则依情节之不同,有可离可不离者,有不许不离者。《大清律例增修统纂集成》引《辑注》诠释如下:“义绝而可离可不离者,如妻殴夫,及夫殴妻至折伤之类。义绝而不许不离者,如纵容抑勒与人通奸及典雇与人之类。”显而易见,清律的诠释更合于情理。与此同时,清律也认定和离为合法:“若夫妻不相和谐而两愿离者,不坐(情既已

---

[388] 载龄主纂:《户部则例》卷一《户口(一)》,清同治十三年(1874年)刻本。

[389] 松林等修:《钦定理藩院则例》卷二五《婚礼》,清光绪十六年(1890年)刻本。

[390] 沈家本:《督捕则例·口外逃人娶妻》,载沈家本:《寄簃文存》卷五,商务印书馆2015年版,第2183页。

[391] 《大清律例》卷一〇《户律·婚姻》“嫁娶违律主婚媒人罪”条例,清文渊阁四库全书本。

[392] 《唐律疏议》卷一四《户婚律·义绝离之》,四部丛刊三编景宋本。

离难强其合)。"[393]在蒙古地区,夫妻均可提出离婚,但须通知双方亲属。根据《蒙古律例·户口差徭》记载:"凡人休所娶之妻,其夫妻和睦时用完之物,不准赔还。将妇人带来现存之物全行给回。"如女方提出离婚,要退回一部分男方所赠之物。西藏地区,夫妻反目,先经亲友调解,调解无效,可向部落头人提出离婚。如男方提出,则分一半财产给女方;若女方提出,则不给任何财产。男女双方都提出离婚,头人或各罚马一匹,或罚钱。离婚后,子女的处置,女孩归女方,男孩归男方。若只有一子,则令其去寺院当喇嘛。另据《西宁青海番夷成例》记载:"凡出妻,其妻陪嫁物件全行给回。除夫妻和睦时花费物件不偿外,现在所有物件悉行还给。"

清代满州宗室贵族的婚姻制度,规定得极为详尽。关外时期,满洲宗室贵族实行多妻制。努尔哈赤(1559~1626年)先后娶妻十五人。他的同父兄弟穆尔哈齐娶妻五人,舒尔哈齐娶妻五人,巴雅喇娶妻四人。至皇太极时期,贵族宗室娶妻妾的数量趋于增多,从而使皇族人口的再生产呈上升趋势。入关以后,随着政权的巩固,进一步规定了亲王、世子、郡王,除娶嫡福晋(嫡妻)外,还可娶侧福晋(侧室)。按定例,亲王,侧福晋四人;世子、郡王,侧福晋三人;长子、贝勒,侧室二人;贝子、公,侧室一人。以上限额是属于可以请封颁给册命、诰命的妻室数量。此外,还有法定的妾媵数额,如亲王妾媵十人,世子、郡王妾媵六人,长子、贝勒、贝子妾媵五人,镇国公、辅国公妾媵四人。至于私下娶妾或私买民女为妾,属于"毋庸查禁"[394],因而是无所限制的。

从清初起,宗室王公的嫁娶,必须得到皇帝的批准,以致宗室男女的婚嫁"逾时久旷",往往超过婚龄。直到乾隆三年(1738年)才加以变通:世系近者,仍由皇帝批准,挑选八旗秀女成婚;世系远者,"各听其便"[395]。挑选八旗秀女的制度也是清朝首创,由户部、内务府负责,每隔三年举行一次。凡属八旗所生女子,年至十三四岁,一律送至京师,交户部和内务府预备挑选。旗人隐瞒秀女者,如系官员即行革职,一般平人送交刑部治罪,族长知情者,系官降二级调用,系兵丁鞭七十。若不知情,该族长草率担保具结者,系官罚俸一年,系兵丁鞭五十。[396] 为了保证天潢贵胄血统的纯正,凡旗人过继民人之子为嗣者,其秀女不应与旗人一同挑选。

努尔哈赤时期宗室王公之女与蒙古族王公子嗣结成世代姻亲,这已经作为

---

[393] 《大清律集解附例》卷六《户律·出妻》,清雍正内府刻本。

[394] 《钦定宗人府则例》卷三,清嘉庆七年(1802年)刻本。

[395] 载龄主纂:《户部则例》卷一《户口一》,清文渊阁四库全书本。

[396] 《光绪会典事例》卷九九《吏部八十三·处分例·迷拐子女》,中国第一历史档案馆藏清刻本。

制度确定下来。为此,蒙古王公每年须将本族内未婚青年报告理藩院转奏皇帝。满蒙联姻使大量蒙古妇女嫁到皇族宗室之家,满洲宗室女子也大量嫁到蒙古贵胄之门。由于蒙古经济单一,习俗落后,使得人口的发展十分缓慢。至19世纪初,蒙古王公已经难以向清廷提供适当的人选。嘉庆时,为了维系满蒙两族的联姻制度,决定宗室女子凡选蒙古额驸,“不必拘泥同岁”,允许蒙古王公“将年长五岁、幼五岁蒙古子嗣,择选报部”。“倘有及岁隐匿不报者,一经查出,定行治罪。”[397]满蒙联姻制度,一直沿行到清朝灭亡才结束。

2. 清朝法律继续确认和维护封建家长制家庭,《大清律例汇集便览·户律辑注》中记载:“一户人口,家长为主。”家长由家庭中辈分最尊的男性担任,集父权与夫权于一身。《居家杂仪》说:“事无大小,毋得专行,必咨禀于家长……则号令出于一人,家政始可得而治矣。”

家长拥有对家庭财产的支配权与经营权,禁止“卑幼私擅用财”,私用二十贯者,笞二十,每增二十加一等,罪止杖一百。家长也享有对子孙的惩罚权,子孙“违反教令而依法决罚,邂逅致死者……勿论”[398]。法律还赋予家长送惩权,即要求官府代为惩处,父母控子,照所控办理,不必审讯。家长还握有对家庭成员的监护权,这既是国家赋予的权利,同时也是家长对国家承担的义务,如家庭成员违法犯禁,家长要连带受罚。康熙二十八年(1679年)上谕:“族长不能教训子孙问绞罪。”[399]至雍正朝,“族长”入律,进一步明确了族长应负的法律责任,承认了宗族法的效力:“本人所犯之罪,在国法虽未至死……或以家法处治至死,免其抵罪。”根据此谕,刑部于当年即“遵旨定例”[400]。

在家庭中,夫妻的权利与义务是不平等的。在“夫妻一体”的传统观念影响下,确认丈夫对家政的统一支配权;妻的财产也归丈夫所有和支配;丈夫对妻子负有监管权;夫妻间的人身侵犯,同罪异罚;丈夫为生活所迫,可以私下将妻子典雇与人为妻妾;但妻对夫却应尽片面守贞的义务。

以上可见,清律全面维护封建的家庭关系准则,全面确立家长在家庭中的统治地位。

3. 清代的继承律例和民间流行的习惯都达到了完备的程度。继承分为身份性继承和财产继承两种。身份性继承包括宗祧继承与封爵继承。宗是近祖

---

[397] 《光绪会典事例》卷一《宗人府一·天潢宗派·婚嫁》,中国第一历史档案馆藏清刻本。

[398] 《大清律例》卷二八《刑律·斗殴下·殴祖父母父母》,清文渊阁四库全书本。

[399] 中国社会科学院历史研究所清史研究室编:《清史资料》(第1辑),中华书局1981年版,第114页。

[400] 张廷玉等撰:《清朝文献通考》卷一九七《刑考(三)》,清文渊阁四库全书本。

之庙,祧是远祖之庙。宗祧继承通常以嫡长子为法定第一顺序继承人,无嫡长子者立嫡长孙,依次按嫡庶子、嫡次孙、庶长子、庶长孙、庶次子、庶次孙,循序继承。立嫡违反法定程序者,杖八十,以示宗法继统的严肃性。封爵继承是政治权力和特权地位的转移。因此,宗祧继承和封爵继承是不能分割、也不容分割的。只有财产继承因系经济权利的转移,是可以分割并允许分割的。

在宗法制度的精神与原则的主宰下,继承法中重身份而轻财货,不仅详细规定了承继和立继的条件,甚至在《立嫡子违法》的律文中,不言家产。有关家产的分析与继承,见于附例。

立继,是指嫡庶子孙全无,即所谓"户绝"之人,可采取"立继",以保证宗支延续和祖宗血食。《大清律例·立嫡子违法》附例一规定:"无子者,许令同宗昭穆相当之侄承继,先尽同父周亲,次及大功、小功、缌麻。如俱无,方许择立远房及同姓为嗣。"可见,宗祧继承,除强调同宗外,还必须是昭穆相当,这是宗法伦序所要求的。"虽系同宗,而尊卑失序者",与立嫡子违法同处,杖八十。而且,"其子亦归宗,改立应继之人"[401]。所谓昭穆相当之人,按清律规定即立侄为嗣。

由于身份继承重视血缘关系,禁止乞养异姓义子为嗣,以免乱宗族,否则杖八十。八旗无嗣之人虽可过继异性亲属,但须双方生父、族长以及该管参、佐领出具甘结,送户部备案。立嗣关系成立以后,不得随意解除,只有在嗣子不孝或与继亲相处不睦时,才准许废除原有的立继关系,重立嗣子。清律规定:"若继子不得于所后之亲,听其告官别立,其或择立贤能及所亲爱者,若于昭穆伦序不失,不许宗族指以次序告争,并官司受理。"[402]

关于独子继嗣兼祧问题,清朝前期法律是禁止的,至乾隆朝始有所改变。俞樾在《俞楼杂纂》中说:"一子两祧为国朝乾隆间特别之条。"乾隆四十年(1775年)闰十月,根据宗法"小宗可绝,大宗不可绝也"的原则,颁布上谕:"嗣后遇有孀妇应行立继之事,除照例按依昭穆伦次相当外,应听孀妇择其属意之人,并问之本房是否愿继,取有阖族甘结,即独子亦准出继,庶穷法律得以母子相安,而立嗣亦不致以成例阻格。该部即照此办理,著为令。"[403]根据这道上谕,乾隆四十四年(1779年)制定《独子承祧例》,对于独子兼祧的具体条件作了明确的规定,无子立嗣"如可继之人亦系独子,而情属同父周亲,两厢情愿者,取

---

〔401〕《大清律例》卷八《户律·户役·立嫡子违法》,清文渊阁四库全书本。

〔402〕《大清律例》卷八《户律·户役·立嫡子违法》,清文渊阁四库全书本。

〔403〕中国第一历史档案馆、中国社会科学研究所译注:《清实录》第二一册《高宗纯皇帝实录(一三)》卷九九五,乾隆四十年闰十月己巳,中华书局1985年版,第301页下栏~302上栏。

具合族甘结,亦准其承继两房宗祧”。

兼祧继承既是法律的规定,也是民间流行的习惯。嗣子兼祧二房,应各为娶妻,习惯上并无大小之分,所生之子各承宗祧,各继财产。除个别地区或特殊情况外,长支长子不得出继他支。但八旗及外省驻防乏嗣,“虽长房长子,准照独子之例出继”[404]。

由于立继兼祧是严肃的族内继承活动,有时也须立有文约以示郑重,根据《明清徽州社会经济资料丛编》第一集中所载,光绪年间,徽州歙县胡昌仁出继长子文书如下:

> 立出继文书昌仁,兹缘服兄昌辅乏嗣,贸汉病故,亲族合议挨派承嗣,义不容辞,愿将长子乳名灶进,出继与昌辅嫂名下为己子,听凭使唤,抚养成立(人),婚配等情。现嫂在汉未归……自祧之后,惟愿光大门闾,克昌厥后。倘有天寒时气,各安天命,并无翻悔等。恐口无凭,立此出继文书,永远大发。
>
> 光绪九年九月　日　　立出继文书人
>
> 族长、本房长等干系人

收养异姓子如非立嗣为嗣子是不禁止的,但如乱宗族者,则强制养子归宗。《大清律例》规定:“其乞养异姓义子以乱宗族者,杖六十,若以子予异姓为嗣者,罪同,其子归宗。”[405]只有在个别地区、个别的情况下,养子才可以取得嫡子身份,继承宗祧与财产。在流行于各地的习惯中,异姓为嗣较为普遍,多从甥辈或外孙中“择贤择爱”。江西与浙江地区,“应立”“应继”与“爱立”“择继”并行,在近亲内择一昭穆相当之人作为“应立”之嗣,此外,还允许再择一异姓“爱立”为嗣。[406]

除养子外,也流行招婿为嗣,入赘者往往因家境贫苦,无力聘婚,不得不为赘婿。赘婿须改从妻姓,写立赘书作为嗣子,可以继承妻父之祧及遗产,但也要得到族中同意。对于赘婿所生之子,一般能为族人所接受,所谓“异子不异孙”,或“有义子无义孙”。其长子从岳家之姓,次子从本宗之姓,使两姓祀均得延续。

---

[404] 载龄主纂:《户部则例》卷一《户口一》,清同治十三年(1874年)刻本。

[405] 《大清律例》卷八《户律・户役・立嫡子违法》,清文渊阁四库全书本。

[406] 司法行政部编:《民商事习惯调查报告录》,中国政法大学出版社2000年版,第853～860、891～917页。

总括上述,宗祧继承作为宗支延续的重要保证,不仅涉及家族的整体利益和长远利益,也为国法所保护,成为清代继承制度的核心。

至于封爵继承,也按嫡长子优先原则,其继承顺序与宗祧继承顺序相同。由于封爵是权与利的象征,是先世的功业体现,对继承人的确定是十分严格的。凡用非法手段袭爵者,处重刑。“旗人除乞养异姓为子,诈冒荫袭,承受世职者……发边远充军……若有冒食钱粮情事……准窃盗律从重科罪,照数追偿”[407]已领过的银米。但如“世职有犯人命、失机、强盗、实犯死罪及免死充军,不分已决、已遣、监故并脱逃、自尽,本犯子孙俱不准承袭”[408]。

在财产继承方面,由于家长握有对家产的分配权,在其临终时有权就财产的分配作出安排,家长的遗嘱是处分家庭财产继承的重要根据,子孙只能遵从遗嘱行事,无权表示异议。如家长生前尚未分配家产,临终时又没有关于财产继承的遗嘱,在这种情况下,需要根据法律分割家产。清代沿用“诸子均分”的分割家产原则,规定:“嫡庶子男,除有官荫袭先尽嫡长子孙。其分析家财田产,不问妻、妾、婢生,止以子数均分。”[409]以示“大功同财”之意。如果“同居尊长应分家财不均平者”,“十两笞二十,每十两加一等,罪止杖一百”[410]。但民间习惯,嫡庶分产有别,嫡子所分得的继承财产较庶子为多,而且长子、长孙于均分之外有权酌提若干以供祭祀之用。

为确保立嗣不出同宗,法律承认奸生子的合法地位,并相应提高了奸生子的法定继承份额。《大清律例》规定:“奸生之子,依子量与半分。如别无子,立应继之人为嗣,与奸生子均分。无应继之人方许承继全份。”[411]

至于女儿的继承权,《大清律例》规定:“户绝,财产果无同宗应继之人,所有亲女承受。无女者,听地方官详明上司,拨充公。”[412]可见,女儿一般无财产继承权,但家长立有遗嘱者,应按遗嘱行事。民间习惯无子有产有女者,除酌提嫁奁田地或遗受田地外,不能承受全部遗产。也有的县如东乐县,无子继承之遗产,除提出祀田外,均归女或孙女承受。甘肃地区户绝财产,亲女所生之子(外孙)亦有承受的权利。

子女俱无的绝户之家的财产,按律“酌拨充公入官”。但为了保护满族人的特殊利益,旗户绝产是否充公另作别论。例如,咸丰三年(1853年),“侍读学士

---

[407] 《大清律例》卷八《户律·户役》“立嫡子违法”条例,清文渊阁四库全书本。
[408] 《大清律例》卷六《吏律·职制》“官员袭荫”条例,清文渊阁四库全书本。
[409] 《大清律例》卷八《户律·户役》“卑幼私擅用财”条例,清文渊阁四库全书本。
[410] 《大清律例》卷八《户律·户役》“卑幼私擅用财”条例,清文渊阁四库全书本。
[411] 《大清律例》卷八《户律·户役》“卑幼私擅用财”条例,清文渊阁四库全书本。
[412] 《大清律例》卷八《户律·户役》“卑幼私擅用财”条例,清文渊阁四库全书本。

德奎奏请查收旗户绝产一折”便受到严厉申饬。

在《大清律例》中还阐明了各种特定情况下财产继承关系的原则与规定。如立嗣之后又生子,其家产与原立子均分;夫死改嫁者,夫家财产及原有妆奁均归夫家支配;义男、女婿“为所后之亲喜悦者,听其相为依倚,不许继子并本生父母用计逼逐,仍酌分给财产”[413];“招婿养老者”,其赘婿与承奉祭祀、同宗应继者“均分家产”[414];收养三岁以下遗弃小儿,虽不得以无子遂立为嗣,仍酌分给财产俱不必勒令归宗;“因争继酿成人命者,凡争产谋继及扶同争继之房分,均不准其继嗣,应听户族另行公议承立”[415];妇人夫亡无子守志者,可以继承丈夫的财产,所谓“合承夫份”,但立嗣后,财产归嗣子所有。

六、经济法律体系的充实

清朝的经济立法,既有革除明制旧弊之处,也有改革创新之举,不仅扩大了调整的范围,增加了调整的内容,而且形成了一定的体系。

(一)赋役立法的新发展

入关以后,鉴于明末赋敛无度,首先,废除了导致明末农民大起义的“三饷”——“辽饷”“剿饷”“练饷”的加派,“自顺治元年为始,凡正额之外,一切加派如辽饷、剿饷、练饷,及召买米豆,尽行蠲免。……如有官吏通同朦胧混征暗派者,察实纠参,必杀无赦。倘纵容不举,即与同坐”[416]。为了建立清朝的赋役制度,统治者于顺治十四年(1657年)仿明制颁行《赋役全书》。其基本内容是根据登载土地、人丁的等则及数量,计算和确定田赋、丁银的数量,地丁数额以明万历年间刊行的《赋役全书》为准;确定地方所征赋税的分配与使用原则,地方各省“存留”部分也须经朝廷认可,方可支配;记载各地承办内廷、朝廷所需实物贡赋的种类与数量,等等。可见,清初制定的《赋役全书》,为赋役征派和地方政府的财政收支提供了统一遵行的法律根据。其后,经过康熙、雍正二朝的修改,《赋役全书》更符合清朝社会与国家的实际状况,并且定例每十年纂修一次。

清朝赋税制度改革最具有代表意义的是从“滋生人丁永不加赋”到“摊丁入

---

〔413〕《大清律例》卷八《户律·户役》“立嫡子违法”条例,清文渊阁四库全书本。

〔414〕《大清律例》卷十《户律·婚姻》“男女婚姻”条例,清文渊阁四库全书本。

〔415〕《大清律例》卷八《户律·户役》“立嫡子违法”条例,清文渊阁四库全书本。

〔416〕《摄政王谕官吏军民人等令旨》,载《明清史料·丙编》(第1本),商务印书馆1936年版,第90页。

亩”。中国封建时代的赋役法均按土地与人丁征收双重赋税。至康熙朝,商品经济的发展、土地转移的加快与超经济剥削的削弱,造成农民的大量流动,政府按人丁征税已难以控制,原有的赋税制度必须改变。康熙五十二年(1713 年)下诏宣布:“嗣后直隶各省地方官遇编审之期,察出增溢人丁,只将实数另造清册奏闻,其征收钱粮,但据五十年丁册定为常额,续生人丁永不加赋。”[417]但为了保持康熙五十年(1711 年)人丁常额,以保证赋税的收入,康熙五十五年(1716 年)又下谕,以“新增人丁补足旧缺额数”[418]。

“滋生人丁永不加赋”,虽然减轻了劳动人民由于滋生人丁而增加的负担,但却没有解决丁役负担不均的问题。因此,康熙朝后期已将赋役法的改革推进到“摊丁入亩”阶段,就是把丁银按土地亩数平均分配到田赋中去,不再按人头征税。雍正初年,先后在各省(山西、贵州两省除外)推行摊丁入亩。大约经历了一百五十年始最后完成。摊丁入亩的历史意义,不仅仅是简化了征税标准、减轻了劳动人民的负担,而实际是以法律的形式废除了行之已久的人丁税,放松了国家对农民的人身束缚,并为工商业的发展提供了较为自由的劳动力。

清初还吸收明后期因缙绅包揽钱粮、优免赋税以致赋役严重不均、削弱统治基础的教训,实施“均赋”的政策。顺治十四年(1657 年)改变一度沿用的优免绅衿粮役条例,规定:“自一品官至生员吏承,止免本身丁徭,其余丁粮,仍征充饷。”康熙元年(1662 年),凡“绅衿民户,一概编入里甲,均应徭役”。康熙二十九年(1690 年)进一步规定,绅衿户下有诡寄地亩,不应差徭及包揽他户地丁银米,从中侵蚀者,照“欺隐田亩例”处治。雍正五年(1727 年)又定,贡监生员等绅衿包揽钱粮,以致拖欠者,“均黜革治罪”。尽管“均赋”之法不可能完全实现,但在一定时期对于抑制缙绅依势欺压百姓以及舒缓百姓负担仍有积极意义。

(二)闭关锁国的工商立法

清初废除了明朝的匠籍制度,顺治三年(1645 年)下令,“除匠籍为民”[419],匠户编入民籍,与民人一体纳税当差,在法律上获得了与农业劳动者相同的社会地位。同时,国家放宽了对手工业的垄断,允许民间手工业者在较大范围内自行经营,除制造武器、铸币、供应内廷所需的织造与瓷器生产,以及内务府造办处所属各类作坊由官府经营外,其余民间手工业者均可染指,但禁止民间开

[417] 档案《前三朝题本》。

[418] 档案《前三朝题本》。

[419] 中国第一历史档案馆、中国社会科学研究所译注:《清实录》第三册《世祖章皇帝实录》卷一六,顺治二年五月庚子,中华书局 1985 年版,第 146 页下栏。

矿。康熙四十三年（1704年）下谕："开矿事情，甚无益于地方，嗣后有请开采者，俱不准行。"[420]康熙五十年（1711年）又以湖南产铅地方，"山深谷邃，境通黔粤，苗、瑶杂处，开采不便"，决定"永为封闭"。[421]禁矿法的实质是害怕"矿徒易聚难散，小则争掠，大则啸聚，关系地方不小"[422]。对此，世宗曾明白表示："开采（矿）一事……人聚众多，为害甚巨。从来矿徒，率皆五方匪类"，绝不允许"逐此末利"，而使"匪类乌合于深山穷谷之中"。[423]在这种思想的指导下，《户部则例》就陕西南山铁厂商民自出资金募工开挖一事严格规定："由地方官查明商人姓名、籍贯、取具甘结，并由藩司发给执照，方准开采。"

对于商业，清初鉴于立国之始极需恢复和繁荣经济，采取"利商""恤商"政策。"故明末年一切加增税额尽行豁免"[424]"凡市籴皆因商民所便，时地所宜，度物货，平市价，劝商贾，敦节俭，抑豪强。禁科派"[425]，并将商人的社会地位提高到"四民之一"[426]。为了保护商人的合法经营，统治者下令禁止贵族官僚掠夺商贾，与民争利。康熙六年（1667年）规定："嗣后王公以下文武大小各官家人，强占关津要地，不容商民贸易者，在原犯之地，枷号三个月。系民，责四十板；旗人，鞭一百。其纵容家人之藩王罚银一万两，公罚银一千两，俱将管理家务官革职。将军督抚以下，文武各官俱革职。"[427]

由于贵族官僚的家人往往仗势欺凌商民，雍正时期对其以重刑惩治，借以警戒其主。不仅如此，还以严法惩治税卡关津官员非法勒索商人的行为，并于康熙二十五年（1686年）建立牙行五年编审换照制度，以整顿市场秩序。

上述重商、恤商的立法，对于恢复和繁荣经济起了积极作用。但传统的重农抑商政策并未根本改变，清初曾重点打击一度兴起的"工商皆本""农商皆本"的思潮。雍正五年（1727年）在上谕中说："朕观四民之业，士之外农为最贵。凡士工商贾，皆赖食于农，故农为天下之本务，而工贾皆其末也。"[428]高宗

---

[420] 俞正燮：《癸巳存稿》卷九，辽宁教育出版社2003年版，第263页。

[421] 《大清会典则例》卷四十九《户部》，清文渊阁四库全书本。

[422] 戴震撰：《汾州府志》卷三一，清乾隆三十六年（1771年）刻本。

[423] 中国第一历史档案馆、中国社会科学研究所译注：《清实录》第七册《世宗宪皇帝实录（一）》卷二四，雍正二年九月戊申，中华书局1985年版，第380页下栏。

[424] 张廷玉等撰：《清朝文献通考》卷二六《征榷考》，清文渊阁四库全书本。

[425] 张廷玉等撰：《清朝文献通考》卷三二《市籴考》，清文渊阁四库全书本。

[426] 蒋良骐撰：《东华录》（康熙朝）卷二八，清光绪十年（1884年）长沙王氏刻本。

[427] 中国第一历史档案馆、中国社会科学研究所译注：《清实录》第四册《圣祖仁皇帝实录（一）》卷一四，康熙六年七月甲辰，中华书局1985年版，第313页下栏。

[428] 中国第一历史档案馆、中国社会科学研究所译注：《清实录》第七册《世宗宪皇帝实录（一）》卷五七，雍正五年五月己未，中华书局1985年版，第866页下栏～867页上栏。

甚至表示,“欲天下之民,使皆尽力南亩”[429],以至于户部在议叙官吏时,以劝课效绩为首要标准。

由于关税是国家的一项重要财政收入,如有偷越关卡与漏税等行为,不仅惩罚客商,照律治罪,地方官也一并议处。《户部则例》规定,“关税短缺令现任官赔缴”,从而促使各钞关官弁以增课为能事,肆意苛求。关税之外,还征收名目众多的商税,如牙税、落地税、盐税、矿税、茶税、酒税。客商如匿税,“不纳课程”,按律“笞五十,物货一半入官”。[430] 以致客商视关卡为畏途,而不得不抽出商业资本和利润转而经营土地。然而,商业资本与地租结合,使商业资本不易转化为工业资本,也不可能造成货币资本的大量积累,这是中国封建社会长期停滞的原因之一。

在禁榷方面继续以严法推行盐茶专卖,并垄断了为统治者的享用而生产的项目,使之既不在市场流通,也不存在产品的竞争问题。所有这一切都妨碍了私人商业的发展、市场的扩大和原始资本的积累。虽然在少数城镇不乏经商致富的工商业者,但却没有形成像西欧市民等级那样足以和地主阶级相抗衡的社会力量,而清政府制定的法律、法令又竭力维护传统的经济结构。正如马克思曾经指出的那样,“在中国,那就更缓慢了(指资本主义萌芽。——作者注),因为在这里,直接的政治权力没有给予帮助”[431]。——特别是清政府长期实行的限制对外贸易的禁海法令,严重桎梏了社会经济的发展。

早在顺治十二年(1655 年),为了镇压抗清力量,首颁禁海令,不许片帆下海,违者按通敌罪论处。此后,顺治十八年(1661 年)、康熙元年(1662 年)、康熙十七年(1678 年),又三次颁发迁海令,强制闽广苏浙沿海居民内迁五十里,越界立斩,致使四千里海岸线人烟绝迹,完全断绝了海外贸易。康熙二十二年(1683 年)收复台湾以后,鉴于海内一统,于次年宣布开海禁,“令出洋贸易”。“山东、江南、浙江、广东各海口,除夹带违禁货物仍照例治罪外,商民人等,有欲出洋贸易者,呈明地方官,登记姓名,取具保结,给发执照,将船身烙号刊名,令守口官弁查验,准其出入贸易。”[432]康熙二十四年(1685 年)又定,苏松、宁波、泉州、广州为对外贸易港口,设立江海关、浙海关、闽海关负责管理外贸事务。开海禁后,极大地刺激了沿海手工业、造船业的发展,尤其对外贸易蓬勃兴起。圣

---

[429] 《清通典》卷一《食货》,清文渊阁四库全书本。

[430] 《大清律例》卷一三《户律·课程·匿税》,清文渊阁四库全书本。

[431] 《马克思恩格斯全集》(第 25 卷),人民出版社 1972 年版,第 373 页。

[432] 《光绪会典事例》卷一二〇《吏部·处分例·海防》,中国第一历史档案馆藏清刻本。

祖曾经指出："朕南巡过苏州时，见船厂问及，咸云每年造船出海贸易者，多至千余。"[433]广东《澄海县志》记载："自展复以来，海不扬波……扬帆捆载而来者，不下千百计。商牙错处，民物滋丰，握标持筹，居奇屯积，为海隅一大都会。"如能循此势头发展下去，无疑将促进资本主义萌芽的成长。但就在开海禁的同时，禁止粮食、兵器、木板、铁器、火药、土硝、硫磺等物出口和违式私造海船。同时，限制出海人员随船携带的粮食，每日每人准带食米一升，并余米一升，以防风阻。如有越额之类，查出入官，船户、商人一并治罪。[434]

康熙五十六年（1717年），鉴于内地之米偷运出洋致使内地米价上涨，再颁禁海令，停止与南洋贸易，并严禁卖船与外国和运粮出口，如将船卖给外国人，"造船与卖船之人皆立斩"[435]。如"所去之人留在外国（前往南洋贸易者，约在十之四五，悉在海外），[436]将知情同去之人枷号三个月；该督行文外国，将留下之人令其解回立斩"[437]。外国商船也需由地方文武官员严加防范，从而沉重打击了刚刚兴起的对外贸易和沿海工商业，造成了严重的后果。如同方苞、蓝鼎元等人所说，"今概绝之，则土货滞积，而滨海之民半失作业"[438]。"南洋未禁之先，闽广家给人足……既禁以后，百货不通，民生日蹙"，以致"富者贫，贫者困，驱工商为游民，驱游民为盗贼"[439]。乾隆二十二年（1757年），高宗决定关闭三关，只开广州一关进行对外贸易。同时，谕闽浙总督喀尔吉善"照广东海关现行则例再为酌量加重，俾至浙者获利甚微，庶商船仍俱归澳门一带，而小人不得勾串滋事且于稽查亦便"[440]。随后再下谕："嗣后口岸定于广东，不得再赴浙省。"[441]至此，对外贸易的大门仅存广州一处。从西方资本主义发展史来看，海外贸易和开辟世界市场起了十分重要的作用。然而，清朝却以严法长期

---

[433] 中国第一历史档案馆、中国社会科学研究所译注：《清实录》第六册《圣祖仁皇帝实录（三）》卷二七〇，康熙五十五年十月辛亥，中华书局1985年版，第649页下栏。

[434] 中国第一历史档案馆、中国社会科学研究所译注：《清实录》第六册《圣祖仁皇帝实录（三）》卷二七一，康熙五十六年正月庚辰，中华书局1985年版，第658页上栏。

[435] 中国第一历史档案馆、中国社会科学研究所译注：《清实录》第六册《圣祖仁皇帝实录（三）》卷二七一，康熙五十六年正月庚辰，中华书局1985年版，第658页上栏。

[436] 梁廷枏辑：《粤海关志》，广东人民出版社2014年版，第343页。

[437] 蒋良骐撰：《东华录》（康熙朝）卷九九，清光绪十年（1884年）长沙王氏刻本。

[438] 方苞：《广东副都统陈公墓志铭》，载方苞：《方望溪先生全集》卷七〇，商务印书馆1912年版，第214页。

[439] 蓝鼎元：《论南洋事宜书》，载蓝鼎元：《鹿洲初集》卷三，文海出版社1977年版，第100～149页。

[440] 中国第一历史档案馆、中国社会科学研究所译注：《清实录》第一五册《高宗纯皇帝实录（七）》卷五二二，乾隆二十一年闰九月乙巳，中华书局1985年版，第582页上栏。

[441] 中国第一历史档案馆、中国社会科学研究所译注：《清实录》第一五册《高宗纯皇帝实录（七）》卷五五〇，乾隆二十二年十一月戊戌，中华书局1985年版，第1024页上栏。

实行海禁,限制对外贸易,堵塞了海内外商品交流的通道,顿挫了资本主义萌芽的发展势头。

(三)确保漕运的立法

清朝为了保证漕运而制定的漕运法是经济立法中的重要组成部分,康熙初年曾将条款浩繁的漕运法规汇编成《漕运议单》一书,供有关官吏检索。雍正十二年(1736 年),经御史夏之芳奏准纂成的《漕运全书》是清代漕运法规之大成,并定例十年一修。

清朝设漕运总督管理全国漕运事宜,驻淮安统辖直隶、山东、河南、安徽、江苏、江西、浙江、湖北、湖南九省。所属有督粮道、管粮同知、通判等官。还特设河道总督负责运河水系的疏浚、闸坝的建造维修。上述完整的漕运官僚系统反映出清朝对漕运的重视。

漕粮的征收时间从每年十月开始,十二月完结。由于"漕欠不入赦款",必须追欠完足,不得拖延,表现了漕粮对于维持清朝统治的重要价值。但征收漕粮不得勒索粮户,滥收浮费,"如有蠹役侵蚀飞派无辜者,该督抚即将州县指参"[442]。州县催征拖欠漕粮也只能"严檄行催,不得差役,致滋勒索,违者该督抚即题参"[443]。

明时由运丁承收漕粮,清改为"官收官兑"[444],以防止欺弊。为了保证漕粮的运输,按统一的式样建造漕船。漕船运行的时间也有严格的定限,南自淮安府山阳县黄铺地方起,北至天津卫止,计程二千三百五十余里,所须航行时间按里程分别规定。为了保证漕船的正常航行,漕运季节严禁兵船、贵族官僚家船恃强闯闸,阻塞航道。漕运途中如发生覆船、失火以致漕粮受损,"沿途催各官及汛地文武官员亲临确查,各出保结,取具运官结状,该督抚具题豁免"[445]。运丁如偷盗漕粮,从重拟罪,"不准援赦",而且罪及卖主。早在顺治十三年(1656年)便规定:"重运盗卖漕粮,拿获日,卖主、买主照偷盗漕粮例从重议处。"[446]至于谎报船沉,乘机侵盗,赃在六百石以上,一律议斩,不及六百石者,发边远充军。

为收贮漕粮,顺治初年建立了仓场衙门,负责管理漕仓事务。通州新城设

---

[442] 杨锡绂:《漕运则例纂》卷八《征纳兑运》,清乾隆刻本。

[443] 杨锡绂:《漕运则例纂》卷八《征纳兑运》,清乾隆刻本。

[444] 《清朝通志》卷九四《食货略》,浙江古籍出版社 1988 年版。

[445] 杨锡绂:《漕运则例纂》卷一四《风火挂欠》,清乾隆刻本。

[446] 杨锡绂:《漕运则例纂》卷一六《通漕禁令》,清乾隆刻本。

坐粮厅,监督漕粮起卸并负责通济库收支钱粮,兼核漕船程限。京、通各仓收受漕粮均有定限。顺治十三年(1648 年)规定:“以红单到日为始,中间晒飏收受,定限十日报完。如过限不完,即系留难措勒,仓役提究,监督听参。”[447] 由于漕粮储存关系重大,如偷盗仓粮,不论是仓役或附近居民,一律依法重处。“数满三百两者,为首之犯,即行处斩;为从者,拟斩监候,秋后处决。不及三百两者,为首之犯,拟斩监候,秋后处决;为从者,在仓门首枷号三个月。”[448]

总括上述,清代的经济法律不仅内容丰富,而且形成了封建经济法律的体系,对清初经济的恢复和发展以及百年康乾盛世的维持,起了重要作用。

七、趋于完备的司法制度

作为末代封建王朝清朝的司法制度,司法体制、诉讼程序、审判制度、狱政管理均已达到相当完备的程度。

(一)司法体制的变革

清朝由于地方行政体制的变化与对少数民族聚居区司法管辖的深入,形成了一套自中央到地方完整的司法机关体系。

中央最高审级是由刑部、大理寺和都察院组成的三法司。三机关中,刑部起着司法审判的主导作用。根据《大清会典》记载,刑部“掌天下刑罚之政令,以赞上正万民。凡律例轻重之适,听断出入之孚,决宥缓速之宜,赃罚追贷之数,各司以达于部。尚书、侍郎率其属以定议,大事上之,小事则行,以肃邦纪”[449]。具体说来,刑部审核地方上的重案并向皇帝题奏,审理发生在京师的笞杖以上的“现审案件”,管理地方上诉案件与秋审事宜,主持司法行政与修订律例,审理朝廷官吏违法的案件,以及皇帝交办的“各衙门钦发事件”,故有“部权特重”之称。[450] 但刑部也仅有权决定流刑案件,并须受大理寺、都察院的制约监督。例如,刑部判决须送大理寺复核,受都察院监督,刑部审理不当,大理寺可以驳回更审。如发生严重错误,都察院有权弹劾。刑部收受讼狱,无论“已结未结,每月汇奏”,一般徒、流、军等罪审问完毕,“按季汇题”,或“专案奏结”,实际是一

---

[447] 杨锡绂:《漕运则例纂》卷二〇《京通粮储》,清乾隆刻本。

[448] 杨锡绂:《漕运则例纂》卷二〇《京通粮储》,清乾隆刻本。

[449] 光绪朝《大清会典》卷五三《刑部·尚书侍郎职掌》,中国第一历史档案馆藏清刻本。

[450] 赵尔巽等撰:《清史稿》卷一百四十四《刑法志三》,中华书局 1977 年版,第 4206 页。

种监督形式。[451]

由于刑部执掌全国“法律刑名”，所属机构有十七省区清吏司、追捕“逃人”的督捕司、办理秋审的秋审处、修订律例的律例馆等。各省清吏司具体管理该省申送的刑名咨文和题本揭帖，“察其证据，按其律例，复其断拟”，然后拟写有关批准或驳议的意见，呈本部堂官尚书、侍郎定夺。[452]

大理寺“掌平天下之刑名，凡重辟则率其属而会勘。大政事下九卿议者则与焉，与秋审、朝审”[453]，其主要职责是复核死刑案件，平反冤狱，如发现刑部定罪量刑有误，可以驳回。同时也主持热审案件。

都察院“掌司风纪，察中外百司之职，辨其治之得失与其人之邪正。率科道官而各矢其言责，以饬官常，以兼国宪。……凡重辟则会刑部、大理寺以定谳，与秋审、朝审”[454]。都察院所属十五道分掌各省刑名，刑科给事中也“分稽刑名”事务。其他如“官民冤枉，所司不受理，及受理不得伸者，许赴院陈诉鞫实，大事奏请上裁，小事立予昭雪”[455]。

此外，五城察院负责审理京师五城词讼案件，杖罪以下自行完结，徒罪以上送刑部定案。

地方司法机关以县（厅、州）为第一审级。有权决定笞、杖、徒刑案件，流刑以上案件须转详上级决定。《钦定台规》引顺治八年（1651 年）上谕说：“自今以后，凡有奏告之人，在外者应先于各该管司道府州县衙门控诉，若司道府州县官不予受理，应于该管总督巡抚巡按衙门控诉。”《大清律例》规定：“军民人等遇有冤抑之事，应先赴州县衙门具控。如审断不公，再赴该管上司呈明，若再屈抑，方准来京呈诉。”[456]若越过本管司径赴上司申诉者，即使案情属实也要笞五十，或将本人并代书诉状之人一体按“光棍”例治罪。对于上诉的案件，“除所控情事核对原案相符，或字句小有增减无关罪名轻重，照例毋庸再为审理”[457]。可见上诉审往往流于形式。发生在县内的“田土、户婚、斗殴细事”，由县全权处理，称为州县“自理案件”。命盗刑事案件，县初审后，按期将案件与案犯一起解赴上司复审。

府为第二审级，负责复审州县上报的刑事案件，提出拟罪意见，再上报省。

---

[451] 赵尔巽等撰：《清史稿》卷一百四十四《刑法志三》，中华书局 1977 年版，第 4206 页。

[452] 光绪朝《大清会典》卷五七《刑部 · 直隶清吏司》，中国第一历史档案馆藏清刻本。

[453] 光绪朝《大清会典》卷六九《大理寺 · 卿少卿职掌》，中国第一历史档案馆藏清刻本。

[454] 光绪朝《大清会典》卷六九《大理寺 · 卿少卿职掌》，中国第一历史档案馆藏清刻本。

[455] 光绪朝《大清会典》卷八一《都察院》，中国第一历史档案馆藏清刻本。

[456] 《大清律例》卷三〇《刑律 · 诉讼》“越诉”条例，清文渊阁四库全书本。

[457] 《大清律例》卷三十《刑律 · 诉讼》“越诉”条例附道光元年续纂，清文渊阁四库全书本。

薛允升曾经指出:“州县一切案犯,由府审转解(按察)司;直隶州一切案犯由道审转解(按察)司,此定章也,而刑律并无明文。”[458]

省按察司为第三审级,负责复审府上报的徒刑案件及审讯军流、死刑案犯。如“审供无异”,上报督抚,发现疏漏,可以驳回重审,或改发其他州县更审。雍正帝谓“朕惟直省大小狱讼民命所关,国家各设按察司以专掌,一切州县申详,至尔司而狱成,凡督抚达部题奏事件皆由尔司定案,任岂不重”。

总督、巡抚为第四审级,有权批复徒刑案件,复核军流案件,如无异议,咨报刑部。有权对死刑案件的人犯进行复审,然后向皇帝具题,并将副本抄送三法司。

从雍正五年(1727年)起,“巡道”也审理辖地民间词讼。

以上可见,上级司法机关有权受理上诉案件和审核下级机关的判决。按察使与督抚并有权审判犯罪的地方官吏,但督抚也只能决定徒刑以下案件,对于流刑以上的案件,只可提出意见呈送皇帝决定。由皇帝批复裁决死刑案件,决断钦案大狱,并对司法活动进行全面监督,以致三法司会审、九卿会审多为例行公事。清朝司法权的集中化超过了历代。由于各级司法机关缺乏必要的独立权力,往往导致“管而不决,审而不结”,“有呈不究,有案不详,有檄不复,存提无解”[459],“图准不图审,图拖不图法”[460]种种弊端。在逐级审转复核中,下级更多的是对上司负责,而不是对当事人负责。

京师地区除五城察院审理管界内的户婚、田土、钱债、斗殴等案件外,负责京师治安的步军统领衙门,也设专官“平决狱讼”,杖罪以下自行完结,徒罪以上经审讯后送刑部定拟。同时,也负责审理八旗人等控告的地亩案件。

由于清朝是以满洲族为主体的政权,在司法机关体系中专设审理旗人案件的机构。例如,内务府所管辖的满人诉讼,由内务府慎刑司审理,徒罪以上者移送刑部。慎刑司有时也承审奉旨交办的案件。在外省的满人诉讼,由满洲将军和副都统审理,流刑以上案件须申报中央。盛京地区的满人诉讼,由盛京将军及各部府尹会同审理。有关八旗民事、地亩案件,如八旗都统衙门,该旗佐领或州县审断不公,可以上诉户部,由户部现审处审理,如须刑讯则会同刑部共同进行。各省发生的旗人命盗重案,由理事厅会同州县审理,州县官无权单独对旗人作出判决。特定的专理满人案件的司法机关系统的创设是清朝民族政策的

---

[458] 薛允升著,胡星桥、邓又天主编:《读例存疑点注》卷四九《刑律·断狱》“官司出入人罪”条附例,中国人民公安大学出版社1994年版,第853页。

[459] 《朱批奏折·内政职官》四一九号。

[460] 《朱批奏折·内政职官》四一九号。

产物,至于贵族宗室的诉讼,归宗人府管辖。

清朝统治期间,对少数民族地区司法管辖的深入是历代所不及的。《大清律例》"化外人有犯"条规定,凡属疆域内的少数民族一般均适用大清律,以示国家法制的统一。但隶属于理藩院的内外蒙古及青海各蒙古部落以及藏、苗、回疆地区,由于风俗习惯不同,另设条例,因地、因俗制宜。

理藩院既是管理蒙藏回部等民族聚居地区的最高国家机关,又是内外蒙古、青海、回疆地区的上诉审级。《大清会典》规定,理藩院"掌外藩之政令,制其爵禄,定期朝会,正其刑罚。尚书侍郎率其属以定议,大事上之,小事则行,以布国之威德"。理藩院专设理刑司负责受理少数民族的案件,如罪至发遣,须会同刑部裁决。死罪也须经"三法司"会审定案。

凡发生在内外蒙古和青海、新疆地区的厄鲁特蒙古的民事纠纷和轻微的刑事案件,由扎萨克、盟长自行审理,如判断不公,"准两造赴理藩院呈诉"[461]。理藩院除自行审理外,还可以派出司官会同扎萨克一起审理。不设扎萨克之地,由驻防将军、都统、办事大臣就近审理,重案须报理藩院核查。

蒙汉人之间如发生法律纠纷,由扎萨克或理藩院派出司官会同附近的地方官审理。蒙古人在内地犯事者,照刑律办理;民人在蒙古地方犯事者,照蒙古例办理。发生在蒙古地方的抢劫案,如俱系蒙古人,专用蒙古例;俱系民人专用刑律;如蒙古与民人伙同抢劫,则核其罪名,蒙古例重于刑律者,俱照蒙古例问拟,刑律重于蒙古例者,俱照刑律问拟。

苗疆地区苗人之间的争讼,根据苗例审结。改土归流以后,刑事案件包括苗汉之间的诉讼均依大清律例审断,并逐级审转复核,直到刑部、三法司。

西藏在实行驻藏大臣与达赖喇嘛共管西藏政务以后,对于司法审判作了专门规定:"卫藏唐古特番民争讼,分别罚赎,将多寡数目造册呈驻藏大臣存案。如有应议罪名,总须禀明驻藏大臣核拟办理,其查抄家产之例,除婪索赃数过多应禀明驻藏大臣酌办外,其余公私罪犯凭公处治,严禁私议查抄。"[462]

新疆由驻防将军、参赞大臣负责该地区的司法。

总之,由于理藩院专门执掌"外藩之政令,正其刑罚",并审查少数民族的死刑案件和接受上诉审,从而加强了对少数民族地区的司法管辖,维护了法律政令的统一,巩固了多民族的国家。还须指出,从顺治朝起,明代宦官"典兵干政,流祸无穷",因而废除了东西厂与锦衣卫、镇抚司干预司法和廷杖大臣的弊政。

---

[461] 光绪朝《大清会典》卷六八《理蕃院·理刑清吏司》,中国第一历史档案馆藏清刻本。

[462] 松林等修:《理藩院则例》卷六一《西藏通制》,清光绪十六年(1890年)刻本。

有清一代,从未发生宦官涉足司法之事。

(二)刑事诉讼与民事诉讼的细化

1. 刑事诉讼

刑事诉讼程序大体仿自唐律,以事主告诉,即向所属州县陈告为主,包括自诉、越诉、直诉、亲属代诉等。年老、笃疾之人除告谋反、叛逆及子孙不孝外,其余不许自行陈告。但如事主因病、因伤或其他重大事故不能亲告,可以委托同居亲属、邻佑代为控告,倘告不实,罪坐代告之人。一般禁止越诉。

凡经官告诉需采用文书形式,如呈词、状词、禀词。对于诉状的要求,以一百四十四字为率,内容应包括发案时间、案情梗概、被告姓名、住址,告诉人及抱告、代书的姓名,以及告诉人的签押等。诉状允许书吏代书,如伙同作弊情节不实者,从重治罪。尤其严禁讼棍包揽词讼,即使生员代为告诉,也依例褫革治罪。

如案件发生在同一州县,实行原告就被告的管辖原则。如发生在不同州县,实行轻囚就重囚、少囚就多囚、后发就先发的管辖原则。

凡经告发的案件不得私自和解,私和公事者治罪,诬告者给予惩处。

告诉除起诉方式外,还有举劾、自劾和告发。举劾是由监察官纠举犯罪的官员,或上级纠举属下的犯罪。自劾是官吏检举自己的渎职行为。告发是法律要求臣民有义务告发某些犯罪。

在刑事诉讼中,"八议"特权者及其亲属如涉讼必须事先奏闻、取旨,不得擅自逮捕审问。发生在京师的犯罪或地方大小官员犯公、私罪,也都必须先奏请皇帝,不许上司或有关机关擅自审问。更加详定良贱在诉讼上的不平等的地位。例如,奴婢控告家长与卑幼控告尊长,同属"干名犯义"罪,即使控告家长缌麻以上亲属也要处杖一百,徒三年,诬告则处绞刑。清律还将"亲属相为容隐"的原则扩大到奴婢及雇工人,除谋反、谋叛、谋大逆等罪以外,家长的其他犯罪奴婢、雇工人必须为之隐匿,不许告讦,否则治罪。主人的亲属犯有一般罪行也同样强制奴仆为之容隐。

2. 民事诉讼

清代民事法律关系的复杂化与民事纠纷的日渐增加,推动了民事诉讼与审判制度的发展,渐从民事依附刑事的状态走向独立。在现存的案例档案中,民事诉讼不仅数量多,程序也趋于定型。民事案件由州县审理并作出判决,无须逐级审转,故称"自理案件"。基于民事诉讼的主体与客体的不同,而划分成不同的管辖。一般主体的普通民事案件,均由事犯地方的州县衙门受理。《大清律例·刑律·诉讼·越诉》附例规定如下:“户婚、田土、钱债、斗殴、赌博等细事,即于事犯地方告理,不得于原告所住之州县呈告。”这与刑事案件一般采取原告就被告的管辖原则明显不同。如发生在两处州县的民事案件,则“听原告就被论(本管)官司告理归结”[463]。

宗室觉罗贵族之间因继嗣、宗籍、婚姻而发生的民事争讼,采取特别管辖制度。《大清会典》规定:“户婚田土之讼,系宗室由府会户部;系觉罗,由户部会府;人命斗殴之讼,系宗室,由府会刑部,系觉罗,由刑部会府。”[464]《宗人府则例》是解决皇族内部各种纠纷的法律根据之一。

旗人之间的民事纠纷也有特定管辖,据《户部则例·通例四》记载,“在京八旗人等控告地亩案件,均令亲赴部旗,或步军统领衙门具呈查办”,不得赴州县以及理事厅控告,否则具呈人、地方官及该管上司,一并治罪、议处。“驻防旗人遇有控告地亩事件,准其就近在将军、都统等衙门呈控,不得在地方官衙投告。”

旗民之间发生争控户口、田房案件,“旗人由各本旗具呈,民人由该地方官具呈。如该管官审断不公及实有屈抑,而该管官不接呈词者,许其赴部控诉,亦有事系必须送部者,该管官查取确供确据,叙明两造可疑情节,送部查办”[465]。为此,户部专设现审处,“掌听旗民之讼事”[466]。地方旗民之间的民事案件,一概“赴本州县呈控审理”。例如,“曲在民人,照常发落;曲在旗人,录供枷看,将案内要犯,解厅发落”[467]。

军人之间的民事诉讼,“从本管军职衙门自行追问”[468]。军民之间的民事诉讼,由管军衙门会同州县一体约问,即所谓“军民约会词讼”。“若管军官越分辄受民讼者”,以违制论,笞五十。在外军民之间有关“户婚、田土、斗殴、人命一应词讼,悉赴该管衙门告理。军卫、有司不系掌印官,不许接受词讼”[469]。

少数民族之间的民事诉讼,由于经济落后,民事法律关系不发达,有关规定也极为简略。以土地最广、人口最多、经济相对发达的蒙古族为例,在《蒙古律例》中也只笼统规定:“凡有争控事件,务令先在该扎萨克王贝勒处呈控。”这里所说的争控,也涵盖了民事案件。如果“扎萨克、盟长判断不公,准两造赴(理

---

[463] 《大清律例》卷三〇《刑律·诉讼·告状不受理》,清文渊阁四库全书本。

[464] 光绪朝《大清会典》卷一《宗人府·宗令宗正宗人职掌》,中国第一历史档案馆藏清刻本。

[465] 光绪朝《大清会典》卷二四《户部·现审处》,中国第一历史档案馆藏清刻本。

[466] 光绪朝《大清会典》卷二四《户部·现审处》,中国第一历史档案馆藏清刻本。

[467] 载龄主纂:《户部则例·通例四》,清同治十三年(1874年)刻本。

[468] 《大清律例》卷三〇《刑律·诉讼·军民约会词讼》,清文渊阁四库全书本。

[469] 《大清律例》卷三〇《刑律·诉讼·军民约会词讼》,清文渊阁四库全书本。

藩)院呈诉”[470]。

若词讼原告与被告在两处州、县,(因此类案件较为少见)援引刑事诉讼的原告就被告论处。“(其各论官司自分彼此,或受人财)推故不受理者,罪亦如之。(如上所告)事情轻重,及受财枉法,从重论。”[471]

以上可见清代民事诉讼的管辖,由于历史背景和身份的复杂化,出现了专门受理旗人、蒙古人民事诉讼案件的机关。一般民事案件以州县为第一审级,禁止旗务机关和军事机关干预,这不仅遏制了非司法机关对司法机关的冲击,也提高了州县官的责任与办案效率,减轻了当事人的诉讼负担。

民事案件的起诉须由当事人向州县提起,同时必须呈递符合程式要求的诉状,交验粘连契券、绘图、注说、婚阄书、行单等物证。如系土地纠纷案,要求有地邻;债务纠纷案,要求有中保;婚姻纠纷案,要求有媒证;“争挖坟穴山场”的争讼,要求代书据实直书,如“敢以毁冢、减骸、盗发等词架词装点,希图耸听者,除不准外,定将代书究革”[472]。清人黄六鸿说:“凡告户籍者,必以族长坟产为定,告婚姻者,必以媒妁聘定为凭,告田土者,必以契券地邻为据……若状式有违,不与准理。”[473]

民事案件的呈词,俱责令自作,不能自作者,准其口诉,令书吏及官代书,据其口诉之词,从实书写,各地均设代写诉状的“书铺”和“官代书”。凡代书呈词必须书写代书人的姓名,以示责任。如有增减情节者,将代书之人照例治罪。[474]同时,严禁讼师包揽词讼,《大清律例》规定:“讼师教唆词讼,为害扰民,该地方官不能查拿禁缉者,如止系失于觉察,照例严处;若明知不报,经上司访拿,将该地方官照奸棍不行查拿例,交部议处。”[475]“坊肆所刊讼师秘本,如惊天雷、相角、法家新书、刑台秦镜等一切构讼之书,尽行查禁销毁,不许售卖;有仍行撰造刻印者,照淫词小说例,杖一百,流三千里;将旧书复行印刊及贩赎者,杖一百,徒三年;买者,杖一百;藏匿旧板不行销毁,减印刻一等治罪;藏匿其书,照违制律治罪;其该管失察各官,分别次数交部议处。”[476]

州县衙门根据民事诉讼当事人的请求是否合理、证据是否充分,决定是否受理。在受理日期上与宋元不同,按《大清律例》:“每年自四月初一至七月三十

[470] 光绪朝《大清会典》卷六八《理藩院·理刑司》,中国第一历史档案馆藏清刻本。
[471] 《大清律例》卷三〇《刑律·诉讼·越诉》,清文渊阁四库全书本。
[472] 姚雨芗原纂,胡仰山增辑:《大清律例会通新纂》卷二十八《越诉》,文海出版社1987年版。
[473] 黄六鸿:《福惠全书》卷一一《词讼·考代书·立状式》,清光绪十九年(1893年)文昌会馆刻本。
[474] 《光绪会典事例》卷八一九《刑部·刑律诉讼·教唆词讼》,中国第一历史档案馆藏清刻本。
[475] 《大清律例》卷三〇《刑律·诉讼·教唆词讼》,清文渊阁四库全书本。
[476] 《光绪会典事例》卷八一九《刑部·刑律诉讼·教唆词讼》,中国第一历史档案馆藏清刻本。

日,时正农忙……其一应户婚、田土等细事,一概不准受理。自八月初一以后,方许听断。若农忙期内受理细事者,该督抚指名题参。"[477]但"若查勘水利界址等事,现涉争讼,清理稍迟必致有妨农务者,即令该州县亲赴该处审断速结……"[478]此外,如发生抢亲、赖婚、强娶、田地界址、买卖未明等纠纷,"若不及早审理,必致有争夺之事",影响社会秩序,则不受受理期间的限制。[479] 同时,也严禁州县官于隆冬岁暮之际,借口"照农忙之例,停讼展限","违者照例揭参"。[480]

(三)刑事审判与会审制度

根据《大清会典》记载:"凡听断,依状以鞫情,如法以决罚,据供以定案。"以下分别详言之。

"依状以鞫情",《大清律例》中《刑律·依告状鞫狱》规定:"凡鞫狱,须依(原告人)所告本状推问。若于(本)状外别求他事,摭拾(被告)人罪者,以故入人罪论。"[481]所谓故出入人罪,即为对官员审案时定罪量刑方面的过失处罚,官员如犯有将犯者罪刑应轻反重或应重反轻或将有罪者出脱无罪者定罪等过失,比照诬告办理。但因官员是执法者,出入人罪"其情甚于诬告",因此将"故出入人罪"列入《名例》"常赦所不原"条内。[482] 但如情节较为轻微,如应判绞而拟斩,或应决配而收赎者,则可比照"断罪不当"办理。[483]

"如法以决罚"[484],指依法拷讯惩处,以取得口供。由于罪从供定,依法决罚不可避免。

薛允升说:"笞、杖有二义,有断决时之笞杖,有讯问时之笞杖。"[485]夹棍,用来夹腿;拶指,是夹手指,适用于女犯。由于夹棍是较重刑具,适用于命盗案件,"其别项小事,概不许滥用夹棍"[486]。对于拒不招供的犯人,有时也带枷,枷重二十五斤至三十五斤,以迫其招供。此外,常用的刑讯还有掌责(掌嘴)。刑讯

[477] 《大清律例》卷三〇《刑律·诉讼·告状不受理》,清文渊阁四库全书本。
[478] 《大清律例》卷三〇《刑律·诉讼·告状不受理》,清文渊阁四库全书本。
[479] 徐栋辑:《牧令书》卷一八《刑名中》,清同治七年(1868年)江苏书局刻本。
[480] 《大清律例》卷三〇《刑律·诉讼·告状不受理》,清文渊阁四库全书本。
[481] 《大清律例》卷三六《刑律·断狱上·依告状鞫狱》,清文渊阁四库全书本。
[482] 沈之奇:《大清律辑注》卷二八,法律出版社2000年版,第1018页。
[483] 《大清律例》卷三七《刑律·断狱下·断罪不当》,清文渊阁四库全书本。
[484] 沈之奇:《大清律辑注》卷二八,法律出版社2000年版,第1018页。
[485] 薛允升著,胡星桥、邓又天主编:《读例存疑点注》卷一《名例·五刑》"笞刑"条附例,中国人民公安大学出版社1994年版,第3页。
[486] 《大清律例》卷三六《刑律·断狱上·故禁故勘平人》,清文渊阁四库全书本。

虽然是取供的手段。但依清律也有一定的限制,如十五岁以下七十岁以上及废疾者不拷讯。囚犯因刑讯致死者,处主审者杖一百至流三千里刑,如依法拷讯,邂逅致死者,毋论。

为了防止因人情关系出入人罪,进一步完善了审判回避制度。凡主审官吏与诉讼当事人有亲属、朋友、师生、仇嫌或其他关系,均须移文回避。

口供虽是定案的重要依据,但证据也具有重要意义。“凡人命重案,必须检验尸伤”[487],填写部颁“尸格”“鞫审强盗,必须赃证明确”“事主呈报盗案失单,须逐细开明”[488]。除物证外,证人的证言、被害人的陈述、被告的口供都是定案的重要根据。《大清律例》规定:“凡狱囚,徒流死罪,各唤本囚及其家属,具告所断罪名,仍责取囚服辩文状,若不服者,听其自行辩理。”[489]所谓“服辩文状”也就是“服输供词”。在共同犯罪中,如果众证明白,即使主犯逃亡,也可“狱成”定罪。

在刑事审判中,强调依律例断案,《大清律例》规定:“凡断罪,皆须具引律例。违者,笞三十。”[490]除引律断案外,也允许比附断案。“凡律令该载不尽事理,若断罪无正条者引律比附,应加应减,定拟罪名,议定奏闻,若辄决断,致罪有出入以故失论。”对此,刑部解释说:“凡五刑之属三千著于律,律不尽者著于例……有例则置其律,例有新者则置其故者,律与例无正条者,得比而科焉,必疏闻以候旨。”[491]清朝从总结司法经验中创制了一系列比附范例,作为审判时的依循。例如,遗失京城门钥匙比照遗失印信;考职贡监生假冒顶替,比照诈取官;调戏弟妇比照强奸未遂,等等。引例比附不仅是量刑定罪的根据,也适用于刑名与罪名的确定。例如,未婚夫妇婚前发生关系,比照子孙违犯教令罪;仆役教令窃盗犯捏造情节或行贿主官,比照受财故纵罪。广泛应用比附断案使条例不断增加。乾隆初修订《大清律》时,律文四百三十六条,附例一千四百零九条,至同治九年(1870年)例已增至一千八百九十二条,不仅数量多,而且效力大于律,甚至可以取代律,所谓“有例则置其律”。例的形式灵活,更具有针对性,并可及时把统治者的意志上升为法律,而不受固有法律条文的约束,因而受到青睐。但在司法实践中任意引例,助长了专横武断,尤其是给刑名幕吏舞文作弊、巧索民财以可乘之机。

---

[487] 《大清律例》卷三七《刑律·断狱下·检验尸伤不以实》,清文渊阁四库全书本。
[488] 《大清律例》卷二三《刑律·贼盗上·强盗》,清文渊阁四库全书本。
[489] 《大清律例》卷三七《刑律·断狱·狱囚取服辩》,清文渊阁四库全书本。
[490] 《大清律例》卷三七《刑律·断狱·断罪引律令》,清文渊阁四库全书本。
[491] 光绪朝《大清会典》卷五四《刑部·尚书郎职掌二》,中国第一历史档案馆藏清刻本。

凡应拟徒的案件,由州县初审,依次经府、按察司、督抚逐级审核,最后由督抚作出判决。《大清律例》规定:“寻常徒罪,各督抚批结后,即详叙供招,按季报部查核。”[492]流、军、遣案,由各省督抚审结后将案卷咨报刑部,由该省清吏司核拟,再呈刑部堂官经批复后交各省执行。死刑案件,由州县初审,而后逐级审转复核,最终由督抚向皇帝具题,并将题本的副本“揭帖”咨送刑部,再奉旨交“三法司核拟具奏”。发生在京师的死刑案件,由刑部直接审理,题奏皇帝,再经三法司核拟;核拟以后仍须题本呈请皇帝批示,或立决或监候。刑事案件的承审各有限期,寻常命案,统限六个月完结,盗案及斩绞立决命案并一切抢窃杂案,统限四个月完结。

清朝的会审制度以秋审最具代表性。秋审是复审各省死刑监候案件的一种制度,因在每年秋季举行而得名。早在顺治元年(1644年),刑部侍郎党崇雅曾提出:“旧制凡刑狱重犯,自大逆、大盗决不待时外,余俱监候处决。在京有热审、朝审之例,每至霜降后方请旨处决。在外直省,亦有三司秋审之例,未尝一丽死刑辄弃于市。望照例区别,以昭钦恤。”[493]顺治十年(1653年),恢复了京师的朝审。顺治十五年(1658年)定制,每年霜降前由地方详审“秋决重犯”,奏请定夺。康熙年间,朝审与秋审渐趋一致。至乾隆时,秋审制度进一步规范化,成为饶有特色的、完备的封建死刑缓刑复核制度。

按清律规定,凡严重犯罪,应立即处决的为“斩立决”或“绞立决”。如危害性较小或有可疑者,可暂判“斩监候”或“绞监候”,缓期处决,延至秋天由刑部三法司或九卿会审复核。秋审案件主要是地方上的斩监候及绞监候案件,每年秋审之前,各省督抚须对有关案件先行审核或审讯,并提出意见及“刊刷招册”分送九卿詹事科道备阅,供秋审参考。在造册过程中,刑事案犯一律解省审录,由督抚会审。但各省的会审经常流于形式。世宗曾经直言不讳地予以责斥:“闻外省会审之时,不论案件多寡,悉于一天定议,均听督抚主张,司道守令不敢置喙。究其实督抚亦未必了然,不过凭幕宾略节贴于册上,徒饰观瞻而已。”[494]

秋审作为“秋谳大典”,于每年秋八月在天安门外金水桥西举行,由九卿、詹事、科道以及军机大臣、内阁大学士等会同审理各省的死刑复核案件。秋审前各省按限向朝廷申送“题准之案”。刑部“分类编册,发司员看详”,称为“司议”。再由秋审处、律例馆“详加斟酌”。然后呈送刑部堂官,举行“堂议”,审核

[492] 《大清律例》卷三七《刑律·断狱·有司决囚等第》,清文渊阁四库全书本。

[493] 赵尔巽等撰:《清史稿》卷一百四十四《刑法志三》,中华书局1977年版,第4207页。

[494] 《光绪会典事例》卷八四六《刑部·刑律断狱·有司决囚等第三》,中国第一历史档案馆藏清刻本。

议定。会审以后由刑部领衔向皇帝具题。

经过秋审的案件,分为情实(罪情属实,罪名恰当),缓决(案情虽属实,但危害性较小,留待下一次秋审或朝审时审核),可矜(案情虽属实,但情节不严重,可免于处死),留养承祀(情节虽较重,但父母、祖父母年老,无人奉养,可免于处死)四类,除情实奏请执行外,其余三类均可免于死刑。凡适用秋审、朝审的复核案件,一般都限于情节不十分严重的案件。因此,秋审、朝审制度的创立,既不会放纵重大犯罪,还可以减免对统治集团内部个别人物犯罪的处罚,从制度上加强了皇帝对司法权的控制。譬如,每年秋审前,刑部须将原案贴黄及法司看语、督抚看语,都刊刷进呈御览。秋审后具题上奏,请旨定夺,经御笔勾除者才能正法。雍正三年(1725 年)五月二十七日世宗在上谕中自称:"临御以来,钦恤刑狱,每遇法司奏谳,必再三复核,惟恐稍有未协。"[495]乾隆十四年(1749年)下谕,改秋审三复奏为一复奏,强调指出:"各省秋审亦皆三复奏,自为慎重民命,即古三刺三宥遗制,谓临刑之际,必致详审不可稍有忽略耳,非必以三为节也。朕每当勾决之年置招册于傍,反复省览,常至五六遍,必令毫无疑义,至临勾时,犹必与大学士等斟酌再四,然后予勾,岂啻三复已哉。若夫三复,本章科臣匆剧具题,不无亥豕,且限于时日,岂能逐本全览,嗣后刑科复奏,各省皆令一次。"[496]《秋谳纪要》一书记载了从乾嘉直到光绪朝皇帝对秋审的批示,有的多至千余言,非常具体。康熙二十二年(1683 年)曾就秋审下谕:"人命事关重大……情有可原,即开生路。"[497]康熙四十年(1701 年)圣祖在诏书中再次表露了他对秋审的重视和对刑部的批评:"朕详阅秋审重案,字句多误,廷臣竟未察出一二,刑部尤为不慎,其议罚之。"[498]雍正十一年(1733 年)也谕刑部:"此内有一线可生之机,尔等亦当陈奏。"[499]乾隆、嘉庆二朝也有类似的上谕。其之所以如此,就在于通过秋审"大典",渲染重视民命,公平用法,敦礼远祸,所谓"明刑所以弼教,关系甚大"[500]。现存《刑科题本》中,末尾均有"臣等未取擅便,一切恩威皆出自上,恭候圣裁"[501]的字样,表现出皇帝对司法权的控制。此外,奉旨审讯的案件,在依律拟议以后,也必须奏请皇帝复准,方可判决。

朝审是指刑部对京师在押监候死囚的审录。根据《大清律例》,刑部现监重

---

[495] 吴坛:《大清律例通考》卷首《世宗宪皇帝上谕》,清光绪十二年(1886 年)刊刻本。

[496] 《清朝通志》卷七十八《刑制 · 秋朝审》,中国第一历史档案馆藏清刻本。

[497] 赵尔巽等撰:《清史稿》卷一百四十四《刑法志三》,中华书局 1977 年版,第 4210 页。

[498] 赵尔巽等撰:《清史稿》卷七《圣祖本纪(二)》,中华书局 1977 年版,第 257 页。

[499] 赵尔巽等撰:《清史稿》卷一百四十四《刑法志三》,中华书局 1977 年版,第 4210 页。

[500] 吴坛:《大清律例通考》卷首《世宗宪皇帝上谕》,清光绪十二年(1886 年)刊刻本。

[501] 参见杜家骥等辑:《清嘉庆朝刑科题本社会史料辑刊》,天津古籍出版社 2008 年版。

犯,每年一次朝审,其程序是刑部堂议后,奏请特派大臣复核,“核定具奏后,摘紧要情节,刊刷招册送九卿、詹事、科道各一册,于八月初间(按惯例朝审先于秋审一天举行),在金水桥西,会同详审,拟定情实、缓决、可矜具题,请旨定夺”[502]。朝审与秋审不同之处一是在押囚犯需解至当场审录;二是直到嘉庆二十年(1815年)以前,朝审案件一直保持三复奏程序,以示对京师案件的慎重,直到嘉庆二十年始决定,“朝审与秋审同一例,嗣后朝审亦著改为一复奏”[503]。

至于热审,于每年小满后十日至立秋前一日,由大理寺左右二寺官员会同各道御史及刑部承办司(称作小三司)审理发生在京师的笞杖刑案件。

在刑事审判中,如当事人或其亲属认为审判不公,可以逐级上控,直至京控、扣阍。清代,上控的制度较为完备。特别是京控,成为民间上控的一条渠道。京控呈控的方式为呈递诉状或击登闻鼓,由都察院、通政使司、步军统领衙门、理藩院等机关根据呈控的内容分别受理。对于京控案件,或者由朝廷有关机关审理,刑部有先行审讯权,或者发给地方督抚或发审局审理。对于京控案件,除少数维持原判外,改判者多,成为申诉冤屈的最后程序保证。

在清朝的司法审判中,幕友擅权是一大特点,也是严重弊政。幕友之制由来已久,迄清代八股取士所造成的官员对于世事的朦胧,增加了对于幕友的倚重,幕友之制遂得以迅速发展,趋于鼎盛。幕友是主人聘请的宾客顾问,因而是宾主关系,不是上下级僚属关系,只接受主人的束修,而不享有国家俸禄。幕友是以通晓刑名律例、钱粮会计、文书案牍等知识而服务于官府的。他们在各级地方机构中,虽无职而有权,在佐治的名义下,发展成特殊的权力群体。清人说:“掌守令司道督抚之事,以代十七省出治者,幕友也。”[504]

由于幕友的出身经历不同,知识有深浅,道德有厚薄,人格有高下,从而决定了其实际行为的差异,或执法以明冤,或枉法以徇私,或阴用律例漏失,一展刀笔之长技,或串联师友亲戚,形成擅权的网络。在约束幕友的规范形同具文而又缺少有效的监督与惩治机制的情况下,幕风日坏,渐成为清朝丛弊之薮。

刑名幕友以了然律例知识而成为地方司法活动的实际操纵者。他们在特定的地缘、亲缘、师缘的作用下,多出自绍兴,而有“绍兴师爷”之称,他们师徒传承,其作幕的心得、适用律例的经验秘不示人,形成一种特殊的垄断行业。刑名幕友在司法审判中主要是拟律和批答案牍。清朝著名的幕友汪辉祖说,“幕客佐吏全在明习《律例》”“幕客之用律犹秀才之用四子书也”。晚清大臣刚毅曾

---

〔502〕《大清律例》卷三七《刑律·断狱下·有司决囚等第》,清文渊阁四库全书本。

〔503〕延煦等编:《钦定台规》卷一四《六科分掌》,全国图书馆文献缩微复制中心1989年版。

〔504〕贺长龄辑:《皇朝经世文编》卷二五,吏政一,韩振《幕友论》,文海出版社1972年版。

经指出,地方官"溺于制举帖括之业,苟且简陋,于律令格式每多阙焉不讲,间有博学多闻者亦且鄙为申韩家言,不屑措意",其结果只能"一委之于幕客吏胥"[505]。吉同钧在《大清律讲义》中也指出,清朝的地方官"一遇疑难大事,(官)茫然无所措手,反委于幕府胥吏之手,欲不愤事得乎"。这种现象只有在专制主义极端发展、法律文化日益颓靡、官僚政治濒于崩溃之时才可能出现。

然而,正如事物的发展有其两面性,当我们历数刑名幕友把持司法、冲击既定的法制秩序、加重吏治败坏的同时,还应看到他们在律例知识的掌握、审鞫断谳的技巧、判词制定的精练等许多方面都展现了经验的积累,有些并上升为理论。特别是个别人在经验的基础上进行的注律,是符合实际、贴近生活的。对于典型案例的整理也为其长官提出修例意见准备了素材。

至于吏即胥吏,又称书吏,由胥吏把持刑名钱谷、擅权为害在明朝已然是一大弊政。顾炎武曾经揭露说:"今天下官无封建,而吏有封建。州、县之敝,吏胥窟穴其中,父以是传子,兄以是传弟,而其尤桀黠者,则进而为院司之书吏,以掣州县之权,上之人明知其为天下之大害,而不能去也。"[506]至清代,胥吏擅权较明朝尤甚。各部、院、司各有胥吏,地方州县衙门设吏、户、礼、兵、刑、工六房胥吏组织,承揽衙门实权,其中尤以刑名书吏揽权虐民为甚。刑名书吏负责开庭的准备和录供、勘验、票稿、办理文牍、收贮档案等项工作。清朝的地方官除了毫无用处的"制艺"以外,很少了解民情事故和刑名法例,这就使地方官不得不依赖熟悉刑名知识的胥吏。在清代流行一句谚语,"任你官清似水,难免吏滑如油",更何况官与吏之间经常是上下其手,榨取民财。

由于胥吏无所不在、无孔不入,以至于有人说清朝是与胥吏共天下。对于这一点,清统治者是有所认识的,早在顺治十三年(1656年)上谕中便指出:"内外各衙门(胥吏)如有刁顽积蠹,挟诈告讦,诬蔑官长,或恐吓挟制,借端行诈者,审问情真,定行加等治罪。"[507]雍正时,"严各部书吏需索之禁",强调"各部之弊,多由书吏之作奸……奸胥猾吏,以诈骗为得计,视国法如弁髦也……嗣后……藩臬以下经手之案,著督抚严查禁约,倘书吏有仍前需索者,督抚即时奏闻",否则"照枉法赃治罪"。[508]其后,对于书吏的录用年限、职权范围采取了一系列防范措施,并将违者绳以严法。《钦定吏部则例》专门规定,凡"官司出入人罪",以惩办主管"吏典为首,首领官减吏典一等";"稽留囚徒"官吏同犯者,以

---

[505] 刚毅:《审看拟式》自序,清光绪十五年(1889年)江苏书局刊本。

[506] 顾炎武:《日知录》卷八清乾隆刻本。

[507] 张廷玉等撰:《清朝文献通考》卷一九五《刑考》,清文渊阁四库全书本。

[508] 张廷玉等撰:《清朝文献通考》卷一九八《刑考》,清文渊阁四库全书本。

吏为首科断;断罪“不引正条,比照别条,以致可轻可重者……书吏严拿”;书吏教唆词讼者严行查究;“书吏舞文作弊,借案生事扰民事,系知法犯法,照平人加一等治罪”。但直到清末,胥吏窃权已经成了不可挽救的“丛弊之薮”[509]。乾、嘉时期曾经长期充当幕僚的进步思想家和官吏洪亮吉深刻地揭露了吏胥的残暴凶狠,他指出,“入于官者什之三,其入于吏胥已十之五矣”,他们“子以传子,孙以传孙,其营私舞弊之术益工,则守令闾里之受其累者益不浅”[510]。近代资产阶级立宪派代表人物张謇也指出:“旧制各部衙门胥吏三年而满,不听久据,今且成为世业,或为贩贸,舞文窃柄,勾结为奸,吏道之坏,大半由此。”[511] 然而,清朝的胥吏擅权有它深刻的社会历史根源,是清朝腐败吏治的突出表现。尽管统治者多方设法防止,开明的思想家也为克服这一弊症大声呼吁,但直到清朝覆亡时也没能改变。

(四)审决与调处相结合的民事审判

凡经准理的民事案件,即由州县官签发传票,唤被告到庭,或一并传唤乡约地保及证人,同时查验证据。“婚姻以聘定为据,田产坟山以当日原买文契为凭,债负以券约为凭。”[512] 如系争论“田亩之界址、沟洫,亲属之远近、亲疏”,需要实地勘测、调查,则“许令乡保查明呈报”,或者由县官、县丞、典吏、巡检传唤有关人及证人到场,实地勘查、丈量,然后制图附卷申覆。汪辉祖在总结佐治经验时说:“事关田房、坟墓,类须勘结。官事甚殷,安能日履山泽,且批勘之后,凡遇催词,无可费心,故批勘最易,不知疆界不清,每易酿成他故,如案图辨址,核计鱼鳞弓口卷册明著者,或批断,或讯断,自能折服其心。不得已而批勘,必须为之速结,所全不少。至示勘有期,势必多人守候,尤万万不宜临期更改。”对于争议中的财产,如租谷、牲畜,可以应当事人的申请,而由官府采取保全措施。“先行封贮存佃”或“控争租谷,先行标封存贮”,至案件审结后,再判归应得之人。[513]

在民事案件的审理中,只有州县长官才有审理权,“官非正印者,不得受民词”[514]。如未经特别授权者审理民词,州县官要负连带责任。即便是乡保、典

[509] 刘锦藻撰:《清朝续文献通考》卷八九《选举考(六)》,浙江古籍出版社2000年版。

[510] 洪亮吉:《意言·吏胥篇》载洪亮吉撰,刘德权点校:《洪亮吉集》(第1册),《卷施阁文甲集》卷一,中华书局2001年版,第26页。

[511] 刘锦藻撰:《清朝续文献通考》卷八九《选举考(六)》,浙江古籍出版社2000年版。

[512] 《大清律例》卷三〇《刑律·诉讼》,清文渊阁四库全书本。

[513] 汪辉祖:《续佐治药言·勘案宜速结》,中华书局1985年版。

[514] 光绪朝《大清会典》卷五五《刑部·尚书郎职掌三》,中国第一历史档案馆藏清刻本。

吏、巡检查勘呈报的事项，也要求州县官“亲加剖断，不得批令乡、地处理完结。如有不经亲审批发结案者，该管上司即行查参，照例议处”[515]。民间田土、婚姻虽为细事，但统治者唯恐细事不觉酿成大祸，因此也极为慎重。现存的清代民事案例、档案证明了这一点。

审理民事案件要根据诉状推问，不得于本状外别求他事，否则以故入人罪论。结案期限也有明确规定：“州县自理户婚、田土等项案件，定限二十日完结。”[516]除“应行关提、质讯，务申详该上司批准照例展限”外，必须“遵照定限完结”。未经展限而逾期结案者，交部议处。以此督励州县官勤政司法，防止因细事拖延不决造成讼累。

清代的民事代理制度，除沿承传统的“凡官吏有争论婚姻、钱债、田土等事，听令家人告官对理，不许公文行移，违者笞四十”[517]的条款外，还将这项规定适用于致仕官。此外，“生监、妇女、老幼、废疾，无抱告者不准”[518]。所谓抱告，按《六部成语》注释如下：抱告，“遣族属、家丁代为告官也”。由于缙绅是州县长官施政的社会基础，为了保全士人、缙绅的体面，不得于传票中轻点其姓名。妇女之所以必须有代理人出庭，被看作“凡所以养廉耻，而维持风教之一端也”[519]，旗、民妇女一体对待。《户部则例·通例》特别规定：“在京八旗妇女在部呈控地亩案件，责令本家或于宗侄兄弟，或母家至戚，出庭抱告代审。如无抱告亲丁，许令家人抱告代审。若实无亲丁家人，著该族长代行呈明，该参领、佐领查明，具结声明缘上送部……倘有抱呈而控属虚、诬者，罪坐抱呈。”[520]老幼废疾因其丧失或不具备诉讼能力，所以均“准遣抱告”。如果是军民人等的干己词讼，“若无故不行亲赍……故令老、幼、残、疾、妇女，家人抱赍奏诉者，俱各立案不行，仍提本身……问罪”[521]。为了严肃抱告人的法律责任，如有诬告，罪坐代告之人。

在审理过程中，除对立案时提供的证据进行审查外，有些还需要实地勘查，收集新证据。乾隆三十三年(1768年)增例规定：“凡民人告争坟山，近年者以印契为凭，如系远年之业，须将山地、字号、亩数及库贮鳞册并完粮印串，逐一丈

[515] 《大清律例》卷三〇《刑律·诉讼·告状不受理》，清文渊阁四库全书本。

[516] 阿桂等撰：《吏部处分则例》卷四十二上，乾隆刻本。

[517] 《大清律例》卷三〇《刑律·诉讼·官吏词讼家人诉》，清文渊阁四库全书本。

[518] 姚雨芗原纂，胡仰山增辑：《大清律例会通新纂》卷二十八“越诉条”附例，文海出版社1987年版。

[519] 袁守定：《图民录》卷二《勿令妇女上堂》，江西书局1872年版。

[520] 载龄主纂：《户部则例》卷一〇《通例四》，清同治十三年(1874年)刻本。

[521] 《大清律例》卷三〇《刑律·诉讼·越诉》，清文渊阁四库全书本。

勘查对,果相符合,即断令管业;如查勘不符,又无完粮印串,则所执远年旧契及碑谱等项均不得执为凭据,即将滥控侵占之人,按例治罪。"[522]

为了辨别证据的真伪、确保举证的效力,清朝司法机关在丰富的实践经验的基础上,形成了系统的颇具规律性的认识。例如,对于户田所有权之讼,要详查印册。由于"丈量有册,垦报有册,过户有册,实征有册,所以要数册互参,核其年月,册皆有据,察其后先",自可剖明。对于土田混淆之讼,要"核其四至,四至相类,核其形图,形图不符,勘其现田"。对于坟山之讼,要"问其户税,有官有私;阅其形图,相近相远。质之山邻,何时殡葬,经祭何人,就供问证,以图核词,勘其形势,以地核图。聚族之葬,他姓莫参;众姓错葬,略分界址,穿心九步,以为成规。粤中人满,变通以济,此其法也"。对于真伪间杂的券约账簿之类的书证,不仅要查看"字有旧新,纸有今昔,蛀痕可验,长短可比。如其伪契,数张同缴,年月远隔,纸张一色,必有赝契。如其伪账,数年完欠,一笔写成,字迹浓淡,亦恒相近,必有赝约"。而且,还要"当堂授笔,纵有伪捏,可辨笔姿"。对于"非买言买,非借言借,非偿言偿"的争讼,要查问"立契何地,交银何色,成交何所,同见几人"。并且要"隔别研讯",发现口供不符,"再令同质"。对于婚姻案件,不仅查验"庚帖""文定",还要讯问"媒证""主婚"何人,综合物证和证人的证言,然后"实情可得""罪有所归"。[523]

凡与案情有关的证人,如族长、邻佐、媒人,均有依法提供证言的义务。但"以其亲情有所讳"的相容隐人和"以其免罪有所恃"的老小笃疾,均不得令其为证。为使证人明确其证言应负的法律责任,证人与诉讼双方共同具结,所谓"词内干证"与"两造同具甘结",如证人故作伪证,给予惩罚。

在民事案件审判中,调处与责惩是结合的。康熙朝修订的《圣谕十六条》中便载有"和乡党以息争讼"的内容。讼案的多少经常是考核官吏政绩的标准,因此,州县官对于自理案件,首先着眼于调处,调处不成时,才予以判决。调处主要适用于户婚、田土、钱债等民事诉讼和轻微的刑事诉讼。调处的方式分为州县调处与民间调处两大类。州县调处是在州县官主持下的调处,是诉讼内调处,带有一定的强制性。根据档案材料,在当事人"吁请"息讼的甘结中,双方都申明自己是"依奉结得",即遵命和息。州县官还通过"不准"状的办法,促成双方和解,所谓"善批者可以解释诬妄于讼起之初"[524]。有时州县官指令基层保甲长进行调处。虽然大清律中规定,"一切田土户婚不得问及保甲",但实际上

[522] 《大清律例》卷九《户律·田宅·盗卖田宅》,清文渊阁四库全书本。

[523] 徐栋辑:《牧令书》卷一八《刑名中》,王植《听断》,清同治七年(1868年)江苏书局刻本。

[524] 徐栋辑:《牧令书》卷一八《刑名中》,白如珍《论批呈词》,清同治七年(1868年)江苏书局刻本。

保甲长介入民事调处是有禁而不止的。

民间调处是诉讼外调处，主要有宗族调处和乡邻调处，而以前者较为普遍。所谓宗族是以血缘关系为基础的族内组织，族内纠纷一般先由族长剖决是非，不得轻易告官涉讼。安徽桐城《祝氏宗谱》规定："族众有争竞者，必先鸣户尊、房长理处，不得遽兴讼端。"由于宗族内部成员在身份上有严格的尊卑之分，又有远近亲疏的支派之别，特别是门房的人丁财势有强弱，嫡庶之间法定的权力有高下，族内成员在接受调处时往往因其在族内的地位而处于不平等的状态，如一味坚持己见，则会被斥为目无尊长。因此，宗族调处也带有某种强迫性。

至于乡邻调处，在中国也有着深刻的社会基础。中国古代封闭式的经济与政治环境，形成了安土重迁的观念，由此而产生了悠久的、强固的地缘关系。乡邻之间几代人比邻而居，有无相通，患难相扶。因此，一旦发生争论，乡邻调处也可以起到一定的作用。

需要指出的是，无论是官府调处，还是民间调处，都需要严格遵循以下的原则：调处的范围只是民事案件和轻微的刑事案件，超出此范围即为法律所不允许。调处息讼是在州县权力机构的制约下进行的，凡参与调处的乡邻、宗族，都要本着息讼止争、利国利民的目的，不得借机挑讼，从中渔利。调处的基本依据是国法，与国法相悖的家法、乡规、民约，都是无效的。传统的礼也可以用作调处的依据，依法调处与依礼调处互相补充。

清代民事案件广泛适用调处不是偶然的。首先，调处是国家安定的需要，是发展农业生产的需要，也是维护等级社会秩序的需要。其次，它有利于发挥封建专制制度赖以存在的血缘、地缘关系的社会政治作用。再次，它不仅可以减轻官府的办案压力，而且是州县官政绩的体现。最后，有助于减轻当事人的经济负担，即所谓"讼累"，这是民间接受调处的重要原因。诉讼内与诉讼外调处的适当结合使民间纠纷得到合理的解决。如同《牧令书》所说："乡党耳目之下，必得其情，州县案牍之间，未必尽得其情，是以在民所处，较在官所断为更公允矣"。[525]

推行调处制度，把堂上的审判与堂下的和解结合在一起，调动了各种社会力量投入到调处息讼中来。调处的依据常因事、因人制宜，不拘一格。调处的形式又灵活多样，因此，调处确实起到了和息争讼的作用。但它的负面影响也不容忽视。调处重在息事宁人，是适应封闭的小农经济基础与悠久的血缘地缘关系的反映，而且受到儒家"无讼"论的长久影响，以致忽略查明民事纠纷的事

---

〔525〕　徐栋辑：《牧令书》卷一七《刑名上》，袁守定《听讼》，清同治七年（1868年）江苏书局刻本。

实真相、分清责任,而又常常借势压服一方,损害了当事人的正当权益。更有甚者,每当调处不成,当事人坚持告官申理时,便被指斥为"刁民妄滋兴讼成习",轻则训诫,重则板责,然后再审。由此在民间滋长了普遍的畏讼、厌讼心理,损害了维护自己权益的法律意识。

民事判决称为"堂断"或"堂谕",大多数是在当事人或监护人、调解人的呈状、保状以及表示悔过、服输、和解的甘结上作出的批示。例如:

> 甘结。具甘结人胡瑞今于与甘结事。依奉结得:武宽禀身赖伊耕毁豆子争吵一案,蒙恩审讯完结,身回家安分度日,再不敢争吵滋事,所具甘结是实。
>
> 嘉庆十六年六月二十四日
>
> 胡瑞(画押)
>
> 批:准结[526]

凡属言词简约的判决,多为当堂口头宣告,无须公布和送达当事人,只是备案,留待上司查核。但千言以上的判决也并不少见。有些判决是在堂上定谳晓谕双方之后写成的,并将判词贴于照壁,以示判决的严肃性。由于民事案件实行一审终审制,州县判决后,即可执行,既没有专门的执行机构,也没有专门的执行程序,而且无须通禀或通详上级衙门。例如,田宅、钱债纠纷,于当堂交付钱款或文书契据,双方各自具交状、收状、领状存案,以免日后翻异。如不能当堂交付,在甘结中必须说明交付的具体时间,限期交付。民事判决的当堂执行是常见的有效执行方式。对于拒不执行判决者,要"带案讯究",予以笞杖、监禁,以示执行判决的法律责任。如当事人不服州县判决,也可以逐级上控于府、道、省,直至京控,虽没有审级的限制,但严禁越级上控。上控的民事案件,一般均批回州县重审,乾隆三十四年(1769 年)定例中对因民事京控者还要予以惩罚,"其仅止户婚、田土细事,则将原呈发还,听其在地方官衙门告理,仍治以越诉之罪"。理由就是,"外省州县小民,敢以户婚、田土细事来京控诉,必非安分之人,仅将原呈发还,无以示儆……仍治以越诉之罪"[527]。只有极少数牵涉原州县官曲法枉断的案件,才由府、道、省提审。

以上可见,清代民事诉讼程序简便,审判方式灵活,便于州县官在审判中发

---

〔526〕 档案《宝坻县全宗》。

〔527〕 薛允升著,胡星桥、邓又天主编:《读例存疑点注》卷三九《刑律·诉讼》"越诉"条附例,中国人民公安大学出版社 1994 年版,第 678 页。

挥主动性和灵活性。譬如,对于民事附带刑事的案件,是否动用刑责,刑责多少,均由州县官自由掌握,或略施薄惩,或免于究治。正是由于州县官拥有较大的权宜之权,清朝建立了比较健全的监督机制。《大清律例》规定:"各省、州、县及有刑名之厅、卫等官,将每月自理事件作何审断与准理、拘提、完结之月日逐件登记,按月造册,申送该府、道、司、抚、督查考。""其有隐匿、装饰……轻则记过,重则题参。如该地方官自理词讼,有任意拖延使民朝夕听候,以致废时失业,牵连无辜,小事累及妇女,甚至卖妻鬻子者,该管上司即行题参。若上司徇庇不参,或被人首告,或被科道纠参,将该管各上司一并交与该部从重议处。"[528]

总括上述,清朝诉讼与审判的原则和制度都达到了相当完备的程度。但是,封建司法制度的本质决定了"庄严公正"的法律无法克服以偏私为公道、借以营私的种种现象,以致世宗在遗诏中发出了"国家刑罚禁令之设,所以诘奸除暴,惩贪黜邪,以端风俗,以肃官方者也",然而"朕见人情浅薄,官吏营私,相习成风,罔知省改"的哀叹。[529]

八、律学的新成就及其对立法、司法的影响

清朝经历了几次重大的社会变革,其蕴含的历史内容之丰富,堪称研究中华民族社会学、民族学、政治学、法学、历史学的大文库。清代律学也是传统律学之集大成者,是中国历史上私家注律的鼎盛阶段,流派纷呈,注家辈出,他们源于传统,而又不囿于传统,在共同的倾向性中表现出了多彩多姿的注释内容与千变万化的注释风格。他们各有专长与侧重面,彼此影响,互相推动,云蒸霞蔚,俊采星驰,造就了清代注释律学超越历史的地位。这在肆行文字狱的极端专制主义的清朝统治下,几乎是不可想象的,然而它却奇迹般地出现了,这的确有它深刻的社会历史根源。

清统一政权建立以后,为了使盲目不知法的官吏尽快充实律学知识以便执法施刑,他们鼓励官方与私家并举注律,甚至以"钦定"的名义肯定私家注律的某些成果。上有好者,下必甚焉,清朝私家注律的盛行,从某种意义上说是清朝最高统治者——皇帝召唤的结果。由皇帝钦定某个私家的注律成果,反映了解释法律权的集中化与国家对律学宏观控制的加强。清代纷起的私家注律,实质

---

〔528〕《大清律例》卷三〇《刑律·诉讼·告状不受理》,清文渊阁四库全书本。

〔529〕赵尔巽等撰:《清史稿》卷一百四十二《刑法志一》,中华书局1977年版,第4186页。

上是受命于国家,为国家注释法律服务的,是一个庞大的系统工程中的若干分支而已。因此,私家注律的自由是有限度的,只准注律,不可借此讥评时政、擅改王章。直到晚清帝国的尊严凌夷殆尽的时候,沈家本修律还遭到了守旧派的尖锐攻击,理由就是新修之律已经超出传统所能允许的界限,由此不难理解私家注律不得轻越雷池一步。

在清朝的统治下,各民族出现了前所未有的统一,中央与地方之间形成了少有的密切关系。但由于版图辽阔,京畿地区与沿海通商之地以及广大内地和少数民族聚居区的政治、经济、文化上的发展极不平衡,如何正确地理解和贯彻朝廷的法律并做到统一适用是一项十分艰巨的工作,而统一适用法律又恰恰是巩固统一多民族国家所必需的重要环节。一部《大清律例》虽然只有四百三十六条,但却涵盖了诸多法律部门,以致寥寥数语所包含的内容既丰富而又复杂。不仅如此,由于律文十分概括,用词艰深和专门化,以致言愈简而意愈费解、辞愈艰而理愈难伸,如果不经过注解就难得要领和准确实施,即便阅读也相当困难。从清代汇编的《刑案汇览》《驳案新编》中可以看出刑部驳回的案件,大都源于地方官对律例的理解偏颇歧异。为此,就需要详细注解现行法律,以便于地方官准确地理解和掌握现行法律的法意与原则,从而向注律家们提出了详明注律的紧迫任务。正是基于统一适用法律的需要,注律家们得到最高统治者的鼓励,清代私家注律才得以蓬勃发展。

还应指出,清代私家注律的发展,还"具有由它的先驱者传给它,而它便由以出发的特定的思想资料作为前提"[530]。自明中叶以后,私家注律应运而生,具有影响力的释律著作不下二三十种。其中,王肯堂所著《大明律附例笺释》被奉为明代权威性的解律之作,最具有影响力。这些传承的特定的思想文化资料,给清代私家注律的发展提供了重要的基础。例如,康熙朝吴达海等辑校的《大清律例朱注广汇全书》,便是继受明人观点解释清律的。但是,清代注律学家涉及的领域更宽广,占有的材料更丰富,所作出的解释更细微,因此,很快便摆脱了依赖明人的倾向。他们站在坚实的经世致用的基础上,并在社会发展的影响下,使其注律思想进一步剔除了非理性的因素,取得了远超明人的成就。康熙十三年(1674 年),任职刑部三十年的大员王明德著《读律佩觿》,将历年司法实践中的疑难问题和讨论意见、解决方案汇集成书,以适应司法实践的需要。《读律佩觿》的问世标志着清代律学家摆脱了明人注律的影响,走上了独立创新的道路。如同他在自述中所说,"兹刻所笺,只缘在公同志,偶为指难,共证互

[530] 《马克思恩格斯选集》(第 4 卷),人民出版社 1972 年版,第 485 页。

参,退而笔之……是以凡于王君(指王肯堂)所已著,概不抄袭"[531]。

康熙五十四年(1715年),浙江名幕沈之奇纂成《大清律辑注》,是清代律学的又一突破。沈氏在《大清律辑注·序》中说,"采辑诸家者十之五,出于鄙见者半焉",说明他对明人的释律之作经过了认真的甄选,而不是简单的继承;至于他自己的"鄙见",则是综合实际司法经验在注律上的体现。他的注律方法、注律风格起着开拓先路的作用,影响清代律学发展达百余年以上。沈之奇之后,乾隆时名幕万维翰纂《大清律例集注》,共二十册,类似于《大清律辑注》的续编,其注律观点也多为后世注律学家所遵奉。

清代注律学家一部分是司法官员和地方官吏,如王明德、于琨、吴坛、薛允升;另一部分是刑名幕友,如沈之奇、万维翰、沈辛田、蔡嵩年、王又槐。前者是清代注律的主力军,他们的注律活动虽然不是受命于朝廷,但由于其身份的特殊和朝廷的允许,因而带有官方注律的性质。由刑名幕友组成的私家注律群体,由于得到主官的支持,其注律活动饶有成就,他们的经历决定了注律的焦点集中于如何准确地适用律例。万维翰在所著《大清律例集注·序》中对此表达得十分明白:"阐发律例中之精蕴,而听狱讼者得资以为观指。""私家"注律成果一般并不具有法律效力,但某些具有较高参考价值的律学著作,或由长官作序,或荐至官方书局刊印,尤其是沈之奇所著《大清律辑注》被冠以钦定。由此可见,私家注律成果带有准官方性质,他们的身份也不是绝对意义上的私家,而是公私参半。

由于清代注释律学始终着眼于实际,而且多为司法实践经验的总结,在一定程度上改善了司法。由于清朝是政治、经济、文化发展不平衡的大国,地方官又缺乏法律的素养,断罪量刑往往依靠幕吏操作,以致同一犯罪所引用的律文完全不同。例如,同为"衙役侵盗仓库钱粮"案,或者引衙役犯赃案例拟罪,或者引侵盗原定律拟罪,结果官司审判多有异处。有时刑部也无可奈何地指斥地方大员,"对法意甚未明了""情罪未协,未便率复"[532]。由此可见,律学对于指导地方司法具有十分重要的意义。

现存地方司法机关审判案例的档案中,不乏引用或参考《大清律辑注》断案的例证。例如,甘肃某人劫持某女拟与其子成婚,被告发。刑部认为虽奸占,但尚未成婚应按犯奸罪论处,该地司法官引用《辑注》:"律以犯者犯意为主。……若人犯强奸良家妻女,以犯奸论,若奸占其为妻妾者,以犯娶尊亲属妻女论。"最

---

[531] 王明德:《读律佩觿·凡例》,法律出版社2001年版,第1页。

[532] 祝庆祺撰:《刑案汇览》卷五〇乾隆四十年说帖清道光棠樾慎思堂刻本。

后,刑部同意地方官的定性。

不仅地方司法机关引用注律成果断案,刑部对注律成果也表现出应有的尊重,甚至援用批复。例如,某地发生一起先强奸后通奸奸妇自首案,地方官按犯罪自首律,定该妇为"犯奸为从犯",减等科刑。刑部复审时根据《笺释》"凡犯有败伦伤化罪的不在自首之例",《辑注》犯奸"各自身犯是以无首从",遂依"奸者不在自首之律"改判。

尤其是无律例明文可循时,常常引《辑注》作为审判依据。例如,某氏因子不肖,在食物中投毒欲杀其子,食物误被他人分食致死。由于"谋杀子孙而误杀旁人,例无治罪明文",地方官引用《集注》:"谋故殴之误杀,皆言凡人;若因凡人而误及亲属,因亲属而误及凡人,因亲属而误及亲属,当按尊长卑幼各律,轻重权衡,分别随事酌之。"又引《辑注》:"律言谋杀、故杀人而误杀旁人者,以故杀论,此为鞫无亲故之律文。"但要"各依案情定罪,酌情从轻从重",遂判为故杀,但减死入流,得到刑部的赞同。

但是,刑部为了维护法律的尊严,限制地方司法机关援用私注,强调当律文与私注发生矛盾时应以律文为准,不得引私注而弃律例。

私家注律对立法的影响直接地表现为成为国家所认定的律注。按《大清律例》的体例,律中有小注,每篇正文后有总注,以疏解律义。但在雍正五年(1727年)以前,小注、总注均采用明人注释,雍正五年颁布《大清律集解》,律后总注中开始辑入沈之奇《大清律辑注》和王明德《读律佩觿》的注律成果,成为法典的组成部分。

乾隆五年(1740年)修订《大清律例》时,便将沈之奇《大清律集注》中的有关观点或吸收为律注,或作为律注的指定参考释文,共达八处之多。例如,律文"弟骂兄妻,比照殴律加凡人一等",据《大清律例通考》考证,"弟妹殴兄之妻,加殴凡人一等,独无骂詈之文。查《辑注》,仍'照殴律加凡人一等科之',因增入"[533]。除沈之奇外,其他律学家的成果也有被确认为律注的。例如,"嫁娶违律主婚媒人罪"律文下附小注:"主婚人虽系为首,罪不入于死,故并减一等。男女已科同罪,至死亦是满流,不得于主婚人流罪上再减。"《通考》:"其第一节律文内'主婚人并减一等'句下小注,系乾隆五年律例馆查照《广汇全书》批注奏准增注。"[534]再如,《大清律例》纳赎诸图后,便附以王明德所注"赃论罪""折半科罪"和"坐赃论"作为参考释文。《大清律例・凡例》明确规定其适用应查照

〔533〕 吴坛:《大清律例通考》卷二九《刑律・骂詈》,清光绪十二年(1886年)刊刻本。

〔534〕 吴坛:《大清律例通考》卷十《户律・婚姻》,清光绪十二年(1886年)刊刻本。

《读律佩觿》的有关解释,“以免畸轻畸重之失”[535]。作为《大清律例》律母的八字——“以、准、皆、各、其、及、即、若”的释义,也以《读律佩觿》的注解为准。此外,在大清律文注中多处采用沈之奇《大清律辑注》的解释。薛允升在《唐明律合编·例言》中曾经作出以下符合实际的论述:“王明德之《佩觿》、王肯堂之《笺释》、沈之奇之《辑注》、夏敬一之《示掌》各有成书,均不为无见,且有采其说入于律注者……亦犹唐律并列疏义之意。”

在清代,对于律例关系的正确理解,牵涉立法者的主动性的发挥。据《明史·刑法志》解释:“律者,万世之常法,例者,一时之旨意。”可见,律是具有稳定性的一般法律规范,例是具有可变性的调节律文适用的特殊法律规范。乾隆五年(1740年)修成《大清律例》以后,律文不再修改,而以增修例来补充律文的不足,就法律地位而言,律尊于例,是国家累世相传的“常法”;就司法实践中的作用而言,例高于律,是因时因事制宜的“变法”。随着例的急剧滋生,日益冲击律的稳定性和权威性,造成效力上的牴牾和失衡,为此需要从法理上阐明律与例的关系,明确二者的定位,这对于立法、司法都具有指导作用。在这方面律学家们确实做出了应有的贡献。例如,在律例关系上他们指出,“律者,法也;例者,比也。非正文而分明也”[536],“律者,垂一定之法;例者,准无定之情”。[537] 尤其是薛允升在《读例存疑》中表述得更为清晰,他说:“律为永久不变之根本法,例为随时变通之细目法。”由于乾隆五年(1740年)宣布以后不再修律,因而出现律文不足以概括社会发展所产生的新的犯罪,在这种情况下,制定程序简易、针对性强、灵活实用的例作为补充是不可避免的。但二者间的主次地位不能模糊,不能过于失衡,以致破坏法制。特别是要及时对数量众多的例进行爬梳清理、删旧存新,在这方面律学家们是大有用武之地的。例如,《大清律例根源》一书将顺治、康熙、乾隆、嘉庆年间的条例依次排列,考证其源委,阐明其增删改动情况,并从适用的角度旁参互证、比较得失。清朝立法所形成的律例关系,以及例的广泛应用,要求律学家们既要注律也要注例,而且更关注于如何将非通用的散例提升为通用的条例。

以上可见,清代注释律学的成果对立法者具有相当大的启迪作用,因而立法者以国家立法的形式对其作了必要的肯定。注律对司法的指导作用更具有实际意义。

综括上述,清朝作为末代封建王朝,其制度构建、立法、司法的成就,不仅是

[535] 《大清律例·凡例》,清文渊阁四库全书本。

[536] 夏敬一:《大清律目附例示掌·序》,清乾隆三十九年澄江夏氏刊本。

[537] 黄忍斋等编纂:《大清律例全纂·序》,清嘉庆元年杭州铭新堂杨氏刻本。

中国古代法制文明的集大成者,而且对周边国家的法制建设也有着积极地影响。日本著名法学家穗积陈重博士在《日本新民法》中评论说:“此法典系以中国之‘唐、明、清律’为蓝本而一如日本旧律之稍加改变。”越南阮朝嘉隆十四年(清嘉庆二十年,1815 年)仿《大清律例》颁布《皇越律例》,共二十二卷三百九十八条。阮朝还模仿《大清会典》陆续颁布了《会典撮要》《钦定大南会典事例》《大南典例撮要》等。

除此之外,清朝的行政立法、民族立法,不仅对维护统一的多民族国家起到了重要的作用,而且具有历史借鉴意义。但是,清朝沿袭了中国古代的立法传统,充满了保守性与孤立性,以致在西方进行了资产阶级革命、建立了近代的资产阶级民主法制国家时,清朝的统治者还在封建的政治与法律制度的樊篱内踱步。这就决定了清朝必须改制更法以挽救民族的危机。这是鸦片战争后清朝法制发展的主线,由此揭开了中国法制文明史新的一页。

参考文献

一、典籍类

1. 周振甫译注:《周易译注》,中华书局 1991 年版。

2. 周振甫译注:《诗经译注》,中华书局 2002 年版。

3. 伏生撰,郑玄注,陈寿祺辑校:《尚书大传》,载朱维铮主编:《中国经学史基本丛书》(第 1 册),上海书店出版社 2012 年版。

4. 杨伯峻编著:《春秋左传注》,中华书局 2018 年版。

5. 许维遹撰:《吕氏春秋集释》,中华书局 2009 年版。

6. 程树德撰,程俊英、蒋见元点校:《论语集释》,中华书局 1990 年版。

7. 孟轲:《孟子》,上海古籍出版社 1987 年版。

8. 焦循撰,沈文倬点校:《孟子正义》,中华书局 1987 年版。

9. 康有为著,楼宇烈整理:《孟子微 · 礼运注 · 中庸注》,中华书局 1987 年版。

10. 朱熹:《四书章句集注》,中华书局 1983 年版。

11. 朱熹集注,陈戍国标点:《四书集注》,岳麓书社 2004 年版。

12. 扬雄撰,李轨注:《扬子法言》,泰东读书局 1923 年版。

13. 左丘明:《国语》,中华书局 2013 年版。

14. 阮元校刻:《十三经注疏》,中华书局 1980 年版。

15. 王先谦撰:《尚书孔传参正》,中华书局 2011 年版。

16. 许慎撰,段玉裁注:《说文解字注》,上海古籍出版社 1981 年版。

17. 徐灏:《说文解字注笺》,上海古籍出版社 2002 年版。

18. 皇甫谧撰,宋翔凤、钱宝塘辑,刘晓东校点:《逸周书》,辽宁教育出版社1997年版。

19. 司马迁:《史记》,中华书局2000年版。

20. 刘向:《战国策》,中华书局2006年版。

21. 董说著,缪文远订补:《七国考订补》,上海古籍出版社1987年版。

22. 班固撰,颜师古注:《汉书》,中华书局2000年版。

23. 范晔:《后汉书》,中华书局2000年版。

24. 陈寿撰:《三国志》,中华书局1959年版。

25. 赵晔著,吴管校,徐天佑注:《吴越春秋》,商务印书馆1937年版。

26. 房玄龄:《晋书》,中华书局2000年版。

27. 沈约撰:《宋书》,中华书局2000年版。

28. 萧子显撰:《南齐书》,中华书局2000年版。

29. 姚思廉撰:《梁书》,中华书局1973年版。

30. 姚思廉撰:《陈书》,中华书局1972年版。

31. 魏收撰:《魏书》,中华书局2000年版。

32. 李百药撰:《北齐书》,中华书局2000年版。

33. 令狐德棻等撰:《周书》,中华书局2000年版。

34. 魏徵、令狐德棻撰:《隋书》,中华书局1973年版。

35. 李延寿撰:《北史》,中华书局1974年版。

36. 刘昫等撰:《旧唐书》,中华书局1975年版。

37. 欧阳修、宋祁撰:《新唐书》,中华书局1975年版。

38. 薛居正等撰:《旧五代史》,中华书局1976年版。

39. 脱脱等撰:《宋史》,中华书局1977年版。

40. 脱脱等撰:《辽史》,中华书局1974年版。

41. 脱脱等撰:《金史》,中华书局1975年版。

42. 宋濂等撰:《元史》,中华书局1976年版。

43. 张廷玉等撰:《明史》,中华书局1974年版。

44. 谷应泰撰:《明史纪事本末》,中华书局2015年版。

45. 赵尔巽等撰:《清史稿》,中华书局1977年版。

46. 孙楷著,杨善群校补:《秦会要》,上海古籍出版社2004年版。

47. 孙星衍等辑,周天游点校:《汉官六种》,中华书局1990年版。

48. 吴兢编著:《贞观政要》,上海古籍出版社1978年版。

49. 长孙无忌等撰,刘俊文点校:《唐律疏议》,中华书局1983年版。

50. 李林甫等撰:《唐六典》,中华书局 1992 年版。

51. 杜佑撰:《通典》,中华书局 1988 年版。

52. 郑樵撰:《通志》,中华书局 1987 年版。

53. 宋敏求编:《唐大诏令集》,商务印书馆 1959 年版。

54. 李希泌主编,毛华轩等编:《唐大诏令集补编》,上海古籍出版社 2003 年版。

55. 王溥撰:《唐会要》,上海古籍出版社 2006 年版。

56. 王溥撰:《五代会要》,上海古籍出版社 1978 年版。

57. 徐松辑撰:《宋会要辑稿》,中华书局 1957 年版。

58.《宋大诏令集》,中华书局 1962 年版。

59. 司马光编著,胡三省音注,"标点资治通鉴小组"校点:《资治通鉴》,中华书局 1956 年版。

60. 李焘撰:《续资治通鉴长编》,中华书局 2004 年版。

61. 李心传编纂,胡坤点校:《建炎以来系年要录》,中华书局 2013 年版。

62. 李攸撰:《宋朝事实》,中华书局 1955 年版。

63. 王明清撰:《挥麈录》,中华书局 1961 年版。

64. 王应麟纂:《玉海》,江苏古籍出版社、上海书店 1987 年版。

65. 叶隆礼撰,贾敬颜、林荣贵点校:《契丹国志》,中华书局 2014 年版。

66. 窦仪等撰,薛梅卿点校:《宋刑统》,法律出版社 1999 年版。

67. 谢深甫等修,戴建国点校:《庆元条法事类》,黑龙江人民出版社 2002 年版。

68. 中国社会科学院历史研究所、宋辽金元史研究室点校:《名公书判清明集》,中华书局 1987 年版。

69. 宋慈撰,杨奉琨校译:《洗冤集录校译》,群众出版社 1980 年版。

70. 王钦若等编撰,周勋初等校订:《册府元龟》,凤凰出版社 2006 年版。

71. 李昉等撰:《太平御览》,中华书局 1960 年版。

72. 马端临撰:上海师范大学古籍研究所、华东师范大学古籍研究所点校,《文献通考》,中华书局 2011 年版。

73. 陈高华等点校:《元典章》,中华书局、天津古籍出版社 2011 年版。

74. 郭成伟点校:《大元通制条格》,法律出版社 2000 年版。

75. 朱元璋撰:《皇明祖训》,北京图书馆出版社 2002 年版。

76.《明太祖宝训》,上海书店 1982 年版、北京大学图书馆藏书(明抄本)。

77.《诸司职掌》,江苏广陵古籍刻印 1986 年版。

78. 解缙等编:《永乐大典》,中华书局 1960 年版。

79. 万历《大明会典》,明万历十五年内府刊本。

80. 刘海年、杨一凡总主编,杨一凡、曲英杰、宋国范点校:《中国珍稀法律典籍集成》乙编第一册《洪武法律典籍》,科学出版社 1994 年版。

81. 刘海年、杨一凡总主编,杨一凡、曲英杰、宋国范点校:《中国珍稀法律典籍集成》乙编第二册《大明条例》,科学出版社 1994 年版。

82. 刘海年、杨一凡总主编,杨一凡、曲英杰、宋国范点校:《中国珍稀法律典籍集成》乙编第三册《皇明诏令》,科学出版社 1994 年版。

83. 刘海年、杨一凡总主编,杨一凡、曲英杰、宋国范点校:《中国珍稀法律典籍集成》乙编第五册《皇明条法事类纂》,科学出版社 1994 年版。

84. 俞汝楫撰:《礼部志稿》,商务印书馆 1935 年影印清乾隆刊本。

85. 徐学聚编:《明典汇》,北京图书馆出版社 1996 年版。

86. 龙文彬撰:《明会要》,中华书局 1956 年版。

87. 薛允升撰,怀效锋、李鸣点校:《唐明律合编》,中国书店出版社 2010 年版。

88. 怀效锋点校:《大明律》,法律出版社 1999 年版。

89. 刑部修:《大明律集解附例》,学生书局 1986 年版。

90.《明实录》,北京大学图书馆藏明抄本。

91. 黄淮、杨士奇编:《历代名臣奏议》,上海古籍出版社 1989 年版。

92. 姜清撰:《姜氏秘史》,上海古籍出版社 1996 年版。

93. 沈德符撰:《万历野获编》,中华书局 1959 年版。

94. 薛允升著,胡星桥、邓又天主编:《读例存疑点注》,中国人民公安大学出版社 1994 年版。

95. 王圻撰:《续文献通考》,齐鲁书社 1995 年版。

96. 高宗敕撰:《续文献通考》,商务印书馆 1936 年《万有丛书》本。

97. 张荣铮、刘勇强、金懋初点校:《大清律例》,天津古籍出版社 1993 年版。

98. 马建石、杨育棠主编:《大清律例通考校注》,中国政法大学出版社 1992 年版。

99. 胡肇楷、周孟邻编:《大清律例通纂》,清嘉庆十三年(1808 年)刻本。

100. 鄂尔泰等编:《雍正朱批谕旨》第三十九册,北京图书馆出版社 2008 年版。

101. 沈之奇撰:《大清律辑注》,法律出版社 2000 年版。

102. 朱拭等撰:《大清律集解附例》,清雍正三年(1752 年)刻本。

103. 席裕福辑:《皇朝政典类纂》,文海出版社 1982 年版。

104. 杨锡绂撰:《漕运则例纂》,清乾隆刻本。

105. 沈家本撰:《修订法律大臣奏遵议满汉通行刑律折附片二并清单》,载上海商务印书馆编译所编纂:《大清新法令(1901 ~ 1911)》,商务印书馆 2010 年版。

106.《大清会典事例》,中华书局 1991 年版。

107. 徐尚定标点:《康熙起居注》,东方出版社 2014 年版。

108. 中华书局编:《清实录》,中华书局 1985 ~ 1987 年影印版。

109. 朱寿朋编:《光绪朝东华录》,中华书局 1958 年版。

110. 蒋良骐撰,林树惠,傅贵九校点:《东华录》,中华书局 1980 年版。

111. 王先谦编:《乾隆朝东华续录》,文海出版社 2006 年版。

112. 戴逸、李文海主编:《清通鉴》,山西人民出版社 2000 年版。

113. 辽宁大学历史系编印:《天聪朝臣工奏议》,辽宁大学历史系 1980 年印行。

114. 吴毓江撰,孙启治点校:《墨子校注》,中华书局 1993 年版。

115. 黎翔凤撰,梁运华整理:《管子校注》,中华书局 2004 年版。

116. 许富宏撰:《慎子集校集注》,中华书局 2013 年版。

117. 邓析撰:《邓析子》,上海古籍出版社 1990 年版。

118. 商鞅撰:《商君书》,中华书局 2009 年版。

119. 荀况撰:《荀子》,上海古籍出版社 2014 年版。

120. 王先慎撰,钟哲点校:《韩非子集解》,中华书局 1998 年版。

121. 韩非著,张党译注:《韩非子全译》,贵州人民出版社 1992 年版。

122. 华陆综注译:《尉缭子注译》,中华书局 1979 年版。

123. 王先谦撰:《庄子集解》,中华书局 2012 年版。

124. 贾谊撰:《新书》,岳麓书社 2010 年版。

125. 董仲舒撰:《春秋繁露义证》,中华书局 1992 年版。

126. 桓宽撰,王利器校注:《盐铁论校注》,中华书局 2017 年版。

127. 刘向撰:《说苑》,文渊阁《四库全书》影印本。

128. 刘向撰,赵善治疏证:《说苑疏证》,华东师范大学出版社 1985 年版。

129. 史游撰:《急就篇》,文渊阁《四库全书》影印本。

130. 刘安撰:《淮南子》,中华书局 2014 年版。

131. 王符撰:《潜夫论》,上海古籍出版社 1978 年版。

132. 班固撰:《白虎通义》,商务印书馆 1936 年版。

133. 陈立撰,吴则虞点校:《白虎通疏证》,中华书局 1994 年版。

134. 王充撰:《论衡》,中华书局 1990 年版。

135. 荀悦撰:《申鉴》,上海古籍出版社 1990 年版。

136. 诸葛亮:《诸葛亮集》,中华书局 1975 年版。

137. 萧统编,于平等注释:《昭明文选》,华夏出版社 2000 年版。

138. 严可均校辑:《全上古三代秦汉三国六朝文 · 全梁文》,中华书局 1965 年版。

139. 魏徵等编辑:《群书治要》,鹭江出版社 2004 年版。

140. 董浩等编:《全唐文》,中华书局 1983 年版。

141. 张怀瓘撰:《书断》,浙江人民美术出版社 2012 年版。

142. 徐坚撰:《初学记》,中华书局 1962 年版。

143. 王方庆辑:《魏郑公谏录》,畿辅丛书本商务印书馆 1939 年版。

144. 刘肃撰:许德楠、李鼎霞点校,《大唐新语》,中华书局 1984 年版。

145. 吕温撰:《吕衡州文集》,商务印书馆 1935 年版。

146. 刘餗撰,程毅中点校:《隋唐嘉话》,中华书局 1979 年版。

147. 陆贽撰:《陆宣公集奏议》,浙江古籍出版社 1988 年版。

148. 马总撰:《意林》,中华书局 1991 年版。

149. 虞世南编撰:《北堂书钞》,中国书店出版社 1989 年版。

150. 柳宗元撰:《柳河东集》,上海人民出版社 1974 年版。

151. 白居易撰:《白氏长庆集》,四部丛刊景日本翻宋大字本。

152. 白居易撰:《长乐集》,中华书局 1981 年版。

153. 王定保撰:《唐摭言》,上海古籍出版社 1978 年版。

154. 范仲淹撰:《范文正公集》,商务印书馆 1937 年版。

155. 欧阳修:《欧阳修编年笺注》(第 6 册),巴蜀书社 2001 年版。

156. 曾巩撰:《元丰类稿》,商务印书馆 1937 年版。

157. 王安石撰:《临川先生文集》,中华书局 1959 年版。

158. 王安石撰,宁波等校点:《王安石全集》,吉林人民出版社 1996 年版。

159. 苏洵撰:《嘉祐集》,商务印书馆 1986 年影印版。

160. 苏轼撰:《苏文忠公全集 · 东坡奏议》,明成化吉州刻、缪荃孙批校本。

161. 苏辙撰:《栾城集》,上海古籍出版社 2009 年版。

162. 包拯撰,杨国宜校注:《包拯集校注》,黄山书社 1999 年版。

163. 朱熹撰,朱杰人等主编,刘永翔等校点:《朱子全书》,上海古籍出版社、安徽教育出版社 2002 年版。

164. 朱熹撰:《朱子大全》,上海中华书局 1936 年版。

165. 陈亮撰:《陈亮集》,中华书局 1987 年版。

166. 叶适撰:《叶适集》,中华书局 1961 年版。

167. 叶适撰:《习学记言序目》,中华书局 1977 年版。

168. 李觏撰:《李觏集》,中华书局 1981 年版。

169. 朱弁撰,王根林校点:《曲洧旧闻》,上海古籍出版社 2012 年版。

170. 陈振孙撰:《直斋书录解题》,上海古籍出版社 1987 年版。

171. 宋祁撰:《景文集》,商务印书馆 1936 年版。

172. 刘敞撰:《公是集》,商务印书馆 1935 年版。

173. 费衮撰,金圆校点:《梁溪漫志》,上海古籍出版社 1985 年版。

174. 赵彦卫撰:《云麓漫钞》,中华书局 1996 年版。

175. 谢维新、虞载编:《古今合璧事类备要》,明嘉靖三十五年(1556)重刊本。

176. 刘祁撰:《归潜志》,中华书局 1997 年版。

177. 洪皓撰,翟立伟标注:《松漠纪闻》,吉林文史出版社 1986 年版。

178. 陈耆卿撰:《嘉定赤城志》,载成文出版社编:《中国方志丛书·华中地方·浙江省》第五六〇号,成文出版社 1968 年影印版。

179. 孙逢吉撰:《职官分纪》,载《钦定四库全书》第九二三册,商务印书馆 1986 年影印版。

180. 范祖禹撰:《范太史集》,载《钦定四库全书》第一一〇〇册,商务印书馆 1986 年影印版。

181. 陈襄撰:《州县提纲》,载《钦定四库全书》第六〇二册,商务印书馆 1986 年影印版。

182. 洪迈撰:《容斋三笔》,载《钦定四库全书》第八五一册,商务印书馆 1986 年影印版。

183. 袁采撰:《袁氏世范》,载《钦定四库全书》第六九八册,商务印书馆 1986 年影印版。

184. 李曾伯撰:《可斋续稿》(后),载《钦定四库全书》第一一七九册,商务印书馆 1986 年影印版。

185. 黄震撰:《黄氏日抄》,载《钦定四库全书》第七〇八册,商务印书馆 1986 年影印版

186. 司马光撰:《传家集》,载《钦定四库全书》第一〇九四册,商务印书馆 1986 年影印版。

187. 徐积撰:《节孝集》,载《钦定四库全书》第一一〇一册,商务印书馆1986年影印版。

188. 李元弼撰:《作邑自箴》,载《续修四库全书》第七五三册,上海古籍出版社2002年版。

189. 余靖撰:《武溪集》,商务印书馆1946年影印明成化刻本。

190. 苏天爵撰:《元文类》,《四部丛刊》影印元刊本。

191. 徐元瑞撰:《吏学指南》,元刻本。

192. 吴澄撰:《草庐吴文正公全集》,《文渊阁四库全书补遗·集部·宋元卷》,北京图书馆出版社2006年版。

193. 刘基撰:《诚意伯文集》,上海古籍出版社1991年版商务印书馆1937年版。

194. 刘基撰,傅正谷评注:《郁离子评注》,天津古籍出版社1987年版。

195. 刘辰撰:《国初事迹》,中华书局1991年版。

196. 丘濬撰:《大学衍义补》,上海书店出版社2012年版。

197. 叶子奇撰:《草木子》,中华书局1959年版。

198. 黄训编撰:《皇明名臣经济录》,辽海出版社2009年版。

199. 陈建撰:《皇明通纪》,中华书局2008年版。

200. 商辂撰:《通鉴纲目续编》,明成化刻本。

201. 陈子龙等编:《明经世文编》,中华书局1962年版。

202. 李新撰:《跨鳌集》,载《钦定四库全书》第一一二四册,商务印书馆1986年影印版。

203. 叶向高撰:《苍霞草》,江苏广陵古籍刻印社1994年版。

204. 孙承泽撰:《春明梦余录》,北京古籍出版社1992年版。

205. 黄瑜撰:《双槐岁钞》,中华书局1999年版。

206. 廖道南撰:《殿阁词林记》,国家图书馆出版社2009年版。

207. 顾炎武撰:《天下郡国利病书》,上海古籍出版社2011年版。

208. 顾炎武撰:《日知录》,上海古籍出版社2014年版。

209. 顾炎武撰,陈垣校注:《日知录校注》,安徽大学出版社2007年版。

210. 王夫之撰:《读通鉴论》,中华书局1975年版。

211. 黄宗羲撰:《明夷待访录》,凤凰出版社2017年版。

212. 陈其愫编:《皇明经济文辑》,辽海出版社2009年版。

213. 张萱撰:《西园闻见录》,杭州古旧书店1983年版。

214. 陈建撰,沈国元撰订补:《皇明从信录》,上海古籍出版社2002年版。

215. 文天祥撰:《文山先生全集》,商务印书馆 1935 年版。

216. 李栻撰:《历代小史》,江苏广陵古籍刻印社 1989 年影印版。

217.《钦定四库全书》,商务印书馆 1986 年影印版。

218. 纪昀总纂:《四库全书总目提要》,河北人民出版社 2000 年版。

219. 陈梦雷编:《古今图书集成》,中华书局 1934 年影印版、巴蜀书社 1987 年版。

220. 陈梦雷编:《古今图书集成》,广陵书社 2011 年版、齐鲁书社 2006 年版。

221. 倪文杰、韩永主编:《古今图书集成精华 · 贞观政要 · 刑法》,人民中国出版社 1998 年版。

222. 赵翼撰,王树民校证:《廿二史札记校证》,中华书局 1984 年版。

223. 赵翼、捧花生撰:《檐曝杂记》,中华书局 1982 年版。

224. 朱璘撰:《明纪辑略》,经学文化事业有限公司 2015 年版。

225. 章学诚撰:《文史通义》,上海古籍出版社 2015 年版。

226. 魏象枢撰:《寒松堂集》,中华书局 1985 年版。

227. 王肯堂撰:《王仪部先生笺释》,清康熙三十年(1691 年)刻本。

228. 王明德撰,何勤华等点校:《读律佩觿》,法律出版社 2001 年版。

229. 赵吉士撰:《寄园寄所寄》,黄山书社 2008 年版。

230. 梅曾亮著,王有立主编:《柏枧山房文集》,咸丰六年(1856 年)刊本影印,华文书局股份有限公司印行。

231. 昭梿撰:《啸亭杂录》,上海古籍出版社 2012 年版。

232. 梁章钜撰:《枢垣纪略》,文海出版社 1967 年版。

233. 梁章钜撰:《浪迹从谈》,福建人民出版社 1983 年版。

234. 吴振棫、王涛:《养吉斋丛录》,浙江古籍出版社 1985 年版。

235. 夏燮撰:《中西纪事》,岳麓书社 1988 年版。

236. 徐珂编撰:《清稗类钞》,中华书局 1986 年版。

237. 萧奭撰:《永宪录》,中华书局 1959 年版。

238. 邓之诚撰:《谈军机处》,载王钟翰:《清史杂考 · 附录一》,人民出版社 1957 年版。

239. 归庄撰:《归庄集》,上海古籍出版社 1984 年版。

240. 夏燮撰:《中西纪事》,岳麓书社 1988 年版。

241. 阮葵生撰:《茶余客话》,上海古籍出版社 2012 年版。

242. 徐栋辑撰:《牧令书》,清同治七年(1868 年)江苏书局刻本。

243. 魏泰撰:《东轩笔录》,中华书局 1983 年版。
244. 方苞撰:《方望溪先生全集》,商务印书馆 1912 年版。
245. 蓝鼎元撰:《鹿洲初集》,文海出版社 1977 年版。
246. 黄六鸿撰:《福惠全书》,清光绪十九年(1893 年)文昌会馆刻本。
247. 薛福成撰:《庸庵笔记》,重庆出版社 1999 年版。
248. 刘师培撰:《儒学法学分歧论》,载《国粹学报》1905 年第 29 期。
249. 章太炎撰:《章太炎全集》,上海人民出版社 1984 年版。
250. 沈家本撰:《历代刑法考》,中华书局 1985 年版。
251. 王云五主编:《丛书集成》,商务印书馆 1936 年版。

二、史料类

1. 董作宾:《殷墟文字》,商务印书馆 1948 年版。
2. 睡虎地秦墓竹简整理小组编:《睡虎地秦墓竹简》,文物出版社 1990 年版。
3. 谢桂华、李均明、朱国照校:《居延汉简释文合校》,文物出版社 1987 年版。
4. 彭浩、陈伟、[日]工藤元男主编:《二年律令・置后律》,上海古籍出版社 2007 年版。
5. 袁康、吴平:《越绝书》,浙江古籍出版社 2013 年版。
6. 颜之推撰,卜宪群编著:《颜氏家训》,北京燕山出版社 1995 年版。
7. 欧阳询撰:《宋本艺文类聚》,上海古籍出版社 2013 年版。
8. 吕大钧撰:《吕氏乡约》,载《续修四库全书》第九三四册,上海古籍出版社 2002 年版。
9. 蔡美彪撰:《元代白话碑集录》,科学出版社 1955 年版。
10. 黄时鉴撰:《元代法律资料辑存》,浙江古籍出版社 1988 年版。
11. 黄彰健编著:《明代律例汇编》。
12. 郭成伟、田涛:《明清公牍秘本五种》,中国政法大学出版社 1999 年版。
13. 成文出版社编:《中国方志丛书》,成文出版社 1968 年影印版。
14. 金梁辑撰:《满洲密档》,台北文海出版社 1967 年版。
15. 中国第一历史档案馆、中国社会科学研究所译注:《满文老档》,中华书局 1990 年版。
16. 中国第一历史档案馆:《雍正朝满文朱批奏折全译》,黄山书社 1993 年版。

17. 中国第一历史档案馆藏:《吏垣史书》,雍正五年九月十九日署吏部左侍郎查郎阿题本。

18.《钦定皇朝文献通考》,载《钦定四库全书》第六三六册,商务印书馆 1986 年版。

19.《清朝文献通考》,浙江古籍出版社 1988 年版。

20. 吴晗辑:《朝鲜本朝实录中的中国史料》,中华书局 1980 年版。

21. 原北平故宫博物院文献馆编:《清代文字狱档》(第 1 辑),上海书店出版社 1986 年版。

22. 载龄主纂:《户部则例》,清同治十三年(1874 年)刻本。

23. 鄂尔泰等修:《钦定八旗则例》,清乾隆七年(1742 年)武英殿刊本。

24. 黄恩彤修,宁立悌纂:《粤东省例新纂》,道光二十六年。

25.《福建省例》,大通书局 1987 年版。

26. 黄恩彤、宁立悌等纂:《粤东省例》,成文出版社 1969 年版。

27. 张其勤撰:《清代藏事辑要》,西藏人民出版社 1983 年版。

28. 张其勤原稿,吴丰培增辑:《清代藏事奏牍》,中国藏学出版社 1994 年版。

29. 胡宗楙辑:《续金华丛书》,1924 年永康胡氏梦选廔刊本。

30. 江苏省博物馆编:《江苏省明清以来碑刻资料选集》,三联书店 1959 年版。

31. 安徽省博物馆编:《明清徽州社会经济资料丛编》,中国社会科学出版社 1988 年版。

32.《清史资料》(第 1 辑),中华书局 1981 年版。

33.《明清史料 · 丙编》(第一本),商务印书馆 1936 年版。

34. 梁廷枏辑:《粤海关志》,广东人民出版社 2014 年版。

35. 档案《宝坻县全宗》,清嘉庆 16 年刊本。

36.《民商事习惯调查报告录》,中国政法大学 2000 年版。

三、论著类

1. 梁启超:《饮冰室合集》,中华书局 2015 年版。

2. 郭沫若:《郭沫若全集》,科学出版社 1962 年版。

3. 徐朝阳:《中国诉讼法溯源》,商务印书馆 1973 年版。

4. 周枏等:《罗马法》,群众出版社 1983 年版。

5. 杨鸿烈:《中国法律对东亚诸国之影响》,中国政法大学出版社 1999 年版。

6. 张传玺:《中国历代契约会编考释》,北京大学出版社 1995 年版。

7. 郭松义等:《中国政治制度通史》,人民出版社 1996 年版。

8. 程树德:《九朝律考》商务印书馆 2017 年版。

9. 陈寅恪:《隋唐制度渊源略论稿日刑律》,三联书店 2001 年版。

10. 陈寅恪:《陈寅恪先生文集》(第 2 卷),上海古籍出版社 1989 年版。

11. 刘俊文:《敦煌吐鲁番唐代法制文书考释》,中华书局 1989 年版。

12. 刘俊文:《唐律疏议笺解》,中华书局 1996 年版。

13. 余又荪:《隋唐五代中日关系史》,商务印书馆 1964 年版。

14. 漆侠:《宋代经济史》,上海人民出版社 1987 年版。

15. 罗冬阳:《明太祖礼法之治研究》,高等教育出版社 1998 年版。

16. 傅衣凌:《明清封建土地所有制论纲》,上海人民出版社 1992 年版。

17. 尤韶华:《明代司法初考》,厦门大学出版社 1998 年版。

18. 孟森:《清史讲义》,中华书局 2006 年版。

19. 萧一山:《清代通史》,中华书局 1986 年版。

20. 黄冕堂:《清史治要》,齐鲁书社 1990 年版。

21. 牙含章:《达赖喇嘛传》,人民出版社 1984 年版。

22. 何勤华、魏琼编:《董康法学文集》,中国政法大学出版社 2005 年版。

23. 陈耀钧、阎频:《江陵张家山汉墓的年代及相关问题》,载《考古》1985 年第 12 期。

24. 银雀山汉墓竹简整理小组:《银雀山竹书〈守法〉、〈守令〉等十三篇》,载《文物》1985 年第 4 期。

25. 扬州博物馆:《江苏仪征胥浦 101 号西汉墓》,载《文物》1987 年第 1 期。

26. 甘肃居延考古队简册整理小组:《“建武三年候粟君所责寇恩事”释文》,载《文物》1978 年第 1 期。

27. 张研:《清代家庭结构与基本功能》,载《清史研究》1996 年第 3 期。

四、译著类

1. [法]孟德斯鸠:《论法的精神》,张雁深译,商务印书馆 2005 年版。

2. [日]仁井田陞:《中国法制史》,牟发松译,上海古籍出版社 2010 年版。

3. [日]仁井田陞:《唐令拾遗》,栗劲等编译,长春出版社 1989 年版。

4. [德]马克思、恩格斯:《马克思恩格斯选集》,中共中央马克思恩格斯列宁斯大林著作编译局编译,人民出版社 1972 年版。

五、外文类

1. [俄]梁赞诺夫斯基:《蒙古诸部习惯法》,载《亚洲通讯》1923 年第 51 期、1924 年第 52 期。

2. [日]坂本太郎ほか校注:《日本書紀》,岩波書店 1965 ~ 1967 年版。

3. [日]藤原继绳、菅野真道、秋筱安人等:《続日本紀》,吉川弘文館 2000 年版。

4. [日]中田薰:《日本私法法制史讲义》,创文社 1983 年版。

5.《朝鲜王朝实录》,首尔大学藏奎章阁本。

6. 郑道传:《三峰集》,载《韩国文集丛刊》(第 5 辑),韩国民族文化推进会 1996 年版。